JN496540

Ross의 엣센셜 기업재무

10th Edition

Stephen A. **Ross**
Randolph W. **Westerfield**
Bradford D. **Jordan**

Ross의 엣센셜 기업재무

| 연강흠 편역 |

ESSENTIALS OF CORPORATE FINANCE

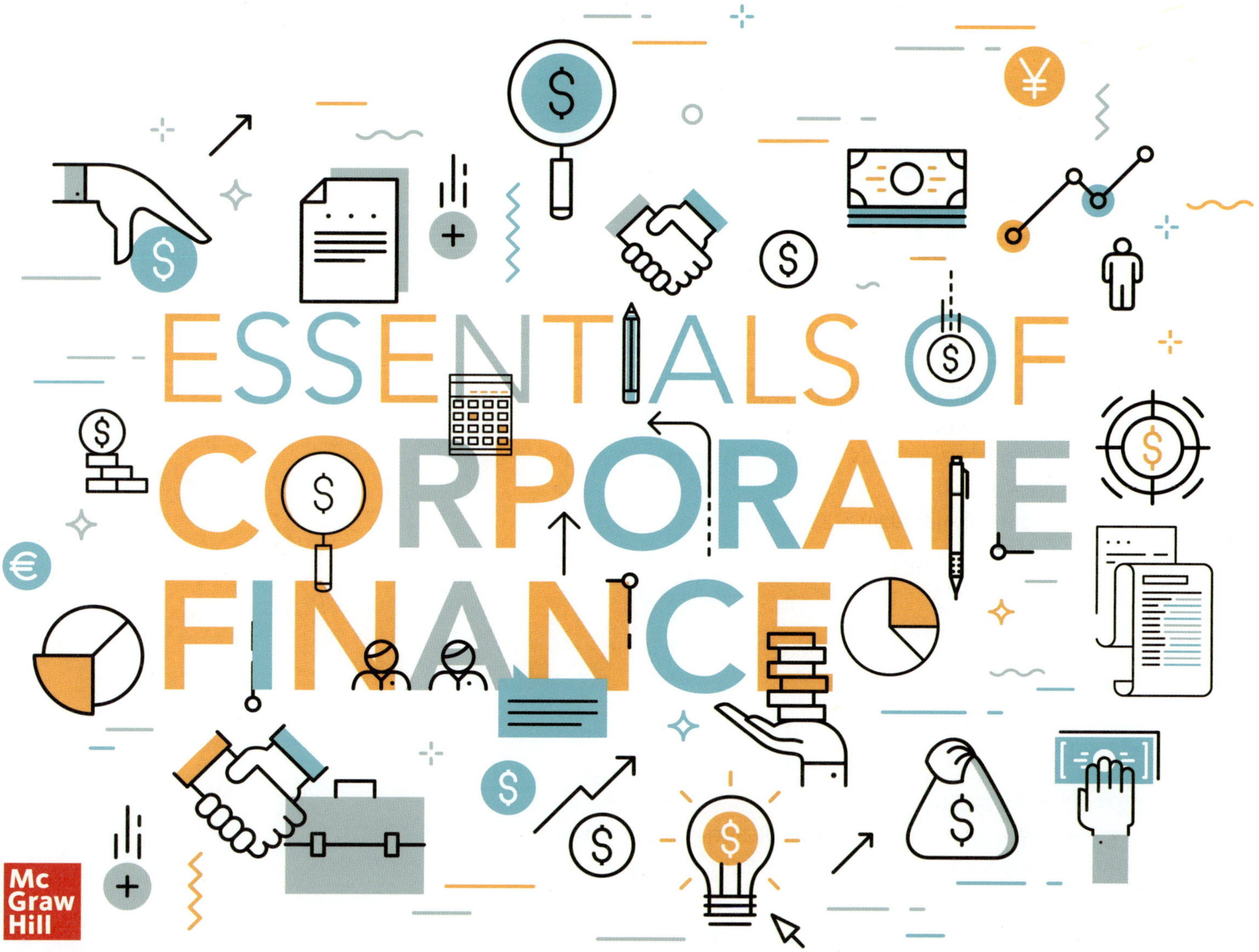

Mc Graw Hill

Essentials of Corporate Finance, Tenth Edition

1 2 3 4 5 6 7 8 9 10 MHE-KOREA 20 20

Original: Essentials of Corporate Finance, Tenth Edition
By Stephen A. Ross, Randolph W. Westerfield, Bradford D. Jordan
ISBN 978-1-26-001395-5

Korean ISBN 979-11-321-0474-2 93320

Printed in Korea

발 행 일 | 2020년 06월 26일 발행
저 자 | Stephen A. Ross, Randolph W. Westerfield, Bradford D. Jordan
편 역 | 연강흠
발 행 처 | 맥그로힐에듀케이션코리아 유한회사
발 행 인 | 총텍멩(CHONG TECK MENG)
주 소 | 서울시 마포구 양화로 45, 8층 801호(서교동, 메세나폴리스)
전 화 | (02)325-2351
등록번호 | 제 2013-000122호(2012.12.28)

I S B N | 979-11-321-0474-2

편집 · 교정 | (주)우일미디어
인 쇄 | 성신미디어

판 매 처 | 지필미디어
문 의 | 031)957-4504
정 가 | 37,000원

저자 소개

About the Authors

스테판 로스 *Stephen A. Ross*

스테판 로스는 매사추세츠 공과대학(MIT) 슬론 경영대학원(Sloan School of Management)의 프랑코 모딜리아니(Franco Modigliani) 재무와 경제학 석좌교수였다. 재무학과 경제학 분야에서 가장 폭넓게 저술 활동을 펼쳤던 학자 중 한 분인 로스 교수는 무위험차익가격이론(Arbitrage Pricing Theory)을 개발하고, 많은 주제 중 신호이론, 대리인이론, 옵션가격결정, 금리의 기간구조이론의 연구를 통해 이 분야에 상당히 공헌한 업적을 폭넓게 인정받았다. 미국재무학회(American Finance Association) 회장을 역임한 바 있으며 여러 학술지와 실무 저널의 부편집인으로도 활동했다. 캘리포니아 공과대학(CalTech)의 재단 이사였다. 애석하게도 2017년 3월 돌연히 작고했다.

랜돌프 웨스터필드 *Randolph W. Westerfield*

서던 캘리포니아 대학교, 마샬 경영대학원

랜돌프 웨스터필드는 서던 캘리포니아 대학교(University of Southern California)의 마샬 경영대학원(Marshall School of Business) 명예 학장 겸 찰스 손턴(Charles B. Thornton) 재무 석좌교수이다. 서던 캘리포니아 대학교로 옮기기 전에는 펜실베이니아 대학교(University of Pennsylvania) 와튼스쿨(Wharton School)에서 20년간 재무학과 학과장과 재무 교수였다. 현재 오크트리 캐피털 뮤추얼 펀드(Oaktree Capital Mutual Funds) 이사이다. 전문 분야는 기업재무 정책, 투자관리와 주식시장 가격행태이다.

브래드포드 조던 *Bradford D. Jordan*

켄터키 대학교, 가톤 경영경제대학

브래드포드 조던은 은행업과 금융서비스의 듀퐁(Dupont) 석좌교수이다. 오랫동안 기업재무와 관련된 응용과 이론적인 주제 모두 관심을 보여 왔으며 다양한 수준의 기업재무와 재무관리정책을 강의한 경험을 축적했다. 조던 교수는 자본비용, 자본구조, 증권가격의 행태와 같은 주제로 발표한 많은 학술논문이 있다. 미국남부재무학회(Southern Finance Association) 회장을 역임했고 역시 맥그로힐 애듀케이션(McGraw-Hill Education)이 출판한 투자론 교재인 *Fundamentals of Investments: Valuation and Management*, 8th edition을 공저했다.

저자 서문

From the Authors

처음 『엣센셜 기업재무』(*Essentials of Corporate Finance*)를 쓸 때는 다양한 배경과 관심을 가진 학생들이 기초 재무 과목에서 배우고자 하는 주제들에 초점을 맞춘 간추린 책에 대한 '약간의' 틈새가 있을지도 모른다고 생각했다. 우리 생각이 틀렸다. '엄청난' 틈새가 있었다! 이 교재가 전 세계에 걸쳐 수많은 학교의 강사와 교수들의 요구에 잘 맞는다는 것을 알았다. 그 결과 이 책을 아홉 번이나 개정하면서 경험한 성장은 우리가 생각했던 어떤 가능성도 뛰어넘었다.

『엣센셜 기업재무』 10판으로 재무관리나 기업재무를 필수과목으로 수강하는 학부 학생에 세심히 집중하기를 계속했다. 재무관리는 가르치기 힘든 과목일 수 있다. 하나의 이유는 재무관리가 보통 모든 경영학과 학생의 필수과목이기에 대다수 학생은 재무 비전공자가 흔하다. 사실 많은 학생에게는 이 과목이 평생 유일하게 듣는 재무관리 과목일 수도 있다. 이런 점을 고려해 『엣센셜 기업재무』의 목표는 가장 중요한 개념과 원리를 보다 많은 수강생들이 이해할 수 있는 수준으로 전달하는 것이다.

이러한 목표를 달성하기 위해 재무에 대한 명백하게 현대적인 접근방식은 보유하면서 주제들을 추려서 진짜 핵심('엣센셜')만으로 작업해 이 책의 제목이 되었다. 재무관리의 주제들이 몇몇 아주 강력한 직관의 작용으로 볼 수 있음을 항상 유지했다. 또한 특히 기초과목에서는 "왜"를 이해하는 것이 "어떻게"를 이해하는 것보다 더는 아니라도 그만큼 중요하다고 생각한다. 또 다른 교재인 (현재 12판) 『펀더멘탈 재무관리』(*Fundamentals of Corporate Finance*)와 지난 개정판에서 받았던 만족스러운 시장의 피드백에 의하면 많은 분이 수긍한다.

구성에서 이 책은 백과사전이 아니다. 목차에 나타난 것처럼 총 18장이다. 각 장은 30여 쪽의 분량이므로 정확히 한 학기를 겨냥하고 교재의 대부분은 통상의 학기나 쿼터에 현실적으로 다루어질 수 있다. 한 학기 분량을 집필하려면 다루는 주제와 깊이 면에서 선별했음을 의미한다. 전체적으로 더 특수한 주제는 후속 과목에 남기는 한편 핵심적('엣센셜!') 주제를 소개해 다루어 균형을 맞춘다.

항상 강조했고 본 개정판에서도 지속적으로 개선한 다른 일은 읽기 쉬움과 교수법이다. 엣센셜은 소극적인 정보 흡수자이기보다 학생들을 학습과정에 참여하도록 초대하는 편안한 화식 형식으로 작성되었다. 이 방식으로 학생들이 스스로 읽고 배우려는 의지가 극적으로 증가함을 알았다. 학급사이즈가 점점 커짐과 교수의 준비시간이 계속 늘어남 사이에서 기초과목에서는 이런 점이 교재의 핵심적('엣센셜!') 특성이라고 생각한다.

이 교재를 개발하는 전 과정에서 정말 중요하고 필요한 내용이 무엇인지를 계속해서 신중하게 검토했다. 그러는 과정에서 순수하게 이론적인 주제는 자제했으며 직관적으로 명백하거나 실무 적용에 제한적인 내용들을 설명하기 위한 막대하고 정교한 계산을 줄였다.

이러한 과정의 결과로 『엣센셜 기업재무』 집필에는 세 가지 기본 테마가 중심이 되었다.

직관의 강조 구체적인 내용을 시작하기 전에 항상 해당 원리를 상식적이고 직관적인 수준에서 분리하고 설명하려고 한다. 근본적인 개념은 우선 매우 일반적인 용어로 논의하고 재무관리자가 주어진 상황에서 실행할 것인 방법을 더 구체적인 용어로 보여주는 예를 들어 논의한다.

통일된 가치평가 접근방법 순현가(NPV)를 재무관리의 기본 개념으로 사용한다. 많은 교재들이 이 중요한 원칙의 일관된 통합에 부족하다. 이해보다는 계산을 강조하는 다분히 기계적인 방식을 택하다 보면 순현가가 비용에 대한 시장가치의 초과분을 나타낸다는 가장 기본적이고 중요한 개념을 종종 놓친다. 반면에 이 책에서 다루는 모든 주제들은 가치평가에 확고한 기반을 두어 전반적으로 특정한 의사결정이 가치평가에 주는 영향을 설명하도록 주의를 기울였다.

경영진의 관심 재무관리는 경영과 관련이 있음을 간과해서는 안 된다. 의사결정자로서의 재무관리자의 역할을 강조하며 경영진의 투입과 판단의 필요에 중점을 둔다. 작동원리를 알 수 없게 재무관리를 설명하는 방법을 의도적으로 피하고, 적절한 경우에는 재무분석의 대략적이고 실용적인 성격을 분명히 했으며, 유의할 점을 기술하고 그 한계를 논의한다.

다시 책을 내게 된 현재 목표는 여기까지 가져온 원칙들을 고수하고 확립하는 것이다. 그러나 여러분과 여러분 동료에게서 받은 방대한 피드백을 근거로 본 개정판을 만들었다.

랜돌프 웨스터필드
브래드포드 조던

역자 소개

연강흠

연세대학교 경영대학

연강흠 교수는 연세대학교 경영대학의 재무전공 교수이다. 미국 펜실베이니아대학교(University of Pennsylvania) 와튼스쿨(Wharton School)에서 박사학위를 취득한 직후에는 잠시 일본 쓰쿠바대학에서 야마이치 기금교수로 재직하였다. 현재 학부, 대학원, 경영대학원, 상남경영원에서 주로 '재무관리'와 '기업재무'를 강의하고 있으며 기업재무, 금융 및 자본시장, 자산관리가 주요 연구분야이다.

학회 활동으로 한국재무학회와 한국파생상품학회의 학회장을 역임했고 사회 활동으로 한국거래소 코스닥시장상장위원회 위원장, 금융감독원 금융투자업인가 외부평가위원회 위원장, 기획재정부 기금운용평가단장 그리고 국민연금, 공무원연금, 자산관리공사, 예금보험공사, 복권위원회, 지방행정공제회 등의 기금 및 자산운용위원회 위원 또는 위원장을 역임했다.

현재 통일과나눔재단 기금이사, 서울시 금융정책위원회 위원, 국제교류재단과 한국산업기술진흥원 자산운용위원회 위원, 한국IR협의회와 한국상장회사협의회의 자문위원, 한국예탁결제원 예탁결제자문위원회 위원장으로 활동하고 있다.

역자 서문

역자가 미국 펜실베이니아대학교(University of Pennsylvania) 와튼스쿨(Wharton School)의 재무학(Finance) 박사과정에서 수학할 때 저자 중의 한 명인 웨스터필드 교수는 재무학 교수로서 1988년부터 재무학 및 경영경제학과 학과장을 맡고 있었다. 당시 웨스터필드 교수는 와튼스쿨에서 예일대학교로 자리를 옮긴 로스 교수와 공동으로 MBA 과정에 적합한 재무관리 교재를 집필하고 있었다. 역자는 웨스터필드 교수의 연구조교(RA) 업무를 하면서 집필 중인 교재의 문제풀이 해답집을 만들고 교정을 보는 등 자연스럽게 출판 작업에 참여했다. 이후 와튼스쿨의 재무학 교수로서 역자의 박사논문심사위원회 위원 중 한 명이었던 제프리 제프(Jeffrey Jaffe) 교수가 합세해 〈기업재무〉(*Corporate Finance*) 교재를 출간해 전 세계 경영대학원 MBA 과정 및 학부과정에서 교재로 사용하기 시작했다.

한편 오리지널 교재로 재무관리를 처음 수강하는 학생에게는 내용이 너무 어렵고 주제의 범위와 내용의 분량이 방대하다는 의견들이 제기되었다. 이에 주제의 범위를 줄이고 내용을 쉽게 수정한 〈펀더멘탈 기업재무〉(*Fundamentals of Corporate Finance*)가 제프 교수를 대신한 조던(Brad D. Jordan) 교수의 도움으로 출간되었다. 그러나 재무를 전공하지 않는 학생들에게는 여전히 접근하기 어렵다는 평이 있었다. 이에 주제의 범위를 더 줄이고 쉬운 표현과 설명으로 상식적이며 실무적 수준에서 경영학의 재무 비전공자를 대상으로 한 〈엣센셜 재무관리〉(*Essentials of Corporate Finance*)가 1996년 만들어졌다.

로스 교수와 웨스터필드 교수가 시작한 MBA용 교재 〈기업재무〉(*Corporate Finance*) 시리즈 프로젝트에 역자가 초반부터 참여했던 인연은 귀국 후에도 이어졌다. 재무학의 메카라고 할 수 있는 미국의 재무관리를 한국 학생들이 쉽게 접할 수 있도록 하기 위해 2002년에 최초로 〈엣센셜 기업재무〉(*Essentials of Corporate Financ*)의 번역본을 출간했다. 1990년대 말 한국경제를 강타한 외환 및 금융위기를 극복하는 과정에서 재무와 금융분야는 제도적으로나 실무적으로 가장 큰 변화를 경험했다. 21세기 들어 세계화의 물결 속에 자본시장과 금융시장에서 글로벌 스탠더드를 주도하는 미국식 금융제도와 재무기법이 전격적으로 국내에 도입하면서 미국의 재무관리 교재가 한국에도 그대로 적용할 수 있는 환경이 조성되었다.

역자는 〈엣센셜 기업재무〉를 편역하며 개인과 기업의 재무상태와 의사결정 그리고 글로벌 경쟁력이 중요해진 이 시대에 최소한의 재무지식과 재무기법 이해와 실무에서의 활용 능력 제고를 위한 기초 확립에 역점을 두었다. 첫 번째 역서가 나온 지 18년이 지난 지금에도 그러한 생각에는 변함이 없다. 이 교재를 통해 미래지향적 재무와 금융에 대한 이해를 높이고 개인과 가정, 기업 그리고 사회와 국가에 조금이라도 도움이 되었으면 하는 것이 역자의 바람이다.

연강흠

교재의 구성

Organization of the Text

이 교재를 가능한 유연하고 모듈화하게 디자인했다. 총 9부로 구성되어 있고 개괄적으로 강사는 특정한 순서를 자유롭게 결정할 수 있다. 더욱이 각 부에서 첫 번째 장은 일반적으로 개관과 개론을 담고 있다. 그러므로 시간이 부족하면 이어지는 장은 생략할 수 있다. 마지막으로 각 장에서 처음에 나오는 부분은 일반적으로 매우 중요하나 나중에 나오는 부분은 계속성의 손상 없이 종종 생략될 수 있다. 이러한 이유로 강사는 다루는 주제, 순서, 심도를 상당히 통제할 수 있다.

〈엣센셜 기업재무〉 10판에서 다루는 내용에 대한 개념을 얻기 위해 다음에 각 장에서 강조할 내용과 가장 중요한 새로운 내용을 보여 준다. 물론 각 장에서 숫자, 서두 장식, 박스에 있는 내용, 실제 회사를 이용한 각 장의 설명과 예제도 전반적으로 새롭게 바뀌었다. 게다가 각 장을 마친 후의 내용들도 완전히 개정했다.

장	선별된 주제	사용자의 혜택
제1부	**재무관리 개관**	
제1장	우버(Uber)를 논의하는 *새* 서두	
	업데이트된 기업윤리에 관한 *재무사안* 박스	주택담보대출 사기, 역외 구매, 조세 피난처의 윤리적 주제 기술.
	업데이트된 임원과 유명인 보상에 관한 정보	적정 임원 보상의 가장 최근의 질문에 관한 중요한 발전 강조.
	업데이트된 주식 호가에 관한 *워크더웹* 박스	
	기업의 목표와 대리인 문제	경영의 가장 기본적 측면인 가치창출을 강조하고 발생할 수 있는 대리인 논점 기술.
	윤리, 재무관리, 임원 보상	이해충돌 및 윤리적 행위와 경영자 급여를 둘러싼 최근의 논쟁에 관한 현실적 문제를 제기.
	트리안 파트너스(Trian Partners)와 프록터앤드갬블(Proctor & Gamble)이 관련된 *새* 위임장 대결 사례	
	버라이존(Verizon)과 야후(Yahoo!)가 관련된 *새* 기업인수 분쟁 논의	
제2부	**재무제표와 현금흐름의 이해**	
제2장	미국의 '2017년 세금감면 및 잡스법'(TCJA)을 논의하는 *새* 서두	

장	선별된 주제	사용자의 혜택
	현금흐름 대 이익	현금흐름을 명확히 정의하고 현금흐름과 이익의 차이를 자세히 설명.
	시장가치 대 장부가치	장부가치 대비 시장가치의 적절성을 강조.
	TCJA를 고려한 법인세의 *새* 논의	
제3장	지속가능성장률과 내부성장률의 대안 공식의 추가 설명	성장률 공식을 확장해 설명함으로써 이 공식과 대안 공식이 올바른 상황에 대한 일반적 오해 제거.
	업데이트된 PE 비율의 서두	
	업데이트된 아마존(Amazon) 대 알리바바(Alibaba) 사례	
	업데이트된 재무비율에 관한 *워크더웹* 박스	수익성 비율을 계산하고 분석하는 방법 논의.
	업데이트된 재무비율에 관한 *재무사안* 박스	비율을 해석하는 방법을 기술.
제3부	**미래 현금흐름의 가치평가**	
제4장	화폐의 시간가치에 관한 2개 장 중 첫째	비교적 짧은 이 장은 일반적으로 어려운 화폐의 시간가치 주제를 학생들이 시작할 수 있게 기본 개념만을 소개.
	업데이트된 수집품에 관한 *재무사안* 박스	
제5장	화폐의 시간가치에 관한 둘째 장	수많은 예제, 계산기 팁, 엑셀 스프레드시트 난으로 고급 시간가치 주제를 다룸.
	업데이트된 프로 운동선수 연봉에 관한 서두	오늘 발생한 비용 대비 미래 현금유입의 가치평가 방법의 적절한 이해가 중요한 이유에 대한 현실적 예를 제공.
	업데이트된 복권에 관한 *재무사안* 박스	
	업데이트된 학자금대출에 관한 *재무사안* 박스	
제4부	**주식과 채권 가치평가**	
제6장	다양한 국채의 마이너스 금리에 관한 *새* 서두	이자율의 중요성과 채권과의 연계를 논의.
	채권의 가치평가	채권가격과 수익률 개념을 철저하게 다룸.
	스프린트(Sprint) 사채를 이용해 *업데이트된* 채권 특성 사례	
	이자율과 인플레이션	인플레이션, 피셔효과, 이자율 기간구조를 아주 직관적으로 논의.
	테바 제약회사(Teva Pharmaceuticals) 사채를 이용해 *업데이트된* "추락한 천사"(fallen angels) 사례	
	"클린"(clean) 대 "더티"(dirty) 채권 가격과 경과이자	쿠폰지급일 사이의 채권가격과 채권시장 호가 관행도 정리.
	업데이트된 국채 호가 표와 논의	
	업데이트된 역사적 이자율 그림	
	FINRA의 TRACE 시스템과 사채시장의 투명성	고정수익증권의 가격, 거래량, 거래 보고에 관한 새 발전에 대한 최근의 논의.
	"전액지급"(make-whole) 콜 조항	매우 보편화된 비교적 새로운 형태의 콜조항에 관한 최근의 논의.
제7장	주식가치 평가	일정성장과 비정상 성장모형을 철저하게 다룸.
	업데이트된 배당의 차이에 관한 서두	
	ICE 인수를 포함해 *업데이트된* NYSE 논의	주요 주식시장 운용의 최근 서술.
	업데이트된 OTCBB와 핑크시트(Pink Sheets) 시장에 관한 *재무사안* 박스	

장	선별된 주제	사용자의 혜택
제5부	**자본예산**	
제8장	*업데이트된* GE의 "이코매지네이션"(Ecomagination) 프로그램에 관한 서두	"그린"(green) 비즈니스의 중요성이 증가함을 보여줌.
	자본예산에 관한 2개 장에서 첫째	비교적 짧은 이 장은 일반적으로 어려운 자본예산주제를 접한 학생들을 돕기 위해 직관적 수준의 기본 개념을 소개.
	NPV, IRR, MIRR, 회수기간, 할인회수기간, 회계수익률	다양한 평가기준의 장점과 단점을 일관되고 균형 있게 검토.
제9장	프로젝트 현금흐름	프로젝트 현금흐름 및 프로젝트분석과 관련된 숫자를 빈틈없게 다룸.
	프로젝트 실패와 성공에 관한 *새* 서두	순현가의 적절한 평가에 대한 중요성을 제시함.
	보너스 감가상각의 *새* 논의	
	시나리오와 민감도분석	프로젝트분석에서 이 도구를 실제로 적용하고 해석하는 방법을 분명히 보여줌.
제6부	**위험과 수익**	
제10장	*업데이트된* 주식시장 성과에 관한 서두	개인 투자와 관련된 위험과 수익 간의 관계를 논의.
	자본시장 역사	역사적 수익률, 변동성, 리스크프리미엄을 폭넓게 다룸.
	시장 효율성	효율적 시장가설을 일반적인 오해와 함께 논의.
	기하평균수익률과 산술평균수익률	기하평균수익률의 계산과 해석을 논의. 산술평균과 기하평균수익률의 적절한 사용에 대한 일반적인 오해를 명백히 함.
	업데이트된 전문적 펀드관리와 성과에 관한 *재무사안* 박스	
제11장	분산투자, 체계적, 비체계적 위험	위험과 수익의 기본을 직설적으로 보여줌.
	업데이트된 발표의 주가반응에 관한 서두	
	업데이트된 베타계수 그림과 관련 논의	보통의 포트폴리오이론과 통계학을 생략하는 직관적인 방법으로 증권시장선을 도출.
	알파에 대한 *새* 논의	
제7부	**장기자금조달**	
제12장	자본비용의 추정	WACC의 직관적 개발과 실제 회사의 자본비용의 완전한 웹 기반 실례.
	업데이트된 이스트만(Eastman)의 WACC 계산	
	기하평균 대 산술평균 성장률	두 접근방식이 실무에서 사용. 성장률 추정을 둘러싼 주제를 명백하게 함.
	WACC로 회사 가치평가에 관한 *업데이트된* 장	프로젝트 가치평가와 기업가치평가 간 차이를 탐구.
제13장	재무레버리지의 기본	레버리지의 위험과 수익에 대한 효과를 보여줌.
	최적 자본구조	최적 자본구조로 이어지는 기본 교환관계 기술.
	'감세 및 잡스법'에 관한 *새* 서두	
	TCJA의 법인세에 대한 효과의 *새* 논의	
	재무적 곤경과 파산	파산절차를 간단히 조사.
제14장	애플(Apple)의 배당 발표로 *업데이트된* 서두	배당 인상과 자사주매입이 투자자를 즐겁게 하는 이유에 대한 질문 제기.
	전체 배당, 자사주매입, 배당금 지급 기업의 비중에 관한 *업데이트된* 그림	학생들에게 배당정책에 관한 최근 견해와 증거를 제공.
	배당과 배당정책	배당지급과 고배당 및 저배당정책을 선호하는 요인을 기술. 배당정책을 정하는 결과에 대한 최근의 조사를 포함.

장	선별된 주제	사용자의 혜택
	자사주매입 활동을 다루는 *업데이트된* 사례와 *재무사안* 박스	최근 불황에 이어 지금 자사주매입이 유행인 이유 탐구.
제15장	IPO 가치평가	1999~2000 기간과 최근의 알리바바(Alibaba) IPO를 포함해 IPO의 광범위한 최근 논의.
	더치 옥션	구글 IPO 사례를 이용해 균일가격("더치")경매를 설명.
	크라우드펀딩에 관한 *새* 항목	'잡스법'(JOBS Act)과 크라우드펀딩을 논의.
	암호화폐공개(ICO)에 관한 *새* 항목	
	직접 상장의 *새* 논의	
	IPO 초기수익률과 공개 수에 관한 *업데이트된* 표와 그림	
제8부	**단기재무관리**	
제16장	영업주기와 현금주기	현금흐름의 시점의 중요성 강조.
	단기재무계획	현금예산과 잠재적 자금의 필요를 보여줌.
	영업주기와 현금주기를 논의하는 *업데이트된 재무사안* 박스	회사의 현금주기의 비교로 회사의 성과를 밝히는 방법을 탐구.
제17장	현금회수와 현금지급	기업이 현금유입과 현금유출을 다루기 위해 이용하는 시스템 검토.
	신용관리	신용정책과 실행의 분석.
	재고관리	중요한 재고 개념의 간략한 개관.
제9부	**기업재무의 주제**	
제18장	국제 계정에 보유한 기업 현금에 관한 *새로운* 서두	통화 가치상승이 경제 전반에 주는 영향에 대한 질문 제기.
	환율	환율과 결정요인의 본질을 다룸.
	국제자본예산	환율을 다루기 위해 기본적인 DCF 방법의 적용 방법을 제공.
	환위험과 정치적 위험에 관한 *업데이트된* 논의	헤징과 정치적 위험을 둘러싼 이슈를 논의.
	'감세 및 잡스법'(Tax Cuts and Jobs Act)의 *새* 논의	미국 법률이 주식회사가 세금을 최소화하기 위해 이익을 관리하는 법을 어떻게 변경했는가 논의.

학습 해법

Learning Solutions

본서는 관련 개념을 분명히 보여주고 최근 보도를 제시하는 동시에 관심을 갖고 이해하기 쉬운 방법의 내용 제시에 매진한다. 의도된 독자의 다양한 요구에 부응하기 위해 본서에는 가치 있는 학습 도구와 지원이 풍성하다.

각 특성은 학생에 대한 혜택으로 분류될 수 있다.

- 실제 재무의사결정
- 응용 도구
- 학습보조

실제 재무의사결정

학생들이 각 장의 개념을 의사결정권자가 현실세계에서 자료를 이용하는 방법과 연계하도록 돕기 위해 2개의 주요 특징을 포함했다.

이색채권(Exotic Bonds)

채권에는 많은 특성이 있다. 이렇게 독특한 형태는 "이색"(exotic)이라고 불리며 아주 단순한 형태에서부터 진짜 난해한 형태까지 있다. 주택저당채권담보부증권(mortgage-backed securities: MBSs)의 경우를 보자. MBSs는 증권화된 금융상품의 한 형태이다. 증권화(securitization)에서 금융자산의 현금흐름은 증권으로 한데 모여져서 투자자들에게 매각된다. MBS로 주택저당채권을 개설한 은행이나 주택저당채권 중개업자는 신탁재산(trust)에 주택저당채권을 매각한다. 신탁재산은 주택저당채권을 한데 모은 후 채권을 투자자에게 매각한다. 채권자들은 주택소유자가 지급하는 주택저당채권 상환액에 기반을 둔 지급액을 받는다. 2008년 중에는 부동산 가치의 가파른 하락과 기초 주택저당채권의 디폴트율(default rates) 급증으로 MBSs와 관련된 문제들이 급격히 증대했다.

역전환사채(reverse convertible)는 비교적 새로운 형태의 구조화된 중기채(structured note)이다. 한 형태는 일반적으로 높은 쿠폰율을 제공하나 만기 시 상환은 액면가를 현금으로 지급하거나 주식으로 지급할 수도 있다. 예를 들어 최근 제너럴 모터스(GM)의 역전환사채의 쿠폰율은 16%로 오늘날의 이자율 환경에서는 매우 높다. 그러나 만기 시에 GM의 주가가 충분히 하락하면 채권자들은 액면가보다 가치가 적은 일정 수의 GM 주식을 받게 될 것이다. 그래서 채권수익률의 소득 부분은 높으나 액면가에서의 잠재적 손실이 추가 수익을 쉽게 잠식할 수 있다.

CAT 채권은 자연재해로부터 보험회사를 보호하기 위해 발행된다. 자연재해의 종류는 채권에 약술된다. 예를 들면 모든 CAT 채권의 약 30%는 북대서양 허리케인으로부터 보호한다. 이 채권은 허리케인과 관련해 상당한 손실이 발생하면 차입자가 일시적으로(또는 심지어 영원히) 지급을 중지할 수 있도록 설계되었다. 이 CAT 채권은 꽤 위험한 투자같이 보일 수 있으나 지금까지 5개만이 완전히 지급되지 않았다. 허리케인 카트리나(Katrina)로 CAT 채권자들은 1억 9천만 달러를 잃었다. CAT 채권자들은 2011년 일본의 쓰나미로 3억 달러를 잃기도 했다. 2011년 중에는 각각 1억 달러 가치의 2개의 다른 CAT 채권이 유난히 활동적인 토네이도 시즌으로 촉발되었고, 한 CAT 채권은 2017년 멕시코의 지진으로 촉발되었다. 이 채권은 8월 4일 발행되었는데 지진은 9월 7일 발생했다.

아마도 가장 비범한 채권(그리고 확실히 가장 잔인한)은 "사망채권"(death bond)일 것이다. 스톤스트리트 파이낸셜(Stone Street Financial)과 같은 회사들은 10년 이내에 사망할 것이라고 예상되는 개인에게서 생명보험정책을 매입한다. 그리고 보험계약자가 사망했을 때 받는 생명보험금으로 상환하는 채권을 판매한다. 투자자들에게 이 채권의 수익률은 보험계약자가 얼마나 오래 사느냐에 달려 있다. 가장 큰 리스크는 의료기술이 급속히 발전하면 보험계약자의 기대수명이 높아져 채권보유자의 수익이 감소하는 것이다.

▲ 재무사안 박스

대부분의 장은 최소한 하나의 *재무사안(Finance Matters)* 박스를 포함해 해당 주제가 지금 당장 일상의 재무의사결정에 어떻게 사용되는지를 보여 준다.

▼ 서두 장식

각 장(chapter)은 학생들에게 개념을 소개하기 위해 최근 실제 일어난 사건으로 시작한다.

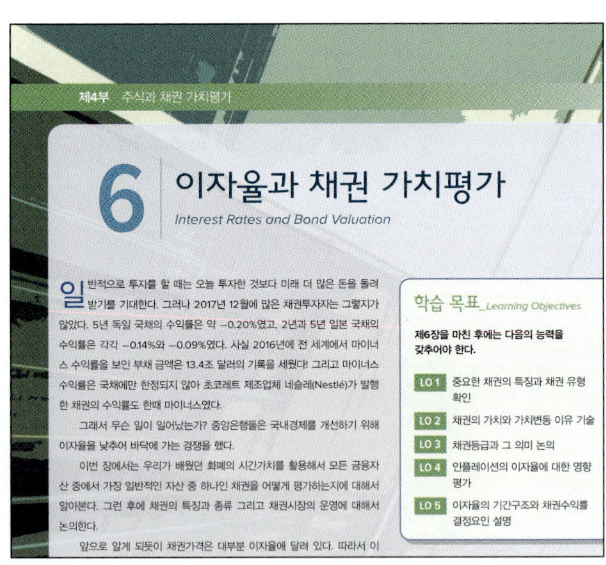

제4부 주식과 채권 가치평가

6 이자율과 채권 가치평가

Interest Rates and Bond Valuation

일반적으로 투자를 할 때는 오늘 투자한 것보다 미래 더 많은 돈을 돌려받기를 기대한다. 그러나 2017년 12월에 많은 채권투자자는 그렇지가 않았다. 5년 독일 국채의 수익률은 약 –0.20%였고, 2년과 5년 일본 국채의 수익률은 각각 –0.14%와 –0.09%였다. 사실 2016년에 전 세계에서 마이너스 수익률을 보인 부채 금액은 13.4조 달러의 기록을 세웠다! 그리고 마이너스 수익률은 국채에만 한정되지 않아 초코레트 제조업체 네슬레(Nestlé)가 발행한 채권의 수익률도 한때 마이너스였다.

그래서 무슨 일이 일어났는가? 중앙은행들은 국내경제를 개선하기 위해 이자율을 낮추어 바닥에 가는 경쟁을 했다.

이번 장에서는 우리가 배웠던 화폐의 시간가치를 활용해서 모든 금융자산 중에서 가장 일반적인 자산 중 하나인 채권을 어떻게 평가하는지에 대해서 알아본다. 그런 후에 채권의 특징과 종류 그리고 채권시장의 운영에 대해서 논의한다.

앞으로 알게 되듯이 채권가격은 대부분 이자율에 달려 있다. 따라서 이

학습 목표_Learning Objectives

제6장을 마친 후에는 다음의 능력을 갖추어야 한다.

- LO 1 중요한 채권의 특징과 채권 유형 확인
- LO 2 채권의 가치와 가치변동 이유 기술
- LO 3 채권등급과 그 의미 논의
- LO 4 인플레이션의 이자율에 대한 영향 평가
- LO 5 이자율의 기간구조와 채권수익률 결정요인 설명

응용 도구

재무관리에서 문제를 푸는 데 한 가지 이상의 방법이 있기에 학생들이 재무계산기와 엑셀 스프레드 기술을 포함해 다양한 문제풀이 방법을 학습하고 연마하도록 많은 항목을 포함한다.

▶ CHAPTER CASES

대부분 장의 끝에 있는 사례들은 재무관리 주제를 구체화한 상황에 처한 가상 회사에 초점을 맞춘다. 각 사례는 새 시나리오, 데이터, 딜레마를 제시한다. 각 사례 말미의 몇 가지 질문은 학생들이 해당 장에서 배운 모든 내용의 분석과 집중을 요구한다. 과제 또는 강의실에서의 연습 및 토의에 유용하다.

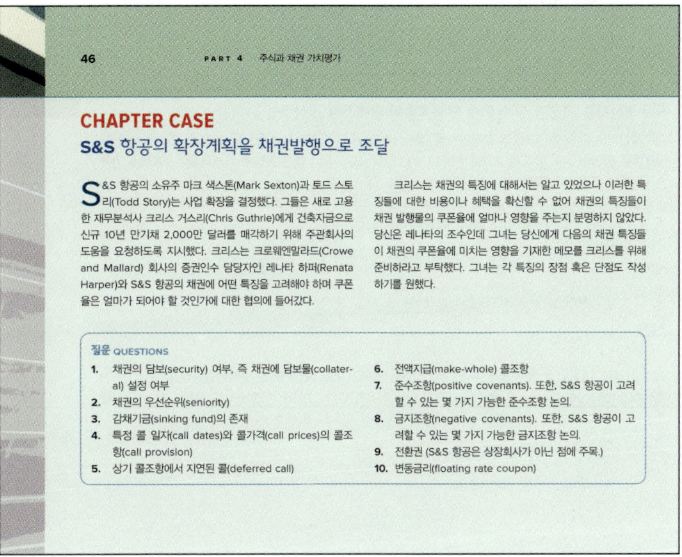

46 PART 4 주식과 채권 가치평가

CHAPTER CASE

S&S 항공의 확장계획을 채권발행으로 조달

S&S 항공의 소유주 마크 섹스톤(Mark Sexton)과 토드 스토리(Todd Story)는 사업 확장을 결정했다. 그들은 새로 고용한 재무분석사 크리스 거스리(Chris Guthrie)에게 건축자금으로 신규 10년 만기채 2,000만 달러를 매각하기 위해 주관회사의 도움을 요청하도록 지시했다. 크리스는 크로웨엔말라드(Crowe and Mallard) 회사의 증권인수 담당자인 레나타 하퍼(Renata Harper)와 S&S 항공의 채권에 어떤 특징을 고려해야 하며 쿠폰율은 얼마가 되어야 할 것인가에 대한 협의에 들어갔다.

크리스는 채권의 특징에 대해서는 알고 있었으나 이러한 특징들에 대한 비용이나 혜택을 확신할 수 없어 채권의 특징들이 채권 발행물의 쿠폰율에 얼마나 영향을 주는지 분명하지 않았다. 당신은 레나타의 조수인데 그녀는 당신에게 다음의 채권 특징들이 채권의 쿠폰율에 미치는 영향을 기재한 메모를 크리스를 위해 준비하라고 부탁했다. 그녀는 각 특징의 장점 혹은 단점도 작성하기를 원했다.

질문 QUESTIONS

1. 채권의 담보(security) 여부, 즉 채권에 담보물(collateral) 설정 여부
2. 채권의 우선순위(seniority)
3. 감채기금(sinking fund)의 존재
4. 특정 콜 일자(call dates)와 콜가격(call prices)의 콜조항(call provision)
5. 상기 콜조항에서 지연된 콜(deferred call)
6. 전액지급(make-whole) 콜조항
7. 준수조항(positive covenants). 또한, S&S 항공이 고려할 수 있는 몇 가지 가능한 준수조항 논의.
8. 금지조항(negative covenants). 또한, S&S 항공이 고려할 수 있는 몇 가지 가능한 금지조항 논의.
9. 전환권 (S&S 항공은 상장회사가 아닌 점에 주목.)
10. 변동금리(floating rate coupon)

▼ 워크더웹

각 장의 본문에 있는 *워크더웹*(*Work the Web*) 박스는 학생들이 웹을 이용해 재무주제들을 연구하는 방법과 경영의사결정을 내리는 데 필요한 정보를 이용하는 방법을 보여 준다. 모든 *워크더웹* 박스는 대화형의 후속 질문과 연습도 포함한다.

WORK THE WEB

채권 호가는 웹의 등장으로 이용이 쉬워졌다. (TRACE에서) 최근의 채권가격을 찾을 수 있는 사이트의 하나는 finra-markets.morningstar.com/BondCenter이다. 사이트에 가서 자동차부품회사로 잘 알려진 오토존(AutoZone)의 "AZO"을 입력했다. 총 10개의 미수채권을 발견한다. 다음은 발취한 정보이다.

Issuer Name	Symbol	Callable	Sub-Product Type	Coupon	Maturity	Ratings Moody's®	Ratings S&P	Last Sale Price	Last Sale Yield
AUTOZONE INC	AZO3996669	Yes	Corporate Bond	3.125	07/15/2023	Baa1	BBB	97.564	3.655
AUTOZONE INC	AZO.GI	Yes	Corporate Bond	7.125	08/01/2018	Baa1	BBB	100.529	2.612
AUTOZONE INC	AZO3925874	Yes	Corporate Bond	2.875	01/15/2023	Baa1	BBB	96.504	3.711
AUTOZONE INC	AZO3844612	Yes	Corporate Bond	3.700	04/15/2022	Baa1	BBB	100.733	3.480
AUTOZONE INC	AZO4236546	Yes	Corporate Bond	2.500	04/15/2021	Baa1	BBB	97.586	3.403
AUTOZONE INC	AZO4354812	Yes	Corporate Bond	3.125	04/21/2026	Baa1	BBB	92.846	4.205
AUTOZONE INC	AZO4235610	Yes	Corporate Bond	3.250	04/15/2025	Baa1	BBB	95.108	4.078
AUTOZONE INC	AZO.GK	Yes	Corporate Bond	4.000	11/15/2020	Baa1	BBB	101.756	3.152
AUTOZONE INC	AZO4354853	Yes	Corporate Bond	1.625	04/21/2019	Baa1	BBB	99.448	2.290
AUTOZONE INC	AZO4482985	Yes	Corporate Bond	3.750	06/01/2027	Baa1	BBB	96.408	4.236

정보는 대부분 스스로 설명이 가능하다. 가격(Price)과 수익률(Yield) 열은 가장 최근에 매각된 발행물의 가격과 만기수익률을 보여 준다. 특정 발행물에 대한 더 많은 정보를 원해 클릭을 하면 쿠폰 일자(coupon dates)와 콜 일자(call dates)와 같이 더 자세한 내용을 알려줄 것이다.

질문 QUESTION

1. *이 웹사이트로 가서 부수된 표에 나와 있는 마지막 채권을 찾는다. 이 채권은 언제 발행되었는가? 채권발행 규모는 어떠한가? 채권의 발행 당시 만기수익률과 가격은 얼마인가?*

로 약속한 1,000달러보다 낮은 금액에만 빌려주려고 할 것이다. 이 채권은 액면가보다 낮은 가격에 거래되기에 **할인채**(*discount bond*)라고 한다.

미국의 채권 사이트 www.bloomberg.com/markets/rates-bonds에 유용한 정보가 많이 있다.

10%까지 이자를 얻을 수 있는 유일한 방법은 채권 구매자가 사실상 기본 수익이 되도록 가격을 1,000달러보다 낮추는 것이다. 이 채권의 가격 885달러는 액면가보다 115달러 적어 채권을 매입해 보유한 투자자들은 매년 80달러를 받고 만기에 115달러의 이득도 보게 될 것이다. 이러한 이득은 대출자에게 시장이자율보다 낮은 것을 보상한다.

채권이 115달러만큼 할인된 이유는 80달러의 쿠폰이 현재 시장 상황에서 새로 액면발행되는 채권의 쿠폰보다 20달러가 적은 점으로도 알 수 있다. 채권은 매년 100달러의 쿠폰을 지급할 때만 1,000달러의 가치가 있을 것이다. 이런 점에서 이 채권을 사서 보유하는 투자자는 9년 동안 매년 20달러를 포기하는 셈이 된다. 10%에 이 연금 흐름의 가치는 다음과 같다.

웹 링크의 주석 ▶

웹 링크(web links)가 교재의 여백에 제공된다. 웹 링크는 특히 교재와 이어지는 내용이 되도록 선정되어 학생들과 강사에게 인터넷을 이용해 추가정보를 신속하게 검색하게 한다.

웹에서 문제풀기 ▶

각 장의 말미에 있는 활동은 학생들이 인터넷에서 이용 가능한 방대한 재무자원들을 이용하고 배우는 방법을 보여 준다.

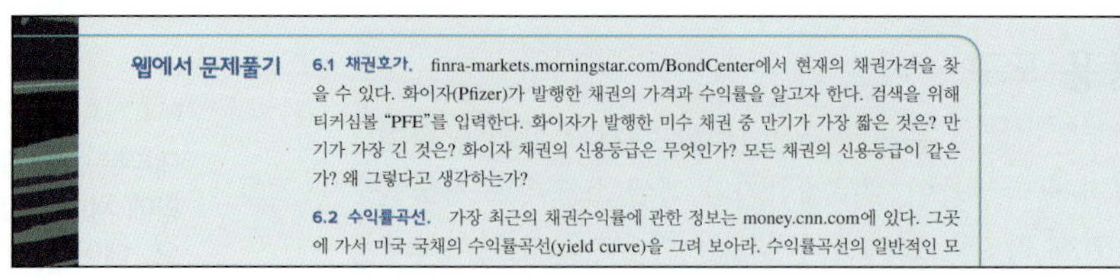

웹에서 문제풀기

6.1 채권호가. finra-markets.morningstar.com/BondCenter에서 현재의 채권가격을 찾을 수 있다. 화이자(Pfizer)가 발행한 채권의 가격과 수익률을 알고자 한다. 검색을 위해 티커심볼 "PFE"를 입력한다. 화이자가 발행한 미수 채권 중 만기가 가장 짧은 것은? 만기가 가장 긴 것은? 화이자 채권의 신용등급은 무엇인가? 모든 채권의 신용등급이 같은가? 왜 그렇다고 생각하는가?

6.2 수익률곡선. 가장 최근의 채권수익률에 관한 정보는 money.cnn.com에 있다. 그곳에 가서 미국 국채의 수익률곡선(yield curve)을 그려 보아라. 수익률곡선의 일반적인 모

계산기 힌트

재무계산기를 이용한 다수 미래 현금흐름의 현재가치 계산방법

재무계산기로 다수 현금흐름의 현재가치를 계산하기 위해 지난 장에서 사용했던 기법을 이용해 개별 현금흐름을 할인하겠다. 따라서 실제로 새로운 것은 없다. 그러나 더 빠른 방법을 소개하겠다. [예제 5.3]에서 사용한 숫자들로 설명한다.

물론 시작하려면 우선 계산기를 초기화해야 한다. 그다음 [예제 5.3]에서 첫 현금흐름은 1년 후에 받게 되는 200달러로 할인율은 12%이다. 따라서 다음과 같이 한다.

입력	1	12			200
	N	I/Y	PMT	PV	FV
계산				–178.57	

이제 기억을 위해 답을 적어 놓을 수 있으나 비효율적이다. 모든 계산기에는 숫자들을 저장할 수 있는 기억장치가 있다. 거기에 이 숫자를 저장시키지 않을 이유가 없다. 그렇게 하면 숫자를 적거나 다시 숫자를

◀ 계산기 힌트

계산기 힌트(*Calculator Hints*)는 여러 장에서 독립된 구획으로 학생들에게 계산기의 기초를 소개하고 나서 계산기로 문제를 푸는 방법을 보여준다. 부록 D에는 2개의 특정 계산기로 문제를 푸는 더 자세한 지침이 있다.

스프레드시트 전략 ▶

독특한 *스프레드시트 전략*(*Spreadsheet Strategies*)도 독립된 구획으로 학생들이 문제를 풀기 위해 스프레드시트를 설정하는 방법을 보여 준다. 모든 경영학 전공 학생의 교육에 필수적인 부분이다.

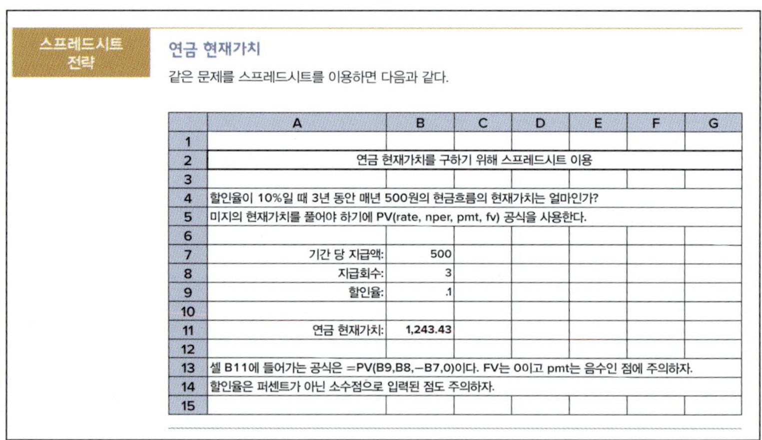

스프레드시트 전략

연금 현재가치

같은 문제를 스프레드시트를 이용하면 다음과 같다.

	A	B	C	D	E	F	G
1							
2	연금 현재가치를 구하기 위해 스프레드시트 이용						
3							
4	할인율이 10%일 때 3년 동안 매년 500원의 현금흐름의 현재가치는 얼마인가?						
5	미지의 현재가치를 풀어야 하기에 PV(rate, nper, pmt, fv) 공식을 사용한다.						
6							
7	기간 당 지급액:	500					
8	지급회수:	3					
9	할인율:	.1					
10							
11	연금 현재가치:	1,243.43					
12							
13	셀 B11에 들어가는 공식은 =PV(B9,B8,–B7,0)이다. FV는 0이고 pmt는 음수인 점에 주의하자.						
14	할인율은 퍼센트가 아닌 소수점으로 입력된 점도 주의하자.						
15							

학습 보조

학생들이 이 교재와 수업에서 대부분의 지식을 습득하기 원하며 학생들은 상이한 학습 방식과 학습 욕구가 있음을 인식한다. 그러므로 다양한 학생들의 흥미를 일으키기 위해 여러 학습 특징을 제공한다.

▼ 학습목표

각 장은 학생들의 이해에 핵심이 되는 여러 학습목표(learning objectives)로 시작한다. 학습목표(LO)는 각 장 말미의 연습문제와 문제은행 질문에도 연계된다.

2018년 5월 1일에 애플(Apple)은 최근의 사업 성공으로 주주에게 보상할 광범위한 계획을 발표했다. 이 계획에 의하면 애플은 (1) 연간 배당금을 주당 63센트에서 73센트로 16% 올리고 (2) 약 1천억 달러의 보통주를 재매입할 것이다. 투자자들이 기분이 좋아져 주가는 발표에 약 2.3% 올랐다. 투자자들은 왜 기뻐했을까? 그 이유를 알아내기 위해 이번 장에서는 이러한 조치와 조치가 주주에게 시사하는 바를 살펴본다.

이번 장은 배당정책(dividend policy)에 관한 것이다. 제7장에서 주식의 가치는 주주에게 지급될 것인 모든 미래의 배당에 달려 있음을 보았다. 분석에서 미래의 배당 흐름은 정해진 것으로 했다. 이제 검토하는 것은 주식회사가 배당지급의 크기와 시기의 결정 방법이다. 주가를 최대화하는 배당정책인 최적 배당정책을 설정하는 방법을 알려고 한다. 발견한 사실은 다른 무엇보다도 최적 배당정책의 결정 또는 최적 배당정책과 같은 것이 있는지조차 전혀 명백하지 않다는 것이다!

학습 목표_Learning Objectives

제14장을 마친 후에는 다음의 능력을 갖추어야 한다.

- LO 1 배당의 유형과 배당의 지급 방법 논의
- LO 2 배당정책결정 관련 이슈 설명
- LO 3 현금배당과 주식배당의 차이
- LO 4 자사주매입이 배당의 대체 수단인 이유 설명

▼ 교육용 색채 사용

교재를 더 친근하게 할 뿐만 아니라 더 중요하게는 기능적 요소로서 학생들이 논의를 따라가도록 돕기 위해 완전 컬러 팔레트를 계속 이용한다. 거의 모든 장에서 컬러는 중요하고 대체로 자명한 역할을 한다.

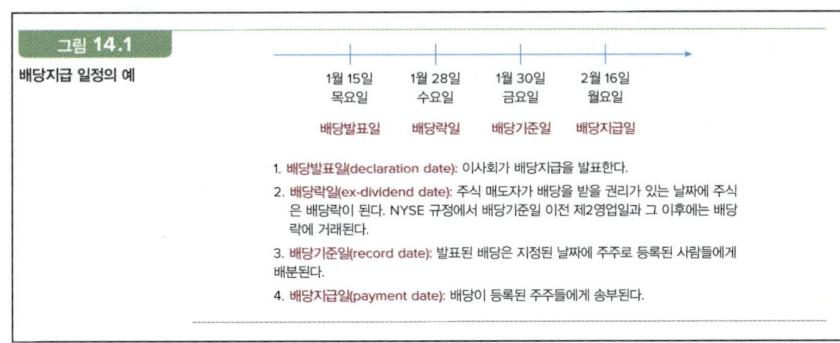

그림 14.1
배당지급 일정의 예

1월 15일 목요일	1월 28일 수요일	1월 30일 금요일	2월 16일 월요일
배당발표일	배당락일	배당기준일	배당지급일

1. 배당발표일(declaration date): 이사회가 배당지급을 발표한다.
2. 배당락일(ex-dividend date): 주식 매도자가 배당을 받을 권리가 있는 날짜에 주식은 배당락이 된다. NYSE 규정에서 배당기준일 이전 제2영업일과 그 이후에는 배당락에 거래된다.
3. 배당기준일(record date): 발표된 배당은 지정된 날짜에 주주로 등록된 사람들에게 배분된다.
4. 배당지급일(payment date): 배당이 등록된 주주들에게 송부된다.

비판적 사고와 개념 복습 ▶

각 장은 학생들이 배운 개념을 새로운 상황에 적용하도록 도전하는 비판적 사고 질문으로 마친다.

비판적 사고와 개념 복습

- LO 3 **12.1 WACC.** 가장 기본적인 수준에서 기업의 WACC가 12%라면 무엇을 의미하는가?
- LO 3 **12.2 장부가치 대 시장가치.** WACC 계산에서 부채나 자기자본 중 장부가를 사용해야 한다면 어느 것을 선택하겠는가? 그 이유는?
- LO 4 **12.3 프로젝트 위험.** 프로젝트에 필요한 모든 자금을 6%에 빌릴 수 있다면 프로젝트의 자본비용은 6%인가?
- LO 4 **12.4 WACC와 세금.** 부채비용은 세후로 계산하고 자기자본비용은 그렇지 않은 이유는 무엇인가?
- LO 1 **12.5 DGM 자기자본비용 추정.** 자기자본비용 결정을 위해서 배당성장모형(DGM) 을 사용하는 장점은 무엇인가? 단점은 무엇인가? DGM 모형을 이용해서 자기자본비용을 구하는데 필요한 정보는 무엇인가? 이 숫자의 추정치를 얻는 방법은 무엇인가?
- LO 1 **12.6 SML 자기자본비용 추정.** 자기자본비용을 구하기 위해서 SML 방법을 사용하는 장점은 무엇인가? 단점은 무엇인가? SML 방법을 사용하는데 필요한 특정 정보는 무엇인가? 이 모든 변수는 관찰 가능한가, 아니면 추정할 필요가 있는가? 이들 추정치를 얻는 방법은 무엇인가?

개념문제 CONCEPT QUESTIONS

- **6.1a** 채권과 관련된 현금흐름은 무엇인가?
- **6.1b** 채권의 가치는 일반적으로 어떻게 표현하는가?
- **6.1c** 채권 소유에 따른 유일한 위험은 발행자가 지급을 모두 이행하지 않는 것이라는 말이 사실인가? 설명하라.

◀ 개념문제

각 장의 절은 단계적으로 기초를 쌓아가는 학습법을 촉진하기 위해 의도적으로 짧게 유지한다. 그리고 각 절의 말미에는 방금 제시된 주요 아이디어를 강조하는 일련의 짧은 개념문제가 있다. 학생들은 이 문제를 이용해 읽었던 가장 중요한 개념을 확인하고 이해할 수 있는지를 확실히 할 수 있다.

예제 11.4 **포트폴리오 분산과 표준편차**

[예제 11.3]에서 두 포트폴리오의 표준편차는 얼마인가? 답하기 위해 우선 두 가지 상황에. 리오 수익률을 계산해야 한다. 주식 A에 50%, 주식 B와 주식 C에 각각 25%씩 투자한 독 트폴리오로 작업할 것이다. 적절한 계산은 다음과 같이 요약될 수 있다.

		수익률			
경제 상황	상황 발생 확률	주식 A	주식 B	주식 C	포트폴리
호황	0.40	10%	15%	20%	13.75%
불황	0.60	8	4	0	5.00

◀ 번호가 붙은 예제

별도의 번호와 제목이 붙은 예제는 광범위하게 장에 통합시킬 수 있다. 예제는 단계적인 형태로 교재 내용을 자세히 응용과 실례를 제공한다. 각 예제는 완전히 독립적이어서 학생들이 추가 정보를 찾지 않아도 된다. 교실에서 시험해 본 바에 의하면 예제가 세부 사항과 설명을 제공하기에 가장 유용한 학습 도구 중 하나이다.

요약표 ▶

이 표는 주요 원리, 결과와 등식을 간략히 정리한다. 일단의 관련 개념들을 강조하고 요약할 필요가 있을 때마다 나타난다.

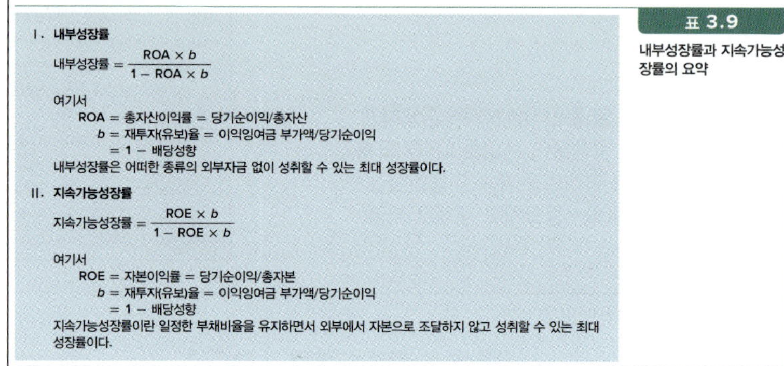

표 3.9

내부성장률과 지속가능성장률의 요약

I. 내부성장률

$$\text{내부성장률} = \frac{\text{ROA} \times b}{1 - \text{ROA} \times b}$$

여기서

ROA = 총자산이익률 = 당기순이익/총자산

b = 재투자(유보)율 = 이익잉여금 부가액/당기순이익

= 1 − 배당성향

내부성장률은 어떠한 종류의 외부자금 없이 성취할 수 있는 최대 성장률이다.

II. 지속가능성장률

$$\text{지속가능성장률} = \frac{\text{ROE} \times b}{1 - \text{ROE} \times b}$$

여기서

ROE = 자본이익률 = 당기순이익/총자본

b = 재투자(유보)율 = 이익잉여금 부가액/당기순이익

= 1 − 배당성향

지속가능성장률이란 일정한 부채비율을 유지하면서 외부에서 자본으로 조달하지 않고 성취할 수 있는 최대 성장률이다.

3.2 비율분석

규모가 다른 기업체들을 비교할 때 발생하는 문제점들을 피할 수 있는 또 다른 방법은 **재무비율(financial ratios)**을 계산해서 비교하는 것이다. 재무비율로 서로 다른 재무정보들의 관계를 비교하고 조사한다. 여기서는 보다 널리 사용되는 재무비율을 다루겠지만 그 이외에도 많은 재무비율이 있다.

비율과 관련된 한 가지 문제점은 종종 재무비율을 정확히 같은 방법으로 계산하지 않아서 상당히 혼란스럽다는 것이다. 본 교재에서 사용하는 재무비율의 정의가 그동안

재무비율
financial ratios
기업의 재무정보에서 결정된 관계이고, 비교 목적으로 이용된다.

포괄손익계산서
income statement
일정 기간 기업의 성과를

◀ 주요 용어

주요 용어는 처음 나타난 부분에 표시하고 본문과 여백에 정의되었다.

주요 등식 ▶

주요 등식은 본문에서 떼어내어 등식 번호로 구분했다. 부록 B는 장별로 주요 등식을 보여준다.

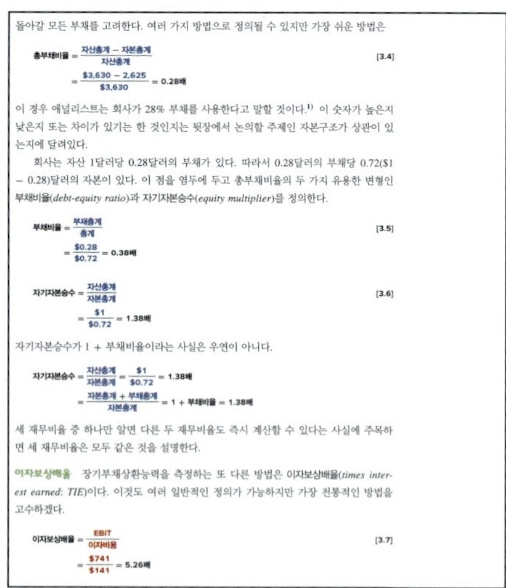

돌아갈 모든 부채를 고려한다. 여러 가지 방법으로 정의될 수 있지만 가장 쉬운 방법은

$$\text{총부채비율} = \frac{\text{자산총계} - \text{자본총계}}{\text{자산총계}} = \frac{\$3{,}630 - 2{,}625}{\$3{,}630} = 0.28\text{배} \quad [3.4]$$

이 경우 애널리스트는 회사가 28% 부채를 사용한다고 말할 것이다.[1] 이 숫자가 높은지 낮은지 또는 차이가 있기는 한 것인지는 뒷장에서 논의할 주제인 자본구조가 상관이 있는지에 달려있다.

회사는 자산 1달러당 0.28달러의 부채가 있다. 따라서 0.28달러의 부채당 0.72($1 − 0.28)달러의 자본이 있다. 이 점을 염두에 두고 총부채비율의 두 가지 유용한 변형인 부채비율(*debt-equity ratio*)과 자기자본승수(*equity multiplier*)를 정의한다.

$$\text{부채비율} = \frac{\text{부채총계}}{\text{총계}} = \frac{\$0.28}{\$0.72} = 0.38\text{배} \quad [3.5]$$

$$\text{자기자본승수} = \frac{\text{자산총계}}{\text{자본총계}} = \frac{\$1}{\$0.72} = 1.38\text{배} \quad [3.6]$$

자기자본승수가 1 + 부채비율이라는 사실은 우연이 아니다.

$$\text{자기자본승수} = \frac{\text{자산총계}}{\text{자본총계}} = \frac{\$1}{\$0.72} = 1.38\text{배} = \frac{\text{자본총계} + \text{부채총계}}{\text{자본총계}} = 1 + \text{부채비율} = 1.38\text{배}$$

세 재무비율 중 하나만 알면 다른 두 재무비율도 즉시 계산할 수 있다는 사실에 주목하면 세 재무비율은 모두 같은 것을 설명한다.

이자보상배율 장기부채상환능력을 측정하는 또 다른 방법은 이자보상배율(*times interest earned: TIE*)이다. 이것도 여러 일반적인 정의가 가능하지만 가장 전통적인 방법을 고수하겠다.

$$\text{이자보상배율} = \frac{\text{EBIT}}{\text{이자비용}} = \frac{\$741}{\$141} = 5.26\text{배} \quad [3.7]$$

투자는 순현재가치가 양수이면 채택해야 하고, 음수이면 기각해야 한다.

◀ 강조 구절

교재 도처에 중요한 개념은 학생들에게 그 중요함을 나타내기 위해 별도로 표시하고 박스에 넣었다.

요약과 결론

이번 장에서는 현금흐름할인 분석을 구성하고 그 결과를 평가하는 방법을 기술했다. 여기서 다음의 내용을 다루었다.

1. 관련된 프로젝트 현금흐름의 확인. 프로젝트 현금흐름을 논의하였고, 매몰비용, 기회비용, 재무비용, 순운전자본, 잠식을 포함해 자주 거론되는 주제들을 다루는 방법을 기술했다.
2. 추정재무제표의 작성과 이용. 추정 현금흐름 산출에 추정재무제표 정보가 얼마나 유용한지를 보였다.
3. 시나리오 분석과 민감도 분석의 이용. 이런 도구는 미래의 현금흐름과 NPV 추정에 대한 가정의 영향 평가에 널리 사용된다.

요약과 결론▲

이 단락은 해당 장의 주요 사항을 복습하고 마감한다.

복습과 자체시험 문제

9.1 영업현금흐름 계산. 제안된 확장 프로젝트의 두 번째 해 매출을 1,432원으로 추정했다. 비용은 통상 매출액의 70%로 이 경우 약 1,002원이다. 감가상각비는 80원이고 세율은 22%이다. 영업현금흐름은 얼마인가? ([문제 9] 참조)

9.2 시나리오 분석. 비용은 500,000원이고 5년 수명에 잔존가치가 0인 프로젝트를 검토하고 있다. 감가상각은 0까지 정액법이다. 요구수익률은 15%이고 세율은 21%이다. 매출은 연간 400개로 추정한다. 단가는 3,000원이고, 변동비용은 단위당 1,900원이며, 고정비용은 연간 250,000원이다. 필요한 순운전자본은 없다.

판매량, 가격, 변동비용, 고정비용의 추정치는 5% 이내에서 정확하다고 하자. 이 프로젝트의 상한선과 하한선은 얼마인가? 기본 경우의 NPV는 얼마인가? 최상과 최악의 시나리오에서 NPV는 얼마인가? ([문제 21] 참조)

◀ 복습과 자체시험 문제

복습과 자체시험 문제는 요약 다음에 나온다. 자체시험 문제의 자세한 해답이 즉시 나온다. 이 질문과 해답으로 학생들은 해당 장의 내용과 관련된 주요 문제들을 해결하는 능력을 시험할 수 있다. 이 문제들은 연습문제의 유사한 문제로 대응된다. 목적은 예로든 저자의 작업을 이용해서 학생들이 어려운 문제를 마치도록 돕는 것이다.

연습문제 ►

많은 학생에게는 연습할 충분한 기회를 가질 때 더 잘 배운다. 따라서 학습목표(LO)와 연계된 광범위한 연습문제를 제공한다. 연습문제들은 일반적으로 초급, 중급, 고급의 세 레벨로 구분된다. 모든 문제는 앞에 주제가 적혀 있어 학생과 강사는 특정 유형을 바로 구분할 수 있다. 교재 도처에 각 장 내용의 현실세계 적용을 보여주는 흥미로운 문제를 제공하는 작업을 했다. 선정된 문제의 해답은 부록 C에 나온다.

연습문제

초급 (문제 1-14)

LO 1 1. **플로트 계산.** 유통되는 수표나 미결제 입금이 없는 예치에 85,000달러가 있다. 어느 날 21,600달러의 수표를 발행했다. 이는 지급플로트(disbursement float)를 만드는가 또는 회수플로트(collection float)를 만드는가? 사용가능잔액(available balance)은 얼마인가? 장부 잔액(book balance)은 얼마인가?

LO 1 2. **플로트 계산.** 유통되는 수표나 미결제 입금이 없는 예금에서 11,900달러가 있다. 2,200달러의 수표를 입금한다. 이는 지급플로트를 만드는가 또는 회수플로트를 만드는가? 이용가능 잔액은 얼마인가? 장부 잔액은 얼마인가?

LO 1 3. **플로트 계산.** 유통 수표 또는 미결제 입금이 없는 예금에서 21,400달러가 있다. 어느 날 4,300달러의 수표를 발행하고, 4,900달러의 수표를 예금했다. 지급 플로트, 회수플로트 그리고 순플로트는 얼마인가?

LO 2 4. **현금할인.** 단위당 67달러의 가격으로 560단위의 굿엑스(Good X)를 주문한다. 공급자는 1/10, 네트 30의 조건을 제시한다.

감사의 글

Acknowledgments

저자들과 같이 사용 중이던 교재의 대안을 찾다가 본 교재로 바꾼 전 세계의 수많은 동료들과 학생들에게 큰 은혜를 입은 것은 분명하다. 이번 개정판의 발전과 개선은 수년간 이 책에 관심을 갖고 기초과목에서 정기적으로 강의한 수많은 동료들로부터 받은 자세한 피드백을 중심으로 계획되었다. 다음의 헌신적인 학자와 강사에게 진심으로 감사를 드린다.

Vaughn S. Armstrong, *Utah Valley University*
Juan Avendano, *Augsburg College*
R. Brian Balyeat, *Xavier University*
John Barkoulas, *Georgia Southern University*
Laura Beal, *University of Nebraska at Omaha*
Stephen G. Buell, *Lehigh University*
Manfen Chen, *University of Southern Indiana*
Su-Jane Chen, *Metropolitan University College of Denver*
Ingyu Chiou, *Eastern Illinois University*
Paul Chiou, *Northeastern University*
Brandon Cline, *Mississippi State University*
Susan Coleman, *University of Hartford*
Bruce A. Costa, *University of Montana*
Maria E. de Boyrie, *New Mexico State University*
David Dineen, *Seton Hall University*
Alan Eastman, *Indiana University of Pennsylvania*
David Eckmann, *University of Miami*
Dan Ervin, *Salisbury University*
Jocelyn Evans, *College of Charleston*
Ramon T. Franklin, *Clemson University*
Sharon H. Garrison, *University of Arizona*
Victoria Geyfman, *Bloomsburg University of Pennsylvania*
Kimberly R. Goodwin, *University of Southern Mississippi*

Michael Gunderson, *Purdue University*
Karen L. Hamilton, *Lasell College*
Mahfuzul Haque, *Indiana State University*
John J. Harrington Jr., *Seton Hall University*
John Hatem, *Georgia Southern University*
Rodrigo Hernandez, *Radford University*
Keith Jakob, *University of Montana*
Abu Jalal, *Suffolk University*
Marlin Jensen, *Auburn University*
Samuel Kyle Jones, *Stephen F. Austin State University*
Douglas Jordan, *Sonoma State University*
Ashok K. Kapoor, *Augsburg College*
Howard Keen, *Temple University*
Marvin Keene, *Coastal Carolina University*
James D. Keys, *Florida International University*
Ladd Kochman, *Kennesaw State University*
Denise Letterman, *Robert Morris University–Pittsburgh, PA*
Seongyeon (Sonya) Lim, *DePaul University*
Alethea Lindsay, *Grambling State University*
Qingfeng "Wilson" Liu, *James Madison University*
Angelo Luciano, *Columbia College-Chicago*
Suzan Murphy, *University of Tennessee*
Ohanes Paskelian, *University of Houston Downtown*
Milena Petrova, *Syracuse University*
Ted Pilger, *Southern Illinois University-Carbondale*
Alexandros P. Prezas, *Suffolk University*
Charles Reback, *University of South Carolina Upstate*
Thomas A. Rhee, *California State University-Long Beach*
Jong C. Rhim, *University of Southern Indiana*
Clarence C. Rose, *Radford University*
Camelia S. Rotaru, *St. Edward's University*
Andrew Saporoschenko, *St. Louis University*
Michael J. Seiler, *Old Dominion University*
Roger Severns, *Minnesota State University-Mankato*
Gowri Shankar, *University of Washington-Bothell*

Luke Sparvero, *SUNY-Oswego*
Carolyn Spencer, *Dowling College*
Andrew Spieler, *Hofstra University*
Glenn Tanner, *Texas State University*
John Thornton, *Kent State University*
Hiep Tran, *California State University-Sacramento*
Cathyann Tully, *Kean University*
James A. Turner, *Weber State University*
John B. White, *United States Coast Guard Academy*
Susan White, *University of Maryland*
Fred Yeager, *Saint Louis University*
Tarek Saad Zaher, *Indiana State University*

이 교재에 수반된 많은 보조 교재를 헌신적으로 작업한 동료에게도 각별한 은혜를 입었다. 라도리스 보프(LaDoris Baugh)는 강의 매뉴얼과 파워포인트 슬라이드를 개발했고, 조셉 헤거(Joseph Hegger)는 문제은행을 대대적으로 수정하고 향상시켰다.

개정판 작업을 한 벨몬트 대학교(Belmont University)의 조셉 스몰리라(Joseph C. Smolira)에게도 감사한다. 그는 우리와 함께 이번 개정판에 추가된 많은 각 장 서두 장식과 현실 사례와 함께 해답집을 개발했다.

스티브 헤일리(Steve Hailey)와 앤듀류 벨리(Andrew Beeli)는 전문적인 교정과 특히 교재 전반에 걸쳐 모든 계산을 세심하게 검토하는 골치 아픈 작업을 맡았다.

마지막으로 이 프로젝트의 모든 단계에서 훌륭한 조직인 맥그로힐 에듀케이션(MaGraw-Hill Education)의 완벽하고 한결같은 지원을 받는 특혜를 누렸다. 특별히 MHE 영업 조직에 감사한다. 그들의 제안, 잠재적 사용자를 지원하는 전문성, 현재 사용자에 대한 서비스가 성공의 주요 요인이었다.

이번 개정판의 개발팀으로 참여했던 다음의 선별된 전문가 집단에게 진심으로 감사드린다. 브랜드 팀장 척 시노벡(Chuck Synovec), 선임 제품개발담당자 제니퍼 업톤(Jennifefr Upton), 마케팅 팀장 트리나 마우러(Trina Maurer), 컨텐츠 프로젝트 매니저 질 에커(Jill Eccher)와 자미 코크(Jamie Koch), 수석 디자이너 매트 다이아몬드(Matt Diamond), 그리고 수석 제품 개발담당자 미셸 자니섹(Michele Janicek). 너무 많아 모두 언급하지는 못하나 맥그로힐의 다른 사람들도 셀 수 없는 방법으로 이 책을 발전시켰다.

이번 개정판을 개발하는 내내 오류를 찾아내 제거하는데 주의를 기울였다. 이 주제를 다루는 최고의 교재를 제공하는 것이 우리의 목표이다. 미래 개정판에는 오류가 전혀 없도록 산술적 오류를 처음으로 알려주는 분에게는 정중한 감사의 표시로 10달러를 제공할 것이다. 이보다 더는 강사와 학생을 막론하고 의견을 듣고 싶다. 다음 주소로 의견을 보내주시기 바란다. Dr. Brad Jordan, c/o Editorial-Finance, McGraw-Hill Education, 120 Riverside Drive, 12th Floor, IL 60606.

랜돌프 웨스터필드
브래드포드 조던

학생 여러분은 더 효율적으로 공부하고 더 많이 기억하고 더 좋은 성적을 거두세요. 교육자 여러분은 학생들을 가르치는 일에 집중할 수 있습니다.

Connect로 성공적인 한 학기를 보내세요

FOR INSTRUCTORS

65%

Less Time Grading

당신만의 코스를 만들어보세요

여러분만의 코스를 개설하고 싶으세요? 맥그로힐의 전문 컨설턴트들이 미리 구성해놓은 코스를 활용하고 싶으세요? 학기 동안 변화를 만들고 싶으세요? 자동 채점 시스템을 통해 시간을 절약하고 싶으세요? Connect는 이 모든 게 가능합니다!

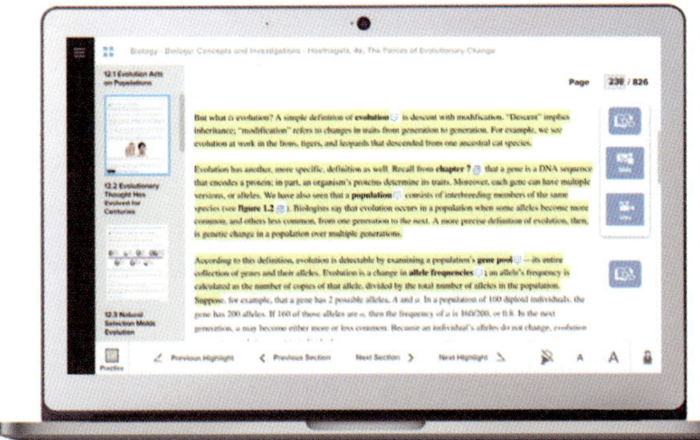

강의법은 진화하고 있습니다

SmartBook®과 같은 개인맞춤형(adaptive) 학습 도구는 여러분의 학생들이 더 적은 시간을 들여 수업을 더 잘 준비할 수 있도록 도와줍니다. 여러분의 수업 시간을 단순한 개념을 가르치는 것에서 역동적인 토론이 가능하도록 바꿀 수 있습니다. **www.mheducation.com/highered/connect**에서 다른 교육자들이 Connect의 장점에 대해 이야기하는 걸 확인해보세요.

더 간편하게, 더 저렴하게

Connect는 Blackboard®, Canvas, D2L 등을 비롯한 주요한 학사관리시스템(Learning Management System)과 아주 매끄러운 통합이 가능합니다. 즉, 여러분들의 코스를 한 곳에서 편리하게 관리할 수 있다는 것을 의미합니다. 맥그로힐의 Connect를 통해 학생들에게 다양한 디지털 학습경험을 제공할 수 있습니다. 더 자세한 정보는 맥그로힐 영업 담당자에게 문의하세요.

지속적인 고객 서포트

이 제품만으로는 해결책이 될 수 없습니다. 진정한 해결책은 가격적으로 합리적이고 신뢰할 수 있어야 하며, 제품 트레이닝과 지속적인 서포트가 여러분이 필요로 할 때 언제든 함께 제공되어야 합니다. 우리의 고객 서포트 팀은 여러분이 기술적인 문제를 해결할 수 있도록 도와줍니다. **status.mheducation.com**를 직접 확인해보세요!

FOR STUDENTS

©Shutterstock/wavebreakmedia

효과적이고 효율적인 학습

Connect는 SmartBook을 이용하여 여러분이 학습 시간을 더 생산적으로 활용하고 더 좋은 점수를 받을 수 있도록 도와줍니다. SmartBook은 우선적으로 학습해야 할 개념을 하이라이트하여 학습 시간을 단축해주고 개인에게 맞춰진 학습 플랜을 제공합니다. 이제 자신감 있게 수업에 참여하고 더 좋은 성적을 거두세요.

“저는 이 앱이 정말 좋아요. 교과서를 당장 가지고 있지 않을 때에도 쉽게 공부할 수 있거든요.”

- Jordan Cunningham,
Eastern Washington University

언제나 어디서나!

무료로 제공되는 ReadAnywhere 앱을 다운받고 여러분이 편리할 때, 그리고 오프라인일 때에도 eBook에 접속해보세요. 앱은 자동으로 Connect에 있는 eBook과 연동되기 때문에 eBook을 열 때마다 모든 노트가 반영되어 있습니다. **www.mheducation.com/readanywhere**에서 더 자세한 정보를 확인해보세요.

효율적인 스케줄 관리

Connect 캘린더와 리포트 기능은 제출해야 될 과제를 계속 순조롭게 진행해 나갈 수 있도록 해줍니다. Connect는 여러분이 매일 바쁘게 지내는 일상 속에서도 계속 학습할 수 있게 도와줍니다.

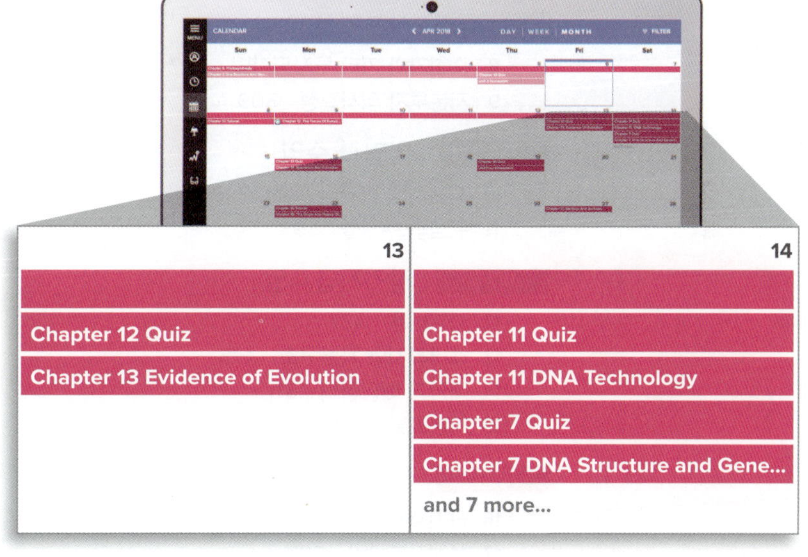

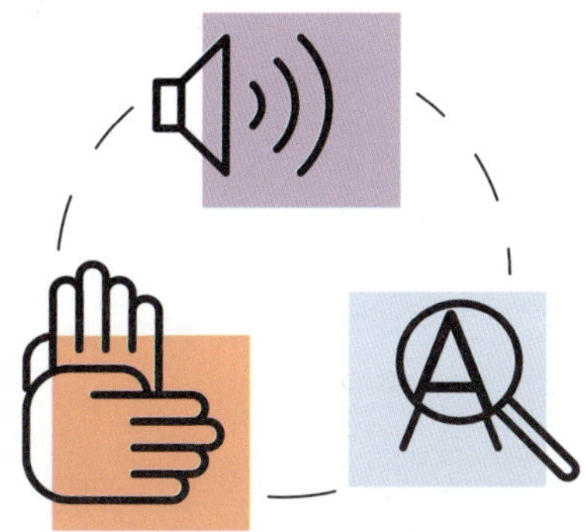

모두를 위한 학습

맥그로힐은 모든 학생의 학습 욕구에 부응하기 위해 Accessibility Services Department 그리고 교수진과 직접 작업한다. 더 많은 정보를 얻으려면 당신의 Accessibility Services 사무소에 연락해 accessibility@mheducation.com에 이메일 보내도록 요청하거나 **www.mheducation.com/about/accessibility.html**을 방문하세요.

간략 차례

Brief Contents

차례

Contents

제2부 재무제표와 현금흐름 이해

2 재무제표, 세금, 현금흐름 25

3 재무제표 분석 57

제4부 주식과 채권 가치평가

제5부 자본예산

14 배당과 배당정책 511

15 자본조달 545

제8부 단기재무관리

16 단기재무계획 583

17 운전자본관리 619

박스 차례

List of Boxes

Finance Matters(재무사안)

1 재무관리 소개

Introduction to Financial Management

2009년, 트래비스 캘러닉(Travis Kalanick)과 개릿 캠프(Garrett Camp)는 공유 차량 앱 우버(Uber)를 창업했다. 우버는 힘차게 출발해서 2017년 중반까지 50억 회 이상의 탑승을 완료했다. 우버는 분기당 1억 달러 이상의 손실이 났으나 시장가치는 700억 달러에 달해 캘러닉의 개인재산은 60억 달러가 넘었다. 유감스럽게도 캘러닉은 회사 내 있었던 성희롱 사실을 인지했으나 문제 해결을 위한 아무런 조치도 취하지 않은 죄로 고발되었다. 그다음에 그가 우버 기사를 폭행하는 장면이 찍혔다. 그 결과 2017년 6월에 회사의 CEO 자리에서 물러나 이사회 의장으로만 남아야 했다. 그리고 도주하는 차를 연상시키듯 2017년 8월에는 한 주요 주주가 캘러닉을 사기, 계약위반, 수탁책임 위반으로 고소했다. 2018년 캘러닉은 스타트업 시티스토리지시스템(City Storage Systems)의 CEO가 되었다. 이 회사는 주차장이나 버려진 쇼핑몰과 같은 오래된 부동산을 신산업을 위한 공간으로 바꾸는 사업에 주력한다.

학습 목표_*Learning Objectives*

제1장을 마친 후에는 다음의 능력을 갖추어야 한다.

- **LO 1** 재무의사결정과 재무관리자 역할의 기본 형태 논의
- **LO 2** 재무관리의 목표 확인
- **LO 3** 사업조직 형태의 차이에 따른 재무적 의미 비교
- **LO 4** 주주와 경영자 사이에 발생할 수 있는 이해의 충돌 설명

승차 공유 앱의 창업자에서 경영진, 궁지에 몰린 이사회 의장, 그리고 마지막으로 CEO가 된 캘러닉의 여정을 이해하기 위해 이번 장에서는 주식회사 형태의 조직, 주식회사의 목표, 기업지배를 포함한 주제들을 다룬다. 여러분이 흔쾌히 승차를 공유한다면 읽으면서 많은 것을 배우게 될 것이다.

기업재무 세계에서 최근에 전개된 사건을 보려면 essentialsofcorporatefinance.blogspot.com 방문.

재무관리(financial management)를 배우기 위해 두 가지 핵심 주제를 다룬다. 첫째, 기업재무(corporate finance, business finance)는 무엇이고 재무관리자(financial manager)의 역할은 무엇인가? 둘째, 재무관리의 목표는 무엇인가?

1.1 재무(Finance): 미리 보기

기업재무를 본격적으로 배우기 전에 재무(finance) 영역을 미리 살펴보는 것이 좋을 듯하다. 재무에서 가장 중요한 영역과 각 영역에서 쌓을 수 있는 진로 기회를 알려주기 위해서다. 또한, 재무가 마케팅(marketing)이나 경영관리(management), 회계(accounting)와 같은 다른 분야와 조화하는 방법도 설명하려고 한다.

네 가지 기본 영역

전통적으로 재무와 관련된 주제는 4개의 주요 영역으로 나눌 수 있다.

1. 기업재무(corporate finance)
2. 투자론(investments)
3. 금융기관론(financial institutions)
4. 국제재무(international finance)

재무의 각 영역에 대해 알아보자.

재무 및 기타 영역의 직업에 대한 설명은 www.careers-in-business.com 참조.

기업재무 4개의 영역 중에서 첫 번째인 기업재무가 이 교재의 주요 주제이다. 곧 기업재무를 다룰 것이기에 자세한 내용은 잠시 기다리기로 한다. 주목할 점은 **기업재무**(*corporate finance*)라는 용어가 마치 기업과 관련된 내용으로 한정되는 듯하나 사실 거의 모든 주제가 그 이상이다. **경영재무**(*business finance*)가 더 잘 서술하나 이 용어조차도 좁다. 앞으로 토의될 주제 중 최소한 절반은 실제로 모든 다른 재무영역과 그 외의 영역에 응용할 수 있는 기본적인 재무개념이자 원칙이기 때문이다.

투자론 대체로 주식이나 채권 같은 금융자산을 다룬다. 몇 가지 중요한 질문은 다음과 같다.

1. 한 주의 주식 같은 금융자산의 가격은 무엇이 결정하는가?
2. 금융자산 투자의 잠재적 리스크와 보상은 무엇인가?
3. 금융자산의 최적 조합은 무엇인가?

투자론 분야를 전공하는 학생에게 다양한 진로 기회가 있다. 주식브로커(stockbroker)는 가장 일반적인 경력 중 하나이다. 주식브로커는 주로 메릴린치(Merrill Lynch)와 같은 대기업에서 일하는데 고객에게 어떤 형태의 투자를 해야 하는지 자문하고 매매 결정을 도와준다. 투자자문 전문가(financial adviser)도 비슷한 역할을 하나 브로커일 필요는 없다.

포트폴리오관리(portfolio management)가 두 번째 투자 관련 직업의 경로이다. 이름에서 알 수 있듯이 포트폴리오 매니저는 투자자를 위해서 자금을 운용한다. 예를 들어 개인투자자들은 종종 뮤추얼펀드(mutual fund)를 매수한다. 펀드는 자금을 조성하는 수단이고 자금은 포트폴리오 매니저가 투자한다. 포트폴리오 매니저는 또한 연기금, 보험회사 그리고 많은 다른 형태의 기관들을 위해서 자금을 투자하고 관리한다.

증권분석(security analysis)이 세 번째 영역이다. 증권 애널리스트(security analyst)는 특정 회사의 주식과 같은 개별적인 투자대상을 분석해 가격의 적정성 여부를 판단한다. 이를 위해 애널리스트는 다양한 여러 정보출처와 함께 기업보고서와 산업보고서를 철저히 조사한다. 브로커와 포트폴리오 매니저는 종종 애널리스트가 제공하는 정보와 추천에 의존한다.

재무의 다른 영역과 마찬가지로 투자 관련 영역도 재미있는 특징이 있다. 일만 잘하면 재무적으로 많은 보상을 받을 수 있다. 즉, 많은 돈을 벌 수 있다. 물론, 이러한 일들은 업무량이 과도하고 경쟁이 심해서 절대로 누구에게나 맞는 직업은 아니다.

금융기관론 금융기관(financial institutions)은 기본적으로 금융과 관련된 영업을 한다. 은행과 보험회사가 가장 친숙한 금융기관일 것이다. 이런 금융기관은 매우 다양한 금융 관련 업무를 수행하는 직원을 고용한다. 예를 들어 은행의 상업대출 담당자는 특정 사업의 재무상태가 대출 확대를 보장할 만큼 건실한지를 평가할 것이다. 보험회사에서 분석가는 특정 위험이 보험에 적합한지와 보험료를 얼마로 해야 할지를 결정할 것이다.

국제재무 국제재무(international finance)는 앞에서 언급한 주요 영역 중 어느 하나에 특화된 영역은 아니다. 다시 말해서 국제재무와 관련된 경력은 일반적으로 기업재무, 투자론이나 금융기관론의 국제적 측면에 관여한다. 예를 들어 어떤 포트폴리오 매니저와 애널리스트는 외국기업에 특화한다. 마찬가지로 많은 국내기업은 대대적인 해외사업을 하며 직원들이 환율(exchange rates)이나 정치적 위험(political risk)과 같은 국제적 주제에 익숙하기를 바란다. 은행도 국경을 넘나들며 대출을 해야 하는 경우가 종종 있어 국제전문가가 필요하다.

왜 재무를 배우는가?

재무를 알아야 하는 사람은 누구인가? 한마디로 여러분 자신이다. 사실 재무분야에서 경력을 쌓을 계획이 아니더라도 재무지식을 배워야 하는 이유는 많다. 그 이유 중 일부를 다음에 살펴본다.

마케팅과 재무 마케팅(marketing)에 관심이 있다면 재무를 알 필요가 있다. 예를 들어 마케팅 부서는 끊임없이 예산을 준수해야 하고, 어떻게 마케팅 지출과 마케팅 프로그램으로부터 최상의 이익을 얻을 수 있는지를 이해할 필요가 있기 때문이다. 모든 종류의 프로젝트에 있어서 비용과 이익을 분석하는 일은 재무의 가장 중요한 측면 중 하나이다. 마케팅 조사, 마케팅과 유통경로의 설계, 제품가격 결정 등 몇 가지 영역만 들더라도 재무에서 배운 기법은 필수이다.

재무분석가는 마케팅 분석가의 도움을 많이 받으며, 두 부서의 분석가들은 투자 대안이나 제품의 수익성 평가를 위해 협업을 하는 경우가 많다. 후에 살펴보겠지만 모든 종류의 신제품 분석에서 매출액 추정치는 주요 투입변수로 종종 마케팅부서와 재무부서가 공동으로 개발한다.

이외에도 금융산업에서는 은행 계좌, 보험 상품, 뮤추얼펀드와 같은 금융상품의 판매를 돕기 위해 마케팅 전문가를 고용하기도 한다. 금융서비스마케팅은 가장 빨리 성장하는 마케팅 유형 중 하나이며 성공한 금융서비스마케팅 전문가는 보수가 상당하다. 이 분야에서 일하기 위해서는 당연히 금융상품을 잘 이해할 필요가 있다.

회계와 재무 회계담당자(accountants)에게 재무는 필수적이다. 특히 중소기업의 회계담당자는 전통적인 회계업무는 물론 종종 재무의사결정까지 내려야 한다. 더욱이 재무 · 금융이 계속 성장해 더 복잡해지면 회계담당자는 많은 새로운 형태의 재무 · 금융 계약의 의미와 그 계약이 재무제표에 미치는 영향을 이해하기 위해 재무를 알아야 한다. 이밖에 원가회계와 기업재무는 특히 상당히 밀접하게 연관되어 있어 많은 같은 주제와 관심사를 공유한다.

애널리스트는 회계정보를 광범위하게 이용한다. 아마 가장 중요한 최종사용자일 것이다. 회계담당자가 재무를 이해하면 어떤 정보가 특히 가치가 있는지 그리고 일반적으로는 회계정보가 현실에서 어떻게 사용되고 남용되는지를 인식하는 데 도움이 된다.

경영관리와 재무 경영관리(management)에서 가장 중요한 영역 중 하나는 전략이다. 재무전략을 동시에 고려하지 않고 경영전략을 생각하면 반드시 재앙이 닥친다. 따라서 경영전략가는 경영계획의 재무적 의미를 명확히 이해해야만 한다.

더 넓은 의미에서 모든 형태의 경영관리 부문의 임직원은 자신의 업무가 수익성에 어떤 영향을 주는지를 아주 잘 이해하고 있어야 하며, 수익성을 향상할 수 있도록 업무를 수행해야 한다. 재무를 배우면 가치를 창출하는 활동은 어떤 특징이 있는지 알게 될 것이다.

여러분 자신과 재무 재무를 알아야 하는 가장 중요한 이유는 아마도 여러분 자신이 개인적으로 매우 중요한 재무결정을 내려야 하기 때문이다. 예를 들어 회사에서는 퇴직연금(retirement funds)을 어떻게 투자할지 결정하라고 요구할 것이다. 선택에 따라 미래의 금전적 복지에 상당한 차이가 있음을 뒷장에서 알게 될 것이다. 분위기를 바꿔서 사업을 시작하는 것이 꿈이라고 하자. 사업을 시작하기 전에 기본적인 재무를 이해하지 못한다면 행운을 빈다. 결국, 재무를 어려운 방법으로 배우게 될 것이다. 추가로 학자금 대출을 받기 전에 얼마씩 갚아 나가야 하는지 알고 싶은가? 알고 싶지 않더라도 여하튼 어떻게 계산하는지를 설명하겠다.

이상은 재무가 개인의 삶과 기업의 일생에 미치는 영향의 극히 일부이다. 원하든 원하지 않든 재무와 관련된 논점들을 살펴보고 이해하며 재무의사결정(financial decisions)을 할 것이다. 현명한 재무의사결정을 하려면 계속 읽기를 바란다.

개념문제 CONCEPT QUESTIONS

1.1a 재무(finance)의 주요 영역은 무엇인가?

1.1b 학점 취득 외에 재무를 이해해야 하는 이유는 무엇인가?

1.2 기업재무와 재무관리자

이제 기업재무(business finance)와 재무관리자(financial manager)의 역할을 정의해 본다.

기업재무란 무엇인가?

자신의 사업을 시작한다고 상상해 보자. 어떤 사업을 시작하든지 간에 다음 세 가지 질문에 어떤 형태로든 답변해야 할 것이다.

1. 어떤 장기투자(long-term investments)를 할 것인가? 즉 어떤 종류의 사업을 할 것이며, 어떤 종류의 빌딩과 기계 및 설비가 필요한가?
2. 투자를 수행하기 위한 장기자금(long-term financing)을 어디에서 조달할 것인가? 다른 소유자를 참여하게 할 것인가 아니면 대출을 받을 것인가?
3. 고객으로부터 자금을 회수하고 원료공급자에게 지급하는 일상의 재무활동(everyday financial activities)을 어떻게 운영할 것인가?

이 밖에도 다른 질문이 있으나 위의 질문이 가장 중요한 것들이다. 기업재무는 개략적으로 이런 세 가지 질문에 답하는 방법을 연구한다. 앞으로 이러한 질문 각각을 살펴볼 것이다.

재무관리자

재무관리의 기능은 보통 재무최고경영자(chief financial official: CFO)나 재무부문 부사장이라 불리는 회사의 고위직 임원이 맡게 된다. 〈그림 1.1〉은 대기업의 재무활동을 강조한 요약 조직도이다. 보이는 바와 같이 재무부문 부사장은 재무임원(treasurer)과 경리임원(controller)의 활동을 조직화한다. 경리임원은 원가회계와 재무회계, 세무와 경영정보시스템을 관장한다. 재무임원은 기업의 현금과 신용관리, 재무계획 및 자본지출을 관리할 책임이 있다. 재무부서의 활동은 모두 위에서 제기한 세 가지 일반적인 질문들과 관련이 있는데 앞으로 이러한 주제들을 주로 다룰 것이다. 그러므로 앞으로 배울 내용은 거의 재무임원의 직무와 관련된 활동이다. 중소기업은 한 사람이 재무업무와 경리업무를 모두 관장해 부서가 하나만 있을 수도 있다.

CFO가 직면한 최근 이슈는 www.cfo.com 참조(한국은 한국CFO협회의 www.cfokorea.org 나 한국CFO클럽의 www.cfoschool.co.kr 참조).

재무의사결정

앞에서 논의한 바와 같이 재무관리자는 3개의 기본적인 질문에 관심을 가져야 한다. 더 자세히 알아본다.

그림 1.1

요약한 조직도

주) 정확한 직책과 조직은 기업마다 다르다.

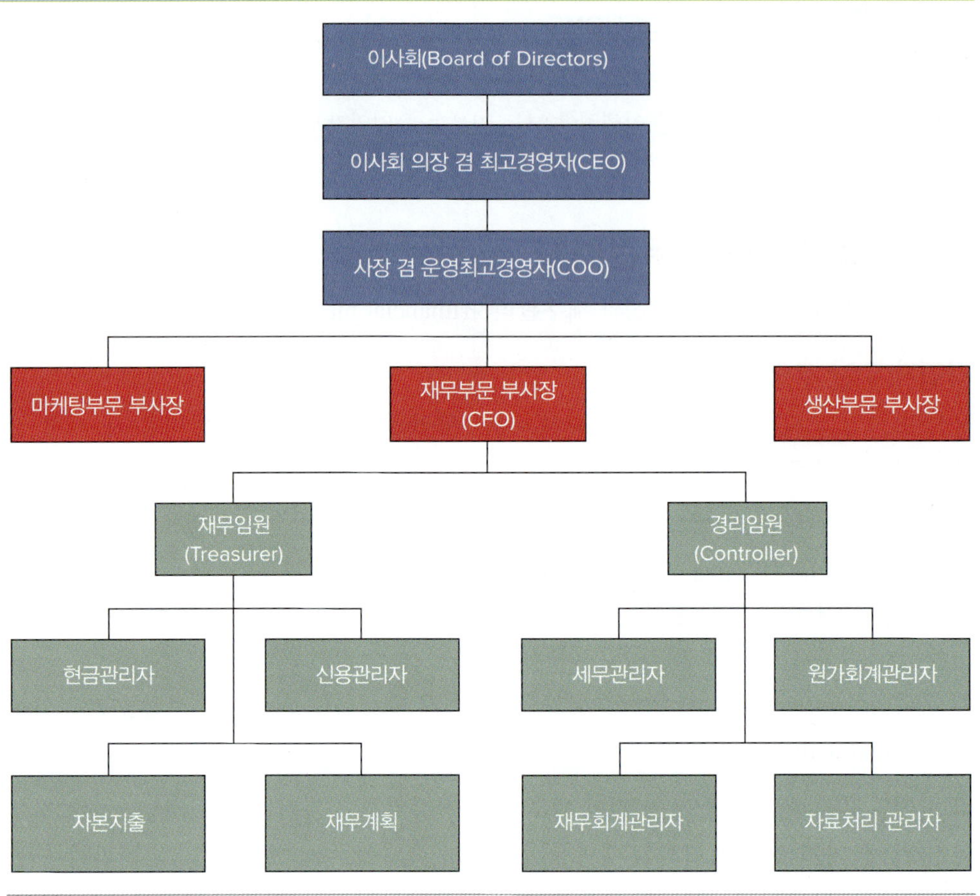

자본예산
capital budgeting
기업의 장기투자를 계획하고 관리하는 과정.

자본예산 첫 번째 질문은 기업의 장기투자에 관한 것이다. 기업의 장기투자를 계획하고 관리하는 과정을 **자본예산(capital budgeting)**이라고 한다. 자본예산에서 재무관리자는 투자에 들어가는 비용 이상의 가치를 창출해내는 투자기회를 선별해내려고 노력한다. 대충 자산에 의해 창출되는 현금흐름의 가치가 자산의 비용을 초과해야 한다는 뜻이다.

어떤 투자이든지 간에 재무관리자는 얼마만큼의 현금을 받을 것이고, 언제 받을 것이며, 받는 것이 얼마나 확실한지에 관심을 가져야 한다. 미래 현금흐름의 크기(*size*), 시점(*timing*), 위험(*risk*)을 평가하는 것이 자본예산의 핵심이다. 사실, 경영의사결정을 평가할 때 미래 현금흐름의 크기, 시점, 위험이 지금까지 고려된 것 중 가장 중요한 사항이다.

자본구조
capital structure
기업이 유지하는 부채와 자본의 조합.

자본구조 재무관리자가 관심을 두는 두 번째 질문은 기업이 장기투자에 필요한 자금을 어떻게 조달하는가이다. 한 회사의 **자본구조(capital structure)** 또는 재무구조(financial structure)는 회사 운영에 사용되는 비유동부채와 자본의 특정한 조합을 의미한다. 재무관리자는 이와 관련해 두 가지에 관심을 둔다. 첫째, 회사는 얼마만큼 차입해야 하는가?

둘째, 회사에 비용이 가장 적게 드는 자금의 원천은 무엇인가?

총자본의 조합을 결정하는 것 외에도 재무관리자는 어디서 어떻게 자금을 조달할 것인지를 결정해야만 한다. 장기자금을 조달에 드는 비용도 고려해야 하므로 다른 가능성도 주의깊게 평가해야 한다. 또한, 다양한 대출자에게서 다양한 방법으로 자금을 차입할 수 있다. 대출자와 대출형태를 선택하는 것도 재무관리자의 업무이다.

운전자본관리 세 번째 질문은 **운전자본(working capital)**관리이다. 운전자본이란 용어는 재고자산과 같은 유동자산(short-term assets)과 공급업자에게 진 빚과 같은 유동부채(shot-term liabilities)를 의미한다. 기업의 운전자본관리는 회사가 사업을 계속하고 값비싼 사업중단을 피하는 데 필요한 충분한 자원을 확보하는 일상의 활동이다. 운전자본관리는 회사의 현금수취와 지출에 관한 수많은 활동을 포함한다.

운전자본
working capital
기업의 단기자산과 단기부채.

운전자본과 관련된 질문은 다음과 같다. (1) 얼마의 현금과 재고를 보유해야 하는가? (2) 고객에게 외상으로 판매해야 하는가? (3) 필요한 단기자금을 어떻게 조달할 것인가? (4) 단기적으로 자금을 어디서 어떻게 빌려야 하는가? 이 질문들은 기업의 운전자본관리와 관련된 주제의 몇 가지 예일 뿐이다.

결론 기업 재무관리의 세 가지 영역인 자본예산, 자본구조, 운전자본관리는 매우 개괄적인 분류이다. 각 영역에는 다양한 주제들이 있는데 여기서는 그 일부만을 살펴보았다. 앞으로 더 상세히 살펴본다.

개념문제 CONCEPT QUESTIONS

1.2a 자본예산 의사결정이란 무엇인가?
1.2b 기업이 선택한 비유동부채와 자기자본의 특정한 혼합을 무엇이라고 하는가?
1.2c 현금관리는 재무관리의 어떤 영역에 속하는가?

1.3 기업의 형태

아이비엠(IBM)이나 애플(Apple)과 같은 미국의 대기업은 대부분 주식회사로 조직된다. 왜 그런지를 알아보기 위하여 세 가지 다른 기업의 법적 형태인 개인회사, 합명 · 합자회사, 주식회사를 살펴본다.

개인회사

개인회사(sole proprietorship)는 한 사람이 소유한 기업이다. 개인회사는 가장 간단하게 시작할 수 있는 기업 유형이며 규제를 가장 덜 받는 기업 형태이다. 이런 이유로 다른 유형의 기업에 비해 개인회사가 더 많으며 후에 대규모 주식회사가 된 많은 기업도 소규모 개인회사로 시작한다.

개인회사
sole proprietorship
한 사람이 소유하는 기업.

개인회사의 소유주인 자영업자는 모든 이익을 차지하는 좋은 점이 있다. 그러나 자기업의 형태에 대해 더 많은 정보를 얻으려면 www.nolo.com 방문.

영업자는 회사의 채무에 대해서 **무한책임**(*unlimited liability*)을 져야 한다는 나쁜 점도 있다. 이는 채권자가 자영업자의 개인재산에서도 상환받을 수 있음을 의미한다. 비슷한 원리로 개인과 회사의 수입에 구분이 없다. 따라서 모든 회사의 수입은 개인소득으로 세금이 부과된다.

개인회사의 수명은 소유주의 수명으로 한정된다. 그리고 조달할 수 있는 자본금은 모두 개인회사 소유주의 개인재산에 한정된다는 점이 중요하다. 이런 제한은 종종 기업이 자금 부족으로 기회를 활용할 수 없음을 의미한다. 개인회사의 소유권은 새로운 소유자에게 회사 전체를 넘겨야 하므로 이전하기 어려울 것이다.

합명 · 합자회사

합명 · 합자회사 partnership
두 명 또는 그 이상의 개인이나 법인이 설립한 회사.

합명 · 합자회사(partnership)는 두 명 또는 그 이상의 소유주인 공동출자자가 있다는 점을 제외하고는 개인회사와 유사하다. **합명회사**(*general partnership*)에서는 모든 출자자가 이익과 손실을 공유하는데 회사의 모든 부채에 대해서는 특정 지분에 국한되지 않고 모두 무한책임을 져야 한다. 합명회사의 이익이나 손실을 분배하는 방법은 **동업자 계약서**(*partnership agreement*)에 기술된다. 계약은 "제초기 사업을 시작하자"와 같은 비공식적인 구두계약이 될 수도 있고, 형식을 갖추어 길게 작성된 문서일 수도 있다.

합자회사(*limited partnership*)에서는 한 명 또는 그 이상의 **무한책임사원**(*general partners*)이 회사를 운영하며 무한책임을 지지만 적극적으로 경영에 참여하지 않는 한 명 또는 그 이상의 **유한책임사원**(*limited partner*)도 있다.[1] 회사의 부채에 대한 유한책임사원들의 채무는 본인이 출자한 금액으로 한정된다. 예를 들면 부동산 벤처의 경우에는 이런 기업 형태가 일반적이다.

합명 · 합자회사의 장단점은 기본적으로는 개인회사의 경우와 같다. 비교적 비공식적인 계약에 기초한 합명 · 합자회사는 설립이 쉽고 비용도 적게 든다. 무한책임사원들은 회사의 부채에 무한책임을 져야 하며, 무한책임사원이 매각을 원하거나 사망하면 회사는 종료한다. 모든 소득은 출자자의 개인소득으로 세금이 부과되며, 발행할 수 있는 자본의 규모는 출자자들 재산의 총합으로 제한된다. 무한책임사원의 소유권은 새 합명회사를 설립해야 하기에 이전이 쉽지 않다. 유한책임사원의 권리는 회사를 해체하지 않고 팔 수 있으나 구매자를 찾기가 쉽지 않을 것이다.

합명회사에서 출자자는 합명회사의 모든 부채에 대한 책임을 져야 할 수도 있기에 문서화된 계약이 매우 중요하다. 출자자의 권리와 의무를 자세히 명시하지 않으면 나중에 오해를 낳는 경우가 흔하다. 또한, 유한책임사원은 무한책임사원의 채무를 떠맡을 생각이 아니라면 회사의 결정에 깊이 개입하지 말아야 한다. 그 이유는 일이 잘못되면 유한책임사원이라고 주장해도 무한책임사원으로 여겨질 수 있기 때문이다.

---

[1] 역주: 한국의 합자회사는 유한책임사원이 회사경영에 참여할 수 없는 문제가 있다. 이에 2012년 상법을 개정해 미국식 LP(Limited Partnership)제도인 합자조합을 도입했다. 합자조합은 조합의 업무집행자로서 조합의 채무에 대하여 무한책임을 지는 "업무집행조합원"과 출자가액을 한도로 유한책임을 지는 "유한책임조합원"으로 구성된다.

이상의 논의에 따르면 기업 형태로 개인회사와 합명 · 합자회사의 주요 단점은 (1) 소유주로 회사 부채에 대한 무한책임, (2) 회사의 유한한 수명, (3) 소유권 이전 어려움이다. 이런 세 가지 단점이 합쳐 결국 하나의 가장 중요한 문제가 된다. 투자자금을 조성할 수 없기에 기업의 성장능력이 상당히 제한될 수 있다는 것이다.

주식회사

주식회사(corporation)는 규모 측면에서 가장 중요한 기업 형태이다. 주식회사는 소유주와 분리되고 구분되는 법인격(legal “person”)이다. 실제 사람같이 많은 권리와 의무 및 특권을 갖는다. 주식회사는 차입하고 재산을 소유할 수 있다. 주식회사는 고소하고, 고소당하며, 계약도 할 수 있다. 주식회사는 다른 합명회사의 무한책임사원이나 유한책임사원이 될 수 있으며 다른 주식회사의 주식을 소유할 수도 있다.

주식회사
corporation
한 명 또는 그 이상의 개인이나 법인이 소유한 별개의 법인격으로 설립된 기업.

당연히 주식회사 설립은 다른 기업 형태의 설립보다 다소 더 복잡하다. 주식회사를 설립하려면 **회사설립규약**(*articles of incorporation*) 또는 설립강령서(charter)와 **정관**(*bylaw*)을 작성해야 한다. 회사설립규약에는 설립할 회사의 상호, 의도된 기업수명(무한할 수도 있음), 영위할 업종(사업 목적), 회사가 발행할 수 있는 주식의 총수(수권자본)를 비롯해 많은 사항이 포함된다. 이런 정보는 보통 그 회사가 설립될 국가(미국은 주)에 제공되어야 한다. 법적인 측면에서 주식회사는 설립될 국가의 “거주자(resident)”이다.

정관은 주식회사가 자신의 존재를 어떻게 규제하는지를 기술한 규칙이다. 예를 들면, 정관은 이사들이 어떻게 선출되는지를 기술한다. 주주는 때때로 정관을 수정하거나 추가한다.

대규모 주식회사에서 주주와 경영자는 보통 별개의 그룹이다. 주주는 이사회(board of directors)의 이사를 선출하며, 이사회는 경영자를 선출한다. 경영진은 주주 이익을 위해 주식회사를 운영하는 책임을 진다. 원칙적으로 주주가 이사를 선출하기에 주주가 주식회사를 지배한다.

소유와 경영이 분리된 결과 주식회사는 여러 가지 장점이 있다. 지분에 따른 소유권은 바로 이전될 수 있으므로 회사의 수명도 무한해 영속성이 있다. 주식회사는 회사 명의로 차입할 수 있다. 그 결과 주식회사의 주주는 회사의 부채에 유한책임을 진다. 최대 손실은 투자금액이다.

비교적 쉬운 소유권 이전, 회사 부채에 대한 유한책임 및 회사의 무한수명이 주식회사가 자금조달에 우월한 이유이다. 주식회사는 신규자본이 필요하면 신주를 발행해 새로운 투자자를 모집할 수 있다. 소유주의 수는 매우 많을 수도 있다. 대규모 주식회사는 수천 또는 수백만의 주주가 있다. 예를 들면, GE로 더욱 잘 알려진 제너럴 일렉트릭 컴퍼니(General Electric Company)는 약 87억 주를 발행했고, 주주는 약 4백만 명이다.

주식회사 형태는 심각한 단점이 있다. 주식회사는 법인격이므로 세금을 내야 한다. 게다가 배당금의 형태로 주주에게 지급된 금액도 주주의 소득으로 다시 세금을 낸다. 이는 **이중과세**(*double taxation*)로 주식회사의 이익을 두 번 과세한다는 의미이다. 이익이

나면 기업이 세금을 내고 나서 배당금이 지급되면 개인이 다시 세금을 낸다.

오늘날, 미국의 50개 주 모두는 비교적 새로운 형태의 기업인 유한책임회사(limited liability company: LLC)의 설립을 허용하는 법률을 시행하고 있다.[2] 이 회사의 목표는 합명 · 합자회사처럼 운영되고 세금이 부과되나 소유주는 유한책임을 진다. 따라서 유한책임회사는 기본적으로 합명 · 합자회사와 주식회사의 혼합 형태이다. 미국은 주마다 유한책임회사에 다른 정의를 내리지만 국세청(Internal Revenue Service: IRS)이 내린 정의가 가장 중요하다. 국세청은 유한책임회사를 주식회사로 간주해 특정 기준에 부합하지 않으면 이중과세의 대상이 된다. 기본적으로 유한책임회사가 너무 주식회사 같으면 국세청은 주식회사로 취급할 것이다. 유한책임회사는 흔해졌다. 예를 들면, 월스트리트에 마지막 남은 합자회사의 하나인 골드만삭스(Goldman, Sachs and Co.)는 합자회사에서 유한책임회사로의 전환을 결정했다(후에 공모를 통해 공개기업이 되었다). 많은 대형 회계법인과 법무법인이 유한책임회사로 전환했다.

주식회사의 다른 명칭

주식회사는 전 세계에 많은 변형된 형태가 있다. 정확한 법과 규정은 물론 다르나 일반인의 소유와 유한책임이라는 기본적인 특징은 같다. 이런 회사들은 종종 **합작회사**(*joint stock companies*)나 **공개유한회사**(*public limited companies*) 혹은 **유한책임회사**(*limited liability companies*)로 불린다.

다양한 기업 형태에 대한 번역은 www.corporate-information.com 참조.

〈표 1.1〉에 몇몇 국제적으로 유명한 주식회사의 상호, 국적과 상호 뒤에 붙는 약자를 번역해 정리했다.

표 1.1
국제적으로 유명한 주식회사의 명칭

상호	국적	기업 형태	약어의 번역(한글/영어)
Bayerische Motoren Werke(BMW) AG	독일	Aktiengesellschaft	주식회사/corporation
Montblanc GmbH	독일	Gesellschaft mit beschränkter Haftung	유한책임 협동조합/company with limited liability
Rolls-Royce PLC	영국	Public limited company	공개유한회사/public limited company
Shell UK Ltd.	영국	Limited	주식회사/corporation
Unilever NV	네덜란드	Naamloze Vennootschap	유한책임회사/limited liability company
Fiat SpA	이탈리아	Società per Azioni	공개유한회사/public limited company
Saab AB	스웨덴	Aktiebolag	주식합명회사/joint stock company
Peugeot SA	프랑스	Société Anonyme	주식합명회사/joint stock company

[2] 역주: 한국도 상법 개정에 따라 2012년 4월부터 미국식 유한책임회사(LLC)제도를 도입했다. 주식회사나 유한회사와의 차이점은 총회, 이사, 감사 등의 제도가 없이 유한책임사원들의 개별적인 합의로 회사가 운영되는 것이다. 한편, 주식회사와 같이 유한책임자로만 구성되는 유한회사는 유한책임자가 50인 이하이어야 하고, 지분의 양도가 자유롭지 못한 폐쇄형 회사라는 점에서 그러한 제한이 없는 개방형 회사인 주식회사와 차이가 있다. 유한회사에서는 주식회사의 주주총회와 이사회 대신 사원총회를 둔다.

개념문제 CONCEPT QUESTIONS

1.3a 기업의 세 가지 형태는 무엇인가?
1.3b 개인회사와 합명 · 합자회사의 주요 장단점은 무엇인가?
1.3c 무한책임사원과 유한책임사원의 차이점은 무엇인가?
1.3d 자금조달에서 주식회사가 우월한 이유는 무엇인가?

1.4 재무관리 목표

재무의사결정을 배우기 위해서는 우선 재무관리 목표를 이해해야 한다. 재무관리 목표에 대한 이해는 재무의사결정을 하고 평가하는 객관적인 기본 틀을 제공하기에 중요하다.

이익 극대화

이익 극대화(profit maximization)가 사업의 목적으로 가장 일반적으로 언급되지만 아주 정확한 목표는 아니다. 이익이 금년도의 이익을 의미하는가? 그렇다면 유지 및 보수를 연기하고 재고를 줄이며 기타 단기적으로 비용을 절감하는 경영활동으로 현재의 이익을 증가시킬 수는 있으나 바람직한 것만은 아니다.

이익 극대화 목표는 "장기" 이익 또는 "평균" 이익을 의미할 수도 있으나 정확하게 무엇을 의미하는지는 명백하지 않다. 첫째, 회계 순이익이나 주당이익 같은 것을 의미하는가? 앞으로 살펴보겠지만, 이런 숫자들은 기업이 좋은 것인지 나쁜 것인지를 구분하는 데 크게 상관없을지 모른다. 둘째, 장기가 무엇을 의미하는가? 어느 유명한 경제학자의 말대로 "장기적으로 결국 모두 죽는다!" 더 구체적으로 말하면 이런 목표는 현재와 미래의 이익 사이의 적절한 배분에 대한 답을 주지 못한다.

주식회사의 재무관리 목표

주식회사에서 재무관리자는 회사의 주주를 위해 결정을 내린다. 그렇다면 재무관리자의 목표에 대한 목록을 나열할 것이 아니라 주주의 관점에서 "좋은 재무의사결정은 무엇인가?"라는 더 기본적인 질문에 답변해야만 한다.

주주가 금전적 이득을 위해 주식을 매입한다고 가정하면 답변은 명백하다. 좋은 의사결정은 주식의 가치를 높이고 나쁜 의사결정은 주식의 가치를 내린다.

이러한 관찰에 의하면 재무관리자는 주식의 가치를 높이는 결정으로 주주의 이익을 극대화하는 활동을 한다. 따라서 주식회사의 재무관리자에게 적절한 목표는 쉽게 기술될 수 있다.

재무관리 목표는 발행한 주식의 현재 주당 가치를 극대화하는 것이다.

주식가치 극대화라는 목표는 앞에서 논의한 다른 목표들이 안고 있는 문제를 피할 수 있다. 판단기준의 모호함도 없고, 단기와 장기 사이의 상충 문제도 없다. 기업의 목표는 명백히 현재의(*current*) 주식가치를 극대화하는 것이다. 물론 주식가치의 극대화는 주당 시장가치(market value)를 극대화하는 것과 같다.

일반적인 재무관리 목표

주식가치의 극대화를 목표로 하게 되면 "거래되는 주식이 없는 기업의 적절한 목표는 무엇인가?"라는 질문을 접하게 된다. 주식회사만이 유일한 기업 형태는 아니며 또한 많은 주식회사의 주식은 거의 손 바뀜이 없기에 어느 특정 시점에 주당가치를 말하기는 어렵다.

영리를 추구하는 기업을 다루는 한, 약간의 수정만 하면 된다. 주식회사에서 주식의 총 가치는 자기자본(owners' equity)의 가치와 같다. 따라서 더 일반적인 기업의 목표는 다음과 같다.

재무관리 목표는 현재 자기자본의 시장가치를 극대화하는 것이다.

이 목표를 명심하면 사업이 개인회사이건 합명회사이건 주식회사이건 간에 문제가 되지 않는다. 유익한 재무의사결정은 자기자본의 시장가치를 증대시키고 해로운 재무의사결정은 시장가치를 감소시킨다.

기업윤리에 관한 내용은 www.3blassociation.com 참조(한국 사이트로는 디지털기업윤리센터의 ethics.kicac.go.kr나 한국기업윤리경영연구원의 www.kbei.org 참조).

마지막으로, 이러한 목표는 재무관리자가 회사의 자본가치를 높이기 위해서 불법적이거나 비윤리적으로 행동해도 된다는 의미는 아니다. 재무관리자는 회사에 가치를 더해주는 재화와 용역을 구별해냄으로써 회사 소유주를 잘 섬길 수 있음을 의미한다. 이것이 자유시장(free marketplace)의 바람으로 가치가 평가되기 때문이다. 근처의 *Finance Matters*(재무사안) 박스는 유명한 주식회사들이 직면했던 최근의 윤리적 이슈와 문제를 논의한다.

사베인-옥슬리 법(Sarbanes-Oxley Act)

엔론(Enron), 월드콤(WorldCom), 타이코(Tyco), 아델피아(Adelphia)와 같은 기업들이 연관된 기업 부정에 대처하기 위해서 2002년 미국 의회는 사베인-옥슬리 법(Sarbanes-Oxley Act)을 제정했다. "사복스"(Sarbox)로 더 잘 알려진 이 법률은 기업의 회계 조작과 재무적 부정에서 더 강력하게 보호하기 위한 것이다. 사복스의 주요 사안들은 2004년 11월 15일부터 시행되었다.

사베인-옥슬리에 대한 자세한 내용은 www.soxlaw.com 참조.

사복스는 회사가 재무제표에 사실만을 기재할 것을 보증하기 위해 고안된 많은 요구사항을 포함하고 있다. 예를 들어 상장기업의 임원들은 연차보고서를 검토하고 서명해야 한다. 임원들은 연차보고서에 잘못된 사실이 기재되거나 중요한 내용이 누락되지 않았고 또한 재무제표에 기업의 재무적 결과가 적절하게 표현되어 있다는 것을 인증해야 한다. 근본적으로 사복스는 경영진이 개인적으로 기업 재무제표의 정확성에 대해 책임지게 한다.

FINANCE MATTERS

기업윤리(Corporate Ethics)

대기업은 때로는 비윤리적 행위로 처벌받는다. 이러한 비윤리적 행위는 종종 회계장부를 조작하고 왜곡시키는 형태를 취한다. 역사상 가장 큰 장부 조작 사건 중 하나로 에너지 업계의 거대기업 엔론(Enron Corporation)은 재무제표를 고의로 왜곡시키고 조작했다는 사실을 진술하던 때인 2001년 12월에 파산을 신청해야만 했다. 엔론의 파산은 엔론뿐만 아니라 외부 감사를 맡았던 아서 앤더슨(Arthur Anderson)도 파멸시켰다.

비윤리적 행위는 종종 불법이기도 해서 개인은 징역형, 기업은 벌금형에 처할 수 있다. 예를 들어 2018년 3월에 투자은행이자 금융 서비스 회사인 바클레이(Barclays)는 미국 법무부(DOJ)와 합의를 보았다. 법무부는 바클레이가 상품화한 모기지(mortgage)의 품질을 잘못 전해 투자자에게 불완전 판매했다고 청구했다. 바클레이는 20억 달러를 합의금으로 지급했다. 법무부와 모기지 관련 청구에 합의한 은행으로 바클레이가 처음은 아니다. 모기지와 관련해서 법무부에 특히 많은 합의금을 낸 은행은 뱅크오브아메리카(Bank of America)(70억 달러), 제이피모건(JPMorgan)(130억 달러), 시티그룹(Citigroup)(167억 달러)이다.

윤리적인 행위와 비윤리적인 행위의 차이는 때때로 모호할 수 있다. 예를 들면, 많은 미국회사는 아름다운 핑크빛 해변 이외의 목적으로 회사를 버뮤다로 옮긴다. 말하자면 버뮤다에는 법인세가 없다. 인구가 65,000명이 채 안 되는 이 섬에는 13,000개 이상의 세계적인 기업들이 본사를 두고 있다. 스탠리공구의 제조업체로 잘 알려진 스탠리 블랙앤데커(Stanley Black & Decker)는 기업 천국인 버뮤다로의 이전을 고려하는 미국회사 중 하나였다. 본사를 옮김으로써 스탠리는 매년 세금으로 나가는 3,000만 달러를 절약할 것으로 추정했다. 스탠리는 결국 이전하지 않았으나 경쟁회사인 쿠퍼(Cooper)와 잉거솔랜드(Ingersoll-Rand)는 버뮤다로 옮겼다. 기업의 목표가 주주의 부를 극대화하는 것이라고 한다면 본사 이전은 잘한 일 같아 보일 것이다. 그리고 완전히 합법적이다. 그런데 윤리적일까? 이슈는 무엇인가?

더 많은 논쟁을 불러일으키는 기업 활동은 다른 국가에 일자리를 주는 아웃소싱(outsourcing) 또는 역외구매(offshoring)이다. 미국의 기업은 다른 국가에서의 인건비가 국내보다 훨씬 저렴할 때 아웃소싱이나 역외구매를 한다. 또다시 주주의 부를 극대화하기 위해서 한 일이다. 그러나 이 경우 윤리적 딜레마는 더 애매하다. 역외구매를 하면 미국의 어떤 노동자는 일자리를 잃는다. 하지만 밀켄 연구소(Milken Institute)는 인도에서 서비스를 역외구매하며 지출하는 1달러마다 인도에 0.33달러의 가치를 만들어줌과 동시에 미국에 1.13달러의 순가치(net value)를 창출한다고 추정했다. 이 문제는 더 복잡하다. BMW나 도요타(Toyota)와 같은 외국기업이 미국에 공장을 세우면서 안에서 만들어지는 일자리는 어떠한가? 미국의 일자리를 바깥에 제공하면 비윤리적이고 동시에 다른 나라에서 미국에 일자리를 제공하면 윤리적인가?

이렇게 강력한 요건으로 사복스를 준수하려면 상당한 비용이 들 수 있어 의도하지 않은 결과를 초래한다. 사복스 시행 이후 수백여 상장기업이 자사 주식이 주요 주식시장에서 더는 거래되지 않는다는 의미의 "상장철회"(go dark)를 선택해 사복스의 적용을 피했다. 많은 회사는 준수비용을 피하려고 상장을 철회했다고 밝혔다. 아이러니하게도 이런 경우에는 법률이 기업의 정보공개를 개선하기보다는 제거하는 효과가 있다.

사복스는 또한 미국에서 기업을 공개하는 회사의 수에도 영향을 미쳤을 것이다. 최근 많은 미국기업이 기업공개를 위해 미국의 거래소 대신 런던증권거래소(London Stock Exchange)의 AIM(Alternative Investment Market)을 택했다. 특히 소형사는 막대한 비용을 절감할 수 있다. 예를 들면, 매사추세츠(Massachusetts) 주의 사우스보로(Southborough)에 본사를 둔 연료전지 개발사 프로노텍스 테크놀로지(Pronotex Technologies)는 AIM 상장을 위해 준수비용(compliance costs)과 주주에게 보내는 우편요금으로 연간 약 1백만 달러가 든다고 추정했다. 그에 반해 나스닥(NASDAQ)에 상장하면 연간 비용이 약 3백만 달러가 될 것이다. 비용 증가의 대부분은 사복스 준수비용에 기인한다.

개념문제 CONCEPT QUESTIONS

1.4a 재무관리 목표는 무엇인가?

1.4b 이익 극대화를 목표로 할 때의 단점은 무엇인가?

1.5 대리인문제와 주식회사의 지배

주식회사의 재무관리자는 회사의 주식 가치를 증대시키는 조치로 주주 이익을 우선해 행동함을 보았다. 그러나 대형 주식회사의 소유권이 수많은 주주에게 흩어질 수 있음도 알았다. 소유권의 분산은 경영진이 회사를 사실상 지배할 수 있음을 의미한다. 이 경우, 경영진이 주주의 이익을 우선해서 행동할 필요가 있을까? 달리 말하면 경영진이 주주를 희생시켜 자신의 목표를 추구하지는 않을까? 이런 주장을 간략히 살펴본다.

대리인관계

주주와 경영자 간의 관계를 **대리인관계**(*agency relationship*)라고 한다. 그러한 관계는 누군가(주인: principal)가 자신의 이익을 대신하도록 다른 사람(대리인: agent)을 고용할 때 발생한다. 예를 들어 학교에 있는 동안 소유하고 있는 자동차를 대신 팔아줄 누군가(대리인)를 고용할 수 있다. 이런 모든 관계에서 주인과 대리인의 이해가 충돌할 가능성이 있다. 이 같은 충돌을 **대리인문제(agency problem)**라고 한다.

대리인문제
agency problem
회사의 소유주와 경영자 사이에 이해가 충돌할 가능성.

자동차를 팔기 위해 누군가를 고용했는데 차를 팔면 일정 금액을 지급하기로 합의했다고 하자. 이 경우에 대리인은 자동차를 파는 것이 목적이지 최고의 가격에 팔아야 하는 것은 아니다. 만약 일정한 금액 대신 판매 가격의 10%를 수수료로 지급한다면 이런 문제는 없을 것이다. 이 예제는 대리인에게 보상하는 방법이 대리인문제에 영향을 미치는 하나의 요소임을 보여 준다.

경영목표

경영자의 이해와 주주의 이해가 어떻게 다른가를 보기 위해 회사가 새로운 투자를 고려하고 있다고 하자. 새로운 투자는 주가에는 호재가 되겠지만 상대적으로 위험한 모험이다. 회사의 소유주는 주가가 상승할 것이므로 투자하기를 원할 것이지만 경영자는 상황이 나빠지면 경영자의 지위를 상실할 가능성이 있기에 투자를 하지 않으려고 할 것이다. 경영자가 투자하지 않으면 주주는 가치 있는 기회를 잃을 것이다. 이것이 **대리인비용**(*agency cost*)의 한 예이다.

경영자에게 회사를 맡기면 경영자는 지배할 수 있는 자원의 양이나 더 일반적으로 경영권 또는 재산을 극대화하려는 경향이 있다는 견해가 있다. 이러한 목표는 회사의 규모나 성장을 지나치게 강조하게 할 수 있다. 예를 들어 단지 회사의 규모를 키우기 위해서 또는 회사의 세력을 과시하기 위해서 다른 회사를 매수하는데 시장가격보다 높은 금액을 지급했다는 이유로 경영자가 고소당하는 경우가 드물지 않다. 과도한 금액을 지급하고 다른 기업을 매수하면 매수한 기업의 소유주에게는 이익이 되지 않는다.

경영자는 안정적인 지위를 유지하기 위해 기업의 생존을 지나치게 강조하려는 경향이 있다는 점이 지적된다. 또한, 경영자가 외부 간섭을 싫어하면 독립성과 기업의 자립성을 중요한 목표로 삼을 수도 있다.

경영자는 주주 이익을 위해 행동하는가?

사실 경영자가 주주 이익을 위해 행동하는지 아닌지는 두 가지 요소에 달려 있다. 첫째, 경영자의 목표가 주주의 목표와 얼마나 일치하는가? 이 질문은 경영자가 보상받는 방법과 관련된다. 둘째, 만약 경영자가 주주의 목표를 추구하지 않으면 교체될 수 있는가? 이는 기업의 지배와 관련된 주제이다. 앞으로 논의하겠지만 대기업이라도 경영자가 주주 이익을 위해 일할 충분한 유인이 있을 이유는 많다.

경영자 보상 경영자는 두 가지 이유로 종종 주식 가치를 증대시킬 중대한 경제적 유인이 있다. 첫째, 고위직급의 경영보상이 보통 일반적인 재무성과와 연계되어 있고, 특히 주식 가치와 연계된 경우가 많다. 예를 들어 경영자는 일정 가격에 주식을 매입할 수 있는 옵션(option)을 부여받는 경우가 흔하다. 주식의 가치가 클수록 옵션의 가치도 커진다. 경영자가 가지고 있는 두 번째 유인은 직업 전망과 관련이 있다. 회사 내에서 업무를 잘 수행하는 사람은 승진될 것이다. 더 일반적으로는 주주의 목표 추구에 성공한 경영자는 노동시장에서 수요가 많아져 더 많은 급여를 받게 될 것이다.

사실, 주주의 목표 추구에 성공한 경영자는 막대한 보상을 누릴 수 있다. 예를 들어 브로드컴(Broadcom)의 CEO 혹 탄(Hock Tan)은 2017년에 약 1억 3백만 달러를 받았는데 프로이드 메이웨더(Floyd Mayweather)의 3억 달러와 매니 파퀴아오(Manny Pacquiao)의 1억 6천만 달러보다 약간 적은 돈이다.[3] 임원 보상에 관한 정보는 수많은 다른 정보들과 더불어 거의 모든 상장법인의 웹사이트에서 쉽게 찾아볼 수 있다. *Work the Web*(워크더웹) 박스는 웹사이트를 이용하는 방법을 보여 준다.

기업지배 기업은 궁극적으로 주주가 지배한다. 주주는 이사회를 구성하고, 이사회는 다시 경영진을 고용하고 해고한다. 만족스럽지 못한 주주가 기존 경영진을 교체하기 위해 행동하는 이러한 메커니즘을 **위임장대결**(*proxy fight*)이라고 한다. 위임장(proxy)은 다른 사람의 주식으로 투표할 수 있는 권한이다. 위임장대결은 일단의 그룹이 기존의 이사를 교체하고 이어서 기존 경영진을 교체하기 위해 위임장을 얻을 때 위임장대결로 발전한다.

[3] 역주: 2015년 5월 3일 복싱사 최초로 무패 5체급을 석권한 WBC · WBA 챔피언 메이웨더와 역시 최초로 8체급을 석권한 WBO 챔피언 파퀴아오가 미국 라스베이거스 MGM 그랜드 가든 아레나에서 세기의 대결을 펼친 바 있다.

WORK THE WEB

웹은 개별회사를 공부하기 좋은 장소로 많은 사이트가 있다. 웹 브라우저로 finance.yahoo.com을 가리키면 "Quote Lookup"이라는 박스를 볼 수 있다.[4] 한 회사를 찾으려면 먼저 고유의 1~5자로 표시된 식별자인 티커("ticker symbol" 혹은 줄여서 그냥 ticker)가 필요하다. 또는 회사명을 입력해 티커를 찾을 수 있다. 예를 들면, 위성 라디오 공급자인 Sirius XM Holdings의 티커 "SIRI"를 입력한다. 다음은 일부 화면이다.

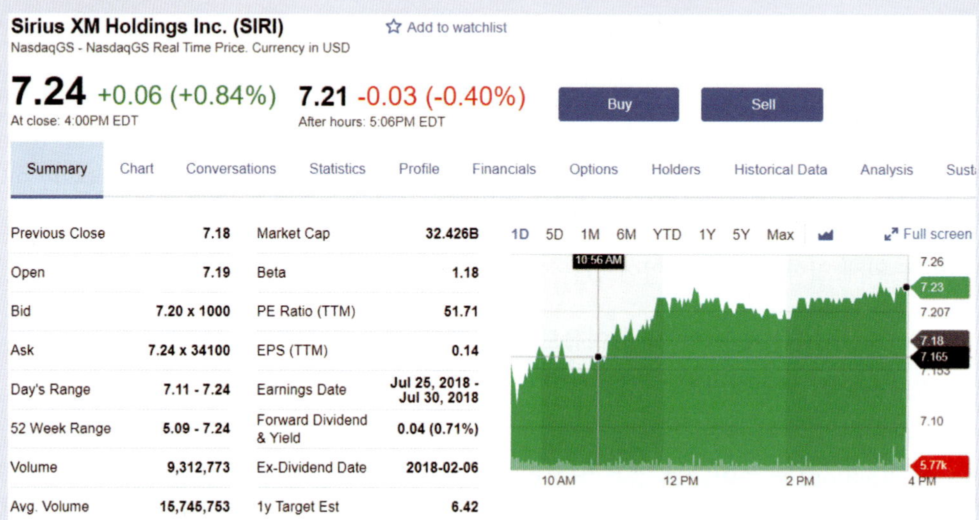

Previous Close	7.18	Market Cap	32.426B
Open	7.19	Beta	1.18
Bid	7.20 x 1000	PE Ratio (TTM)	51.71
Ask	7.24 x 34100	EPS (TTM)	0.14
Day's Range	7.11 - 7.24	Earnings Date	Jul 25, 2018 - Jul 30, 2018
52 Week Range	5.09 - 7.24	Forward Dividend & Yield	0.04 (0.71%)
Volume	9,312,773	Ex-Dividend Date	2018-02-06
Avg. Volume	15,745,753	1y Target Est	6.42

출처: finance.yahoo.com

여기에는 많은 정보와 탐색해야 할 많은 다른 링크들이 있으므로 한 번 시도해 볼 필요가 있다. 학기가 끝날 때쯤이면 이 모두가 이해되기를 바란다.

질문 QUESTIONS

1. *finance.yahoo.com에 가서 Southwest Airlines (LUV), Harley-Davidson (HOG), Starwood Hotels & Resorts (HOT)의 최근 주가를 찾아보자.*
2. *American Express (AXP)를 찾아 "Statistics" 링크로 가보자. 어떤 정보가 있는가? 'mrq', 'ttm', 'yoy', 'lfy'는 무엇을 의미하는가?*

[4] 역주: 네이버(Naver)의 finance.naver.com이나 다음(Daum)의 finance.daum.net과 같은 사이트에도 유사한 기능이 있어 국내 개별회사에 대한 다양한 정보를 검색할 수 있다.

예를 들어 2017년 7월 행동주의 투자자 넬슨 펠츠(Nelson Peltz)가 이끄는 트라이언 파트너스(Trian Partners)는 이사회의 자리를 얻고자 프록터앤드갬블(Procter & Gamble)과 위임장대결에 돌입했다. 트라이언은 2,230억 달러의 회사에서 33억 달러 가치의 주식을 소유해 역대 최대의 큰 위임장대결이었다. 펠츠는 실망스러운 재무성과, 형편없는 주주 수익률, 퇴조하는 시장점유율, 과다한 비용과 관료주의를 위임장대결의 이유로 들었다. P&G는 윌리엄 애크먼(William Ackman)이 이사회 자리를 얻으려고 할 때인 2012년의 위임장대결을 격퇴했다. 애크먼은 결국 전투에서 져 2014년 5월에 나머지 P&G 주식을 매각했다.

경영진이 교체될 수 있는 또 다른 방법은 기업인수(takeover)이다. 경영진이 형편없는 기업을 인수하는 것이 경영진이 우수한 기업을 인수하는 것보다 잠재적 이익이 더 크기에 더 매력적이다. 그러므로 경영자는 다른 기업에 의한 기업인수를 피하기 위해서라도 주주의 이익을 위해 행동할 유인이 있다. 불만족스러운 주요 주주는 회사의 경영진에게 다른 경영전략을 제안할 수 있다. 예를 들면, 2017년 6월에 버라이존(Verizon)은 45억 달러의 야후(Yahoo!) 기업인수를 완료했다. 야후의 경영진은 회사의 저조한 성과로 수년에 걸쳐 해고되었다. 버라이존은 결합 회사가 구글과 페이스북에 도전하기 위해 디지털 광고시장에서 세 번째 대안을 창출할 수 있기를 바랐다. CEO 마리사 메이어(Marissa Mayer)는 향후 계획의 일부가 아니어서 1억 2,700만 달러를 받고 회사를 떠났다.

결론 주주가 회사를 지배하고 주주의 부를 극대화하는 것이 주식회사의 적절한 목표라는 견해와 일치하는 이론과 증거가 있다. 그렇다고 해도 의심의 여지 없이 최소한 일시적으로는 주주의 비용으로 경영자의 목표를 추구하는 시점이 있다.

대리인문제는 주식회사에만 국한되지 않는다. 소유와 경영이 분리되면 어디에서나 존재한다. 소유와 경영의 분리는 주식회사에서 가장 두드러지지만 합명·합자회사나 개인회사에서도 마찬가지로 분명히 존재한다.

이해관계자

지금까지의 논의에 의하면 마치 경영진과 주주가 기업의 의사결정에 이해관계가 있는 유일한 집단인 것처럼 보인다. 물론, 이는 지나치게 단순화한 것이다. 노동자, 고객, 공급업체, 정부까지도 모두 회사에 금전적인 이해관계가 있다.

기업에서 이런 다양한 그룹을 **이해관계자(stakeholders)**라고 부른다. 일반적으로 이해관계자는 주주나 채권자 외에 회사의 현금흐름에 잠재적으로 청구권이 있는 사람이다. 이러한 그룹도 역시 기업의 소유주에게 손해를 입혀서라도 기업에 지배권을 행사하려고 할 것이다.

이해관계자 stakeholder
주주나 채권자 외에 회사의 현금흐름에 잠재적으로 청구권이 있는 자.

개념문제 CONCEPT QUESTIONS

1.5a 대리인관계(agency relationship)란 무엇인가?

1.5b 대리인문제(agency problem)는 무엇이며, 어떻게 발생하는가? 대리인비용(agency cost)이란 무엇인가?

1.5c 대기업의 경영자가 주식가치를 극대화하기 위한 유인은 무엇인가?

1.6 금융시장과 주식회사

기업 형태 중에서 주식회사의 주요 장점은 다른 기업 형태보다 소유권 이전이 더 쉽고 빠를 수 있다는 것과 자금 조달이 더 순조로울 수 있다는 것임을 살펴보았다. 이런 장점 모두는 금융시장이 존재함으로써 상당히 강화되어 금융시장은 기업재무에서 매우 중요한 역할을 한다.

기업의 현금유입과 현금유출

주식회사와 금융시장과의 상호작용은 〈그림 1.2〉에 나타나 있다. 〈그림 1.2〉의 화살표는 금융시장에서 기업으로의 현금흐름과 기업에서 금융시장으로 되돌아가는 현금흐름을 나타낸다.

그림 1.2

기업과 금융시장 사이의 현금흐름

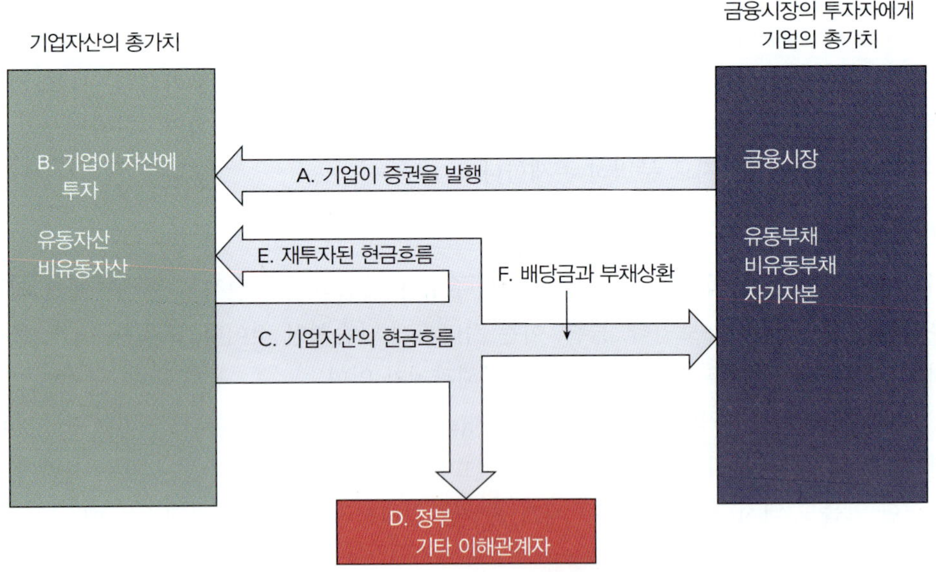

기업이 현금을 조달하기 위해 주식을 매각하고 자금을 차입하는 데부터 시작해보자. 현금은 금융시장에서 기업으로 흘러 들어간다(A). 기업은 유동자산과 비유동(또는 장기) 자산에 현금을 투자한다(B). 이런 자산은 현금을 창출한다(C). 현금 중 일부는 법인세로 지급된다(D). 세금이 지급된 후 현금흐름 중 일부는 기업 내에서 재투자된다(E). 나머지는 채권자와 주주에게 지급되는 현금으로 금융시장으로 되돌아간다(F).

금융시장은 다른 어떤 시장과 마찬가지로 공급자와 수요자를 함께 모으는 수단이다. 금융시장(특히 증권시장)에서 매매되는 것은 채권과 주식이다. 그러나 금융시장마다 세부적인 사항은 각기 다르다. 가장 중요한 차이는 거래되는 증권의 형태, 거래가 행해지는 방법 그리고 매매자가 누구인지에 관한 것이다. 다음에 몇 가지 차이점을 살펴본다.

발행시장과 유통시장

금융시장에서 증권시장은 채권과 주식의 발행시장과 유통시장 기능을 수행한다. **발행시장**(*primary market*)은 정부와 주식회사가 증권을 최초로 판매하는 시장을 일컫는다. **유통시장**(*secondary market*)은 최초 판매 후의 증권이 거래되는 시장이다. 물론 주식은 주식회사에 의해서만 발행된다. 채권은 정부와 주식회사 모두 발행한다. 다음 논의에서는 주식회사의 증권에만 집중한다.

발행시장 발행시장 거래에서 주식회사는 증권을 매각해 자금을 조달한다. 주식회사는 공모(public offerings)와 사모(private placements)라는 두 가지 형태로 발행시장에서 거래한다. 공모는 이름에서 알 수 있듯이 일반인에게 증권을 매각한다. 반면에 사모는 특정 구매자와 협상해서 매각한다.

채권과 주식을 공모하기 위해서는 법률에 따라 미국증권거래위원회(SEC)에 등록해야 한다.[5] 등록하게 되면 회사는 증권을 매각하기 전에 다량의 정보를 발표해야 한다. 공모에 따른 회계, 법률, 매각 비용이 상당할 수 있다.

미국의 증권거래위원회(SEC)에 대해 더 알고 싶다면 www.sec.gov를 방문해보자(한국 금융위원회 사이트는 www.fsc.go.kr).

부분적으로 공모의 다양한 규제사항과 비용을 피하려고 채권과 주식은 종종 생명보험회사나 뮤추얼펀드 같은 대형 금융기관에 사적으로 매각되기도 한다. 사모는 증권거래위원회에 등록하지 않아도 되며 일반인에게 증권 매각을 전문으로 하는 투자은행(investment banks)인 인수기관(underwriters)을 통할 필요도 없다.

미국의 증권거래소에 대해 더 많이 알고 싶으면 뉴욕증권거래소 www.nyse.com, 나스닥 www.nasdaq.com(한국거래소 사이트는 www.krx.co.kr)에 접속.

유통시장 유통시장 거래는 한 소유자 또는 채권자가 증권을 다른 사람에게 매각하는 것과 관련되어 있다. 즉 유통시장은 증권의 소유권을 이전하는 수단을 제공한다. 주식회사는 현금을 조달하기 위해 증권을 팔 때 발행시장 거래에만 직접 관여하나 대기업에는 유통시장이 여전히 중요하다. 그 이유는 투자자들이 후에 원하면 증권을 되팔 수 있다는 것을 알 때 발행시장 거래에서 증권을 매입할 것이기 때문이다.

---

[5] 역주: 한국은 자본시장법에 따라 채권과 주식을 공모하려면 금융위원회에 등록해야 한다. 자본시장법은 '금융투자업과 자본시장에 관한 법률'을 말하며 2009년 2월에 시행되었다.

딜러시장 대 경매시장 유통시장에는 경매(*auction*)시장과 딜러(*dealer*)시장 두 가지 종류가 있다. 일반적으로 딜러는 자신의 위험으로 자신을 위해 매매한다. 예를 들면, 자동차 딜러는 자동차를 사고판다. 이와 달리 중개인(brokers)이나 대리인(agents)은 판매자나 구매자를 연결하지만 매매되는 물건을 직접 소유하지는 않는다. 예를 들면, 부동산 중개업자는 보통 직접 집을 사거나 팔지는 않는다.

주식과 장기부채의 딜러시장을 장외(*over-the-counter: OTC*)시장이라고 한다. 대부분의 채권거래는 장외시장에서 이루어진다. 장외(*over the counter*)는 문자 그대로 전국에 있는 사무소의 창구(counter)를 통해 증권을 사고팔던 오랜 시절에 쓰던 말이다. 오늘날 상당수의 주식시장과 대부분의 장기채시장에는 집중된 거래장소가 없고 많은 딜러는 전자시설로 연결되어 있다.

경매시장은 딜러시장과 두 가지 면에서 다르다. 첫째, 경매시장 또는 거래소는 월스트리트와 같이 물리적인 거래장소가 있다. 둘째, 딜러시장에서는 대부분의 매매가 딜러에 의해 이루어진다. 반면에 경매시장의 주요 목적은 사고자 하는 사람과 팔고자 하는 사람을 연결하는 것이다. 경매시장에서 딜러는 제한된 역할을 한다.

주식회사 증권의 거래 미국에서 대기업의 주식은 조직화된 경매시장에서 거래된다. 그 중 큰 시장은 경매시장에서 거래되는 모든 주식의 85% 이상을 차지하는 뉴욕증권거래소(New York Stock Exchange: NYSE)이다.

증권거래소 외에도 주식이 거래되는 커다란 장외시장이 있다. 1971년 전국증권딜러협회(National Association of Securities Dealers: NASD)는 나스닥(NASD Automated Quotations System: NASDAQ)이라고 불리는 전자호가시스템을 딜러와 중개인들이 사용할 수 있게 했다. 나스닥에 상장된 회사의 수는 뉴욕증권거래소보다 많으나 회사 규모면에서는 훨씬 작고 거래도 빈번하지 않다. 물론 예외도 있다. 예를 들어 마이크로소프트(Microsoft)와 인텔(Intel)은 모두 장외시장에서 거래된다. 그래도 나스닥 주식의 시가총액은 뉴욕증권거래소 주식의 시가총액보다 훨씬 적다.

도쿄증권거래소의 영어사이트는 www.jpx.co.jp/english.

물론 미국 밖에도 크고 중요한 금융시장이 많이 있고 미국기업은 자금을 조달하기 위해 점점 더 이런 시장을 찾고 있다. 도쿄증권거래소(Tokyo Stock Exchange: TSE)와 런던증권거래소(London Stock Exchange: LSE) 두 개는 잘 알려져 있다. 장외시장이 물리적인 거래장소가 없다는 사실은 국경이 큰 장애가 되지 않는다는 의미로 현재 거대한 국제장외채권시장이 존재한다. 글로벌화로 금융시장은 많은 금융상품의 거래가 멈추지 않고 전 세계 어디에선가 이루어지는 단계에 이르고 있다.

런던증권거래소의 사이트는 www.londonstockexchange.com.

상장 조직화된 거래소에서 거래되고 있는 주식은 거래소에 상장(*listed*)되어 있다고 한다. 상장되기 위해서 회사는 예컨대 자산규모와 주주 수에서 최소한의 기준을 만족해야 한다. 이런 기준은 거래소마다 다르다.

뉴욕증권거래소는 미국에서 가장 엄격한 요건을 내세우고 있다. 순이익, 자산, 유통주식 수와 시가총액에 대한 최소한의 기준이 있다.

개념문제 CONCEPT QUESTIONS

1.6a 딜러시장이란 무엇인가? 딜러시장과 경매시장은 어떻게 다른가?

1.6b 미국에서 가장 큰 경매시장은?

1.6c 장외시장(OTC)이 무슨 뜻인가? 주식이 거래되는 가장 큰 장외시장을 무엇이라고 부르는가?

요약과 결론

제1장은 기업재무에 관한 기본개념을 소개하며 다음의 내용을 살펴보았다.

1. 기업재무와 관련된 3개의 주요 영역
   - **a.** 자본예산. 기업은 어떤 장기투자를 해야 하는가?
   - **b.** 자본구조. 투자를 위해 필요한 장기자금을 어디에서 조달할 것인가? 다른 말로, 사업 자금으로 어떤 부채와 자기자본의 조합을 사용해야 하는가?
   - **c.** 운전자본관리. 기업은 매일의 재무활동을 어떻게 관리해야 하는가?
2. 이익을 추구하는 사업에서 재무관리 목표는 주식의 가치, 더 일반적으로 말하면 주식의 시장가치를 증대시키는 의사결정을 하는 것이다.
3. 주식회사라는 기업 형태는 자금을 조달하고 소유권을 이전하는 측면에서 다른 기업 형태보다 우수하나 이중과세의 불이익이 있다.
4. 대기업에서 주주와 경영자 사이에 이해가 충돌할 가능성이 있다. 이 갈등을 대리인문제라고 하는데 어떻게 이 문제를 통제하고 줄일 수 있는가를 논의했다.

지금까지 논의한 주제 중에서 가장 중요한 것은 재무관리 목표이다. 이 교재 전반에 걸쳐 많은 다른 재무의사결정을 분석할 것이나 항상 같은 질문을 할 것이다. “상황에 따른 의사결정이 어떻게 기업의 주식 가치에 영향을 미치는가?”

비판적 사고와 개념 복습

LO 1 **1.1** **재무의사결정 과정.** 재무의사결정의 세 가지 형태는 무엇인가? 각각의 의사결정별로 관련된 경영활동의 예를 들어보자.

LO 3 **1.2** **개인회사와 합명 · 합자회사.** 개인회사와 합명 · 합자회사 형태의 사업조직에서 네 가지 주요 단점은 무엇인가? 이들 형태의 사업조직은 주식회사에 비해 어떤 장점이 있는가?

LO 3 **1.3** **주식회사.** 주식회사 형태의 조직이 가지고 있는 주요 단점은 무엇인가? 주식회사의 장점을 적어도 두 가지 들어보자.

LO 3 **1.4** **기업재무 조직.** 대기업에서 재무최고경영자(CFO)에게 보고하는 두 개의 조직은 무엇인가? 기업재무는 어느 조직에 집중하는가?

LO 2 **1.5 재무관리 목표.** 어떤 목표가 회사에서 재무관리자의 활동에 항상 동기를 부여하는가?

LO 4 **1.6 대리인문제.** 주식회사의 소유주는 누구인가? 소유주가 회사의 경영을 지배하는 과정을 기술하라. 주식회사라는 조직 형태에서 대리인관계가 존재하는 주요 이유는 무엇인가? 이러한 관계에서 어떤 종류의 문제가 발생할 수 있는가?

LO 3 **1.7 발행시장과 유통시장.** 회사 증권을 최초로 공모한다는 기업공개(IPO)에 관한 기사를 경제신문에서 접해보았을 것이다. 웹서치 회사인 구글(Google)은 비교적 최근의 예이다. IPO는 발행시장 거래인가 또는 유통시장 거래인가?

LO 3 **1.8 경매시장 대 딜러시장.** 뉴욕증권거래소가 경매시장이라고 말할 때는 무엇을 의미하는가? 경매시장은 딜러시장과 어떻게 다른가? 나스닥은 어떤 종류의 시장인가?

LO 2 **1.9 비영리 법인의 목표.** 비영리병원 등 비영리법인(not-for-profit business)의 재무관리자라고 하자. 어떤 종류의 목표가 적절하다고 생각하는가?

LO 2 **1.10 윤리와 기업목표.** 주식의 가치를 극대화하려는 기업의 목표가 비윤리적이거나 불법적인 행위를 회피하는 것과 같은 다른 목표와 충돌을 일으킬 수 있는가? 특히, 고객이나 고용인의 안전, 환경, 사회 전체의 행복과 같은 문제가 이러한 틀에 조화되는가 또는 근본적으로 무시되는가? 답변을 위해 구체적인 상황을 떠올려보자.

LO 2 **1.11 다국적 기업의 목표.** 외국에서의 재무관리를 생각할 때 주식의 가치를 극대화하려는 목표는 달라지는가? 왜인가? 또는 왜 아닌가?

LO 4 **1.12 대리인문제.** 한 회사의 주식을 소유하고 있다고 하자. 현재 주가는 25달러이다. 다른 회사가 당신 회사를 인수하기 원해 발행된 모든 주식에 대해 주당 35달러를 지급하겠다는 발표를 방금 했다고 하자. 당신 회사의 경영진은 적대적인 주식매수에 즉각적으로 맞서 대응하려고 한다. 경영진이 주주의 최대 이익을 위하는 행동을 하는가? 왜인가? 또는 왜 아닌가?

LO 4 **1.13 대리인문제와 기업의 소유구조.** 기업의 소유구조는 국가마다 다르다. 미국에서는 역사적으로 개인이 상장기업 주식 대부분을 소유하고 있다. 그러나 독일이나 일본에서는 은행, 다른 대형 금융기관과 다른 회사가 상장기업 주식의 대부분을 소유하고 있다. 대리인문제가 미국보다 일본이나 독일에서 더 또는 덜 심각하다고 생각하는가? 그 이유는 무엇인가? 최근에 미국에서는 뮤추얼펀드나 연기금처럼 대형 금융기관이 지배적인 소유주가 되고 있다. 그리고 이러한 기관들은 기업의 일에 더욱 활동적으로 개입하게 된다. 대리인문제와 기업지배의 차원에서 이러한 추세가 암시하는 바는 무엇인가?

LO 4 **1.14 경영자 보상.** 미국에서는 최고경영진의 보상이 너무 많다는 이유로 삭감해야 한다는 비판이 제기되고 있다. 예를 들어 대기업에 초점을 맞추면 2017년에 퍼스트 데이터(First Data) CEO 프랭크 비지그나노(Frank Bisignano)는 약 1억 2백만 달러를 받았고, 라이브네이션(Live Nation) CEO 마이클 라피

노(Michael Rapino)는 약 7,100만 달러를 받았다. 너무 많이 받지 않는가? 르브론 제임스(LeBron James)와 같은 스포츠 슈퍼스타나 오프라 윈프리(Oprah Winfrey)와 같은 최고의 연예인 그리고 각 분야에서 정상에 있는 사람들이 더 많지는 않더라도 최소한 그만큼은 벌고 있다는 사실을 인정한다면 답변에 도움이 될 것이다.

LO 4 **1.15 사베인-옥슬리.** 사베인-옥슬리 법률에 대해 미국 내의 소규모 회사들은 "상장철회"(go dark)를 선택하고 탈상장(delist)한다. 기업들은 왜 이런 선택을 하는가? 상장철회에 따른 비용은 무엇인가?[6)]

웹에서 문제 풀기

1.1 상장요건. 제1장에서 뉴욕증권거래소와 나스닥의 상장요건들에 대해 논의하였다. 더 정확한 상장요건을 알기 위해 뉴욕증권거래소는 www.nyse.com, 나스닥은 www.nasdaq.com을 참고하자. 어느 거래소가 더 엄격한 상장요건을 갖추었는가? 왜 거래소들은 같은 상장요건을 갖추지 않는가?

1.2 사업구조. 알다시피 혹은 알지 못하더라도 많은 주식회사가 다양한 이유로 델라웨어(Delaware) 주에 설립등기를 한다. 그 까닭을 알고 싶다면 www.bizfilings.com에 있는 BizFilings를 방문해보자. 어느 주(state)가 회사설립에 비용이 가장 많이 드는가? 유한책임회사(LLC)의 경우에는? 주식회사와 LLC에 관해서는 FAQ 섹션을 살펴보자.

[6)] 역주: 같은 맥락에서 한국거래소의 유가증권시장(KOSPI)과 코스닥시장(KOSDAQ) 그리고 2013년 7월 개장한 중소기업 전용 주식시장 코넥스(KONEX)의 상장요건을 거래소 웹사이트에 올려 있는 거래소 상장규정을 통해 비교해 보자.

CHAPTER CASE
맥기케이크 컴퍼니

2013년 초, 덕(Doc)과 린 맥기(Lyn McGee)는 맥기케이크 컴퍼니(McGee Cake Company)를 차렸다. 이 회사는 모든 케이크를 만들지만 체스케이크(chess cake),* 레몬 파운드케이크, 더블아이스 더블초콜릿케이크를 전문으로 한다. 부부는 부업으로 케이크 회사를 차렸고 본업은 계속 유지한다. 덕이 제과를 맡았고 린이 마케팅과 유통을 맡았다. 우수한 품질과 견고한 마케팅계획 덕택에 회사는 급속히 성장했다. 2018년 초, 회사는 폭넓은 구독자를 보유한 한 창업 관련 잡지에 소개되었다. 같은 해 말에는 최고의 전문식품 잡지인 《구어메이 디저트》(*Gourmet Desserts*)에 기사화되었다. 《구어메이 디저트》에 기사가 나간 이후 판매량은 급증했고, 전 세계에서 주문을 받기 시작했다.

판매량이 늘어나면서 덕은 본업을 그만두었고 린도 곧 본업을 그만두었다. 회사는 수요량을 맞추기 위해 더 많은 인력을 충원했다. 하지만 불행히도 빠른 성장으로 인해 회사는 현금흐름과 생산능력 문제에 직면했다. 회사는 현재 보유자산으로 가능한 최대한의 케이크를 만들고 있으나 케이크의 수요는 계속 늘어만 갔다. 게다가 회사는 전국 규모의 슈퍼마켓에서 4종류의 케이크를 전체 체인스토어에 납품해 달라는 제안을 받았고, 전국 규모의 레스토랑 체인도 맥기케이크를 팔고 싶다는 의사를 보였다. 레스토랑에서는 고유 브랜드 없이 케이크를 팔 것이다.

덕과 린은 개인회사 형태로 회사를 운영해왔다. 그들은 당신에게 회사의 경영과 성장을 위한 방향 제시를 부탁했다. 특히 다음과 같은 질문에 대답해 주길 요청했다.

*체스케이크(chess cake)는 상당히 맛있는데 치즈케이크(cheesecake)와는 다르다. 왜 그렇게 불리는지는 분명치 않다.

질문 QUESTIONS

1. 개인회사(sole proprietorship)에서 유한책임회사(LLC)로 전환함에 따른 장점은 무엇이고 단점은 무엇인가?
2. 개인회사(sole proprietorship)에서 주식회사(corporation)로 전환함에 따른 장점은 무엇이고 단점은 무엇인가?
3. 마지막으로, 이 회사에 어떤 조치를 하도록 권고할 것인가? 그 이유는 무엇인가?

2 재무제표, 세금, 현금흐름

Financial Statements, Taxes, and Cash Flow

미국에서는 2017년 12월에 '감세 및 잡스법'(Tax Cuts and Jobs Act)이 제정되어 2018년 시행되었다. 새 법은 미국의 법인세를 전면적으로 바꾸었다. 예를 들면, 세금 목적으로 자산을 몇 해에 걸쳐 감가상각하지 않고 매입가격 전체를 첫해에 감가상각하는 것이 허용된다. 다른 변경은 이자비용의 세금감면에 한계를 둔 것이다. 그러나 아마도 가장 큰 변경은 등급별로 세율이 15%에서 39%까지였던 법인세 구조를 21%의 일률과세로 바꾼 것이다.

법인세율의 변경이 순이익에 영향을 주지만 더 중요한 효과가 있다. 세금은 투자의사결정에서 중요한 고려사항이기에 법인세율의 변경은 기업의 투자와 자금조달결정에 상당한 변화를 가져올 것이다. 그 이유를 이해하기 위해 *현금흐름*(*cash flow*)으로 알려진 가장 중요한 요점을 이번 장의 주요 주제로 삼는다.

학습 목표_*Learning Objectives*

제2장을 마친 후에는 다음의 능력을 갖추어야 한다.

- **LO 1** 회계가치(혹은 "장부"가치)와 시장가치의 차이
- **LO 2** 회계이익과 현금흐름의 구분
- **LO 3** 평균세율과 한계세율의 차이 설명
- **LO 4** 기업의 재무제표에서 현금흐름 결정

기업재무 세계에서 최근에 전개된 사건을 보려면 essentialsofcorporatefinance.blogspot.com 방문.

제2장에서는 재무제표, 세금, 현금흐름에 대해 살펴보도록 하겠다. 여기서는 재무제표 작성을 강조하는 대신 재무제표가 재무의사결정에 필요한 주요 정보를 제공하는 경우가 많다는 점을 인식해 재무제표를 간략하게 검토하고 더욱 유용한 특성을 집어냄을 목표로 한다. 현금흐름의 실무적 측면에도 특별한 관심을 둔다.

제2장을 읽으면서 두 가지 중요한 차이에 특별히 주의를 기울이자. (1) 장부가치와 시장가치의 차이, (2) 장부상의 순이익과 현금흐름의 차이. 이들에 대한 구분은 본 교재 전반에 걸쳐 중요하다.

2.1 재무상태표

재무상태표
statement of financial position
특정 시점에 회사의 회계가치를 나타내는 재무제표.

재무상태표(statement of financial position)[1] 는 한 회사의 스냅사진이다. 재무상태표는 특정 시점에 회사가 가지고 있는 것(자산, *assets*)과 빚지고 있는 것(부채, *liabilities*) 그리고 둘 사이의 차이(자본, *equity*)를 체계화하고 요약하는 편리한 수단이다. 〈그림 2.1〉은 재무상태표가 어떻게 구성되는지를 보여준다. 그림에 보이는 바와 같이 왼쪽은 회사의 자산을 나열하고, 오른쪽은 부채와 자본을 나열한다.

자산: 재무상태표의 왼쪽

자산(assets)은 **유동자산**(*current assets*)과 **비유동자산**(또는 고정자산, *fixed assets*)으로 분류된다. 비유동자산은 상대적으로 수명이 길다. 비유동자산에는 트럭이나 컴퓨터와 같은 **유형자산**(*tangible assets*)과 상표나 특허권과 같은 **무형자산**(*intangible assets*)이 있다. 유동자산은 그 수명이 1년 미만이다.[2] 이는 유동자산이 보통 12개월 이내에 현금으로 전환됨을 의미한다. 예를 들면, 재고자산(inventory)은 보통 1년 안에 구매해서 판매하므로 유동자산으로 분류된다. 현금(cash) 자체는 명백히 유동자산이다. 고객이 회사에 진 빚인 매출채권(accounts receivable)도 역시 유동자산이다.

기업재무 정보에 관한 두 개의 우수한 사이트로 finance.yahoo.com과 money.cnn.com을 들 수 있다(한국은 finance.naver.com과 finance.daum.net 참조).

부채와 자기자본: 재무상태표의 오른쪽

회사의 부채(liabilities)는 재무상태표의 오른쪽 맨 위에 오는 항목이다. 부채는 **유동부채**(*current liabilities*)와 **비유동부채**(또는 장기부채, *long-term liabilities*)로 분류된다. 유동자산같이 유동부채는 수명이 1년 미만으로 1년 이내에 갚아야 함을 의미하며, 비유동부채보다 먼저 기재된다. 회사가 공급회사에 진 빚인 매입채무(accounts payable)는 유동

그림 2.1

재무상태표

왼쪽: 자산가치 총계.
오른쪽: 부채와 자본가치 총계.

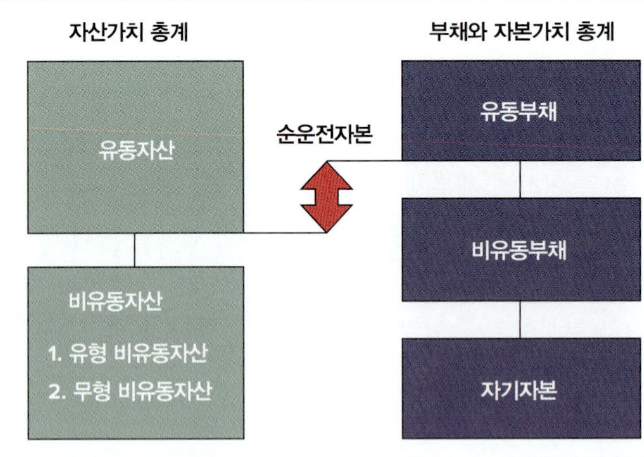

[1] 역주: 한국채택국제회계기준(K-IFRS)에서는 대차대조표(balance sheet)의 명칭을 재무상태표(statement of financial position)로 변경했다. 재무상태표는 실질거래에 맞는 회계처리 규정을 목적으로 하며 원칙적으로 공정가치로 평가한다.

[2] 역주: 건설업이나 조선업과 같이 사업 특성상 유동자산이 현금으로 전환되는 기간이 1년 이상인 경우도 있다.

부채의 한 예이다.

다음 해까지 갚지 않아도 되는 부채는 비유동부채로 분류된다. 회사가 5년 후에 갚아야 하는 차입금이 비유동부채에 해당한다. 기업들은 다양한 수단으로 장기간 차입한다. 비유동부채(long-term debt)와 비유동채권자(long-term creditors)를 포괄적으로 나타내기 위해 **채권**(*bonds*)과 **채권자**(*bondholders*)라는 용어를 각각 사용할 것이다.

마지막으로 자산(유동자산과 비유동자산)가치 총계와 부채(유동부채와 비유동부채) 가치 총계의 차이는 **자기자본**(*shareholders' equity*)으로 정의된다. **보통주 지분**(*common equity*) 또는 **소유주 지분**(*owners' equity*)이라고도 부른다. 재무상태표의 이러한 특징은 회사가 모든 자산을 매각한 돈으로 부채를 갚고 남은 가치는 모두 주주에게 귀속된다는 사실을 반영하기 위한 것이다. 따라서 재무상태표는 왼쪽의 가치가 오른쪽의 가치와 항상 같기에 균형을 이루게 한다. 즉, 기업자산의 가치는 부채와 자기자본의 합과 같다.[3)]

디즈니(Disney)는 thewaltdisneycompany.com이라는 투자자 사이트를 운영한다.

자산 = 부채 + 자기자본 [2.1]

이것이 재무상태표 항등식(identity) 또는 등식인데 자기자본이 자산과 부채의 차이로 정의되기에 항상 성립한다.

순운전자본

〈그림 2.1〉에 보이는 바와 같이 유동자산과 유동부채의 차이를 **순운전자본(net working capital)**이라고 한다. 유동자산이 유동부채보다 크면 순운전자본은 플러스 값이다. 유동자산과 유동부채의 정의에 의하면 앞으로 12개월 동안 사용할 수 있는 현금이 같은 기간 동안 갚아야 하는 현금을 초과한다는 의미이다. 이런 이유로 재무상태가 우수한 회사의 순운전자본은 보통 플러스 값을 보인다.

순운전자본
net working capital
유동자산에서 유동부채를 차감한 것.

〈표 2.1〉은 가상의 US코퍼레이션의 요약 재무상태표이다. 재무상태표를 검토할 때 염두에 두어야 할 3가지 중요한 사항이 있다. 유동성, 부채 대 자본, 시장가치 대 장부가치가 바로 그것이다.

예제 2.1 재무상태표 작성

한 회사가 유동자산 100달러, 순비유동자산 500달러, 유동부채 70달러, 비유동부채 200달러를 보유하고 있다. 재무상태표는 어떤 모양을 하겠는가? 자기자본은 얼마인가? 순운전자본은 얼마인가?

이 경우 자산총계는 100 + 500 = 600달러이고, 부채총계는 70 + 200 = 270달러이다. 자기자본은 그 차액인 600 − 270 = 330달러이다. 따라서 재무상태표는 다음과 같을 것이다.

(계속)

3) 영문 표기인 *owners' equity*, *shareholders' equity*, *stockholders' equity*는 모두 기업의 자본(equity)을 나타내는 용어로 사용된다. 순자산(*net worth*)이라는 용어도 사용된다. 이 외에 다른 표현들도 있다. K-IFRS에서는 '자본'이라고 하며 통상 '자기자본'이라는 용어를 사용한다.

자산		부채와 자본	
유동자산	100	유동부채	70
순비유동자산	500	비유동부채	200
		자본	330
자산총계	600	부채와 자본총계	600

순운전자본은 유동자산과 유동부채의 차액인 100 − 70 = 30달러이다.

표 2.1

US코퍼레이션의 재무상태표

US코퍼레이션 재무상태표 : 2018년과 2019년 12월 31일
(단위: 백만)

	2018	2019		2018	2019
자산			**부채와 자본**		
유동자산			유동부채		
현금	104	160	매입채무	232	266
매출채권	455	688	미지급금	196	123
재고자산	553	555	총계	428	389
총계	1,112	1,403			
비유동자산					
순비유동자산	1,644	1,709	비유동부채	408	454
			자본		
			자본금과 자본잉여금	600	640
			이익잉여금	1,320	1,629
			총계	1,920	2,269
자산총계	2,756	3,112	부채와 자본총계	2,756	3,112

유동성

유동성(*liquidity*)은 자산이 현금으로 전환되는 신속성과 용이성을 나타낸다. 현금은 상대적으로 유동성이 뛰어난 자산이고, 주문 제작된 생산시설은 유동성이 떨어지는 자산이다. 유동성은 전환의 용이성과 가치의 손실이라는 두 가지 차원에서 측정된다. 어떤 자산도 가격을 충분히 낮추면 신속히 현금으로 전환될 수 있다. 따라서 유동성이 높은 자산이라는 것은 가치를 별로 잃지 않고도 신속히 팔리는 자산이다. 유동성이 낮은 자산은 상당한 가격 인하 없이는 신속히 현금으로 전환되지 않는 자산을 말한다.

미국 상장회사들 대부분의 연간, 분기 재무제표를 비롯한 많은 정보는 www.sec.gov에 있는 EDGAR 데이터베이스에서 찾을 수 있다(한국은 금융감독원 사이트 www.fss.or.kr의 DART전자공시시스템 dart.fss.or.kr에 접속하면 된다).

자산은 보통 유동성이 낮아지는 순서대로 재무상태표에 나열되어 있어 유동성이 가장 큰 자산이 맨 처음 기재된다. 유동자산은 상대적으로 유동성이 높은데 현금과 12개월 이내에 현금으로 전환될 것이라고 예상되는 자산이 여기에 포함된다. 예를 들면, 매출채권은 이미 이루어진 매출에 대해서 고객으로부터 아직 회수하지 못한 금액을 의미한다. 매출채권은 가까운 장래에 자연히 현금화될 것이다. 재고자산은 대부분 사업에서 유동성이 가장 낮은 유동자산일 것이다.

비유동자산(fixed assets)은 대부분 상대적으로 유동적이지 못하다. 비유동자산에는 (물론 현금을 창출하는 사업에 사용되기는 하지만) 정상적인 사업활동에서 현금으로 전환되지 않는 빌딩과 설비 같은 유형자산이 포함된다. 상표와 같은 무형자산은 물리적으로 존재하지는 않지만 가치가 매우 높을 수 있다. 유형 비유동자산(tangible fixed asset)과 같이 무형 비유동자산(intangible fixed asset)은 통상 현금으로 전환되지 않아 일반적으로 유동적이지 못하다고 여겨진다.

유동성은 가치가 있다. 유동적인 사업일수록 빚을 상환하거나 필요한 자산을 구매하기 어려운 상태인 재무적 곤경(financial distress)에 처할 가능성이 작다. 안타깝게도 유동적인 자산은 일반적으로 수익성이 떨어진다. 예를 들면, 현금보유는 모든 투자 중에서 가장 유동성이 높지만, 현금만 그대로 남고 수익은 전혀 없을 수도 있다. 따라서 유동성의 혜택과 잠재적 이익의 상실은 서로 교환(trade-off)관계에 있다.

부채 대 자본

회사가 자금을 빌릴 때는 통상 채권자에게 회사의 현금흐름에 대한 우선청구권을 준다. 주주는 채권자에게 지급하고 남은 부분인 잔여가치에 대해서만 권리를 갖는다. 이 나머지 부분의 가치가 회사의 자본이며 바로 회사의 자산에서 회사의 부채를 뺀 가치이다.

자기자본 = 자산 − 부채

이는 자기자본이 잔여가치로 정의되었기에 회계적 관점에서 보면 사실이다. 더 중요한 것은 경제적 관점에서도 사실이라는 것이다. 회사가 자산을 팔아서 부채를 갚는다면 남은 현금은 주주 몫이다.

미국의 재무회계기준위원회(Financial Accounting Standard Board: FASB) 홈페이지는 www.fasb.org(한국회계기준원의 홈페이지 www.kasb.or.kr).

회사의 자본구조에서 부채의 사용을 **재무레버리지**(*financial leverage*)라고 한다. 회사가 (자산 대비) 더 많은 부채를 사용할수록 재무레버리지도(degree of financial leverage)는 커진다. 나중에 언급하겠지만 부채의 사용이 이익과 손실 모두를 크게 확대할 수 있다는 점에서 지렛대의 역할을 한다. 따라서 재무레버리지는 주주에게 돌아갈 잠재적 보상을 증가시키지만, 재무압박과 사업실패의 가능성도 증가시킨다.

시장가치 대 장부가치

어떤 자산의 진정한 가치는 **시장가치**(*market value*)로 그 자산을 실제로 팔았을 때 받을 수 있는 현금이다. 반면에 재무상태표에서 자산항목의 가치는 **장부가치**(*book value*)로 일반적으로 자산의 실질가치는 아니다. **일반적으로 인정된 회계원칙(Generally Accepted Accounting Principles: GAAP)**에 의하면 회계감사용 재무제표는 일반적으로 자산을 **역사적 원가**(*historical cost*)로 표시한다. 다른 말로 자산을 매입한 지 얼마나 되었는가 또는 현재가치가 얼마인가에 상관없이 자산을 매입할 당시 지급했던 금액으로 "장부에 남아 있다."

일반적으로 인정된 회계원칙
Generally Accepted Accounting Principles (GAAP)
회계감사용 재무제표를 작성하는 표준과 절차에 대한 일반원칙.

유동자산은 비교적 짧은 기간에 걸쳐 매입하고 현금화하기에 시장가치와 장부가치는 어느 정도 비슷하다. 어떤 자산은 시장가치와 장부가치가 꽤 다를 수도 있다. 더욱이 비유동자산의 경우에는 매각될 수 있는 자산의 실제 시장가치가 장부가치와 같다면 순

전혀 우연의 일치일 것이다. 예를 들어 철도회사는 한 세기 전이나 그 이전에 엄청난 규모의 토지를 매입해서 소유하고 있었을 것이다. 철도회사가 토지를 매입하기 위해 지급한 금액은 현재의 가치보다 수백 배 혹은 수천 배 적을 수 있다. 그래도 재무상태표는 역사적 원가(historical cost)만을 보여준다. 이러한 관행에는 예외가 있다.

경영자나 투자자는 종종 회사의 시장가치에 관심을 둔다. 이런 정보는 재무상태표에 나타나지 않는다. 재무상태표의 자산이 비용으로 기재된다는 사실은 재무상태표에 나타나는 총자산과 회사의 시장가치 사이에 필연적인 연관성이 없음을 의미한다. 사실 기업이 보유한 훌륭한 경영진, 명성, 능력 있는 직원들과 같이 정말 가치 있는 자산은 재무상태표에 전혀 나타나지 않는다. 한 예로 유명한 기업의 가장 가치 있는 자산 중 하나는 브랜드명이다. 어느 자료에 의하면 "코카콜라"(Coca-Cola), "마이크로소프트"(Microsoft), "아이비엠"(IBM)이라는 기업명은 모두 500억 달러 이상의 가치가 있다고 한다.

유사하게 재무상태표에 나타난 자본과 자본의 실제 시장가치가 관련이 있을 필요는 없다. 재무관리자에게 자본의 장부가치는 특별히 중요한 관심사가 아니며, 정말 중요한 것은 시장가치이다. 따라서 자산가치나 회사의 가치를 말할 때는 통상 **시장가치**(*market value*)를 의미한다. 예를 들어 재무관리자의 목표가 주식의 가치를 높이는 것이라고 할 때 이는 주식의 시장가치를 의미한다.

예제 2.2 시장가치 대 장부가치

장부가치 700달러의 비유동자산을 소유하고 있는데 시장가치는 1,000달러로 판명되었다. 장부상 순운전자본은 400달러지만 모든 유동계정이 처분되면 약 600달러가 될 것이다. 그리고 시장가치와 장부가치가 같은 500달러의 비유동부채를 보유하고 있다. 자기자본의 장부가치는 얼마인가? 시장가치는 얼마인가?

두 가지 요약 재무상태표를 작성해볼 수 있다. 하나는 회계적(장부가치) 관점에서, 다른 하나는 경제적(시장가치) 관점에서 본 것이다.

재무상태표
시장가치 대 장부가치

	장부	시장		장부	시장
자산			**부채와 자본**		
순운전자본	400	600	비유동부채	500	500
순비유동자산	700	1,000	자본	600	1,100
	1,100	1,600		1,100	1,600

이 예에서 자본의 시장가치는 실제로 장부가치의 거의 두 배이다. 장부가치는 실제의 경제적 가치와 상당히 다를 수 있기에 장부가치와 시장가치의 구분이 중요하다.

개념문제 CONCEPT QUESTIONS

2.1a 재무상태표 항등식이란 무엇인가?

2.1b 유동성이란 무엇인가? 왜 중요한가?

2.1c 재무레버리지가 의미하는 바는 무엇인가?

2.1d 장부가치와 시장가치의 차이를 설명하라. 재무관리자에게는 어느 것이 더 중요한가? 그 이유는 무엇인가?

2.2 포괄손익계산서

포괄손익계산서(statement of comprehensive income)는 보통 분기나 일 년이라는 일정 기간의 기업성과를 측정한다.[4] 포괄손익계산서 등식은 다음과 같다.

포괄손익계산서
statement of comprehensive income
일정 기간의 기업성과를 요약한 재무제표.

수익 − 비용 = 손익 **[2.2]**

재무상태표를 스냅사진으로 생각한다면 포괄손익계산서는 사진의 전후 사이의 기간에 걸친 비디오 녹화로 생각할 수 있다. 〈표 2.2〉는 US코퍼레이션의 요약된 포괄손익계산서이다.

포괄손익계산서에 제일 먼저 기재되는 것은 보통 회사의 주요 사업에서 발생하는 수익과 비용이다. 이어서 이자비용과 같은 금융지출이 뒤따른다. 법인세비용은 별도로 기재된다. 가장 마지막 항목은 당기순이익(*net income*)으로 일명 '버텀라인'(bottom line)이라고 한다. 순이익은 종종 주당(per-share) 기준으로 표현되기도 하며 이를 주당순이익(*earnings per share*: *EPS*)이라고 부른다.

표 2.2
US코퍼레이션의 포괄손익계산서

US코퍼레이션 2019년도 포괄손익계산서 (단위: 백만)		
순매출액		1,509
매출원가		750
감가상각비		89
이자및법인세비용차감전순이익		670
이자비용		70
법인세비용차감전순이익		600
법인세비용(21%)		126
당기순이익		474
배당금	165	
이익잉여금 부가액	309	

[4] 역주: 한국채택국제회계기준(K-IFRS)에서는 성과에 관한 정보를 제공하는 손익계산서(income statement)의 명칭을 연결 실체가 지배력을 행사하는 모든 종속기업을 연결범위에 포함하기 위해 포괄손익계산서(statement of comprehensive income)로 변경했다.

보는 바와 같이 US코퍼레이션은 165달러를 현금배당을 했다. 순이익과 현금배당의 차이인 309달러는 당해연도 이익잉여금 부가액이다. 이 금액은 재무상태표의 누적 이익잉여금에 더해진다. US코퍼레이션의 두 재무상태표를 다시 보면 이익잉여금이 1,320 + 309 = 1,629달러 증가했음을 알 수 있다.

예제 2.3 주당순이익과 주당배당금

2019년 말 US코퍼레이션의 유통주식 수가 2억 주라고 하자. 〈표 2.2〉의 포괄손익계산서에 의하면 주당순이익(EPS)은 얼마인가? 주당 배당금은 얼마인가?

포괄손익계산서를 보면 US코퍼레이션은 연중 4억 7,400만 달러의 순이익을 낸다. 배당금 총액은 1억 6,500만 달러였다. 현재 유통주식 수가 2억 주이므로 다음과 같이 주당순이익과 주당 배당금을 계산할 수 있다.

주당순이익 = 당기순이익/총 유통주식 수
= 474/200 = 주당 2.37달러

주당 배당금 = 배당금 총액/총 유통주식 수
= 165/200 = 주당 0.825달러

포괄손익계산서를 검토할 때 재무관리자는 "일반적으로 인정된 회계원칙"(GAAP), 현금(cash) 대 비현금(noncash) 항목, 시간(time)과 비용(cost) 세 가지를 염두에 두어야 한다.

GAAP과 포괄손익계산서

재무회계기준(GAAP)에 의해 작성된 포괄손익계산서는 수익이 발생했을 때 수익을 기록한다. 현금이 들어왔을 때 기록할 필요는 없다. 일반적인 규정은 "발생주의 원칙"(recognition principle)에 의해 이익과정이 실제로 완료되고 상품과 용역의 교환가치가 알려지거나 확실히 결정되었을 때 수익으로 인식한다. 실무에서 이 원칙은 일반적으로 수익은 판매 시점에 인식되며 현금이 회수된 시점과 같을 필요는 없다는 의미이다.

손익계산서에서 비용은 "수익비용 대응의 원칙"(matching principle)에 의해 전술한 바와 같이 먼저 수익을 인식하고 제품 생산에 들어간 비용과 수익을 대응시킨다. 따라서 제품을 생산해 외상으로 판매했다면 수익은 판매 시점에 인식된다. 제품 판매와 관련된 생산이나 비용도 마찬가지로 그 시점에 인식된다. 실제 현금유출은 아주 다른 시점에 일어날 수 있음을 또다시 강조한다. 따라서 수익과 비용이 보고되는 방식으로 보았을 때 포괄손익계산서의 숫자들이 특정 기간 발생한 실제 현금의 유입과 유출을 전혀 나타내지 못할 수도 있다.

비현금항목
noncash item
감가상각비와 같이 현금흐름에 직접 영향을 주지 않는 수익에 부과하는 비용.

비현금항목

회계적 수익과 현금흐름이 다른 주원인은 포괄손익계산서가 **비현금항목(noncash item)**을 포함하고 있기 때문이다. 이 중 가장 중요한 항목은 감가상각비(*depreciation*)이다. 한 회사가 비유동자산을 5,000달러에 매입하고 현금으로 지급했다고 가정하자. 회사는 명백히 매입 시점에 5,000달러의 현금을 유출했다. 그러나 5,000달러를 비용으로 처리하는 대신에 회계사는 5년 동안 자산을 감가상각할 것이다.

해당 기간에 잔존가치는 0이고 정액법(straight-line)으로 감가상각된다고 하면 연간 5,000/5 = 1,000달러가 비용처리 될 것이다.[5] 1,000달러의 감가상각이 장부상 숫자이지 현금이 아님을 인식하는 것이 중요하다. 실제의 현금유출은 자산을 매입했을 때 발생했다.

감가상각비 공제는 회계에서 수익비용 대응의 원칙을 또다시 적용한 것이다. 자산과 관련된 수익은 보통 얼마간의 기간에 걸쳐서 발생한다. 따라서 회계사는 그 자산 매입에 든 비용과 그 자산으로 번 수익을 대응시키려고 한다.

앞으로 보겠지만 재무관리자가 시장가치를 합리적으로 추정하기 위해서는 실제로 현금의 유입과 유출이 발생한 시점이 매우 중요하다. 따라서 비현금적 회계 기재사항에서 현금흐름을 분리하는 방법을 알아야 한다. 사실상 현금흐름과 회계이익의 차이는 상당히 크다. 예를 들어 2017년 3분기에 무선통신 장비회사 웨스텔 테크놀로지(Westell Technologies)는 순손실이 1,450만 달러라고 발표했다. 기분 나쁘게 들리겠으나 회사는 4,110만 달러 차이가 나는 2,660만 달러의 흑자의 현금흐름도 보고했다.

시간과 비용

미래를 단기(short run)와 장기(long run) 둘로 구분하는 것이 때로는 필요하다. 기간이 정확하게 구분되는 것은 아니나 이러한 구분은 비용이 고정적인지 가변적 인지와 관련이 있다. 장기적으로 보았을 때 모든 영업비용은 가변적이다. 충분한 시간이 주어지면 자산은 매각될 수 있고 부채는 상환될 수 있다.

그러나 기간이 상대적으로 짧다면 어떤 비용은 실질적으로 고정비용이어서 재산세와 같이 어떤 일이 있어도 지급해야 한다. 일용직 근로자에게 지급하는 임금이나 공급업체에 지급하는 금액 등과 같은 비용은 여전히 가변적이다. 그 결과 짧은 기간에도 기업은 이런 영역의 지출을 변동시켜 생산수준을 변동시킬 수 있다.

고정비용(fixed costs)과 변동비용(variable costs)의 구분이 어떤 때는 재무관리자에게 중요하지만 포괄손익계산서에 비용이 보고되는 방법으로는 어떤 비용이 어떤 비용인지를 구분하기 어렵다. 실무적으로 회계사는 비용을 생산비용(product costs)과 기간비용(period costs)으로 구분하는 경향이 있기 때문이다.

생산비용은 원료비, 직접 노무비, 생산 관련 간접비 등을 포함한다. 이런 비용들은 포괄손익계산서에 매출원가로 보고되는데 고정비용과 변동비용 모두를 포함한다. 유사하게 기간비용은 특정한 기간에 발생하는데 판매비와 관리비 등으로 표현된다. 기간비용에서 일부는 고정적일 수 있고 일부는 가변적일 수 있다. 예를 들어 사장의 월급은 단

[5] "정액법"(straight-line)에서는 매년 같은 금액을 감가상각함을 의미한다. "잔존가치가 0"은 5년이 지난 후에 자산의 가치가 전혀 없다고 가정함을 의미한다.

WORK THE WEB

미국 증권거래위원회(SEC)는 대부분 공개기업이 연간, 분기 재무제표를 포함한 정기보고서를 작성해서 제출할 것을 요구한다. SEC는 이러한 보고서를 자유롭게 이용할 수 있는 EDGAR라 불리는 공개사이트를 www.sec.gov에서 운영하고 있다. "Company Filings Search"에서 "Microsoft"를 검색했다. Form 10-K에 한정해서 검색한 결과는 다음과 같다.[6]

Filings	Format	Description	Filing Date	File/Film Number
10-K	Documents Interactive Data	Annual report [Section 13 and 15(d), not S-K Item 405] Acc-no: 0001564590-17-014900 (34 Act) Size: 28 MB	2017-08-02	001-37845 171000067
10-K	Documents Interactive Data	Annual report [Section 13 and 15(d), not S-K Item 405] Acc-no: 0001193125-16-662209 (34 Act) Size: 13 MB	2016-07-28	001-37845 161790278
10-K	Documents Interactive Data	Annual report [Section 13 and 15(d), not S-K Item 405] Acc-no: 0001193125-15-272806 (34 Act) Size: 14 MB	2015-07-31	000-14278 151019135
10-K	Documents Interactive Data	Annual report [Section 13 and 15(d), not S-K Item 405] Acc-no: 0001193125-14-289961 (34 Act) Size: 18 MB	2014-07-31	000-14278 141007161
10-K	Documents Interactive Data	Annual report [Section 13 and 15(d), not S-K Item 405] Acc-no: 0001193125-13-310206 (34 Act) Size: 24 MB	2013-07-30	000-14278 13996075
10-K	Documents Interactive Data	Annual report [Section 13 and 15(d), not S-K Item 405] Acc-no: 0001193125-12-316848 (34 Act) Size: 17 MB	2012-07-26	000-14278 12987580
10-K	Documents Interactive Data	Annual report [Section 13 and 15(d), not S-K Item 405] Acc-no: 0001193125-11-200680 (34 Act) Size: 16 MB	2011-07-28	000-14278 11993262
10-K	Documents Interactive Data	Annual report [Section 13 and 15(d), not S-K Item 405] Acc-no: 0001193125-10-171791 (34 Act) Size: 20 MB	2010-07-30	000-14278 10980074
10-K	Documents	Annual report [Section 13 and 15(d), not S-K Item 405] Acc-no: 0001193125-09-158735 (34 Act) Size: 1 MB	2009-07-30	000-14278 09971824
10-K	Documents	Annual report [Section 13 and 15(d), not S-K Item 405] Acc-no: 0001193125-08-162768 (34 Act) Size: 1 MB	2008-07-31	000-14278 08982705
10-K	Documents	Annual report [Section 13 and 15(d), not S-K Item 405] Acc-no: 0001193125-07-170817 (34 Act) Size: 1 MB	2007-08-03	000-14278 071024829
10-K	Documents	Annual report [Section 13 and 15(d), not S-K Item 405] Acc-no: 0001193125-06-180008 (34 Act) Size: 1 MB	2006-08-25	000-14278 061056648
10-K	Documents	Annual report [Section 13 and 15(d), not S-K Item 405] Acc-no: 0001193125-05-174825 (34 Act) Size: 1 MB	2005-08-26	000-14278 051050009
10-K	Documents	Annual report [Section 13 and 15(d), not S-K Item 405] Acc-no: 0001193125-04-150689 Size: 1 MB	2004-09-01	000-14278 041011640
10-K	Documents	Annual report [Section 13 and 15(d), not S-K Item 405] Acc-no: 0001193125-03-045632 Size: 1 MB	2003-09-05	000-14278 03882442
10-K	Documents	Annual report [Section 13 and 15(d), not S-K Item 405] Acc-no: 0001032210-02-001351 Size: 1 MB	2002-09-06	000-14278 02757909
10-K	Documents	Annual report [Section 13 and 15(d), not S-K Item 405] Acc-no: 0001032210-01-501099 Size: 261 KB	2001-09-18	000-14278 1739790
10-K	Documents	Annual report [Section 13 and 15(d), not S-K Item 405] Acc-no: 0001032210-00-001961 Size: 457 KB	2000-09-28	000-14278 731256
10-K	Documents	Annual report [Section 13 and 15(d), not S-K Item 405] Acc-no: 0001032210-99-001375 Size: 289 KB	1999-09-28	000-14278 99718734
10-K	Documents	Annual report [Section 13 and 15(d), not S-K Item 405] Acc-no: 0001032210-98-001067 Size: 178 KB	1998-09-25	000-14278 98715364
10-K	Documents	Annual report [Section 13 and 15(d), not S-K Item 405] Acc-no: 0001017062-97-001764 Size: 198 KB	1997-09-29	000-14278 97687694
10-K	Documents	Annual report [Section 13 and 15(d), not S-K Item 405] Acc-no: 0000891020-96-001130 Size: 147 KB	1996-09-27	000-14278 96635668
10-K	Documents	Annual report [Section 13 and 15(d), not S-K Item 405] Acc-no: 0000891020-95-000433 Size: 189 KB	1995-09-25	000-14278 95575998
10-K	Documents	Annual report [Section 13 and 15(d), not S-K Item 405] Acc-no: 0000891020-94-000175 Size: 442 KB	1994-09-27	000-14278 94550472

출처: www.sec.gov

위의 검색날짜로 EDGAR에는 다운로드 가능한 마이크로소프트(Microsoft)의 보고서가 24개 있다. 10-K는 SEC에 제출한 사업보고서(annual report)이다. 여기에는 임원명단과 연봉, 직전 회계연도의 재무제표, 재무성과에 대한 회사의 설명이 포함된다. 다음의 연습문제에 답해보자. "Descriptions of SEC Forms" 페이지에 가서 회사가 SEC에 제출해야 하는 다른 양식(forms)들을 찾아보자. 10-Q 보고서는 무엇인가?

질문 QUESTIONS

1. *컴퓨터가 대중화되기 이전에는 SEC에 전자문서를 올릴 수 없었다. www.sec.gov에 가서 제너럴 일렉트릭(General Electric)의 문서를 찾아라. 제너럴 일렉트릭의 웹사이트에서 가장 오래된 10-K 양식의 날짜는 언제인가? IBM과 애플(Apple)의 10-K 양식을 찾아보고 처음 전자파일을 제출한 연도가 같은지 알아보자.*
2. *www.sec.gov에 가서 언제 다음의 양식이 사용되었는지 알아보자. Form DEF 14A, Form 8-K, Form 6-K.*

6) 역주: 한국은 금융감독원이 운영하는 DART라고 불리는 전자공시시스템 웹사이트 dart.fss.or.kr에 이러한 정보가 있다. "회사명"에서 회사명 또는 종목코드를 입력하고, (1999년 이후의) 기간을 설정한 후 "정기공시"에서 "사업보고서"를 받을 수 있다. 이 밖에 "반기보고서"와 "분기보고서"도 있다.

기적으로는 최소한 기간비용이며 고정비용에 해당할 것이다.

지금까지 사용한 재무상태표와 포괄손익계산서는 가상의 것이다. 근처 *Work the Web*(워크더웹) 박스는 온라인으로 거의 모든 미국 공개회사의 실제 재무제표를 찾는 법을 보여준다.

실적관리

미국의 GAAP이 기업에 요구하는 재무성과의 보고방식은 객관성과 정확성이다. 현실에서는 운신의 폭이 커서 결과적으로 회사는 실적 보고에 상당한 재량을 갖고 있다. 예를 들어 기업은 종종 투자자에게 이익이 꾸준히 성장하고 있음을 보여주려고 한다. 그러한 목적으로 이익의 굴곡을 매끄럽게 하려고 여러 번에 걸쳐 이익을 과대 또는 과소 계상할 수도 있다. 이렇게 하는 것을 **실적관리** 또는 **이익관리**(*earnings management*)라고 하는데 논란이 많은 관행이다.

사업이 점점 글로벌화하면서 회계기준은 국가 간에 더욱 유사해질 필요가 있다. 최근 미국의 회계기준은 점점 더 국제회계기준(International Financial Reporting Standards: IFRS)에 구속된다. 특히 (미국의 GAAP을 책임지는) 재무회계기준위원회(FASB)와 (IFRS를 책임지는) IASB는 정책을 수렴하는 방향으로 작업해왔다. 비록 GAAP과 IFRS는 몇 가지 영역에서 유사해졌지만 2018년 현재 회계정책의 완전한 수렴은 최소한 현재로는 물 건너갔다.

IFRS에 관한 정보를 더 얻기 위한 웹사이트는 www.ifrs.org.

개념문제 CONCEPT QUESTIONS

2.2a 포괄손익계산서 등식은 무엇인가?

2.2b 포괄손익계산서를 검토할 때 염두에 두어야 할 세 가지는 무엇인가?

2.2c 왜 회계이익은 현금흐름과 같지 않은가?

2.3 세금

세금은 기업이 경험하는 가장 큰 규모의 현금유출 중 하나일 수 있다. 예를 들어 2018 회계연도에 월마트(Wal-Mart)의 법인세비용차감전순이익은 약 151억 달러였다. 전 세계에서 지급한 모든 세금을 포함한 세금청구서에는 무려 46억 달러, 곧 법인세비용차감전순이익의 약 30%에 해당하는 금액이 적혀 있었다.

세금청구서의 액수는 자주 개정되는 일련의 규정인 세법에서 결정된다. 여기에서는 법인세율과 세금이 계산되는 방식을 살펴볼 것이다. 세금에 관한 여러 가지 규정이 약간 생소하거나 혼란스러우면 세법은 경제가 아니라 정치적 힘의 산물임을 명심하자. 결과적으로 세금이 경제적 의미를 지닐 이유는 없다.

표 2.3
미국의 2018년 개인소득세율 (미혼 개인)

과세표준		세율
$ 0–	9,525	10%
9,525–	38,700	12
38,700–	82,500	22
82,500–	157,500	24
157,500–	200,000	32
200,000–	500,000	35
500,000+		37

법인세율

미국 국세청(IRS)의 웹사이트는 www.irs.gov (한국 국세청 웹사이트는 www.nts.go.kr).

이번 장 도입부에서 언급했듯이 2017년 '감세 및 잡스법'(Tax Cuts and Jobs Act)의 통과로 미국의 연방 법인세율은 일률로 21%가 되었다.[7] 그러나 개인회사, 파트너십, 유한책임회사와 같은 다른 형태의 사업에 대한 세율은 일률과세되지 않았다. 이런 기업의 세금에 대해 중요한 점을 설명하기 위해 〈표 2.3〉의 개인소득세율을 살펴본다. 2018년에는 10%부터 최고 37%까지 7개의 과세 구간이 있다. 최고세율은 2017년 39.6%에서 낮아졌다.

평균세율 대 한계세율

평균세율
average tax rate
세금총액을 과세소득총액으로 나눈 것.

한계세율
marginal tax rate
추가 소득에 대해 내야 하는 세금.

재무의사결정에서 종종 평균세율과 한계세율의 구별이 중요하다. **평균세율(average tax rate)**은 세금을 과세소득으로 나눈 것이다. 다른 말로 소득에서 세금으로 가는 퍼센트 비율이다. **한계세율(marginal tax rate)**은 1달러를 더 벌면 지급해야 하는 추가의 세금이다. 〈표 2.3〉의 세율은 모두 한계세율이다. 달리 표현하면 〈표 2.3〉의 세율은 모든 소득에 적용되는 것이 아니라 오직 표시된 범위의 소득에만 적용되는 세율이다.

평균세율과 한계세율의 차이를 간단한 예로 잘 설명할 수 있다. 독신인 당신의 과세대상 개인소득이 10만 달러라고 하자. 세금은 얼마를 내야 하는가? 〈표 2.3〉에 의해 다음과 같이 계산할 수 있다.

0.10(9,525)	=	952.50
0.12(38,700 − 9,525)	=	3,501.00
0.22(82,500 − 38,700)	=	9,636.00
0.24(100,000 − 82,500)	=	4,200.00
		18,289.50

따라서 세금총액은 18,289.50달러이다.

이 예제에서 평균세율은 얼마인가? 과세소득이 100,000달러이고 세금총액이 18,289.50달러이므로 평균세율은 18,289.50/100,000 = 0.1829 또는 18.29%이다. 한계

[7] 역주: 한국의 법인세율은 2019년 현재 과세표준 2억 원 이하분은 10%, 2억 원 초과 2백억 원 이하분은 20%, 2백억 원 초과 3천억 원 이하분은 22%, 3천억 원 초과분은 25%이다.

세율은 얼마인가? 만약 1달러를 더 번다면 그 1달러에 부과되는 세금은 24센트이다. 따라서 한계세율은 24%이다.

예제 2.4 **세금 자세히 알기**

미혼인 개인이 소유한 어느 개인회사의 과세소득은 80,000달러이다. 내야 할 세금은 얼마인가? 평균세율은 얼마인가? 한계세율은 얼마인가?

〈표 2.3〉에 보이는 바와 같이 처음 9,525달러에 적용되는 세율은 10%이다. 그 이상에서 38,700달러까지 적용되는 세율은 12%이다. 그다음 총 80,000달러까지 적용되는 세율은 22%이다. 따라서 $0.10 \times 9{,}525 + 0.12 \times (38{,}700 - 9{,}525) + 0.22 \times (80{,}000 - 38{,}700) =$ 13,540의 세금을 내야 한다. 그러므로 평균세율은 $13{,}540/80{,}000 = 0.1692$ 또는 16.92%이다. 과세소득이 1달러 늘어나면 22센트의 세금이 늘어나므로 한계세율은 22%이다.

기업의 재무의사결정에는 통상 한계세율이 적절하다. 새로운 현금흐름은 한계세율로 과세될 것이기 때문이다. 재무의사결정은 주로 새로운 현금흐름 또는 기존 현금흐름의 변경이므로 한계세율이 세금 고지서의 한계적 영향을 말해준다.

2018년 현재 미국 연방 법인세율과 같은 일률과세(flat-rate tax)는 단 하나의 세율이 있고, 이 세율은 모든 소득 구간에서 같다. 그런 경우 한계세율은 항상 평균세율과 같다.

다음으로 넘어가기 전에 이번 장에서 논의한 세율은 연방세라는 점을 주목해야 한다. 주, 지방과 다른 세금을 고려하면 전체 세율은 더 높아질 수 있다.

개념문제 CONCEPT QUESTIONS

2.3a 한계세율과 평균세율의 차이는 무엇인가?

2.4 현금흐름

여기에서는 재무제표로부터 얻을 수 있는 가장 중요한 재무정보 중 하나라고 할 수 있는 **현금흐름**(*cash flow*)에 대해서 알아본다. 현금흐름이란 유입된 현금과 유출된 현금의 차이를 말한다. 예를 들어 사업을 한다면 당해연도에 사업에서 실제로 얼마의 현금을 가져갈 수 있는지에 관심을 둘 것이다. 이 금액을 결정하는 방법이 다음에 논의할 일 중 하나이다.

이 정보를 원하는 방식으로 나타내는 표준화된 재무제표는 없다. 따라서 US코퍼레이션의 예에서 현금흐름을 계산하는 방법을 알아보고 그 결과가 표준화된 재무제표 계산과 어떻게 다른지를 지적하겠다. **현금흐름표**(*statement of cash flows*)라고 하는 표준 재무제표가 있긴 하지만 다소 다른 문제를 다루므로 여기서 언급하고자 하는 것과 혼동해서는 안 된다.

FINANCE MATTERS

워런 버핏의 세율은 얼마인가?

2011년, 세계에서 가장 부자 중 한 명인 저명한 투자자 워런 버핏(Warren Buffett)은 그가 내는 세율이 그의 비서가 내는 세율보다 낮다고 공개적으로 말해서 파문을 일으켰다. 직전 해에 버핏의 총소득은 약 6,300만 달러였는데 여기에 단 15%의 세율로 세금을 냈다(이는 2017년의 '감세 및 잡스법' 이전이었음을 기억하자). 그의 비서는 (상당히 낮은 소득에도 불구하고) 한계세율이 31%였다. 또한, 2011년에 공화당 대통령 경선 후보 미트 롬니(Mitt Romney)가 소득세를 공표했을 때도 역시 2,100만 달러의 연간 소득에 단지 15%의 소득세율로 세금을 냈음이 밝혀졌다.

버핏과 롬니의 세율이 왜 그렇게 낮아 보이는가? 미국의 현행 세금 제도하에서 근로소득은 배당이나 장기 자본이득보다 훨씬 높은 세율로 과세한다. 사실상 2011년에 가장 높은 과표 구간에서 근로소득은 37% 과세하고 배당 및 장기 자본이득은 15% 과세한다. 버핏과 롬니에게 대부분의 연간 소득은 임금이 아니라 투자에서 나오기 때문에 세율은 15%이다.

따라서 부자는 모두 세금 우대조치를 받는가? 전 미국 대통령 버락 오바마(Barack Obama)는 그렇게 생각하는 것 같다. 2012년 연두교서에서 그는 "버핏세"(Buffett tax)의 도입을 촉구했다. 그 자리에는 버핏의 비서 데비 보사넥(Debbi Bosanek)이 특별 게스트로 영부인 미셸 오바마(Michelle Obama)와 자리를 함께했다. 오바마 대통령은 이러한 버핏세는 초고소득자가 추가로 내는 세금이 될 것이라고 설명했다. 아마도 오바마 대통령은 그와 영부인이 2013년에 공동 소득 481,098달러에 대해 98,169달러의 연방소득세를 내 평균세율이 20.4%라는 사실에 화가 났을 것이다.

물론 배당으로 받은 소득은 이미 세금을 냈다. 배당은 기업의 소득에서 지급하는데 배당 지급하는 대규모 기업들은 35%의 세금을 냈다. 사실상 배당에 대한 어떤 세금도 그 돈에 이중 과세한 것이다. 세법은 이를 인식한다. 배당에 대한 낮은 세율은 이중 세율을 낮춘다. 자본이득도 마찬가지이다. 투자가 되기 전의 돈에 세금을 낸다.

버핏의 경우 재산은 대부분 버크셔 해서웨이(Berkshire Hathaway) 코퍼레이션의 대략 30%에 달하는 지분에서 온다. 23,000(오타 아님!)페이지의 소득세 신고에 기초해서 2014년 버크셔의 281억 달러 세전 소득에 부과해 고시한 법인세는 79억 달러로 평균세율은 28%이다. 그러므로 버크셔의 세금 고지서의 버핏 지분은 대략 23.7억 달러 정도 된다. 버크셔의 법인세율을 포함하면 버핏의 평균세율은 28 + 15 = 43%에 가깝다.

다른 예를 들면, 잘 알려진 경제학자이자 교재 저자인 그레고리 맨큐(N. Gregory Mankiw)가 기술한 상황을 보자. 맨큐는 1,000달러에 글 쓰는 작업을 고려한다. 그가 8%의 수익을 내고 세금이 없으면 30년 후 세상을 뜨면서 자녀에게 약 10,000달러를 남길 수 있을 것이다. 그러나 연방세, 지방세, 건강보험료로 인해 오늘 세후 약 523달러만을 받을 것이다. 그리고 법인세와 개인소득세 때문에 같은 투자에 대한 수익은 약 4%밖에 안 되어 30년 후의 잔액은 1,700달러가 될 것이다. 그가 죽으면 그의 계좌에는 최고 55%의 한계상속세율로 세금이 부과될 것이다. 그 결과 그의 자녀들은 약 1,000달러만 받게 될 것으로 90% 세율을 의미한다!

재무상태표 항등식에서 기업의 자산가치는 부채가치 더하기 자본가치와 같다. 이와 유사하게, 기업자산의 현금흐름은 채권자의 현금흐름과 주주(또는, 주식회사가 아니면 소유주)의 현금흐름의 합과 같아야 한다.

자산의 현금흐름 = 채권자의 현금흐름 + 주주의 현금흐름 [2.3]

이것이 현금흐름 항등식이다. 이 항등식은 기업이 다양한 활동으로 창출한 현금을 채권자에게 지급하거나 아니면 주주에게 지급한다는 사실을 반영한다. 다음으로 현금흐름을 만드는 다양한 방법을 논의한다.

자산의 현금흐름

자산의 현금흐름(cash flow from assets)은 영업현금흐름, 자본지출, 순운전자본의 변동 세 요소로 구성되어 있다. **영업현금흐름(operating cash flow)**은 기업이 일상의 생산과 판매 활동의 결과인 현금흐름을 말한다. 자산 매입에 필요한 자금조달과 관련된 비용은 영업비용이 아니기에 포함되지 않는다.

보통 현금흐름의 일부는 회사에 재투자된다. 자본지출(*capital spending*)은 비유동자산에 대한 순지출로 비유동자산의 매입에서 비유동자산의 매각을 차감한 금액이다. 마지막으로 순운전자본의 변동(*change in net working capital*)은 순운전자본에 쓰인 금액이다. 해당 기간의 순운전자본 변동으로 측정되고 유동부채 대비 유동자산의 순증가 또는 감소로 나타낸다. 현금흐름의 세 요소에 대해 다음에 더 자세히 살펴본다. 모든 예에서 모든 금액의 단위는 백만 달러다.

자산의 현금흐름
cash flow from assets
채권자와 주주의 총 현금흐름으로 영업현금흐름, 자본지출, 순운전자본의 변동으로 구성됨.

영업현금흐름
operating cash flow
기업의 통상적인 사업활동에서 발생하는 현금.

영업현금흐름 영업현금흐름(OCF)을 계산하려면 수익에서 비용을 차감해야 하나 감가상각비는 현금유출이 아니기에 포함하지 않고, 이자비용은 금융비용이므로 포함하지 않는다. 세금은 현금으로 지급하기에 포함한다.[8)]

US코퍼레이션의 포괄손익계산서(표 2.2)를 보면 영업이익 또는 이자및법인세비용차감전순이익(EBIT)이 670달러이다. 이자비용을 포함하지 않기에 거의 우리가 원하는 숫자이다. 그러나 두 가지 조정이 필요하다. 하나는 감가상각비가 비현금비용이라는 점을 상기하자. 현금흐름을 구하기 위해서는 우선 현금공제가 아닌 감가상각비 89달러를 다시 더해야 한다. 또 다른 조정은 현금으로 지급되는 법인세 126달러를 차감해야 한다. 그 결과가 영업현금흐름이다.

US코퍼레이션 2019년도 영업현금흐름	
이자및법인세비용차감전순이익	670
+ 감가상각비	89
− 법인세비용	126
영업현금흐름	633

US코퍼레이션의 2019년도 영업현금흐름은 633달러이다.

영업현금흐름은 영업으로 창출된 현금유입이 일상의 현금유출을 충당하기에 충분한지를 아주 기본적인 수준에서 말해주므로 중요한 숫자이다. 이런 이유로 음수 값의 영업현금흐름은 보통 문제가 생길 조짐이다.

영업현금흐름을 말할 때는 불편하게도 혼동의 여지가 있다. 회계 관행상 영업현금

8) 역주: 당해연도에 현금으로 지급하지 않는 법인세도 영업현금흐름(OCF)의 계산에 포함한다. 그리고 현금흐름과의 불일치는 순운전자본의 변동으로 조정한다. 즉, 현금으로 지급하지 않은 법인세의 차감은 영업현금흐름을 줄여 자산의 현금흐름을 낮추는 한편, 유동부채의 증가로 순운전자본을 줄여 해당 금액만큼 자산의 현금흐름을 높여 결과적으로 현금으로 지급한 법인세만 자산의 현금흐름에 영향을 준다.

흐름은 종종 순이익 더하기 감가상각비로 정의된다. US코퍼레이션의 경우 474 + 89 = 563달러가 된다. 영업현금흐름의 회계적 정의는 순이익을 계산할 때 이자가 차감된다는 중요한 점에서 재무적 영업현금흐름이 의미하는 바와 다르다. 우리가 계산한 633달러의 영업현금흐름과 563달러의 차이는 당해연도의 이자비용인 70달러이다. 회계적 현금흐름의 정의에서는 이자비용을 영업비용으로 간주한다. 재무적 현금흐름은 이자비용을 금융비용으로 적절하게 다룬다. 만약 이자비용이 없다면 두 정의는 같을 것이다.

US코퍼레이션 자산의 현금흐름 계산을 마치기 위해 영업현금흐름인 633달러 중에서 얼마가 회사에 재투자되었는지를 고려해야만 한다. 먼저 비유동자산의 지출을 살펴본다.

자본지출 순자본지출(net capital spending)은 비유동자산의 취득에 든 비용에서 비유동자산의 매각으로 받은 현금을 차감한 값이다.[9] 2018년 말 US코퍼레이션(표 2.1)의 순비유동자산은 1,644달러였다. 1년 동안 포괄손익계산서에서 89달러 가치의 비유동자산을 감가상각했다. 따라서 새 비유동자산을 전혀 매입하지 않았다면 순비유동자산은 연말에 1,644 − 89 = 1,555달러가 된다. 2019년도 재무상태표에서 순비유동자산이 1,709달러이므로 연간 비유동자산에 총 1,709 − 1,555 = 154달러를 사용했어야 한다.

기말 순비유동자산	1,709
− 기초 순비유동자산	1,644
+ 감가상각비	89
비유동자산의 순투자액	154

이 154달러가 2019년도의 순자본지출이다.

순자본지출이 음수일 수 있는가? 그럴 수 있다. 매입한 것보다 더 많은 자산을 매각한다면 가능하다. 여기에서 순(*net*)이라는 것은 비유동자산의 취득에서 비유동자산의 매각을 차감한 것(net)임을 의미한다.

순운전자본의 변동 비유동자산의 투자에 더해 기업은 유동자산에도 투자할 것이다. 예를 들면, 〈표 2.1〉의 재무상태표를 보면 2019년도 말 US코퍼레이션의 유동자산은 1,403달러이다. 2018년도 말의 유동자산은 1,112달러였으므로 연간 유동자산에 1,403 − 1,112 = 291달러를 투자했다.

유동자산의 투자가 변동하면 보통은 유동부채도 변동할 것이다. 순운전자본의 변동을 결정하는 가장 쉬운 방법은 기초와 기말의 순운전자본(NWC)의 차이를 구하는 것이다. 2019년도 말의 순운전자본은 1,403 − 389 = 1,014달러이다. 마찬가지로 2018년도 말의 순운전자본은 1,112 − 428 = 684달러이다. 이 숫자로 계산하면 된다.

---

[9] 역주: 순자본지출(NCS)은 Capex(capital expenditure)라고도 한다. 한편, 비유동자산의 취득가액에서 감가상각누계액을 차감(net)한 '순비유동자산'의 용어를 재무상태표는 '비유동자산'으로 표기한다. [문제 23] 참조.

기말 NWC	1,014
− 기초 NWC	684
NWC의 변동	330

따라서 순운전자본은 330달러 증가했다. 달리 표현하면 US코퍼레이션은 연간 NWC에 330달러를 순투자했다.

결론 지금까지 계산한 숫자로 이젠 자산의 현금흐름을 계산할 준비가 되었다. 자산의 총현금흐름은 영업현금흐름에서 비유동자산과 순운전자본에 투자한 금액을 차감해 구한다. 따라서 US코퍼레이션의 경우는 다음과 같다.

US코퍼레이션 2019년도 자산의 현금흐름	
영업현금흐름	633
− 순자본지출	154
− 순운전자본의 변동	330
자산의 현금흐름	149

현금흐름 항등식에서 자산의 현금흐름인 149달러는 채권자의 현금흐름과 주주의 현금흐름의 합과 같다. 이는 다음에 살펴본다.

성장하는 기업에서 음수 값의 현금흐름은 전혀 드문 일이 아닐 것이다. 다음에 보겠지만 음수 값의 현금흐름은 기업이 당해연도에 채권자와 주주에게 지급한 금액보다 더 많은 돈을 빌리거나 주식을 발행해 조달했다는 의미이다.

"잉여"현금흐름 요약 자산의 현금흐름은 **자유현금흐름** 또는 **잉여현금흐름(free cash flow)**이라는 다른 용어로 불린다. 물론 "잉여"(free) 현금과 같은 것은 없다(우리가 바랄 뿐!). 대신에 이 용어는 회사가 채권자와 주주에게 자유롭게 배분할 수 있는 현금을 일컫는다. 이 현금은 운전자본이나 비유동자산 투자에 필요하지 않기 때문이다. 이와 같은 중요한 개념에 "자산의 현금흐름"(cash flow from assets)이란 용어를 고수할 것이다. 잉여현금흐름을 정확히 계산하는 방법에는 실무적으로 여러 변형이 있기 때문이다. 사용자에 따라 다른 방법으로 계산한다. 그렇더라도 "잉여현금흐름 또는 자유현금흐름"(free cash flow)이란 용어를 접할 때마다 자산의 현금흐름 혹은 그와 유사한 것이 논의되고 있다고 이해해야 한다.[10)]

잉여현금흐름 또는 자유현금흐름
free cash flow
'자산의 현금흐름'의 별칭.

[10)] 역주: 가치평가(valuation)를 위해 실무에서 많이 사용하는 잉여현금흐름(free cash flow: FCF)은 자산의 현금흐름(cash flow from assets: CFFA)과 법인세 계산에서 차이가 있다. CFFA 계산에서는 이자비용을 차감한 법인세비용차감전순이익(EBT)에 대해 법인세율을 적용한 법인세비용을 차감하는 반면, FCF 계산에서는 이자및법인세비용차감전순이익(EBIT) 또는 영업이익에 대해 법인세율을 적용한 조정법인세(adjusted tax)를 차감한다. 영업이익에서 조정법인세를 차감한 것을 세후영업이익(Net Operating Profit After Tax: NOPAT) 또는 NOPLAT(Net Operating Profit Less Adjusted Tax)라고 부른다. 제12장 자본비용에서 설명하겠지만 가치평가에서 이자비용의 세금공제 효과는 자금조달 의사결정의 결과로서 현금흐름에서 고려하는 대신 현금흐름의 기회비용인 (세후)부채비용에서 고려한다. 이자비용이 없다면 CFFA과 FCF의 정의는 같다.

채권자와 주주의 현금흐름

채권자의 현금흐름
cash flow to creditors
회사의 이자비용에서 순신규차입금을 차감한 것.

주주의 현금흐름
cash flow to stockholders
회사의 배당지급액에서 순신규주식발행액을 차감한 것.

채권자와 주주의 현금흐름이란 연간 채권자와 주주에게 돌아간 순 지급액을 나타낸다. 자산의 현금흐름과 유사한 방법으로 계산한다. **채권자의 현금흐름(cash flow to creditors)**은 이자비용에서 순신규차입금을 차감한다. **주주의 현금흐름(cash flow to stockholders)**은 배당지급액에서 순신규주식발행액을 차감한다.

채권자의 현금흐름 〈표 2.2〉의 포괄손익계산서를 보면 US코퍼레이션이 채권자에게 70달러의 이자를 지급했음을 알 수 있다. 〈표 2.1〉의 재무상태표로부터 비유동부채는 454 − 408 = 46달러 증가했다. 즉 US코퍼레이션은 이자로 70달러를 지급했지만 46달러를 추가로 차입했다. 따라서 채권자의 순현금흐름은 다음과 같다.

US코퍼레이션 2019년도 채권자의 현금흐름	
이자비용	70
− 순신규차입금	46
채권자의 현금흐름	24

채권자의 현금흐름(cash flow to creditors)은 때로는 영어로 *cash flow to bondholders*라고 불리기도 한다. 이 두 가지 용어를 호환해서 사용할 것이다.

주주의 현금흐름 포괄손익계산서에서 주주에게 지급된 배당금은 165달러이다. 신주발행액을 계산하려면 자본금과 자본잉여금을 보아야 한다. 이 계정은 회사가 발행한 주식을 말해준다. 이 계정이 연간 40달러가 증가했으므로 순 주식발행으로 40달러를 조달했다. 이 숫자로 계산하면 2019년도 주주의 현금흐름은 125달러이다.

US코퍼레이션 2019년도 주주의 현금흐름	
배당지급액	165
− 순신규주식발행액	40
주주의 현금흐름	125

결론

마지막으로 실수 방지를 위해 현금흐름 항등식의 성립을 확인한다. 자산의 현금흐름은 149달러였다. 채권자의 현금흐름과 주주의 현금흐름은 24 + 125 = 149달러로 판명된다. 참고를 위해 〈표 2.4〉에 다양한 현금흐름 계산을 요약했다.

예제: 돌 콜라(Dole Cola)의 현금흐름

이번 장에서 논의한 여러 현금흐름 계산을 다뤄본다. 몇 가지 발생 가능한 변형도 기술한다.

영업현금흐름 연간 매출액과 매출원가는 각각 600달러와 300달러였다. 감가상각비는

표 2.4
현금흐름 정리

I. 현금흐름 항등식
자산의 현금흐름 = 채권자(채권 소유자)의 현금흐름
+ 주주(소유주)의 현금흐름

II. 자산의 현금흐름
자산의 현금흐름 = 영업현금흐름
− 순자본지출
− 순운전자본(NWC)의 변동

단,

영업현금흐름 = 영업이익(EBIT)
+ 감가상각비 − 법인세

순자본지출 = 기말 순비유동자산 − 기초 순비유동자산
+ 감가상각비

NWC의 변동 = 기말 NWC − 기초 NWC

III. 채권자의 현금흐름
채권자의 현금흐름 = 이자비용 − 순신규차입금

IV. 주주의 현금흐름
주주의 현금흐름 = 배당지급액 − 순신규주식발행액

150달러였고, 이자비용은 30달러였다. 법인세율은 21%의 일률로 계산됐다. 배당금은 30달러였다. (모든 단위는 100만 달러 기준임.) 영업현금흐름은 얼마인가? 왜 순이익과 다른가?

가장 쉬운 일은 포괄손익계산서 작성이다. 그러고 나서 필요한 숫자를 집어낸다. 포괄손익계산서는 다음과 같다.

돌 콜라 2019년도 포괄손익계산서		
매출액		600
매출원가		300
감가상각비		150
이자및법인세비용차감전순이익		150
이자비용		30
법인세비용차감전순이익		120
법인세비용		25
당기순이익		95
배당금	30	
이익잉여금 부가액	65	

따라서 순이익은 95달러이다. 이제 필요한 숫자를 모두 얻었다. US코퍼레이션 예제와 〈표 2.4〉를 참고하면 다음을 얻을 수 있다.

돌 콜라 2019년도 영업현금흐름	
이자및법인세비용차감전순이익	150
+ 감가상각비	150
− 법인세비용	25
영업현금흐름	275

이 예제에 보이듯이 영업현금흐름은 순이익과 같지 않다. 순이익을 계산할 때는 감가상각비와 이자가 모두 차감되기 때문이다. 앞에서 배운 것을 상기한다면 영업현금흐름을 계산할 때 이들은 차감되지 않는다. 감가상각비는 현금비용이 아니며 이자비용은 영업비용이 아니라 금융비용이기 때문이다.

순자본지출 기초 순비유동자산이 500달러이고 기말 순비유동자산이 750달러라고 하자. 연간 순자본지출은 얼마인가?

포괄손익계산서에서 연간 감가상각비는 150달러이다. 순비유동자산은 250달러 증가했다. 따라서 250달러에 추가로 150달러를 덧붙여 총 400달러를 지출했다.

NWC의 변동과 자산의 현금흐름 2,130달러의 유동자산과 1,620달러의 유동부채로 한 해를 시작했다. 기말에는 각각 2,260달러와 1,710달러였다. 연간 NWC의 변동은 얼마인가? 자산의 현금흐름은 얼마인가? 순이익과 비교하면 어떠한가?

순운전자본은 2,130 − 1,620 = 510달러로 시작해서 2,260 − 1,710 = 550달러로 끝났다. 따라서 NWC의 변동은 550 − 510 = 40달러였다. 모든 정보를 모아보면 다음과 같다.

돌 콜라 2019년도 자산의 현금흐름	
영업현금흐름	275
− 순자본지출	400
− NWC의 변동	40
자산의 현금흐름	−165

자산의 현금흐름은 −165달러였다. 순이익은 95달러로 흑자(+)이다. 자산의 현금흐름이 음수라는 사실이 경종을 울리는가? 꼭 그런 것은 아니다. 여기서 현금흐름이 음수인 주요 원인은 비유동자산에 투자를 많이 했기 때문이다. 괜찮은 투자라면 그로 인한 음수의 현금흐름은 우려할 바가 아니다.

채권자와 주주의 현금흐름 자산의 현금흐름이 −165달러임을 확인했다. 이 숫자가 음수라는 사실은 당해연도에 채권자와 주주에게 지급한 것보다 더 많은 금액을 조달했음을 의미한다. 예를 들어 당해연도에 어떤 주식도 발행하지 않았다고 해보자. 주주의 현금흐름은 얼마인가? 채권자의 현금흐름은 얼마인가?

주식을 발행하지 않았기 때문에 주주의 현금흐름은 지급한 현금배당과 같다.

돌 콜라 2019년도 주주의 현금흐름	
배당지급액	30
− 순신규주식발행액	0
주주의 현금흐름	30

현금흐름 항등식에서 채권자와 주주에게 지급한 총액은 −165달러였다. 주주의 현금흐름이 30달러이므로 채권자의 현금흐름은 −165 − 30 = −195달러와 같아야 한다.

채권자의 현금흐름 + 주주의 현금흐름 = −165

채권자의 현금흐름 + 30 = −165

채권자의 현금흐름 = −195

채권자의 현금흐름이 −195달러이고 이자비용이 (포괄손익계산서에서) 30달러이므로 이제 순 신규차입금을 결정할 수 있다. 비유동자산의 확장을 조달하기 위해서 연간 225달러를 차입해야만 했다.

돌 콜라 2019년도 채권자의 현금흐름	
이자비용	30
− 순 신규차입금	225
채권자의 현금흐름	−195

개념문제 CONCEPT QUESTIONS

2.4a 현금흐름 항등식은 무엇인가? 무엇을 말하는지 설명하라.

2.4b 영업현금흐름의 구성요소는 무엇인가?

2.4c 왜 이자비용은 영업현금흐름의 요소가 아닌가?

요약과 결론

제2장에서는 재무제표, 세금, 현금흐름의 기본을 소개했다. 정리하면 다음과 같다.

1. 재무상태표의 장부가치는 시장가치와 매우 다를 수 있다. 재무관리자의 목표는 주식의 장부가치가 아니라 시장가치를 극대화하는 것이다.
2. 포괄손익계산서에서 계산된 순이익은 현금흐름이 아니다. 가장 주요한 이유는 순이익의 계산에서 비현금항목인 감가상각비가 차감되는 것이다.
3. 한계세율과 평균세율은 다를 수 있다. 그리고 대부분의 재무의사결정에서 한계세율이 적절하다.
4. 2017년의 '감세 및 잡스법' 이후 미국의 법인세율은 21%의 일률과세이다.
5. 현금흐름 항등식은 재무상태표 항등식과 상당히 유사하다. 자산의 현금흐름은 채권자와 주주의 현금흐름의 합과 같다.

재무제표에서 현금흐름을 계산하기는 어렵지 않다. 감가상각비와 같은 비현금항목을 처리할 때 주의하고 영업비용과 금융비용을 혼동해서는 안 된다. 무엇보다도 장부가치와 시장가치, 회계이익과 현금흐름을 혼동하지 않는 것이 중요하다.

복습과 자체시험 문제

2.1 **라스푸틴 사의 현금흐름.** 재무제표와 현금흐름 계산을 연습하는 문제이다. 라스푸틴 코퍼레이션(Rasputin Corporation)에 대한 다음의 정보를 이용해 2019년도의 포괄손익계산서와 2018년도와 2019년도의 재무상태표를 작성하라. 다음에는 제2장에 있는 US코퍼레이션의 예와 같이 라스푸틴 사의 2019년도 자산의 현금흐름, 채권자의 현금흐름, 주주의 현금흐름을 계산하라. 21%의 세율을 적용한다. 아래에서 답을 확인할 수 있다. ([문제 20] 참조)

	2018	2019
매출액	3,790	3,990
매출원가	2,043	2,137
감가상각비	975	1,018
이자비용	225	267
배당금	275	305
유동자산	2,140	2,346
순비유동자산	6,770	7,087
유동부채	994	1,126
비유동부채	2,869	2,962

복습과 자체시험 문제 풀이

2.1 재무상태표를 작성할 때 주주의 자본이 잔여분임을 염두에 두면 라스푸틴 사의 재무상태표는 다음과 같다.

라스푸틴 코퍼레이션
2018년과 2019년도 12월 31일의 재무상태표

	2018	2019		2018	2019
유동자산	2,140	2,346	유동부채	994	1,126
순비유동자산	6,770	7,087	비유동부채	2,869	2,962
			자본	5,047	5,345
자산총계	8,910	9,433	부채와 자본총계	8,910	9,433

포괄손익계산서는 직설적이다.

라스푸틴 코퍼레이션 2019년도 포괄손익계산서		
매출액		3,990
매출원가		2,137
감가상각비		1,018
이자및법인세비용차감전순이익		835
이자비용		267
법인세비용차감전순이익		568
법인세비용(21%)		119
당기순이익		449
배당금	305	
이익잉여금 부가액	144	

21%의 단일세율 적용에 주목하자. 또한, 이익잉여금 부가액(retained earnings)은 당기순이익에서 현금배당을 차감한 것에 주목하자.

이제 영업현금흐름 계산에 필요한 숫자를 찾을 수 있다.

라스푸틴 코퍼레이션 2019년도 영업현금흐름	
이자및법인세비용차감전순이익	835
+ 감가상각비	1,018
− 법인세비용	119
영업현금흐름	1,734

다음으로는 감가상각비를 고려해 비유동자산의 변동으로 연간 자본지출을 계산한다.

기말 비유동자산	7,087
− 기초 비유동자산	6,770
+ 감가상각비	1,018
비유동자산의 순투자액	1,335

기초와 기말의 NWC를 계산하고 난 후에, 그 차이로 NWC의 변동을 계산한다.

기말 순운전자본	1,220
− 기초 순운전자본	1,146
순운전자본의 변동	74

이제 영업현금흐름, 순자본지출, 순운전자본의 변동을 결합해 자산의 총현금흐름을 계산한다.

라스푸틴 코퍼레이션 2019년도 자산의 현금흐름	
영업현금흐름	1,734
− 순자본지출	1,335
− 순운전자본의 변동	74
자산의 현금흐름	325

비유동부채가 연간 93달러 증가했고, 이자비용이 267달러였음에 주목해서 채권자의 현금흐름을 얻는다.

라스푸틴 코퍼레이션 2019년도 채권자의 현금흐름	
이자비용	267
− 순신규차입금	93
채권자의 현금흐름	174

마지막으로 지급배당금은 305달러이다. 신규로 발행된 주식을 알려면 더 계산해야 한다. 총 자기자본은 5,345 − 5,047 = 298달러만큼 증가했다. 이 증가분 중 144달러는 이익잉여금이 증가한 것이므로 연간 154달러의 주식이 신규로 발행되었다. 따라서 주주의 현금흐름은 다음과 같다.

라스푸틴 코퍼레이션 2019년도 주주의 현금흐름	
배당지급액	305
− 순신규주식발행액	154
주주의 현금흐름	151

자산의 현금흐름(325달러)이 채권자와 주주의 현금흐름(174 + 151 = 325달러)과 같아 확인되었다.

비판적 사고와 개념 복습

LO 1 **2.1 유동성.** 유동성은 무엇을 측정하는가? 높은 유동성과 낮은 유동성 간에 기업이 직면하는 손익의 교환관계(trade-off)를 설명하라.

LO 2 **2.2 회계와 현금흐름.** 포괄손익계산서에 있는 수익과 비용이 일정 기간에 발생한 실제의 현금유입과 현금유출을 나타내지 못할 수 있는 이유는 무엇인가?

LO 1 **2.3 장부가치 대 시장가치.** 재무상태표의 작성에서 표준화된 회계 관행이 시장가치보다 역사적 원가에 중점을 두는 이유는 무엇인가?

LO 2 **2.4 영업현금흐름.** 회계 순이익과 영업현금흐름의 비교에서 영업현금흐름에는 없으나 순이익에는 있는 2개 항목은 무엇인가? 2개 항목을 설명하고, 2개 항목이 영업현금흐름에서 제외되는 이유는 무엇인가?

LO 1 **2.5 장부가치 대 시장가치.** 일반적인 회계원칙(GAAP)에서 기업의 부채가 자산을 초과하는 것이 가능하다. 이런 일이 발생하였을 때 자기자본은 음수가 된다. 시장가치에서도 이런 일이 발생할 수 있는가? 왜 가능한가? 또는 왜 가능하지 않은가?

LO 4 **2.6 자산의 현금흐름.** 자산의 현금흐름이 특정 기간에 음수라고 하자. 이는 반드시 좋은 징후인가? 또는 나쁜 징후인가?

LO 4 **2.7 영업현금흐름.** 영업현금흐름이 몇 년간 음수라고 하자. 이는 반드시 좋은 징후인가? 또는 나쁜 징후인가?

LO 4 **2.8 순운전자본과 자본지출.** 특정한 해에 NWC의 변동이 음수일 수 있는가? (힌트: 가능하다) 이것이 어떻게 발생할 수 있는가를 설명하라. 순자본지출은 어떠한가?

LO 4 **2.9 주주와 채권자의 현금흐름.** 특정한 해에 주주의 현금흐름이 음수일 수 있는가? (힌트: 가능하다) 이것이 어떻게 발생할 수 있는지를 설명하라. 채권자의 현금흐름은 어떠한가?

LO 4 **2.10 기업가치.** 2017년 2월에 도시바(Toshiba)는 불과 1년 전에 인수한 핵발전소 건설회사 CB&I 스톤앤드웹스터(Stone & Webster)로 인해 63억 달러를 상각했다고 발표했다. 도시바의 주주는 보고된 손실로 피해가 없을 것이라고 주장할 수 있다. 이러한 주장의 근거는 무엇이라고 생각하는가?

연습문제

초급(문제 1-12)

LO 1 **1. 재무상태표 작성.** 유동자산 2,090달러, 순비유동자산 9,830달러, 유동부채 1,710달러, 비유동부채 4,520달러를 보유하고 있다. 자기자본의 가치는 얼마인가? 순운전자본은 얼마인가?

LO 2 **2. 포괄손익계산서 작성.** 매출액 634,000달러, 매출원가 328,000달러, 감가상각비 73,000달러, 이자비용 38,000달러, 세율은 21%이다. 순이익은 얼마인가?

LO 2 **3. 배당과 유보이익.** [문제 2]에서 회사가 68,000달러를 현금배당으로 지급했다면 유보이익은 얼마인가?

LO 2 **4. 주당이익과 배당.** [문제 3]에서 회사의 발행 보통주는 모두 35,000주라고 하자. 주당순이익(EPS)은 얼마인가? 주당 배당금은 얼마인가?

LO 3 **5. 세금계산.** 어느 미혼자의 과세소득이 189,000달러이다. 〈표 2.3〉의 세율을 이용해 소득세를 계산하라.

LO 3 **6. 세율.** [문제 5]에서 평균세율은 얼마인가? 한계세율은 얼마인가?

LO 2 **7. 영업현금흐름 계산.** 매출액은 38,530달러이고, 매출원가는 12,750달러이다. 감가상각비는 2,550달러이고, 이자비용은 1,850달러이다. 세율이 21%라면 영업현금흐름(OCF)은 얼마인가?

LO 4 **8. 순자본지출 계산.** 2018년 12월 31일 재무상태표에서 순비유동자산은 1,945,000달러이고, 2019년 12월 31일 재무상태표에서 순비유동자산은 2,137,000달러이다. 2019년도 포괄손익계산서의 감가상각비는 335,000달러이다. 2019년도 순자본지출은 얼마인가?

LO 4 **9. 순운전자본의 변동 계산.** 2018년 12월 31일 재무상태표에서 유동자산은 1,490달러이고, 유동부채는 1,210달러였다. 2019년 12월 31일 재무상태표에서 유동자산은 1,675달러이고, 유동부채는 1,290달러였다. 2019년도 순운전자본(NWC)의 변동은 얼마인가?

LO 4 **10. 채권자의 현금흐름.** 2018년 12월 31일 재무상태표에서 비유동부채는 1,350,000달러이고, 2019년 12월 31일 재무상태표에서 비유동부채는 1,470,000달러이다. 2019년도 포괄손익계산서에서 이자비용은 97,500달러였다. 2019년도 채권자의 현금흐름은 얼마인가?

LO 4 **11. 주주의 현금흐름.** 2018년 12월 31일 재무상태표에서 보통주 자본금은 120,000달러였고, 자본잉여금은 2,289,000달러였다. 2019년 12월 31일 재무상태표에서 각각의 항목은 137,000달러와 2,568,000달러였다. 2019년도에 149,500달러의 현금배당금을 지급했다면 당해연도 주주의 현금흐름은 얼마인가?

LO 4 **12. 현금흐름 계산.** [문제 10]과 [문제 11]의 정보를 바탕으로 2019년도 순자본지출이 745,000달러였고, 순운전자본 투자분을 94,300달러 줄였다는 것도 알았다고 하자. 2019년도 영업현금흐름(OCF)은 얼마인가?

중급(문제 13-22)

LO 1 **13. 시장가치 대 장부가치.** 3년 전에 신형 기계를 600만 달러에 매입했다. 이 기계는 오늘 460만 달러에 매각할 수 있다. 현재 재무상태표의 순비유동자산은 315만 달러이고, 유동부채는 830,000달러이며, 순운전자본은 210,000달러이다. 모든 유동자산이 오늘 청산된다면 회사는 950,000달러를 현금으로 받게 될 것이다. 오늘 비유동자산의 장부가치는 얼마인가? NWC의 시장가치와 비유동자산의 시장가치의 합은 얼마인가?

LO 4 **14. 현금흐름 계산.** 2019년도 포괄손익계산서는 다음과 같다. 매출액 = 178,000 ; 매출원가 = 103,600 ; 기타 비용 = 5,100 ; 감가상각비 = 12,100 ; 이자비용 = 8,900 ; 세금 = 12,705 ; 배당금 = 10,143. 이 밖에 2019년도에 2,900달러의 신주를 발행했고 4,000달러의 비유동부채를 상환했다.

a. 2019년도 영업현금흐름은 얼마인가?

b. 2019년도 채권자의 현금흐름은 얼마인가?

c. 2019년도 주주의 현금흐름은 얼마인가?

d. 당해연도에 순비유동자산이 23,140달러 증가했다면 NWC에 추가된 금액은 얼마인가?

LO 2 **15. 포괄손익계산서 이용.** 다음의 포괄손익계산서를 이용해 감가상각비를 계산하라. 매출액 = 68,500 ; 매출원가 = 51,700 ; 이익잉여금 부가액 = 4,500 ; 지급배당금 = 2,420 ; 이자비용 = 2,130 ; 세율 = 21%

LO 1 **16. 재무상태표 작성.** 다음 정보에 근거해 2019년 12월 31일의 재무상태표를 작성하라. 현금 = 207,000; 특허권과 저작권 = 871,000; 매입채무 = 293,000; 매출채권 = 265,000; 유형 순비유동자산 = 5,270,000; 재고자산 = 579,000; 미지급금 = 201,000; 누적 이익잉여금 = 4,676,000; 비유동부채 = 1,680,000.

LO 1 **17. 잔여청구권.** 연중 7,900달러를 채권자에게 지급해야만 한다.

a. 자산이 9,100달러라면 자기자본의 가치는 얼마인가?

b. 자산이 6,900달러라면 어떠한가?

LO 2 **18. 순이익과 OCF.** 연중 매출액은 2,275,000달러이다. 매출원가, 판매 및 관리비, 감가상각비는 각각 1,285,000달러, 535,000달러, 420,000달러였다. 또한, 이자비용은 245,000달러였고 법인세율은 21%였다. [결손전기이월(tax loss carry-back)이나 이월결손금(tax loss carry-forward) 규정은 고려하지 않는다.]

a. 당기순이익은 얼마인가?

b. 영업현금흐름은 얼마인가?

c. (a)와 (b)의 결과를 설명해 보라.

LO 2 **19. 회계적 가치 대 현금흐름.** [문제 18]에서 370,000달러의 현금배당을 했다고 하자. 이것이 가능한가? 연중 순비유동자산이나 순운전자본에 신규투자를 하지 않았고 연중 신주도 발행하지 않았다면 비유동부채는 얼마이겠는가?

LO 4 **20. 현금흐름 계산.** 2019년도 영업 결과는 다음과 같다. 매출액 = 29,874; 매출원가 = 21,632; 감가상각비 = 3,470; 이자비용 = 514; 지급배당금 = 825. 기초의 순비유동자산은 19,872였고, 유동자산은 3,557, 유동부채는 3,110였다. 기말의 순비유동자산은 22,987, 유동자산은 4,381, 유동부채는 2,981였다. 2019년도의 법인세율은 24%였다.

a. 2019년도 당기순이익은 얼마인가?

b. 2019년도 영업현금흐름은 얼마인가?

c. 2019년도 자산의 현금흐름은 얼마인가? 이는 가능한가? 설명해 보라.

d. 연중 신규부채를 발행하지 않았다면 채권자의 현금흐름은 얼마인가? 주주의 현금흐름은 얼마인가? (a)에서 (d)까지의 답에서 그 값이 양수인 경우와 음수인 경우가 의미하는 바를 설명하라.

LO 4 **21. 현금흐름 계산.** 다음의 요약 재무제표를 이용하라.

2018년도와 2019년도 12월 31일 재무상태표의 일부

	2018	2019		2018	2019
자산			**부채와 자본**		
유동자산	2,989	3,169	유동부채	1,291	1,898
순비유동자산	13,862	14,493	비유동부채	7,161	8,221

2019년도 포괄손익계산서

매출액	44,730
매출원가	22,432
감가상각비	3,777
이자비용	1,032

a. 2018년도와 2019년도의 자기자본은 얼마인가?

b. 2019년도 순운전자본의 변동은 얼마인가?

c. 2019년도 7,876달러의 순비유동자산을 매입했다. 얼마의 비유동자산을 매각했는가? 연중 자산의 현금흐름은 얼마인가? (세율은 22%이다.)

d. 2019년 중 2,371달러의 비유동부채를 신규로 발행했다. 연중 얼마의 비유동부채를 상환해야 하는가? 채권자의 현금흐름은 얼마인가?

LO 4 **22. 현금흐름 항등식.** 최근 2년 동안의 재무제표는 다음과 같다. 현금흐름 항등식(cash flow identity)을 작성하라. 각 숫자가 의미하는 바를 설명하라.

2019년도 포괄손익계산서	
매출액	750,727
매출원가	430,821
판매및일반관리비	165,676
감가상각비	72,489
이자및법인세비용차감전순이익(EBIT)	81,741
이자비용	25,630
법인세비용차감전순이익(EBT)	56,111
법인세비용	14,028
당기순이익	42,083
배당금	14,200
이익잉여금 부가액	27,883

2018년 12월 31일의 재무상태표			
현금	17,691	매입채무	12,721
매출채권	25,228	미지급금	19,149
재고자산	18,321	유동부채	31,870
유동자산	61,240	비유동부채	181,000
순비유동자산	457,454	자본	305,824
자산총계	518,964	부채 및 자본총계	518,694

2019년 12월 31일의 재무상태표			
현금	19,003	매입채무	13,962
매출채권	28,025	미지급금	21,872
재고자산	30,222	유동부채	35,834
유동자산	77,250	비유동부채	201,900
순비유동자산	539,679	자본	379,195
자산총계	616,929	부채 및 자본총계	616,929

고급(문제 23)

LO 4 **23. 순비유동자산과 감가상각비.** 재무상태표에서 순비유동자산(NFA) 계정은 총비유동자산(FA) 계정(비유동자산의 취득가액으로 기록)에서 감가상각 누계액(AD) 계정(회사가 비유동자산에서의 총감가상각을 기록)을 차감한 것과 같다. NFA = FA − AD, 이 식을 이용하여 앞에서 다룬 순자본지출 식인

$NFA_{end} - NFA_{beg} + D$(여기서 D는 연간 감가상각비)가 $FA_{end} - FA_{beg}$와 같음을 보여라.

웹에서 문제 풀기

2.1 순운전자본의 변동. www.alcoa.com에서 알코아(Alcoa)를 방문하자. 가장 최근의 사업보고서(annual report)를 찾아 지난 2년간의 재무상태표를 보자. 이 재무상태표를 이용해 순운전자본의 변동을 계산하라. 이 숫자를 어떻게 해석하겠는가?

2.2 장부가치 대 시장가치. 코카콜라(Coca-Cola Company)의 홈페이지는 www.coca-cola.com이다. 거기서 코카콜라의 재무상태표가 있는 가장 최근의 사업보고서(annual report)에 가보자. 자본의 장부가치는 얼마인가? 시장가치는 주가에 총유통주식 수를 곱한 값이다. 이 정보는 finance.yahoo.com에서 코카콜라의 티커 심볼인 KO를 사용해 찾을 수 있다. 자본의 시장가치는 얼마인가? 어느 숫자가 주주에게 더 중요한가?

2.3 순운전자본. 듀크에너지(Duke Energy)는 세계 최대 에너지 회사 중 하나이다. 회사 홈페이지인 www.duke-energy.com에 가서 투자자 페이지(investor's page)로 링크해 사업보고서(annual report)를 찾아보자. 가장 최근 연도의 순운전자본은 얼마였는가? 이 숫자는 유동부채로 볼 때 낮은 것 같은가? 이것은 회사가 재정적인 어려움을 겪고 있을지도 모른다는 것을 나타내는가? 왜인가? 또는 왜 아닌가?

2.4 주주와 채권자의 현금흐름. 쿠퍼타이어앤러버 컴퍼니(Cooper Tire & Rubber Company)는 웹사이트 www.coopertires.com에서 투자자를 위한 재무정보를 제공한다. "Investor Relations" 링크를 따라가 가장 최근 사업보고서(annual report)를 찾아보자. 연결현금흐름표(consolidated statements of cash flows)를 사용해 주주의 현금흐름과 채권자의 현금흐름을 각각 계산하라.

엑셀 *MASTER IT!* 문제

한계세율을 찾기 위한 엑셀 이용은 VLOOKUP 기능을 사용해 달성할 수 있다. 그러나 과세총액을 계산하는 것은 조금 더 복잡하다. 다음은 2018년도 미국 국세청 IRS의 개인 대상 과표기준이다(소득 임계값은 인플레이션에 지수화되어 시간에 따라 변동한다).

과세소득이 …을 넘고	그러나 …을 넘지 않으면	세금은:
$ 0	$ 9,525	$0는 넘는 금액의 10%
9,525	38,700	$952.50 더하기 $9,525가 넘는 금액의 12%
38,700	82,500	$4,453.50 더하기 $38,700가 넘는 금액의 22%
82,500	157,500	$14,089.50 더하기 $82,500가 넘는 금액의 24%
157,500	200,000	$32,089.50 더하기 $157,500가 넘는 금액의 32%
200,000	500,000	$45,689.50 더하기 $200,000가 넘는 금액의 35%
500,000		$150,689.50 더하기 $500,000이 넘는 금액의 37%

이 표에서 9,525달러보다 적은 과세소득에 대한 한계세율은 10%이다. 과세소득이 9,525달러에서 38,700달러 사이라면 과세총액은 952.50달러 더하기 한계세금이다. 한계세금은 과세소득 빼기 9,525달러 곱하기 12%의 한계세율이다.

다음은 부부 합산 신고 시 적용하는 과표기준이다.

과세소득이 …을 넘거나 같고	그러나 …을 넘지 않으면	세율
$ 0	$ 19,050	10%
19,050	77,400	12
77,400	165,000	22
165,000	315,000	24
315,000	400,000	32
400,000	600,000	35
600,000		37

a. 앞의 개인의 과표기준과 유사하게 부부를 위한 과표기준을 엑셀로 만들라. 스프레드시트에서 사용자의 모든 과세 소득수준에 대한 한계세율, 평균세율, 과세금액을 계산하라.

b. 과세소득 335,000달러의 한계세율은 얼마인가?

c. 과세소득 335,000달러의 과세총액은 얼마인가?

d. 과세소득 335,000달러의 평균세율은 얼마인가?

CHAPTER CASE

선셋보드의 현금흐름과 재무제표

선셋보드(Sunset Boards, Inc.)는 말리부(Malibu)에서 서핑보드를 만들어 파는 작은 회사이다. 이 회사의 창립자인 타드 막스(Tad Marks)는 서핑보드를 디자인하고 판매하는 책임을 맡고 있으나 그의 배경은 서핑이지 경영이 아니다. 그래서 이 회사의 재무기록은 제대로 유지되지 않고 있다.

회사의 최초 투자는 타드와 친구 그리고 가족이 했다. 초기 투자가 상대적으로 작아 직영 점포에만 공급하기 위한 서핑보드를 만들었기에 투자자들은 타드에게 구체적인 재무제표를 요구하지 않았다. 그러나 전문 서퍼 사이에 입소문이 나면서 매출이 최근 급증해서 타드는 사업 확장을 고려하고 있다. 그의 계획은 "스틱"(sticks: 보드를 일컫는 서버들의 전문용어)을 다른 소매상에게 공급하는 것과 하와이에 서핑보드 점포를 여는 것을 포함한다.

타드의 확장계획은 상당한 투자가 필요한데 외부투자자의 추가자금과 은행의 차입금으로 조달하려고 한다. 자연히 새로운 투자자와 채권자는 타드가 미리 준비했던 것보다는 더 조직적이고 상세한 재무제표를 요구할 것이다. 투자자의 강권으로 타드는 재무분석가 제임슨 리드(Jameson Reid)를 고용해 과거 회사의 성과를 평가하도록 했다.

지난 은행계좌 통지서, 매출 영수증, 세금환급 그리고 다른 기록들을 뒤져 제임슨은 다음의 정보를 모았다.

회사는 현재 당기순이익의 50%를 배당금으로 타드와 다른 초기 투자자들에게 지급하고 있고, 세율은 21%이다. 제임슨은 조수인 당신에게 다음의 것들을 준비하도록 요구했다.

	2018	2019
매출원가	224,359	283,281
현금	32,372	34,394
감가상각비	63,334	71,584
이자비용	13,783	15,780
판매비와 관리비	44,121	57,586
매입채무	57,220	63,479
순비유동자산	279,419	348,508
매출액	440,122	536,483
매출채권	22,939	29,755
미지급금	26,079	28,474
비유동부채	141,040	158,368
재고자산	48,272	66,244
신규자본	0	27,157

1. 2018년도와 2019년도의 포괄손익계산서
2. 2018년도와 2019년도의 재무상태표
3. 각 연도의 영업현금흐름
4. 2019년도 자산의 현금흐름
5. 2019년도 채권자의 현금흐름
6. 2019년도 주주의 현금흐름

질문 QUESTIONS

1. 2019년도 회사의 현금흐름을 어떻게 기술할 수 있겠는가? 논의내용을 요약해 작성하라.
2. 앞의 질문에 대한 논의에 비추어 타드의 확장계획에 대해 어떻게 생각하는가?

3 재무제표 분석

Working with Financial Statements

학습 목표_*Learning Objectives*

제3장을 마친 후에는 다음의 능력을 갖추어야 한다.

- **LO 1** 비교 목적으로 재무제표를 표준화
- **LO 2** 표준비율을 계산하고, 더 중요하게는 이를 해석
- **LO 3** 기업 수익성과 성장성의 결정요인 평가
- **LO 4** 재무제표분석의 몇 가지 문제점과 단점을 인식하고 설명

2018년 6월, 항공기 제조업체 보잉(Boeing)의 주식은 약 370달러에 거래되었다. 그 가격에 보잉의 주가-이익(price-earnings) 또는 PE 비율은 24여서 투자자들은 보잉의 수익에서 1달러마다 24달러를 기꺼이 지급했다는 의미이다. 동시에 투자자들은 아마존(Amazon.com)이 벌어들인 1달러에 274달러를 기꺼이 지급했다. 그러나 포드(Ford)와 컴캐스트(Comcast)가 버는 달러마다 각각 겨우 6달러와 7달러를 지급했다. 그리고 테슬라(Tesla)와 같은 주식은 이익이 없고 실제로는 손실이 났음에도 불구하고 주가는 약 318달러였다. 한편 미국의 500개 대형 상장회사로 구성된 스탠더드앤드푸어스 500지수(S&P 500 Index)의 평균 주식의 PE 비율은 약 24로 이 점에서 보잉은 평균이었다.

이런 숫자들을 관찰하면 당연히 다음과 같은 의문이 생긴다. 왜 투자자들은 아마존의 이익에는 그렇게 많은 돈을 지급하려고 하면서 컴캐스트가 버는 달러에는 그렇게 적은 돈을 지급하려는 것일까? 이 답을 이해하기 위해서는 상대적 수익성(relative profitability)이나 성장 잠재력과 같은 주제들을 깊이 탐구해야 하며, 회사들의 재무와 영업 정보를 어떻게 비교하는지도 알아야만 한다. 우연히도 이것이 바로 제3장에서 다룰 것들이다.

PE 비율은 단지 재무비율(financial ratio)의 한 가지 예일 뿐이다. 이번 장에서 보게 되겠지만 여러 재무비율은 기업 재무상태의 특정한 면을 요약하도록 고안되었다. 재무비율과 의미하는 바를 설명하는 것 외에 누가 이러한 정보를 이용하며, 왜 이용하는가도 상세히 언급하겠다.

누구나 재무비율을 이해할 줄 알아야 한다. 경영자는 수익성에서부터 노동생산성에 이르기까지 기업과 관련된 모든 특징이 특정 재무비율로 요약된다는 사실을 알게 될 것이다. 마케팅담당자는 비용, 이윤 폭, 마진 등을 다루면서 재무비율을 검토한다. 생산담당자는 운영효율성과 같은 문제를 다룰 때 재무비율을 살펴본다. 회계담당자는 재무제표정보에서 재무비율이 그 무엇보다 가장 보편적이며 중요하기에 잘 이해해야 한다.

사실, 분야와 상관없이 경영자의 보수는 몇 가지 재무비율이나 일단의 재무비율에 연계되어 있다. 바로 이것이 재무비율을 배워야 하는 이유일지도 모른다.

기업재무 세계에서 최근에 전개된 사건을 보려면 essentialsofcorporatefinance.blogspot.com 방문.

제2장에서 재무제표와 현금흐름의 기본 개념을 살펴보았다. 이번 장은 앞에서 다루지 못한 것을 계속해서 다룬다. 재무제표정보의 이용과 오용에 대한 이해의 확장이 목표다.

재무제표나 재무제표에서 도출된 숫자들이 기업 내부나 외부에서는 재무정보에 대한 가장 주요한 의사소통 수단이라는 이유만으로도 재무제표를 잘 이해해야만 한다. 간단히 말해서 기업재무의 많은 용어는 제3장에서 다루는 내용에 근거하고 있다.

기업 재무정보는 www.sec.gov와 finance.google.com 같은 웹의 여러 곳에서 발견할 수 있다(한국기업의 재무정보는 dart.fss.or.kr이나 finance.naver.com과 finance.daum.net 등).

완벽한 세계에서는 재무관리자가 모든 기업자산에 대해 완전한 시장가치 정보를 갖는다. 하지만 이런 일은 있다 해도 아주 드문 일이다. 재무정보 중 많은 부분을 회계 숫자에 의존하는 이유는 원하는 시장정보에 대한 모든 것 또는 일부분을 대부분 얻을 수 없기 때문이다. 경영의사결정을 평가할 때 유일하게 의미 있는 기준은 그 사업이 경제적 가치를 창출할 수 있는가이다(제1장 참조). 그러나 많은 중요한 상황에서 시장가치의 효과를 알지 못하기에 직접 그런 판단을 하기는 불가능할 것이다.

회계 숫자들이 종종 경제적 실체를 제대로 반영하지는 못하지만 가장 쉽게 구할 수 있는 정보임을 인정한다. 예를 들어 비상장사, 비영리법인, 소기업들은 직접적인 시장가치 정보가 거의 없다. 이런 경우 회계사의 보고 기능이 중대하다.

회계사에게 가장 중요한 하나의 목표는 재무정보를 이용자의 의사결정에 유용한 형태로 보고하는 것은 분명하다. 아이러니하게도 이런 정보는 종종 이용자에게 유용한 형태로 보고되지 않는다. 다시 말해서 재무제표는 이용자에게 가이드가 되어주지 못한다. 이번 장은 이런 결함을 보충하는 첫 단계이다.

3.1 표준화된 재무제표

기업의 재무제표를 활용하려는 한 가지 명확한 이유는 다른 유사한 기업의 재무제표와 비교하기 위해서이다. 그러나 즉각 문제가 발생할 것이다. 규모의 차이로 두 기업의 재무제표를 직접 비교하기는 거의 불가능하다.

예를 들어 포드(Ford)와 지엠(GM)은 자동차 시장에서 명백히 주요 경쟁사지만 GM이 자산규모가 훨씬 크므로 두 회사를 직접 비교하기는 어렵다. 이런 문제로 인해 같은 회사라도 규모가 바뀌었다면 시기적으로 다른 시점에서 재무제표를 비교하기는 어렵다. 규모 문제는 GM과 도요타(Toyota)를 비교하려고 하면 복잡해진다. 도요타의 재무제표가 엔화로 표시되었다면 규모와 통화가 다르다.

비교하기 전에 당연히 재무제표를 표준화하는 일을 해야 한다. 가장 일반적이고 유용한 방법 하나는 총금액 대신에 비율로 작업하는 것이다. 이렇게 해서 나온 재무제표를 **공통형 재무제표(common-size statement)**라고 부른다. 이것은 다음에 살펴본다.

공통형 재무제표 common-size statement
모든 항목을 백분율로 나타낸 표준 재무제표. 재무상태표 항목은 자산에 대한 백분율로 표시되고, 포괄손익계산서 항목은 매출액에 대한 백분율로 표시된다.

공통형 재무상태표

쉽게 참조하기 위해 프루프록 코퍼레이션(Prufrock Corporation)의 2018년도와 2019년도의 재무상태표를 〈표 3.1〉에 제시했다. 이것을 이용해 각 항목을 총자산에 대한 비율

표 3.1

프루프록 코퍼레이션 2018년과 2019년 12월 31일의 재무상태표 (단위: 백만 달러)	2018년	2019년
자산		
유동자산		
현금	84	98
매출채권	165	188
재고자산	393	422
유동자산총계	642	708
비유동자산		
건물 및 설비	2,731	2,922
자산총계	3,373	3,620
부채와 자본		
유동부채		
매입채무	312	344
단기차입금	231	204
유동부채총계	543	548
비유동부채	531	457
자본		
자본금과 자본잉여금	500	510
이익잉여금	1,799	2,115
자본총계	2,299	2,625
부채와 자본총계	3,373	3,630

로 표시해 공통형 재무상태표(common-size statement of financial postion)를 작성할 수 있다. 회사의 2018년도와 2019년도의 공통형 재무상태표는 〈표 3.2〉와 같다.

소수점 오차 때문에 총계가 정확하게 들어맞지 않는 점을 주목하자. 연초의 비율이나 연말의 비율을 모두 더하면 100%가 되어야 하므로 총변동분은 0이 되어야 한다는 사실도 주목하자.

이런 형식의 재무제표는 읽거나 비교하기가 비교적 쉽다. 예컨대 두 재무상태표를 보면 2018년에는 유동자산이 자산총계의 19.0%였는데 2019년도는 19.5%로 늘어났다. 같은 기간에 유동부채는 부채와 자본총계의 16.1%에서 15.1%로 감소했다. 자본총계는 부채와 자본총계의 68.2%에서 72.2%로 증가했다.

종합적으로 유동부채에 대한 유동자산으로 측정되는 유동성은 연간 증가했다. 동시에 부채는 총자산에 대한 비율로 보았을 때 감소했다. 재무상태표가 "건실"해졌다고 결론지을 수 있다.

IBM의 웹사이트에는 재무제표를 읽기에 좋은 지침서가 있다. www.ibm.com/investor를 방문해 보자.

공통형 손익계산서

〈표 3.3〉의 포괄손익계산서를 표준화시키는 유용한 방법은 〈표 3.4〉에 보이는 바와 같이 각 항목을 총매출에 대한 비율로 나타내는 것이다.

표 3.2

프루프록 코퍼레이션
2018년과 2019년 12월 31일
공통형 재무상태표

	2018년	2019년	변동분
자산			
유동자산			
현금	2.5%	2.7%	+0.2%
매출채권	4.9	5.2	+0.3
재고자산	11.7	11.6	+0.0
유동자산총계	19.0%	19.5%	+0.5%
비유동자산			
건물 및 설비	81.0%	80.5%	−0.5%
자산총계	100.0%	100.0%	0%
부채와 자본			
유동부채			
매입채무	9.2%	9.5%	+0.2%
단기차입금	6.8	5.6	−1.2
유동부채총계	16.1%	15.1%	−1.0%
비유동부채	15.7%	12.6%	−3.2%
자본			
자본금과 자본잉여금	14.8%	14.0%	−0.8%
이익잉여금	53.3	58.3	+4.9
자본총계	68.2%	72.3%	+4.2%
부채와 자본총계	100.0%	100.0%	0%

표 3.3

프루프록 코퍼레이션
2019년도 포괄손익계산서
(단위: 백만 달러)

매출액		2,361
매출원가		1,344
감가상각비		276
이자및법인세비용차감전순이익(EBIT)		741
이자비용		141
법인세비용차감전순이익		600
법인세비용(34%)		126
당기순이익		474
배당금	158	
이익잉여금 부가액	316	

공통형 포괄손익계산서(common-size statement of comprehensive income)는 매출액의 각 금액에 무슨 일이 있는지를 말해준다. 매출액 1달러당 0.060달러의 이자를 지급

표 3.4

프루프록 코퍼레이션프루프록 코퍼레이션 2019년도 공통형 포괄손익계산서		
매출액		100.0%
매출원가		56.9
감가상각비		11.7
EBIT		31.4
이자비용		6.0
법인세비용차감전순이익		25.4%
법인세비용(34%)		5.3
당기순이익		20.1%
배당금	6.7%	
이익잉여금 부가액	13.4	

했고, 0.053달러의 세금을 내 최종적으로 달러당 0.201달러의 순이익을 냈다. 순이익 중 0.134달러는 사내에 유보되었고, 나머지 0.067달러는 배당금으로 지급되었다.

재무비율은 비교 목적으로 매우 유용하다. 예컨대 비용 관련 비율이 그러하다. 이 회사는 매출액 1달러당 매출원가는 0.569달러이다. 회사의 비용통제가 타당한지 알아보기 위해서 주요 경쟁사들의 동일 항목의 비율을 계산해보면 흥미로울 것이다.

개념문제 CONCEPT QUESTIONS

3.1a 왜 표준화된 재무제표가 때때로 필요한가?

3.1b 공통형 재무상태표와 포괄손익계산서를 어떻게 작성하는지 설명하라.

3.2 비율분석

규모가 다른 기업체들을 비교할 때 발생하는 문제점들을 피할 수 있는 또 다른 방법은 **재무비율(financial ratios)**을 계산해서 비교하는 것이다. 재무비율로 서로 다른 재무정보들의 관계를 비교하고 조사한다. 여기서는 보다 널리 사용되는 재무비율을 다루겠지만 그 이외에도 많은 재무비율이 있다.

재무비율 financial ratios
기업의 재무정보에서 결정된 관계이고, 비교 목적으로 이용된다.

비율과 관련된 한 가지 문제점은 종종 재무비율을 정확히 같은 방법으로 계산하지 않아서 상당히 혼란스럽다는 것이다. 본 교재에서 사용하는 재무비율의 정의가 그동안 어디서 보았거나 앞으로 보게 될 것과는 다를 수도 있다. 만약 분석을 위해 재무비율을 사용한다면 어떻게 재무비율 각각을 계산했는지 문서화하도록 유의해야 한다. 다른 회사의 재무비율과 비교한다면 다른 회사의 재무비율은 어떻게 계산되었는지를 알아야만 한다.

재무비율이 어떻게 사용되며 재무비율을 사용할 때 생기는 문제점들이 무엇인지에 대해서는 후반부로 미루겠다. 현재로는 논의하는 각 재무비율에 대해 다음과 같은 몇 가지 질문들이 떠오른다.

1. 재무비율은 어떻게 계산되는가?
2. 무엇을 측정하려는 것이며, 왜 재무비율에 관심을 두는가?
3. 측정 단위는 무엇인가?
4. 재무비율이 높거나 낮다는 것은 무엇을 의미하며, 그러한 값들이 어떻게 오해를 불러일으키는가?
5. 이런 측정치들을 어떻게 개선할 수 있는가?

재무제표비율은 전통적으로 다음과 같이 분류된다.

1. 단기부채상환능력비율(short-term solvency ratio) 또는 유동성비율(liquidity ratio)
2. 장기부채상환능력비율(long-term solvency ratio) 또는 재무레버리지비율(financial leverage ratio)
3. 자산관리비율(asset management ratio) 또는 활동성비율(turnover ratio)
4. 수익성비율(profitability ratio)
5. 시장가치비율(market value ratio)

이러한 재무비율을 순서대로 살펴본다. 프루프록의 재무비율 계산은 특별한 언급이 없으면 2019년도의 재무상태표를 이용한다. 그리고 다양한 재무비율에서 포괄손익계산서(statement of comprehensive income) 숫자와 재무상태표(statement of financial position) 숫자를 구별해야 한다.

단기부채상환능력 또는 유동성 측정법

용어에서 알 수 있듯이 단기부채상환능력(short-term solvency)비율은 기업의 유동성에 대한 정보를 제공한다. 이런 재무비율을 때로는 **유동성 측정**(*liquidity measures*)비율이라고도 한다. 기업이 단기간에 과도한 부담 없이 부채를 갚을 수 있는 능력이 있는가에 관심을 둔다. 결과적으로 이런 재무비율은 유동자산과 유동부채에 초점을 맞춘다.

단기채권자가 유동성비율에 특별히 관심을 두는 것은 자명하다. 재무관리자는 은행 또는 다른 단기로 돈을 빌려주는 업체들과 지속해서 일하기 때문에 유동성비율의 이해가 필수적이다.

유동자산과 유동부채를 이용하는 하나의 장점은 장부가치가 시장가치와 거의 같다는 것이다. 항상 그렇지는 않으나 유동자산과 유동부채는 장부가치가 시장가치와 상당한 차이를 보일 때까지 기업에 남지 않는다. 반면에 유사현금(near-cash)과 마찬가지로 유동자산과 유동부채는 아주 급속히 변동할 수 있고 실제로 변동하기에 현재의 금액이 미래의 금액 추정에 믿을 만한 지침이 되지는 못한다.

유동비율 가장 잘 그리고 널리 알려진 재무비율 중의 하나는 **유동비율**(*current ratio*)이다. 유동비율은 다음과 같이 정의된다.

$$\text{유동비율} = \frac{\text{유동자산}}{\text{유동부채}} \quad [3.1]$$

회사의 2019년도 유동비율은 다음과 같다.

$$\text{유동비율} = \frac{\$708}{\$548} = 1.29\text{배}$$

기본적으로 유동자산과 유동부채는 12개월 이내에 현금화될 것이기에 유동비율은 단기 유동성을 측정한다. 측정 단위는 금액이나 배수이다. 따라서 회사는 유동부채 1달러당 유동자산 1.29달러를 보유한다고 말하거나, 유동부채의 1.29배에 해당하는 유동자산을 보유한다고 말할 수 있다.

채권자, 특히 공급업체와 같은 단기채권자는 유동비율이 높은 것이 좋다. 회사는 높은 유동비율이 유동성을 나타내기도 하지만 현금이나 단기자산을 비효율적으로 운용하고 있다는 의미도 된다. 특별한 상황이 아니라면 유동비율은 적어도 1 이상이 될 것이라고 예상할 것이다. 유동비율이 1보다 낮다는 것은 순운전자본(유동자산−유동부채)이 음수라는 뜻이기 때문이다. 재무구조가 건실한 기업의 순운전자본이 음수라는 것은 대부분 사업 형태에서는 드문 일이다.

다른 재무비율과 마찬가지로 유동비율도 다양한 형태의 거래에 영향을 받는다. 예를 들어 기업이 자금 확보를 위해 장기로 차입했다고 하자. 차입금과 장기부채의 증가로 인해 단기적으로 현금이 증가하는 효과가 있을 것이다. 유동부채는 영향을 받지 않을 것이므로 유동비율은 증가할 것이다.

결론적으로 기업이 아직 상당한 차입능력이 있다면 외관상 낮은 유동비율이 회사에 나쁜 신호가 아닐 수도 있음을 주목하자.

예제 3.1 유동성 관련 사건

어느 회사가 공급업체와 단기채권자에게 부채를 상환한다고 하자. 유동비율에는 어떤 변화가 생기는가? 회사가 재고자산을 매입했다고 하자. 이 경우에는 어떤 변화가 생기는가? 만약 회사가 상품을 판매한다면 어떤 변화가 생기는가?

첫 번째 경우는 착각하기 쉬운 질문이다. 유동비율이 1에서 멀어지면 어떻게 되는가? 유동비율이 1보다 크면 유동비율은 더 커질 것이고, 1보다 작으면 더 작아질 것이다. 이를 확인하기 위해 이 회사의 유동자산이 4달러이고 유동부채가 2달러라고 하면 유동비율은 2가 된다. 유동부채를 갚기 위해 1달러의 현금을 사용하면 새로운 유동비율은 $(4 - 1)/(2 - 1) = 3$이 된다. 상황을 바꾸어 회사의 유동자산이 2달러이고 유동부채가 4달러라면 유동비율은 1/2에서 1/3로 떨어질 것이다.

두 번째 경우는 그렇게 복잡하지 않다. 현금이 감소하는 대신 재고자산이 증가하기에 총유동자산은 아무 영향을 받지 않으므로 유동비율도 아무런 변화가 없다.

세 번째 경우는 재고자산은 통상 비용이 되고 매출액은 통상 비용보다 크기에[그 차이가 이윤(markup)] 유동비율은 대개 증가할 것이다. 그러므로 현금이나 매출채권의 증가는 재고자산의 감소보다 크다. 이것이 유동자산을 증가시켜 유동비율이 증가한다.

당좌비율 재고자산은 일반적으로 유동성이 가장 낮은 유동자산이다. 재고자산의 질도 고려되지 않기에 장부가치가 시장가치를 대신하기 가장 어려운 항목 중 하나이기도 하다. 어떤 재고자산은 손상을 입거나 폐기 처분되기도 하며 분실될 수도 있다.

더 적절하게 표현하면 상대적으로 재고자산이 많으면 종종 단기적으로 문제가 되곤 한다. 기업이 매출액을 과대추정하면 결과적으로 과대구매하고 과대생산하게 된다. 이런 경우 회사는 상당한 부분의 유동성이 잘 팔리지 않는 재고자산에 묶여 있을 수 있다.

유동성을 더 자세히 측정하기 위한 **당좌비율**(*quick or acid-test ratio*)은 재고자산만을 제외하고는 유동비율과 똑같이 계산된다.

$$\text{당좌비율} = \frac{\text{유동자산} - \text{재고자산}}{\text{유동부채} } \tag{3.2}$$

재고자산을 매입하기 위해 사용된 현금은 유동비율에는 아무런 영향을 미치지 않으나 당좌비율을 감소시킴에 주목하자. 또다시 재고자산은 현금보다 유동성이 상대적으로 낮다는 점에 착안한 것이다. 회사의 2019년도 당좌비율은

$$\text{당좌비율} = \frac{708 - 422}{548} = 0.52\text{배}$$

재고자산 항목이 유동자산 항목의 절반 이상을 차지하기 때문에 당좌비율은 유동비율과는 또 다른 의미를 부여한다. 이 점을 강조하기 위해, 재고자산이 예컨대 팔리지 않는 핵발전시설로 구성되어 있다고 가정하면 당좌비율은 우려해야만 할 수준이 될 것이다.

유동비율과 당좌비율을 비교하기 위해 최근의 재무제표를 바탕으로 그 예를 들어 보자. 월마트(Walmart)와 맨파워그룹(ManpowerGroup, Inc.)의 유동비율은 각각 0.85와 1.39이다. 그러나 맨파워는 이렇다 할 재고자산이 전혀 없는 반면, 월마트의 유동자산은 거의 모두 재고자산이다. 그 결과 월마트의 당좌비율은 0.22에 불과했으나 맨파워의 당좌비율은 유동비율과 같은 1.39였다.

현금비율 단기채권자는 **현금비율**(*cash ratio*)에 관심을 가질 것이다.

$$\text{현금비율} = \frac{\text{현금}}{\text{유동부채}} \tag{3.3}$$

회사의 현금비율은 0.18배이다.

장기부채상환능력 측정법

장기부채상환능력비율은 회사가 장기적으로 채무를 상환할 수 있는 능력, 더 일반적으로는 재무레버리지를 다루기 위한 것이다. 이들 재무비율은 때로는 **재무레버리지비율**(*financial leverage ratios*) 또는 그냥 **레버리지비율**(*leverage ratios*)이라고 불린다. 가장 보편적으로 사용되는 세 가지 재무비율과 몇 가지 변형된 재무비율을 살펴본다.

총부채비율 **총부채비율**(*total debt ratio*)은 차입금의존도라고도 하며 만기에 채권자에게

돌아갈 모든 부채를 고려한다. 여러 가지 방법으로 정의될 수 있지만 가장 쉬운 방법은

$$\text{총부채비율} = \frac{\text{자산총계} - \text{자본총계}}{\text{자산총계}} \quad [3.4]$$

$$= \frac{3{,}630 - 2{,}625}{3{,}630} = 0.28\text{배}$$

이 경우 애널리스트는 회사가 28% 부채를 사용한다고 말할 것이다.[1] 이 숫자가 높은지 낮은지 또는 차이가 있기는 한 것인지는 뒷장에서 논의할 주제인 자본구조가 상관이 있는지에 달려있다.

회사는 자산 1달러당 0.28달러의 부채가 있다. 따라서 0.28달러의 부채당 0.72($1 − 0.28)달러의 자본이 있다. 이 점을 염두에 두고 총부채비율의 두 가지 유용한 변형인 **부채비율**(*debt-equity ratio*)과 **자기자본승수**(*equity multiplier*)를 정의한다.

$$\text{부채비율} = \frac{\text{부재총계}}{\text{총계}} \quad [3.5]$$

$$= \frac{0.28}{0.72} = 0.38\text{배}$$

$$\text{자기자본승수} = \frac{\text{자산총계}}{\text{자본총계}} \quad [3.6]$$

$$= \frac{1}{0.72} = 1.38\text{배}$$

자기자본승수가 1 + 부채비율이라는 사실은 우연이 아니다.

$$\text{자기자본승수} = \frac{\text{자산총계}}{\text{자본총계}} = \frac{1}{0.72} = 1.38\text{배}$$

$$= \frac{\text{자본총계} + \text{부채총계}}{\text{자본총계}} = 1 + \text{부채비율} = 1.38\text{배}$$

세 재무비율 중 하나만 알면 다른 두 재무비율도 즉시 계산할 수 있다는 사실에 주목하면 세 재무비율은 모두 같은 것을 설명한다.

이자보상배율 장기부채상환능력을 측정하는 또 다른 방법은 **이자보상배율**(*times interest earned: TIE*)이다. 이것도 여러 일반적인 정의가 가능하지만 가장 전통적인 방법을 고수하겠다.

$$\text{이자보상배율} = \frac{\text{EBIT}}{\text{이자비용}} \quad [3.7]$$

$$= \frac{741}{141} = 5.26\text{배}$$

용어에서 알 수 있듯이 이 재무비율은 기업이 이자비용을 얼마나 잘 감당할 수 있는지를

[1] 여기서 자본총계는 제7장에서 논의할 우선주를 포함한다. 재무비율 계산에서 분자는 (유동부채 + 비유동부채)가 된다.

측정하며 이자보상비율(interest coverage ratio)이라고도 불린다. 이 회사의 경우 이자를 연중 5.26배 보상할 수 있다.

현금보상비율 이자보상배율의 문제점은 이자및법인세비용차감전순이익(EBIT)을 기준으로 한다는 것이다. EBIT는 이자지급에 사용될 현금을 실제로 측정한 것이 아니다. 현금비용이 아닌 감가상각비가 공제되었기 때문이다. 이자는 채권자들에게 지급된 현금 유출이라는 것이 명백하기에 **현금보상비율**(*cash coverage ratio*)을 정의하는 한 방법은 다음과 같다.

$$\text{현금보상비율} = \frac{\text{EBIT} + \text{감가상각비}}{\text{이자비용}} \tag{3.8}$$

$$= \frac{741 + 276}{141} = \frac{1{,}017}{141} = 7.21\text{배}$$

분자인 EBIT(이자및법인세비용차감전순이익) 더하기 감가상각비는 종종 EBITD(이자 · 법인세 · 감가상각비차감전순이익—"ebbit-dee"라고 발음)로 축약된다. 이것은 회사가 영업에서 현금을 창출하는 능력을 측정하는 기본적인 수단이며 채무를 충족시킬 만큼 충분한 현금흐름이 있는가를 측정하는 수단으로 종종 이용된다.

EBITD의 변형된 일반적 형태는 이자 · 법인세 · 감가상각비 · 기타상각비차감전순이익이다(EBITDA—"ebbit-dah"라고 발음). 여기서 **상각**(*amortization*)은 감가상각과 개념상 유사한 비현금적 가치감소를 의미하며, 기계류와 같은 유형자산뿐만 아니라 특허권과 같은 무형자산에도 적용된다. 여기서 상각(*amortization*)이라는 단어가 부채상환을 지칭하는 것은 아님에 주목하자. 이 주제는 뒷장에서 논의한다.

자산관리 또는 회전율 측정법

다음으로 자산 사용의 효율성에 관심을 돌린다. 이 측정법은 때로는 **자산활용비율**(*asset utilization ratio*)이라고도 불린다. 특정 비율들은 모두 회전율의 측정치로 해석될 수 있다. 회전율이 표현하려는 것은 기업이 매출액을 늘리기 위해 자산을 얼마나 효율성 있게 사용하는가이다. 두 가지 중요한 유동자산인 재고자산과 매출채권에 대해 먼저 알아본다.

재고자산회전율과 평균재고일수 일정 기간 회사의 매출원가는 1,344달러였고, 기말 재고자산은 422달러였다. 이들 숫자로 **재고자산회전율**(*inventory turnover*)은 다음과 같이 계산될 수 있다.

$$\text{재고자산회전율} = \frac{\text{매출원가}}{\text{재고자산}} \tag{3.9}$$

$$= \frac{1.344}{422} = 3.18\text{회}$$

어떤 의미에서는 총 재고자산의 3.18배를 판매했다 또는 회전시켰다고 말할 수 있다. 재고품이 없어서 판매하지 못하는 경우가 아닌 한 이 비율이 높을수록 재고를 더 효율적으로 관리하고 있다.

연중 재고자산을 3.18회 회전시켰다는 사실에서 재고자산을 한 번 회전시키는 데 평균적으로 얼마나 걸리는지 즉시 계산할 수 있다. 결과는 **평균재고일수**(*days' sales in inventory*)이다.

$$\text{평균재고일수} = \frac{365\text{일}}{\text{재고자산회전율}} = \frac{365\text{일}}{3.18} = 114.61\text{일} \quad [3.10]$$

이는 대충 재고자산이 평균 약 115일간 머물러 있었다는 의미이다. 달리 표현하면 가장 최근의 재고자산과 비용 수치를 이용하면 현재의 재고자산 처분에 약 115일이 걸릴 것이다.

예를 들어 2018년 초 자동차산업은 35일 분량의 승용차와 트럭 재고가 있었다. 물론 모든 제조업체의 재고 수준이 같은 것은 아니다. 당시 제너럴 모터스(General Motors)는 68일 분량의 재고를 갖고 갔다. 이 재고 수준은 제너럴 모터스가 당시의 판매율로 재고량 소진에 약 68일이 소요된다는 의미이다. 즉 제너럴 모터스의 차량 평균재고일수는 94일이다. 같은 시기에 포드(Ford)는 115일 분량의 재고가 있었다. 이런 종류의 정보는 미래 마케팅이나 생산 결정을 계획하는 자동차 제조업체들에는 유용하다. 역사적으로 60일의 재고 수준은 자동차산업에서 정상으로 여겨졌다. 그래서 이러한 수치는 2018년에 GM은 같은 수준을 유지해 생산하고 포드는 생산을 줄일 것 같음을 시사한다.

회전율을 계산할 때 평균 재고자산을 이용하는 것이 더 합리적일 수 있다. 그러면, 재고자산회전율(inventory turnover)은 1,344/[(393 + 442)/2] = 3.30회가 될 것이다.[2] 기말 재고자산을 이용할지 평균 재고자산을 이용할지는 계산 목적에 따라 다르다. 현재의 재고를 판매하기까지 얼마나 걸리는지에 관심이 있다면 처음에 했던 것처럼 기말수치를 이용하는 것이 나을 것이다.

이후에 논의할 비율(ratio)의 많은 경우 평균(average) 수치도 함께 사용될 수 있다. 다시 말해 과거에 신경을 쓴다면 평균 수치가 적절하고 미래에 신경을 쓴다면 기말수치가 더 나을 것이다. 또한, 산업 평균을 보도할 때는 기말수치를 사용하는 것이 일반적이다. 따라서 그런 경우에는 비교 목적으로 기말수치를 사용해야 한다. 어떤 경우에나 기말수치를 사용하는 것이 확실히 일을 줄여줄 것이므로 기말수치를 계속 사용하겠다.

매출채권회전율과 평균회수일수 재고자산회전율은 제품을 얼마나 빨리 판매할 수 있는가의 지표이다. 이제는 얼마나 빨리 매출채권을 회수하는가를 알아본다. **매출채권회전율**(*receivables turnover*)은 재고자산회전율과 같이 정의된다.

$$\text{매출채권회전율} = \frac{\text{매출액}}{\text{매출채권}} = \frac{2{,}361}{188} = 12.56\text{회} \quad [3.11]$$

[2] 평균은 (기초 가치 + 기말 가치)/2로 계산하였다.

이는 대충 연간 12.56회 매출채권을 회수해 다시 대출해주었다.[3)]

이 비율을 **평균회수일수**(*days' sales in receivables*)로 변환하면 더 그럴듯하다.

$$\text{평균회수일수} = \frac{365\text{일}}{\text{매출채권회전율}} = \frac{365\text{일}}{12.56} = 29.06\text{일} \qquad [3.12]$$

평균적으로 약 30일 만에 외상매출금을 회수한다. 이런 자명한 이유로 이 비율을 종종 **평균회수기간**(*average collection period: ACP*)이라고도 한다.

가장 최근의 수치를 이용하면 30일의 매출액이 아직 회수되지 않았다고 말할 수 있다. 이 주제에 대해서는 나중에 신용정책을 다룰 때 더 배울 것이다.

예제 3.2 매입채무회전율

평균회수기간을 변형한 문제이다. 회사는 매입채무 지급에 평균 얼마나 걸리는가? 답하기 위해서는 매출원가를 이용해 매입채무회전율(accounts payable turnover rate)을 계산해야만 한다. 모든 것을 외상으로 매입한다고 가정하겠다.

매출원가는 1,344달러이고, 매입채무는 344달러이다. 따라서 회전율은 $1,344/$344 = 3.91회이다. 그래서 평균지급일수는 약 365/3.91 = 93.42일이다. 그러면 회사는 매입채무 지급에 평균적 93일이 걸린다. 잠재적인 채권자들은 이 사실을 주시할 것이다.

총자산회전율 재고자산이나 매출채권과 같은 특정 항목에서 벗어나 더 중요하고 "큰 그림"의 비율인 **총자산회전율**(*total asset turnover ratio*)을 살펴보겠다. 용어가 하듯이, 총자산회전율은

$$\text{총자산회전율} = \frac{\text{매출액}}{\text{자산총계}} = \frac{2,361}{3,630} = 0.65\text{회} \qquad [3.13]$$

다른 말로, 자산 1달러당 0.65달러의 매출이 창출된다.

eXtensible Business Reporting Language (XBRL)는 에드가(EDGAR) 자료를 쉽게 추출할 수 있도록 디자인되었다. www.xbrl.org에서 더 알아볼 수 있다.

밀접하게 관련된 **자본집약률**(*capital intensity ratio*)은 총자산회전율의 역수이다. 즉 자본집약률은 1 나누기 총자산회전율이다. 이는 1달러의 매출을 위해 자산에 투자되어야 하는 금액으로 해석될 수 있다. 공공사업과 같은 자본집약산업은 자본집약률이 높다. 이 회사의 경우 총자산회전율은 0.65회이고, 뒤집으면 자본집약률은 1/0.65 = 1.54달러이다. 즉, 1달러 매출에 1.54달러의 자산이 필요하다.

높은 총자산회전율은 회사에 항상 좋은 신호인 것처럼 보일 것이다. 그렇지만 꼭 그런 것은 아니다. 오래된 자산이 있는 회사를 생각해보자. 이런 자산은 거의 다 감가상각

[3)] 여기서는 모든 매출이 외상이었다고 암묵적으로 가정한다. 그렇지 않다면 계산에서 총매출이 아니라 총외상매출을 이용할 것이다.

되었을 것이고 이미 낡아버렸을 것이다. 이 경우 자산의 장부가치가 낮아 자산회전율은 높아진다. 이에 더해 높은 자산회전율은 회사가 머지않은 미래에 중대한 자본지출을 해야만 할 것이라는 의미일 수 있다. 낮은 자산회전율은 안 좋은 것 같지만 높은 자산회전율과 반대로 해석될 수 있다. 회사가 많은 새 장비를 방금 매입했다면 자산의 장부가치는 비교적 높다는 의미이다. 이런 새 자산들은 경쟁사가 사용하고 있는 자산보다 더 생산적이고 효율적일 수 있다.

예제 3.3 **자산회전일수**

어떤 회사가 총자산 1달러당 0.40달러의 매출을 올린다고 하자. 이 회사는 총자산을 얼마나 자주 회전시키는가?

여기서 총자산회전율은 연간 0.40회이다. 자산의 완전한 회전에 1/0.40 = 2.5년이 소요된다.

수익성 측정법

여기에서 언급할 세 가지 비율은 아마도 재무비율 중에서 가장 잘 알려졌고 가장 널리 쓰이고 있다. 어떤 형태이든 간에 이 비율들은 기업이 자산을 얼마나 효율적으로 이용하고 영업을 얼마나 효율적으로 잘 관리하는가를 측정하기 위한 것이다. 수익성비율은 당기순이익에 집중한다.

매출액이익률 회사는 매출액이익률(*profit margin*)에 상당한 관심을 둔다.

$$\text{매출액이익률} = \frac{\text{당기순이익}}{\text{매출액}} \quad [3.14]$$

$$= \frac{474}{2,361} = 0.2008 = 20.08\%$$

이는 회계적 의미에서 회사가 매출 1달러당 약 20센트의 이익을 냈음을 말해준다.

모든 조건이 같다면 상대적으로 높은 매출액이익률이 바람직한 것은 자명하다. 이는 매출에 비해 비용이 낮은 경우이다. 그러나 모든 조건이 종종 같지 않음을 서둘러 덧붙인다.

예를 들어 매출단가를 내리면 대체로 판매량은 늘어나나 통상 매출액이익률은 줄어들게 될 것이다. 총이익이나 더 중요하게는 영업현금흐름이 증가할 수도 있고 감소할 수도 있다. 따라서 이익률이 적다는 것이 꼭 나쁜 것만은 아니다. 그렇다면 "가격이 너무 낮아 팔 때마다 손해를 보지만 판매량에서 만회할 수 있다!"라고 말하는 것이 가능하지 않을까?[4)]

자산이익률 자산이익률(*return on assets*: *ROA*)은 총자산 대비 이익을 측정하는 것이다.

[4)] 그렇지 않다. 매출액이익률이 작을 수는 있으나 양수 값이어야 한다!

여러 가지로 정의할 수 있지만 가장 일반적인 것은 다음과 같다.

$$\text{자산이익률} = \frac{\text{당기순이익}}{\text{자산총계}} \tag{3.15}$$
$$= \frac{474}{3,630} = 0.1306 = 13.06\%$$

자본이익률 자본이익률(*return on equity: ROE*)은 연중 주주들이 보상받는 정도를 측정한다. 주주를 이롭게 하는 것이 목표이기에 회계적 의미에서 ROE는 성과를 최종적으로 측정하는 당기순이익에 중점을 둔다. ROE는 보통 다음과 같이 측정된다.

$$\text{자본이익률} = \frac{\text{당기순이익}}{\text{자본총계}} \tag{3.16}$$
$$= \frac{474}{2,625} = 0.1806 = 18.06\%$$

따라서 회사는 자본 1달러당 18.06센트의 이익을 내고 있다. 그러나 다시 말해 이는 회계적인 의미에서만 그렇다.

ROA와 ROE는 널리 인용되는 숫자이기에 회계적 수익률임을 기억하는 것이 중요하다고 강조한다. 이런 이유로 이 측정치는 **장부자산이익률**(*return on book assets*)과 **장부자본이익률**(*return on book equity*)이라고 부르는 것이 적절하다. 게다가 ROE는 가끔 **순자산이익률**(*return on net worth*)이라고 불린다. 무엇이라고 하든지 간에 그 결과를 예컨대 금융시장에서 관찰된 이자율과의 비교는 적절하지 않을 것이다.

ROE가 ROA보다 크다는 사실은 재무레버리지의 사용을 반영한다. 두 측정치의 관계를 나중에 더 자세히 검토한다.

시장가치 측정법

마지막 측정그룹은 부분적으로 재무제표에 꼭 포함되지 않아도 되는 정보인 주당 시장가격에 기초한다. 당연히 이런 측정치들은 상장기업만을 대상으로 직접 계산할 수 있다.

이 회사의 총 발행주식은 3,300만 주로 연말에 주당 115달러에 거래됐다고 하자. 회사의 당기순이익이 4억 7,400만 달러임을 상기하면 주당순이익은 다음과 같이 계산할 수 있다.

$$\text{주당순이익(EPS)} = \frac{\text{당기순이익}}{\text{발행주식수}} = \frac{474}{33} = 14.36 \tag{3.17}$$

주가이익비율 시장가치 측정치 중 첫째는 주가이익비율(*price-earnings ratio: PE ratio*) 또는 주가이익배수(*price-earnings multiple: PE multiple*)로 다음과 같이 정의된다.

$$\text{주가이익(PE)비율} = \frac{\text{주가}}{\text{주당순이익}} \tag{3.18}$$
$$= \frac{115}{14.36} = 8.01\text{배}$$

업계에서는 이 주식이 이익의 8배에 거래되고 있다고 말하거나 이 주식의 주가이익배수(PE multiple)는 8배라고 말할 것이다.

주가이익비율(PER)은 현재 이익 1달러당 투자자들이 얼마를 지급하고자 하는가를 측정하므로 높은 PE 비율은 종종 회사의 미래 성장을 상당히 전망하고 있다는 의미이다. 물론 회사의 이익이 없거나 거의 없으면 PE 비율은 무척 높을 것이다. 따라서 언제나처럼 이 비율은 주의해서 해석해야 한다.

주가매출액비율 어떤 경우에는 회사가 상당 기간 적자일 수 있는데 이때의 PE 비율은 그다지 의미가 없다. 최근에 창업한 회사가 좋은 예이다. 이런 회사들도 매출은 있을 것이기에 애널리스트는 종종 주가매출액비율(*price-sales ratio*)을 살펴본다.

주가매출액비율 = 주가/주당 매출액 [3.19]

매출액이 2,361달러였던 이 회사의 경우, 주가매출액비율(PSR)은

주가매출액비율 = 115/(2,361/33) = 115/71.55 = 1.61배

PE 비율과 마찬가지로 특정 주가매출액비율(PSR)이 높거나 낮은 것은 속한 산업에 따라 다르다.

장부가치 대비 시장가치비율 두 번째로 많이 인용되는 비율은 장부가치 대비 시장가치비율(*market-to-book ratio*)이다.

$$\text{장부가치 대비 시장가치비율} = \frac{\text{주당 시장가치}}{\text{주당 장부가치}} \quad [3.20]$$

$$= \frac{115}{2{,}625/33} = \frac{115}{79.55} = 8.01\text{배}$$

주당 장부가치는 총자본(그냥 보통주가 아님)을 총발행주식수로 나눈다는 점에 주목하자.

주당 장부가치는 회계적 숫자이기에 역사적 비용을 반영한다. 그러므로 느슨하게 말하면 장부가치 대비 시장가치비율은 기업 투자의 시장가치를 비용과 비교하는 것이라고 할 수 있다. 이 비율이 1보다 작다는 것은 기업이 주주를 위한 가치 창출에 성공하지 못했다는 의미이다.

이비에비타(EV-EBITDA)비율 회사의 기업가치(enterprise value: EV)는 회사의 영업용 자산(operating assets)의 추정된 시장가치이다. 영업용 자산은 현금을 제외한 기업의 모든 자산을 의미한다. 물론 시장가치는 보통 알 수 없기에 기업의 개별 자산으로 작업하는 것은 현실적이지 않다. 대신 재무상태표의 오른편을 이용해 기업가치를 계산할 수 있다.

기업가치(enterprise value) = 주식의 총 시장가치 + 총부채의 장부가치 − 현금 [3.21]

부채의 장부가치를 이용한 것은 일반적으로 시장가치를 알 수 없고, 적어도 모든 부채의

시장가치를 알 수는 없기 때문이다. 그러나 장부가치는 통상 부채, 특히 단기부채에 관한 한 시장가치의 합리적인 근사치이다. 주식의 시장가치와 모든 부채의 가치의 합은 재무상태표 항등식에서 기업 자산의 가치와 같다.

기업가치는 흔히 EBITDA 비율(또는 배수)을 계산할 때 사용된다.

EBITDA 비율 = 기업가치(enterprise value)/EBITDA **[3.22]**

이 비율은 내용으로는 PE 비율과 유사하다. 그러나 이 비율은 모든 영업용 자산(enterprise value)의 가치를 자산으로부터 발생하는 영업현금흐름의 척도(EBITDA)와 연관시킨다.

여기서 일반적인 재무비율에 대한 정의를 마친다. 물론 비율을 더 설명할 수 있으나 현재로는 이것으로 충분하다. 이런 비율들을 어떻게 계산하는가를 설명하는 대신 어떻게 사용하는가를 계속 논의하겠다. 〈표 3.5〉에 지금까지 설명한 비율들을 요약했다. 〈표 3.6〉은 유명한 주택설비용품매장 로위스(Lowe's)와 홈데포(The Home Depot)의 2018년 회계연도말 정보이다. 보다시피 홈데포의 유동비율과 부채비율 및 총자산회전율은

표 3.5

일반적인 재무비율

I. 단기상환능력 혹은 유동성비율

$$\text{유동비율} = \frac{\text{유동자산}}{\text{유동부채}}$$

$$\text{당좌비율} = \frac{\text{유동자산} - \text{재고자산}}{\text{유동부채}}$$

$$\text{현금비율} = \frac{\text{현금}}{\text{유동부채}}$$

II. 장기상환능력 혹은 재무레버리지비율

$$\text{총부채비율} = \frac{\text{자산총계} - \text{자본총계}}{\text{자산총계}}$$

$$\text{부채비율} = \frac{\text{부채총계}}{\text{자본총계}}$$

$$\text{자기자본승수} = \frac{\text{자산총계}}{\text{자본총계}}$$

$$\text{이자보상배율} = \frac{\text{EBIT}}{\text{이자비용}}$$

$$\text{현금보상비율} = \frac{\text{EBIT} + \text{감가상각비}}{\text{이자비용}}$$

III. 자산활용비율 혹은 회전율

$$\text{재고자산회전율} = \frac{\text{매출원가}}{\text{재고자산}}$$

$$\text{평균재고일수} = \frac{365\text{일}}{\text{재고자산회전율}}$$

$$\text{매출채권회전율} = \frac{\text{매출액}}{\text{매출채권}}$$

$$\text{매입채무회전율} = \frac{\text{매출원가}}{\text{매입채무}}$$

$$\text{평균회수일수} = \frac{365\text{일}}{\text{매출채권회전율}}$$

$$\text{평균지급일수} = \frac{365\text{일}}{\text{매입채무회전율}}$$

$$\text{총자산회전율} = \frac{\text{매출액}}{\text{자산총계}}$$

$$\text{자본집약률} = \frac{\text{자산총계}}{\text{매출액}}$$

IV. 수익성비율

$$\text{매출액이익률} = \frac{\text{당기순이익}}{\text{매출액}}$$

$$\text{자산이익률(ROA)} = \frac{\text{당기순이익}}{\text{자산총계}}$$

$$\text{자본이익률(ROE)} = \frac{\text{당기순이익}}{\text{자본총계}}$$

$$\text{ROE} = \frac{\text{당기순이익}}{\text{매출액}} \times \frac{\text{매출액}}{\text{자산}} \times \frac{\text{자산}}{\text{자본}}$$

V. 시장가치비율

$$\text{주가이익비율(PER)} = \frac{\text{주가}}{\text{주당순이익}}$$

$$\text{주가매출액비율(PSR)} = \frac{\text{주가}}{\text{주당매출액}}$$

$$\text{장부가치 대비 시장가치비율} = \frac{\text{주당 시장가치}}{\text{주당 장부가치}}$$

$$\text{EBITDA 비율} = \frac{\text{EV}}{\text{EBITDA}}$$

표 3.6

로위스와 홈데포의 2018년 재무정보
(주당 자료를 제외하면 단위는 백만)

	로위스	홈데포
매출액	68,819	100,904
당기순이익	3,447	8,630
유동자산	12,772	18,933
유동부채	12,096	16,194
자산총계	35,291	44,529
부채총계	29,418	43,075
자본총계	5,873	1,454
주가	100.50	199.64
주당 장부가치	7.12	1.25
주당 이익	4.18	7.44
유동비율	1.06	1.17
부채비율	5.01	29.63
총자산회전율	1.95	2.27
매출액이익률	5.01%	8.55%
자본이익률(ROE)	58.69%	593.54%
자산이익률(ROA)	9.77%	19.38%
장부가치 대비 시장가치비율	14.11	159.27
주가이익비율(PER)	24.04	26.83

출처: Lowe's; Home Depot.

높다. 홈데포의 수익성 비율도 높다. 레버러지의 증가와 더 나아진 수익성으로 홈데포의 자본이익률(ROE)은 더 높다. 이는 다음에 논의하겠다.

홈데포의 장부가치 대비 시장가치비율(market-to-book ratio)은 로위스의 10배가 넘지만 주가이익률(PE ratio)은 두 회사가 비슷하다. 전반적으로 두 회사의 요약된 재무분석에 의하면 홈데포가 로위스보다 성과가 나은 것 같다. 물론 이 두 회사를 진짜 조사하기 원한다면 여기에 제시된 것 이상의 비율을 검토하기 원할 것이다.

개념문제 CONCEPT QUESTIONS

3.2a 재무비율의 다섯 개 그룹은 무엇인가? 각 그룹에 대해서 두세 개의 예를 들라.

3.2b 모든 회전율은 비율계산에서 분자에 두 가지 숫자 중 하나를 사용한다. 이 두 가지 숫자는 무엇인가? 이런 비율들이 측정하고자 하는 것은 무엇인가? 그 결과를 어떻게 해석해야 하는가?

3.2c 수익성비율은 모두 분자에 같은 숫자를 사용한다. 그것은 무엇인가? 이 비율들이 측정하고자 하는 것은 무엇인가? 그 결과를 어떻게 해석하는가?

3.2d 총부채비율이 주어졌을 때 계산될 수 있는 다른 두 가지 비율은 무엇인가? 어떻게 계산하는지 설명하라.

3.3 듀퐁항등식

ROA와 ROE를 설명할 때 언급했듯이 수익성을 측정하는 이 두 가지 비율의 차이는 부채조달이나 재무레버리지의 반영이다. 여기에서는 ROE를 구성하는 부분들로 나누는 유명한 방법을 살펴봄으로써 이러한 측정치들의 관계를 설명해 본다. 시작하기 전에 ROE의 정의를 상기해보자.

$$\text{자본이익률(ROE)} = \frac{\text{당기순이익}}{\text{자본총계}}$$

다른 것은 바꾸지 않고 이 비율에 자산/자산 비율을 곱할 수 있다.

$$\text{자본이익률} = \frac{\text{당기순이익}}{\text{자본총계}} = \frac{\text{당기순이익}}{\text{자본총계}} \times \frac{\text{자산}}{\text{자산}}$$
$$= \frac{\text{당기순이익}}{\text{자산총계}} \times \frac{\text{자산}}{\text{자본총계}}$$

이렇게 ROE는 ROA와 자기자본승수의 두 가지 비율의 곱으로 표현될 수 있다.

$$\text{ROE} = \text{ROA} \times \text{자기자본승수} = \text{ROA} \times (1 + \text{부채비율})$$

예컨대 이 회사를 다시 살펴보면 부채비율은 0.38이었고, ROA는 13.06%이었다. ROE를 이 방식대로 계산하면,

$$\text{ROE} = 0.1306 \times 1.38 = 0.1806 \text{ 또는 } 18.06\%$$

분자와 분모에 총매출액을 곱함으로써 ROE를 분해할 수 있다.

$$\text{ROE} = \frac{\text{매출액}}{\text{매출액}} \times \frac{\text{당기순이익}}{\text{자산}} \times \frac{\text{자산}}{\text{자본총계}}$$

조금만 더 정리하면 ROE는 다음과 같이 분해된다.

$$\text{ROE} = \underbrace{\frac{\text{당기순이익}}{\text{매출액}} \times \frac{\text{매출액}}{\text{자산}}}_{\text{자산이익률(ROA)}} \times \frac{\text{자산}}{\text{자본총계}} \qquad [3.23]$$
$$= \text{매출액이익률} \times \text{총자산회전율} \times \text{자기자본승수}$$

듀퐁항등식
DuPont identity
ROE를 영업의 효율성, 자산활용의 효율성, 재무 레버리지의 세 가지 부분으로 나누는 것에 대한 대중적인 표현.

이상은 ROA를 매출액이익률과 총자산회전율 두 부분으로 나눈 것이다. 이 마지막 표현은 이를 사용해서 유명해진 듀퐁(DuPont)의 이름을 따서 **듀퐁항등식(DuPont identity)**이라고 한다.

이 회사의 매출액이익률이 20.08%이고 총자산회전율이 0.65인 점에 주목해 이러한 관계를 검토할 수 있다. ROE는 다음과 같다.

$$\begin{aligned}\text{ROE} &= \text{매출액이익률} \times \text{총자산회전율} \times \text{자기자본승수}\\ &= 0.2008 \times 0.65 \times 1.38\\ &= 0.1806 = 18.06\%\end{aligned}$$

표 3.7
아마존과 알리바바의 듀퐁 분석

아마존							
연도	ROE	=	매출액이익률	×	총자산회전율	×	자기자본승수
2017	15.0%	=	2.3%	×	1.355	×	4.74
2016	21.7%	=	3.1%	×	1.631	×	4.32
2015	16.7%	=	2.1%	×	1.653	×	4.84
알리바바							
연도	ROE	=	매출액이익률	×	총자산회전율	×	자기자본승수
2017	15.7%	=	27.6%	×	0.312	×	1.82
2016	32.9%	=	70.7%	×	0.278	×	1.68
2015	16.7%	=	31.8%	×	0.298	×	1.76

이 18.06%의 ROE는 전에 계산한 ROE와 정확히 일치한다.

듀퐁항등식은 ROE가 3개 요소의 영향을 받음을 말해준다.

1. (매출액이익률로 측정된) 영업효율성
2. (총자산회전율로 측정된) 자산이용효율성
3. (자기자본승수로 측정된) 재무레버리지

영업효율성이나 자산이용효율성 또는 둘 다 낮으면 자산이익률이 감소하고 이는 낮은 ROE로 전이된다.

듀퐁항등식을 고려해볼 때 부채사용액을 늘림으로써 ROE를 높일 수 있다. 이는 ROA가 부채의 이자율을 초과할 때만 가능하다. 더 중요하게는 부채의 사용은 여러 가지 다른 효과가 있는데 기업의 레버리지 양은 기업의 자본구조정책에 의해 결정됨을 후에 자세히 다루겠다.

여기서 배운 ROE의 분해는 재무제표분석을 체계적으로 접근하는 편리한 방법이다. 어떤 이유로 ROE가 만족스럽지 못하다면 듀퐁항등식을 사용해 무엇이 문제인지를 찾아낼 수 있다. 〈표 3.7〉에서 인터넷 상거래회사 아마존(Amazone)과 알리바바(Alibaba)에 대한 정보를 예로 들어보자. 보다시피 2017년 아마존의 ROE는 15.0%로 2015년의 16.7%에서 하락했다. 이와 대조적으로 역시 2017년에 알리바바의 ROE는 15.7%로 2015년의 16.7%에서 하락했다. 이 정보에 의하면 해당 기간에 두 회사가 비슷한 방식으로 영업한 것 같지만 보다시피 사실이 아니다.

듀퐁식 분해에 의하면 아마존의 매출액이익률(profit margin)은 2~3% 범위에 있으나 알리바바의 이익은 27.6%에서 놀랄 만한 70.7% 범위에 있었다. 그러나 아마존의 ROE는 알리바바와 비슷하다. 아마존의 자산회전율이 더 높고 자기자본승수로 측정한 레버리지가 더 높아 아마존의 ROE는 알리바바와 비슷하다.

상장회사의 정기보고서는 www.sec.gov에서 볼 수 있다(한국은 금융감독원 사이트 www.fss.or.kr에서 볼 수 있다).

듀퐁항등식 분석의 확장

지금까지 듀퐁항등식이 ROE를 세 개의 기본요소인 매출액이익률, 총자산회전율, 재무

표 3.8

다우듀퐁의 재무제표
2017년 12월 31일까지 12개월
(단위: 백만 달러)

포괄손익계산서		재무상태표			
매출액	62,484	유동자산		유동부채	
매출원가	48,008	현금	16,088	매입채무	11,601
매출총이익	14,476	매출채권	16,813	단기차입금	50,203
판매관리비	7,232	재고자산	16,992	유동부채 총계	61,804
R&D비용	4,017	유동자산 총계	49,893	비유동부채 총계	30,030
EBIT	3,227	비유동자산	142,271	자본 총계	100,330
이자비용	1,082	자산 총계	192,164	부채와 자본 총계	192,164
EBT	2,145				
법인세비용	476				
당기순이익	1,669				

레버리지로 분리하는 과정을 배웠다. 이제는 회사 영업의 주요 부분들이 ROE에 넣어지는지를 자세히 살펴보기 위해 분석을 확장한다. 이를 위해 우선 SEC 웹사이트(www.sec.gov)에 가서 화학제품 초대형회사인 다우듀퐁(DowDu Pont)의 10-K를 찾아보자. 그곳에서 2017년의 재무제표를 접할 수 있는데 이를 〈표 3.8〉에 정리했다.

〈그림 3.1〉은 〈표 3.8〉의 정보를 이용해 다우듀퐁에 대한 확장된 듀퐁 분석을 구성하는 방법을 차트 형태로 보여준다. 확장된 듀퐁차트의 장점은 몇 가지 비율분석을 한번에 검토해 전체적인 기업의 실적을 보고 향상할 수 있는 항목도 결정할 수 있게 한다는 것이다.

〈그림 3.1〉에서 듀퐁차트의 왼쪽 부분은 수익성과 관련된 항목이다. 매출액이익률은 여전히 당기순이익을 매출액으로 나누어 계산한다. 그런데 차트에서 강조되듯이 당기순이익은 매출액과 매출원가 및 판매관리비 같은 여러 가지의 비용들에 의해 영향을 받는다. 듀퐁은 매출액을 늘리고 하나 또는 그 이상의 비용을 절감해 ROE를 높일 수 있다. 즉, 수익성을 높이고 싶으면 중점을 두어야 할 분야를 차트가 명백히 보여준다.

〈그림 3.1〉의 오른쪽 부분으로 눈을 돌리면 총자산회전율에 내포된 주요 요인에 대한 분석이 있다. 예를 들어 더욱 효율적으로 관리해 재고자산 보유를 줄이면 유동자산이 줄어 총자산이 줄고 결국 총자산회전율이 높아진다.

개념문제 CONCEPT QUESTIONS

3.3a 자산이익률 또는 ROA는 2개 비율의 곱으로 표현될 수 있다. 그 2개는 무엇인가?

3.3b 자본이익률 또는 ROE는 3개 비율의 곱으로 표현될 수 있다. 그 3개는 무엇인가?

다우듀퐁의 확장된 듀퐁차트 그림 3.1

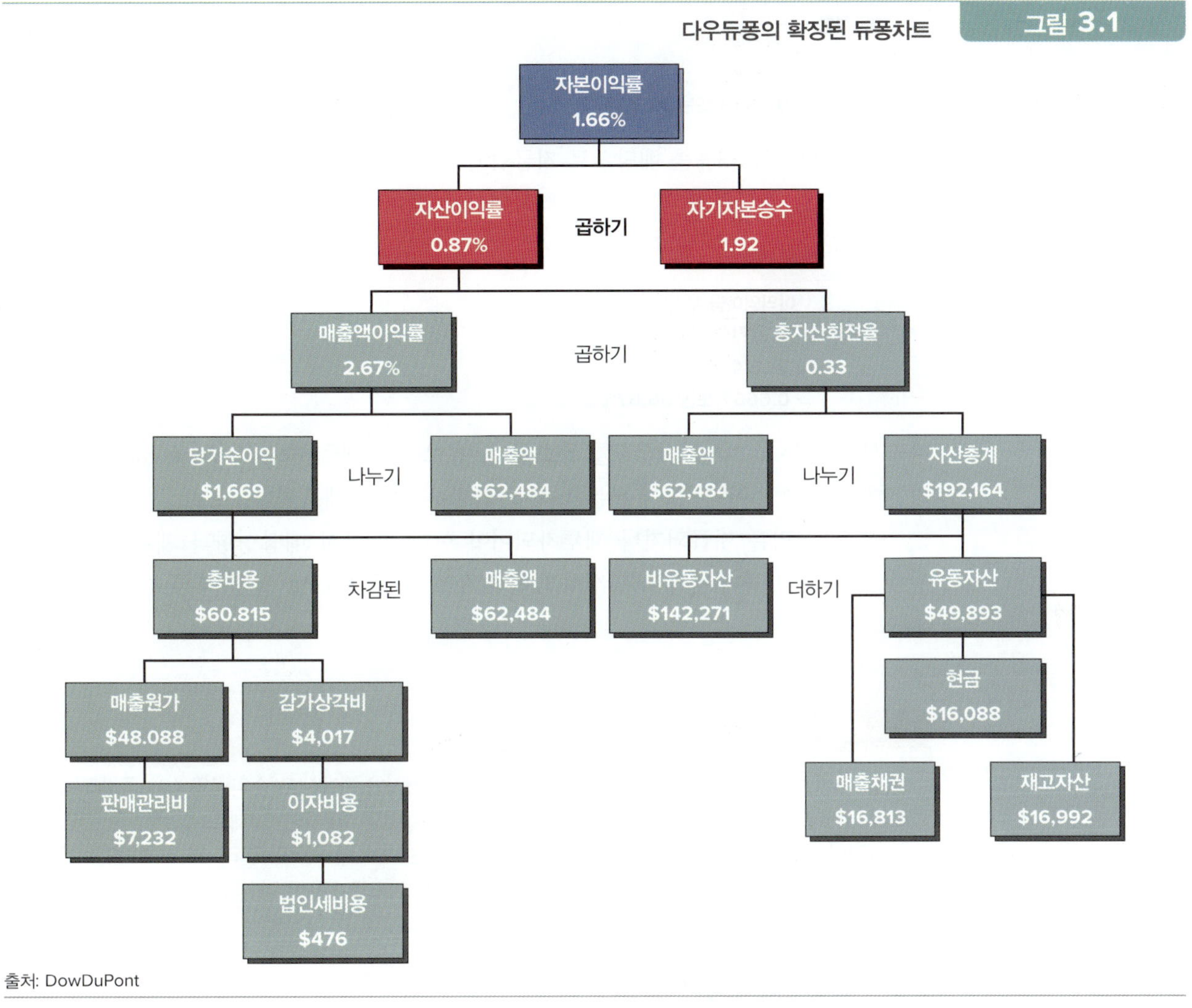

출처: DowDuPont

3.4 내부성장과 지속가능성장

자산이익률(ROA)과 자본이익률(ROE)은 기업의 성장능력과 관련이 있는 다른 두 가지 비율을 계산할 때 자주 이용된다. 이를 살펴보기 전에 먼저 두 가지 기본 비율을 알아보도록 한다.

배당성향과 유보율

여러 곳에서 보았다시피 기업의 당기순이익은 두 가지로 나뉜다. 첫째는 주주들에게 지급하는 현금배당이다. 얼마가 남든 간에 나머지는 이익잉여금에 추가된다. 예를 들어 〈표 3.3〉에서 이 회사의 순이익은 474달러이고, 이 중 158달러는 배당으로 지급되었다. 배당금을 당기순이익에 대한 비율로 표현한 것이 **배당성향**(*dividend payout ratio*)이다.

finance.yahoo.com의 "Analysis" 링크에서 성장률을 볼 수 있다.

$$\text{배당성향} = \frac{\text{현금배당}}{\text{당기순이익}} \quad [3.24]$$
$$= 158/474$$
$$= 0.3333 \text{ 또는 } 33.33\%$$

이는 순이익의 약 33%를 배당으로 지급함을 말한다.

배당으로 지급하지 않은 것은 회사에 유보되며 이를 **유보율**(*retention ratio*)이라고 한다.

$$\text{유보율} = \frac{\text{이익잉여금 부가액}}{\text{당기순이익}} \quad [3.25]$$
$$= 316/474$$
$$= 0.6667 \text{ 또는 } 66.67\%$$

따라서 회사는 순이익의 67%를 유보한다. 유보율은 **재투자율**(*plowback ratio*)이라고도 하는데 사실상 순이익 중 이 부분을 사업에 재투자하기 때문이다.

당기순이익은 지급되거나 재투자되어야 한다. 따라서 배당성향과 재투자율을 합하면 1이 된다. 바꾸어 말해 배당성향과 재투자율 둘 중 하나만 알면 다른 하나를 즉시 알 수 있다.

예제 3.4 배당과 유보

맨슨-매릴린 코퍼레이션(Manson-Marilyn Corporation)은 관례대로 순이익의 40%를 배당 형태로 지급한다. 재투자율은 얼마인가? 당기순이익이 800달러면 주주들은 실제로 얼마를 받는가?

만약 배당성향이 40%라면 유보율 혹은 재투자율은 60%가 되어야 한다. 이 두 비율은 합해서 100%가 되어야 하기 때문이다. 배당은 800달러의 40%이므로 320달러이다.

ROA, ROE와 성장

투자자들과 다른 이들은 빈번히 회사의 매출이 얼마나 빨리 성장하는가를 아는 데 관심을 둔다. 중요한 점은 매출이 성장하려면 최소한 장기적으로는 자산도 성장해야 한다는 것이다. 더욱이 자산이 성장하려면 자산을 취득하기 위해 지급해야 할 자금을 여하튼 마련해야 한다. 다시 말해 기업의 성장을 위해 자금을 조달해야 하므로 자연스럽게 회사가 성장할 수 있는 능력은 자금조달 정책에 달려있다고 추론할 수 있다.

회사에는 크게 **내부자금**(*internal financing*)과 **외부자금**(*external financing*)의 두 가지 자금의 원천이 있다. 내부자금이란 회사가 벌어서 사업에 재투자한 자금을 말한다. 외부자금은 차입금이나 주식매각 대금을 말한다.

내부성장률
internal growth rate
회사가 어떠한 형태이든 외부자금을 조달하지 않고 성취할 수 있는 최대로 가능한 성장률.

내부성장률 회사가 성장에 필요한 자금을 내부자금에만 의존하는 정책을 가졌다고 하자. 이는 회사가 차입하거나 신주를 발행하지 않음을 의미한다. 회사는 얼마나 빨리 성장할 수 있을까? 해답은 **내부성장률(internal growth rate)**이 준다.

$$\text{내부성장률} = \frac{\text{ROA} \times b}{1 - \text{ROA} \times b} \qquad [3.26]$$

ROA는 전과 같이 자산이익률이고, b는 앞에서 언급한 유보율(retention ratio) 또는 재투자율(plowback ratio)이다.

예를 들면, 회사의 ROA는 앞에서 13.06%로 계산했다. 또한, 유보율은 66.67%이기에 내부성장률은 다음과 같다.

$$\text{내부성장률} = \frac{\text{ROA} \times b}{1 - \text{ROA} \times b}$$
$$= \frac{0.1306 \times 0.6667}{1 - 0.1306 \times 0.6667}$$
$$= 0.0954 \text{ 또는 } 9.54\%$$

따라서 내부적으로 발생하는 자금에만 의존한다면 연간 최대 9.54% 성장할 수 있다.

지속가능성장률 회사가 내부자금에만 의존한다면 시간이 지날수록 총부채비율(또는 차입금 의존도)은 감소할 것이다. 자산은 증가하는 반면 총부채는 그대로 남아 있거나 부채를 상환하면 줄어들 수도 있기 때문이다. 회사에는 종종 최적으로 보는 특정 총부채비율이나 자기자본승수가 있다(왜 그런가가 제13장의 주제이다).

이를 염두에 두고 지금부터는 회사가 (1) 특정 총부채비율을 유지하길 원하고, (2) 신주를 발행하지 않으려고 한다면 얼마나 빨리 성장할 수 있는가를 알아본다. 회사가 주식발행을 피하는 이유는 여러 가지이고 실제로 안정된 회사들이 주식을 발행하는 일은 비교적 드문 일이다. 이 두 가지 가정에서 성취할 수 있는 최대 성장률을 **지속가능성장률(sustainable growth rate)**이라고 한다.

지속가능성장률
sustainable growth rate
기업이 일정한 부채비율을 유지하면서 신주를 발행하지 않고 성취할 수 있는 최대로 가능한 성장률.

$$\text{지속가능성장률} = \frac{\text{ROE} \times b}{1 - \text{ROE} \times b} \qquad [3.27]$$

이 식에서 ROA 대신 ROE가 이용되는 것을 제외하면 내부성장률과 같다.

이 회사의 경우 ROE는 18.06%였고, 유보율은 66.67%이므로 손쉽게 지속가능성장률을 계산할 수 있다.

$$\text{지속가능성장률} = \frac{\text{ROE} \times b}{1 - \text{ROE} \times b}$$
$$= \frac{0.1806 \times 0.6667}{1 - 0.1806 \times 0.6667}$$
$$= 0.1369 \text{ 또는 } 13.69\%$$

지속가능성장률 13.69%를 내부성장률 9.54%와 비교하면 왜 지속가능성장률이 더 높은지 궁금할 것이다. 그 이유는 회사가 성장함에 따라서 일정한 부채비율을 유지하기 위해서는 추가로 자금을 차입해야 하기 때문이다. 이 신규차입금은 내부적으로 조달된 자금에 추가되는 또 다른 자금의 원천이므로 회사가 더 빠르게 확장할 수 있다.

성장의 결정요소 앞에서 자본이익률 혹은 ROE는 듀퐁항등식을 이용해 여러 가지 요소로 분해될 수 있음을 알았다. ROE가 지속가능성장률을 결정하는 중요한 요소이므로 ROE를 결정하는 중요한 요소들도 역시 성장을 결정하는 중요한 요소들이다.

ROE를 세 가지 요소의 곱으로 적을 수 있다.

ROE = 매출액이익률 × 총자산회전율 × 자기자본승수

지속가능성장률을 나타내는 공식을 검토하면 ROE를 증가시키는 요소는 분자를 크게 하고 분모를 작게 함으로써 지속가능성장률을 증가시킴을 알았다. 유보율을 증가시키는 것도 같은 효과가 있을 것이다.

이 모두를 정리하면 기업이 성장을 지속할 수 있는 능력은 다음의 네 가지 요소에 의해 명쾌하게 결정된다.

1. **매출액이익률**. 매출액이익률의 증가는 회사가 내부에서 자금을 조달할 수 있는 능력을 증가시키므로 지속가능성장률도 증가한다.
2. **총자산회전율**. 회사의 총자산회전율이 증가하면 자산 1달러당 발생하는 매출액이 증가한다. 이는 매출액 증가에 따른 새로운 자산의 필요성을 감소시키므로 지속가능성장률은 증가한다. 총자산회전율의 증가는 그 역수인 자본집약도(capital intensity ratio)의 감소와 같음에 주목하자.
3. **재무정책**. 부채비율이 증가하면 회사의 재무레버리지는 증가한다. 이는 부채를 통해 추가로 자금을 조달하도록 하기에 지속가능성장률을 증가시킨다.
4. **배당정책**. 순이익 중 배당으로 지급되는 비율이 감소하면 유보율은 증가한다. 이는 내부 자본을 증가시키므로 내부성장률과 지속가능성장률을 증가시킨다.

지속가능성장률은 매우 유용한 숫자이다. 지속가능성장률은 기업과 관련된 4가지 주요 영역인 매출액이익률로 측정되는 영업효율성, 총자산회전율로 측정되는 자산활용의 효율성, 부채비율로 측정되는 재무레버리지, 유보율로 측정되는 배당정책 간의 분명한 관계를 설명한다. 매출액을 지속가능성장률보다 더 높게 증가시키려면 회사는 매출액이익률, 총자산회전율, 재무레버리지, 유보율을 증가시키거나 신주를 발행해야 한다.

두 성장률인 내부성장률과 지속가능성장률을 〈표 3.9〉에 정리했다. 근처 *Finance Matters*(재무사안) 박스는 성장률과 관련된 몇 가지 이슈를 다룬다.

지속가능성장률의 계산 일반적으로 지속가능성장률을 계산식에서 분자인 ROE × b만으로도 계산할 수 있다. 이것이 때로는 혼란을 초래하기도 하는데 여기서 확실히 짚고 넘어가도록 하자. 문제는 ROE가 어떻게 계산되는가와 관계있다. ROE가 당기순이익을 자본총계로 나누어 계산된다는 점을 기억하자. 만약 자본총계가 재무상태표의 기말자료라면 (일관되게 적용해왔고 실무에서도 일반적으로 적용된다) 복잡한 공식이 맞다. 그러나 자본총계가 기초자료라면 간단한 공식이 맞다.

원칙적으로 (ROE 계산에서 정확한 공식을 사용한다면) 어떤 공식을 사용하든지 간

FINANCE MATTERS

얼마나 빨라야 빠른가?

성장률은 기업 평가에 중요한 도구이고 후에 살펴보겠지만 기업의 주식가치 결정에도 중요하다. 성장률을 생각하고 계산할 때 작은 상식 하나가 도움이 된다. 예를 들어 2018년 소매유통의 초대기업 월마트(WalMart)는 약 7억 8,500만 스퀘어피트의 매장과 유통센터 등을 갖고 있었다. 회사가 다음 해에 매장면적을 6% 확장하기 원한다고 하자. 이는 아주 황당한 수치는 아니나 월마트가 매장면적을 영원히 6%씩 성장시킬 수 있는가?

다음 장에서 이런 계산을 하겠지만 월마트가 앞으로 202년 동안 연간 6%로 성장한다고 하면 약 100조 스퀘어피트의 부동산을 갖게 될 것이며, 이는 대략 미국 국토 전체이다! 다시 말해서 월마트가 6%의 성장을 계속한다면 미국의 전 국토는 궁극적으로 하나의 커다란 월마트가 될 것이다. 끔찍하다.

페이스북(Facebook)은 또 다른 예이다. 이 회사의 총수익은 2010년에는 약 19.7억 달러였고 2017년에는 406.5억 달러였다. 이는 연간 54%의 성장을 의미한다! 어떻게 회사가 이런 성장을 계속할 수 있다고 생각하는가? 만약 이러한 성장이 계속된다면 이 회사는 딱 15년 만에 약 26.67조 달러의 수익을 내게 될 것인데 이는 미국의 국내총생산(GDP)을 초과하는 수치이다. 명백히 페이스북의 성장률은 앞으로 몇 년 이내에 상당히 둔화할 것이다.

현금흐름의 성장은 어떠한가? 2018년 초 인터넷 여행 예약 웹사이트 프라이스라인닷컴(Priceline.com)의 현금흐름은 과거 10년 동안 연간 약 37%로 성장했다. 이 회사는 2018년에 약 44.8억 달러의 현금흐름이 발생할 것으로 예상했다. 프라이스라인닷컴(Priceline.com)의 현금흐름이 앞으로 19년 동안 같은 비율로 성장한다면 연간 약 1조 7,700억 달러의 현금흐름이 발생할 것으로 이 수치는 전 세계에서 유통되는 미국 통화 1조 6,300억 달러보다 약간 더 많다.

이러한 예로 알 수 있듯 성장률은 현혹되기 쉽다. 작은 기업이 매우 빠르게 성장하기는 상당히 쉽다. 회사의 매출이 100달러라면 추가로 100달러만 더 팔아도 100%의 매출성장률을 기록할 수 있다. 회사의 매출액이 10조 달러라면 매출액이 추가로 10조 달러 증가해야만 100%의 성장률을 달성할 수 있을 것이다. 따라서 장기성장률의 추정치는 매우 조심스럽게 선택해야 한다. 경험에 의하면 진정한 장기성장의 추정에서는 회사가 경제 전체의 성장률인 약 1~3%(인플레이션 조정된)보다 훨씬 빨리 성장하지는 않을 것이라고 가정해야만 한다.

표 3.9

내부성장률과 지속가능성장률의 요약

I. 내부성장률

$$\text{내부성장률} = \frac{\text{ROA} \times b}{1 - \text{ROA} \times b}$$

여기서

ROA = 총자산이익률 = 당기순이익/총자산

b = 재투자(유보)율 = 이익잉여금 부가액/당기순이익

= 1 − 배당성향

내부성장률은 어떠한 종류의 외부자금 없이 성취할 수 있는 최대 성장률이다.

II. 지속가능성장률

$$\text{지속가능성장률} = \frac{\text{ROE} \times b}{1 - \text{ROE} \times b}$$

여기서

ROE = 자본이익률 = 당기순이익/총자본

b = 재투자(유보)율 = 이익잉여금 부가액/당기순이익

= 1 − 배당성향

지속가능성장률이란 일정한 부채비율을 유지하면서 외부에서 자본으로 조달하지 않고 성취할 수 있는 최대 성장률이다.

에 정확히 같은 지속가능성장률을 구하게 될 것이다. 현실에서는 회계와 관련된 복잡한 문제들 때문에 차이가 있을지도 모른다. 그런데 (누가 주장해서) 자본총계 계산에 기말과 기초의 평균값을 사용해야 한다면 또 다른 공식이 필요할 것이다. 그리고 여기의 논의는 모두 내부성장률에도 적용된다.

이 점을 설명하기 위해 간단한 예를 들어본다. 어느 회사의 당기순이익이 20달러이고 유보율이 0.60이라고 가정해 보자. 또한, 기초 자산은 100달러이고 부채비율은 0.25이다. 그래서 기초 자본은 80달러이다.

기초자료를 사용한다면 다음과 같은 결과를 얻는다.

ROE = \$20/80 = 0.25 = 25%
지속가능성장률 = 0.60 × 0.25 = 0.15 = 15%

같은 회사의 기말 자본은 \$80 + 0.60 × \$20 = 92달러이고 다음과 같이 계산할 수 있다.

ROE = \$20/92 = 0.2174 = 21.74%
지속가능성장률 = 0.2174 × 0.60/(1 − 0.2174 × 0.60) = 0.15 = 15%

이 두 가지 성장률은 정확히 같다. 그러면 내부성장률이 12%인지 확인해 보라.

개념문제 CONCEPT QUESTIONS

3.4a 기업의 내부성장률이 의미하는 것은 무엇인가?
3.4b 기업의 지속가능성장률이 의미하는 것은 무엇인가?
3.4c 기업의 지속가능성장률이 내부성장률보다 클 것 같은 이유는 무엇인가?

3.5 재무제표정보의 활용

마지막으로 재무제표분석의 실용적인 측면에 대해 더 자세히 알아본다. 특히 재무제표분석을 하는 이유와 벤치마크 정보를 얻는 방법 및 그 과정에서 발생하는 문제점들을 살펴본다.

왜 재무제표를 평가하는가?

앞에서 언급했듯이 회계 정보를 검토하는 가장 중요한 이유는 시장가치 정보가 없는 데다 합리적으로 얻는 것도 기대할 수 없기 때문이다. 시장정보만 있으면 이를 회계자료 대신 사용할 것이라는 점을 강조할 필요가 있다. 물론 회계자료와 시장자료가 상충하면 시장자료가 우선한다.

재무제표분석은 본래 "예외관리"(management by exception)의 응용이다.[5] 많은 경

[5] 역주: 예외관리(management by exception)는 계획이나 표준에서 크게 벗어난 일만 관리자에게 보고하도록 하는 관리 방식이다.

우 재무제표분석은 한 사업의 비율을 일종의 평균 또는 표준비율과 비교하는 것으로 마무리 짓는다.

내부적 활용 재무제표정보는 회사 내부에서 다양하게 이용한다. 가장 중요한 것 중에는 성과평가가 있다. 예를 들어 경영자는 종종 매출액이익률이나 자본이익률과 같은 회계적 성과측정치에 의해 평가받고 보상받는다. 또한, 여러 사업부로 구성된 회사는 재무제표정보를 이용해 사업부의 성과를 빈번히 비교한다.

재무제표정보를 내부적으로 활용하는 또 다른 중요한 분야는 미래에 대한 계획이다. 역사적 재무제표정보는 미래를 예측하고 그런 예측을 위한 가정들의 현실성 확인에 매우 유용하다.

외부적 활용 재무제표는 단기 및 장기 채권자, 잠재적인 투자자들을 포함해 회사 외부의 당사자들에게도 유용하다. 예를 들어 재무제표정보는 새로운 고객에게 외상을 줄 것인가의 결정에도 아주 유용하다.

이런 정보를 이용해서 공급업체를 평가하고, 공급업체는 우리에게 공여하는 신용을 확대할지를 결정하기 전에 우리 재무제표를 이용할 것이다. 주 거래처는 회사가 미래에도 존속할 것 같은지를 결정하기 위해 재무제표정보를 이용한다. 신용평가기관은 회사의 전체적인 신용도를 평가하기 위해 재무제표에 의지한다. 여기에서 공통된 주제는 재무제표가 회사의 재무건전성에 대한 정보의 주요 원천이라는 것이다.

재무제표정보는 주요 경쟁사를 평가할 때에도 유용하다. 신제품을 출시하는 경우를 생각해보자. 주요 관심사는 경쟁사도 곧바로 신제품시장에 뛰어들 것인가이다. 이런 경우 경쟁사가 신제품개발에 필요한 자금을 조달할 수 있는지 알기 위해 경쟁사의 재무건전성에 관심을 둘 것이다.

마지막으로 다른 회사의 인수를 고려할지 모른다. 재무제표정보는 인수대상 기업을 가려내 얼마를 제안할지를 결정하는 데도 필수적이다.

벤치마크 선택

재무제표에 근거해 사업부나 회사를 평가하려고 하는 즉시 근본적인 문제가 발생한다. 벤치마크 혹은 비교기준을 어떻게 선택할까? 여기서 몇 가지 방법으로 시작한다.

추세분석 한 가지 기준은 역사적 사실이다. 가장 최근의 재무제표정보를 이용해 어느 특정 회사의 유동비율이 2.4임을 알았다고 하자. 지난 10년간을 돌아볼 때 이 비율이 그동안 꾸준히 감소해왔음을 발견할 수도 있다.

이를 근거로 이 회사의 유동성 상태가 나빠졌는지 궁금할 것이다. 물론 이 회사가 유동자산을 더 효율적으로 사용하는 변화를 했을 수도 있고, 업종이 바뀌었을 수도 있으며, 사업 관행이 바뀌었을 수도 있다. 조사하면 가능한 설명을 찾을 수 있을 것이다. 이것이 바로 “예외관리”의 예로 악화 추세가 나쁘지 않을 수도 있으나 조사할 가치는 있다.

표준산업분류코드 Standard Industrial Classification code (SIC code)
기업을 사업 형태에 따라 분류하기 위해 사용되는 미국 정부의 코드.

동종업체분석 벤치마크를 설정하는 두 번째 방법은 같은 시장에서 경쟁하고, 자산규모가 비슷하며, 영업방식이 유사한 비교 회사를 선정하는 것이다. 다시 말해서 동종업체(*peer group*)를 확인해야만 한다. 이 방법은 어느 두 기업도 정확히 같지는 않다는 점에서 확실히 문제가 있다. 따라서 기준이 되는 회사를 선택하는 일은 주관적이다.

잠재적인 동종업체를 가려내는 일반적인 방법은 **표준산업분류코드(Standard Industrial Classification code: SIC code)**를 기준으로 하는 것이다. 이는 미국 정부가 통계적 보고를 목적으로 만든 네 자리 숫자 코드이다. 같은 표준산업분류(SIC)코드를 가진 회사들은 대체로 유사하다고 추정한다.

SIC 코드의 첫 번째 숫자는 사업의 일반적 유형을 의미한다. 예를 들면, 금융업, 보험업, 부동산업을 하는 회사들은 SIC 코드가 6으로 시작한다. 그다음에 붙는 숫자들은 산업을 좁혀나간다. 따라서 SIC 코드가 60으로 시작하는 회사는 대부분 은행과 비은행 예금취급기관이고, 602로 시작하는 회사는 대부분 시중은행이며, SIC 코드 6025는 연방준비위원회(Federal Reserve) 시스템의 회원인 전국영업망을 가진 은행이다. 〈표 3.10〉은 네 자리 SIC 코드 중 처음 두 자리 숫자와 해당 코드가 나타내는 산업을 선별한 목록이다.

www.naics.com에서 북미산업분류시스템(NAICS)을 더 알아보자.

1997년 초에 새로운 산업분류시스템이 마련되었다. 특히 북미산업분류시스템(North American Industry Classification System: NAICS)은 "네이크스"(nakes)로 발음하며 예전의 SIC 코드를 대체하려고 하는데 결국은 그렇게 될 것이다. 그러나 현재는 SIC 코드가 널리 사용되고 있다.

SIC 코드는 완벽하지 않다. 예를 들어 미국에서 가장 큰 소매업인 월마트(Walmart)의 재무제표를 분석하려 한다고 하자. 최근의 재무 데이터베이스를 단숨에 살펴보면 같은 SIC 코드에는 약 20개의 대규모 상장회사를 발견할 것이나 편안하지 않은 회사들도 있다. 타겟(Target)은 대체로 동종업체 같아 보이지만 니만마커스(Neiman-Marcus)와 같은 고급 백화점도 산업코드가 같다. 월마트와 니만마커스가 정말로 비교 가능한가?

표 3.10

선별된 두 자리 표준산업분류(SIC)지수

농업, 임업, 수산업	소매업
01 농산물	54 식료품 가게
02 임업	55 자동차 판매업과 주유소
광업	58 외식업
10 금속 광업	금융, 보험, 부동산
13 석유와 가스 추출	60 은행
건설업	63 보험
15 건축	65 부동산
16 토목	서비스
제조업	78 영화산업
28 화학 및 관련제품	80 의료 서비스
29 정유	82 교육 서비스
35 기계류(전기 제품 제외)	
37 운송 기계	
운송업, 통신업, 전기업, 가스업, 위생서비스	
45 항공 운송	
49 전기, 가스, 위생서비스	

예에서 알 수 있듯이 SIC 코드에 기초한 평균을 무턱대고 이용하는 것은 아마도 적절하지 않다. 대신에 애널리스트는 종종 주요 경쟁사들로 그룹을 정해서 이 그룹을 대상으로 일련의 평균을 계산한다. 또한, 산업에서 평균기업이 아니라 상위기업의 그룹에 더 관심을 둘 수도 있다. 그런 상위기업 그룹에 속하기를 열망하기 때문에 상위기업 그룹을 **열망자그룹**(*aspirant group*)이라고 부른다. 이런 경우에 재무제표분석은 회사가 열망자그룹과 얼마나 차이가 나는가를 보여준다.

이제 특정 산업을 살펴보겠다. 소매 하드웨어산업(retail hardware business)을 보자. 〈표 3.11〉은 이런 정보의 출처 중 하나인 RMA에서 얻은 이 산업의 요약된 공통형 재무제표를 담고 있다. 〈표 3.12〉는 같은 출처에서 얻은 선별된 비율들을 담고 있다.

여기에는 많은 정보가 있는데 대부분 설명이 없어도 명백하다. 〈표 3.11〉의 오른편에는 매출액으로 분류된 그룹들의 최근 정보이다. 각각의 매출액 그룹에 대한 공통형 정보(common-size information)가 보고된다. 예를 들어 매출액이 1,000만 달러에서 2,500만 달러 사이에 있는 회사들의 현금 및 준현금(cash and equivalent)은 총자산의 2.0%와 같다. 전체 258개 기업 중에서 이 그룹에는 48개 회사가 속해 있다.

왼편에는 전체 그룹의 지난 3년간 정보를 요약하고 있다. 예를 들어 영업이익은 동기간에 매출액의 11.7%에서 11.4%로 약간 감소했다.

〈표 3.12〉는 선별된 비율들을 담고 있는데 다시 오른편에는 매출액 그룹별로, 왼편에는 기간별로 보고하고 있다. 이 정보를 어떻게 이용하는가를 보기 위해 유동비율이 2라고 하자. 이 비율들에 근거하면 2는 유별난가?

가장 최근 연도(〈표 3.12〉의 왼편에서 3번째 열) 전체 그룹의 유동비율을 보면 세 개의 숫자가 있다. 가운데 있는 숫자 2.1은 중간값(median)으로 258개 기업 중 절반은 유동비율이 더 낮고 절반은 더 높다는 의미이다. 다른 두 개의 숫자들은 상위 4분위와 하위 4분위이다. 따라서 25% 기업의 유동비율은 4.0보다 크고 다른 25% 기업의 유동비율은 1.4보다 적다. 가정했던 유동비율 2는 수월하게 이 범위 안에 들어가므로 그렇게 유별난 것 같지는 않다. 이런 비교는 평균뿐만 아니라 비율의 범위를 아는 것이 얼마나 중요한가를 보여 준다. 지난 3년간 유동비율이 얼마나 안정적이었는가 주목하자.

예제 3.5 비율에 대한 추가 설명

〈표 3.12〉에서 매출원가/재고자산과 EBIT/이자비용으로 보고된 가장 최근의 숫자를 보자. 전체의 중간값(median)은 얼마인가? 이 비율들은 무엇인가?

앞에서 언급한 것들을 상기하면 이는 재고자산회전율과 이자보상(TIE)비율임을 알 수 있다. 전체 그룹에 대한 재고자산회전율의 중간값은 0.7회이다. 따라서 평균재고일수는 365/0.7 = 521일로 굵은 활자체의 숫자로 나와 있다. 다른 산업과 비교하면 긴 편이나 고급 와인이라면 매우 긴 것 같지는 않다. 이자보상비율의 중간값은 3.7배이다. 괄호 안의 숫자들은 이 계산이 258개 회사 중 235개만을 기준으로 했기에 이 회사들에만 의미가 있다는 표시이다. 이 경우에는 오직 235개 회사만이 상당한 액수의 이자를 지급했기 때문이다.

표 3.11 선별된 재무제표 정보

역사적 자료의 비교			제조—와인 NAICS 312130	매출액으로 분류한 최근 자료					
			재무제표 유형						
38	33	29	적정	1			2	4	22
40	53	41	제한적 부분감사		2		15	15	9
17	15	12	단순 작성	1	2	3	3	2	1
24	25	26	납세 신고	11	6	4	4	1	
100	150	150	기타	24	35	20	18	26	27
				31 (4/1–9/30/15)			**227 (10/1/15–3/31/16)**		
4/1/13–3/31/14	**4/1/14–3/31/15**	**4/1/15–3/31/16**							
ALL	**ALL**	**ALL**		**0-1 MM**	**1-3 MM**	**3-5 MM**	**5-10 MM**	**10-25 MM**	**25MM & OVER**
219	**276**	**258**	**재무제표 숫자**	**37**	**45**	**27**	**42**	**48**	**59**
			자산						
5.2%	5.3%	5.0%	현금과 등가물	6.8%	5.0%	8.7%	5.2%	2.0%	4.4%
8.4	8.1	9.2	매출채권(순)	5.6	7.3	7.5	9.0	11.0	12.3
44.4	47.4	47.3	재고자산	52.0	50.1	49.4	42.6	47.0	44.9
2.4	1.9	1.7	기타 유동자산	0.6	1.6	0.7	1.8	1.6	2.8
60.5	62.7	63.1	유동자산 총계	65.0	64.0	66.3	58.6	61.6	64.3
32.0	29.2	29.8	비유동자산(순)	28.4	32.6	22.9	36.3	29.4	27.6
3.5	4.0	3.7	무형자산(순)	4.5	1.5	3.7	3.1	5.0	4.1
4.0	4.1	3.4	기타 비유동자산	2.0	2.0	7.1	2.0	3.9	4.0
100.0	100.0	100.0	총계	100.0	100.0	100.0	100.0	100.0	100.0
			부채						
14.1	16.8	15.7	미지급금—단기	17.7	14.3	10.0	12.3	18.8	18.1
2.1	1.8	1.3	유동성 장기부채	0.9	1.0	0.9	2.0	1.4	1.6
8.8	8.9	8.8	매입채무	5.9	9.0	7.2	7.8	12.2	9.3
0.2	0.2	0.2	당기법인세부채	0.4	0.3	0.0	0.3	0.0	0.1
6.0	6.0	6.5	기타 유동자산	7.6	4.8	6.0	4.1	8.7	7.4
31.2	33.8	32.6	유동부채 총계	32.5	29.3	24.1	26.5	41.2	36.5
19.8	17.4	18.5	비유동부채	20.5	17.5	17.8	22.5	17.4	16.6
0.4	0.3	0.4	이연법인세	0.0	0.0	0.2	0.7	0.7	0.4
6.3	6.7	6.6	기타 비유동부채	13.5	5.6	17.8	7.5	4.4	3.6
42.2	41.8	41.9	자본총계	33.5	17.5	50.1	42.8	36.3	42.9
100.0	100.0	100.0	부채 및 자본 총계	100.0	100.0	100.0	100.0	100.0	100.0
			손익 자료						
100.0	100.0	100.0	순매출	100.0	100.0	100.0	100.0	100.0	100.0
48.9	50.0	49.3	매출총이익	57.1	54.1	55.8	49.5	45.0	41.0
37.2	37.9	37.9	영업비용	51.4	44.5	39.4	38.2	32.5	27.8
11.7	12.0	11.4	영업이익	5.7	9.7	16.4	11.3	12.5	13.3
2.7	2.6	2.6	기타 비용(순)	3.4	1.9	1.1	4.3	2.9	2.1
9.0	9.5	8.8	법인세비용차감전순이익	2.3	7.8	15.3	7.1	9.6	11.2

M = 천 달러; MM = 백만 달러

재무제표분석 자료의 해석: RMA은 이 조사가 일반적인 가이드라인이지 절대적인 산업표준으로 간주해서는 안 된다고 경고한다. 그 이유는 카테고리 내 표본이 제한적이고 북미산업분류시스템(NAICS) 코드로만 분류했고 같은 산업에 있는 기업들 간에 사업방식이 다르기 때문이다. 이러한 이유로 RMA는 이 숫자들을 다른 방법을 사용한 재무분석에 더해 일반적인 가이드라인으로만 사용할 것을 권장한다.

표 3.12 선별된 재무비율

제조—와인 NAICS 312130									
역사적 자료의 비교				매출액으로 분류한 최근 자료					
			재무제표 유형	1					
38	33	29	적정				2	4	22
40	53	41	제한적 부분감사		2		15	15	9
17	15	12	단순 작성	1	2	3	3	2	1
24	25	26	납세 신고	11	6	4	4	1	
100	150	150	기타	29	35	20	18	26	27
				31 (4/1–9/30/15)			227 (10/1/15–3/31/16)		
4/1/13–3/31/14 ALL 219	4/1/14–3/31/15 ALL 276	4/1/15–3/31/16 ALL 258	재무제표 숫자	0–1 MM 37	1–3 MM 45	3–5 MM 27	5–10 MM 42	10–25 MM 48	25 MM & OVER 59
			비율						
4.0	4.5	4.0		4.1	5.8	5.9	3.8	2.4	3.4
2.1	2.0	2.1	유동	2.7	2.3	3.3	2.3	1.5	1.9
1.4	1.4	1.4		1.4	1.5	1.8	1.8	1.2	1.3
0.9	0.9	0.9		1.2	1.1	1.9	1.2	0.6	0.7
0.3	0.3	0.3	당좌	0.3	0.3	0.5	0.4	0.3	0.4
0.2	0.2	0.2		0.1	0.2	0.2	0.2	0.1	0.2
16 23.0	**15** 24.8	**15** 23.7		**0** UND	**2** 49.3	**11** 32.8	**16** 22.4	**21** 17.2	**28** 13.1
30 12.2	**34** 10.6	**31** 11.8	매출액/매출채권	**10** 35.6	**28** 12.9	**20** 18.3	**29** 12.6	**37** 9.8	**41** 8.9
51 7.1	**52** 7.0	**52** 7.0		**46** 7.9	**50** 7.3	**39** 9.4	**57** 6.4	**56** 6.5	**59** 6.2
261 1.4	**332** 1.1	**304** 1.2		**192** 1.9	**304** 1.2	**261** 1.4	**304** 1.2	**365** 1.0	**261** 1.4
456 0.8	**521** 0.7	**521** 0.7	매출원가/재고자산	**608** 0.6	**608** 0.6	**608** 0.6	**608** 0.6	**521** 0.7	**365** 1.0
730 0.5	**912** 0.4	**730** 0.5		**912** 0.4	**912** 0.4	**730** 0.5	**730** 0.5	**730** 0.5	**608** 0.6
14 14.4	**26** 14.0	**21** 17.3		**0** UND	**10** 36.2	**21** 17.2	**23** 16.0	**36** 10.1	**23** 16.1
24 6.6	**59** 6.2	**51** 7.2	매출원가/매입채무	**48** 7.6	**53** 6.9	**35** 10.3	**47** 7.8	**69** 5.3	**51** 7.2
38 3.6	**122** 3.0	**107** 3.4		**166** 2.2	**146** 2.5	**70** 5.2	**122** 3.0	**122** 3.0	**76** 4.8
1.4	1.3	1.3		1.2	1.2	1.1	1.3	2.0	1.9
2.7	2.4	2.6	매출액/운전자본	2.0	2.8	2.3	2.1	3.7	2.9
6.6	5.1	5.2		7.8	5.8	4.0	2.8	6.7	6.0
9.7	11.4	14.3		4.5	7.9	31.5	12.3	13.0	19.9
(200) 3.9	(252) 4.7	(235) 3.7	EBIT/이자비용	(31) 1.0	(36) 3.60	(25) 9.0	(40) 2.3	(46) 4.1	(57) 5.7
1.9	1.7	1.3		−2.1	1.2	2.1	1.1	1.2	2.8
8.0	9.1	9.5	(순이익 +					6.9	17.3
(42) 4.8	(55) 5.0	(45) 5.9	감가 · 감모상각비)/					(10) 3.5	(24) 7.7
1.9	2.6	2.6	유동성 비유동부채					1.8	4.3
0.3	0.2	0.2		0.2	0.2	0.1	0.4	0.2	0.3
0.8	0.7	0.7	비유동부채/자본총계	0.6	0.7	0.4	1.0	0.8	0.8
1.6	1.4	1.5		4.5	1.5	1.1	1.5	1.9	1.3
0.6	0.6	0.6		0.5	0.5	0.4	0.6	1.2	0.8
1.5	1.4	1.4	부채/자본총계	2.6	1.0	1.2	1.4	2.1	1.1
4.1	3.0	3.9		24.2	2.7	4.3	2.8	4.3	3.2

(계속)

표 3.12 선별된 재무비율(*계속*)

4/1/13– 3/31/14 ALL 219	4/1/14– 3/31/15 ALL 276	4/1/15– 3/31/16 ALL 258	재무제표 숫자	43 (4/1–9/30/10) 0–1 MM 37	1–3 MM 45	3–5 MM 27	326 (10/1/10–3/31/11) 5–10 MM 42	10–25 MM 48	25 MM & OVER 59
32.8 (194) 14.8 2.7	33.9 (253) 15.6 3.3	32.7 (230) 13.6 2.7	세전이익/ 순유형자산(%)	34.2 (29) 5.5 −8.9	25.0 (41) 11.8 4.6	47.0 (25) 20.5 3.3	20.0 (38) 7.4 0.4	42.2 (43) 19.6 3.7	27.9 (54) 18.3 10.2
12.0 5.1 0.7	12.8 5.6 0.9	12.1 4.8 0.6	세전이익/자산총계(%)	13.6 1.4 −5.0	9.1 5.2 0.8	23.9 7.2 1.5	8.7 2.7 0.2	13.4 4.4 0.8	13.1 7.0 3.0
7.4 2.5 1.1	9.5 3.0 1.1	8.6 2.9 1.2	매출액/순비유동자산	7.3 5.0 2.4	6.8 2.3 1.5	13.9 5.1 1.7	3.9 1.4 0.9	33.5 2.1 1.0	9.0 3.3 1.4
1.1 0.7 0.5	1.0 0.7 0.5	1.1 0.7 0.5	매출액/자산총계	1.1 0.7 0.5	1.1 0.7 0.5	1.2 0.8 0.5	1.0 0.6 0.4	1.1 0.7 0.4	1.1 0.7 0.5
2.4 (171) 5.2 8.3	2.4 (270) 5.1 8.1	2.1 (199) 5.3 8.4	매출액/ 감가 · 감모상각비(%)	3.4 (22) 5.9 14.3	1.6 (31) 5.8 8.7	1.1 (40) 3.9 9.6	2.7 (35) 7.1 9.1	2.3 (29) 6.1 9.3	1.4 (56) 4.0 7.1
3.1 (27) 4.3 7.7	2.7 (201) 4.1 9.5	2.6 (33) 4.1 7.3	매출액/임원, 이사 및 소유주 보상(%)						
4892971M	**8360552M**	**5519014M**	순매출($)	**19825M**	**82307M**	**103312M**	**287163M**	**774866M**	**4251541M**
6963108M	**8811913M**	**8435750M**	자산 총계($)	**49293M**	**161278M**	**147637M**	**602723M**	**1722233M**	**5752586M**

M = $ thousand; MM = $ million.

여기서 검토한 것 이외에 비율 정보에 대한 많은 출처가 있다. 근처의 *Work the Web*(워크더웹) 박스는 대부분 상장회사에 대한 이런 정보를 매우 유용한 벤치마크 정보와 함께 얻는 방법을 보여준다.

한번 살펴보고 선호하는 회사를 벤치마크해보자.

재무제표분석의 문제점

재무제표를 이용하며 발생할 수 있는 추가적인 문제점들을 논의하며 재무제표 활용을 다룬 제3장을 마친다. 여하튼 재무제표분석에서 가장 근본적인 문제는 검토할 항목이나 비율의 구분을 돕고 벤치마크 설정을 안내하는 이론적 근거가 없다는 것이다.

다른 장에서 논의하겠지만 가치와 리스크에 대한 판단을 할 때 재무이론과 경제 논리가 지침을 제공하는 경우가 많다. 재무제표에서는 그런 도움을 거의 받지 못한다. 이것이 어떤 비율이 가장 중요하며 무엇이 높은 값이고 무엇이 낮은 값인가를 말할 수 없는 이유이다.

WORK THE WEB

이번 장에서 논의했던 것처럼 재무비율은 회사 성과의 평가에 중요한 도구이다. 그러나 필요한 정보를 수집하는 일은 지루하고 시간이 걸릴 수 있다. 운 좋게도 웹상의 많은 사이트가 이러한 정보를 무료로 제공한다. www.reuters.com에 가서 베스트바이(Best Buy)의 티커 심볼 "BBY"를 입력하고 파이낸셜(financials) 페이지로 간다. 다음은 그 결과를 요약한 것이다.

MANAGEMENT EFFECTIVENESS

	Company	industry	sector
Return on Assets (TTM)	10.40	4.84	6.44
Return on Assets - 5 Yr. Avg.	7.32	4.12	7.05
Return on Investment (TTM)	22.62	10.03	10.59
Return on Investment - 5 Yr. Avg.	16.04	7.53	11.45
Return on Equity (TTM)	32.88	12.66	12.74
Return on Equity - 5 Yr. Avg.	24.47	11.20	14.92

출처: www.reuters.com

경영효과성(Management Effectiveness) 비율 또는 수익성비율을 보면 베스트바이의 보고된 1년과 5년 기간 모두에서 산업과 섹터를 능가했다.

질문 QUESTIONS

1. *www.reuters.com에 가서 웹사이트에 나열된 주요 비율을 찾아보자. 교재에 나열된 카테고리와 어떻게 다른가?*
2. *www.reuters.com에 가서 베스트바이(Best Buy)의 모든 비율을 찾아보자. 웹사이트에 있는 각 비율 부문에서 회사의 성과는 어떠한가?*

특별히 심각한 문제는 제너럴 일렉트릭(GE)과 같은 많은 회사는 다소 연관성이 없는 사업을 하는 복합기업(conglomerates)이라는 것이다. 이런 기업의 연결재무제표(consolidated financial statements)는 어떤 산업군에도 딱 어울리지 않는다. 더 일반적으로 앞에서 기술한 동종업체분석 같은 것은 기업이 정확히 같은 종류의 사업을 하고 있고, 그 산업이 경쟁적이며, 단 하나의 사업방식만 있을 때 가장 적합하다.

FINANCE MATTERS

비율(ratio)에는 무엇이 있는가?

유명한 재무시사 해설자인 아브라함 브릴로프(Abraham Brilloff)는 "재무제표란 좋은 향수와 같아서 냄새를 맡기 위한 것이지 마시기 위한 것이 아니다"라고 말했다. 이제는 눈치를 챘겠으나 그 말의 핵심은 재무제표로부터 수집된 정보와 그 정보로 계산한 비율이나 성장률은 양념을 쳐야 한다는 것이다.

예를 들면, PE 비율에 대한 이번 장 도입부를 상기하면 투자자들은 진실로 아마존(Amazon.com)이 괄목할 만한 성장을 할 것으로 생각한다. 어쨌든 투자자들은 회사가 현재 버는 매 1달러에 대해 약 274달러를 기꺼이 지급해 확실히 성장기업 같이 보이도록 만든다. 되돌아보면 2012년에서 2017년까지 아마존의 매출은 연간 22% 상승했다. 더 중요하게는 앞을 내다보면 유명한 독립 투자연구회사 밸류라인(Value Line)은 아마존이 향후 5년 동안 매출은 연간 21%, 이익은 연간 48% 성장할 것으로 추정했다.

비율분석의 또 다른 문제점은 자본잠식인 경우다. 소매업 시어즈 홀딩스(Sears Holdings)의 예를 보자. 이 회사는 2017년 중 약 3억 8,300만 달러의 손실을 보고했고, 자본의 장부가치는 마이너스 37억 달러였다. 이 회사의 ROE를 계산하면 약 10%로 아주 괜찮다. 유감스럽게도 ROE를 더 자세히 살펴보면 무언가 이상한 점을 발견할 것이다. 회사가 손실을 볼수록 ROE는 더 높아진다. 또한, 이 경우 장부가치 대비 시장가치(market-to-book)와 PE 비율 모두 음수이다. 음수인 PE를 어떻게 해석하겠는가? 우리도 확신할 수 없다. 회사의 자본의 장부가치가 음수일 때마다 회사의 손실이 너무 커서 모든 장부상 자본이 삭제되었다는 의미이다. 이 경우 ROE, PE 비율 및 장부가치 대비 시장가치비율은 모두 의미가 없기에 통상 보고되지 않는다.

회사의 장부상 자본이 양수라고 해도 신중해야 한다. 예를 들면, 2018년도 초에 장부가치 대비 시장가치비율(market-to-book ratio)이 약 500이었던 보잉(Boeing)을 보자. 이 비율은 회사가 주주를 위해 창출한 가치를 측정하기에 회사에는 아주 좋아 보인다. 그러나 자세히 들여다보면 보잉사 자본의 주당 장부가치는 2013년에 19.90달러였으나 2017년에는 순이익을 흑자였음에도 불구하고 0.60달러로 하락했다. 하락은 회사의 747, 747-8, KC-46A와 관련된 회계상 비용에 기인한다.

재무비율은 모든 종류의 회사들을 평가하는 데 사용되는 중요한 도구이나 숫자를 주어진 것으로 보아서는 안 된다. 대신 분석에 앞서 제일 먼저 할 일은 그 숫자가 실제로 그럴듯한지 물어보는 것이다.

흔해지고 있는 또 다른 문제점은 산업 내 주경쟁자와 동종업체들이 세계 각지에 흩어져 있을지도 모른다는 것이다. 자동차산업이 명백한 예이다. 여기서 문제점은 미국 이외 국가의 재무제표는 미국의 재무회계기준(GAAP)을 따를 필요가 전혀 없다는 것이다(더 정확하게는 국가마다 재무회계기준이 다르다). 서로 다른 기준과 절차로 인해 국경을 넘어 재무제표를 비교하기는 매우 어렵다.

명백하게 동종의 사업을 하는 회사조차도 비교가 어려울 수 있다. 예를 들어 주로 동력발전에 종사하는 전력회사들은 모두 같은 그룹(SIC 4911)으로 분류되어 있다. 이 그룹은 비교적 비슷하다고 생각된다. 그러나 전력회사들은 일반적으로 규제받는 독점기업이기 때문에 서로 경쟁하지 않는다. 주주가 있는 회사도 많고, 주주 없이 협동조합으로 조직된 회사도 많다. 수력발전에서 원자력까지 전력을 생산하는 방식도 여러 다른 방식이 있으므로 영업활동도 매우 다를 수 있다. 마지막으로 수익성이 규제 환경에 영향을 많이 받기에 지역이 다른 전력회사들이 매우 비슷할 수 있으나 이익은 아주 다르다.

몇 가지 다른 일반적인 문제점들이 빈번히 발생한다. 첫째, 기업마다 재고자산에 서로 다른 회계방식을 사용해서 재무제표를 비교하기 어렵게 만든다. 둘째, 기업마다 회계연도가 다를 수 있다. 크리스마스 시즌이 대목인 소매업과 같이 계절을 타는 사업의 경우 연중 계정의 변동 때문에 재무상태표를 비교하기 어렵다. 마지막으로 어떤 특별한 회사라도 자산의 매각으로 얻는 일회성 이익과 같이 흔치 않고 일시적인 사건들이 재무성과에 영향을 줄 것이다. 회사들을 비교하는 데 그런 사건들로 잘못된 판단을 할 수 있다. 근처의 *Finance Matters*(재무사안) 박스에서 추가적인 이슈들을 논의한다.

개념문제 CONCEPT QUESTIONS

3.5a 재무제표분석은 어디에 사용되는가?

3.5b 표준산업분류(SIC)코드는 무엇이며, 왜 유용할 수 있는가?

3.5c 재무제표분석을 "예외관리"(management by exception)라고 하는 이유는 무엇인가?

3.5d 재무제표분석에서 발생하는 문제점들은 무엇인가?

요약과 결론

제3장에서는 재무제표분석에 대해 다음과 같은 내용을 알아보았다.

1. 표준화된 재무제표. 기업의 규모 차이로 재무제표를 비교하는 것이 어렵다는 사실을 설명하였고, 쉽게 비교하기 위해 공통형 재무제표(common-size statements)를 작성하는 방법을 배웠다.
2. 비율분석. 회계적 숫자로 계산한 재무비율을 평가하는 것은 재무제표정보를 비교하는 또 다른 방법이다. 따라서 일반적으로 가장 많이 사용되는 재무비율(financial ratios)을 정의하고 그 내용을 알아보았다. 또한, 재무성과를 분석하는 방법의 하나로 듀퐁항등식(DuPont identity)과 수익성, 재무정책, 성장성 간의 관계에 대해서도 알아보았다.
3. 재무제표 활용. 비교 목적으로 어떻게 벤치마크를 정하는지와 유용한 정보들의 형태에 대해서 알아보았다. 그리고 발생 가능한 잠재적인 문제점들에 대해서도 알아보았다.

제3장을 배우고 나서 재무제표의 이용과 남용에 대한 시각을 갖기 바란다. 경영과 재무 관련 용어에 상당히 익숙해져 있음도 알아야 한다.

복습과 자체시험 문제

3.1 공통형 재무제표. 다음은 와일드핵(Wildhack)의 가장 최근 재무제표이다. 이 정보를 근거로 공통형 포괄손익계산서를 작성하라. 표준화된 순이익을 어떻게 해석할 것인가? 매출액 대비 매출원가비율은 얼마인가? ([문제 15] 참조)

와일드핵 코퍼레이션 2019년도 포괄손익계산서 (단위: 백만 달러)		
매출액		3,756
매출원가		2,453
감가상각비		490
EBIT		813
이자비용		613
법인세비용차감전순이익		200
법인세비용(21%)		42
당기순이익		132
배당금	72	
이익잉여금 부가액	86	

와일드핵 코퍼레이션 2018년도와 2019년도 12월 31일 재무상태표 (단위: 백만 달러)					
	2018	2019		2018	2019
자산			부채와 자본		
유동자산			유동부채		
현금	120	88	매입채무	124	144
매출채권	224	192	단기차입금	1,412	1,039
재고자산	424	368	총계	1,536	1,183
총계	768	648	비유동부채	1,804	2,077
			자본		
비유동자산			자본금과 자본잉여금	300	300
건물 및 설비	5,228	5,354	이익잉여금	2,356	2,442
			총계	2,656	2,742
자산총계	5,996	6,002	부채와 자본총계	5,996	6,002

3.2 재무비율. 앞 문제에서 주어진 재무상태표와 포괄손익계산서에 기초해서 2019년도의 다음 비율들을 계산하라. ([문제 35] 참조)

유동비율(current ratio) __________

당좌비율(quick ratio) __________

현금비율(cash ratio) __________

재고자산회전율(inventory turnover) __________

매출채권회전율(receivable turnover) __________

평균재고일수(days' sales in inventory) __________

평균회수일수(days' sales in receivables) __________

총부채비율 또는 차입금의존도(total debt ratio) __________

이자보상비율(times interest earned ratio) __________

현금보상비율(cash coverage ratio) __________

3.3 ROE와 듀퐁항등식. 2019년도 ROE를 계산하고, 듀퐁항등식(DuPont identity)을 이용해 여러 가지 구성요소로 분해하라. ([문제 36] 참조)

3.4 지속가능성장. 다음 정보에 의하면 콜윈(Corwin)이 외부자금을 사용하지 않고 유지할 수 있는 성장률은 얼마인가? 지속가능성장률은 얼마인가? ([문제 20], [문제 21] 참조)

콜윈 컴퍼니
재무제표

포괄손익계산서		재무상태표			
매출액	2,750	유동자산	600	비유동부채	200
매출원가	2,400	비유동자산	800	자본	1,200
법인세비용(21%)	63	총계	1,400	총계	1,400
당기순이익	237				
배당금	79				

복습과 자체시험 문제 풀이

3.1 다음과 같이 공통형 포괄손익계산서를 작성했다. 각각의 항목을 총매출액으로 나누었다.

와일드햌 코퍼레이션
2019년도 공통형 포괄손익계산서

매출액		100.0%
매출원가		65.3
감가상각비		13.0
EBIT		21.6
이자비용		16.3
법인세비용차감전순이익		5.3
법인세비용(21%)		1.1
당기순이익		4.2%
배당금	1.9%	
이익잉여금 부가액	2.3	

당기순이익은 매출액의 4.2%이다. 이는 순이익까지 도달하는 매출액 1달러당 퍼센티지이므로 표준화된 당기순이익은 회사의 매출액이익률이다. 매출원가는 매출액의 65.3%이다.

3.2 기말의 숫자를 근거로 다음 비율을 계산하였다. 비율들의 정의가 기억나지 않으면 〈표 3.5〉를 참조하라.

유동비율(current ratio)	\$648/\$1,183	= 0.55배
당좌비율(quick ratio)	\$280/\$1,183	= 0.24배
현금비율(cash ratio)	\$88/\$1,183	= 0.07배
재고자산회전율(inventory turnover)	\$2,453/\$368	= 6.67회

매출채권회전율(receivable turnover)	\$3,756/\$192	= 19.56회
평균재고일수(days' sales in inventory)	365/6.67	= 54.76일
평균회수일수(days' sales in receivables)	365/19.56	= 18.66일
총부채비율 또는 차입금의존도(total debt ratio)	\$3,260/\$6,002	= 0.54배
이자보상비율(times interest earned ratio)	\$813/\$613	= 1.33배
현금보상비율(cash coverage ratio)	\$1,303/\$613	= 2.13배

3.3 자본이익률(ROE)은 총자본 대비 순이익의 비율로 \$158/\$2,742 = 0.0576 또는 5.76%로 뛰어난 것은 아니다. 듀퐁항등식에 의하면 ROE는 다음과 같이 적을 수 있다.

ROE = 매출액이익률 × 총자산회전율 × 자기자본승수
= \$158/\$3,756 × \$3,756/\$6,002 × \$6,002/\$2,742
= 0.0421 × 0.6258 × 2.1889
= 0.0576 = 5.76%

자산이익률(ROA)은 0.0421 × 0.6258 = 0.0263 또는 2.63%

3.4 당기순이익의 \$158/\$237 = ⅔ ≈ 0.6667을 보유한다. 자산이익률은 \$237/\$1,400 = 0.1693 또는 16.93%이다. 내부성장률은

$$\frac{\text{ROA} \times b}{1 - \text{ROA} \times b} = \frac{0.1693 \times 0.6667}{1 - 0.1693 \times 0.6667} = 0.1272 \text{ 또는 } 12.72\%$$

자본이익률은 \$237/\$1,200 = 0.1975 또는 19.75%이다. 따라서 지속가능성장률을 계산할 수 있다.

$$\frac{\text{ROE} \times b}{1 - \text{ROE} \times b} = \frac{0.1975 \times 0.6667}{1 - 0.1975 \times 0.6667} = 0.1516 \text{ 또는 } 15.16\%$$

비판적 사고와 개념 복습

LO 2 **3.1 유동비율.** 다음의 조치가 유동비율(current ratio)에 어떤 영향을 미치는지를 설명하라. 순운전자본은 양수라고 가정하자.

a. 재고자산 매입
b. 매입채무 지급
c. 단기 은행차입금 상환
d. 장기부채 조기상환
e. 매출채권 회수
f. 재고자산이 매출원가에 팔림
g. 재고자산이 이윤을 남기고 팔림

LO 2 **3.2 유동비율과 당좌비율.** 최근 유동비율(current ratio)이 많이 증가했다. 동시에 당좌비율(quick ratio)은 떨어졌다. 무슨 일이 일어났는가? 회사의 유동성은 향상되었는가?

LO 2 **3.3 유동비율.** 어느 회사의 유동비율(current ratio)이 0.50이라는 것이 무엇을 의미하는지 설명하라. 유동비율이 1.50이라면 더 나은 상황인가? 만약 15.0이라면 어떤가를 설명하라.

LO 2 **3.4 재무비율.** 다음 재무비율 항목들이 기업에 대해서 어떤 정보를 제공해주는지를 자세히 설명하라.

a. 당좌비율(quick ratio)

b. 현금비율(cash ratio)

c. 자본집약비율(capital intensity ratio)

d. 총자산회전율(total asset turnover)

e. 자기자본승수(equity multiplier)

f. 이자보상비율(times interest earned ratio)

g. 매출액이익률(profit margin)

h. 자산이익률(return on assets)

i. 자본이익률(return on equity)

j. 주가이익비율(price-earnings ratio)

LO 1 **3.5 표준화된 재무제표.** 공통형 재무제표(common-size financial statements)는 기업에 대해서 어떤 종류의 정보를 제공하는가? 공통형 재무제표를 가장 잘 활용하려면 어떻게 해야 하는가?

LO 2 **3.6 동종업체분석.** 동종업체분석(peer group analysis)이 의미하는 바가 무엇인지를 설명하라. 재무관리자로서 당신 회사의 성과를 평가하기 위해 동종업체 분석 결과를 어떻게 이용할 것인지를 설명하라. 동종업체(peer group)는 열망자그룹(aspirant group)과 어떻게 다른가?

LO 3 **3.7 듀퐁항등식.** 회사의 성과를 분석하는 데 듀퐁항등식(DuPont identity)이 왜 유용한 수단인가? ROE 자체와 비교해 듀퐁항등식이 보여주는 정보의 종류를 설명하라.

LO 2 **3.8 산업 고유 비율.** 특수한 비율들이 특정 산업에서 가끔 이용된다. 예를 들면, '출하액에 대한 수주액의 비율'(book-to-bill ratio, 일명 BB율)은 반도체산업에서 중요시하는 비율이다. 비율이 0.93이면 일정 기간에 100달러의 칩을 출하할 때 오직 93달러의 새로운 주문을 받았다는 의미이다. 2018년 1분기 북미반도체장비산업의 BB율은 1.14로 2017년 1분기의 1.27에서 하락했다. 가장 최근의 BB율 최저치는 2016년 10월의 0.91이었다. 이 비율이 무엇을 측정하려고 하는가? 왜 이 비율을 자세히 검토해야만 한다고 생각하는가?

LO 2 **3.9 산업 고유의 비율.** 소위 '동일점포 매출액'(same-store sales)은 맥도널드(McDonald's)나 타겟(Target)과 같이 다각화된 회사들에는 매우 중요한 척도이다. 이름에서 알 수 있듯이 동일점포 매출액은 같은 점포 또는 레스토랑의 서로 다른 시점에서의 매출액을 비교하는 것을 의미한다. 왜 회사는 총매출액보다 동일점포 매출액을 주목하겠는가?

LO 2 **3.10 산업 고유의 비율.** 이번 장에서 언급한 것 외에도 표준화된 재무정보를 이용하는 방법이 많다. 비교 목적으로 기업들을 같은 선상에 놓는 것이 일반적이다. 예를 들면, 자동차 제조업체의 경우 차량별로 매출액, 매출원가, 이익을 나타내는 것이 일반적이다. 다음의 산업들 각각에 대해 실제 회사 하나를 택해 재무정보를 표준화할 때 유용한 척도를 하나 이상 제시해 보라.

a. 공익사업

b. 대형소매업

c. 항공사

d. 온라인서비스

e. 병원

f. 대학교재 출판사

LO 2 **3.11 재무제표 분석.** 한 회사의 지난 5년간 공통형 포괄손익계산서를 검토한 결과 총매출액 대비 원가(원가율)의 꾸준한 상승을 확인하였다. 동시에 매출액 대비 EBIT의 비율은 감소했다. 비율의 이러한 추세는 무엇을 의미하는가?

LO 2 **3.12 재무제표 분석.** [문제 3.11]에서, 매니저는 이 비율들을 개선하기 위해 어떤 조치를 해야 하는가?

연습문제

초급(문제 1-26)

LO 2 **1. 유동비율 계산.** 순운전자본은 2,135달러이고, 유동부채는 5,320달러이며, 재고자산은 2,470달러이다. 유동비율은 얼마인가? 당좌비율은 얼마인가?

LO 2 **2. 수익성비율 계산.** 매출액은 1,520만 달러, 총자산은 980만 달러, 총부채는 370만 달러이다. 매출액이익률이 6%라면 당기순이익은 얼마인가? ROA는 얼마인가? ROE는 얼마인가?

LO 2 **3. 평균회수기간 계산.** 매출채권 계정에 527,164달러가 있다. 연중 외상 매출은 6,787,626달러로 마쳤다. 매출채권회수율(receivable turnover)은 얼마인가? 평균회수일수(days' sales in receivables)는 며칠인가? 지난해 외상 매입한 고객들이 외상을 갚는 데 평균 얼마나 걸렸는가?

LO 2 **4. 재고자산회전율 계산.** 기말에 625,817달러의 재고자산과 9,758,345달러의 매출원가를 기록했다. 재고자산회전율(inventory turnover)은 얼마인가? 평균재고일수(days' sales in inventory)는 며칠인가? 재고자산이 판매되기까지 평균 얼마나 걸렸는가?

LO 2 **5. 레버리지비율 계산.** 총부채비율 또는 차입금의존도(total debt ratio)가 0.43이다. 부채비율(debt-to-equity ratio)은 얼마인가? 자기자본승수(equity multiplier)는 얼마인가?

LO 2 **6. 시장가치비율 계산.** 기말 이익잉여금 부가액이 486,000달러이다. 회사는 175,000달러를 현금배당으로 지급했고, 기말 총자본은 682.5만 달러이다.

발행주식 수가 현재 335,000주라면 주당순이익(EPS)은 얼마인가? 주당 배당금은? 주당 장부가치는 얼마인가? 최근 주식이 46달러에 거래되고 있다면 장부가치 대비 시장가치비율(market-to-book ratio)은 얼마인가? 주가이익비율(price-earnings ratio)은 얼마인가? 총매출액이 1,540만 달러라면 주가매출액비율(price-sales ratio)은 얼마인가?

LO 3 **7.** **듀퐁항등식.** 자기자본승수(equity multiplier)는 1.67이고, 총자산회전율(total asset turnover)은 1.45이며, 매출액이익률(profit margin)은 5.9%이다. ROE는 얼마인가?

LO 3 **8.** **듀퐁항등식.** 매출액이익률(profit margin)은 6.4%이고, 총자산회전율(total asset turnover)은 1.73이며, ROE는 14.3%이다. 이 회사의 부채비율(debt-equity ratio)은 얼마인가?

LO 2 **9.** **평균지급일수 계산.** 지난해 매출원가는 95,318달러였다. 기말 매입채무 잔고는 22,816달러였다. 이 회사가 공급업체에 매입채무를 전부 상환하려면 평균 며칠이 걸리는가? 이 비율이 높다는 것은 무엇을 의미하는가?

LO 2 **10.** **자기자본승수와 ROE.** 부채비율이 0.65이고, ROA는 7.2%이며, 총자본은 815,000달러이다. 자기자본승수(equity multiplier)는 얼마인가? ROE는 얼마인가? 당기순이익은 얼마인가?

LO 3 **11.** **내부성장.** ROA는 7.8%이고, 배당성향(payout ratio)은 25%이다. 내부성장률은 얼마인가?

LO 3 **12.** **지속가능성장.** ROE가 14.6%이고, 배당성향(payout ratio)이 20%라면 지속가능성장률은 얼마인가?

LO 3 **13.** **지속가능성장.** 다음 정보를 이용해 지속가능성장률을 계산하라.

매출액이익률(profit margin) = 6.7%
자본집약도(capital intensity ratio) = (1/총자산회전율) = 0.45
부채비율(debt-equity ratio) = 0.35
당기순이익 = $135,000
배당금 = $65,000

LO 3 **14.** **지속가능성장.** 다음 비율들이 일정하다고 가정하면 지속가능성장률은 얼마인가?

총자산회전율(total asset turnover) = 2.95
매출액이익률(profit margin) = 5.9%
자기자본승수(equity multiplier) = 1.31
배당성향(payout ratio) = 40%

베세스다 마이닝 컴퍼니(Bethesda Mining Company)는 2018년과 2019년도의 재무상태표 정보를 다음과 같이 보고했다. [문제 15]~[문제 17]은 이 정보를 이용하라.

베세스다 마이닝 컴퍼니 2018년도와 2019년도 12월 31일 재무상태표					
	2018	2019		2018	2019
	자산			부채와 자본	
유동자산			유동부채		
현금	21,182	24,141	매입채무	180,108	190,767
매출채권	51,036	59,935	단기차입금	83,179	98,175
재고자산	120,589	142,718	총계	263,287	288,942
총계	192,807	226,794	비유동부채	305,000	340,000
			자본		
			자본금과 자본잉여금	165,000	178,000
비유동자산			이익잉여금	235,445	283,578
건물 및 설비	775,925	863,726	총계	400,445	461,578
자산총계	968,732	1,090,520	부채와 자본총계	968,732	1,090,520

LO 1 **15. 표준화된 재무제표 작성.** 2018년도와 2019년도 공통형 재무상태표(common-size balance sheet)를 작성하라.

LO 2 **16. 재무비율 계산.** 베세스다 광산의 재무상태표를 이용해 각 연도의 다음 재무비율을 계산하라.

a. 유동비율(current ratio)

b. 당좌비율(quick ratio)

c. 현금비율(cash ratio)

d. 부채비율(debt-equity ratio)과 자기자본승수(equity multiplier)

e. 총부채비율(total debt ratio)

LO 3 **17. 듀퐁항등식.** 2019년 12월 31일 2,751,332달러의 매출과 86,432달러의 당기순이익을 기록했다. 듀퐁항등식(DuPont identity)을 계산하라.

LO 3 **18. 듀퐁항등식.** ROA는 7.6%이고, 매출액이익률은 5.2%이며, ROE는 14%이다. 이 회사의 총자산회전율은 얼마인가? 자기자본승수는 얼마인가?

LO 2 **19. ROA.** 매출 1,360만 달러에 매출액이익률은 5.6%이다. 이 회사의 부채는 640만 달러이고, 총자산은 980만 달러라면 이 회사의 ROA는 얼마인가?

LO 3 **20. 내부성장률 계산.** 가장 최근 재무제표는 다음과 같다. 자산과 비용은 매출에 비례하고 부채와 자본은 그렇지 않다. 회사는 40%의 배당성향을 유지한다. 외부자금을 조달할 수 없다면 내부성장률은 얼마인가?

포괄손익계산서		재무상태표			
매출	87,600	유동자산	29,000	부채	38,400
비용	64,350	비유동자산	91,400	자본	82,000
과세대상소득	23,250	총계	120,400	총계	120,400
법인세비용(21%)	4,883				
당기순이익	18,368				

LO 3 **21. 지속가능성장률 계산.** [문제 20]에서 지속가능성장률은 얼마인가?

LO 2 **22. 총자산회전율.** 매출액이익률은 6.7%이고, 매출액은 1,420만 달러이며, 자산총계는 675만 달러이다. 총자산회전율은 얼마인가? 경영진이 자산총계를 증가시키지 않고 총자산회전율을 2.75회로 올리려고 하면 매출액은 얼마가 되어야 하는가?

LO 2 **23. 자본이익률.** 총부채비율은 0.65이고, 총부채는 353,000달러이며, 당기순이익은 20,750달러이다. 이 회사의 자본이익률(return on equity)은 얼마인가?

LO 2 **24. 시장가치비율.** 현재 주가가 64달러이다. 작년 이 회사의 당기순이익은 910만 달러였고, 총자본은 2,470만 달러였다. 매출은 4,960만 달러였고, 발행주식 수는 총 490만 주이다. 주당순이익(EPS)은 얼마인가? 주가이익비율(PER)은 얼마인가? 주가매출액비율(price-sales ratio)은 얼마인가? 주당 장부가치는 얼마인가? 장부가치 대비 시장가치비율(market-to-book ratio)은 얼마인가?

LO 3 **25. 매출액이익률.** 자산총계가 842만 달러이고, 총자산회전율은 1.5회이다. 자산이익률(ROA)이 8.3%라면 이 회사의 매출액이익률은 얼마인가?

LO 2 **26. EBITDA 비율.** 자기자본의 시장가치는 745,000달러이다. 재무상태표에서 현금은 46,000달러이고, 부채는 235,000달러이다. 손익계산서에서 EBIT는 96,700달러이고, 감가 · 감모상각비는 총 144,000달러이다. EBITDA 대비 기업가치(enterprise value)의 비율인 EBITDA 비율은 얼마인가?

중급(문제 27-46)

LO 3 **27. 듀퐁항등식 활용.** 매출액은 12,840달러, 총자산은 4,730달러, 부채비율은 0.25이다. 자본수익률(ROE)이 14%라면 당기순이익은 얼마인가?

LO 2 **28. 비율과 고정자산.** 장기부채비율(즉 비유동부채 더하기 자기자본 대비 비유동부채비율)은 0.35이고 유동비율은 1.25이다. 유동부채 2,510달러, 매출액 12,840달러, 매출액이익률 8%, ROE가 12.8%이다. 이 회사의 순비유동자산은 얼마인가?

LO 2 **29. 매출액이익률.** 가격이 비싸다는 불만을 해소하기 위해 한 식료품 체인점포가 다음과 같은 캠페인을 벌였다. “50달러치 식품을 사러 보내기 위해 당신 아이에게 2달러를 준다면 당신 아이는 심부름에서 우리가 버는 것의 두 배를 번다.” 식료품 체인점포의 재무제표로부터 다음의 정보를 얻었다.

(단위: 백만 달러)	
매출액	685.00
당기순이익	13.70
자산 총계	365.00
부채 총계	229.80

식료품 체인점포의 주장을 평가해보라. 이 진술의 논리는 무엇인가? 이 주장은 오해의 여지가 있는가? 있으면 왜 있는가? 없으면 왜 없는가?

LO 3 **30. 듀퐁항등식 활용.** 당기순이익은 158,230달러이다. 최근에는 매출채권 회수에 28.45일이 걸린다. 총자산은 804,320달러이고, 총매출채권은 155,218달러이며, 부채비율은 0.25이다. 이 회사의 매출액이익률은 얼마인가? 총자산회전율은 얼마인가? ROE는 얼마인가?

LO 2 **31. 현금보상비율 계산.** 가장 최근 연도 당기순이익은 8,417달러였다. 법인세율은 21%였다. 회사는 이자비용으로 4,632달러를 지급했고, 감가상각비는 5,105달러이다. 이 회사의 현금보상비율은 얼마인가?

LO 2 **32. 이자보상비율 계산.** 가장 최근 연도 매출액은 534,000달러이고, 매출원가는 241,680달러, 감가상각비는 60,400달러, 이익잉여금 부가액은 72,800달러였다. 현재 유통주식 수는 20,000주인데 전년도 주당 배당금은 1.35달러였다. 소득세율을 22%로 가정하면 이자보상비율은 얼마인가?

LO 2 **33. 자산이익률.** 화재로 회사의 재무기록 상당 부분이 손실되었다. 사업보고서를 작성하기 위해 흩어진 정보를 모아 통합해야 하는 임무를 맡았다고 하자. 자본이익률(ROE) 11.6%, 매출액 1,790,000달러, 총부채비율(차입금의존도) 0.43, 총부채 693,000달러라는 것을 알게 되었다. 자산이익률(ROA)은 얼마인가?

LO 2 **34. 비율과 외국기업.** 매출액 515,380파운드(£)에 32,415파운드의 순손실을 보았다. 이 회사의 매출액이익률은 얼마인가? 이 숫자들이 외화로 표시되었다는 사실이 어떤 차이를 보이는가? 왜 그런가? 달러화로 매출액은 689,785달러이다. 달러화로 순손실은 얼마인가?

스몰리라 골프(Smolira Golf, Inc.)의 최근 재무제표이다. [문제 35]에서 [문제 38]까지의 문제는 이 자료를 이용하여 답하라.

스몰리라 골프
2018년도와 2019년도 12월 31일 재무상태표

	2018	2019		2018	2019
자산			**부채와 자본**		
유동자산			유동부채		
현금	5,298	5,827	매입채무	3,754	3,986
매출채권	7,707	8,477	단기차입금	3,045	3,318
재고자산	12,150	21,956	기타유동부채	152	179
총계	25,155	36,260	총계	6,951	7,483
			비유동부채	24,700	16,000
			자본		
			자본금과 자본잉여금	40,000	37,000
비유동자산			이익잉여금	28,805	55,189
건물 및 시설	75,301	79,412	총계	68,805	92,189
자산총계	100,456	115,672	부채와 자본총계	100,456	115,672

스몰리라 골프 2019년도 포괄손익계산서		
매출액		229,854
매출원가		184,317
감가상각비		8,730
EBIT		36,807
이자비용		1,811
법인세비용차감전순이익		34,996
법인세비용		7,349
당기순이익		27,647
배당금	16,000	
이익잉여금 부가액	11,647	

LO 2 35. **재무비율 계산.** 다음의 재무비율을 계산하라(연중 평균값보다는 기말 값을 사용하라).

단기부채상환능력비율

a. 유동비율(current ratio) ______

b. 당좌비율(quick ratio) ______

c. 현금비율(cash ratio) ______

자산활용비율

d. 총자산회전율(total asset turnover) ______

e. 재고자산회전율(inventory turnover) ______

f. 매출채권회전율(receivable turnover) ______

장기부채상환능력비율

g. 총부채비율 또는 차입금의존도(total debt ratio) ______

h. 부채비율(debt-equity ratio) ______

i. 자기자본승수(equity multiplier) ______

j. 이자보상비율(times interest earned ratio) ______

k. 현금보상비율(cash coverage ratio) ______

수익성비율

l. 매출액이익률(profit margin) ______

m. 자산이익률(return on assets) ______

n. 자본이익률(return on equity) ______

LO 3 36. **듀퐁항등식.** 듀퐁항등식을 구성하라.

LO 2 37. **시장가치비율.** 10,000주의 보통주가 유통되고 있고, 2019년도 말 주당 시장가격은 73달러였다. 주가이익비율(price-earnings ratio)은 얼마인가? 주가매출액비율(price-sales ratio)은 얼마인가? 주당 배당금은 얼마인가? 2019년도 말 장부가치 대비 시장가치비율(market-to-book ratio)은 얼마인가?

LO 2 **38. 재무비율 해석.** 비율을 계산한 후에 다음과 같은 2019년도 산업비율을 발견하였다.

	하위 4분위값	중간값	상위 4분위값
유동비율	1.3	2.6	5.3
총자산회전율	2.1	2.7	4.1
부채비율	0.23	0.50	0.60
매출액이익률	8.4%	11.2%	16.3%

이상의 재무비율에 의하면 재무성과는 어떠한가?

LO 3 **39. 성장과 매출액이익률.** 연간 성장률 7%, 부채비율 0.65, 배당성향 25%를 유지하려고 한다. 매출액 대비 총자산비율은 1.25로 일정하다. 회사는 얼마의 매출액이익률을 달성해야 하는가?

LO 2 **40. 시장가치비율.** 애버크롬비 앤드 피치(Abercrombie & Fitch)와 아메리칸 이글 아웃피터스(American Eagle Outfitters: AOE)는 2018년 회계연도에 다음과 같은 수치를 기록했다(주가를 제외하면 단위는 백만). 주당순이익, 장부가치 대비 시장가치비율, 주가이익비율을 계산하라.

	애버크롬비	AEO
당기순이익	7.09	302.79
발행주식수	67.79	176.61
주가	26.43	24.56
자본총계	1,242.38	1,246.79

LO 3 **41. 성장과 자산.** 어느 기업이 6.8%의 내부성장률과 40%의 배당성향을 유지하고자 한다. 현재의 매출액이익률은 5.3%이고 외부자금은 사용하지 않는다. 총자산회전율은 얼마가 되어야 하는가?

LO 3 **42. 지속가능성장률.** 다음 정보에 근거하여 지속가능성장률을 계산하라.

매출액이익률 = 7.1%
총자산회전률 = 1.90
총부채비율 = 0.45
배당성향 = 20%

여기서 ROA는 얼마인가?

LO 3 **43. 지속가능성장률과 외부자금.** 다음과 같은 정보를 얻었다.

매출액 = $295,000
당기순이익 = $18,400
배당 = $9,100
부채금 = $68,000
자본총계 = $94,000

이 회사의 지속가능성장률은 얼마인가? 부채비율이 일정하면서 이 비율로 성장한다면 다음 해의 신규차입금은 얼마가 되겠는가? 외부에서의 자금조달이 전혀 없다면 성장률은 얼마가 되겠는가?

LO 4 **44. 성장의 제한.** 연간 12%의 성장률, 부채비율 0.25를 유지하기 원한다. 매출액이익률은 5%, 총자산회전율은 1.20으로 일정하다. 이러한 성장률이 가능할까? 답을 구하기 위해서는 배당성향이 얼마가 되어야 하는지를 알아야 한다. 그 결과를 어떻게 해석할 수 있는가?

LO 3 **45. 내부성장률과 지속가능성장률.** 2017년 1월 28일과 2018년 2월 3일에 다음과 같은 수치(단위는 백만 엔)를 보고했다. 내부성장률과 지속가능성장률은 얼마인가? ROE × *b*와 ROA × *b* 그리고 기말 자본(자산)을 이용하면 내부성장률과 지속가능성장률은 얼마인가? 공식에서 기초 자본을 사용하면 성장률은 얼마인가? 왜 두 성장률 값이 같지 않은가? 내부성장률과 지속가능성장률의 최적 추정값은 얼마인가?

	2017	2018
당기순이익		1,000
배당금		409
자산총계	13,856	13,049
자본총계	4,709	3,612

LO 3 **46. 확장된 듀퐁항등식.** 허쉬(Hershey Co.)는 2017년에 다음과 같은 포괄손익계산서와 재무상태표를 보고하였다(단위 백만). 〈그림 3.1〉과 비슷한 모양으로 확장된 듀퐁항등식을 구성하라. 회사의 자본수익률(ROE)은 얼마인가?

포괄손익계산서	
매출액	7,515.426
매출원가	4,065.760
기타비용	1,896.643
감가상각비	344.043
EBIT	1,208.980
이자비용	98.282
EBT	1,110.698
법인세비용	354.131
당기순이익	756.567

재무상태표			
자산		부채와 자본	
유동자산		유동부채	2,076.543
현금	380.179		
매출채권	588.262	비유동부채	2,545.618
재고자산	1,033.469		
총계	2,001.910	자기자본	931.565
비유동자산	3,551.816		
자산총계	5,553.726	부채와 자본총계	5,553.726

출처: Hershey Co.

웹에서 문제 풀기

3.1 듀퐁항등식. 월트디즈니(Walt Disney Company)의 재무제표는 디즈니의 홈페이지 thewaltdisneycompany.com에서 찾을 수 있다. 최근 3년 동안 디즈니의 듀퐁항등식을 계산해보자. ROE는 동 기간에 어떻게 변했는가? 동 기간에 듀퐁항등식에서 어느 요소의 변화가 ROE에 영향을 주었는가?

3.2 비율분석. 존슨앤드존슨(Johnson & Johnson)의 재무비율을 검토하고자 한다. www.reuters.com을 방문하여 회사의 티커 심벌(JNJ)을 입력하자. 다음에는 비율(ratio) 링크로 가자.

a. TTM과 MRQ가 의미하는 것은 무엇인가?

b. JNJ의 최근 수익성비율을 과거 5년 동안의 수익성비율과 비교할 때 어떠한가? 산업 평균과 비교하면 어떠한가? 섹터 평균과 비교하면 어떠한가? S&P 500 평균과 비교하면 어떠한가? 왜 그런가?

c. 재무비율에 의하면 JNJ는 어느 분야에서 경쟁자들보다 우월한 것 같은가? JNJ는 어느 분야에서 경쟁자에게 뒤지는가?

3.3 표준화된 재무제표. www.att.com에 가서 가장 최근 2개 연도의 포괄손익계산서(income statements)와 재무상태표(balance sheets)를 찾자. 이 정보를 이용해 2개년도의 공통형 포괄손익계산서와 재무상태표를 준비하라.

3.4 자산활용비율. 월마트(Walmart)는 www.walmart.com에서, 보잉(Boeing)은 www.boeing.com에서 가장 최근의 재무제표를 찾아보자. 이 두 회사의 자산활용비율(asset utilization ratio)을 계산해보자. 이 비율은 무엇을 측정하려는 것인가? 두 회사의 비율은 유사한가? 왜 그런가? 또는 왜 그렇지 않은가?

엑셀 *MASTER IT!* 문제

The exTensible Business Reporting Language (XBRL)는 재무보고의 미래 같다. XBRL은 각 항목에 "꼬리표(tag)"를 붙이고 그 항목이 무엇인지를 구체적으로 명시하는 컴퓨터 언어이다. XBRL 보고는 오스트레일리아, 일본, 영국에서 이미 채택되어 사용 중이다. XBRL 보고로 투자자들은 분석을 위해 재무제표를 빨리 내려받을 수 있다.

현재 몇몇 회사들은 자발적으로 재무제표를 XBRL 서식으로 제출한다. 이번 과제를 위해 SEC 웹사이트 www.sec.gov에 가보자. 특정 파일을 위해 링크를 클릭하면 XBRL 결과가 페이지의 아래쪽에 보인다. 선택한 회사의 연차보고서에서 손익계산서(income statement)와 대차대조표(balance sheet)를 내려받자. 이 보고서를 이용해 지난 2년 동안의 자료로 회사의 재무비율을 계산해보자. 이러한 비율의 변동에서 더 조사해야만 할지도 모르는 어떤 변화를 알아냈는가?

CHAPTER CASE

S&S 항공의 재무비율과 재무계획

크리스 거스리(Chris Guthrie)는 최근 S&S 항공(S&S Air, Inc.)에 취업했는데 회사의 재무계획을 보조하고 회사의 성과를 평가하는 일을 맡고 있다. 크리스는 5년 전 재무전공으로 대학을 졸업했다. 그 이후로 《포춘》(Fortune)지가 선정하는 500대 기업(Fortune 500)의 재무부서에 고용되었다.

S&S 항공은 10년 전 친구인 마크 섹스톤(Mark Sexton)과 토드 스토리(Todd Story)가 설립했다. 이 회사는 그동안 경비행기를 제작해 판매했는데 회사의 제품은 안전성과 신뢰성에서 높은 평가를 받아왔다. 회사는 자가 비행기를 보유해 운항하는 개인들에게 주로 판매하는 틈새시장을 공략해왔다. 회사에는 53,000달러짜리 버디(Birdie)와 78,000달러짜리 이글(Eagle) 2개의 모델이 있다.

회사가 항공기를 제작하나 작업 과정은 상업용 항공기회사와 다르다. 주문된 항공기를 조립하는 것이다. 사전에 제작된 부품을 이용해서 단 5주 만에 완성된 비행기를 출고할 수 있다. 주문을 받으면 보증금을 받고 주문이 완성되기 전에 중도금을 받는다. 반면에 상업용 항공기는 주문이 접수되면 제작에 1년 반에서 2년 정도가 소요된다.

마크와 토드는 다음의 재무제표를 제공했다. 크리스는 경비행기제조산업의 산업비율을 모았다.

S&S 항공 2019년도 포괄손익계산서		
매출액		26,501,600
매출원가		19,780,200
기타비용		3,166,700
감가상각비		864,500
EBIT		2,690,200
이자비용		479,200
법인세비용차감전순이익		2,211,000
법인세비용(40%)		464,310
당기순이익		1,746,690
배당금	270,600	
이익잉여금 부가액	1,476,090	

S&S 항공 2019년도 재무상태표			
자산		**부채와 자본**	
유동자산		유동부채	
현금	481,852	매입채무	944,698
매출채권	2,025,778	단기차입금	1,909,248
재고자산	1,634,820	유동부채총계	2,853,946
유동자산총계	4,142,450		
비유동자산		비유동부채	5,060,000
건물 및 설비	16,256,698	자본	
		자본금과 자본잉여금	190,000
		이익잉여금	12,295,202
		자본총계	12,485,202
자산총계	20,399,148	부채와 자본총계	20,399,148

경비행기 산업비율			
	하위 4분위	중간치	상위 4분위
유동비율(current ratio)	0.50	1.43	1.89
당좌비율(quick ratio)	0.64	0.84	1.05
현금비율(cash ratio)	0.08	0.21	0.39
총자산회전율(total asset turnover)	0.68	0.85	1.13
재고자산회전율(inventory turnover)	4.89	6.15	10.89
매출채권회전율(receivables turnover)	6.27	9.82	11.51
총부채비율(total debt ratio)	0.31	0.52	0.61
부채비율(debt-equity ratio)	0.58	1.08	1.56
자기자본승수(equity multiplier)	1.58	2.08	2.56
이자보상비율(times interest earned)	5.18	8.06	9.83
현금보상비율(cash coverage ratio)	5.84	8.43	10.27
매출액이익률(profit margin)	4.05%	6.75%	8.47%
자산이익률(return on assets)	6.05%	10.53%	13.21%
자본이익률(return on equity)	9.93%	16.54%	26.15%

질문 QUESTIONS

1. 경비행기산업의 비율에 대응하는 S&S 항공의 비율을 계산하라.
2. 마크와 토드는 비율분석이 회사의 성과를 측정한다고 생각한다. 그들은 보잉(Boeing)을 열망자회사(aspirant company)로 결정했다. 당신도 보잉을 열망자회사로 선정하겠는가? 왜 그런가 또는 왜 그렇지 않은가?
3. S&S 항공의 성과를 산업과 비교해보라. 각각의 비율에서 산업보다 왜 높거나 낮은지 설명하라. 재고자산을 유동부채로 나누어 계산한 재고자산비율(inventory ratio)을 만들었다고 하자. S&S 항공의 비율을 산업 평균과 비교했을 때 어떠하리라고 생각하는가?
4. S&S 항공의 내부성장률과 지속가능성장률을 계산하라. 이 수치들이 의미하는 바는 무엇인가?

4 화폐의 시간가치

Introduction to Valuation: The Time Value of Money

알고 있겠지만 미국 정부는 부채가 상당히 많다. 여러 투자자가 소유한 국가부채는 EE시리즈저축채권(Series EE U.S. Treasury savings bonds)을 포함해 다양한 변형이 있다. EE시리즈채권의 투자자는 25달러 같이 특정 금액을 오늘 지급하고 채권을 보유하는 동안 이자를 받는다. 2018년 초 미국 재무부(Treasury)는 EE저축채권에 연 0.10%를 지급하기로 약정했다. 재미있는 (그리고 중요한) 변형으로 20년간 채권을 보유하면 재무부는 가치를 투자금액의 두 배가 되도록 올려줄 것을 약정했다. 즉, 25달러 채권을 매입하고 모든 누적 이자 수입의 가치가 50달러보다 작으면 미국 재무부는 자동으로 채권의 가치를 50달러로 올리겠다는 것이다.

20년 후의 50달러를 위해서 현재 25달러를 포기한 결정이 잘한 것인가? 바람직한 점은 나중에 투자한 1달러당 2달러를 받게 된다는 사실이다. 괜찮아 보일지는 모르나 한편으로는 돈을 받으려면 20년을 기다려야 한다는 것이다. 이제 알아야 할 일은 이 거래를 어떻게 분석하는가이다. 이번 장에서는 이러한 분석에 필요한 방법을 알려준다.

학습 목표_Learning Objectives

제4장을 마친 후에는 다음의 능력을 갖추어야 한다.

- **LO 1** 현재 투자의 미래가치 결정
- **LO 2** 미래에 수령하는 현금의 현재가치 결정
- **LO 3** 투자수익률 계산
- **LO 4** 투자금액이 원하는 가치를 실현할 때까지의 기간 추정

특히 제4장의 목표는 재무관리에서 가장 중요한 개념 중 하나인 *화폐의 시간가치(time value of money)*를 소개하는 것이다. 나중에 받기로 한 현금흐름의 가치를 현재 시점에서 구하는 방법을 배우게 될 것이다. 이는 아주 기본적인 경영기법이다. 여러 가지 형태의 투자나 자금조달 등의 분석에 기본이 된다. 사실 거의 모든 경영활동은 마케팅, 경영관리, 영업이든 전략이든 간에 미래에 예상되는 이익과 현재의 지출을 비교한다. 이렇게 비교하는 방법은 모두 이해해야만 하는 중요한 개념이다. 이번 장에서부터 알아보자.

기업재무 세계에서 최근에 전개된 사건을 보려면 essentialsofcorporatefinance.blogspot.com 방문.

재무관리자가 직면하게 되는 가장 기본적인 문제 중 하나는 미래에 예상되는 현금흐름의 현재 시점에서의 가치를 어떻게 결정하는가이다. 예를 들면, 파워볼(PowerBall[TM]) 복권의 당첨금은 1억 1,000만 달러였다. 이는 당첨복권이 1억 1,000만 달러의 가치가 있다는 의미인가? 답은 그렇지 않다는 것이다. 당첨금은 실제로는 매년 550만 달러씩 20년 동안 지급될 것이었기 때문이다. 그렇다면 그 당첨복권의 가치는 얼마인가? 그 답은 이번 장의 주제인 화폐의 시간가치에 달려있다.

미국 저축채권(savings bonds)과 다른 정부 발행 증권을 더 알려면 www.treasurydirect.gov 참조.

더 일반적으로 화폐의 시간가치(*time value of money*)라는 말은 미래 어느 시점에서의 약정된 100원보다 현재 수중에 있는 100원이 더 가치가 있다는 사실을 의미한다. 현실적인 측면에서 한 가지 이유는 미래까지 기다리는 동안 이자를 받을 수 있기 때문이다. 현재의 100원은 후에 100원보다 더 많아질 것이다. 따라서 현재의 돈과 미래의 돈 간의 교환관계는 다른 많은 요소 중에서도 투자를 통해서 얻을 수 있는 이자에 의해 결정된다. 이번 장의 목표는 현재의 화폐와 미래 특정 시점에서의 화폐 간의 교환관계를 명시적으로 평가하는 것이다.

다음 장부터의 내용을 이해하기 위해서는 이번 장의 내용을 완벽하게 이해하는 것이 매우 중요하므로 특별히 주의를 기울일 필요가 있다. 이번 장에서 많은 예제를 제시할 예정이다. 많은 문제에서 제시된 값과 여러분이 실제 계산한 값은 다를 수 있는데 이는 소수점 오류 때문으로 염려할 필요는 없다.

4.1 미래가치와 복리계산

미래가치
future value (FV)
하나 이상 기간 후의 투자 가치. 영어로 *compound value*라고 한다.

우선 미래가치부터 살펴보자. **미래가치(future value: FV)**란 주어진 이자율로 일정 기간의 투자로 얻을 수 있는 금액을 의미한다. 다른 말로 표현하면 미래가치는 투자에 대한 미래 특정 시점의 화폐가치이다. 우선 가장 간단한 형태인 단일기간 투자를 살펴본다.

단일기간 투자

100원을 연간 10%의 이자를 지급하는 저축예금에 투자했다고 하자. 1년 후에 얼마가 되겠는가? 아마도 110원이 될 것이다. 이 110원은 원금(*principal*) 100원에 받은 이자 10원을 더한 것과 같다. 110원은 이자율 또는 금리가 10%일 때 1년 동안 투자한 100원의 미래가치이다. 간단히 말해서 이자율이 10%일 때 현재의 100원은 1년 후에는 110원의 가치가 있다는 의미이다.

일반적으로 단일기간 동안 r의 이자율로 투자하면 1원당 $(1 + r)$만큼 투자가 증가할 것이다. 앞의 예에서 r은 10%이므로 투자한 1원은 $1 + 0.10 = 1.1$원으로 증가하게 된다. 즉 이 경우 100원을 투자했기에 최종적으로는 100원 $\times$ $1.10 = 110$원이 된다.

단일기간 이상의 투자

100원을 투자하는 예로 다시 돌아가서 이자율이 변하지 않는다고 가정하면 2년 후에는 얼마의 돈을 받을 수 있을까? 110원 전부를 그대로 은행에 저축해 둔다면 둘째 해에 110

원 × 0.10 = 11원의 이자를 받을 수 있을 것이므로 최종적으로 110 + 11 = 121원이 될 것이다. 이 121원은 연간 10%의 이자율로 2년 동안 투자하는 경우 100원의 미래가치가 된다. 다른 각도로 살펴보면 실질적으로 지금부터 1년 후에 1년 동안 10%로 110원을 투자하는 것이다. 이는 단일기간 문제이므로 1원의 투자에 대해 1.1원 혹은 총 110원 × 1.1 = 121원이 된다.

121원은 네 부분으로 나누어진다. 첫째는 원금을 나타내는 100원이다. 둘째는 첫해에 받게 되는 이자인 10원이고, 셋째는 둘째 해에 받게 되는 또 다른 이자인 10원으로 총 120원이 된다. 넷째는 남은 1원으로 첫해에 받은 이자에 대한 둘째 해의 이자로 10원 × 0.1 = 1원에 해당한다.

단일기간 이상의 투자에서 최초의 원금과 누적된 이자를 그대로 두어서 이자가 재투자되는 과정을 **복리계산(compounding)**이라고 한다. 이자를 복리계산 하는 것은 **이자의 이자(interest on interest)**를 의미하므로 이를 **복리(compounding interest)**라고 한다. **단리(simple interest)**는 이자가 재투자되지 않기에 매년 최초 원금에 대해서만 이자가 계산된다.

복리계산
compounding
더 많은 이자를 받기 위해 시간이 지나면서 투자에서 이자를 누적하는 과정.

이자의 이자
interest on interest
이전에 받은 이자를 재투자해 받은 이자.

복리
compounding interest
최초의 원금과 지난 기간에 재투자한 이자에서 받은 이자.

단리
simple interest
원래 투자한 원금에서만 받은 이자.

예제 4.1 이자의 이자

2년 동안 연간 14%를 지급하는 투자이다. 325원을 투자한다면 2년 후에는 얼마가 되겠는가? 단리(simple interest)는 얼마인가? 복리(compounding interest)는 얼마인가?

1년 후에 325원 × 1.14 = 370.50원이 될 것이다. 이 금액을 전부 재투자한다면 2년 후에는 복리로 370.50원 × 1.14 = 422.37원이 될 것이다. 따라서 수입이자 총액은 422.37 − 325 = 97.37원이 된다. 최초의 원금 325원은 매년 325원 × 0.14 = 45.50원이 되어 2년 동안의 단리 총액은 91원이 된다. 나머지 97.37 − 91 = 6.37원은 복리계산의 결과이다. 이는 첫해에 받은 이자가 45.50원이라는 점을 주목해 둘째 해에 받은 이자의 이자를 계산하면 45.50원 × 0.14 = 6.37원이 된다는 사실로 확인할 수 있다.

이제 미래가치 121원은 어떻게 계산했는지 자세히 살펴보도록 하자. 110원에 1.1을 곱해서 121원을 구했다. 물론 110원은 100원에 1.1을 곱해서 얻은 결과이다. 즉,

$$
\begin{aligned}
121\text{원} &= 110\text{원} \times 1.1 \\
&= (100\text{원} \times 1.1) \times 1.1 \\
&= 100\text{원} \times (1.1 \times 1.1) \\
&= 100\text{원} \times 1.1^2 \\
&= 100\text{원} \times 1.21
\end{aligned}
$$

자명한 사실을 지루하게 설명하는 위험이 따르지만 좀 더 계산해 보자. 3년 후에 100원은 얼마가 되겠는가? 또다시 2년 후에 121원을 1년 동안 10%에 투자할 것이다. 1원의 투자는 1.1원이 되거나 총 121원 × 1.1 = 133.1원이 될 것이다. 그러므로 133.1원을 다시 정리하면

$$
\begin{aligned}
133.1\text{원} &= 121\text{원} \times 1.1 \\
&= (110\text{원} \times 1.1) \times 1.1 \\
&= (100\text{원} \times 1.1) \times 1.1 \times 1.1 \\
&= 100\text{원} \times (1.1 \times 1.1 \times 1.1) \\
&= 100\text{원} \times 1.1^3 \\
&= 100\text{원} \times 1.331
\end{aligned}
$$

이런 계산과정을 통해서 일반적인 결과를 얻을 수 있다. 앞의 예제에 보이듯이 r의 비율로 t 기간 투자한 1원의 미래가치는

$$\text{미래가치} = 1\text{원} \times (1 + r)^t \qquad [4.1]$$

$(1 + r)^t$라는 표현은 t 기간 r%에 투자한 1원의 **미래가치이자요소**(*future value interest factor*) 또는 **미래가치요소**(*future value factor*)라고도 부르고, 줄여서 FVIF(r, t)라고도 한다.

앞의 예제에서 100원이 5년 후에는 얼마가 되겠는가? 우선 미래가치요소를 다음과 같이 계산할 수 있다.

$$(1 + r)^t = (1 + 0.10)^5 = 1.1^5 = 1.6105$$

따라서 100원의 5년 후 가치는

$$100\text{원} \times 1.6105 = 161.05\text{원}$$

100원의 매년 증가분은 〈표 4.1〉에 나타나 있다. 표에 나타나는 바와 같이 매년 받는 이자는 기초 금액에 10%의 이자율을 곱한 금액과 같다.

〈표 4.1〉에서 총 이자수익이 61.05원임에 주목하자. 투자 기간 5년 동안 단리는 매년 100원 × 0.10 = 10원이므로 총 50원이 된다. 나머지 11.05원은 복리에 의해서 얻은 값이다.

주요 재무개념에 대한 간략한 소개는 www .teach-mefinance.com에 있다.

〈그림 4.1〉은 〈표 4.1〉의 복리의 증가를 그린 것이다. 단리 계산은 매년 일정하나 복리는 매년 점점 증가하는 것을 알 수 있다. 복리는 이자가 증가함에 따라 더 많은 이자가 복리계산에 포함되기 때문에 계속 커진다.

미래가치는 가정한 이자율에 크게 영향을 받으며, 특히 장기 투자의 경우 그렇다. 〈그림 4.2〉는 이자율과 투자 기간이 달라짐에 따라 투자한 100원이 어떻게 변하는가를

표 4.1

100원의 미래가치 (금리 10%)

기간	기초 금액	수입이자	기말 금액
1	100.00	10.00	110.00
2	110.00	11.00	121.00
3	121.00	12.10	133.10
4	133.10	13.31	146.41
5	146.41	14.64	161.05
		총이자 61.05	

그림 4.1

미래가치, 단리와 복리

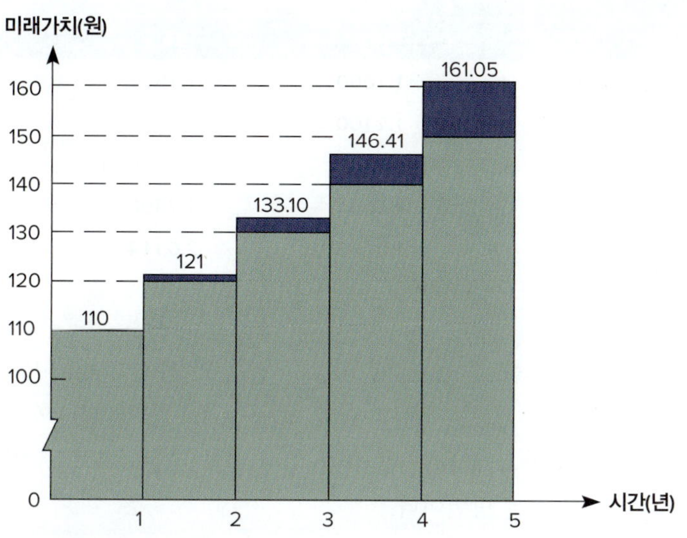

최초 금액 100원이 연간 10%의 이자율로 성장. 진한 부분은 복리에 의한 금액을 나타낸다.

그려서 이러한 관계를 나타낸 것이다. 10년 후 1원의 미래가치는 이자율이 20%인 경우 620원이지만 반해 이자율이 10%인 경우에는 약 260원에 불과하다. 이 경우 이자율을 두 배로 하면 미래가치는 두 배 이상이 된다.

미래가치 문제를 풀기 위해서는 적절한 미래가치요소를 알아야 한다. 여기에는 여러 방법이 있다. 앞의 예제에서는 1.1을 다섯 번 곱함으로써 그 값을 찾을 수가 있다. 이 경우는 별문제 없으나 30년 투자에는 매우 지루한 작업이 될 것이다.

그림 4.2

기간과 이자율에 따른 1원의 미래가치

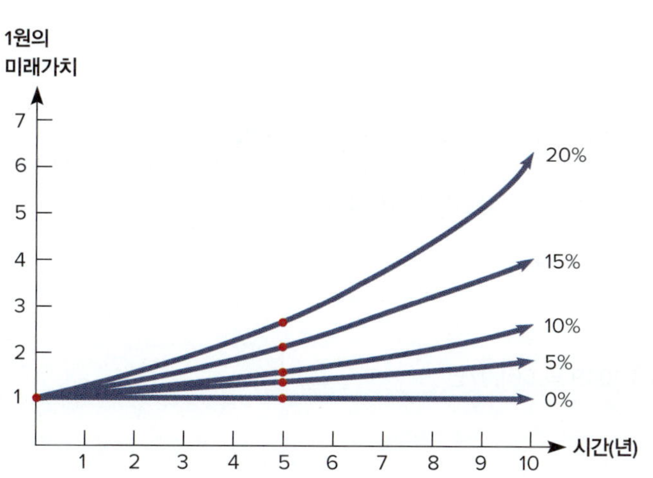

표 4.2

미래가치이자요소(future value interest factors)

기간	이자율			
	5%	10%	15%	20%
1	1.0500	1.1000	1.1500	1.2000
2	1.1025	1.2100	1.3225	1.4400
3	1.1576	1.3310	1.5209	1.7280
4	1.2155	1.4641	1.7490	2.0736
5	1.2763	1.6105	2.0114	2.4883

다행히도 미래가치요소를 좀 더 쉽게 구할 수 있는 몇 가지 방법이 있다. 계산기에는 대부분 "y^x" 값을 계산할 수 있는 기능이 있다. 보통은 1.1을 입력한 후 이 키를 누르고 5를 친 후 "="키만 누르면 그 값을 구할 수가 있다. 이는 매우 빠르고 정확하기에 미래가치요소를 구하는 가장 쉬운 방법이다.

또 다른 방법으로 전형적인 이자율과 투자 기간에 대한 미래가치요소를 나타내는 표를 이용할 수 있다. 〈표 4.2〉는 이런 요소들 일부를 보여준다. 이 책의 뒷부분 부록 A에 있는 〈표 A.1〉에는 더 많은 미래가치요소가 있다. 이 표를 활용하기 위해서 10%에 해당하는 열을 찾고 이어서 5년이라는 숫자와 만날 때까지 열을 따라서 내려간다. 앞에서 계산했던 1.6105라는 요소를 발견해야 한다.

〈표 4.2〉와 같은 표는 예전처럼 통용되지는 않는다. 저렴한 계산기가 나왔고 표는 비교적 적은 수의 이자율에 대해서만 유용하기 때문이다. 이자율은 보통 소수점 3자리나 4자리 단위까지 표시되기에 이만큼 정확한 값을 구하려면 상당히 큰 표가 필요하다. 그 결과 "현실 세계"에서는 표를 점점 덜 이용한다. 따라서 계산기 사용을 권장한다.

그래도 이 표들은 여전히 유용하게 사용되고 있다. 정확히 계산하는지 확인하기 위해서는 표에서 요소를 택하고 나서 계산기로 계산해서 같은 값이 나오는지를 확인한다. 표에서 선택할 수 있는 숫자는 꽤 많다.

예제 4.2 **복리**

연간 12%를 지급하는 투자가 있다. 괜찮은 투자라 400원을 투자했다. 3년 후에 얼마가 될까? 7년 후에는 얼마가 될까? 7년 후 연말에 얼마나 많은 이자를 벌었는가? 복리로 벌은 이자는 얼마인가?

12%와 3년에 대한 미래가치요소를 계산할 수 있다.

$$(1 + r)^t = 1.12^3 = 1.4049$$

투자한 400원은

$$400\text{원} \times 1.4049 = 561.97\text{원}$$

(계속)

7년 후에는

$$400\text{원} \times 1.12^7 = 400\text{원} \times 2.2107 = 884.27\text{원}$$

따라서 7년 동안 투자금액의 두 배 이상이 된다.

처음에 400원을 투자했기에 884.27원의 미래가치에서 이자는 884.27 − 400 = 484.27원이다. 12%에 매년 단리로 계산하면 400원 × 0.12 = 48원이 된다. 7년 동안 단리는 총 7 × 48원 = 336원이 된다. 나머지 484.27 − 336 = 148.27원은 복리이다.

복리계산의 영향은 기간이 단기일 때는 그렇게 크지 않으나 기간이 길어지면서 영향력이 갈수록 커진다. 극단적인 경우를 가정하면 검소하신 여러분의 조상이 후손을 위해서 200년 전에 연간 6%의 이자율로 5원을 투자했다고 하자. 오늘 얼마가 되었겠는가? 미래가치요소는 표에서 찾을 수는 없지만 무려 1.06^{200} = 115,125.90이므로 5원 × 115,125.90 = 575,629.52원이 될 것이다. 단리는 연간 5원 × 0.06 = 0.30원에 불과하다. 200년 후에 이 금액은 60원이 된다. 나머지는 재투자로 얻은 금액이다. 이것이 바로 복리의 위력이다.

퇴직할 때 얼마의 돈이 필요한가? www.bankrate.com과 연결된 "Retirement Calculator"를 참고하자.

예제 4.3 그 섬은 얼마인가?

기간이 길 때 복리계산의 영향력을 극적으로 설명하기 위해서 피터 미누이트(Peter Minuit)와 인디언의 예를 생각해보자. 미누이트는 1626년에 맨해튼(Manhattan) 섬 전체를 약 24달러에 해당하는 물건과 값싼 장신구를 주고 샀다. 맨해튼을 너무 싸게 산 것으로 보이나 인디언들에게는 이 거래가 결과적으로 괜찮은 것이었을지도 모른다. 그 이유를 알아보기 위해서 인디언들이 받은 물건을 판 돈 24달러를 연간 10%에 투자했다고 생각해보자. 오늘날 그 가치는 어느 정도이겠는가?

2020년 현재 거래 후 대략 394년이 지났다. 10%에 24달러는 긴 세월 동안 상당히 증가했을 것이다. 얼마나? 미래가치요소는 대략 다음과 같다.

$$(1 + r)^t = 1.1^{394} = 20{,}357{,}000{,}000{,}000{,}000$$

다시 말해서 20 뒤에 0이 15개가 붙는다. 따라서 미래가치는 몇백조 달러 정도는 무시하면 $24 × 2경 357조 달러로 약 48.9경 달러가 된다.

분명히 48.9경 달러는 엄청난 돈이다. 얼마나? 이 돈으로 미국을 살 수도 있다. 몽땅 현금으로 말이다. 남은 돈으로 캐나다와 멕시코 그리고 나머지 세계도 살 수 있는 돈이다.

이 예는 어느 정도 과장되었다. 1626년에 392년 동안 실패 없이 연 10%를 지급하는 곳에 투자하기란 쉽지 않았을 것이다.

계산기 힌트

재무계산기 사용법

지금까지 설명했던 미래가치를 계산하는 방법은 다양하지만 대부분 재무계산기(financial calculator)를 사용할 것이다. 계산기를 사용하려면 추가 힌트를 읽어야 한다. 원치 않으면 건너뛰어도 된다.

재무계산기는 일반 계산기에 몇 가지 특수 기능이 추가된 계산기다. 특히 재무계산기는 일반적으로 많이 쓰는 재무공식을 저장해서 미래가치와 같은 계산을 바로 할 수 있다.

재무계산기의 장점은 많은 계산을 처리할 수 있다는 것이다. 그러나 그게 전부다. 다시 말해서 계산기의 문제점을 이해해야 한다. 계산기는 산술적으로 계산한다. 사실 (다소 변형된) 오랜 농담이 있다. 누구든 화폐의 시간가치 문제에 실수할 수 있다. 그러나 완전히 엉망으로 만들려면 재무계산기를 집어 들어라. 따라서 이번 장에서는 두 가지를 목표로 한다. 첫째, 미래가치를 계산하는 방법을 알아본다. 그런 다음, 재무계산기를 사용할 때 가장 일반적으로 하는 실수를 피하는 방법을 알아보겠다.

재무계산기로 미래가치를 계산하는 방법 전형적인 재무계산기를 살펴보면 다섯 가지 키가 특히 흥미로울 것이다. 보통 다음과 같은 모양이다.

이제, 그중 네 가지에 집중해야만 한다. **PV** 와 **FV** 라고 되어 있는 키는 추측하다시피 현재가치와 미래가치를 나타낸다. **N** 이라는 키는 기간의 수(number)를 나타내며 앞에서 *t*라고 부른 것이다. 마지막으로 **I/Y** 는 이자율(interest rate)을 나타내며 앞에서 *r*이라고 불렀다.[1]

만약 계산기를 제대로 설정했다면(다음 장에서 다룸) 미래가치를 계산하는 일은 매우 간단하다. 5년 동안 10%에 100원의 미래가치를 구하는 앞의 예제를 다시 보자. 답은 161.05원이었다. 정확한 키스트로크는 계산기마다 다를 것이나 기본적으로는

1. −100을 입력하고 **PV** 키를 누른다. (음수 부호는 아래에서 설명한다.)
2. 10을 입력하고 **I/Y** 키를 누른다. (0.10을 입력하는 것이 아니라 10을 입력함에 유의하자.)
3. 5를 입력하고 **N** 키를 누른다.

이제 필요한 모든 관련 정보를 다 입력했다. 미래가치를 계산하기 위해서는 계산기에서 **FV** 가 얼마인지를 확인해야만 한다. 계산기에 따라서 계산(compute)이라는 뜻의 CPT라고 표시된 키를 누른 후에 **FV** 를 누르거나 아니면 **FV** 를 누른다. 어떤 식으로 하든 결과는 161.05가 나온다. 정확한 수치가 나오지 않으면 (그리고 재무계산기를 사용하는 것이 이번이 처음이라면 그럴 수가 있는데) 다음 장에서 도움을 받도록 하자.

재무계산기를 사용할 때 직면할 수 있는 문제점들을 설명하기 전에 재무계산기 사용방법을 보여주기 위해 표준 포맷을 설정한다. 앞으로 방금 들었던 예와 같은 문제를 재무계산기로 계산할 때는 다음과 같이 표시할 것이다.

[1]재무계산기가 N이나 I/Y를 사용하는 이유는 재무계산기가 대출금 상환을 결정할 때 가장 많이 사용되기 때문이다. 이러한 상황에서 N은 지급횟수(number of payment)이고, I/Y는 대출금에 대한 이자율(interest rate)이다. 그러나 앞으로 보겠지만 대출금 상환 및 이자와 관계가 없는 다른 용도에도 재무계산기를 많이 사용한다.

(계속)

중요한 힌트가 있다. 교재 뒤쪽에 있는 부록 D는 가장 보편적인 재무계산기에 대해 자세히 설명하고 있다. 사용하는 계산기가 포함되어 있는지 확인하고, 있으면 도움이 필요할 때 지침을 따른다. 잘 안되면 계산기에 딸린 설명서를 읽어 보도록 한다.

재무계산기 사용에서 오답을 얻는 경우 재무계산기가 말썽을 일으키게 만드는 두 가지의 일반적이고 곤혹스러운 문제가 있다. 여기에서는 *해야 할 일*과 *하지 말아야 할* 중요한 몇 가지를 설명한다.

확인해야 하는 두 가지 카테고리에는 한 번만 하면 되는 세 가지와 문제를 풀 때마다 매번 해야 하는 세 가지가 있다. 처음에 한 번만 하면 되는 사항은 다음과 같은 계산기 설정이다.

1. *계산기의 소수점 자리를 최대로 설정한다.* 재무계산기 대부분은 소수점 두 번째 자리까지만 표시한다. 이런 경우 이자율과 같이 매우 작은 숫자를 자주 계산하기 때문에 문제가 된다.
2. *계산기를 매년 또는 기간마다 한 번만 지급하도록 한다.* 재무계산기 대부분은 특별한 설정을 하지 않는 한 월별(1년에 12번) 지급하는 것으로 설정되어 있다.
3. *계산기를 "기말" 모드로 설정해 놓아야 한다.* 대부분 이렇게 설정되어 있으나 간혹 우연한 사고로 "기초" 모드로 변경될 수 있다.

이 세 가지를 어떻게 설정하는지 모르면 계산기 설명서를 참조하기 바란다. 계산기를 작동할 때마다 *매번 해야 하는* 세 가지가 있다.

1. *시작하기 전에 계산기의 내용을 완전히 지운다.* 이는 매우 중요하다. 잘못된 답이 나오는 가장 큰 이유는 이 작업을 하지 않았기 때문이다. 문제를 풀 때마다 계산기를 완전히 지우는 버릇을 들인다. 방법은 계산기에 따라 다르나(부록 D 참조) 디스플레이를 지우는 것 이상이어야 한다. 예를 들어 텍사스 인스트러먼트(Texas Instruments) BA II Plus 계산기의 경우 *화폐의 시간가치*를 삭제하려면 **2nd**를 누른 후에 **CLR TVM**을 눌러야 한다. 다른 계산기도 유사한 명령어가 있다.

   계산기를 껐다 켜는 것만으로는 안 된다. 재무계산기는 대부분 전원을 끄더라도 기존에 입력했던 모든 내용을 기억하고 있다. 다시 말해서 계산기는 입력한 내용을 명확히 지우지 않는 한 그대로 기억한다. 또한, 계산하다 실수하면 깨끗이 지우고 다시 시작한다. 후회보다는 안전이 더 낫다.
2. *현금유출은 음수로 표시한다.* 재무계산기는 대부분 현금유출에 음수 부호를 붙이고 현금유입에 양수 부호를 붙이게 되어 있다. 실무 차원에서는 보통 현재가치가 미래의 현금유입을 위해 현재 포기하는 금액을 나타내므로 음수 부호로 입력해야 함을 의미한다. BA II Plus 계산기에서는 먼저 숫자를 입력하고 나서 **+/−** 키를 눌러 음수를 입력한다. 마찬가지로, 현재가치를 구할 때 음수 값이 나와도 놀라지 말아야 한다.
3. *이자율을 정확하게 입력한다.* 재무계산기는 이자율을 퍼센트로 표시한다. 따라서 이자율이 0.08이면 0.08이 아니라 8을 입력해야 한다.

(계속)

이러한 지침들(특히 계산기를 비우는 일)을 따른다면 제4장뿐만 아니라 앞으로 전개될 몇 개의 장에서 거의 모든 문제를 풀면서 재무계산기 사용에 문제가 없을 것이다. 필요한 경우 예제와 지침을 추가로 제공하겠다.

개념문제 CONCEPT QUESTIONS

4.1a 투자의 미래가치는 무엇을 의미하는가?

4.1b 복리는 무엇을 의미하는가? 단리와 복리의 차이는 무엇인가?

4.1c 일반적으로 이자율이 r이고 기간이 t라면 1원의 미래가치는 얼마인가?

4.2 현재가치와 할인

미래가치에서 다음과 같은 질문을 생각해보자. 앞으로 6년 동안 매년 6.5%의 수익이 나면 2,000원은 얼마가 되겠는가? 이 질문에 대한 답을 6년 동안 6.5%에 투자하는 경우의 2,000원의 미래가치라고 한다(답이 약 2,918원인지 확인해 보자).

미래가치와 확실하게 관련된 재무관리에서 더 자주 발생하는 다른 형태의 질문이 있다. 예를 들면, 10년 후에 10,000원이 필요한데 투자하면 6.5%를 벌 수 있다고 하자. 목적을 달성하기 위해서 현재 얼마를 투자해야 하는가? 답은 5,327.26원임을 확인할 수 있을 것이다. 어떻게 알 수 있을까? 자, 그럼 살펴보자.

단일기간인 경우

1년 동안 1원을 10%에 투자하면 미래가치는 1.10원이 된다는 것을 알았다. 이제 약간 다른 질문을 해본다. 1년 후에 1원을 받기 위해서 현재 10%로 투자한다면 얼마가 있어야 하는가? 다시 말해서 여기서 미래가치가 1원인 것을 아는데 **현재가치(present value)** 혹은 줄여서 **현가(PV)**는 얼마인가? 답을 알아내는 것은 그리 어렵지 않다. 현재 투자하는 것은 무엇이든지 연말에 1.1배만큼 증가할 것이다. 연말에 1원이 필요하기에

현재가치 또는 현가 present value (PV)
적절한 할인율로 할인한 미래 현금흐름의 현재의 가치.

현재가치 × 1.1 = 1원

또는 현재가치에 대해 풀면,

현재가치 = 1원/1.1 = 0.909원

이 경우에 현재가치는 다음의 질문에 대한 답이다. 이자율이 10%라면 지금 얼마를 투자해야 연말에 1원이 되겠는가? 따라서 현재가치는 미래가치의 반대라고 할 수 있다. 돈을 미래로 보내기 위해 복리계산(compounding)을 하는 대신 현재로 돌아오기 위해 **할인(discount)**한다.

할인 discount
미래의 금액을 현재가치로 계산.

예제 4.4 **단일기간일 경우의 현재가치**

내년에 교재를 사기 위해서는 8,000원이 필요하다고 하자. 7% 이자를 받을 수 있을 때 오늘 얼마를 저축해야 하는가?

이자율 7%로 1년 후 8,000원의 현가(PV)를 알아야 한다. 그 방법은 위에서와 같다.

현재가치 × 1.07 = 8,000원

이제 현재가치에 대해 풀 수 있다.

현재가치 = 8,000원 × (1/1.07) = 7,476.6원

따라서 7,476.6원이 현재가치이다. 즉, 이 금액을 7%에 1년 동안 투자하면 미래가치가 8,000원이 된다는 의미이다.

앞의 예제에서 1년 후에 받게 되는 1원의 현재가치는 일반적으로 다음과 같이 계산한다.

$$PV = 1\text{원} \times [1/(1+r)] = 1\text{원}/(1+r)$$

다음에는 복수 기간 또는 그 이상의 미래에 받을 금액의 현재가치를 어떻게 구하는지 알아본다.

기간이 다수일 경우의 현재가치

2년 후에 1,000원이 필요하다고 하자. 7% 수익을 낸다면 필요한 시점에 1,000원을 확실히 갖기 위해 얼마를 투자해야 하는가? 다시 말해서, 적정수익률이 7%라면 2년 후 1,000원의 현재가치는 얼마인가?

미래가치에 대한 지식으로 2년 후에 1,000원이 되기 위해서 현재 투자해야 할 금액을 알 수 있다. 즉, 다음과 같을 것이다.

$$\begin{aligned} 1{,}000\text{원} &= PV \times 1.07 \times 1.07 \\ &= PV \times 1.07^2 \\ &= PV \times 1.1449 \end{aligned}$$

주어진 조건에서 현재가치를 계산할 수 있다.

현재가치 = 1,000원/1.1449 = 873.44원

따라서 873.44원이 목표를 달성하기 위해 투자해야 하는 금액이다.

예제 4.5 **저축하기**

새 자동차가 사고 싶다. 50,000달러가 있는데 차량 가격은 68,500달러이다. 만약 9%의 수익을 낼 수 있다면 2년 후 차량구매를 위해 현재 얼마를 투자해야만 하는가? 현재 충분한 돈은 있는가? 차량 가격은 같다고 가정하자.

(계속)

알고자 하는 것은 9%를 가정할 때 2년 후에 지급해야 할 68,500달러의 현재가치이다. 이전 내용에 기초해 계산하면 다음과 같다.

$$PV = \$68,500/1.09^2 = \$68,500/1.1881 = \$57,655.08$$

따라서 2년을 기다린다고 해도 여전히 약 7,655달러가 부족하다.

이제는 알게 되었듯이 현재가치를 계산하는 과정은 미래가치를 계산하는 것과 매우 유사하고 일반적인 결과는 거의 같다. 할인율이 r일 때 미래 t 기간 후에 받게 되는 1원의 현재가치는

$$PV = 1원 \times [1/(1 + r)^t] = 1/(1 + r)^t \qquad [4.2]$$

각괄호 안의 값 $1/(1 + r)^t$는 여러 다른 이름으로 불린다. 미래 현금흐름의 할인에 사용되므로 흔히 할인요소(*discount factor*)라고 부른다. 이러한 이름으로 계산에 사용되는 비율(rate)을 **할인율(discount rate)**이라고 한다. 앞으로 현재가치를 언급하면 할인율로 부르겠다. 또한, 각괄호 안의 값은 1원에 대한 t 기간, r% 현재가치이자요소(*present value interest factor*) 또는 그냥 현재가치요소(*present value factor*)라고 부르고 때로는 PVIF (r, t)로 줄일 수 있다. 마지막으로 오늘의 가치 결정을 위해서 미래 현금흐름의 현재가치를 계산하는 방법을 통상 **현금흐름할인법(discounted cash flow valuation)**이라고 한다.

할인율
discount rate
미래 현금흐름의 현재가치 계산에 사용하는 비율.

현금흐름할인법
discounted cash flow (DCF) valuation
(a) 현 시점의 가치를 결정하기 위해 미래 현금흐름의 현재가치를 계산. (b) 미래의 현금흐름을 할인해 투자가치를 평가하는 절차.

설명을 위해 3년 후에 1,000원이 필요하다고 하자. 15%의 수익을 낼 수 있다. 오늘 얼마를 투자해야 하는가? 답을 위해서는 15%로 3년간 1,000원의 현재가치를 결정한다. 1,000원을 15%로 3년간 할인해 구할 수 있다. 이 정보에 의하면 할인요소는

$$1/(1.15)^3 = 1/5209 = 0.6575$$

따라서 현재 투자해야 하는 금액은

$$1,000원 \times 0.6575 = 657.52원$$

657.52원은 15%로 3년 후에 받는 1,000원의 현재가치 또는 할인가치라고 할 수 있다.

미래가치요소에 대한 표가 있었던 것처럼 현재가치요소에 대한 표가 있는데 같은 방법으로 사용한다. 〈표 4.3〉은 이들 요소의 일부이다. 더 많은 것은 부록 A의 〈표 A.2〉에

표 4.3
현재가치이자요소

기간	이자율			
	5 %	10 %	15 %	20 %
1	0.9524	0.9091	0.8696	0.8333
2	0.9070	0.8264	0.7561	0.6944
3	0.8638	0.7513	0.6575	0.5787
4	0.8227	0.6830	0.5718	0.4823
5	0.7835	0.6209	0.4972	0.4019

있다.

〈표 4.3〉에서 0.6575로 계산했던 할인요소는 "15%"로 표시된 열을 셋째 줄로 내려가 찾을 수 있다. 물론 재무계산기를 사용할 수 있다.

계산기 힌트

미래가치를 구하는 경우와 마찬가지로 현재가치도 재무계산기로 계산할 수 있다. 15%로 3년 후에 받게 되는 1,000원의 현재가치인 앞의 예를 활용하면 다음과 같이 할 수 있다.

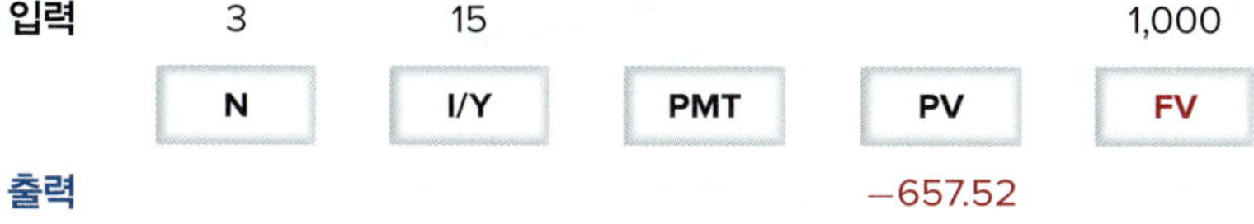

답이 음의 값이라는 점에 주목하자. 앞에서도 설명했듯이 미래 1,000원의 유입과 바꾸는 오늘의 유출을 나타내기 때문이다.

예제 4.6 속임수가 있는 광고

최근 어떤 사업에서는 다음과 같이 말하고는 한다. "오셔서 우리 제품을 사용해 보세요. 오시기만 하면 10,000원을 드립니다." 작은 글씨를 읽어 보면 25년 후에 10,000원을 주는 저축증서를 주겠다는 것이다. 이런 증서에 연간 10%를 적용한다면 실제로 오늘 얼마를 주는 것인가?

실제로 받는 금액은 25년 후에 지급하는 10,000원의 현재가치이다. 할인율이 연간 10%라면 할인요소는

$$1/1.1^{25} = 1/10.8347 = 0.0923$$

이는 10%의 할인율을 가정할 때 25년 후의 100원은 오늘의 9원보다 약간 많다는 뜻이다. 따라서 판촉에서 실제로 지급하는 돈은 약 0.0923 × 10,000 = 923원이 된다. 이 금액으로도 고객을 맞기에 충분할지 모르나 10,000원은 아니다.

지급일까지의 기간이 길어질수록 현재가치는 감소한다. 〈예제 4.6〉에서 설명했듯이 현재가치는 기간이 길어질수록 감소하는 경향이 있다. 기간이 아주 길어지면 그 값은 항상 0에 가까워질 것이다. 또한, 주어진 기간에 할인율이 높을수록 현재가치는 줄어든다. 달리 표현하면, 현재가치와 할인율은 역의 관계에 있다. 할인율이 증가하면 현재가치는 감소하고, 그 반대 역시 성립한다.

시간, 할인율과 현재가치 간의 관계는 〈그림 4.3〉에 그려져 있다. 기간이 10년에 가까워질수록 현재가치는 모두 미래가치보다 상당히 작아진다.

그림 4.3

다른 기간과 할인율에 대한 1원의 현재가치

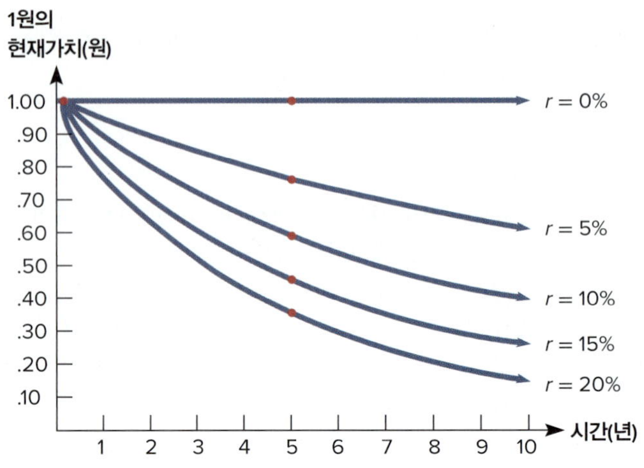

개념문제 CONCEPT QUESTIONS

4.2a 투자의 현재가치는 무엇을 의미하는가?

4.2b 미래의 금액을 현재로 할인하는 과정은 무엇과 반대인가?

4.2c 현금흐름할인법(DCF)은 무엇을 의미하는가?

4.2d 일반적으로 기간당 할인율이 r일 때 t 기간 후에 받을 1원의 현재가치는 얼마인가?

4.3 현재가치와 미래가치 추가설명

현재가치와 미래가치에 대한 표현을 되돌아보면 둘 사이의 아주 단순한 관계를 볼 것이다. 이 관계 및 관련된 주제들을 살펴본다.

현재가치와 미래가치

윈도우에 내려받을 수 있는 재무계산기로는 www.calculator.org가 있다.

현재가치요소(present value factor)는 바로 미래가치요소(future value factor)의 역수이다. 즉 1을 미래가치요소로 나눈 값이다.

$$\textbf{미래가치요소} = (1 + r)^t$$
$$\textbf{현재가치요소} = 1/(1 + r)^t$$

사실 많은 계산기에서는 현재가치요소를 쉽게 계산하기 위해 우선 미래가치요소를 계산하고, 그다음 **1/X** 키를 눌러 뒤집는다.

FV_t가 t 기간 후의 미래가치를 의미하면 미래가치와 현재가치의 관계를 다음 중 하나로 적을 수 있다.

$$PV \times (1 + r)^t = FV_t$$
$$PV = FV_t/(1 + r)^t = FV_t \times [1/(1 + r)^t] \quad [4.3]$$

마지막 결과를 기본현재가치등식(*basic present value equation*)이라고 부른다. 이 용어를 교재 전반에 걸쳐서 사용한다. 변형된 등식들이 많이 있다. 하지만 이 단순한 등식이 재무의 많은 가장 중요한 개념의 기반이 된다.

예제 4.7 투자안 평가

현재가치와 미래가치를 어떻게 사용하는지 개념을 주기 위해 다음의 간단한 투자기회를 보자. 회사가 335원에 한 자산을 매입할 것을 제안받았다. 이 투자는 매우 안전하다. 이 자산은 3년 후에 400달러에 팔릴 것이다. 335원을 매우 작은 위험으로 10%에 다른 곳에 투자할 수 있음을 알고 있다. 이 투자안을 어떻게 생각하는가?

그리 좋은 투자는 아니다. 왜 아닌가? 335원을 다른 곳에 10%로 투자할 수 있기 때문이다. 그렇게 하면 3년 후에 이 투자는 다음과 같이 성장할 것이다.

$$\begin{aligned}335 \times (1 + r)^t &= 335 \times 1.1^3\\ &= 335 \times 1.331\\ &= 445.89\end{aligned}$$

투자안은 단지 400원을 지급하기에 다른 대안만큼 좋은 투자는 아니다. 이를 표현하는 다른 방식은 10%에 3년 후 400원의 현재가치에 주목하는 것이다.

$$400 \times [1/(1 + r)^t] = 400/1.13 = 400/1.331 = 300.53$$

이는 3년 후에 400원을 갖기 위해서는 335원이 아니라 약 300원만을 투자해야 한다고 말한다. 나중에 이런 형태의 분석으로 돌아올 것이다.

할인율 결정

투자의 내재(implied)할인율을 결정할 필요가 자주 있다. 이런 경우 기본현재가치등식을 이용해 구할 수 있다.

$$PV = FV_t/(1 + r)^t$$

이 등식에는 현재가치(PV), 미래가치(FV_t), 할인율(r), 투자기간(t) 이렇게 4개 파트만이 있다. 이 중 3개 값을 알면 항상 4번째 값을 구할 수 있다.

예제 4.8 단일기간 투자에서 할인율(r) 구하기

일 년간의 투자를 고려하고 있다. 1,250원을 투자하면 1,350원을 받을 것이다. 이 투자의 수익률은 얼마인가?

우선 단일기간에서 답은 정말 명확하다. 1,250원에 더해서 총 100원을 갖는다. 따라서 투자의 내재수익률(implicit rate)은 100/1,250 = 0.08 또는 8%이다.

보다 정형화하면, 기본현재가치등식에서 오늘 넣어야 하는 금액인 현재가치는 1,250원이고 현재가치가 성장한 미래가치는 1,350원이다. 단일기간이므로

(계속)

$$1{,}250 = 1{,}350/(1 + r)^1$$
$$1 + r = 1{,}350/1{,}250 = 1.08$$
$$r = 0.08, \text{ 또는 } 8\%$$

이런 단순한 경우는 물론 계산기를 사용할 필요가 없다. 그러나 나중에 설명하는 것처럼 단일기간을 넘어서면 조금 더 어려울 것이다.

기간이 다수인 경우를 설명하기 위해서 비용은 100원이고 8년 후에는 두 배가 될 것이라는 투자를 제안받았다고 하자. 이를 다른 투자들과 비교하기 위해서 이 숫자에 내재 되어 있는 할인율을 알고 싶다. 이 할인율을 **수익률**(*rate of return* 또는 때때로 그냥 *return*)이라고 부른다. 이 경우 현재가치는 100원, 미래가치는 200원(투자의 2배), 투자기간은 8년이다. 수익률을 계산하기 위해서 기본현재가치등식을 적을 수 있다.

$$PV = FV_t/(1 + r)^t$$
$$100\text{원} = 200\text{원}/(1 + r)^8$$

다음과 같이 쓸 수도 있다.

$$(1 + r)^8 = 200\text{원}/100\text{원} = 2$$

이제 r에 대해 풀어야 한다. 세 가지 방법으로 계산할 수 있다.

1. 재무계산기를 사용한다(아래를 참조할 것).
2. 등식 양변에 1/8 제곱근을 취한 후 $1 + r$에 대해 등식을 푼다. 이는 양변에 1/8 또는 0.125 제곱을 하는 것과 같으므로 계산기에서 y^x 키를 활용하면 된다. 2를 입력하고 y^x 를 누른 후 0.125를 입력한 다음 = 키를 누른다. 2의 1/8 제곱근이 대략 1.09이므로 r이 9%라는 것을 의미한다.
3. 미래가치 표를 이용한다. 8년의 미래가치요소는 2와 같다. 〈표 A.1〉에서 8년에 해당하는 열을 따라가면 9%의 행에서 2의 미래가치요소를 발견해 다시 한번 여기서 수익률이 9%임을 의미한다.

72의 법칙(the Rule of 72)의 원리는 www.moneychimp.com 참조.

실제로 이러한 특정 예제에서 "72의 법칙(the Rule of 72)"이라고 하는 r을 풀 때 유용한 "뒤집어 계산하는" 방법이 있다. 합당한 수익률에서는 원금이 두 배가 되는 시간은 대략 $72/r\%$이다. 앞의 예제에서 $72/r\% = 8$년을 뜻하므로 계산했던 것처럼 r이 9%임을 뜻한다. 이 법칙은 할인율이 5%에서 20% 범위일 때 꽤 정확하다.

근처의 *Finance Matters*(재무사안) 박스는 수집품의 수익률 예제를 제공한다. 여기에 나오는 숫자들이 맞는지 확인해보자.

FINANCE MATTERS

투자로서의 수집품?

야구카드, 미술품, 오래된 인형과 같은 수집품은 보통 경매장이나 물물교환 모임 또는 수집품 상점 등에서 거래되곤 하는데 대부분 지역적으로 교통상의 제약을 받았다. 그러나 이베이(eBay)와 같은 온라인 경매가 활성화되면서 수집품의 거래는 국제무대로 확장되었다. 수집품 중 야구카드의 거래가 가장 활발했으나 최근에는 퍼비(Furbies), 비니 바비(Beanie Babies), 포켓몬(Pokémon) 카드가 매우 인기 있는 수집품들이다. 하지만 유행 아이템만이 수집가들의 관심을 끄는 것은 아니다. 실제로 지난날의 향수를 느끼게 하면 무엇이든 수집품으로 여겨지며, 점점 더 수집품을 투자로 간주하고 있다.

수집품은 통상 팔릴 때까지 현금흐름이 없으며, 수집품의 상태와 매수자의 감정이 가치 결정에 중요하다. 수익률은 때때로 놀랄 정도이지만 해석에는 주의가 필요하다.

예를 들면, 2018년에 "1915-에스 파나마-퍼시픽 라운드 50달러 골드 피스"(1915-S Panama-Pacific Round $50 Gold Piece)가 336,000달러에 거래되었다.[2] 문외한에게는 엄청 비싼 가격같이 보이지만 실제의 투자수익률은 연간 약 8.93% 정도였음을 확인해보자. 그렇게 나쁘지는 않으나 대부분 사람이 판매가를 보고 예상하는 수익률과는 거리가 멀다.

만화책(comic books)은 요즘 수집상들에게서 인기가 높아지고 있다. 《배트맨》(*Batman*) 창간호는 1940년 봄에 발행되었는데 10센트의 정가에 판매되었다. 2018년에 만화책 원본 중 하나가 227,050달러에 경매되었다. 문외한에게는 매우 높은 수익 같은데 사실 그렇다! 수익률이 연간 약 20.64%였음에 동의하는지 알아보자.

우표 수집은 또 다른 대중적인 취미활동이다. 세상에서 가장 유명한 우표는 1856년에 발행된 영국령 가이아나(Guiana)의 1센트짜리 블랙온마젠타(One-Cent Black on Magenta) 우표이다. 단 한 장 남아 있는 것으로 알려진 이 우표는 1986년부터 대중의 눈에서 사라졌다. 2014년 6월에 이 우표는 경매에서 9,480,000달러에 팔렸다. 우표 본래 가격의 거의 10억 배이지만 연간수익률은 약 13.98%임을 확인해보자.

[2]역주: 1915년 미국에서 발행된 50달러 금화로 크고 무거워 슬러그(slug)로 알려져 있다.

예제 4.9 **두 배의 즐거움**

10년마다 투자금의 두 배를 약속하는 투자를 제안받았다고 하자. 투자수익률은 대략 얼마인가?

72의 법칙에서 대략 $72/r\% = 10$으로 수익률이 주어지므로 수익률은 대략 $72/10 = 7.2\%$이다. 정확한 답은 7.177%임을 입증해보자.

약간 더 극단적인 예는 1790년 4월 17일에 벤자민 프랭클린(Benjamin Franklin)이 죽으면서 유산으로 남긴 돈에 관한 것이다. 그는 유언에서 1,000파운드 스털링(pound sterling)의 돈을 매사추세츠 주와 보스턴 시에 기부했다. 그는 비슷한 금액의 돈을 펜실베이니아 주와 필라델피아 시에도 기부했다. 그 돈은 프랭클린이 공직에 있을 때 받은 것이지만 그는 정치인들은 보수를 받아서는 안 된다고 믿었다(이러한 견해에 대해 현대 정치인들이 공감하는 것 같지는 않다).

프랭클린은 원래 그 돈은 그가 사망하고 난 100년 후에 젊은이들 양성에 사용되어야 한다고 명시했다. 그러나 후에 법적 논쟁 끝에 프랭클린 사망 200년 후인 1990년에 그 돈을 지급하기로 합의했다. 그동안 펜실베이니아 주의 유산은 약 200만 달러로 늘어났고, 매사추세츠 주의 유산은 450만 달러로 늘어났다. 그 돈은 보스턴 시와 필라델피아 시에 프랭클린 연구소(Franklin Institute) 설립에 사용되었다. 1,000파운드 스털링이

1,000달러와 동등하다고 가정하면 두 주가 벌은 수익률은 얼마인가? (1792년까지 달러화는 미국의 공식 통화가 아니었다.)

펜실베이니아 주의 미래가치는 200만 달러이고 현재가치는 1,000달러이다. 200년이 걸렸으므로 다음과 같이 r을 풀 수 있다.

$$\$1,000 = \$2,000,000/(1 + r)^{200}$$
$$(1 + r)^{200} = 2,000$$

r을 풀면 펜실베이니아 주의 돈은 연간 약 3.87% 성장했다. 매사추세츠 주의 돈은 더 늘어났는데 수익률은 4.3%임을 확인하자. 수익률의 작은 차이가 쌓일 수 있다!

계산기 힌트

이상의 숫자들을 이용해 재무계산기로 미지의 수익률을 계산하는 방법을 설명할 수 있다. 펜실베이니아 주는 다음과 같다.

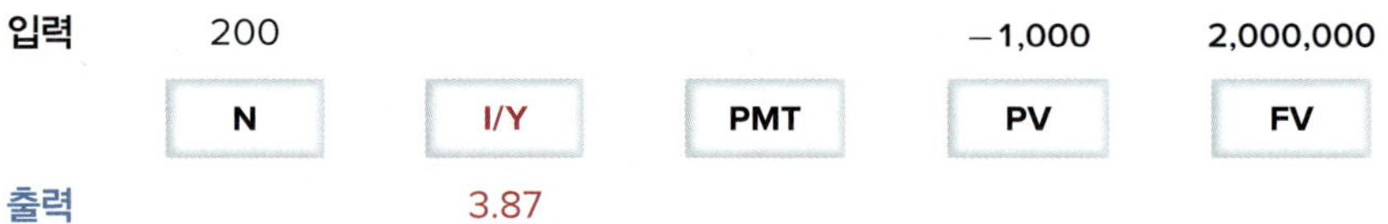

앞의 예제와 마찬가지로 수년 전에 프랭클린이 내놓은 돈인 현재가치에 있는 음의 부호를 주시해야 한다. 매사추세츠 주는 어떻게 바뀌어야 하겠는가?

예제 4.10 대학등록금 저축

8년 후에 자녀를 대학에 보내기 위해서 약 80,000달러가 필요할 것으로 추정한다. 현재 약 35,000달러가 있다. 연간 20%를 벌 수 있다면 뜻을 이룰 수 있겠는가? 수익률이 얼마면 목적을 이루겠는가?

20%를 벌 수 있다면 8년 후 35,000달러의 미래가치는

$$FV = \$35,000 \times 1.20^8 = \$35,000 \times 4.2998 = \$150,493.59$$

그래서 목적을 쉽게 이룰 수 있다. 최소한의 수익률은 다음의 미지수 r이다.

$$FV = \$35,000 \times (1 + r)^8 = \$80,000$$
$$(1 + r)^8 = \$80,000/35,000 = 2.2857$$

따라서 미래가치요소는 2.2857이다. 〈표 A.1〉에서 8년 기간에 해당하는 행을 살펴보면 미래가치요소는 대략 10%(2.1436)와 12%(2.4760)의 중간이므로 대략 11%를 벌면 목적을 이룰 것이다. 더 정확한 답을 위해 재무계산기를 사용하거나 다음의 식에서 r을 풀 수 있다.

$$(1 + r)^8 = \$80,000/35,000 = 2.2857$$
$$1 + r = 2.2857^{(1/8)} = 2.2857^{0.125} = 1.1089$$
$$r = 10.89\%$$

예제 4.11 은퇴까지 불과 18,262.5일

50년 후에 백만장자가 되어 은퇴하고 싶다. 오늘 10,000달러가 있다면 목적을 이루기 위해서는 얼마의 수익률이 필요한가?

미래가치는 100만 달러이다. 현재가치는 10,000달러이고 은퇴까지는 50년이다. 다음에서 미지의 할인율을 계산할 수 있다.

$$\$10{,}000 = \$1{,}000{,}000/(1 + r)^{50}$$
$$(1 + r)^{50} = 100$$

따라서 미래가치요소는 100이다. 내재할인율이 약 9.65%임을 입증할 수 있다.

투자 기간 계산

50,000원의 비용이 드는 자산을 매입하려고 한다. 지금 25,000원이 있다. 이 25,000원에 대해 12%를 벌 수 있다면 50,000원을 만들려면 얼마나 걸리겠는가? 이 문제의 답은 기본현재가치등식에서 마지막 변수인 투자 기간에 대해 푸는 것이다. 이런 특수 문제의 대략적인 답을 구하는 방법을 이미 알고 있다. 돈의 두 배가 필요하다는 점에 주목하자. 72의 법칙으로부터 12%로 72/12 = 6년이 걸릴 것이다.

정확한 답을 위해서 다시 기본현재가치등식을 변형할 수 있다. 현재가치는 25,000원이고 미래가치는 50,000원이다. 12%의 할인율에 기본등식은 다음 중 하나가 된다.

$$25{,}000 = 50{,}000/1.12^t$$
$$50{,}000/25{,}000 = 1.12^t = 2$$

따라서 12%에 미래가치요소는 2가 된다. 이제 t를 풀면 된다. 〈표 A.1〉에서 12% 열을 따라 내려가면 1.9738의 미래가치요소는 6년에서 발생함을 알 것이다. 따라서 계산한 바와 같이 약 6년이 걸릴 것이다. 정확한 값을 위해서는 t를 명시적으로 풀거나 재무계산기를 이용한다. 그러면 답이 6.1163년이어서 근사치와 매우 가까움을 발견할 것이다.

계산기 힌트

재무계산기에서 적절한 입력키는 다음과 같다.

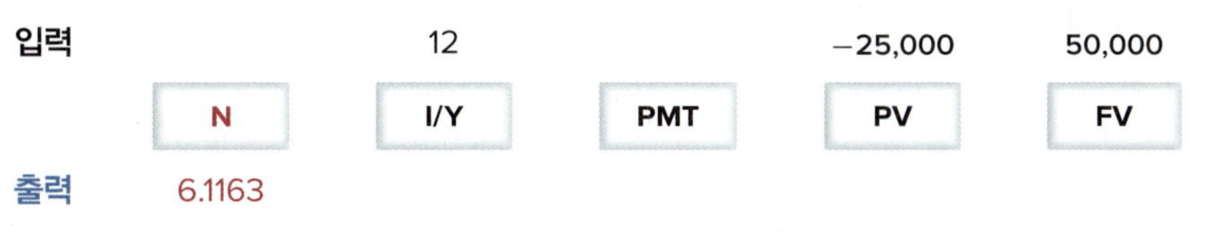

예제 4.12 기업 인수 시점 포착

어느 회사를 인수하기 위한 자금을 마련해 왔다. 총비용은 100억 원일 것이다. 현재 약 23억 원을 보유하고 있다. 보유자금으로 5%를 벌 수 있다면 얼마나 더 기다려야 하는가? 16%에는 얼마나 기다려야 하는가?

5%로는 오래 기다려야 할 것이다. 기본현재가치등식으로부터

$$23 = 100/1.05^t$$
$$1.05^t = 4.35$$
$$t = 30.12\text{년}$$

16%라면 상황은 조금 나아진다. 약 10년이 걸리는지 직접 확인해보자.

이 예제로 기본적인 화폐의 시간가치 개념에 대한 소개를 마무리한다. 〈표 4.4〉는 현재가치와 미래가치 계산을 참고용으로 정리한 것이다. 이번 장의 *Work the Web*(워크더웹) 박스에서 볼 수 있듯이 온라인상의 계산기는 이와 같은 계산에 널리 이용될 수 있다. 그러나 어떻게 계산되는지를 아는 것은 여전히 중요하다.

표 4.4

화폐의 시간가치 계산 정리

I. 용어 해설

PV = 현재가치, 미래의 현금흐름에 대한 오늘의 가치

FV_t = 미래가치, 현금흐름에 대한 미래의 가치

r = 기간당 이자율, 수익률, 혹은 할인율—반드시 그런 것은 아니지만 일반적으로 1년임

t = 기간의 수—반드시 그런 것은 아니지만 일반적으로 연수를 표시

C = 현금 액수

II. t 기간의 기간당 r%에 투자된 C의 미래가치

$FV_t = C \times (1 + r)^t$

$(1 + r)^t$를 *미래가치요소*라고 한다.

III. t 기간의 기간당 r%에 투자된 C의 현재가치

$PV = C/(1 + r)^t$

$1/(1 + r)^t$ 항을 *현재가치요소*라고 한다.

IV. 현재가치와 미래가치의 관계를 나타내는 기본현재가치등식

$PV = FV_t/(1 + r)^t$

스프레드시트 전략

시간가치 및 다른 계산을 위해 엑셀 사용법을 더 알고 싶으면 www.studyfinance.com 참조.

화폐의 시간가치 계산에 스프레드시트 사용하기

점점 더 재무나 회계뿐만 아니라 다양한 분야의 경영자들이 현실 세계에서 부딪치는 모든 다양한 형태의 계산을 위해서 스프레드시트를 활용하고 있다. 그 결과 여기에서는 이번 장에서 다루었던 다양한 화폐의 시간가치 문제를 계산하기 위해 스프레드시트를 활용하는 방법을 소개한다. 마이크로소프트의 엑셀(Microsoft Excel[TM])을 활용하고자 하나 다른 소프트웨어도 사용법은 비슷하다. 기본적인 스프레드시트 사용법은 알고 있다고 가정한다.

(계속)

WORK THE WEB

화폐의 시간가치는 얼마나 중요한가? 최근 웹 검색 횟수가 9억 9,600만을 넘어섰다. 화폐의 시간가치 배후에 있는 계산과정을 이해하는 일이 중요하다. 그러나 재무계산기와 스프레드시트의 등장으로 지루한 계산을 할 필요는 없어졌다. 사실 많은 웹사이트가 화폐의 시간가치 계산기를 제공한다. 다음은 머니침프(Moneychimp) 웹사이트(www.moneychimp.com)의 한 예이다. 25년 후에 150,000달러가 필요한데 9.2%에 투자할 것이다. 오늘 얼마의 돈을 저축해야 하는가? 계산기를 사용하려면 가치를 입력하고 "Calculate"를 누른다. 그 결과는 다음과 같다.

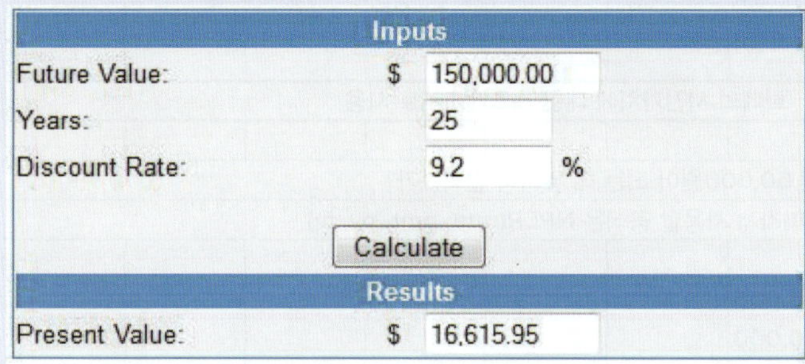

누가 화폐의 시간가치 계산이 어렵다고 했는가?

질문 QUESTIONS

1. *이 웹사이트에 있는 현재가치 계산기를 이용해 다음에 답하라. 25년 후에 140,000달러를 원한다. 10%의 수익을 낸다면 오늘 얼마를 투자해야 하는가?*
2. *이 웹사이트에 있는 미래가치 계산기를 이용해 다음에 답하라. 오늘 8,000달러가 있는데 40년 후의 은퇴를 위해 저축하려고 한다. 연간 10.8%의 수익을 낸다면 은퇴할 시점에 계좌에는 얼마가 있겠는가?*

앞에서 살펴본 바와 같이 미래가치, 현재가치, 할인율 또는 투자 기간의 넷 중 하나에 대해 풀 수 있다. 스프레드시트에는 각각에 대한 공식이 있다. 엑셀에서는 다음과 같다.

계산하려는 값	사용 공식
미래가치	= FV(rate,nper,pmt,pv)
현재가치	= PV(rate,nper,pmt,fv)
할인율	= RATE(nper,pmt,pv,fv)
투자 기간	= NPER(rate,pmt,pv,fv)

(계속)

공식에서 pv와 fv는 현재가치와 미래가치를 나타내고, nper은 투자 기간을 나타내며, rate는 할인율 또는 이자율을 나타낸다.

여기서 다소 까다로운 두 가지가 있다. 첫째, 재무계산기와는 달리 스프레드시트는 이자율을 소수점으로 입력해야 한다. 둘째, 재무계산기 대부분처럼 할인율이나 투자 기간을 계산하기 위해서는 현재가치와 미래가치 둘 중 하나의 값에 음수의 부호를 입력해야 한다. 같은 이유로 현재가치를 구할 때 음수의 미래가치를 입력하지 않는 한 음수 값이 될 것이다. 미래가치를 계산할 때도 마찬가지이다.

이 공식들을 어떻게 사용하는지를 보여주기 위해서 다시 앞의 한 예제로 돌아가 보자. 연간 12%에 25,000원을 투자한다면 얼마 후에 50,000원이 되겠는가? 다음과 같이 스프레드시트를 설정할 수 있다.

	A	B	C	D	E	F	G	H
1								
2	화폐의 시간가치에 대한 스프레드시트 사용							
3								
4	25,000원을 12%에 투자하면 50,000원이 되는 데 얼마나 걸리는가?							
5	미지의 기간을 계산해야 한다. 따라서 사용할 공식은 NPER(rate, pmt, pv, fv)							
6								
7	현재가치(pv):	25,000						
8	미래가치(fv):	50,000						
9	할인율(rate):	0.12						
10								
11	기간:	6.116255						
12								
13	셀 B11에 들어 갈 공식은 =NPER(B9,0,-B7,B8); pmt는 영(0)이고 pv는 음의 부호인 점에 주의하자.							
14	또한, 할인율이 퍼센트가 아니라 소수점으로 입력되는 점도 주의하자.							

개념문제 CONCEPT QUESTIONS

4.3a 기본현재가치등식(basic present value equation)이란 무엇인가?

4.3b “72의 법칙”이 무엇인가?

요약과 결론

이번 장에서는 현재가치의 기본 원리와 현금흐름할인법을 소개했다. 그리고 화폐의 시간가치와 관련된 여러 가지를 소개했다.

1. 현재 이루어진 투자의 미래 특정 시점에서의 가치는 주어진 수익률로 투자의 미래가치를 계산함으로써 결정할 수 있다.
2. 미래 현금흐름의 현재의 가치는 주어진 수익률로 관련된 현금흐름의 현재가치를 계산함으로써 결정할 수 있다.
3. 수익률 r과 투자 기간 t에서 현재가치와 미래가치의 관계는 기본현재가치등식과 같다.

$PV = FV_t/(1 + r)^t$

이미 살펴본 바와 같이 4개 요소(PV, FV_t, r, 혹은 t) 중 3개를 알면 나머지 하나를 계산할 수 있다.

이번 장에서 자세히 설명한 원리들은 앞으로 중요한 역할을 할 것이다. 부동산에 투자하든, 금융자산에 투자하든 간에 대부분의 투자는 현금흐름할인법 혹은 DCF법으로 분석하기 때문이다. 결국, DCF법은 실무에서 널리 적용되고 자주 사용되고 있다.

복습과 자체시험 문제

4.1 미래가치 계산. 8% 이자를 지급하는 은행계좌에 오늘 1,000달러를 예금했다. 4년 후 얼마를 받을 수 있겠는가? ([문제 2] 참조)

4.2 현재가치 계산. 지금 막 19번째 생일을 맞이했다. 부자인 삼촌은 당신이 25세가 되는 해에 100,000달러를 지급하는 신탁 펀드(trust fund)를 설정했다. 적정 할인율이 11%라면 오늘 이 펀드의 가치는 얼마인가? ([문제 3] 참조)

4.3 수익률 계산. 12년 후에 원금이 두 배로 될 투자를 제안받았다. 수익률은 얼마인가? 72의 법칙으로 답을 확인해보자. ([문제 4] 참조)

4.4 투자 기간 계산. 연간 7%를 지급할 예정인 투자를 제안받았다. 10,000달러를 투자해 20,000달러가 되려면 얼마나 걸리겠는가? 30,000달러가 되려면 얼마나 걸리겠는가? ([문제 5] 참조)

복습과 자체시험 문제 풀이

4.1 8%에 1,000달러의 4년 후 미래가치를 계산하면 된다. 미래가치요소는

$1.08^4 = 1.3605$

따라서 미래가치는 $\$1,000 \times 1.3605 = \$1,360.49$

4.2 11%에 6년 후 지급하는 100,000달러의 현재가치가 필요하다. 할인요소는

$1/1.11^6 = 1/1.8704 = 0.5346$

따라서 현재가치는 약 53,464달러이다.

4.3 100달러를 투자했다고 하자. 이 투자가 12년 후에는 200달러가 될 것이다. 따라서 100달러는 오늘 보유한 금액인 현재가치이고, 200달러는 12년 후에 받게 될 금액인 미래가치이다. 기본현재가치등식으로부터

$\$200 = \$100 \times (1 + r)^{12}$

$2 = (1 + r)^{12}$

여기서 미지수 r을 풀면 된다. 이번 장에서 설명했듯이 몇 가지 방법으로 풀 수 있다. 2의 1/12 제곱을 한다.

$$2^{1/12} = 1 + r$$
$$1.0595 = 1 + r$$
$$r = 0.0595 = 5.95\%$$

72의 법칙을 이용하면 $72/t = r\%$ 또는 $72/12 = 6\%$가 되므로 비슷하다(72의 법칙은 근사치일 뿐임을 기억하자).

4.4 기본등식은

$\$20,000 = \$10,000 \times (1 + 0.07)^t$

$2 = (1 + 0.07)^t$

t에 대해 푼다면 $t = 10.24$년이다. 72의 법칙을 이용하면 $72/7 = 10.29$년이 되어 답이 그럴듯하다. 30,000달러가 되려면 16.24년을 기다려야 함을 직접 확인해보자.

비판적 사고와 개념 복습

LO 1 **4.1 복리계산.** 복리계산(compounding)이란 무엇인가? 할인(discounting)이란 무엇인가?

LO 1 **4.2 복리계산과 기간.** 기간이 늘어나면 미래가치는 어떻게 되는가? 현재가치는 어떻게 되는가?

LO 1 **4.3 복리계산과 이자율.** 이자율 r이 상승하면 미래가치는 어떻게 되는가? 현재가치는 어떻게 되는가?

LO 1 **4.4 미래가치.** 한 계좌에 많은 금액을 낮은 금리로 예금함과 동시에 한 계좌에 적은 금액을 높은 금리로 예금하고 있다고 하자. 어느 계좌의 미래가치가 더 크겠는가?

LO 3 **4.5 윤리적 고려.** 〈예제 4.6〉을 다시 보자. 이는 사기 광고인가? 부연 설명 없이 미래가치를 광고하면 비윤리적인가?

다음의 5개 질문에는 아래 정보를 이용한다. 2008년 3월 28일, 도요타 모터(Toyota Motor)의 자회사인 도요타 모터 크레디트 코퍼레이션(Toyota Motor Credit Corporation: TMCC)은 증권을 공모했다. 이 거래조건에 의하면 TMCC는 2038년 3월 28일에 증권소유자에게 100,000달러를 상환하기로 약정했다. 그러나 투자자들은 그때까지는 아무것도 받지 못할 것이다. 투자자들은 TMCC에게 증권당 24,099달러를 지급했다. 따라서 투자자들은 30년 후에 100,000달러의 지급을 약정받고 2008년 3월 28일에 24,099달러를 포기했다.

LO 2 **4.6 화폐의 시간가치.** 왜 TMCC는 오늘 적은 금액($24,099)을 받는 대신 미래에 약 4배나 되는 금액($100,000)을 상환하기로 약정했겠는가?

LO 3 **4.7 콜 조항.** TMCC는 기념일에 증권이 발행될 당시에 설정된 가격으로 증권을 되살 권리가 있다(이 특성은 이 거래의 조건이다). 이러한 특성이 이 증권의 투자 타당성에 주는 영향은 무엇인가?

LO 3 **4.8 화폐의 시간적 가치.** 30년 후에 100,000달러를 받는 조건으로 오늘 24,099달러를 기꺼이 지급하겠는가? 이 질문에 답하기 위해 가장 고려할 점은 무엇인가? 30년 후에 지급하기로 약정한 상대가 누구인지에 따라서 답이 달라지겠는가?

LO 3 **4.9 투자 비교.** TMCC 증권을 24,099달러에 발행할 때 미국 재무부(Treasury)는 근본적으로 같은 조건의 증권을 발행했다. 미국 재무부 증권의 가격이 더 높겠는가, 낮겠는가? 그 이유는?

LO 3 **4.10 투자 기간.** TMCC 증권은 뉴욕증권거래소에서 매매된다. 오늘 가격을 보면 발행가격인 24,099달러 이상일 것으로 생각하는가? 그 이유는? 2022년에는 가격이 오늘 가격보다 높겠는가, 낮겠는가? 그 이유는?

연습문제

초급(문제 1-15)

LO 1 **1. 단리와 복리.** 퍼스트뱅크는 저축예금에 연 7%를 단리로 지급하는 반면 세컨드뱅크는 연 7%를 복리로 지급한다. 각 은행에 7,900달러를 예금하면 10년 후에 세컨드뱅크의 계좌에 얼마나 더 많은 돈이 있겠는가?

LO 1 **2. 미래가치 계산.** 미래가치를 계산하라.

현재가치	기간(년)	이자율	미래가치
$ 2,960	7	13%	
7,846	16	7	
85,381	19	9	
221,614	26	5	

LO 2 **3. 현재가치 계산.** 현재가치를 계산하라.

현재가치	기간(년)	이자율	미래가치
	15	7%	$ 19,415
	8	11	47,382
	13	10	312,176
	25	13	629,381

LO 3 **4. 이자율 계산.** 이자율을 계산하라.

현재가치	기간(년)	이자율	미래가치
$ 715	9		$ 1,381
905	12		1,718
15,000	26		141,832
70,300	15		312,815

LO 4 **5. 기간 계산.** 기간을 계산하라.

현재가치	기간(년)	이자율	미래가치
$ 195		8%	$ 873
2,105		11	3,500
47,800		10	326,500
38,650		15	213,380

LO 3 **6.** **이자율 계산.** 18년 후 자녀가 대학에 입학할 때 총 235,000달러의 교육비가 필요하다. 현재 투자할 수 있는 금액은 53,000달러이다. 자녀의 교육비를 충당하기 위해서는 연간이자율이 얼마이어야 하는가?

LO 4 **7.** **기간 계산.** 5.3% 이자율에 투자금액이 2배가 되려면 얼마나 걸리는가? 4배가 되려면?

LO 3 **8.** **수익률 계산.** 1793년 필라델피아에서 주조된 최초의 동전 중 하나가 2018년에 300,000달러에 거래되었다. 이 투자의 수익률은 얼마인가?

LO 4 **9.** **기간 계산.** 175,000달러의 신형 페라리(Ferrari)를 사기 위해서 저축하고자 한다. 지금 35,000달러를 은행에 저축할 수 있다. 은행은 예금에 연 2.9%의 이자를 지급한다. 차를 사기에 충분하려면 얼마나 걸리겠는가?

LO 2 **10.** **현재가치 계산.** 25년 후에 지급해야 하는 6.45억 달러의 비적립식 연금부채(unfunded pension liability)가 있다. 회사의 주식 가치를 평가하기 위해 재무 애널리스트는 이 부채를 현재로 할인하려고 한다. 적절한 할인율이 5.5%라면 이 부채의 현재가치는 얼마인가?

LO 2 **11.** **현재가치 계산.** 새천년 복권에서 1등 상으로 100만 달러에 당첨되었다는 통보를 방금 받았다. 그러나 그 상금은 지금으로부터 80년 후인 당신의 100번째 생일날 지급될 것이다. 적정 할인율이 8.45%라면 이 뜻하지 않은 횡재의 현재가치는 얼마인가?

LO 1 **12.** **미래가치 계산.** 화폐수집 목록에 1952년도 은화가 50개 있다. 조부모님은 이 은화들을 발행 당시 액면가로 매입했다. 은화의 가치가 연간 4.8%씩 상승한다고 가정하면 당신이 은퇴하는 2045년에 은화의 가치는 얼마가 되겠는가?

LO 1 LO 3 **13.** **이자율과 미래가치 계산.** 1895년에 최초로 US오픈 골프 챔피언십이 열렸다. 우승상금은 150달러였다. 2018년 우승상금은 2,160,000달러였다. 이 기간에 우승상금의 연간상승률은 퍼센트로 얼마인가? 우승상금이 같은 비율로 증가한다면 2045년에는 얼마가 되겠는가?

LO 3 **14.** **현재가치 계산.** 2018년에 슈퍼맨(Superman)이 처음 등장한 《액션 만화》(*Action Comics*) No.1은 경매에서 573,600달러에 팔렸다. 이 만화책은 본래 1938년에 0.10달러에 팔렸다. 이 만화책의 가치는 연간 얼마나 증가했는가?

LO 3 **15.** **수익률 계산.** 더 세련된 취향에는 매력적이지만 수집품으로서의 미술은 항상 수익이 나지는 않는다. 2010년 중 도이처-맨지스(Deutscher-Menzies)는 호주의 화가 브렛 화이트리(Brett Whiteley)의 작품 '샤워하는 아르키(*Arkie under the Shower*)'를 경매에서 110만 달러에 판매했다.

이전 소유주는 안타깝게도 3년 전에 1,680,000달러에 매입했다. 이 그림의 연간수익률은 얼마인가?

중급(문제 16-25)

LO 3 **16.** **수익률 계산.** 이번 장 시작할 때 언급했던 EE시리즈 저축채권을 참조하자.

a. 액면가 50달러의 채권을 매입했다. 가치가 2배가 될 때까지 20년 동안

채권을 보유했다면 수익률은 얼마이겠는가?

b. 2018년 초에 액면가 50달러의 채권을 현행 연간이자율 0.10%에 매입했다면 2028년에 채권의 가치는 얼마이겠는가?

c. 2028년에 당시 현행 가격에 채권을 현금화하는 대신 2038년에 액면가의 2배가 될 때까지 채권 보유를 결정했다. 남은 10년 동안 얻게 되는 수익률은 얼마이겠는가?

LO 2 **17.** **현재가치 계산.** 아직도 175,000달러의 페라리(Ferrari) 승용차를 소유하고 싶어 한다고 하자([문제 9]를 참조하라). 뮤추얼펀드는 11.2%의 연간수익률 달성을 믿는다. 30세가 되는 10년 후에 차량 매입을 원한다면 오늘 얼마를 투자해야 하는가?

LO 1 **18.** **미래가치 계산.** 방금 개인퇴직연금에 5,000달러를 처음 입금했다. 수익률은 10.2%이고 더 이상의 입금은 없다면, 45년이 지나 은퇴할 때 계좌에는 얼마가 있겠는가? 10년을 더 기다려 입금을 시작한다면 어떻게 되겠는가? (이로부터 투자전략을 세울 수 있는가?)

LO 1 **19.** **미래가치 계산.** 2년 후에 10,000달러를 받을 예정이다. 그 돈을 받을 때 연간 7.5%에 6년간 투자할 예정이다. 8년 후에 얼마를 받겠는가?

LO 4 **20.** **기간 계산.** 2년 후 졸업할 때 30,000달러를 받을 예정이다. 그 돈을 수익률 7%에 125,000달러가 될 때까지 투자할 계획이다. 지금부터 얼마를 기다려야 하는가? ([문제 9]보다는 상황이 나아졌으나 아직도 페라리는 어림없다.)

LO 1 **21.** **미래가치 계산.** 5,800달러를 예금하려고 한다. 리전시뱅크(Regency Bank)는 매달 1%로 복리 계산해서 연간 12%를 주고, 킹뱅크(King Bank)는 연간 한 번의 복리계산으로 12%를 준다고 한다. 각각의 은행에서 20년 후의 금액은 얼마가 되겠는가?

LO 3 **22.** **이자율 계산.** 믿어지지 않겠지만 24개월 후에 원금의 3배를 주는 투자가 있다. 3개월마다 얼마의 수익률이 제공되는가?

LO 4 **23.** **기간 계산.** 은행에서 매달 0.31%의 이자를 받을 수 있다. 1,800달러를 예금해 3,100달러가 될 때까지 얼마나 걸리는가?

LO 2 **24.** **현재가치 계산.** 10년 후에 85,000달러가 필요하다. 매달 0.78%를 벌 수 있다면 오늘 얼마를 저축해야 하는가?

LO 2 **25.** **현재가치 계산.** 45년 후 퇴직할 때 백만장자가 되기를 결심했다. 연간수익률이 11.4%라면 오늘 얼마를 투자해야 하는가? 연간수익률이 5.7%라면?

고급(문제 26)

LO 1 **26.** **미래가치 계산.** 현재 20,000달러가 있고 향후 40년간 투자하기를 바란다. 처음 20년간은 6%의 이자를 받고, 나머지 20년간은 10%의 이자를 받을 수 있는 투자계획을 제안받았다. 40년 후에 얼마가 되겠는가? 처음 20년간은 10%의 이자를 받고 나머지 20년간은 6%의 이자를 받는다면 상황이 달라지겠는가? 왜 그렇다고 생각하는가? 또는 왜 그렇지 않다고 생각하는가?

웹에서 문제 풀기

4.1 미래가치 계산. www.dinkytown.net을 방문하여 "Savings Calculator" 링크를 따라가 보자. 현재 10,000달러가 있고 그 돈을 9%에 투자한다면 30년 후에 얼마가 되겠는가? 추가로 출자하지 않는다고 가정한다. 만약 11%를 번다면 얼마가 되겠는가?

4.2 기간 계산. www.dinkytown.net을 방문하여 "Cool Million" 계산기를 찾자. 백만장자가 되고 싶다. 연간 11.5%의 수익을 낼 수 있다. 다른 저축은 안 한다고 가정할 때 (인플레이션은 무시함) 현재 25,000달러를 투자할 수 있다면 실제로 몇 살일 때 백만장자가 되겠는가?

4.3 기간 계산. www.moneychimp.com에 가서 "Compound Interest" 계산기를 찾자. 람보르기니 무르치에라고(Lamborghini Murciélago)를 사기 원한다. 이 차의 가격이 330,000달러이고, 현재 35,000달러가 있다고 하자. 11%의 수익을 낼 수 있다면 (가격이 그대로라고 가정할 때) 이 차를 사는 데 몇 해가 걸리겠는가?

4.4 수익률 계산. www.moneychimp.com에서 "수익률(Return Rate)" 계산기를 사용해 다음 문제를 풀라. 여전히 람보르기니 무르치에라고(Lamborghini Murciélago)를 사기 원한다. 그러나 60,000달러밖에 없는데, 15년 후에 그 차를 사고 싶다. 목적을 달성하기 위해서는 (가격이 그대로라고 가정할 때) 이자율이 얼마가 되어야 하는가?

4.5 미래가치와 세금. 세금은 대체로 투자의 미래가치에 영향을 준다. www.financial-calculators.com에 있는 웹사이트에는 세금 목적으로 수익률을 조정하는 재무계산기가 있다. 이 페이지에 가서 계산기를 찾아라. 오늘 투자할 50,000달러가 있다고 하자. 12%의 수익률을 낼 수 있고 추가로 저축하지 않는다면 20년 후에 얼마가 되겠는가? (세율은 0%). 이제 한계세율이 27.5%라고 가정하면 이 법인세율에 얼마를 갖게 되겠는가?

엑셀 *MASTER IT!* 문제

재무계산기(그리고 엑셀)가 등장하기 전에는 현재가치와 미래가치를 계산하기 위해서 표가 종종 사용되었다. 양방향 데이터 표를 이용해 미래가치표와 현재가치표를 만들어냈다. 표를 약간 더 재미있게 만들기 위해서 이 표로 다른 금액에 대한 미래가치와 현재가치를 계산하도록 하자. 여기서 주목해야 할 점 하나는 이 워크북에서 일찍이 제시한 표를 단순히 복사해 붙일 수는 없다는 것이다. 데이터 표가 만들어질 때 나중에 행과 열을 추가하거나 삭제할 수 없다.

5 현금흐름할인법

Discounted Cash Flow Valuation

프로 운동선수 알렉스 아빌라(Alex Avila), 유 다르빗슈(Yu Darvish), 지미 가라폴로(Jimmy Garoppolo)의 공통점은 무엇인가? 세 명 모두 2018년에 대형 계약에 서명했다는 것이다. 계약가치는 각각 825만 달러, 1억 2,600만 달러, 1억 3,750만 달러였다. 확실히 메이저리그에 걸맞은 액수이다. 그렇다고 하더라도 이와 같은 숫자들에는 상당한 오해의 소지가 있다. 예를 들어 2018년 1월 아빌라는 애리조나 다이아몬드백스(Arizona Diamondbacks)와 계약했다. 그의 계약은 2018년에 400만 달러, 2019년에 425만 달러의 연봉을 요구한다. 특히 "무지의 도구"(tools of ignorance; 포수의 장비에 대한 운동선수 전문용어)로 생계를 꾸리는 사람에게는 나쁘지 않다.

숫자를 자세히 보면 알렉스, 유, 지미는 잘한 편이나 제시된 숫자와 같지는 않다. 유의 계약을 예로 들면 그 가치는 1억 2,600만 달러로 발표되었으나 실제로 몇 년에 걸쳐 지급된다. 2018년에는 2,500만 달러이나 2023년에는 단지 1,800만 달러인 계약이다. 여러 해에 걸쳐 지급되기에 화폐의 시간가치를 고려해야 한다. 계약의 가치가 발표된 것보다 적다는 의미이다. 실제로는 얼마인가? 이번 장에서는 이 질문에 답하기 위해 "지식의 도구"(tools of knowledge)를 제공한다.

이전의 장에서 현재가치 결정을 위해 한 번의 미래 일시불을 검토하는 방법을 배웠다. 이는 매우 유용한 기술이나 더 나아가 다수의 미래 지급이 훨씬 더 흔한 상황이기에 이를 다루는 방법을 알 필요가 있다. 예를 들어 (학자금대출을 포함해) 대부분의 대출은 오늘 일시불로 받고 미래 여러 번 지급한다.

더 일반적으로 마케팅, 운영과 전략에 관한 의사결정을 포함해 대부분 형태의 경영의사결정은 오늘의 비용과 나중에 희망하는 현금유입을 비교한다. 비용과 수익의 교환(cost-benefit trade-off)을 평가하려면 이번 장에서 개발한 도구가 필요하다.

현금흐름할인법(discounted cash flow valuation)은 너무 중요하기에 이 내용을 제대로 학습한 학생들은 살아가기가 훨씬 쉬울 것이다. 지금 똑바로 가면 나중에 머리 아픈 많은 일을 해결할 것이다.

학습 목표_*Learning Objectives*

제5장을 마친 후에는 다음의 능력을 갖추어야 한다.

- **LO 1** 다수의 현금흐름이 발생하는 투자의 미래가치와 현재가치 결정
- **LO 2** 대출금 상환액과 대출금의 이자율 계산
- **LO 3** 대출금의 분할상환방법 기술
- **LO 4** 자율 공시방법 설명

기업재무 세계에서 최근에 전개된 사건을 보려면 essentialsofcorporatefinance.blogspot.com 방문.

이전 장에서는 현금흐름할인법(discounted cash flow valuation)의 기초를 다루었다. 그러나 아직은 단일 현금흐름만을 다루었다. 현실에서는 대부분의 투자에서 다수의 현금흐름이 발생한다. 타겟(Target)이 새로 백화점을 개장하려고 생각한다면 초기에 거액의 현금유출이 있고 그 후 여러 해에 걸쳐 현금유입이 뒤따를 것이다. 이번 장에서는 그러한 투자의 가치를 계산하는 법을 탐구하기 시작한다.

이번 장을 마치면 매우 실용적인 기법을 알게 될 것이다. 예를 들어 자동차 할부금이나 학자금대출 상환액을 계산하는 법을 알게 될 것이다. 또한, 비록 권장할 만한 습관은 아니지만 매달 최소한의 금액을 지급한다면 신용카드를 갚는 데 걸리는 시간을 결정할 수 있다. 어느 이자율이 가장 높고 어느 이자율이 가장 낮은지를 비교하는 방법도 알려 줄 것이다. 그리고 금리가 어떻게 다른 방식으로 그리고 때로는 현혹하게 표시되는지를 알려 줄 것이다.

5.1 다수 현금흐름의 미래가치와 현재가치

지금까지 현재의 일시불에 대한 미래가치 또는 미래의 단일 현금흐름에 대한 현재가치에 주목했다. 여기에서는 다수(multiple) 현금흐름의 가치를 구하는 방법을 배울 것이다. 먼저 미래가치부터 시작한다.

다수 현금흐름의 미래가치

오늘 8%의 이자를 지급하는 계좌에 100원을 예치했다고 하자. 1년 후에 다시 100원을 예치할 것이다. 그러면 2년 후에는 얼마가 되겠는가? 이 특정한 문제는 비교적 쉽다. 첫 해의 기말에는 108원과 두 번째로 맡긴 100원을 합쳐 총 208원이 된다. 208원을 8% 이자율로 1년간 더 맡기면 2년째 기말에 계좌의 금액은 다음과 같다.

208원 × 1.08 = 224.64원

〈그림 5.1〉은 두 번의 100원 예금의 미래가치를 계산하는 과정을 보여주는 시간선(*time line*)이다. 이런 그림은 복잡한 문제들을 풀 때 매우 유용하다. 현재가치나 미래가치 문제로 애를 먹을 때에는 언제나 시간선을 그리면 상황을 파악하는 데 대개 도움이 될 것이다.

〈그림 5.1〉의 첫 부분은 시간선 상의 현금흐름을 보여준다. 현금흐름이 실제로 발생하는 곳 아래 현금흐름을 적는 게 가장 중요하다. 여기서는 첫 번째 현금흐름이 오늘 발생했으므로 '시간 0'이라고 표시했다. 그래서 시간선의 '시간 0'에 100원을 적은 것이다. 두 번째 100원의 현금흐름은 오늘부터 1년 후에 발생하므로 '시간 1'이라고 표시된 곳 아래에 적었다. 〈그림 5.1〉의 두 번째 부분에서는 각 기간의 미래가치를 하나씩 계산하여 마지막으로 224.64원을 얻었다.

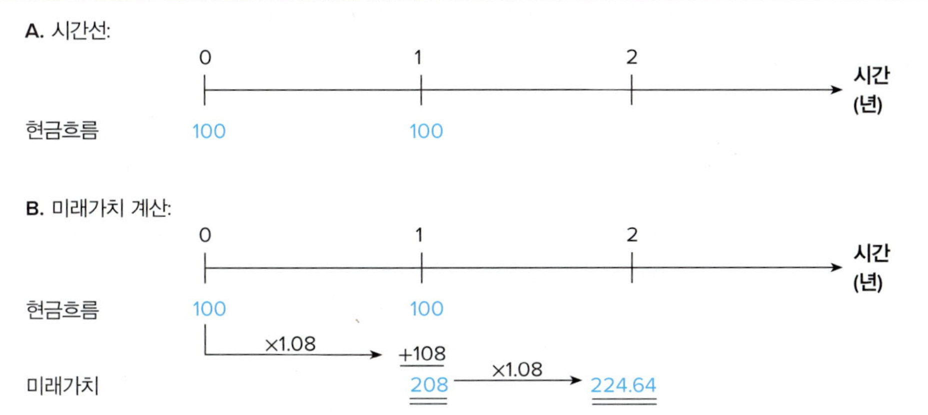

그림 5.1
시간선을 그리고 활용하기

예제 5.1 **저축하기**

8%의 이자를 지급하는 은행계좌에 앞으로 3년간 매년 기말에 4,000원을 예금할 수 있다고 생각한다. 현재 계좌에 7,000원이 있다. 3년 후에 얼마가 되겠는가? 또 4년 후에는 얼마가 되겠는가?

1년째 기말의 금액은

7,000원 × 1.08 + 4,000원 = 11,560원

2년째 기말의 금액은

11,560원 × 1.08 + 4,000원 = 16,484.80원

이를 반복하면 3년째 기말에는

16,484.80원 × 1.08 + 4,000원 = 21,803.58원

그러므로 3년 후에는 21,803.58원이 된다. 이 금액을 한 해 더 예치하면(그리고 추가하지 않는다면) 4년째 기말에는 다음과 같은 금액이 된다.

21,803.58원 × 1.08 = 23,547.87원

두 번의 100원 예금에 대한 미래가치를 계산했을 때 매해 기초의 잔액을 계산해서 그 금액을 다음 해로 이연했다. 이를 더 빠른 방법으로 할 수 있다. 첫 번째 100원은 8%에 2년 동안 예치되어 있으므로 미래가치는

100원 × 1.08^2 = 100원 × 1.1664 = 116.64원

두 번째 100원은 8%에 일 년 동안 예치되어 있으므로 미래가치는

100원 × 1.08 = 108.00원

미래가치 총액은 이전에 계산한 바와 같이 이 두 미래가치의 합과 같다.

116.64원 + 108 = 224.64원

그림 5.2

5년간 매년 2,000원이 발생하는 시간선

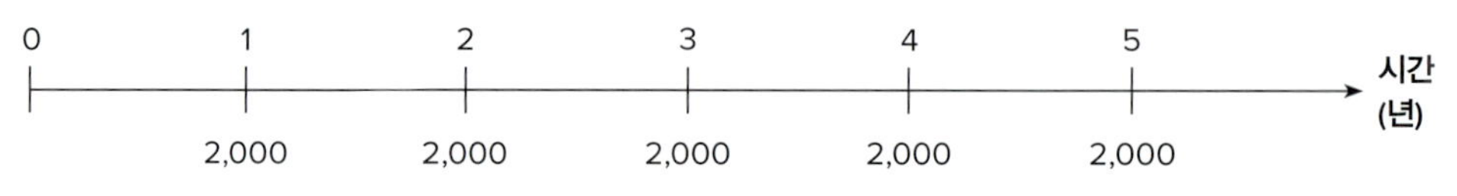

그림 5.3

한 번에 한 기간씩 복리 계산한 미래가치

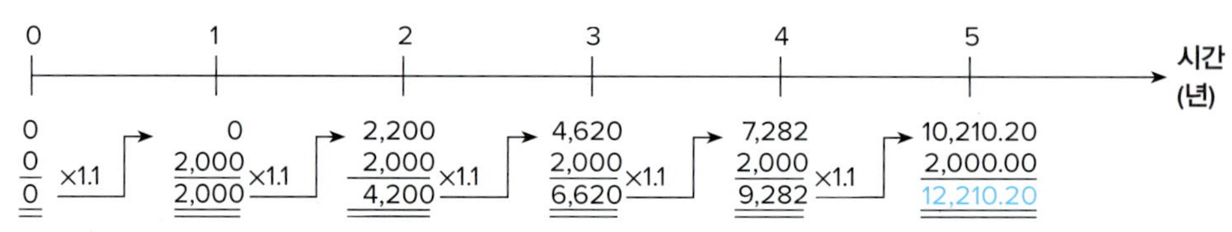

그림 5.4

각 현금흐름을 개별적으로 복리 계산한 미래가치

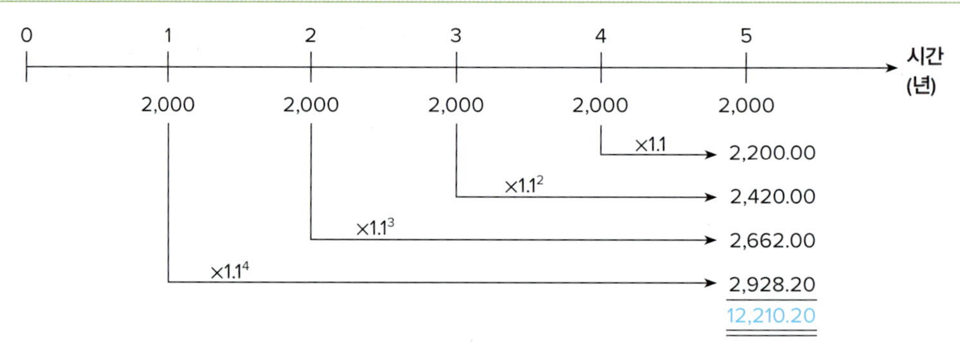

이 예에서 보듯이 다수 현금흐름에 대한 미래가치의 계산방법에는 두 가지가 있음을 알 수 있다. (1) 누적된 잔액들을 복리로 계산해서 일 년씩 다음 해로 보내는 방법, (2) 각각의 현금흐름들의 미래가치를 계산한 뒤 이들을 더하는 방법. 두 가지 방법 모두 같은 답을 주므로 두 가지 중 어떤 방법이든 사용할 수 있다.

두 가지 다른 미래가치 계산방법을 설명하기 위해 다음 5년간 매 기말에 2,000원씩 투자하는 경우의 미래가치를 생각해 보자. 현재의 잔액은 0원이고, 이자율은 10%이다. 먼저 〈그림 5.2〉와 같은 시간선을 그려 보자.

시간선 위에서 처음 2,000원을 투자할 때 첫해의 기말까지는 아무 일도 없음에 주목하자. 이 첫 번째 2,000원은 다음의 4년 동안(5년이 아님) 이자를 받는다. 또한, 마지막

2,000원은 5년째 기말에 투자되므로 이자를 전혀 받지 못한다.

〈그림 5.3〉은 한 번에 한 기간의 투자를 복리로 계산한 경우를 보여준다. 보는 것처럼 미래가치는 12,210.20원이다.

〈그림 5.4〉는 같은 계산을 둘째 방법으로 한 것이다. 당연히 결과는 같다.

예제 5.2 또다시 저축하기

1년 후에 100원, 2년 후에 200원, 3년 후에 300원을 예금하면 3년 후에 전부 얼마가 되겠는가? 이 중 얼마가 이자인가? 추가로 예금하지 않는다면 5년 후에는 얼마가 되겠는가? 이자율은 내내 7%라고 가정한다.

3년 동안 각각의 액수에 대해 미래가치를 계산해 보겠다. 100원은 2년 동안 이자를 받고, 200원은 1년 동안 이자를 받으며, 마지막 300원은 이자 수익이 없다는 점에 주목해야 한다. 미래가치는 다음과 같다.

$$
\begin{aligned}
100\text{원} \times 1.07^2 &= 114.49\text{원}\\
200\text{원} \times 1.07 &= 214.00\text{원}\\
+\ 300\text{원} \qquad &= \underline{300.00\text{원}}\\
\text{미래가치 총액} &= \underline{\underline{628.49\text{원}}}
\end{aligned}
$$

그러므로 미래가치는 628.49원이다. 이자 총액은

$$628.49\text{원} - (100 + 200 + 300) = 28.49\text{원}$$

5년 후에는 얼마가 되겠는가? 3년 후 잔액은 628.49원이 될 것이다. 이를 2년간 더 예치하면 잔액은 늘어난다.

$$628.49\text{원} \times 1.07^2 = 628.49\text{원} \times 1.1449 = 719.56\text{원}$$

각각의 금액은 개별적으로 미래가치를 계산할 수 있음에 주목하자. 또다시 기간 수에 주의하자. 이전에 계산했듯이 처음 100원은 4년 동안만 이자를 받으며, 두 번째 예금은 3년 동안, 마지막 예금은 2년 동안 이자를 받는다.

$$
\begin{aligned}
100\text{원} \times 1.07^4 &= 100\text{원} \times 1.3108 = 131.08\text{원}\\
200\text{원} \times 1.07^3 &= 200\text{원} \times 1.2250 = 245.01\text{원}\\
+300\text{원} \times 1.07^2 &= 300\text{원} \times 1.1449 = \underline{343.47\text{원}}\\
&\qquad\quad \text{미래가치 총액} = \underline{\underline{719.56\text{원}}}
\end{aligned}
$$

다수 현금흐름의 현재가치

일련의 현금흐름들에 대해서 현재가치를 결정해야 할 필요가 자주 있을 것이다. 미래가치와 마찬가지로 두 가지 방법이 있다. 한 번에 한 기간씩 할인해 나가는 방법과 각 현금흐름의 현재가치를 계산해서 더하는 방법이다.

1년째에 1,000원 그리고 2년째에 2,000원이 필요하다고 하자. 9%의 이자를 받을 수 있다면 미래에 위와 같은 금액을 정확히 충당하기 위해서 오늘 넣어야 할 금액은 얼마일까? 다시 말해서 9% 이자에 2개 현금흐름의 현재가치는 얼마일까?

9%에 2년 후 2,000원의 현재가치는

2,000원/1.09^2 = 1,683.36원

1년 후 1,000원의 현재가치는

1,000원/1.09 = 917.43원

그러므로 현재가치 총액은

1,683.36원 + 917.43 = 2,600.79원

왜 2,600.79원이 맞는 답인지를 확인하기 위해서는 2년 후에 2,000원이 지급된 후에 남은 돈이 하나도 없는지를 확인하면 된다. 2,600.79원을 9%에 1년 동안 투자하면

2,600.79원 × 1.09 = 2,834.86원

1,000원을 찾으면 1,834.86원이 남는다. 이 돈은 다시 1년 동안 9%의 이자를 받는다.

1,834.86원 × 1.09 = 2,000원

이는 계획한 대로이다. 이 예가 보여주듯이 일련의 미래 현금흐름의 현재가치는 주어진 할인율에 미래의 현금흐름들을 정확히 복제하기 위해 오늘 필요한 금액이다.

다수의 미래 현금흐름들의 현재가치를 계산하는 다른 방법은 한 번에 한 기간씩 현재가치로 할인해 오는 방법이다. 이를 설명하기 위해 앞으로 5년 동안 매년 말에 1,000원을 지급하는 투자가 있다고 하자. 현재가치를 구하기 위해 각각의 1,000원을 개별적으로 현재로 할인한 다음에 모두 더할 수 있다. 〈그림 5.5〉는 6%의 할인율에 이러한 방법을 보여준다. 보는 것처럼 정답은 소수점 오차를 무시하면 4,212.36원이다.

다른 방법으로 제일 마지막 현금흐름부터 한 기간씩 할인해 그다음의 현금흐름에 더할 수도 있다.

1,000원/1.06 + 1,000원 = 943.40원 + 1,000원 = 1,943.40원

이 금액을 다시 한 기간만 할인하여 3년째의 현금흐름에 더한다.

1,943.40원/1.06 + 1,000원 = 1,833.40원 + 1,000원 = 2,833.40원

이러한 과정은 필요한 만큼 반복될 것이다. 〈그림 5.6〉은 이러한 접근방법과 나머지 계산을 보여준다.

근처의 *Finance Matters*(재무사안) 박스에서 보듯이 현재가치를 계산하는 일은 대안이 되는 현금흐름들을 비교할 때 필수적 단계이다. 이후의 장들에서 이 주제와 관련해 더 많은 설명을 할 것이다.

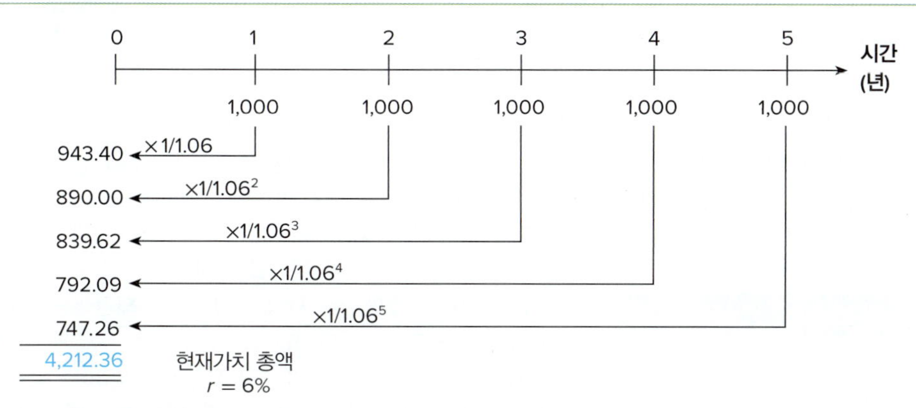

그림 5.5 각 현금흐름을 개별적으로 할인해 계산한 현재가치

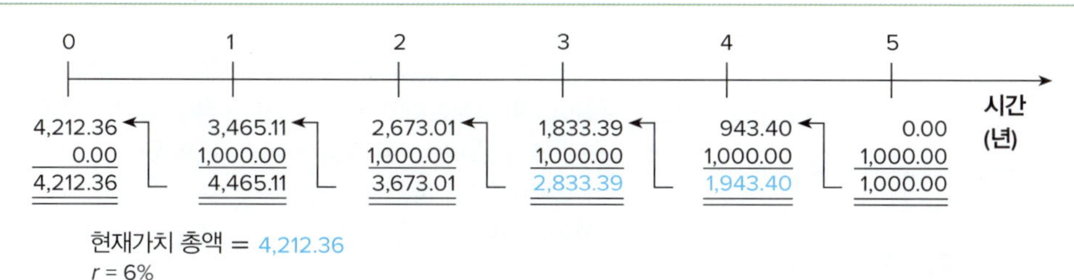

그림 5.6 한 번에 한 기간씩 할인해 계산한 현재가치

예제 5.3 **얼마나 가치가 있는가?**

1년 후에 200원, 다음 해에 400원, 그다음 해에 600원, 그다음 해 말에 800원을 지급하는 투자 제의를 받았다. 매우 유사한 투자에서는 12%를 벌 수 있다. 이 투자에 최대로 얼마까지 지급해야 하는가?

이러한 현금흐름들의 현재가치를 12%에 계산할 필요가 있다. 하나씩 계산하면,

$$\begin{aligned}
&200\text{원} \times 1/1.12^1 = 200\text{원}/1.1200 = 178.57\text{원}\\
&400\text{원} \times 1/1.12^2 = 400\text{원}/1.2544 = 318.88\text{원}\\
&600\text{원} \times 1/1.12^3 = 600\text{원}/1.4049 = 427.07\text{원}\\
+\ &800\text{원} \times 1/1.12^4 = 800\text{원}/1.5735 = \underline{508.41\text{원}}\\
&\qquad\qquad \text{현재가치 총액} = \underline{\underline{1,432.93\text{원}}}
\end{aligned}$$

12%를 벌 수 있다면 1,432.93원으로 이 투자의 현금흐름을 복제할 수 있으므로 이 금액이 기꺼이 지급해야 하는 최대치이다.

FINANCE MATTERS

잭팟!

당신이나 당신이 아는 누구인가가 정기적으로 복권을 산다면 대박 로또에 일등 당첨되는 것이 벼락 맞아 죽기보다 20배나 더 어렵다는 사실을 이미 이해할 것이다. 다음은 메가밀리언 복권에 당첨될 확률과 다른 사건의 확률을 비교한 표이다.

빅게임 : 도박할 가치가 있는가?	
메가밀리언 로또 당첨 확률	1:135,145,920*
독거미에 물려 죽을 확률	1:57,018,763
개에 물려 죽을 확률	1:11,403,753
벼락 맞아 죽을 확률	1:6,479,405
익사할 확률	1:690,300
침대 등 가구에서 떨어져 죽을 확률	1:388,411
자동차 충돌로 죽을 확률	1:6,029

*자료: Virginia Lottery 웹사이트. 다른 모든 확률은 National Safety Council.

스테이크 경마(sweepstakes: 딴 돈을 한 사람이 몰아서 갖는 경마의 일종)에 당첨될 확률은 복권과 다를지도 모르나 더 높지 않을 수도 있다. 아마 역사상 일등 상금이 가장 많다고 한 광고는 펩시(Pepsi)의 "Play for Billion"으로 짐작대로 상금이 10억 달러(*10억!*)이다. 하루 수고한 대가치고는 괜찮으나 그래도 작은 글씨를 읽어야 한다. 당첨자는 다음 20년간 매년 500만 달러, 그다음 21년부터 39년까지는 매년 1,000만 달러 그리고 40년째에는 7억 1,000만 달러를 일시불로 받을 것이라는 내용이다. 지금까지 배운 바에 의하면 스테이크 경마의 가치가 10억 달러 근처도 못 간다는 사실을 알 것이다. 사실상 10%의 이자율로 계산하면 현재가치는 약 7,070만 달러이다.

복권 당첨금은 종종 20년 혹은 그 이상의 기간에 걸쳐 지급되나 복권 당첨자는 보통 일시불을 대신 선택할 수 있다. 예를 들어 2018년 6월에 뉴저지(New Jersey) 해컨색(Hackensack)의 한 남자가 3억 1,500만 달러의 파워볼 로또에 당첨됐다. 일시에 1억 8,300만 달러의 현금 지급과 향후 30년 동안 연 1,050만 달러의 지급 중 선택할 수 있다. 이 경우 현금 옵션을 선택했다.

어떤 복권들은 결정을 더 어렵게 만든다. 온타리오(Ontario) 주 복권은 평생 매일 1,000달러를 지급하거나 지금 당장 700만 달러를 일시에 지급한다(그런데 캐나다 달러이다). 로또는 지급빈도를 결정한다고 작은 글씨로 적혀 있다. 20년 동안 매년 초에 365,000달러를 지급한다고 가정하면 손익분기 이자율은 약 0.45%이다. 물론 700만 달러 일시불을 연간 약 5.5%의 수익률에 투자할 수 있다면 투자로 매년 연초에 365,000달러의 수익이 영원히 나서 케이크는 그대로인데 먹을 수도 있다! 퀘벡(Quebec)의 18세 소녀가 생일 자축을 위해 샴페인을 사러 갔을 때 평생 매주 1,000달러의 경품에 당첨되어 그런 선택을 해야만 했다. 그녀는 100만 달러 일시불 대신 주급을 택했다. 복권지급금은 모두 세후 기준이므로 이 경우 세금은 결정을 복잡하게 만든다. 그러므로 이 예의 수익률도 역시 세후이어야 할 것이다.

예제 5.4 그것은 얼마나 가치가 있는가? 두 번째

5,000원을 3번 지급하는 투자를 제안받았다. 첫 번째 지급은 오늘부터 4년 후에 이루어진다. 두 번째는 5년 후, 세 번째는 6년 후에 이루어진다. 11%를 벌 수 있다면 오늘 이 투자의 가치는 최대 얼마이겠는가? 이 현금흐름들의 미래가치는 얼마인가?

요점을 설명하기 위해 반대 순서로 질문에 답한다. 6년 후 현금흐름의 미래가치는

$$\begin{aligned} 5{,}000\text{원} \times 1.11^2 + 5{,}000\text{원} \times 1.11 + 5{,}000\text{원} &= 6{,}160.50 + 5{,}550 + 5{,}000 \\ &= 16{,}710.50\text{원} \end{aligned}$$

현재가치는

$$16{,}710.50\text{원}/1.11^6 = 8{,}934.12\text{원}$$

(*계속*)

이를 확인해 보자. 하나씩 계산하면 현금흐름의 현가(PV)는

$$\begin{aligned} 5{,}000\text{원} \times 1/1.11^6 &= 5{,}000\text{원}/1.8704 = 2{,}673.20\text{원} \\ 5{,}000\text{원} \times 1/1.11^5 &= 5{,}000\text{원}/1.6851 = 2{,}967.26\text{원} \\ +5{,}000\text{원} \times 1/1.11^4 &= 5{,}000\text{원}/1.5181 = \underline{3{,}293.65\text{원}} \\ \text{현재가치 총액} &= \underline{\underline{8{,}934.12\text{원}}} \end{aligned}$$

이는 이전에 계산한 바와 같다. 강조하고 싶은 점은 어떠한 순서로든 현재가치나 미래가치를 계산할 수 있고, 가장 편리한 방식으로 둘을 서로 전환할 수 있다는 것이다. 같은 할인율을 사용하고 기간의 수를 정확하게 추적하도록 조심하는 한, 답은 항상 같을 것이다.

계산기 힌트

재무계산기를 이용한 다수 미래 현금흐름의 현재가치 계산방법

재무계산기로 다수 현금흐름의 현재가치를 계산하기 위해 지난 장에서 사용했던 기법을 이용해 개별 현금흐름을 할인하겠다. 따라서 실제로 새로운 것은 없다. 그러나 더 빠른 방법을 소개하겠다. 〈예제 5.3〉에서 사용한 숫자들로 설명한다.

물론 시작하려면 우선 계산기를 초기화해야 한다. 그다음 〈예제 5.3〉에서 첫 현금흐름은 1년 후에 받게 되는 200달러로 할인율은 12%이다. 따라서 다음과 같이 한다.

	N	I/Y	PMT	PV	FV
입력	1	12			200
계산				−178.57	

이제 기억을 위해 답을 적어 놓을 수 있으나 비효율적이다. 모든 계산기에는 숫자들을 저장할 수 있는 기억장치가 있다. 거기에 이 숫자를 저장시키지 않을 이유가 없다. 그렇게 하면 숫자를 적거나 다시 숫자를 입력할 필요가 없어서 실수를 줄일 수 있고 훨씬 빠르다.

다음으로 두 번째 현금흐름의 가치를 구한다. N을 2로 바꾸고, FV를 400으로 바꾸어야 한다. 다른 것을 바꾸지 않는 한 I/Y를 다시 입력하거나 계산기를 초기화시킬 필요는 없다. 그러므로

이 숫자를 처음 계산에서 저장했던 숫자에 더해서 저장하고 남은 두 계산에서도 똑같이 한다.

앞으로 보겠지만 어떤 재무계산기는 모든 미래의 현금흐름들을 한꺼번에 입력하도록 하나 이 문제는 그때 가서 설명하겠다.

현금흐름 시기에 대한 설명

현재가치와 미래가치 문제를 풀 때 현금흐름의 발생 시점은 매우 중요하다. 거의 모든 계산에서 현금흐름이 기말에 발생한다고 암묵적으로 가정한다. 사실 다루었던 모든 공식과 현재가치 표와 미래가치 표의 모든 숫자 그리고 더 중요하게는 재무계산기나 스프레드시트에서의 설정들은 현금흐름이 매기 말에 발생한다고 가정한다. 달리 명시되지 않는 한 항상 현금이 기말에 발생한다고 가정한다.

간단한 예로 첫해에 100원, 둘째 해에 200원, 셋째 해에 300원의 현금흐름을 발생시키는 3년간의 투자를 생각해 보자. 시간선(time line)을 그려 보자. 더 이상의 정보가 없을 때 시간선은 항상 다음과 같다고 가정한다.

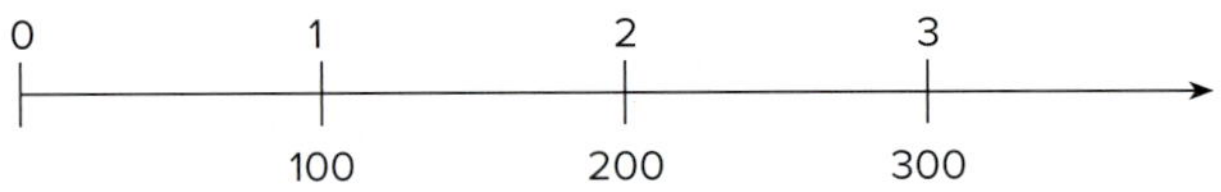

시간선상에서 첫 번째 현금흐름은 첫 번째 기말에, 두 번째 현금흐름은 두 번째 기말에, 세 번째 현금흐름은 세 번째 기말에 발생함에 주목한다.

이번 장을 시작할 때 야구선수 유 다르빗슈의 계약과 관련해 제기한 질문에 답하면서 이번 절을 마치겠다. 그 계약에 의하면 2018년에 2,500만 달러, 2019년에 2,000만 달러, 2020년에 2,200만 달러, 2021년에 2,200만 달러, 2022년에 1,900만 달러, 2023년에 1,800만 달러를 지급한다. 12%가 적정 할인율이라면 컵스(Cubs)의 피처는 어떤 거래를 던진 것인가?

답을 위해 매년의 연봉을 다음과 같이 현재로 할인해 현재가치를 계산할 수 있다(미래 연봉이 연말에 지급될 것이라고 가정했다).

연도 1 (2018): \$25,000,000 × 1/1.12 = \$22,321,428.57
연도 2 (2019): \$20,000,000 × 1/1.12^2 = \$15,943,877.55
연도 3 (2020): \$22,000,000 × 1/1.12^3 = \$15,659,165.45

. . .
. . .
. . .

연도 6 (2023): \$18,000,000 × 1/1.12^6 = \$9,119,360.18

비어 있는 줄들을 채운 뒤에 그것을 모두 더하면(연습 삼아 해보자) 그가 한 계약의 현재가치는 약 8,780만 달러로, 발표된 금액 1억 2,600만 달러 가치의 약 70%에 불과하다는 사실을 알게 될 것이다. 그래도 꽤 괜찮은 액수이다.

스프레드시트 전략

스프레드시트를 이용한 다수 미래 현금흐름의 현재가치 계산방법

이전 장에서 한 것처럼 기본적인 스프레드시트를 설정해서 다음과 같이 개별 현금흐름의 현재가치를 계산할 수 있다. 한 번에 하나씩 현재가치들을 계산하여 더했다.

	A	B	C	D	E	F
1						
2	다수 현금흐름 계산을 위해 스프레드시트 사용					
3						
4	할인율이 12%일 때 1년 후 200원, 다음 해 400원, 그다음 해 600원,					
5	마지막 해 800원의 현재가치는 얼마인가?					
6						
7	할인율:	0.12				
8						
9	연도	현금흐름	현재가치	사용된 공식		
10	1	200	178.57	=PV($B$7, A10,0,-B10)		
11	2	400	318.88	=PV($B$7, A11,0,-B11)		
12	3	600	427.07	=PV($B$7, A12,0,-B12)		
13	4	800	508.41	=PV($B$7, A13,0,-B13)		
14						
15		현가 총계:	1,432.93	=SUM(C10:C13)		
16						
17	현가공식에서 음의 부호가 들어간 점을 주목하자. 이렇게 함으로써 현가는 부호가 양수이다.					
18	또한, 셀 B7의 할인율은 ("절대적"임을 뜻하는) $B$7로 입력되었는데					
19	할인율이 계속해서 사용되기 때문이다.					
20	그냥 할인율 "12"를 입력할 수도 있으나 이 방법이 훨씬 융통성이 있다.					
21						
22						

개념문제 CONCEPT QUESTIONS

5.1a 일련의 현금흐름의 미래가치를 어떻게 계산하는지 설명하라.

5.1b 일련의 현금흐름의 현재가치를 어떻게 계산하는지 설명하라.

5.1c 현재가치나 미래가치 문제에서 현금흐름의 발생 시점에 대해 달리 명시되지 않는 한 항상 어떤 가정을 하는가?

5.2 균등한 현금흐름 가치평가: 연금과 영구연금

다수의 현금흐름이 같은 금액으로 발생하는 상황을 맞이할 때가 종종 있다. 예를 들어 아주 일반적인 형태의 부채상환계획(loan repayment plan)에서는 돈을 빌린 사람이 일정 기간 같은 금액을 정기적으로 지급하여 부채를 상환한다. 대부분의 가계대출(자동차 대출 같은)과 주택저당대출에서는 보통 매달 같은 금액을 지급한다.

연금
annuity
확정된 기간에 균등하게 발생하는 현금흐름.

더 일반적으로 확정된 기간에 일정하게 혹은 균등하게 매기 말에 발생하는 일련의 현금흐름을 정상(ordinary) **연금(annuity)**이라고 한다. 더 정확하게는 현금흐름이 정상연금(ordinary annuity)의 형태라고 말한다. 연금은 금융계약에서는 아주 보편적인데 연금의 가치를 결정하는 아주 유용한 방법이 있다. 계속해서 이를 살펴보자.

연금 현금흐름의 현재가치

향후 3년 동안 매기 말에 500원을 확실히 지급하는 자산을 검토해 보자. 자산의 현금흐름은 3년간 500원의 정상연금 형태이다. 투자한 돈에 대해 10%의 수익을 원한다면 이 연금에 얼마를 제안하겠는가?

이전에 배운 바에 의하면 지급되는 500원 각각을 10%에 현재로 환원해서 총 현재가치를 결정할 수 있음을 안다.

$$\begin{aligned}\text{현재가치} &= 500/1.1^1 + 500/1.1^2 + 500/1.1^3\\ &= 500/1.10 + 500/1.21 + 500/1.331\\ &= 454.55 + 413.22 + 375.66\\ &= 1{,}243.43\end{aligned}$$

이 방법도 괜찮은 편이다. 그러나 현금흐름의 수가 상당히 많은 상황도 때때로 맞이할 것이다. 예를 들어 전형적인 주택저당대출(mortgage)은 30년 동안 매월 지급해 총 360번을 지급해야 한다. 이러한 분할지급의 현재가치를 구하려면 더 빠른 방법이 유용할 것이다.

연금의 현금흐름이 모두 같으므로 기본현재가치공식을 매우 유용하게 변형시킬 수 있다. 수익률이나 이자율이 r일 때 t 기간에 매기마다 C 달러가 발생하는 연금의 현재가치는 다음과 같다.

$$\begin{aligned}\text{연금의 현재가치} &= C \times \left(\frac{1 - \text{현재가치요소}}{r}\right)\\ &= C \times \left\{\frac{1 - [1/(1+r)^t]}{r}\right\}\end{aligned} \qquad [5.1]$$

첫째 줄에 있는 괄호 안은 때때로 연금현재가치이자요소(present value interest factor for annuities)라고 불리며 줄여서 PVIFA(r, t)이다.

연금의 현재가치에 대한 표현은 다소 복잡해 보이나 사용하기는 어렵지 않다. 둘째 줄 각괄호 안의 $1/(1 + r)^t$는 계산해 왔던 현재가치요소(present value factor)와 같은 것이다. 이전 예에서 이자율은 10%이고 기간은 3년이다. 따라서 현재가치요소는

$$\text{현재가치요소} = 1/1.1^3 = 1/1.331 = 0.751315$$

연금현재가치요소(annuity present value factor)를 계산하기 위해서는 대입만 하면 된다.

$$\begin{aligned}\text{연금현재가치요소} &= (1 - \text{현재가치요소})/r\\ &= (1 - 0.751315)/0.10\\ &= 0.248685/0.10 = 2.48685\end{aligned}$$

전에 계산한 것처럼 500원 연금의 현재가치는 다음과 같다.

연금의 현재가치 = 500원 × 2.48685 = 1,243.43원

예제 5.5 지급 여력이 얼마나 있는가?

생활비를 주의깊게 검토한 후에 새 스포츠카를 사기 위해 매달 632달러를 지급할 여력이 있다고 결정했다. 동네 은행에 전화했더니 48개월 동안 현행 이자율이 월 1%라는 것을 알았다. 얼마나 빌릴 수 있겠는가?

얼마를 빌릴 수 있는지를 결정하기 위해서는 48개월간 월 1%로 매달 632달러의 현재가치를 계산해야만 한다. 융자금 분할상환은 정상연금의 형태이므로 연금현재가치요소는 다음과 같다.

$$\begin{aligned}\text{연금현가요소} &= (1 - \text{현재가치요소})/r \\ &= [1 - (1/1.01^{48})]/0.01 \\ &= (1 - 0.6203)/0.01 \\ &= 37.9740\end{aligned}$$

이 요소로부터 매 632달러씩 48번 지급의 현재가치를 계산할 수 있다.

현재가치 = \$632 × 37.9740 = \$24,000

따라서 24,000달러가 빌려서 갚을 여력이 있는 금액이다.

연금표 통상의 현재가치요소 표가 있듯이 연금요소 표도 있다. 〈표 5.1〉은 일부 연금요소를 나타낸다. 부록 A의 〈표 A.3〉은 더 많은 요소를 보여준다. 방금 계산한 연금현재가치요소를 찾기 위해 3년에 해당하는 행에서 10%의 열을 찾는다. 교차하는 곳에 있는 숫자는 위에서 계산했던 바로 그 숫자인 2.4869(소수점 4자리까지 반올림함)이어야 한다. 다시 한번 직접 몇 가지 요소를 계산해 보고 그 값을 표에 있는 숫자들과 비교해 확실히 습득하자. 재무계산기를 사용한다면 1원을 지급금으로 입력하고 현재가치를 계산하면 그 결과는 연금현재가치이자요소이어야 한다.

표 5.1 연금현재가치이자요소

기간	이자율			
	5%	10%	15%	20%
1	0.9524	0.9091	0.8696	0.8333
2	1.8594	1.7355	1.6257	1.5278
3	2.7232	2.4869	2.2832	2.1065
4	3.5460	3.1699	2.8550	2.5887
5	4.3295	3.7908	3.3522	2.9906

계산기 힌트

연금현재가치

재무계산기로 연금의 현재가치를 계산하기 위해 **PMT** 키를 사용한다. 일시불의 현재가치를 찾는 것과 비교해서 두 가지 큰 차이점이 있다. 첫째, 연금의 현금흐름을 **PMT** 키로 입력한다. 그리고 두 번째로 미래가치 **FV** 에 대해서 아무것도 입력하지 않는다. 그래서 예를 들어 위에서 살펴본 3년간의 500원 연금 문제를 보자. 할인율이 10%라면 계산기의 내용을 삭제한 후 다음과 같이 하기만 하면 된다.

입력	3	10	500		
	N	I/Y	PMT	PV	FV
계산				−1,243.43	

항상 그렇듯이 현가(PV)는 음수이다.

스프레드시트 전략

연금현재가치

같은 문제를 스프레드시트를 이용하면 다음과 같다.

	A	B	C	D	E	F	G
1							
2	연금현재가치를 구하기 위해 스프레드시트 이용						
3							
4	할인율이 10%일 때 3년 동안 매년 500원의 현금흐름의 현재가치는 얼마인가?						
5	미지의 현재가치를 풀어야 하기에 PV(rate, nper, pmt, fv) 공식을 사용한다.						
6							
7	기간당 지급액:	500					
8	지급회수:	3					
9	할인율:	0.1					
10							
11	연금현재가치:	**1,243.43**					
12							
13	셀 B11에 들어가는 공식은 =PV(B9,B8,−B7,0)이다. FV는 0이고 pmt는 음수인 점에 주의하자.						
14	할인율은 퍼센트가 아닌 소수점으로 입력된 점도 주의하자.						
15							

지급액 구하기 건강식품류 중 최근에 유행하는 냉동 야크우유를 전문으로 하는 신규 사업을 시작하려고 한다. 야키두들댄디(Yakee Doodle Dandy)라는 제품을 생산해 시장에 팔기 위해서는 10만 달러를 빌려야 한다. 특정 유행이 오래가지는 않을 것으로 생각하기에 5년 동안 매년 일정액을 지급함으로써 빨리 차입금을 상환하려고 한다. 이자율이 18%라면 매년 얼마씩 지급해야 하는가?

이 경우 현재가치가 10만 달러이다. 이자율은 18%이고 기간은 5년이다. 지급액은 모두 일정하므로 적절한 연금요소를 찾아서 미지의 현금흐름에 대해 푼다.

$$\text{연금현재가치} = \$100{,}000 = C \times (1 - \text{현재가치요소})/r$$
$$\$100{,}000 = C \times (1 - 1/1.18^5)/0.18$$
$$= C \times (1 - 0.4371)/0.18$$
$$= C \times 3.1272$$
$$C = \$100{,}000/3.1272 = \$31{,}977.78$$

따라서 한 번에 3만 2,000달러가 약간 안 되는 금액을 다섯 번 지급해야 한다.

계산기 힌트

연금지급액

연금지급액은 재무계산기를 이용하면 쉽게 계산할 수 있다. 바로 위의 예에서 현가(PV)는 10만 달러이고 이자율은 18%이며 기간은 5년이다. 다음과 같이 지급액을 구한다.

입력	5	18		100,000	
	N	I/Y	PMT	PV	FV
계산			−31,977.78		

여기서 지급액은 현금유출이므로 음의 부호를 갖는다.

스프레드시트 전략

연금지급액

같은 문제를 스프레드시트를 이용하면 다음과 같이 풀 수 있다.

	A	B	C	D	E	F	
1							
2	연금지급액을 구하기 위해 스프레드시트 이용						
3							
4	현재가치가 10만 달러, 이자율이 18%, 기간이 5년일 때 연금지급액은 얼마인가?						
5	연금에서 미지의 지급액을 풀어야 하기에 PMT(rate, nper, pv, fv)의 공식을 이용한다.						
6							
7							
8	연금현재가치:	100,000					
9	지급회수:	5					
10	할인율:	0.18					
11							
12	연금지급액:	(31,977.78)					
13							
14	셀 B12에 들어가는 공식은 =PMT(B10, B9, B8)이다.						
15	지급액은 현금유출이기에 음의 부호를 갖는다.						

예제 5.6 지급 횟수 구하기

봄방학 휴가비가 약간 모자라서 1,000원을 신용카드로 결제했다. 매달 최저지급금액인 20원만을 갚을 수 있다. 신용카드의 이자율은 한 달에 1.5%이다. 1,000원을 갚으려면 얼마가 걸리겠는가? 이는 미지의 기간에 월 1.5%의 월 20원 연금이다. 현재가치는 오늘 빚진 금액인 1,000원이다. 약간의 계산이 필요하든지 아니면 재무계산기를 이용한다.

$$1{,}000\text{원} = 20\text{원} \times (1 - \text{현재가치요소})/0.015$$
$$(1{,}000\text{원}/20) \times 0.015 = 1 - \text{현재가치요소}$$
$$\text{현재가치요소} = 0.25 = 1/(1+r)^t$$
$$1.015^t = 1/0.25 = 4$$

여기서 이 문제는 다음과 같은 질문으로 축약할 수 있다. 매달 1.5%의 이자율에 당신의 돈이 4배가 되는 데 걸리는 기간은 얼마인가? 이전 장에 의하면 답은 약 93개월이다.

$$1.015^{93} \approx 4$$

주어진 이자율에 약 93/12 = 7.75년이 걸릴 것이다.

계산기 힌트

지급 횟수 구하기

위 문제를 재무계산기로 해결하려면 다음과 같이 한다.

	N	I/Y	PMT	PV	FV
입력		1.5	−20	1,000	
계산	93.11				

지급액은 음수로 입력하고 개월 수를 푼다는 점에 주목한다. 몇 년인가를 알기 위해서는 다시 12로 나누어야 한다. 또한, 어떤 재무계산기는 N에 대해 분수를 계산하지 않고 자동으로 반올림해(절사가 아님) 다음 기간으로 계산한다. 스프레드시트에서는 =NPER(rate, pmt, pv, fv) 기능을 사용하는데 fv에는 0을, 그리고 지급액은 −20을 확실히 입력해야 한다.

이자율 구하기 마지막으로 살펴볼 문제는 연금에 내재된 이자율에 관한 것이다. 예를 들어 어느 보험회사가 현재 6,710원을 불입하면 향후 10년 동안 매년 1,000원을 지급하겠다고 제안했다. 10년 동안의 연금에서 내재된 이자율은 얼마인가?

이 문제에서 현재가치(6,710원), 현금흐름(연간 1,000원), 투자기간(10년)을 알고 있다. 단지 이자율을 모를 뿐이다.

$$6{,}710\text{원} = 1{,}000\text{원} \times (1 - \text{현재가치요소})/r$$
$$6{,}710\text{원}/1{,}000 = 6.71 = 1 - [1/(1+r)^{10}]/r$$

따라서 10년 연금요소는 6.71과 같으며, 이 등식을 미지의 r에 대해 풀면 된다. 안타깝게도 이를 직접 푸는 일은 수학적으로 불가능하다. r을 구하기 위한 유일한 방법은 표나 시행착오법(trial and error)을 사용하는 것이다.

〈표 A.3〉에서 10년의 기간에 해당하는 행을 따라가면 8%에서 6.7101의 요소를 찾을 수 있어 보험회사가 약 8%를 제공한다는 사실을 바로 알 수 있다. 다른 방법으로 답에 매우 근접할 때까지 다른 숫자들을 대입해 보는 것이다. 시행착오법은 다소 지루할 수도 있으나 다행히도 기계는 그러한 일에 매우 능숙하다.[1)]

시행착오방법에 의해서 어떻게 답을 찾는지를 설명하기 위해 한 친척이 당신에게서 3,000원을 빌리려 한다고 하자. 그녀는 앞으로 4년 동안 매년 1,000원씩 갚겠다고 제안했다. 당신이 제안받은 이자율은 얼마인가?

여기에서 현금흐름은 4년간 1,000원의 연금 형태이다. 현재가치는 3,000원이다. 할인율 r을 구하면 된다. 연금의 가치와 할인율 간의 관계를 설명하려는 것이 주요 목적이다.

어딘가에서 시작해야 하는데 아마 10%가 언제든지 시작하기 좋을 것이다. 10%에 연금요소는

연금현재가치요소 = $(1 - 1/1.10^4)/0.10 = 3.1699$

그러므로 10%에 현금흐름의 현재가치는 다음과 같다.

현재가치 = 1,000원 × 3.1699 = 3,169.87원

이미 정답에 가까워졌음을 알 수 있을 것이다.

10%가 너무 높은가? 아니면 낮은가? 현재가치와 할인율은 서로 반대 방향으로 움직인다는 사실을 상기해 보자. 할인율을 높이면 현가(PV)가 낮아지고 할인율을 낮추면 현가는 높아진다. 10%에는 현재가치가 너무 높으므로 할인율이 너무 낮다. 12%를 대입해 보자.

현재가치 = 1,000원 × $(1 - 1/1.12^4)/0.12 = 3{,}037.35$원

이제 정답에 거의 도달했다. 그러나 현가가 약간 높아 할인율이 여전히 약간 낮으므로 13%를 대입해 보자.

현재가치 = 1,000원 × $(1 - 1/1.13^4)/0.13 = 2{,}974.47$원

이는 3,000원보다 낮으므로 정답은 12~13% 사이에 있음을 알 수 있고 약 12.5% 정도가 될 것으로 보인다. 연습 삼아 더 계산해 보면 정답은 약 12.59%임을 확인해 보자.

[1)]재무계산기는 시행착오법에 의해 답을 구한다. 이것이 계산기가 답을 구하기 전에 때로는 "계산 중"(thinking)이라고 표시하는 이유이다. 사실 기간이 5 미만일 때는 직접 r에 대해 푸는 것이 가능하나 대개 이런 고생을 할 가치는 없을 것이다.

계산기 힌트

할인율 구하기

다른 방법으로는 재무계산기를 다음과 같이 사용할 수 있다.

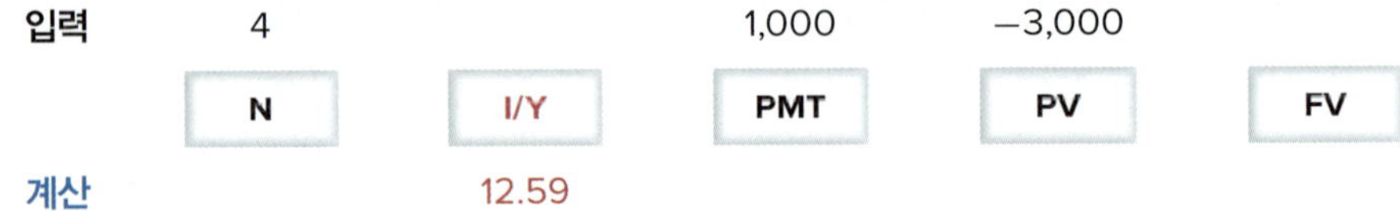

현재가치를 음수로 입력함에 주목하자. 스프레드시트에서는 =RATE(nper, pmt, pv, fv)의 기능을 이용한다. 미래가치(fv)는 0으로, 지급액은 1,000으로 그리고 현가(pv)는 −3,000으로 입력한다.

연금의 미래가치

어떤 때는 연금의 미래가치를 계산하는 지름길을 알면 편리하다. 추측하듯이 현재가치요소와 같이 연금에도 미래가치요소가 있다. 일반적으로 연금의 미래가치요소는 다음과 같다.

$$\begin{aligned}\textbf{연금미래가치요소} &= (\textbf{미래가치요소} - 1)/r \\ &= [(1 + r)^t - 1]/r \end{aligned} \quad [5.2]$$

연금미래가치요소를 어떻게 사용하는지 보기 위해 매년 2,000원을 은퇴에 대비한 계좌에 8%로 입금하는 계획을 세웠다고 하자. 만일 30년 후에 은퇴한다면 얼마를 받게 되겠는가?

기간을 나타내는 t는 30이고, 이자율 r은 8%이다. 그러므로 다음과 같이 연금미래가치요소(annuity future value factor)를 계산할 수 있다.

$$\begin{aligned}\textbf{연금미래가치요소} &= (\textbf{미래가치요소} - 1)/r \\ &= (1.08^{30} - 1)/0.08 \\ &= (10.0627 - 1)/0.08 \\ &= 113.2832\end{aligned}$$

30년, 2,000원의 연금의 미래가치는 다음과 같다.

$$\begin{aligned}\textbf{연금의 미래가치} &= 2{,}000\text{원} \times 113.2832 \\ &= 226{,}566.4\text{원}\end{aligned}$$

선불연금

지금까지 정상연금에 대해서만 논의하였다. 정상연금이 가장 중요하나 상당히 일반적인 변형도 있다. 정상연금에서 현금흐름은 각 기간의 말에 발생한다. 예를 들어 대출받아 매달 분할상환한다면 통상 대출받은 뒤 한 달 후에 첫 번째 지급을 한다. 그러나 아파트를 임차할 때는 첫 번째 임대료를 보통 즉시 지급한다. 두 번째 임대료는 두 번째 달이

계산기 힌트

연금의 미래가치

물론 이 문제는 재무계산기를 이용해 다음과 같이 풀 수 있다.

입력	30	8	−2,000		
	N	I/Y	PMT	PV	FV
계산					226,566.42

지급액을 음수(−)로 표시함에 주목하자. 스프레드시트에서는 =FV(rate,nper,pmt,pv) 기능을 사용하되 반드시 pv는 0, 지급액은 −2,000으로 입력한다.

시작할 때 지급하고 그 이후에도 마찬가지이다. 임대료는 **선불연금(annuity due)**의 예이다. 선불연금이란 현금흐름이 각 기간 초에 발생하는 연금이다. 기간마다 일정한 금액을 선납해야 하는 거의 모든 형태의 계약이 선불연금이다.

선불연금
annuity due
현금흐름이 기초에 발생하는 연금.

선불연금의 가치를 계산하는 데는 여러 가지 방법이 있다. 재무계산기에서는 단순히 "선불"("due" 또는 "beginning") 모드로 바꾸기만 하면 된다. 계산이 끝나면 다시 바꾸어 주는 것을 잊지 말아야 한다. 선불연금의 현재가치를 계산하는 다른 방법은 시간선으로 설명할 수 있다. 선불연금이 매번 400원씩 5회를 지급하는 데 적절한 할인율이 10%라고 하자. 시간선은 다음과 같다.

이 현금흐름은 0 시점에 발생하는 400원을 제외하고는 4년간의 정상연금과 같다. 연습삼아 4년간 400원 정상연금의 현재가치가 10%에 1,267.95원임을 확인해 보자. 여기에 나머지 400원을 더하면 선불연금의 현재가치인 1,667.95원이 된다.

선불연금의 현재가치나 미래가치를 계산하는데 더 쉬운 방법이 있다. 실제로 매기 초에 발생하나 현금흐름이 매기 말에 발생한다고 가정하면 모든 현금흐름을 한 기간씩 더 할인하게 된다. 할인율이 r이라면 구한 값에 단순히 $(1 + r)$을 곱해 주어 이 문제를 해결할 수 있다. 사실 선불연금의 가치와 동일 횟수로 지급하는 정상연금의 가치는 다음의 관계에 있다.

시간가치의 응용은 웹에 많이 있다. 예를 들어 www.collegeboard.com과 www.fidelity.com/calculators-tools/overview 참조.

$$\text{선불연금의 가치} = \text{정상연금의 가치} \times (1 + r) \qquad [5.3]$$

이는 현재가치와 미래가치 모두에 통하므로 선불연금 가치의 계산은 두 단계로 이루어진다. (1) 정상연금과 같은 방법으로 현재가치나 미래가치를 계산한다. (2) 계산한 값에 $(1 + r)$을 곱한다.

영구연금

영구연금
perpetuity
현금흐름이 영원히 계속되는 연금.

콘솔
consol
영구연금의 한 형태.

같은 금액의 일련의 현금흐름은 이러한 현금흐름을 연금으로 다루어 가치를 구할 수 있음을 보았다. 연금의 특수한 형태 중 중요한 것은 균등하게 발생하는 현금흐름이 영원히 계속될 때이다. 현금흐름이 영원하기에 그런 자산을 **영구연금(perpetuity)**이라고 한다. 특히 캐나다와 영국에서는 영구연금을 **콘솔(consol)**이라고도 부른다. 〈예제 5.7〉은 영구연금의 중요한 예이다.

영구연금은 현금흐름의 수가 무한하기에 각 현금흐름을 할인해서 가치를 계산할 수 없음이 분명하다. 다행히 영구연금의 가치는 가장 쉽게 구할 수 있는 것으로 판명됐다. 영구연금의 현재가치는 단순히 다음과 같다.

$$\text{영구연금의 현가} = C/r \qquad [5.4]$$

예를 들어 매년 500원의 현금흐름이 영원히 발생하는 투자를 보자. 그러한 투자에 요구하는 수익률은 8%이다. 이 투자의 가치는 얼마인가? 영구연금의 가치는 다음과 같다.

$$\text{영구연금의 현가} = C/r = 500\text{원}/0.08 = 6{,}250\text{원}$$

이것으로 다수의 현금흐름이 발생하는 투자의 가치 계산에 대한 논의를 마친다. 〈표 5.2〉에 연금과 영구연금을 계산하는 기본적인 방법을 요약했다. 지금까지 아마도 연금 문제를 풀기 위해서는 온라인 계산기를 사용하기만 하면 된다고 생각할 것이다. 그러기 전에 근처의 *Work the Web*(워크더웹) 박스를 살펴보자.

표 5.2

연금과 영구연금 계산 요약

I. 기호

PV = 현재가치, 미래 현금흐름의 오늘의 가치
FV_t = 미래가치, 현금흐름의 미래 t 시점의 가치
r = 기간(항상 그런 것은 아니지만 통상 1년)당 이자율, 수익률, 할인율
t = 기간의 횟수(항상 그런 것은 아니지만 통상 연수)
C = 현금 액수

II. t 기간에 기간당 r%에 기간당 C가 투자된 경우의 미래가치

$FV_t = C \times [(1 + r)^t - 1]/r$
같은 현금흐름이 반복되는 것을 연금이라고 하고, $[(1 + r)^t - 1]/r$을 연금미래가치요소라고 한다.

III. t 기간에 기간당 r%에 기간당 C의 현재가치

$PV = C \times \{1 - [1/(1 + r)^t]\}/r$
$\{1 - [1/(1 + r)^t]\}/r$을 연금현재가치요소라고 한다.

IV. 기간당 C의 영구연금의 현재가치

$PV = C/r$
영구연금은 매년 같은 현금흐름이 영원히 발생한다.

WORK THE WEB

이전 장에서 논의했듯이 많은 웹사이트에 재무계산기가 있다. 이들 사이트 중 하나가 www.calculatoredge.com에 위치한 캘큐레이터엣지(Calculatoredge)이다. 은퇴할 때 1,500,000달러가 있는데 향후 30년간 매년 동일한 금액을 인출하려고 한다. 9.5%의 이자율을 벌 수 있다면 매년 얼마를 인출할 수 있겠는가? 캘큐레이터엣지는 다음과 같이 계산한다.

Enter your values:

Currency:	US Dollars	
Starting Principal:	1500000	**US Dollars**
Annual Interest Rate:	9.5	**%**
Repayment Period:	30	**Years**

Calculate　Clear

Results:

Annuity Payment: 139288.47 **US Dollars / Year**

캘큐레이터엣지 계산기에 따르면 답은 139,288.47달러이다. 무엇을 하고 있는지 이해하는 것이 얼마나 중요한가? 직접 계산해 보면 152,520.88달러가 나와야만 한다. 어느 답이 옳은가? 물론 여러분이 맞다! 무슨 일인가 하면 캘큐레이터엣지에서는(다른 페이지에서 알려 주지만) 연금을 정상연금이 아닌 선불연금의 형태라고 가정한다. 선불연금은 기말이 아닌 기초에 지급이 이루어진다는 점을 상기하자. 이 이야기의 교훈은 분명하다. 계산기를 사용할 때 주의하자.

질문 QUESTIONS

1. *www.calculatoredge.com에 있는 calculator를 이용해 계산해 보자. 2,500,000달러가 있는데 8%의 이자를 얻는다면 35년간 매년 얼마를 인출할 수 있겠는가? 정상연금(ordinary annuity)이라면 얼마를 더 인출할 수 있겠는가?*
2. *500,000달러가 있고 앞으로 10년간 매달 인출하려고 한다. 첫 번째 인출을 오늘 하는데 이자율은 월 복리로 9%이다. 이 웹사이트를 이용하면 인출액은 얼마인가?*

예제 5.7 우선주

우선주(*preferred stock* or preference stock)는 영구연금의 중요한 예이다. 기업이 우선주를 매각할 때 매입자는 영원히 매 기간(보통 매 분기) 고정된 현금배당을 약속받는다. 이 배당은 일반 주주에게 지급하기 전에 지급해야만 하기에 우선(*preferred*)이라는 용어를 사용한다.[2)]

(계속)

[2)]역주: 한국의 초기에 발행된 우선주의 형태는 의결권이 없으면서 보통주보다 배당률(=배당/액면가)이 더 높은(1% 정도) 무의결권 프리미엄주이다. 그 후 최저배당금을 설정하거나 발행 후 일정 기간이 지나면 보통주로 전환할 수 있는 형태의 (신형)우선주가 발행되었다.

주당 100달러에 우선주를 발행하려고 한다고 하자. 이미 발행된 매우 유사한 우선주는 주당 40달러에 거래되고 있고 매 분기 1달러의 배당금을 지급한다. 신규 우선주를 100달러에 매각하려면 얼마의 배당금을 지급해야 하는가?

이미 발행된 우선주의 현재가치는 40달러이고 매 분기 1달러의 현금흐름을 영원히 발생한다. 이것은 영구연금이므로

$$\text{현재가치} = \$40 = \$1 \times (1/r)$$
$$r = 2.5\%$$

다른 우선주와 경쟁하기 위해서는 새로 발행하는 우선주도 *분기마다* 2.5%를 제공해야 할 것이다. 따라서 현재가치가 100달러가 되기 위해서 배당금은 다음과 같아야 한다.

$$\text{현재가치} = \$100 = C \times (1/0.025)$$
$$C = \$2.5(\text{매 분기})$$

개념문제 CONCEPT QUESTIONS

5.2a 일반적으로 기간당 할인율이 r일 때 기간당 C 달러가 발생하는 연금(annuity)의 현재가치는 얼마인가?

5.2b 일반적으로 영구연금(perpetuity)의 현재가치는 얼마인가?

5.3 이자율 비교: 복리기간의 효과

마지막으로 논의해야 할 주제는 이자율이 명시되는 방식에 관한 것이다. 이자율이 많은 다른 방식으로 명시되기에 상당히 혼란스럽다. 이자율이 명시되는 방식은 때로는 전통의 결과이고 때로는 법령의 결과이다. 안타깝게도 이자율은 때때로 돈을 빌리는 사람과 투자자를 오도하려고 의도적으로 기만하는 방식으로 명시하기도 한다. 여기서는 이러한 주제들에 대해 논의한다.

실효연이율과 복리

이자율이 10%인데 일 년에 두 번 복리로 지급한다면 실제로 6개월마다 5%를 지급한다는 의미이다. 그렇다면 자연스레 다음과 같은 질문을 하게 된다. 6개월마다 5%는 연 10%와 같을까? 그렇지 않음을 쉽게 알 수 있다. 100원을 연 10%에 투자한다면 연말에 110원이 될 것이다. 6개월마다 5%로 투자한다면 2 기간에 5%로 100원의 미래가치가 될 것이다. 즉,

$$\textbf{100원} \times \mathbf{1.05^2 = 110.25}\textbf{원}$$

0.25원이 더 많다. 그 이유는 매우 간단하다. 6개월 후 계좌에는 100원 × 0.05 = 5원의 이자가 붙었다. 그다음 6개월 후에 5원에 대해 5%의 이자, 즉 5원 × 0.05 = 0.25원을

추가로 번다.

이상의 예에서 알 수 있듯이 6개월마다 복리로 계산하는 10%는 실제로 연 10.25%와 같다. 달리 표현하면 반기 복리 10%와 연 복리 10.25%는 차이가 없다. 연중 복리로 계산할 때는 언제든지 실제로 이자율이 얼마인지를 염두에 두어야 한다.

예에서 10%는 **표시이자율(stated or quoted interest rate)** 혹은 표면이자율이라고 한다. 다른 이름도 물론 사용된다. 실제로 받게 될 이자율인 10.25%는 **실효연이율(effective annual rate: EAR)** 혹은 유효연이율이라고 한다. 서로 다른 투자나 이자율을 비교하기 위해서는 항상 실효이자율로 전환해야 한다. 이제부터는 몇 가지 일반적인 절차들을 살펴보자.

표시이자율
stated or quoted interest rate
매 기간에 지급하는 이자로 표현된 이자율. *명시이자율*이라고도 한다.

실효연이율
effective annual rate (EAR)
일 년에 한 번 복리계산하는 것처럼 표현된 이자율.

실효연이율의 계산과 비교

실효이율만 적용하는 것이 왜 중요한지 알아보기 위해 조사한 결과 다음 세 가지 이자율에 이르렀다고 하자.

은행 A: 15%, 일 복리(compounded daily)로 계산
은행 B: 15.5%, 분기 복리(compounded quarterly)로 계산
은행 C: 16%, 연 복리(compounded annually)로 계산

새로 저축예금을 하려고 할 때 어느 은행이 가장 좋은가? 이것이 대출이자율이라면 어느 은행이 가장 좋은가?

먼저 은행 C는 연 16%의 이자를 지급한다. 연중 복리가 없으므로 이것이 실효이율이다. 은행 B는 실제로 분기당 0.155/4 = 0.03875 또는 3.875%를 지급한다. 이 이자율을 적용하면 4분기가 지난 후 1원은 다음과 같이 늘어난다.

$$1\text{원} \times 1.03875^4 = 1.1642\text{원}$$

따라서 EAR은 16.42%이다. 예금자에게는 은행 C가 지급하는 16%의 이자율보다 훨씬 유리하다. 그러나 차입자에게는 더 불리하다.

은행 A는 날마다 복리로 계산한다. 약간 극단적으로 보일지 모르지만 매일의 이자 계산은 매우 흔하다. 이 경우 일별 이자율은 실제로 다음과 같다.

$$0.15/365 = 0.000411$$

이는 일별 0.0411%이다. 이 이자율로 365일이 지난 후 1원은 다음과 같이 늘어난다.

$$1\text{원} \times 1.000411^{365} = 1.1618\text{원}$$

따라서 EAR은 16.18%이다. 예금자에게는 은행 B의 이자율인 16.42%보다 불리하고 차입자에게는 은행 C의 16%보다 불리하다.

이 예제는 두 가지를 설명해 주고 있다. 첫째, 가장 높은 표시이율이라고 해서 반드시 최고는 아니다. 둘째, 연중 복리로 계산하면 표시이율과 실효이율 간에 큰 차이가 날

수 있다. 실효이율이 받거나 지급하는 이율임을 명심하자.

예제를 보면 EAR이 세 단계로 계산됨을 알 수 있다. 첫째는 표시이율을 복리계산되는 횟수로 나눈다. 그리고 여기에 1을 더해 복리계산되는 횟수만큼 제곱근을 취한다. 마지막으로 1을 빼 준다. 한 해 동안 복리로 계산되는 횟수를 m이라고 하면 이 단계를 다음과 같이 요약할 수 있다.

$$\text{EAR} = (1 + \text{표시이율}/m)^m - 1 \qquad [5.5]$$

예를 들어 월 복리로 12% 지급한다고 하자. 이 경우에 이자는 1년에 12회 복리계산된다. 따라서 m은 12가 된다. 실효이율은 다음과 같이 계산할 수 있다.

$$\begin{aligned}\text{EAR} &= (1 + \text{표시이율}/m)^m - 1\\ &= (1 + 0.12/12)^{12} - 1\\ &= 1.01^{12} - 1\\ &= 1.126825 - 1\\ &= 0.126825 \text{ 또는 } 12.6825\%\end{aligned}$$

예제 5.8 EAR이 얼마인가?

한 은행은 분기 복리로 12%를 지급한다. 계좌에 100원을 입금하면 1년 후에 얼마가 되겠는가? EAR은 얼마인가? 2년 후에는 얼마가 되겠는가?

이 은행은 실제로 분기마다 12%/4 = 3%를 지급하고 있다. 기간별 3%로 4 기간에 100원을 투자한다면 미래가치는

$$\begin{aligned}\text{미래가치} &= 100\text{원} \times 1.03^4\\ &= 100\text{원} \times 1.1255\\ &= 112.55\text{원}\end{aligned}$$

EAR은 12.55%이다. 100원 × (1 + 0.1255) = 112.55원

2년 후에 얼마가 되는지 두 가지 방법으로 결정할 수 있다. 한 방법은 2년이 8분기와 같다는 점을 상기하는 것이다. 분기별 3%로 8분기 후를 계산하면 된다.

$$100\text{원} \times 1.03^8 = 100\text{원} \times 1.2668 = 126.68\text{원}$$

다른 방법은 12.55%의 EAR을 이용해 2년 후의 가치를 계산하는 것이다. 2년 후에 다음과 같은 액수가 될 것이다.

$$100\text{원} \times 1.1255^2 = 100\text{원} \times 1.2688 = 126.68\text{원}$$

두 가지 방법 모두 답이 같다. 이는 중요한 점을 보여준다. 현재가치나 미래가치를 구할 때면 언제나 실제 이율 또는 실효이율을 사용해야 한다는 것이다. 이 경우에 실제 이율은 분기별 3%이다. 실효연이율은 12.55%이다. EAR을 알게 되면 어떤 방법을 이용하든지 상관없다.

예제 5.9 이자율의 산정

표시이율을 EAR로 전환하는 방법을 알았으니 다른 것을 고려해 보자. 대출자는 특정 대출에 대해 실제로 18%의 이자를 받기 원한다. 월 복리(monthly compounding)로 계산하면 표시이율은 얼마가 되어야 하는가?

이 경우 실효연이율(EAR)이 18%이고 월 복리의 결과라는 것도 안다. q를 표시이율이라고 하면 다음과 같이 계산할 수 있다.

$$\text{EAR} = (1 + \text{표시이율}/m)^m - 1$$
$$0.18 = (1 + q/12)^{12} - 1$$
$$1.18 = (1 + q/12)^{12}$$

표시이율 계산을 위해서는 이 등식을 풀어야 한다. 이 계산은 제4장에서 미지의 이자율을 구하는 것과 같다.

$$1.18^{(1/12)} = 1 + q/12$$
$$1.18^{0.08333} = 1 + q/12$$
$$1.0139 = 1 + q/12$$
$$q = 0.0139 \times 12$$
$$= 0.1667 \text{ 또는 } 16.67\%$$

따라서 월 복리로 계산된 표시이율은 16.67%이다.

EARs와 APRs

가끔 이자율이 실효연이율인지 아닌지 명확하지 않다. 대출(loan)에서 **APR(annual percentage rate)**이라고 불리는 이자율이 그 경우이다. 미국의 대출진실법(truth-in-lending law)은 모든 가계대출에 대하여 대출자가 APR을 밝히도록 하고 있다. APR은 대출문서에 눈에 띄게 명확히 표시되어야만 한다.[3)]

APR
annual percentage rate
기간당 지급하는 이자율에 연간 기간 수를 곱한 것.

APR이 계산되어야 하고 표시되어야 한다면 당연한 질문은 다음과 같다. APR은 실효연이율인가? 다시 말하면 한 은행이 자동차 대출에 대하여 APR로 12%를 제시한다면 소비자는 실제로 12%의 이자를 지급하는 것인가? 놀랍게도 그렇지 않다. 이 점이 혼란스러울 수 있는데 다음에서 알아보자.

APR에 대한 혼란은 대출자가 특별한 방법으로 APR을 계산하도록 법에서 요구하기 때문이다. 법에서는 APR은 단순히 기간당 이자율에 일 년에 그 기간이 몇 번이 있는지를 구하여 그 횟수만큼을 곱한 것과 같다. 예를 들어 한 은행이 자동차 대출에 대하여 월 1.2%의 이자를 부과한다면 APR은 1.2% × 12 = 14.4%가 된다. 따라서 APR은 그동안

[3)]법으로 대출기관은 모든 소비자대출에 대해 APR을 발표하도록 하고 있다. APR은 통상 기간이자율 곱하기 연중 기간 수로 계산된다. 미국 연방법에서 APR은 연율로 표시된 소비자금융의 비용 척도로 이자율과 비이자 요금 및 수수료를 포함한다. 실무에서는 대출기관이 연방정부가 지시하는 APR 계산에서 포함되어야만 하는 수수료를 상당히 부과하면 APR은 대출금에 대한 이자율보다 훨씬 더 높을 수 있다.

논의한 바에 의하면 사실상 표시이자율이다. 예를 들어 매달 지급하는 대출금에 12%의 APR이 적용되면 실제로는 월 1%가 된다. 따라서 이 대출금의 EAR은 다음과 같다.

$$\begin{aligned}\text{EAR} &= (1 + \text{APR}/12)^{12} - 1\\ &= 1.01^{12} - 1\\ &= 0.126825 \text{ 또는 } 12.6825\%\end{aligned}$$

예제 5.10 얼마의 이자를 지급하는가?

전형적인 신용카드 계약에서 이자율은 18% APR이다. 매월 이자를 지급한다. 이런 종류의 신용카드에 지급해야 하는 실제 이자율은 얼마인가?

논의한 대로 매월 지급하는 18%의 APR은 실제로 월 0.18/12 = 0.015 또는 1.5%이다. 따라서 EAR은 다음과 같다.

$$\begin{aligned}\text{EAR} &= (1 + 0.18/12)^{12} - 1\\ &= 1.015^{12} - 1\\ &= 1.1956 - 1\\ &= 0.1956 \text{ 또는 } 19.56\%\end{aligned}$$

이것이 실제로 지급해야 하는 이율이다.

APR과 EAR의 차이는 그렇게 크지 않을지도 모르지만 대출진실법(truth-in-lending laws)이 대출금의 실제 이율에 대해 때로는 거짓말을 요구한다는 것은 다소 아이러니하다.

이자율이 클 때는 APR과 EAR이 크게 다를 수 있다. “페이데이론”(payday loans)을 보자. 페이데이론은 소비자에게 공여하는 단기대출로 주로 2주 이내인데 체크인투캐시(Check Into Cash)나 내셔널 페이데이(National Payday)와 같은 회사가 제공한다. 대출은 다음과 같다. 날짜가 나중에 오는(즉, 수표의 날짜가 미래이다) 수표를 오늘 작성해 회사에 준다. 그러면 현금을 내준다. 수표에 적힌 날짜가 되면 수표에 적힌 금액을 회사에 현금으로 지급하거나 회사가 수표를 현금화한다(또는 자동적으로 대출이 갱신된다).

예를 들어 특정 주에서 2018년에 체크인투캐시가 미래 14일 후의 날짜로 352.94달러의 수표를 작성하게 하고 오늘 300달러를 주었다고 하자. 이러한 약정의 APR과 EAR은 얼마인가? 첫째, FV 방정식에서 이자율을 알아내야 한다.

$$\begin{aligned}\text{FV} &= \text{PV} \times (1 + r)^1\\ \$352.94 &= \$300 \times (1 + r)^1\\ 1.1765 &= (1 + r)\\ r &= 0.1765 \text{ 또는 } 17.65\%\end{aligned}$$

*14*일간의 이자율이라는 점을 기억할 때까지는 그렇게 나빠 보이지는 않는다! 대출의 APR은,

$$\text{APR} = 0.1765 \times 365/14$$
$$\text{APR} = 4.6007 \text{ 또는 } 460.07\%$$

그리고 대출의 EAR은,

$$\text{EAR} = (1 - \text{표시금리}/m)^m - 1$$
$$\text{EAR} = (1 + 0.1765)^{365/14} - 1$$
$$\text{EAR} = 68.20089 \text{ 또는 } 6{,}820.09\%$$

이는 이자율이다! 수수료의 작은 차이가 어떤 차이를 만드는지 보기 위해 다른 주의 체크인투캐시는 같은 금액에 대해 335달러의 수표를 적도록 할 것이다. 이 약정의 APR은 304.17%이고 EAR은 1,675.97%임을 확인해 보자.

EARs, APRs, 재무계산기, 스프레드시트

재무계산기는 표시이자율(또는 APR)과 EAR을 서로 전환해 준다. 안타깝게도 그 방법은 계산기마다 너무나 달라서 일반적인 용어로 표현할 수가 없다. 계산기의 사용설명서를 참고해야 할 것이다. 그러나 EAR이라고 부르는 것은 계산기에서 보통 "EFF"(*effective*의 뜻으로)로 적혀 있다. 더 문제가 되는 것은 여기서 표시이자율(또는 APR)이라고 부르는 것이 "NOM"(*nominal*의 뜻으로)으로 적혀 있다는 사실이다. 안타깝게도 다음 장에서 살펴보겠지만 **명목이율**(*nominal rate*)이라는 용어는 다른 의미가 있다. 그래서 이러한 맥락에서 **명목**(*nominal*)이 표시이율 또는 APR을 의미함을 기억하자.

스프레드시트에서는 쉽게 작업할 수 있다. 예를 들어 엑셀에서 표시이율(또는 APR)을 실효이율로 전환하려면 EFFECT(nominal_rate,npery) 공식을 이용한다. 여기서 nominal_rate는 표시이율 또는 APR이고 npery는 연간 복리 기간의 수이다. 유사하게 EAR을 표시이율로 전환하려면 NOMINAL(effect_rate,npery) 공식을 사용한다. 여기서 effect_rate는 EAR이다.

개념문제 CONCEPT QUESTIONS

5.3a 일 복리 12%의 이자율이 있다면 이 이자율을 무엇이라고 하는가?

5.3b APR은 무엇인가? EAR은 무엇인가? 이 둘은 같은 것인가?

5.3c 일반적으로 표시이자율과 실효연이율 사이에는 어떤 관계가 성립하는가? 어느 이자율이 재무의사결정에 더 적절한가?

5.4 대출 유형과 대출금의 분할상환

대출을 연장할 때마다 원래의 대출금인 원금상환을 위한 규정을 둘 것이다. 예를 들어 대출금을 균등할부금(equal installments)으로 상환할 수도 있고 한 번에 일시불로 상환할 수도 있다. 원금과 이자를 지급하는 방법은 당사자들이 결정할 문제이기에 실제로 수없이 많은 방법이 있을 수 있다.

여기에서는 자주 언급되는 몇 가지 형태의 상환방법에 대해서 알아보도록 하겠다. 더 복잡한 형태들도 대개는 이로부터 만들어질 수 있다. 대출의 세 가지 기본 형태는 순할인대출(pure discount loans), 이자지급대출(interest-only loans), 분할상환대출(amortized loans)이다. 이런 대출에는 이미 배운 현재가치 원칙을 바로 적용할 수 있다.

순할인대출

순할인대출(pure discount loans)은 대출의 가장 단순한 형태이다. 이런 대출의 경우 차입자는 현재 돈을 받고 미래의 어느 시점에 한 번에 일시불로 상환한다. 예를 들어 10%로 1년 동안 순할인대출을 받게 되면 차입자는 오늘 빌린 100원에 대해 1년 후에 110원을 상환해야 할 것이다.

순할인대출은 너무나 단순해서 어떻게 그 가치를 계산하는지 이미 알고 있다. 한 차입자가 5년 후에 25,000원을 상환할 수 있다고 하자. 대출자로서 대출금에 대해 12%의 이자율을 원한다면 얼마를 빌려줄 수 있겠는가? 달리 표현하면 5년 후에 상환되는 25,000원은 오늘 얼마의 가치가 있는가? 제4장에서 배운 바에 의하면 정답은 5년 동안 12%에 25,000원의 현재가치이다.

$$\begin{aligned}\text{현재가치} &= 25{,}000\text{원}/1.12^5 \\ &= 25{,}000\text{원}/1.7623 \\ &= 14{,}186\text{원}\end{aligned}$$

대출 기간이 짧아 1년 또는 그 미만이면 순할인대출이 매우 일반적이다. 최근에는 훨씬 더 긴 기간도 점점 흔해지고 있다.

예제 5.11 미국 재무부 단기증권

미국 정부가 1년 또는 그 미만의 단기간으로 돈을 빌리려고 할 때 *재무부 단기증권(Treasury bills)* 또는 줄여서 *재정증권(T-bills)*이라는 것을 매각한다. T-bill은 예를 들어 3개월 또는 12개월 후 미래의 어느 시점에 정부가 확정된 금액을 상환한다는 약속이다.

재무부 단기증권은 순할인대출이다. T-bill이 12개월 후에 10,000달러를 상환한다고 약속하고 시장이자율이 7%라면 시장에서 얼마에 매각되겠는가?

이자율이 7%이므로 T-bill은 7%에 1년 후에 지급하기로 한 10,000달러의 현재가치에 매각될 것이다.

현재가치 = $10,000/1.07 = $9,345.79

이자지급대출

대출의 두 번째 형태는 차입자가 매 기간에 이자를 지급하고 원래 차입금인 원금은 미래의 시점에서 일시에 상환하는 방법이다. 이런 대출을 **이자지급대출**(*interest-only loans*)이라고 한다. 기간이 하나뿐이라면 순할인대출과 이자지급대출은 같은 것이다.

예를 들어 3년, 10%의 1,000원 이자지급대출인 경우 차입자는 첫해와 둘째 해 말에 1,000원 × 0.10 = 100원을 이자로 지급할 것이다. 셋째 해 말에 차입자는 그해의 이자 100원과 함께 원금 1,000원도 상환할 것이다. 마찬가지로 50년의 이자지급대출은 차입자가 향후 50년 동안 매해 이자를 지급하고 마지막 해에 원금을 상환할 것을 요구한다. 극단적으로는 차입자가 영원히 기간마다 이자를 지급하고 원금은 상환하지 않는다. 이번 장의 앞에서 배운 바와 같이 그 결과가 영구연금(perpetuity)이다.

대부분의 회사채는 일반적인 형태의 이자지급대출이다. 다음 장에서 채권을 자세히 다룰 것이기에 더 이상의 논의는 연기한다.

분할상환대출

순할인대출과 이자지급대출의 경우에는 원금이 일시에 상환된다. 다른 형태는 **분할상환대출**(*amortized loan*)로 차입자는 대출자에게 대출 기간에 원금 일부를 상환해야 한다.[4] 정기적으로 원금을 공제함으로써 차입금을 상환하는 과정을 **분할상환**(*amortizing*)한다고 한다.

대출금을 분할상환하는 간단한 방법은 차입자가 매 기간의 이자에 더해 일정한 액수를 지급하는 것이다. 이 방식은 중기 사업자금대출에는 흔하다. 예를 들어 한 회사가 9%에 5년 동안 5,000원을 대출받았다고 하자. 대출계약서에서는 차입자가 매해 대출 잔액에 대한 이자를 지급하고 대출 잔액을 매해 1,000원씩 줄이게 되어 있다. 대출금액이 매해 1,000원씩 감소하므로 5년 후에는 전부 상환된다.

이 경우에 총지급액은 매해 감소할 것이다. 그 이유는 원금지급액은 1,000원으로 일정하지만 대출 잔액이 점차 줄어들어 매해 이자를 더 적게 지급하기 때문이다. 예를 들어 첫해의 이자는 5,000원 × 0.09 = 450원이 될 것이다. 총지급액은 1,000원 + 450 = 1,450원이다. 둘째 해의 경우에 대출금의 잔액은 4,000원이므로 이자는 4,000원 × 0.09 = 360원이고, 총지급액은 1,360원이다. 나머지 기간에 대해서도 다음과 같이 간단한 분할상환예정표(*amortization schedule*)를 작성함으로써 총지급액을 계산할 수 있다.

연도	기초잔액	총지급액	이자지급액	원금지급액	기말잔액
1	5,000	1,450	450	1,000	4,000
2	4,000	1,360	360	1,000	3,000
3	3,000	1,270	270	1,000	2,000
4	2,000	1,180	180	1,000	1,000
5	1,000	1,090	90	1,000	0
총계		6,350	1,350	5,000	

매해 이자지급액은 기초잔액에 이자율을 곱하면 된다. 또한, 기초잔액은 그 전기 기말잔액과 같다.

[4]역주: 분할상환대출은 원리금균등상환(straight line loan)을 말하며, 원금균등상환(reducing balance loan)에서는 매기 상환하는 금액이 달라진다.

아마도 가장 일반적인 분할상환 방법은 차입자가 매기마다 일정한 금액을 지급하는 것일 것이다. 자동차 대출과 같은 대부분의 가계대출과 주택저당대출은 이렇게 상환된다. 예를 들어 5년간 9%로 5,000원의 대출금을 이 방법으로 분할상환한다고 하자. 분할상환예정표는 어떻게 작성되겠는가?

우선 지급액을 결정해야 한다. 앞에서 설명한 바와 같이 이러한 대출의 현금흐름은 정상연금의 형태와 같다. 이 경우 다음과 같이 지급액을 계산할 수 있다.

$$
\begin{aligned}
5{,}000\text{원} &= C \times (1 - 1/1.09^5)/0.09 \\
&= C \times (1 - 0.6499)/0.09
\end{aligned}
$$

C에 대해 풀면

$$
\begin{aligned}
C &= 5{,}000\text{원}/3.8897 \\
&= 1{,}285.46\text{원}
\end{aligned}
$$

그러므로 차입자는 균등하게 1,285.46원을 다섯 번 지급해야 한다. 이렇게 지급하면 원금을 모두 상환할 수 있는가? 분할상환예정표를 작성해 봄으로써 확인해 본다.

앞의 예제에서는 매년 원금지급액을 알았다. 그리고 총지급액을 구하기 위해서 이자지급액을 계산하였다. 여기서는 총지급액을 안다. 따라서 이자지급액을 계산하고 총지급액에서 이자지급액을 차감해 각 지급액에서 원금지급액을 구할 수 있다.

첫째 해의 경우 이자는 앞서 계산한 바와 같이 450원이다. 총지급액은 1,285.46원이므로 첫해의 원금지급액은 다음과 같다.

원금지급액 = 1,285.46원 − 450 = 835.46원

기말 대출 잔액은 다음과 같다.

기말 대출 잔액 = 5,000원 − 835.46 = 4,164.54원

둘째 해의 이자지급액은 4,164.54원 × 0.09 = 374.81원이고 대출 잔액은 1,285.46 − 374.81 = 910.65원만큼 감소한다. 이 예제와 관련된 계산을 다음 예정표에 모두 정리했다.

연도	기초잔액	총지급액	이자지급액	원금지급액	기말잔액
1	5,000.00	1,285.46	450.00	835.46	4,164.54
2	4,164.54	1,285.46	374.81	910.65	3,253.88
3	3,253.88	1,285.46	292.85	992.61	2,261.27
4	2,261.27	1,285.46	203.51	1,081.95	1,179.32
5	1,179.32	1,285.46	106.14	1,179.32	0.00
총계		6,427.30	1,427.31	5,000.00	

www.myamortization-chart.com에는 온라인 분할상환예정표(amortization schedule)가 있다.

대출 잔액은 0으로 감소하므로 5회의 균등지급액은 대출금을 모두 상환한다. 이자지급액은 매기 감소한다. 대출 잔액이 감소하므로 놀랄 일도 아니다. 총지급액은 일정하기에 원금지급액은 기간마다 증가한다.

여기에서 살펴본 두 종류의 분할상환을 비교해 보면 총지급액이 균등할 경우의 이자지급 총액이 1,427.31원 대 1,350원으로 더 크다는 것을 알 수 있다. 그 이유는 대출금이 초기에 더 적게 상환되므로 이자가 다소 많기 때문이다. 그렇다고 어떤 대출방식이 다른 대출방식보다 더 낫다는 것을 의미하지는 않는다. 한 방법이 다른 방법보다 실제로 더 빨리 상환됨을 의미할 뿐이다. 예를 들어 총지급액이 균등할 경우의 첫해 원금지급액은 835.46원으로 첫 번째 방법에서의 1,000원과 비교할 수 있다. 많은 웹사이트가 대출금 분할상환 일정을 제공한다. 근처 워크더웹(*Work the Web*) 박스를 통해 그 예를 살펴보자.

WORK THE WEB

분할상환예정표를 준비하는 일은 시간가치를 적용하는 다소 지루한 일 중의 하나이다. 스프레드시트를 이용하면 비교적 쉬우나 분할상환예정표를 매우 빠르고 쉽게 준비해 주는 웹사이트들이 있다. 그중 하나는 www.bankrate.com이다. 웹사이트에는 주택담보대출용 모기지(mortgage) 계산기가 있는데 같은 계산기로 자동차대출이나 학자금대출 등 대부분의 다른 형태 대출도 계산할 수 있다. 미국에서 2017년 대학졸업생은 평균 39,400달러의 학자금대출을 받고 졸업한다는 기록이 있다. 평균적인 학생의 학자금대출을 받고 졸업해서 보조금이 없는 스태퍼드론(Stafford loan)의 상한금리인 6.8%에 앞으로 15년에 걸친 대출금 상환을 결정했다고 하자. 월 상환금액은 얼마인가? 계산기를 사용해 보면 첫해는 다음과 같다.

Start Date

06/14/2018

Estimated Payoff Date

June 14, 2033

Amortization Schedule

Payment Date	Payment	Principal	Interest	Total Interest	Balance
Jul 2018	$349.75	$126.48	$223.27	$223.27	$39,273.52
Aug 2018	$349.75	$127.20	$222.55	$445.82	$39,146.32
Sep 2018	$349.75	$127.92	$221.83	$667.65	$39,018.40
Oct 2018	$349.75	$128.64	$221.10	$888.75	$38,889.76
Nov 2018	$349.75	$129.37	$220.38	$1,109.13	$38,760.39
Dec 2018	$349.75	$130.11	$219.64	$1,328.77	$38,630.28
Jan 2019	$349.75	$130.84	$218.90	$1,547.67	$38,499.44
Feb 2019	$349.75	$131.58	$218.16	$1,765.84	$38,367.86
Mar 2019	$349.75	$132.33	$217.42	$1,983.25	$38,235.53
Apr 2019	$349.75	$133.08	$216.67	$2,199.92	$38,102.45
May 2019	$349.75	$133.83	$215.91	$2,415.84	$37,968.61
Jun 2019	$349.75	$134.59	$215.16	$2,630.99	$37,834.02

(계속)

보다시피 월간 상환액은 349.75달러일 것이다. 첫 번째 지급액은 원금이 126.48달러이고 이자는 223.27달러이다. 남은 기간에 이자로 23,554.54달러를 지급할 것이다.

질문 QUESTIONS

1. *250,000달러를 4.8%의 이자율에 30년 만기 주택담보대출(mortgage)을 받았다고 하자. 이 웹사이트를 이용해 대출상환표(amortization table)를 작성해 보자. 110번째 지급에서 이자지급액은 얼마이고, 원금지급액은 얼마인가? 대출 기간에 이자로 지급한 금액은 총 얼마인가?*
2. *275,000달러를 5.1%의 이자율에 30년간 대출받았다. 대출 기간에 얼마를 이자로 지급하겠는가? 대출에 대해 매월 100달러를 추가로 지급한다고 가정하자. 현재 총 이자지급액은 얼마인가? 주택담보대출은 얼마나 빨리 상환되겠는가?*

스프레드시트 전략

스프레드시트를 이용한 대출금 분할상환

대출금 분할상환은 매우 일반적인 스프레드시트 애플리케이션이다. 설명을 위해 방금 살펴본 5년, 9%의 5,000원 대출금을 일정하게 지급하는 문제를 설정한다. 스프레드시트는 다음과 같다.

	A	B	C	D	E	F	G	H
1								
2	대출금 분할상환을 위한 스프레드시트 활용							
3								
4			대출금액:	5,000				
5			이자율:	0.09				
6			대출기간:	5				
7			상환액:	**1,285.46**				
8				주: 상환액은 PMT(rate,nper,-pv,fv)로 계산				
9			분할상환예정표:					
10								
11		연도	기초	총	이자	원금	기말	
12			잔액	지급액	지급액	지급액	잔액	
13		1	5,000.00	1,285.46	450.00	835.46	4,164.54	
14		2	4,164.54	1,285.46	374.81	910.65	3,253.88	
15		3	3,253.88	1,285.46	292.85	992.61	2,261.27	
16		4	2,261.27	1,285.46	203.51	1,081.95	1,179.32	
17		5	1,179.32	1,285.46	106.14	1,179.32	.00	
18		합계		**6,427.31**	**1,427.31**	**5,000.00**		
19								
20		분할상환예정표의 공식:						
21								

(계속)

FINANCE MATTERS

달갑지 않은 크리스마스 선물

이 글을 읽고 있으면 대학생이라고 할 수 있다. 당신은 대학에서 교육을 받을 것이고, 대학졸업자들이 비졸업자들보다 평균적으로 더 많은 연봉을 받는다는 연구 결과가 있으나 당신이 5월에 졸업한다면 “학자금대출 상환”이라는 달갑지 않은 크리스마스 선물을 받게 될지도 모른다. 미국의 대학생 중 약 절반 정도의 졸업생들이 학자금대출을 떠안고 졸업하는데 대출금의 90% 이상이 스태퍼드론(Stafford loans)이다. 스태퍼드론은 온라인으로 샐리 매(Sallie Mae)에서 받거나 어떤 경우에는 대학에서 받을 수 있다. 스태퍼드론은 10년 안에 갚아야 하는데 졸업하고 첫 번째 대출금을 갚기까지 6개월의 유예기간이 있다. 2006년 7월 1일 이후 보조금이 없는 스태퍼드 대출프로그램의 이자율은 6.8%이다.

학자금대출을 받았다면 안내 프로그램을 거쳐야 한다. 혹 잊었다면 여기에 몇 가지 상환방식이 있다. 우선 대부분의 다른 대출처럼 매달 같은 금액을 갚을 수 있다. 두 번째 방식은 최대 4년까지는 이자만 갚고 그다음부터 원금과 이자를 갚는다. 이것은 마지막 상환액이 같은 금액을 갚는 경우보다 많음을 의미한다. 세 번째 방식은 연봉의 일정 비율로 상환해 나가는 것이다. 네 번째 방식은 예정된 계획에 따라 매달 상환금을 늘려나가는 점진적인 상환방식이다. 마지막으로 대출금을 한 번에 묶어 갚을 수 있다. 대출 잔액이 많이 남아 있다면 최대 30년까지 대출을 연장할 수 있을지도 모른다.

추천하지는 않지만 대단한 금액의 부채를 쌓아 올리는 학생도 있다. 예를 들어 전 연방준비위원회 의장 벤 버냉키(Ben Bernanke)의 아들이 40만 달러 이상의 학자금대출의 빚을 지고 의학전문대학원을 졸업하게 되었다고 알려졌다. 엄청난 금액이나 미국에서 학자금대출이 100만 달러 이상인 개인은 101명으로 추정된다.

그렇다면 학자금대출은 실제로 어떻게 운영되는가? 최근 창작문예 분야로 석사학위를 받은 메릴랜드 대학(University of Maryland)의 한 졸업생은 40,000달러의 학자금대출을 떠안은 채 졸업했다. 대출금 상환액은 월 442달러였고, 자금모집원인 그녀의 봉급은 상환액을 대기 어려웠다. 그녀는 봉급의 일정 비율로 상환하는 방식을 생각했다. 그러나 그것은 단지 불가피하게 연기하는 것뿐이라는 점을 깨닫고 그 차액을 메우기 위해 직업을 하나 더 갖기로 했다.

유타(Utah) 주의 한 치과의사는 학자금대출이 100만 달러 이상인데 도움을 주는 정부 프로그램을 이용하고 있다. 그는 향후 25년 동안 매월 재량소득의 10%를 지급하기로 합의했다. 정부 프로그램이 없으면 매달 약 10,500달러를 지급할 것이다. 25년 후에 대출금을 약 160만 달러 상환할 것이나 현재 지급액이 이자를 지급하지 않기에 대출금 잔액은 약 200만 달러가 될 것이다. 이것을 미국 정부가 탕감해 줄 것이나 불행히도 약 70만 달러의 세금이 청구될 것이다.

시카고의 한 부부는 세 번째 방식을 택했다. 남편과 부인 둘 다 의사이다. 남편이 전문의 실습 기간의 마지막 해를 끝내고 있는 동안 부인은 전문의 실습 기간을 마치고 풀타임으로 일하고 있다. 이 부부에게 가장 특별한 점은 학자금대출의 금액이다. 부인의 학자금대출 잔액은 234,000달러이고, 남편의 학자금대출 잔액은 310,000달러이며, 부부는 156,000달러의 주택담보대출을 받았다. 부인의 학자금 대출 상환은 벌써 시작되어 매달 1,750달러를 지급한다. 그렇다면 부부는 어떻게 대처했을까? 그들은 부인의 학자금대출 상환으로 매달 총 2,250달러를 지급하고 있어 상환 기간을 22년에서 13년으로 줄일 것이다. 부부는 또한 1,500달러의 주택담보대출에 월 100달러를 추가로 상환하고 있다. 다행히 남편의 실습 기간이 끝나면 연봉이 세 배가 될 것으로 기대한다. 부부에게는 그것이 필요하다. 남편의 대출 상환은 매달 2,349달러가 될 것이다. 당신은 학자금대출이 너무 많았었다고 생각할 것이다! 전문의를 의미하는 MD(medical doctor)가 아마도 “정말 많은 빚”(mucho debt)일 것이다!

22		연도	기초	총	이자	원금	기말	
23			잔액	지급액	지급액	지급액	잔액	
24		1	=+D4	=$D$7	=+$D$5*C13	=+D13-E13	=+C13-F13	
25		2	=+G13	=$D$7	=+$D$5*C14	=+D14-E14	=+C14-F14	
26		3	=+G14	=$D$7	=+$D$5*C15	=+D15-E15	=+C15-F15	
27		4	=+G15	=$D$7	=+$D$5*C16	=+D16-E16	=+C16-F16	
28		5	=+G16	=$D$7	=+$D$5*C17	=+D17-E17	=+C17-F17	
29								
30		주: 분할상환예정표에서 합계는 SUM 공식을 이용해 계산한다.						
31								

학생들에게 특히 중요한 대출 형태를 언급함으로써 설명을 마치려고 한다. 많은 대학생에게 학자금대출은 등록금, 책, 자동차, 기숙사와 많은 다른 자금 마련에 가장 중요한 원천이다. 때때로 학생들은 학자금대출이 심각한 문제점이 있음을 충분히 인식하는 것 같지 않다. 학자금대출은 반드시 갚아야 한다. 재무사안(*Finance Matters*) 박스의 논의를 살펴보자.

개념문제 CONCEPT QUESTIONS

5.4a 순할인대출(pure discount loan)은 무엇인가?

5.4b 대출금 분할상환은 무엇을 의미하는가?

요약과 결론

이번 장은 화폐의 시간가치 그리고 현금흐름할인에 의한 가치평가와 관련된 기본개념을 이해시켰다. 이번 장에서 다루었던 몇 가지 중요한 주제는 다음과 같다.

1. 다수의 현금흐름의 현재가치와 미래가치 계산에는 두 가지 방법이 있다. 두 가지 접근법 모두 앞에서 보았던 단일 현금흐름분석을 바로 연장한 것이다.
2. 각 기간 말에 발생하거나 지급하는 일련의 현금흐름을 정상연금(ordinary annuity)이라고 한다. 연금의 현재가치와 미래가치 결정에 유용하고 빠른 방법을 살펴보았다.
3. 이자율은 다양한 방법으로 표시될 수 있다. 재무의사결정에서 어떤 이자율이라도 실효이율로 전환해 비교하는 것이 중요하다. APR과 같은 표시이자율과 실효연이율(EAR)의 관계는 다음과 같다.

$$\text{EAR} = (1 + \text{표시이자율}/m)^m - 1$$

   여기서 m은 1년 동안 이자가 복리계산 횟수 또는 1년간의 지급횟수이다.
4. 많은 형태의 대출은 연금(annuities)이다. 대출금을 서서히 상환해 나가는 과정을 대출금을 분할상환(amortizing)한다고 하는데 분할상환예정표(amortization schedules)를 어떻게 작성하고 어떻게 해석하는지에 대해서 살펴보았다.

복습과 자체시험 문제

5.1 다수 현금흐름의 현재가치. 어느 일차선발대상(first-round draft choice) 쿼터백이 3년간 1,000만 달러의 계약을 맺었다. 구체적인 내용을 보면 100만 달러의 현금 보너스를 즉시 받고, 그 후 연봉으로 첫해 말에는 200만 달러, 그다음 해에는 300만 달러, 마지막 해 말에는 400만 달러를 받는다. 10%의 할인율을 가정할 때 이 패키지는 1,000만 달러의 가치가 있는가? 아니면 얼마의 가치가 있는가? ([문제 1] 참조)

5.2 다수 현금흐름의 미래가치. 이자를 주는 계좌에 여러 번 예금하려고 한다. 오늘

1,000달러를 입금하고, 2년 후에는 2,000달러, 5년 후에는 8,000달러를 입금할 것이다. 3년 후에 3,000달러를 인출하고, 7년 후에 5,000달러를 인출한다면 9%의 이자율에 8년 후에는 얼마가 남겠는가? 이 현금흐름의 현재가치는 얼마인가? ([문제 3] 참조)

5.3 **연금 현재가치.** 이후 10년 동안 매년 12,000달러를 지급하는 투자를 고려하고 있다. 15%의 수익률을 요구한다면 이 투자에 대해 지급할 수 있는 금액은 얼마인가? ([문제 2] 참조)

5.4 **APR 대 EAR.** 학자금대출에 대한 현행 이자율이 9% APR로 표시되어 있다. 대출계약조건에 의하면 매월 이자를 지급해야 한다. 이 학자금대출의 실효연이율(EAR)은 얼마인가? ([문제 19] 참조)

5.5 **원금계산.** 10,000달러를 차입했다고 하자. 5년 동안 매년 균등한 금액을 지급함으로써 대출금을 모두 상환하려고 한다. 대출금에 대한 이자율은 연 14%이다. 이 대출에 대한 분할상환예정표를 작성하라. 대출 기간에 얼마의 이자를 지급해야 하는가? ([문제 55] 참조)

5.6 **월 지급액.** 최근에 MBA 과정을 마쳤다. 자연스럽게 신형 BMW를 즉시 매입해야 한다. 자동차 가격은 약 42,000달러이다. 10%를 현금으로 지금 지급하면 남은 금액은 은행이 15% APR로 표시된 이자율로 72개월간 대출해 준다. 월 지급액은 얼마인가? 이 대출에 대한 실효연이율(EAR)은 얼마인가? ([문제 20] 참조)

복습과 자체시험 문제 풀이

5.1 이 패키지는 3년에 걸쳐 지급되기에 당연히 1,000만 달러의 가치는 없다. 보너스는 오늘 지급되므로 100만 달러의 가치가 있다. 3번에 걸쳐 지급되는 급여의 현재가치는

$$\$2/1.1 + 3/1.1^2 + 4/1.1^3 = \$2/1.1 + 3/1.21 + 4/1.331$$
$$= \$7.3028$$

이 패키지는 총 8,302,800달러의 가치가 있다.

5.2 현금흐름 각각에 대해서 미래가치를 구한 다음 그 결과를 모두 합한다. 인출은 음수의 현금흐름으로 처리한다.

$$\$1{,}000 \times 1.09^8 = \$1.000 \times 1.9926 = \$\ 1{,}992.60$$
$$\$2{,}000 \times 1.09^6 = \$2{,}000 \times 1.6771 = 3{,}354.20$$
$$-\$3{,}000 \times 1.09^5 = -\$3{,}000 \times 1.5386 = -4{,}615.87$$
$$\$8{,}000 \times 1.09^3 = \$8{,}000 \times 1.2950 = 10{,}360.23$$
$$-\$5{,}000 \times 1.09^1 = -\$5{,}000 \times 1.0900 = -5{,}450.00$$
$$\text{미래가치 총액} = \$\ 5{,}641.12$$

소수점에 의한 오류로 약간의 차이는 있다. 현재가치를 계산하기 위하여 각각의 현금흐름을 현재로 할인하거나 미래가치를 한 번에 한 해씩 할인할 수 있다. 그러나

8년 후의 미래가치가 5,641.12달러라는 것을 이미 알기에 현가(PV)를 구하는 쉬운 방법은 이 금액을 8년 전으로 할인하는 것이다.

현재가치 = \$5,641.12/1.098
= \$5,641.12/1.9926
= \$2,831.09

연습 삼아 각각의 현금흐름을 개별적으로 할인해 얻은 값과 같은지를 확인해 보자.

5.3 15%의 할인율로 10년 동안 매해 12,000달러씩 지급하는 연금의 현재가치가 지급하려고 하는 최대금액일 것이다. 여기서 현금흐름은 정상연금의 형태이므로 적절한 현재가치요소는 다음과 같다.

연금현재가치요소 = $[1 - (1/1.15^{10})]/0.15$
= $(1 - 0.2472)/0.15$
= 5.0188

10번의 현금흐름의 현재가치는 다음과 같다.

현재가치 = \$12,000 × 5.0188
= \$60,225

이것이 최대한 지급할 수 있는 금액이다.

5.4 매월 지급하는 9%의 이자율은 실제로 월 9%/12 = 0.75%이다. 그러므로 EAR은 다음과 같다.

EAR = $(1 + 0.09/12)^{12} - 1 = 0.0938$ 또는 9.38%

5.5 먼저 연간지급액을 계산해야 한다. 14%의 이자율로 현재가치가 10,000달러인 5년간의 연금에서 지급액은 다음과 같이 계산할 수 있다.

\$10,000 = 지급액 × $(1 - 1/1.14^5)/0.14$
= 지급액 × 3.4331

그러므로 지급액은 \$10,000/3.4331 = \$2,912.84이다(실제는 2,912.8355달러로 아래의 예정표에서는 약간의 소수점에 의한 오류가 발생한다). 다음과 같은 분할상환예정표를 작성할 수 있다.

연도	기초잔액	총 지급액	이자 지급액	원금 지급액	기말잔액
1	10,000.00	2,912.84	1,400.00	1,512.84	8,487.16
2	8,487.16	2,912.84	1,188.20	1,724.63	6,762.53
3	6,762.53	2,912.84	946.75	1,966.08	4,796.45
4	4,796.45	2,912.84	671.50	2,241.33	2,555.12
5	2,555.12	2,912.84	357.72	2,555.12	0.00
총계		14,564.18	4,564.18	10,000.00	

5.6 자동차 대출의 현금흐름은 연금의 형태이므로 지급액을 구하기만 하면 된다. 이자율은 월 15%/12 = 1.25%, 기간은 72개월이다. 먼저 할 일은 기간당 1.25%로 72개월 동안의 연금요소를 찾아내는 것이다.

$$\begin{aligned}\text{연금현재가치요소} &= (1 - \text{현재가치요소})/r \\ &= [1 - (1/1.0125^{72})]/0.0125 \\ &= [1 - (1/2.4459)]/0.0125 \\ &= (1 - 0.4088)/0.0125 \\ &= 47.2925\end{aligned}$$

현재가치는 조달하려는 금액이다. 10%를 현금으로 지급하고, 42,000달러의 90%인 37,800달러를 빌릴 것이다.

따라서 지급액은 다음과 같이 C에 대해 풀면 된다.

$$\begin{aligned}\$37,800 &= C \times \text{연금현재가치요소} \\ &= C \times 47.2925\end{aligned}$$

이를 다시 정리하면,

$$\begin{aligned}C &= \$37,800 \times (1/47.2925) \\ &= \$37,800 \times 0.02115 \\ &= \$799.28\end{aligned}$$

매달 지급해야 하는 금액은 채 800달러가 안 된다.

이 대출금에 대한 실제 이자율은 월 1.25%이다. 이번 장에서 배운 것을 이용해 실효연이율을 계산할 수 있다.

$$\text{EAR} = 1.0125^{12} - 1 = 0.1608 \text{ 또는 } 16.08\%$$

실효이율이 표시이율보다 약 1% 정도 높다.

비판적 사고와 개념 복습

LO 1 **5.1 연금 기간.** 기간이 길어지면 연금의 현재가치는 어떻게 되는가? 미래가치는 어떻게 되는가?

LO 1 **5.2 이자율.** 이자율 r이 증가하면 연금의 미래가치는 어떻게 되는가? 현재가치는 어떻게 되는가?

LO 1 LO 2 **5.3 연금 현재가치.** 트리스테이트 메가벅스 로터리(Tri-State Megabucks Lottery)는 1,000만 달러의 1등 상금을 광고하고 있다. 승자에게 500,000달러를 즉시 지급하고, 그 이후 19년 동안 매년 500,000달러를 지급한다. 그리고 500만 달러를 한꺼번에 받을 수 있는 일시불 옵션도 선택할 수 있다. 이는 사기 광고인가?

LO 1 **5.4 연금 현재가치.** [문제 5.3]의 복권에 1등으로 당첨되었다고 가정하자. 매년 일정한 금액과 일시불 중 하나를 선택하는 결정에서 고려할 요소는 무엇인가?

LO 1 **5.5 현재가치.** 당신이 계약을 협상하고 있는 운동선수라면 계약 보너스로 당장 많은 돈을 받고, 그 이후 적은 액수를 받는 안을 선택하겠는가, 아니면 그와 반대를 선택하겠는가? 팀의 시각에서는 어떠한가?

LO 1 **5.6 현재가치.** 두 운동선수가 8,000만 달러에 10년간 계약을 맺었다. 한 경우는 8,000만 달러를 10번에 걸쳐 균등하게 지급한다. 다른 경우는 10번에 걸쳐 지급하기는 하지만 할부지급액은 연 5%씩 증가할 것이다. 어느 쪽이 더 유리한 계약인가?

LO 4 **5.7 APR과 EAR.** 대출자에게 APR 대신 EAR을 알려 주도록 법률이 바뀌어야 하는가? 왜 그런가? 또는 왜 그렇지 않은가?

LO 3 **5.8 시간가치.** 대학생에게 학자금을 지원해 주는 보조금 형태의 스태포드 론(Stafford loans)은 졸업 후 상환이 시작될 때까지 이자가 붙지 않는다. 1학년생과 4학년생이 각각 대출을 받는다면 누가 더 많은 보조금을 받는 것일까? 설명해 보라.

LO 3 **5.9 시간가치.** 보조금 형태의 스태포드 론(Stafford loan)에서 보조금의 가치를 어떻게 계산하는지 말로 설명해 보라.

LO 3 **5.10 시간가치.** 보조금 형태의 스태포드 론(Stafford loan)을 받을 자격은 현재의 재정 상태이다. 하지만 보조금 형태와 비보조금 형태의 스태포드 론은 모두 미래의 수입으로 상환된다. 이런 경우 두 가지 형태의 운영에 반대할 이유가 있는가?

연습문제

초급(문제 1-28)

LO 1 **1. 현재가치와 다수 현금흐름.** 현금흐름이 다음과 같은 투자 프로젝트를 검토하고 있다. 할인율이 10%라면 이러한 현금흐름의 현재가치는 얼마인가? 18%일 때의 현재가치는 얼마인가? 24%일 때는 얼마인가?

연도	현금흐름
1	570
2	430
3	840
4	1,230

LO 1 **2. 현재가치와 다수 현금흐름.** 투자안 X는 9년 동안 매년 3,100달러를 지급할 것이고, 투자안 Y는 5년 동안 매년 4,800달러를 지급할 것이다. 할인율이 6%라면 어떤 현금흐름의 현재가치가 더 높은가? 할인율이 22%라면 어떠한가?

LO 1 **3. 미래가치와 다수 현금흐름.** 다음과 같은 현금흐름을 창출하는 투자 프로젝트를 개발했다. 할인율이 8%라면 4년 후 현금흐름의 미래가치는 얼마인가? 할인율이 11%일 때의 미래가치는 얼마인가? 24%일 때는 얼마인가?

연도	현금흐름
1	865
2	1,040
3	1,290
4	1,385

LO 1 **4. 연금 현재가치 계산.** 어떤 투자로부터 15년 동안 매년 6,125달러가 발생한다. 첫 번째 지급액은 지금부터 1년 후에 발생한다. 요구수익률이 8%라면 투자의 가치는 얼마인가? 지급이 40년 동안 계속된다면 가치는 얼마가 되겠는가? 75년 동안 계속된다면 어떠한가? 영원히 계속된다면 어떠한가?

LO 1 **5. 연금 현금흐름 계산.** 다음의 연금 각각에 대해 연간 현금흐름을 계산하라.

현가	연수	이자율
15,000	6	11%
21,400	8	7
145,300	15	8
325,000	20	6

LO 1 **6. 연금가치 계산.** 다음의 연금 각각에 대해 현재가치를 계산하라.

연금지급액	연수	이자율
1,560	7	5%
1,280	9	10
20,000	18	8
53,200	28	14

LO 1 **7. 연금 현금흐름 계산.** 다음의 연금 각각에 대해 연간 현금흐름을 계산하라.

미래가치	연수	이자율
21,800	8	5%
1,500,000	40	7
520,000	25	8
98,700	13	4

LO 1 **8. 연금가치 계산.** 다음의 연금 각각에 대해 미래가치를 계산하라.

연금지급액	연수	이자율
2,100	10	8%
6,500	40	9
1,100	9	6
5,000	30	10

LO 1 **9. 연금가치 계산.** 10.1%의 이자를 지급하는 계좌에 향후 20년간 매년 말에 5,000달러를 예금한다면 20년 후 계좌에는 얼마가 있겠는가? 40년간 예금한다면 얼마가 되겠는가?

LO 1 **10. 영구연금가치 계산.** 당신과 당신의 상속자에게 매년 25,000달러를 영원히 지급하는 투자보험증권(investment policy)을 팔려고 한다. 이 투자에 대한 요구수익률이 4%라면 보험증권에 얼마를 지급하겠는가?

LO 1 **11. 영구연금가치 계산.** [문제 10]에서 보험증권의 가격이 645,000달러라고 말했다면 공정한 거래가 되기 위해서는 이자율이 얼마가 되어야 하는가?

LO 4 **12. EAR 계산.** 다음 각각의 경우에 EAR을 계산하라.

표시이자율(APR)	복리계산 횟수	실효연이율(EAR)
10.2%	분기별	
18.0	월별	
13.5	일별	
9.5	반기별	

LO 4 **13. APR 계산.** 다음 각각의 경우에 표시이자율(stated rate) 또는 APR을 계산하라.

표시이자율(APR)	복리계산 횟수	실효이율(EAR)
	반기별	15.3%
	월별	8.7
	주별	9.4
	일별	14.9

LO 4 **14. EAR 계산.** A 은행은 기업대출에 대해 월(monthly) 복리로 14.3%의 이자를 받고 있다. B 은행은 반기 복리로 14.7%를 받고 있다. 잠재적 차입자로 신규로 대출받으려면 어느 은행에 가야 하는가?

LO 4 **15. APR 계산.** 가계대출에 대하여 연 13.9%의 연간 실효수익률(EAR)을 원하는데 대출은 일 복리로 계산한다. 법적으로는 잠재적인 차입자에게 얼마의 이자율을 표시해야 하는가? 왜 이것이 정보가 없는 차입자에게 오해를 불러

일으킬 수 있는지 설명하라.

LO 4 **16. 미래가치 계산.** 반기마다 복리로 계산하는 7.9%의 이자율에 16년 후 1,150달러의 미래가치는 얼마인가?

LO 4 **17. 미래가치 계산.** 저축예금계좌에 대해 일 복리로 4.7%의 이자를 지급한다. 오늘 4,750달러를 예금하였다면 5년 후 계좌에 얼마가 있겠는가? 10년 후에는? 20년 후에는?

LO 4 **18. 현재가치 계산.** 어떤 투자는 9년 후에 100,000달러를 지급할 것이다. 적정 할인율이 일 복리로 5.5%라면 현재가치는 얼마인가?

LO 4 **19. EAR 대 APR.** 한 전당포가 고객에게 대출할 때 월 12.1%의 이자를 받는다. 다른 대출자들과 마찬가지로 회사는 고객들에게 표시이자율(APR)을 명시해야 한다. 얼마의 이자율을 명시해야 하는가? 실효연이율(EAR)은 얼마인가?

LO 2 **20. 대출상환금 계산.** 신형 스포츠 쿠페를 78,500달러에 매입하기 원한다. 자동차 판매상은 차량 구매에 표시이자율(APR) 4.9%로 60개월 동안 대출한다. 월별상환금은 얼마인가? 이 대출의 실효연이율(EAR)은 얼마인가?

LO 2 **21. 기간 계산.** 고객 중 한 명이 매입채무를 이행하지 않았다. 매달 400달러를 재상환하는 일정에 합의해 주었다. 체납된 금액에 대하여 매달 1.4%의 이자를 부과할 것이다. 현재 잔액이 17,320달러라면 이 잔액이 모두 상환되는 데 얼마나 걸리겠는가?

LO 4 **22. EAR 계산.** 한 대부업체가 "4에 대해 5를 내라. 아니면 문을 두드리겠다."라고 제안했다. 이는 오늘 4달러를 빌리고 일주일 후 급여를 받을 때 5달러를 상환해야 한다는 의미이다. 이 대출사업의 연간 실효수익률은 얼마인가? 용감하게 표시이자율(APR)을 묻는다면 얼마라고 대답하겠는가?

LO 1 **23. 영구연금 계산.** 매월 2,750달러를 지급하는 영구연금계약을 판매하고 있다. 이 계약은 현재 400,000달러에 판매된다. 이 투자상품의 월별 수익률은 얼마인가? APR은 얼마인가? 연간 실효수익률(EAR)은 얼마인가?

LO 1 **24. 연금 미래가치 계산.** 월 복리로 9.5%의 APR 이자를 지급하는 퇴직계좌에 매월 500달러를 입금한다고 하자. 지금부터 1개월 후 첫 번째 입금을 한다면 35년 후에 퇴직계좌에는 얼마가 있겠는가?

LO 1 **25. 연금 미래가치 계산.** [문제 24]에서 같은 퇴직계좌에 매년 6,000달러를 입금한다고 하자. 35년 후 계좌의 잔액은 얼마가 되겠는가?

LO 1 **26. 연금 현재가치 계산.** 앞으로 4년 동안 대학등록금을 내기 위해 3개월 후부터 은행 계좌에서 분기마다 2,500달러를 출금하려 한다. 은행이 분기별 0.47%의 이자를 지급한다면 앞으로 4년간의 비용을 맞추기 위해 지금 은행 잔액은 얼마가 되어야 하는가?

LO 1 **27. 현금흐름 할인 분석.** 다음 현금흐름에 적정 할인율은 8.15%이다. 현금흐름의 현재가치는 얼마인가?

연도	현금흐름
1	1,200
2	1,100
3	800
4	600

LO 1 **28. 현금흐름 할인 분석.** 다음 현금흐름에 적정 할인율은 연 4.78%이다. 현금흐름의 현재가치는 얼마인가?

연도	현금흐름
1	1,400
2	1,900
3	3,400
4	4,300

중급(문제 29-56)

LO 4 **29. 단리 대 복리.** 제일단순은행은 투자계좌에 대하여 6.3%를 단리로 지급한다. 제일복잡은행이 연 복리로 이자를 지급한다면 10년의 투자 기간 후 제일단순은행 투자계좌 잔액과 같게 하려면 이자율을 얼마로 해야 하겠는가?

LO 2 **30. 선불연금 계산.** 68,500달러에 신형 스포츠카를 사고자 한다. 구매계약은 4.5%의 APR로 60개월의 선불연금(annuity due) 형태이다. 한 달에 지급해야 하는 금액은 얼마인가?

LO 4 **31. 이자비용 계산.** 신용카드 신청서를 받았는데 처음 6개월은 월 복리로 연 0.9%의 개시이율을 지급하고, 그 이후 높여서 월 복리로 18.5%를 지급한다. 기존의 신용카드에서 10,000달러의 잔액을 이체시킨 후 이어서 상환하지 않았다면 1년 후에 내야 하는 이자는 얼마인가?

LO 4 **32. 기간 수 계산.** 255,000달러의 주택을 구매하기 위해 저축하고 있다. 거주 지역에는 두 개의 경쟁 은행이 있는데 모두 4.8%의 수익을 내는 양도성예금증서(CD)를 팔고 있다. 단리를 지급하는 퍼스트은행에 95,000달러를 투자하면 원하는 액수에 도달하는 데 얼마나 걸리겠는가? 월 복리로 이자를 지급하는 세컨드은행에서는 얼마나 걸리겠는가?

LO 4 **33. 미래가치 계산.** 월 1.38%의 이자를 지급하는 투자가 있다. 1년 후에는 투자금액 1달러당 얼마가 되겠는가? 2년 후에는 얼마가 되겠는가?

LO 4 **34. 연금 이자율 계산.** 윌리엄 셰익스피어는 그가 집필한 고전을 통해 잘 알려져 있으나 그가 능숙한 투자자라는 사실은 잘 알려지지 않았다. 《리어왕》(*King Lear*)을 집필했던 1604년 마흔 살에 셰익스피어는 자신의 은퇴에 대해 심각하게 걱정하기 시작했다. 은퇴 후에 리어왕처럼 자식들에게 구걸하게 되는 것을 두려워한 그는 곡물의 "십일조"(tithes)로 농장수확물에 대한 지분을

440파운드에 매입했다. 십일조는 그에게 31년간 매년 60파운드를 지급한다. 비록 그가 52세에 작고했으나 자녀가 나머지 지급액을 받는다. 에이번의 시인(Bard of Avon)인 셰익스피어가 투자에서 받은 이자율은 얼마인가?

LO 1 **35. 현금흐름 스트림 비교.** 투자은행에 방금 입사하였다. 두 가지의 다른 봉급 형태가 제시되었다. 향후 2년 동안 월 6,100달러를 받든지, 아니면 오늘 25,000달러의 계약 보너스와 함께 이후 2년 동안 월 5,100달러를 받을 수 있다. 이자율이 월 복리로 7%라면 어떤 제안이 나은가?

LO 1 **36. 연금 현재가치 계산.** 향후 20년 동안 매년 말에 일정하게 22,500달러를 지급하는 투자계약을 판매하려 한다. 이 투자에 8%의 연간 실효수익률을 요구한다면 오늘 이 계약에 얼마를 지급하겠는가?

LO 4 **37. 수익률 계산.** 두 가지의 다른 투자 중에서 하나를 고르려고 한다. 두 가지 모두 당장 드는 비용이 30,000달러이다. 투자 G는 6년 후에 65,000달러의 수익을 내고 투자 H는 9년 후에 98,000달러의 수익을 낸다. 어떤 투자의 수익률이 더 높은가?

LO 1 **38. 현재가치와 이자율.** 연금가치와 이자율 간에는 어떤 관계가 있는가? 연간 10%의 현행 이자율로 매년 5,200달러를 10년간 지급하는 연금을 방금 매입했다고 하자. 갑자기 이자율이 5%로 하락한다면 투자가치는 어떻게 되겠는가? 이자율이 15%로 갑자기 상승한다면 어떻게 되겠는가?

LO 1 **39. 지급횟수 계산.** 8%를 월 복리로 지급하는 계좌에 이번 달 말부터 시작하여 매월 250달러를 예금하려고 한다. 계좌잔고가 50,000달러가 되려면 몇 번을 입금해야 하는가?

LO 2 **40. 연금 현재가치 계산.** 새 요트를 매입하기 위해 지방은행에서 75,000달러를 대출받으려고 한다. 매월 1,475달러를 갚을 수는 있으나 그 이상은 불가능하다. 월 복리를 가정하면 60개월의 APR 대출에 감당할 수 있는 최대 이자율은 얼마인가?

LO 1 **41. 현재가치 계산.** 2018년 3월, 버팔로 빌스(Buffalo Bills)는 스타 로츄릴라이(Star Lotulelei)와 5,000만 달러의 가치가 있다고 전해진 계약에 서명했다. (보너스를 포함한) 로츄릴라이의 연봉은 2018년에 1,710만 달러, 2019년에 890만 달러, 2020년에 750만 달러, 그리고 2021년과 2022년에 825만 달러를 받는 것이었다. 적정이자율이 11%라면 이 디펜시브 태클 색(defensive tackle sack)은 어떤 거래를 했는가? 모든 지급은 연말에 이루어진다고 가정한다.

LO 1 **42. 현재가치 계산.** 이번 장 시작할 때 논의했던 2018년 2월 지미 가라폴로(Jimmy Garoppolo)가 서명했던 계약은 실제로 즉시 지급하는 3,500만 달러의 계약 보너스와 2018년의 연봉 7,600만 달러를 지급한다. 나머지 급여는 2019년에 1,860만 달러, 2020년에 2,520만 달러, 2021년에 2,550만 달러, 2022년에 2,560만 달러였다. 적정이자율이 11%라면 이 쿼터백(quarterback)은 어떠한 거래를 던졌는가? 첫 3,500만 달러를 제외한 다른 모든 지급은 매년 연말에 지급된다고 가정한다.

LO 4 43. **EAR 대 APR.** 새 창고를 방금 매입했다. 매입비용을 충당하기 위해 매입가격 3,500,000달러의 80%를 30년 만기 주택담보대출을 받았다. 이 대출의 월 지급액은 15,100달러가 될 것이다. 이 대출의 APR은 얼마인가? EAR은 얼마인가?

LO 1 44. **연금가치.** 10년 후에 은퇴할 계획을 하고 있다. 현재 채권계좌에 50,000달러, 주식계좌에 250,000달러가 있다. 앞으로 10년 동안 매년 말에 9,000달러를 채권계좌에 추가로 투자할 계획이다. 주식계좌에서는 10.5%, 채권계좌에서는 7%의 수익이 날 것이다. 은퇴하면 25년 동안 매년 말에 같은 금액을 빼내서 잔액을 남기지 않을 예정이다. 그리고 은퇴하면 잔액은 모두 6.25%의 이자를 주는 계좌로 이체할 것이다. 매해 얼마씩 빼낼 수 있겠는가?

LO 4 45. **선불연금 이자율 계산.** 오늘 첫 번째 지급해야 하는 신차 매입을 위해 대출을 받았다. 차입금은 28,500달러이고 월지급액은 525달러이다. 차입금을 향후 60개월간 상환할 예정이라면 APR은 얼마인가?

LO 1 46. **선불연금 계산.** 5년 동안 매년 7,800달러를 받을 예정이라고 하자. 적정이자율은 7.5%이다.

a. 정상연금 형태라면 지급액의 현재가치는 얼마인가? 지급액이 선불연금이라면 현재가치는 얼마인가?

b. 5년 동안 지급액을 투자할 계획이다. 지급액이 정상연금이라면 미래가치는 얼마인가? 지급액이 선불연금이라면 얼마가 되는가?

c. 정상연금과 선불연금 중 어느 쪽의 현재가치가 더 큰가? 어느 쪽의 미래가치가 더 큰가? 이것은 항상 성립하는가?

LO 1 47. **연금과 영구연금 가치.** 메리는 30년 동안 9,500달러를 연금으로 받게 될 것이다. 낸시는 9,500달러를 영구연금으로 받게 될 것이다. 적정이자율이 5.4%일 때 낸시의 현금흐름은 얼마나 더 가치가 있는가?

LO 1 48. **현재가치 계산.** 반기마다 7,375달러를 12번 지급하는 6년 연금이 지금부터 9년 후에 시작될 것이다. 첫 번째 지급은 지금부터 9.5년 후에 시작될 것이다. 할인율은 9%로 반기 복리로 계산된다면 지금부터 5년 후 이 연금의 가치는 얼마인가? 지금으로부터 3년 후의 가치는 얼마인가? 연금의 현재가치는 얼마인가?

LO 1 49. **현재가치와 다수 현금흐름.** 매년 2,625달러를 받는데 첫 번째 지급은 지금부터 6년 후에 받고, 마지막 지급은 지금부터 20년 후에 받는다. 6.9%의 할인율에 연금의 현재가치는 얼마인가?

LO 1 50. **변동이자율.** 매월 말 1,725달러를 지급하는 10년 연금이 있다. 이자율은 처음 4년 동안 9% 월 복리, 그 이후에는 7% 월 복리로 계산된다면 오늘 이 연금의 가치는 얼마인가?

LO 1 51. **현금흐름 비교.** 두 가지 투자계좌 중 선택한다. 투자 A는 매달 말 1,525달러를 적립하는 10년 연금으로 이자율은 월 복리 7%이다. 투자 B는 일시불로 거치하는데 만기는 역시 10년이며 이자율은 9% 연 복리이다. 지금부터 10년 후에 투자 A와 가치가 같아지려면 투자 B에 오늘 얼마를 투자해야 하는가?

LO 1 **52. 영구연금 현재가치 계산.** 연 6.35%의 이자율에 20년째에 시작하는 7,000달러의 영구연금 흐름의 7년째 가치는 얼마인가?

LO 4 **53. EAR 계산.** 어느 지역 금융회사는 일 년 대출에 16.7% 이자율을 표시한다. 따라서 25,000달러를 차입하면 그해의 이자는 4,175달러가 될 것이다. 1년 후에 총 29,175달러를 갚아야 하므로 향후 12개월 동안 매달 $29,175/12 또는 2,431.25달러의 지급을 요구한다. 이 대출의 이자율은 16.7%인가? 법적으로 어떤 이자율이 표시되는가? 실효연이율(EAR)은 얼마인가?

LO 1 **54. 미래가치 계산.** 오늘이 0년이라면 지금부터 5년 후 다음 현금흐름의 미래가치는 얼마인가? 10년 후의 미래가치는 얼마인가? 연 6.1%의 이자율을 가정한다.

연도	현금흐름
2	15,000
3	24,000
5	33,000

LO 3 **55. 같은 지급액의 분할상환.** 57,000달러의 3년 대출에 대하여 분할상환예정표를 작성하라. 이자율은 연 8%이고, 매년 같은 금액을 지급해야 한다. 3년 후에 지급해야 하는 이자는 얼마인가? 대출 기간에 지급해야 하는 이자 총액은 얼마인가?

LO 3 **56. 같은 원금지급액의 분할상환.** 대출 약정에서 매년 같은 금액을 지급하는 대신 매년 19,000달러의 원금을 공제한다고 가정하고 [문제 55]를 다시 풀어보자.

고급(문제 57-60)

LO 4 **57. 할인이자 대출.** 할인이자(*discount interest*)로 알려진 것을 설명해 주는 질문이다. 다소 정직하지 못한 대출자의 대출을 논의하고 있다고 하자. 1년 동안 18,000달러를 빌리려고 한다. 이자율은 14.6%이다. 당신과 대출자는 이 대출에 대한 이자가 0.146 × $18,000 = 2,628달러라는 것에 동의한다. 따라서 대출자는 대출금에서 이자를 공제하고 당신에게 15,372달러를 지급한다. 이 경우 할인은 2,628달러라고 한다. 여기서 무엇이 잘못되었는가?

LO 1 **58. 연금가치 계산.** 당신은 배심원이다. 원고는 기이한 도로 청소차 사고 후에 입은 상처로 시 당국을 고소했다. 재판에서 의사는 원고가 복직하려면 5년이 걸릴 것이라고 증언했다. 배심원들은 이미 원고에게 호의적이다. 당신은 배심원 대표로 원고에게 다음과 같은 보상을 제안했다. (a) 과거 2년간 연봉의 현재가치. 원고의 지난 2년간 연봉은 각각 44,000달러와 47,000달러이다. (b) 미래 5년간 연봉의 현재가치. 이때 연봉은 51,000달러로 가정한다.

(c) 위자료 200,000달러. (d) 소송비용 25,000달러. 급여는 매달 말일에 똑같은 금액으로 지급한다고 가정한다. 만일 이자율이 7% EAR이라면 총 지급액은 얼마인가? 당신이 원고라면 좀 더 높은 이자율을 원하겠는가? 아니면, 좀 더 낮은 이자율을 원하겠는가?

LO 4 **59. 포인트를 이용한 EAR 계산.** 1년 약정으로 15,000달러 대출을 고려하고 있다. 이자율은 12% 더하기 2포인트로 표시된다. 대출에서의 1포인트(*point*)는 대출금액에 대한 1%(% 포인트)이다. 이와 같은 표시는 주택담보대출에서 보편적으로 사용된다. 이 예제에서 적용된 이자율은 차용자가 대여자에게 우선 2포인트를 선지급하고 나중에 12% 이자율로 대출금을 상환할 것을 요구한다. 실제로는 얼마의 이자율로 지급하는 것인가?

LO 1 **60. 미래가치와 다수의 현금흐름.** 한 보험회사가 고객들에게 새로운 보험 상품을 내놓았다. 일반적으로 이 상품은 자녀 출산 시에 부모 또는 조부모가 가입한다. 이 보험 상품의 세부사항은 다음과 같다. 구매자(즉, 부모님)는 보험회사에 6번의 보험료를 다음과 같이 지급한다.

첫 번째 생일:	$ 800
두 번째 생일:	$ 800
세 번째 생일:	$ 900
네 번째 생일:	$ 900
다섯 번째 생일:	$1,000
여섯 번째 생일	$1,000

아이의 여섯 번째 생일 이후에는 보험료를 내지 않는다. 이 아이가 65세가 되었을 때 그 또는 그녀는 150,000달러를 받는다. 만약 처음 6년 동안의 적정이자율이 10%이고 그 이후에는 모두 5.75%라면 이 보험은 가입할 만한가?

웹에서 문제 풀기

5.1 연금미래가치. 세인트루이스 미국연방준비은행(Federal Reserve Bank of St. Louis)은 웹사이트 www.stlouisfed.org에 과거 이자율을 나열한 파일을 올렸다. "FRED®(Federal Reserve Economic Data)" 링크를 따라가 보자. 무디스(Moody's)의 기발행 Aaa등급 회사채수익률과 Baa등급 회사채수익률 목록을 찾을 수 있을 것이다(회사채수익률은 다음 장에서 설명한다). 향후 40년간 가장 최근의 Aaa 수익률에 2,000달러를 투자한다면 얼마를 벌게 되겠는가? 같은 금액을 Baa 수익률에 투자한다면 어떻게 되겠는가?

5.2 대출금 상환. 매달 같은 금액을 상환한다면 대출금을 갚기까지 필요한 시간을 계산하는 일은 간단하다. 그러나 신용카드로 갚을 때 사람들은 일반적으로 10달러와 잔액의 2~3% 중 큰 금액인 최소한의 월 상환금만을 갚는다. www.financialcalculators.com에서 신용카드 계산기를 찾아보자. 현재 신용카드로 17%의 이자율에 10,000달러를 빚지고 있고 최소한의 지급액은 10달러 혹은 잔액의 2% 중 더 큰 금액이다. 매달 최소한

(계속)

의 금액을 갚아 나간다면 얼마나 빨리 이 부채를 갚을 수 있는가? 지급할 이자 총액은 얼마인가?

5.3 연금 지급. 다음 질문에 답하기 위해 www.moneychimp.com에 있는 은퇴 계산기를 찾자. 은퇴할 때 150만 달러가 있는데 앞으로 30년 동안 매년 같은 금액을 찾으려고 한다. 수익률이 7%라면 매해 얼마를 찾을 수 있겠는가? 수익률이 9%라면 얼마를 찾을 수 있겠는가?

5.4 연금 지급. 세인트루이스 미국연방준비은행(Federal Reserve Bank of St. Louis)은 웹사이트 www.stlouisfed.org에 과거 이자율을 나열한 파일을 올렸다. "FRED®(Federal Reserve Economic Data)" 링크를 따라가 보자. 은행 대출우대금리(Bank Prime Loan Rate) 목록을 찾을 수 있을 것이다. 이 파일은 1949년 1월 이후의 월 우대금리를 나열한다. 가장 최근 우대금리는 얼마인가? 이 기간에 최고우대금리는 얼마인가? 15만 달러 상당의 주택을 현행 우대금리로 30년간 주택담보대출을 받아 매월 상환한다면 얼마를 지급해야 하는가? 우대금리가 최고일 때 같은 가격으로 주택을 매입했다면 월 상환액은 얼마인가?

5.5 연금 지급. www.bankrate.com에 있는 뱅크레이트(Bankrate)는 입력한 자료를 바탕으로 분할상환표(amortization table)를 준비하는 재무계산기가 있다. 우선 웹사이트에서 30년 고정금리 주택저당대출의 연 표시금리(APR)를 찾아라. 그 사이트에서 제시된 이자율에 매월 상환하는 30년 주택저당대출로 20만 달러의 집을 매입하려고 한다. 첫 달에 상환할 돈의 몇 퍼센트가 원금인가? 마지막 달 상환액의 몇 퍼센트가 원금인가? 대출금에 지급해야 할 이자 총액은 얼마인가?

엑셀 *MASTER IT!* 문제

전통적인 은퇴 문제이다. 한 친구가 생일을 자축하면서 예상되는 은퇴를 위해 저축을 시작하려고 한다. 그녀는 다음과 같은 은퇴 시기와 은퇴 지출목표를 세웠다.

은퇴까지의 연수:	30
매년 인출할 금액:	$90,000
은퇴 후 인출하는 연수:	20
이자율:	8%

미리 계획하는 것이기에 은퇴 이후 1년이 되기까지 첫 번째 인출은 하지 않을 것이다. 은퇴기금 계정에는 매년 균등한 금액을 적금식으로 예금한다.

a. 1년 후 예금을 시작해 마지막 예금을 은퇴 시점에 한다면 은퇴 후 원하는 금액을 찾기 위해 연간 예금해야 하는 금액은 얼마인가?

b. 엄청난 금액을 일시에 상속받았다고 하자. 은퇴 당시의 필요를 맞추기 위해 연간 균등 금액을 적금하는 대신에 오늘 한 번의 거치식 예금을 결정했다. 오늘 얼마를 예치해야

하는가?

c. 고용주가 회사의 이익공유플랜의 일환으로 매년 계좌에 공여할 것이라고 하자. 추가로 지금부터 몇 년 후에는 가족 신탁에서 분배가 예상된다. 은퇴 시점에 희망하는 금액을 찾으려면 지금 연간 예치해야 하는 금액은 얼마인가?

고용주의 연간 기여:	$1,500
신탁기금 기여까지의 연수:	20
신탁기금의 기여금:	$25,000

CHAPTER CASE

S&S 에어의 주택저당대출(Mortgage)

S&S 에어(S&S Air, Inc.)의 소유주인 마크 색스턴(Mark Sexton)과 토드 스토리(Todd Story)는 크리스(Chris)가 주도한 재무계획에 대해 깊은 인상을 받았다. 크리스의 분석을 이용하여 경비행기의 수요를 검토해 보니 현재 보유한 제작 도구로도 충분하나 더 큰 제작시설을 구매해야 할 시기라고 결정했다. 마크와 토드는 현재 팔려고 내놓은 적절한 구조물을 확인하고 약 3,500만 달러면 구매해 개장할 수 있을 것으로 보았다. 마크, 토드, 크리스는 퍼스트유나이티드내셔널뱅크(First United National Bank)의 대출 담당자인 크리스티 본(Christie Vaughan)과 면담하려고 한다. 면담에서는 새 시설 자금조달을 위해 회사가 택할 수 있는 모기지(mortgage) 옵션에 대해 논의할 것이다.

크리스티는 30년 모기지를 논의하는 것으로 면담을 시작했다. 이 대출은 매달 같은 금액으로 분할상환될 것이다. S&S 에어와 은행이 쌓아 온 관계를 고려해서 대출에 대한 저당권설정비는 받지 않기로 했다. 크리스티는 대출에 대한 APR이 6.1%가 될 것이라고 말했고, 토드는 더 짧은 기간의 모기지 대출을 받을 수 있는지를 물었다. 크리스티는 은행이 같은 APR로 20년 모기지를 제공한다고 말했다.

마크는 예전에 가계대출을 차환(refinancing)할 때 모기지 브로커와 논의했던 "스마트론"(smart loan)에 대해 크리스티에게 물어보기로 했다. 스마트론은 일반 모기지가 매월 분할상환하는 금액의 딱 절반을 2주마다 지급하는 방식이다. 크리스티는 스마트론이 가능하며 APR은 일반 저당대출의 APR과 같을 것이라고 말했다. 마크는 고개를 끄덕였다. 그리고 이 방식이 이자 비용을 아낄 수 있기에 스마트론이 회사가 선택할 수 있는 최선의 모기지 옵션이라고 말했다.

크리스티는 마크의 의견에 동의했으나 곧 이자비용을 최대한 줄일 수 있는 만기전액일괄상환형 대출인 불릿론(bullet loan) 또는 발룬상환(balloon payment)을 제안했다. 토드의 격려에 힘입어 그녀는 불릿론에 대해 설명하기 시작했다. 불릿론의 월상환액은 30년 일반 모기지를 이용해 계산할 수 있다. 이 경우 5년 불릿이 될 것이다. 5년 불릿이란 회사가 첫 5년 동안은 30년 일반 모기지의 월 분할상환액을 지급하고, 60번째 지급을 한 직후 전액을 일괄상환(bullet payment)하는 것이다. 일괄상환액은 대출원금 잔액이다. 크리스는 미지급 대출금인 일괄상환액이 어떻게 계산되는지를 물었다. 크리스티는 미지급 대출원금은 분할상환표를 이용해서 계산되는데 이는 30년 모기지에서 남아 있는 25년에 대한 일괄상환 시점에서의 현재가치이기도 하다고 말했다.

토드 역시 이자지급대출(interest-only loan)을 들은 바 있어서 이 대출이 가능한지 그리고 조건은 어떠한지를 물었다. 크리스티는 은행이 3.5%의 APR로 10년 기간으로 이자지급대출을 한다고 말했다. 그리고 조건에 대해 추가적인 설명을 계속했다. 회사는 대출 총액에 대해 매달 이자를 지급할 의무가 있으며 그 동안 대출원금에 대한 상환은 없을 것이다. 그리고 10년 만기가 되면 회사는 3,500만 달러의 대출원금을 상환하게 될 것이다. 그러나 회사는 원금을 언제든지 상환할 수 있는데 원금상환방식은 일반 모기지의 상환방식과 아주 비슷하다. 원금상환은 대출원금을 줄일 것이며 동시에 다음 기에 이자지급도 줄일 것이다.

마크와 토드는 크리스티의 답변에 매우 만족했지만 어떠한 대출상품을 선택해야 할지는 아직도 결정하지 못했다. 그래서 옳은 선택을 위해 크리스에게 다음과 같이 질문하였다.

질문 QUESTIONS

1. 30년 일반 모기지의 월 상환액은 얼마인가? 20년 일반 모기지의 월 상환액은 얼마인가?
2. 30년 일반 모기지에서 첫 6개월간 분할상환표(amortization table)를 준비하라. 첫 상환액에서 얼마가 원금을 지급한 것인가?
3. 30년 일반 모기지 지급을 가정할 때 S&S 에어가 스마트론의 상환을 마치려면 얼마나 걸리겠는가? 일반 모기지의 상환을 위해 필요한 기간보다 왜 더 짧은가? 이 경우에 회사는 이자비용을 얼마나 절약할 수 있는가?
4. S&S 에어가 위에서 기술한 조건대로 불릿론을 선택했다고 가정하자. 대출에 대한 마지막 지급액은 얼마인가?
5. 이자지급대출에서 마지막 지급액은 얼마인가?
6. 어떤 대출상품이 회사에게 가장 유리한가? 이때 잠재적 위험이 존재하는가?

6 이자율과 채권 가치평가

Interest Rates and Bond Valuation

일반적으로 투자를 할 때는 오늘 투자한 것보다 미래 더 많은 돈을 돌려받기를 기대한다. 그러나 2017년 12월에 많은 채권투자자는 그렇지가 않았다. 5년 독일 국채의 수익률은 약 −0.20%였고, 2년과 5년 일본 국채의 수익률은 각각 −0.14%와 −0.09%였다. 사실 2016년에 전 세계에서 마이너스 수익률을 보인 부채 금액은 13.4조 달러의 기록을 세웠다! 그리고 마이너스 수익률은 국채에만 한정되지 않아 초콜릿 제조업체 네슬레(Nestlé)가 발행한 채권의 수익률도 한때 마이너스였다.

그래서 무슨 일이 일어났는가? 중앙은행들은 국내경제를 개선하기 위해 이자율을 낮추어 바닥에 가는 경쟁을 했다.

이번 장에서는 우리가 배웠던 화폐의 시간가치를 활용해서 모든 금융자산 중에서 가장 일반적인 자산 중 하나인 채권을 어떻게 평가하는지에 대해서 알아본다. 그런 후에 채권의 특징과 종류 그리고 채권시장의 운영에 대해서 논의한다.

앞으로 알게 되듯이 채권가격은 대부분 이자율에 달려 있다. 따라서 이자율과 관련된 아주 기본적인 주제에 대해서도 논의할 것이다. 이자율은 높건 낮건 간에 모든 종류의 사업에서 빌린 현금에 지급해야 할 금액을 결정하기에 모든 사람에게 중요한 것은 확실하다.

학습 목표_*Learning Objectives*

제6장을 마친 후에는 다음의 능력을 갖추어야 한다.

- **LO 1** 중요한 채권의 특징과 채권 유형 확인
- **LO 2** 채권의 가치와 가치변동 이유 기술
- **LO 3** 채권등급과 그 의미 논의
- **LO 4** 인플레이션의 이자율에 대한 영향 평가
- **LO 5** 이자율의 기간구조와 채권수익률 결정요인 설명

기업재무 세계에서 최근에 전개된 사건을 보려면 essentialsofcorporatefinance.blogspot.com 방문.

이번 장의 목표는 채권에 대한 소개이다. 앞의 제4장과 제5장에서 배운 기법들을 채권 가치평가에 적용하는 방법을 먼저 다룬다. 채권의 특징과 채권이 어떻게 거래되는지를 배워 갈 것이다. 여기서 배울 중요한 점은 채권의 가치는 대부분 이자율에 달려 있다는 것이다. 따라서 이자율과 그 행태에 대한 검토로 이번 장을 마치도록 한다.

6.1 채권과 채권 가치평가

주식회사나 정부가 장기자금을 대중으로부터 차입하고자 할 때 총칭해서 채권이라는 부채증권을 발행하거나 매각한다. 여기에서는 회사채의 다양한 특성과 함께 채권과 관련된 용어들을 설명한다. 그다음 채권과 관련된 현금흐름을 논의하고 현금흐름을 할인하는 절차를 이용해 채권의 가치가 어떻게 결정되는지에 대해 알아보기로 한다.

채권의 특징과 가격

앞 장에서 언급한 바와 같이 채권은 일반적으로 이자를 지급하는 대출이며, 이는 채권발행자(채무자)가 매기마다 이자를 지급할 것이라는 의미이다. 그러나 채권 만기 시까지 원금은 상환되지 않을 것이다. 예를 들어 벡 코퍼레이션(Beck Corporation)이 30년간 1,000달러의 자금을 빌리려 한다고 하자. 유사한 회사들에 의해서 발행된 비슷한 채권의 이자율은 12%이다. 따라서 30년간 매년 0.12 × $1,000 = $120의 이자를 지급할 것이다. 30년 후에는 1,000달러를 상환할 것이다. 예에서 보듯이 채권은 상당히 단순한 자금조달방식이다. 그러나 채권과 관련된 전문용어들이 상당히 많으므로 더 중요한 용어는 몇 개를 정의하기 위해 이 예를 이용하겠다.

쿠폰
coupons
채권에 표시된 지급이자. 액면이자(표면이자)라고도 함.

액면가
face value
기간 말에 상환되는 채권의 원금. *파 밸류(par value)* 라고도 함.

파 밸류
par value
기간 말에 상환되는 채권의 원금. *액면가(face value)* 라고도 함.

쿠폰율
coupon rate
채권의 연간 액면이자 나누기 액면가. 액면이자율(표면이자율)이라고도 함.

만기
maturity
채권의 원금이 지급되는 명시된 일자까지 남은 기간.

예에서 회사가 정기적으로 지급하기로 한 120달러를 채권의 **쿠폰(coupons)** 또는 **액면이자(표면이자)**라고 한다. 액면이자는 일정하고 매년 지급되기에 이러한 채권의 유형을 레벨쿠폰채(*level coupon bond*) 또는 이표채라고 한다. 대출 만기에 상환하는 금액을 채권의 **액면가(face value or par value)**라고 한다. 예와 같이 미국에서 사채(corporate bond)의 액면가는 대개 1,000달러이다. 액면가로 발행된 채권을 등가채 또는 액면발행채(*par value bond*)라고 한다. 국채(government bond)의 액면가는 대개 훨씬 더 크다. 마지막으로 매년 지급되는 이자를 액면가로 나눈 값을 채권의 **쿠폰율(coupon rate)**이라고 하며 이 경우에는 $120/$1,000 = 0.12 또는 12%이므로 이 채권의 쿠폰율은 12%이다.

액면가가 지급되기까지의 햇수를 채권의 **만기(maturity)**까지의 기간이라고 한다. 미국에서 사채의 만기는 최초발행일을 기준으로 대개 30년이나 그래도 다양한 편이다.[1] 채권은 일단 발행되면 시간이 지남에 따라서 만기일까지의 햇수가 줄어든다.

채권의 가치와 수익률

시간이 지남에 따라 시장의 이자율은 변하기 마련이다. 그러나 채권의 현금흐름은 변하지 않는다. 그 결과 채권의 가치는 변동한다. 시장이자율이 높아지면 채권에 남아 있는 현금흐름의 현재가치는 감소하며 채권의 가치는 떨어진다. 반대로 시장이자율이 낮아지면 채권의 가치는 상승한다.

어느 특정한 시점에서 채권의 가치를 결정하려면 만기까지 남은 기간 수, 액면가, 액면이자 그리고 이와 유사한 특성의 다른 채권들에 적용하는 시장이자율이 필요하다. 시

[1] 역주: 한국에서 사채의 발행 만기는 보통 3년이었으나 지난 2010년 이후 꾸준히 장기화해 최근에는 5년에 이르고 있다.

그림 6.1 **잔스 채권의 현금흐름**

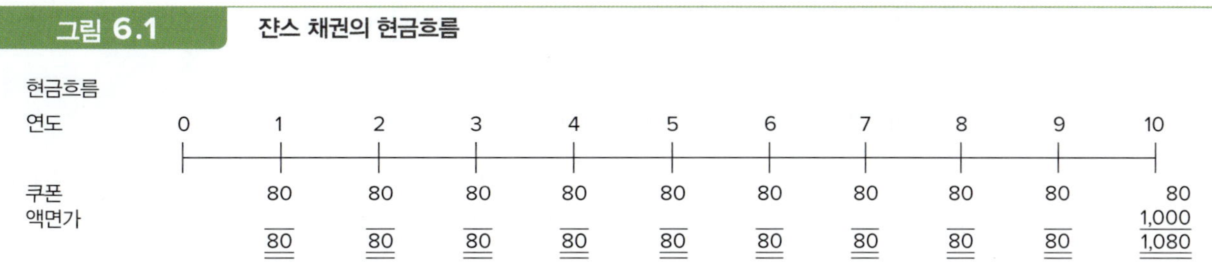

채권의 연간 쿠폰은 80달러이고, 액면가는 1,000달러이며, 만기는 10년이다.

장에서 이러한 채권에 요구하는 이자율을 채권의 **만기수익률(yield to maturity: YTM)**이라고 한다. 만기수익률은 줄여서 채권의 **수익률**(*yield*)이라고도 한다. 채권의 현재 시장가치의 추정값으로 주어진 모든 정보로 현금흐름의 현재가치를 계산할 수 있다.

만기수익률
yield to maturity (YTM)
시장에서 채권에 요구하는 수익률.

예를 들어 잔스(Xanth Co.)가 10년 만기 채권을 발행하려 한다고 하자. 이 채권의 연간 쿠폰은 80달러이다. 유사한 채권의 만기수익률은 8%이다. 앞에서의 논의에 의하면 이 채권은 앞으로 10년간 쿠폰 이자로 매년 80달러를 지급할 것이다. 10년째에 회사는 채권소유자에게 1,000달러를 지급할 것이다. 이 채권의 현금흐름은 〈그림 6.1〉과 같다. 그러면 이 채권은 얼마에 매각되겠는가?

〈그림 6.1〉에 보이는 바와 같이 채권의 현금흐름에는 연금부분(쿠폰)과 일시불(만기에 지급되는 액면가)이 있다. 따라서 이 두 요소를 따로 현재가치를 계산하고, 그 결과들을 합해서 채권의 시장가치를 추정한다. 먼저 8%의 현행 이자율에 10년 후 지급되는 1,000달러의 현재가치는 다음과 같다.

현재가치 $= \$1{,}000/1.08^{10} = \$1.000/2.1589 = \$463.19$

두 번째로 이 채권은 10년 동안 매년 80달러를 지급한다. 이 연금 흐름의 현재가치는

$$
\begin{aligned}
\text{연금의 현재가치} &= \$80 \times (1 - 1/1.08^{10})/0.08 \\
&= \$80 \times (1 - 1/2.1589)/0.08 \\
&= \$80 \times 6.7101 \\
&= \$536.81
\end{aligned}
$$

이제 두 부분의 가치를 합해서 채권의 가치를 구할 수 있다.

채권 가치 $= \$463.19 + 536.81 = \$1{,}000$

이 채권은 정확히 액면가에 거래될 것이다. 이것은 우연이 아니다. 시장의 이자율이 8%이다. 이자를 지급하는 채권이 지급하는 이자는 얼마인가? 쿠폰이 80달러이기에 이 채권이 1,000달러에 매각될 때에만 정확하게 8%의 이자를 지급한다.

이자율이 변하면 어떻게 되는지 보기 위해 1년이 지났다고 하자. 이 채권은 이제 만기까지 9년이 남아 있다. 시장의 이자율이 10%로 올랐다면 이 채권의 가치는 얼마가 될까? 이를 위해 10년 대신 9년으로 하고 8%의 수익률 대신 10%의 수익률을 적용하여 현

재가치를 다시 계산할 수 있다. 먼저 9년 후에 지급하는 원금 1,000달러의 현재가치를 10%로 할인해 계산하면

현재가치 = $\$1,000/1.10^9 = \$1,000/2.3579 = \$424.10$

다음으로 이 채권은 이제 9년간 매년 80달러의 이자를 지급한다. 이 연금 흐름(annuity stream)의 현재가치는 10%로 할인하면

연금의 현재가치 $= \$80 \times (1 - 1/1.10^9)/0.10$
$= \$80 \times (1 - 1/2.3579)/0.10$
$= \$80 \times 5.7590$
$= \$460.72$

이제 두 부분의 가치를 합하면 채권의 가치를 구할 수 있다.

채권 가치 $= \$424.10 + 460.72 = \$884.82$

따라서 이 채권은 약 885달러에 거래되어야 한다. 전문용어로 말하면 8%의 쿠폰을 지급하는 이 채권은 10%의 수익률이 되도록 가격이 885달러로 정해진다.

이 채권은 지금 액면가인 1,000달러보다 낮은 가격에 거래된다. 그 이유는 무엇일까? 시장이자율이 10%이다. 1,000달러의 이자지급대출로 보면 이 채권은 쿠폰율인 8%만 지급한다. 이 채권이 시장이자율보다 낮은 이자를 지급하기에 투자자들은 상환하기로 약속한 1,000달러보다 낮은 금액에만 빌려주려고 할 것이다. 이 채권은 액면가보다 낮은 가격에 거래되기에 **할인채**(*discount bond*)라고 한다.

미국의 채권 사이트 www.bloomberg.com/markets/rates-bonds에 유용한 정보가 많이 있다.

10%까지 이자를 얻을 수 있는 유일한 방법은 채권 구매자가 사실상 기본 수익이 되도록 가격을 1,000달러보다 낮추는 것이다. 이 채권의 가격 885달러는 액면가보다 115달러 적어 채권을 매입해 보유한 투자자들은 매년 80달러를 받고 만기에 115달러의 이득도 보게 될 것이다. 이러한 이득은 대출자에게 시장이자율보다 낮은 것을 보상한다.

채권이 115달러만큼 할인된 이유는 80달러의 쿠폰이 현재 시장 상황에서 새로 액면 발행되는 채권의 쿠폰보다 20달러가 적은 점으로도 알 수 있다. 채권은 매년 100달러의 쿠폰을 지급할 때만 1,000달러의 가치가 있을 것이다. 이런 점에서 이 채권을 사서 보유하는 투자자는 9년 동안 매년 20달러를 포기하는 셈이 된다. 10%에 이 연금 흐름의 가치는 다음과 같다.

연금의 현재가치 $= \$20 \times (1 - 1/1.10^9)/0.10$
$= \$20 \times 5.7590$
$= \$115.18$

이는 바로 할인된 금액이다.

이자율이 2% 포인트(2%p) 오르는 대신 반대로 2% 포인트 떨어지면 이 채권은 어떻

게 되겠는가?[2] 추측하듯이 이 채권은 아마 1,000달러보다 높은 가격에 거래될 것이다. 이러한 채권은 **할증**(*premium*)되어 거래된다고 하고, **할증채**(*premium bond*)라고 한다.

이는 할인채와 정반대인 경우이다. 이 채권은 시장이자율이 지금 단지 6%일 때 쿠폰율이 8%이다. 투자자들은 추가의 쿠폰 금액을 얻으려고 기꺼이 프리미엄을 지급할 것이다. 이 경우에 적정 할인율은 6%이고 만기까지 9년이 남았다. 액면가 1,000달러의 현재가치는 다음과 같다.

현재가치 = \$1,000/1.069 = \$1.000/1.6895 = \$591.90

쿠폰 흐름의 현재가치는 다음과 같다.

연금의 현재가치 $= \$80 \times (1 - 1/1.06^9)/0.06$
$= \$80 \times (1 - 1/1.6895)/0.06$
$= \$80 \times 6.8017$
$= \$544.14$

이제 두 부분의 가치를 합해 채권의 가치를 구할 수 있다.

채권 가치 = \$591.90 + 544.14 = \$1,136.03

따라서 이 채권의 총가치는 액면발행의 경우보다 약 136달러가 많다. 또다시 현재의 시장 상황에서 이 채권의 쿠폰이 20달러가 더 많다는 점에 주목하면 이 금액을 확인할 수 있다. 6%에 9년 동안 매년 20달러의 현재가치는 다음과 같다.

연금의 현재가치 $= \$20 \times (1 - 1/1.06^9)/0.06$
$= \$20 \times 6.8017$
$= \$136.03$

이는 이미 계산한 바와 같다.

이상의 예를 토대로 채권의 가치를 일반화된 표현으로 적을 수 있다. 채권의 (1) 만기에 지급하는 액면가를 F, (2) 기간마다 지급하는 쿠폰을 C, (3) 만기까지의 기간을 t, (4) 기간당 수익률을 r이라고 하면, 채권의 가치는

채권 가치 $= C \times [1 - 1/(1 + r)^t]/r + F/(1+r)^t$
채권 가치 = 쿠폰의 현재가치 + 액면 금액의 현재가치 [6.1]

예제 6.1 반기 쿠폰

실제로 미국에서 발행되는 채권은 통상 일 년에 두 번 쿠폰을 지급한다. 따라서 쿠폰율 연 14%의 정규채권(ordinary bond) 소유자는 매년 총 140달러의 이자를 받는다. 그러나 이 140달러는 70달러씩 두 번 지급될 것이다. 이 채권을 살펴보자. 만기수익률은 16%이다.

(계속)

[2] 역주: 이자율이 8%에서 10%로 상승했다면 이자율은 2%p 상승한 것이다. 2%p가 아닌 2% 상승했다면 8.16%가 되며 8%에서 25% 상승해야 10%가 된다.

채권수익률(bond yield)은 APR같이 표시되어 기간당 실제 수익률에 기간 수를 곱한 것과 같다. 이 경우 16%의 표시수익률로 반기마다 지급할 때 실제 수익률은 6개월마다 8%이다. 채권은 7년 후 만기가 된다. 이 채권의 가격은 얼마인가? 이 채권의 연간 실효수익률(effective annual yield)은 얼마인가?

앞에서 논의한 바와 같이 시장이 6개월마다 8%를 요구할 때 이 채권의 쿠폰율은 6개월마다 7%이므로 이 채권은 할인되어 거래될 것임을 안다. 따라서 답이 1,000달러와 같거나 초과하면 실수를 했음을 안다.

정확한 가격을 알기 위해 먼저 7년 후에 지급되는 채권의 액면가 1,000달러의 현재가치를 계산한다. 7년 동안에 6개월이 14번 있다. 기간마다 8%에 그 가치는 다음과 같다.

$$현재가치 = \$1,000/1.08^{14} = \$1,000/2.9372 = \$340.46$$

쿠폰은 기간마다 70달러를 14번 지급하는 연금으로 볼 수 있다. 8%의 할인율에 이러한 연금의 현재가치는

$$\begin{aligned} 연금의\ 현재가치 &= \$70 \times (1 - 1/1.08^{14})/0.08 \\ &= \$70 \times (1 - 0.3405)/0.08 \\ &= \$70 \times 8.2442 \\ &= \$577.10 \end{aligned}$$

여기서 현재가치 총액은 채권의 거래가격이어야 한다.

$$현재가치\ 총액 = \$340.46 + 577.10 = \$917.56$$

이 채권의 실효수익률을 계산하기 위해 반기마다 8%는 다음과 같음에 주목하자.

$$실효연이율 = (1 + 0.08)^2 - 1 = 0.1664 \text{ 또는 } 16.64\%$$

따라서 실효수익률은 16.64%이다.

온라인 채권용 계산기와 이자율 정보는 money.cnn.com/data/bonds와 www.bankrate.com에서 이용할 수 있다.

이상에서 살펴본 바와 같이 채권의 가격과 이자율은 항상 반대 방향으로 움직임을 알 수 있다. 이자율이 오르면 채권의 가치는 다른 현재가치와 같이 내려간다. 유사하게 이자율이 내려가면 채권의 가치는 올라간다. 채권발행자가 확실하게 모두 지급한다는 점에서 위험이 없는 채권도 여전히 채권 소유에 위험이 있다. 다음에 알아본다.

이자율위험

이자율이 변동해 채권소유자에게 발생하는 위험을 **이자율위험**(*interest rate risk*)이라고 한다. 채권의 이자율위험이 어느 정도인지는 채권가격이 이자율변동에 얼마나 민감한가에 달려 있다. 민감도는 만기와 쿠폰율 두 가지 요인에 의해 직접 결정된다. 곧 알게 될 것이다. 채권에서 다음을 염두에 두어야 한다.

1. 모든 조건이 같다면 만기가 길수록 이자율위험이 크다.
2. 모든 조건이 같다면 액면이자율이 낮을수록 이자율위험이 크다.

먼저 이 두 가지의 경우를 〈그림 6.2〉로 설명해 본다. 보이는 바와 같이 1년 만기와 30년 만기의 10% 이표채 가격을 여러 가지 이자율 시나리오로 계산해서 그렸다. 가격을 나타내는 두 곡선 중에서 만기 30년인 경우가 만기 1년인 경우보다 기울기가 훨씬 가파르다는 사실을 주목하자. 가파름은 이자율의 조그마한 변동이 채권의 가격변동에 크게 영향을 준다는 의미이다. 둘을 비교해 보면 1년 만기 채권의 가격이 이자율의 변동에 비교적 덜 민감하다.

직관적으로 만기가 긴 채권이 이자율변동에 더 민감한 이유는 채권 가치의 대부분이 원금에서 비롯되기 때문이다. 원금을 1년 안에 회수한다면 이 금액의 현재가치는 이자율의 작은 변동에 크게 영향을 받지 않을 것이다. 그러나 30년 동안 복리계산된다면 약간의 이자율변동이 현재가치에 상당한 영향을 줄 것이다. 그 결과 액면 금액의 현재가치는 만기가 길수록 변동 폭이 훨씬 더 클 것이다.

미국의 채권을 더 배우려면 www.investorguide.com 을 방문하자.

이자율위험에 대해 알아야 할 다른 하나는 대부분 재무나 경제이론과 같이 체감하며 증가한다는 것이다. 다시 말해서 10년채와 1년채를 비교하면 10년채의 이자율위험이 훨씬 큼을 알 것이다. 그러나 20년채와 30년채를 비교하면 30년채의 만기가 더 길므로 이자율위험이 다소 크나 위험의 차이는 꽤 작다는 사실을 발견할 것이다.

그림 6.2
이자율위험과 만기

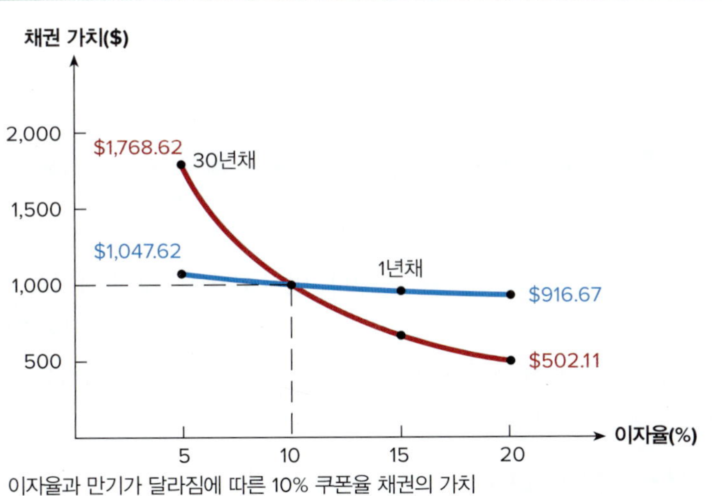

이자율과 만기가 달라짐에 따른 10% 쿠폰율 채권의 가치

	만기까지의 시간	
이자율	1년	30년
5%	1,047.62	1,768.62
10	1,000.00	1,000.00
15	956.52	671.70
20	916.67	502.11

쿠폰율이 낮은 채권의 이자율위험이 더 큰 이유는 쉽게 이해할 수 있다. 앞에서도 살펴본 바와 같이 채권의 가치는 쿠폰의 현재가치와 액면 금액의 현재가치가 결정한다. 쿠폰율이 다른 두 채권의 만기가 같다면 낮은 쿠폰의 채권의 가치는 이에 비례해 만기에 받을 액면 금액에 더 영향을 받는다. 그 결과 모든 조건이 같다면 이자율변동에 채권 가치의 변동 폭은 더 클 것이다. 달리 표현하면 높은 쿠폰의 채권은 잔존기간 초기에 현금흐름이 많으므로 그 가치는 할인율의 변동에 덜 민감하다.

만기가 30년 이상인 채권은 통상 발행되지 않는다. 그러나 금리가 낮아지면서 만기가 더 긴 채권이 발행되었다. 1990년대에 월트 디즈니(Walt Disney)는 100년 만기의 "잠자는 숲속의 공주"(Sleeping Beauty)라는 채권을 발행했다. 유사하게 벨사우스(BellSouth: 현재 AT&T), 코카콜라(Coca-Cola) 그리고 네덜란드의 대형은행 ABN-암로(ABN-AMRO)도 100년 만기 채권을 발행했다. 이 회사들은 오랜 기간 역사적으로 낮은 금리에 고정하기를 원했다. 현재 기록을 보유한 주식회사는 리퍼블릭 내셔널 은행(Republic National Bank)으로 1,000년 만기의 채권을 발행했다. 아주 최근에 이 채권이 발행되기 전 마지막 100년채는 1954년 5월 시카고엔드이스턴 철도회사(Chicago and Eastern Railroad)가 발행했다. 그리고 최근의 저금리로 더 많은 100년채가 발행되었다. 예를 들어 2017년에 아르헨티나는 27.5억 달러의 100년채를 발행해 멕시코, 아일랜드, 벨기에에 합류했다. 아르헨티나 채권 매각은 지난 23년 동안 3차례 디폴트를 선언했다는 점이 특이하다.

이자율위험의 효과는 벨사우스의 100년채를 이용해 설명할 수 있다. 다음의 표는 1995년 12월 31일, 2008년 5월 6일, 2018년 2월 1일의 가격과 함께 이 채권의 기본 정보를 제공한다.

만기	액면 이자율	가격 12/31/95	가격 5/6/08	가격변동률 1995~2008	가격 2/1/18	가격변동률 2008~2018
2095	7.00%	$1,000.00	$1,008.40	+0.84%	$1,164.21	+15.5%

이 표에서 몇 가지 중요한 사항을 발견할 수 있다. 먼저 1995년 12월 31일과 2008년 5월 6일 사이에 이자율은 확실히 약간 하락했다(왜?). 그러나 그 이후 더 떨어졌다(왜?). 이 채권의 가격은 처음에는 0.84% 오르고 나서 추가로 15.5% 올랐다. 이러한 스윙이 장기채의 이자율위험이 상당함을 말해준다.

만기수익률 계산: 시행착오법

흔히 채권가격, 쿠폰율, 만기일은 알 수 있으나 만기수익률은 알 수 없다. 6년 만기 8% 쿠폰채에 관심이 있다고 하자. 쿠폰은 연 1회 지급한다. 브로커가 955.14달러의 가격을 제시했다면 이 채권의 수익률은 얼마인가?

채권의 가격은 연금과 일시불의 합으로 적을 수 있음을 안다. 6년간의 80달러 쿠폰과 1,000달러의 액면가를 알기에 가격은 다음과 같다.

$$\$955.14 = \$80 \times [1 - 1/(1 + r)^6]/r + \$1,000/(1 + r)^6$$

여기서 r은 아직 미지인 할인율 또는 만기수익률이다. 하나의 미지수에 하나의 등식이 있으나 r을 명시적으로 풀 수는 없다. 답을 찾는 유일한 방법은 시행착오법(trial and error)(또는 더 나은 방법으로 스프레드시트나 재무계산기)을 사용하는 것이다.

이 문제는 연금에서 미지의 이자율을 찾을 때 앞 장에서 검토했던 방법과 기본적으로 일치한다. 그러나 채권 수익률의 발견은 액면 금액이 1,000달러이기에 훨씬 더 복잡하다.

채권의 가격과 수익률에 대해 알고 있는 사실을 이용해서 시행착오 절차의 속도를 낼 수 있다. 이 경우에 채권의 쿠폰은 80달러이고 할인되어 거래된다. 그러므로 수익률은 8%보다 높음을 안다. 10%로 가격을 계산하면 다음과 같다.

$$\begin{aligned}\text{채권 가치} &= \$80 \times (1 - 1/1.10^6)/0.10 + \$1,000/1.10^6 \\ &= \$80 \times 4.3553 + \$1,000/1.7716 \\ &= \$912.89\end{aligned}$$

10%에는 계산한 가치가 실제 가격보다 더 낮아서 10%는 너무 높다. 실제의 수익률은 8%와 10% 사이여야 한다. 이 시점에 답을 찾기 위해서 "하나하나 집어넣어" 가야 한다. 다음에는 아마 9%일 것이다. 그렇게 한다면 9%가 사실 채권의 만기수익률임을 알게 될 것이다.

최근 시장금리는 www.bankrate.com 참조.

채권의 만기수익률을 채권의 연간 쿠폰을 채권가격으로 나눈 **경상수익률(current yield)**과 혼동해서는 안 된다. 앞의 예에서 채권의 연간 쿠폰은 80달러였고 채권가격은 955.14달러였다. 이 숫자에 의하면 경상수익률은 \$80/\$955.14 = 0.0838 또는 8.38%여서 9%인 만기수익률보다 작음을 한다. 경상수익률이 아주 낮은 이유는 수익에서 쿠폰의 비중만을 고려하고 가격할인에 의한 기본 수익은 고려하지 않기 때문이다. 할증채에는 역이 성립해 가격할증에 의한 기본 손실을 무시하므로 경상수익률이 높을 것이라고 의미한다.

경상수익률
current yield
채권의 쿠폰지급액 나누기 채권의 종가. 직접수익률 또는 단순수익률이라고도 함.

채권의 가치평가를 〈표 6.1〉에 요약했다.

예제 6.2 경상수익률

채권의 시장가격이 1,080.42달러이다. 액면가는 1,000달러, 30달러 반기 쿠폰에 만기는 5년이다. 경상수익률(current yield)은 얼마인가? 만기수익률(yield to maturity)은 얼마인가? 어떤 것이 더 큰가? 왜 그럴까?

이 채권의 반기 쿠폰지급액이 30달러여서 연간 쿠폰지급액은 60달러라는 점에 주목하자. 따라서 경상수익률은 \$60/\$1,080.42 = 0.0555 또는 5.55%이다. 만기수익률의 계산을 위해서 〈예제 6.1〉을 다시 살펴본다. 이 경우 반기마다 30달러를 지급하는데 만기까지 10번의 반기가 있다. 따라서

(계속)

다음에서 r을 찾는다.

$$\$1{,}080.42 = \$30 \times [1 - 1/(1 + r)^{10}]/r + \$1{,}000/(1 + r)^{10}$$

몇 번 시행착오해보면 r이 2.1%와 같음을 안다. 그러나 주의할 점은 2.1%는 반기의 수익률이라는 것이다. 만기수익률을 구하기 위해서는 두 배로 해야 하므로 만기수익률은 4.2%여서 경상수익률보다 작다. 그 이유는 경상수익률이 현재와 만기 사이의 프리미엄의 기본 손실을 무시하기 때문이다.

표 6.1

채권의 가치평가 요약

I. 채권의 가치 계산

채권 가치 $= C \times [1 - 1/(1 + r)^t]/r + F/(1 + r)^t$

여기서

C = 매 기간 지급된 쿠폰

r = 기간당 만기수익률

t = 기간 수

F = 채권의 액면가

II. 채권의 만기수익률 계산

채권 가치, 쿠폰, 만기, 액면가로 시행착오법만을 이용해서 내재적 할인율 또는 만기수익률을 계산할 수 있다. 이를 위해 앞의 공식에 여러 할인율을 대입해서 계산된 채권의 가치가 주어진 채권의 가치와 같을 때까지 시도한다. 이자율이 상승하면 채권의 가치가 하락하는 점을 상기하자.

예제 6.3 채권수익률

쿠폰과 가격 이외에는 모든 점이 같은 두 채권을 검토하고 있다. 둘 다 만기는 12년이다. 첫 번째 채권은 쿠폰율이 10%로 935.08달러에 거래된다. 두 번째 채권은 쿠폰율이 12%이다. 얼마에 거래될 것으로 생각하는가?

두 채권이 매우 유사하므로 같은 수익률이 되도록 가격이 정해질 것이다. 먼저 10% 이표채의 수익률을 계산한다. 전과 같이 진행하면 할인채이기에 수익률이 10%보다 커야 함을 안다. 이 채권의 만기는 12년으로 상당히 길다. 장기채 가격은 이자율변동에 비교적 민감해 수익률은 아마 10%에 가까움을 알았다. 약간의 시행착오를 하면 수익률이 사실 11%임이 밝혀진다.

$$\begin{aligned}\text{채권 가치} &= \$100 \times (1 - 1/1.11^{12})/0.11 + \$1{,}000/1.11^{12} \\ &= \$100 \times 6.4924 + \$1{,}000/3.4985 \\ &= \$649.24 + 285.84 \\ &= \$935.08\end{aligned}$$

11% 수익률에 두 번째 채권은 120달러 쿠폰이므로 프리미엄에 거래될 것이다. 그 가치는

$$\begin{aligned}\text{채권 가치} &= \$120 \times (1 - 1/1.11^{12})/0.11 + \$1{,}000/1.11^{12} \\ &= \$120 \times 6.4924 + \$1{,}000/3.4985 \\ &= \$779.08 + 285.84 \\ &= \$1{,}064.92\end{aligned}$$

계산기 힌트

재무계산기를 이용해 채권가격과 수익률을 계산하는 방법

많은 재무계산기는 채권 가치를 계산할 수 있는 복잡한 루틴이 내장되어 있다. 그러나 계산기마다 상당한 차이가 있어서 모든 재무계산기가 그런 기능이 있는 것은 아니다. 그래서 어떠한 재무계산기에서도 작동할 수 있는 채권 문제를 다루는 간단한 방법을 설명하겠다.

물론 시작하려면 먼저 계산기 내용을 지워야 함을 기억하자. 그다음 〈예제 6.3〉의 만기가 12년인 두 채권을 살펴본다. 첫 번째 채권은 935.08달러에 거래되고 쿠폰율은 10%이다. 수익률을 구하기 위해서 다음을 할 수 있다.

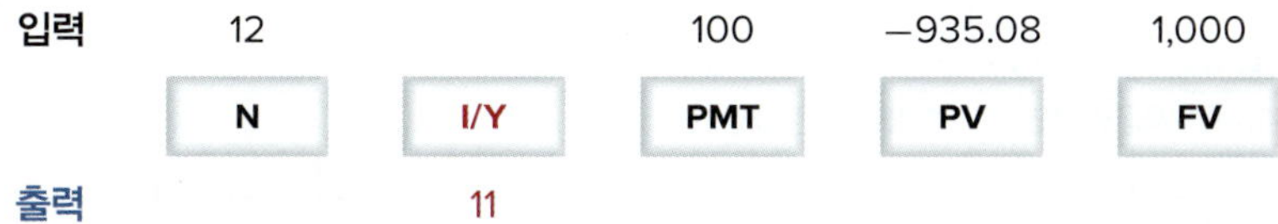

여기서 채권의 액면가를 나타내는 미래가치인 1,000달러와 채권의 연간 쿠폰을 나타내는 1,000달러의 10% 또는 100달러의 지급액을 입력했다는 점에 주목하자. 또한, 현재가치로 입력한 채권의 가격이 음의 부호인 점도 주목하자.

두 번째 채권의 적정 수익률이 11%임을 지금 안다. 이 채권은 쿠폰이 12%이고, 만기가 12년이다. 그렇다면 채권가격은 얼마인가? 답하기 위해 적절한 값을 넣고 채권 현금흐름의 현재가치를 푼다.

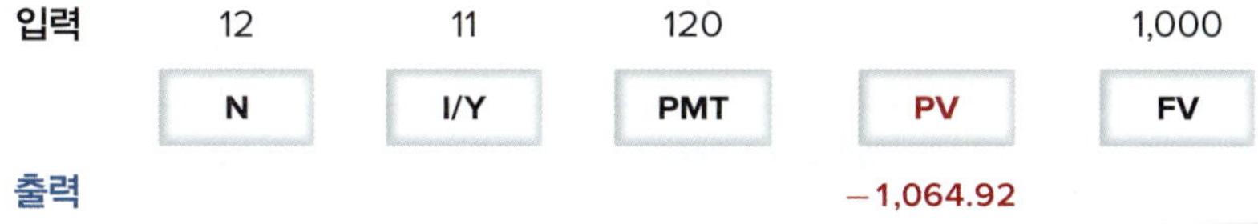

여기서 자세히 설명할 중요한 것이 있다. 현재, 가격이 902.29달러이고 만기가 10년이며 쿠폰율이 6%인 채권이 있다고 하자. 전에 언급했듯이 대부분 채권은 사실 반년마다 이자를 지급한다. 이 채권도 그렇다고 할 때 채권의 수익률은 얼마인가? 답하기 위해 적절한 숫자를 다음과 같이 입력하면 된다.

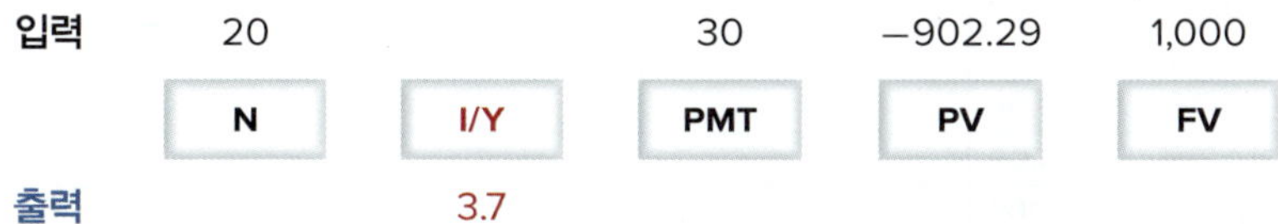

채권이 사실 반기마다 30달러의 이자를 지급하기에 30달러를 입력했음에 주목하자. 마찬가지로 실제로 20번의 6개월이 있으므로 N에 20을 입력했다. 수익률을 풀면 3.7%인데 이는 6개월간의 수익률이라는 점을 기억해야 한다. 따라서 정확한 값은 두 배로 해서 구한다. 2 × 3.7% = 7.4%가 채권의 수익률일 것이다.

스프레드시트 전략

스프레드시트를 이용해 채권가격과 수익률을 계산하는 방법

대부분의 스프레드시트에는 재무계산기와 같이 채권의 가격과 수익률을 계산하는 정교한 루틴이 있다. 이런 루틴 대부분은 다루지 않았던 상세한 부분도 포함한다. 그러나 가격이나 수익률을 계산하기 위해서 간단한 스프레드시트를 설정하는 일은 다음 두 개의 스프레드시트가 보여주듯이 비교적 간단하다.

	A	B	C	D	E	F	G	H
1								
2	채권 수익률 계산에 스프레드시트 이용							
3								
4	만기 22년, 쿠폰율 8%, 가격이 960.17달러인 채권을 보유하고 있다.							
5	이 채권이 반기 이자를 지급한다면 만기수익률은 얼마인가?							
6								
7	결제일:	1/1/00						
8	만기일:	1/1/22						
9	연간 쿠폰율:	0.08						
10	채권가격(액면가의 %):	96.017						
11	액면가(액면가의 %):	100						
12	연간 쿠폰:	2						
13	만기수익률:	**0.084**						
14								
15	셀 B13에 입력된 공식은 = YIELD(B7, B8, B9, B10, B11, B12); 액면가와 채권가격은							
16	액면가 대비 퍼센트로 입력한다.							
17								

	A	B	C	D	E	F	G	H
1								
2	채권 가치 계산에 스프레드시트 이용							
3								
4	만기 22년, 쿠폰율 8%, 만기수익률이 9%인 채권을 보유하고 있다.							
5	이 채권이 반기 이자를 지급한다면 채권가격은 얼마인가?							
6								
7	결제일:	1/1/00						
8	만기일:	1/1/22						
9	연간 쿠폰율:	0.08						
10	만기수익률:	0.09						
11	액면가(액면가의 %):	100						
12	연간 쿠폰:	2						
13	채권가격(액면가의 %):	**90.49**						
14								
15	셀 B13에 입력된 공식은 = PRICE(B7, B8, B9, B10, B11, B12); 액면가와 채권가격은							
16	액면가 대비 퍼센트로 입력한다.							
17								

스프레드시트에서 결제일(settlement date)과 만기일(maturity date)의 두 날짜를 입력해야 한다. 결제일은 채권을 실제로 매입한 날짜이고, 만기일은 채권의 실제 만기이다. 문제 대부분에서는 이 날

(계속)

짜들을 명시하지 않고 있으므로 이를 정해야 한다. 예를 들어 채권의 만기는 22년이기 때문에 그냥 1/1/2000(2000년 1월 1일)을 결제일로 정하고, 1/1/2022(2022년 1월 1일)을 만기일로 정했다. 어떤 두 날짜이든 정확하게 22년의 차이가 있으면 되는데 이렇게 하면 특히 계산이 쉽다. 마지막으로 쿠폰율과 만기수익률은 연율(annual term)로 입력해야 하고 연간 쿠폰 지급의 수를 명시해야 함에 주의하자.

개념문제 CONCEPT QUESTIONS

6.1a 채권과 관련된 현금흐름은 무엇인가?

6.1b 채권의 가치는 일반적으로 어떻게 표현하는가?

6.1c 채권 소유에 따른 유일한 위험은 발행자가 지급을 모두 이행하지 않는 것이라는 말이 사실인가? 설명하라.

6.2 채권의 특성 추가 설명

여기에서는 전형적인 장기사채의 기본용어와 특성을 자세히 설명함으로써 기업부채 논의를 계속한다. 그다음에는 장기부채와 관련된 다른 주제들을 논의한다.

기업이 발행한 증권은 대략 **자본증권**(*equity securities*)과 **부채증권**(*debt securities*)으로 분류할 수 있다. 가장 기본적인 수준에서 부채는 돈을 차입한 결과로 지급해야만 하는 것을 나타낸다. 주식회사가 차입하면 보통 정기적으로 이자를 지급하고 원래 빌린 금액인 원금의 상환을 약속한다. 자금을 빌려주는 사람이나 기업을 **채권자**(*creditor*) 또는 **대출자**(*lender*)라고 한다. 돈을 빌린 주식회사를 **채무자**(*debtor*) 또는 **차입자**(*borrower*)라고 한다.

재무적인 관점에서 보면 부채(debt)와 자본(equity)의 주요 차이점은 다음과 같다.

1. 부채는 기업에서 소유권을 행사할 수 없다. 채권자는 일반적으로 의결권이 없다.
2. 주식회사가 부채에 이자를 지급하는 것은 사업상 비용으로 여겨져 전부 세금감면 대상이다. 주주에게 지급되는 배당은 세금 공제되지 않는다.
3. 지급되지 않은 부채는 기업의 채무가 된다. 지급되지 않으면 채권자는 기업의 자산에 대해 법적인 권리를 요구할 수 있다. 이런 행동은 파산의 두 가지 결말인 청산(liquidation)이나 회생(reorganization)으로 끝날 수 있다. 따라서 부채 발행에 따른 비용 중 하나는 재무적 실패 가능성이다. 이런 가능성은 주식을 발행하면 일어나지 않는다.

미국 채권투자자를 위한 정보는 www.investinginbonds.com 참조.

부채인가 자본인가?

가끔 특정 증권이 부채(debt)인지 자본(equity)인지 분명하지 않다. 예를 들어 주식회사가 회사이익이 나는 경우에만 이자를 지급하는 영구채(perpetual bond)를 발행한다고 하

자. 이를 실질적인 부채라고 말하기는 어려우며 주로 법적이거나 의미론적인 이슈이다. 법원이나 세무당국에서 결정해 줄 것이다.

주식회사는 자본의 특성이 많으나 부채로 취급되는 변형되고 혼합된 증권의 창안에 아주 능숙하다. 확실히 부채와 자본의 구분은 과세를 위해 매우 중요하다. 따라서 주식회사가 실질적으로는 자본인 부채증권을 창안하려는 이유는 부채의 세금 혜택과 자본의 파산 혜택을 누리기 위해서다.

일반적인 원칙은 자본은 소유권을 나타내며 잔여청구권이다. 주주는 채권자가 지급된 후에 지급됨을 의미한다. 그 결과 채권과 자본을 소유함에 따른 위험과 이득은 서로 다르다. 한 예를 들어 채권 소유에 따른 최대 보상은 궁극적으로 대출금에 고정되는 반면 자본 소유에 따른 잠재적 보상에는 상한이 없다.

장기부채: 기본 사항

궁극적으로 모든 장기 채무증권(debt securities)은 발행 기업이 만기에 원금을 지급하고 미상환 잔액에 대해 이자를 적시에 지급하기로 약속한다. 이 외에도 이런 증권들을 다른 것과 구별할 수 있는 몇 가지 특징이 있다. 이런 특징 중 몇 개를 다음에 논의한다.

장기 채무증서(debt instrument)의 만기는 채권이 미상환 잔액이 있는 기간이다. 채무증권은 1년 이하 만기의 단기일 수도 있고, 1년 초과 만기의 장기일 수도 있다.[3)] 단기부채(short-term debt)는 때로는 **일시차입부채**(*unfunded debt*)라고 한다.[4)]

부채증권은 전형적으로 **중기무담보채**(*notes*), **장기무담보채**(*debentures*) 또는 **채권**(*bonds*)으로 불린다. 엄밀히 말하면 채권(bond)은 담보부 부채이다. 그러나 일반적으로 **채권**(*bond*)이라는 단어는 모든 종류의 담보부 부채와 무담보부채에 사용된다. 그러므로 앞으로도 계속 채권은 장기부채를 총칭할 것이다.

장기부채의 두 가지 주요 형태는 공모(public issue)와 사모(private issue) 발행이다. 여기서는 공모채에 집중한다. 부채에 관해 언급하는 대부분은 공모채뿐만 아니라 사모채에도 적용된다. 공모채와 사모채의 두드러진 차이는 후자는 대출자에게 직접 배분하고 일반 대중에게는 제안되지 않는다는 점이다. 사모채는 사적인 거래이기에 구체적인 내용은 당사자가 정한다.

장기부채는 담보, 조기상환 특징, 감채기금, 신용등급 및 보호 조항 등과 같은 많은 다른 요소가 있다. 다음의 표는 2018년 2월 22일에 이동통신사 스프린트(Sprint)가 발행한 채권의 이런 특징을 설명한다. 이런 용어들에 익숙하지 않더라도 걱정할 필요는 없다. 곧 이 용어들을 모두 설명한다. 이러한 특징의 상당수는 채권신탁증서에 자세히 나와 있기에 먼저 논의한다.

[3)] 단기부채(short-term debt)와 장기부채(long-term debt)의 구분에 대해 보편적으로 일치된 견해는 없다. 게다가 종종 1년 초과이고 3년에서 5년 또는 심지어 10년 미만 만기는 중기부채(intermediate-term debt)라고 한다.

[4)] 펀딩(*funding*)이라는 단어는 재무 분야 전문용어의 일부이다. 이는 일반적으로 장기(long term)를 의미한다. 따라서 부채 요건을 "펀드"(fund)하려고 계획하는 회사는 단기부채를 장기부채로 대체할 것이다.

스프린트 채권의 특징		
용어		설명
발행금액	15억 달러	기업은 15억 달러의 채권을 발행했다.
발행일	02/22/2018	채권은 2018년 2월22일에 매각됐다.
만기	03/01/2026	만기는 2026년 3월 1일이다.
액면가	$2,000	액면 금액은 2,000달러이다.
연간 쿠폰	7.625	채권자는 채권당 매년 152.50달러를 받을 것이다(액면가의 7.625%).
매도가	100	매도가는 액면가 2,000달러의 100% 또는 채권당 2,000달러이다.
쿠폰지급일	03/01, 09/01	이 날짜에 $152.50/2 = $76.25의 쿠폰이 지급될 것이다.
담보	없음	특정 자산에 대한 담보가 없다.
감채기금	없음	감채기금(sinking fund)은 없다.
콜조항	항시	시연된 콜조항(deferred call)은 없다.
콜가격	국채수익률 더하기 0.50%	"전액지급(make-whole)" 콜가격이다.
신용등급	무디스 B3; S&P B	"정크채"(junk bond)의 신용등급을 받았다.

신탁증서

신탁증서(indenture)는 주식회사(차입자)와 채권자 사이에서 이루어지는 서면계약서이다. 이는 종종 합의사항(*deed of trust*)이라고도 한다.[5] 수탁자(주로 은행)는 보통 주식회사가 지명하는데 채권자들을 대표한다. 신탁회사는 (1) 신탁증서의 내용이 지켜지도록 하고, (2) 다음에 기술되는 감채기금을 관리하며, (3) 회사가 채무불이행을 선언하면 디폴트에서 채권자들을 대표한다.

신탁증서
indenture
부채의 발행조건을 상세하게 기술한 주식회사와 대출자 간의 서면계약서.

채권의 신탁증서는 법적 서류이다. 수백 페이지에 달하기도 하는데 일반적으로 내용이 아주 장황하다. 하지만 일반적으로 다음과 같은 조항들을 포함하기에 중요한 문서다.

1. 채권의 기본적인 조건
2. 발행된 채권의 총액
3. 담보로 지정된 자산의 기술
4. 원금 상환계획
5. 콜 조항
6. 보호 조항 세부사항

다음에 이러한 특징들을 살펴본다.

채권의 조건 미국의 사채는 스프린트 채권과 같이 2,000달러의 액면가도 매우 보편화되었으나 역사적으로 액면가가 1,000달러이다. 이를 원금(*principal value*)이라고 부르

---

[5] 대출동의서(*loan agreement*) 또는 대출 계약(*loan contract*)이라는 용어는 주로 사모부채와 중장기대출(term loan)에 사용된다.

는데 채권증서(bond certificate)에 기재된다. 따라서 주식회사가 100만 달러를 빌리고 싶으면 1,000달러의 액면가에 1,000계좌의 채권을 팔아야만 한다. 채권의 발행가격(par value)(즉, 초기 회계가치)은 거의 항상 액면가(face value)와 같고 실무에서 이 용어들은 호환되어 사용된다.

등록사채
registered form
회사의 증권기록 담당자가 각 채권의 소유자를 기록하고 기록된 소유주에게 직접 지급한다.

사채는 보통 **등록사채(registered form)**이다. 예를 들어 신탁증서는 다음과 같이 읽을 것이다.

> **이자는 7월 15일과 12월 15일의 영업 종료 시점에 채권자로 등록된 사람에게 각각 7월 1일과 1월 1일에 반기마다 지급된다.**

이는 회사에 증권기록 담당자가 있어 각 채권의 소유권과 소유권의 변동을 기록함을 의미한다. 회사는 기록상 소유주에게 직접 이자와 원금을 지급할 것이다. 예전에는 사채와 다른 형태의 채권에는 "이자지급교부표"(coupon)가 붙어 있었다. 이자를 받기 위해 소유주가 채권증서에서 쿠폰을 떼어내 지급대리인인 회사의 담당자에게 보냈다.

소지인식 사채
bearer form
채권소유주의 이름을 기록하지 않고 발행된 채권으로 채권소지인이면 누구든 간에 지급한다.

다른 방식에는 **소지인식 사채(bearer form)**가 있다. 채권증서는 소유권의 기본적인 증거이고 주식회사는 채권의 소지인에게 지급할 것임을 의미한다. 소유권이 달리 기록되어 있지 않다면 쿠폰이 첨부된 등록사채와 같이 채권증서의 소지인은 쿠폰을 떼어내 회사에 보내 이자를 받는다.

소지인식 사채는 두 가지 단점이 있다. 첫째, 채권을 분실하거나 도난당하면 복구하기가 어렵다. 둘째, 회사는 채권의 소유주가 누구인지 모르기에 채권소유주에게 중요한 사건을 통보할 수 없다. 한때 소지인식 사채가 지배적이었으나 지금은 (미국에서는) 등록사채보다 훨씬 덜 흔하다.

담보(security) 부채증권은 채권자를 보호하기 위해서 사용되는 부담보(collateral)와 저당권(mortgages)에 따라서 분류된다.

부담보(*collateral*)는 주로 부채상환을 보장하기 위해 담보물로 설정된 채권이나 주식과 같은 증권을 지칭하는 일반적인 용어이다. 예를 들어 부담보 신탁채권(collateral trust bonds)은 종종 주식회사가 보유한 보통주를 담보물로 설정한다. 그러나 부담보(*collateral*)라는 용어는 부채에 대해 담보물로 설정된 특정 자산을 지칭하는 용어로 보통 사용된다.

저당증권(*mortgage securities*)은 차입자의 실물재산에 대한 저당권에 의해서 보장된다. 설정된 재산은 흔히 예를 들면 토지나 건물과 같은 부동산이다. 저당을 기술한 법적 서류는 저당신탁증서(*mortgage trust indenture* 혹은 *trust deed*)라고 한다. "포괄"담보("blanket" mortgage)는 회사가 소유한 모든 실물재산에 대해 담보를 설정하는 것이다.[6)]

[6)] 실물재산은 토지와 "이에 부착된" 물건을 포함한다. 현금이나 재고자산은 포함하지 않는다.

채권은 흔히 회사의 담보가 없는 채무를 나타낸다. **디벤처(debenture)**는 재산에 특정한 담보가 설정되지 않은 무담보채권이다. **노트(note)**라는 용어는 일반적으로 채권이 처음 발행되었을 때 만기가 10년 미만인 무담보채권에 사용된다. 디벤처(무담보사채)의 소유자는 저당이 설정되지 않은 재산, 즉 저당과 부담보신탁(collateral trust)이 해결된 이후에 남아 있는 재산에 대해서만 청구권이 있다.

디벤처
debenture
10년 이상 만기의 장기 무담보채.

노트
note
10년 미만 만기의 중기 무담보채.

이번 장에서 사용하는 용어는 미국의 표준이다. 미국 밖에서는 같은 용어가 다른 의미일 수 있다. 예를 들어 영국 정부가 발행한 채권인 "길트"(gilts)는 국고 "주식"(treasury "stock")이라고 불린다. 또한, 영국에서 디벤처는 담보부(*secured*) 채무이다.

요즈음 미국의 제조업체나 금융기관이 발행하는 공모채는 대부분 무담보사채다. 그러나 대부분 공익사업회사와 철도회사의 채권은 자산이 담보로 설정된다.

우선변제순위 일반적인 용어로 우선변제순위(*seniority*)는 나른 대출자에 대한 우선권의 위치를 가리킨다. 채권은 때때로 우선변제순위를 표시하기 위해 선순위(*senior*)나 후순위(*junior*)로 명명한다. 어떤 채권은 예를 들어 후순위장기무담보채(subordinated debenture)와 같이 하위에 놓여 있다(*subordinated*).

채무를 이행하지 못할 때 후순위무담보채의 보유자는 다른 지정된 채권자들에게 우선권을 주어야 한다. 보통 이는 하위에 놓인 채권자들은 특정 채권자들에게 지급된 이후에야 지급될 것이라는 의미이다.

원금상환 채권은 채권자가 채권의 표시금액 또는 액면가를 받을 수 있는 시기인 만기에 상환되거나 만기 이전에 부분적으로 또는 전액 상환될 수 있다. 조기상환으로 전형적인 형태인 종종 감채기금으로 처리된다.

미국 증권산업과 금융시장 협회(SIFMA) 웹사이트는 www.sifma.org

감채기금(sinking fund)은 채권을 상환할 목적으로 채권수탁인이 관리하는 계정이다. 회사는 매년 수탁인에게 지급하고 수탁인은 부채의 일부 상환에 기금을 사용한다. 이를 위해 수탁인은 시장에서 채권을 일부 매입하거나 미수 채권의 일부를 조기상환한다. 두 번째 방법은 다음의 콜조항에서 논의한다.

감채기금
sinking fund
채권을 조기에 상환하기 위해 채권수탁인이 관리하는 계정.

감채기금방식에는 여러 가지 형태가 있는데 세부적인 내용은 신탁증서에 표기된다. 예를 들어 다음과 같다.

1. 어떤 감채기금은 최초 발행된 후 약 10년이 지나서 시작한다.
2. 어떤 감채기금은 채권의 잔존기간 동안 같은 금액을 지급한다.
3. 어떤 우량 채권은 감채기금에 채권 전체를 상환하기에는 충분하지 않은 지급액을 설정한다. 그 결과 만기에 거액의 "일시상환"(balloon payment)을 한다.

콜조항 **콜조항(call provision)**은 회사가 특정 기간에 정해진 가격으로 채권발행액의 일부 또는 전부를 재매입하거나 "콜"(call)하게 해준다. 사채는 일반적으로 이렇게 조기상환할 수 있다.

콜조항
call provision
만기 전에 특정 가격으로 채권을 재매입하는 옵션을 발행자에게 주는 계약.

일반적으로 콜가격(call price)은 채권의 표시된 가치인 액면가보다 높다. 콜가격과 액면가의 차이를 **콜프리미엄(call premium)**이라고 부른다. 콜프리미엄은 보통 시간이 지날수록 작아진다. 처음에는 콜프리미엄이 연간 쿠폰 금액과 같게 설정하고 콜 일자가 만기에 가까워질수록 영(0)까지 하락하게 설계한다.

콜프리미엄
call premium
콜가격이 채권의 액면가를 초과하는 금액.

콜조항은 대개 채권 수명의 앞부분에서는 작동하지 않는다. 이것이 채권자에게 채권의 초기 연도에는 콜조항을 염려하지 않아도 되게 한다. 예를 들어 회사는 채권발행 후 처음 10년간은 채권의 조기상환을 금지하기도 한다. 이것이 **지연콜조항(deferred call provision)**이다. 금지 기간에 채권은 **콜보호(call protected)**되었다고 한다.

지연콜조항
deferred call provision
회사가 특정일 이전에는 채권 상환을 금지하는 채권의 콜조항.

콜보호채
call protected bond
발행자가 상환할 수 없는 기간의 채권.

지난 몇 년간 사채시장에서 새로운 형태의 콜조항인 "전액지급"(make-whole) 콜이 널리 퍼졌다. 특성은 채권이 조기상환 되면 채권자는 정확히 채권의 가치를 받는다. 채권자가 조기상환에서 손해를 보지 않을 때 전액을 받는다.

신탁증서에 지정된 이자율로 남은 이자와 원금 지급액의 현재가치를 계산해 전액지급 콜가격을 결정한다. 예를 들어 스프린트가 발행한 채권은 할인율이 "국채이자율 더하기 0.50%"이다. 이는 우선 만기가 같은 미국 국채로 할인율을 결정한다는 의미이다. 미국 국채의 만기수익률을 계산해 여기에 0.50%를 추가로 더하면 사용할 할인율을 얻는다.

전액지급 콜조항에서 콜가격은 이자율이 낮을 때 높고 반대로 이자율이 높을 때 낮은 점에 주목하자(왜?). 전액지급 콜에서는 흔한 일로 스프린트가 발행한 채권은 지연된 콜조항이 없는 점도 주목하자. 이러한 조항이 없어도 투자자는 왜 그렇게 염려하지 않겠는가?

보호조항 **보호조항(protective covenant)**은 대출 기간에 제한하지 않으면 회사가 취할 것인 특정 행동을 제한하는 신탁증서나 대출 계약의 한 부분이다. 보호조항은 금지조항과 준수조항의 두 유형으로 분류될 수 있다.

보호조항
protective covenant
대출 중에 대개 채권자의 이익을 보호하기 위해 취할 수 있는 어떤 행동을 제한하는 신탁증서의 일부.

금지조항(*negative covenant*)은 "해서는 안 된다"(thou shalt not) 유형의 조항이다. 이는 회사가 취할 수 있는 행동을 제한하거나 금지한다. 전형적인 예는 다음과 같다.

1. 회사는 특정 공식에 의해서 지급하는 배당금을 제한해야 한다.
2. 회사는 다른 대출자에게 어떤 자산도 담보로 설정할 수 없다.
3. 회사는 다른 회사와 합병할 수 없다.
4. 회사는 대출자의 동의 없이 어떤 주요 자산도 매각하거나 대여할 수 없다.
5. 회사는 추가로 장기부채를 발행할 수 없다.

준수조항(*positive covenant*)은 "해야 한다"(thou shalt) 유형의 조항이다. 이는 회사가 취하기로 한 행동과 지속해야 할 상태를 특정한다. 그 예는 다음과 같다.

1. 회사는 특정된 최소수준 이상의 운전자본을 유지해야 한다.

2. 회사는 정기적으로 감사받은 재무제표를 대출자에게 제공해야 한다.
3. 회사는 모든 담보물이나 증권을 양호한 상태로 유지해야 한다.

이는 단지 조항의 일부이다. 어떤 특정 신탁증서에는 매우 다른 보호조항을 둘 수 있다.

특정 회사에서 발행한 채권 금액과 기간에 대해 상세한 정보를 원한다면 미국 증권거래위원회(SEC)에 보고된 최근 재무제표를 www.sec.gov에서 확인해 보자(한국은 금융감독원에 보고된 정보를 www.fss.or.kr에서 확인).

개념문제 CONCEPT QUESTIONS

6.2a 자본(equity)과 비교해서 부채(debt)의 특징은 무엇인가?

6.2b 신탁증서(indenture)는 무엇인가? 보호조항(protective covenants)은 무엇인가? 예를 들어보라.

6.2c 감채기금(sinking fund)은 무엇인가?

6.3 채권등급

기업은 흔히 부채의 등급이 매겨지기 위해 지급한다. 두 개의 주도적인 채권등급평가회사는 무디스(Moody's)와 스탠더드앤드푸어스(Standard and Poor's) 또는 줄여서 S&P이다. 채권등급은 발행 기업의 신용도이다. 무디스와 S&P에서 사용하는 '신용도'(creditworthiness)의 정의는 기업이 어느 정도 채무불이행(default)의 가능성이 있는지와 채무불이행이 되면 채권자 보호가 어느 정도인지를 기본으로 한다.

채권등급은 채무불이행의 가능성만 고려한다는 인식이 중요하다. 앞에서 이자율의 변동에 따라 채권가치의 변동 위험으로 정의한 이자율위험을 논의했다. 채권등급은 이자율위험은 다루지 않는다. 그 결과 고등급채의 가격도 변동성이 꽤 크다.

채권등급은 주식회사에서 제공되는 정보로 정해진다. 등급 분류 및 이와 관련된 정보는 다음 표에 있다.

	투자가능 채권등급				저등급, 투기 또는 "정크"본드 등급					
	높은 등급		중간 등급		낮은 등급		매우 낮은 등급			
Standard & Poor's	AAA	AA	A	BBB	BB	B	CCC	CC	C	D
Moody's	Aaa	Aa	A	Baa	Ba	B	Caa	Ca	C	

Moody's	S&P	
Aaa	AAA	Aaa와 AAA등급 채권은 등급이 가장 높다. 이자와 원금상환능력이 월등히 뛰어나다.
Aa	AA	Aa와 AA등급 채권은 이자와 원금상환능력이 매우 뛰어나다. 가장 높은 등급과 함께 이 그룹은 고등급채로 분류된다.
A	A	A등급 채권은 환경이나 경제적 상황의 변화에 따른 악영향에 고등급채보다 다소 민감하나 이자와 원금상환능력이 뛰어나다.
Baa	BBB	Baa와 BBB등급 채권은 이자와 원금상환능력이 충분하다. 보통은 보호 수단이 적절하나 경제적 상황이 나빠지거나 환경이 변하면 이자와 원금 상환능력이 약해질 가능성이 고등급채보다 더 크다. 이 채권들은 중간 등급 채무이다.

(계속)

Moody's	S&P	
Ba, B Caa Ca C	BB, B CCC CC C	이 범주의 채권은 채무조건에 따라 이자와 원금상환능력에 관하여 모든 것을 고려할 때 투기적 요소가 우세하다. BB와 Ba는 투기의 정도가 가장 작으며 CC와 Ca는 투기의 정도가 가장 크다. 이런 부채가 우량하고 보호적인 성격이 있을 수도 있으나 불확실성이 크고 악조건에 노출된 주요 위험이 더 크다. 무디스의 C등급채는 보통 채무불이행 상태이다.
	D	D등급 채권은 채무불이행 상태이며 이자 지급과 원금상환이 밀려 있다.

주: 때때로 무디스와 S&P는 이들 등급을 조정[단계(notches)라고 불림]한다. S&P는 +와 − 부호를 사용하는데, A+는 가장 강한 A등급이고, A−는 가장 약한 A등급이다. 무디스는 가장 강한 것을 1로 해서 1, 2, 3 등의 번호를 붙인다.

사채(corporate bonds)와 지방채(municipal bonds)의 등급을 정하는 기준을 알고 싶으면 www.standardandpoors.com, www.moodys.com 혹은 www.fitchinv.com 참조.

기업의 부채에서 가장 높은 등급은 AAA 또는 Aaa인데 이러한 부채는 가장 우량하다고 판단되며 채무불이행위험의 정도가 가장 낮다. 예를 들어 앞에서 논의했던 스프린트가 발행한 채권은 B등급이었다. AAA 등급은 자주 주어지지 않는다. 2018년에는 존슨앤드존슨(Johnson & Johnson)과 마이크로소프트(Microsoft) 단 2개의 비금융 미국회사가 AAA 등급을 받았다. AA 또는 Aa등급은 매우 우량한 부채를 나타내고 훨씬 더 일반적이나. 부채에서 가장 낮은 등급 D는 채무불이행 상태이다.

1980년대부터 시작해서 주식회사 차입에서 저등급채 혹은 “정크”(junk)채의 형태가 급성장했다. 저등급 사채에 등급이 매겨진다면 주요 신용등급기관으로부터 투자등급(investment grade) 이하로 책정된다. 투자등급채는 적어도 S&P는 BBB등급, 무디스는 Baa등급을 매긴다.

“크로스오버”(crossover) 또는 “5B”라고 불리는 채권이 있다. 이렇게 등급이 매겨지는 이유는 한 등급기관에서 트리플-B(또는 Baa)의 등급을 받고 다른 기관에서 더블-B(또는 Ba)등급을 받아 “갈라진 등급판정”(split rating)을 받기 때문이다. 예를 들어 2016년 2월, 인도에 근거지를 둔 섬유 및 화학회사 스탠다드 인더스트리(Standard Industries)는 S&P가 BBB-, 무디스가 Ba2 등급을 매긴 10년 중기채를 발행해 매각했다.

채권의 신용등급은 발행자의 재무건전성이 개선되거나 저하됨에 따라서 변할 수 있다. 예를 들어 2018년 1월에 무디스는 테바 제약회사(Teva Pharmaceuticals)의 신용등급을 투자등급에서 정크채로 낮추었다. 이렇게 정크 영역으로 내려앉은 채권을 “추락천사”(fallen angels)라고 부른다. 테바의 등급이 왜 낮아졌는가? 무디스에 의하면 시점이 안 좋은 인수와 주요 약품 판매의 부진으로 부채가 훨씬 늘어났기 때문이다. 회사의 임원들은 정치인에게 뇌물을 주려고 도급업자들과 협력했다는 혐의로 기소되었다.

신용등급은 채무불이행이 실제로 일어나기 때문에 중요하며 실제로 채무불이행이 발생하면 투자자들은 크게 손해를 본다. 예를 들어 버거킹(Burger King)과 같은 레스토랑에 버거에서 경품용 장난감까지 일체를 공급하는 업체인 아메리서브 푸드 디스트리뷰션(AmeriServe Food Distribution, Inc)은 2000년 2억 달러의 정크채에 대한 채무를 이행하지 못했다. 채무불이행 이후에 채권은 1달러당 18센트에 거래되어 투자자들에게 1억 6,000만 달러 이상의 손실을 안겨 주었다.

아메리서브의 경우 더 안 된 점은 채권이 불과 4개월 전에 발행되었기에 아메리서

브를 NCAA(National Collegiate Athletic Association: 미국대학체육협회) 챔피언으로 만들었다는 것이다. 이는 켄터키대학교 와일드캐츠(University of Kentucky Wildcats) 같은 대학농구팀에게는 좋은 일일지 모르나 채권시장에서의 NCAA는 "이자가 전혀 없다"(No Coupon At All)는 뜻으로 투자자들에게는 결코 좋은 일이 아니다.

개념문제 CONCEPT QUESTIONS

6.3a 정크본드(junk bond)란 무엇인가?

6.3b 채권등급(bond ratings)은 이자율변동으로 인한 채권 가치의 변동성 위험에 대해 무엇을 말하는가?

6.4 채권 유형

지금까지 평범한 사채만을 고려했다. 여기서는 정부가 발행한 채권과 색다른 특성의 채권도 간단히 살핀다.

국채

큰 차이로 세계 최대의 차입자는 미국 정부이다. 2018년 중반에 미국 정부의 총부채는 21.5조 달러로 미국 시민 1인당 약 64,500달러이며 빠른 속도로 늘어나고 있다. 미국 정부는 1년을 초과하는 차입을 원할 때 일명 재무부 채권인 국고채(Treasury notes and bonds)를 일반에게 매각한다(사실 매월 발행한다). 중기국채(Treasury notes)는 2년에서 10년 사이의 최초 만기로 발행된다. 장기국채(Treasury bonds)는 30년에 이르기까지 만기가 더 길다.

미국 정부가 쌓아 온 부채 규모가 염려되면 www.publicdebt.treas.gov나 www.usdebtclock.org는 가지 말라! 정부채에 대한 모든 것은 www.newyorkfed.org에서 알아보자.

대부분의 미국 국채는 정규이표채이다. 두 가지의 중요한 특징을 명심하자. 첫째, 미국 국채가 다른 채권들과 근본적으로 다른 점은 미국 재무부는 언제나 상환에 필요한 자금을 준비할 수 있기에 채무불이행위험이 없다. 둘째, 국채는 연방세(federal income taxes)는 내야 하지만 지방세(state income taxes)는 면제된다. 다시 말해 국채에서 받은 쿠폰은 연방 수준에서만 세금을 낸다.

주정부와 지방정부는 중장기채를 발행해 자금을 조달한다. 이런 채권을 **지방채**(*municipal* notes and bonds) 또는 그냥 "뮤니스"(munis)라고 부른다. 국채와 달리 지방채는 채무불이행의 정도가 다양해 사실상 사채와 매우 비슷하게 등급이 부여된다. 또한, 미국의 지방채는 대부분 조기상환(callable)될 수 있다. 지방채에서 가장 흥미로운 점은 쿠폰에 연방세(그리고 어떤 경우는 지방세)가 면제되는 것으로 고소득 · 고세율 투자자들에게는 매우 매력적이다.

막대한 세금감면을 받기에 지방채의 수익률은 과세대상 채권의 수익률보다 매우 낮다. 예를 들어 2018년 중반에 고등급 장기사채는 약 4.2%의 수익을 낸다. 같은 시기에 고등급 장기지방채는 약 2.8%의 수익률을 보였다. 한 투자자가 30%의 과표 구간에 있다고 가정하자. 다른 모든 상황이 같다면 이 투자자는 Aa등급의 사채를 선호하겠는가, 아니면 Aa등급의 지방채를 선호하겠는가?

답을 위해서는 두 채권의 세후(*aftertax*) 수익률을 비교할 필요가 있다. 주정부 및 지방정부의 세금을 무시하면 지방채는 세전과 세후 모두를 기준으로 2.8%를 지급한다. 사채는 세전으로는 4.2%를 지급하나 30%의 세율을 고려하면 단지 0.042 × (1 − 0.30) = 0.029, 즉 2.9%만을 지급한다. 이로써 수익률은 거의 비슷하다.

예제 6.4 과세대상 채권과 지방채

과세대상 채권(taxable bonds)은 현재 수익률이 8%이고 같은 시점에 위험과 만기가 비슷한 지방채 수익률은 6%라고 하자. 40%의 세금을 내야 하는 투자자에게 어떤 채권이 더 매력적인가? 두 채권이 같게 되는 세율은 얼마인가? 이 세율을 어떻게 해석하겠는가?

40% 한계세율 구간에 있는 투자자에게 과세대상 채권의 수익률은 세금부과 후에는 8 × (1 − 0.40) = 4.8%이므로 지방채가 더 매력적이다. 손익분기 세율은 투자자가 과세대상 채권과 비과세 채권 간에 차이를 두지 않는 세율이다. 만약 손익분기 세율을 t^*라고 하면 다음과 같이 풀 수 있다.

$$0.08 \times (1 - t^*) = 0.06$$
$$1 - t^* = 0.06/0.08 = 0.75$$
$$t^* = 0.25 \text{ 또는 } 25\%$$

따라서 25%의 세율 구간에 있는 투자자는 두 채권 모두 세후 6%의 수익을 낼 것이다.

무이표채

무이표채
zero coupon bond
쿠폰을 지급하지 않아 초기에 가격이 순할인되는 채권.

이자를 전혀 지급하지 않는 채권은 명시된 액면가보다는 매우 낮은 가격에 거래되어야 한다. 이런 채권을 제로쿠폰채 또는 **무이표채(zero coupon bond)**라고 하며 간단히 줄여서 제로(*zero*)라고도 한다.[7)]

에이트-인치 네일(Eight-Inch Nail: EIN)이 액면가 1,000달러의 5년 만기 무이표채를 발행했다고 하자. 최초 가격은 508.35달러로 책정되었다. 이 채권에 이자가 지급되지는 않지만 무이표채 계산은 이표채 계산과 일관되게 반기를 이용한다. 반기로 하면 이 가격에 채권의 수익률은 만기까지 14%임을 쉽게 확인할 수 있다. 채권의 만기까지 지급되는 이자 총액은 $1,000 − 508.35 = 491.65달러이다.

조세 목적상 무이표채의 발행자는 실제로 이자가 지급되지는 않지만 매년 이자를 공제받는다. 마찬가지로 채권소유자는 실제로 이자를 받지 않더라도 매년 발생하는 이자에 대한 세금을 내야 한다.

---

7) 제로 쿠폰율에 비해 아주 낮은 쿠폰율로 발행된 채권을 할인발행채권(original-issue discount bond) 또는 OID 채권이라고 한다.

표 6.2 EIN의 무이표채 이자 비용

연도	기초 가치	기말 가치	내포된 이자비용	정액 이자비용
1	508.35	582.01	73.66	98.33
2	582.01	666.34	84.33	98.33
3	666.34	762.90	96.55	98.33
4	762.90	873.44	110.54	98.33
5	873.44	1,000	126.56	98.33
총계			$491.65	$491.65

다른 채권시장 사이트는 money.cnn.com이다.

무이표채의 연간 이자를 계산하는 방법은 세법에 따른다. 1982년 이전에 주식회사는 정액법(straight-line basis)으로 이자공제액을 계산할 수 있었다. EIN사의 경우에 이자공제액은 매년 491.65달러/5 = 98.33달러였을 것이다.

현행 미국 세법에 내포된 이자(implicit interest)는 대출금의 분할상환으로 결정된다. 우선 매년 연초에 채권의 가치를 계산해 구한다. 예를 들어 1년 후 채권은 만기까지 4년 남았으므로 $\$1{,}000/1.07^8$ = 582.01달러의 가치가 있을 것이다. 2년 후 가치는 $\$1{,}000/1.07^6$ = 666.34달러가 될 것이다. 그 이후도 이같이 한다. 매년 내포된 이자는 연간 채권 가치의 변동이다. EIN사의 채권 가치와 이자비용은 〈표 6.2〉에 나열되어 있다.

무이표채는 이전의 규칙에서 주식회사에 더 인기가 있었음을 주목하자. (내포된 이자비용과 정액 이자비용을 비교하면) 이자비용 공제액이 초년도에 더 크기 때문이다.

현행 세법에서 EIN은 첫해에 지급한 이자에서 73.66달러를 공제할 수 있고, 채권의 소유자는 실제로 이자를 받지 않았으나 과세소득 73.66달러에 세금을 낼 것이다. 이러한 두 번째 세금 특징으로 인해 과세대상 무이표채는 개인투자자에게 덜 매력적이다. 그러나 미래의 달러 가치를 비교적 확실히 알 수 있기에 연금과 같은 장기 달러화 부채를 가진 비과세 투자자에게는 여전히 매우 매력적인 투자이다.

어떤 채권은 수명에서 일부만이 무이표채다. 예를 들어 제너럴모터스(General Motors)는 한때 2036년 3월 15일이 만기인 미수 장기무담보사채가 있었다. 처음 20년 동안은 이자를 지급하지 않으나 20년이 되면 매년 7.75%의 반기 쿠폰 지급을 시작하는 것이었다.

변동금리채

이번 장에서 말했던 전형적인 채권은 액면가에 고정된 비율로 쿠폰율이 정해져 있기에 고정금리 채무이다. 마찬가지로 원금은 액면가와 같게 정해진다. 이런 경우에 쿠폰 지급과 원금상환은 완전히 고정되어 있다.

변동이자율채(*floating-rate bonds: floaters*)에서 쿠폰 지급은 조정될 수 있다. 미재정증권(Treasury bill) 이자율이나 30년 국고채(Treasury bond) 이자율과 같은 이자율지수(interest rate index)에 연동되어 조정된다. 변동이자율채의 가치는 정확히 쿠폰지급액이 어떻게 조정되느냐에 따라서 결정된다. 많은 경우 쿠폰은 시간적 간격을 두고 기준이율(base rate)에 따라 조정된다. 예를 들어 쿠폰율이 6월 1일에 조정된다고 하자. 이전 3개월 동안의 국고채 수익률 단순평균을 기준으로 조정될 것이다. 이 밖에 변동이자율채의 대다수는 다음과 같은 특징이 있다.

미국 인플레이션연계채권에 대한 공식 사이트는 www.treasurydirect.gov.

1. 소유자는 정해진 기간이 지난 후 쿠폰지급일에 액면가로 채권을 상환청구할 수 있는 권리가 있다. 이를 **풋**(*put*)**조항**이라고 부르는데 다음 절에서 살펴본다.
2. 쿠폰율은 상한(ceiling)과 하한(floor)이 있는데 쿠폰은 최대와 최소가 정해져 있다는 의미다. 이런 경우 쿠폰율이 **캡드**(*capped*)되었다고 말하고 상한이자율과 하한이자율을 때로는 **칼라**(*collar*)라고 부른다.

변동이자율채에서 특히 흥미로운 형태는 **인플레이션연계**(*inflation-linked*)채권이다. 이런 채권은 인플레이션에 따라서 이자가 조정된다. 원금이 조정되기도 한다. 미국 재무부는 1997년 1월부터 이런 채권을 발행하기 시작했다. 이런 채권을 때로는 "TIPS"(Treasury Inflation Protection Securities)라고 부른다. 캐나다, 이스라엘, 영국을 포함한 다른 나라도 유사한 증권을 발행했다.[8)]

다른 유형의 채권

희귀하고 독특한 특징이 있는 채권이 많이 있다. 안타깝게도 여기에서 자세히 다루기에는 너무나 많은 변형이 있다. 그래서 보다 일반적인 형태 몇 가지에만 집중한다.

구조화채권(*structured note*)은 주식, 채권, 상품 또는 통화에 기초한 채권이다. 한 특정 형태의 구조화채권은 수익률이 주가지수에 기초한다. 만기에 주가지수가 떨어지면 원금을 상환한다. 그러나 주가지수가 상승하면 채권은 주가지수 수익률의 80% 같이 그 일부를 돌려준다. 다른 형태의 구조화채권은 주가지수수익률의 두 배를 돌려줄 것이나 원금을 상실할 가능성도 있다.

전환사채(*convertible bond*)는 채권자의 선택에 따라서 만기 이전에 언제든지 고정된 수의 발행기업 주식과 교환할 수 있다. 전환사채는 비교적 흔한 편이나 최근 그 수가 줄어들고 있다.[9)]

풋사채(*put bond*)는 채권소유자가 발행자에게 명시된 가격으로 채권을 사들이게 할 수 있는 채권이다. 따라서 이런 풋의 특징은 콜조항과 반대이며 비교적 새로운 개발이다.

어떤 채권은 많은 색다른 특성이 있을 수 있다. 예를 들어 두 가지의 이색채권 형태에는 쿠폰을 지급하는 코코채권(CoCo bonds)과 제로쿠폰채인 노노채권(NoNo bonds)이 있다. 코코채와 노노채는 조건부 전환가능(contingent convertible), 풋가능(putable), 콜가능(callable) 후순위채이다. 조건부 전환조항은 조건을 만족해야만 하는 점을 제외

[8)] 역주: 한국도 물가상승에 따라 원금과 이자 지급액이 늘어나는 물가연동국채를 발행하고 있다. 표면 이자에 대해서만 과세하고 원금증가분에서는 과세하지 않기에 절세효과도 누릴 수 있다.

[9)] 역주: 발행회사의 주식이 아니라 발행회사가 보유한 제3의 기업의 주식과 교환되는 채권은 교환사채(exchangeable bonds)라고 한다.

FINANCE MATTERS

이색채권(Exotic Bonds)

채권에는 많은 특성이 있다. 이렇게 독특한 형태는 "이색"(exotic)이라고 불리며 아주 단순한 형태에서부터 진짜 난해한 형태까지 있다. 주택저당채권담보부증권(mortgage-backed securities: MBSs)의 경우를 보자. MBSs는 증권화된 금융상품의 한 형태이다. 증권화(securitization)에서 금융자산의 현금흐름은 증권으로 한데 모여져서 투자자들에게 매각된다. MBS로 주택저당채권을 개설한 은행이나 주택저당채권 중개업자는 신탁재산(trust)에 주택저당채권을 매각한다. 신탁재산은 주택저당채권을 한데 모은 후 채권을 투자자에게 매각한다. 채권자들은 주택소유자가 지급하는 주택저당채권 상환액에 기반을 둔 지급액을 받는다. 2008년 중에는 부동산 가치의 가파른 하락과 기초 주택저당채권의 디폴트율(default rates) 급증으로 MBSs와 관련된 문제들이 급격히 증대했다.

역전환사채(reverse convertible)는 비교적 새로운 형태의 구조화된 중기채(structured note)이다. 한 형태는 일반적으로 높은 쿠폰율을 제공하나 만기 시 상환은 액면가를 현금으로 지급하거나 주식으로 지급할 수도 있다. 예를 들어 최근 제너럴 모터스(GM)의 역전환사채의 쿠폰율은 16%로 오늘날의 이자율 환경에서는 매우 높다. 그러나 만기 시에 GM의 주가가 충분히 하락하면 채권자들은 액면가보다 가치가 적은 일정 수의 GM 주식을 받게 될 것이다. 그래서 채권수익률의 소득 부분은 높으나 액면가에서의 잠재적 손실이 추가 수익을 쉽게 잠식할 수 있다.

CAT 채권은 자연재해로부터 보험회사를 보호하기 위해 발행된다. 자연재해의 종류는 채권에 약술된다. 예를 들면 모든 CAT 채권의 약 30%는 북대서양 허리케인으로부터 보호한다. 이 채권은 허리케인과 관련해 상당한 손실이 발생하면 차입자가 일시적으로(또는 심지어 영원히) 지급을 중지할 수 있도록 설계되었다. 이 CAT 채권은 꽤 위험한 투자같이 보일 수 있으나 지금까지 5개만이 완전히 지급되지 않았다. 허리케인 카트리나(Katrina)로 CAT 채권자들은 1억 9천만 달러를 잃었다. CAT 채권자들은 2011년 일본의 쓰나미로 3억 달러를 잃기도 했다. 2011년 중에는 각각 1억 달러 가치의 2개의 다른 CAT 채권이 유난히 활동적인 토네이도 시즌으로 촉발되었고, 한 CAT 채권은 2017년 멕시코의 지진으로 촉발되었다. 이 채권은 8월 4일 발행되었는데 지진은 9월 7일 발생했다.

아마도 가장 비범한 채권(그리고 확실히 가장 잔인한)은 "사망채권"(death bond)일 것이다. 스톤스트리트 파이낸셜(Stone Street Financial)과 같은 회사들은 10년 이내에 사망할 것이라고 예상되는 개인에게서 생명보험증권을 매입한다. 그리고 보험계약자가 사망했을 때 받는 생명보험금으로 상환하는 채권을 판매한다. 투자자들에게 이 채권의 수익률은 보험계약자가 얼마나 오래 사느냐에 달려 있다. 가장 큰 리스크는 의료기술이 급속히 발전하면 보험계약자의 기대수명이 높아져 채권보유자의 수익이 감소하는 것이다.

하면 보통의 전환특성과 유사하다. 예를 들어 조건부 특성은 회사 주식이 30일 중 20일간 전환가격의 110%에 거래될 것을 요구할 수 있다. 이러한 종류의 채권을 가치평가 하는 일은 상당히 복잡하고 만기수익률의 계산은 종종 의미가 없다. 근처의 *Finance matters*(재무사안) 박스는 이색적인(exotic) 채권의 예를 몇 가지 더 보여 준다.

개념문제 CONCEPT QUESTIONS

6.4a 채권의 쿠폰에 대한 콜조항(call provision)의 영향에 대해 어떻게 생각하는가? 왜 투자자는 조기상환채(callable bond)를 매입하려고 하겠는가?

6.4b 채권의 쿠폰에 대한 풋(put)의 특성의 영향에 대해 어떻게 생각하는가? 전환 가능성(convetibility)의 특성은 어떤가? 그 이유는?

6.5 채권시장

채권은 매일 상당히 많은 거래가 이루어진다. 하루에 거래되는 채권의 거래량은 주식의 거래량보다 훨씬 더 많다는 사실을 알면 놀랄 것이다(거래량은 거래되는 액수를 의미한다). 재무에 대한 상식을 하나 묻자. 세계에서 가장 큰 증권시장은? 대부분은 뉴욕증권거래소라고 추측할 것이다. 그럴 것 같지만 사실 거래량 측면에서 볼 때 세계에서 가장 큰 증권시장은 미국 국채시장이다.

채권의 거래방법

제1장에서 언급했듯이 대부분의 채권거래는 장외시장(OTC)에서 이루어진다. 이는 거래가 이루어지는 특정 장소가 없다는 것을 의미함을 상기하자. 대신 전 세계 딜러들은 언제든지 거래할 준비가 되어 있다. 다양한 딜러들이 전자통신시설로 연결되어 있다.

채권시장이 그렇게 큰 이유 중 하나는 채권 발행물의 수가 주식 발행물의 수보다 훨씬 많기 때문이다. 여기에는 두 가지 이유가 있다. 첫째, 주식회사는 일반적으로 오직 한 종류의 보통주 발행물만 있다(다음 장에서 논의하는 바와 같이 예외도 있다). 그러나 하나의 대기업에는 쉽게 수십 건의 채권 발행물이 있을 수 있다. 이 밖에 연방정부와 주정부 그리고 지방자치단체의 차입도 엄청나다. 예를 들어 작은 도시조차도 보통 다양한 종류의 중기채와 장기채를 발행하는데 채권발행으로 조달한 자금은 도로, 하수처리, 학교 등에 사용된다. 미국에 얼마나 많은 작은 도시들이 있는지 생각해 본다면 아마 이해가 되기 시작할 것이다.

채권시장은 대부분이 장외시장(OTC)이므로 역사적으로 **투명성**(*transparency*)을 갖추지 못하였다. 금융시장은 쉽게 가격과 거래량을 확인할 수 있을 때 투명하다. 예를 들어 뉴욕증권거래소에서는 모든 단일 거래에 대한 가격과 거래량을 확인할 수 있다. 대조적으로 채권시장에서는 역사적으로 가격과 거래량을 확인하는 일은 가능하지 않다. 거래는 두 당사자 간에 사적으로 협상해서 이루어지기에 집중된 거래보고는 거의 없다.

비록 채권의 총거래량이 주식의 거래량보다 훨씬 많다고 하더라도 어떤 날에는 총채권 발행물의 아주 소량만이 실제로 거래된다. 채권시장의 투명성 부족과 함께 이러한 사실은 개별 채권, 특히 중소기업이나 지방채 발행물의 경우 최근 가격을 알기란 매우 어렵고 불가능하다는 의미다. 대신 다양한 출처의 추정가격이 존재하고 매우 일반적으로 이용된다.

채권가격 공시

TRACE에 대해 더 많이 알려면 www.finra.org를 방문.

2002년 사채시장의 투명성이 극적으로 개선되기 시작했다. 미국의 새로운 규정에 따르면 지금은 사채 딜러들이 Trade Report and Compliance Engine(TRACE)으로 알려진 것을 통해 거래정보를 보고해야 한다. 근처의 *Work the Web*(워크더웹) 박스는 어떻게 TRACE 가격을 알 수 있는지를 보여 준다.

앞에서 언급했듯이 미국의 국채시장은 세계에서 가장 큰 증권시장이다. 일반적인 채

WORK THE WEB

채권 호가는 웹의 등장으로 이용이 쉬워졌다. (TRACE에서) 최근의 채권가격을 찾을 수 있는 사이트의 하나는 finra-markets.morningstar.com/BondCenter이다. 사이트에 가서 자동차부품회사로 잘 알려진 오토존(AutoZone)의 "AZO"을 입력했다. 총 10개의 미수채권을 발견한다. 다음은 발취한 정보이다.

						Ratings		Last Sale	
Issuer Name	Symbol	Callable	Sub-Product Type	Coupon	Maturity	Moody's®	S&P	Price	Yield
AUTOZONE INC	AZO3996669	Yes	Corporate Bond	3.125	07/15/2023	Baa1	BBB	97.564	3.655
AUTOZONE INC	AZO.GI	Yes	Corporate Bond	7.125	08/01/2018	Baa1	BBB	100.529	2.612
AUTOZONE INC	AZO3925874	Yes	Corporate Bond	2.875	01/15/2023	Baa1	BBB	96.504	3.711
AUTOZONE INC	AZO3844612	Yes	Corporate Bond	3.700	04/15/2022	Baa1	BBB	100.733	3.480
AUTOZONE INC	AZO4235546	Yes	Corporate Bond	2.500	04/15/2021	Baa1	BBB	97.586	3.403
AUTOZONE INC	AZO4354812	Yes	Corporate Bond	3.125	04/21/2026	Baa1	BBB	92.845	4.205
AUTOZONE INC	AZO4235610	Yes	Corporate Bond	3.250	04/15/2025	Baa1	BBB	95.108	4.078
AUTOZONE INC	AZO.GK	Yes	Corporate Bond	4.000	11/15/2020	Baa1	BBB	101.758	3.152
AUTOZONE INC	AZO4354853	Yes	Corporate Bond	1.625	04/21/2019	Baa1	BBB	99.448	2.290
AUTOZONE INC	AZO4482985	Yes	Corporate Bond	3.750	06/01/2027	Baa1	BBB	96.408	4.236

정보는 대부분 스스로 설명이 가능하다. 가격(Price)과 수익률(Yield) 열은 가장 최근에 매각된 발행물의 가격과 만기수익률을 보여 준다. 특정 발행물에 대한 더 많은 정보를 원해 클릭을 하면 쿠폰 일자(coupon dates)와 콜 일자(call dates)와 같이 더 자세한 내용을 알려줄 것이다.

질문 QUESTIONS

1. *이 웹사이트로 가서 부수된 표에 나와 있는 마지막 채권을 찾는다. 이 채권은 언제 발행되었는가? 채권발행 규모는 어떠한가? 채권의 발행 당시 만기수익률과 가격은 얼마인가?*
2. *셰브런 본드(Chevron bonds: CVX)를 탐색하면 여러 회사의 채권들이 나열된 것을 발견할 것이다. 셰브런이 왜 다른 회사명으로 채권을 발행했다고 생각하는가?*[10)]

[10)] 역주: 셰브런(Chevron)은 미국의 국제 석유자본의 하나로 1926년 캘리포니아의 스탠다드오일(Standard Oil Co. of California)로 설립된 후 1984년 걸프(Gulf)를 매수하면서 현재의 사명으로 개칭하였다.

권시장처럼 장외시장(OTC)이기 때문에 투명성에는 한계가 있다. 그러나 일반적인 채권시장의 상황과는 달리 국채 발행물의 거래, 특히 최근 발행된 국채의 거래는 상당히 활발하다. 매일 국채 발행물의 대표적인 가격이 공시된다.

신규발행 사채를 매입하려면 www.incapital.com을 방문.

〈그림 6.3〉은 《월스트리트저널》(*The Wall Street Journal*)에 있는 중장기국채의 일별 거래내용의 일부를 보여 준다. 중기국채(Treasury note)와 장기국채(Treasury bond)의 유일한 차이는 중기채는 발행 시점에 만기가 10년 또는 그 미만이라는 점이다. "5/15/2030"으로 시작하는 기재사항을 강조해 표시했다. 왼쪽에서 오른쪽으로 읽으면 "5/15/2030"은 채권 만기가 2030년 5월 15일임을 말해준다. 6.250은 채권의 쿠폰율이다. 장기국채는 이자를 반기 지급하고 액면가는 1,000달러이다. 따라서 만기까지 6개월

미국 국채를 미국 정부로부터 직접 매입하려면 www.treasurydirect.gov를 방문.

마다 31.25달러를 지급할 것이다.

매수가
bid price
딜러가 증권을 사기 위해 지급하려는 가격.

매도가
asked price
딜러가 증권을 팔기 위해 받으려는 가격.

매수매도 스프레드
bid-ask spread
매수가와 매도가의 차이.

그다음의 두 가지 정보는 **매수가(bid price)**와 **매도가(asked price or ask price)**이다. 일반적으로 장외시장이나 딜러시장에서 매수가는 딜러가 증권에 얼마를 지급하려는지를 나타내고 매도가는 딜러가 얼마를 받으려는지를 나타낸다. 이 두 가격의 차이를 **매수매도 스프레드(bid-ask spread)** 혹은 "스프레드"라고 하며 딜러의 이익을 나타낸다.

미국의 국채가격은 액면가의 백분율로 호가한다. 5/15/2030 채권에 대한 매수가격(bid price) 또는 딜러가 채권에 지급하려는 가격은 132.8984이다. 1,000달러의 액면가격으로 이 호가는 1,328,984달러를 나타낸다. 매도가격(asked price) 또는 딜러가 채권을 매도하려는 가격은 132.9609 또는 1,329.609달러이다.

다음 숫자는 액면가의 백분율로 측정된 그 전날 대비 매도가의 변동이다. 따라서 이 채권의 매도가는 전날에서 가치가 0.4688% 또는 4.688달러 상승했다. 마지막으로 발표된 마지막 숫자는 매도가를 기준으로 한 만기수익률이다. 액면가보다 높은 가격에 매도되므로 이는 할증채임에 주목하자. 당연히 만기수익률(2.949%)은 쿠폰율(6.25%)보다 낮다.

세인트루이스(St. Louis) 소재 연방준비은행은 fred.stlouisfed.org에 미국 재무부 발행물의 이자율뿐만 아니라 거시경제 데이터를 포함한 수십 가지의 온라인 파일을 유지한다.

가장 마지막에 기록되는 정규채권(ordinary bond)은 이 경우에 5/15/2048인데 종종 "선도채권"(bellwether)이라고 불린다. 이 채권의 수익률은 보통 저녁 뉴스에 발표된다. 따라서 예를 들어 장기금리가 상승했다는 말을 들으면 실제로는 이 채권의 수익률은 올랐고 가격은 내려갔다는 말이다.

〈그림 6.3〉에 있는 여러 가지 채권의 수익률을 검토해 보면 만기에 따라서 매우 다양함을 명확히 알 것이다. 왜 이런 일이 일어나고 무엇을 의미하는지는 다음 절에서 논의한다.

예제 6.5 국채 호가

〈그림 6.3〉에서 2024년 2월이 만기인 중기국채(Treasury note)를 찾아보자. 이 채권의 쿠폰율은 얼마인가? 매수가(bid price)는 얼마인가? *그 전날의* 매도가(asked price)는 얼마인가?

2/29/2024로 표시된 채권이 바로 그것이다. 쿠폰율은 액면가의 2.125%이다. 매수가(bid price)는 96.1172, 즉 액면가의 96.1172%이다. 매도가(ask price)는 96.1328로 전날보다 0.1484만큼 하락한 가격이다. 이는 전날 매도가가 96.1328 + 0.1484 = 95.9844라는 의미이다.

클린가격
clean price
경과이자를 제외한 채권가격. 일반적으로 제시되는 가격이다.

채권가격 호가 쿠폰 지급일 사이에 채권을 산다면 지급한 가격은 제시한 가격보다 비쌀 것이다. 그 이유는 경과이자를 차감하여 호가를 계산하는 "경과이자"(accrued interest)를 뺀 가격으로 호가하는 채권시장의 표준 관행에 기인한다. 이 호가를 **클린가격(clean price)**이라고 한다. 그러나 실제로 지급하는 금액은 경과이자를 포함한다. 이 가격이 "청

U.S. Treasury Quotes

Treasury note and bond data are representative over-the-counter quotations as of 3 p.m. Eastern time.

Maturity	Coupon	Bid	Asked	Chg	Asked Yield
1/31/2019	1.500	99.5469	99.5625	−0.0078	2.205
12/31/2021	2.125	97.8906	97.9063	0.0703	2.749
1/31/2022	1.500	95.6563	95.6719	0.0547	2.762
2/28/2023	2.625	99.2109	99.2266	0.1172	2.801
9/30/2023	1.375	92.7969	92.8125	0.1172	2.847
2/29/2024	2.125	96.1172	96.1328	0.1484	2.864
7/31/2024	2.125	95.7344	95.7500	0.1172	2.887
1/31/2025	2.500	97.6328	97.6484	0.1953	2.892
4/30/2025	2.875	99.8359	99.8516	0.2109	2.899
11/15/2026	6.500	126.6406	126.6563	0.3125	2.906
2/15/2029	5.250	120.9453	121.0078	0.4063	2.941
5/15/2030	6.250	132.8984	132.9609	0.4688	2.949
2/15/2036	4.500	120.9375	121.0000	0.5625	2.964
5/15/2037	5.000	129.0938	129.1563	0.6641	2.973
11/15/2039	4.375	121.3047	121.3672	0.6953	3.014
5/15/2040	4.375	121.5313	121.5938	0.7500	3.021
8/15/2041	3.750	111.6875	111.7500	0.7500	3.040
5/15/2042	3.000	99.1875	99.2188	0.7266	3.046
2/15/2043	3.125	101.1641	101.1953	0.7344	3.056
2/15/2044	3.625	110.0313	110.0625	0.6875	3.056
8/15/2046	2.250	84.6797	84.7109	0.6016	3.064
5/15/2047	3.000	98.7578	98.7891	0.6953	3.063
5/15/2048	3.125	101.1875	101.2188	0.7422	3.062

출처: www.wsj.com, 6/14/2018.

그림 6.3

《월스트리트저널》의 미국 중기국채와 장기국채 가격 예시

구가격"("full" 또는 "invoice" price)이라고도 알려진 **더티가격(dirty price)**이다.[11)]

이해를 돕기 위해 예를 하나 든다. 12%의 연 쿠폰을 반기마다 지급하는 채권을 매입한다고 하자. 이 채권을 매입하기 위해 실제로 1,080달러를 지급해야 하므로 더티가격 또는 청구가격은 1,080달러이다. 매입한 날을 기준으로 다음 쿠폰은 4개월 후에 지급되어 쿠폰 지급일 사이에 있다. 다음 쿠폰은 60달러일 것이다.

채권의 경과이자는 경과된 쿠폰 기간의 비율로 계산한다. 이 경우에는 6개월 중 2개월로 이 비율을 다음 쿠폰인 60달러에 곱해서 계산한다. 따라서 이 예에서 경과이자는 2/6 × \$60 = 20달러이다. 이 채권의 호가(즉, clean price)는 1,080 − 20 = 1,060달러이다.

더티가격
dirty price
경과이자가 포함된 채권가격으로 *청구가격(full 혹은 invoice price)*으로도 알려짐. 매수자가 실제 지급하는 가격.

[11)] 역주: 한국에서 외화채는 관행적으로 클린가격(clean price)으로 호가되는 경우가 대부분이지만, 국내채는 경과이자가 포함된 청구가격(dirty price)으로 발표되고 있다.

개념문제 CONCEPT QUESTIONS

6.5a 왜 채권시장은 투명성이 적거나 없다고 말하는가?
6.5b 일반적으로 매수가(bid price)와 매도가(ask price)는 무엇인가?
6.5c 채권의 클린가격(clean price)과 더티가격(dirty price)의 차이점은 무엇인가?

6.6 인플레이션과 이자율

지금까지 이자율, 수익률, 수익의 다양한 논의에서 인플레이션의 역할은 고려하지 않았다. 인플레이션의 고려는 매우 중요하기에 다음에 인플레이션의 영향을 고려한다.

실질비율과 명목비율

실질비율
real rates
인플레이션을 조정한 이자율이나 수익률.

명목비율
nominal rates
인플레이션을 조정하지 않은 이자율이나 수익률.

이자율이나 할인율, 채권수익률, 수익률, 요구수익률 등과 같은 다른 금융시장 비율들을 검토할 때 종종 **실질비율(real rates)**과 **명목비율(nominal rates)**의 차이를 구분해야만 한다. 명목비율은 인플레이션에 대해 조정되지 않았기 때문에 “명목”(nominal)이라고 부른다. 실질비율은 인플레이션이 조정된 비율이다.

인플레이션의 효과를 알아보기 위해서 최근 가격이 매년 5%씩 상승했다고 하자. 다시 말해서 인플레이션율이 5%이다. 1년 후 115.50달러의 가치가 있는 투자가 있다. 현재 가격은 100달러이고 1년 후 미래가치는 115.50달러여서 이 투자의 수익률은 15.5%이다. 그러나 15.5% 수익률의 계산에서 인플레이션 효과는 고려하지 않았으므로 이는 명목수익률이다.

여기서 인플레이션의 영향은 무엇인가? 답을 위해 연초에 피자 한 조각의 가격이 5달러였다고 하자. 100달러로 피자 20조각을 살 수 있다. 인플레이션율이 5%이기에 연말에 피자는 5% 더 비싼 5.25달러가 될 것이다. 여기에 투자한다면 연말에는 얼마나 많은 피자를 살 수 있는가? 피자로 측정할 때 이 투자의 수익률은 얼마인가?

투자에서 얻은 115.50달러로 115.50/5.25 = 22조각의 피자를 살 것이다. 이것은 20조각에서 증가한 것이기에 피자의 수익률은 10%이다. 투자의 명목수익률이 15.5%라고 하더라도 구매력은 인플레이션으로 인해 10%만 상승함을 설명한다. 바꿔 말하면 실제로 10%만 부유해진 것이다. 이 경우에 실질수익률은 10%라고 할 수 있다.

달리 표현하면 5%의 인플레이션에 얻은 115.50달러의 명목가치는 실질가치로 5% 작다는 것이다. 따라서 연중 투자의 실질가치는 금액으로

$$\$115.50/1.05 = \$110$$

115.50달러가 5%만큼 줄어든(*deflate*) 것이었다. 110달러와 동등한 가치를 얻기 위해서 현재 구매력으로 100달러를 포기했기에 실질수익률은 역시 10%이다. 미래 인플레이션의 영향을 제거했기에 이 110달러는 불변가치(current dollars)로 평가되었다고 말한다.

명목비율과 실질비율의 차이는 중요해서 다시 강조한다.

투자에 대한 명목수익률은 보유한 금액의 퍼센트 변동이다.
투자에 대한 실질수익률은 보유한 돈으로 얼마나 많은 것을 살 수 있는지의 퍼센트 변동, 즉 구매력의 퍼센트 변동이다.

피셔효과

실질수익률과 명목수익률의 논의는 위대한 경제학자 어빙 피셔(Irving Fisher)의 이름을 따서 종종 **피셔효과(Fisher effect)**라고 불리는 관계를 설명한다. 투자자들은 궁극적으로 자신이 돈으로 무엇을 구매할 수 있는지에 관심이 있기에 인플레이션에 대한 보상을 요구한다. R을 명목비율이라고 하고 r을 실질비율이라고 하자. 피셔효과는 명목비율과 실질비율 그리고 인플레이션 간의 관계를 다음과 같이 적는다.

피셔효과
Fisher effect
명목비율, 실질비율과 인플레이션 사이의 관계.

$$1 + R = (1 + r) \times (1 + h) \tag{6.2}$$

여기서 h는 인플레이션율이다.

앞의 예에서 명목비율은 15.50%였고 인플레이션율은 5%였다. 실질비율은 얼마였는가? 이들 숫자를 대입해 정할 수 있다.

$$\begin{aligned} 1 + 0.1550 &= (1 + r) \times (1 + 0.05) \\ 1 + r &= 1.1550/1.05 = 1.10 \\ r &= 0.10 \text{ 또는 } 10\% \end{aligned}$$

이 실질비율은 앞에서 구한 값과 같다. 피셔효과를 다시 살펴보면 다음과 같이 약간 다시 정리할 수 있다.

$$\begin{aligned} 1 + R &= (1 + r) \times (1 + h) \\ R &= r + h + r \times h \end{aligned} \tag{6.3}$$

이는 명목비율이 3요소로 구성되었음을 말해준다. 첫째, 투자의 실질비율(r)이다. 둘째, 인플레이션(h)으로 인한 최초에 투자한 돈의 가치 감소에 대한 보상이다. 세 번째 요인은 투자 수익은 역시 인플레이션으로 인해 가치가 적은 사실에 대한 보상을 나타낸다.

세 번째 요소는 통상 작기에 종종 무시된다. 그러면 명목비율은 대략 실질비율 더하기 인플레이션율과 같다.

$$R \approx r + h \tag{6.4}$$

예제 6.6 피셔효과

투자자가 10%의 실질수익률을 요구하고 인플레이션율이 8%라면 명목수익률은 대략 얼마여야 하는가? 정확한 명목수익률은 얼마인가?

(계속)

우선 명목수익률은 대략 실질수익률과 인플레이션율의 합인 10% + 8% = 18%와 같다. 피셔 효과에서

$$\begin{aligned} 1 + R &= (1 + r) \times (1 + h) \\ &= 1.10 \times 1.08 \\ &= 1.1880 \end{aligned}$$

따라서 명목수익률은 실제로는 19%에 가까울 것이다.

이자율, 할인율, 수익률과 같은 금융비율들은 대부분 항상 명목으로 호가된다는 점에 주목해야 한다. 이를 상기하기 위해서 지금부터는 그런 비율의 논의에서 대부분 r 대신에 기호 R을 사용할 것이다.

개념문제 CONCEPT QUESTIONS

6.6a 명목비율(nominal return)과 실질비율(real return)의 차이점은 무엇인가? 일반적인 투자자에게는 무엇이 더 중요한가?

6.6b 피셔효과(Fisher effect)는 무엇인가?

6.7 채권수익률 결정요인

이제 채권의 수익률을 결정하는 요인을 논의할 차례다. 알게 되겠지만 어떤 특정 채권의 수익률은 다양한 요인을 반영하는데 어떤 요인은 모든 채권에 공통되고 어떤 요인은 고려 중인 채권에만 특정된다.

이자율 기간구조

특정 시점에서 단기금리와 장기금리는 일반적으로 다를 것이다. 때로는 단기금리가 더 높기도 하고 때로는 더 낮기도 하다. 〈그림 6.4〉는 2세기 동안의 장 · 단기금리의 변화를 보여 줌으로써 장기적인 시각을 갖게 한다. 보다시피 전 기간을 통해서 단기금리와 장기금리의 차이는 음수와 양수 모두 기본적으로 영에서 몇 퍼센트까지의 범위이다.

이자율 기간구조
term structure of interest rates
채무불이행위험이 없는 순할인 증권의 명목이자율과 만기 간의 관계. 즉, 순수한 화폐의 시간가치.

단기이자율과 장기이자율 간의 관계는 **이자율 기간구조(term structure of interest rates)**로 알려져 있다. 약간 더 구체적으로 이자율의 기간구조는 모든 만기에서 채무불이행위험이 없는(*default-free*) 순할인(*pure discount*)채의 명목(*nominal*)이자율이 얼마인가를 말해준다. 기본적으로 이 이자율은 채무불이행위험이 없고 미래 한 번에 일시불로 지급하기 때문에 "순수" 이자율("pure" interest rates)이다. 다른 말로 기간구조는 기간의 차이에 따른 순수한 화폐의 시간가치를 말해준다.

장기이자율이 단기이자율보다 높을 때 기간구조의 기울기가 상향이라고 하고, 단기

그림 6.4 **미국의 이자율: 1800년에서 2018년 중반까지**

출처: Siegel, Jeremy J., *Stocks for the Long Run*, 3rd ed., New York, NY:McGraw-Hill, 2004를 근거로 저자가 자료갱신.

이자율이 더 높을 때 기울기가 하향이라고 한다. 기간구조는 낙타 등의 혹 모양일 수도 있다. 이렇게 되는 것은 대부분 아주 긴 기간의 이자율을 보면 보통 처음에는 이자율이 상승하고 나서는 하락하기 시작하기 때문이다. 특히 요즈음 가장 흔한 기간구조의 형태는 우상향하는 것이나 가파른 정도는 매우 다양하다.

기간구조의 모양은 무엇이 결정하는가? 3개의 기본요소가 있다. 처음 두 요소는 앞에서 논의했던 실질이자율과 인플레이션율이다. 실질이자율은 자금사용 포기에 대해 투자자가 요구하는 보상이다. 이것은 인플레이션 효과를 조정한 후의 순수한 화폐의 시간가치로 생각할 수 있다.

실질이자율은 만기와 상관없이 모든 이자율에 깔린 기본 요인이다. 실질이자율이 높을 때 모든 이자율은 더 높아지는 경향이 있고 그 반대도 마찬가지다. 따라서 실질이자율은 기간구조의 모양을 실제로 결정하지는 않는다. 대신에 주로 이자율의 수준에 영향을 준다.

반대로 미래 인플레이션에 대한 전망은 기간구조의 모양에 강한 영향을 준다. 다양한 기간에 대한 대출을 생각하는 투자자들은 미래 인플레이션이 상환될 돈의 가치를 잠식할 것임을 인식한다. 그 결과 투자자들은 더 높은 명목이자율의 형태로 손실에 대한 보상을 요구한다. 이런 추가적 보상을 **인플레이션프리미엄(inflation premium)**이라고 부른다.

인플레이션프리미엄
inflation premium
명목이자율에서 예상되는 미래의 인플레이션에 대한 보상 부문.

인플레이션율이 미래에 높아질 것이라고 투자자들이 믿으면 장기명목이자율은 단기이자율보다 더 높아지는 경향이 있을 것이다. 따라서 우상향 기간구조는 예상되는 인플레이션 상승의 반영이라고 할 수 있다. 유사하게 우하향 기간구조는 아마도 미래에 인플레이션이 하락하리라는 믿음을 반영한 것이다.

기간구조의 세 번째이자 마지막 요소는 이자율위험과 관련이 있다. 앞에서 논의했듯이 장기채는 단기채보다 이자율변동으로 인한 손실의 위험이 훨씬 더 크다. 투자자들은 이러한 위험을 인식하고 감수에 대해 높은 이자율의 형태로 추가적 보상을 요구한다. 이러한 추가적 보상을 **이자율위험프리미엄(interest rate risk premium)**이라고 부른다. 만기가 길어질수록 이자율위험이 커지게 되고 따라서 이자율위험프리미엄은 만기와 함께 증가한다. 그러나 앞에서 보았듯이 이자율위험은 체감하며 증가하기에 이자율위험프리미엄도 그러하다.[12)]

이자율위험프리미엄
interest rate risk premium
이자율위험의 감수에 대해 투자자가 요구하는 보상.

조각들을 종합하면 기간구조는 실질이자율, 인플레이션프리미엄, 이자율위험프리미엄을 결합한 효과를 반영한다. 〈그림 6.5〉는 우상향(〈그림 6.5〉의 상부)하거나 우하향(〈그림 6.5〉의 하부)하는 기간구조를 만들기 위해서 이들이 어떻게 상호작용하는지를 보여 준다.

〈그림 6.5〉의 상부에서 어떻게 인플레이션율의 점진적 상승이 예상되는지에 주목하자. 동시에 이자율위험프리미엄이 감소율로 증가해 결합한 효과는 확연한 우상향 기간구조를 만들어 낸다. 〈그림 6.5〉의 하부에서 인플레이션율은 미래에 하락이 예상되고 예상되는 하락의 정도가 이자율위험프리미엄을 상쇄하고도 남아 우하향 기간구조를 만든다. 인플레이션율이 아주 조금의 하락이 예상되면 이자율위험프리미엄으로 인해 여전히 우상향 기간구조를 얻을 수 있다.

〈그림 6.5〉를 그리는데 실질이자율은 같게 유지된다고 가정했다. 실제로 예상되는 미래의 실질이자율은 현행 실질이자율보다 더 높거나 낮을 수 있다. 또한, 단순화해서 예상되는 미래의 인플레이션율이 상승하거나 하락하는 것을 보이기 위해서 직선을 사용했으나 반드시 이런 모양일 필요는 없다. 예를 들어 상승한 뒤에 하락해 낙타 등의 혹 모양 수익률곡선이 되게 할 수도 있다.

채권수익률과 수익률곡선: 총정리

온라인상의 수익률곡선 정보는 www.bloomberg.com/markets 참조.

〈그림 6.3〉으로 돌아가서 만기가 다른 국채의 수익률이 같지 않음을 상기하자. 《월스트리트저널》은 〈그림 6.3〉에서 보여 준 국채가격, 수익률과 더불어 만기별 국채수익률의 도표를 매일 제공한다. 이 도표는 **국채수익률곡선(Treasury yield curve)** 또는 그냥 수익률곡선(yield curve)이라고 불린다. 〈그림 6.6〉은 2018년 6월의 수익률곡선을 보여 준다.

국채수익률곡선
Treasury yield curve
만기에 따른 국채수익률의 도표.

12) 오래전에는 이자율위험프리미엄(interest rate risk premium)을 "유동성"프리미엄("*liquidity*" *premium*)이라고 불렀다. 오늘날 유동성프리미엄이라는 용어는 다음 절에서 살펴보겠지만 다른 의미가 있다. 이자율위험프리미엄은 만기위험프리미엄(maturity risk premium)이라고 불린다. 여기서 사용되는 용어는 기간구조에 대한 현대적인 견해를 일관되게 담은 것이다.

그림 6.5 이자율의 기간구조

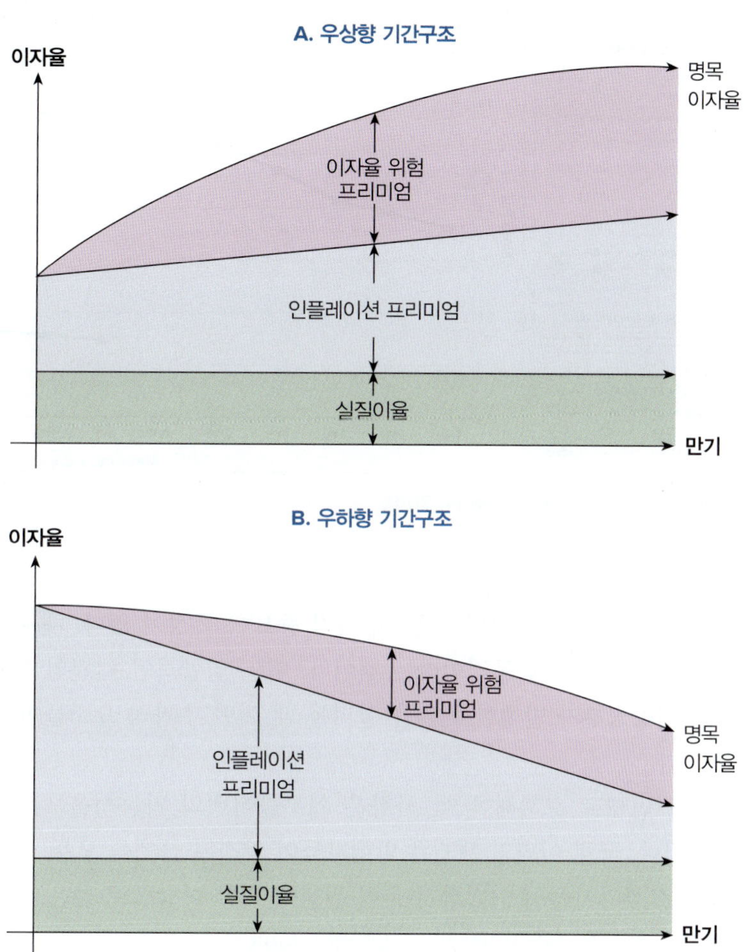

재무부 웹사이트에서 제공하는 수익률곡선은 명목과 실질 수익률곡선 모두를 보여 줌에 주목하자.

이제 알아차렸겠지만 수익률곡선의 모양은 이자율 기간구조의 반영이다. 사실, 국채 수익률곡선과 이자율 기간구조는 거의 같은 것이다. 단 하나의 차이는 기간구조는 순할인채(pure discount bonds)를 기반으로 하고 수익률곡선은 이표채의 수익률을 기반으로 한다는 점이다. 그 결과 국채수익률은 기간구조를 구성하는 3요소인 실질이율, 예상 미래 인플레이션, 이자율위험프리미엄에 의해 결정된다.

그림 6.6

국채수익률곡선

2018년 6월 14일.

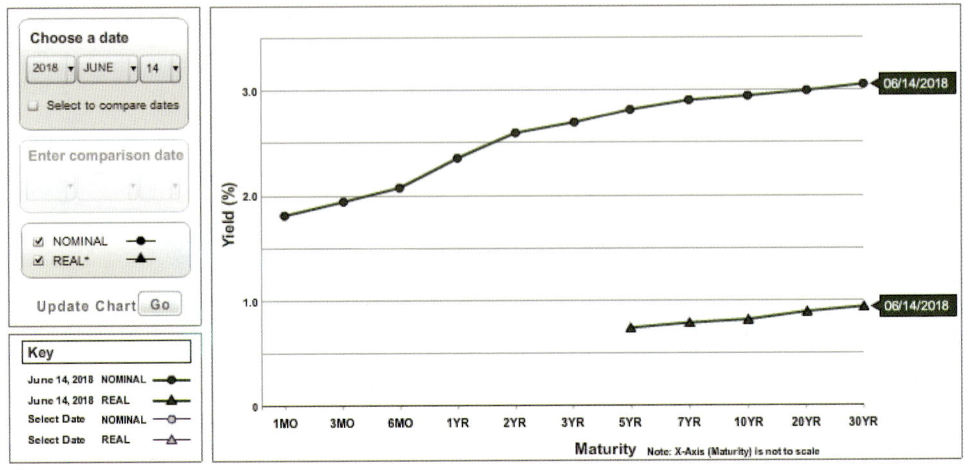

출처: www.treasury.gov, June 14, 2018.

국채에는 상기해야만 하는 세 가지 중요한 특성이 있다. 채무불이행위험이 없고, 과세대상이며, 매우 유동적이라는 점이다. 이는 일반적인 채권의 특성은 아니므로 주식회사나 지방정부가 발행한 채권을 살펴볼 때 어떤 추가적 요소들이 있는가를 검토할 필요가 있다.

첫 번째로 고려해야 할 사항은 채무불이행의 가능성을 나타내는 신용위험(credit risk)이다. 국채 이외의 채권은 발행자들이 약정된 금액을 모두 상환하지 않을 수도 있다는 것을 투자자들이 인식하기에 이 위험에 대한 보상으로 높은 수익률을 요구한다. 이런 추가의 보상을 **채무불이행위험프리미엄(default risk premium)**이라고 한다. 앞에서 신용위험에 따라 어떻게 등급이 정해지는지를 보았다. 서로 다른 등급을 가진 채권을 살펴보면 낮은 등급의 채권이 수익률은 더 높음을 알 것이다.

채무불이행위험프리미엄
default risk premium
명목이자율이나 채권수익률에서 채무불이행의 가능성을 보상하는 부분.

채권수익률에서 확인된 중요한 사실은 약정된 모든 금액이 지급될 것이라는 가정에서 계산된다는 것이다. 그 결과 이는 순전히 약정된 수익률로 미래에 받을 수도 있고 그렇지 않을 수도 있다. 특히 발행자가 채무불이행 상태가 되면 실제 수익률은 낮거나 아마도 아주 낮을 것이다. 이런 사실은 정크본드의 경우 특히 중요하다. 능란한 마케팅 덕분에 그런 채권은 현재 흔히 훨씬 듣기가 좋은 고수익률채(high-yield bonds)로 불린다. 그러나 이는 실제로는 고약정수익률채(*high-promised yield bonds*)라고 이제는 인지한다.

다음으로 전에 말했듯이 지방채는 대부분 비과세대상인 결과 과세대상채권보다 수익률이 상당히 낮다는 것을 상기하자. 투자자들은 불리한 세금적용에 대한 보상으로 과세대상채권에 추가의 수익률을 요구한다. 이런 추가적 보상은 **과세대상프리미엄(taxability premium)**이다.

과세대상프리미엄
taxability premium
명목이자율이나 채권수익률에서 불리한 세금부과를 보상하는 부분.

마지막으로 채권은 유동성의 정도가 매우 다양하다. 앞에서 논의했듯이 엄청나게 많은 수의 채권이 발행되는데 대부분은 정기적으로 거래되지 않는다. 그 결과 채권을 빨리 팔고 싶으면 받을 수 있는 가격만큼 좋은 가격을 받을 수는 없을 것이다. 투자자들은 유동성이 낮은 자산보다 유동성이 높은 자산을 더 선호하기에 논의한 모든 다른 프리미엄 외에 **유동성프리미엄(liquidity premium)**을 요구한다. 그 결과 다른 조건이 같다면 유동성이 떨어지는 채권이 유동성이 높은 채권보다 수익률이 더 높을 것이다.

유동성프리미엄
liquidity premium
명목이자율이나 채권수익률에서 유동성의 부족을 보상하는 부분.

결론

채권수익률에 대해 논의했던 모든 사항을 결합하면 채권수익률은 최소한 여섯 가지의 결합 효과임을 알 수 있다. 첫 번째는 실질이자율이다. 실질이율 이외에 다섯 가지 프리미엄은 (1) 예상되는 미래 인플레이션, (2) 이자율위험, (3) 채무불이행위험, (4) 과세대상, (5) 유동성 부족에 대한 보상이다. 결과적으로 채권에 대한 적정 수익률 결정에는 이들 각각의 효과에 대한 면밀한 분석이 필요하다.

개념문제 CONCEPT QUESTIONS

6.7a 이자율의 기간구조(term structure)란 무엇인가? 무엇이 그 모양을 결정하는가?
6.7b 국채수익률곡선(Treasury yield curve)은 무엇인가?
6.7c 채권수익률을 결정하는 여섯 가지 요소는 무엇인가?

요약과 결론

이번 장에서는 채권과 채권수익률에 대해서 알아보았다.

1. 채권가격과 채권수익률의 결정은 기본적인 현금흐름할인법의 응용이다.
2. 채권의 가치는 이자율과 반대 방향으로 움직이며 채권투자자에게 잠재적인 이익과 손실로 이어진다.
3. 채권은 신탁증서라는 문서에 여러 가지 특징을 적어 놓는다.
4. 채권은 채무불이행위험에 근거해 등급이 정해진다. 국채와 같은 채권들은 채무불이행위험이 없는 반면 일명 정크본드는 채무불이행위험이 상당하다.
5. 다양한 종류의 채권이 있는데 그중 많은 채권은 이색적이고 흔치 않은 특징을 담고 있다.
6. 대부분의 채권거래는 시장 투명성이 낮거나 없는 장외시장(OTC)이다. 그 결과 채권가격과 거래량 정보는 찾기 힘들 수 있다.
7. 채권수익률은 실질이율과 인플레이션, 이자율위험, 채무불이행위험, 과세대상, 유동성 부족에 대해 투자자가 보상으로 요구하는 다섯 프리미엄의 여섯 가지 다른 것들의 효과를 반영한다.

결론적으로 채권은 정부와 모든 종류의 주식회사의 중요한 자금조달원이다. 채권가격과 수익률은 방대한 주제인데 하나의 장에서 다뤄야 하기에 부득이 가장 중요한 개념과 지식만을 건드렸다. 할 말이 훨씬 더 많으나 다음 장의 주식으로 넘어간다.

복습과 자체시험 문제

6.1 **채권 가치.** 쿠폰율 10%, 액면가 1,000달러이다. 이자는 반기마다 지급되며 만기는 20년이다. 투자자가 12%의 수익률을 요구하면 채권의 가치는 얼마인가? 채권의 연간 실효수익률(effective annual yield)은 얼마인가? ([문제 6] 참조)

6.2 **수익률.** 채권이 8% 쿠폰을 반기마다 지급한다. 액면가 1,000달러, 만기 6년이다. 현재 채권이 911.37달러에 거래된다면 만기수익률은 얼마인가? 연간 실효수익률은 얼마인가? ([문제 21] 참조)

복습과 자체시험 문제 풀이

6.1 채권의 쿠폰수익률은 10%인데 투자자들은 12%의 수익을 요구하기에 채권은 할인되어 거래되어야 함을 안다. 채권이 이자를 반기마다 지급하기에 쿠폰 액수는 6개월마다 \$100/2 = 50달러이다. 요구수익률은 6개월마다 12%/2 = 6%이다. 마지막으로 채권의 만기가 20년이므로 총 40번의 6개월이 있다.

따라서 채권의 가치는 40번의 6개월 기간에 6개월마다 50달러의 현재가치와 액면가 1,000달러의 현재가치를 합한 것과 같다.

$$
\begin{aligned}
\text{채권 가치} &= \$50 \times (1 - 1/1.06^{40})/0.06 + 1{,}000/1.06^{40} \\
&= \$50 \times 15.04630 + 1{,}000/10.2857 \\
&= \$849.54
\end{aligned}
$$

1,000달러를 12%로 20년 동안 할인하지 않고 6%로 40번의 기간에 할인했음에 주목하자. 채권의 연간 실효수익률은 12%가 아니라 $1.06^2 - 1 = 0.1236$ 또는 12.36%이기 때문이다. 따라서 1,000달러 액면가의 현재가치를 계산할 때 20년간 연 12.36%를 사용해도 답은 같을 것이다.

6.2 채권 현금흐름의 현재가치는 현재 가격인 911.37달러이다. 쿠폰은 12 기간 동안 6개월마다 40달러이다. 액면가는 1,000달러이다. 따라서 채권의 수익률은 다음 식에서 미지수인 할인율이다.

$$\$911.37 = \$40 \times [1 - 1/(1 + r)^{12}]/r + 1{,}000/(1 + r)^{12}$$

채권은 할인되어 거래된다. 쿠폰율이 8%이므로 수익률은 그 이상이어야 한다.

이 문제를 시행착오법으로 풀면 12% 또는 6개월마다 6%를 시도할 수 있다.

$$
\begin{aligned}
\text{채권 가치} &= \$40 \times (1 - 1/1.06^{12})/0.06 + 1{,}000/1.06^{12} \\
&= \$832.32
\end{aligned}
$$

이 값은 실제 가치보다 작으므로 할인율이 너무 높다. 수익률이 8%와 12% 사이에 있다는 것을 안다. 몇 차례의 시행착오를 거치거나 기계의 도움을 받으면 수익률은 10% 또는 6개월마다 5%로 산출된다.

관행대로 채권의 만기수익률은 2 × 5% = 10%로 호가할 것이다. 따라서 실효수익률은 $1.05^2 - 1 = 0.1025$ 또는 10.25%이다.

비판적 사고와 개념 복습

LO 1 **6.1 국채.** 미국 정부가 발행한 증권은 위험이 없다는 것이 사실인가?

LO 2 **6.2 이자율위험.** 30년 만기 국채와 30년 만기 BB등급의 사채 중 이자율위험이 더 큰 것은?

LO 1 **6.3 국채 가격결정.** 국채의 매수가(bid price)와 매도가(ask price) 중 매수가가 더 높을 수 있는가? 그 이유는 무엇인가?

LO 2 **6.4 만기수익률.** 국채의 매수와 매도 호가는 수익률의 형태로 주어지기에 매수수익률과 매도수익률이 있을 것이다. 어느 것이 더 높을 것으로 생각하는가? 설명하라.

LO 1 **6.5 콜조항.** 한 회사가 장기채 발행을 고려하고 있다. 콜조항(call provision)을 포함할 것인지에 대해서 논의 중이다. 콜조항을 포함해서 회사가 얻을 수 있는 이점은 무엇인가? 비용은 무엇인가? 풋조항(put provision)의 경우에는 어떻게 대답이 바뀌는가?

LO 1 **6.6 쿠폰율.** 채권발행자는 발행하는 채권에 대해서 적정 쿠폰율을 어떻게 결정하는가? 채권의 쿠폰율과 요구수익률의 차이점을 설명하라.

LO 4 **6.7 실질수익률과 명목수익률.** 투자자가 실질수익률보다 명목수익률에 더 관심을 두는 경우가 있는가?

LO 3 **6.8 채권등급.** 회사는 채권등급을 받기 위해 무디스나 S&P와 같은 등급평가기관에 비용을 지급하는데 그 비용이 만만치 않다. 그러나 회사가 애당초 채권등급이 필용한 것은 아니며 순전히 자발적이다. 왜 그렇게 한다고 생각하는가?

LO 3 **6.9 채권등급.** 정크본드는 종종 등급이 매겨지지 않는다. 왜 그런가?

LO 3 **6.10 크로스오버 채권.** 본문에서 논의했던 크로스오버(crossover) 채권을 다시 살펴보면 왜 등급이 갈라진다고 생각하는가?

LO 1 **6.11 지방채.** 왜 미국의 지방채는 연방 수준에서는 세금이 부과되지 않고 주세는 부과되는가? 왜 미국 국채는 주세가 부과되지 않는가? (미국의 경우에는 이를 알기 위해 먼지 쌓인 역사책을 읽어 볼 필요가 있을 것이다.)

LO 1 **6.12 국채시장.** 모든 국채는 비교적 유동적이지만 국채 간에도 유동성에 차이가 있다. 〈그림 6.3〉을 다시 살펴보자. 어떤 채권이 가장 유동적인가? 유동성이 가상 떨어지는 채권은?

LO 3 **6.13 등급평가기관.** 수년 전 평가기관들이 요청이 없는데도 신용등급을 매기기 시작했을 때 채권등급평가기관에 대해 논란이 일었다. 왜 이것이 논란의 소지가 있다고 생각하는가?

LO 1 **6.14 자본인 채권.** 본문에서 살펴본 100년 만기 채권은 정크본드와 공통점이 있다. 둘 다 모두 발행자가 부채를 가장해서 실제로는 자본을 매각한 것이라는 비판이 있다. 여기서 무엇이 문제인가? 왜 회사들이 "부채를 가장한 자본"을 팔려고 하는가?

LO 2 **6.15 채권가격 대 수익률.**

a. 채권가격과 만기수익률(YTM) 사이에는 어떤 관계가 있는가?

b. 왜 어떤 채권은 액면가보다 할증되어 거래되고, 어떤 채권은 할인되어 거래되는가? 할증채(premium bonds)의 쿠폰율과 YTM 사이에는 어떤 관계가 있는가? 할인채(discount bonds)에서는 어떠한가? 액면가(par value)에 거래되는 채권은 어떠한가?

c. 할증채의 경상수익률(current yield)과 YTM 사이에는 어떤 관계가 있는가? 할인채에서는 어떠한가? 액면가에 거래되는 채권에서는 어떠한가?

연습문제

초급(문제 1-17)

LO 2 **1. 채권수익률 해석.** 채권의 만기수익률(YTM)이 요구수익률과 같은 것인가? 만기수익률은 쿠폰율과 같은 것인가? 오늘 10% 이표채를 액면가에 매각했다고 하자. 2년 후에 같은 채권의 요구수익률은 8%이다. 현재 이 채권의 쿠폰율(coupon rate)은 얼마인가? 만기수익률은?

LO 2 **2. 채권수익률 해석.** 오늘 처음 발행된 7% 쿠폰, 20년 만기채를 매입했다고 하자. 이자율이 갑자기 15%로 상승한다면 채권의 가치는 어떻게 되는가? 그 이유는?

LO 2 **3. 채권가격.** 만기까지 13년 남은 7% 이표채가 있다. 이 채권은 연간 이자를 지급하고, 액면가는 1,000달러이다. 이 채권의 YTM이 8.4%라면 현재의 채권가격은 얼마인가?

LO 2 **4. 채권수익률.** 만기까지 9년이 남은 7% 이표채이다. 이 채권은 매년 이자를 지급하고 액면가는 1,000달러이다. 현재 채권이 1,038.50달러에 거래된다면 YTM은 얼마인가?

LO 2 **5. 쿠폰율.** 만기 12년, 액면가 1,000달러로 연 1회 이자를 지급하는 채권의 가격은 1,030달러이다. 이 가격에 채권의 수익률은 6.14%이다. 이 채권의 쿠폰율은 얼마인가?

LO 2 **6. 채권가격.** 1년 전에 4.8% 쿠폰율의 15년 만기 채권을 발행했다. 채권은 반기 쿠폰을 지급한다. 이 채권의 YTM이 5.3%라면 액면가 1,000달러인 채권의 현재 가격은 얼마인가?

LO 2 **7. 채권수익률.** 2년 전에 5.4%의 쿠폰율에 15년 만기채를 발행했다. 채권은 반기 쿠폰을 지급한다. 채권이 현재 액면가의 106%에 거래된다면 YTM은 얼마인가?

LO 2 **8. 쿠폰율.** 시장에서 거래되고 있는 채권의 만기는 10.5년, YTM은 5.7%, 액면가는 1,000달러이며, 현재 가격은 945달러이다. 이 채권은 반기 쿠폰을 지급한다. 이 채권의 쿠폰율은 얼마여야 하는가?

LO 4 **9. 실질수익률 계산.** 단기국채가 현재 4.7%를 지급하고, 인플레이션율이 1.9%일 때 실질이자율은 대략 얼마인가? 정확한 실질이율은?

LO 4 **10. 인플레이션과 명목수익률.** 실질수익률은 1.8%이고, 인플레이션율은 3.7%라고 하자. 단기국채의 수익률은 얼마로 예상하는가?

LO 4 **11. 명목과 실질수익률.** 어느 투자가 앞으로 한 해 동안 12%의 총수익률을 제공한다. 이 투자의 총실질수익률이 9%에 불과할 것으로 생각한다. 다음 해의 인플레이션율이 얼마라고 믿는가?

LO 4 **12. 명목과 실질수익률.** 지난해 총수익률이 12.1%인 자산을 보유하고 있다. 지난해 인플레이션율이 3.4%였다면 실질수익률은 얼마인가?

LO 2 **13. 국채호가 활용.** 〈그림 6.3〉에서 2029년 2월이 만기인 국채 발행물을 찾아보자. 쿠폰율은 얼마인가? 1,000달러 액면가 채권의 매수가(bid price)는 얼마인가? 1,000달러 액면가 채권의 직전일의 매도가(asked price)는 얼마인가?

LO 2 **14. 국채호가 활용.** 〈그림 6.3〉에서 2037년 5월이 만기인 국채를 찾아보자. 이 채권은 할증채인가, 할인채인가? 경상수익률(current yield)은 얼마인가? 만기수익률은 얼마인가? 1,000달러 액면가 채권의 매수-매도 스프레드(bid-ask spread)는 얼마인가?

LO 2 **15. 제로쿠폰채.** 액면가 10,000달러, 13년 만기 무이표채(zero coupon bond)를 발견했다. 이 채권의 만기수익률이 4.7%라면 이 채권의 가격은 얼마인가? 반기 쿠폰을 지급한다.

LO 2 **16. 채권 가치평가.** 반기 쿠폰 지급하는 쿠폰율 3.8%, 만기 13년, 액면가 2,000달러의 채권이 있다. 이 채권의 만기수익률은 4.9%이다. 이 채권의 가격은 얼마인가?

LO 2 **17. 채권 가치평가.** 반기 쿠폰 지급하는 쿠폰율 3.2%, 만기 16년의 채권이 있다. 이 채권의 만기수익률은 3.7%이고 액면가는 5,000달러이다. 이 채권의 가격은 얼마인가?

중급(문제 18-33)

LO 2 **18. 채권가격 변동.** 채권 X는 반기 쿠폰을 지급하는 할증채이다. 이 채권은 쿠폰율 7.5%, YTM 6%, 만기 13년이다. 채권 Y는 반기 쿠폰을 지급하는 할인채이다. 이 채권은 쿠폰율 6%, YTM 7.5%, 만기 13년이다. 채권들의 액면가가 1,000달러이면 오늘 이 채권들의 가격은 얼마인가? 이자율이 변하지 않는다면 1년 후 이 채권들의 가격은 얼마일 것으로 예상하는가? 3년 후에는? 8년 후에는? 12년 후에는? 13년 후에는? 어떤 결과가 나타나는가? 만기별로 채권가격을 그래프로 그려서 답을 설명하라.

LO 2 **19. 이자율위험.** 본드빌(Bond Bill)과 본드테드(Bond Ted)는 모두 5.8%의 이표채로 반기 쿠폰을 지급하는데 가격은 액면가이다. 본드빌은 만기가 5년이고, 본드테드는 만기가 25년이다. 이자율이 갑자기 2% 상승하면 본드빌의 가격은 몇 퍼센트 변동하겠는가? 본드테드의 가격은 몇 퍼센트 변동하겠는가? 두 채권의 액면가는 모두 1,000달러이다. 만약 이자율이 2% 하락하면 본드빌의 가격은 몇 퍼센트 변동하겠는가? 본드테드의 가격은? YTM에 대한 채권가격을 그려서 답을 설명하라. 이 문제는 장기채의 이자율위험에 대해서 무엇을 설명하는가?

LO 2 **20. 이자율위험.** 채권 J는 4% 이표채이다. 채권 K는 14% 이표채이다. 두 채권은 모두 만기가 17년, 액면가는 1,000달러, YTM은 8%이며 반기 쿠폰을 지급한다. 이자율이 갑자기 2% 상승하면 이들 채권의 가격변동률은 얼마인가? 이자율이 갑자기 2% 하락하면 어떻게 되겠는가? 이 문제는 낮은 이표채의 이자율위험에 대해서 무엇을 설명하는가?

LO 2 **21. 채권수익률.** 시장에서 거래되는 만기 22년의 5.7% 쿠폰채가 있다. 이 채권은 반기 쿠폰을 지급하며 현재 액면가의 97%에 거래되고 있다. 경상수익률(current yield)은 얼마인가? YTM은 얼마인가? 연간 실효수익률은 얼마인가?

LO 2 **22. 채권수익률.** 꼭 필요한 확장 프로젝트를 조달하기 위해서 25년 만기채를 신규발행하려고 한다. 이 회사가 발행한 4.8% 이표채는 현재 시장에서 1,028달러에 거래되고 있고, 반기 쿠폰을 지급하며, 액면가 1,000달러에 25년 후에 만기가 된다. 신규발행 채권을 액면가에 매각하려면 쿠폰율을 얼마로 해야 하는가?

LO 2 **23. 경과이자.** 1,043달러의 청구가격(invoice price)에 채권을 매입했다. 이 채권의 쿠폰율은 4.7%이고, 반기 쿠폰을 지급하며, 액면가는 1,000달러인데 쿠폰 지급일까지는 5개월이 남았다. 이 채권의 클린가격(clean price)은 얼마인가?

LO 2 **24. 경과이자.** 쿠폰율이 5.2%이고, 반기 쿠폰을 지급하는 채권을 매입했는데 클린가격(clean price)은 993달러이다. 다음 쿠폰 지급일까지 2개월이 남았다면 청구가격(invoice price)은 얼마인가?

LO 2 **25. 채권호가 이용.** 다음은 오늘 신문의 금융란에 게재된 아이오유 주식회사(IOU Corporation)의 채권정보이다. 이 채권의 액면가는 1,000달러이고 오늘은 2019년 4월 15일이라고 하자. 이 채권의 만기수익률은 얼마인가? 경상수익률은 얼마인가?

회사 (티커)	쿠폰	만기	종가	종가 수익률	추정 거래량 (000S)
IOU (IOU)	7.60	Apr 15, 2031	91.645	??	1,827

LO 2 **26. 무이표채.** 4,000만 달러의 자금이 필요해서 20년채를 발행하려고 한다. 발행할 채권의 요구수익률은 5.7%라고 하고 연 5.7%의 반기 이표채(semiannual coupon bond)와 무이표채(zero coupon bond) 두 개의 대안을 평가하고 있다고 하자. 법인세율은 21%이다.

a. 4,000만 달러를 조달하기 위해서 이표채를 얼마나 많이 발행해야 하는가? 무이표채는 얼마나 많이 발행해야 하는가?

b. 이표채를 발행하면 20년 후에 얼마를 상환해야 하는가? 무이표채를 발행하면 어떻게 되는가?

c. (a)와 (b)에 대한 답에 의하면 무이표채를 선호하는 이유는 무엇인가? 답변을 위해서는 서로 다른 두 시나리오에서 첫해의 세후 현금유출을 계산하라. 세무당국(IRS)의 분할상환 방법이 무이표채에 적용된다고 가정한다.

LO 2 **27. 만기 계산.** 10% 이표채가 시장에서 액면가에 거래되는 것을 알았다. 이 채권의 만기는 얼마인가? (경고: 함정이 있는 문제이다.)

다음의 국채 호가를 이용해서 [문제 28]~[문제 30]을 답하라. 만기까지의 기간을 계산하기 위해서 현재는 2019년 5월이라고 가정하자. 모든 채권의 액면가는 1,000달러이고 반기 쿠폰을 지급한다.

이율	만기 월/연	매수가	매도가	변동	매도가 수익률
??	May 25	103.5362	103.8235	+.3204	2.18
5.850	May 27	103.1840	103.3215	+.4513	??
6.125	May 36	??	??	+.6821	3.87

LO 2 **28. 채권수익률.** 표에서 2027년 5월이 만기인 국채를 찾아보자. 이 채권을 매입하면 만기수익률은 얼마인가?

LO 2 **29. 채권가격.** 표에서 2036년 5월이 만기인 국채를 찾아보자. 이 채권의 매도가(asked price)는 얼마인가? 이 채권의 매수-매도 스프레드(bid-ask spread)가 0.0628인 경우 매수가(bid price)는 얼마인가?

LO 2 **30. 쿠폰율.** 2025년 5월이 만기인 국채를 찾아보자. 이 채권의 쿠폰율은 얼마인가?

다음의 사채호가를 이용해서 [문제 31]~[문제 33]에 답하라. 만기까지의 기간 수를 계산하기 위해서 현재는 2019년 1월 15일이라고 가정하자. 모든 채권의 액면가는 2,000달러이며 반기 쿠폰을 지급한다.

회사 (티커)	쿠폰	만기	종가	종가 수익률	추정 거래량 (000s)
Xenon Inc. (XIC)	5.400	Jan 15, 2024	96.153	??	57,362
Kenny Corp. (KCC)	7.125	Jan 15, 2026	??	6.02	48,941
Williams Co. (WICO)	??	Jan 15, 2028	95.165	6.85	43,802

LO 2 **31. 채권수익률.** 제논(Xenon Inc.)이 발행한 채권의 만기수익률(yield to maturity)은 얼마인가?

LO 2 **32. 채권가격.** 케니(Kenny Corp.) 채권 매입으로 어떤 가격을 지급할 것으로 예상하는가? 이 채권의 경상수익률(current yield)은 얼마인가?

LO 2 **33. 쿠폰율.** 윌리엄스(Williams Co.) 채권의 쿠폰율(coupon rate)은 얼마인가?

고급(문제 34-35)

LO 2 **34. 채권수익률의 구성.** 채권 P는 8.2% 쿠폰율의 할증채이다. 채권 D는 5.9% 쿠폰율의 할인채이다. 두 채권 모두 연 1회 이자를 지급하고, YTM은 7%, 액면가는 1,000달러, 만기는 5년이다. 채권 P의 경상수익률은 얼마인가? 채권 D는? 이자율이 변동하지 않는다면 다음 해에 채권 P의 기대자본수익률(expected capital yield)은 얼마인가? 채권 D는? 답과 함께 여러 형태의 수익률 간의 상호관계를 설명하라.

LO 2 **35. 보유기간 수익률.** 채권의 YTM은 이자율변동이 없다면 투자로 벌 수 있는 이자율이다. 만기 이전에 채권을 실제로 매도한다면 실현되는 수익률은 **보유기간수익률**(*holding period yield: HPY*)로 알려졌다.

a. 6% 연간 이표채를 오늘 915달러에 매입한다고 하자. 채권의 만기는 10년이고 액면가는 1,000달러이다. 투자에서 벌 것으로 기대하는 수익률은 얼마인가?

b. 지금부터 2년 후에 채권의 YTM이 1% 포인트 감소하였고, 그때 채권 매도를 결정하였다. 얼마의 가격에 채권을 매도할 것인가? 투자의 보유기간수익률(HPY)은 얼마인가? 이 HPY를 처음 채권을 매입했을 때의 YTM과 비교해 보라. 왜 차이가 나는가?

웹에서 문제 풀기

6.1 채권호가. finra-markets.morningstar.com/BondCenter에서 현재의 채권가격을 찾을 수 있다. 화이자(Pfizer)가 발행한 채권의 가격과 수익률을 알고자 한다. 검색을 위해 티커심볼 “PFE”를 입력한다. 화이자가 발행한 미수 채권 중 만기가 가장 짧은 것은? 만기가 가장 긴 것은? 화이자 채권의 신용등급은 무엇인가? 모든 채권의 신용등급이 같은가? 왜 그렇다고 생각하는가?

6.2 수익률곡선. 가장 최근의 채권수익률에 관한 정보는 money.cnn.com에 있다. 그곳에 가서 미국 국채의 수익률곡선(yield curve)을 그려 보아라. 수익률곡선의 일반적인 모양은 어떠한가? 이것이 기대하는 미래 인플레이션에 대해 시사하는 바는 무엇인가? 이제 AAA-, AA- 그리고 A- 등급 사채의 수익률곡선을 그려 보자. 사채 수익률곡선(corporate yield curve)은 국채 수익률곡선(Treasury yield curve)과 모양이 같은가? 왜 그런가? 또는 왜 그렇지 않은가?

6.3 채무불이행 프리미엄. 세인트루이스 연방준비은행(Federal Reserve Bank of St. Louis)는 웹사이트 www.stlouisfed.org에는 과거의 이자율을 나열한 파일이 있다. “FRED®”자료를 따라가 “Interest Rates”를 찾아보자. 무디스의 미수 Aaa 사채 수익률과 Baa 사채 수익률의 목록을 찾을 것이다. 채무불이행프리미엄은 Aaa 채권수익률과 Baa 채권수익률 간의 차이로 계산할 수 있다. 가장 최근 36개월간 두 채권의 지수를 이용해 채무불이행프리미엄을 계산해 보자. 채무불이행프리미엄은 매달 같은가? 왜 그렇다고 생각하는가?

엑셀 *MASTER IT!* 문제

초반의 워크시트에서 만기수익률(yield to maturity)과 조기상환 수익률(yield to call)의 차이에 대해 논의했다. 통상적으로 최악수익률(yield to worst)로 표시되는 또 다른 수익률(yield)이 있다. 최악수익률은 발행기업이 실제로 채무불이행하지 않고 채권에서 받을 수 있는 가장 낮은 잠재적 수익률이다. 최악수익률은 모든 가능한 조기상환일에 계산된다. 채권이 콜조항이 있다면 조기상환된다고 가정한다. 최악수익률은 만기수익률과 조기상환 수익률 중 더 낮은 값이 될 것이다. 최악수익률은 만기수익률과 같아질 수도 있으나 더 높을 수는 없다. 물론 콜프리미엄이 있는 전통적인 조기상환채권은 콜프리미엄이 계속해서 하락할 수 있다.

어느 회사의 미수 채권은 다음과 같다. 이 채권은 채권의 기념일인 5월 1일에 매년 조기상환할 수 있다. 이 채권은 지연된 콜로 3년이 남았다. 첫 번째 조기상환일의 콜프리미엄은 1년간의 이자이다. 이 콜프리미엄은 10년간 본래의 콜프리미엄의 10%씩 감소할 것이다. 오늘부터 13년 후에 콜프리미엄은 0이 될 것이다. 다음의 정보에서 이 채권의 최악수익률은 얼마인가?

현재 일자:	5/1/2019
만기 일자:	5/1/2039
가격 (액면가 대비 %):	98.5%
쿠폰율:	10.00%
액면가 (액면의 %):	100%
연간 쿠폰 회수:	2

콜 일자	콜프리미엄
5/1/2022	$100
5/1/2023	90
5/1/2024	80
5/1/2025	70
5/1/2026	60
5/1/2027	50
5/1/2028	40
5/1/2029	30
5/1/2030	20
5/1/2031	10

CHAPTER CASE

S&S 항공의 확장계획을 채권발행으로 조달

S&S 항공의 소유주 마크 색스톤(Mark Sexton)과 토드 스토리(Todd Story)는 사업 확장을 결정했다. 그들은 새로 고용한 재무분석사 크리스 거스리(Chris Guthrie)에게 건축자금으로 신규 10년 만기채 2,000만 달러를 매각하기 위해 주관회사의 도움을 요청하도록 지시했다. 크리스는 크로웨엔말라드(Crowe and Mallard) 회사의 증권인수 담당자인 레나타 하퍼(Renata Harper)와 S&S 항공의 채권에 어떤 특징을 고려해야 하며 쿠폰율은 얼마가 되어야 할 것인가에 대한 협의에 들어갔다.

크리스는 채권의 특징에 대해서는 알고 있었으나 이러한 특징들에 대한 비용이나 혜택을 확신할 수 없어 채권의 특징들이 채권 발행물의 쿠폰율에 얼마나 영향을 주는지 분명하지 않았다. 당신은 레나타의 조수인데 그녀는 당신에게 다음의 채권 특징들이 채권의 쿠폰율에 미치는 영향을 기재한 메모를 크리스를 위해 준비하라고 부탁했다. 그녀는 각 특징의 장점 혹은 단점도 작성하기를 원했다.

질문 QUESTIONS

1. 채권의 담보(security) 여부, 즉 채권에 담보물(collateral) 설정 여부.
2. 채권의 우선순위(seniority).
3. 감채기금(sinking fund)의 존재.
4. 특정 콜 일자(call dates)와 콜가격(call prices)의 콜조항(call provision).
5. 상기 콜조항에서 지연된 콜(deferred call).
6. 전액지급(make-whole) 콜조항.
7. 준수조항(positive covenants). 또한, S&S 항공이 고려할 수 있는 몇 가지 가능한 준수조항 논의.
8. 금지조항(negative covenants). 또한, S&S 항공이 고려할 수 있는 몇 가지 가능한 금지조항 논의.
9. 전환권(S&S 항공은 상장회사가 아닌 점에 주의).
10. 변동금리(floating rate coupon).

7 주식시장과 주식 가치평가

Equity Markets and Stock Valuation

2018년 6월 15일, 주식시장이 폐장했을 때 바이오 제약회사 길리어드 사이언스(Gilead Sciences)의 보통주는 주당 70.23달러에 매도되었다. 같은 날 석유와 천연가스 회사 프라임에너지(PrimeEnergy)는 70달러에 마감하는 동안 유명한 신용평가업체 트랜스유니언(TransUnion)은 주당 71.16달러에 마감했다. 이 세 회사의 주가는 매우 비슷해서 주주에게 비슷한 배당을 제공할 것이라고 예상할 수 있으나 그렇지 않다. 사실상 길리어드 사이언스의 연간 배당은 주당 2.28달러였고, 트랜스유니언은 주당 0.30달러였으며, 프라임에너지는 배당을 전혀 지급하지 않았다!

이번 장에서 살펴보겠지만 현재 지급되는 배당이 보통주 가치 결정에서 가장 중요한 요소 중의 하나이다. 하지만 프라임에너지를 보면 현재의 배당이 전부가 아님이 확실하므로 이번 장에서는 배당, 주가 및 이 둘의 관계에 대해서 살펴본다.

학습 목표_*Learning Objectives*

제7장을 마친 후에는 다음의 능력을 갖추어야 한다.

LO 1 주가가 미래의 배당과 배당성장으로 결정되는 방법을 평가

LO 2 기업의 이사들이 선임되는 다른 방법을 확인

LO 3 주식시장이 운영되는 방법을 설명

제1장으로 돌아가서 재무관리자의 목표는 주가의 극대화라는 것을 알았다. 따라서 주식 가치를 결정하는 요인에 대한 이해는 분명히 주요 관심사이다. 어느 주식회사가 공개한 주식이 있으면 그 회사의 주식은 보통 하나 또는 더 많은 주요 증권거래소에서 매매되므로 주식이 거래되는 방법을 검토할 것이다. 주식회사의 주주는 어떤 권리를 갖고 있는데 이런 권리를 할당하는 방법이 기업의 통제와 지배에 상당한 영향을 줄 수 있는가도 알아본다.

기업재무 세계에서 최근에 전개된 사건을 보려면 essentialsofcorporatefinance.blogspot.com 방문.

앞장에서는 채권과 채권의 가치평가를 소개했다. 이번 장에서는 주식회사에서 자금의 또 다른 주요 원천인 보통주와 우선주에 대해 살펴본다. 먼저 한 주와 관련된 현금흐름을 설명하고 계속해서 아주 유명한 배당성장모형(dividend growth model)을 도출한다. 나아가 주주의 권한을 중심으로 보통주와 우선주의 다양하고 중요한 특징들을 검토한다. 마지막으로 주식이 어떻게 거래되고, 주가와 다른 중요한 정보가 경제신문에 어떻게 게재되는지를 설명하는 것으로 이번 장을 마친다.

7.1 보통주의 가치평가

최소한 세 가지 이유로 주식의 가치평가가 채권의 가치평가보다 실무적으로 더 어렵다. 첫째, 보통주는 약정된 현금흐름조차 미리 알지 못한다. 둘째, 보통주는 만기가 없기에 투자 기간이 기본적으로 영원하다. 셋째, 시장에서 요구되는 수익률을 쉽게 관찰하는 방법이 없다. 그래도 앞으로 보겠지만 주식의 미래 현금흐름의 현재가치를 계산해서 주식 가치를 결정할 수 있는 경우들이 있다.

현금흐름

지금 주식 한 주를 사려고 한다. 1년 후에 되팔 계획이다. 그때 주식이 70원의 가치가 있을 것이라는 사실을 어떻게 알게 되었다. 연말에 주당 배당금이 10원을 지급할 것임도 예측했다. 투자에 25%의 수익을 요구한다면 주식에 최대로 지급하려는 금액은 얼마인가? 다시 말해 25%에 기말 가치 70원과 함께 10원 배당의 현재가치는 얼마인가?

주식을 오늘 사서 연말에 판다면 현금으로 총 80원이 될 것이다. 25%에

$$\text{현재가치} = (10 + 70)/1.25 = 64$$

그러므로 64원은 오늘 주식에 할당할 수 있는 가치이다.

더 일반적으로는 P_0를 주식의 현재 가격, P_1을 1 기간 후의 가격이라고 하자. D_1을 기간 말에 지급되는 현금배당이라고 하면

$$P_0 = (D_1 + P_1)/(1 + R) \qquad [7.1]$$

여기서 R은 투자에 대한 시장의 요구수익률이다.

지금까지는 실제로 그렇게 많이 언급하지 않았다. 오늘 한 주의 주식 가치(P_0)를 결정하려면 우선 1년 후의 가치(P_1)를 구해야 할 것이다. 이는 오히려 더 어려워 문제를 더 복잡하게 만들 뿐이다.

1 기간 후의 가격 P_1은 얼마인가? 일반적으로는 모른다. 대신 2 기간 후의 가격 P_2를 어떻게 알게 되었다고 하자. 2 기간 후의 예상배당이 D_2이면 1 기간 후의 주가는

$$P_1 = (D_2 + P_2)/(1 + R)$$

P_1에 대한 위 식을 P_0에 대한 식에 대입하면 다음의 식을 얻는다.

$$P_0 = \frac{D_1 + P_1}{1 + R} = \frac{D_1 + \frac{D_2 + P_2}{1 + R}}{1 + R}$$
$$= \frac{D_1}{(1 + R)^1} + \frac{D_2}{(1 + R)^2} + \frac{P_2}{(1 + R)^2}$$

이제 2 기간 후의 가격이 필요하다. 이 값 또한 모르므로 다시 뒤로 미루면

$$P_2 = (D_3 + P_3)/(1 + R)$$

이를 앞의 P_2에 대입하면

$$P_0 = \frac{D_1}{(1 + R)^1} + \frac{D_2}{(1 + R)^2} + \frac{P_2}{(1 + R)^2}$$
$$= \frac{D_1}{(1 + R)^1} + \frac{D_2}{(1 + R)^2} + \frac{\frac{D_3 + P_3}{1 + R}}{(1 + R)^2}$$
$$= \frac{D_1}{(1 + R)^1} + \frac{D_2}{(1 + R)^2} + \frac{D_3}{(1 + R)^3} + \frac{P_3}{(1 + R)^3}$$

이제 주가를 알아내는 문제를 미래로 영원히 밀어낼 수 있다는 사실을 눈치챘을 것이다. 주식의 매각을 무한정으로 연기하면 주가가 얼마이든 간에 현재가치(present value)는 궁극적으로 0이 된다는 사실이 중요하다. 궁극적으로 남는 것은 주식의 현재 가격은 1 기간 후부터 시작해서 영원히 계속되는 배당의 현재가치로 표현할 수 있다는 결과이다.

$$P_0 = \frac{D_1}{(1 + R)^1} + \frac{D_2}{(1 + R)^2} + \frac{D_3}{(1 + R)^3} + \frac{D_4}{(1 + R)^4} + \frac{D_5}{(1 + R)^5} + \cdots$$

오늘의 주가는 모든 미래 배당의 현재가치와 같음을 여기서 보여줬다. 미래 배당은 얼마나 많은가? 원칙적으로 그 수는 무한하다. 이는 무한한 수의 배당을 예측해서 모두를 할인해야 하므로 주식의 가치는 여전히 계산할 수 없음을 의미한다. 다음 절에서는 이 문제를 해결할 수 있는 몇 가지 특수한 경우를 고려한다.

예제 7.1 성장주식

이베이(eBay)처럼 현재 배당금을 지급하지 않는 회사의 주가가 궁금할 것이다. 성장성이 높은 중소기업은 흔히 모두를 유보하고 배당금을 지급하지 않는다. 그런 주식은 가치가 없는가? 상황에 따라 다르다. 주식의 가치는 미래 배당의 현재가치와 같다고 말할 때는 배당이 일부 없을 가능성을 배제하지 않는다. 그러나 *모든(all)* 배당이 없을 수는 없다.

정관에서 지금 또는 앞으로도 배당지급을 금지하는 회사를 생각해 보자. 이 주식회사는 한 푼도 빌리지 않고, 주주들에게 어떤 형태로든 한 푼도 지급하지 않을 것이며, 어떤 자산도 매각하지 않을 것이다. 그런 주식회사는 세무 당국이 좋아하지 않기에 실제로 존재할 수 없다. 그리고 주주들은 원하면 언제든 투표로 정관을 수정할 수 있다. 그래도 이러한 회사가 존재한다면 주식의 가치는 어떻게 되겠는가?

그러한 주식은 전혀 가치가 없다. 그런 기업은 재무적으로는 "블랙홀"이다. 돈은 들어갔는데 어떤 가치도 나오지 않는다. 이 기업에 투자해서 수익을 낼 수 있는 사람은 아무도 없기에 이 투자는 가치가 없다. 다소 말이 안 되는 예이기는 하지만 배당금을 지급하지 않는 회사를 말할 때는 사실은 *현재* 배당금을 지급하지 않는다는 뜻이다.

특수한 상황

주식의 가치를 구할 수 있는 몇 가지 매우 유용한 특수한 상황이 있다. 미래 배당의 패턴을 단순하게 하는 가정을 하면 된다. 고려해야 할 상황은 (1) 배당이 제로 성장률(zero growth rate)인 경우, (2) 배당이 일정 비율(constant rate)로 성장하는 경우, 그리고 (3) 배당이 불규칙한 비율(nonconstant rate)로 성장하는 경우이다. 마지막으로 상대가치법(comparables)을 이용한 주식가격 결정을 검토한다.

제로성장 배당이 성장하지 않는 경우를 살펴본 바 있다. 배당이 일정한 회사의 보통주는 우선주와 매우 흡사하다. 제5장에서(〈예제 5.7〉) 우선주의 배당은 성장하지 않아 항상 일정함을 알았다. 제로성장 보통주가 의미하는 바는

$$D_1 = D_2 = D_3 = D = \text{상수}$$

따라서 주식의 가치는

$$P_0 = \frac{D}{(1+R)^1} + \frac{D}{(1+R)^2} + \frac{D}{(1+R)^3} + \frac{D}{(1+R)^4} + \frac{D}{(1+R)^5} + \cdots$$

배당이 항상 같기에 주식은 기간마다 현금흐름이 D와 같은 정상 영구연금(ordinary perpetuity)으로 볼 수 있다. 따라서 주당 가치는

$$P_0 = D/R \qquad [7.2]$$

단, R은 요구수익률이다.

주식 가치평가기법에 관심이 있는 학생은 www.fool.com에 있는 Motley Fool을 검토해 보자.

예를 들어 파라다이스 프로토타이핑 컴퍼니(Paradise Prototyping Company)가 매년 주당 10달러의 배당지급을 계획하고 있다고 하자. 이 배당정책이 무한히 계속된다면 요구수익률이 20%인 경우 주당 가치(value of a share of stock)는 얼마인가? 이 경우 주식은 정상 영구연금(ordinary perpetuity)이므로 주식은 주당 $10/0.20 = 50달러의 가치가 있다.

일정성장 어떤 회사의 배당이 항상 일정한 비율로 증가한다고 하자. 성장률을 g라고 하자. D_0를 방금 지급된 배당이라고 하면 다음 배당 D_1은 다음과 같다.

$$D_1 = D_0 \times (1+g)$$

2 기간 후의 배당은

$$\begin{aligned} D_2 &= D_1 \times (1+g) \\ &= [D_0 \times (1+g)] \times (1+g) \\ &= D_0 \times (1+g)^2 \end{aligned}$$

미래 어느 시점의 배당에 이를 때까지 이 과정을 반복할 수 있다. 일반적으로 제4장의 복리 성장 논의에서 미래 t 기간 후의 배당 D_t는 다음과 같다.

$$D_t = D_0 \times (1+g)^t$$

일정한 비율로 영구히 성장하는 현금흐름을 창출하는 자산을 **성장영구연금**(*growing perpetuity*)이라고 부른다. 머지않아 살펴보겠지만 이런 자산의 가치를 결정하는 간단한 표현이 있다.

안정된 배당성장의 가정이 특이하다고 생각할지도 모른다. 왜 배당은 일정한 비율로 성장하겠는가? 그 이유는 많은 회사가 배당의 안정된 성장을 명시적 목표로 삼기 때문이다. 이 주제는 배당정책의 중요한 표제이므로 그 이상의 논의는 뒷장으로 미루겠다.

예제 7.2 배당성장

방금 주당 300원의 배당금을 지급했다. 이 회사의 배당은 8%로 일정하게 성장한다. 이 정보에 의하면 5년 후의 배당은 얼마가 되겠는가?

5년 동안 매년 8%로 성장하는 300원이 있다. 미래의 금액은

$$300 \times 1.08^5 = 300 \times 1.4693 = 441$$

그러므로 배당은 앞으로 5년간 441 − 300 = 141원 증가할 것이다.

배당이 일정한 비율로 성장한다면 무한한 수의 미래 배당을 예측해야 하는 문제를 단일 성장률을 구하는 아주 단순한 문제로 바꿀 수 있다. 이 경우 방금 지급된 배당을 D_0, 일정한 성장률을 g라고 하면 주식 한 주의 가치는 다음과 같이 적을 수 있다.

$$P_0 = \frac{D_1}{(1+R)^1} + \frac{D_2}{(1+R)^2} + \frac{D_3}{(1+R)^3} + \cdots$$
$$= \frac{D_0(1+g)^1}{(1+R)^1} + \frac{D_0(1+g)^2}{(1+R)^2} + \frac{D_0(1+g)^3}{(1+R)^3} + \cdots$$

성장률 g가 할인율 R보다 작으면 이러한 일련의 현금흐름의 현재가치는 다음과 같이 간단히 적을 수 있다.

$$P_0 = \frac{D_0 \times (1+g)}{R-g} = \frac{D_1}{R-g} \qquad [7.3]$$

이 명쾌한 결과는 여러 가지 다른 이름으로 불린다. 여기서는 **배당성장모형(dividend growth model)**이라고 부르겠다. 어떤 이름이든 간에 사용하기가 아주 쉽다. D_0가 230원, R이 13%, g가 5%라고 하자. 이 경우 주당 가격은

배당성장모형 dividend growth model
다음 기의 배당을 할인율에서 배당성장률을 뺀 값으로 나누어 현재 주가를 결정하는 모형.

$$P_0 = D_0 \times (1+g)/(R-g)$$
$$= 230 \times 1.05/(0.13 - 0.05)$$
$$= 241.5/0.08$$
$$= 301.9$$

오늘뿐만 아니라 어느 시점이든 간에 주가를 구하기 위해서 실제로 배당성장모형을 사용할 수 있다. 일반적으로 t 시점에서의 주가는

$$P_t = \frac{D_t \times (1+g)}{R-g} = \frac{D_{t+1}}{R-g} \quad [7.4]$$

앞의 예에서 5년 후의 주가인 P_5에 관심이 있다고 하자. 우선 5년 후의 배당인 D_5를 알아야 한다. 방금 230원이 지급되었고 성장률이 연간 5%이므로 D_5는

$$D_5 = 230 \times 1.05^5 = 230 \times 1.2763 = 293.5$$

배당성장모형에 의하면 5년 후의 주가를 구할 수 있다.

$$P_5 = \frac{D_5 \times (1+g)}{R-g} = \frac{293.5 \times 1.05}{0.13 - 0.05} = \frac{308.22}{0.08} = 3{,}853$$

예제 7.3 고돈그로스 컴퍼니

고돈그로스컴퍼니(Gordon Growth Company)의 다음 기 배당금은 주당 4달러가 될 것이다. 투자자들은 고돈과 같은 회사에 16%의 수익률을 요구한다. 고돈의 배당은 매년 6%씩 증가한다. 배당성장모형에 의하면 오늘 고돈 주식의 가치는 얼마인가? 4년 후의 가치는 얼마인가?

다음 기의 배당 D_1이 4달러이기에 이를 $(1 + g)$로 곱해서는 안 된다는 점이 유일하게 까다롭다. 이를 염두에 두면 주당 가격은 다음과 같다.

$$\begin{aligned} P_0 &= D_1/(R - g) \\ &= \$4/(0.16 - 0.06) \\ &= \$4/0.10 \\ &= \$40 \end{aligned}$$

이미 첫해의 배당을 받았기에 4년 후의 배당은 $D_1 \times (1 + g)^3 = \$4 \times (1.06)^3 = \$4.764$와 같음을 안다. 따라서 4년 후의 가격은

$$\begin{aligned} P_4 &= D_4 \times (1 + g)/(R - g) \\ &= \$4.764 \times 1.06/(0.16 - 0.06) \\ &= \$5.05/0.10 \\ &= \$50.50 \end{aligned}$$

이 예에서 P_4는 $P_0 \times (1 + g)^4$과 같음에 주목하자.

$$P_4 = \$50.50 = \$40 \times (1.06)^4 = P_0 \times (1 + g)^4$$

이런 이유를 알기 위해서 우선 주목할 것은

$$P_4 = D_5/(R - g)$$

그러나 D_5는 $D_1 \times (1 + g)^4$과 같다. 따라서 P_4를 다음과 같이 적을 수 있다.

(계속)

$$P_4 = D_1 \times (1+g)^4/(R-g)$$
$$= [D_1/(R-g)] \times (1+g)^4$$
$$= P_0 \times (1+g)^4$$

이 마지막 예제는 배당성장모형은 주가가 배당과 같은 비율로 일정하게 성장한다고 암묵적으로 가정함을 설명한다. 이는 실제로 놀랄 만한 일은 아니다. 투자의 현금흐름이 일정한 비율로 성장한다면 투자의 가치도 그러함을 말해 준다.

성장률 g가 할인율 R보다 더 크면 배당성장모형이 어떻게 될지 궁금할 것이다. $R - g$가 영(zero)보다 작게 되므로 주가는 음수(negative)가 될 것처럼 보인다. 하지만 그렇지 않다.

대신 일정한 성장률이 할인율보다 크면 주가는 무한히 커진다. 왜 그런가? 성장률이 할인율보다 크면 배당의 현재가치는 점점 더 커진다. 기본적으로 성장률과 할인율이 같은 경우에도 이런 현상이 나타난다. 두 경우 모두 무한한 배당의 흐름을 배당성장모형으로 간단히 대체할 수 없으므로 성장률이 할인율보다 작지 않으면 배당성장모형으로 구한 답은 의미가 없다.

끝으로 일정성장의 경우에 도출한 식은 보통주의 배당뿐만 아니라 성장하는 영구연금이면 모두 적용된다. 성장영구연금(growing perpetuity)의 다음 기 현금흐름이 C_1이라면 현금흐름의 현재가치는 다음과 같다.

$$\textbf{현재가치} = C_1/(R-g) = C_0(1+g)/(R-g)$$

이 식은 분모에 R 대신에 $R - g$가 있다는 점을 제외하고는 정상 영구연금(ordinary perpetuity)의 식과 같아 보인다.

불규칙 성장 마지막으로 고려할 경우는 불규칙 성장(nonconstant growth)이다. 이 경우를 고려하는 주된 이유는 어떤 한정된 기간에 "비정상 초과성장"(supernormal)이 가능하기 때문이다. 앞서 언급했던 것처럼 성장률은 요구수익률을 무한정 초과할 수 없다. 그러나 어떤 한정된 기간에는 분명히 가능하다. 무한한 수의 배당을 예측해 할인하는 문제를 피하기 위해서는 배당이 미래 어느 시점부터는 일정한 비율로 성장하기 시작해야 한다.

불규칙 성장의 간단한 예로 현재 배당금을 지급하지 않는 회사를 살펴보자. 회사는 5년 후에 첫 배당금을 지급할 것이라고 예상한다. 배당은 주당 50원일 것이다. 이 배당은 매해 10%씩 영원히 성장할 것으로 예상한다. 이 같은 회사의 요구수익률은 20%이다. 오늘 주가는 얼마인가?

현재 주식의 가치를 알기 위해서는 일단 배당금이 지급되면 주식의 가치가 얼마가 될 것인지를 먼저 알아야 한다. 그리고는 오늘의 가격을 위해 미래가격의 현재가치를 계산할 수 있다. 첫 번째 배당이 5년 후에 지급된다면 배당금은 그때부터 꾸준히 성장할 것이다. 배당성장모형을 이용하여 4년 후의 가격을 말할 수 있다.

$$P_4 = D_4 \times (1 + g)/(R - g)$$
$$= D_5/(R - g)$$
$$= 50/(0.20 - 0.10)$$
$$= 500$$

만약 4년 후 주식이 500원의 가치가 있으면 이 가치를 20%에 4년 전으로 할인해 현재가치를 얻을 수 있다.

$$P_0 = 500/1.20^4 = 500/2.0736 = 241$$

그러므로 오늘 주식은 241원의 가치가 있다.

배당이 첫 몇 해 동안 제로가 아니라면 불규칙 성장의 문제는 약간 더 복잡해질 뿐이다. 예를 들어 향후 3년간의 배당 예측이 다음과 같다고 하자.

연도	예상 배당금
1	100
2	200
3	250

3년 후에 배당은 매해 5%씩 일정하게 성장할 것이다. 요구수익률은 10%이다. 오늘 주식의 가치는 얼마인가?

불규칙 성장(nonconstant growth)을 계산할 때 시간선(time line)은 매우 유용하다. 〈그림 7.1〉은 이를 잘 설명해준다. 주목해야 할 중요한 것은 일정성장(constant growth)이 시작하는 시점이다. 이 문제에서 볼 수 있듯이 일정성장은 시점 3에서 시작된다. 이는 시점 3에서의 주가, P_3의 결정에 일정성장모형을 이용할 수 있음을 의미한다. 이런 상황에서 가장 일반적인 실수는 일정성장의 출발 시점을 부정확하게 인식하고 그로 인해 잘못된 시점의 미래 주가를 계산하는 것이다.

항상 그렇듯이 주식의 가치는 모든 미래배당의 현재가치이다. 현재가치를 구하기 위해서는 이전에 한 것처럼 우선 3년이 지난 후 주식의 현재가치를 계산해야 한다. 그다음 지금과 3년 후 사이에 받는 배당의 현재가치를 더해야 한다. 그래서 3년 후 가격은

$$P_3 = D_3 \times (1 + g)/(R - g)$$
$$= 250 \times 1.05/(0.10 - 0.05)$$
$$= 5,250$$

그림 7.1
불규칙 성장

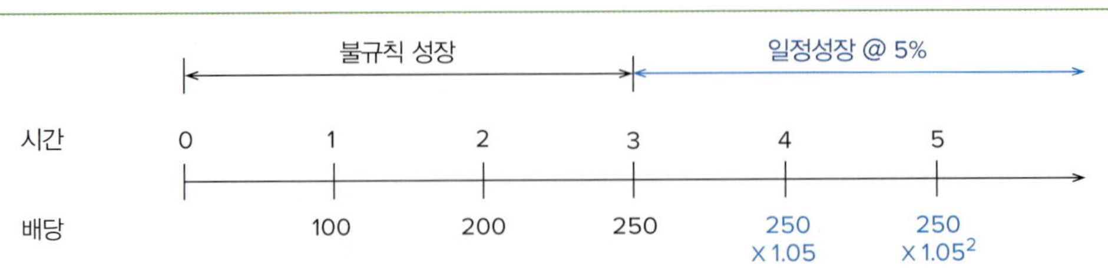

첫 3년 동안의 배당금의 현재가치에 시점 3에서의 주가 P_3의 현재가치를 더해서 이제 주식의 총가치를 계산할 수 있다.

$$\begin{aligned} P_0 &= \frac{D_1}{(1+R)^1} + \frac{D_2}{(1+R)^2} + \frac{D_3}{(1+R)^3} + \frac{D_4}{(1+R)^3} \\ &= \frac{100}{1.10} + \frac{200}{1.10^2} + \frac{250}{1.10^3} + \frac{5{,}250}{1.10^3} \\ &= 91 + 165 + 188 + 3{,}944 \\ &= 4{,}388 \end{aligned}$$

따라서 오늘 주식의 가치는 4,388원이다.

예제 7.4 비정상 초과성장

체인 리액션(Chain Reaction, Inc.)은 빠른 확장과 폭발적인 매출로 인해 매해 경이로운 30%로 성장해 왔다. 이 성장률은 3년 정도 지속하다가 이후 연간 10%로 떨어질 것으로 믿는다. 성장률이 영원히 10%에 머문다면 주식의 총가치는 얼마가 되는가? 총배당금으로 500만 달러가 방금 지급되었고, 요구수익률은 20%이다.

이 회사의 상황은 비정상 초과성장(supernormal)의 한 예이다. 30%의 성장률이 연장되어 유지될 수는 없을 것이다. 이 회사 자본의 가치를 위해서는 먼저 비정상성장 기간의 총배당금을 계산해야 한다.

연도	총배당금(백만 달러)
1	5.00 × 1.3 = 6.500
2	6.50 × 1.3 = 8.450
3	8.45 × 1.3 = 10.985

시점 3에서의 가격은 다음과 같이 계산할 수 있다.

$$P_3 = D_3 \times (1 + g)/(R - g)$$

여기에서 g는 장기간의 성장률이다. 따라서

$$P_3 = 10.985 \times 1.10/(0.20 - 0.10) = 120.835$$

오늘의 가치를 결정하기 위해서는 위 값의 현재가치에 총배당금의 현재가치를 더해야 한다.

$$\begin{aligned} P_0 &= \frac{D_1}{(1+R)^1} + \frac{D_2}{(1+R)^2} + \frac{D_3}{(1+R)^3} + \frac{D_3}{(1+R)^3} \\ &= \frac{6.50}{1.20} + \frac{8.45}{1.20^2} + \frac{10.985}{1.20^3} + \frac{120.835}{1.20^3} \\ &= 5.42 + 5.87 + 6.36 + 69.93 \\ &= 87.57 \end{aligned}$$

따라서 오늘 주식의 총가치는 8,757만 달러이다. 2천만 주가 있다면 주식은 $87.57/20 = 주당 4.38달러의 가치가 있을 것이다.

요구수익률 요소

지금까지 요구수익률(required return)이나 할인율(discount rate) R은 주어진 것으로 간주했다. 이 주제에 대해서는 제10장과 제11장에서 충분히 설명할 것이다. 지금은 요구수익률에 대한 배당성장모형(dividend growth model)의 의미를 살펴보겠다. 이전에 P_0를 계산하기를

$$P_0 = D_1/(R - g)$$

R을 풀기 위해서 다시 정리하면

$$R - g = D_1/P_0$$
$$R = D_1/P_0 + g \qquad [7.5]$$

배당수익률
dividend yield
주식의 예상 현금배당을 현행 주가로 나눈 값.

자본수익률
capital gains yield
배당성장률 또는 투자가치의 성장률.

이 식에서 총수익 R은 두 가지 요소로 이루어져 있음을 알 수 있다. 첫 번째 요소인 D_1/P_0은 **배당수익률(dividend yield)**이라고 불린다. 이 값은 예상 현금배당을 현행 주가로 나누어서 계산하기에 개념적으로 채권의 경상수익률(current yield)과 비슷하다.

총수익의 두 번째 요소는 성장률 g이다. 배당성장률은 주가의 성장률과 같음을 알고 있다(〈예제 7.3〉 참조). 따라서 이 성장률은 투자가치의 증가율인 **자본수익률(capital gains yield)**로 해석할 수 있다.[1)]

요구수익률의 요소들을 설명하기 위해 주당 20원에 거래되는 주식이 있다고 하자. 다음 배당은 주당 1원이 될 것이다. 배당은 매년 10%씩 거의 무한하게 성장할 것으로 생각한다. 사실이라면 이 주식이 제공하는 수익률은 얼마인가?

배당성장모형으로 총수익을 계산하면 다음과 같다.

$$R = \text{배당수익률} + \text{자본수익률}$$
$$R = D_1/P_0 + g$$

이 경우 총수익은 다음과 같다.

$$\begin{aligned} R &= 1/20 + 0.10 \\ &= 0.05 + 0.10 \\ &= 0.15 \text{ 또는 } 15\% \end{aligned}$$

따라서 이 주식의 요구수익률은 15%이다.

15%를 요구수익률로 이용해 1년 후의 가격 P_1을 계산해서 답을 검증할 수 있다. 배당성장모형으로 가격을 계산하면

$$\begin{aligned} P_1 &= D_1 \times (1 + g)/(R - g) \\ &= 1 \times 1.10/(0.15 - 0.10) \\ &= 1.10/0.05 \\ &= 22 \end{aligned}$$

---

1) 여기나 혹은 다른 데서 자본이득(*capital gains*)이란 용어를 다소 느슨하게 사용한다. 공식적인 기록에서의 자본이득(또는 손실)은 엄밀한 의미에서 미국의 세무 당국(IRS)이 정의한 것이다. 여기에서는 자본이득(*capital gain*)보다는 가격상승(*price appreciation*)이라는 용어가 덜 보편적이지만 보다 정확한 표현일 것이다.

22원은 20 × 1.1임에 주목해야 한다. 따라서 주가는 예정대로 10%씩 상승한다. 오늘 주식에 20원을 지급하면 연말에 1원의 배당을 받고, 22 − 20 = 2원의 이득을 얻게 된다. 따라서 배당수익률(dividend yield)은 1/20 = 0.05 또는 5%이다. 자본수익률(capital gains yield)은 2/20 = 0.10 또는 10%이므로 총수익률(total return)은 5% + 10% = 15%일 것이다.

이와 관련해 실제 숫자로 현실감을 갖자. 2018년도 밸류라인(Value Line)의 《인베스트먼트 서베이》(*Investment Survey*)에 의하면 허쉬컴퍼니(Hershey Food)의 배당은 지난 10년 동안의 역사적인 9%의 성장률에 비해 앞으로 5년 또는 이상의 기간에 5.5% 성장이 예상된다. 2018년에 당기 예상배당은 2.85달러였다. 당시의 주가는 약 94달러였다. 투자자들이 요구하는 허쉬의 수익률은 얼마인가? 배당수익률은 약 3%이고 자본수익률은 5.5%이므로 허쉬 주식의 총요구수익률은 8.5%이다.

배수법을 이용한 주식 가치평가

배당금에 기초한 주식 가치평가방법의 가장 명백한 문제는 많은 회사가 배당금을 지급하지 않는다는 것이다. 이런 경우에 어떻게 하는가? 통상의 방법은 PE 비율을 사용하는 것이다. PE 비율은 제3장에서 직전 연도의 주당순이익(EPS) 대비 주가의 비율로 정의했다. 여기서 아이디어는 일종의 벤치마크 또는 참조 PE 비율을 정해 여기에 주당순이익을 곱해서 가격을 찾는 것이다.

$$\text{시점 } t\text{의 가격} = P_t = \text{벤치마크 PE 비율} \times \text{EPS}_t \qquad [7.6]$$

벤치마크 PE 비율은 몇 가지 가능한 자료에서 찾는다. 유사한 회사(아마도 산업 평균이나 중간값) 또는 회사의 자체 역사적 가치를 근거로 할 수도 있다. 히트작 **슬랙 옵스**(*Slack Ops*) 시리즈로 알려진 비디오게임 개발업체인 인액티비전(Inactivision, Inc.)의 가치를 평가하려는 중이라고 하자. 인액티비전은 배당금을 지급하지 않으나 산업을 조사한 후에 PE 비율 20이 이와 같은 회사에 적절하다고 느꼈다. 가장 최근의 4분기를 합한 총이익은 주당 2달러여서 주식은 20 × \$2 = 40달러에 매각되어야 한다고 생각한다. 40달러보다 낮으면 매력적인 매수이고, 40달러보다 높으면 매력적이지 않은 매수라고 여길 것이다.

증권분석가들은 미래, 특히 다음 해의 이익 예측에 많은 시간을 보낸다. 추정된 미래 이익에 근거한 PE 비율을 **포워드 PER**(*forward* PE ratio)라고 부른다. 인액티브비전의 다음 해 이익이 회사의 엄청난 멀티플레이어 온라인 역할극 게임(massively multiplayer online role-playing game: MMORPG) **월드오브슬랙크라프트**(*World of Slackcraft*)의 인기가 높아지는 것을 반영해 2.50달러가 될 것이라고 느꼈다. 이 경우 현행 주가가 40달러이면 포워드 PER는 \$40/\$2.50 = 16이다.

마지막으로 벤치마크 PE 20은 지난해의 이익을 적용한 것이다. 다음 해의 이익이 2.50달러가 되면 오늘부터 1년 후의 주가는 20 × \$2.50 = 50달러가 되어야 한다. 이와 같은 예측 주가를 종종 목표(*target*) 주가라고 부른다.

종종 배당도 지급하지 않고 이익이 음수임을 의미하는 아직 수익성이 없는 신생 회사의 가치평가에 관심이 있을 것이다. 그때는 어떻게 하는가? 하나의 대답은 제3장에서도 소개했던 주가매출비율(price-sales ratio)을 이용하는 것이다. 이름이 말해 주듯이 이 비율은 주당 가격을 주당 매출로 나눈 값이다. 이 비율은 주당 이익 대신에 주당 매출을 이용하는 것 이외에는 PE 비율에서 사용했던 것처럼 사용한다. 일반적인 값은 0.8~2.0 범위이나 젊고 고속 성장하는 회사일수록 훨씬 더 높을 수 있다.

나중에 참고하라고 주식의 가치평가 기법에 대한 논의를 〈표 7.1〉에 요약했다.

표 7.1

주식의 가치평가 요약

I. 일반적 경우

일반적으로 주식의 오늘 가격 P_0는 미래 배당금 D_1, D_2, D_3, ⋯ 의 현재가치이다.

$$P_0 = \frac{D_1}{(1+R)^1} + \frac{D_2}{(1+R)^2} + \frac{D_3}{(1+R)^3} + \cdots$$

단, R은 요구수익률이다.

II. 일정 성장인 경우

배당이 일정하고 D와 같다면 주가는

$$P_0 = \frac{D}{R}$$

배당이 g의 비율로 일정하게 성장하는 경우 주가는

$$P_0 = \frac{D_1}{R-g}$$

이 결과를 *배당성장모형*(*dividend growth model*)이라고 부른다.

III. 불규칙 성장

배당이 t 기간 후에 지속해서 성장하면 가격은 다음과 같이 적을 수 있다.

$$P_0 = \frac{D_1}{(1+R)^1} + \frac{D_2}{(1+R)^2} + \cdots + \frac{D_t}{(1+R)^t} + \frac{P_t}{(1+R)^t}$$

여기서

$$P_t = \frac{D_t \times (1+g)}{(R-g)}$$

IV. 요구수익률 R은 두 가지 요소로 적을 수 있다.

$$R = D_1/P_0 + g$$

단, D_1/P_0는 *배당수익률*(*dividend yield*)이고, g는 *자본수익률*(*capital gain yield*)이다. 자본수익률은 일정 성장의 경우에서 배당성장률과 같다.

V. 상대가치법을 이용한 가치평가

배당금을 지급하지 않는 (혹은 일정치 않은 배당성장률을 가진) 주식은 PE 비율이나, 또는 주가매출비율을 이용해 가치를 평가할 수 있다.

P_t = 벤치마크 PE 비율 × EPS_t

P_t = 벤치마크 주가매출비율 × 주당 매출$_t$

개념문제 CONCEPT QUESTIONS

7.1a 보통주 한 주의 가치평가에서 관련 현금흐름(relevant cash flows)은 무엇인가?

7.1b 주식의 가치는 주식의 예상 보유기간에 따라 다른가?

7.1c 배당금이 일정 비율로 성장할 때 주식의 가치는 얼마인가?

7.1d 주식에서 "목표 주가"는 무엇인가? 이는 어떻게 결정되는가?

7.2 보통주와 우선주의 특징

보통주 특징의 논의에서는 주주의 권리와 배당지급에 중점을 둔다. 우선주에서는 "우선"(preferred)이라는 의미를 설명하고 우선주가 실제로 부채(debt)인지 자본(equity)인지도 토의한다.

보통주의 특성

보통주(common stock)라는 용어는 사람마다 그 의미를 다르게 해석한다. 하지만 일반적으로 배당금 지급이나 파산에서 특별한 우선권이 없는 주식에 적용한다.

보통주
common stock
배당이나 파산에서 우선권이 없는 주식.

주주의 권리 주식회사의 개념적 구조는 주주가 이사(directors)를 선임하고 다시 이사는 그들의 지시를 이행하는 경영진(management)을 고용한다고 가정한다. 따라서 주주들은 이사들을 선임할 수 있는 권리를 통해서 주식회사를 통제한다. 일반적으로 주주만이 이러한 권리가 있다.

이사들은 매년 열리는 정기총회에서 선임된다. 물론 곧 논의할 예외가 있지만 (한 명의 주주에 하나의 의결권이 아닌) "한 주에 하나의 의결권"이 일반적이다. 따라서 주식회사의 민주주의는 정치적 민주주의와는 상당히 다르다. 주식회사의 민주주의에서는 "황금의 법칙"(golden rule)이 절대적이다.[2)]

이사들은 정기총회에서 의결권을 갖고 주총에 참석한 지분 중 다수의 표를 얻어야 선임이 된다. 그러나 이사를 선임하는 정확한 방법은 회사마다 다르다. 가장 중요한 차이는 누적으로(cumulatively) 투표해야 하는지 아니면 단순하게(straight) 투표해야 하는지에 있다.

두 가지 서로 다른 의결권행사 절차를 설명하기 위해서 어느 주식회사에 두 명의 주주만이 있다고 하자. 김씨는 20주를 가지고 있고 박씨는 80주를 가지고 있다. 둘 다 이사가 되길 바라지만 박씨는 김씨가 이사가 되는 것을 원치 않는다. 총 4명의 이사를 선임한다고 하자.

집중투표제 혹은 **누적투표제(cumulative voting)**는 소액주주(minority)들의 참여를 허용하는 효과가 있다.[3)] 만약 집중투표제가 허용된다면 각각의 주주들이 행사할 수 있는 의

집중투표제 혹은 누적투표제
cumulative voting
주주가 모든 표를 이사회의 한 이사에게 투표할 수도 있는 절차.

2) 황금의 법칙(golden rule): 금을 가진 사람이 법칙을 만든다.

3) 소액주주(minority)들의 참여란 상대적으로 적은 수의 주식을 지닌 주주들의 참여를 의미한다.

결권의 총수를 먼저 결정한다. 보통 소유하거나 지배할 수 있는 주식의 수에 선임하는 이사의 수를 곱해서 계산한다.

집중투표제에서 이사들은 일시에 모두 선임된다. 앞의 예에서 가장 많은 표를 얻은 4명이 신임이사가 된다는 의미이다. 개별 주주들은 원하는 대로 표를 나눌 수 있다.

김씨는 이사가 될 수 있을까? 다섯 명이 똑같은 수의 표를 받을 가능성을 배제하면 선임될 수 있다. 김씨는 20 × 4 = 80표를 행사할 것이고, 박씨는 80 × 4 = 320표를 행사할 것이다. 김씨가 자신에게 모든 표를 몰아주면 이사직을 확신할 수 있다. 박씨는 320표를 4명의 후보자들에게 모두 80표 이상을 분배할 수 없기에 김씨는 못해도 4등으로 마칠 것이다.

일반적으로 N명의 이사를 선임한다면 주식의 $1/(N+1)$퍼센트 더하기 한 주가 이사 자리를 보장할 것이다. 앞의 예에서는 1/(4 + 1) = 0.20 또는 20%(+1주)가 된다. 한 번에 선임할 이사의 수가 많을수록 한 자리를 차지하기가 더 쉬워진다.

정규투표제 혹은 단순투표제
straight voting
주주가 모든 표를 이사회의 각 이사에게 투표할 수도 있는 절차.

정규투표제 혹은 **단순투표제(straight voting)**의 경우 이사는 한 번에 한 명씩 선임된다. 매번 김씨는 20표를 던질 수 있고 박씨는 80표를 던질 수 있다. 결과적으로 박씨는 모든 후보자를 다 선임할 것이다. 이사회 자리를 보장하는 유일한 방법은 50% + 1주를 소유하는 것이다. 이는 모든 이사직을 다 차지할 수 있기도 하기에 사실상 '모' 아니면 '도'이다.

앞에서 설명했듯이 단순투표제는 소액투자자들을 "배제"한다. 이것이 바로 많은 국가에서 집중투표제를 강요하는 이유이다.[4] 집중투표제가 강제적인 국가에서는 그 영향을 최소화하기 위한 장치들이 고안되고 있다.

많은 회사는 이사회의 투표에 시차를 두어 왔다. 시차를 둔 투표에서는 어떤 특정 시점에 이사의 일부에만 투표하게 한다. 따라서 한 시점에 두 명의 이사만 선임할 경우 이사 한 명의 보장에 필요한 주식 수는 1/(2 + 1) = 0.3333 또는 33.33% 더하기 한 주이다. 이사의 시차임기제(staggered boards)는 이사들이 다른 시점에 임기가 만료되는 다른 클래스의 지위에 있기에 종종 "클래시파이드"(classified) 이사회라고도 불린다. 최근에는 주식회사들이 이사회를 "디클래시파이"(declassify)하라는 압력에 부딪힌다. 모든 이사를 매년 투표로 선발한다는 의미로 많은 주식회사가 그렇게 해왔다.

전반적으로 시차임기제는 두 가지 기본적인 효과가 있다.

1. 시차임기제에서는 한 번에 선임하는 이사의 수가 적기에 집중투표제에서 소액주주가 이사를 선임하기는 더 어렵다.
2. 시차임기제에서는 새로운 이사의 다수를 선임하기가 더 어렵기에 기업인수 시도의 성공 가능성은 적어진다.

시차임기제가 유용할 수도 있음에 주목하자. 시차임기제는 "기관의 기억력"(institutional memory), 즉 이사회의 연속성을 제공한다. 상당히 장기적인 계획과 프로젝트를

[4] 역주: 한국은 1998년 상법에 집중투표제를 도입하여 회사가 정관으로 이를 배제하지 않는 한 회사가 이를 채택한 것으로 본다.

수행하는 주식회사에는 중요할 수 있다.

예제 7.5 의결권 매수

어느 주식회사의 주식은 주당 20달러에 거래되는데 집중투표제를 적용하고 있다. 총발행주식 수는 현재 10,000주이다. 3명의 이사를 선임한다면 이사회에서 한 자리를 확보하기 위해서 얼마의 비용이 드는가?

이사직을 차지하기 위해서 얼마나 많은 주식을 소유해야만 하는가 하는 질문이다. 그 답은 2,501주이고 비용은 2,501 × \$20 = \$50,020이다. 왜 2,501주인가? 나머지 7,499표를 3명의 후보자 모두에게 2,501표 이상을 나누어 줄 수 없기 때문이다. 예를 들어 두 명의 후보가 2,502표를 받아 처음 두 자리를 차지했다고 하자. 세 번째 사람은 최대 10,000 − 2,502 − 2,502 − 2,501 = 2,495표를 받을 수 있으므로 세 번째 자리는 당신의 것이다. 앞에서 설명했던 공식으로 2,501이 되는지를 확인하자.

프록시 투표제 **프록시(proxy)**는 주주가 다른 사람에게 자신의 의결권을 위임하는 서류 또는 의결권이 부여된 사람이다. 편의상 대규모 상장회사는 대부분의 투표를 실제로 프록시로 실시한다.

프록시
proxy
주주가 다른 사람에게 자신의 의결권을 위임하는 서류 또는 의결권이 부여된 사람.

앞에서 살펴본 대로 단순투표제는 한 주에 한 표이다. 10,000주의 소유자는 10,000개의 의결권이 있다. 대기업에는 수십만 심지어는 수백만 명의 주주들이 있다. 주주들은 정기총회에 참석해서 직접 의결권을 행사하거나 다른 사람에게 의결권을 넘겨줄 수 있다.

당연하지만 경영진은 항상 가능한 많은 프록시를 넘겨받으려고 노력한다. 그러나 주주들이 현 경영진에 만족하지 않으면 "외부" 주주 그룹은 프록시로 의결권을 확보하려고 노력할 수 있다. 그들은 충분한 수의 이사를 선임해서 경영진을 교체하기 위해 프록시로 투표할 수 있다. 이렇게 하는 싸움을 위임장대결(*proxy fight*)이라고 한다.

주식의 종류 어떤 회사에는 한 종류 이상의 보통주가 있다. 종종 보통주 종류는 의결권을 달리 부여해 만들어진다. 예를 들어 포드자동차(Ford Motor Company)에는 클래스 B(Class B)의 보통주가 있는데 포드 가문과 신탁재산이 보유하고 있어 시장에서 거래가 되지 않는다. 클래스 B 주식은 비록 총발행주식 수의 10%가 안 되나 의결권의 약 40%를 갖는다.

다른 클래스의 주식이 있는 주식회사들의 많은 다른 사례가 있다. 예를 들면 웹검색회사 구글(Google)은 A, B, C 세 종류의 상장된 보통주가 있다. 클래스 A(Class A)주는 일반인이 보유하는데 한 주에 한 표이다. 클래스 B(Class B)주는 회사 내부자가 보유하는데 한 주에 10표이다. 그리고 2014년에 회사는 클래스 B주를 주식분할해서 의결권이 전혀 없는 클래스 C(Class C)주를 창조했다. 그 결과 구글의 창업자와 경영진은 회사를 지배한다. 굴지의 케이블 TV업체 컴캐스트(Comcast)의 CEO 브라이언 로버트(Brian

Roberts)는 기업 전체 주식의 약 0.04%를 소유하고 있지만 특별한 클래스의 주식을 고안해낸 덕분에 전체 의결권의 1/3을 가졌다.

원칙적으로 뉴욕증권거래소는 회사가 의결권이 다른 상장 보통주 클래스를 만들도록 허용하지 않는다. 포드와 같이 이미 있었던 예외는 있다. 게다가 뉴욕증권거래소에 상장되어 있지 않은 많은 회사에는 복수 클래스(dual classes)의 보통주가 있다.

복수 또는 다수 클래스의 주식을 고안하는 주된 이유는 기업지배와 관련이 있다. 그런 주식들이 존재하면 기업의 경영진은 지배를 유지하면서 의결권이 없거나 제한된 주식을 발행해 자본을 조달할 수 있다.

미국에서는 차등의결권(unequal voting right)에 대한 주제가 논란이 많으며, 1주 1표제(one share, one vote) 개념의 강력한 추종자도 있고 역사도 오래되었다. 그러나 흥미롭게도 영국을 비롯한 다른 나라에서는 차등의결권을 가진 주식이 매우 흔하다.[5)]

기타 권리 주식회사의 보통주 가치는 주주의 일반적인 권리와 직접 연관되어 있다. 이사선임권 외에 주주들은 보통 다음의 권리가 있다.

1. 지급되는 배당을 지분에 비례해서 나누어 가질 권리
2. 청산(liquidation)에서 부채상환 후 잔여재산을 지분에 비례해서 나누어 가질 권리
3. 합병(merger)과 같이 주주에게 중요한 사안에 대한 의결권. 투표는 보통 정기총회(annual meeting)나 임시총회(special meeting)에서 한다.

게다가 주주들은 때때로 신규로 발행되는 주식에 대해 지분에 비례해서 매수하는 권리가 있다. 이를 신주인수권(*preemptive right*)이라고 한다.

기본적으로 신주인수권은 신주를 발행하려는 회사는 일반인의 청약을 받기 전에 기존 주주들에게 먼저 청약을 받아야 함을 의미한다. 이는 주주들에게 주식회사에서의 비례적 소유권을 보호받을 기회를 주기 위해서이다.

**배당
dividends**
주주가 직접 또는 간접적으로 기업에 제공한 자본에 대한 수익.

배당 주식회사의 독특한 특징은 주주에게 배당금을 지급하도록 법으로 인정된 주식이 있다는 것이다. 주주에게 지급되는 **배당(dividends)**은 주주가 주식회사에 직접 또는 간접적으로 제공한 자본에 대한 수익에 해당한다. 배당의 지급은 이사회의 재량이다.[6)]

배당의 주요한 특징에는 다음을 포함한다.

1. 주식회사의 이사회에서 공표하지 않으면 배당은 주식회사의 부채가 아니다. 주식회사는 공표하지 않은 배당에 대해서 채무불이행(default)을 할 수 없다. 그 결과 주식회사는 미지급 배당으로 파산(bankrupt)할 수 없다. 배당금 액수나 지급 여부도 이사회의

[5)] 역주: 한국은 2011년 상법개정을 통해 의결권 없는 보통주, 특정 사안에만 의결권이 제한되는 주식, 특정 재산으로만 배당받을 수 있는 주식 등 다양한 종류의 주식을 발행할 수 있도록 하고 있으나 차등의결권은 허용하지 않고 있다.

[6)] 역주: 한국 상법에서 배당액은 주주총회에서 재무제표를 승인하고 결정하게 되어 있었으나 2011년 개정 상법에서는 이익배당의 결정으로 이사회에서 할 수 있도록 규정했다. 다만 이사회에서 재무제표를 승인하려면 외부감사인의 적정의견(unqualified opinion)과 감사 전원의 동의가 필요하다.

경영 판단에 달려 있다.

2. 주식회사의 배당금 지급은 영업비용이 아니다. 배당은 법인세 계산에서 공제되지 않는다. 즉, 배당은 주식회사의 세후 이익에서 지급된다.
3. 개인주주가 받은 배당에는 세금을 내야 한다. 미국에서는 2018년에 세율이 15~20%였다. 그러나 다른 주식회사의 주식을 소유한 주식회사는 받은 배당금의 50%를 공제한 나머지 50%에 대해서만 세금이 부과된다. (50% 공제는 2017년의 '감세 및 잡스법'으로 70%에서 줄어든 것이다.[7])

우선주의 특성

우선주
preferred stock
때로는 의결권이 없이 일반적으로 고정된 배당금을 보통주에 우선하여 받는 주식.

우선주(preferred stock)는 배당금을 지급하거나 청산을 하면서 기업의 자산을 배분할 때 보통주에 우선하기에 보통주와는 다르다. 우선(*preference*)은 단지 계속기업의 경우 보통주를 소유하고 있는 주주에게 어떠한 권리이든 주기 전에 우선주 주주가 배당금 수령을 해야 함을 의미한다.

법적이나 세금의 관점에서 볼 때 우선주는 자기자본(equity)의 형태이다. 그러나 우선주 주주는 때로는 의결권이 없다는 사실을 주목함이 중요하다.

표시가치 미국의 우선주에는 보통 주당 100달러의 청산가치(liquidating value)가 표시되어 있다. 현금배당은 주당 금액으로 표시된다. 예를 들어 제너럴모터스의 "$5 preferred"는 표시가치(stated value)에 대한 5%의 배당수익률로 쉽게 해석된다.

누적적 · 비누적적 배당 우선주의 배당은 채권의 이자와는 다르다. 이사회는 우선주에 배당금을 지급하지 않는 결정을 할 수 있고, 그들의 결정은 주식회사의 현재 순이익과 무관할 수도 있다.

우선주에 대한 미지급배당금은 누적적(*cumulative*)이거나 비누적적(*noncumulative*)이다. 대부분은 누적적이다. 우선주의 배당금이 누적적이고 특정 연도에 지급되지 않았다면 미지급금(*arrearage*)으로 이월한다. 일반적으로 우선주의 누적된 배당금과 현재의 배당금은 보통주 주주가 무엇이든 받기 전에 지급되어야 한다.

지급되지 않은 우선주 배당금은 기업의 부채가 아니다. 보통주 주주가 선임한 이사들은 우선주 배당금을 무기한 연기할 수 있다. 그러나 그런 경우 보통주 주주들도 배당금을 받지 못하게 된다. 더욱이 우선주의 배당금이 일정 기간 지급되지 않으면 우선주 주주들은 종종 의결권 및 기타 권리를 부여받는다. 예를 들어 한때 유에스 에어웨이스(US airways)는 발행한 우선주 중 하나에 여섯 분기 동안 배당금을 지급하지 못했다. 그 결과 우선주 주주들은 항공사 이사회에서 자신들의 이익을 대변할 사람을 두 명 지명하도록 허용되었다.

[7] 미국에서는 공식적으로 50%의 세금공제는 배당금 수령 기업이 다른 주식회사의 유통주식의 20% 미만을 소유할 때 적용된다. 주식회사가 20% 이상 65% 미만을 소유하면 65%의 세금이 공제된다. 만약 65% 이상을 소유하고 있고, 그 주식회사가 하나의 "연결된"(consolidated) 수익으로 보고될 수 있다면 세금공제는 실질적으로 100%이다.

어떤 사람은 우선주 주주들은 누적된 배당금에 대한 이자를 받지 못하기에 기업은 우선주 배당금의 지급을 지연하려는 유인이 있다고 주장한다. 그러나 그렇게 하면 우선주 주주에게 기업의 지배권을 나누어 주어야 한다는 의미일 수도 있다.

우선주는 진정 부채인가? 우선주는 일종의 자본채권(equity bond)으로 실제는 위장한 부채라는 좋은 사례가 만들어질 수 있다. 우선주 주주들은 표시된 배당금만을 받을 권리가 있으며 주식회사가 청산할 때는 우선주의 표시가치만큼만 받을 수 있다. 우선주는 채권처럼 신용등급이 매겨진다. 더욱이 우선주는 때로는 보통주로 전환되기도 하고 또 조기상환도 될 수 있다.

또한, 최근에는 신규 발행되는 우선주들은 감채기금이 의무화되어 있다. 그러한 감채기금의 존재는 전체 발행물이 결국에는 상환될 것임을 의미하기에 실제로 만기가 있는 것과 같다. 이런 이유로 우선주는 부채와 매우 흡사하다. 그러나 세금을 부과할 때는 우선주 배당은 보통주 배당과 같이 처리한다.

개념문제 CONCEPT QUESTIONS

7.2a 위임장(proxy)이란 무엇인가?

7.2b 주주의 권리에는 무엇이 있는가?

7.2c 왜 우선주는 우선(preferred)이라고 불리는가?

7.3 주식시장

제1장에서 주식은 다양한 증권거래소에서 거래되는데 미국에서 두 개의 가장 중요한 거래소는 뉴욕증권거래소(NYSE)와 나스닥(NASDAQ)이라고 아주 간단히 언급했다. 주식시장은 **발행시장(primary market)**과 **유통시장(secondary market)**으로 구성된다는 사실을 기억하자. 일차시장 또는 발행시장에서는 주식이 최초로 시장에 나와 투자자에게 팔린다. 유통시장에서는 발행된 주식들이 투자자들 사이에서 거래된다.

발행시장
primary market
신규증권이 최초로 투자자에게 매각되는 시장.

유통시장
secondary market
이미 발행된 증권이 투자자들 사이에서 거래되는 시장.

발행시장에서 회사들은 자금을 조달하기 위해서 증권을 매각한다. 뒤에서 이 과정을 자세히 살펴볼 것이다. 따라서 여기에서는 주로 유통시장의 활동에 집중한다. 주가가 경제신문(financial press)에서 어떻게 표시되는지를 살펴보고 마친다.

딜러와 브로커

대부분의 증권거래에는 딜러와 브로커가 관여하고 있으므로 딜러(*dealer*)와 브로커(*broker*)의 의미를 정확히 이해하는 것이 중요하다. **딜러(dealer)**는 재고를 유지하고 언제든지 증권을 사고팔 준비가 되어 있다. 이와 대조적으로 **브로커(broker)**는 매수자와 매도자를 연결해 주지만 재고를 유지하지는 않는다. 따라서 중고차 딜러와 부동산 브로커를 말할 때 중고차 딜러는 재고를 유지하는 반면에 부동산 브로커는 그렇지 않음을 알 것이다.

딜러
dealer
재고로 증권을 사서 재고로 파는 중개인.

브로커
broker
투자자 사이에 증권거래를 주선하는 중개인.

증권시장에서 딜러는 증권을 팔려는 투자자로부터 증권을 사들이고 증권을 사려는 투자자에게 증권을 팔 준비가 되어 있다. 딜러가 지급하려는 가격을 매수가(bid price)라고 했던 것을 기억하자. 딜러가 팔려는 가격은 매도가(ask price)라고 한다(때로는 asked, offered 혹은 offering price라고 한다). 매수가와 매도가의 차이를 스프레드(spread)라고 부르고 이것이 딜러 이익의 기본 원천이다.

딜러는 주식시장뿐만 아니라 모든 경제 분야에 존재한다. 예를 들어 대학 구내서점은 아마도 발행시장과 유통시장의 교재 딜러일 것이다. 새 책을 매입하면 발행시장 거래이다. 중고서적을 매입하면 유통시장의 거래이며 서점이 제시하는 매도가격을 낸다. 책을 되판다면 종종 매도가격의 절반 가격인 서점이 제시하는 매수가격을 받는다. 서점의 스프레드는 이 두 가격의 차이다.[8)]

그에 반해 증권브로커는 증권을 사려는 투자자와 증권을 팔려는 투자자를 맞추어 투자자들 사이의 거래를 주선한다. 증권브로커의 독특한 특징은 자신의 계산으로 주식을 사거나 팔지 않는다는 것이다. 다른 사람의 거래를 촉진하는 것이 그들의 업무이다.

뉴욕증권거래소의 조직

"큰 거래소"(Big Board)로 알려진 뉴욕증권거래소(New York Stock Exchange) 혹은 줄여서 나이스(NYSE)는 1792년에 설립되었다. 뉴욕증권거래소는 20세기로 들어서며 월스트리트(Wall Street)의 현재 위치에 자리를 잡았다. 뉴욕증권거래소는 거래량과 시가총액으로 볼 때 세계에서 가장 큰 주식시장이다.

회원 과거에 뉴욕증권거래소(NYSE)에는 약 1,366명의 **거래소회원(members)**이 있었다. 2006년 이전에 거래소회원은 거래소의 "회원권"(seats)을 소유했고 또한 집단으로 거래소의 소유자이기도 했다. 이런저런 이유로 회원권은 가치가 있었고 꽤 정기적으로 거래되었다. 회원권 가격은 2005년에 400만 달러의 기록을 세웠다.

거래소회원 member
2006년부터 거래소회원은 뉴욕증권거래소(NYSE)의 거래허가증(trading license) 소유자이다.

2006년, NYSE가 NYSE Group, Inc.라고 불리는 공개된 주식회사가 되면서 이 모든 것이 바뀌었다. 자연히 이 회사의 주식은 NYSE에 상장되었다. 이제는 회원권을 매입하는 대신에 거래소 회원들은 1,366개로 제한된 거래허가증(trading licenses)을 구매해야 한다. 2018년 거래허가증 소유에 연간 무려 50,000달러의 비용이 들었다. 허가증 소유는 거래소 입회장(floor)에서 증권을 사고팔 수 있는 권리를 부여한다. 이런 점에서 각 회원은 각기 다른 역할을 한다.

2007년 4월 4일에 NYSE는 유로넥스트(Euronext)와 합병해서 NYSE 유로넥스트가 되어 더 크게 성장했다. 유로넥스트는 벨기에, 프랑스, 포르투갈, 영국을 자회사로 두고 있는 암스테르담에 있는 증권거래소이다. 합병으로 NYSE 유로넥스트는 세계 "최초의 글로벌 거래소"가 되었다. NYSE 유로넥스트가 아메리칸 증권거래소(American Stock Exchange)와 합병한 2008년에는 더욱 확장되었다. 그리고는 2013년 11월에 인

[8)] 역주: 미국의 대학서점에서는 학생들로부터 중고 교재를 매입해 판매하기도 한다.

터콘티넨탈 거래소(Intercontinental Exchange: ICE)가 NYSE의 인수를 완료했다. ICE는 2000년 5월 창립되었는데 원래는 상품거래소였으나 빠른 성장으로 NYSE 인수에 필요한 82억 달러를 마련했다.

NYSE가 운영되는 방법을 간단히 기술한 것처럼 NYSE 유로넥스트나 ICE가 소유한 다른 시장은 다르게 기능할 수 있다. NYSE를 다소 독특하게 하는 것은 하이브리드 시장(*hybrid market*)이라는 것이다. 하이브리드 시장에서는 전자적 거래와 대면 거래가 모두 이루어진다.

전자거래에서는 매수주문과 매도주문이 거래소에 제출된다. 주문은 컴퓨터로 비교되어 매치가 되면 주문은 사람의 개입 없이 그대로 실행된다. NYSE에서의 대부분의 거래는 이렇게 이루어진다. 전자적으로 처리되지 않는 주문은 면허증 소지자에 의존한다. 세 가지의 다른 형태의 면허증 소지자가 있는데 **지정시장조성자(designated market makers: DMMs)**, **플로어 브로커(floor brokers)**, **보완유동성제공자(supplemental liquidity providers: SLPs)**로 각각의 역할을 지금 논의해 본다.

지정시장조성자
designated market maker (DMM)
특정주식에 대해 딜러로 활동하는 뉴욕증권거래소의 회원. 전에는 "스페셜리스트"(specialists)로 알려졌다.

플로어 브로커
floor brokers
고객의 매수주문과 매도주문을 실행하는 NYSE 회원.

보완유동성제공자
supplemental liquidity providers (SLPs)
배정된 주식의 적극적 참여자인 투자은행. 직무는 한쪽 시장(즉, 매수나 매도)을 조성하는 것이다. 순전히 자신의 계산으로 거래한다.

이전에는 "스페셜리스트"(specialists)로 알려진 DMM은 특정 주식에 대한 딜러로서 활동한다. 통상 NYSE에 상장된 각 종목은 단일 DMM에 배정된다. 딜러로서 DMM은 양쪽 시장을 유지하는데 이는 DMM은 지속해서 매수가와 매도가를 공표하고 업데이트한다는 의미이다. 그렇게 해서 DMM은 항상 매수자와 매도자가 존재함을 보장하고 그래서 시장 유동성을 촉진한다.

플로어 브로커(floor broker)의 직무는 고객을 위해 가능한 최상의 가격이 되게 중점을 두어 거래를 실행하는 것이다. 플로어 브로커는 일반적으로 메릴린치(Merrill Lynch)와 같은 증권회사나 뱅크 오브 아메리카(Bank of America)의 자산관리사업부의 직원이다. 플로어 브로커와 DMM 사이의 상호작용은 NYSE에서 비전자적 거래의 열쇠이다. 잠시 후 이러한 상호작용을 자세히 논의한다.

SLPs는 기본적으로 배정된 주식에 적극적 참여를 동의한 투자은행들이다. 그들의 직무는 정기적으로 한쪽 시장(즉, 매수나 매도)을 조성하는 것이다. 그들은 (자신의 돈으로) 순전히 자신의 계산으로 거래해서 고객을 대리하지는 않는다. 매수나 매도에 약간의 리베이트가 있어서 더 적극적으로 만든다. NYSE의 목적은 가능한 더 많은 유동성을 창출해 일반 투자자들이 우세한 가격에 신속히 매수하거나 매도하기 쉽게 하는 것이다. DMM과 플로어 브로커와 달리 SLPs는 증권거래소 입회장(floor)에서 활동하지 않는다.

최근에는 플로어 브로커가 거래소 입회장에서 덜 중요해졌는데 주문이 전자적으로 직접 DMM에게 전달하는 효율적인 필라시스템(Pillar system) 때문이다. 이 밖에 NYSE가 보유한 아르카(Arca)라고 불리는 전자 플랫폼은 NYSE에서의 모든 거래, 특히 소액주문의 상당한 비중을 차지한다. NYSE Arca의 거래 평균시간은 1초 이내이다.

마지막으로 NYSE 회원의 소수는 플로어 트레이더(floor traders)로 독립적으로 자신의 계산으로 거래한다. 플로어 트레이더는 일시적인 가격변동을 예측하고 저가에 매수해서 고가에 매도해 이익을 낸다. 최근 10년 동안 플로어 트레이더의 수는 상당히 줄었는데 거래소 입회장에서 단기거래로 이익을 내기가 갈수록 어려워졌음을 시사한다.

운영 NYSE의 조직과 주요 구성원들에 대한 기본적인 개념을 알았으니 이제는 거래가 실제로 어떻게 이루어지는지 알아볼 차례이다. 기본적으로, NYSE의 업무는 **오더 플로(order flow)**를 받아 처리하는 일이다. 오더 플로(*order flow*)란 용어는 바로 주식을 사거나 팔고자 하는 고객 주문의 흐름을 의미한다. NYSE의 고객은 NYSE에 상장된 회사의 주식을 사거나 팔려는 주문을 내는 수백만의 개인투자자들과 수만의 기관투자가들이다. NYSE는 주문 흐름의 처리에 매우 성공적이었다. 요즘 하루에 10억 주 이상이 주인이 바뀌는 것은 드문 일이 아니다.

오더 플로
order flow
증권을 사거나 팔려는 고객 주문의 흐름.

입회장 활동 TV에서 NYSE 거래 입회장의 장면을 보았거나 NYSE를 방문해(체험할 가치가 있다) 방문자 관람석에서 거래소 입회장의 모습을 보았을 수도 있다. 어디서 보았건 간에 대략 농구장 크기의 아주 큰 방이 있다. 이 큰 방을 기술적으로는 "더 빅 룸"(the Big Room)이라고 부른다. 보통은 그냥 지나치는 두 개의 다른 조그만 방이 있는데 그중 하나는 거래를 위해 넘겨지기 전에는 차고였기에 단어 그대로 "더 거라지"(the Garage)라고 부른다.

거래소의 입회장에는 여러 개의 스테이션이 있다. 이 스테이션의 위와 옆에 많은 터미널 스크린을 갖춘 다수의 카운터가 있다. 사람들이 카운터의 뒤와 앞에서 비교적 정지된 상태로 일한다.

다른 사람들은 거래소의 입회장을 돌아다닌다. 전체적으로 마치 개미집 주위를 돌아다니는 일개미를 연상할 것이다. 저 아래에 있는 사람들이 무슨 일을 하는지와 왜 사람들이 이상하게 생긴 상의를 입고 있는지가 의아한 것은 당연하다.

거래소 입회장 활동의 개략적인 이해를 위해 어떤 일이 일어나는지 간략히 살펴보자. 각 카운터는 **DMM의 포스트(DMM's post)**이다. DMM은 통상 자신들에게 배정된 주식을 감시하고 관리하기 위해서 보통은 포스트 앞에서 일한다. DMM을 보조하는 사무직원들은 카운터 뒤쪽에서 일한다. 거래소 벽면에 늘어선 많은 작은 방에서 거래소 입회장으로 왕래하는 것은 플로어 브로커 무리인데 고객의 주문을 받아 주문이 실행되는 DMM의 포스트로 걸어갔다가 주문의 실행을 확인하고 새로운 고객의 주문을 받기 위해 되돌아간다.

DMM의 포스트
DMM's post
DMM이 활동하는 거래소 입회장의 고정된 장소.

NYSE 입회장의 활동을 좀 더 잘 이해하기 위해서 스스로 플로어 브로커라고 상상하자. 당신의 직원이 당신을 고용한 증권회사의 고객을 위해 월마트(Walmart) 주식을 2,000주 팔아 달라는 주문을 건넸다. 고객은 가능하면 빨리 가장 유리한 가격에 주식을 팔아 주기를 원한다. 당신은 월마트의 주식이 거래되는 DMM의 포스트로 즉시 걸어간다(입회장에서 뛰는 것은 금지되어 있다).

월마트 주식이 거래되는 DMM의 포스트에 접근해서 현재의 시장가격에 대한 정보를 터미널 스크린에서 확인한다. 스크린에는 마지막 거래가가 25.63달러이고, DMM은 주당 25.50달러에 매수한다고 적혀 있다. 주식을 DMM에게 25.50달러에 즉시 팔 수 있지만 그건 너무 쉬운 일이다.

www.nyse.com에서 뉴욕증권거래소를 가상 견학해 보자.

대신 고객의 대리인으로서 최상의 가격에 거래해야 할 의무가 있다. 당신의 업무는 주문을 "처리"하는 것이며 가장 만족스럽게 주문을 실행하는 서비스를 제공해야 한다. 그래서 월마트 주식을 사기 원하는 고객을 대표하는 다른 브로커를 찾아 나선다. 운이 좋게도 DMM의 포스트에서 2,000주의 주식을 사려는 주문을 받은 다른 브로커를 바로 발견했다. 딜러의 매도가는 주당 25.76달러임을 알고 25.63달러의 가격에 각자의 주문을 실행하자고 합의했다. 이 가격은 DMM의 매수가와 매도가 사이의 중간이어서 당신 고객은 고시된 가격에 거래하는 것보다 0.13달러 × 2,000 = 260달러 절약한다.

거래가 매우 활발한 주식은 DMM의 포스트 주위에 많은 매수자와 매도자가 있을 것이며 대부분의 거래는 브로커 간에 직접 이루어질 것이다. 이것을 "군중"(crowd) 속에서의 거래라고 부른다. 그런 경우 DMM은 주문을 유지하고 매수자와 매도자가 공정한 가격에 거래할 수 있도록 한다. 다시 말해 DMM은 기본적으로 심판의 기능을 한다.

그러나 종종 DMM의 포스트는 한산할 것이다. 월마트의 예로 돌아가 2,000주를 사는 주문을 받은 다른 브로커를 빨리 찾지 못했다고 하자. 즉시 팔아 달라는 주문을 받았기에 25.50달러의 매수가로 DMM에게 팔 수밖에 없을 것이다. 이 경우 주문을 신속하게 처리함이 우선이므로 DMM은 즉각적으로 주문을 실행할 수 있도록 유동성을 제공한다.

마지막으로 거래소 입회장의 많은 사람이 색깔이 있는 상의를 입고 있는 것에 주목하자. 상의의 색깔은 그 사람의 직업이나 신분을 나타낸다. 사무직원, 심부름꾼, 방문객, 거래소 직원 등은 자신을 구분시키는 특정 색상의 옷을 입는다. 또한, 바쁜 날에는 약간 정신이 없어서 좋은 옷은 오래가지 못하므로 싸구려 외투가 보호한다.

나스닥의 운영

나스닥 주식의 매수-매도 스프레드가 얼마나 큰가는 money.cnn.com에서 최근 호가로 확인하자.

상장된 회사의 수 그리고 많은 경우 거래량으로 보면 나스닥(NASDAQ)이 심지어 NYSE보다 크다. 제1장에서 언급했듯이 나스닥이라는 다소 이상한 이름은 전국증권딜러협회호가시스템(National Association of Securities Dealers Automated Quotations system)을 나타내는 두문자어 *NASDAQ*에서 유래한다. 하지만 나스닥은 지금 자체 권리가 있는 명칭이다.[9)]

1971년에 도입된 나스닥시장은 나스닥 가입자들에게 적시에 증권가격의 호가를 알려주는 증권 딜러의 컴퓨터 네트워크이다. 딜러들은 나스닥에 상장된 증권의 시장조성자로 활동한다. 시장조성자로서 나스닥 딜러들은 각각 매도주문이나 매수주문에 응할 수 있는 매수가(bid prices)와 매도가(asked prices)를 올린다. 딜러들은 호가와 함께 호가에 거래해야 할 주식 수도 올린다.

NYSE에 뒤지지 않기 위해 나스닥은 2007년 5월에 7개의 북유럽 증권거래소를 관장하는 OMX를 매수하는 거래를 확정해 합병을 마쳤다. 합병으로 나스닥은 아직도 종종

[9)] 역주: 한국은 1996년 7월 증권업협회와 증권사들이 코스닥(KOSDAQ: Korea Securities Dealers Automated Quotation)시장을 개설해 세계적인 신시장(new market)으로 육성했다. 그 후 2005년 1월 한국증권거래소, 한국선물거래소, 코스닥과 코스닥위원회가 합병해 현재는 한국거래소(KRX)가 코스닥시장을 운영하고 있다. 2013년 7월에는 초기 중소기업과 벤처기업을 위해 제3의 주식시장인 코넥스(KONEX)를 한국거래소에 설립했다.

NASDAQ으로 언급되나 공식적으로는 NASDAQ OMX Group이다.

NYSE의 DMM 시스템과는 달리 나스닥에서 활발하게 거래되는 주식에는 다수의 시장조성자가 있다. 따라서 NYSE와 나스닥에는 두 가지 중요한 차이가 있다. (1) 나스닥은 컴퓨터 네트워크이며 거래가 이루어지는 물리적인 장소가 없다. (2) 나스닥은 DMM 시스템이 아닌 다수의 시장조성자 시스템으로 운영된다. NYSE처럼 군중 속에서 직접 거래는 없다.

나스닥에는 www.nasdaq.com이라는 훌륭한 웹사이트가 있으니 확인해 보자.

약 3,400개 회사가 나스닥 시스템에 상장되어 있는데 종목마다 평균적으로 약 12명의 시장조성자가 있다. 전통적으로 중소기업의 주식은 나스닥에 상장되어 있는데 회사의 규모가 충분히 커지면 나스닥에서 NYSE로 이동하는 경향이 있었다. 그러나 오늘날 아마존(Amazon), 마이크로소프트(Microsoft), 인텔(Intel)과 같은 초대형 기업들도 나스닥에 잔류하는 결정을 했다.

나스닥 네트워크는 세 단계의 정보 공유로 운영한다. 레벨 1은 적시에 정확한 호가 정보를 제공하도록 고안되었다. 이 가격들은 무상으로 인터넷에서 얻을 수 있다.

레벨 2는 사용자들이 모든 나스닥 시장조성자들의 호가를 볼 수 있게 한다. 특히 이 레벨에서는 **내부 호가(inside quotes)**에 접속할 수 있다. 내부 호가는 나스닥 상장증권에 대한 가장 높은 매수가(bid quotes)와 가장 낮은 매도가(asked quotes)이다. 레벨 2는 지금 웹에서 이용할 수 있는데 때로는 소액의 수수료를 낸다. 레벨 3은 시장조성자들만 이용할 수 있다. 이 레벨에서는 나스닥 딜러들이 호가 정보를 입력하거나 수정할 수 있다.

내부호가
inside quotes
증권의 가장 높은 매수가와 가장 낮은 매도가.

나스닥은 실제로는 NASDAQ Global Select Market, NASDAQ Global Market, NASDAQ Capital Market이라는 세 개의 분리된 시장으로 구성된다. 나스닥의 더 크고 더 활발히 거래되는 증권의 시장인 Global Select Market은 마이크로소프트와 인텔 같은 세상에 잘 알려진 회사들을 포함해 (2018년 기준으로) 약 1,600개 회사가 상장되어 있다. Global Market은 다소 소규모 회사들의 시장으로 약 860개 회사가 상장되어 있다. 마지막으로 NASDAQ에 상장된 가장 작은 규모의 회사들은 NASDAQ Capital Market에 있다. 약 900개 회사가 상장되어 있다. 물론 Capital Market 회사들이 더 성장하게 되면 Global Market이나 Global Select Market으로 이전할 수도 있다.

ECNs 1990년대 후반의 매우 중요한 발전으로 나스닥 시스템이 이른바 **장외전자거래시장(electronic communications networks: ECNs)**에 개방되었다. ECN은 기본적으로 투자자들이 직접 서로 거래할 수 있는 웹사이트이다. ECN에 접수된 투자자의 매매주문은 나스닥에 전송되어 시장조성자의 매수가 및 매도가와 함께 표시된다. 따라서 ECN은 근본적으로 시장조성자뿐만 아니라 개인투자자에게도 나스닥을 개방한다. 그 결과 ECN은 유동성과 경쟁을 제고시킨다. 근처의 *Work the Web*(워크더웹) 박스는 한 ECN인 CBOE Global Markets (www.markets.cboe.com/us/equities)을 설명하고 ECN "주문장"(order book)에 대한 중요한 정보를 포함한다. 읽어보도록 하자.

장외전자거래시장
electronic communications networks (ECNs)
투자자들이 서로 직접 거래할 수 있게 하는 웹사이트.

WORK THE WEB

markets.cboe.com/us/equities에 가면 웹에서 실제로 거래가 이루어지는 것을 볼 수 있다. 이 증권시장은 원래 BATS 거래소였으나 2016년에 CBOE가 매수했다. 이 시장은 모든 매수와 매도주문의 목록을 의미하는 "주문장"(order book)이 실시간으로 공개된다는 점에서 다소 독특하다. 다음은 인텔(Intel: INTC) 주문장 샘플을 캡처한 것이다. 상단의 파란색은 매도호가(asks)이고 아래 초록색은 매수호가(bids)이다. 모든 주문은 '지정가주문'(limit order)으로 고객이 매수주문의 경우에는 지급하려는 최고가격이거나 매도주문의 경우에는 수용하는 최소가격이다. 시장에서 내부 호가(insider quotes: 최고 매수가 또는 최저 매도가)는 볼드체 글자로 제시한다.

Book Viewer » BZX Equities BYX Equities EDGX Equities EDGA Equities Market Quality Statistics
Shows the top bids and asks for any symbol.

INTC	Orders Accepted	Total Volume
INTEL CORP COM	401,142	2,778,405

	TOP OF BOOK		LAST 10 TRADES		
	Shares	Price	Time	Price	Shares
ASKS	800	**52.37**	14:35:40	52.34	100
	600	52.36	14:35:39	52.34	100
	700	52.35	14:35:32	52.32	100
	1,000	52.34	14:35:32	52.32	100
	800	52.33	14:35:30	52.32	100
BIDS	1,500	**52.32**	14:35:21	52.30	100
	1,500	52.31	14:35:19	52.29	100
	800	52.30	14:35:18	52.29	100
	1,000	52.29	14:35:17	52.29	100
	1,000	52.28	14:35:15	52.29	100

출처: markets.cboe.com

사이트를 방문하면 주문이 입력되고 집행되는 것을 볼 수 있다. 이 특정한 날에는 인텔의 주식 약 280만 주가 CBOE 시장에서 거래되었음에 주목하자. 이 시간에 인텔의 내부 호가는 1,500주가 52.32달러에 매수주문을 냈고, 800주가 52.33달러에 매도주문을 냈다. 이는 인텔의 모든 주문장(order book)이 아니어서 52.28달러보다 낮은 매수주문이 더 있고, 52.37달러보다 높은 매도주문이 더 있다.

질문 QUESTIONS

1. *markets.cboe.com/us/equities에 가서 Microsoft(MSFT)의 주문장을 보라. Microsoft의 내부 호가(inside quotes)는 얼마인가?*
2. *markets.cboe.com/us/equities에 가보라. 이 웹사이트는 25개의 가장 활발한 주식을 보여준다. 이 명단을 따라 내려가 보면 이들 주식의 매수-매도 호가 차이(bid-ask spreads)는 얼마인가?*

물론 NYSE와 NASDAQ에서만 주식이 거래되는 것은 아니다.[10] 다소 거친 시장에 대한 토의는 근처의 *Finance Matters*(재무사안) 박스에서 볼 수 있다.

[10] 역주: 기존 거래소와는 별도로 주식을 매매할 수 있는 시스템을 대체거래시스템(Alternative Trading System: ATS)이라고 한다.

FINANCE MATTERS

주식거래의 거칠고 거친 서부(Wild, Wild West)

회사가 대형 주식시장의 상장요건을 맞출 수 없거나 원하지 않을 때는 어디로 가야 할까? 두 가지 옵션은 장외시장 게시판(Over-the-Counter Bulletin Board: OTCBB)과 전에 핑크시트(Pink Sheets)였던 OTC마켓(OTC Markets)이다.[11] 이 두 전자시장은 주식거래의 거칠고 거친 서부(Wild, Wild West)의 일부이다. 다소 특이한 이름에 대한 설명은 간단하다. 전자게시판으로 시작했던 OTCBB는 비상장 주식의 OTC 거래를 활성화하기 위해 만들어졌다. "핑크시트"(Pink Sheets)라는 이름은 이런 주식의 가격이 한때 분홍색 종이에 적혔던 사실에서 유래한다.

NASDAQ과 NYSE 같은 잘 알려진 시장은 비교적 상장요건이 엄격하다. 회사가 이러한 조건들을 만족시키지 못하면 상장이 폐지될 수 있다. 반면에 OTCBB와 핑크시트는 상장요건이 없다. OTCBB는 회사가 SEC(혹은 다른 관련 정부기관)에 재무제표를 등록해야 하지만 핑크시트는 그나마도 없다.

이 시장에서 거래되는 주식들의 가격이 매우 낮은 경우가 잦아 종종 "페니스톡"(penny stocks), "마이크로캡스"(microcaps) 혹은 "나노캡스"(nanocaps)라고 불린다. 이 회사들에 대한 기업평가보고서를 작성하는 브로커들은 거의 없다. 그래서 이런 기업들의 정보는 가장 신뢰할 만한 출처가 아니라 주로 소문이나 인터넷을 통해서 유포된다. 사실 많은 주식에게 이러한 시장은 종종 커다란 전자적 풍문 제작소나 가십 공장과 같을 것이다. 거래 방식을 느끼기 위해서 OTCBB 웹사이트(finra-markets.morningstar.com/MarketData/EquityOptions/default-jsp)에서 전형적인 화면 하나를 가져왔다.

Symbol		Last	Chg	Chg %	Vol (mil)
SKYF	▼	0.0004	-0.0003	-42.8571	617.1280
WSTI	▲	0.0015	0.0005	50.0000	206.7324
IHSI	▲	0.0002	0.0001	100.0000	196.4200
ALKM	▼	0.0019	-0.0004	-17.3913	182.6769
RBIZ	▼	0.0009	-0.0004	-30.7692	163.6658
ADTM	▼	0.0007	-0.0003	-30.0000	163.2937
ABWN	▼	0.0087	-0.0013	-13.0000	106.4823
LCLP	▲	0.0005	0.0000	0.0000	93.7315
SRMX	▼	0.0020	-0.0005	-20.0000	85.5750
BTGI	▲	0.0005	0.0000	0.0000	72.5206

Most Actives | % Gainers | % Losers | Exchange by OOTC

출처: finra-markets.morningstar.com

우선 수익률을 살펴보자. 인텔리전트 하이웨이 솔루션(Intelligent Highway Solutions, Inc.: IHSI)의 수익률은 당일 100%였다! 물론 이러한 이익은 주가가 0.0001달러 상승해 발생했다. 스카이440(Sky440, Inc.: SKYF)의 주가가 0.003달러 하락해 약 43% 떨어졌다. OTCBB의 주식이 거래될 때는 대량으로 거래되는 경향이 있다. 그러나 금액은 대형 거래소에서 볼 수 있는 것보다 상당히 낮다. 예를 들어 같은 거래일 마감 시점까지 어드반스 마이크로 디바이스(Advance Micro Device: AMD)는 뉴욕증권거래소(NYSE)에서 가장 거래가 활발한 주식으로 약 9,400만 주가 주인이 바뀌었다. 스카이440(SKYF)은 약 6억 3,200만 주가 바뀌었다. 그러나 그날 총 거래금액은 어처구니없는 340,000달러였다. 반면에 AMD 주식은 약 14.8억 달러가 거래되었다.

OTC마켓(www.otcmarkets.com)은 상장회사이다. OTC마켓에 상장하려면 회사는 자사 주식을 거래하려는 시장조성자(market maker)를 찾으면 된다. 회사가 OTC마켓에 상장하는 이유는 다양하다. 상장요건을 맞추려고 하지 않는 소규모 기업들이 한 유형이다. 그리고 미국 증권거래소의 상장요건인 일반회계기준(GAAP)에 따른 재무제표를 준비하지 않았기에 외국회사들도 종종 OTC마켓에 상장한다. 이전에 더 큰 증권거래소에 상장했으나 비자발적으로 상장이 폐지되었거나 제1장에서 언급했던 사박스(Sarbox) 준수와 관련된 비용을 포함해 여러 이유로 상장철회("go dark")를 선택한 회사들이 많다.

어쨌든 OTCBB와 OTC마켓은 상당히 거친 거래장소이다.

[11] 역주: 2013년 7월 KRX는 규제를 최소화한 코넥스(Konex)시장을 개설해 운용하고 있다. 금융투자협회는 2005년 프리보드 시장을 개설하여 운영했다.

(계속)

낮은 주가로 인해 작은 주가변동으로도 엄청난 수익률을 올릴 수 있다. 그러나 주가조작이나 사기 시도가 다반사라는 점을 충고한다. 또한, 이러한 시장의 주식들은 종종 거래가 빈번하지 않아 거래량이 적다. 특정 날짜에 두 시장에 상장된 주식이 거래되지 않는 일은 드물지 않다. 심지어 특정주식이 이틀이나 사흘 연속해서 거래가 없는 것도 드물지 않다.

주식시장 보도

다른 많은 것과 같이 주가에 대한 보도는 대부분 웹으로 이전되었다. 많은 온라인 서버에서 주식에 대한 많은 정보와 함께 주식의 분 단위 가격을 얻을 수 있다. 다음은 finance.yahoo.com에 있는 유명한 오토바이 제조업체 할리데이비슨(Harley-Davidson: HOG)의 2018년 6월 21일 주식 호가이다.

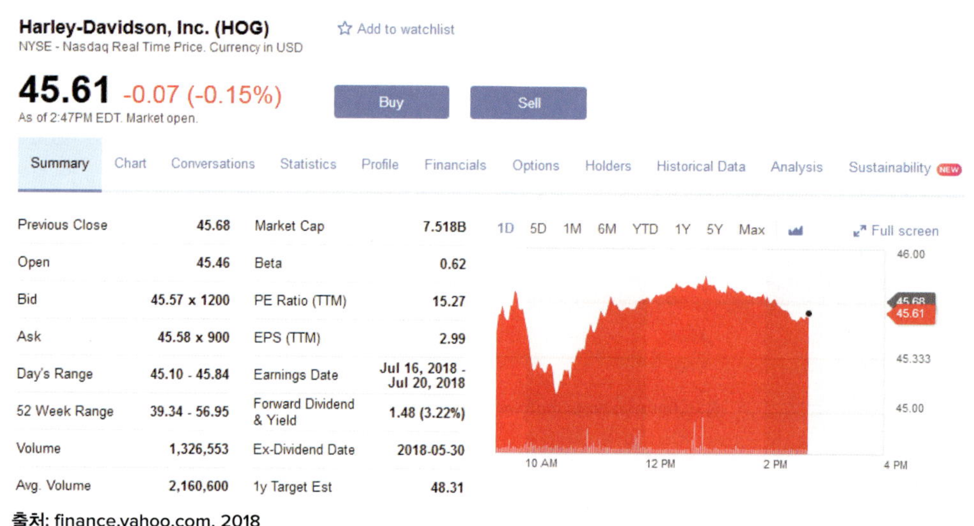

Harley-Davidson, Inc. (HOG)
NYSE - Nasdaq Real Time Price. Currency in USD

45.61 -0.07 (-0.15%)
As of 2:47PM EDT. Market open.

Previous Close	45.68	Market Cap	7.518B
Open	45.46	Beta	0.62
Bid	45.57 x 1200	PE Ratio (TTM)	15.27
Ask	45.58 x 900	EPS (TTM)	2.99
Day's Range	45.10 - 45.84	Earnings Date	Jul 16, 2018 - Jul 20, 2018
52 Week Range	39.34 - 56.95	Forward Dividend & Yield	1.48 (3.22%)
Volume	1,326,553	Ex-Dividend Date	2018-05-30
Avg. Volume	2,160,600	1y Target Est	48.31

출처: finance.yahoo.com, 2018

웹에서 실시간 주식 호가를 볼 수 있다. 상세한 것은 finance.yahoo.com 참조.

왼쪽 위에 최근 거래가격인 45.61달러가 있다. 이 가격에 의하면 주식은 하루 중 0.07달러 또는 0.15% 하락했다. 박스 아래에 더 많은 정보가 있다, 예를 들어 "Previous Close"는 직전 거래일 종가이다. 그리고 "Open"은 최근 일의 시초가이다. 이날 현재까지의 고가는 "Day's Range"에서 보이는 45.84달러이고 저가는 45.10달러이다. 할리데이비슨 주식은 지난 3개월간 216만 주의 평균 거래량과 비교해 약 133만 주가 거래되었다. 항상 그렇듯이 매수호가(bid)와 매도호가(ask)는 사려고 하는 가장 높은 가격과 팔고자 하는 가장 낮은 가격이다. 예를 들어 45.57 × 1,200은 어떤 사람이 1,200주에 45.57달러를 지급할 용의가 있음을 말한다. "×"는 "by"로 읽는다. 매도호가에서도 주식 수를 볼 수 있다. "52 Week range"는 지난 52주간의 최고가와 최저가이다.

호가에는 훨씬 더 많은 정보가 있다. "베타"(Beta)는 중요한 숫자이다. 제11장에서는 베타에 대해 할 말이 훨씬 더 많을 것이다. 배당금을 지급하는 대부분 회사와 같이 할리데이비슨은 실제로 분기당 배당금을 지급한다. 하지만 1.48달러로 되어 있는 배당은 다음 해에 예상되는 배당이다. 배당수익률(dividend yield)은 연간배당금을 주가로 나눈 값이다. 할리데이비슨의 지난해 주당순이익(EPS)은 2.99달러였다. 보이는 PE ratio는 현행 주가를 지난 12개월의 이익으로 나눈 값이다. "1y Target Est"는 애널리스트의 예측치에 의한 다음 해 추정 주가이다. 마지막으로 "Market Cap"(시가총액 또는 할리데이비슨 주식의 총가치)을 보여준다.

개념문제 CONCEPT QUESTIONS

7.3a 증권 브로커와 증권 딜러의 차이점은 무엇인가?

7.3b 매수가와 매도가 중 어느 것이 더 큰가? 그 이유는?

7.3c 뉴욕증권거래소(NYSE)의 네 가지 형태 회원은 무엇인가?

7.3d 나스닥(NASDAQ)은 나이스(NYSE)와 어떻게 다른가?

요약과 결론

이번 장에서는 주식과 주식 가치평가에 대한 기본을 다루었다. 주요 내용은 다음과 같다.

1. 주식의 소유로 생기는 현금흐름은 미래 배당금의 형태로 나타난다. 미래의 모든 배당금의 현재가치를 계산할 수 있어 주식의 가치를 도출할 수 있는 어떤 특별한 상황을 보았다.
2. 주식회사에서 보통주의 소유주는 주식회사의 이사를 선임하는 의결권을 포함해 여러 가지 권리가 있다. 주식회사 선거에서 투표는 집중투표제이거나 단순투표제일 수 있다. 대부분의 투표는 실제로 프록시(proxy)로 이루어지고, 경쟁자가 자신의 후보를 이사로 선임하기 위해 충분한 의결권을 획득하려고 할 때 위임장대결을 하게 된다.
3. 어떤 주식회사는 보통주 이외에 우선주를 발행했다. 우선주라는 이름은 보통주의 주주들이 무엇이든 수령 전에 우선주의 주주들이 먼저 지급되어야 한다는 사실에서 유래된다. 우선주의 배당은 고정되어 있다.
4. 미국에서 가장 큰 두 개의 주식시장은 뉴욕증권거래소(NYSE)와 나스닥(NASDAQ)이다. 이 두 시장의 조직과 운영에 대해서 알아보았고, 주가 정보가 보도되는 방법을 알았다.

이번 장으로 제4부를 마친다. 이제는 현재가치가 의미하는 바를 잘 이해해야 한다. 현재가치, 부채상환 등을 계산하는 방법도 익숙해져야 한다. 제5부에서는 자본예산 의사결정을 다룬다. 알게 되겠지만 제4장에서 제7장까지 배운 기법들은 기업의 투자 결정을 평가하는 방법의 기초가 된다.

복습과 자체시험 문제

7.1 배당성장과 주식 가치평가. 주당 2달러의 현금배당(cash dividend)을 방금 지급했다. 투자자들은 이와 같은 투자에 16%의 수익을 요구한다. 배당이 매년 8%씩 꾸준히 성장한다고 예상하면 주식의 현행 가치는 얼마인가? 5년 후 주식은 얼마의 가치가 되겠는가? ([문제 1] 참조)

7.2 요구수익률. 주당 40달러에 거래되는 주식을 발견했다고 하자. 다음 해에 주당 1달러의 배당금이 지급될 것이고, 배당은 매년 12%씩 영원히 성장할 것으로 생각한다. 이 경우 배당수익률(dividend yield)은 얼마인가? 자본수익률(capital gains yield)은 얼마인가? 총 요구수익률(total required return)은 얼마인가? ([문제 3] 참조)

복습과 자체시험 문제 풀이

7.1 마지막 배당 D_0는 2달러였다. 배당은 8%의 꾸준한 성장이 예상된다. 요구수익률은 16%이다. 배당성장모형에 의하면 현행 가격은 다음과 같다.

$$
\begin{aligned}
P_0 &= D_1/(R - g) \\
&= D_0 \times (1 + g)/(R - g) \\
&= \$2 \times 1.08/(0.16 - 0.08) \\
&= \$2.16/0.08 \\
&= \$27
\end{aligned}
$$

5년 후의 배당을 계산하고 나서 다시 배당성장모형을 이용해 5년 후의 주가를 계산할 수 있다. 다른 방법으로는 주가가 매년 8%씩 증가함을 인식해 미래가격을 직접 계산한다. 둘 다 계산해 보도록 한다. 우선 5년 후의 배당은

$$
\begin{aligned}
D_5 &= D_0 \times (1 + g)^5 \\
&= \$2 \times 1.08^5 \\
&= \$2.9387
\end{aligned}
$$

따라서 5년 후의 주가는

$$
\begin{aligned}
P_0 &= D_5 \times (1 + g)/(R - g) \\
&= \$2.9387 \times 1.08/0.08 \\
&= \$3.1738/0.08 \\
&= \$39.67
\end{aligned}
$$

그러나 배당모형을 이해하고 있다면 더 쉽게 알아챌 수 있다.

$$
\begin{aligned}
P_5 &= P_0 \times (1.08)^5 \\
&= \$27 \times 1.08^5 \\
&= \$27 \times 1.4693 \\
&= \$39.67
\end{aligned}
$$

두 방법으로 구한 5년 후의 가격은 같다.

7.2 배당수익률은 다음 기의 배당 D_1을 현재의 가격 P_0로 나눈 $1/40 = 0.25 또는 2.5%이다. 자본수익률은 배당성장률과 같으므로 12%이다. 총 요구수익률은 이 둘의 합으로 2.5% + 12% = 14.5%이다.

비판적 사고와 개념 복습

LO 1 **7.1 주식 가치평가.** 왜 주식의 가치는 배당의 영향을 받는가?

LO 1 **7.2 주식 가치평가.** NYSE와 나스닥에 상장된 상당수의 회사는 배당금을 지급하지 않는다. 그래도 투자자들은 그러한 기업의 주식을 매수하려고 한다. 직전의 질문에 대한 답변에 의하면 이것이 어떻게 가능한가?

LO 1 **7.3 배당정책.** 직전의 질문에서 어떤 상황에서 회사는 배당금을 지급하지 않겠는가?

LO 1 **7.4 배당성장모형.** 주식의 가치를 결정하기 위해서 제시한 배당성장모형을 사용하기 위한 두 가지 가정은 무엇인가? 이 가정들의 타당성을 설명하라.

LO 1 **7.5 보통주와 우선주.** 한 회사가 우선주와 보통주를 발행했다고 하자. 두 주식 모두 방금 2달러의 배당금을 지급했다. 우선주와 보통주 중 더 가치가 크다고 생각하는 것은?

LO 1 **7.6 배당성장모형.** 배당성장모형에 의하면 주식의 총수익의 요소 두 가지는 무엇인가? 일반적으로 무엇이 더 크다고 생각하는가?

LO 1 **7.7 성장률.** 배당성장모형에서 배당성장률과 주가 성장률이 똑같다는 것이 사실인가?

LO 1 **7.8 배당과 이익.** 회사의 당기순이익이 적자일 때 배당금 지급이 가능한가? 더 오랜 기간에도 일어날 수 있는가?

LO 2 **7.9 기업윤리.** 주식회사가 불공평한 의결권을 가진 클래스의 주식을 발행하는 것이 불공정하거나 비윤리적인가?

LO 2 **7.10 의결권.** 구글(Google)과 같은 회사들은 의결권이 적거나 전혀 없는 클래스의 주식을 발행했다. 투자자들은 왜 이런 주식을 매입하는가?

LO 2 **7.11 주식 가치평가.** 다음 문장을 평가하라. 경영자는 미래의 장기적인 이익을 희생해서 단기적인 이익을 너무 강조할 소지가 있기에 현행 주가에 중점을 두어서는 안 된다.

LO 1 **7.12 일정배당성장모형.** 일정배당성장모형에서 주식 배당금의 가장 높은 합리적인 성장률은 얼마인가?

LO 2 **7.13 의결권.** 이번 장에서 많은 회사가 시차임기제를 없애는 압력을 받는다고 언급했다. 투자자들은 왜 이사회의 시차 임기를 없애려고 하는가? 시차 임기를 둔 이사회의 장점은 무엇인가?

LO 1 **7.14 가격 비율 가치평가.** 주식의 가치평가를 위해 PE 비율을 이용하는 어려움은 무엇인가?

연습문제

초급(문제 1-14)

LO 1 **1. 주식 가치.** 주당 2.55달러의 배당을 방금 지급했다. 배당금은 연간 3.9%의 일정한 비율로 무한한 성장이 기대된다. 투자자들이 이 주식에 10.4%의 수익률을 요구한다면 현행 가격은 얼마인가? 3년 후의 가격은 얼마인가? 15년 후는?

LO 1 **2. 주식 가치.** 다음의 배당금 지급은 주당 2.65달러일 것이다. 배당은 4.5%의 성장률을 영원히 유지할 것이다. 이 주식이 지금 주당 43.15달러에 거래된다면 요구수익률은 얼마인가?

LO 1 **3. 주식 가치.** [문제 2]에서 배당수익률은 얼마인가? 예상되는 자본수익률은 얼마인가?

LO 1 **4. 주식 가치.** 내년에 주당 3.25달러의 배당금을 지급할 것이다. 회사는 배당이 매년 5.1%씩 무한히 증가할 것으로 약속했다. 투자에 대해 11%의 수익률을 요구한다면 오늘 이 회사의 주식에 얼마를 지급하겠는가?

LO 1 **5. 주식 가치평가.** 배당의 성장률을 일정한 4.3%로 무한히 유지할 예정이다. 회사의 배당수익률이 5.6%라면 이 회사 주식의 요구수익률은 얼마인가?

LO 1 **6. 주식 가치평가.** 한 회사의 주식이 지금 주당 67달러에 거래되고 요구수익률이 10.8%임을 안다고 하자. 주식의 총수익률은 자본수익률과 배당수익률로 균등하게 나누어진다는 것도 안다. 이 회사의 정책이 배당에 항상 일정성장률을 유지하는 것이라면 현재의 주당 배당은 얼마인가?

LO 1 **7. 주식 가치평가.** 주식에 일정하게 15.25달러의 배당금을 지급한다. 이 회사는 향후 9년 동안 같은 배당을 유지하고 그 뒤에는 영원히 배당지급을 중단할 계획이다. 이 주식의 요구수익률이 9.2%라면 현행 주가는 얼마인가?

LO 1 **8. 우선주 가치평가.** 매년 2.85달러의 배당을 영구히 지급하는 우선주를 발행했다. 이 주식이 지금 주당 77.32달러에 거래된다면 요구수익률은 얼마인가?

LO 2 **9. 의결권.** 재무관리 수업을 성공적으로 마친 후 다음의 도전은 한 주식회사의 이사회에서 봉사하는 것이다. 안타깝게도 당신에게 표를 던질 사람은 당신뿐이다. 이 회사는 525,000주를 발행했고 주식은 지금 38달러에 거래된다. 회사가 단순투표제(straight voting)를 적용한다면 이사회 자리를 차지하는 데 비용이 얼마가 들겠는가? 회사가 집중투표제(cumulative voting)를 행사하고 이번에 4명의 이사를 선임한다면 이사회 자리를 차지하는 데 비용이 얼마나 들겠는가?

LO 1 **10. 성장률.** 한 회사의 주가는 67달러이다. 투자자들은 유사한 주식에 10.5%의 수익률을 요구한다. 회사가 내년에 4.25달러의 배당금을 지급할 계획이라면 내년에 주가는 얼마의 성장률이 예상되는가?

LO 1 **11. 우선주 가치평가.** 20/20 preferred라고 불리는 우선주를 신규로 발행했다. 이 우선주에는 매년 20달러의 배당금을 지급할 것인데 첫 번째 배당은 20년 후에나 지급할 것이다. 주식에 7.3%의 수익률을 요구한다면 오늘 얼마를 지급해야 하는가?

LO 1 **12. 주식 가치평가.** 내년에 2.64달러의 배당금을 지급할 것이다. 회사는 매년 4.5%의 일정성장률을 영원히 유지할 것이라고 발표했다. 12%의 수익률을 원한다면 주식에 얼마를 지급하겠는가? 8%의 수익률을 원한다면 얼마를 지급하겠는가? 이는 요구수익률과 주가 간의 관계에 대해서 무엇을 말하는가?

LO 2 **13. 주식 가치평가와 PE 비율.** 주당 이익이 3.68달러이다. 회사의 벤치마크 PE는 18이다. 적절한 주가는 얼마라고 생각하는가? 벤치마크 PE가 21이라면 어떠한가?

LO 2 **14. 주식 가치평가와 PS 비율.** 한 신설 기업의 현재 이익이 음수이다. 회사의 매출은 145만 달러이고 130,000주가 발행되었다. 벤치마크 가격–매출 비율이 3.9이면 적절한 주가의 추정치는 얼마인가? 주가–매출 비율이 3.2라면 어떠한가?

중급(문제 15-30)

LO 1 **15. 불규칙 성장.** 신생 스타트업회사다. 이 기업은 성장을 지원하기 위해 이익을 유보할 필요가 있기에 향후 9년 동안 배당금을 지급하지 않을 것이다. 그리고 지금부터 10년 후 주당 23달러를 배당으로 지급할 것이며 그 후부터는 배당을 매년 5%씩 증가시킬 것이다. 이 주식의 요구수익률이 12%라면 현행 주가는 얼마인가?

LO 1 **16. 불규칙 배당.** 특이한 배당정책을 가지고 있는 회사가 주당 3달러의 배당금을 방금 지급했고, 이 배당금은 향후 4년 동안 주당 5달러씩 증가하며, 그 이후에는 어떤 배당도 지급하지 않을 것이라고 발표했다. 회사 주식에 9.7%의 수익률을 요구한다면 오늘 이 주식에 얼마를 지급하겠는가?

LO 1 **17. 불규칙 배당.** 향후 4년 동안 7달러, 13달러, 18달러, 3.25달러의 배당금을 지급할 것으로 예상된다. 그런 후에 회사는 영원히 5%의 배당성장률을 일정하게 유지할 것을 약속했다. 주식의 요구수익률이 10.4%라면 현행 주가는 얼마인가?

LO 1 **18. 비정상 초과성장.** 매우 빠르게 성장하는 회사로 배당은 향후 3년 동안 25%의 비율로 성장하고, 그 이후에는 성장률이 일정한 4.5%로 떨어질 것으로 예상된다. 요구수익률이 10.5%이고 2.85달러의 배당금을 방금 지급했다면 현행 주가는 얼마인가?

LO 1 **19. 음수 성장률.** 성숙단계의 제조업체가 있다. 회사는 방금 16.30달러의 배당금을 지급했으나 경영자는 향후 배당이 매년 3.5%씩 무기한 감소할 것으로 예상한다. 주식에 8%의 수익률을 요구한다면 오늘 주당 얼마를 지급하겠는가?

LO 1 **20. 배당 계산.** 현재 주당 68.98달러에 거래되고 있다. 시장은 이 회사의 주식에 10.3%의 수익률을 요구한다. 회사가 4.9%의 배당성장률을 일정하게 유지한다면 가장 최근에 이 주식에 지급된 주당 배당금은 얼마인가?

당신이 선호하는 파이낸셜 웹사이트에서 다음의 정보를 모았다. 이 정보를 이용해 [문제 21~25]를 답하라(52주 주가의 고가와 저가는 각각 직전 52주 동안의 최고가와 최저가를 나타낸다).

52주 주가						
고가	저가	주식 (배당)	배당 수익률 %	PE 비율	종가	순 변동
64.60	47.80	Abbott 1.12	1.9	235.6	62.91	−0.05
145.94	70.28	Ralph Lauren 2.50	1.8	70.9	139.71	−0.62
171.13	139.13	IBM 6.30	4.3	23.8	145.39	0.19
91.80	71.96	Duke Energy 3.56	4.9	17.6	74.30	0.84
113.19	96.20	Disney 1.68	1.7	15.5	??	0.10

LO 3 **21. 배당수익률.** 듀크에너지(Duke Energy)를 찾아라. 배당이 일정하다고 가정하자. 지난해 최고 배당수익률은 얼마였는가? 지난해 최저 배당수익률은 얼마였는가?

LO 1 **22. 주식 가치평가.** 2018 밸류라인 《인베스트먼트 서베이》(Value Line *Investment Survey*)에 의하면 IBM의 배당성장률은 향후 5년 동안 5%로 예상한다. IBM은 향후 5년 동안 이러한 성장률을 기록하고 나서 배당성장률이 3.5%로 영원히 하락한다고 하자. 투자자들이 IBM에 10%의 수익률을 요구한다고 하자. 이 주식의 가격이 올바른가? 어떤 요인이 당신의 답에 영향을 주었는가?

LO 1 **23. 주식 가치평가.** 2018 밸류라인 《인베스트먼트 서베이》(Value Line *Investment Survey*)에 의하면 랄프로렌(Raloh Lauren)의 배당성장률은 향후 5년 동안 0.5%가 될 것이다. 투자자들이 이러한 배당성장률이 계속되리라고 믿는다면 이 회사 주식의 요구수익률은 얼마인가?

LO 1 **24. 마이너스 성장.** 2018 밸류라인 《인베스트먼트 서베이》(Value Line *Investment Survey*)에 의하면 애보트 래버러토리스(Abbott Laboratories)의 직전 5년간 배당성장률은 −11.5%였다. 투자자들이 이런 성장률이 계속될 것으로 느낀다면 이 회사 주식의 요구수익률은 얼마인가? 배당에서 마이너스 성장의 잠재적 원인에는 어떤 것이 있는가?

LO 1 **25. 주식 호가.** 배당수익률을 이용해서 이날 월트디즈니(Walt Disney)의 종가(closing price)를 계산하여라. 실제 종가는 108.85달러였다. 두 종가가 왜 서로 다른가? 밸류라인 《인베스트먼트 서베이》(Value Line *Investment Survey*)는 월트디즈니의 배당성장률을 4%로 예측했다. 배당할인모형과 실제 주가를 이용하면 주식의 요구수익률은 얼마인가?

LO 1 **26. 주식 가치평가와 PE.** EPS는 현재 3.85달러이고, 회사의 벤치마크 PE는 19이다. 이익은 연간 6%의 성장이 예상된다.

a. 현재 주가의 추정치는 얼마인가?

b. 1년 후 목표 주가는 얼마인가?

c. 회사가 배당금을 지급하지 않는다면 다음 해까지의 회사 주식의 내재수

익률은 얼마인가? PE 가치평가를 이용하면 내포된 주식수익률에 대해 무엇을 말해 주는가?

LO 1 **27. 주식 가치평가와 PE.** 다음의 역사적 정보를 발견했다.

	1년	2년	3년	4년
주가	63.25	71.94	83.43	88.27
EPS	3.15	3.35	3.60	3.85

이익은 다음 해에 7%의 성장이 예상된다. 벤치마크로서 회사의 역사적 평균 PE를 이용하면 1년 후의 목표 주가는 얼마인가?

LO 1 **28. 주식 가치평가와 PE.** [문제 27]에서 주식이 다음 해에 주가가 단일하다고 가정했다. 그러나 어떤 해든지 주가를 보면 그 해의 높은 주가와 낮은 주가를 발견할 것이다. 단일 벤치마크 PE 비율 대신 이제 매해 높은 PE 비율과 낮은 PE 비율이 있다. 이러한 비율들을 이용해 내년의 높은 주가와 낮은 주가를 계산할 수 있다. 특정 회사에 대한 다음의 정보가 있다.

	1년	2년	3년	4년
고가	48.60	57.34	69.46	74.85
저가	37.25	42.18	55.85	63.18
EPS	2.02	2.31	2.45	3.05

이익은 다음 해에 9% 성장할 것으로 추정된다. 다음 해의 높은 목표 주가와 낮은 목표 주가는 얼마인가?

LO 1 **29. 주식 가치평가와 PE.** 현재 EPS는 3.85달러이고 이익성장률은 7%이다. 벤치마크 PE 비율은 21이다. 지금부터 5년 후 목표 주가는 얼마인가?

LO 1 **30. PE와 최종 주가.** 실무에서 회사가 배당금을 지급할 때 주식 가치를 평가하는 통상적인 방법은 향후 5년 정도의 배당의 가치를 구하고 나서 벤치마크 PE 비율을 이용해 "최종"(terminal) 주가를 발견한다. 한 회사가 방금 1.15달러의 배당금을 지급했다. 배당은 향후 5년 동안 10%의 성장이 예상된다. 회사의 배당성향(payout ratio)은 40%이고 벤치마크 PE는 19이다. 5년 후 목표 주가는 얼마인가? 주식의 요구수익률을 11%로 가정하면 오늘 주가는 얼마인가?

고급(문제 31-32)

LO 1 **31. 자본이득과 이익.** 4개의 다른 주식이 있는데 모두 요구수익률이 17%이고 가장 최근의 주당 배당금은 2.40달러이다. 주식 W, X, Y는 예견할 수 있는 미래에 각각 연간 8%, 0%, −5%의 일정 배당성장률의 유지가 예상된다. 주식 Z는 다음 2년 동안에 배당이 20%로 증가하는 성장주식으로 그 이후에는 12%의 일정 성장률을 유지할 것이다. 이 4개의 주식 각각의 배당수익률(dividend yield)은 얼마인가? 예상되는 자본수익률(capital gains yield)은 얼마인가? 이들 주식에서 발견한 여러 수익률 간의 관계를 논의하라.

LO 1 **32. 주식 가치평가.** 대부분 주식회사는 보통주에 대해 연간배당금보다 분기 배당금을 지급한다. 특수한 상황을 제외하고는 이사회는 1년에 한 번 현재 배당금을 높이거나, 낮추거나, 유지하고 주주들에게는 분기마다 같은 배당금을 지급한다.

a. 어느 회사가 현재 보통주에 1년에 한 번 2.80달러의 연간배당금을 지급하고, 계속해서 매년 6%씩 배당금을 올리려고 계획한다고 가정하자. 주식의 요구수익률이 12%라면 현행 주가는 얼마인가?

b. (a)에서 회사가 연간배당금을 분기로 똑같이 나누어 지급한다고 가정하자. 즉, 회사는 직전의 3분기처럼 주당 0.70달러의 배당금을 방금 지급했다. 이제 현행 주가는 얼마인가?(힌트: 매년 이와 동등한 연간 연말 배당금을 구할 것.) 이러한 주식 가치평가모형이 적절한지를 논의하라.

웹에서 문제 풀기

7.1 배당할인모형. 2018년 밸류라인 《인베스트먼트 서베이》(Value Line *Investment Survey*)에 의하면 엑손모빌(ExxonMobil: XOM)의 배당성장률은 3%이다. finance.yahoo.com에 있는 현행 가격 호가와 배당정보를 찾아라. 성장률이 옳다면 엑손모빌의 요구수익률은 얼마인가? 이 숫자가 그럴듯한가?

7.2 주식 호가. 미국에서 거래되는 가장 비싼 상장 주식은 무엇인가? finance.yahoo.com을 방문하여 버크셔 해서웨이 클래스 A(Berkshire Hathaway Class A)인 BRKA를 입력하라. 현행 주당 가격은 얼마인가? 52주 최고가와 최저가는 얼마인가? 평균 하루 거래량이 얼마인가? 오늘 몇 주나 거래되었는가?

7.3 비정상성장. 코카콜라(Coca-Cola: KO) 주식을 사려고 한다. 배당은 다음 4년 동안 15%로 성장하고, 그 이후에는 6%로 변동이 없을 것으로 믿는다. finance.yahoo.com에 있는 가장 최근 배당을 이용해서 12%의 수익률을 원한다면 주당 얼마를 지급할 용의가 있는가?

7.4 시장운용. 어떻게 주식거래가 이루어지는가? www.nyse.com을 방문해 알아 보라. 뉴욕증권거래소(NYSE)의 거래 절차를 설명하라.

엑셀 *MASTER IT!* 문제

실무에서는 배당할인모형 이용은 교재에서 제시한 방법에서 정제된다. 많은 애널리스트는 향후 5년간 배당을 추정하고 나서 미래 어느 시점, 보통 10년의 영구성장률을 추정한다. 배당성장이 고속성장기간에서 영구성장기간으로 급락하기보다 선형 보간법이 적용된다. 즉, 배당성장이 매년 같은 숫자가 떨어지리라고 예측한다. 예를 들어 고속성장기간은 향후 5년간 15%이고, 다음 5년 후에 5% 영구성장률로 떨어지리라고 예상하면 배당성장률은 매년 2%씩 감소할 것이다.

밸류라인 《인베스트먼트 서베이》(Value Line *Investment Survey*)는 투자자에게 정보를 제공한다. 아래에 밸류라인 2018년 판에 있는 마이크로소프트(Microsoftc: MSFT)에 대한 정보를 발견할 것이다.

2018 배당금:	**$1.56**
5년 배당성장률:	**12.0%**

a. 영구성장률 5%가 지금부터 10년 후에 시작하고 고속성장률과 영구성장률 사이에 선형 보간법(linear interpolation)을 이용한다고 가정하자. 매해의 배당성장률과 배당금을 보여주는 표를 구성하라. 10년째의 주가는 얼마인가? 오늘의 주가는 얼마인가?

b. 미래의 주가를 발견하기 위해 애널리스트들은 종종 일정배당성장모형을 적용하는 대신 배당할인모형과 주가비율 가치평가(종종 PE 비율)를 결합한다. PE 비율은 주가 나누기 주당 이익임을 기억하자. PE 비율을 알고 있으면 주가에 대해 풀 수 있다. MSFT에 대해 다음 정보도 있다고 하자.

배당성향:	**20%**
일정성장률의 PE:	**15**

MSFT가 배당에서 영구성장률에 도달했을 때의 주가를 계산하기 위해 PE 비율을 사용하자. 이제 고속성장기간의 배당의 현재가치와 PE 비율을 이용해 계산한 가격으로 계산한 오늘의 주식 가치를 제시하라.

c. 주식이 영구성장률에 도달했을 때 현행 주가는 PE 비율의 변동에 얼마나 민감한가? 알아내기 위해 10년 후의 PE 비율에 대한 현행 주가의 그래프를 그려라.

CHAPTER CASE

레이건 사의 주식 가치평가

레이건(Ragan, Inc.) 사는 9년 전 캐링턴 레이건(Carrington Ragan)과 제네비에브 레이건(Genevieve Ragan) 남매가 창립했다. 회사는 공업용 난방, 통기, 냉각 조절장치(HVAC)를 제조하고 설치한다. 회사는 제품의 에너지효율을 높이는 독점적인 기술로 빠르게 성장했다. 캐링턴과 제네비에브는 회사를 동등하게 소유하고 있다. 남매 사이의 동업협약서에 따라 각각 50,000주의 주식을 소유한다. 동업협약서에 의하면 주식을 팔려는 사람은 먼저 주식을 할인된 가격으로 상대방에게 매도를 제안해야 한다.

비록 남매는 아무도 주식 매도를 원치 않으나 회사 보유지분의 가치를 정하는 것으로 결정했다. 이를 위해 주요 경쟁사들에 대한 다음의 정보를 모았다.

엑스퍼트 HVAC 코퍼레이션(Expert HVAC Corporation)은 작년에 회계상 상각처리(write-off)를 해 주당 순익이 마이너스였다. 상각하지 않았다면 회사의 주당순이익(EPS)은 1.10달러였을 것이다.

레이건 사 — 경쟁회사					
	EPS	배당	주가	ROE	*R*
아틱 쿨링	$1.30	$0.16	$25.34	8.50%	10.00%
내셔널 히팅앤드 쿨링	1.95	0.23	29.85	10.50	13.00
엑스퍼드 HVAC 코프	−0.37	0.14	22.13	9.78	12.00
산업 평균	$0.96	$0.18	$25.77	9.59%	11.67

지난해, 회사의 주당순이익(EPS)은 3.15달러였으며 캐링턴과 제네비에브에게 각각 45,000달러의 배당금을 지급했다. 회사의 자기자본이익률(ROE)은 17%이다. 이들 남매는 회사의 적정 요구수익률이 14%라고 생각한다.

질문 QUESTIONS

1. 회사의 현행 성장률이 지속하면 회사 주식의 주당 가치는 얼마가 되겠는가?
2. 계산 검증을 위해 캐링턴과 제네비에브는 조쉬 슐레스만(Josh Schlessman)을 컨설턴트로 고용했다. 조쉬는 이전에 주식 애널리스트였고 HVAC 산업을 담당했다. 조쉬는 경쟁사의 재무제표와 함께 회사의 재무제표를 검토했다. 비록 회사가 현재 기술적인 면에서 우위에 있으나 그의 조사에 따르면 다른 경쟁사들도 효율 증대를 위한 방법을 모색 중이다. 이에 따라 회사의 기술적 우위는 향후 5년 동안만 지속하리라고 믿는다. 그 후, 회사의 성장은 산업의 성장 평균으로 낮아질 것이라고 보았다. 게다가 회사에서 사용하는 요구수익률이 너무 높다고 생각한다. 그는 산업평균 요구수익률이 더 적절한 수준이라고 생각한다. 이렇게 성장률을 가정하면 회사 주식의 추정가치는 얼마인가?

8 순현가와 기타 투자평가법

Net Present Value and Other Investment Criteria

친환경(green)이 돈(green)이 되는가? 제너럴 일렉트릭(GE)은 그렇게 생각한다. "이코매지네이션"(Ecomagination) 프로그램을 통해서 회사는 그린(green)제품에 대한 연구개발비 지출을 두 배로 계획했다. 사실 GE는 이미 이코매지네이션 프로그램에 2016년까지 200억 달러 이상을 투자했고, 2020년까지 50억 달러를 추가로 투자할 계획이다.

[200톤, 6천 마력의 "철로 위의 프리우스(Prius)"라고 묘사된] 하이브리드 철도 기관차와 같은 제품으로 GE의 그린 주도권은 성과가 있는 것으로 보인다. 회사의 그린 제품 매출은 2005년에서 2016년까지 2,000억 달러 이상이었다. 더욱이 이코매지네이션 제품의 매출은 회사의 다른 매출보다 두 배로 빠르게 성장하고 있다. 그린 "보물 사냥"을 통해 에너지 소비를 감소하기 위한 GE의 내부적 헌신은 1억 달러 이상을 절약했고, 또 다른 상당한 비용 절감으로 회사는 2016년까지 물 소비를 2006년 기준시점보다 53% 줄였다.

GE는 부분적으로는 그린으로 가려는 욕망이 동기가 되었으나 재무적 관점에서 이 결정은 회사가 돈을 벌 때만 의미가 있다. GE가 그런 일에 연간 약 20억 달러를 지출하는 계획을 보면 분명히 주요 재무의사결정이고 리스크와 보상은 주의깊게 저울질해야 한다. 이번 장에서는 그러한 결정에 사용되는 기본 도구를 논의한다.

학습 목표_Learning Objectives

제8장을 마친 후에는 다음의 능력을 갖추어야 한다.

- **LO 1** 회수기간법(payback rule)과 결점 요약
- **LO 2** 회계적이익률(accounting rates of return)과 문제점 논의
- **LO 3** 내부수익률(internal rates of return) 기준과 장단점 설명
- **LO 4** 순현가(net present value) 기준을 이용해 투자안 평가
- **LO 5** 수정내부수익률(modified internal rate of return)의 적용
- **LO 6** 수익성지수(profitability index) 계산과 순현가와의 관계 이해

이번 장에서는 자본예산의 실무를 소개한다. 제1장에서 회사의 주식 가치 증가가 재무관리의 목표임을 알았다. 따라서 여기서는 특정 투자가 이 목표를 달성할 수 있는지를 판단하는 방법을 배울 필요가 있다. 이번 장에서는 실제로 실무에서 사용되는 여러 가지 기법들을 살펴본다. 더 중요하게는 많은 기법이 어떻게 오해할 수 있으며, 왜 순현가(NPV)법이 옳은 방법인가를 설명한다.

기업재무 세계에서 최근에 전개된 사건을 보려면 essentialsofcorporatefinance.blogspot.com 방문.

제1장에서 재무관리자가 고려해야 하는 세 가지 주요 영역을 확인했다. 그중 첫 번째는 "어떤 장기투자를 해야 하는가?"이다. 이것을 **자본예산 의사결정**(*capital budgeting decision*)이라고 불렀다. 이번 장에서는 이 질문에 답하면서 제기되는 사안을 다루기 시작한다.

자본을 배분하거나 예산을 편성하는 과정은 특정 비유동자산을 매수할 것인지만을 결정하는 것보다 대개는 더 복잡하다. 종종 신제품을 출시해야 할지 혹은 새로운 시장에 진입할지와 같은 더 광범위한 사안에 직면할 것이다. 비유동자산의 투자는 일반적으로 오래 걸리고 한번 결정하면 쉽게 되돌릴 수 없기에 이와 같은 의사결정이 향후 몇 년간 기업의 영업과 제품 특성을 결정한다.

이런 이유로 자본예산 질문은 아마도 기업재무에서 가장 중요한 사안이다. 기업이 어떻게 사업 자금을 조달하고(자본구조 질문) 어떻게 단기적 사업 활동을 관리하는지(운전자본 질문)가 확실히 중요한 사안이지만 기업의 업종 결정은 비유동자산이 한다. 예를 들어 항공사는 자금조달 방법과 상관없이 비행기를 운항하기 때문에 항공사이다.

어떤 기업이든지 아주 많은 투자기회가 있다. 각각의 가능한 투자는 기업이 갖는 선택권이다. 어떤 선택권은 가치가 있고, 어떤 선택권은 가치가 없다. 물론 성공적인 재무관리의 핵심은 무엇이 무엇인지를 알아내기 위한 배움이다. 이를 염두에 두고 이번 장에서는 실행할 정도로 가치가 있는지를 결정하기 위해 잠재적인 사업기회를 분석하는 기법들을 소개하는 것이다.

여기서는 실무에서 사용하는 몇 가지 다른 절차들을 소개하고 서로 비교한다. 주목적은 다양한 방법들의 장단점을 알리는 것이다. 알게 되겠지만 이 영역에서 가장 중요한 개념은 순현재가치(net present value)다. 다음에 알아보자.

8.1 순현재가치

제1장에서 재무관리의 목표는 주주들의 가치 창출이라고 주장했다. 그러므로 재무관리자는 잠재적 투자를 검토할 때 기업의 주가에 미칠 영향을 고려해 검토해야 한다. 이번 절에서는 이를 위해 널리 사용되는 절차인 순현재가치법(net present value approach)을 기술한다.

기본개념

어떤 투자가 소유주에게 가치를 창출해 주면 착수할 가치가 있다. 가장 일반적인 표현으로 취득에 드는 비용보다 시장에서 더 가치가 있는 투자를 알아내서 가치를 창출한다. 어떻게 비용보다 더 가치가 있겠는가? 이는 부분들 비용보다 전체가 더 가치가 있는 경우이다.

낡은 주택을 75,000달러에 매입해 페인트공, 배관수리공 등에게 75,000달러를 주고 수리했다고 하자. 총투자액은 150,000달러이다. 작업이 모두 끝나고 이 주택의 시장에 다시 내놓으니 170,000달러의 가치가 있음을 알았다. 시장가치(170,000달러)가 비용

(150,000달러)을 20,000달러 초과한다. 여기서 경영자로서 한 일은 비유동자산(주택), 노동(배관수리공, 목수 등) 그리고 자재(목공, 페인트 등)를 합친 것이다. 그 결과 20,000달러의 가치를 창출했다. 다시 말해 이 20,000달러는 경영진의 **부가가치**(*value added*)다.

주택의 예에서 **사후에**(*after the fact*) 20,000달러의 가치가 창출되었다. 따라서 일은 매우 잘 되었다. 물론 진짜 도전은 필요자금 150,000달러의 투자가 좋은 생각인가를 **사전에**(*ahead of time*) 어떻게든 알아내는 일이다. 이것이 자본예산에 대한 모든 것으로 말하자면 제안된 투자 또는 프로젝트가 설정된 비용보다 더 가치가 있는지를 결정하는 일이다.

곧 분명해질 이유로 투자의 시장가치와 비용의 차이를 투자의 **순현재가치(net present value)** 또는 줄여서 **순현가(NPV)**라고 한다. 다시 말해서 순현재가치는 투자를 착수해서 오늘 창출하고 부가한 가치의 척도이다. 주주들에게 가치를 창출함이 목적임을 고려하면 자본예산과정은 양수의 순현재가치(positive net present value) 투자 찾기로 볼 수 있다.

순현재가치 또는 순현가 net present value (NPV)
투자의 시장가치와 비용의 차이.

낡은 주택의 예에서 어떻게 자본예산 의사결정을 하는지 상상할 수 있을 것이다. 먼저 시장에서 매각되고 있는 비교할 만한 수리된 자산을 살펴볼 것이다. 그다음 특정 부동산을 매입해 수리하고 시장에 내놓는 비용을 추정할 것이다. 이 시점에서 추정된 총비용과 추정된 시장가치를 갖는다. 그 차이가 플러스라면 추정된 순현가가 양수이므로 이 투자는 착수할 만한 가치가 있다. 물론 추정된 값이 맞을 것이라는 보장이 없기에 리스크가 있다.

이 예가 설명하듯이 고려 중인 투자와 유사한 자산의 시장이 있으면 투자의사결정은 아주 단순해진다. 자본예산은 최소한 대충이라도 비교할 만한 투자의 시장가격을 알 수 없을 때 훨씬 더 어려워진다. 그 이유는 그러면 간접적인 시장정보만을 이용해 투자의 가치를 추정하는 문제에 직면하기 때문이다. 유감스럽게도 이것이 정확히 재무관리자가 보통 마주치는 상황이다. 이 문제를 다음에 설명한다.

순현재가치의 추정

신제품 유기비료를 생산해 판매하는 사업의 시작을 생각하는 중이라고 하자. 생산을 시작하기 위해 무엇을 구매해야만 하는가를 알기에 착수비용을 꽤 정확하게 추정할 수 있다. 이는 좋은 투자이겠는가? 논의한 바에 의하면 답변은 새로운 사업의 가치가 착수비용을 초과하는가에 달려 있다. 다시 말해 이 투자의 순현가(NPV)는 양수인가?

이 문제는 "수리 후 가치가 높아진" 주택의 예보다 훨씬 더 어렵다. 비료회사 전체가 시장에서 일상적으로 매매되지 않기 때문이다. 그래서 기본적으로 유사한 투자의 시장가치를 알기는 불가능하다. 그 결과 다른 방법으로 어떻게든 이 가치를 추정해야만 한다.

제4장과 제5장의 작업을 기초로 비료사업의 가치를 어떻게 추정하는지 추측할 수 있을 것이다. 우선 새로운 사업이 산출할 것으로 기대하는 미래 현금흐름을 추정하려 할 것이다. 그리고 이 현금흐름의 현재가치를 추정하기 위해 기본 현금흐름할인법을 적용

할 것이다. 추정하고 나서 다음에는 투자의 미래 현금흐름과 투자비용의 현재가치 간의 차이로 NPV를 추정한다. 제5장에서 언급했듯이 이 방법을 종종 **현금흐름할인법(discounted cash flow valuation 또는 DCF valuation)**이라고 부른다.

현금흐름할인법 discounted cash flow (DCF) valuation
(a) 현 시점의 가치를 결정하기 위해 미래 현금흐름의 현재가치를 계산. (b) 미래의 현금흐름을 할인해 투자가치를 평가하는 절차.

NPV를 어떻게 추정하는지 살펴보기 위해 모든 것이 예상대로라면 비료사업에서 현금수입이 매년 20,000달러일 것으로 믿는다고 하자. 세금을 포함한 현금비용은 매년 14,000달러일 것이다. 8년 후에는 사업을 정리할 것이다. 그때 공장, 토지, 설비의 잔존가치는 2,000달러가 될 것이다. 착수하기 위해 30,000달러의 비용이 들었다. 이와 같은 신규 프로젝트에는 15%의 할인율을 적용한다. 이는 좋은 투자인가? 발행주식이 1,000주라면 이 프로젝트를 채택함으로써 주가에 미치는 영향은 무엇인가?

순전히 기계적인 관점에서는 15%로 미래 현금흐름의 현재가치 계산이 필요하다. 8년 동안의 순현금유입은 매년 20,000달러의 현금수입에서 14,000달러의 비용을 뺀 값일 것이다. 이 현금흐름을 〈그림 8.1〉에 표시했다. 〈그림 8.1〉에 보이는 바와 같이 사실상 8년째 2,000달러의 일시불 현금유입과 함께 매년 20,000 − 14,000 = 6,000달러의 8년간 연금이다. 그래서 미래 현금흐름의 현재가치 계산은 제5장에서 다루었던 문제와 같은 형태가 된다. 현재가치 총액은 다음과 같다.

$$
\begin{aligned}
\text{현재가치} &= 6{,}000 \times (1 - 1/1.15^8)/0.15 + 2{,}000/1.15^8 \\
&= 6{,}000 \times 4.4873 + 2{,}000/3.0590 \\
&= 26{,}924 + 654 \\
&= 27{,}578
\end{aligned}
$$

이 값을 추정비용 30,000달러와 비교하면 NPV는 다음과 같다.

$$\text{NPV} = -30{,}000 + 27{,}578 = -2{,}422$$

그러므로 이는 좋은 투자가 아니다. 추정치를 기준으로 할 때 이 투자를 채택하면 주식의 총가치는 2,422달러 감소할 것이다. 총발행주식이 1,000주이므로 이 프로젝트 채택의 영향에 대한 최상의 추정은 주당 2,422달러/1,000주 = 2.422달러의 가치 상실이다.

비료회사의 예는 NPV 추정치로 투자가 바람직한지의 결정에 이용할 수 있음을 보여 준다. 이번 예에서 NPV가 음수이면 주가에 미치는 효과는 부정적임을 주목하자. NPV가 양수이면 그 효과는 긍정적일 것이다. 결과적으로 어떤 특정 투자의 채택-기각 결정을 위해서 필요한 것은 NPV가 양수인가 또는 음수인가다.

그림 8.1
프로젝트 현금흐름 (단위: $000)

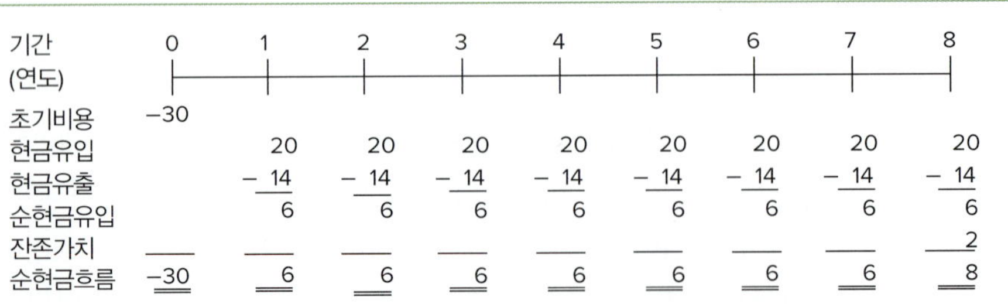

재무관리의 목표가 주가의 상승이라는 점을 고려하면 이번 절에서의 논의는 순현가 법칙(*net present value rule*)으로 이끈다.

투자는 순현재가치가 양수이면 채택해야 하고, 음수이면 기각해야 한다.

흔치 않지만 순현재가치가 정확하게 0이 되면 투자를 선택하건 기각하건 차이가 없을 것이다.

앞의 예에 대해 두 가지를 언급할 순서이다. 우선, 현금흐름을 할인하는 기계적인 과정이 중요하지 않다는 것이다. 일단 현금흐름과 적정 할인율을 알면 필요한 계산은 매우 간단하다. 그에 앞서 현금흐름 및 할인율을 제시하는 일이 훨씬 도전적이다. 다음 장에서 이에 대해 더 많이 설명할 것이다. 이번 장에서는 현금수입과 비용 그리고 필요하면 적정 할인율을 주어진 것으로 본다.

앞의 예에서 기억해야 할 두 번째는 −2,422달러 NPV는 추정된 값이라는 점이다. 다른 추정값과 마찬가지로 이 값은 클 수도 작을 수도 있다. 실제 NPV를 계산하는 유일한 방법은 그 투자를 팔려고 내놓고 얼마를 받는지 보는 것이다. 일반적으로 이렇게는 하지 않으므로 추정치를 신뢰할 수 있는지가 중요하다. 이것도 나중에 자세히 설명하겠다. 이번 장에서는 추정치가 그냥 정확하다고 가정하겠다.

예제 8.1 NPV법의 사용

새로운 소비재의 출시 여부를 결정해 달라는 요청을 받았다고 하자. 산출된 매출과 비용에 의하면 5년간 프로젝트의 현금흐름은 처음 2년은 2,000원, 그다음 2년은 4,000원, 마지막 해는 5,000원으로 예상했다. 생산의 시작에 약 10,000원의 비용이 들 것이다. 신제품을 평가에 10%의 할인율을 사용한다. 여기서 무엇을 해야 하는가?

현금흐름과 할인율을 고려하면 현금흐름을 현재로 할인함으로써 제품의 총가치를 계산할 수 있다.

$$\begin{aligned}\text{현재가치} &= 2{,}000/1.1 + 2{,}000/1.1^2 + 4{,}000/1.1^3 + 4{,}000/1.1^4 + 5{,}000/1.1^5\\ &= 1{,}818 + 1{,}653 + 3{,}005 + 2{,}732 + 3{,}105\\ &= 12{,}313\end{aligned}$$

예상 현금흐름의 현재가치는 12,313원이지만 이 현금흐름 발생에 따른 비용은 10,000원에 불과하다. 그러므로 NPV는 12,313 − 10,000 = 2,313원이다. 이는 양수이므로 순현재가치법에 의하면 이 프로젝트를 채택해야만 한다.

스프레드시트로 NPV 계산

스프레드시트 전략

NPV 계산에 스프레드시트와 재무계산기가 일반적으로 이용된다. 다양한 재무계산기의 사용 절차는 여기서 설명하기에는 너무 달라서 스프레드시트의 사용에 집중한다. 이와 관련해서 스프레드시트의 사용을 검토하면 주의할 점도 알게 된다. 〈예제 8.1〉을 다시 계산해 보자.

(계속)

	A	B	C	D	E	F	G	H
1								
2	스프레드시트를 사용해 순현재가치 계산							
3								
4	〈예제 8.1〉에서 프로젝트 비용은 10,000원이다. 현금흐름은 첫 2년간은 연 2,000원이고,							
5	다음 2년간은 연 4,000원이며, 마지막 해에는 5,000원이다. 할인율은 10%이다.							
6	NPV는 얼마인가?							
7								
8		연도	현금흐름					
9		0	−10,000	할인율 =		10%		
10		1	2,000					
11		2	2,000		NPV =	2,102.72	(*틀린* 답)	
12		3	4,000		NPV =	2,312.99	(*맞는* 답)	
13		4	4,000					
14		5	5,000					
15								
16	셀 F11에 들어가는 식은 = NPV(F9,C9:C14)이다. NPV 함수는 순현재가치(NPV)가 아니라							
17	실제로 현재가치(PV)를 계산하기에 이 계산으로는 틀린 답이 나온다.							
18								
19	셀 F12에 들어가는 식은 = NPV(F9,C10:C14) + C9이다. NPV 함수는 현금흐름의 현재가치							
20	계산에 사용하고 초기비용을 빼주어 답을 계산했기에 이 계산으로는 맞는 답이 나온다.							
21	셀 C9이 이미 음수이기에 이를 더해 주었음에 주목하자.							

앞 절에서 살펴본 대로 NPV 추정은 투자안의 수익성을 평가하는 한 방법이다. 이는 확실히 수익성을 평가하는 유일한 방법이 아니어서 이제 다른 방법을 볼 차례다. 앞으로 알게 되겠지만 검토하게 될 각각의 수익성 평가법은 NPV와 비교할 때 중대한 결함이 있다. 그래서 NPV가 실무에서는 항상 그렇지는 않더라도 원칙적으로는 선호되는 방법이다.

근처의 스프레드시트 전략에서 〈예제 8.1〉을 재구성하였다. 2개의 답을 제공했음에 주목하자. 〈예제 8.1〉에서 볼 수 있었던 답과 비교하면 첫 번째 답은 스프레드시트의 NPV 공식을 사용했지만 틀렸음을 보았다. 스프레드시트에서의 "NPV" 함수는 사실상 현가(PV) 함수다. 안타깝게도 수년 전에 원래의 스프레드시트 프로그램 중 하나가 잘못 정의되었다. 그리고 이후의 스프레드시트들은 이를 복세해 왔다! 두 번째 답은 공식을 적절하게 사용하는 방법을 보여 준다.

이 예는 계산과정을 이해하지 못하고 맹목적으로 계산기나 컴퓨터를 사용하는 위험성을 보여 준다. 현실에서 이렇게 특정 함수의 잘못된 사용에 근거해 많은 자본예산 결정을 한다고 생각하면 놀랍다. 이번 장 후반에 스프레드시트로 틀릴 수 있는 다른 예를 본다.

개념문제 CONCEPT QUESTIONS

8.1a 순현재가치(net present value) 법칙은 무엇인가?

8.1b NPV가 1,000원인 투자는 정확히 무엇을 의미하는가?

8.2 회수기간법

제안된 투자의 회수기간을 말하는 것은 실무에서 매우 흔하다. 간단하게 회수기간(*payback*)은 초기투자의 회복 또는 "미끼의 회수"에 걸리는 시간의 길이다. 널리 알려지고 사용되기에 자세히 살펴본다.

회수기간법의 정의

회수기간을 어떻게 계산하는지 예를 들어 설명할 수 있다. 〈그림 8.2〉는 투자안의 현금흐름을 보여 준다. 이 투자로 누적된 현금흐름이 투자의 비용과 같아지거나 초과할 때까지 몇 년을 기다려야 하는가? 〈그림 8.2〉에서 초기투자는 50,000달러이다. 1년 후에 기업은 30,000달러를 회수해 20,000달러를 남긴다. 두 번째 해의 현금흐름이 정확히 20,000달러여서 이 투자는 정확히 2년 후에 "자력으로 지급한다." 다시 말해서 **회수기간(payback period)**은 2년이다. 3년 또는 그 이상의 회수기간을 요구한다면 이 투자는 채택한다. 다음은 회수기간법(*payback period rule*)을 설명한다.

회수기간
payback period
투자가 초기비용을 회복하기에 충분한 현금흐름을 만들어내는 데 요구되는 시간.

회수기간법(payback rule)에서 계산된 회수기간이 미리 정한 기간보다 짧으면 투자는 채택한다.

예제에서 회수기간은 정확히 2년이 걸린다. 물론 흔한 일은 아니다. 숫자가 정확히 들어맞지 않을 때는 관행적으로 연 단위를 세분한다. 예를 들어 초기투자가 60,000달러이고, 첫해의 현금흐름이 20,000달러, 둘째 해는 90,000달러라고 하자. 첫 2년 동안의 현금흐름은 110,000달러이다. 그래서 둘째 해의 어느 시점에 프로젝트의 비용은 분명히 회수된다. 첫해가 지나면 20,000달러를 회수해서 40,000달러가 남는다. 연 단위를 세분해 계산하기 위해서 40,000달러는 둘째 해 현금흐름의 40,000/90,000 = 4/9임에 주의한다. 연간 일정하게 90,000달러의 현금흐름이 지급된다고 가정하면 회수기간은 1과 4/9년이 될 것이다.

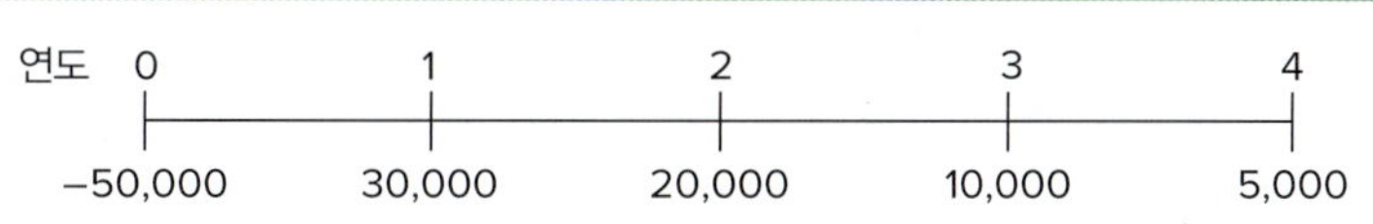

그림 8.2
프로젝트 순현금흐름

예제 8.2 회수기간 계산

투자안의 예상 현금흐름은 다음과 같다.

연도	현금흐름
1	100
2	200
3	500

이 프로젝트의 비용은 500원이다. 이 투자의 회수기간은 얼마인가?

초기비용은 500원이다. 첫 2년 후에는 현금흐름은 총 300원이다. 3년 후에 총 현금흐름이 800원이므로 프로젝트는 2년째 기말에서 3년째 기말 사이의 어느 시점에 회수한다. 첫 2년 동안 누적된 현금흐름이 300원이므로 3년째에 200원을 회수해야 한다. 3년째의 현금흐름은 500원이므로 회수하려면 200/500 = 0.4년을 기다려야 할 것이다. 그러므로 회수기간은 2.4년 또는 약 2년 5개월이다.

투자의 회수기간을 계산하는 방법을 알기에 의사결정에서 회수기간법의 사용은 간단하다. 특정한 기준시점이 예를 들어 2년으로 정해지면 회수기간이 2년 또는 그 이하인 투자는 모두 채택되고, 회수기간이 2년이 넘는 투자는 모두 기각된다.

〈표 8.1〉은 다섯 개의 각기 다른 프로젝트의 현금흐름을 나타낸다. 0년도의 현금흐름은 투자비용이다. 이 표를 분석해서 원칙적으로 회수기간에서 발생할 수 있는 특이한 점을 지적한다.

첫 번째 프로젝트 A의 회수기간은 쉽게 계산된다. 첫 2년의 현금흐름의 합은 70달러로 100 − 70 = 30달러를 남긴다. 3년째의 현금흐름이 50달러이기에 회수기간은 그 해의 어느 시점이다. 필요한 30달러와 들어올 50달러를 비교하면 30/50 = 0.6이 된다. 그래서 회수기간은 그해의 60% 지점이다. 따라서 회수기간은 2.6년이다.

프로젝트 B의 회수기간도 계산하기 쉽다. 현금흐름을 모두 합해도 초기투자액이 될 수 없기에 이 투자는 절대로 회수하지 않는다. 프로젝트 C는 프로젝트 B에서는 현금흐름이 없는 4년째에 130달러를 제공해 회수기간은 정확히 4년이다. 프로젝트 D는 약간 이상하다. 3년째의 음수 현금흐름으로 2년과 4년 두 개의 다른 회수기간을 쉽게 증명할 수 있다. 둘 중 무엇이 옳은가? 양쪽 모두이다. 회수기간이 계산되는 방식에 의하면 하나

표 8.1 프로젝트 A~E의 예상 현금흐름

연도	A	B	C	D	E
0	−100	−200	−200	−200	− 50
1	30	40	40	100	100
2	40	20	20	100	−50,000,000
3	50	10	10	−200	
4	60		130	200	

의 답을 보장할 수 없다. 마지막으로 프로젝트 E는 분명히 비현실적이지만 6개월 후에 회수되기에 빠른 회수가 좋은 투자를 보장하지 않는 점을 분명히 보여 준다.

회수기간법의 검토

순현가법과 비교할 때 회수기간법은 다소 심각한 결점들이 있다. 첫째, 회수기간은 미래의 현금흐름을 더해서 계산한다. 할인하지 않기에 화폐의 시간가치는 완전히 무시된다. 또한, 회수기간법은 위험의 차이를 고려하지 않는다. 아주 위험한 프로젝트와 아주 안전한 프로젝트가 모두 같은 방법으로 회수기간이 계산될 것이다.

아마도 회수기간의 가장 큰 문제점은 특정 숫자를 선택하는 객관적 근거가 실제로 없기에 옳은 기준기간(cutoff period)을 찾을 수 없다는 것이다. 다시 말해 무엇보다도 회수기간의 검토에 대한 경제적 합리성이 없기에 기준기간을 선택하는 방법에 대한 가이드가 없다. 그 결과 임의로 선택한 숫자를 사용하게 된다.

여하튼 2년 또는 그 이하를 적절한 회수기간으로 결정했다고 하자. 앞에서 보았던 것처럼 회수기간법은 첫 2년 동안은 화폐의 시간가치를 무시한다. 더 심각하게는 2년 후의 현금흐름이 완전히 무시된다. 이를 확인하기 위해 〈표 8.2〉에 나타난 '장기'와 '단기' 2개의 투자를 고려해 보자. 두 프로젝트 모두 비용이 250원이다. 논의에 의하면 '장기'의 회수기간은 2 + 50/100 = 2.5년이고 '단기'의 회수기간은 1 + 150/200 = 1.75년이다. 2년을 기준으로 '단기'는 채택되고 '장기'는 기각된다.

회수기간법은 옳은 결정을 내리게 하는가? 아마도 아니다. 이런 형태의 투자에 15%의 수익률을 요구한다고 하자. 두 투자의 NPV를 계산할 수 있다.

$$\text{NPV(단기)} = -250 + 100/1.15 + 200/1.15^2 = -11.81$$
$$\text{NPV(장기)} = -250 + 100 \times (1 - 1/1.15^4)/0.15 = 35.50$$

여기에 문제가 있다. 단기투자의 NPV는 사실상 음수로 채택하면 주주의 자본 가치가 감소함을 의미한다. 반대로 장기투자는 주식 가치를 높인다.

이 예는 회수기간법의 두 가지 주요 결점을 보여 준다. 첫째, 시간가치를 무시해 '단기'와 같이 실질적으로 지출한 비용보다도 가치가 없는 투자를 할지도 모른다. 둘째, 기준시점 이후의 현금흐름을 무시해서 '장기'와 같이 수익성 있는 장기투자를 기각할지도 모른다. 더 일반적으로 회수기간법의 사용은 단기투자에 왜곡되도록 하는 경향이 있다.

표 8.2
투자의 예상 현금흐름

연도	'장기'	'단기'
0	−250	−250
1	100	100
2	100	200
3	100	0
4	100	0

회수기간법의 좋은 점

이런 결점에도 불구하고 회수기간법은 대기업이나 복잡한 회사가 비교적 사소한 결정을 내릴 때 자주 사용된다. 여기에는 몇 가지 이유가 있다. 주요 이유는 분석 비용이 실수로 인한 가능한 손실을 초과할 수 있기에 많은 결정이 면밀한 분석을 보장하지 않는다는 것이다. 실무적으로 빨리 회수하고 기준기간 이후에도 수익이 발생하는 투자는 아마도 양수의 NPV를 가진다.

대형 조직에서는 매일 수많은 소규모 투자 결정을 한다. 더욱이 모든 직급에서 결정한다. 그 결과 주식회사에서 예를 들어 10,000달러 이하의 모든 투자에 2년의 회수기간을 요구하는 일은 드물지 않을 것이다. 이보다 큰 투자는 더 정밀한 분석을 받는다. 2년의 회수기간 요구는 앞에서 보았던 여러 이유로 완벽하지 않으나 지출을 통제해 가능한 손실을 제한하는 효과가 있다.

단순하다는 것 외에도 회수기간법은 두 가지 다른 긍정적인 면이 있다. 첫째, 단기 프로젝트들에 편향되기에 유동성에 편향적이다. 다시 말해 회수기간법은 현금을 다른 목적으로 더 빨리 사용하게 하는 투자를 선호하는 경향이 있다. 이는 소규모 사업에서는 매우 중요할 수 있으나 대기업에는 덜 중요할 것이다. 둘째, 프로젝트 수명의 후반부에 발생이 예상되는 현금흐름은 아마도 더 불확실하다. 회수기간법이 후반부 현금흐름의 추가 위험을 조정한다고 주장되나 완전히 무시함으로써 너무 엄격하게 적용한다.

여기서 회수기간법의 명백한 단순함이 환상임을 지적해야 한다. 그동안의 논의처럼 여전히 먼저 현금흐름을 알아야 하는데 결코 쉬운 일이 아니기 때문이다. 그러므로 회수기간의 개념은 직관적이며 이해하기 쉽다고 말하는 것이 아마 더 정확할 것이다.

회수기간법 요약

요약하면 회수기간은 일종의 "손익분기" 척도이다. 시간가치가 무시되기에 회수기간은 경제적 측면이 아닌 회계적 측면의 손익분기까지 걸리는 시간으로 간주할 수 있다. 회수기간법의 가장 큰 결점은 정확한 질문을 하지 않는 것이다. 적절한 쟁점은 초기투자를 되찾으려면 얼마나 걸리는가가 아니라 투자가 주식의 가치에 얼마나 영향을 주는가이다.

그래도 회수기간법은 아주 단순하기에 회사는 결정해야 할 수많은 소규모 투자를 다루면서 사전점검으로 종종 사용한다. 이러한 관행이 잘못된 것은 확실히 아니다. 다른 주먹구구식의 방법처럼 사용에 몇 가지 결함이 있을 것이나 회수기간법이 유용하지 않다면 그렇게 오랫동안 살아남지 못할 것이다. 이제 회수기간법을 이해했기에 문제를 일으킬 수 있는 상황에 주의할 수 있다. 기억하기 쉽게 다음 표에 회수기간법의 장단점을 정리한다.

회수기간법의 장단점	
장점	**단점**
1. 이해하기 쉽다.	1. 화폐의 시간가치를 무시한다.
2. 나중 현금흐름의 불확실성을 조정한다.	2. 임의의 기준시점이 필요하다.
3. 유동성에 유리하게 편향되었다.	3. 기준시점 이후의 현금흐름을 무시한다.
	4. 연구개발과 같은 장기프로젝트나 신규 프로젝트에 불리하게 편향되었다.

개념문제 CONCEPT QUESTIONS

8.2a 회수기간은 말로 표현하면 무엇인가? 회수기간법은 무엇인가?

8.2b 회수기간이 어떤 의미에서는 회계적 손익분기의 측정이라고 하는 이유는 무엇인가?

8.3 평균회계이익률

자본예산 의사결정에서 결점은 있으나 또 다른 매력적인 방법은 **평균회계이익률(average accounting return: AAR)**이다. AAR은 여러 가지 정의가 있다. 하지만 어떤 형태이든지 항상 다음과 같이 정의된다.

평균회계이익률
average accounting return (AAR)
투자의 평균 순이익을 평균 장부가치로 나눈 값.

$$\frac{\text{평균 회계적 이익의 측정치}}{\text{평균 회계적 가치의 측정치}}$$

여기서는 다음의 특정 정의를 사용한다.

$$\frac{\text{평균 당기순이익}}{\text{평균 장부가치}}$$

이 숫자를 계산하는 방법을 알기 위해 새로운 쇼핑몰에 점포를 열지를 결정하는 중이라고 하자. 실내장식에 필요한 투자액은 500,000원이다. 5년 후에는 모든 것이 쇼핑몰 주인들에게 귀속되기에 이 점포의 수명은 5년일 것이다. 필요한 투자액은 5년 동안 정액법(straight-line)으로 100% 감가상각이 된다. 따라서 감가상각비는 매년 500,000원/5 = 100,000원이다. 세율은 25%이다. 〈표 8.3〉에 추정 매출과 지출이 정리되었다. 표를 근거로 각 연도의 순이익도 계산했다.

이 투자의 평균 장부가치를 계산하려면 장부가치는 초기비용인 500,000원으로 시작해서 0원으로 끝남에 주목해야 한다. 따라서 투자 기간에 평균 장부가치는 (500,000원 + 0)/2 = 250,000원이다. 정액법과 0의 잔존가치를 사용하는 한 평균 투자액은 항상 초기투자의 절반이 될 것이다.[1)]

〈표 8.3〉을 보면, 첫해의 순이익이 100,000원, 2년째는 150,000원, 3년째는 50,000

[1)] 물론 직접 여섯 장부가치의 평균을 계산할 수 있다. 단위를 1,000원으로 계산하면 다음과 같다.
(500 + 400 + 300 + 200 + 100 + 0)/6 = 250

표 8.3

평균회계이익률 계산용 연도별 추정 매출과 비용

	1차 연도	2차 연도	3차 연도	4차 연도	5차 연도
매출	433,333	450,000	266,667	200,000	133,333
비용	200,000	150,000	100,000	100,000	100,000
감가상각 차감전 순이익	233,333	300,000	166,667	100,000	33,333
감가상각비	100,000	100,000	100,000	100,000	100,000
법인세 차감전 순이익	133,333	200,000	66,667	0	− 66,667
법인세(25%)	33,333	50,000	16,667	0	− 16,667
순이익	100,000	150,000	50,000	0	− 50,000

$$\text{평균 순이익} = \frac{(100{,}000 + 150{,}000 + 50{,}000 + 0 - 50{,}000)}{5} = 50{,}000$$

$$\text{평균 장부가치} = \frac{500{,}000 + 0}{2} = 250{,}000$$

원, 4년째는 0원, 5년째는 −50,000원임을 안다. 그러므로 평균 순이익은 다음과 같다.

$$[100{,}000 + 150{,}000 + 50{,}000 + 0 + (-50{,}000)]/5 = 50{,}000$$

평균회계이익률(AAR)은

$$\text{AAR} = \frac{\text{평균 당기순이익}}{\text{평균 장부가치}} = \frac{50{,}000}{250{,}000} = 0.20 \text{ 또는 } 20\%$$

기업의 목표 AAR이 20% 미만이라면 이 투자는 채택한다. 만약 20% 이상이라면 기각된다. 평균회계이익률법(*average accounting return rule*)은 다음과 같다.

평균회계이익률법에서는 평균회계이익률이 목표 평균회계이익률을 초과하면 채택한다.

다음에 보는 것처럼 AAR법은 문제가 많다.

AAR의 주요 결점은 금방 알 수 있다. 무엇보다도 AAR은 경제적 측면에서 의미가 있는 수익률이 아니다. 이는 두 회계 수치의 비율이어서 예를 들어 금융시장에서 제공하는 수익률과 비교할 수 없다.[2)]

AAR이 실제 수익률이 아닌 이유 중 하나는 시간가치를 무시하기 때문이다. 다른 시점에 발생한 수치를 평균할 때 가까운 미래와 더 먼 미래를 같은 방법으로 다룬다. 예를 들어 평균 순이익을 계산할 때 할인이 없다.

AAR의 두 번째 문제점은 객관적인 기준기간의 결여에 대한 회수기간법의 문제점과 유사하다. 계산된 AAR은 정말 시장수익률과 비교할 수 없기에 목표 AAR을 어떻게 하든 설정해야 한다. 여기에 일반적으로 합의된 방법은 없다. 한 가지 방법은 기업 전체의 AAR을 계산해 이를 기준으로 사용하는 것이나 수많은 다른 방법들이 있다.

[2)] AAR은 제3장에서 논의한 자산수익률 혹은 ROA와 밀접한 관계가 있다. 실질적으로 AAR은 때때로 먼저 각 해의 ROA를 계산한 다음 평균을 내 구할 수 있다. 이 방법은 이미 계산한 값과 같지는 않지만 근사치를 구해 준다.

세 번째는 아마도 AAR에서 가장 심각한 결함인데 합당한 수치조차 고려하지 않는다는 것이다. 현금흐름과 시장가치 대신 순이익과 장부가치를 사용한다. 이것들은 모두 대용변수로 적절하지 않다. 그 결과 AAR은 투자함으로써 주가에 주는 영향을 말해 주지 않아서 정말 알고자 원하는 것을 말해 주지 않는다.

AAR이 좋은 점은 없는가? 단 하나는 항상 거의 계산할 수 있다는 것이다. 그 이유는 대체로 검토 중인 프로젝트와 기업 전체 모두 회계 정보를 거의 항상 이용할 수 있기 때문이다. 회계 정보를 이용할 수 있다면 특별히 중요한 사실은 아니라도 회계 정보를 현금흐름으로 항상 전환할 수 있음을 덧붙인다. AAR은 다음 표에 요약되었다.

AAR의 장단점	
장점	**단점**
1. 계산하기 쉽다. 2. 필요한 정보를 항상 이용할 수 있다.	1. 실제의 수익률이 아니다. 화폐의 시간가치가 무시되었다. 2. 임의의 목표 기준율(cutoff rate)을 사용한다. 3. 현금흐름과 시장가치가 아닌 회계순이익과 장부가치에 근거한다.

개념문제 CONCEPT QUESTIONS

8.3a 평균회계이익률(AAR)은 무엇인가?

8.3b 평균회계이익률법의 약점은 무엇인가?

8.4 내부수익률

이제 NPV의 가장 중요한 대안으로 **내부수익률(internal rate of return)** 또는 **IRR**에 이르렀다. 앞으로 설명하겠지만 IRR은 NPV와 밀접한 관계가 있다. IRR로 프로젝트의 가치를 요약하는 단 하나의 수익률을 찾으려고 한다. 게다가 다른 어느 곳에서 제공한 수익률이 아니라 특정 투자의 현금흐름에만 의존한다는 점에서 "내부"(internal) 수익률이기를 원한다.

내부수익률 internal rate of return (IRR)
투자의 순현재가치를 0으로 만드는 할인율.

IRR의 기본개념을 설명하기 위해 오늘 비용이 100원이고 1년 후에 110원을 지급하는 프로젝트를 고려한다. "이 투자의 수익률은 얼마인가?"라는 질문을 받으면 무엇이라고 대답하겠는가? 투자한 1원당 1.10원을 받을 수 있으므로 10%의 수익률이라고 말하는 것이 당연해 보인다. 사실 잠시 후에 알게 되겠지만 10%가 이 투자의 내부수익률, 즉 IRR이다.

10%의 IRR이면 괜찮은 투자인가? 다시 말해 요구수익률이 10%보다 작은 경우만 괜찮은 투자임이 명백하다. 이런 직관은 역시 옳으며 *IRR*법(*IRR rule*)을 기술한다.

IRR법에서 IRR이 요구수익률을 초과하면 투자는 채택된다. 아니면 투자는 기각되어야 한다.

간단한 투자의 NPV를 계산하기 원한다고 상상하자. R의 할인율에 NPV는 다음과 같다.

$$\text{NPV} = -100 + 110/(1 + R)$$

이제 할인율을 모른다고 가정하자. 문제가 있으나 투자를 기각하기 전에 할인율이 얼마나 높아야 하는가를 질문할 수 있다. NPV가 딱 0일 때 이 투자를 선택하든 아니든 차이가 없음을 안다. 달리 말하면 가치가 창출되지도 파괴되지도 않기에 이 투자는 NPV가 0일 때 경제적으로 손익분기(break-even)가 된다. 손익분기 할인율을 구하기 위해 NPV를 0으로 놓고 R에 대해 푼다.

$$\begin{aligned} \text{NPV} = 0 &= -100 + 110/(1 + R) \\ 100 &= 110/(1 + R) \\ 1 + R &= 110/100 = 1.10 \\ R &= 0.10 \text{ 또는 } 10\% \end{aligned}$$

이 10%는 이미 투자수익률이라고 불렀다. 투자의 내부수익률(또는 줄여서 "수익률")은 NPV를 0으로 만드는 할인율임을 지금 보여 준다. 이는 중요한 관측이기에 다시 정리한다.

투자의 IRR은 이를 할인율로 사용하면 NPV가 0이 되는 요구수익률이다.

더욱 복잡한 투자의 수익률을 계산할 수 있게 해주기에 IRR이 NPV를 0으로 만드는 할인율이라는 사실은 중요하다. 아는 것과 같이 단일기간의 투자에서 IRR의 발견은 비교적 쉽다. 그러나 〈그림 8.3〉에 보이는 현금흐름을 가진 투자를 지금 검토한다고 하자. 보이는 것처럼 투자는 비용이 100원이고 2년 동안 매년 60원의 현금흐름이 발생하므로 단일기간의 예보다 약간 더 복잡할 뿐이다. 하지만 이 투자의 수익률을 묻는다면 무엇이라고 대답하겠는가? 명백한 답이 없어 보인다. 하지만 지금 아는 것에 근거해 NPV를 0으로 놓고 할인율을 구할 수 있다.

$$\text{NPV} = 0 = -100 + 60/(1 + \text{IRR}) + 60/(1 + \text{IRR})^2$$

유감스럽게도 일반적으로 IRR을 구하는 유일한 방법은 수작업이나 계산기로 시행착오

그림 8.3
프로젝트 현금흐름

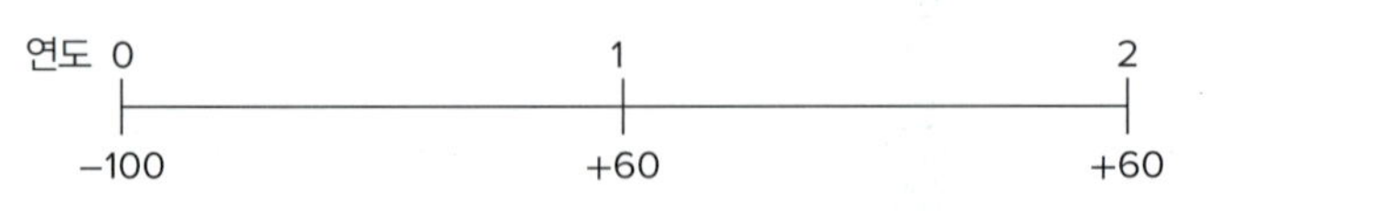

를 거치는 것이다. 제5장의 연금에서 미지의 이자율을 구하는 방법이나 제6장의 채권의 만기수익률을 구하는 방법과 같다. 사실 이제 알겠지만 두 가지 경우 모두 IRR을 구했다.

이 경우 2 기간의 현금흐름은 연금 60원이다. 미지의 비율을 구하기 위해 해답을 찾을 때까지 다른 비율들을 대입할 수 있다. 만약 0%로 시작하면 NPV는 명백히 120 − 100 = 20원이 될 것이다. 10% 할인율에는

$$\text{NPV} = -100 + 60/1.1 + 60/1.1^2 = 4.13$$

이제 답에 가까워지고 있다. 이것과 다른 가능성을 〈표 8.4〉에 요약할 수 있다. 계산에 의하면 NPV는 10%와 15% 사이에서 0이 되므로 IRR은 이 범위 안의 어딘가에 있다. 조금 더 노력하면 IRR이 약 13.1%임을 알 수 있다. 그래서 요구수익률이 13.1%보다 작다면 이 투자를 채택할 것이다. 요구수익률이 13.1%를 넘는다면 투자를 기각할 것이다.

이제 IRR법과 NPV법이 아주 유사함을 눈치챘을 것이다. 사실 IRR은 때로는 현금흐름할인율(*discounted cash flow return*: *DCF return*)이라고 불린다. NPV와 IRR 사이의 관계를 보여 주는 가장 쉬운 방법은 〈표 8.4〉에 계산한 숫자들을 그리는 것이다. 세로축 또는 *y*축에는 NPV를, 가로축 또는 *x*축에는 할인율을 표시한다. 아주 많은 점으로 만든 그림이 **순현가 곡선(net present value profile)**이라고 불리는 완만한 곡선이다. 〈그림 8.4〉는 이 프로젝트의 순현가 곡선을 그린 것이다. 0%의 할인율로 시작하면 *y*축에 20원이 바로 표시한다. 할인율이 증가함에 따라 NPV는 완만하게 감소한다. 곡선은 *x*축의 어디와 교차하는가? NPV가 정확히 0과 같은 데서 교차하고 정확히 13.1%의 IRR에서 교차한다.

순현가 곡선
net present value profile
투자의 순현재가치와 다양한 할인율 간의 관계를 그림으로 나타낸 것.

예에서 NPV법과 IRR법은 같은 채택-기각(accept-reject) 결정을 하게 한다. 요구수익률이 13.1%보다 낮다면 IRR법을 이용해 투자를 채택할 것이다. 하지만 〈그림 8.4〉에 설명된 것처럼 13.1%보다 낮은 할인율에서 NPV는 양수이기에 NPV법을 이용해도 이 투자를 채택할 것이다. 이 경우에 두 가지 방법은 동등하다.

표 8.4
다른 할인율의 NPV

할인율	NPV
0%	20.00
5	11.56
10%	4.13
15	− 2.46
20	− 8.33

그림 8.4

NPV 곡선

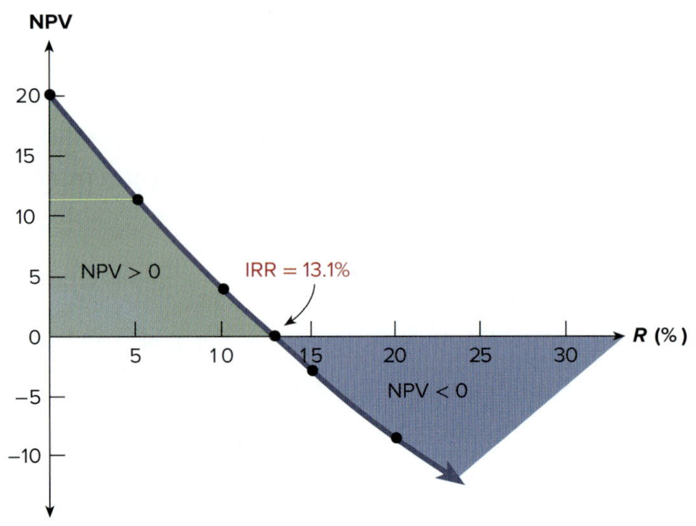

예제 8.3 IRR의 계산

총 435.44달러의 초기비용이 드는 프로젝트가 있다. 첫해에는 100달러, 2년째에는 200달러, 3년째에는 300달러의 현금흐름이 발생한다. IRR은 얼마인가? 18%의 수익률을 요구하면 이 투자를 채택해야 하는가?

NPV 곡선을 설명하고, 다른 할인율에서 NPV를 계산해 IRR을 찾는다. 연습 삼아 이 답을 확인해 보라. 0%에서 시작하면

할인율	NPV
0%	164.56
5	100.36
10%	46.15
15	0.00
20	− 39.61

15%에 NPV가 0이 되므로 15%가 IRR이다. 18%의 수익률을 요구한다면 투자하지 말아야 한다. 그 이유는 18%에서 NPV는 음수이기 때문이다(NPV가 −24.47달러임을 확인해 보라). 이 경우에 IRR법도 결과는 같다. 15%의 수익률이 요구하는 18%의 수익률보다 낮기에 투자하지 말아야 한다.

이 시점에서 IRR법과 NPV법이 항상 같은 결정을 내리는지 궁금할 것이다. 두 가지 중요한 조건이 충족되는 한 대답은 그렇다. 첫째, 프로젝트의 현금흐름이 **전형적**(*conventional*)이어야 한다. 첫 번째 현금흐름(초기투자)이 음수이고, 나머지 모든 현금흐름은 양수라는 의미다. 둘째, 프로젝트가 **독립적**(*independent*)이어야 한다. 프로젝트를 채택-기각하는 결정은 다른 프로젝트의 채택이나 기각 결정에 영향을 주지 않는다는 의미다. 이 중 첫 번째 조건은 일반적으로 충족되지만 두 번째 조건은 종종 충족되지 않는다. 하나 또는 두 조건 모두 만족하지 않으면 문제가 생긴다. 잠시 후 이 점을 논의한다.

스프레드시트 전략

스프레드시트로 IRR 계산

IRR은 손으로 계산하기는 지루하기에 재무계산기나 특히 스프레드시트가 일반적으로 사용된다. 다양한 재무계산기의 사용 절차를 여기서 설명하기에는 계산기마다 차이가 너무 많이 나서 스프레드시트의 사용에 초점을 맞출 것이다. 다음의 예에 보이듯 스프레드시트 사용은 아주 쉽다.

	A	B	C	D	E	F	G	H
1								
2	IRR 계산을 위해 스프레드시트 사용							
3								
4	500원의 비용이 드는 4년 프로젝트가 있다. 4년 동안의 현금흐름은							
5	100원, 200원, 300원, 400원으로 예상된다. IRR은 얼마인가?							
6								
7		연도	현금흐름					
8		0	−500					
9		1	100		IRR =	27.3%		
10		2	200					
11		3	300					
12		4	400					
13								
14								
15	셀 F9에 들어가는 공식은 = IRR(C8:C12)이다. 연도 0의 현금흐름은 프로젝트의							
16	초기비용을 나타내며 부호가 음수임에 주목하자.							
17								

IRR의 문제점

IRR의 문제점은 현금흐름이 전형적이지 않거나 둘 또는 그 이상의 투자 중 최선을 알려고 비교할 때 나타난다. 첫 번째 경우에는 놀랍게도 "수익률이 무엇인가?"라는 단순한 질문에 답하기가 어려워진다. 두 번째 경우에는 IRR이 잘못된 지침이 될 수 있다.

비전형적 현금흐름 60원의 투자가 필요한 노천광산 프로젝트가 있다고 하자. 첫해의 현금흐름은 155원일 것이다. 2년째에는 채굴이 바닥나나 지형복구에 100원을 지출해야 한다. 〈그림 8.5〉에서처럼 첫 번째와 세 번째의 현금흐름은 음수이다.

이 프로젝트의 IRR을 구하기 위해 다양한 할인율에 NPV를 계산할 수 있다.

할인율	NPV
0%	−5.00
10	−1.74
20	−0.28
30	0.06
40	−0.31

여기서 NPV가 아주 이상한 모습으로 보인다. 첫째, 할인율이 0%에서 30%로 증가

그림 8.5

프로젝트 현금흐름

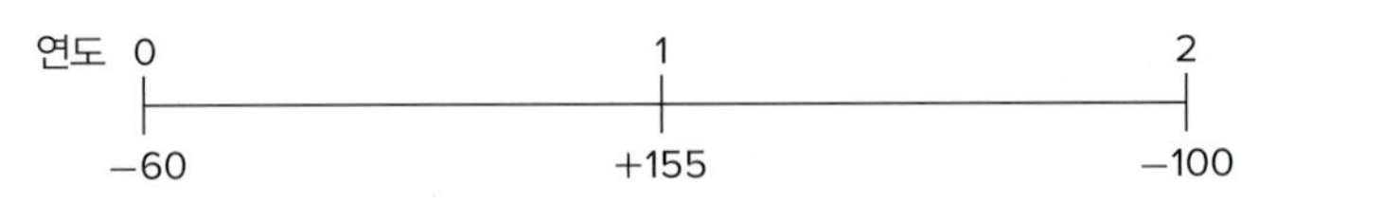

함에 따라 NPV는 음수로 시작하고 양수가 된다. 할인율이 증가함에 따라 NPV가 증가하기에 거꾸로인 것 같다. 그리고는 다시 NPV는 점점 줄어들다가 음수로 바뀐다. IRR은 얼마인가? IRR을 구하기 위해 〈그림 8.6〉에 NPV 곡선을 그렸다.

〈그림 8.6〉에서 할인율이 25%일 때 NPV가 0이어서 이것이 IRR임에 주목하자. 또한, 할인율이 33⅓%에도 NPV가 0이다. 이 중 어느 것이 옳은가? 그 답은 모두 맞을 수도 있고, 모두 틀릴 수도 있다. 더 정확하게는 모호하지 않은 옳은 답은 없다. 이것이 **복수 내부수익률(multiple rates of return)** 문제이다. 많은 컴퓨터 스프레드시트 패키지는 이런 문제를 알지 못해서 처음 찾은 IRR만을 보고할 뿐이다. 다른 패키지는 다른 IRR 값보다 더 낫지 않더라도 가장 낮은 양수의 IRR만을 보고한다. 예를 들어 이 문제를 스프레드시트에서 푼다면 IRR은 25%라고 보고할 것이다.

복수 내부수익률 multiple rates of return
하나 이상의 할인율이 투자의 순현가를 0으로 만들 가능성.

그림 8.6

NPV 곡선

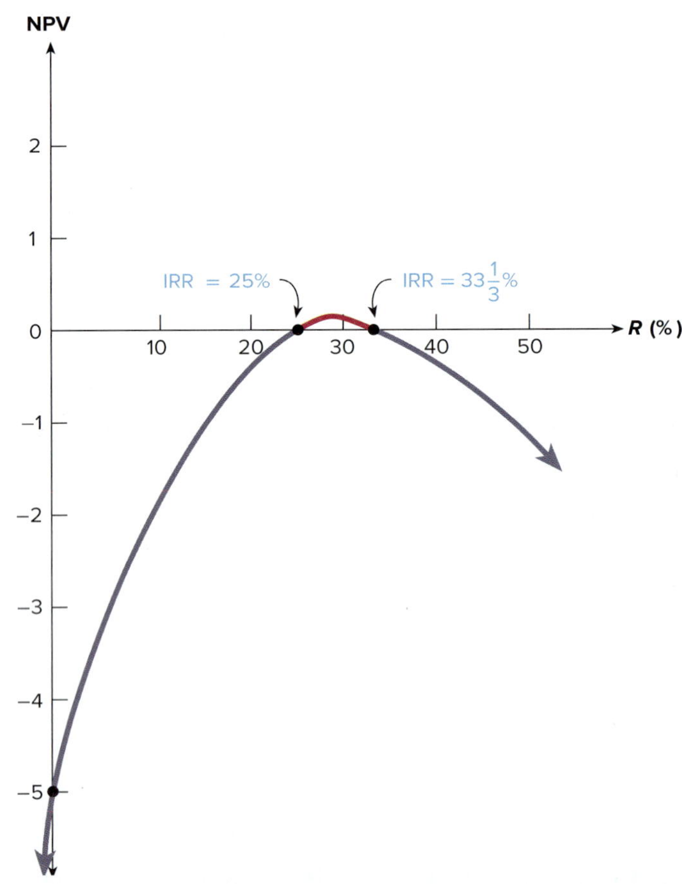

방금의 예에서 IRR법은 완전히 깨진다. 요구수익률이 10%라고 하자. 이 투자를 선택해야 하는가? 두 IRR이 모두 10%보다 크기에 IRR법에 의하면 아마도 채택해야 한다. 하지만 〈그림 8.6〉에 보이듯 25%보다 낮은 할인율에서 NPV는 어떤 할인율에도 음수여서 좋은 투자가 아니다. 언제 채택해야 하는가? 〈그림 8.6〉을 한 번만 더 보면 요구수익률이 25%와 33⅓% 사이일 때만 NPV는 양수이다.

이 이야기의 교훈은 현금흐름이 전형적이지 않을 때 IRR에 이상한 현상이 일어나기 시작할 수 있다는 것이다. 그러나 NPV법은 여전히 제대로 작동하기에 당황할 일은 아니다. 이는 "수익률은 얼마인가?"라는 당연한 질문에 아주 묘하게도 항상 좋은 답변이 있는 것은 아님을 보여 준다.

예제 8.4 IRR은 얼마인가?

오늘 51원을 투자해야 하는 투자를 검토하고 있다. 첫해에 100원을 얻을 것이지만 2년째에는 50원을 지출해야 한다. 이 투자의 IRR은 얼마인가?

비전형적인 현금흐름의 문제에 주의한다면 하나 이상의 IRR이 나와도 놀라지 않을 것이다. 하지만 시행착오로 IRR을 찾기 시작하면 시간이 오래 걸릴 것이다. 그 이유는 IRR이 없기 때문이다. 모든 할인율에 NPV는 음수이므로 어떤 상황에서도 이 투자를 채택해서는 안 된다. 이 투자의 수익률은 얼마인가? 충분히 추측할 수 있을 것이다.

상호배타적 투자 IRR이 하나이더라도 상호배타적(mutually exclusive) 투자 결정과 관련해 다른 문제가 있다. 두 개의 투자 X와 Y가 상호배타적이라면 하나를 선택하면 다른 하나를 선택할 수 없다는 의미이다. 상호배타적이지 않은 두 프로젝트는 독립적이라고 말한다. 예를 들어 길모퉁이에 부지를 소유하고 있다면 주유소나 아파트를 지을 수 있지만 둘 모두는 안된다. 이를 상호배타적 대안이라고 한다.

상호배타적 투자 결정 mutually exclusive investment decisions 하나의 투자를 채택하면 다른 투자를 채택할 수 없는 상황.

지금까지 계획된 투자를 채택할 가치가 있는가를 질문했다. 매우 자주 접하는 관련 질문이 있다. 주어진 둘 또는 그 이상의 상호배타적인 투자에서 무엇이 최고인가? 대답은 아주 간단하다. 최적의 선택은 NPV가 가장 큰 투자이다. 최고의 투자가 수익률이 가장 높다고도 말할 수 있는가? 보였듯이 '아니다'가 답이다.

IRR법과 상호배타적 투자의 문제를 보여 주기 위해 다음의 두 상호배타적인 투자의 현금흐름을 고려하자.

연도	투자 A	투자 B
0	−100	−100
1	50	20
2	40	40
3	40	50
4	30	60

A의 IRR은 24%이고 B의 IRR은 21%이다. 이 투자는 상호배타적이기에 이들 중 오직 하나만 선택할 수 있다. 단순한 직관으로는 투자 A가 수익률이 높아 더 낫다. 유감스럽게도 그렇게 단순한 직관이 항상 옳은 것은 아니다.

투자 A가 두 투자 중에서 반드시 더 낫다고 할 수 없는 이유를 보기 위해 이들 투자의 NPV를 여러 요구수익률로 계산했다.

할인율	NPV(A)	NPV(B)
0%	60.00	70.00
5	43.13	47.88
10	29.06	29.79
15	17.18	14.82
20	7.06	2.31
25	− 1.63	− 8.22

A의 IRR(24%)은 B의 IRR(21%)보다 크다. 그러나 NPV를 비교하면 어느 투자의 NPV가 높은가는 요구수익률에 달려 있음을 알 것이다. B의 총 현금흐름이 A보다는 더 크나 더 천천히 회수한다. 그 결과 낮은 할인율에 NPV가 높아진다.

앞의 예에서 어떤 할인율에서는 NPV법과 IRR법의 투자 순위가 상충한다. 예를 들어 요구수익률이 10%라면 B의 NPV가 더 높아서 A의 IRR이 더 높더라도 B가 둘 중 더 나은 투자이다. 요구수익률이 15%라면 순위가 상충하지 않아 A가 더 낫다.

상호배타적 투자에서 IRR과 NPV 간의 상충은 〈그림 8.7〉에서 했던 것처럼 NPV 곡선을 그려서 보여 줄 수 있다. 〈그림 8.7〉에서 NPV 곡선이 약 11.1%에서 교차함에 주목하자. 또한, 11.1%보다 낮은 할인율에서 B의 NPV가 더 높다. 이 범위에서 비록 A의 IRR이 높으나 B를 선택하는 것이 더 이롭다. 11.1%보다 높으면 투자 A의 NPV가 더 크다.

이상의 예는 상호배타적인 프로젝트일 때마다 수익률에 근거해 우선순위를 정해서는 안 됨을 보여 준다. 더 일반적으로, 어느 투자가 최고인지 결정하기 위해 투자를 비교할 때는 IRR이 호도할 수 있다. 잘못된 선택의 가능성을 피하려면 상대적인 NPV를 검토할 필요가 있다. 궁극적으로 주주의 가치 창출에 관심이 있기에 상대적인 수익률과 상관없이 NPV가 높은 옵션이 선호됨을 명심하자.

이해가 되지 않는다면 이렇게 생각하자. 두 개의 투자가 있다. 하나는 수익률이 10%이고 즉시 100원을 벌어준다. 다른 투자는 수익률이 20%이고 즉시 50원을 벌어준다. 어느 투자가 더 나은가? 수익률과 상관없이 50원보다 100원을 가지려고 하기에 첫 번째가 더 낫다.

〈그림 8.7〉에 보이듯 투자 A와 투자 B의 교차율(crossover rate)은 11.1%이다. 이 숫자를 어떻게 얻었는지 궁금할 것이다. 실제로 계산은 매우 쉽다. 한 프로젝트 현금흐름에서 다른 프로젝트의 현금흐름을 차감하면서 시작한다. 이 경우에는 투자 A에서 투

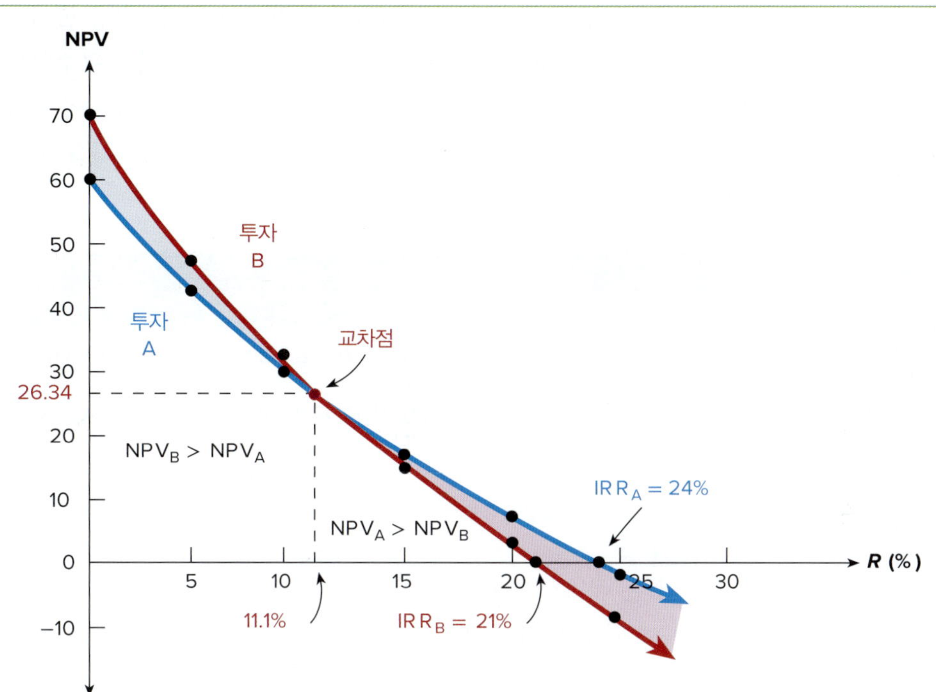

그림 8.7
상호배타적 투자의 NPV 곡선

자 B를 차감할 것이다. 그러면 다음을 얻는다.

연도	투자 A	투자 B	현금흐름 차이 (A − B)
0	−100	−100	0
1	50	20	30
2	40	40	0
3	40	50	−10
4	30	60	−30

이제 현금흐름의 차이로 IRR을 계산하는 일만 남았는데 11.1%가 된다. 투자 B의 현금흐름에서 투자 A의 현금흐름을 차감해 계산해도 교차율은 여전히 11.1%인지 스스로 증명해 보자. 그래서 무엇에서 무엇을 차감하는지는 상관이 없다.

IRR의 좋은 점

그 결점에도 불구하고 IRR은 실무에서 매우 인기가 있어 NPV보다도 더하다. 아마도 NPV가 채우지 못하는 요구를 충족하기에 생존하는 것 같다. 투자를 분석할 때 일반 사람과 특히 재무분석가들은 현금 가치보다 수익률로 말하기를 선호하는 듯하다.

비슷한 개념에서 IRR은 제안에 대한 정보를 간단히 전달하는 방법이기도 하다. "사무공간 리모델링은 수익률이 20%이다"라고 어느 경영자가 다른 사람에게 말하는 것은 "10%의 할인율에 순현가는 4억 원이다"라고 말하는 것보다 더 간단해 보인다.

마지막으로 특정 상황에서 IRR은 NPV보다 현실적인 장점이 있다. 적정 할인율을 모른다면 NPV는 추정할 수 없으나 IRR은 그래도 추정할 수 있다. 투자의 요구수익률을 모르지만, 예를 들어 내부수익률이 40%라는 것을 알았다고 하자. 아마도 요구수익률이 그 정도로 높지는 않을 것이므로 이 투자를 선택하는 쪽으로 기울 것이다. 다음의 표에 IRR의 장단점을 요약했다.

내부수익률의 장단점	
장점	**단점**
1. NPV와 밀접하게 관련되었고, 종종 같은 결정을 내린다.	1. 비전형적인 현금흐름에서 다수의 수익률이 나올 수 있다.
2. 이해하고 소통하기 쉽다.	2. 상호배타적 투자를 비교에서 잘못된 결정을 내릴 수 있다.

수정내부수익률(MIRR)

표준 IRR에서 야기될 수 있는 문제들을 해결하기 위해 수정된 버전을 사용하도록 종종 제안된다. 살펴보겠지만 수정된 IRR 또는 MIRR을 계산하는 몇 가지 방법들이 있으나 아이디어는 우선 현금흐름을 수정하고 나서 수정된 현금흐름을 이용해 IRR을 계산한다.

예를 들어 〈그림 8.5〉에 있는 현금흐름인 −60원, +155원, −100원으로 돌아가자. 본 것처럼 2개의 IRR인 25%와 33⅓%가 존재한다. 다음에 3개의 다른 MIRR을 보는데 모두 단 하나의 답이 나오는 특성이 있어 다수의 IRR 문제를 없앤다.

방법 1: 할인접근법 이 방식은 모든 음수의 현금흐름을 요구수익률에 현재로 할인해 초기비용에 더한다. 그리고 IRR을 계산한다. 처음의 수정된 현금흐름만이 음수이기에 오직 한 개의 IRR만이 있다. 사용된 할인율은 요구수익률일 수도 있고 외부에서 제공된 비율일 수도 있다. 여기서는 프로젝트의 요구수익률을 사용한다.

프로젝트의 요구수익률이 20%라면, 수정된 현금흐름은 다음과 같다.

시점 0: $-60 + \frac{-100}{1.20^2} = -129.44$

시점 1: $+155$

시점 2: $+0$

여기서 계산한 MIRR은 19.74%이어야 한다.

방법 2: 재투자접근법 재투자접근법에서는 첫 번째를 제외한 (양수이든 음수이든) 모든 현금흐름을 복리로 프로젝트 수명의 끝으로 보내서 IRR을 계산한다. 어떤 의미에서는 현금흐름을 "재투자"하고 프로젝트가 종료할 때까지 가져가지 않는 것이다. 여기서 사용할 비율은 프로젝트의 요구수익률일 수도 있고, 아니면 별도로 정해진 "재투자수익률"일 수도 있다. 여기서는 프로젝트의 요구수익률을 사용한다. 그렇게 하면 수정된 현금흐름은 다음과 같다.

시점 0: -60
시점 1: $+0$
시점 2: $-100 + (155 \times 1.2) = 86$

이 현금흐름의 MIRR은 19.72%로 할인접근법을 사용했을 때보다 약간 낮다.

방법 3: 혼합접근법 명칭이 말하듯이 혼합접근법은 앞의 두 방식을 혼합한 방식이다. 음수의 현금흐름은 현재로 할인하고 양수의 현금흐름은 프로젝트 말로 복리로 계산한다. 현실에서는 다른 할인율이나 복리를 사용할 수도 있으나 다시 프로젝트의 요구수익률을 고수한다.

혼합접근법으로 수정된 현금흐름은 다음과 같다.

시점 0: $-60 + \frac{-100}{1.20^2} = -129.44$
시점 1: $+0$
시점 2: $155 \times 1.2 = 186$

MIRR은 세 가지 방식 중 가장 높은 19.87이다.

MIRR 또는 IRR: 무엇이 더 나은가? MIRR은 논란이 많다. 하나의 극단은 MIRR이 IRR보다 우수하다는 주장이다. 예를 들어 MIRR은 설계대로 다수의 수익률 문제로 고통받지 않는다.

다른 한편에 비방자들은 MIRR이 "의미 없는 내부수익률"(meaningless internal rate of return)의 약어라고 말한다. 앞의 예에서 명확해졌지만 MIRR의 문제점은 그것을 계산하기 위한 다른 방법들이 있는데 앞의 세 가지 방법 중에서 하나가 다른 방법보다 우수하다고 말하는 명백한 이유가 없다는 것이다. 단순한 현금흐름에서는 그 차이가 작으나 더 복잡한 프로젝트에서는 차이가 훨씬 더 클 수 있다. 게다가 MIRR을 어떻게 해석할지가 명확하지 않다. 수익률 같기도 하지만, 이는 프로젝트의 실제 현금흐름이 아닌 수정된 현금흐름의 수익률이다.

어떠한 편에도 서지 않기로 한다. 그러나 MIRR의 계산은 할인, 복리, 또는 모두를 요구하는데 이는 두 가지 명백한 관찰에 이른다. 첫째, 만일 적절한 할인율이 있다면 왜 NPV를 계산해 NPV로 하지 않는가? 둘째, MIRR이 외부에서 제공된 할인율(혹은 복리)에 의해 의존하기에 계산 결과는 정의상 프로젝트의 현금흐름에만 의존하는 진정한 "내부"수익률이 아니다.

이러한 관점에서 빈번히 제기되는 사안에 답하겠다. 프로젝트의 가치는 회사가 프로젝트에서 발생한 현금흐름을 어떻게 했는가에 달려 있지 않다. 회사는 한 프로젝트의 현금흐름을 다른 프로젝트의 자금으로 사용하거나 배당금을 지급할 수도 있으며, 혹은 임원용 제트기 구매에 사용할 수도 있다. 그런 것은 중요하지 않다. 현금흐름이 미래에 어떻게 사용될 것인가는 오늘 프로젝트의 가치에 영향을 주지 않는다. 그 결과 일반적으로 중간 현금흐름의 재투자를 고려할 필요가 없다.

개념문제 CONCEPT QUESTIONS

8.4a 어떤 상황에서 IRR법과 NPV법이 같은 채택-기각(accept-reject) 결정으로 이끄는가? 언제 상충하는가?

8.4b NPV법에 대한 IRR법의 장점이 IRR법을 사용하기 위해 요구수익률을 알 필요가 없다는 것이 일반적으로 사실인가?

8.5 수익성지수법

수익성지수 profitability index (PI) 투자의 미래 현금흐름의 현가를 초기비용으로 나눈 값으로 이익-비용비율(benefit-cost ratio)이라고도 함.

프로젝트 평가에 사용되는 다른 방법은 **수익성지수(profitability index: PI)** 또는 이익-비용비율(benefit-cost ratio)이다. 이 지수는 미래 현금흐름의 현가 나누기 초기투자액으로 정의된다. 한 프로젝트의 비용이 200원이고, 미래 현금흐름의 현가가 220원이라고 한다면 수익성지수 값은 220/200 = 1.10이다. 이 투자의 NPV는 20원이므로 바람직한 투자이다.

더 일반적으로 프로젝트의 NPV가 양수라면 미래 현금흐름의 현재가치는 초기투자액보다 커야 한다. 따라서 수익성지수는 양수의 NPV 경우에는 1.00보다 크고, 음수의 NPV는 1.00보다 작다.

수익성지수를 어떻게 해석하는가? 예에서 PI는 1.10이었다. 이것은 투자액 1원당 가치가 1.10원 또는 NPV가 0.10원이라는 의미이다. 따라서 수익성지수는 투자한 1원당 창출된 가치의 척도이다. 이런 이유로 정부나 다른 비영리 투자의 성과 척도로 종종 제안된다. 또한, 자금이 부족할 때 PI가 제일 높은 프로젝트에 자금을 할당하는 것이 이치에 맞을 것이다.

PI는 분명히 NPV와 매우 유사하다. 하지만 비용이 5원이고 현재가치가 10원인 투자와 비용이 100원이고 현재가치가 150원인 투자를 고려해 보자. 첫 번째 투자의 NPV는 5원이고 PI는 2이다. 두 번째 투자의 NPV는 50원이고 PI는 1.5이다. 이 투자들이 상호배타적이라면 두 번째 투자가 비록 PI는 낮으나 더 선호된다. 이런 순위 문제는 앞에서 보았던 IRR에서의 순위 문제와 매우 유사하다. 종합하면 NPV 대신 PI에 의존할 이유가 별로 없다. PI에 대한 논의는 다음에 요약하였다.

수익성지수법의 장단점

장점	단점
1. NPV와 밀접한 관계가 있고 일반적으로 같은 결정을 내린다. 2 이해하고 소통하기 쉽다. 3. 투자자금이 제한된 경우 유용할 수 있다.	1. 상호배타적 투자의 비교에서 잘못된 결정을 내릴 수 있다.

개념문제 CONCEPT QUESTIONS

8.5a 수익성지수(profitability index)는 무엇을 측정하는가?
8.5b 수익성지수법(profitability index rule)을 어떻게 설명하겠는가?

8.6 자본예산의 실제

우리가 알고 싶은 것을 NPV가 직접 알려 준다면 왜 그렇게 많은 다른 절차가 있고, 왜 다른 절차들이 일반적으로 사용되는지 궁금할 것이다. 투자 결정을 하려고 한다는 것과 흔히 미래가 상당한 불확실 상태에서 운영된다는 사실을 상기하자. 이 경우 투자의 NPV는 단지 **추정된**(*estimate*) 값일 뿐이다. 추정 결과는 아주 "유동적"이어서 실제 NPV는 상당히 다를지도 모른다.

실제 NPV는 알 수 없기에 예리한 재무관리자는 추정된 NPV가 신뢰할 수 있는지를 평가하기 위한 단서를 찾는다. 이런 이유로 기업은 투자안을 평가하기 위해 통상 다수의 평가법을 사용한다. 양수의 추정 NPV를 가진 투자가 있다고 하자. 다른 프로젝트들을 평가했던 경험에 비추어 볼 때 이 투자는 회수기간이 짧고 AAR은 매우 높다. 이 경우 다른 지표들도 모두 이 투자를 채택해야 한다고 한다. 다시 말해서 회수기간과 AAR은 NPV가 양수라는 결론과 일치한다.

반면에 추정 NPV는 양수이면서 회수기간이 길고 AAR은 낮은 투자가 있다고 하자. 이것은 여전히 좋은 투자일 수도 있지만 상반된 결론을 내리므로 더 신중하게 결정해야만 한다. 신뢰하기 어려운 예측치에 근거해 NPV를 추정한다면 아마 추가로 분석할 차례일 것이다. 다음 장에서 이런 분석을 더 자세히 하는 방법을 고려한다.

개별 주식회사의 자본지출을 모두 합하면 경제 전체에서 어마어마한 금액일 수 있다. 예를 들어 2018년에 엑슨모빌(ExxonMobil)은 한 해 동안 2013년의 기록적인 425억 달러보다 적은 약 250억 달러의 자본지출을 예상한다고 발표했다. 거의 동시에 경쟁업체인 셰브런(Chevron)은 2018년의 자본지출이 2017년의 약 191억 달러보다 낮은 183억 달러로 감소할 것이라고 발표했다. 대규모 자본지출예산을 편성한 다른 회사에는 2018년에 약 69억 달러의 자본지출을 추정한 월마트(Walmart)와 2018년에 약 160억 달러의 자본지출을 추정한 애플(Apple)이 있다.

대규모 자본지출은 종종 산업 전체에서 발생한다. 예를 들어 2018년 반도체산업의 자본지출은 774억 달러에 달할 것으로 예상했다. 이 많은 금액은 2017년에도 산업이 지출했다.

2018년 미국의 조사국(Census Bureau)에서 내놓은 정보에 의하면 경제 전체의 자본투자는 2016년 1.576조 달러, 2015년 1.642조 달러, 2014년 1.507조 달러였다. 그러므로 이 3년 동안의 총계는 4.7조 달러가 넘는다! 위험에 내맡겨진 금액을 보면 성공한 사업이 달인의 경지가 되려면 자본지출을 세심하게 분석해야 한다는 사실이 그렇게 놀

표 8.5

실행상 자본예산기법

A. 주로 사용되는 다양한 자본예산기법들의 역사적 비교							
	1959	1964	1970	1975	1977	1979	1981
회수기간	34%	24%	12%	15%	9%	10%	5.0%
평균회계이익률 (AAR)	34	30	26	10	25	14	10.7
내부수익률(IRR)	19	38	57	37	54	60	65.3
순현재가치 (NPV)	–	–	–	26	10	14	16.5
IRR 또는 NPV	19	38	57	63	64	74	81.8

B. 항상 또는 거의 항상 주어진 기법들을 사용한 CFO 비율 (1999년)				
자본예산 기법	항상 또는 거의 사용하는 비율	평균 척도 척도는 4(항상 사용)에서 0(전혀 사용하지 않음)까지		
		전체기업	대기업	중소기업
내부수익률	76%	3.09	3.41	2.87
순현재가치	75	3.08	3.42	2.83
회수기간	57	2.53	2.25	2.72
회계이익률	20	1.34	1.25	1.41
수익성지수	12	0.83	0.75	0.88

출처: Graham, J. R. and Harvey, C. R. "The Theory and Practice of Corporate Finance: Evidence from the Field" *Journal of Financial Economics*, May-June 2001, pp.187-244; Moore, J. S. and Reichert, A. K. "An Analysis of the Financial Management Techniques Currently Employed by Large U.S. Corporations," *Journal of Business Finance and Accounting*, Winter 1983, pp. 623-45; Stanley, M. T. and Block, S. R. "A Survey of Multinational Capital Budgeting," *The Financial Review*, March 1984, pp. 36-51.

랠 일이 아니다.

기업이 투자평가에 실제로 어떤 투자평가법을 사용하는지를 조사한 수많은 연구가 있다. 〈표 8.5〉에 이런 결과들을 요약해 놓았다. 이 표의 첫 번째 부분은 해당 기간에 대기업들이 사용한 주요 자본예산기법을 역사적으로 비교한 것이다. 1959년에 설문 조사한 기업들의 19%만이 IRR 또는 NPV를 사용했고, 68%는 회수기간이나 회계이익률을 사용했다. 1980년쯤에 이르러서는 IRR과 NPV가 지배적인 평가법이 되었음이 명백하다.

〈표 8.5〉의 패널 B는 미국의 대기업과 중소기업의 최고재무경영자(CFO)를 대상으로 한 1999년도의 조사 결과를 요약한 것이다. 총 392명의 CFO가 조사에 응했다. 표에 나타난 것은 이번 장에서 설명했던 여러 다양한 자본예산기법들을 항상 또는 자주 사용하고 있는 CFO의 비율을 나타낸다. IRR과 NPV가 특히 대기업에서 가장 널리 사용되고 있는 방법이라는 사실은 놀랄 일이 아니다. 그러나 응답자들의 반 이상은 항상 또는 자주 회수기간법도 사용한다. 사실 중소기업들은 회수기간법을 IRR이나 NPV만큼 자주 사용하고 있다. 평균회계이익률과 수익성지수는 사용빈도수가 적다. 〈표 8.6〉은 투자평가법을 신속히 참고하기 위해 이들을 간략히 요약했다.

표 8.6
투자평가법 정리

I. 현금흐름할인 평가법 A. *순현재가치(NPV)*. 투자의 NPV는 투자의 시장가치와 비용의 차이다. NPV법은 프로젝트의 NPV가 양수라면 채택하는 것이다. NPV는 주로 (시장가치를 추정하기 위해) 미래 현금흐름의 현재가치를 계산하고 비용을 차감해 추정된다. NPV는 심각한 결함을 가지고 있지 않아 선호하는 의사결정 기준이다. B. *내부수익률(IRR)*. IRR은 투자의 추정 NPV가 0이 되게 하는 할인율이다. IRR은 때로는 *현금흐름할인(DCF)*수익률로 불린다. IRR법에 의하면 프로젝트의 IRR이 요구수익률을 초과하면 그 프로젝트를 채택한다. IRR은 NPV와 밀접한 연관이 있고, 전형적이며 독립적인 프로젝트의 경우 NPV와 같은 결정을 내린다. 프로젝트의 현금흐름이 비전형적이면 IRR이 존재하지 않거나 하나 이상일 수도 있다. 더 심각하게는 IRR은 상호배타적인 프로젝트의 순위를 매기는 데 사용될 수 없다. IRR이 가장 높은 프로젝트가 반드시 가장 선호되는 투자는 아니다. C. *수정내부수익률(MIRR)*. MIRR은 IRR을 수정한 것이다. 프로젝트의 현금흐름은 (1) 음수의 현금흐름을 현재로 할인, (2) 모든 현금흐름을 프로젝트의 마지막 시점으로 복리계산, (3) (1)과 (2)를 혼합하는 것이다. 그리고 수정된 현금흐름으로 IRR을 계산한다. MIRR은 다수의 수익률이 존재하는 문제점 해결을 보장한다. 그러나 그것을 어떻게 해석하는가는 명확하지 않다. 그리고 MIRR은 외부 제공 할인율이나 복리에 의존하기에 실제로 "내부"가 아니다. D. *수익성지수(PI)*. *이익-비용비율(benefit-cost ratio)*이라고도 불리는 PI는 비용 대비 현재가치 비율이다. PI법은 지수가 1을 초과하면 투자를 채택한다. PI는 투자된 금액당 투자의 현재가치를 측정한다. NPV와 꽤 유사하나 IRR과 마찬가지로 상호배타적 프로젝트의 순위 결정에 사용될 수는 없다. 하지만 때로는 NPV가 양수인 투자가 기업이 확보할 수 있는 자금보다 더 많을 때 프로젝트의 순위 결정에 사용된다. **II. 회수기간 평가법** A. *회수기간*. 회수기간은 투자의 현금흐름의 합이 비용과 같을 때까지 걸리는 기간이다. 회수기간법은 회수기간이 기준시점보다 짧으면 프로젝트를 채택한다. 회수기간법은 기본적으로 위험과 화폐의 시간가치 그리고 기준시점 이후의 현금흐름을 무시하기에 결함이 있는 평가법이다. **III. 회계적 평가법** A. *평균회계이익률(AAR)*. AAR은 장부가치와 관련된 회계이익의 척도이다. IRR과는 관련이 없고, 제3장에서의 회계적 자산수익률(ROA)과 유사하다. AAR법은 투자의 AAR이 목표 AAR을 초과한다면 투자를 채택한다. AAR은 여러 가지 이유로 심각한 결함이 있어 추천할 만하지 않다.

개념문제 CONCEPT QUESTIONS

8.6a 가장 일반적으로 사용되는 자본예산과정(capital budgeting procedures)은 무엇인가?

8.6b 개념적으로 NPV가 자본예산에서 최고의 방법이라면 실무에서는 왜 다수의 추정치가 실무에서 사용된다고 생각하는가?

요약과 결론

이번 장에서는 투자안들을 평가하기 위한 여러 가지 평가법을 다루었다. 여섯 가지 평가법을 설명했던 순서대로 나열하면 다음과 같다.

1. 순현가(NPV)
2. 회수기간
3. 평균회계이익률(AAR)
4. 내부수익률(IRR)
5. 수정내부수익률(MIRR)

6. 수익성지수(PI)

각각의 방법을 어떻게 계산하는지 알아보았고 그 결과의 해석에 대해서도 논의하였다. 또한, 각 방법의 장단점도 설명하였다. 궁극적으로 좋은 자본예산 평가법은 두 가지를 제시해야만 한다. 첫째, 특정 프로젝트가 좋은 투자인가? 둘째, 하나 이상의 좋은 프로젝트가 있지만 그중 하나만을 채택해야 한다면 어느 것을 선택해야 하는가? 이번 장의 요점은 오직 NPV 평가법만이 두 가지 질문에 항상 옳은 답을 해줄 수 있다는 것이다.

이런 이유로 NPV는 재무(finance)에서 두세 개의 가장 중요한 개념 중 하나이다. 그리고 NPV는 앞으로 여러 번 언급될 것이다. 그럴 때마다 두 가지를 명심해야 한다. (1) NPV는 항상 자산 혹은 프로젝트의 시장가치와 비용의 차이이다. (2) 재무관리자는 양수의 NPV 프로젝트를 가려내고 채택해 주주에게 가장 이로운 행동을 한다.

마지막으로, NPV는 시장에서 일반적으로 관찰될 수 있는 것이 아니라 추정되어야 한다는 점에 주목했다. 항상 잘못 추정할 가능성이 있기에 재무관리자들은 프로젝트를 검토하기 위해 다수의 평가법을 동시에 사용한다. 다른 평가법들은 프로젝트가 정말 양수의 NPV를 갖는지에 대한 추가 정보를 제공한다.

복습과 자체시험 문제

8.1 투자 평가법. NPV와 회수기간을 계산하는 연습문제이다. 계획된 해외 확장투자의 현금흐름이 다음과 같다.

연도	현금흐름
0	−100
1	50
2	40
3	40
4	15

회수기간과 NPV를 15%의 요구수익률로 계산하라. ([문제 21] 참조)

8.2 상호배타적 투자. 2개의 상호배타적(mutually exclusive) 투자를 고려해 보자. 각각의 IRR을 계산하라. 어떤 상황에서 IRR과 NPV 평가법은 두 프로젝트의 순위를 다르게 정하겠는가? ([문제 10] 참조)

연도	투자 A	투자 B
0	−100	−100
1	50	70
2	70	75
3	40	10

8.3 평균회계이익률법. 추정 순이익이 첫해에 1,000원, 2년째에 2,000원, 3년째에 4,000원인 3년간의 프로젝트를 검토하고 있다. 비용은 9,000원인데 프로젝트 수명인

3년 동안 잔존가치가 0이 되게 정액법으로 감가상각할 것이다. 평균회계이익률 또는 AAR은 얼마인가? ([문제 4] 참조)

복습과 자체시험 문제 풀이

8.1 다음 표에 현금흐름과 15%로 할인된 가치를 열거했다.

	현금흐름	
연도	할인 안 된 경우	(15%에) 할인된 경우
1	50	43.48
2	40	30.25
3	40	26.30
4	15	8.58
총계	145	108.60

초기투자가 100원이라는 점을 상기하자. 할인되지 않은 현금흐름에서 회수기간은 2~3년 사이임을 안다. 처음 2년간의 현금흐름은 총 90원이고 3년째는 10원이 모자란다. 3년째의 총 현금흐름은 40원이므로 회수기간은 2 + 10/40 = 2.25년이다.

할인된 현금흐름을 보면 총합이 108.60원이므로 NPV는 8.60원이다.

8.2 IRR을 계산하기 위해 다음의 표처럼 추측할 수 있다.

할인율	NPV(A)	NPV(B)
0%	60.00	55.00
10	33.36	33.13
20	13.43	16.20
30	−1.91	2.78
40	−13.99	−8.09

추측으로 몇몇 사항이 즉시 분명해진다. 첫째, A의 IRR은 30%보다 약간 작아야 한다. (왜?) 더 계산하면 28.61%임을 알 수 있다. B의 IRR은 30%보다 약간 커야 한다. (왜?) 계산하면 32.37%이다. 또한, 10%일 때 NPV가 거의 같아지는 것은 NPV 곡선이 10% 근처에서 교차함을 의미한다. NPV가 10.61%에서 같아짐을 확인해 보자.

B의 IRR은 항상 높다. 확인한 것처럼 A는 10.61%보다 낮은 할인율에서 NPV가 더 크다. 따라서 그 범위에서 NPV와 IRR은 상충한다. 상충하면 NPV가 높은 투자를 선택할 것이다. 따라서 의사결정 규칙은 아주 간단하다. 요구수익률이 10.61%보다 작으면 A를 선택하고, 요구수익률이 10.61%와 32.37%(B의 IRR) 사이에 있으면 B를 선택하며, 요구수익률이 32.37%를 넘으면 어느 것도 선택하지 않는다.

8.3 여기서 AAR을 구하기 위해서는 평균 장부가치에 대한 평균 순이익의 비율을 계산해야만 한다. 평균 순이익은

평균 순이익 = (1,000 + 2,000 + 4,000)/3
= 2,333.33

평균 장부가치는

평균 장부가치 = 9,000/2 = 4,500

따라서 평균회계이익률은

AAR = 2,333.33/4,500 = 0.5185 또는 51.85%

이는 굉장한 수익률이다. 그러나 이는 이자율이나 IRR처럼 실제 수익률이 아니어서 평균회계이익률의 크기는 큰 의미가 없다. 특히 실망스럽게도 돈이 매년 51.85%씩 증가하지는 않을 것이다.

비판적 사고와 개념 복습

LO 4 LO 1 **8.1 회수기간과 순현가.** 현금흐름이 전형적인 프로젝트의 회수기간이 그 프로젝트의 수명보다 짧다면 NPV의 수학적인 부호를 확실하게 서술할 수 있는가? 왜 그런가? 또는 왜 아닌가?

LO 1 **8.2 순현가.** 프로젝트의 현금흐름이 전형적이고 NPV가 양수라고 하자. 회수기간은 어떻게 되겠는가? 수익성지수는? IRR은? 설명하라.

LO 1 **8.3 회수기간.** 회수기간과 관련하여

a. 회수기간을 어떻게 계산하는지 서술하고, 일련의 현금흐름에 대해 회수기간이 제공하는 정보를 서술하라. 회수기간법의 의사결정 기준은 무엇인가?

b. 현금흐름을 평가하는 방법으로 회수기간 사용에 따른 문제점은 무엇인가?

c. 현금흐름 평가에 회수기간을 사용하는 경우 장점은 무엇인가? 회수기간을 사용하는 것이 적절한 상황이 있는가? 설명하라.

LO 2 **8.4 평균회계이익률.** AAR과 관련하여

a. 평균회계이익률을 보통 어떻게 계산하는지 서술하고, 일련의 현금흐름에 대해 AAR이 제공하는 정보를 서술하라. AAR의 의사결정 기준은 무엇인가?

b. 프로젝트의 현금흐름을 평가하는 방법으로 AAR 사용에 따른 문제점은 무엇인가? 재무적인 관점에서 가장 문제를 일으킬 만한 AAR의 근본적인 특징은 무엇인가? AAR은 이러한 결함을 보완하는 장점이 있는가?

LO 4 **8.5 순현가.** NPV와 관련하여

a. NPV를 어떻게 계산하는지 서술하고, 일련의 현금흐름에 대해 NPV가 제공하는 정보를 서술하라. NPV의 의사결정 기준은 무엇인가?

b. 왜 NPV가 프로젝트의 현금흐름 평가에 최상의 방법이라고 하는가? 프로젝트 현금흐름에 대한 NPV가 2,500원으로 계산되었다고 하자. 회사의 주주들에게 이 숫자는 무엇을 의미하는가?

LO 3 **8.6 내부수익률.** IRR과 관련하여

a. IRR을 어떻게 계산하는지 서술하고, 일련의 현금흐름에 대해 IRR이 제공하는 정보를 서술하라. IRR의 의사결정 기준은 무엇인가?

b. IRR과 NPV의 관계는 무엇인가? 둘 중 어느 한 방법을 더 선호할 수 있는 상황이 있겠는가? 설명하라.

c. IRR이 어떤 상황에서는 결점이 있음에도 불구하고 대부분 재무관리자가 프로젝트를 평가할 때 NPV와 함께 IRR을 사용하는 이유는 무엇인가? IRR이 NPV보다 더 적절한 척도일 수도 있는 상황을 생각할 수 있겠는가? 설명하라.

LO 6 **8.7 수익성지수.** 수익성지수(PI)와 관련하여

a. 수익성지수를 어떻게 계산하는지 서술하고, 일련의 현금흐름에 대해 수익성지수가 제공하는 정보를 서술하라. 수익성지수의 의사결정 기준은 무엇인가?

b. 수익성지수와 NPV의 관계는 무엇인가? 둘 중 어느 한 방법을 더 선호할지도 모르는 상황이 있겠는가? 설명하라.

LO 3 LO 1 **8.8 회수기간과 내부수익률.** 어느 프로젝트의 영구적인 현금흐름은 기간당 C이고, 비용은 I이며, 요구수익률은 R이다. 프로젝트의 회수기간과 IRR의 관계는 무엇인가? 이는 현금흐름이 비교적 일정한 장기프로젝트 평가에서 무엇을 의미하는가?

LO 4 **8.9 해외투자 프로젝트.** 2017년 6월에 자동차 제조업체 BMW는 사우스캐롤라이나 주 공장에 생산 확대를 위해 6억 달러를 투자하는 계획을 발표했다. BMW는 분명히 미국에 기반을 둔 시설로 경쟁력이 생겨 가치를 창출할 수 있다고 느꼈다. 사실 BMW는 사우스캐롤라이나 주에서 생산하는 자동차의 70%를 수출할 예정이다. 2017년에도 타이완의 아이폰 공급업체 폭스콘(Foxconn)은 위스콘신 주에 100억 달러 공정을 짓는 계획을 발표했고 중국 타이어 제조업체 완리타이어(Wanli Tire Corp.)는 사우스캐롤라이나 주에 10억 달러 공장을 짓는 계획을 발표했다. 자동차, 휴대폰, 타이어와 같이 다각화된 제품의 해외 제조업체들이 같은 결론에 도달할 수 있게 된 이유는 무엇인가?

LO 4 **8.10 자본예산문제.** 이번 장에서 논의했던 다양한 투자평가법들을 실제로 적용할 때 발생할 수 있는 어려움은 무엇인가? 실제로 적용할 때 가장 쉽게 사용할 수 있는 방법은 무엇인가? 가장 어려운 방법은?

LO 4 **8.11 비영리법인의 자본예산.** 논의했던 자본예산 평가법들을 비영리법인에도 적용할 수 있는가? 그런 법인들은 자본예산 의사결정을 어떻게 해야 하는가? 미국 정부는 어떠한가? 지출제안서도 이러한 기법들을 이용해 평가해야 하는가?

LO 3 **8.12 내부수익률.** 앞 장에서 채권의 만기수익률(YTM)을 배웠다. 어떤 점에서 IRR과 YTM은 유사한가? 어떠한 점이 다른가?

LO 5 **8.13 수정내부수익률.** 두문자 MIRR을 비꼬는 의미 중 하나는 "의미 없는 내부수익률"(meaningless internal rate of return)이다. 왜 이러한 용어가 MIRR에 적용된다고 생각하는가?

LO 4 **8.14 순현재가치.** "순현재가치접근방식은 중간 현금흐름을 요구수익률에 재투자한다고 가정한다."라고 기술되기도 한다. 이 주장은 올바른가? 일반적인 방식으로 프로젝트의 NPV를 계산한다고 가정하고 문제에 답하라.

a. 초기지출을 제외한 모든 현금흐름이 요구수익률로 재투자한다는 가정하여 (프로젝트 종료 시점의) 미래가치를 계산해 프로젝트의 단일한 미래가치를 구하라.

b. 앞서 계산한 단일한 미래가치와 초기비용을 사용하여 이 프로젝트의 NPV를 계산하라. 앞서 사용한 요구수익률을 재투자수익률로 사용할 때에만 이전 계산에서 산출된 NPV와 같은 NPV가 산출됨을 쉽게 증명할 수 있을 것이다.

LO 3 **8.15 내부수익률.** "내부수익률접근방식은 중간 현금흐름을 내부수익률에 재투자한다고 가정한다."라고 기술되기도 한다. 이 주장은 올바른가? 일반적인 방식으로 프로젝트의 IRR을 계산한다고 가정하고 문제에 답하라.

a. 초기지출을 제외한 모든 현금흐름이 IRR로 재투자한다고 가정하여 (프로젝트의 종료 시점의) 미래가치를 계산해 프로젝트의 단일한 미래가치를 구하라.

b. 앞서 계산한 단일한 미래가치와 초기비용을 사용하여 이 프로젝트의 IRR을 계산하라. 앞서 사용한 IRR을 재투자수익률로 사용할 때에만 이전 계산에서 산출된 IRR과 같은 IRR이 산출됨을 쉽게 증명할 수 있을 것이다.

연습문제

초급(문제 1-22)

LO 1 **1. 회수기간 계산.** 다음 현금흐름의 회수기간은 얼마인가?

연도	현금흐름
0	−7,800
1	3,100
2	3,200
3	2,200
4	1,400

LO 1 **2. 회수기간 계산.** 한 투자 프로젝트가 매년 865원의 현금유입을 제공한다. 초기비용이 3,100원이라면 프로젝트 회수기간은 얼마인가? 초기비용이 4,300원이라면? 초기비용이 7,900원이라면?

LO 1 **3. 회수기간 계산.** 해외투자 프로젝트의 회수기간 기준을 3년으로 정했다. 다음의 2개 프로젝트 중 어느 것을 선택해야 하는가?

연도	현금흐름(A)	현금흐름(B)
0	−75,000	−125,000
1	33,000	29,000
2	36,000	32,000
3	19,000	35,000
4	9,000	240,000

LO 2 **4. AAR 계산.** 제조공장을 새로 지어 사업을 확장할 것인지 결정하려고 한다. 공장은 초기에 1,080만 원이 투입되어 4년 동안 정액법으로 완전히 감가상각될 것이다. 이 공장의 4년간 추정 순이익이 1,293,000원, 1,725,000원, 1,548,000원, 1,310,000원이라면 프로젝트의 평균회계이익률(AAR)은 얼마인가?

LO 3 **5. IRR 계산.** IRR법을 적용해서 모든 프로젝트를 평가하는 기업이 있다. 요구수익률이 11%라면 다음의 프로젝트를 채택해야 하는가?

연도	현금흐름
0	−157,300
1	74,000
2	87,000
3	46,000

LO 4 **6. NPV 계산.** [문제 5]의 현금흐름에 대해 NPV법으로 의사결정을 한다고 하자. 9%의 요구수익률에 이 프로젝트를 받아들여야 하는가? 요구수익률이 21%라면 어떠한가?

LO 3 LO 4 **7. NPV와 IRR 계산.** 8년 동안 매년 2,620원의 현금흐름을 제공하는 한 프로젝트는 오늘 9,430원의 비용이 든다. 요구수익률이 8%라면 이는 좋은 프로젝트인가? 요구수익률이 24%라면 어떠한가? 이 프로젝트를 채택하든 기각하든 상관이 없는 할인율은 얼마인가?

LO 3 **8. IRR 계산.** 다음의 현금흐름의 IRR은 얼마인가?

연도	현금흐름
0	−19,400
1	10,400
2	9,320
3	6,900

LO 4 **9. NPV 계산.** [문제 8]의 현금흐름에서 할인율이 0%라면 NPV는 얼마인가? 할인율이 10%라면? 20%라면? 30%라면?

LO 3 LO 4 **10. NPV 대 IRR.** 다음 2개의 상호배타적 프로젝트를 확인했다.

연도	현금흐름(A)	현금흐름(B)
0	−77,500	−77,500
1	43,000	21,000
2	29,000	28,000
3	23,000	34,000
4	21,000	41,000

a. 이 프로젝트의 IRR은 각각 얼마인가? IRR법으로 결정한다면 회사는 어느 프로젝트를 선택해야 하는가? 이 결정은 항상 옳은가?

b. 요구수익률이 11%라면 각 프로젝트의 NPV는 얼마인가? NPV법을 적용한다면 어느 프로젝트를 선택하겠는가?

c. 어느 범위의 할인율에서 프로젝트 A를 선택하겠는가? 프로젝트 B는? 두 가지 중 어느 프로젝트를 선택해도 상관없는 할인율은 얼마인가? 설명하라.

LO 3 LO 4 **11.** NPV 대 IRR. 다음 2개의 상호배타적 프로젝트를 고려한다.

연도	현금흐름(X)	현금흐름(Y)
0	−23,900	−23,900
1	13,100	9,300
2	9,480	10,620
3	7,890	11,180

0에서 25%까지의 범위에 있는 할인율에 대해 X와 Y의 NPV 곡선을 그려 보라. 이 두 프로젝트의 교차율은 얼마인가?

LO 3 **12. IRR의 문제.** 다음의 현금흐름을 발생시키는 프로젝트를 평가하려고 한다.

연도	현금흐름
0	−38,000,000
1	56,000,000
2	− 9,000,000

a. 이 투자에 10%의 수익률을 요구한다면 이 프로젝트를 채택해야 하는가? 왜 그런가?

b. 이 프로젝트의 IRR을 계산하라. IRR이 몇 개인가? IRR법을 적용한다면 이 프로젝트를 채택해야 하는가? 여기 무슨 일이 있는가?

LO 6 **13. 수익성지수 계산.** 적절한 할인율이 10%라면 다음 현금흐름의 수익성지수는 얼마인가? 할인율이 15%라면 얼마인가? 22%라면?

연도	현금흐름
0	−29,500
1	16,900
2	13,600
3	8,300

LO 4 LO 6 **14. 수익성지수의 문제.** 다음의 2개 상호배타적 디자인 프로젝트 중에서 하나를 선택하려고 한다.

연도	현금흐름(I)	현금흐름(II)
0	−84,000	−29,800
1	30.600	10,500
2	36,900	17,400
3	43,700	15,600

a. 요구수익률이 11%이고 수익성지수법을 적용한다면 기업은 어느 프로젝트를 채택해야 하는가?

b. 이 회사가 NPV법을 적용한다면 어느 프로젝트를 선택해야 하는가?

c. (a)와 (b)의 답이 다른 이유를 설명하라.

LO 1 LO 3 LO 4 LO 6 **15. 투자평가법 비교.** 다음 2개의 상호배타적 프로젝트를 살펴본다.

연도	현금흐름(A)	현금흐름(B)
0	−245,000	−53,000
1	34,000	31,900
2	49,000	21,800
3	51,000	17,300
4	325,000	16,200

어느 프로젝트를 선택하든 투자에 13%의 수익률을 요구한다.

a. 회수기간법을 적용한다면 어느 투자를 선택하겠는가? 그 이유는?

b. NPV법을 적용한다면 어느 투자를 선택하겠는가? 그 이유는?

c. IRR법을 적용한다면 어느 투자를 선택하겠는가? 그 이유는?

d. 수익성지수법을 적용한다면 어느 투자를 선택하겠는가? 그 이유는?

e. (a)에서 (d)까지의 답에 의하면 어느 프로젝트를 최종적으로 선택하겠는가? 그 이유는?

LO 3 LO 4 **16. NPV와 IRR.** 다음 2개의 상호배타적 프로젝트를 제안받았다. 두 프로젝트의 요구수익률은 15%이다.

연도	프로젝트 M	프로젝트 N
0	−140,000	−359,000
1	61,500	159,300
2	73,400	168,400
3	68,100	154,800
4	40,500	110,400

a. 각 프로젝트의 IRR은 얼마인가?

b. 각 프로젝트의 NPV는 얼마인가?

c. 둘 중 어느 프로젝트를 선택해야 하는가?

LO 4 LO 6 **17. NPV와 수익성지수.** 다음 2개의 가능한 프로젝트가 있다. 요구수익률은 12%이다.

연도	프로젝트 Y	프로젝트 Z
0	−47,600	−81,000
1	23,900	34,000
2	18,600	32,800
3	20,700	30,500
4	14,600	27,300

a. 각 프로젝트의 수익성지수(PI)는 얼마인가?

b. 각 프로젝트의 NPV는 얼마인가?

c. 둘 중 어느 프로젝트를 채택해야 하는가?

LO 3 **18. 교차점.** 2개 프로젝트의 추정 현금흐름을 요약했다. 두 프로젝트가 무차별한 이자율은 얼마인가? 요구수익률이 이자율보다 크다면 어느 프로젝트가 더 나은가? 그 이유는?

연도	프로젝트 I	프로젝트 J
0	−189,000	−189,000
1	93,500	73,600
2	84,600	72,800
3	63,200	76,800
4	57,800	84,000

LO 1 LO 3 **19. 회수기간과 IRR.** 회수기간이 정확히 프로젝트의 수명과 같은 프로젝트가 있다. 이 프로젝트의 IRR에 대해 무엇을 아는가? 회수기간이 없다면 지금 이 프로젝트의 IRR에 대해 무엇을 아는가?

LO 4 **20. NPV와 할인율.** 787,350원의 초기비용이 드는 프로젝트가 있다. 투자의 4년 수명의 현금흐름은 312,615원, 304,172원, 245,367원, 229,431원으로 추정된다. 할인율이 0이라면 NPV는 얼마인가? 할인율이 무한대라면 NPV는 얼마인가? NPV가 0이 되는 할인율은 얼마인가? 이 3개 점을 근거로 이 투자의 NPV 곡선을 그려라.

LO 1 LO 4 **21. NPV와 회수기간.** 다음의 투자 가능한 상호배타적 프로젝트가 있다. 역사적으로 이 회사는 프로젝트에 3년 기준시점(cutoff)을 사용한다. 요구수익률은 10%이다.

연도	프로젝트 F	프로젝트 G
0	−195,000	−298,000
1	98,400	71,600
2	86,300	94,500
3	81,600	123,600
4	72,000	166,800
5	64,800	187,200

a. 두 프로젝트의 회수기간을 계산하라.

b. 두 프로젝트의 NPV를 계산하라.

c. 채택할 프로젝트가 있다면 어느 프로젝트인가?

LO 5 **22. MIRR.** 다음의 현금흐름으로 프로젝트를 평가하고 있다.

연도	현금흐름
0	−32,600
1	11,520
2	14,670
3	11,270
4	10,940
5	− 4,230

이 회사는 모든 프로젝트에 10% 이자율을 사용한다. 3개 방식을 모두 사용해 이 프로젝트의 MIRR을 계산하라.

중급(문제 23-27)

LO 5 **23. MIRR.** [문제 22]에서 이 회사가 모든 프로젝트에 대하여 11%의 할인율과 8%의 재투자수익률을 사용한다고 하자. 이 이자율로 3개 방식을 모두 사용해 이 프로젝트의 MIRR을 계산하라.

LO 4 **24. 교차점과 NPV.** 다음의 2개 상호배타적 프로젝트가 있다.

연도	프로젝트 R	프로젝트 S
0	−51,000	−76,000
1	19,000	20,000
2	19,000	20,000
3	24,000	35,000
4	11,000	30,000
5	7,000	10,000

이 두 프로젝트의 교차율은 얼마인가? 이 교차율에 각 프로젝트의 NPV는 얼마인가?

LO 3 LO 4 **25. IRR 계산.** 한 프로젝트의 현금흐름은 다음과 같다.

연도	현금흐름
0	112,000
1	− 67,000
2	− 57,000

이 프로젝트의 IRR은 얼마인가? 요구수익률이 10%라면 회사는 이 프로젝트를 채택해야 하는가? 이 프로젝트의 NPV는 얼마인가? 요구수익률이 0%라면 프로젝트의 NPV는 얼마인가? 24%라면? 어떤 일이 일어나고 있는가? NPV 곡선을 그리면 설명에 도움이 될 것이다.

LO 4 LO 6 **26. NPV와 수익성지수.** NPV 지수를 비용 대비 NPV의 비율로 정의한다면 이 지수와 수익성지수(PI)의 관계는 어떠한가?

LO 1 LO 4 LO 6 **27. 현금흐름 직관.** 한 프로젝트의 초기비용은 I이고, 요구수익률은 R이며, N년 동안 연간 C를 지급한다.

a. 프로젝트의 회수기간이 프로젝트의 수명과 같아지는 C를 I와 N으로 표시하라.

b. NPV법에 따라 수익성 있는 프로젝트가 되는 C를 I, N과 R로 표시하라.

c. 프로젝트의 수익−비용비율이 2가 되는 C를 I, N과 R로 표시하라.

고급(문제 28-30)

LO 4 **28. NPV 가치평가.** 개인 공동묘지 사업을 시작하려고 한다. CFO에 의하면 사업은 "조사하는 것"이다. 그 결과 묘지 프로젝트는 첫해에 순 현금유입이 164,000원이고 현금흐름은 매년 4.7%씩 영원한 성장이 추정된다. 이 프로젝트의 초기투자는 1,825,000원이다.

a. 이 회사가 이런 사업에 12%의 수익률을 요구한다면 이 묘지사업을 착수해야 하는가?

b. 이 회사는 현금흐름에서 4.7%의 성장률 가정에 다소 확신하지 못한다. 이 투자에 여전히 12%의 수익률을 요구하더라도 회사가 손익 분기되는 영구성장률은 얼마인가?

LO 3 **29. IRR의 문제점.** 다음의 현금흐름을 보이는 프로젝트가 있다.

연도	현금흐름
0	35,000
1	− 27,000
2	29,000

이 프로젝트의 IRR은 얼마인가? 여기에 어떠한 문제가 생겼는가?

LO 3 LO 4 **30. NPV와 IRR.** 에레혼(Erewhon) 국가에서 시행되는 프로젝트를 평가할 예정이다. 이 프로젝트는 다음 현금흐름을 만들 것이다.

연도	현금흐름
0	−875,000
1	306,900
2	287,600
3	285,300
4	259,300

모든 현금흐름은 에레혼에서 발생하고 달러로 표시된다. 경제성장을 위하여 에레혼 정부는 외국회사가 창출하는 모든 현금흐름을 "동결"하고 1년간 정부에 재투자해야만 한다고 선언했다. 이 펀드의 재투자수익률은 4%이다. 앤더슨이 이 프로젝트에 10%의 요구수익률을 사용한다면 이 프로젝트의 NPV와 IRR은 얼마인가? 계산한 IRR은 이 프로젝트의 MIRR인가? 왜 그런가 또는 왜 안 그런가?

웹에서 문제 풀기

8.1 순현재가치. −20,000달러의 초기 현금유출과 그 이후 4년간 각각 6,000달러, 5,000달러, 4,000달러, 3,000달러의 현금유입이 있는 프로젝트가 있다. www.vindeep.com을 방문하여 "IRR calculator"를 찾아보자. 현금흐름을 입력하자. 요구수익률이 12%라면 이 프로젝트의 IRR은 얼마인가? NPV는?

8.2 내부수익률. 직전 문제의 온라인 계산기를 사용하여 −500달러, 1,200달러, −400달러의 현금흐름을 가진 프로젝트의 IRR을 구하라. 무슨 일이 일어나는가?

엑셀 *MASTER IT!* 문제

이미 보았듯이 엑셀은 회수기간을 계산하는 함수가 없다. 회수기간을 계산하는 3가지 방법을 보았는데 많은 다른 방법들도 있다. 아래 프로젝트의 현금흐름이 있다. 두 가지 다른 방법으로 회수기간을 계산할 필요가 있다.

a. 표에서 회수기간을 계산. 표의 첫 3개의 열은 연도, 그해의 현금흐름, 누적 현금흐름일 것이다. 4번째 열은 회수를 위한 전체 연도를 보일 것이다. 다시 말해서 만일 회수기간이 3+년이라면 이 열은 3이 될 것이고 그렇지 않으면 0일 것이다. 다음 열은 회수기간의 남은 부분을 계산할 것이고, 아니면 0을 나타낼 것이다. 마지막 열은 직전 2개의 열을 더해 최종 회수기간 계산을 나타낼 것이다. 그 자체로 최종 회수기간을 보여 주는 셀과 회수기간 기준에 의해 옳은 채택 또는 기각 결정을 나타내는 셀도 있어야 한다.

b. 프로젝트 현금흐름 열만을 사용해서 회수기간을 계산하는 내포된(nested) IF 기술을 작성. 프로젝트의 회수기간이 없으면 IF 기술은 "Never" 값을 나타내야 한다. 직전에 보인 예와 대조적으로 내포된 IF 함수는 짧은 회수기간에서 시작해 더 긴 회수기간으로 작업을 진행하면서 회수기간을 테스트해야 한다. 다른 셀은 회수기간 기준에 의해 옳은 채택 또는 기각 결정을 나타내야 한다.

연도	현금흐름
0	−250,000
1	41,000
2	48,000
3	63,000
4	79,000
5	88,000
6	64,000
7	41,000

CHAPTER CASE
블록 금광

블록 금광(Bullock Gold Mining)의 소유자인 세스 블록(Seth Bullock)은 사우스 다코타(South Dakota) 주의 새로운 금 광산을 평가하고 있다. 회사의 지질학자인 댄 도리티(Dan Dority)는 광산 지역에 대한 분석을 방금 끝냈다. 그는 광산이 8년간 생산적일 것이고 그 후에는 폐광이 될 것으로 추정했다. 댄은 금 매장량 평가서를 회사의 재무담당자인 알마 가레트(Alma Garrett)에게 건넸다. 세스는 알마에게 새로운 광산을 분석하고 회사가 새로운 광산에 착수해야 할 것인지의 판단을 요청했다.

알마는 광산에서 기대할 수 있는 수익을 결정하기 위해 댄이 제공한 추정자료를 사용해 왔다. 그녀는 채굴의 착수비용과 연간운용비용도 추정했다. 회사가 채굴을 시작하면 오늘 6억 2,500만 달러의 비용이 들고, 오늘부터 9년 후에 광산 폐쇄 및 주변 매립 비용으로 9,000만 달러의 현금유출이 발생할 것이다. 광산에서 예상되는 연간 현금흐름은 다음 표와 같다. 블록 금광은 자사 소유의 모든 금광에 12%의 요구수익률을 적용한다.

연도	현금흐름
0	−625,000,000
1	70,000,000
2	129,000,000
3	183,000,000
4	235,000,000
5	210,000,000
6	164,000,000
7	108,000,000
8	86,000,000
9	− 90,000,000

질문 QUESTIONS

1. 광산 투자안의 회수기간, IRR, MIRR, NPV를 계산하는 스프레드시트를 구성하라.
2. 분석에 의하면 회사는 광산 채굴에 착수해야 하는가?
3. 보너스 문제: 대부분의 스프레드시트는 회수기간을 계산하는 내장된 공식이 없다. 프로젝트의 회수기간을 계산하는 VBA 스크립트를 작성하라.

9 자본투자 의사결정

Making Capital Investment Decisions

인기배우도 영화 출시의 성공을 보장하지는 못한다. 2018년에 존 트라볼타가 주연한 영화 *고티(Gotti)*는 출시할 때 로튼토마토(Rotten Tomatoes)가 0.0 평점을 주어 수장되었다. 비평가는 모두 "경멸스럽다(fugeddaboudit)!"라고 말했다. 제작사 오아시스 필름(Oasis Films)은 다행히도 이 영화에서 그렇게 많은 손실을 보지는 않았다. 제작에 단지 1천만 달러의 비용이 들었기 때문이다. 모든 영화가 그렇게 운이 좋은 건 아니다. 트럭에서 사는 괴물에 대한 어린이 영화 *몬스터 트럭(Monster Trucks)*을 보자. 비평가들은 이 영화를 보는 것만으로도 참담한 경험이 된다고 했다. 어떤 이는 "아주 멍청한 가족의 범죄행위"라고 불렀다. 또 다른 이는 더 냉혹하게 "*몬스터 트럭*은 소음과 반복으로 각본, 감독, 액션과 특수효과의 신뢰가 부족함을 숨길 수 있다고 믿는 광인이 연료를 주입한 사고 트럭이다."라고 했다.

학습 목표_Learning Objectives

제9장을 마친 후에는 다음의 능력을 갖추어야 한다.

- **LO 1** 투자안의 관련 현금흐름 결정
- **LO 2** 프로젝트의 예상 현금흐름 분석
- **LO 3** 추정된 NPV 평가

숫자를 보면 파라마운트영화사(Paramount Pictures)는 영화 제작에 1억2,500만 달러 가깝게 지출했고, 마케팅과 배급에 추가로 수백만 달러를 지출했다. 파라마운트는 영화 티켓판매에 부정적이어서 영화 출시 *전에* 1억 1,500만 달러를 상각했다. 그리고 이어서 이 영화는 전 세계에서 단지 6,450만 달러를 벌어들이며 충돌했다. 물론 아주 잘 된 영화도 있다. 역시 2018년에 슈퍼영웅 히트작 *블랙 팬서(Black Panther)*는 약 2억 달러의 제작비를 들여 약 14억 달러의 거금을 벌었다.

분명히 파라마운트는 *몬스터 트럭*에서 6천만 달러 정도의 손실을 *계획*하지는 않았으나 그런 일이 벌어졌다. 이 영화의 박스오피스 사고가 보여주듯 프로젝트는 회사가 생각한 대로 항상 진행되는 것은 아니다. 이번 장에서는 어떻게 이런 일이 일어나며, 회사는 이러한 상황을 분석하고 가능하면 이를 피하려면 무엇을 할 수 있는지를 살펴본다.

일반적인 용어로 표현하면 이번 장에서는 이전 장에 이어 자본예산에 대해 더 깊이 탐구한다. 두 가지 주요 목표가 있다. 첫째는 이전 장의 NPV 분석에서 현금흐름의 추정이 중요한 투입변수라는 것은 알았지만 이런 현금흐름이 어디에서 오는가를 자세히 언급하지 않았다. 따라서 이제 이 질문을 자세하게 다루겠다. 두 번째 목표는 NPV 추정값을 비판적으로 검토하는 방법, 특히 불확실한 미래의 가정에 대한 NPV 추정값의 민감도를 평가하는 방법을 배우는 것이다.

기업재무 세계에서 최근에 전개된 사건을 보려면 essentialsofcorporatefinance.blogspot.com 방문.

지금까지 자본예산 결정에 대한 다양한 측면을 살펴보았다. 이번 장에서는 이 조각들을 모을 것이다. 특히 투자안이나 프로젝트를 "수리적으로 분석"하고, 그 숫자들로 프로젝트를 채택할 것인가를 초기에 평가하는 방법을 소개할 것이다.

이후에는 현금흐름을 할인해 분석하는 과정에 중점을 둔다. 이전 장에서 미래현금흐름의 추정이 그런 평가에서 주요 요소임을 안다. 따라서 미래현금을 추정하기 위해서는 재무와 회계 정보와의 작업을 강조한다.

투자안을 평가할 때 어떤 정보가 당면한 결정과 관련이 있고 어떤 정보가 그렇지 않은가의 결정에 특별한 관심을 가져야 한다. 앞으로 살펴보겠지만 자본예산에서 중요한 요소를 간과하기 쉽다. 할인된 현금흐름 분석 결과를 평가하는 방법도 설명한다.

9.1 프로젝트 현금흐름

프로젝트 채택의 효과는 회사 전체의 현재와 미래의 현금흐름을 변경하는 것이다. 투자안을 평가하기 위해서는 회사의 이런 현금흐름의 변동을 고려하고 그 변동이 기업 가치를 높여 주는지를 결정해야 한다. 그러므로 첫째이자 가장 중요한 단계는 어떤 현금흐름이 관련이 있는가를 결정하는 일이다.

관련 현금흐름

무엇이 프로젝트와 관련된 현금흐름인가? 일반적인 원칙은 매우 간단하다. 프로젝트와 관련된 현금흐름은 프로젝트 채택 결정의 직접적인 결과로 발생하는 기업 전체 미래현금흐름의 변동이다. 관련 현금흐름은 기업의 기존 현금흐름의 변동 또는 증분으로 정의되기에 프로젝트와 관련된 **증분현금흐름(incremental cash flows)**이라고 한다.

증분현금흐름 incremental cash flows
프로젝트를 채택한 경우와 채택하지 않은 경우의 미래 현금흐름의 차이.

증분현금흐름 개념은 분석의 핵심이다. 따라서 일반적인 정의를 내리고 필요한 경우 다시 언급하겠다.

> **프로젝트 평가의 증분현금흐름은 해당 프로젝트 채택의 직접적인 결과인 기업의 미래현금흐름의 모든 변동이다.**

증분현금흐름을 이렇게 정의하면 명백하고 중요한 결과가 나온다. 프로젝트의 채택 여부와 상관없이 발생하는 현금흐름은 관련이 없다.

독립평가의 원칙

현실에서 특히 대기업의 경우에 프로젝트를 실행한 경우와 않은 경우의 미래 총현금흐름을 실제로 계산하는 일은 매우 복잡할 것이다. 다행히 실제로 그럴 필요는 없다. 일단 투자안의 실행이 기업의 현금흐름에 미치는 영향을 확인하고 나면 프로젝트로 인한 증분현금흐름에만 집중할 필요가 있다. 이것을 **독립평가의 원칙(stand-alone principle)**이라고 한다.

독립평가의 원칙 stand-alone principle
프로젝트의 평가는 프로젝트의 증분현금흐름에 근거할 수 있다는 가정.

독립평가의 원칙은 일단 프로젝트를 채택해서 증분현금흐름을 결정하면 그 프로젝트를 미래수입과 비용, 자산 그리고 물론 현금흐름을 갖는 일종의 "소형기업"(minifirm)

으로 볼 수 있다는 말이다. 그러면 소형기업의 현금흐름을 기업의 취득비용과 비교하는 데 주로 관심을 둘 것이다. 이러한 접근방식의 중요한 결과는 투자안을 다른 어떤 활동이나 프로젝트와 분리해 순수하게 투자안의 가치로 평가하는 것이다.

개념문제 CONCEPT QUESTIONS

9.1a 프로젝트 평가에서 관련된 증분현금흐름(incremental cash flows)은 무엇인가?
9.1b 독립평가의 원칙(stand-alone principle)은 무엇인가?

9.2 증분현금흐름

여기서는 프로젝트의 결과로 증가하는 현금흐름만 살펴본다. 일반적인 정의에 의하면 현금흐름이 증분인지 아닌지를 결정하기는 쉬운 것 같다. 그렇지만 실수를 하기 쉬운 몇 가지 상황이 있다. 이번 절에서는 흔한 함정들과 이들을 피하는 방법을 기술한다.

매몰비용

매몰비용 혹은 **매몰원가(sunk cost)**는 정의상 이미 지급했거나 지급할 부채가 발생한 비용이다. 이런 비용은 오늘 프로젝트 채택 여부 결정으로 변경될 수 없다. 다시 말하면 기업은 어떤 경우에도 이 비용을 지급해야 할 것이다. 증분현금흐름의 일반적인 정의에 의하면 이런 비용은 명백히 당면한 결정과 무관하다. 따라서 분석에서 매몰비용을 항상 제외하도록 주의해야 한다.

매몰비용
sunk cost
이미 발생해 되돌릴 수 없으므로 투자의사결정에서 고려하지 말아야 할 비용.

논의에 따르면 매몰비용이 무관한 것은 당연해 보인다. 그렇더라도 매몰비용 오류에 빠지기 쉽다. 제너럴 밀크 컴퍼니(General Milk Company)가 초콜릿우유 제품군의 출시 여부를 평가하기 위해 재무컨설턴트를 고용했다고 하자. 컨설턴트가 보고서를 제출했을 때 제너럴 밀크는 막대한 컨설팅 수수료를 초콜릿우유 프로젝트의 비용으로 포함하지 않았다는 이유로 이의를 제기했다.

누가 맞는가? 이제 컨설팅 수수료는 초콜릿우유 라인의 실제 출시 여부와 상관없이 지급해야만 하기에 컨설팅 수수료는 매몰비용이다(이것이 컨설팅 사업의 매력적인 특성이다).

기회비용

비용을 생각할 때는 보통 주머니에서 나간 비용, 즉 실제 현금으로 지출한 비용만을 생각한다. **기회비용(opportunity cost)**은 약간 다르다. 기회비용은 혜택을 포기하도록 한다. 보통 이런 상황은 기업이 투자안이 사용할 자산을 이미 소유하고 있을 때 발생한다. 예를 들어 몇 년 전 10억 원에 매입한 허름한 방적공장을 "최고급" 콘도미니엄으로 개조할 것을 고려한다고 하자.

기회비용
opportunity cost
어느 특정 투자를 수행했을 때 포기하는 가장 가치 있는 대안.

이 프로젝트를 실행하면 이미 소유하고 있기에 허름한 공장의 매입과 관련된 직접적인 현금유출은 없을 것이다. 콘도 프로젝트를 평가할 목적으로 허름한 공장을 "공짜"라고 생각해야만 하는가? 답은 '아니다'. 방적공장은 프로젝트에 사용하는 가치 있는 자원이다. 프로젝트에서 사용하지 않는다면 다른 무엇인가를 할 수 있을 것이다. 무엇을 할 수 있을까? 분명한 것은 적어도 매각할 수 있다. 그러므로 콘도 단지로 방적공장을 사용하는 것은 기회비용이다. 다른 무엇인가를 하는 가치 있는 기회를 포기한다.[1]

여기 다른 쟁점이 있다. 공장의 사용이 기회비용이라고 인정한다면 콘도 프로젝트에 얼마를 부과해야 하는가? 지급한 10억 원을 콘도 프로젝트에 부과해야 할 것 같다. 이것이 맞는가? 대답은 '아니다'. 그 이유는 매몰비용에 관한 논의에 근거한다.

몇 년 전에 지급한 10억 원은 무관하다. 그 비용은 매몰되었다. 프로젝트에 부과할 기회비용은 최소한 공장을 오늘 매각했을 때 매각경비를 제외하고 받을 수 있는 금액이다. 공장을 매각하는 대신에 사용함으로써 포기하는 금액이기 때문이다.

부수효과

프로젝트의 증분현금흐름은 기업의 미래현금흐름의 모든 변동을 포함함을 기억하자. 일반적으로 좋은 쪽과 나쁜 쪽 모두 프로젝트의 부수효과(side or spillover effect)는 드물지 않을 것이다. 예를 들어 IMC(Innovative Motors Company)가 신차를 출시한다면 신차 매출 중 일부는 IMC의 다른 자동차의 판매 감소에서 올 것이다. 이를 **잠식(erosion)**이라고 한다. 이 같은 일반적인 문제가 다품종 생산업자나 판매업자에게 발생할 수 있다.[2] 이 경우 신제품 라인의 현금흐름은 다른 제품라인의 이익 감소분을 반영하여 하향조정되어야 한다.

잠식
erosion
기업의 기존 프로젝트의 비용으로 발생하는 신규 프로젝트의 현금흐름.

잠식의 설명에서 신제품 출시의 결과로 인한 매출액의 감소가 미래의 경쟁으로 여하튼 감소할 수도 있다는 점을 인식하는 것이 중요하다. 잠식은 신제품을 출시하지 않으면 매출이 감소하지 않을 때만 관련이 있다.

순운전자본

통상 프로젝트에서 기업은 비유동자산에 더해 순운전자본(net working capital)에 투자해야 한다. 예를 들어 발생하는 모든 비용을 지급하기 위해 어느 정도의 현금을 보유해야만 할 것이다. 게다가 초기에는 재고자산과 외상판매에 대한 매출채권에도 반드시 투자해야 한다. 이런 자금 중 일부는 공급자에게 진 빚인 매입채무로 조달하기도 하지만 나머지는 기업이 채워야 할 것이다. 이 차액이 순운전자본의 투자에 해당한다.

자본예산에서 순운전자본의 중요한 특징을 간과하기 쉽다. 프로젝트가 마무리됨에 따라 재고자산은 판매되고, 매출채권은 회수되며, 매입채무는 지급되고, 현금잔고는 인출된다. 이런 활동으로 원래 투자되었던 순운전자본이 회수된다. 따라서 프로젝트의 순

---

[1] 경제학자들은 때로는 진짜 공짜는 아주 매우 드물다는 사실을 묘사하기 위해 공짜점심은 없다는 뜻의 "There ain't no such thing as a free lunch"의 두문자인 *TANSTAAFL*을 사용한다.

[2] 더 원색적인 표현으로 '잠식'을 해적행위(*piracy*)나 식인행위(*cannibalism*)라고 한다.

운전자본에 대한 기업의 투자는 대출과 매우 흡사하다. 기업은 초기에 운전자본을 제공하고 말기에 회복한다.

금융비용

투자안 분석에서 프로젝트의 자산으로부터 창출되는 현금흐름에 관심이 있기에 지급이자나 배당금과 원금상환 같은 금융비용(financing cost)은 포함되지 않을 것이다. 제2장에서 언급했듯이 예를 들어 지급이자는 채권자의 현금흐름 항목이지 자산의 현금흐름이 아니다.

보다 일반적으로 프로젝트 평가의 목표는 NPV를 추정하기 위해서 프로젝트의 현금흐름을 프로젝트의 취득비용과 비교하는 것이다. 프로젝트에 드는 자금을 조달하면서 기업이 실제로 선택한 부채와 자본의 특정 비율은 경영자의 변수이고 기본적으로 프로젝트의 현금흐름을 소유주와 채권자 간에 어떻게 나눌지를 결정한다. 그렇다고 자금조달방법이 중요하지 않다는 말은 아니다. 별도로 분석되어야 할 무엇이다. 이는 후에 다루겠다.

기타 고려사항

주의해야 할 점이 몇 가지 더 있다. 첫째, 오직 현금흐름의 측정에만 관심이 있다. 게다가 회계적으로 발생할 때가 아니라 실제로 발생할 때의 측정에 관심이 있다. 둘째, 세금은 명백한 현금유출이기에 항상 **세후**(*aftertax*) 현금흐름에 관심이 있다. 사실 "증분현금흐름"이라고 표기할 때는 세후증분현금흐름을 의미한다. 그러나 세후현금흐름과 회계적 이익 또는 순이익과는 완전히 다른 것임을 상기하자.

개념문제 CONCEPT QUESTIONS

9.2a 매몰비용(sunk cost)은 무엇인가? 기회비용(opportunity cost)은 무엇인가?

9.2b 잠식(erosion)은 무엇이며 왜 관련이 있는지를 설명하라.

9.2c 지급이자가 프로젝트 평가에서 관련현금흐름이 아닌 이유를 설명하라.

9.3 추정재무제표와 프로젝트 현금흐름

투자안 평가를 시작할 때 가장 먼저 필요한 것은 추정재무제표이다. 추정재무제표가 있으면 프로젝트의 추정현금흐름을 파악할 수 있다. 현금흐름이 있으면 전 장에서 기술한 기법들을 이용해 프로젝트의 가치를 추정할 수 있다.

추정재무제표로 시작하기

추정재무제표(pro forma financial statements)는 프로젝트와 관련된 많은 정보를 간편하고 이해하기 쉽게 요약하는 수단이다. 추정재무제표를 준비하기 위해서는 판매량, 판매단

추정재무제표
pro forma financial statements
미래 시점의 사업을 추정하는 재무제표.

가, 단위당 변동비용, 총고정비용 등과 같은 수치를 추정할 필요가 있다. 또한, 순운전자본의 투자를 포함해 요구 총투자액을 알아야만 한다.

이를 설명하기 위해 단위당 4.00달러의 가격으로 매년 50,000개의 상어유인물(shark attractant)을 판매할 수 있다고 생각한다고 하자. 제조에 단위당 약 2.50달러의 비용이 들고 이와 같은 신제품은 아마도 소비자계층이 급속히 줄어들기에 통상 수명주기가 단 3년이다. 신제품에는 20%의 수익률을 요구한다.

생산설비 임차료 등을 포함하여 프로젝트의 고정비용은 연간 17,430달러가 들 것이다. 더욱이 총 90,000달러를 제조장비에 투자해야만 할 것이다. 간단하게 이 90,000달러는 3년의 프로젝트 기간 중 100% 감가상각할 것으로 가정한다. 더욱이 장비를 제거하는 비용이 대략 3년 후 장비의 실제 가치와 같다고 하면 시장가치로 해도 기본적으로 가치가 없을 것이다. 마지막으로 이 프로젝트는 순운전자본에 20,000달러의 초기 투자가 필요하고 세율은 21%이다.

〈표 9.1〉에서 먼저 3년 동안 연간 추정손익계산서(pro forma income statements)를 준비해서 초기의 추정치를 정리한다. 또다시 어떤 이자비용도 차감하지 않았다는 점에 주목하자. 이자비용은 항상 차감하지 않는다. 앞에서 기술한 것처럼 지급이자는 금융비용이지 영업현금흐름의 요소가 아니다.

〈표 9.2〉에서 했던 것처럼 프로젝트의 자본 요구액을 보여 주는 일련의 요약재무상태표도 작성할 수 있다. 여기 연간 20,000달러의 순운전자본이 있다. 비유동자산은 프로젝트를 시작할 때(0년차) 90,000달러이며 매년 30,000달러씩 감가상각으로 줄어들어 0이 된다. 여기서 미래의 시점에 드는 총투자는 시장가치가 아닌 장부가치 또는 회계가치임에 주의하자.

이제 이 회계정보를 현금흐름으로 전환해야만 한다. 다음에 그 방법을 알아보자.

표 9.1

상어유인물 프로젝트의 1~3년도 추정손익계산서

매출액(단가 4달러에 50,000단위)	200,000
변동비용(단위당 2.50달러)	125,000
고정비용	17,430
감가상각비($90,000/3)	30,000
EBIT	27,570
세금(21%)	5,790
순이익	21,780

표 9.2

상어유인물 프로젝트에 필요한 추정자금

	연도			
	0	1	2	3
순운전자본	20,000	20,000	20,000	20,000
순고정자산	90,000	60,000	30,000	0
총투자액	110,000	80,000	50,000	20,000

프로젝트 현금흐름

프로젝트의 현금흐름을 계산하기 위해 자산의 현금흐름의 세 가지 요소가 영업현금흐름, 자본지출, 순운전자본의 추가임을 상기할 필요가 있다. 프로젝트 또는 소형회사를 평가하기 위해 이들 각각을 추정해야만 한다.

일단 현금흐름의 요소를 추정했다면 전체 회사에 대해 제2장에서 했던 것처럼 소형회사의 현금흐름을 계산할 것이다.

프로젝트 현금흐름 = 프로젝트 영업현금흐름
− 프로젝트 순운전자본의 변동
− 프로젝트 자본지출

다음에 이 요소들을 고려한다.

프로젝트 영업현금흐름 프로젝트와 관련된 영업현금흐름을 알아내기 위해서는 먼저 영업현금흐름의 정의를 상기할 필요가 있다.

영업현금흐름 = 이자와 법인세 차감전 순이익
+ 감가상각비
− 법인세

영업현금흐름의 계산을 설명하기 위해 상어유인물 프로젝트에서 추정한 정보를 이용하겠다. 참고하기 쉽게 〈표 9.3〉에 손익계산서를 다시 작성했다.

〈표 9.3〉에 주어진 손익계산서로 영업현금흐름을 계산하는 일은 직설적이다. 〈표 9.4〉에 보이는 바와 같이 상어유인물 프로젝트의 추정영업현금흐름은 51,780달러이다.

프로젝트 순운전자본과 자본지출 다음으로 비유동자산과 순운전자본 필요액을 살펴보아야 한다. 재무상태표를 참고하면 회사는 비유동자산에 초반에 90,000달러를 지출해야 하고 순운전자본에는 추가로 20,000달러를 투자해야 한다. 그러므로 즉각적인 현금

표 9.3

상어유인물 프로젝트의 1~3년도 추정손익계산서

매출액	200,000
변동비용	125,000
고정비용	17,430
감가상각비	30,000
EBIT	27,570
법인세(21%)	5,790
순이익	21,780

표 9.4

상어유인물 프로젝트의 추정영업현금흐름

EBIT	27,570
감가상각비	+30,000
법인세	−5,790
영업현금흐름	51,780

표 9.5
상어유인물 프로젝트의 추정된 총현금흐름

	연도			
	0	1	2	3
영업현금흐름		51,780	51,780	51,780
순운전자본의 변동	− 20,000			+20,000
자본지출	− 90,000			
총추정현금흐름	110,000	51,780	51,780	71,780

유출은 110,000달러이다. 프로젝트 기간의 말이 되면 비유동자산은 가치가 없어 잔존가치가 0이 될 것이다. 그러나 운전자본에 묶여 있는 20,000달러는 되찾아 마지막 연도에 20,000달러의 현금유입으로 이어진다.

순전히 기계적인 수준에서 순운전자본에 투자할 때마다 같은 금액이 회수되어야 함에 주의하자. 다시 말해서 같은 숫자가 미래 어느 시점에 반대 부호로 나타나야 한다.

추정된 총현금흐름과 가치

모아온 정보를 바탕으로 〈표 9.5〉에 나열한 것같이 예비의 현금흐름분석을 마칠 수 있다.

이제 현금흐름을 추정했으므로 이전 장에서 논의한 여러 가지 평가방법을 적용할 준비가 되었다. 첫째, 20%의 요구수익률에 NPV는

$$\begin{aligned}\text{NPV} &= -110{,}000 + 51{,}780/1.2 + 51{,}780/1.2^2 + 71{,}780/1.2^3 \\ &= 10{,}648\end{aligned}$$

추정에 의하면 이 프로젝트는 10,000달러 이상의 가치를 창출하므로 채택해야 한다. 또한, 이 투자의 수익률은 20%의 할인율에 NPV가 양수이기에 확실히 20%가 넘는다. 시행착오법으로 IRR이 약 25.76%임을 알 수 있다.

더욱이 필요하다면 더 나가 회수기간과 평균회계이익률을 계산할 수 있다. 현금흐름을 검토하면 이 프로젝트의 회수기간이 2년 조금 넘는다(약 2.1년임을 확인해 보자).

이전 장에서 AAR은 평균 순이익 나누기 평균 장부가치임을 알았다. 당기순이익은 21,780달러이다. 〈표 9.2〉에서 4년 동안 장부가치의 평균은 (110,000 + 80,000 + 50,000 + 20,000)/4 = 65,000달러이다. 따라서 AAR은 21,780/65,000 = 0.3351 또는 33.51%이다. 이미 투자의 수익률인 IRR이 약 26%임을 알고 있다. AAR이 더 크다는 사실은 왜 AAR을 프로젝트의 수익률로서 의미 있게 해석할 수 없는가를 다시 설명한다.

감세효과 방식

영업현금흐름(operating cash flow: OCF)의 기본개념의 유용한 변형이 감세효과(*tax shield*) 방식이다. OCF의 감세효과 정의는

$$\text{OCF} = (\text{매출} - \text{비용}) \times (1 - T_c) + \text{감가상각비} \times \text{세율}$$

T_c는 법인세율이다. T_c = 21%로 가정하면 OCF는 다음같이 계산된다.

$$
\begin{aligned}
\text{OCF} &= (200{,}000 - 142{,}430) \times 0.79 + 30{,}000 \times 0.21 \\
&= 45{,}480 + 6{,}300 \\
&= 51{,}780
\end{aligned}
$$

이것은 전에 구한 값이다.

이와 같은 접근방식은 OCF를 2개의 구성요소로 간주한다. 첫째 부분은 감가상각비가 없는 경우의 프로젝트 현금흐름을 보여 준다. 이 경우에 그랬을 현금흐름은 45,480달러이다.

이 방식에서 OCF의 둘째 부분은 감가상각비에 곱하기 법인세율로 **감가상각비 감세효과(depreciation tax shield)**라고 부른다. 감가상각비는 비현금지출임을 안다. 감가상각을 차감하는 유일한 현금흐름 효과는 세금을 줄여 혜택을 주는 것이다. 현행 21%의 법인세율에 감가상각비 1달러당 21센트의 세금을 절약한다. 예제에서 30,000달러의 감가상각비 차감으로 30,000달러 × 0.21 = 6,300달러의 세금을 절약한다.

감가상각비 감세효과 depreciation tax shield
감가상각비 곱하기 법인세율로 계산된 감가상각비 공제로 인한 절세액.

감세효과방식은 기본방식과 항상 같은 답을 줄 것이다. 그래서 감세효과방식이 무슨 소용이 있는지 궁금할 것이다. 그 답은 때때로 특히 비용절감 프로젝트에 사용하기가 약간 더 간단하다.

개념문제 CONCEPT QUESTIONS

9.3a 프로젝트 영업현금흐름(OCF)의 정의는 무엇인가? 순이익과 어떻게 다른가?

9.3b 상어유인물 프로젝트에서 왜 마지막 해에 순운전자본(NWC) 투자를 더해 주었는가?

9.3c "감가상각비 감세효과"(depreciation tax shield)란 무엇인가?

9.4 프로젝트 현금흐름 추가설명

여기에서는 프로젝트 현금흐름에 대해 몇 가지 더 자세히 알아보겠다. 특히 프로젝트의 순운전자본을 더 자세히 알아보겠다. 그리고 감가상각에 관한 현행 미국 세법을 검토한다.

순운전자본의 세부 검토

영업현금흐름 계산에서 매출액 일부는 외상일 수 있다는 점을 명시적으로 고려하지 않았다. 또한, 기록된 비용 일부는 실제로 지급하지 않았을 수도 있다. 어떤 경우에도 현금흐름은 아직 발생하지 않았다. 이런 가능성은 분석에 순운전자본의 변동이 포함됨을 잊지 않는 한 문제가 되지 않는다. 그러므로 이 논의는 순운전자본의 변동을 포함하는 중요성과 영향을 강조한다.

프로젝트의 어느 특정 해의 요약 손익계산서가 다음과 같다고 하자.

매출액	500
매출원가	310
순이익	190

감가상각비와 세금은 0이다. 연중 비유동자산의 구매는 없었다. 또한, 핵심을 설명하기 위해 순운전자본의 유일한 요소는 매입채무와 매출채권이라고 가정한다. 이 계정의 기초와 기말 잔액은 다음과 같다.

	기초	기말	변화
매출채권	880	910	+30
매입채무	550	605	+55
순운전자본	330	305	−25

이 정보에 의하면 연중 총현금흐름은 얼마인가? 먼저 답을 위해 지금까지의 논의를 기계적으로 적용할 수 있다. 이 특정한 경우에 영업현금흐름은 세금과 감가상각비가 없어서 EBIT와 같아 190달러이다. 또한, 순운전자본이 실제로 25달러 감소해 순운전자본의 변동이 음수임에 주목하다. 이는 연중 25달러가 풀렸다는 의미이다. 자본지출은 없으므로 연중 총현금흐름은 다음과 같다.

총현금흐름 = 영업현금흐름 − NWC의 변동 − 자본지출
= 190 − (−25) − 0
= 215

215달러의 총현금흐름은 연중 "유입된 금액"에서 "유출된 금액"을 차감한 것과 같음을 알 수 있다. 그러므로 다른 질문도 할 수 있다. 연중 현금수입은 얼마인가? 또한, 현금비용은 얼마인가?

현금수입을 계산하기 위해서는 순운전자본을 조금 더 자세히 살펴볼 필요가 있다. 연중 매출은 500달러였다. 그러나 같은 기간에 매출채권은 30달러 증가했다. 무엇을 의미하는가? 매출채권의 30달러 증가는 매출이 현금 회수보다 30달러 초과함을 말한다. 다시 말해서 매출액 500달러 중에서 30달러는 아직 현금으로 받지 못했다. 그 결과 현금유입은 500 − 30 = 470달러이다. 일반적으로 현금유입은 매출액 빼기 매출채권의 증가분이다.

현금유출도 유사하게 결정할 수 있다. 손익계산서에서 비용은 310달러이지만 매입채무는 연중 55달러 증가하였다. 이는 310달러 중에서 55달러를 아직 지급하지 않았다는 의미로 연중 현금비용은 310 − 55 = 255달러이다. 다시 말해서 이 경우에 현금비용은 매출원가에서 매입채무의 증가분을 차감해 준 것과 같다.

이 정보를 종합하면 현금유입 빼기 현금유출은 전과 같이 470 − 255 = 215달러이다.

현금흐름 = 현금유입 − 현금유출
= (500 − 30) − (310 − 55)
= (500 − 310) − (30 − 55)
= 영업현금흐름 − NWC의 변동
= 190 − (−25)
= 215

일반적으로 이 예제는 계산에서 순운전자본의 변동을 포함하면 회계장부상 매출액과 비용 그리고 실제의 현금수입과 현금지출 간의 불일치를 조정하는 효과가 있음을 보여준다.

예제 9.1 현금회수와 비용

방금 마감한 회계연도에서 더콤바트옴바트 텔레스타트(the Combat Wombat Telestat Co.: CWT)는 998달러의 매출액과 734달러의 비용을 기록하였다. 다음과 같은 기초와 기말의 재무상태표 정보가 있다.

	기초	기말
매출채권	100	110
재고자산	100	80
매입채무	100	70
순운전자본	100	120

이 수치에 의하면 현금유입은 얼마인가? 현금유출은? 각 계정은 무슨 일이 있는가? 순현금흐름은 얼마인가?

매출액은 998달러이지만 매출채권이 10달러 증가하였다. 따라서 현금회수는 매출액보다 10달러 적은 988달러이다. 비용은 734달러이지만 재고자산이 20달러 줄었다. 이는 20달러 가치의 재고자산을 보충하지 않았음을 의미해 비용은 실제로 이 액수만큼 과대계상되었다. 또한, 매입채무도 30달러 줄었다. 이는 공급자에게 받은 것보다 실제로 30달러 더 지급하였음을 의미해 결과적으로 비용은 30달러 과소계상되었다. 이런 일들을 조정하면 현금비용은 734 − 20 + 30 = 744달러이다. 순현금흐름은 988 − 744 = 244달러이다.

마지막으로 순운전자본 전체는 20달러 증가하였다. 원래의 회계상 매출액에서 비용을 차감하면 998 − 734 = 264달러로 답을 확인할 수 있다. 더욱이 CWT는 순운전자본에 20달러를 써서 최종적으로 계산했던 것처럼 현금흐름은 264 − 20 = 244달러이다.

감가상각비

다른 곳에서 주의했듯이 회계에서 감가상각비는 비현금공제(noncash deduction)이다. 그 결과 감가상각비는 단지 세금에 영향을 주기에 현금흐름이다. 따라서 세무보고용 감가상각비 계산방식은 자본투자결정에 관련이 있는 방법이다. 감가상각비 계산 절차가 세법의 지배를 받는다는 사실은 놀랄 일이 아니다. 이제 1986년 미국의 개정세법(Tax Reform Act)에 규정된 감가상각 시스템의 특징을 논의한다.[3] 이 시스템은 1981년에 제정된 **가속상각법(Accelerated Cost Recovery System: ACRS)**을 수정한 것이다.

가속상각법 Accelerated Cost Recovery System (ACRS)
다양하게 분류된 자산을 가속상각하는 미국 세법의 감가상각법.

수정가속상각법(Modified ACRS Depreciation: MACRS Depreciation) 감가상각비 계산은 통상 매우 기계적이다. 많은 조건이 붙고 예외가 있으나 기본적으로 모든 자산은 특정한 분류에 속한다. 자산의 분류는 세금 목적상 자산의 수명을 결정한다. 자산의 세금수명이 결정되면 자산의 비용에 고정된 비율을 곱해 연도별 감가상각비를 계산한다. 감가상각비의 계산에서 예상 잔존가치(자산을 매각하였을 때의 자산가치)와 실제 예상 경제적 수명(자산이 유용할 것으로 예상하는 기간)은 감가상각비의 계산에서 명시적으로 고려되지 않는다.

일부 전형적인 감가상각 분류가 〈표 9.6〉에 기술되었고, (소수점 둘째 자리까지의) 관련 비율은 〈표 9.7〉에 정리되었다. 토지는 감가상각할 수 없음을 기억하자.

감가상각비가 계산되는 방법을 보기 위해 35,000달러의 비용이 드는 자동차를 고려하자. 자동차는 보통 5년 자산으로 분류된다. 〈표 9.7〉을 보면 5년 자산의 첫해에 해당하는 숫자는 20%임을 안다. 따라서 첫해의 감가상각비는 35,000달러 × 0.20 = 7,000달러이다. 둘째 해에 해당하는 비율은 32%이므로 둘째 해의 감가상각비는 35,000달러 × 0.32 = 11,200달러이다. 이 계산을 다음과 같이 정리할 수 있다.

표 9.6
수정 ACRS 자산 분류

분류	자산의 예
3년	연구 장비
5년	자동차, 컴퓨터
7년	대부분의 산업 장비

표 9.7
수정 ACRS 비율

	자산 분류		
연도	3년	5년	7년
1	33.33%	20.00%	14.29%
2	44.45	32.00	24.49
3	14.81	19.20	17.49
4	7.41	11.52	12.49
5		11.52	8.93
6		5.76	8.92
7			8.93
8			4.46

[3] 역주: 한국 법인세법에서는 개별 감가상각 자산별로 정액법, 정률법 또는 생산량비례법 등에 따라 상각범위액과 내용연수 및 상각률을 계산하도록 하고 있다.

연도	MACRS 비율	감가상각비
1	20.00%	0.2000 × 35,000 = 7,000
2	32.00	0.3200 × 35,000 = 11,200
3	19.20	0.1920 × 35,000 = 6,720
4	11.52	0.1152 × 35,000 = 4,032
5	11.52	0.1152 × 35,000 = 4,032
6	5.76	0.0576 × 35,000 = 2,016
	100.00%	35,000

수정가속상각법 비율의 총합은 100%임에 주목하자. 그 결과 자산비용의 100%, 이 경우 35,000달러를 감가상각한다.

보너스 감가상각비 미국에서는 2018년 이전 여러 해 동안 "보너스" 감가상각을 허용하는 다양한 세금 규칙 및 규정이 제정되었다. 2015년의 '세금인상방지법'[Protecting Americans from Tax Hikes (PATH) Act]에 근거해 2017년의 보너스 크기는 50%였다. 이 법은 기업이 첫해 해당 자산비용의 50%를 감가상각으로 공제하고 나서 남은 50%는 기술했던 MACRS 스케줄을 이용해 감가상각한다. 유의하게 2017년 말 의회는 2018년에 100%까지 보너스 감가상각을 증가시키고 2022년 말까지 지속하는 '감세 및 잡스법'(Tax Cuts and Jobs Act)을 통과했다. 그 이후 2026년 제로에 이를 때까지 연간 20%씩 줄어든다. 그 의미는 대부분 기업은 원치 않는다면 (보너스 감가상각은 선택할 수 있다) 2023년까지 MACRS 스케줄을 이용하지 않을 것이다. 물론 미래 법령으로 바뀔 수 있다.

장부가치 대 시장가치 현행 미국 세법의 감가상각비 계산에서 자산의 경제적 수명과 미래의 시장가치는 중요하지 않다. 그 결과 자산의 장부가치는 실제 시장가치와 상당히 다를 수 있다. 예로 들었던 35,000달러의 자동차에서 첫해 이후 장부가치는 35,000달러에서 첫해의 감가상각비 7,000달러를 뺀 28,000달러이다. 남은 장부가치는 〈표 9.8〉에 요약되었다. 6년 후 자동차의 장부가치는 0이다.

5년 후에 이 차를 팔기 원한다고 하자. 과거 평균에 의하면 매입가격의 25%에 해당하는 0.25 × 35,000달러 = 8,750달러의 가치가 있을 것이다. 실제로 이 가격에 판다면

표 9.8

MACRS 장부가치

연도	기초 장부가치	감가상각비	기말 장부가치
1	35,000	7,000	28,000
2	28,000	11,200	16,800
3	16,800	6,720	10,080
4	10,080	4,032	6,048
5	6,048	4,032	2,016
6	2,016	2,016	0

매각대금 8,750달러와 장부가치 2,016달러의 차이에 정규 소득세율로 세금을 내야 할 것이다. 한계세율이 21%인 주식회사의 법인세비용은 0.21 × 6,734달러 = 1,414.14달러이다.

이 경우에 세금을 내야만 하는 이유는 시장가치와 장부가치의 차이가 "초과"(excess) 감가상각으로 자산이 매각될 때 "징수"(recapture)되어야 하기 때문이다. 이는 자산에 8,750 − 2,016 = 6,734달러를 과잉 감가상각했다는 의미다. 감가상각에서 6,734달러를 더 많이 공제해서 1,414.14달러의 세금을 더 적게 냈으므로 이 차이를 메우는 것이다.

이는 자본이득(capital gain)에 대한 세금이 아니다. 일반적으로 자본이득은 시장가격이 본래의 비용을 초과했을 때에만 발생한다. 그러나 자본이득인가 자본이득이 아닌가는 궁극적으로 세무 당국이 결정하고 그 기준은 매우 복잡할 수 있다. 대부분 경우에서 자본이득세(capital gains taxes)는 무시하겠다.

마지막으로 장부가치가 시장가치를 초과하면 그 차이는 세금계산에서 손실로 처리된다. 예를 들어 2년 후 자동차를 15,000달러에 매각했다면 장부가치가 시장가치를 1,800달러 초과한다. 이 경우에 0.21 × 1,800달러 = 378달러의 감세효과가 있다.

예제 9.2 MACRS 감가상각

신형 전산화 정보시스템을 방금 160,000달러에 구매했다. 컴퓨터는 5년 자산으로 처리된다. 연간 감가상각비는 얼마인가? 과거 경험에서 4년 후 처분할 때의 가치는 겨우 10,000달러일 것으로 생각한다. 매각의 세금은 얼마인가? 매각의 세후 총현금흐름은 얼마인가?

연간 감가상각비는 160,000달러에 〈표 9.7〉의 5년 자산의 비율을 곱해서 계산한다.

연도	MACRS 비율	감가상각비		기말 장부가치
1	20.00%	0.2000 × 160,000 =	32,000	128,000
2	32.00	0.3200 × 160,000 =	51,200	76,800
3	19.20	0.1920 × 160,000 =	30,720	46,080
4	11.52	0.1152 × 160,000 =	18,432	27,648
5	11.52	0.1152 × 160,000 =	18,432	9,216
6	5.76	0.0576 × 160,000 =	9,216	0
	100.00%		160,000	

매년 말에 이 시스템의 장부가치도 계산하였다. 4년 말의 장부가치는 27,648달러이다. 그 시점에서 시스템을 10,000달러에 매각한다면 과세기준에서 그 차액인 17,648달러가 손실로 처리된다. 이 손실은 물론 감가상각비와 같이 현금지출이 아니다.

실제로 무슨 일인가? 두 가지다. 첫째, 구매자로부터 10,000달러를 받는다. 둘째, 0.21 × 17,648달러 = 3,706달러의 세금을 절약한다. 따라서 매각의 세후 총현금흐름은 13,706달러의 총세후현금흐름이다.

예제: 마제스틱 멀치 앤드 콤포스트 (Majestic Mulch and Compost Company: MMCC)

이쯤에서 자본예산분석을 더 깊숙이 알아보길 원한다. 여기서 기본적인 방법은 앞에서 있었던 상어유인물의 예와 정확히 같음을 염두에 두자. 단지 "현실 세계"의 세부적인 내용(그리고 더 많은 숫자)을 추가하였다.

MMCC는 점점 더 많아지는 가정용 제초장비를 겨냥해서 동력제초기의 생산라인 증설 가능성을 검토하고 있다. 대형 가든 매장의 구매자들과 나눈 탐색적인 대화를 기반으로 추정한 판매량은 다음과 같다.

연도	판매량
1	3,000
2	5,000
3	6,000
4	6,500
5	6,000
6	5,000
7	4,000
8	3,000

신형 동력제초기는 초기에 120달러의 단가에 판매될 것이다. 그러나 3년 후에는 경쟁사의 추격으로 가격이 110달러로 하락할 것이라고 MMCC는 예상한다.

동력제초기 프로젝트는 시작할 때 20,000달러의 순운전자본이 필요할 것이다. 이어서 매년 말의 총순운전자본은 그해 매출액의 약 15%가 될 것이다. 단위당 변동비용은 60달러이고, 총고정비용은 연간 25,000달러이다.

생산을 위해 필요한 장비 구매에 약 800,000달러가 소요될 것이다. 이는 주로 산업장비에 속하므로 7년의 MACRS 자산에 해당한다. 이 장비의 8년 후 가치는 실제로 비용의 약 20%인 0.20 × 800,000달러 = 160,000달러가 될 것이다. 관련 세율은 21%이고, 요구수익률은 15%이다. 이 정보에 의하면 MMCC는 이 프로젝트를 계속 추진해야 하는가?

영업현금흐름 이제 많은 정보를 이용해 계산할 필요가 있다. 제일 먼저 할 수 있는 일은 추정매출액 계산이다. 첫해는 단가 120달러에 3,000개 판매해 매출액은 총 360,000달러로 추정된다. 나머지 수치들은 〈표 9.9〉에 정리했다.

다음으로 〈표 9.10〉에서는 800,000달러 투자의 감가상각비를 계산한다. 이 정보를 이용해 〈표 9.11〉과 같은 추정손익계산서를 준비할 수 있다. 여기서 영업현금흐름을 계산하는 일은 단순하다. 그 결과는 〈표 9.13〉의 첫 부분에 기술했다.

표 9.9

추정수입, 동력제초기 프로젝트

연도	단가	판매량	매출액
1	120	3,000	360,000
2	120	5,000	600,000
3	120	6,000	720,000
4	110	6,500	715,000
5	110	6,000	660,000
6	110	5,000	550,000
7	110	4,000	440,000
8	110	3,000	330,000

표 9.10

연도별 감가상각비, 동력제초기 프로젝트

연도	MACRS 비율	감가상각비	기말 장부가치
1	14.29%	0.1429 × 800,000 = 114,320	685,680
2	24.49	0.2449 × 800,000 = 195,920	489,760
3	17.49	0.1749 × 800,000 = 139,920	349,840
4	12.49	0.1249 × 800,000 = 99,920	249,920
5	8.93	0.0893 × 800,000 = 71,440	178,480
6	8.92	0.0892 × 800,000 = 71,360	107,120
7	8.93	0.0893 × 800,000 = 71,440	35,680
8	4.46	0.0446 × 800,000 = 35,680	0
	100.00%	800,000	

표 9.11 **추정손익계산서, 동력제초기 프로젝트**

	연도							
	1	2	3	4	5	6	7	8
단위가격	120	120	120	110	110	110	110	110
매출수량	3,000	5,000	6,000	6,500	6,000	5,000	4,000	3,000
수입	360,000	600,000	720,000	715,000	660,000	550,000	440,000	330,000
변동비용	180,000	300,000	360,000	390,000	360,000	300,000	240,000	180,000
고정비용	25,000	25,000	25,000	25,000	25,000	25,000	25,000	25,000
감가상각비	114,320	195,920	139,920	99,920	71,440	71,360	71,440	35,680
EBIT	40,680	79,080	195,080	200,080	203,560	153,560	103,560	89,320
세금(21%)	8,543	16,607	40,967	42,017	42,748	32,264	21,748	18,757
순이익	32,137	62,473	154,113	158,063	160,812	121,376	81,812	70,563

순운전자본의 변화 영업현금흐름은 계산하였기에 이제 순운전자본의 변화를 결정해야 한다. 가정에 의하면 필요한 순운전자본은 매출액이 변화함에 따라서 변한다. 일반적으로 매년 프로젝트 순운전자본을 추가하거나 회수한다. 초기의 순운전자본은 20,000달러이고 매년 매출액의 15%로 증가함을 기억한다면 〈표 9.12〉에서와 같이 매년의 순운전자본을 계산할 수 있다.

표 9.12
순운전자본 변동, 동력제초기 프로젝트

연도	수입	순운전자본	현금흐름
0		20,000	−20,000
1	360,000	54,000	−34,000
2	600,000	90,000	−36,000
3	720,000	108,000	−18,000
4	715,000	107,250	750
5	660,000	99,000	8,250
6	550,000	82,500	16,500
7	440,000	66,000	16,500
8	330,000	49,500	16,500

표에 보이는 바와 같이 첫해의 순운전자본은 20,000달러에서 0.15 × 360,000 = 54,000달러로 증가한다. 따라서 그 해의 순운전자본의 증가는 54,000 − 20,000 = 34,000달러이다. 나머지 숫자도 같은 법으로 계산할 수 있다.

순운전자본의 증가는 현금유출임을 기억하자. 따라서 이 표에서 순운전자본에 추가적인 투자를 표시하기 위해 마이너스 부호를 이용한다. 플러스 부호는 기업이 회수한 순운전자본을 나타낸다. 따라서 예를 들어 16,500달러의 NWC는 6년째에 회사로 반환된다. 프로젝트의 수행 기간에서 순운전자본은 최고 108,000달러이고 매출액 감소에 따라 순운전자본도 하락한다.

순운전자본 변동의 결과는 〈표 9.13〉의 두 번째 부분에 있다. 프로젝트의 기간 마지막에 49,500달러의 순운전자본이 회수되어야 함에 주의하자. 그러므로 마지막 해에는 그 해의 회수분인 16,500달러와 함께 총 66,000달러에 대한 연말 잔여분인 49,500달러도 회수되어야 한다.

자본지출 마지막으로 이 프로젝트에 투자한 장기자본을 계산해야 한다. 이 경우 0년에 800,000달러를 투자한다. 가정에 의해서 이 장비는 프로젝트의 마지막에 160,000달러의 가치가 있다. 그때 장부가치는 0이 될 것이다. 앞에서 논의한 대로 장부가치를 넘어서는 시장가치인 160,000달러는 과세대상이다. 따라서 세후 수입은 160,000달러 × (1 − 0.21) = 126,400달러이다. 이 숫자는 〈표 9.13〉의 세 번째 부분에 있다.

총현금흐름과 가치 모든 현금흐름을 알고 있고 이것들을 〈표 9.14〉에 종합해 놓았다. 추정 총현금흐름에다 누적현금흐름도 계산했다. 이제는 이 값들을 집어넣어 순현가(NPV), 내부수익률(IRR) 그리고 회수기간을 계산하면 된다.

할인된 현금흐름과 초기투자액을 합하면 할인율 15%에 순현가는 146,852달러가 된다. 이는 양수이므로 예비 추정치에 근거해 동력제초기 프로젝트는 채택한다. 내부수익률은 NPV가 양의 값이므로 15%보다 크다. 내부수익률을 계산하면 19.86%이므로 이 프로젝트는 역시 채택되어야 함을 나타낸다.

표 9.13 추정현금흐름, 동력제초기 프로젝트

	연도								
	0	1	2	3	4	5	6	7	8
					I. 영업현금흐름				
EBIT		40,680	79,080	195,080	200,080	203,560	153,640	103,560	89,320
감가상각비		114,320	195,920	139,920	99,920	71,440	71,360	71,440	35,680
세금		− 8,543	− 16,607	− 40,967	− 42,017	− 42,748	− 32,264	− 21,748	− 18,757
영업현금흐름		146,457	258,393	294,033	257,883	232,252	192,736	153,252	106,243
					II. 순운전자본				
초기 NWC	− 20,000								
NWC 증가량		− 34,000	− 36,000	− 18,000	750	8,250	16,500	16,500	16,500
NWC 회수량									49,500
NWC의 변화	− 20,000	− 34,000	− 36,000	− 18,000	750	8,250	16,500	16,500	66,000
					III. 자본지출				
초기비용	−800,000								
세후잔존가치									126,400
자본지출	−800,000								126,400

표 9.14 추정 총현금흐름, 동력제초기 프로젝트

	연도								
	0	1	2	3	4	5	6	7	8
영업현금흐름		146,457	258,393	294,033	257,983	232,252	192,736	153,252	106,243
순운전자본 변화	− 20,000	− 34,000	− 36,000	− 18,000	750	8,250	16,500	16,500	66,000
자본지출	−800,000								126,400
총프로젝트 현금흐름	−820,000	112,457	222,393	276,033	258,733	240,502	209.236	169,752	298,643
누적현금흐름	−820,000	−707,543	−485,150	−209,116	− 49,617	290,119	499,355	669,107	967.750

순현가(15%) = $146,852
내부수익률 = 19.86%
회수기간 = 3.81년

누적현금흐름을 보면 누적현금흐름이 거의 제로가 되는 시점이기에 프로젝트는 3년과 4년 사이에 회수된다. 보여 주는 대로 남은 연도는 209,116달러/258,733달러 = 0.81년으로 회수기간은 3.81년이 된다. MMCC의 벤치마크를 모르기에 이것이 좋다 나쁘다를 말할 수는 없다. 이것이 회수기간의 일반적인 문제점이다.

결론

예비단계의 현금흐름할인(DCF) 분석을 완성했다. 여기서 어디로 갈까? 추정치에 상당히 확신하면 더 이상의 분석은 없다. 즉시 생산과 마케팅을 시작해야 한다. 그럴 것 같지는 않다. 분석 결과가 NPV의 추정치라는 사실을 기억하는 것이 중요하고 보통은 추정에 완전한 확신보다는 덜 할 것이다. 이는 할 일이 더 있음을 의미한다. 특히 추정치의 정확도 평가에 거의 확실히 시간을 할애하기를 원할 것이다. 이 주제를 다음에 다룬다.

개념문제 CONCEPT QUESTIONS

9.4a 현금흐름을 계산할 때 순운전자본의 변동을 고려하는 것이 왜 중요한가? 그렇게 하는 것의 영향을 무엇인가?

9.4b 현행 미국 세법을 적용하면 비유동자산의 감가상각비는 어떻게 계산되는가? 예상 잔존가치와 추정 경제적 수명이 감가상각비 계산에 주는 영향은 무엇인가?

9.5 NPV 추정치의 평가

제8장에서 어느 투자의 시장가치가 비용을 초과하면 순현가가 양수라는 것을 알았다. 그런 투자는 주주에게 가치를 창출해 주기 때문에 바람직하다. 이런 투자기회를 알아내는 데 있어서의 주요 문제는 대부분 실제로 관련된 시장가치를 관찰할 수 없다는 것이다. 대신 예측한다. 예측한 다음 추정치가 실제의 가치와 최소한 비슷한지가 궁금한 것은 어쩌면 당연하다. 다음에 이 질문을 다룬다.

근본적인 문제

앞에서 기술한 내용에 맞추어 예비적인 DCF 분석을 한다고 하자. 매몰비용 같은 것은 포함하지 않고, 관련현금흐름을 주의깊게 확인하며, 운전자본 필요액의 고려도 기억한다. 감가상각비는 다시 더해 주고, 가능한 잠식은 처리하며, 기회비용에도 주의를 기울인다. 마지막으로 계산을 재검토한 후 모두가 완료되어 추정된 NPV가 양수라는 결론에 도달했다.

이제 무엇을 해야 하는가? 여기서 멈추고 다음 투자안으로 넘어가는가? 아마도 아닐 것이다. 추정 NPV가 양수라는 사실은 좋은 신호이지만 무엇보다 더 자세히 살펴보아야 함을 말한다.

현금흐름할인 분석을 하여 프로젝트의 NPV가 양수라는 결론에 이르는 두 가지 상

FINANCE MATTERS

일이 잘못될 때 …

생각해 보면 회사가 다른 회사를 인수하는 것은 자본예산결정이다. 그러나 한 가지 차이점은 기업인수(acquisition)가 전형적인 프로젝트보다 비용이 더 들지도 모르며 아마도 훨씬 더 비용이 들 수도 있다. 물론 다른 프로젝트처럼 인수가 실패할 수도 있다. 실패하면 손해는 매우 클 것이다.

예를 들어 2014년 4월 마이크로소프트(Microsoft)는 노키아(Nokia)를 72억 달러에 인수한다고 발표했다. 노키아의 인수는 마이크로소프트에게 회사의 모바일 운영시스템의 신장에 필요한 하드웨어를 줄 것으로 생각했다. 물론 합병은 계획한 대로 되지는 않았다. 2015년 7월에 마이크로소프트는 인수로 인해 인수가격보다 큰 76억 달러를 상각했다고 발표했다.

다른 예로 2018년 초에 테바제약(Teva Pharmaceutical)은 17억 달러의 자산을 상각할 것이라고 발표했다. 상각은 대부분 회사가 2016년에 인수한 엘러간(Allergan)의 복제약 사업에 기인한다. 테바는 인수에 400억 달러를 지출했으나 곧 경쟁과 가격압박으로 복제 신약에서 예상한 만큼 청구할 수 없음을 알았다.

미국 역사상 가장 큰 규모의 인수 중 하나는 2001년 아메리칸 온라인(AOL)이 타임워너(Time Warner)를 매수한 것이었다. AOL은 AOL이 "신경제"(new economy)의 일부이고 고속성장에 앞장선다는 가정으로 타임워너를 매수했다. 타임워너는 무엇보다 케이블방송국과 음악 라벨을 소유한 "구식"(old) 커뮤니케이션 회사였다. 그러나 계획대로 진행되지 않았다. 두 회사 직원들 간의 내분으로 생산성과 사기에 손상을 입었다. 2002년에 AOL의 회계부정이 밝혀졌고 결국 인수비용으로 인해 AOL은 막대한 부채에 떠안게 되었다. 설상가상으로 AOL은 고객을 잃고 적자를 보기 시작했다. AOL은 인수기업으로 한때 주도권을 잡았음에도 불구하고 상황은 AOL에 불리해져 회사는 사명을 타임워너로 되돌렸다. 일을 마무리 짓기 위해 2002년에 타임워너는 무려 540억 달러의 인수와 관련된 자산을 상각했는데 이는 그때까지 역사상 가장 큰 규모의 상각이었다. 마지막으로 2016년에 타임워너는 약 790억 달러에 케이블 유선회사 차터 커뮤니케이션즈(Charter Communications)에 인수되었다.

황이 있다. 첫 번째 가능성은 프로젝트의 NPV가 진짜 양수인 경우이다. 이는 좋은 소식이다. 나쁜 소식은 두 번째 가능성이다. 추정이 부정확해 프로젝트의 NPV가 양수인 것처럼 보일 수도 있다.

정반대의 실수도 할 수 있다. 실제의 NPV가 양수인데 음수라고 결론을 내린다면 가치 있는 기회를 잃는다.

예측위험

DCF 분석의 주요 투입변수는 추정된 미래현금흐름이다. 이 추정이 심각하게 잘못되었다면 전형적인 GIGO(쓰레기를 넣으면 쓰레기가 나온다는 뜻의 garbage-in, garbage-out의 두문자) 시스템에 빠진다. 이 경우 숫자들을 매우 주의깊게 배열하고 조정하더라도 결과는 여전히 큰 오류를 범하게 된다. 이것은 DCF와 같이 상대적으로 정교한 기술을 사용함에 따른 위험이다. 때때로 수치에 현혹되어 근본적인 경제적 현실을 잊기 쉽다.

예측위험
forecasting risk
추정 현금흐름의 오류로 잘못된 결정을 내릴 가능성. *추정위험*(*estimation risk*)이라고도 한다.

현금흐름을 추정에서 실수로 잘못된 결정을 내릴 가능성을 **예측위험(forecasting risk)** 또는 *추정위험*(*estimation risk*)이라고 한다. 예측위험 때문에 실제의 NPV가 양수가 아닐 때 NPV가 양수라고 판단하는 위험이 있다. 어떻게 이것이 가능한가? 미래에 대해서 과도하게 낙관적일 때 발생하고 그 결과 추정 현금흐름은 가능한 미래의 현금흐름을 현실적으로 반영하지 않는다. 근처의 *Finance Matter*(재무사안) 박스는 그러한 경우에 어떤 일이 일어날 수 있는지를 보여 준다.

지금까지 추정과정에서 생기는 오류의 가능성에 대해서 무엇을 어떻게 해야 할지를 명백하게 고려하지 않았다. 따라서 오류의 가능성이 있는 상황과 오류가 특히 큰 문제가 될 수 있는 상황을 구분할 때 유용하게 사용할 수 있는 방법을 개발하도록 한다. 한 가지 혹은 그 이상의 방법으로 추정이 경제적 합리성을 평가할 수 있도록 노력할 것이다. 이런 추정의 오류로 얼마나 큰 손해를 입는지 알면 놀랄 것이다. 근처의 *Finance Matter*(재무사안) 박스는 이런 경우에 실제 일어날 수 있는 상황을 보여 준다.

가치의 원천

예측위험(forecasting risk)을 방어하는 최전선은 "투자에서 양수의 NPV를 만드는 것은 무엇인가?"라고 질문하는 것이다. 가치의 원천으로 어떤 구체적인 것을 지적할 수 있어야 한다. 예를 들어 검토 중인 투자안이 신제품을 포함하면 다음과 같은 질문을 할 수 있다. "우리의 신제품이 경쟁사들의 제품보다 훨씬 우수한가? 진짜 더 낮은 비용으로 생산할 수 있거나 물류가 더 효율적이거나 아직 덜 개척된 시장의 틈새를 확인하거나 시장지배력을 가질 수 있는가?"

이들은 단지 잠재적인 가치 원천의 일부이다. 다른 것들도 많이 있다. 명심해야 할 점은 시장의 경쟁 정도이다. 경쟁이 극심한 환경에서 양수의 NPV 투자가 드물다는 것은 경제의 기본원칙이다. 그러므로 첨예한 경쟁에 직면해 상당한 가치를 보여 주는 투자안은 특히 골칫거리이고 어떤 혁신에 대해 경쟁사들이 보일 만한 대응을 자세히 검토해야 한다.

기억해야 할 점은 NPV가 양수인 투자는 아마도 그렇게 일반적이지는 않을 것이며, 양수의 NPV 프로젝트의 숫자는 거의 확실하게 어떤 특정 기업에 한정된다는 것이다. 무엇인가 특별한 것을 발견했다고 사전에 생각한 것에 대한 온전한 경제적 근거를 분명히 표현할 수 없다면 프로젝트의 NPV가 양수라는 결론은 의심해서 보아야 한다.

개념문제 CONCEPT QUESTIONS

9.5a 예측위험(forecasting risk)이란 무엇인가? 재무관리자는 왜 예측위험에 관심을 두는가?

9.5b 신규 프로젝트의 잠재적 가치의 원천은 무엇인가?

9.6 시나리오 분석과 기타 상황설정분석

현금흐름과 NPV의 추정치를 평가하는 기본접근방식에는 상황이 달라지면 어떻게 되는가 하는 질문이 포함된다. 따라서 상황설정(what-if)분석에 대해 체계적 방법으로 논의한다. 그렇게 하는 목적은 예측위험의 정도를 평가하고, 투자의 성공과 실패에 가장 중요한 요소를 확인하는 것이다.

시작하기

신규 프로젝트를 조사하고 있다. 당연히 가장 먼저 해야 할 일은 추정 현금흐름에 근거한 NPV 추정이다. 이를 기본 경우(*base case*)라고 한다. 그러나 이제는 이런 현금흐름 추정의 오류 가능성을 인식한다. 그러므로 기본 경우를 완성한 후에 추정에서 미래에 대한 가정이 다를 때의 영향을 조사하길 원한다.

조사를 체계화하는 한 가지 방법은 프로젝트의 여러 요소에 상한선과 하한선을 정하는 것이다. 연간 100개의 판매를 예측한다고 하자. 이 추정량이 많거나 적을 수 있다는 것은 알지만 그 오차가 10개 이상은 아니라는 것은 대체로 확실하다. 따라서 하한선은 90이고 상한선은 110이다. 다른 불확실한 현금흐름 요소들에도 이런 방법으로 한계를 정해 나간다.

이렇게 상한선과 하한선을 정할 때 실제 가치가 이 범위 밖에 있을 가능성도 배제할 수는 없다. 말하고자 하는 바는 대략 요소의 가능한 값들의 (추정된 평균이 아닌) 실제 평균이 이 범위 밖에 있을 것 같지는 않다는 것이다.

이런 견해를 설명하기 위해서 예를 들어 본다. 고려 중인 프로젝트는 200,000달러의 비용이 들고, 수명은 5년이며, 잔존가치는 없다. 감가상각비는 0까지 정액법(straight-line)으로 계산된다. 요구수익률은 12%이고 세율은 21%이다. 또한, 다음의 정보도 수집하였다.

	기본 경우	하한선	상한선
판매량	6,000	5,500	6,500
단위가격	80	75	85
단위당 변동비용	60	58	62
연간 고정비용	50,000	45,000	55,000

이 정보로 우선 순이익을 계산해 기본 경우(base case)의 NPV를 계산할 수 있다.

매출액	480,000
변동비용	360,000
고정비용	50,000
감가상각비	40,000
EBIT	30,000
세금(21%)	6,300
순이익	23,700

그러므로 영업현금흐름은 연간 30,000 + 40,000 − 6,300 = 63,700달러이다. 12%로 5년 연금요소(annuity factor)는 3.6048이다. 따라서 기본 경우 NPV는

$$\text{기본 경우 NPV} = -200,000 + 63,700 \times 3.6048$$
$$= 29.624$$

그러므로 이 프로젝트는 지금까지는 괜찮아 보인다.

시나리오 분석

상황설정(what-if)분석의 기본 형태는 **시나리오 분석(scenario analysis)**이다. "판매량이 현실적으로 6,000개가 아니라 5,500개로 추정해야 한다면 어떻게 되겠는가"와 같은 질문 때문에 NPV 추정치의 변동을 조사한다.

시나리오 분석 scenario analysis
상황설정에 따른 NPV 추정치의 결정.

일단 대안 시나리오를 살펴보기 시작하면 그럴듯한 대안의 대부분에서 양수의 NPV를 발견할 수도 있다. 이 경우 프로젝트 추진을 확신할 수 있다. 만약 시나리오의 상당 비율이 부정적으로 보이면 예측위험의 정도가 커서 추가적 조사가 뒤따라야 한다.

고려할 수 있는 가능한 시나리오는 매우 많다. 최악의 시나리오에서 시작하는 것도 좋다. 이는 프로젝트의 최소 NPV를 말해준다. NPV가 양수라면 괜찮은 모양새다. 나아가 다른 극단인 최상의 경우를 결정하면 NPV의 상한이 된다.

최악의 경우는 각 항목에 대해 가장 불리한 값을 부여한다. 이는 판매량과 단위가격 같은 항목에는 낮은 가치, 비용에는 높은 가치를 의미한다. 최상의 경우는 최악의 경우와 반대로 한다. 위 프로젝트의 경우 그 값들은 다음과 같다.

	최악의 경우	최상의 경우
판매량	5,500	6,500
단위가격	75	85
단위당 변동비용	62	58
고정비용	55,000	45,000

이 정보로 각 시나리오에서 순이익과 현금흐름을 계산할 수 있다(직접 확인해 보라).

시나리오	순이익	현금흐름	순현가	IRR
기본 경우	23,700	63,700	29,624	17.8%
최악의 경우*	− 18,565	− 21,435	− 122,732	−17.7
최상의 경우	71,495	111,495	201,915	47.9

*최악의 시나리오에서 세금공제를 가정한다.

최악의 시나리오에서 현금흐름은 21,435달러로 여전히 양수임을 알게 되었다. 이는 좋은 소식이다. 나쁜 소식은 이 경우 수익률이 −17.7%이고 NPV가 −122,732달러라는 것이다. 프로젝트 비용이 200,000달러이므로 최악의 가능한 시나리오에서 초기투자액의 절반이 조금 넘는 금액을 손해 볼 것이다. 최상의 경우 수익률은 47.9%로 매력적이다.

최상의 경우(*best case*)와 최악의 경우(*worst case*)라는 용어는 일반적으로 많이 사용되므로 그대로 사용하겠지만 오해의 소지가 있음을 알아야 한다. 일어날 수 있는 가장 최상의 경우는 새로운 다이어트 음료를 발매했는데 그 뒤에 특허를 받은 제조법이 우연히 일반 감기도 치료함을 아는 것처럼 터무니없어 있을 것 같지 않은 일일 것이다. 물론 드문 일이기는 하지만 일이 매우 잘못될 수 있다. 예를 들어 2010년 4월에 BP의 멕시코만 유전 굴착기 딥워터호라이즌(*Deepwater Horizon*)은 폭발 후에 불이 나 침몰했는데 엄청난 석유가 유출되었다. 석유 유출은 2억 갤런의 원유를 멕시코만에 방출한 후에 마침내 7월에 멈추었다. 2018년에 BP는 사고로 사건 종료와 관련해 17억 달러의 비용을 부담해서 놓쳐 버린 정부 계약과 같은 기회비용을 포함하지 않고도 재앙과 관련된 총비용은 약 650억 달러로 늘어났다. 그리고 회사는 아직도 해결되지 않은 많은 소송이 있다고 전했다. 그렇더라도 요점은 NPV 추정치의 정당성 평가에서 발생할 가능성이 있는 경우를 고수해야 한다는 것이다.

그래서 최상(*best*) 혹은 최악(*worst*) 대신 긍정적(*optimistic*) 혹은 부정적(*pessimistic*)이라고 하는 것이 아마도 더 정확하다. 넓은 의미에서 예를 들어 판매량의 합리적인 범위를 생각하면 최상의 경우는 그 범위의 상한선 근처에 해당하고 최악의 경우는 범위의 하한선에 해당한다.

언급했듯이 고려할 수 있는 무수히 많은 다른 시나리오가 있다. 적게는 기본 경우와 양극단의 중간치로 두 개의 중간 경우를 검토하기 원할지 모른다. 이렇게 하면 기본 경우를 포함해 모두 다섯 개의 시나리오가 된다.

이 이상을 넘어서면 어디서 멈출지 알기 어렵다. 더 많은 가능성을 만들수록 "분석의 정체"(paralysis of analysis) 위험에 빠진다. 어려운 점은 아무리 많은 시나리오를 다루더라도 알 수 있는 것은 좋고 나쁨의 가능성이 모두이다. 이외에는 무엇을 할지에 대한 어떤 지침을 얻지는 못한다. 따라서 시나리오 분석은 무슨 일이 있을 수 있는지 알려주고 재앙의 잠재성 측정을 도와주기에 유용하지만 프로젝트의 채택 여부는 알려 주지 않는다.

민감도 분석

민감도 분석
sensitivity analysis
단 하나의 가변요소가 변할 때 NPV가 어떻게 되는지에 대한 검토.

민감도 분석(sensitivity analysis)은 예측위험이 특히 심각한 부분을 집어내는 데 유용한 시나리오 분석의 한 변형이다. 민감도 분석의 기본개념은 하나를 제외한 다른 가변요소들을 동결하고 한 가변요소의 변동에 NPV 추정치가 얼마나 민감한가를 보는 것이다. 만약 NPV의 추정치가 추정 현금흐름을 구성하는 어떤 요소 추정치의 비교적 작은 변동에 매우 민감한 것으로 판명되면 이 가변요소와 관련된 예측위험은 크다.

민감도 분석을 어떻게 하는지 설명하기 위해 판매량을 제외한 모든 요소를 기본 경우로 돌아간다. 그러면 가장 많은 판매량과 가장 적은 판매량을 적용해 현금흐름과 NPV를 계산할 수 있다.

시나리오	판매량	현금흐름	순현가	IRR
기본 경우	6,000	63,700	29,624	17.8%
최악의 경우	5,500	55,800	1,147	12.2
최상의 경우	6,500	71,600	58,102	23.2

판매량의 민감도 분석의 결과는 〈그림 9.1〉과 같이 그래프로 그릴 수 있다. 여기서 수직축은 NPV, 수평축은 판매량으로 한다. 판매량과 NPV를 결합하면 모든 가능한 결합

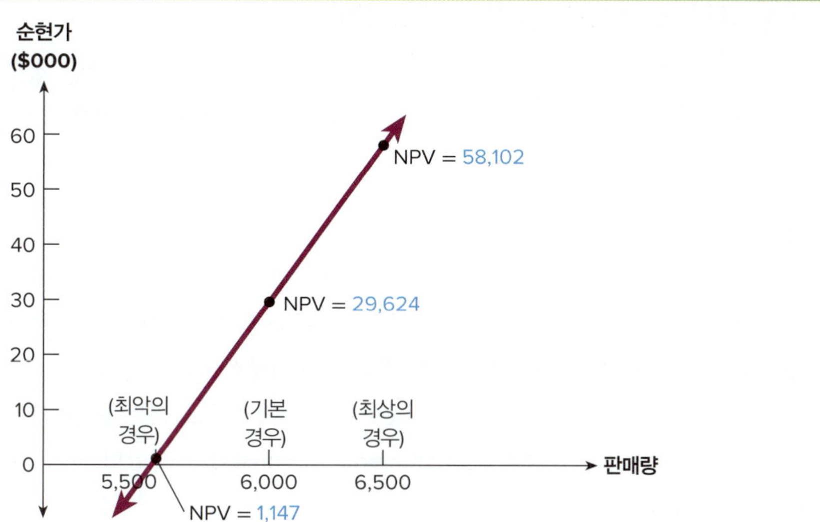

그림 9.1
판매량의 민감도분석

은 직선이 된다. 이 직선의 기울기가 가파를수록 검토하고 있는 가변요소의 추정치에 대한 NPV 추정치의 민감도가 더 크다.

비교를 위해서 이제 고정비용을 제외한 다른 요소들은 동결하고 분석을 반복한다.

시나리오	고정비용	현금흐름	순현가	IRR
기본 경우	50,000	63,700	29,624	17.8%
최악의 경우	55,000	59,750	15,385	15.1
최상의 경우	45,000	67,650	43,863	20.5

여기서 주어진 범위 안에서 이 프로젝트의 추정 NPV는 추정 고정비용보다 추정 판매량에 더 민감함을 안다. 사실 고정비용이 최악인 경우에도 NPV는 여전히 양수이다.

설명한 바와 같이 민감도 분석은 가장 주의해야 할 가변요소를 골라낼 때 유용하다. 만약 추정 NPV가 판매량과 같은 예측하기 어려운 가변요소에 특히 민감하다면 예측위험의 정도는 높다. 이 경우 추가의 시장조사가 좋을 것 같다고 결정할 수도 있다.

민감도 분석은 시나리오 분석의 한 형태이기에 같은 결점을 갖는다. 민감도 분석은 가장 큰 손해를 입힐 예측 오차의 지적에는 유용하나 가능한 오차에 대해서는 무엇을 할지 알려 주지 않는다.

개념문제 CONCEPT QUESTIONS

9.6a 시나리오(scenario) 분석과 민감도(sensitivity) 분석은 무엇인가?

9.6b 상황설정(what-if)분석의 결점은 무엇인가?

9.7 자본예산의 추가 고려사항

이번 장에서 마지막 임무는 자본예산에서 두 가지 추가 고려사항인 경영옵션과 자본제약의 간략한 논의이다. 현실에서 이 두 가지가 매우 중요할 수 있으나 알게 되겠지만 어느 것도 명쾌하게 다루기는 어렵다.

경영옵션과 자본예산

지금까지 자본예산분석에서는 미래 경영 행동의 가능성을 다소 무시했다. 암시적으로 일단 한 프로젝트를 착수하면 기본적 특징들은 변경할 수 없다고 가정했다. 이런 이유로 이런 분석을 동태(dynamic)의 반대인 정태(*static*)분석이라고 한다.

경영옵션
managerial options
미래에 어떤 일이 발생하면 경영자가 활용하는 기회. "실물"(real) 옵션으로도 알려졌다.

현실에서는 미래에 실제로 일어나는 것에 따라서 프로젝트를 수정할 방법이 항상 있을 것이다. 이런 기회를 **경영옵션(managerial options)**이라고 한다. 이런 옵션들은 금융자산과 달리 실물자산과 관련이 있으므로 종종 "실물"(real) 옵션이라고 한다. 이런 옵션들은 상당히 많다. 상품의 가격, 제조, 광고, 생산 방식은 모두 변경할 수 있으며 이는 가능성에서 몇 가지일 뿐이다. 이제부터 가장 중요한 경영옵션 중의 일부를 논의한다.

조건부 계획 이번 장의 다양한 상황설정 절차는 다른 데도 이용한다. 상황설정을 프로젝트의 동적인 측면을 활용하고 경영옵션을 검토하는 초보적인 방법으로 볼 수도 있다. 이 경우에 미래의 발생 가능한 일부와 그런 일이 발생하면 어떤 행동을 취할 것인가를 생각한다.

조건부 계획
contingency planning
프로젝트에 내재한 경영 옵션을 고려하는 일.

예를 들어 판매량이 10,000개 이하로 떨어질 때 프로젝트가 손익분기에 실패한다는 사실을 알 수 있을 것이다. 이 사실을 알면 흥미로우나 그다음 더 중요한 것은 나아가 "만약 이런 일이 실제로 발생한다면 어떤 행동을 취할 것인가?"라는 질문이다. 이것을 **조건부 계획(contingency planning)**이라고 하고 프로젝트에 내재한 경영옵션의 일부를 검토하는 데 이른다.

검토할 수 있는 가능한 미래나 상황은 무수히 많다. 그러나 몇 개의 넓은 범주가 있으며 다음에 알아본다.

확장옵션(The Option to Expand) 아직 명쾌하게 다루지 않은 특히 중요한 옵션은 확장옵션이다. 만약 NPV가 정말로 양수인 프로젝트를 찾았다면 명백한 고려사항이 있다. 더 많은 NPV를 위해서 프로젝트를 확장하거나 반복할 수 있는가? 정태분석에서는 프로젝트의 규모가 고정되었다고 암묵적으로 가정한다.

예를 들어 특정 제품의 수요가 예상보다 훨씬 많다면 생산을 늘릴 것을 검토할 수 있다. 어떤 이유로 실행 불가능하다면 가격을 올려서 언제나 현금흐름을 증가시킬 수 있다. 어느 경우에도 확장이나 가격 인상이 불가능하다고 암묵적으로 가정한 경우보다 잠재적 현금흐름이 많을 것이다. 종합하면 분석에서 확장할 수 있는 옵션을 무시하였기에 모든 것이 같을 때 NPV를 과소평가(*underestimate*)한다.

포기옵션(The Option to Abandon) 확장옵션과 정반대로 프로젝트 규모를 축소하거나 심지어는 포기하는 것도 상당한 가치가 있다. 예를 들어 프로젝트가 비용조차 충당하지 못하면 포기하면 더 나을 수 있다. DCF 분석은 이 경우에도 운영을 계속한다고 암묵적으로 가정한다.

현실에서 수요가 예상보다 훨씬 적다면 생산설비를 일부 매각하거나 다른 용도로 사용할 수도 있을 것이다. 제품이나 서비스를 재설정하거나 개선할 수도 있다. 미래에 어떤 일이 일어나든지 간에 상관없이 프로젝트를 일정 기간 지속해야 한다고 가정하면 그 특성과 상관없이 NPV를 다시 과소평가(*underestimate*)한다.

대기옵션(The Option to Wait) 암묵적으로 투자안을 "채택 또는 기각" 결정인 것처럼 취급했다. 실제로 세 번째 가능성이 있다. 프로젝트는 아마도 더 유리한 조건을 희망하며 연기할 수 있다. 이를 대기옵션이라고 한다.

예를 들어 투자비용이 120달러이고 매년 10달러의 영구적인 현금흐름이 발생하는 투자를 고려해 보자. 할인율이 10%라면 NPV는 $\$10/0.10 - \$120 = -20$달러이므로 프로젝트를 지금 받아들여서는 안 된다. 그러나 다음 시기에 적정 할인율이 변할 수도 있기에 이 프로젝트를 영원히 잊으라는 의미는 아니다. 할인율이 5%로 떨어진다면 NPV는 $\$10/0.05 - \$120 = 80$달러가 될 것이므로 프로젝트를 채택할 것이다.

보다 일반적으로 NPV가 양수일 미래의 시나리오가 있는 한 대기옵션은 가치가 있다.

이러한 아이디어 일부를 살펴보기 위해 지금은 디즈니랜드 파리(Disneyland Paris)로 알려진 유로 디즈니(Euro Disney)의 사례를 고려한다. 유로디즈니를 개장하기 위한 계약은 1987년에 체결되었고, 놀이공원은 1992년 파리의 외곽에서 개장되었다. 디즈니의 경영진은 유럽인들이 새로운 놀이공원에 얼이 빠질 것으로 생각했었으나 곧 문제가 시작되었다. 부분적으로는 회사가 입장료를 너무 높게 책정해 많은 입장객의 기대에 미치지 못했다. 또한, 식사와 함께 와인을 마시는 데 익숙한 국가에서 디즈니는 알코올을 제공하지 않기로 결정했다. 프랑스의 노무 감독관이 디즈니의 엄격한 복장 규정에 대항하는 등 여러 문제가 발생했다.

수년간 운영한 후에 놀이공원은 레스토랑에서 와인을 제공하기 시작했고, 입장료를 내렸으며, 다른 조정도 했다. 다시 말해 경영진은 제품을 재구성하는 옵션을 행사했다. 놀이공원은 약간의 이익을 내기 시작했다. 그래서 회사는 "세컨드 게이트(second gate)"를 추가해 확장옵션을 행사했다. 유로 디즈니 옆에 월트 디즈니 스튜디오(Walt Disney Studios)라고 명명한 테마파크였다. 세컨드 게이트는 방문자들이 더 오래 머물도록 하기 위한 것이었다. 그러나 새 테마파크는 실패했다. 비싼 입장료, 유럽 영화가 아닌 할리우드 영화를 지향한 조형물, 파리에서 일어난 노동쟁의 그리고 유난히 무더웠던 여름 등이 그 원인이었다.

2003년 여름에 유로 디즈니는 다시 파산 직전에 이르렀다. 디즈니의 경영진들은 여러 가지 옵션들을 검토했다. 옵션은 회사를 파산하게 하는 것(포기옵션)에서 놀이공원에서 디즈니의 이름을 빼는 것까지 걸쳤다. 2005년에 회사는 마침내 프랑스 정부의 도움으로 구조조정에 동의했다.

유로 디즈니의 모든 변화 후에 놀이공원은 몇 년간 추진력을 얻어 2008년에 거의 손익분기까지 했다. 2017년에 리조트는 65억 달러의 매출과 18억 달러의 순이익을 공고했다. 그다음 2018년에 월트 디즈니는 디즈니랜드 파리에 20억 유로를 투자할 계획을 발표했다.

디즈니는 그동안의 학습을 전 세계 놀이공원에 전수하기를 희망했다. 예를 들어 2014년에 홍콩 디즈니랜드의 연간 내장객은 총 750만 명으로 55억 달러의 기록적인 매출과 3억 3,200만 달러의 기록적인 순이익을 냈다. 그리고 2011년 4월에는 2016년 봄에 개장한 44억 달러의 상하이의 놀이공원이 획기적으로 떠올랐다.

경영옵션의 전체 개념은 디즈니 놀이공원의 감독자인 제이 라술로(Jay Rasulo)의 "확실히 아는 것은 결코 처음에 100% 옳을 수는 없다. 콘텐츠를 추가할 생각으로 모든 놀이공원을 개장한다."라는 말로 적절히 요약되었다.

전략옵션 회사들은 때로는 가능성을 탐사하고 잠재적인 미래 경영전략을 평가하기 위해서 신규 프로젝트를 채택한다. 이는 다이빙하기 전에 발가락을 내밀어 물을 시험하는 것과 약간 비슷하다. 이런 프로젝트들은 이익 대부분이 사업 진행과 관련된 **전략옵션(strategic options)**, 즉 미래를 위한 옵션의 형태로 오기에 전통적인 DCF 방법을 사용해 분석하기는 어렵다. 그런 옵션을 만드는 프로젝트는 매우 가치가 있을 것이지만 그 가치를 측정하기는 어렵다. 예를 들어 연구 및 개발은 신제품과 공정에 대한 옵션을 창출하기에 많은 기업의 꼭 중요하고 가치가 있는 활동이다.

전략옵션
strategic options
사업의 제품이나 전략과 관련된 미래에 대한 옵션.

또 다른 예로 대형 제조업체가 예비조사를 위해 소매점 개점을 결정할 것이다. 주목적은 시장을 파악하기 위해서다. 착수비용이 크므로 이 사업은 손익분기에 이르지 못할 것이다. 그러나 예비조사에서 얻은 판매 경험으로 추가 소매점의 개점, 제품믹스의 변경, 신시장 진입 등의 여부를 평가할 수 있다. 이렇게 얻은 정보나 그 결과에 의한 행동의 옵션들은 모두 가치가 있으나 신뢰할 만한 금액을 얻기는 아마도 가능하지 않을 것이다.

결론 자본예산분석에 옵션을 결합하는 일이 쉽지 않음을 알았다. 실무에서는 무엇을 할 수 있는가? 대답은 추정 현금흐름 작업을 할 때 단지 그것을 염두에 둘 수 있을 뿐이다. 옵션을 무시해 NPV를 과소평가하는 경향이 있다. 잘 구성된 아주 특정된 제안은 피해가 적을 수도 있으나 탐사적 제안은 피해가 아주 클 수도 있다.

자본제약

자본제약(capital rationing)은 수익성 있는 (양의 NPV) 투자가 있으나 실행에 필요한 자금을 확보할 수 없을 때 존재한다. 예를 들어 대형 주식회사의 사업부 책임자로서 우수한 프로젝트에 500억 원이 필요함을 파악했으나 어떤 이유든 간에 오직 200억 원만 사용할

자본제약
capital rationing
NPV가 양수인 프로젝트가 있으나 필요한 자금을 확보할 수 없는 상황.

수 있음을 알았다. 이제 무엇을 할 것인가? 안타깝게도 다음에 언급하는 이유로 정말 만족스러운 답은 없을 것이다.

내부제약 방금 기술한 상황은 **내부제약(soft rationing)**이다. 예를 들어 다른 사업 단위에 자본지출로 매년 고정된 자금이 할당될 때 일어난다. 이와 같은 할당은 주로 전체 지출을 통제하고 계획하는 수단이다. 내부제약에서 중요한 사항은 주식회사 전체로는 자금이 부족하지 않다는 것이다. 경영진이 원하면 통상적인 조건에 자금을 조달할 수 있다.

내부제약
soft rationing
자본예산에서 일정한 자금을 사업 단위에 할당할 때 일어나는 상황.

내부제약에 직면하면 첫째로 할 일은 노력해서 더 많은 할당을 받는 것이다. 실패하면 일반적인 제안은 기존의 예산 내에서 가능한 한 최대의 순현가를 창출하는 것이다. 이는 비용 대비 수익비율인 수익성지수(profitability index)가 가장 큰 프로젝트의 선택에 해당한다.

엄밀히 말해서 이는 내부제약이 한 번만 일어날 때, 즉 다음 해에는 내부제약이 없을 때만 합당하다. 내부제약이 만성적인 문제라면 일을 그르친다. 그 이유는 맨 처음 제1장으로 돌아가면 알 수 있다. 계속 진행 중인 내부제약은 양수의 NPV 투자를 끊임없이 무시함을 의미한다. 이는 기업의 목표를 거역한다. 가치를 최대화하려고 노력하지 않는다면 우선하는 객관적 목표가 없기에 어느 프로젝트를 선택할지의 질문은 모호해진다.

외부제약 **외부제약(hard rationing)**에서는 사업이 어떤 상황에서도 프로젝트의 자금을 조달할 수 없다. 규모가 크고 재무구조가 건실한 주식회사에서 이러한 상황은 자주 발생하지 않는다. 외부제약은 현금흐름할인(DCF) 분석을 와해시키고 최상의 선택을 모호하게 만들기에 다행이다.

외부제약
hard rationing
사업이 어떤 경우로 프로젝트에 필요한 자금을 조달할 수 없을 때 일어나는 상황.

DCF 분석이 와해되는 이유는 요구수익률과 관련이 있다. 요구수익률이 20%라고 하자. 암묵적으로 수익률이 20%를 초과하는 프로젝트를 채택할 것임을 말한다. 그러나 외부제약에 직면하면 프로젝트의 수익률이 얼마이건 신규 프로젝트를 채택하지 않을 것이어서 요구수익률의 전체 개념이 모호하다. 이 상황에서 줄 수 있는 유일한 해석은 요구수익률이 너무나 커서 처음에 양수의 NPV를 갖는 프로젝트는 없다는 것이다.

외부제약은 회사가 파산 가능함을 의미하는 재무적 곤경에 시달릴 때 발생할 수 있다. 또한, 기업은 기존의 계약을 위반하지 않고서는 자금을 조달할 수 없을 수도 있다. 나중에 이러한 상황을 자세히 논의한다.

개념문제 CONCEPT QUESTIONS

9.7a 왜 표준적인 현금흐름할인(DCF) 분석을 정태적(static)이라고 하는가?

9.7b 자본예산에서 경영옵션(managerial options)은 무엇인가? 몇 가지 예를 들라.

9.7c 자본제약(capital rationing)이란 무엇인가? 어떤 형태가 있는가? 현금흐름할인 분석에서 자본제약은 어떤 문제가 일으키는가?

요약과 결론

이번 장에서는 현금흐름할인 분석을 구성하고 그 결과를 평가하는 방법을 기술했다. 여기서 다음의 내용을 다루었다.

1. 관련된 프로젝트 현금흐름의 확인. 프로젝트 현금흐름을 논의하였고, 매몰비용, 기회비용, 재무비용, 순운전자본, 잠식을 포함해 자주 거론되는 주제들을 다루는 방법을 기술했다.
2. 추정재무제표의 작성과 이용. 추정 현금흐름 산출에 추정재무제표 정보가 얼마나 유용한지를 보였다.
3. 시나리오 분석과 민감도 분석의 이용. 이런 도구는 미래의 현금흐름과 NPV 추정에 대한 가정의 영향 평가에 널리 사용된다.
4. 자본예산의 추가 논제. 많은 자본예산 상황에 내재한 경영옵션을 검토했다. 자본제약 문제도 논의하였다.

여기서 다룬 현금흐름할인 분석은 경영의 세계에서 표준 도구이다. 이는 매우 강력한 도구이므로 사용에 주의해야 한다. 가장 중요한 일은 경제적 측면에서 합당한 방법으로 확인된 현금흐름을 구하는 것이다. 이번 장에서 이를 위한 학습의 좋은 출발을 했다.

복습과 자체시험 문제

9.1 영업현금흐름 계산. 제안된 확장 프로젝트의 두 번째 해 매출을 1,432원으로 추정했다. 비용은 통상 매출액의 70%로 이 경우 약 1,002원이다. 감가상각비는 80원이고 세율은 22%이다. 영업현금흐름은 얼마인가? ([문제 9] 참조)

9.2 시나리오 분석. 비용은 500,000원이고 5년 수명에 잔존가치가 0인 프로젝트를 검토하고 있다. 감가상각은 0까지 정액법이다. 요구수익률은 15%이고 세율은 21%이다. 매출은 연간 400개로 추정한다. 단가는 3,000원이고, 변동비용은 단위당 1,900원이며, 고정비용은 연간 250,000원이다. 필요한 순운전자본은 없다.

판매량, 가격, 변동비용, 고정비용의 추정치는 5% 이내에서 정확하다고 하자. 이 프로젝트의 상한선과 하한선은 얼마인가? 기본 경우의 NPV는 얼마인가? 최상과 최악의 시나리오에서 NPV는 얼마인가? ([문제 21] 참조)

■ 복습과 자체시험 문제 풀이

9.1 먼저 이 프로젝트의 이자및법인세차감전순이익(EBIT), 세금, 순이익을 계산할 수 있다.

$$\text{EBIT} = 1{,}432 - 1{,}002 - 80 = 350$$
$$\text{세금} = 350 \times 0.22 = 77$$
$$\text{순이익} = 350 - 77 = 273$$

이 숫자로 계산한 영업현금흐름은

$$\begin{aligned}\text{OCF} &= \text{EBIT} + \text{감가상각비} - \text{세금}\\ &= 350 + 80 - 77\\ &= 353\end{aligned}$$

9.2 관련 정보를 다음과 같이 요약할 수 있다.

	기본 경우	하한선	상한선
판매량	400	380	420
단위가격	3,000	2,850	3,150
단위당 변동비용	1,900	1,805	1,995
고정비용	250,000	237,500	262,500

감가상각비는 매년 100,000원이고 세율은 21%로 각 시나리오에서의 현금흐름을 계산할 수 있다. 최악의 경우는 최고의 비용과 최하의 가격 및 매출 수량을 배치하고 최상의 상황에서는 그 반대로 배치한다.

시나리오	판매량	가격	변동비용	고정비용	현금흐름
기본 경우	400	3,000	1,900	250,000	171,100
최상의 경우	420	3,150	1,805	237,500	279,646
최악의 경우	380	2,850	1,995	262,500	70,296

15%에 5년의 연금요소는 3.35216이므로 NPV는

기본 경우 NPV = −500,000 + 171,100 × 3.35216 = 73,554

최상의 경우 NPV = −500,000 + 279,646 × 3.35216 = 437,417

최악의 경우 NPV = −500,000 + 70,296 × 3.35216 = −264,357

비판적 사고와 개념 복습

LO 1 **9.1** **기회비용.** 자본예산의 맥락에서 기회비용(opportunity cost)은 무엇인가?

LO 1 **9.2** **감가상각비.** 주어진 선택에서 수정가속상각법(MACRS)과 정액법(straight-line depreciation) 중 기업은 무엇을 선호하겠는가? 그 이유는?

LO 1 **9.3** **순운전자본.** 자본예산의 예에서 기업은 프로젝트에 투자한 모든 운전자본을 회복할 것이라고 가정하였다. 이는 합당한 가정인가? 언제 타당하지 않은가?

LO 1 **9.4** **독립평가의 원칙.** 한 재무관리자가 "우리 기업은 독립평가의 원칙(stand-alone principle)을 사용한다. 평가과정에서 프로젝트를 소형기업처럼 다루기 때문에 기업 수준에서 관련이 있기에 금융비용을 포함한다."라고 말했다고 한다. 이 기술을 비판적으로 평가하라.

LO 1 **9.5** **현금흐름과 감가상각비.** "프로젝트를 평가할 때 세후현금흐름의 증분과 관련된 것만 고려한다. 그러므로 감가상각비는 비현금비용이기에 프로젝트를 평가할 때 감가상각비의 효과를 무시해야 한다." 이 기술을 비판적으로 평가하라.

LO 1 **9.6** **자본예산 고려.** 한 메이저 대학교재 출판사는 재무교재가 있다. 출판사는 짧고 가격이 저렴한 "엣센셜" 버전을 출판할 것인지를 논의 중이다. 고려해야 할 사항은 무엇인가?

다음 세 개의 질문에 답하기 위해서 이 예를 참고한다. 2003년 포르쉐(Porsche)는 신형 스포츠유틸리티 차량(SUV)인 카옌(Cayenne)을 발표했다. 카옌의 가격은 40,000달러가 넘었으며, 0에서 순간 속력 62 mph 도달에 9.7초 걸렸다. 포르쉐의 SUV시장 진출 결정은 메르세데스 벤츠(Mercedes-Benz)의 M 클래스와 같은 다른 고가 SUV의 일방적 성공에 대응한 것이었다. 이 클래스의 차량은 몇 년간 매우 높은 이익을 구가했다. 카옌은 시장에서 확실히 짜릿한 인기를 누렸고 포르쉐는 이어서 0에서 순간 속력 60 mph 도달에 4.8초 걸리며, 최고 속력이 168 mph인 카옌 터보 에스(Cayenne Turbo S)를 출시했다. 카옌 터보 에스의 가격은? 2018년에 가격은 124,600달러에 시작했다.

어떤 애널리스트는 포르쉐의 고급 SUV 시장 진출에 의문을 가졌다. 포르쉐가 시장에 늦게 진입했을 뿐만 아니라 카옌의 출시가 고성능 차량의 제조업체로서의 포르쉐의 명성에 손상을 줄 것이라는 점을 우려했다.

LO 1 **9.7 잠식.** 카옌을 평가할 때 포르쉐의 명성에 손상을 줄 수도 있다는 점을 고려하겠는가?

LO 1 **9.8 자본예산.** 포르쉐는 스포츠유틸리티 차량(SUV) 시장에는 진출할 것 같지 않은 제조업체 중 하나였다. 다른 회사들이 최소한 초기에는 진출하지 않으려는 시장에 어느 회사가 제품 출시를 결정하는 이유는 무엇인가?

LO 1 **9.9 자본예산.** 카옌을 평가할 때 이 시장에 존재하는 막대한 매출이익률에 대해 포르쉐는 어떤 가정을 해야 한다고 생각하는가? 시장이 더 경쟁적일 때 매출이익률은 유지될 것 같은가 또는 포르쉐가 그 이미지와 카옌의 성능으로 매출이익률을 유지할 수 있겠는가?

LO 2 **9.10 민감도 분석과 시나리오 분석.** 민감도 분석과 시나리오 분석의 근본적인 차이는 무엇인가?

LO 1 **9.11 한계현금흐름.** 한 동료가 모두 한계 숫자와 증분 숫자로 검토하는 것은 어리석다고 주장하고 다음과 같이 말했다. "평균수입이 평균비용보다 많지 않으면 현금흐름은 음수가 되어 파산할 것이다!" 당신은 어떻게 반박하겠는가?

LO 1 **9.12 자본제약.** 제1장에서 합자회사와 개인회사가 자금을 조달하려고 할 때 어려움에 직면한다는 사실을 알았다. 이번 장에서 다룬 내용에 의하면 중소기업은 일반적으로 어떤 문제에 직면하는가?

LO 2 **9.13 예측위험.** 예측위험은 무엇인가? 일반적으로 예측위험의 정도는 신제품이나 원가절감 투자안의 경우 더 큰가? 그 이유는?

LO 2 **9.14 옵션과 NPV.** 포기옵션은 무엇인가? 확장옵션은 무엇인가? 이들 옵션을 무시할 때 NPV를 과소평가하는 경향이 있는 이유를 설명하라.

연습문제

초급(문제 1-22)

LO 1 **1. 관련현금흐름.** 제조공장을 새로 설립하는 안을 검토하고 있다. 회사는 창고와 물류 부지로 이용하려고 6년 전 530만 달러에 토지를 매입했다. 그러나 그 이후 다른 곳에서 시설을 임차하기로 했다. 토지는 오늘 매각하면 네트로

770만 달러일 것이다. 회사는 이제 이 토지에 새로 제조공장을 건설하려고 한다. 공장은 건설에 2,930만 달러의 비용이 들고, 부지는 건축적합판정을 받기까지 경사변경에 1,410,000달러가 소요된다. 이 프로젝트를 평가할 때 비유동자산의 초기투자에 이용할 적절한 현금흐름 금액은 얼마인가? 그 이유는?

LO 1 **2. 관련현금흐름.** 현재 연간 28,000대의 모토 홈(motor homes)을 대당 84,000달러 그리고 연간 7,000대의 고급 장거리 버스(motor coaches)를 대당 135,000달러에 판매한다. 이 회사는 제품라인을 채우기 위해 신형 휴대용 캠퍼(portable camper)를 출시하기 원한다. 이 제품은 24,700달러에 연간 29,000대 팔기를 희망한다. 외부 컨설턴트는 신제품을 출시하면 기존 모터 홈의 판매는 연간 2,500대 늘어나고 기존 장거리 버스의 판매는 연간 750대 줄어들 수 있다고 결정했다. 이 프로젝트를 평가할 때 연 매출액을 얼마로 해야 하는가? 그 이유는?

LO 2 **3. 프로젝트 순이익 계산.** 신규 투자안의 추정매출액은 635,000달러, 변동비용은 매출의 40%, 고정비용은 168,000달러, 감가상각비는 83,000달러이다. 23%의 세율을 가정하여 추정손익계산서를 작성하라. 추정된 순이익은 얼마인가?

LO 2 **4. OCF 계산.** 다음 손익계산서를 참고하라.

매출액	537.200
매출원가	346,800
감가상각비	94,500
EBIT	?
세금(21%)	?
순이익	?

빈 칸을 채우고 OCF를 계산하라. 감가상각비로 인한 감세(depreciation tax shield)는 얼마인가?

LO 2 **5. 감가상각비 계산.** 새로 구매한 산업장비는 745,000달러가 들었는데 MACRS에서 7년 자산으로 분류된다. 이 장비의 연간 감가상각 충당금과 연말 장부가치를 계산하라.

LO 2 **6. 잔존가치 계산.** 비용이 635,000달러이고 8년 수명에 잔존가치 0에 정액법으로 감가상각하는 자산을 고려한다. 동 자산은 수명이 5년인 프로젝트에 사용되는데 프로젝트가 종료되면 105,000달러에 매각할 수 있다. 관련 세율이 22%라면 동 자산의 매각에 따른 세후현금흐름은 얼마인가?

LO 2 **7. 잔존가치 계산.** 수명이 4년인 프로젝트에 사용된 어떤 자산은 과세목적상 MACRS에서 5년 자산으로 분류된다. 이 자산의 매입비용은 6,800,000달러이고 프로젝트 말에는 1,460,000달러에 매각될 것이다. 세율이 23%라면 이 자산의 세후처분가치(aftertax salvage value)는 얼마인가?

LO 2 **8. 프로젝트 OCF 계산.** 녹음실에서 쓰는 신형 사운드보드 판매를 고려 중이다. 신형 보드는 26,400달러에 판매될 것이며 회사는 연간 1,500대가 팔릴 것으로 예상한다. 회사는 현재 기존 모델을 연간 1,850대 판다. 신형 보드가 출시되면 기존 모델 매출은 연간 1,520대로 줄 것이다. 구형 보드의 소매가격은 24,900달러이다. 변동비용은 매출의 55%이고, 신형 보드를 생산하는 장비의 감가상각비는 연간 1,875,000달러이며, 고정비용은 연간 2,900,000달러이다. 세율이 22%라면 이 프로젝트의 연간 OCF는 얼마인가?

LO 2 **9. 프로젝트 OCF 계산.** 초기 비유동자산 투자에 215만 달러가 필요한 3년 수명의 새 확장 프로젝트를 고려하고 있다. 비유동자산은 3년의 기간에 0까지 정액법으로 감가상각하고 이후에는 쓸모가 없을 것이다. 프로젝트는 223만 달러의 연간매출과 125만 달러의 비용 발생이 추정된다. 세율이 23%라면 이 프로젝트의 OCF는 얼마인가?

LO 2 **10. 프로젝트 NPV 계산.** [문제 9]에서 프로젝트의 요구수익률이 14%라고 가정하자. 이 프로젝트의 NPV는 얼마인가?

LO 2 **11. 자산의 프로젝트 현금흐름 계산.** [문제 10]에서 프로젝트는 순운전자본의 초기투자액으로 150,000달러가 필요하고, 프로젝트 말에 비유동자산의 시장가치는 185,000달러일 것이라고 하자. 프로젝트 초기(연도 0)의 순현금흐름은 얼마인가? 1년째, 2년째, 3년째의 순현금흐름은 각각 얼마인가? 새로운 NPV는 얼마인가?

LO 2 **12. NPV와 수정 ACRS.** [문제 11]에서 비유동자산이 실제로 MACRS에서 3년 자산군으로 분류된다고 하자. 모든 조건은 같다. 프로젝트의 1년째 순현금흐름은 지금 얼마인가? 2년째와 3년째는 각각 얼마인가? 새로운 NPV는 얼마인가?

LO 2 **13. NPV와 보너스 감가상각.** [문제 11]에서 비유동자산이 실제로 100% 보너스 감가상각 조건을 갖추었다고 하자. 모든 조건은 같다. 프로젝트의 1년째 순현금흐름은 지금 얼마인가? 2년째와 3년째는 각각 얼마인가? 새로운 NPV는 얼마인가?

LO 2 **14. 프로젝트 평가.** 655,000달러의 설비비용이 드는 신형 소시지시스템을 검토 중이다. 이 비용은 프로젝트의 5년 수명 동안 0까지 정액법으로 감가상각될 것이고 5년 후에 소시지시스템은 85,000달러에 폐기 처분될 수 있다. 이 소시지시스템은 연간 183,000달러의 세전영업비용을 절감할 것이고 35,000달러의 순운전자본을 초기에 투자해야 한다. 세율이 22%이고 할인율이 8%라면 이 프로젝트의 NPV는 얼마인가?

LO 2 **15. NPV와 보너스 감가상각.** [문제 14]에서 비유동자산이 실제로 100% 보너스 감가상각 조건을 갖추었다고 하자. 모든 조건은 같다. 새로운 NPV는 얼마인가?

LO 2 **16. 프로젝트 평가.** 395,000달러의 신형 컴퓨터 기반 주문입력시스템의 구입을 고려 중이다. 이 시스템은 5년 동안 0까지 정액법으로 감가상각할 것이다. 5년 후에는 30,000달러의 가치가 있을 것이다. 연간 세전 125,000달러의 주문처리비용을 절감할 것이며 프로젝트 초기에 운전자본을 35,000달러 줄일 수 있을 것이다. 프로젝트 종료 시점에 운전자본은 정상으로 복귀될 것이다. 세율이 21%라면 이 프로젝트의 IRR은 얼마인가?

LO 2 **17. 프로젝트 평가.** [문제 16]에서 프로젝트의 요구수익률은 10%이고, 세전 비용절감은 연간 135,000달러라고 하자. 이 프로젝트를 채택하겠는가? 세전 비용절감이 연간 95,000달러에 불과하다면 어떻게 하겠는가?

LO 3 **18. 시나리오 분석.** 신형 어셈블리 프로젝트에 대해 다음과 같이 추정한다. 단가 = 940달러; 단위당 변동비용 = 340달러; 고정비용 = 340만 달러; 판매량 = 53,000개. 회사는 모든 추정치가 ±15%의 오차 범위 내에서 정확하다고 믿는다고 하자. 회사가 최상의 경우 시나리오 분석에서 사용해야 할 네 가지 변수의 값은 얼마인가? 최악의 경우 시나리오 분석에서는 어떠한가?

LO 3 **19. 민감도 분석.** [문제 18]에서 경영진은 가격의 추정치가 프로젝트의 수익성에 미치는 영향을 가장 우려하고 있다고 하자. 회사의 이런 우려를 어떻게 설명할 수 있겠는가? 답을 어떻게 계산하는지 보여라. 다른 예측변수들에는 어떤 숫자를 사용하겠는가?

LO 3 **20. 민감도 분석.** 1,680,000달러의 비용이 들고, 수명이 6년이며, 잔존가치가 0인 프로젝트를 평가하고 있다. 프로젝트의 수명 동안 0까지 정액법으로 감가상각한다고 가정하자. 판매량은 연간 90,000개로 추정된다. 단가는 37.95달러이고, 단위당 변동비용은 23.20달러이며, 고정비용은 연간 815,000달러이다. 세율은 21%이고, 요구수익률은 11%이다.

a. 기본 경우 현금흐름과 NPV를 계산하라. 매출액 변경에 대한 NPV의 민감도는 어떠한가? 예상 판매량의 약 500개 감소에 대해 그 답변이 무엇을 말하는지 설명하라.

b. 변동비용의 변경에 대한 OCF의 민감도는 어떠한가? 예상 변동비용의 1달러 감소에 대해 그 답변이 무엇을 말하는지 설명하라.

LO 3 **21. 시나리오 분석.** [문제 20]에서 가격, 수량, 변동비용과 고정비용의 추정치가 모두 ±10% 오차범위 내에서 정확하다고 하자. 최상의 경우와 최악의 경우의 NPV를 계산하라.

LO 2 **22. 프로젝트 현금흐름과 NPV 계산.** 장기간 저장을 위해 냉동 건조한 신제품 포테이토 페트(Potato Pet)를 개발했다. 이 제품의 변동성 결정을 위해 120,000달러의 마케팅 조사비를 지불한 결과 연간 835,000달러의 매출이 발생할 것으로 보인다. 이와 관련된 고정비용은 연간 204,000달러일 것이며, 변동비용은 매출의 20%에 이를 것이다. 생산에 필요한 장비의 비용은 865,000달러일 것이며, 제품의 수명인 4년 동안(이 모든 것이 유행이기에 매출은 신속히 중단될 것으로 생각한다) 정액법으로 감가상각될 것이다. 이것이 생산에 필요한 유일한 초기비용이다. 세율은 23%이며 요구수익률은 13%이다. 회수기간, NPV, IRR을 계산하라.

중급(문제 23-28)

LO 2 **23. 원가절감 제안.** 생산효율성 증대를 위해 4년 수명의 프로젝트를 고려 중이다. 395,000달러의 신형 기계압축기를 구매함으로써 연간 144,000달러의 세전 비용을 절감할 것으로 추정한다. 압축기는 MACRS에서 5년 자산군으로 분류되는데 프로젝트 말의 처분가치는 45,000달러일 것이다. 압축기는 여분의 부품재고에 초기의 15,000달러에 이어 해마다 2,000달러를 추가로 투자해야 한다. 세율이 22%이고 할인율이 11%라면 회사는 이 압축기를 구매해서 설치해야 하는가?

LO 2 **24. NPV와 보너스 감가상각.** [문제 23]에서 비유동자산이 실제로 100% 보너스 감가상각 조건을 갖추었다고 하자. 모든 조건은 같다. 새로운 NPV는 얼마인가?

LO 2 **25. NPV와 보너스 감가상각.** 판매하기 위해 암탉의 빠진 깃털을 수집하는 신형 장비 구매를 고려 중이다. 이 장비의 비용은 425,000달러이고 100% 보너스 감가상각을 할 수 있을 것이다. 이 장비는 5년 후 프로젝트 종료 시점에 45,000달러에 매각할 수 있다. 매출은 매년 275,000달러이고 연간 고정비용은 47,000달러이며 변동비용은 매출의 35%와 같을 것이다. 프로젝트는 프로젝트 종료시점에 회수될 것인 NWC에 25,000달러를 투자해야 한다. 세율은 22%이고 요구수익률은 9%이다. 프로젝트의 NPV는 얼마인가?

LO 2 **26. 민감도 분석.** 다음 정보의 3년 수명 프로젝트를 고려한다. 초기 비유동자산 투자 = 665,000달러; 5년 수명에 잔존가치 0으로 정액법 감가상각; 처분가치는 제로; 가격 = 39.20달러; 변동비용 = 29.85달러; 고정비용 = 315,000달러; 판매량 = 85,000개; 세율 = 23%. 판매량 변동에 OCF의 민감도는 얼마인가?

LO 2 **27. 프로젝트 분석.** 신제품을 발매를 고려 중이다. 이 프로젝트는 780,000달러의 비용이 들고, 수명은 4년이며, 처분가치는 없다. 잔존가치 0에 정액법으로 감가상각한다. 매출은 매년 170개로 추정되고, 단가는 16,300달러, 단위당 변동비용은 11,100달러, 고정비용은 연간 535,000달러로 추정된다. 프로젝트의 요구수익률은 11%이고 관련 세율은 21%이다.

a. 과거 경험상 판매량, 변동비용 그리고 고정비용의 예상은 아마 ±10%의 오차범위 내에서 정확하다. 추정에서 최상의 경우와 최악의 경우는 무엇인가? 기본 경우 NPV는 얼마인가? 최상의 경우와 최악의 경우 시나리오에서의 NPV는 무엇인가?

b. 고정비용의 변동에 대한 기본 경우 NPV의 민감도를 평가하라.

LO 2 **28. 프로젝트 분석.** 새 브랜드의 골프클럽 판매를 결정했다. 클럽은 세트당 925달러에 판매할 것이며 변동비용은 세트당 480달러이다. 회사는 7년 동안 매년 75,000세트를 판매할 것이라는 마케팅조사에 15만 달러를 지출했다. 마케팅조사는 또한 고가의 클럽의 판매량이 매년 8,800세트 감소할 것이라고 결정했다. 고가 클럽은 세트당 1,325달러에 판매되며 변동비용은 640달러이다. 회사는 또한 저가 클럽의 판매량을 매년 11,000세트 증가시킬 것이다. 저가 클럽의 가격은 385달러이며 변동비용은 세트당 160달러이다. 고정비용은 매년 1,465만 달러일 것이다. 회사는 또한 신형 클럽의 연구개발비용으로 100만 달러를 지출하였다. 필요한 공장과 설비는 3,010만 달러의 비용이 들며 정액법으로 감가상각할 것이다. 신형 클럽은 또한 프로젝트 말에 전액 회수되는 350만 달러의 순운전자본 증가가 필요할 것이다. 세율은 23%이고 자본비용은 14%이다. 회수기간, NPV, IRR을 계산하라.

고급(문제 29-30)

LO 2 **29. 프로젝트 평가.** 신형 7-옥타브 음성모방 임플란트(seven-octave voice emulation implant)의 판매량을 다음과 같이 예상한다.

연도	판매량
1	71,500
2	87,800
3	104,300
4	89,200
5	75,300

임플란트의 생산은 순운전자본이 시작할 때 150만 달러와 매년 다음 해에 증가하는 예상 판매량의 15%에 해당하는 순운전자본이 추가로 필요할 것이다. 총고정비용은 연간 215만 달러이고, 변동생산비용은 단위당 230달러이며, 단가는 375달러이다. 생산 착수를 위해 필요한 장비의 설비비용은 205만 달러이다. 이 임플란트는 전문 성악가용이기에 장비는 산업기계로 여겨져 7년 MACRS 자산으로 분류된다. 5년 후에 이 장비는 취득경비의 약 20%에 매각할 수 있다. 회사의 세율은 21%이고, 모든 프로젝트의 요구수익률은 15%이다. 이러한 예비적 프로젝트 추정치에 근거해서 이 프로젝트의 NPV는 얼마인가? IRR은 얼마인가?

LO 2 **30. 필요한 절감액 계산.** 비용 절감을 목적으로 하는 어느 장치의 설비비용이 565,000달러이다. 이 장치는 수명이 5년인 프로젝트에 사용될 것이나 세금 목적상 3년 MACRS 자산으로 분류된다. 필요한 초기 순운전자본은 40,000달러이고, 한계세율은 23%이며, 프로젝트 할인율은 12%이다. 이 장치의 5년 후 잔존가치는 55,000달러로 추정된다. 이 프로젝트가 수익성이 있으려면 세전 비용절감은 어느 정도가 되어야 하는가?

엑셀 *MASTER IT!* 문제

제9장 마지막에 있는 '콘치 리퍼블릭 일렉트로닉스' 사례를 참고하라. 편의상 사례에 가격이나 변동비용과 같이 관련된 값을 이미 입력했다. 이 프로젝트에서 다음의 질문에 답하라.

a. 이 프로젝트의 수익성지수(profitability index)는 얼마인가?

b. 이 프로젝트의 IRR은 얼마인가?

c. 이 프로젝트의 NPV는 얼마인가?

d. 신형 스마트폰의 가격 변동에 대해 NPV는 얼마나 민감한가? 단방향 데이터 테이블을 작성하면 도움이 된다.

e. 판매량 변동에 대해 NPV는 얼마나 민감한가?

CHAPTER CASE
콘치 리퍼블릭 일렉트로닉스

콘치 리퍼블릭 일렉트로닉스(Conch Republic Electronics)는 플로리다의 키웨스트 소재 중규모의 전자제품 제조업체이다. 회사 사장은 셸리 쿠츠(Shelly Couts)로 회사를 상속받았다. 회사는 70년보다 더 오래전 창립해서 처음에는 라디오나 다른 가정용품을 수리했다. 세월이 가면서 회사는 확장해 지금은 평판이 좋은 다양한 특수 전자제품 제조업체로 성장했다. 회사는 재무 부서에 최근 MBA를 졸업한 제이 맥칸리스(Jay McCanless)를 고용했다.

회사가 제조하는 주요 수익원 중 하나는 스마트폰이다. 회사는 현재 시장에 스마트폰 모델을 하나 내놓고 있는데 매출은 성공적이었다. 이 스마트폰은 다양한 열대성 색상으로 나왔고 지미 버펫(Jimmy Buffet) 곡을 연주하게 프로그램된 독특한 제품이다. 그러나 다른 전자제품이 그렇듯이 기술이 급속히 변함에 따라 현재의 스마트폰은 신형 모델과 비교해 한계가 있다. 그래서 회사는 기존 모델의 모든 기능은 그대로 두고 와이파이 테더링 같은 새로운 기능을 추가한 신형 스마트폰 개발에 120만 달러를 지출했다. 회사는 신형 스마트폰의 예상 매출액을 결정하는 마케팅 조사에 250,000달러를 더 지출했다.

회사는 신형 스마트폰을 개당 210달러의 변동비용에 제조할 수 있다. 사업의 고정비용은 연간 530만 달러가 될 것으로 추정한다. 향후 5년 동안 추정 판매량은 연간 각각 64,000개, 106,000개, 87,000개, 78,000개, 54,000개이다. 신형 스마트폰의 단가는 515달러일 것이다. 필요 장비는 3,850만 달러에 구매할 수 있고 7년 MACRS 스케줄로 감가상각할 것이다. 5년 후 장비의 가치는 580만 달러일 것으로 믿는다.

스마트폰의 순운전자본은 매출의 20%일 것이며 당기의 현금흐름과 동시에 발생한다(즉, NWC의 초기 지출은 없다). 그러므로 첫해의 NWC 변동은 첫해의 매출과 동시에 발생할 것이다. 회사의 법인세율은 22%이고, 요구수익률은 12%이다.

셸리는 제이에게 다음과 같은 질문에 답변하는 보고서를 준비하도록 했다.

질문 QUESTIONS

1. 이 프로젝트의 회수기간(payback period)은 얼마인가?
2. 이 프로젝트의 수익성지수(profitability index)는 얼마인가?
3. 이 프로젝트의 IRR은 얼마인가?
4. 이 프로젝트의 NPV는 얼마인가?
5. 신형 스마트폰의 가격 변동에 NPV는 얼마나 민감한가? (가격 변동은 10달러 상승을 가정)
6. 판매량 변동에 NPV는 얼마나 민감한가? (판매량은 매년 100개 증가를 가정)
7. 회사는 신형 스마트폰을 생산해야 하는가?
8. 신형 모델의 출시로 다른 모델의 매출이 준다고 하자. 이것이 분석에 어떤 영향을 주는가?

10 자본시장 역사의 교훈

Some Lessons from Capital Market History

2017년에 S&P 500지수가 약 19% 돌아왔고 나스닥 종합지수는 약 28% 올라 주식시장 성과는 전체적으로 매우 좋았다. 특히 바이오 제약 회사 마드리갈 제약(Madrigal Pharmaceuticals, Inc.) 투자자는 그 주식에서 얻은 516% 이득에 행복해야만 했고, 유전자 치료제 회사 상가모 테라퓨틱스(Sangamo Therapeutics)의 투자자는 회사의 438% 이득으로 기분이 상당히 좋았다. 물론 그해 모든 주식의 가치가 오르지는 않았다. 시어스 홀딩스(Sears Holdings) 주식은 61% 떨어졌고 언더아머(Under Armour)의 주식은 48% 하락했다. 이러한 예들은 2017년 중에 엄청난 잠재적 이익을 볼 수 있었으나 돈을 잃을 위험 역시 상당히 있었음을 보여 준다. 그렇다면 주식시장의 투자자로서 자신의 돈을 투자할 때 무엇을 기대해야 했는가? 이번 장에서는 답을 위해 80년 이상의 미국 시장의 역사를 학습한다.

이번 장과 다음 장은 위험(risk)과 수익(return)의 관계라는 새로운 영역으로 인도한다. 알게 되겠지만 이번 장은 주식, 채권과 같은 금융자산에 투자하려는 사람들에게 매우 실질적인 정보를 많이 제공한다. 예를 들어 오늘 주식에 투자를 시작했다고 하자. 투자한 돈이 평균적으로 매년 5%씩 성장할 것으로 생각하는가? 아니면 10%? 혹은 20%? 이번 장에서 무엇을 기대할지 아이디어를 줄 것이다(그 답이 놀라게 할 수도 있다). 또한, 이번 장은 어떤 투자가 얼마나 위험할 수 있는가를 보여 주고 위험을 객관적인 방법으로 생각하는 도구를 준다.

학습 목표_*Learning Objectives*

제10장을 마친 후에는 다음의 능력을 갖추어야 한다.

- **LO 1** 투자의 수익률 계산
- **LO 2** 다양한 중요한 투자유형의 역사적 수익률 논의
- **LO 3** 다양한 중요한 투자유형의 역사적 리스크 설명
- **LO 4** 시장효율성의 의미 평가

기업재무 세계에서 최근에 전개된 사건을 보려면 essentialsofcorporatefinance.blogspot.com 방문.

지금까지 무엇이 투자의 요구수익률을 결정하는가에 대해서는 별로 언급하지 않았다. 어떤 의미에서 그 대답은 매우 직설적이다. 요구수익률은 투자 리스크에 의해 결정된다. 리스크가 클수록 요구수익률도 크다.

이렇게 말하면 다소 더 어려운 문제가 남는다. 투자에 있는 리스크의 정도를 어떻게 측정할 수 있을까? 달리 표현하면 어떤 투자가 다른 투자보다 더 위험하다는 말은 무엇을 의미하는가? 이 질문에 답하려면 당연히 리스크가 의미하는 바를 정의할 필요가 있다. 이것이 다음 2개 장의 임무다.

이전 몇 개의 장에서 재무관리자의 역할 중 하나는 투자안의 가치평가임을 안다. 투자안 평가에서 먼저 금융투자가 제공하는 것의 확인이 중요하다. 최소한도로 비금융 투자안에 요구하는 수익은 적어도 유사한 리스크의 금융자산의 매입에서 얻을 수 있는 수익 정도는 되어야 한다.

이번 장의 목표는 자본시장의 역사가 위험과 수익에 대해서 무엇을 말해 줄 수 있는지에 대한 안목을 제공하는 것이다. 여기에서 얻을 수 있는 가장 중요한 것은 숫자들에 대한 감각이다. 높은 수익은 무엇인가? 낮은 수익은 무엇인가? 더 일반적으로 금융자산에서 기대할 수 있는 수익은 무엇이며 그러한 투자의 리스크는 무엇인가? 이런 안목은 위험한 투자 프로젝트를 분석하고 평가하는 방법의 이해에 필수적이다.

미국의 금융시장에서 투자자들의 역사적 경험을 설명해 위험(risk)과 수익에 대한 논의를 시작한다. 예를 들어 1931년 주식시장은 가치의 43%를 잃었다. 단 2년 만에 주식시장은 54% 증가했다. 더 최근의 기억으로 1987년 10월 19일 하루에 시장은 약 25%의 가치를 잃었고, 2008년에는 거의 40%를 잃었다. 주식시장의 이러한 변화에서 재무관리자가 있다면 어떤 교훈을 배울 수 있는가? 이를 알아내기 위해서 지난 반세기의 시장 역사를 탐구할 것이다.

모든 사람이 역사 공부의 가치에 동의하지는 않는다. 한편으로 철학자 조지 산타야나(George Santayana)는 “과거를 기억하지 않는 사람은 과거를 반복하는 운명에 놓인다.”라는 유명한 말을 했다. 반면에 산업가 헨리 포드(Henry Ford)는 “역사는 거의 잠들어 있다”라는 역시 유명한 말을 했다. 그렇더라도 아마 모든 사람은 마크 트웨인(Mark Twain)의 다음 관측에 동의할 것이다. “10월. 주식에 투자하기에는 특히 위험한 달 중 하나다. 다른 위험한 달에는 7월, 1월, 9월, 4월, 11월, 5월, 3월, 6월, 12월, 8월 그리고 2월이 있다.”

시장의 역사 학습에서 드러나는 두 가지 중요한 교훈이 있다. 첫째, 위험 감수에 따른 보상이 있다. 둘째, 잠재적인 보상이 클수록 위험도 크다. 시장수익에 대한 이러한 사실을 이해하기 위해 상당 부분을 미국의 현대 자본시장 역사를 만든 통계와 숫자들의 보고에 전념할 것이다. 다음 장에서 이러한 사실들은 금융시장이 어떻게 리스크의 가격을 정하는가의 연구에 기초가 될 것이다.

10.1 수익

여러 유형의 금융자산의 역사적 수익을 논의하려고 한다. 그러면 우선 투자수익을 계산하는 방법을 간단히 논의할 필요가 있다.

현금수익

어떤 종류의 자산을 매수했을 때 투자의 이익 또는 손실을 **투자수익**(*return on investment*)이라고 한다. 보통 이런 수익은 두 요소가 있을 것이다. 첫째, 투자대상을 소유함으로써 직접 현금을 받을 수 있다. 이것을 수익의 소득 요소라고 부른다. 둘째, 매수한 자산의 가치가 변할 것이다. 이런 경우 투자의 자본이득이나 자본손실이 된다.[1)]

설명을 위해 비디오 콘셉트 컴퍼니(Video Concept Company)가 발행한 주식이 수천 주라고 하자. 연초에 이 회사의 주식을 일부 매수했다. 이제 연말이 되어서 투자성과를 알고 싶다.

우선 일 년 동안 회사는 주주들에게 현금배당을 지급할지도 모른다. 회사의 주주로서 당신도 회사 일부의 소유자이다. 회사에 이익이 나면 이익 일부를 주주들에게 배분할지도 모른다(배당정책은 뒷장에서 자세히 논의). 따라서 일부 주식의 소유자로서 일부 현금을 받을 것이다. 현금은 주식 소유의 소득 요소다.

배당금과 더불어 수익의 다른 부분은 주식의 자본이득이나 자본손실이다. 이는 투자가치의 변화로 생긴다. 예를 들어 〈그림 10.1〉에 보이는 현금흐름을 고려하자. 연초에 주식이 주당 37달러에 팔렸다. 100주를 매수하면 총 3,700달러를 지출했다. 일 년 동안 주당 1.85달러의 배당금을 지급했다고 하자. 그러면 연말에 다음과 같은 소득을 받을 것이다.

오늘 미국의 시장은 finance.yahoo.com을 살펴보자.

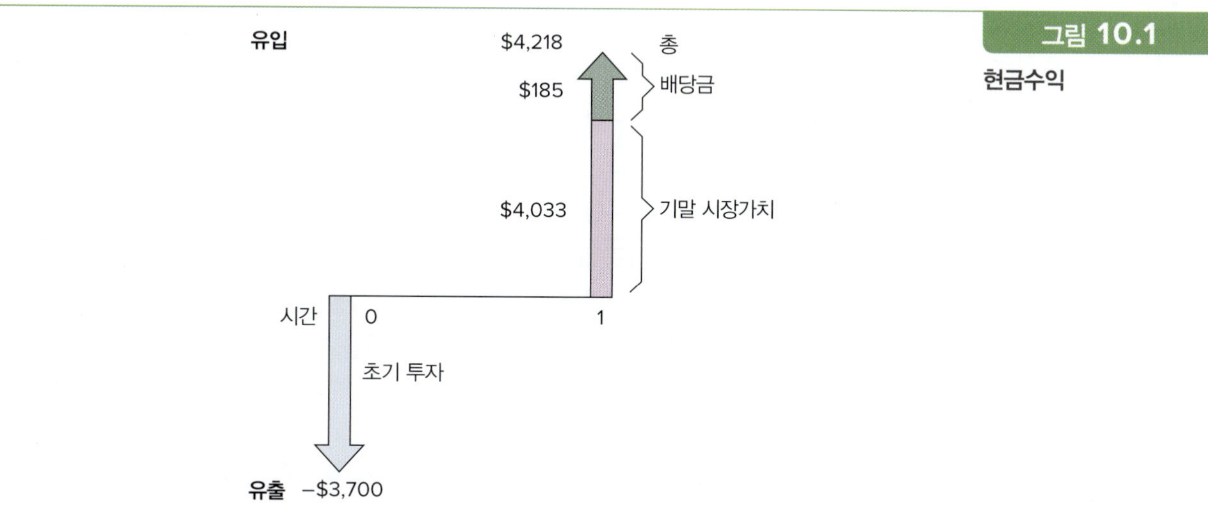

그림 10.1
현금수익

1) 초반부의 장에서 언급했듯이 엄밀한 의미에서 자본이득(혹은 손실)인지 아닌지는 국세청(IRS)이 결정한다. 그러므로 이 용어를 느슨히 사용한다.

배당금 = $1.85 × 100 = $185

또한, 주식 가치는 연말까지 주당 40.33달러로 상승한다. 소유하고 있는 주식 100주는 4,033달러의 가치가 있다. 따라서 자본이득은

자본이득 = ($40.33 − 37) × 100 = $333

반면에 주가가 34.78달러로 떨어지면 자본손실은

자본손실 = ($34.78 − 37) × 100 = −$222

자본손실은 음수의 자본이득과 같음에 주목하자.

투자에 대한 총수익(total dollar return)은 배당수익(dividend income)과 자본이득(capital gain) 또는 자본손실(capital loss)의 합이 된다.

총수익 = 배당수익 + 자본이득(또는 손실) **[10.1]**

이전의 예에서 총수익은

총수익 = $185 + 333 = $518

만약 연말에 주식을 판다면 갖게 되는 현금 총액은 최초 투자한 금액과 총수익의 합이 될 것이다. 앞의 예에서는,

주식매각의 총 현금 = 최초 투자 + 총수익
= $3,700 + 518
= $4,218 **[10.2]**

다시 확인하면 이는 주식매각의 수익에 배당금을 더한 것과 같음에 주목하자.

주식매각대금 + 배당금 = $40.33 × 100 + 185
= $4,033 + 185
= $4,218

이 회사의 주식을 보유하고 연말에 팔지 않는다고 하자. 여전히 자본이득을 수익 일부로 간주해야 하는가? 주식을 팔지 않았다면 그건 단지 “장부”상의 수익이고 실제 수익은 아닌 것이 아닌가?

첫 번째 질문에 대한 답은 당연히 맞고 두 번째 질문에 대한 답은 동등하게 당연히 틀리다. 자본이득은 배당금처럼 수익의 중요한 부분을 차지하고 있기에 당연히 수익 일부로 확실히 계산해야 한다. 원한다면 언제든 그 주식을 현금으로 바꿀 수 있기에 연말에 실제로 주식 보유를 결정하고 매각하지 않아 수익을 “실현”(realize)하지 않더라도 상관없다. 보유할지 말지는 투자자가 결정할 일이다.

결국, 수익을 현금으로 바꾸겠다면 연말에 언제든지 주식을 매각한 후 주식을 다시 매입해 즉시 재투자할 수 있다. 이렇게 하는 것과 주식을 매각하지 않는 것과는 물론 주식매각에 따른 세금이 없다고 한다면 그렇게 차이가 없다. 즉, 요점은 주식을 매각해서 현금으로 바꾸어 음료수나 다른 무엇을 사든가 주식을 매각하지 않고 재투자하는 것은

수익에 영향을 주지 않는다는 것이다.

수익률

비율로 표시하면 실제로 투자한 금액에 영향을 받지 않기에 수익에 대한 정보를 금액으로 표시하기보다 비율로 요약하는 게 보통은 더 편리하다. 답변해야 하는 질문은 투자금액 당 얼마를 버는가이다.

이 질문에 답하기 위해서 연초 주가를 P_t라고 하고 연간 주식에 지급된 배당금을 D_{t+1}이라고 하자. 〈그림 10.2〉의 현금흐름을 생각해 보자. 이제 모든 것을 주당(per-share) 기준으로 표현한 것을 제외하면 〈그림 10.1〉에서와 같다.

앞의 예에서 연초 주가는 주당 37달러이고 연간 지급된 배당금은 주당 1.85달러였다. 제7장에서 언급한 대로 배당금을 기초 주가의 비율로 표시하면 배당수익률(dividend yield)이 된다.

배당수익률 $= D_{t+1}/P_t$
$= \$1.85/\$37 = 0.05$ 또는 5%

이는 투자한 1달러당 5센트의 배당금을 받음을 말한다.

수익률의 두 번째 요소는 자본수익률(capital gains yield)이다. 제7장에서 언급한 대로 이는 연중 주가의 변동(자본이득)을 기초 주가로 나누어 계산한다.

자본수익률 $= (P_{t+1} - P_t)/P_t$
$= (\$40.33 - 37)/\$37$
$= \$3.33/\$37$
$= 0.09$ 또는 9%

따라서 투자한 1달러당 9센트의 자본이득으로 9센트를 번다.

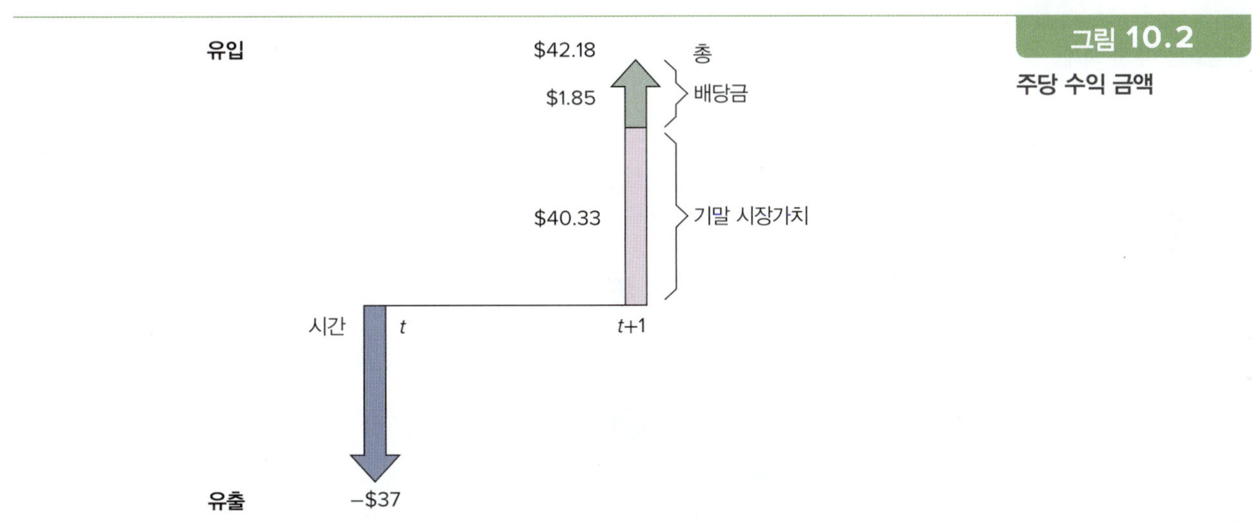

그림 10.2
주당 수익 금액

종합하면 투자한 1달러당 5센트의 배당금과 9센트의 자본이득을 벌어 총 14센트를 번다. 수익률은 1달러당 14센트 또는 14%이다.

확인을 위해 3,700달러를 투자해 4,218달러가 된 점에 주목하자. 3,700달러에서 몇 퍼센트 증가했는가? 보았듯이 $4,218 − 3,700 = 518달러를 찾았다. 이는 $518/$3,700 = 0.14 또는 14% 증가이다.

더 구체적인 예로 마이크로소프트는 2017년에 주당 62.14달러로 시작했다. 마이크로소프트는 2017년 중 1.59달러의 배당금을 지급했고 연말 주가는 85.54달러였다. 마이크로소프트의 연간수익률은 얼마였는가? 연습 삼아 답이 40.22%인지 확인해 보자. 물론 음수의 수익률이 발생하기도 한다. 예를 들어 다시 2017년 게임스톱(GameStop)의 연말 주가는 17.95달러였고 1.52달러의 배당금을 지급했다. 주가는 25.26달러에 시작했다. 연간 손실이 22.92%임을 입증해 보자.

예제 10.1 수익률 계산

주당 25달러에 어떤 주식을 매수했다고 하자. 연말에 주가는 35달러이다. 연중 주당 2달러의 배당을 받았다. 이는 〈그림 10.3〉에 표시되어 있다. 배당수익률은 얼마인가? 자본수익률은 얼마인가? 총 수익률은 얼마인가? 총 투자액이 1,000달러였다면 연말에 얼마를 갖는가?

주당 2달러의 배당금으로 계산한 배당수익률은

$$\begin{aligned} \text{배당수익률} &= D_{t+1}/P_t \\ &= \$2/\$25 = 0.08 \text{ 또는 } 8\% \end{aligned}$$

주당 자본이득은 10달러이다. 따라서 자본수익률은

(계속)

그림 10.3

현금흐름: 투자 예제

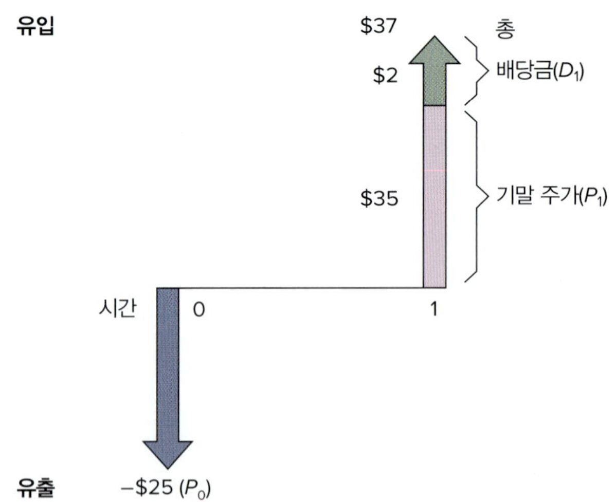

자본수익률 $= (P_{t+1} - P_t)/P_t$
$= (\$35 - 25)/\$25$
$= \$10/\$25$
$= 0.40$ 또는 40%

따라서 총수익률은 48%이다.

만약 1,000달러를 투자했다면 연말에 48% 증가한 1,480달러가 될 것이다. 확인을 위해 1,000달러로 $1,000/$25 = 40주를 매수했을 것임에 주목하자. 그다음 40주에 현금배당으로 총 40 × $2 = 80달러가 지급되었을 것이다. 주당 이득이 10달러이므로 총자본이득은 $10 × 40 = 400달러가 될 것이다. 이를 모두 더하면 480달러의 수익을 갖는다.

개념문제 CONCEPT QUESTIONS

10.1a 총수익의 두 가지 요소는 무엇인가?
10.1b 수익을 계산할 때 왜 실현되지 않은 자본이득과 손실을 포함하는가?
10.1c 현금수익과 수익률의 차이점은 무엇인가? 왜 수익률이 더 편리한가?

10.2 과거 기록

로저 이봇슨과 렉스 싱크필드(Roger Ibbotson and Rex Sinquefield)는 미국 금융시장의 수익률을 다루는 유명한 일단의 연구를 진행했다.[2] 그들은 다섯 가지 중요한 금융투자 유형의 역사적 수익률을 제시했다. 이 수익률은 다음의 포트폴리오를 보유했을 때 얻게 되는 이익으로 해석될 수 있다.

1. 대형주(*large-company stocks*). 대형주 포트폴리오는 시가총액 기준으로 미국의 가장 큰 500대 기업으로 구성된 스탠더드 앤드 푸어스 500지수(Standard & Poor's 500 index)에 근거했다.
2. 소형주(*small-company stocks*). 소형주로 구성된 주식 포트폴리오인데 여기서 "소형"이란 뉴욕증권거래소(NYSE)에 상장된 회사에서 시가총액 기준으로 가장 적은 20%에 해당한다.
3. 장기사채(*long-term corporate bonds*). 만기가 20년인 높은 신용등급의 채권 포트폴리오이다.
4. 미국 장기국채(*long-term U.S. government bonds*). 만기가 20년인 미국 국채포트폴리오이다.
5. 미국 재정증권(*U.S. Treasury bills*). 만기가 1개월인 미국 재정증권(줄여서 T-bills) 포트폴리오이다.

[2] R. G. Ibbotson and R. A. Sinquefield, *Stocks, Bonds, Bills, and Inflation* [SBBI] (Charlottesville, Va.: Financial Analysis Research Foundation, 1982).

시장 역사를 더 알기 위해 www.globalfinancialdata.com을 방문해 샘플 데이터를 무료로 받을 수 있다.

이 수익들은 인플레이션이나 세금을 조정하지 않았으므로 세전 명목수익이다.

금융상품에 대한 연간수익률에 추가해 소비자물가지수(CPI)의 연간 변화율도 계산했다. 이는 인플레이션 측정에 일반적으로 사용되므로 이를 인플레이션율로 이용해 실질수익을 계산할 수 있다.

일차 관찰

일별 차트나 장기 차트를 보려면 www.bigcharts.com 참조.

각기 다른 포트폴리오의 수익을 자세히 살펴보기 전에 먼저 전체적으로 살펴본다. 〈그림 10.4〉는 1926년 초에 각기 다른 포트폴리오에 투자한 1달러가 어떻게 되었는가를 보여준다. 2017년 말까지 92년 동안 각기 다른 포트폴리오의 가치 성장을 분리해서 표시했다. 장기사채는 생략했다. 모든 것을 하나의 그래프에 담기 위해서 눈금을 조정한다. 금융자료에서 일반적으로 하는 것같이 세로축은 같은 간격은 가치의 퍼센트 변화(금액이 아님)가 같도록 눈금이 매겨졌다.

〈그림 10.4〉를 보면 소형주(적은 시가총액을 줄여서 "small-cap"이라고 함)의 투자가

그림 10.4 **다른 유형의 포트폴리오에 1달러 투자: 1925~2017 (1925년도 말 = $1)**

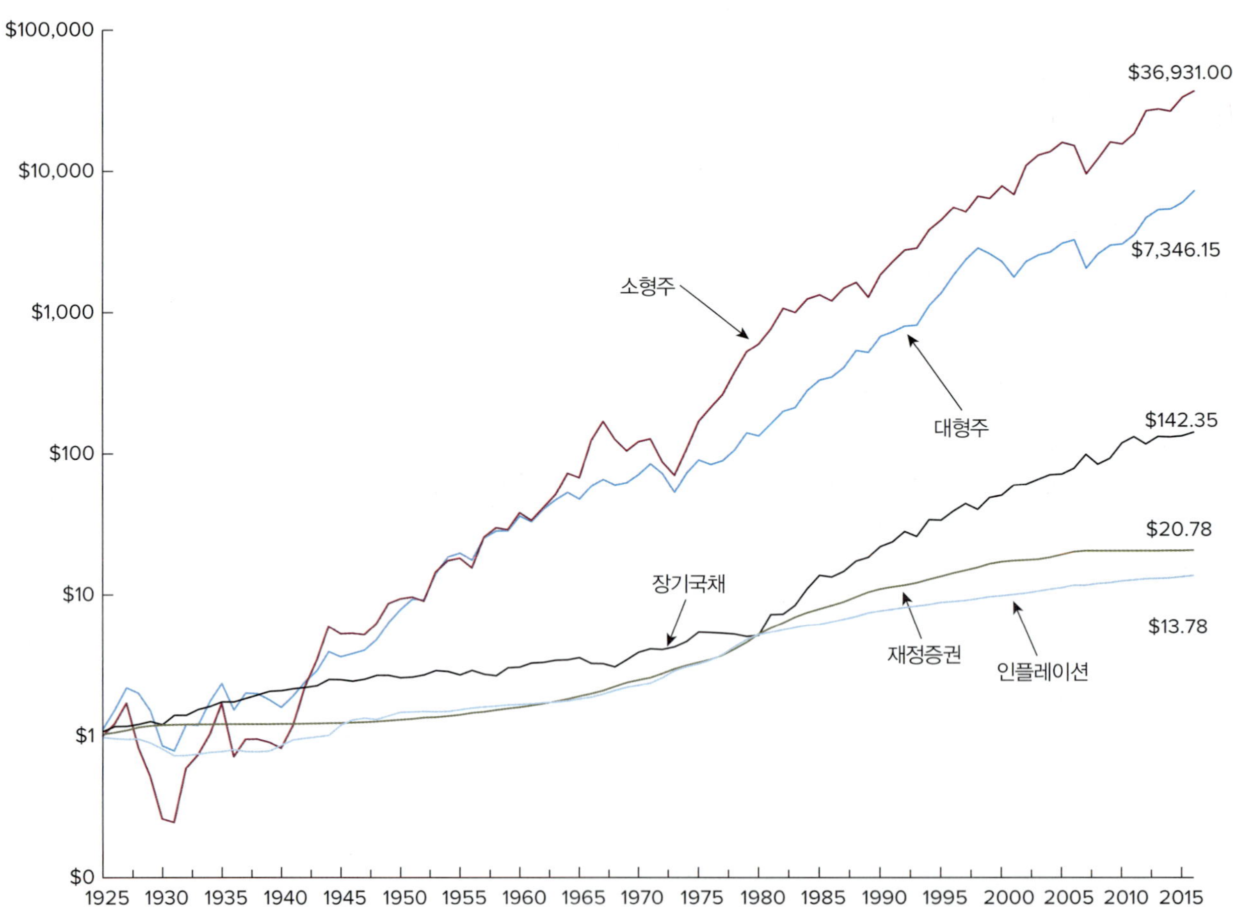

출처: *Morningstar*, 2018, 저자가 계산.

종합적으로 최상의 성과를 보였다. 투자한 1달러는 92년 동안 무려 36,931.00달러로 늘어났다. 대형주 포트폴리오는 그보다 저조해 투자한 1달러는 7,346.15달러로 늘어났다.

다른 한편으로 재정증권(T-bill) 포트폴리오는 단지 20.78달러로 증가했다. 이 기간의 인플레이션을 고려할 때 덜 인상적이기까지 하다. 보다시피 가격수준의 증가는 원래의 1달러를 대체만 하는 데도 13.78달러가 필요하다.

역사적 기록에도 불구하고 왜 어떤 사람들은 소형주가 아닌 다른 것에 투자할까? 〈그림 10.4〉를 자세히 보면 아마도 그 답을 알 수 있을 것이다. 재정증권 포트폴리오와 장기국채 포트폴리오의 경우 주식 포트폴리오보다 더 느리게 증가했으나 훨씬 더 안정적으로 증가하기도 했다. 소형주는 가장 높게 끝났으나 보다시피 때로는 꽤 비정상적으로 증가했다. 예를 들어 소형주는 약 첫 10년 동안은 최악의 성과를 냈고 거의 15년 동안은 장기국채보다 수익이 낮았다.

심층 관찰

각기 다른 투자들의 변동성을 나타내기 위해서 〈그림 10.5~8〉의 가로축에 수직 막대 형태로 연도별 수익률을 그렸다. 막대의 높이는 특정 연도의 수익률이다. 장기국채를 보면(〈그림 10.7〉) 가장 큰 역사적 수익률(40.35%)은 1982년에 발생했다. 채권이 좋은 해였다. 이 표들의 비교에서 세로축 눈금의 차이에 주목하자. 그 차이를 인식하면 소형주(〈그림 10.6〉)와 비교해서 재정증권(〈그림 10.7〉)이 얼마나 예측이 쉬운지 알 수 있다.

막대그래프에 나타나는 수익률은 때때로 매우 크다. 예를 들어 그래프를 보면 가장 높은 한 해의 수익률은 1933년 소형주의 놀라운 143%이다. 같은 해에 대형주는 "단지" 53%였다. 대조적으로 재정증권의 가장 높은 수익률은 1981년에 15%였다. 참고로 S&P 500, 장기국채, 재정증권, 소비자 물가지수(CPI)의 실제 연간수익률은 〈표 10.1〉에 있다.

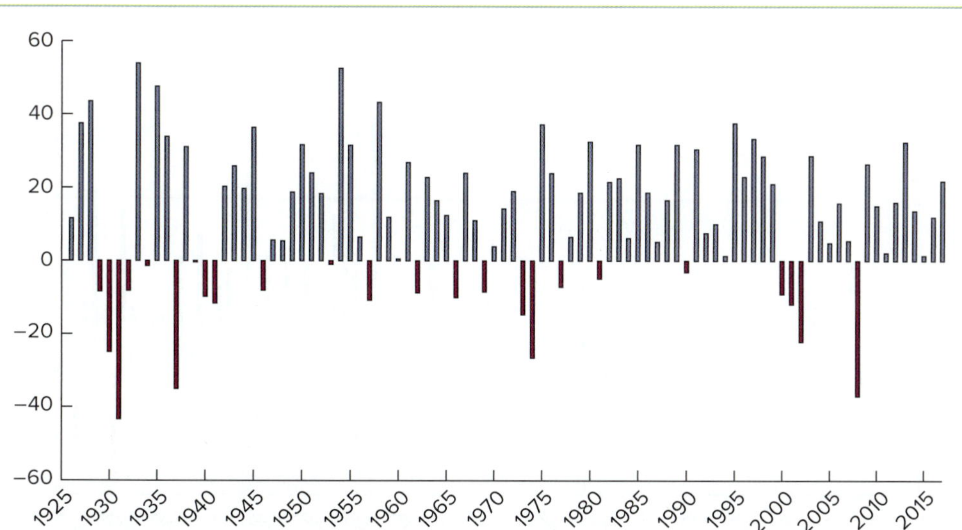

그림 10.5

대형주의 연도별 총수익: 1926~2017

출처: *Morningstar*, 2018, 저자가 계산.

그림 10.6
소형주의 연도별 총수익: 1926~2017

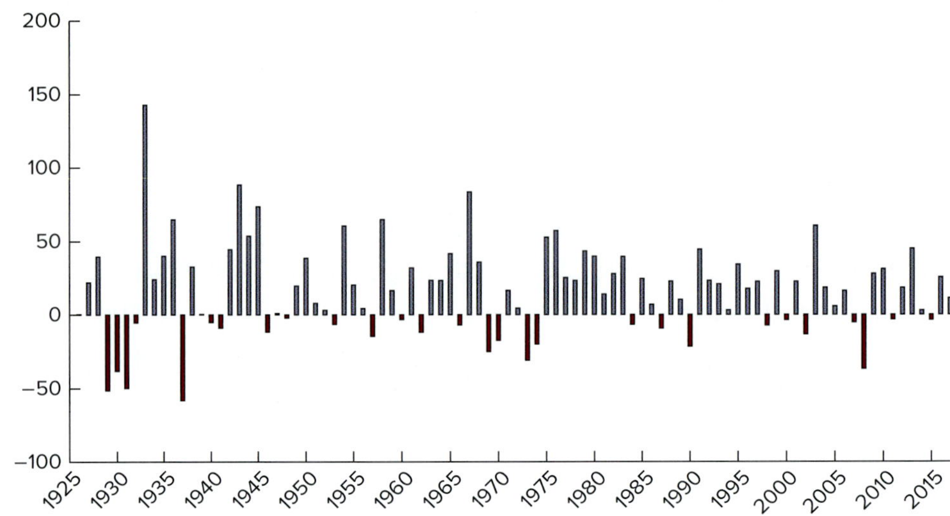

출처: *Morningstar*, 2018, 저자가 계산.

개념문제 CONCEPT QUESTIONS

10.2a 뒤돌아보면 모두 명확하지만 1926~1935년 기간에서 최고의 투자는 무엇인가?

10.2b 왜 모든 사람이 소형주만 매수하는 투자를 않는가?

10.2c 각기 다른 투자에 92년 동안 관찰된 가장 낮은 수익률은 얼마인가? 대략 언제인가?

(계속)

그림 10.7
장기국채와 재정증권의 연도별 총수익: 1926~2017

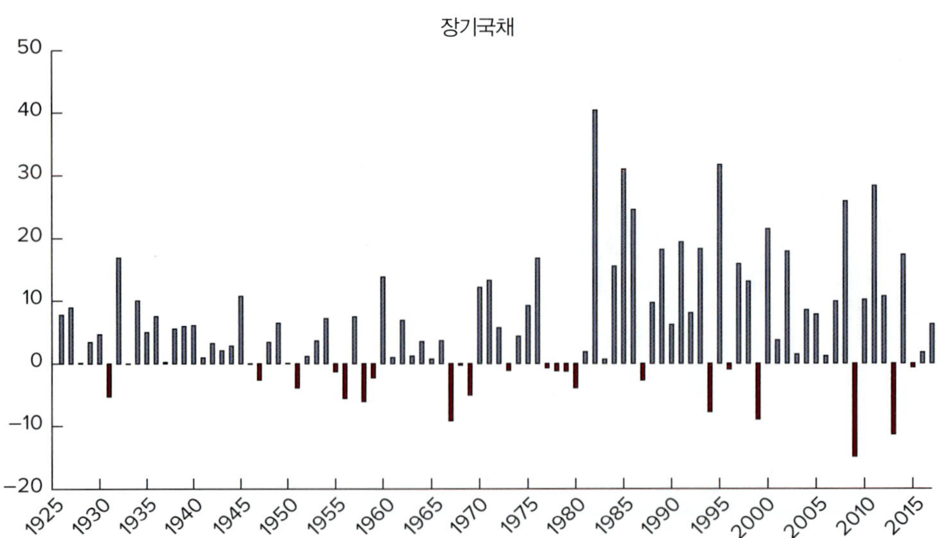

(계속)

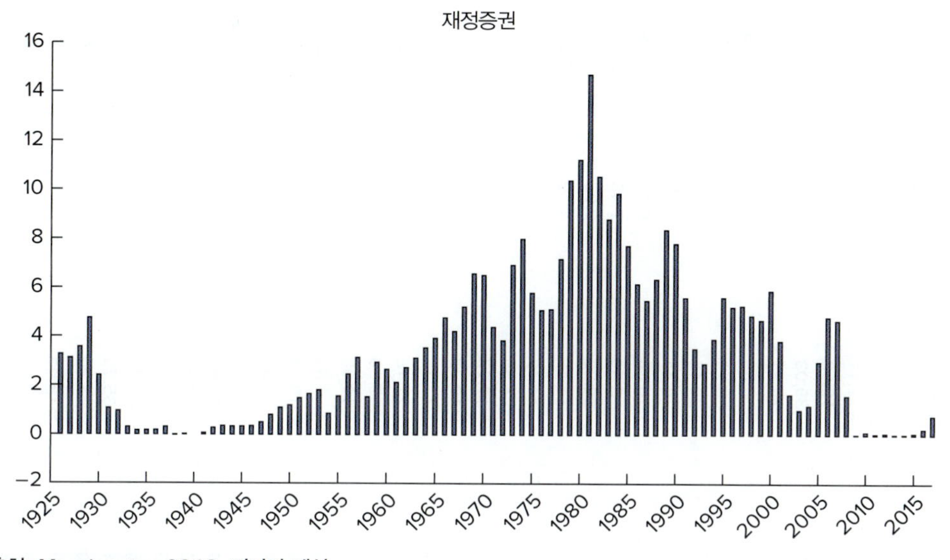

출처: *Morningstar*, 2018, 저자가 계산.

그림 10.8

연도별 인플레이션: 1926~2017

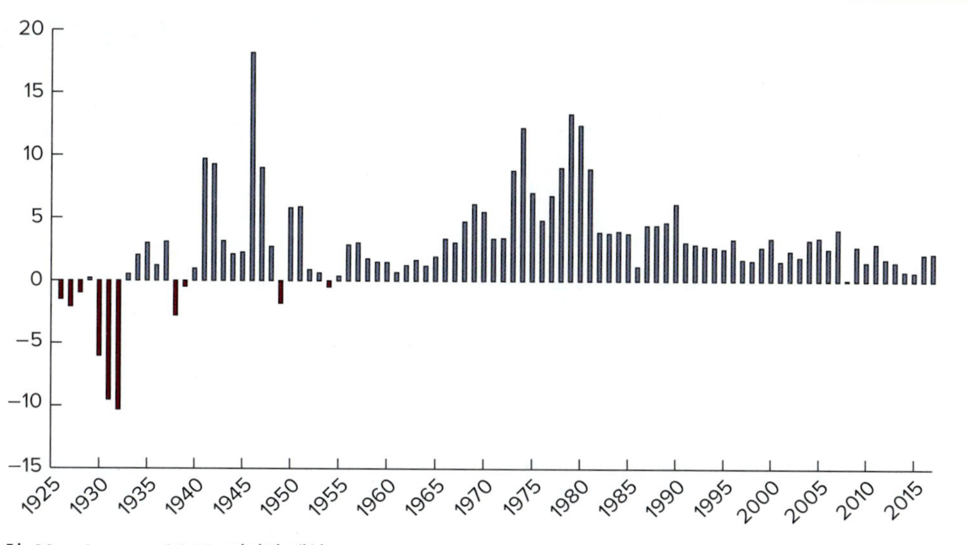

출처: *Morningstar*, 2018, 저자가 계산.

10.2d 대형주가 30% 이상의 수익을 낸 것은 약 몇 번인가? −20%보다 낮은 수익을 낸 것은 몇 번인가?

10.2e 대형주가 마이너스 수익률 없이 계속해서 플러스 수익률을 낸 가장 긴 기간은 얼마인가? 장기국채는 얼마 동안인가?

10.2f 재정증권 포트폴리오는 몇 번이나 마이너스 수익률을 보였는가?

표 10.1 연도별 총수익률: 1926~2017

연도	대형주	장기국채	재정증권	소비자 물가지수	연도	대형주	장기국채	재정증권	소비자 물가지수
1926	11.14%	7.90%	3.30%	−1.12%	1972	18.99	9.15	4.23	3.41
1927	37.13	10.36	3.15	−2.26	1973	−14.69	−12.66	7.29	8.71
1928	43.31	−1.37	4.05	−1.16	1974	−26.47	−3.28	7.99	12.34
1929	−8.91	5.23	4.47	.58	1975	37.23	4.67	5.87	6.94
1930	−25.26	5.80	2.27	−6.40	1976	23.93	18.34	5.07	4.86
1931	−43.86	−8.04	1.15	−9.32	1977	−7.16	2.31	5.45	6.70
1932	−8.85	14.11	.88	−10.27	1978	6.57	−2.07	7.64	9.02
1933	52.88	.31	.52	.76	1979	18.61	−2.76	10.56	13.29
1934	−2.34	12.98	.27	1.52	1980	32.50	−5.91	12.10	12.52
1935	47.22	5.88	.17	2.99	1981	−4.92	−.16	14.60	8.92
1936	32.80	8.22	.17	1.45	1982	21.55	49.99	10.94	3.83
1937	−35.26	−.13	.27	2.86	1983	22.56	−2.11	8.99	3.79
1938	33.20	6.26	.06	−2.78	1984	6.27	16.53	9.90	3.95
1939	−.91	5.71	.04	.00	1985	31.73	39.03	7.71	3.80
1940	−10.08	10.34	.04	.71	1986	18.67	32.51	6.09	1.10
1941	−11.77	−8.66	.14	9.93	1987	5.25	−8.09	5.88	4.43
1942	21.07	2.67	.34	9.03	1988	16.61	8.71	6.94	4.42
1943	25.76	2.50	.38	2.96	1989	31.69	22.15	8.44	4.65
1944	19.69	2.88	.38	2.30	1990	−3.10	5.44	7.69	6.11
1945	36.46	5.17	.38	2.25	1991	30.46	20.04	5.43	3.06
1946	−8.18	4.07	.38	18.13	1992	7.62	8.09	3.48	2.90
1947	5.24	−1.15	.62	8.84	1993	10.08	22.32	3.03	2.75
1948	5.10	2.10	1.06	2.99	1994	1.32	−11.46	4.39	2.67
1949	18.06	7.02	1.12	−2.07	1995	37.58	37.28	5.61	2.54
1950	30.58	−1.44	1.22	5.93	1996	22.96	−2.59	5.14	3.32
1951	24.55	−3.53	1.56	6.00	1997	33.36	17.70	5.19	1.70
1952	18.50	1.82	1.75	.75	1998	28.58	19.22	4.86	1.61
1953	−1.10	−.88	1.87	.75	1999	21.04	−12.76	4.80	2.68
1954	52.40	7.89	.93	−.74	2000	−9.10	22.16	5.98	3.39
1955	31.43	−1.03	1.80	.37	2001	−11.89	5.30	3.33	1.55
1956	6.63	−3.14	2.66	2.99	2002	−22.10	14.08	1.61	2.38
1957	−10.85	5.25	3.28	2.90	2003	28.68	1.62	1.03	1.88
1958	43.34	−6.70	1.71	1.76	2004	10.88	10.34	1.43	3.26
1959	11.90	−1.35	3.48	1.73	2005	4.91	10.35	3.30	3.42
1960	.48	7.74	2.81	1.36	2006	15.79	.28	4.97	2.54
1961	26.81	3.02	2.40	.67	2007	5.49	10.85	4.52	4.08
1962	−8.78	4.63	2.82	1.33	2008	−37.00	39.46	1.24	.09
1963	22.69	1.37	3.23	1.64	2009	26.46	−25.61	.15	2.72
1964	16.36	4.43	3.62	.97	2010	15.06	7.73	.14	1.50
1965	12.36	1.40	4.06	1.92	2011	2.11	35.75	.06	2.96
1966	−10.10	−1.61	4.94	3.46	2012	16.00	1.80	.08	1.74
1967	23.94	−6.38	4.39	3.04	2013	32.39	−14.69	.05	1.50
1968	11.00	5.33	5.49	4.72	2014	13.69	22.60	.03	.76
1969	−8.47	−7.45	6.90	6.20	2015	1.41	−.64	.04	.74
1970	3.94	12.24	6.50	5.57	2016	11.98	1.76	.21	2.11
1971	14.30	12.67	4.36	3.27	2017	19.57	5.78	.75	1.58

출처: *Global Financial Data*와 다른 출처로 저자가 계산.

10.3 평균수익률: 첫째 교훈

아마 눈치채기 시작한 것처럼 과거 자본시장수익률은 그대로 사용하기에는 너무 복잡하다. 이들 숫자를 요약할 필요가 있다. 따라서 주어진 자료를 어떻게 간소화하는지에 대해서 알아보자. 평균수익률을 계산하는 방법부터 시작한다.

평균수익률 계산

〈표 10.1〉에 있는 다른 투자의 평균수익률을 계산하는 확실한 방법은 연간수익률을 더해서 92로 나누는 것이다. 결과는 개별가치의 역사적 평균이다.

92년 동안의 대형주 수익률을 더하면 약 11.09가 될 것이다. 따라서 평균 연간수익률은 11.09/92 = 0.121 또는 12.1%이다. 12.1%는 다른 어떤 평균과 같이 해석한다. 만약 92년 과거 자료에서 한 해를 무작위로 선택해 그해의 수익률을 추측한다면 최상의 추측은 12.1%일 것이다.

평균수익률: 과거 자료

〈표 10.2〉는 논의했던 투자의 평균수익률을 보여 준다. 보다시피 평균적으로 보통의 해에 소형주의 가치는 16.5% 증가했다. 주식의 수익률이 채권의 수익률보다 얼마나 높은가도 주목하자.

물론 이 평균들은 인플레이션을 고려하지 않았기에 명목 가치이다. 92년에 걸쳐 평균 인플레이션은 연간 3.0%였다. 미국 재정증권의 명목수익률은 연간 3.4%였다. 따라서 재정증권의 평균 실질수익률은 대략 연간 0.4%였다. 그래서 재정증권의 실질수익률은 역사적으로 상당히 낮았다.

다른 극단으로 소형주의 평균 실질수익률은 약 16.5% − 3.0% = 13.5%로 비교적 크다. 제4장의 72의 법칙을 기억한다면 거꾸로 계산해서 13.5%의 실질 성장은 약 5년마다 구매력이 두 배가 됨을 의미한다. 대형주 포트폴리오의 실질 가치는 보통의 해에 9.1%씩 증가했음도 주목하자.

표 10.2
연간 평균수익률: 1926~2017

투자	평균수익률
대형주	12.1%
소형주	16.5
장기사채	6.4
장기국채	6.0
재정증권	3.4
인플레이션	3.0

출처: *Morningstar*, 2018, 저자가 계산.

리스크프리미엄

이제 평균수익률을 계산했기에 투자들이 서로 어떻게 비교되는지 보는 게 맞는 것 같다. 앞의 논의에 기초하면 정부가 발행한 증권과의 비교가 그중 하나다. 정부가 발행한 증권은 예를 들어 주식시장에서 보는 변동성이 없다.

정부는 채권을 발행해서 돈을 빌린다. 이런 채권에는 여러 종류가 있다. 중점을 둘 채권은 재정증권(Treasury bills)이다. 이 채권은 여러 정부채 중에서 만기가 가장 짧다. 정부는 이 채권을 상환하기 위해 언제든 세금을 올릴 수 있기에 이 부채는 사실상 그 짧은 기간에 대해 채무불이행위험이 없다. 그러므로 이런 부채의 수익률을 **무위험수익률**(*risk-free return*)이라고 하고 이 수익률을 일종의 벤치마크로 이용할 것이다.

특히 흥미로운 비교는 재정증권의 사실상 무위험수익률과 보통주의 매우 위험한 수익률이다. 이 두 수익률 간의 차이는 (미국 대기업의 주식은 모든 위험자산과 비교해 대략 평균적인 리스크라고 가정할 때) 평균적인 위험자산의 **초과수익률**(*excess return*) 측정치로 해석할 수 있다.

이를 비교적 리스크가 없는 자산에서 리스크가 있는 자산으로 이전해 얻는 추가 수익률이기에 "초과"수익률이라고 부른다. 이는 리스크 감수에 따른 보상으로 해석할 수 있기에 **리스크프리미엄(risk premium)**이라고 부를 것이다.

리스크프리미엄
risk premium
무위험 투자에 요구하는 수익률을 넘는 위험자산의 투자에 요구하는 초과수익률.

〈표 10.2〉에서 다른 투자의 리스크프리미엄을 계산할 수 있다. 역사적 명목 리스크프리미엄과 실질 리스크프리미엄은 근소한 차이만 나기에 〈표 10.3〉에는 명목 리스크프리미엄만을 표시했다.

재정증권은 리스크가 없다고 가정하였기에 재정증권의 리스크프리미엄은 0%로 표시된다.

첫째 교훈

〈표 10.3〉을 보면 전형적인 대형주의 평균 리스크프리미엄은 12.1% − 3.4% = 8.7%이다. 이는 상당한 보상이다. 역사적으로 이런 보상이 존재했다는 사실은 아주 중요한 관찰로 첫째 교훈의 기반이다. 평균적으로 위험자산은 리스크프리미엄이 있다. 달리 말하면 리스크 감수에 따른 보상이 있다.

표 10.3

평균 연간수익률 및 리스크프리미엄: 1926~2017

투자	평균수익률	리스크프리미엄
대형주	12.1%	8.7%
소형주	16.5	13.1
장기사채	6.4	3.0
장기국채	6.0	2.6
재정증권	3.4	–

출처: *Morningstar*, 2018, 저자가 계산함.

왜 그러한가? 예를 들어 왜 소형주의 리스크프리미엄이 대형주의 리스크프리미엄보다 훨씬 더 큰가? 보다 일반적으로 다른 자산의 리스크프리미엄 상대 크기는 무엇이 결정하는가? 이러한 질문의 답변은 현대 재무관리의 핵심이며 다음 장에서 자세히 다루도록 하겠다. 지금은 여러 다른 투자의 수익률의 역사적 변동성을 관찰해서 일부의 답을 찾을 수 있다. 따라서 수익률의 변동성 측정에 관심을 두는 것부터 시작한다.

개념문제 CONCEPT QUESTIONS

10.3a 초과수익과 리스크프리미엄은 무엇을 의미하는가?
10.3b 보통주 포트폴리오의 실질 리스크프리미엄은 얼마였는가?
10.3c 사채의 명목 리스크프리미엄은 얼마였는가? 실질 리스크프리미엄은 얼마였는가?
10.3d 자본시장 역사의 첫째 교훈은 무엇인가?

10.4 수익률의 변동성: 둘째 교훈

보통주의 연도별 수익률이 장기국채의 수익률보다 변동성이 큰 경향이 있음을 이미 보았다. 리스크라는 주제의 검토를 시작할 수 있게 이제 변동성의 측정을 논의한다.

도수분포와 변동성

시작을 위해 〈그림 10.9〉처럼 보통주 수익률을 **도수분포**(*frequency distribution*)로 그릴 수 있다. 여기서는 대형주 포트폴리오의 연간수익률이 각 10% 범위에 포함된 숫자를 계산한다. 예를 들어 〈그림 10.9〉에서 20%와 30% 사이의 범위에 있는 15의 높이는 92개 연간수익률 중 15개가 그 범위에 있다는 의미한다. 수익률이 −10%에서 40% 사이에 매우 집중되어 있음도 주목하자.

이제 필요한 것은 실제로 수익률의 퍼짐을 측정하는 것이다. 예를 들어 보통의 해에 소형주의 평균적인 수익률은 16.5%였다. 이제 실제수익률이 보통 해의 평균에서 얼마나 먼가를 알고자 한다. 다시 말해서 수익률의 변동성 정도를 측정할 필요가 있다. **분산(variance)**과 분산의 제곱근인 **표준편차(standard deviation)**가 통상 변동성의 측정치로 사용된다. 다음에는 이들을 계산하는 방법을 설명한다.

분산
variance
실제수익률과 평균수익률 간 차이의 제곱의 평균.

표준편차
standard deviation
분산의 양수 제곱근.

역사적 분산과 표준편차

분산은 기본적으로 실제수익률과 평균수익률의 차이를 제곱한 값의 평균으로 측정한다. 이 숫자가 클수록 실제수익률은 평균수익률과 더 달라지는 경향이 있다. 또한, 분산이나 표준편차가 클수록 수익률이 더 흩어진다.

분산과 표준편차를 계산하는 방법은 상황에 따라 다르다. 이번 장에서는 역사적 수익률을 검토한다. 따라서 여기서 서술하는 방법은 **역사적**(*historical*) 분산과 표준편차 계산에 맞는 방법이다. 추정된 미래 수익률을 검토하면 방법이 다를 것이다. 이 방법은 다

그림 10.9

보통주 수익률의 도수분포: 1926~2017

2016
2014
2012
2010
2015 2006 2017
2011 2004 2009 2013
2000 2007 1988 2003 1997
1990 2005 1986 1999 1995
1981 1994 1979 1998 1991
1977 1993 1972 1996 1989
1969 1992 1971 1983 1985
1962 1987 1968 1982 1980
1953 1984 1965 1976 1975
1946 1978 1964 1967 1955
2001 1940 1970 1959 1963 1950
1973 1939 1960 1952 1961 1945
2002 1966 1934 1956 1949 1951 1938 1958
2008 1974 1957 1932 1948 1944 1943 1936 1935 1954
1931 1937 1930 1941 1929 1947 1926 1942 1927 1928 1933
−80 −70 −60 −50 −40 −30 −20 −10 0 10 20 30 40 50 60 70 80 90
퍼센트

출처: *Morningstar*, 2018, 저자가 계산.

음 장에서 기술한다.

기초통계의 읽기 쉬운 복습을 위해 www.robertniles.com/stats 참조.

역사적 분산을 계산하는 방법을 설명하기 위해서 어떤 투자에서 지난 4년 동안의 수익률이 10%, 12%, 3%, −9%였다고 하자. 평균수익률은 (0.10 + 0.12 + 0.03 − 0.09)/4 = 0.04 또는 4%이다. 수익률은 실제로 절대 4%와 같지 않다는 점을 주목하자. 대신에 첫째 수익률은 평균에서 0.10 − 0.04 = 0.06만큼 벗어나 있고, 둘째 수익률은 평균에서 0.12 − 0.04 = 0.08만큼 벗어나 있다. 분산을 계산하기 위해서는 이들 편차를 각각 제곱하여 모두 더한 후에 수익률의 수에서 1을 뺀 값, 이 경우 3으로 나눈다. 다음의 표에 이러한 정보가 요약되어 있다.

연도	(1) 실제 수익률	(2) 평균 수익률	(3) 편차 (1) − (2)	(4) 편차의 제곱
1	0.10	0.04	0.06	0.0036
2	0.12	0.04	0.08	0.0064
3	0.03	0.04	−0.01	0.0001
4	−0.09	0.04	−0.13	0.0169
총계	0.16		0.00	0.0270

첫째 열에 4개의 실제수익률을 내려쓴다. 셋째 열에서 4%를 빼주어 실제수익률과 평균수익률의 차이를 계산한다. 마지막으로 넷째 열에서는 평균에서 편차의 제곱을 구하기 위해서 셋째 열의 숫자들을 제곱한다.

분산은 이제 편차의 제곱의 합인 0.0270을 수익률의 수에서 1을 뺀 수로 나눔으로써 계산할 수 있다. Var(R) 또는 σ^2("시그마의 제곱"이라고 읽는다)을 수익률의 분산이라고 하면,

$$\text{Var}(R) = \sigma^2 = 0.027/(4 - 1) = 0.009$$

표준편차는 분산의 제곱근이다. 따라서 SD(R) 혹은 σ를 수익률의 표준편차라고 하면,

$$\text{SD}(R) = \sigma = \sqrt{0.009} = 0.09487 \text{ 또는 } 9.487\%$$

분산은 "제곱"으로 계산됨으로 인해서 해석상의 어려움이 있기에 분산의 제곱근이 사용된다. 표준편차는 일반적인 비율이므로 여기서는 간단히 9.487%라고 할 수 있다.

앞의 표에서 편차의 합은 0이 되는 점에 주목하자. 이는 항상 성립하므로 작업을 확인하는 좋은 방법이다. 일반적으로 T가 어떤 숫자일 때 T개의 역사적 수익률이 있다면 과거수익률의 분산은 다음과 같이 쓸 수 있다.

$$\text{Var}(R) = \frac{1}{T-1}[(R_1 - \bar{R})^2 + \cdots + (R_T - \bar{R})^2] \qquad [10.3]$$

이 공식은 앞에서 무엇을 했는지 말해 준다. T개의 개별수익률(R_1, R_2, . . .)의 각각에서 평균수익률 $\bar{R}$을 뺀다. 그 결과를 제곱해서 모두 더한 후에 마지막으로 수익률의 숫자에서 1을 뺀 (= $T - 1$) 숫자로 나눈다. 표준편차는 항상 Var(R)의 제곱근이다. 표준편차는 변동성의 측정치로 널리 사용된다. 근처의 *Work the Web*(워크더웹) 박스가 실례를 보여 준다.

예제 10.2 분산과 표준편차의 계산

슈퍼테크 컴퍼니(Supertech Company)와 하이퍼드라이브 컴퍼니(Hyperdrive Company)는 지난 4년 동안 다음의 수익률을 보였다.

연도	슈퍼테크 수익률	하이퍼드라이브 수익률
2016	−0.20	0.05
2017	0.50	0.09
2018	0.30	−0.12
2019	0.10	0.20

평균수익률은 얼마인가? 분산은? 표준편차는? 어느 투자가 변동성이 더 큰가?
평균수익률을 계산하기 위해 모든 수익률을 더해서 4로 나눈다. 그 결과는

$$\text{슈퍼테크 평균수익률} = \bar{R} = 0.70/4 = 0.175 \text{ 또는 } 17.5\%$$
$$\text{하이퍼드라이브 평균수익률} = \bar{R} = 0.22/4 = 0.055 \text{ 또는 } 5.5\%$$

(계속)

WORK THE WEB

표준편차는 뮤추얼펀드에서 널리 보고된다. 예를 들어 피델리티 마젤란펀드(Fidelity Magellan Fund)는 미국에서 규모가 큰 뮤추얼펀드이다. 얼마나 변동하는가? 확인하기 위해서 www.morningstar.com에 가서 티커 심볼 FMAGX를 입력하고 "Ratings and Risk" 링크를 누른다. 그러면 다음을 본다.

MPT Statistics FMAGX

3-Year | 5-Year | 10-Year | 15-Year

3-Year Trailing	Index	R-Squared	Beta	Alpha	Treynor Ratio	Currency
vs. Best-Fit Index						
FMAGX	Morningstar US Large Cap TR USD	94.89	1.08	-0.48	—	USD
vs. Standard Index						
FMAGX	S&P 500 TR USD	93.96	1.08	-0.25	9.98	USD
Category: LG	S&P 500 TR USD	82.63	1.03	0.22	10.34	USD

05/31/2018

Volatility Measures FMAGX

3-Year | 5-Year | 10-Year | 15-Year

3-Year Trailing	Standard Deviation	Return	Sharpe Ratio	Sortino Ratio	Bear Market Percentile Rank
FMAGX	11.54	11.52	0.95	1.62	—
S&P 500 TR USD	—	—	—	—	—
Category: LG	11.86	11.47	0.92	1.65	—

05/31/2018

출처: www.morningstar.com

피델리티 마젤란펀드의 표준편차(Standard Deviation)는 11.54%이다. 평균적인 주식의 표준편차가 50%임을 고려하면 낮은 수치 같아 보인다. 표준편차가 낮은 이유는 다음 장에서 논의할 주제인 분산투자의 힘 때문이다. 수익률(Return)은 평균수익률로 지난 3년 동안 마젤란펀드의 투자자들은 연간 11.52%의 수익을 올렸다. 또한, 변동성 측정(Volatility Measures) 부문에 샤프비율(Sharpe Ratio)을 볼 수 있을 것이다. 샤프비율은 자산의 리스크프리미엄을 표준편차로 나누어 계산한다. 그러니까 표준편차로 측정된 리스크 수준 대비 수익률의 측정치이다. 피델리티 마젤란펀드의 "베타"(beta)는 1.08이다. 다음 장에서 이 수치에 대해 할 말이 아주 많다.

(계속)

질문 QUESTIONS

1. *www.morningstar.com에 있는 모닝스타(Morningstar) 웹사이트에 가보자. Bear Market Percentile Rank가 측정하는 것은 무엇인가?*
2. *모닝스타(Morningsrar)에서 피델리티 마젤란펀드(Fidelity Magellan fund)의 투자보고서(quote)를 보자. 이 펀드가 가장 높은 비중으로 투자한 5개의 섹터(sector: 증시상장 종목을 특성별로 나눈 것)는? 가장 높은 비중으로 투자한 5개 주식(stock)은?*

슈퍼테크 분산의 계산을 다음과 같이 요약할 수 있다.

연도	(1) 실제 수익률	(2) 평균 수익률	(3) 편차 (1) − (2)	(4) 편차의 제곱
2016	−0.20	0.175	−0.375	0.140625
2017	0.50	0.175	0.325	0.105625
2018	0.30	0.175	0.125	0.015625
2019	0.10	0.175	−0.075	0.005625
총계	0.70		0.000	0.267500

4년간의 수익률이므로 0.2675를 (4 − 1) = 3으로 나누어 분산을 계산한다.

	슈퍼테크	하이퍼드라이브
분산(σ^2)	$0.2675/3 = 0.0892$	$0.0529/3 = 0.0176$
표준편차(σ)	$\sqrt{.0892} = 0.2986$	$\sqrt{.0176} = 0.1328$

연습 삼아 계산된 하이퍼드라이브의 분산과 표준편차를 구할 수 있는지 확인해 보자. 슈퍼테크의 표준편차 29.86%는 하이퍼드라이브의 표준편차 13.28%의 두 배가 조금 넘는다. 따라서 슈퍼테크가 변동성이 더 큰 투자이다.

역사적 자료

〈그림 10.10〉은 지금까지의 미국 자본시장 역사에 대한 많은 논의를 정리한 것이다. 평균수익률, 표준편차, 공통 척도의 연간수익률 도수분포(frequency distribution)를 보여준다. 예를 들어, 〈그림 10.10〉에서 소형주 포트폴리오의 표준편차(연간 31.7%)는 재정증권 포트폴리오의 표준편차(연간 3.1%)보다 약 10배 크다는 점에 주목하자. 잠시 후 이 그림을 다시 살펴보겠다.

그림 10.10 역사적 평균수익률, 표준편차, 도수분포: 1926~2017

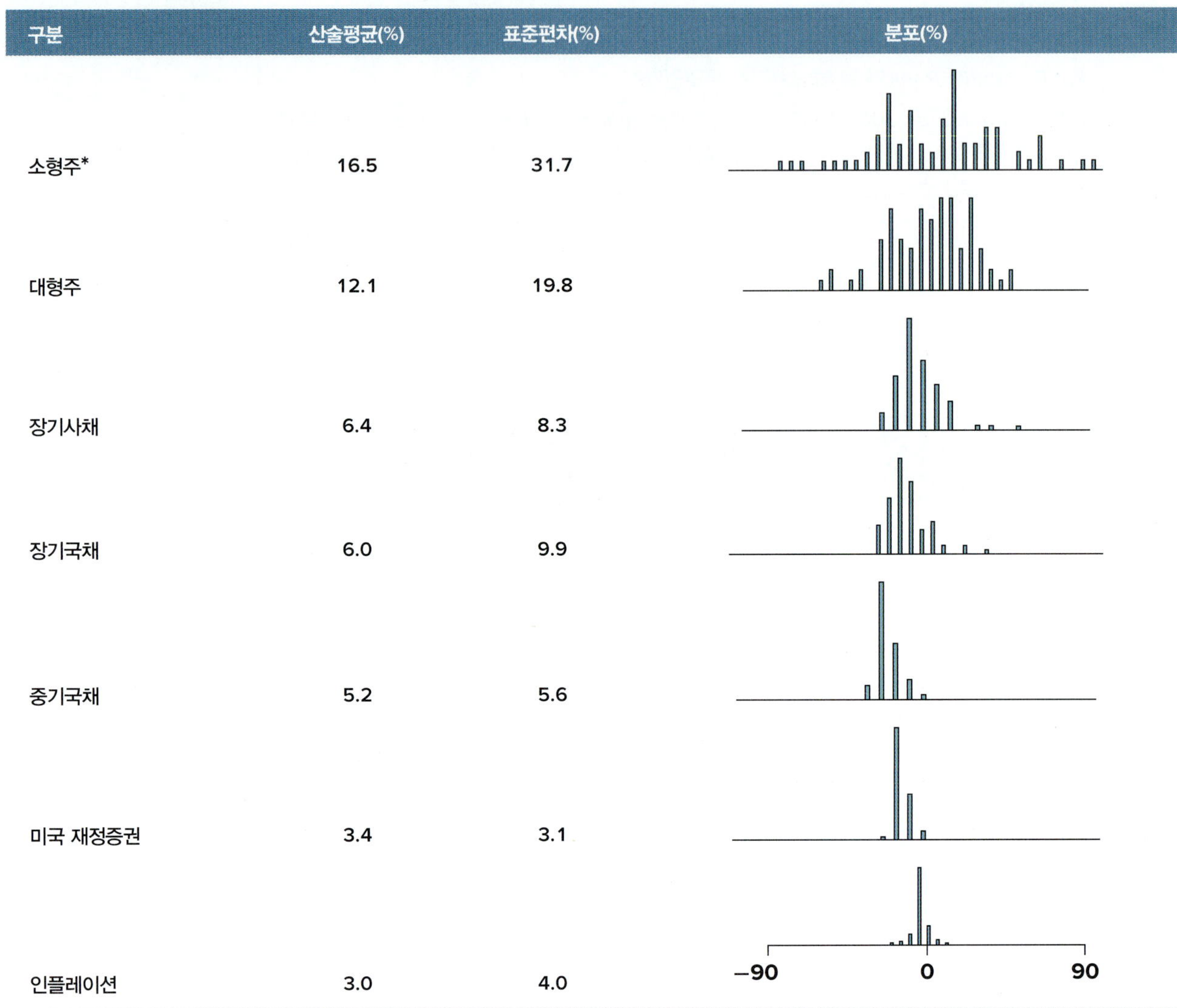

구분	산술평균(%)	표준편차(%)	분포(%)
소형주*	16.5	31.7	
대형주	12.1	19.8	
장기사채	6.4	8.3	
장기국채	6.0	9.9	
중기국채	5.2	5.6	
미국 재정증권	3.4	3.1	
인플레이션	3.0	4.0	

*1933년 소형주의 총수익률은 142.9%이다.

출처: *Morningstar*, 2018, 저자가 계산.

정규분포

정규분포
normal distribution
평균과 표준편차로 완벽하게 정의되는 대칭적이고 종 모양인 도수분포.

현실에서 여러 가지 무작위 사건들에 특정 도수분포인 **정규분포(normal distribution)** 또는 벨 곡선(*bell curve*)은 결국 주어진 범위에서 끝나는 확률의 기술에 유용하다. 예를 들어, "벨 모양 곡선의 성적"의 아이디어는 시험성적 결과가 벨 모양을 닮았다는 사실에서 나왔다.

〈그림 10.11〉은 정규분포와 독특한 종 모양을 보여 준다. 보다시피 정규분포는 〈그림 10.10〉에 나타나는 실제수익률 분포보다 더 보기 좋은 모양을 한다. 그렇다고 해도

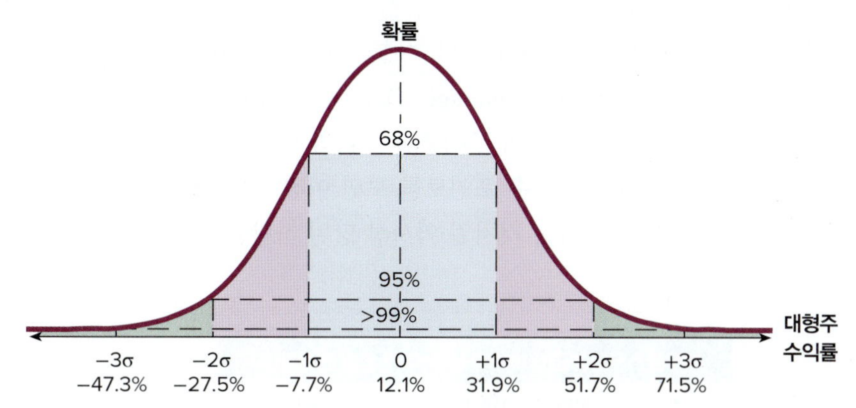

그림 10.11

정규분포

수익률은 대형주 포트폴리오의 역사적 수익률과 표준편차로 그린 것이다.

실제수익률 분포는 정규분포처럼 적어도 대충 둥글게 된 모양을 하고 대칭적인 모습을 한다. 이것이 사실이라면 정규분포가 매우 좋은 근사치다.

또한 〈그림 10.10〉의 분포는 단지 92년 동안의 연간 표본으로 그린 것이고 〈그림 10.11〉은 원칙적으로 무한한 수로 그린 것임을 명심하자. 따라서 이를테면 1,000년 동안의 수익률을 관찰할 수 있다면 고르지 않은 많은 부분을 채워 훨씬 부드러운 그림을 끝날 수 있을 것이다. 여기서는 수익률이 적어도 대략 정규분포라는 관측으로 충분하다.

정규분포는 평균과 표준편차만으로 완벽하게 설명할 수 있기에 유용하다. 이 두 숫자만 있으면 더 알 필요가 없다. 예를 들어 정규분포에서 평균의 표준편차 범위 이내일 확률은 약 ⅔이다. 표준편차의 두 배 이내일 확률은 약 95%이다. 마지막으로 평균에서 표준편차의 세 배를 벗어날 확률은 1%보다 작다. 이들 범위와 확률은 〈그림 10.11〉에 그려져 있다.

정규분포가 유용한 이유를 알기 위해 〈그림 10.10〉에서 대형주 수익률의 표준편차가 19.8%임을 상기하자. 평균수익률은 12.1%이다. 따라서 도수분포가 적어도 대략 정규분포라고 가정하면 특정 해의 수익률이 (12.1%에 표준편차 19.8%를 더하거나 뺀 숫자인) −7.7%에서 31.9%의 범위에 들어갈 확률은 약 ⅔이다. 이 범위는 〈그림 10.11〉에 나타나 있다. 다른 말로 수익률이 이 범위를 벗어날 확률은 셋 중 약 한 번이다. 이는 문자 그대로 대형주를 매수한다면 3년마다 한 해 정도가 이 범위를 벗어난다고 예상해야 한다는 말이다. 이는 주식시장의 변동성에 관한 앞서 관찰을 보강한다. 그러나 (12.1%에 2 × 19.8%를 더하거나 뺀) −27.5%에서 51.7% 범위를 벗어날 확률은 대략 불과 5%이다. 이러한 점도 〈그림 10.11〉에 그려져 있다.

둘째 교훈

연도별 수익률의 변동성 관련 관찰이 자본시장의 역사의 둘째 교훈의 기반이다. 평균적으로 리스크 감수는 상당한 보상이 있지만 어떤 해에는 가치가 극적으로 변할 가능성도 상당하다. 그러므로 둘째 교훈은 다음과 같다. 잠재적인 보상이 클수록 리스크도 크다.

이번 장에서는 지금까지 수익률의 연도별 변동성을 강조했다. 매일 매일의 움직임도 상당한 변동성을 보일 수 있음에 주목해야 한다. 예를 들어 최근 2001년 9월 17일에 다우존스 산업평균(Dow Jones Industrial Average: DJIA)이 684.81포인트, 즉 7.13% 하락했다. 역사적 기준으로 시장에서 다수의 주식뿐만 아니라 DJIA에 포함된 30개의 주식에게 최악의 날 중 하나였다. 당시의 지수 포인트를 보면 여전히 DJIA의 하락이 가장 큰 날이었으나 실제로 다음 표에 나타나는 것처럼 역사상 당일 하락률이 가장 큰 상위 12일에 속하지는 않았다.

다우존스산업평균(DJIA)의 상위 12개 일일 변동률(%)		
1	1987년 10월 19일	−22.61
2	1929년 10월 28일	−12.82
3	1929년 10월 29일	−11.73
4	1929년 11월 6일	−9.92
5	1899년 12월 18일	−8.72
6	1932년 8월 12일	−8.40
7	1907년 3월 14일	−8.29
8	1987년 10월 26일	−8.04
9	2008년 10월 15일	−7.87
10	1933년 7월 21일	−7.84
11	1937년 10월 18일	−7.75
12	2008년 12월 1일	−7.70

출처: http://online.wsj.com/mdc/public/page/2_3047-djia_alltime.html.

여기서 수익을 금액이나 지수 포인트보다 퍼센트로 관찰함이 중요함도 강조한다. 예를 들어 포인트로 손실이 가장 큰 날은 DJIA가 778포인트 하락한 2008년 9월 29일이었다. 두 번째로 많이 하락한 날은 733포인트 하락한 2008년 10월 15일이었다. 반면에 DJIA가 5.57포인트 하락한 1899년 12월 18일은 지수 역사상 다섯 번째 최악의 날을 기록했으나 오늘의 시장에서 DJIA가 5.6포인트 하락하는 것은 거의 주목받지 못할 것이다. 이것이 이번 장에서 시장 역사를 살펴볼 때 퍼센트 수익에 의존하는 정확한 이유이다.[3)]

2008: 곰은 으르렁거리고 투자자는 울부짖다

주식시장 변동성에 관한 요점을 강조하기 위해 미국 역사상 주식시장 투자자들에게 최악의 해 중 하나로 기록된 불과 몇 년 전인 2008년으로 가보자. 얼마나 안 좋았는가? 이

3) 그런데 눈치챘겠으나 이상하게도 DJIA 역사상 상위 12개 최악의 날 중 상위 3개를 포함해서 6개가 10월에 발생했다. 그 이유에 대한 단서는 없다. 더욱이 이번 장 초반의 마크 트웨인 인용을 되돌아보면 그가 어떻게 알았겠는가? *CSI: Wall Street* 사례같이 들린다.

번 장의 여러 도표(예를 들어 〈표 10.1〉)에 보이듯 널리 사용되는 S&P 500 지수는 37% 급락했다. 지수의 500개 주식 중 연간 485개가 하락했다.

1926~2017년의 기간 중 1931년만 2008년보다 낮은 수익률을 보였다(−44% 대 −37%). 설상가상으로 하강기류는 2009년 1월에 8.43% 더 하락하면서 계속되었다. 모두 합쳐 (하락이 시작한) 2007년 11월부터 (끝난) 2009년 3월까지 S&P 500은 가치의 50%를 잃었다.

〈그림 10.12〉는 2008년 중 S&P 500의 월별 성과를 보여 준다. 보이는 바와 같이 수익률은 12개월 중 8개월간 마이너스였다. 대부분의 손상은 가을로 투자자들은 10월에만 거의 17%를 잃었다. 소형주가 더 낫지는 않았다. 소형주도 역시 1937년 58%의 손실 이후 최악의 성과로 (10월의 21% 하락과 함께) 연간 37% 떨어졌다.

〈그림 10.12〉가 제시하듯이 주가는 연중 심하게 변동한다. 특이하게도 S&P는 126일 상승했고 126일 하락했다(시장은 주말과 휴일에 휴장인 점을 기억하자). 물론 하락한 날은 평균적으로 더 안 좋았다. 2008년에 비정상적 변동성을 알기 위해 S&P의 가치가 5% 이상 변동한 날이 18일이었음을 고려하자. 그런 변동은 1956년과 2007년 사이에는 단지 17일뿐이었다.

주가의 하락은 전 세계적인 현상이었고, 세계의 많은 주요 시장은 S&P보다 더 많이 떨어졌다. 예를 들어 중국, 인도, 러시아는 모두 50% 이상의 하락을 경험했다. 소국 아이슬란드는 연간 90% 이상의 주가 하락을 경험했다. 아이슬란드거래소(Icelandic exchange)의 거래는 10월 9일 일시적으로 중단되었다. 10월 14일에 거래가 재개되었을 때 주가는 76% 하락해 일일로는 현대의 기록을 세웠다.

그림 10.12

S&P 500 월별 수익률: 2008

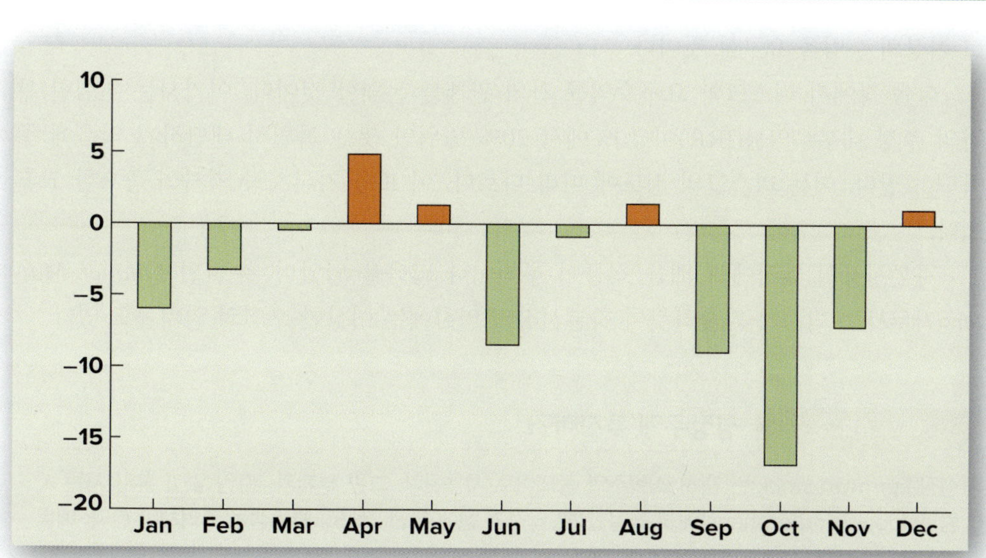

미국 투자자들에게 2008년에 밝은 점이 있었는가? 그 대답은 '그렇다'이다. 주식이 만취가 되었을 때 채권은(특히 미국 국채가) 급등했다. 사실상 장기국채는 40%의 이득이 났고 단기국채는 13%가 올랐다. 장기사채는 덜 잘했으나 그래도 9% 올라서 플러스 영역으로 마칠 수 있었다. 이 수익률은 CPI로 측정된 인플레이션이 거의 0이라는 점을 고려하면 특별히 굉장하다.

물론 주가는 양방향으로 변동적일 수 있다. 2009년 3월부터 2011년 2월까지 약 700일의 기간에 S&P 500의 가치는 두 배가 되었다. 이 상승은 S&P가 딱 500일 이내에 두 배가 되었던 1936년 이래 가장 빠른 두 배였다. 그래서 투자자들은 이 매우 최근에 그리고 매우 격변하는 한 편의 자본시장 역사에서 어떤 교훈을 얻어야 하는가? 첫째, 그리고 가장 분명하게 주식은 상당한 리스크가 있다! 그러나 동등하게 중요한 둘째 교훈이 있다. 혼합에 따라 주식과 채권에 분산된 포트폴리오는 2008년에 고통을 받았을 것이나 손실은 주식형 포트폴리오가 경험한 것보다 훨씬 더 작을 것이다. 다시 말해서 분산투자는 중요하다. 이 점을 다음 장에서 자세히 검토할 것이다.

자본시장 역사의 이용

지금까지의 논의를 통해 투자의 리스크와 보상에 대한 견해를 갖기 시작해야 한다. 예를 들어 2018년 중반 재정증권은 약 2.3%를 지급했다. 대형주 포트폴리오와 리스크가 같을 것으로 생각되는 투자를 생각해 보자. 이 투자가 흥미롭기 위해서는 최소한 수익률이 얼마여야 하겠는가?

〈표 10.3〉에서 역사적으로 대형주의 리스크프리미엄은 8.7%여서 요구수익률의 적정 추정치는 이 프리미엄에 재정증권의 수익률을 더한 8.7% + 2.3% = 11.0%이다. 신규 사업의 시작을 고려한다면 그 사업을 하는 리스크는 소형주에 투자하는 리스크와 비슷할 것이다. 이 경우 리스크프리미엄은 13.1%이므로 이런 투자에 최소한 15.4%같이 그 이상의 수익을 요구할 것이다.

다음 장에서 리스크와 요구수익률 간의 관계를 논의할 것이다. 여기서는 위험한 투자의 추정 내부수익률(IRR)이 10%에서 20% 범위인 것은 특별히 대단하지 않음에 주목해야 한다. 이는 리스크의 정도에 따라 다르다. 이 또한 자본시장 역사의 중요한 교훈이다.

자본시장의 역사에서 배울 점들이 무척이나 많음을 알았다. 수반된 *Finance Matters*(재무사안) 박스가 기술하듯이 자본시장의 역사에는 이상한 우연의 일치들도 있다.

예제 10.3 성장주에 투자하기

성장주(*growth stock*)란 흔히 소형주와 동의어로 사용된다. 그런 투자가 "수입 없이 혼자 사는 사람"(widows and orphans)에게 적절할까? 답하기 전에 우선 역사적 변동성을 고려해야 한다. 예를

(계속)

FINANCE MATTERS

투자의 슈퍼 가이드

미국에서는 매년 1월 말이나 2월 초에 약 9,000만 명의 사람들이 다가오는 해의 주식시장을 전망하는 텔레비전 프로그램을 시청한다. 올해는 놓쳤는가? 아마도 아닐 것이다. 여기서 말하는 주식시장 예측변수는 슈퍼볼(Super Bowl)이다!

슈퍼볼 지표(Super Bowl Indicator)는 주식시장 성과의 더 유명한(혹은 악명 높은) 지표 중 하나가 되었다. 1960년대 원조 내셔널풋볼리그(NFL)와 신흥 아메리칸풋볼리그(AFL)는 지배권을 놓고 싸우고 있었다. 슈퍼볼 지표는 원조 AFL 소속 팀이 슈퍼볼을 우승하면 시장은 그해 마이너스 수익률을 기록하고 원조 NFL 소속 팀이 우승하면 시장은 그해 플러스 수익률을 기록할 것이라고 말한다.

그래서 이제 목장을 걸고 슈퍼볼 지표에 내기할 준비가 되었는가? 아마도 슈퍼 아이디어는 아닐 것이다. 1997년과 2017년 사이에 슈퍼볼 지표는 20년 동안 10번만 맞았다. 물론 두 번째 슈퍼볼 지표를 따를 수 있다. 게임에서 50포인트 또는 그 이상의 점수가 날 때 주식시장의 평균수익률은 18.6%였다. 39점 또는 그 이하의 점수가 날 때는 평균 시장수익률이 단지 3.7%였다.

필라델피아 이글스(Philadelphia Eagles)가 2018년 슈퍼볼에서 우승했다. 이는 이글스의 첫 번째 슈퍼볼 우승이고 팀은 원조 NFL팀이다. 슈퍼볼 예측변수는 2018년에 맞추었는가?

경마를 좋아하는 사람들에게는 삼관왕 우승마(Triple Crown Winner) 지표가 있다. 이 지표에 따르면 미국 삼관(Triple Crown) 레이스로 더 잘 알려진 켄터키 더비(Kentucky Derby), 프리크네스(Preakness),[4] 그리고 벨몬트(Belmont) 스테이크스(Stakes)에서 모두 우승한 말이 있으면 주식시장은 폭락할 것이다. 그러나 이 중 역사가 가장 짧은 켄터키 더비가 1875년에 시작했고 지금까지 단지 13마리의 삼관왕 우승마가 있었음을 고려할 때, 삼관왕 우승마가 없으면 100년 이상의 기간에 당신은 무엇을 하겠는가? 물론 저스티파이(Justify)가 2018년에 삼관왕 우승을 해 부정적인 시장지표인데 슈퍼볼 지표는 긍정적이다. 어느 쪽을 따라야 하는가?

더 많은 예측변수를 원하는가? "강세시장과 맨 무릎"(bull markets and bare knees)지표로 알려진 스커트 자락선(hemline) 지표는 어떤가? 19세기 내내 긴 치마는 여성들의 패션을 지배했고 주식시장은 약세시장을 많이 경험했다. 1920년대 말 괄량이 소녀들이 무릎을 드러내기 시작하자 주식시장은 강세였다. 심지어 스커트 자락선 지표는 1987년 10월의 증권시장 붕괴를 예측하였다. 1980년대에 미니스커트는 선풍적이었으나 1987년 10월을 시작으로 여성들의 패션은 점차 긴 치마로 옮겨갔다.

이들은 "기술적"(technical) 거래 법칙으로 알려진 세 가지 예일 뿐이다. 더 많은 것들이 있다. 얼마나 심각하게 받아들여야 하는가? 전적으로 당신에게 달려 있지만 삶은 이상한 우연의 일치로 채워질 수 있음을 명심해야 한다. 과거에는 잘 작동했던 기이한 주식시장 예측치가 미래에도 작동할 것이라는 의미는 아니다.

[4] 역주: 만 4세의 말이 벌이는 레이스로서 해마다 5월 중순에 메릴랜드 주 볼티모어의 핌리코 경마장에서 개최된다.

들어 역사적 자료에서 이런 회사들의 포트폴리오를 매수한다면 한 해에 15% 또는 그 이상을 실제로 잃을 가능성이 대략 얼마인가?

〈그림 10.10〉을 되돌아보면 소형주의 평균수익률은 16.5%이고, 표준편차는 31.7%임을 안다. 이 수익률이 대략 정규분포라면 수익률이 −15.2%에서 48.2%의 범위(=16.5% ± 31.7%) 밖에 있을 확률이 약 ⅓이다.

정규분포는 대칭이기에 이 범위보다 높거나 낮을 가능성은 같다. 그러므로 15.2% 이상 손해 볼 확률은 (⅓의 반인) 1/6이다. 따라서 이런 일은 평균적으로 6년에 한 번 정도 일어난다고 예상해야 한다. 그러므로 이런 투자는 매우 변동적이어서 리스크를 감당할 수 없는 사람들에게는 적합하지 않다.

주식시장 리스크프리미엄에 대한 추가설명

지금까지 논의한 바에 의하면 역사적 주식시장 리스크프리미엄이 상당히 컸다. 사실상 일반적인 경제모델에 의하면 역사적 리스크프리미엄은 너무 커서 미래에 발생할 것 같은 리스크프리미엄을 과대평가한다는 반박이 있었다.

물론 미래를 예측하기 위해 과거를 사용할 때는 언제나 관측한 과거 기간이 미래에 발생할 것들을 대표하지 않을 위험이 있다. 예를 들어 이번 장에서 1926~2017년 기간을 연구했다. 아마도 투자자들은 이 기간에 운이 좋아 특히 높은 수익을 올렸다. 같은 품질은 아니더라도 초기 연도의 자료를 구할 수 있다. 질이 떨어진다는 단점을 염두에 두고 연구자들이 1802년까지 되돌아가면 1926년 이전의 리스크프리미엄은 아마도 약간 작으나 그렇게 극적으로 작지는 않다.

미국 주식시장의 경험이 비정상적으로 좋다는 것이 또 다른 가능성이다. 최소한 어떤 다른 주요 국가들의 투자자들은 혁명, 전쟁, 그리고/또는 초인플레이션으로 인해 금융시장이 거의 또는 완전히 파괴되어 성과가 좋지는 않았다. 최근의 연구는 1900~2010년 기간에 17개국의 자료를 조사해 이런 주제를 다루었다.

〈그림 10.13〉은 111년 기간의 17개국 모두의 역사적 평균 주식시장 리스크프리미엄을 보여 준다. 숫자를 살펴보면 미국 리스크프리미엄은 7.2%(조사 기간이 달라 앞에서의 추정치와 다름)로 7번째로 높다. 전체의 평균 리스크프리미엄은 6.9%이다. 이런 숫자들에 의하면 미국 투자자들이 잘했으나 많은 다른 나라들의 투자자들에 비해 예외적으로 잘한 것은 아님이 명백하다.

그래서 1926~2017년 기간에 추정된 미국 주식시장 리스크프리미엄이 너무 높은가? 입증한 바에 의하면 대답은 "약간 그럴지도 모른다." 그동안 우리가 강조하지 않은 한 가지는 111년간의 자료에도 불구하고 평균 리스크프리미엄은 여전히 아주 정확하게 측정되지 않았다는 것이다. 통계적 견지에서 미국의 추정 리스크프리미엄 7.2%와 관련된 표준오차는 약 2%이다.[5] 따라서 하나의 표준오차만으로도 5.2~9.2%의 범위이다.

개념문제 CONCEPT QUESTIONS

10.4a 분산(variance)을 어떻게 계산하는지 말로 설명하라. 표준편차(standard deviation)도 설명하라.

10.4b 정규분포에서 평균보다 표준편차만큼 낮을 확률은 얼마인가?

10.4c 장기사채가 대략 정규분포라고 가정하면 어떤 해에 14.6% 또는 그 이상으로 수익이 날 확률은 대략 얼마인가? 재정증권의 경우 이 확률은 대략 얼마인가?

10.4d 자본시장 역사의 둘째 교훈은 무엇인가?

---

[5] 표본평균의 표준오차는 표본 표준오차 나누기 표본 수의 제곱근이라는 기초적인 "사디스틱"(sadistics)을 기억해보자[역주: 통계학(statistics)을 가학적(sadistics)으로 풍자함]. 이 경우 1900~2010 기간의 표준편차는 19.8%여서 표준오차는 $0.198/\sqrt{111} = 0.019$.

그림 10.13 17개 국가의 주식시장 리스크프리미엄: 1900~2010

출처: Elroy Dimson, Paul Marsh, and Michael Staunton, "The Worldwide Equity Premium: A Smaller Puzzle," in *Handbook of the Equity Risk Premium*, Rajnish Mehra, ed., Elsevier: 2007. 저자가 갱신함.

10.5 평균수익률 추가설명

이번 장에서 지금까지는 단순 평균수익률을 자세히 살펴보았다. 그러나 평균수익률을 계산하는 다른 방법이 있다. 평균수익률이 두 가지 다른 방법으로 계산한다는 사실이 약간 혼란스러우므로 여기서 목적은 두 가지 방법과 함께 각 방법이 적절한 상황도 설명하는 것이다.

산술평균과 기하평균의 비교

간단한 예로 시작하자. 어떤 주식을 100원에 매수한다고 하자. 불행하게도 소유한 첫해에 50원으로 떨어졌다. 소유한 둘째 해에는 100원으로 다시 올라 시작한 곳으로 왔다(배당은 지급되지 않았다).

이 투자의 평균수익률(average return)은 얼마인가? 100원에 시작해서 100원으로 끝났기에 상식적으로는 평균수익률이 정확히 0이어야 한다. 그러나 수익률을 연도별로 계산하면 첫해에 50%의 손해 보았음을 안다(투자금의 반을 잃었다). 둘째 해에 100%를 만들었다(돈이 두 배가 되었다). 그러므로 2년 동안 평균수익률은 (−50% + 100%)/2 = 25%였다!

기하평균수익률 geometric average return 여러 해의 기간에 연간 얻는 평균 복리수익률.

산술평균수익률 arithmetic average return 특정 기간에 평균적인 해에 얻는 수익률.

그러면 0%와 25% 중 무엇이 옳은가? 정답은 둘 다 맞다. 다른 질문에 답할 뿐이다. 0%는 **기하평균수익률(geometric average return)**로 불린다. 25%는 **산술평균수익률(arithmetic average return)**로 불린다. 기하평균수익률은 "특정 기간에 연간 평균복리수익률은 얼마인가?"라는 질문의 답이다. 산술평균수익률은 "특정 기간에 평균적인 해의 수익률은 얼마인가?"라는 질문의 답이다.

이전 장에서 계산한 평균수익률은 모두 산술평균수익률이므로 이를 계산하는 방법을 이미 안다. 지금 필요한 일은 (1) 기하평균을 계산하는 방법과 (2) 어떤 평균이 다른 평균보다 더 의미가 있는 상황의 학습이다.

기하평균수익률 계산

첫째, 기하평균수익률(geometric average return)을 계산하는 방법을 설명하기 위해서 특정 투자의 지난 4년 동안 연간수익률이 10%, 12%, 3%, −9%라고 하자. 이 4년 동안의 기하평균수익률은 $(1.10 \times 1.12 \times 1.03 \times 0.91)^{1/4} - 1 = 0.0366$ 또는 3.66%로 계산된다. 대조적으로 계산했던 산술평균수익률(average arithmetic return)은 $(0.10 + 0.12 + 0.03 - 0.09)/4 = 0.040$ 또는 4.0%이다.

일반적으로 T년의 수익률이면 T년의 기하평균수익률은 다음 공식을 이용해 계산한다.

$$\text{기하평균수익률} = [(1 + R_1) \times (1 + R_2) \times \cdots \times (1 + R_T)]^{1/T} - 1 \qquad [10.4]$$

이 공식은 네 단계가 요구됨을 말해 준다.

1. T개의 연간수익률 $R_1, R_2, \ldots, R_T$(모두 소수로 변환한 뒤에!) 각각에 1을 더한다.
2. 1단계의 모든 수를 함께 곱한다.
3. 2단계의 결과를 $1/T$ 승을 한다.
4. 마지막으로 3단계의 결과에서 1을 뺀다. 그 결과가 기하평균수익률이다.

예제 10.4 기하평균수익률 계산

다음 주어진 수익률을 이용하여 S&P 500의 기하평균수익률을 계산하라. 퍼센트를 소수점 수익률로 변환해 1을 더하고 모두 곱하여 계산한다.

(계속)

S&P 500 수익률	산출
11.14%	1.1114
37.13	× 1.3713
43.31	× 1.4331
− 8.91	× 0.9109
−25.26	× 0.7474
	1.4870

1.4870이라는 숫자는 1달러로 시작하면 5년 후의 투자가치이다. 그러면 기하평균수익률은 계산되기를

$$기하평균수익률 = 1.4870^{1/5} - 1 = 0.0826, \text{ 또는 } 8.26\%$$

따라서 기하평균수익률은 이 예에서 약 8.26%이다. 비법이 있다. 재무계산기를 사용한다면 현재가치에 1달러, 미래가치에 1.4870달러, 기간 수에 5를 입력할 수 있다. 그리고 미지의 수익률을 푼다. 같은 답이 나와야 한다.

여태까지 예제에서 알아챌 수 있는 하나는 기하평균수익률이 더 작은 듯하다는 것이다. 알고 보니 이는 (수익률이 모두 같아 2개의 "평균"이 같아지지 않는 한) 항상 맞나. 이를 보여 주기 위해 〈표 10.4〉에 기하평균수익률과 함께 〈그림 10.10〉의 산술평균과 표준편차를 보여 준다.

〈표 10.4〉에 보이듯 기하평균은 모두 산술평균보다 작으나 그 정도는 상당히 다양하다. 그 이유는 변동성이 큰 투자에서 차이가 더 크기 때문이다. 사실 유용한 근사법이 있다. 모든 숫자가 (퍼센트가 아닌) 소수점으로 표시되었다고 가정하면 기하평균수익률은 산술평균수익률에서 분산의 1/2값을 뺀 것과 대략 같다. 예를 들어 대형주를 보면 산술평균은 0.121이고 표준편차는 0.198인데 분산이 0.0392임을 의미한다. 그러므로 개략적인 기하평균은 $0.121 - \frac{0.0392}{2} = 0.101$인데 이 경우 실제 값에 가깝다.

표 10.4

기하평균수익률 대 산술평균수익률: 1926~2017

	평균수익률		
시리즈	기하평균	산술평균	표준편차
대형주	10.2%	12.1%	19.8%
소형주	12.1	16.5	31.7
장기사채	6.1	6.4	8.3
장기국채	5.5	6.0	9.9
중기국채	5.1	5.2	5.6
미국 재정증권	3.4	3.4	3.1
인플레이션	2.9	3.0	4.0

예제 10.5 **기하평균 더**

〈그림 10.4〉를 다시 보자. 여기서 92년 후 1달러 투자의 가치를 보였다. 대형주 투자의 가치를 이용해 〈표 10.4〉에서 기하평균을 검산하자.

〈그림 10.4〉에서 대형주 투자는 92년 동안 7,346.15달러로 성장했다. 그러므로 기하평균수익률은

$$\text{기하평균수익률} = 7{,}346.15^{1/92} - 1 = 0.102 \text{ 또는 } 10.2\%$$

10.2%는 〈표 10.4〉에 있는 값이다. 연습 삼아 〈표 10.4〉의 다른 숫자들을 같은 방법으로 검토하자.

산술평균수익률 아니면 기하평균수익률?

역사적 수익률을 살필 때 기하평균수익률과 산술평균수익률의 차이는 이해하기 어렵지 않다. 약간 다르게 말하면 기하평균은 연복리로 계산해 평균적으로 연간 실제로 얻은 것을 말한다. 산술평균은 전형적인 해에 얻은 수익률을 말한다. 답변을 원하는 질문에 답하는 것을 사용해야 한다.

다소 애매한 질문은 미래의 재산 수준을 예측할 때 사용하는 평균수익률에 관한 것이고 애널리스트나 금융자산관리사(FP) 간에도 이 점에 많은 혼동이 있다. 먼저 한 가지를 바로 알자. 실제의 산술평균수익률을 **알면** 이것이 예측에서 사용해야 할 평균이다. 예를 들어 산술평균수익률이 10%임을 알면 10년 후 1,000원 투자가치의 최선의 추측은 10%에 10년 후 1,000원의 미래가치 또는 2,593.74원이다.

그러나 우리가 직면한 문제는 종종 산술평균수익률이나 기하평균수익률의 **추정치**만 있는데 추정치는 오차가 있다는 것이다. 이 경우 산술평균은 장기간에는 너무 높고, 기하평균은 단기간에는 아마도 너무 낮다. 그래서 산술평균을 이용해 장기 추정된 재산의 수준은 낙관적이고, 기하평균을 이용해 단기 추정된 재산의 수준은 비관적일 것이다.

현실적으로는 10년까지의 미래를 예측하기 위해 (앞의 92년과 같이) 장기로 계산한 평균을 사용할 때는 산술평균을 사용해야 한다. (은퇴계획에서 할 것같이) 수십 년 후를 예측할 때는 산술평균수익률과 기하평균수익률의 차이를 나누어야 한다. 마지막으로 어떤 이유에서 수십 년 후의 매우 장기적 예측을 한다면 기하평균을 이용한다.

기하평균수익률과 산술평균수익률의 논의를 종결한다. 마지막으로 앞으로 "평균수익률"(average return)이라고 하면 특별한 언급이 없는 한 산술평균을 말한다.

개념문제 CONCEPT QUESTIONS

10.5a 다음 해의 주식시장이 어떠할지 예측하고 싶다면 산술평균을 사용해야 하는가, 아니면 기하평균을 사용해야 하는가?

10.5b 100년 후에 주식시장이 어떠할지를 예측하고 싶다면 산술평균을 사용해야 하는가, 아니면 기하평균을 사용해야 하는가?

10.6 자본시장의 효율성

자본시장 역사를 보면 주식과 채권의 시장가치는 해마다 상당히 변동함을 제시한다. 왜 이런 일이 일어나는가? 적어도 부분적으로 가격이 변동하는 이유는 새로운 정보가 도래해 투자자들이 이 정보에 근거해 자산의 가치를 재평가하기 때문이다.

시장가격의 행태는 광범위하게 연구되었다. 정보가 도래할 때 가격이 즉시 그리고 정확하게 조정되는가 하는 질문이 특히 관심을 받아왔다. 이 경우 시장은 **효율적**이라고 말한다. 더 정확하게 **효율적 자본시장(efficient capital market)**에서 현재의 시장가격이 이용 가능한 정보를 완전히 반영한다. 이는 단지 이용 가능한 정보를 근거로 현행 가격이 너무 낮거나 높다고 믿을 이유가 없음을 의미한다.

효율적 자본시장 efficient capital market
증권 가격이 이용 가능한 정보를 반영하는 시장.

시장효율성의 개념은 매우 풍부해서 관련 논문도 많다. 시장효율성에 대한 전체 논의는 기업재무의 연구범위를 넘어선다. 그러나 이 개념은 시장 역사의 연구에 매우 중요하므로 여기서 중요한 부분을 간단히 설명한다.

효율적 시장의 가격 행태

효율적 시장에서 가격의 행태를 설명하기 위해서 에프-스톱 카메라(F-Stop Camera Corporation: FCC)가 비밀리에 몇 년 동안의 연구와 개발을 통해서 현재 사용하는 자동초점시스템보다 두 배로 속도가 빠른 카메라를 개발했다고 하자. FCC의 자본예산을 분석한 결과 신형 카메라의 발매는 상당히 수익성 있는 조치다. 다시 말해서 NPV가 양수이고 상당하다. 그동안 가장 중요한 가정은 FCC가 신형 시스템에 대한 어떤 정보도 공개하지 않아서 존재하는 사실은 단지 "내부"정보이다.

FCC의 주식을 고려하자. 효율적 시장에서 주가는 FCC의 현행 사업과 수익성에 대해 알려진 바를 반영하고, FCC의 미래 성장과 이익의 잠재성에 대한 시장 의견을 반영한다. 그러나 시장은 신형 자동초점시스템의 존재를 모르고 있기에 그 가치가 반영되지 않는다.

만약 시장이 FCC가 평가한 신규 프로젝트의 가치에 동의한다면 출시 결정이 시장에 알려질 때 FCC의 주가는 오를 것이다. 수요일 아침에 언론에 공개되었다고 하자. 효율적 시장에서 FCC의 주가는 이 새로운 정보에 즉시 조정될 것이다. 투자자들은 수요일 오후에 이 주식을 사서 목요일에 이익을 볼 수는 없을 것이다. 이익을 보면 주식시장이 FCC 보도자료의 함의를 인식하는 데 하루가 걸렸음을 의미한다. 시장이 효율적이라면 수요일 오후의 FCC 주가는 수요일 아침 보도자료에 담긴 정보를 이미 반영할 것이다.

〈그림 10.14〉는 FCC 주가가 조정되는 세 가지 가능한 경우를 보여 준다. 그림에서 0일(Day 0)은 발표일(announcement day)을 의미한다. 보이는 것처럼 발표 전에 FCC의 주식은 주당 140달러에 거래된다. 신형 시스템의 주당 NPV는 40달러이기에 신규 프로젝트의 가치를 완전히 반영하면 새로운 주가는 180달러일 것이다.

〈그림 10.14〉에서 실선(solid line)은 효율적 시장에서의 주가의 진로를 나타낸다. 이 경우 가격은 새로운 정보에 즉시 조정하고 더 이상의 주가변동은 없다. 〈그림 10.14〉

그림 10.14

효율적 시장과 비효율적 시장에서 새로운 정보에 대한 주가 반응

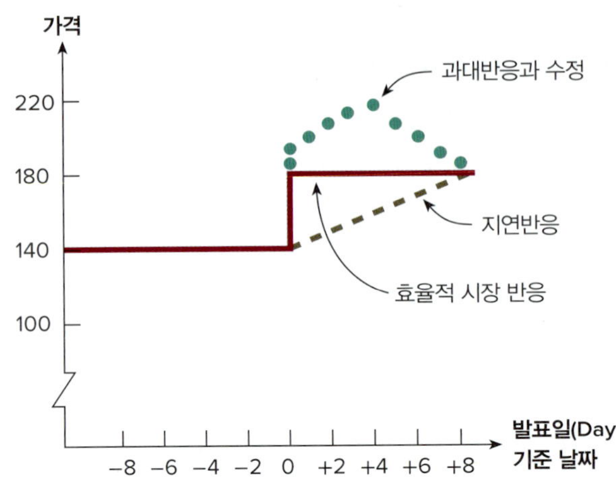

효율적 시장반응: 가격은 새로운 정보를 즉각적으로 조정하고 충분히 반영한다. 이어서 가격이 상승 또는 하락하는 경향은 없다.

지연반응: 가격은 새로운 정보를 부분적으로 조정한다. 가격이 새로운 정보를 완전히 반영하기까지 8일이 걸린다.

과대반응과 수정: 가격은 새로운 정보를 과대조정한다. 가격을 지나치게 상승시키고 이어서 수정한다.

에서 파선(broken line)은 지연된 반응을 그린다. 여기서는 시장이 정보를 완전히 받아들이는 데 8일 정도가 걸린다. 마지막으로 점선(dotted line)은 과잉반응과 뒤이어 적정가격으로 조정됨을 보여 준다.

〈그림 10.14〉에서 파선과 점선은 비효율적인 시장에서 주가가 취할지도 모르는 진로를 나타낸다. 예를 들어 주가가 새로운 정보에 즉시 조정되지 않으면 (파선의 경우) 새로운 정보가 보도되는 즉시 주식을 사서 며칠 후에 주식을 팔면 주가가 발표 후 며칠 동안 너무 낮기에 양수의 NPV 행위가 될 것이다.

효율적 시장가설

효율적 시장가설
efficient markets hypothesis (EMH)
뉴욕증권거래소와 같이 실제 자본시장이 효율적이라는 가설.

효율적 시장가설(efficient markets hypothesis: EMH)은 뉴욕증권거래소(NYSE)와 같이 조직이 잘 된 자본시장은 실무적으로 적어도 효율적 시장이라고 주장한다. 다시 말해서 EMH의 지지자는 비효율성이 존재할 수 있으나 그것은 상대적으로 작고 드물다고 주장한다.

시장이 효율적이라면 시장참여자들에게 매우 중요한 의미가 있다. 효율적 시장에서 모든 투자는 NPV가 0인 투자다. 그 이유는 복잡하지 않다. 가격이 너무 낮지도 너무 높지도 않다면 투자의 시장가치와 비용 간의 차이는 0이다. 그러므로 NPV는 0이다. 그 결과 효율적 시장에서 투자자들은 증권을 구매할 때 지급한 것을 정확히 받고 기업은 주식과 채권을 매각할 때 정확히 그 가치만큼 받는다.

시장을 효율적으로 만드는 것은 투자자들 간의 경쟁이다. 많은 개인은 가격이 잘못 평가된 주식을 찾기 위해서 전 생애를 보낸다. 어떤 주식에 대해 과거의 주가와 배당에 일어난 일을 연구한다. 회사 이익이 어떠했고, 채무가 얼마 정도이며, 세금은 얼마를 내고, 어떤 사업을 하며, 어떤 신규투자를 계획하고 있고, 경기변동에 얼마나 민감한지 등에 대해 가능한 선에서 연구한다.

FINANCE MATTERS

전문가가 시장을 이길 수 있는가?

뮤추얼펀드의 최고 수익률 중 하나인 연간 약 70%의 수익을 발표한 퀀티파이드(Quantified) STF 뮤추얼펀드의 투자자들에게 2017년은 좋은 해였다. 글자 그대로 수백만 달러가 뮤추얼펀드 매니저의 손에 달린 산업에서 뮤추얼펀드는 지속해서 시장을 능가하는 성과를 낼 수 있어야 할 것 같다. 투자자들에게는 불행하게도 2017년 중에 뮤추얼펀드의 43%만이 연중 벤치마크를 능가했다. 2016년에는 26%만 벤치마크를 이겨 뮤추얼펀드의 성과는 더 저조했다.

다른 사실이 뮤추얼펀드가 시장을 이기기 어려움을 시사한다. 예를 들어 지난 50년 동안 주식시장의 평균수익률은 13.5%였는데 평균 뮤추얼펀드 수익률은 11.8%였다. 그리고 지난 5년 동안 뮤추얼펀드 매니저의 11%만이 매년 각 카테고리에서 펀드의 상위 50% 성과를 보였다. 이런 저조한 성과는 뮤추얼펀드 매니저에 한정되지 않는다. 투자확인서(investment letter)의 성과를 추적한 《헐버트 파이낸셜 다이제스트》(Hulbert Financial Digest)는 장기적으로 투자확인서의 80%가 주식시장보다 성과가 낮다고 보고했다.

2017년에는 "버핏의 도전"(Buffett Challenge)도 끝이 났다. 2008년에 유명한 투자자 워런 버핏(Warren Buffett)은 프로테제(Protégé) 헤지펀드의 창업자 테드 세이즈(Ted Seides)와 100만 달러를 걸고 내기를 했다. 헤지펀드는 투자자의 돈을 모으는 점에서는 뮤추얼펀드와 유사한 합자회사이다. 상금이 승자가 지명한 자선단체로 가는 내기는 세이즈가 선택한 5개 헤지펀드 포트폴리오가 S&P 500의 성과를 능가하지 못한다는 것이었다. 세이즈는 약 4개월 빠른 2017년 9월에 패배를 인정했다. 그 시점에 지난 9년 넘는 기간의 S&P 500의 누적수익률은 약 85%였는데 5개 헤지펀드의 누적수익률은 약 22%였다.

확실히 알고 있는 한 가지는 과거의 성과는 미래 수익률의 예측변수가 아니라는 것이다. 예를 들어 1994년 7월 아메리칸 센추리 기프트러스트 펀드(American Century Giftrust fund)는 평균 연간수익률이 20%를 넘어 과거 10년 동안 최고의 성과를 올린 뮤추얼펀드였다. 그러나 다음 10년은 이 펀드의 투자자에게 과거와 같지 않았다. 1994년부터 2004년까지 연평균수익률은 2.87%로 동일 기간 미국 재정증권 수익률보다도 낮았다. "떠오르는 것은 반드시 진다"(What goes up, must come down)는 옛말처럼 다른 펀드들도 비슷한 얘기가 있다. 반 와고너 이머징 그로스 펀드(Van Wagoner Emerging Growth Fund)의 1999년 수익률은 291.2%였으나 다음 두 해는 59.7%와 64.6%의 손실을 보았다. 유사하게 오펜하이머 엔터프라이즈 펀드(Oppenheimer Enterprise Fund)는 1999년 105.75%의 수익률을 냈지만 2000년에는 40.6%의 손실이 났고 이어서 2년간 더 두 자리 숫자의 손실이 났다.

때때로 뮤추얼펀드 매니저들이 총체적으로 시장을 이길 수 있음을 보이는 증거 제시를 본다. S&P 500가 약 3%의 수익을 낸 2005년을 보자. 분산투자된 미국 주식 펀드들이 연간 7%의 평균을 기록해 언뜻 보면 뮤추얼펀드 매니저들이 시장보다 성과가 높은 것 같다. 그러나 2008년에는 모든 매니저의 42%만이 시장보다 성과가 높았다. 몇 해 동안 전문가들의 실적은 비교적 명확하다. 종종 그들은 시장보다 저조하다. 사실, 역사적 평균에 의하면 보통의 해에 모든 매니저의 약 70%가 시장보다 성과가 낮았다.

투자전문가들이 지속해서 시장을 이기지 못함이 시장이 효율적임을 증명하지 않는다. 그러나 이 증거는 준강형(semistrong form) 시장효율성에 신뢰를 준다. 이에 더해 비교적 단기에 시장보다 높은 성과를 낼 수는 있겠지만 장기에 지속해서 더 높은 성과를 내는 것은 매우 어렵다는 기본적인 전제를 지지하는 편인 증거가 늘어나고 있다.

어느 특정 회사에 대해서 알아야 할 것이 상당히 많을 뿐만 아니라 이익 추구라는 알아야 할 충분한 동기도 있다. 어떤 회사에 대해 시장의 다른 투자자들보다 더 잘 안다면 좋은 정보가 있는 회사의 주식에 투자하고 나쁜 정보가 있는 회사의 주식을 팔아서 이익을 볼 수 있다.

이런 모든 정보가 모이고 분석되면 논리적으로 시장에는 가격이 잘못 평가된 주식이 점점 적어진다. 즉, 투자자들 간의 경쟁으로 시장은 점점 효율적일 것이다. 가격이 잘못 평가된 주식을 발견하려고 최선을 다하는 사람들이 삶을 영위할 수 있게 주위에 적

효율적 시장가설(EMH)에 대해 더 많은 정보를 얻기 위해서는 www.investor-home.com의 "content" 링크에서 살펴보자.

당한 정도의 가격이 잘못 평가된 주식이 있는 것이 일종의 균형이 될 것이다. 대부분 다른 투자자들은 정보를 수집하고 분석하는 활동에 돈을 쓰지 않을 것이다.[6] 그건 그렇고, 수반하는 *Finance Matters*(재무사안) 박스에는 누구라도 "시장보다 높은 수익"(beat the market)을 내는 것이 얼마나 어려운가를 보여 준다.

효율적 시장가설(EMH)에 대한 오해

재무에서 효율적 시장만큼 많은 관심을 받은 주제가 없고 아직도 많은 관심을 받고 있다. 여기서 다시 논쟁을 펼치기보다는 몇몇 시장은 다른 시장보다 더 효율적이라는 관찰을 주장할 것이다. 예를 들어 금융시장은 총체적으로 아마도 부동산시장보다 훨씬 더 효율적이다.

이렇긴 해도 EMH 비판 대부분은 가설이 무엇을 말하고 또 무엇을 말하지 않는가에 대한 오해에서 비롯된 것이기에 오도되는 경우이다. 예를 들어 처음에 시장효율성의 개념이 알려지고 유명한 경제신문에서 논쟁이 벌어졌을 때 종종 다음과 같은 단어로 효율성을 특정 지으려고 한 영향이다. "증권 면에 다트(dart)를 던져 구성된 포트폴리오는 전문적인 증권분석가가 관리하는 어떤 포트폴리오에 버금가는 성과를 기대할 수 있다."

이런 식의 문장에 대한 혼란이 종종 시장효율성의 의미를 이해하지 못하게 한다. 예를 들어 때때로 시장의 효율성은 당신의 실수를 막아주기에 어떤 식으로 투자하더라도 상관이 없다는 식으로 틀린 주장을 한다. 그러나 임의로 다트를 던지는 사람은 모든 다트가 생명공학에 관련된 하나 또는 두 개의 고위험 주식에만 박히며 끝날 수도 있다. 진정으로 모든 돈을 두 개의 그런 주식들에 투자하기를 원하는가?

효율성은 기업이 주식을 공모할 때 받을 가격이 기업에 대한 이용 가능한 정보에 의한 주식의 가치가 반영된다는 점에서 "공정"(fair) 가격임을 의미한다. 시장은 이런 특성을 가격에 이미 반영하였기에 주주들은 낮은 배당이나 어떤 다른 특징을 가진 주식에 너무 높은 가격을 지급할까 걱정하지 않아도 된다. 때때로 정보가 "가격 안에 있다"(priced in)고 말한다.

효율적 시장의 개념은 빈번한 관찰에 응답해 추가로 설명할 수 있다. 때때로 주가의 일별 변동이 심해서 시장은 효율적일 수 없다고 주장한다. 가격이 옳다면 왜 주가가 그렇게 많이 그리고 자주 변하느냐고 주장한다. 앞의 논의에서 주가의 움직임이 결코 효율성과 불일치하지 않음을 알 수 있다. 투자자들은 매일 정보의 홍수 속에 산다. 가격의 변동은 적어도 부분적으로는 정보 흐름의 반영이다. 사실 빠르게 변하는 세계에서 가격의 움직임이 없는 것이 비효율성을 시사한다.

---

[6] 효율적 시장가설(EMH)의 개념은 다음의 짧은 이야기로 묘사될 수 있다. 한 학생이 재무전공 교수와 함께 복도를 걸어가다가 둘 다 바닥에 떨어진 오만 원권 지폐를 보았다. 학생이 지폐를 줍기 위해 몸을 구부렸을 때 교수는 실망한 표정으로 천천히 고개를 저으며 학생에게 말했다. "신경 쓰지 마라. 만약 그 지폐가 실제로 거기에 있다면 누군가가 이미 주워갔을 것이다." 이 이야기의 교훈은 효율적 시장가설의 논리를 반영한다. 주가 패턴이나 우량 종목을 선정하는 간단한 방법을 발견했다고 생각한다면 아마도 그것은 발견한 것이 아닐 것이다.

시장효율성의 유형

보통 세 가지 유형의 시장효율성으로 구분한다. 효율성의 정도에 따라서 시장은 **약형 효율적**(*weak form efficient*), **준강형 효율적**(*semistrong form efficient*), **강형 효율적**(*strong form efficient*)이라고 한다. 유형의 차이는 가격에 반영된 정보와 관련이 있다.

극단적인 경우부터 시작하자. 만약 시장이 강형 효율적이면 **모든**(*every*) 종류의 **모든**(*all*) 정보가 주가에 반영된다. 그런 시장에서는 내부정보와 같은 것은 없다. 그러므로 앞의 FCC 예에서는 명백히 시장이 강형 효율적이 아니라는 가정을 하고 있다.

특히 최근의 우발적 관찰에 의하면 내부정보는 존재하며 보유할 가치가 있다. 내부정보의 이용이 합법적이나 윤리적인가는 다른 문제이다. 어떤 경우에도 현재 주식가격에 반영되지 않은 특정한 주식의 사적 정보(private information)가 존재할 수 있다는 결론이다. 예를 들어 기업 인수 시도의 사전 정보는 매우 가치가 있을 수 있다.

둘째 효율성 유형인 준강형 효율성은 가장 논란이 많다. 시장이 준강형 유형의 효율적이라면 모든 **공개된**(*public*) 정보는 주가에 반영된다. 준강형 유형이 논쟁의 대상이 되는 이유는 공개된 정보는 현행 주가에 이미 반영이 되어 있기에, 예를 들어 재무제표 정보를 이용해 가격이 잘못 평가된 주식을 찾으려고 노력하는 증권분석가들은 시간을 낭비하고 있음을 의미하기 때문이다.

셋째 효율성 유형은 약형 효율성으로서 최소한 현행 주가는 과거의 주가를 반영함을 시사한다. 다시 말해서 시장이 약형 효율적이라면 과거의 주가를 연구해 잘못 평가된 증권을 찾으려는 시도는 쓸데없는 짓이다. 이 유형의 효율성은 다소 가볍게 보일지 모르나 가격이 잘못 평가된 주식을 찾는 데 유용한 역사적 가격의 패턴 탐색["기술적"(technical) 분석]으로 알려진 상당히 보편적인 방법)은 소용이 없을 것이라는 의미이다.

자본시장 역사는 시장효율성에 대해서 무엇을 말하는가? 여기에는 다시 많은 논란이 있다. 비록 완벽하지는 않으나 증거들은 다음의 세 가지를 말해 준다. 첫째, 가격은 새로운 정보에 매우 빠르게 반응하는 것 같고 반응의 정도는 효율적 시장에서 기대하는 것과 적어도 크게 다르지 않다. 둘째, 공개정보를 이용해 미래의 시장가격을 예측하기는 특히 단기적으로는 매우 어렵다. 셋째, 만약 가격이 잘못 평가된 주식이 존재하면 그것을 확인하는 확실한 방법은 없다. 달리 표현하면 공개된 정보에 의한 단순한 방식으로는 아마도 성공적이지 않을 것이다.

개념문제 CONCEPT QUESTIONS

10.6a 효율적 시장은 무엇인가?
10.6b 시장효율성의 유형에는 무엇이 있는가?

요약과 결론

이번 장에서는 자본시장 역사를 탐구했다. 이런 역사는 위험자산의 수익률로 기대하는 바를 말해 주기에 유용하다. 시장 역사의 연구를 두 개의 중요한 교훈으로 정리한다.

1. 평균적으로 위험자산은 리스크프리미엄을 얻는다. 리스크 감수에 따른 보상이다.
2. 위험한 투자의 잠재적 보상이 클수록 리스크도 크다.

이들 교훈은 재무관리자에게 중요한 시사점이 있다. 앞으로 이러한 시사점이 고려될 것이다.

시장효율성의 개념도 논의했다. 효율적 시장에서 가격은 새로운 정보를 신속하고 정확하게 반영한다. 결과적으로 효율적 시장에서 자산 가격은 너무 높거나 너무 낮지 않다. NYSE와 같은 자본시장이 얼마나 효율적인가는 논쟁의 대상이나 최소한 대부분 부동산시장보다는 아마도 더 효율적일 것이다.

복습과 자체시험 문제

10.1 최근 수익률 역사. 〈표 10.1〉을 이용해 1997~2001년 기간에 대형주, 장기국채, 재정증권의 평균수익률을 계산하라. ([문제 9] 참조)

10.2 가장 최근 수익률 역사. [문제 10.1]의 정보를 이용해서 표준편차를 계산하라. 이 기간에 변동성이 가장 큰 투자는 무엇인가? ([문제 7] 참조)

복습과 자체시험 문제 풀이

10.1 다음과 같이 평균을 계산한다.

	실제수익률과 평균		
연도	대형주	장기국채	재정증권
1997	0.3336	0.1770	0.0519
1998	0.2858	0.1922	0.0486
1999	0.2104	−0.1276	0.0480
2000	−0.0910	0.2216	0.0598
2001	−0.1189	0.0530	0.0333
평균:	0.1240	0.1032	0.0483

10.2 먼저 평균수익률의 편차를 계산해야만 한다. [문제 10.1]의 평균을 이용한다.

	평균수익률의 편차		
연도	대형주	장기국채	재정증권
1997	0.2096	0.0738	0.0036
1998	0.1618	0.0890	0.0003
1999	0.0864	−0.2308	−0.0003
2000	−0.2150	0.1184	0.0115

(계속)

2001	−0.2428	−0.0502	−0.0150
총계:	0.0000	0.0000	0.0000

그리고 편차를 제곱해서 분산과 표준편차를 계산한다.

	평균수익률 편차의 제곱		
연도	대형주	장기국채	재정증권
1997	0.043941	0.005441	0.000013
1998	0.026186	0.007914	0.000000
1999	0.007468	0.053287	0.000000
2000	0.046216	0.014009	0.000132
2001	0.058991	0.002524	0.000226
분산:	0.0457	0.0208	0.0001
표준편차:	0.2138	0.1442	0.0096

분산의 계산을 위해 편차의 제곱을 합해서 기간 수에서 1을 뺀 4로 나눈다. 주식은 높은 평균수익률과 함께 변동성도 상당히 크다는 점에 주목하자. 다시 한번 특히 단기간에 그런 투자는 위험하다.

비판적 사고와 개념 복습

LO 3 **10.1 투자선택.** 마드리갈 제약(Madrigal Phamaceuticals)의 주식이 2017년에 516%까지 상승했는데 왜 모든 투자자가 이 회사 주식을 보유하지 않았는가?

LO 3 **10.2 투자선택.** 시어즈 홀딩스(Sears Holdings)는 2017년에 61% 하락했는데 왜 어떤 투자자들은 이 주식을 보유하는가? 왜 주가가 급락하기 전에 팔지 않았는가?

LO 3 **10.3 위험과 수익률.** 장기에 주식투자는 채권투자보다 성과가 상당히 높은 경향이 있음을 알았다. 그러나 채권만 보유하는 장기투자자를 보는 일은 그다지 드물지 않다. 그런 투자자는 비합리적인가?

LO 4 **10.4 시장효율성 의미.** 효율적 시장의 특징으로 시장에서 투자의 NPV가 0인 이유를 설명하라.

LO 4 **10.5 효율적 시장가설.** 어느 주식시장 애널리스트는 지난 10일 동안의 평균 가격과 지난 60일 동안의 평균 가격을 비교해 가격이 잘못 평가된 주식을 식별할 수 있다. 이것이 사실이라면 시장에 대해 무엇을 아는가?

LO 4 **10.6 준강형 효율성.** 시장이 준강형 효율적이라면 약형 효율성이기도 하는가? 설명하라.

LO 4 **10.7 효율적 시장가설.** "시장을 이기기"(beat the market) 위해서 주식을 사고파는 투자자들에게 효율적 시장가설이 시사하는 바는 무엇인가?

LO 4 **10.8 주식과 도박.** 다음 문장을 비평하라. "주식시장에서 활동하는 것은 도박과

갈다. 그런 투기적인 활동은 사람들이 이런 종류의 도박을 즐기는 이외에는 사회적 가치가 없다."

LO 4 **10.9 효율적 시장가설.** 축복받은 투자자들이 있고 주식 선택을 한 사람들은 지난 20년 동안 상당히 높은 투자수익률을 기록한 사람들로 경제신문에 소개된다. 이런 특별한 투자자들의 성공이 효율적 시장가설(EMH)을 무의미하게 만드는가? 설명하라.

LO 4 **10.10 효율적 시장가설.** 다음 각각의 시나리오에 대해 다음의 조건에서 기업의 주식을 거래해서 이익을 낼 기회가 존재하는지를 논하라. (1) 시장이 약형(weak form) 효율적이 아니다. (2) 시장이 약형 효율적이지만 준강형(semistrong form) 효율적은 아니다. (3) 시장이 준강형 효율적이지만 강형(strong form) 효율적은 아니다. (4) 시장이 강형 효율적이다.

a. 지난 30일 동안 매일 주가가 계속해서 올랐다.

b. 3일 전에 한 회사의 재무제표가 공시되었는데 회사의 실제 유동성을 낮게 표시하는 회사의 재고자산과 원가계산 방법이 이상함을 알아냈다고 믿는다.

c. 회사의 임원이 지난주에 공개시장에서 회사의 주식을 많이 샀음을 알아냈다.

연습문제

초급(문제 1-18)

LO 1 **1. 수익률 계산.** 주식의 기초 가격이 주당 87달러이고, 연간 주당 2.15달러의 배당금을 지급했으며, 기말 주가는 98달러였다. 총수익률을 계산하라. 배당수익률은 얼마인가? 자본수익률은?

LO 1 **2. 수익률 계산.** [문제 1]에서 기말 주가가 78달러라면 총수익률은 얼마인가?

LO 1 **3. 수익률 계산.** 연초에 특정주식 250주를 104.32달러의 가격에 매수했다. 이 주식은 주당 2.34달러의 배당금을 지급했고 연말의 주가는 113.65달러였다. 이 투자에서의 수익은 금액 기준으로 얼마인가?

LO 1 **4. 수익률 계산.** 1년 전에 연간 5.5%의 쿠폰을 지급하는 채권을 1,017달러에 매수했다고 하자. 채권은 오늘 1,041달러에 거래된다.

a. 액면가가 1,000달러라면 지난 일 년간 투자의 총수익(금액)은 얼마인가?

b. 지난 일 년간 투자의 총 명목수익률은 얼마인가?

c. 지난 일 년간 인플레이션이 3%라면 투자의 총 실질수익률은 얼마인가?

LO 2 **5. 명목 및 실질수익.** 1926년부터 2017년까지 대형주의 연간 산술평균수익률은

a. 명목(nominal)으로 얼마였는가?

b. 실질(real)로 얼마였는가?

LO 2 **6. 채권수익률.** 장기국채의 역사적 실질수익률은 얼마인가? 장기사채는?

LO 1 **7. 수익률과 변동성 계산.** 다음의 수익률을 이용해서 X와 Y의 산술평균수익률, 분산과 표준편차를 계산하라.

	수익률	
연도	X	Y
1	14%	41%
2	−13	−9
3	11	23
4	18	−13
5	8	42

LO 2 **8. 리스크프리미엄.** 교재의 〈표 10.1〉을 참고해서 1973년부터 1978년까지를 보라.

a. 이 기간의 대형주와 재정증권의 산술평균수익률을 계산하라.

b. 이 기간의 대형주와 재정증권 수익률의 표준편차를 계산하라.

c. 대형주와 재정증권에 대해서 매년 관측된 리스크프리미엄을 계산하라. 이 기간의 평균 리스크프리미엄은 얼마인가? 이 기간의 리스크프리미엄의 표준편차는 얼마인가?

d. 투자를 실행하기 전에 리스크프리미엄이 음수가 가능한가? 투자를 실행한 이후에 리스크프리미엄이 음수가 될 수 있는가? 설명하라.

LO 1 **9. 수익률과 변동성 계산.** 주식의 과거 5년간 수익률을 관측했다. −10%, 24%, 21%, 11%, 8%

a. 이 주식의 지난 5년간 산술평균수익률은 얼마인가?

b. 이 기간에 수익률의 분산은 얼마인가? 표준편차는 얼마인가?

LO 1 **10. 실질수익률과 리스크프리미엄 계산.** [문제 9]에서 이 기간에 평균 인플레이션율이 3.1%이었고 재정증권의 평균금리가 4.1%였다고 하자.

a. 이 주식의 평균 실질수익률은 얼마인가?

b. 이 주식의 평균 명목리스크프리미엄은 얼마인가?

LO 1 **11. 실질수익률 계산.** [문제 10]의 정보로 이 기간의 평균 실질무위험이자율은 얼마였는가? 평균 실질리스크프리미엄은 얼마였는가?

LO 2 LO 3 **12. 인플레이션 효과.** 교재의 〈표 10.1〉과 〈그림 10.7〉을 보자. 1926년에서 2017년까지 재정증권의 이자율이 가장 높았던 적은 언제인가? 이 기간에 왜 그렇게 높았다고 생각하는가? 이 답에는 어떤 관계가 깔려 있는가?

LO 1 **13. 수익률 계산.** 1년 전에 제로쿠폰채(zero-coupon bond)를 267.35달러에 매수했다. 시장이자율은 현재 5.3%이다. 처음 매수했을 때 채권의 만기가 25년 남아 있었다면 지난 1년 동안 총수익률은 얼마였는가? 반기 이자지급을 가정한다.

LO 1 **14. 수익률 계산.** 4.5% 우선주를 지난해 105.35달러에 매수했다. 지금 이 주식의 시장가격은 103.18달러이다. 지난해의 총수익률은 얼마인가?

LO 1 **15. 수익률 계산.** 3개월 전에 주당 51.27달러의 주식을 매입했다. 이 주식은 배당금을 지급하지 않는다. 현행 주가는 55.36달러이다. 이 투자의 APR은 얼마인가? EAR은?

LO 1 **16. 실질수익률 계산.** 〈표 10.1〉을 참고해서 1926년부터 1932년까지의 재정증권 평균 실질수익률은 얼마인가?

LO 3 **17. 수익률 분포.** 〈그림 10.10〉을 참고해서 장기사채의 경우 전체 기간의 68%는 어떤 수익률의 범위를 예상할 수 있겠는가? 전체 기간의 95%는 어떠한가?

LO 3 **18. 수익률 분포.** 〈그림 10.10〉을 참고해서 대형주의 경우 전체 기간의 68%는 어떤 수익률의 범위를 예상할 수 있겠는가? 전체 기간의 95%는 어떠한가?

중급(문제 19-26)

LO 1 **19. 수익률과 변동성 계산.** 지난 5년 중 4년의 수익률이 15%, −17%, 23%, 11%인 어떤 주식을 발견했다. 이 기간의 평균수익률은 10%였다. 빠진 해에 주식의 수익률은 얼마였는가? 이 주식의 수익률의 표준편차는 얼마인가?

LO 1 **20. 산술평균수익률과 기하평균수익률.** 지난 6년 동안 한 주식의 수익률이 −26%, 12%, 34%, −8%, 27%, 23%였다. 이 주식의 산술평균수익률과 기하평균수익률은 얼마인가?

LO 1 **21. 산술평균수익률과 기하평균수익률.** 한 주식의 연말 주가와 배당은 다음과 같다.

연도	가격	배당
1	64.10	–
2	74.05	1.10
3	67.61	1.25
4	76.25	1.45
5	82.70	1.60
6	93.15	1.75

이 주식의 산술평균수익률과 기하평균수익률은 각각 얼마인가?

LO 2 LO 3 **22. 수익률 계산.** 교재의 〈표 10.1〉을 참고해 1973년부터 1980년까지의 기간을 살펴보자.

a. 이 기간에 재정증권 평균수익률과 연평균 인플레이션율(소비자 물가지수)을 계산하라.

b. 이 기간에 재정증권 수익률과 인플레이션율의 표준편차를 계산하라.

c. 매년의 실질수익률을 계산하라. 재정증권의 평균 실질수익률은 얼마인가?

d. 많은 사람은 재정증권을 무위험(risk-free)이라고 생각한다. 이는 재정증권의 잠재적인 리스크가 어떠하다는 말인가?

LO 1 **23. 투자수익률 계산.** 5.7% 쿠폰채를 1년 전에 1,032.15달러에 매입하였다. 이 채권은 매년 이자를 지급하고 지금부터 9년 후가 만기다. 채권의 요구수익률이 5.1%인 오늘 이 채권을 팔려고 결정했다고 하자. 인플레이션율이 지난 1년간 3.5%였다면 투자의 총 실질수익률은 얼마인가?

LO 1 **24. 수익률 분포 이용.** 장기국채의 수익률이 정규분포를 한다고 하자. 역사적 기록에 근거해서 어떤 해에 채권수익률이 −3.9% 미만일 확률은 대략 얼마인가? 이 기간의 95%는 어떤 범위의 수익률이 예상되는가? 이 기간의 99%는 어떤 범위의 수익률이 예상되는가?

LO 3 **25. 수익률 분포 이용.** 소형주 보유의 수익률이 정규분포를 한다고 가정하면 한 해에 투자가치가 두 배가 될 확률은 대략 얼마인가? 가치가 세 배가 될 확률은 얼마인가?

LO 1 **26. 확률분포.** [문제 25]에서 수익률이 −100% 미만일 확률은 얼마인가? (생각이 필요하다.) 수익률의 확률분포가 시사하는 바는 무엇인가?

고급(문제 27-28)

LO 3 **27. 확률분포 이용.** 대형주의 수익률이 정규분포를 한다고 하자. 역사적 기록에 근거해서 엑셀(Excel®)에서 NORMDIST 함수를 이용해 어떤 해에 대형 보통주에 투자했을 때 손실이 날 확률을 결정하라.

LO 3 **28. 확률분포 이용.** 장기사채와 재정증권의 수익률이 정규분포를 한다고 하자. 역사적 기록에 근거해서 엑셀(Excel®)에서 NORMDIST 함수를 이용해 다음 질문에 답하라.

a. 어느 해에 장기사채의 수익률이 10%를 초과할 확률은 얼마인가? 0% 미만일 확률은?

b. 어느 해에 재정증권의 수익률이 10%를 초과할 확률은 얼마인가? 0% 미만일 확률은?

c. 1979년에 장기사채의 수익률은 −4.18%였다. 미래의 어느 시점에 이렇게 낮은 수익률이 발생할 가능성은 얼마인가? 같은 해에 재정증권의 수익률은 10.56%였다. 미래의 어느 시점에 재정증권의 수익률이 이렇게 높을 가능성은 얼마인가?

웹에서 문제 풀기

역사적 이자율. www.stlouisfed.org에 있는 세인트루이스 연방준비은행(Federal Reserve Bank of St. Louis) 웹사이트를 방문해 "FRED®"를 찾아 링크하고 "Interest Rates"에 링크한다. 다른 역사적 이자율에 대한 링크 목록을 발견할 것이다. "10-Year Treasury Constant Maturity Rate"에 접속해 10년 Treasury note 월간 이자율을 찾는다. 2017년과 2018년의 10년 국채 평균 연간이자율을 계산하라. 이 숫자를 〈표 10.1〉에 있는 장기국채 수익률 및 미 재정증권 수익률과 비교하라. 10년 국채 이자율과 이 숫자를 비교하면 어떠한가? 이러한 관계가 항상 성립한다고 보는가? 왜 그런가, 아니면 왜 안 그런가?

엑셀 *MASTER IT!* 문제

살펴본 바와 같이 1926~2017년 기간에 소형주는 가장 높은 수익률과 가장 높은 리스크를 보이는 한편 미국 재정증권은 가장 낮은 수익률과 가장 낮은 리스크를 보였다. 92년간 보유하기를 확실히 원하나 투자는 더 적은 기간일 것이다. 더 짧은 투자 기간의 위험과 수익을 검토하는 한 가지 방법은 수익과 표준편차를 롤링(rolling)하는 것이다. 일련의 연간수익률이 있고 3년 롤링 평균수익률 계산을 원한다고 하자. 첫 3년의 수익률을 이용해 3년째에 첫 롤링 평균을 계산할 것이다. 다음 롤링 평균은 2년, 3년, 4년의 수익률을 이용해 계산할 것이다. 이렇게 계속한다.

a. 대형주와 재정증권의 연간수익률을 이용해 5년과 10년의 롤링 평균수익률과 표준편차를 계산하라.

b. 5년 기간에서 재정증권이 대형주보다 성과가 높았던 것은 몇 번인가? 10년 기간에서는 어떠한가?

c. 5년 기간에서 재정증권의 표준편차가 대형주보다 큰 것은 몇 번인가? 10년 기간에서는 어떠한가?

d. 대형주와 재정증권의 5년과 10년의 롤링 평균수익률을 그래프로 그려보자.

e. 앞의 결과에서 어떤 결론을 도출하는가?

CHAPTER CASE

S&S 항공 업무

최근에 대학을 졸업하고 S&S 항공에 입사했다. 이 회사의 사업이 상승세를 타고 있다고 판단했기에 입사를 결정했다. 입사 절차를 마쳤을 때 재무부서에서 일하는 크리스 거스리(Chris Guthrie)가 회사의 새로운 401(K) 플랜을 알려주기 위해 들렀다.

401(K)는 많은 회사가 채택하는 퇴직연금(retirement plan) 중 한 유형이다. 401(K)는 세금이 유예되어 이 플랜의 모든 예치금은 현행 소득에서 세금을 공제받아 현행 세금은 없다. 연봉이 40,000달러라고 하자. 401(K) 플랜에 3,000달러를 기여하면 소득에서 37,000달러만 세금을 낼 것이다. 이 플랜에 투자하는 동안에는 어떤 자본이득이나 소득에도 세금을 내지 않으나 은퇴해 돈을 찾을 때는 세금을 낼 것이다. 연봉의 15%까지 플랜에 기여할 수 있다. 통상적으로 S&S 항공도 5% 대응 프로그램을 운영한다. 이는 직원이 기여한 금액에 연봉의 5%까지 회사가 대응자금을 불입하는 것인데 대응자금을 받기 위해서는 당신이 기여해야 한다.

401(K) 플랜은 투자에 몇 가지 옵션이 있는데 대부분은 뮤추얼펀드이다. 알다시피 뮤추얼펀드는 자산의 포트폴리오이다. 뮤추얼펀드의 지분을 매수할 때 회사의 주식 매수와 비슷하게 실제로 펀드 자산의 부분적인 소유권을 매수한다. 펀드의 수익률은 펀드가 보유한 자산의 가중평균수익률에서 비용을 뺀 것이다. 가장 큰 비용은 보통 펀드의 모든 투자 결정을 하는 펀드매니저에게 지급하는 운용수수료이다. S&S 항공은 401(K) 플랜 관리자로 아리아스 파이낸셜 서비스(Arias Financial Service)를 이용한다.

크리스 거스리는 직원들에게 제공되는 퇴직 투자 옵션을 설명했다.

1. ***회사 주식.*** 하나의 옵션은 S&S 항공의 주식이다. 회사는 현재 비공개법인이다. 주식에 지급해야 할 가격은 연간 감정가에 기초해 20%를 할인한다. 회사 오너인 마크 섹스톤(Mark Sexton)과 토드 스토리(Todd Story)는 인터뷰에서 회사 주식이 3~5년 후에 공개될 예정이라고 알려 주었다. 기업공개 전에 주식을 매각해야만 한다면 회사는 당시 감정가로 다시 매수할 것이다.
2. ***아리아스 S&P 500 지수펀드.*** 이 뮤추얼펀드는 S&P 500을 추종한다. 펀드에 포함된 주식들은 S&P 500에 포함된 주식들과 비중이 정확히 같다. 이는 펀드의 수익률이 대략 S&P 500의 수익률에서 비용은 뺀 것임을 의미한다. 인덱스펀드로 펀드매니저들은 주식을 연구해 투자 결정을 할 필요가 없어 펀드 비용은 보통 낮다. 아리아스 S&P 500 지수펀드는 연간 자산의 0.20%의 비용을 부과한다.
3. ***아리아스 소형주 펀드.*** 이 펀드는 주로 시가총액이 작은 주식에 투자한다. 그래서 펀드 수익률은 더 변동적이다. 이 펀드는 미국 밖에 기반을 둔 회사에도 자산의 10%를 투자할 수 있다.이 펀드는 연간 자산의 1.70%의 비용을 부과한다.
4. ***아리아스 대형주 펀드.*** 이 펀드는 미국에 기반을 둔 시가총액이 큰 주식에 주로 투자한다. 이 펀드는 멜리사 아리아스(Melissa Arias)가 관리하는데 지난 8년 중 6번을 시장보다 성과가 좋았다. 이 펀드는 연간 1.50%의 비용을 부과한다.
5. ***아리아스 채권 펀드.*** 이 펀드는 미국에 소재한 회사가 발행한 장기사채에 투자한다. 이 펀드는 투자등급의 채권에만 투자가 제한된다. 이 펀드는 연간 1.40%의 비용을 부과한다.
6. ***아리아스 MMF.*** 이 펀드는 미국 재정증권을 포함해 신용이 높은 단기부채상품에 투자한다. 그래서 MMF의 수익률은 미국 재정증권보다 약간만 높다. 투자의 신용등급과 단기적 성격으로 수익률이 음수일 위험은 매우 낮다. 펀드는 0.60%의 비용을 부과한다.

질문 QUESTIONS

1. 퇴직연금 투자에서 회사 주식과 비교해 뮤추얼펀드가 제공하는 장단점은 무엇인가?
2. 직원이 투자한 1달러에 대해 회사도 1달러를 투자한다. 이는 직원의 투자수익률이 어떠함을 나타내는가? 답변이 대응 프로그램에 무엇을 제안하는가?
3. 최소한 자금의 일부를 미국에 기반을 둔 시가총액이 큰 주식에 투자해야 한다고 결정했다고 하자. 아리아스 S&P 500 지수펀드와 비교해서 아리아스 대형주 펀드를 선택하는 장단점은 무엇인가?
4. 아리아스 소형주 펀드의 수익률은 401(K) 플랜이 제공하는 모든 뮤추얼펀드 중에서 가장 변동성이 크다. 왜 이 펀드에 투자하려고 하는가? 뮤추얼펀드의 비용을 검토할 때 이 펀드도 비용이 가장 크다는 점을 주목할 것이다. 이러한 사실이 이 펀드에 투자하는 결정에 영향을 주는가?
5. 실무에서 자주 이용되는 위험조정 성과의 척도는 샤프비율(Sharpe ratio)이다. 샤프비율은 자산의 리스크프리미엄을 자산의 표준편차로 나누어 계산된다.

   지난 10년간 펀드의 표준편차와 수익률이 여기 나열되었다. 무위험수익률이 3.1%라고 가정하면 각각의 샤프비율을 계산하라. 넓은 의미에서 샤프비율은 무엇을 측정하려 한다고 생각하는가?

	10년 연간수익률	표준편차
아리아스 S&P 500 지수펀드	11.80%	19.35%
아리아스 소형주 펀드	15.12	27.95
아리아스 대형주 펀드	11.15	21.16
아리아스 채권 펀드	7.92	11.45

11 위험과 수익률

Risk and Return

2018년에 호멀(Hormel), 마이크로소프트(Microsoft), 옥타(Okta)는 모두 중요한 발표를 했다. 특히 유명한 스팸(Spam) 제조업체 호멀은 이익이 2017년 1분의 주당 0.39달러에서 2018년 1분기에 주당 0.44달러로 증가했다고 발표했다. 마이크로소프트는 분기 주당 이익을 직전 연도 대비 12% 증가한 0.96달러로 발표했다. 그리고 비즈니스 인증 절차 솔루션을 제공하는 옥타는 가장 최근 분기에 2,600만 달러의 손실을 발표했다.

이들 사례가 호멀과 마이크로소프트는 호재성 뉴스, 옥타는 악재성 뉴스를 나타낸다고 아마도 예상할 것이다. 그러나 여기서 호멀의 주가는 약 1% 하락, 마이크로소프트의 주가는 약 2% 하락했고 옥타의 주가는 3% 이상 올랐다. 그러면 언제 호재성 뉴스가 실제로 호재성 뉴스인가? 그 답은 이번 장에서 자세히 탐구하게 될 위험과 수익의 이해에 기초가 된다.

이번 장에서는 앞 장에서 시작한 논의를 계속한다. 어떤 투자는 다른 투자보다 위험(risk)이 더 크다는 것을 매우 확실하게 알았다. 재무에서 가장 근본적인 문제 중의 하나인 "위험이란 무엇인가?"를 조사하기 위해 이제 조금씩 파서 내려가기 시작한다. 위험은 우리가 생각하는 것과 항상 같지는 않으며, 위험 감수에 따른 보상은 지금까지 지적한 것보다 더 미묘하다는 사실을 배울 것이다. 사업은 위험하며 현명하게 위험을 관리하는 사업만이 오랜 기간 생존할 것이라는 단순한 이유로 위험이 어떻게 보상받는가를 이해하는 일은 사업하는 모든 사람에게 중요하다.

학습 목표_*Learning Objectives*

제11장을 마친 후에는 다음의 능력을 갖추어야 한다.

- **LO 1** 기대수익률 계산
- **LO 2** 분산투자의 효과 설명
- **LO 3** 체계적 위험의 원리 정의
- **LO 4** 증권시장선과 위험-수익의 교환관계 논의

기업재무 세계에서 최근에 전개된 사건을 보려면 essentialsofcorporatefinance.blogspot.com 방문.

앞 장에서 자본시장 역사에서 몇 가지 중요한 교훈을 얻었다. 가장 중요한 것은 평균적으로 위험(risk) 감수에 따른 보상이 있다는 것이다. 이 보상을 **리스크프리미엄**(*risk premium*)이라고 부른다. 둘째 교훈은 위험한 투자의 리스크프리미엄이 더 크다는 것이다. 이번 장에서는 이런 기본적인 생각의 경제적이고 경영적인 시사점을 탐구한다.

지금까지 주로 몇 개의 대형 포트폴리오의 수익률 행태에 집중했다. 사고를 개별자산으로 확장할 필요가 있다. 특별히 완수할 두 가지 임무가 있다. 먼저, 위험을 정의하고 측정하는 방법을 논의해야만 한다. 그다음, 자산의 위험과 요구수익률 간의 관계를 계량화해야만 한다.

개별자산과 관련된 위험을 살펴보면 체계적(systematic)과 비체계적(unsystematic) 두 가지 유형의 위험을 발견한다. 앞으로 보겠지만 체계적 위험은 경제에서 거의 모든 자산에 적어도 어느 정도는 영향을 주는 반면에 비체계적 위험은 기껏해야 적은 수의 자산에만 영향을 주기에 이 구별은 중대하다. 그다음에 분산이 잘된 포트폴리오는 비체계적 위험이 거의 없는 경향을 보여 주는 분산투자원칙(principle of diversification)으로 발전한다.

분산투자원칙은 중요한 시사점이 있다. 분산투자를 한 투자가에게는 체계적 위험만이 중요하다. 투자자가 특정 개별자산을 매수할 것인가를 결정할 때 분산투자를 한 투자자는 자산의 체계적 위험만을 우려할 것이다. 이것이 핵심적인 관측이고 또한 개별자산의 위험과 수익에 대해서 많은 것을 알게 한다. 특히 **증권시장선**(*security market line*: SML)이라고 불리는 위험과 수익의 유명한 관계의 기본이다. SML을 도출하기 위해서 현대재무에 있어서 가장 중요한 개념 중 하나로 동등하게 유명한 "베타"(beta) 계수를 도입한다. 베타와 SML은 투자에 대한 요구수익률을 어떻게 결정하는가 하는 질문에 적어도 부분적인 답을 제공하기에 핵심 개념이다.

11.1 기대수익률과 분산

앞 장에서 역사적 자료를 이용해 평균수익률과 분산을 계산하는 방법을 논의했다. 이제 보유한 정보가 미래의 발생 가능 수익률과 확률에 관한 것일 때 수익률과 분산을 분석하는 방법을 논의하기 시작한다.

기대수익률

아주 간단한 경우로 시작하자. 1년과 같은 단일기간을 고려하자. L과 U라는 두 주식을 보유하고 있다. 주식 L은 다음 해에 25%의 수익률이 기대되고, 주식 U는 같은 기간에 20%의 수익률이 기대된다.

이와 같은 상황에서 모든 투자자가 기대수익률에 동의한다면 왜 어떤 사람은 주식 U를 보유하길 원하는가? 어쨌든 기대수익률이 더 높은 주식이 있을 때 왜 기대수익률이 낮은 주식에 투자하는가? 명백히 그 답은 두 투자의 리스크에 의존해야 한다. 주식 L의

표 11.1
경제 상황과 주식수익률

경제 상황	경제 상황 발생확률	상황 발생 시 증권수익률	
		주식 L	주식 U
불황	0.5	−20%	30%
호황	0.5	70	10
	1.0		

수익률은 비록 25%로 기대(*expected*)되나 수익률은 실제로 그보다 높거나 낮을 수 있다.

경기가 호황이라고 하자. 이런 경우 주식 L의 수익률은 70%일 것으로 생각한다. 경기가 불황이면 수익률이 −20%일 것으로 생각한다. 이 경우를 두 개의 **경제 상황**(*states of the economy*)이라고 하는데 단 2개의 가능한 상황이 있음을 의미한다. 물론 이런 설정은 너무 단순화되었지만 많은 계산 없이도 몇 가지 주요 개념들을 설명하게 해준다.

각각 50 대 50의 비율로 호황과 불황이 동등하게 발생할 것으로 생각한다고 하자. 〈표 11.1〉은 언급했던 기본 정보와 주식 U에 대한 추가 정보를 나타낸다. 주식 U의 수익률은 불황이면 30%이고 호황이면 10%다.

두 주식 중 하나, 예컨대 주식 U를 매수하면 어느 특정한 해의 수익은 연중 경제가 어떠했는가에 달려 있다. 확률이 전 기간에 걸쳐 같다고 가정하자. 주식 U를 몇 년 동안 보유하면 약 절반 정도는 30%의 수익이 나고 다른 절반은 10%의 수익이 날 것이다. 이 경우 주식 U의 **기대수익률(expected return)**인 $E(R_U)$는 20%이다.

기대수익률
expected return
미래에 기대되는 위험자산의 수익률.

$$E(R_U) = 0.50 \times 30\% + 0.50 \times 10\% = 20\%$$

즉, 평균적으로 이 주식에서 20%의 수익률을 기대해야 한다.

주식 L의 경우에는 확률은 같지만 가능한 수익률은 다르다. 여기에서 절반은 20% 손실이 나고 다른 절반은 70%의 수익이 난다. 그러므로 주식 L의 기대수익률 $E(R_L)$은 25%이다.

$$E(R_L) = 0.50 \times -20\% + 0.50 \times 70\% = 25\%$$

〈표 11.2〉는 이들 계산과정을 보여 준다.

앞 장에서 리스크프리미엄(*risk premium*)을 위험한 투자와 무위험 투자의 수익률 간의 차이로 정의했고, 서로 다른 투자의 역사적 리스크프리미엄을 계산했다. 추정수익률을 이용하면 위험한 투자의 기대수익률과 무위험 투자의 확정수익률 간의 차이로 **추정**(*projected*) 또는 **기대 리스크프리미엄**(*expected risk premium*)을 계산할 수 있다.

무위험 투자가 현행 8%를 제공한다고 하자. R_f로 표시된 무위험수익률(risk-free rate)은 8%이다. 이 경우 주식 U의 추정 리스크프리미엄은 얼마인가? 주식 L은? 주식 U의 기대수익률 $E(R_U)$는 20%이므로 추정 리스크프리미엄은

표 11.2
기대수익률의 계산

(1) 경제 상황	(2) 경제 상황 발생확률	주식 L (3) 상황 발생 시 수익률	주식 L (4) 결과 (2) × (3)	주식 U (5) 상황 발생 시 수익률	주식 U (6) 결과 (2) × (5)
불황	0.5	−0.20	−0.10	0.30	0.15
호황	0.5	0.70	0.35	0.10	0.05
	1.0		$E(R_L) = 0.25$		$E(R_U) = 0.20$

$$\begin{aligned}\text{리스크프리미엄} &= \text{기대수익률} - \text{무위험수익률} \\ &= E(R_U) - R_f \\ &= 20\% - 8\% \\ &= 12\%\end{aligned} \quad [11.1]$$

유사하게 주식 L의 리스크프리미엄은 25% − 8% = 17%이다.

일반적으로 증권이나 다른 자산의 기대수익률은 가능한 수익률에 수익률의 확률을 곱해 더한 값과 같다. 그래서 100개의 가능한 수익률이 있다면 각각에 확률을 곱하고 나서 그 결과를 합한다. 그 결과는 기대수익률일 것이다. 그러면 리스크프리미엄은 이 기대수익률과 무위험수익률 간의 차이다.

예제 11.1 동등하지 않은 확률

다시 〈표 11.1〉과 〈표 11.2〉를 보자. 호황이 50% 대신 기간의 20%만 발생할 것으로 생각한다고 하자. 이 경우 주식 U와 L의 기대수익률은 얼마인가? 무위험수익률이 10%라면 리스크프리미엄은 얼마인가?

우선 주목해야 할 점은 단 2개의 가능성이 있기에 불황이 기간의 80%(1 − 0.20 = 0.80) 발생해야 한다. 이를 염두에 두면 주식 U는 연도들의 80%에서 30% 수익률 그리고 연도들의 20%에서 10%의 수익률임을 안다. 기대수익률을 계산하기 위해서는 다시 가능한 수익률에 확률을 곱해서 그 결과를 합한다.

$$E(R_U) = 0.80 \times 30\% + 0.20 \times 10\% = 26\%$$

〈표 11.3〉은 두 주식의 계산을 요약한다. 주식 L의 기대수익률이 −2%임에 주목하자.

이 경우 주식 U의 리스크프리미엄은 26% − 10% = 16%이다. 주식 L의 리스크프리미엄은 −2% − 10% = −12%로 음수이다. 음수의 리스크프리미엄은 다소 이상하나 나중에 설명하겠지만 불가능한 것은 아니다.

분산의 계산

두 주식의 수익률 분산을 계산하기 위해서는 먼저 기대수익률에서의 편차의 제곱을 결정해야 한다. 그다음 각각의 가능한 편차 제곱에 확률을 곱한다. 이를 더하면 그 결과가

표 11.3
기대수익률의 계산

(1) 경제 상황	(2) 경제 상황 발생확률	주식 L (3) 상황 발생 시 수익률	주식 L (4) 결과 (2) × (3)	주식 U (5) 상황발생 시 수익률	주식 U (6) 결과 (2) × (5)
불황	0.8	−0.20	−0.16	0.30	0.24
호황	0.2	0.70	0.14	0.10	0.02
	1.0		$E(R_L) = -0.02$		$E(R_U) = 0.26$

분산이다. 늘 그렇듯이 표준편차는 분산의 제곱근이다.

앞의 주식 U는 기대수익률이 $E(R_U) = 20\%$이다. 어느 해에 실제 수익률은 30%이거나 10%일 것이다. 그러므로 가능한 편차는 30% − 20% = 10%와 10% − 20% = −10%이다. 이 경우 분산은

$$\text{분산} = \sigma_U^2 = 0.50 \times (10\%)^2 + 0.50 \times (-10\%)^2 = 0.01$$

표준편차는 이 값의 제곱근이다.

$$\text{표준편차} = \sigma_U = \sqrt{0.01} = 0.10 \text{ 또는 } 10\%$$

〈표 11.4〉는 두 주식의 분산을 계산하는 과정을 요약한다. 주식 L의 분산이 훨씬 더 큼에 주목하자.

두 주식의 기대수익률과 분산 정보를 종합하면 다음과 같다.

	주식 L	주식 U
기대수익률, $E(R)$	25%	20%
분산, σ^2	0.2025	0.0100
표준편차, σ	45%	10%

표 11.4
분산의 계산

(1) 경제 상황	(2) 경제 상황 발생확률	(3) 수익률의 기대수익률과의 편차	(4) 수익률의 기대수익률과의 편차의 제곱	(5) 결과 (2) × (4)
주식 L				
불황	0.5	−0.20 − 0.25 = −0.45	$-0.45^2 = 0.2025$	0.10125
호황	0.5	0.70 − 0.25 = 0.45	$0.45^2 = 0.2025$	0.10125
	1.0			$\sigma_L^2 = 0.2025$
주식 U				
불황	0.5	0.30 − 0.20 = 0.10	$0.10^2 = 0.01$	0.00500
호황	0.5	0.10 − 0.20 = −0.10	$-0.10^2 = 0.01$	0.00500
	1.0			$\sigma_U^2 = 0.0100$

주식 L은 기대수익률이 높으나 주식 U는 리스크가 적다. L은 70%의 투자수익률을 얻지만 20%의 손실을 볼 수도 있다. 주식 U의 투자는 항상 적어도 10%를 지급할 것임에 주목하자.

두 주식 중에서 어떤 것을 매수해야 할까? 진짜 말할 수 없다. 개인적인 취향에 따라 다르다. 그러나 어떤 투자자들은 주식 U보다 주식 L을 선호할 것이고 어떤 투자자들은 주식 L보다 주식 U를 선호할 것이 상당히 확실하다.

이번 장의 기대수익률과 분산을 계산하는 방법이 앞 장에서 했던 방법과 다소 차이가 있음을 아마 눈치챘을 것이다. 그 이유는 제10장에서는 역사적 실제수익률을 분석했기에 평균수익률과 분산은 실제 사건에 기반해 추정했다. 여기서는 추정 미래 수익률과 관련 확률이 있기에 이 정보로 작업해야 한다.

예제 11.2 동등하지 않은 확률, 조금 더

〈예제 11.1〉로 되돌아가서 확률이 동등하지 않으면 두 주식의 분산은 얼마인가? 표준편차는 얼마인가?

필요한 계산들을 다음과 같이 요약할 수 있다.

(1) 경제 상황	(2) 경제 상황 발생확률	(3) 수익률의 기대수익률에서의 편차	(4) 수익률의 기대수익률에서의 편차의 제곱	(5) 결과 (2) × (4)
주식 L				
불황	0.80	−0.20 − (−0.02) = −0.18	0.0324	0.02592
호황	0.20	0.70 − (−0.02) = 0.72	0.5184	0.10368
				σ_L^2 = 0.12960
주식 U				
불황	0.80	0.30 − 0.26 = 0.04	0.0016	0.00128
호황	0.20	0.10 − 0.26 = −0.16	0.0256	0.00512
				σ_U^2 = 0.00640

이 계산에 의하면 주식 L의 표준편차는 $\sigma_L = \sqrt{0.1296} = 0.36$ 또는 36%이다. 주식 U의 표준편차는 더 작다. 즉 $\sigma_U = \sqrt{0.0064} = 0.08$ 또는 8%이다.

개념문제 CONCEPT QUESTIONS

11.1a 증권의 기대수익률을 어떻게 계산하는가?

11.1b 기대수익률의 분산을 어떻게 계산하는가를 설명하라.

11.2 포트폴리오

이번 장에서 지금까지는 개별자산을 분리해서 집중했다. 그러나 대부분 투자자는 실제로 자산의 **포트폴리오(portfolio)**를 보유한다. 이것이 의미하는 바는 투자자들이 단 하나의 주식, 채권 또는 기타 자산보다 더 많이 보유하는 경향이 있다는 것이다. 그렇다면 당연히 포트폴리오의 수익률이나 포트폴리오의 리스크가 적절하다. 따라서 이제는 포트폴리오의 기대수익률과 분산을 논의한다.

포트폴리오
portfolio
투자자가 보유한 주식과 채권 같은 자산의 그룹.

포트폴리오 가중치

포트폴리오를 설명하는 방법에는 여러 가지가 있다. 가장 편리한 방법은 총포트폴리오 가치에서 포트폴리오의 각 자산에 투자된 비율로 나열하는 것이다. 이 비율을 **포트폴리오 가중치(portfolio weight)**라고 한다.

포트폴리오 가중치
portfolio weight
포트폴리오 총가치에서 특정 자산의 비율.

예를 들어 한 자산에 50달러가 있고 다른 자산에는 150달러가 있다면 총포트폴리오의 가치는 200달러이다. 포트폴리오에서 첫째 자산의 비율은 \$50/200 = 0.25이다. 포트폴리오에서 둘째 자산의 비율은 \$150/200 혹은 0.75이다. 따라서 포트폴리오 가중치는 0.25와 0.75이다. 모든 자금이 어디인가에는 투자되기에 가중치의 합은 1.00이어야 한다.[1]

포트폴리오 기대수익률

다시 주식 L과 U로 되돌아가자. 자금의 절반을 각각에 투자한다. 포트폴리오 가중치는 당연히 0.5와 0.5이다. 이 포트폴리오 수익률의 패턴은 무엇인가? 기대수익률은?

이 문제에 답하기 위해서 경제가 실제로 불황이라고 하자. 이 경우 자금의 절반(주식 L에 절반)은 20%의 손실이 날 것이다. 다른 절반(주식 U에 절반)은 30%의 이익이 날 것이다. 따라서 불황에 포트폴리오 수익률 R_P는 다음과 같을 것이다.

$$R_P = 0.50 \times -20\% + 0.50 \times 30\% = 5\%$$

〈표 11.5〉는 나머지 계산을 요약한 것이다. 호황일 때 포트폴리오의 수익률은 40%가 됨에 주목하자.

$$R_P = 0.50 \times 70\% + 0.50 \times 10\% = 40\%$$

〈표 11.5〉에 표시되었듯이 포트폴리오의 기대수익률 $E(R_P)$는 22.5%이다.

기대수익률을 더 직접 계산하면 계산과정을 줄일 수 있다. 주어진 포트폴리오 가중치에서 자금의 절반(주식 L에 절반)은 25%의 수익이 나고, 나머지 절반(주식 U에 절반)은 20%의 수익이 난다는 예상을 추론할 수 있다. 따라서 포트폴리오의 기대수익률은

[1] 일부는 현금으로 보유할 수 있으나 현금도 포트폴리오 자산 중 하나로 간주할 수 있다.

표 11.5

주식 L과 주식 U의 균등가중포트폴리오의 기대수익률

(1) 경제 상황	(2) 경제 상황 발생확률	(3) 상황 발생 시 포트폴리오 수익률	(4) 결과 (2) × (3)
불황	0.50	0.5 × −20% + 0.5 × 30% = 5%	2.5%
호황	0.50	0.5 × 70% + 0.5 × 10% = 40%	20
	1.00		$E(R_P)$ = 22.5%

$$\begin{aligned} E(R_P) &= 0.50 \times E(R_L) + 0.50 \times E(R_U) \\ &= 0.50 \times 25\% + 0.50 \times 20\% \\ &= 0.225 \text{ 또는 } 22.5\% \end{aligned}$$

앞에서 계산한 값과 포트폴리오의 기대수익률이 같다.

포트폴리오의 기대수익률을 계산하는 이 방법은 포트폴리오에 있는 자산의 수와 상관없다. 포트폴리오에 n개의 자산이 있다고 하자. 여기서 n은 어떤 임의의 수이다. 자산 i에 투자된 금액의 비율을 x_i라고 하면 기대수익률은

$$E(R_P) = x_1 \times E(R_1) + x_2 \times E(R_2) + \cdots + x_n \times E(R_n) \qquad [11.2]$$

포트폴리오의 기대수익률은 그 포트폴리오를 구성하는 자산의 기대수익률의 단순한 조합이다. 이것은 다소 당연해 보이나 다음에 포트폴리오 분산을 검토하면 이 당연한 방법이 항상 맞는 것은 아니다.

예제 11.3 포트폴리오 기대수익률

세 주식에 대해 다음과 같이 추정했다고 하자.

		수익률		
경제 상황	상황 발생 확률	주식 A	주식 B	주식 C
호황	0.40	10%	15%	20%
불황	0.60	8	4	0

이 두 상황에서 포트폴리오의 기대수익률을 계산하려고 한다. 첫째, 세 주식에 각각 동등한 금액을 투자한 포트폴리오의 기대수익률은 얼마인가? 둘째, 포트폴리오의 절반은 주식 A에 투자하고 나머지 절반은 주식 B와 C에 동등하게 배분하는 경우 기대수익률은 얼마인가?

앞의 설명에서 개별주식의 기대수익률은

$E(R_A) = 8.8\%$
$E(R_B) = 8.4\%$
$E(R_C) = 8.0\%$

(계속)

만약 각 자산에 동등하게 투자한 포트폴리오의 가중치는 모두 같다. 그런 포트폴리오를 *균등가중*(*equally weighted*)되었다고 말한다. 이 경우에 주식이 세 개이기에 가중치는 모두 1/3과 같다. 따라서 포트폴리오 기대수익률은

$$E(R_P) = \tfrac{1}{3} \times 8.8\% + \tfrac{1}{3} \times 8.4\% + \tfrac{1}{3} \times 8.0\% = 8.4\%$$

둘째의 경우 포트폴리오의 기대수익률이 8.5%임을 확인해 보자.

포트폴리오 분산

앞의 논의에서 주식 U와 주식 L에 동등하게 투자한 포트폴리오의 기대수익률은 22.5%이다. 이 포트폴리오 수익률의 표준편차는 얼마인가? 직관적으로는 자금의 절반은 표준편차가 45%인 주식에 투자하고, 나머지 절반은 표준편차가 10%인 주식에 투자하므로 포트폴리오의 표준편차는 다음과 같이 계산될 것으로 생각할 수 있다.

$$\sigma_P = 0.50 \times 45\% + 0.50 \times 10\% = 27.5\%$$

안타깝게도 이 방법은 완전히 틀렸다!

표준편차가 실제로 얼마인지 알아보자. 〈표 11.6〉은 적절한 계산을 요약한다. 보다시피 포트폴리오의 분산은 약 0.031이고, 표준편차는 생각한 것보다 작아 단지 17.5%이다. 여기서 설명하는 것은 포트폴리오 분산은 일반적으로 포트폴리오 자산들 분산의 단순한 조합이 아니라는 것이다.

포트폴리오의 가중치가 약간 다른 포트폴리오로 이 점을 조금 더 극적으로 설명할 수 있다. 주식 L에 $\tfrac{2}{11}$(약 18%)를 투자하고 나머지 $\tfrac{9}{11}$(약 82%)를 주식 U에 투자한다고 하자. 불황이 오면 이 포트폴리오의 수익률은

$$R_P = \tfrac{2}{11} \times -20\% + \tfrac{9}{11} \times 30\% = 20.91\%$$

호황이 오면 포트폴리오의 수익률은

$$R_P = \tfrac{2}{11} \times 70\% + \tfrac{9}{11} \times 10\% = 20.91\%$$

표 11.6

주식 L과 주식 U에 균등가중 투자된 포트폴리오의 분산

(1) 경제상황	(2) 경제상황 발생확률	(3) 경제상황 발생 시 포트폴리오 수익률	(4) 기대수익률에서의 편차의 제곱	(5) 결과 (2) × (4)
불황	0.5	5%	$(0.05 - 0.225)^2 = 0.030625$	0.0153125
호황	0.5	40	$(0.40 - 0.225)^2 = 0.030625$	0.0153125
	1.0			$\sigma_P^2 = 0.030625$

$$\sigma_P = \sqrt{0.030625} = 0.175 \text{ 또는 } 17.5\%$$

어떤 경우이든 수익률은 같다. 더 이상의 계산은 필요하지 않다. 이 포트폴리오는 분산이 0이다. 자산들을 결합해 포트폴리오를 구성함으로써 투자자가 직면한 리스크를 상당히 바꿀 수 있다. 이것은 중대한 결과이며 다음 절에서 시사점을 탐구하기 시작할 것이다.

예제 11.4 포트폴리오 분산과 표준편차

〈예제 11.3〉에서 두 포트폴리오의 표준편차는 얼마인가? 답하기 위해 우선 두 가지 상황에서 포트폴리오 수익률을 계산해야 한다. 주식 A에 50%, 주식 B와 주식 C에 각각 25%씩 투자한 두 번째 포트폴리오로 작업할 것이다. 적절한 계산은 다음과 같이 요약될 수 있다.

		수익률			
경제 상황	상황 발생 확률	주식 A	주식 B	주식 C	포트폴리오
호황	0.40	10%	15%	20%	13.75%
불황	0.60	8	4	0	5.00

경기가 호황일 때 포트폴리오 수익률은

$$0.50 \times 10\% + 0.25 \times 15\% + 0.25 \times 20\% = 13.75\%$$

경기가 불황일 때의 수익률도 같은 방법으로 계산한다. 포트폴리오의 기대수익률은 0.085이다. 분산은

$$\begin{aligned}\sigma^2 &= 0.40 \times (0.1375 - 0.085)^2 + 0.60 \times (0.05 - 0.085)^2 \\ &= 0.0018375\end{aligned}$$

표준편차는 약 4.3%이다. 균등가중포트폴리오의 표준편차가 약 5.4%임을 확인하자.

개념문제 CONCEPT QUESTIONS

11.2a 포트폴리오 가중치(portfolio weight)란 무엇인가?

11.2b 포트폴리오의 기대수익률을 어떻게 계산하는가?

11.2c 포트폴리오 전체의 표준편차와 포트폴리오에 있는 자산들의 표준편차 간에 단순한 관계가 있는가?

11.3 발표, 놀람과 기대수익률

이제 어떻게 포트폴리오를 구성하고 수익률을 평가하는지 알고 있으므로 개별증권과 관련된 위험과 수익률을 더 자세히 설명하기 시작한다. 지금까지 개별자산이나 포트폴리

오의 실제수익률 *R*과 기대수익률 E(*R*) 간의 차이를 살펴보고 변동성을 측정하였다. 이제 왜 그런 편차가 존재하는지 살펴보자.

기대수익률과 기대하지 못한 수익률

구체화를 위해 플라이어스(Flyers)라는 회사의 주식수익률을 고려한다. 무엇이 말하자면 다음 해에 이 주식의 수익률을 결정하는가?

금융시장에서 거래되는 주식의 수익률을 두 부분으로 구성된다. 첫째, 주식의 정상(normal) 또는 기대수익률(expected return)은 시장에서 주주들이 예견하거나 기대하는 수익률 부분이다. 이 수익률은 주식과 관련된 주주들이 보유한 정보에 의해 결정되고 다음 해에 주식에 영향을 줄 중요한 요소들에 대한 현재 시장의 이해에 근거한다.

주식수익률의 둘째 부분은 불확실하고 위험한 부분이다. 이는 연중 밝혀지는 기대하지 못한 정보에서 오는 부분이다. 그런 정보의 모든 가능한 원인의 목록은 무한하겠지만 몇 가지 예를 든다.

- 플라이어스의 연구에 대한 뉴스
- 정부가 발표한 국내총생산(GDP) 숫자
- 가장 최근의 무기감축 협상의 결과
- 플라이어스의 매출액이 기대 이상으로 높다는 뉴스
- 예상치 못한 갑작스러운 이자율 하락

이 논의를 근거로 다음 해의 플라이어스 주식수익률을 나타내는 한 가지 방법은 다음과 같을 것이다.

총수익률 = 기대수익률 + 기대하지 못한 수익률

$$R = E(R) + U \qquad [11.3]$$

*R*은 실제 연간 총수익률을 나타내고, E(*R*)은 수익률의 예상된 부분을 나타내며, *U*는 수익률의 기대하지 못한 부분을 나타낸다. 이는 실제 총수익률, *R*은 연중 놀라운 일이 발생하므로 기대수익률[E(*R*)]과 다르다는 것을 말해 준다. 어떤 해든 기대하지 못한 수익률은 양수일 수도 있고 음수일 수도 있으나 시간의 경과에 따라 *U*의 평균값은 0이 될 것이다. 이는 평균적으로 실제수익률이 기대수익률과 일치함을 의미한다.

발표와 뉴스

뉴스거리들의 수익률에 대한 영향을 언급할 때 유의할 필요가 있다. 예를 들어 플라이어스의 사업은 GDP 성장률이 비교적 높으면 번창하고 GDP 성장률이 낮으면 고전한다고 하자. 이 경우 플라이어스의 주식을 소유함으로써 올해 기대하는 수익률을 결정하기 위해서 주주들은 묵시적이나 명시적으로 당년도 GDP가 어떻게 될 것인지를 생각해야 한다.

정부가 실제로 당년도 GDP 수치를 발표할 때 플라이어스 주식의 가치는 어떻게 될

까? 당연히 어떤 수치가 공표되는가에 달려 있다. 그러나 더 명확히 말하면 영향은 그 수치가 얼마나 **새로운**(*new*) 정보인가에 달려 있다.

연초에 시장참여자들은 연간 GDP가 얼마일까를 생각하거나 예측할 것이다. 주주들이 GDP를 예측하는 한 그 예측은 이미 주식수익률 중 기대된 부분에 반영되어 있다. 한편 발표된 GDP가 놀라운 것이라면 그 영향은 수익률 중 기대하지 못한 부분인 U 부분일 것이다.

시장의 주주들이 올해 GDP 증가가 0.5%일 것으로 예상했다고 하자. 올해 실제 발표된 GDP가 예상대로 정확히 0.5%라면 주주들은 실제로 전혀 새로운 것이 없고 발표는 뉴스가 아니다. 결과적으로 주가에 별다른 영향이 없을 것이다. 이는 내내 의심했던 것을 확인받은 것과 같다. 새로운 어떤 것도 밝히지 않았다.

어떤 발표가 뉴스가 아니라고 말하는 일반적 방법은 시장이 발표를 이미 "할인"(discount)했다고 말한다. 여기서 사용하는 **할인**(*discount*)이라는 단어는 현재가치 계산에서 사용하는 용어와 다르다. 그러나 그 정신은 같다. 미래의 금액을 할인할 때 화폐의 시간가치로 인해 가치가 적다고 말한다. 발표 또는 뉴스거리를 할인한다고 말할 때는 시장이 이미 그 내용을 많이 알고 있기에 시장에 영향이 적음을 의미한다.

예를 들어 플라이어스로 돌아가서 정부가 실제 연간 GDP 성장률이 1.5%였다고 발표했다고 하자. 이제 주주들은 성장률이 예상보다 1% 포인트 더 높은 사실을 알게 되었다. 실제 결과와 예상치 사이의 차이, 즉 이 예에서 1% 포인트를 때때로 **혁신**(*innovation*) 또는 **놀람**(*surprise*)이라고 부른다.

그러면 발표는 두 부분으로 나누어질 수 있다. 즉 예상 또는 기대한 부분과 놀람 또는 혁신 부분으로 나눌 수 있다.

발표 = 기대한 부분(expected part) + 놀람(surprise) **[11.4]**

발표에서 기대한 부분은 시장이 주식의 기대수익률[E(R)] 형성에 이용한다. 놀람은 주식의 예상치 못한 수익률(U)에 영향을 주는 뉴스이다.

다른 예를 들면 기업의 사장이 사임할 것임을 주주들이 1월에 알았다면 2월의 공식 발표는 완전히 예상되어 시장에서 할인되었을 것이다. 발표가 이미 2월 이전에 예상되었기에 주식에의 영향은 2월 이전에 일어났을 것이다. 발표 자체는 특별히 놀람이 없고 실제로 발표되었을 때는 주가가 변동하지 않아야 한다.

발표에서 기대하지 않은 또는 놀라운 부분만이 중요하다는 사실이 두 회사가 유사한 공시를 했음에도 불구하고 다른 주가 반응을 보일 수 있는 이유를 설명한다. 예를 들어 이번 장을 시작하면서 호멜, 마이크로소프트, 옥타를 비교했다. 호멜의 경우 회사의 이익이 주당 0.44달러로 약 13% 성장했으나 애널리스트의 주식 추정치는 EPS를 0.45달러에 고정해서 회사는 예상을 밑돌았다. 마이크로소프트의 경우 회사의 발표가 애널리스트의 추정치를 초과했으나 회사는 높은 PE와 EV/EBITDA 배수로 높은 가치에 거래되고 있어서 발표보다 더 높은 숫자를 기대했던 투자자에게 감동을 주지는 못했다. 그리고 옥타는 분기에 손실을 보고했으나 손실이 주당 0.09달러에 불과해 예상했던 주당 0.16달러의 손실보다는 훨씬 잘했다.

앞장에서 논의한 시장효율성이 이 논의와 관련이 있다. 오늘 알려진 관련 정보는 이미 기대수익률에 반영되어 있다고 가정한다. 이는 현행 주가가 관련된 공개정보를 반영한다고 말하는 것과 같다. 그러므로 시장이 최소한 준강형(semi-strong) 형태의 의미에서 상당히 효율적이라고 암묵적으로 가정하고 있다.

이후 뉴스를 이야기할 때는 시장이 예상함으로써 이미 할인된 부분이 아니라 발표에서 예상치 못한 놀라운 부분을 의미한다.

개념문제 CONCEPT QUESTIONS

11.3a 수익률의 2개의 기본적인 부분은 무엇인가?

11.3b 어떤 경우에 발표가 보통주의 가격에 영향을 주지 않는가?

11.4 리스크: 체계적 위험과 비체계적 위험

놀라운 뉴스로 인한 수익률의 예상치 못한 부분이 투자의 진정한 리스크이다. 결국, 정확히 예상대로 항상 뉴스를 받는다면 투자는 완벽하게 예측할 수 있고 정의상 리스크는 없다. 다시 말해서 자산 소유에 따른 리스크는 기대하지 못한 사건인 놀람(surprise)에서 온다.

그렇지만 리스크의 다양한 원천 중에는 중요한 차이가 있다. 앞의 뉴스 기사의 리스트로 돌아가자. 어떤 기사는 플라이어스에 특정되고 어떤 기사는 더 일반적이다. 어떤 뉴스 기사가 플라이어스에게 특별히 중요한가?

이자율이나 GDP에 대한 발표는 거의 모든 회사에 확실히 중요하지만 플라이어스의 사장, 연구나 매출에 대한 뉴스는 플라이어스에 특정된 관심사이다. 앞으로 보겠지만 두 형태의 사건이 매우 다른 시사점을 갖기에 두 유형의 사건을 구분한다.

체계적 위험과 비체계적 위험

놀람의 첫째 유형은 많은 수의 자산에 영향을 주는 것으로 이를 **체계적 위험(systematic risk)**이라고 한다. 체계적 위험은 시장 전체에 영향을 주므로 때때로 시장위험(*market risks*)이라고 한다.

체계적 위험
systematic risk
많은 수의 자산에 영향을 주는 리스크로 *시장위험*(*market risk*)이라고도 함.

놀람의 둘째 유형을 **비체계적 위험(unsystematic risk)**이라고 한다. 비체계적 위험은 단 하나의 자산이나 소집단의 자산에 영향을 주는 위험이다. 이 위험들은 개별 기업이나 자산에 고유한 위험이므로 고유위험(*unique or asset-specific risk*)이라고도 한다. 앞으로 이 용어들을 같이 사용할 것이다.

비체계적 위험
unsystematic risk
기껏해야 적은 수의 자산에 영향을 주는 리스크. *고유위험*(*unique or asset-specific risk*)이라고도 함.

그동안 보았듯이 GDP, 이자율 또는 인플레이션과 같은 일반적인 경제 상황들의 불확실성은 체계적 위험의 예이다. 이들 상황은 거의 모든 회사에 어느 정도 영향을 미친다. 예를 들어 예상하지 못한 인플레이션의 증가는 임금과 회사가 구매하는 재고비용에 영향을 준다. 이는 회사들이 소유하는 자산의 가치에 영향을 주고, 회사가 팔려는 제품의 가격에 영향을 준다. 모든 회사가 영향을 받을 수 있는 이런 위력들이 체계적 위험의 본질이다.

이와는 대조적으로 어느 회사가 석유를 발견했다는 발표는 주로 그 회사나 아마 주요 경쟁사나 공급업체 같은 몇몇 회사에만 영향을 줄 것이다. 그러나 전 세계 석유 시장 또는 석유산업에 종사하지 않는 회사들에는 큰 영향을 줄 것 같지는 않으므로 비체계적인 사건이다.

수익률에서 체계적 요소와 비체계적 요소

체계적 위험과 비체계적 위험을 정확하게 구분하는 일은 알고 있는 것처럼 실제로 그렇게 정확하지는 않다. 심지어 어느 회사에만 매우 지엽적이고 고유한 한 조각의 뉴스조차도 경제에 파문이 될 수 있다. 아무리 작아도 모든 기업은 경제의 한 부분이기에 이는 사실이다. 이것은 말이 한쪽 굽을 잃어버림으로써 멸망한 왕국의 이야기와 같다. 그러나 이는 대부분 사소한 것을 과장한 것이다. 어떤 리스크는 확실하게 다른 리스크보다는 더 일반적이다. 잠시 후에 이 점에 대한 몇 가지 증거를 볼 것이다.

리스크의 유형을 구분함으로써 플라이어스 주식의 수익률에서 전체 놀람 부분 U를 두 부분으로 나눌 수 있다. 앞에서 실제수익률은 기대와 놀람 부분으로 나눌 수 있었다.

$$R = E(R) + U$$

이제 플라이어스의 전체 놀람 부분인 U가 체계적 부분과 비체계적 부분으로 되어 있음을 인식한다. 그래서

$$R = E(R) + \text{체계적 부분} + \text{비체계적 부분} \quad [11.5]$$

전통대로 비체계적 부분을 그리스 문자 엡실론(ϵ)으로 표기하겠다. 체계적 위험이 종종 시장위험으로 불리기에 놀람에서 체계적 부분을 엠(m)으로 표기하겠다. 이 기호들을 사용해서 총수익률을 다음과 같이 적을 수 있다.

$$\begin{aligned} R &= E(R) + U \\ &= E(R) + m + \varepsilon \end{aligned}$$

전체 놀람 부분 U의 분류 방법에서 중요한 사실은 비체계적 부분인 ϵ이 다소 플라이어스에만 고유하다는 것이다. 이런 이유로 대부분의 다른 자산의 수익률 중 비체계적 부분과는 관련이 없다. 이것이 왜 중요한지 확인하기 위해서 포트폴리오 리스크라는 주제로 다시 돌아갈 필요가 있다.

개념문제 CONCEPT QUESTIONS

11.4a 리스크의 두 가지 기본적인 형태는 무엇인가?

11.4b 리스크의 두 가지 형태의 차이는 무엇인가?

11.5 분산투자와 포트폴리오 리스크

포트폴리오의 리스크는 원칙적으로 포트폴리오를 구성하는 자산들의 리스크와 상당히 다를 수 있음을 알았다. 이제 개별자산의 리스크와 많은 다른 자산들의 포트폴리오 리스크에 대해서 더 자세히 살펴본다. 미국 자본시장에서의 실제 투자가 어떠했는지를 이해하기 위해서 시장 역사를 다시 점검해 보겠다.

분산투자 효과: 시장 역사의 또 다른 교훈

앞장에서 〈그림 10.10〉을 보면 500개의 대형주 포트폴리오의 연간수익률의 표준편차는 연간 약 20%임을 알았다. 이것이 500개 그룹에서 전형적인 주식의 연간수익률의 표준편차가 약 20%임을 의미하는가? 지금 눈치챘듯이 답은 '아니다'다. 이는 극히 중요한 관측이다.

리스크와 분산투자를 더 알려면 www.investopedia.com/university 참조.

포트폴리오 규모와 포트폴리오 리스크 간의 관계를 검토하기 위해서 〈표 11.7〉은 각기 다른 수의 임의로 선정한 NYSE 증권으로 구성된 포트폴리오의 연평균 표준편차를 보여 준다.

〈표 11.7〉의 둘째 열에서 하나의 증권으로 된 "포트폴리오"의 표준편차가 약 49%임을 알았다. 이는 NYSE의 주식 하나를 임의로 선정해서 모든 자금을 다 투자하면 수익률

표 11.7

연간 포트폴리오 수익률의 표준편차

(1) 포트폴리오의 주식 수	(2) 포트폴리오 연간수익률의 평균 표준편차	(3) 단일주식의 표준편차 대비 포트폴리오 표준편차의 비율
1	49.24%	1.00
2	37.36	0.76
4	29.69	0.60
6	26.64	0.54
8	24.98	0.51
10	23.93	0.49
20	21.68	0.44
30	20.87	0.42
40	20.46	0.42
50	20.20	0.41
100	19.69	0.40
200	19.42	0.39
300	19.34	0.39
400	19.29	0.39
500	19.27	0.39
1,000	19.21	0.39

출처: Statman, Meir, "How Many Stocks Make a Diversified Portfolio?" *Journal of Financial and Quantitative Analysis*, vol. 22, September 1987, 353-64.의 표 1에서 발췌. 이 숫자들은 Elton, E. J. and Gruber, M. J., "Risk Reduction and Portfolio Size: An Analytic Solution," *Journal of Business*, vol. 50, October 1977, 415-37에서 도출되었다.

의 표준편차는 보통 연간 49%나 됨을 의미한다. 만약 2개의 주식을 임의로 선정해서 각각에 절반씩 투자하면 표준편차는 평균적으로 약 37%가 될 것이고 기타 등등이다.

〈표 11.7〉에서 주목할 중요한 사실은 증권의 수가 증가할수록 표준편차는 감소한다는 것이다. 100개의 주식을 임의로 선정할 때까지 포트폴리오의 표준편차는 49%에서 약 20%로 약 60%(29% 포인트) 가까이 줄었다. 500개의 증권으로 표준편차는 19.27%로 앞장에서 본 대형주 포트폴리오의 표준편차인 19.8%와 비슷하다. 포트폴리오의 증권과 검토했던 기간이 달라서 약간의 차이가 있다.

분산투자의 원리

〈그림 11.1〉은 방금 논의했던 점을 보여 주기 위해 포트폴리오의 주식 수와 표준편차를 그린 것이다. 〈그림 11.1〉에서 증권을 늘려나감에 따른 위험 감소 면에서의 혜택은 점점 줄어든다는 것을 주목하자. 증권이 10개가 되면 대부분 효과는 이미 실현되어 30개가 될 때는 이점이 아주 작다.

〈그림 11.1〉은 두 가지 중요한 점을 보여 준다. 첫째, 개별자산과 관련된 리스크의 일부는 포트폴리오를 구성해 제거할 수 있다. 여러 자산에 나누어 투자해 포트폴리오를 구성하는 과정을 분산투자(*diversification*)라고 한다. **분산투자의 원리(principle of diversification)**는 여러 자산에 걸쳐 투자를 넓혀 가면 일부 위험이 제거되는 사실을 말해 준다. 〈그림 11.1〉에서 "분산가능 위험"(diversifiable risk)이라고 표시된 영역은 분산투자로 제거할 수 있는 영역이다.

분산투자의 원리 principle of diversification
수많은 자산에 투자를 펼침은 위험 모두는 아니나 일부를 제거할 것이다.

둘째도 동등하게 중요하다. 분산투자로 제거할 수 없는 최소한의 위험 수준이 있다. 이 최소한의 수준은 〈그림 11.1〉에서 "분산불가능 위험"(nondiversifiable risk)이라고 표시되어 있다. 이 둘을 합하면 자본시장 역사에서 또 다른 중요한 교훈을 얻는다. 분산투자는 리스크를 줄이나 일정 수준까지이다. 즉, 어떤 위험은 분산 가능하며 어떤 위험은 불가능하다.

분산투자와 비체계적 위험

포트폴리오 위험의 논의에서 개별자산과 관련이 있는 위험 부분은 분산해 제거할 수 있고 일부는 불가능함을 안다. 당연한 질문이 남는다. 왜 그럴까? 답은 앞에서 구분한 체계적 위험과 비체계적 위험에 전적으로 달려 있다.

정의에 의하면 비체계적 위험은 단일 자산이나 기껏해야 소규모 집단에 특정한 위험이다. 예를 들어 고려 중인 자산이 단일 회사의 주식이면 성공적인 신제품이나 혁신적인 비용 절감과 같은 NPV가 양수인 프로젝트의 발견은 주식의 가치를 상승시킬 것이다. 예상치 못한 법적 소송, 산업재해, 파업이나 유사한 사건들은 미래 현금흐름을 감소시키고 그로 인해 주식 가치를 줄일 것이다.

여기서 중요한 사실을 발견할 수 있다. 단 하나의 주식만을 보유한다면 투자의 가치는 회사에 특정한 사건으로 인해서 변동할 것이다. 한편 많은 주식의 포트폴리오를 보유

포트폴리오 분산투자

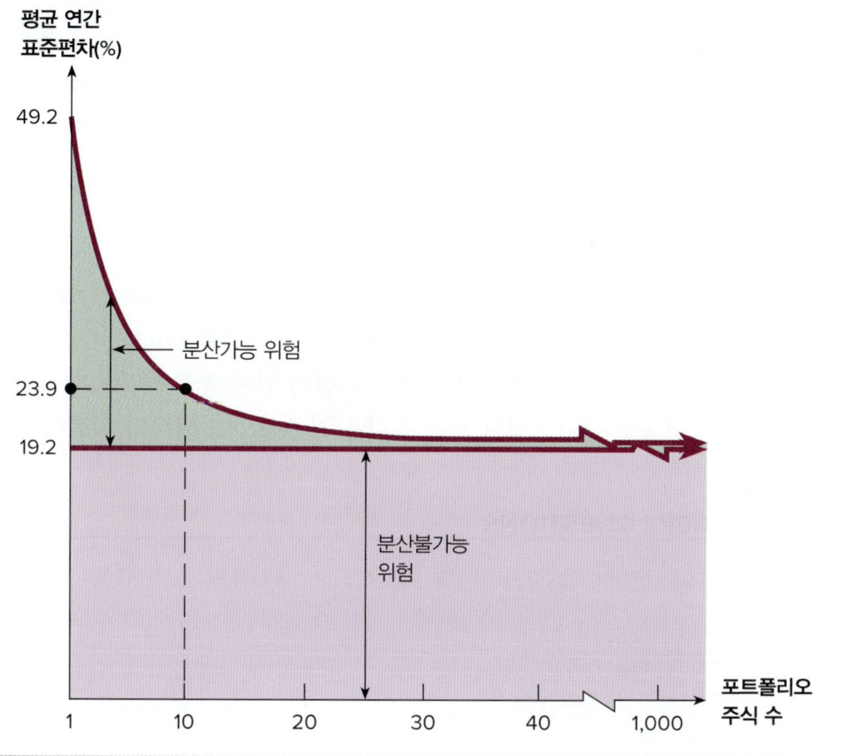

하면 포트폴리오의 어떤 주식들은 긍정적인 회사의 특정 사건으로 가치가 올라갈 것이고 어떤 주식은 부정적 사건으로 가치가 내려갈 것이다. 그러나 이러한 효과가 서로 상쇄하는 경향이 있어서 포트폴리오 전체 가치의 순 효과는 비교적 작을 것이다.

개별자산과 관련이 있는 일부 변동성이 분산투자로 제거되는 이유를 이제 알 것이다. 자산을 결합해 포트폴리오를 구성할 때 일단 수 개의 자산보다 많으면 고유 또는 비체계적인 사건들은 긍정적이건 부정적이건 간에 "사라져 버리는" 경향이 있다.

이는 중요한 사항으로 재정리한다.

비체계적 위험은 기본적으로 분산투자로 제거된다. 그래서 비교적 규모가 큰 포트폴리오는 비체계적 위험이 거의 없다.

사실상 분산가능 위험(*diversifiable risk*)과 비체계적 위험(*unsystematic risk*)이라는 용어는 종종 같은 의미로 사용된다.

분산투자와 체계적 위험

비체계적 위험은 분산투자로 제거할 수 있다는 것을 알았다. 체계적 위험은 어떠한가? 이것 역시 분산투자로 제거할 수 있는가? 체계적 위험은 정의상 거의 모든 자산에 어느 정도 영향을 주기 때문에 답은 '아니다'다. 그 결과 아무리 많은 자산으로 포트폴리오를 구성해도 체계적 위험은 없어지지 않는다. 그러므로 이런 명백한 이유로 **체계적 위험**(*systematic risk*)과 **분산불가능 위험**(*nondiversifiable risk*)은 같은 의미로 사용된다.

많은 다른 용어를 소개했기에 다음으로 넘어가기 전에 논의를 요약하는 것이 유용하다. 수익률의 표준편차로 측정된 투자의 총위험(total risk)을 다음과 같이 적을 수 있다.

총위험 = 체계적 위험 + 비체계적 위험 [11.6]

체계적 위험은 **분산불가능 위험**(*nondiversifiable risk*) 또는 **시장위험**(*market risk*)이라고도 한다. 비체계적 위험은 **분산가능 위험**(*diversifiable risk*), **고유위험**(*unique risk*), 또는 **자산특정 위험**(*asset-specific risk*)이라고도 한다. 매우 분산이 잘된 포트폴리오에서 비체계적 위험은 무시된다. 그런 포트폴리오에서 모든 위험은 기본적으로 체계적 위험이다.

개념문제 CONCEPT QUESTIONS

11.5a 포트폴리오의 증권 수를 증가시키면 포트폴리오 수익률의 표준편차는 어떻게 되는가?

11.5b 분산투자의 원리는 무엇인가?

11.5c 왜 어떤 위험들은 분산가능한가?

11.5d 왜 체계적 위험은 분산불가능한가?

11.6 체계적 위험과 베타

지금 다루기 시작하는 질문은 다음과 같다. 위험자산에서 리스크프리미엄의 크기를 결정하는 것은 무엇인가? 달리 말해서 왜 어떤 자산은 다른 자산보다 리스크프리미엄이 더 큰가? 다음의 논의대로 이 질문의 답은 역시 체계적 위험과 비체계적 위험의 구분에 근거한다.

체계적 위험의 원리

베타를 더 알고 싶으면 money.cnn.com 참조.

지금까지 자산에 관련된 총위험은 체계적 위험과 비체계적 위험 두 요소로 나누어질 수 있다는 사실을 알았다. 비체계적 위험은 분산투자로 기본적으로 제거될 수 있음도 알았다. 한편 자산에 존재하는 체계적 위험은 분산투자로 제거될 수 없다.

자본시장 역사의 연구에 의하면 평균적으로 리스크 감수에 대한 보상이 있다는 것을 안다. 그러나 위험이 무엇을 의미하는지 더 정확히 할 필요가 있다.

체계적 위험의 원리 systematic risk principle
위험자산의 기대수익률은 자산의 체계적 위험에 의해서만 결정됨.

체계적 위험의 원리(systematic risk principle)는 리스크 감수에 대한 보상은 오직 투자의 체계적 위험에 의해 결정됨을 말한다. 이 원리의 기본적인 논리는 직설적이다. 비체계적 위험은 분산투자로 실질적으로 비용 없이 제거할 수 있기에 그것을 감수해도 보상이 없다. 달리 말해서 시장은 불필요하게 감수한 리스크에는 보상하지 않는다.

체계적 위험의 원리는 주목할 만한 매우 중요한 의미를 시사한다.

자산의 기대수익률은 그 자산의 체계적 위험에 의해서만 결정된다.

이 원리의 당연한 보조 명제가 있다. 자산의 총위험이 아무리 크더라도 체계적 부분만이 자산의 기대수익률과 리스크프리미엄 결정에 적절하다.

체계적 위험의 측정

체계적 위험은 자산의 기대수익률의 중대한 결정 요소이기에 다른 투자의 체계적 위험의 수준을 계산하는 방법이 필요하다. 사용하려는 특정한 측정 방법은 **베타계수(beta coefficient)**라고 부르며 그리스 기호 β를 이용할 것이다. 베타계수 또는 줄여서 베타는 특정 자산의 체계적 위험이 평균적인 자산에 비해서 어느 정도 되는지를 말한다. 정의상 평균적인 자산은 그 자신에 비해서 베타가 1.0이다. 그러므로 베타가 0.50인 자산은 평균적인 자산에 비해 체계적 위험이 절반이고 베타가 2인 자산은 2배이다.

베타계수
beta coefficient
평균적인 위험자산에 대비 특정 위험자산에 있는 체계적 위험의 정도.

〈표 11.8〉은 몇 개의 유명 회사들 주식의 추정된 베타계수를 담고 있다. 〈표 11.8〉에 있는 베타의 범위는 미국 대형 주식회사의 주식에 전형적이다. 이 범위를 벗어나는 베타가 있으나 흔하지는 않다. 온라인상에서 베타를 찾는 방법을 배우기 위해서는 근처의 *Work the Web*(워크더웹) 박스를 보자.

기억할 중요한 것은 한 자산의 기대수익률과 리스크프리미엄은 체계적 위험에 의해서만 결정된다는 사실이다. 베타가 큰 자산은 체계적 위험이 크기에 기대수익률이 더 클 것이다. 그러므로 〈표 11.8〉에서 베타가 0.85인 포드(Ford)의 주식을 산 투자자는 베타가 약 1.15인 애플(Apple) 주식을 산 투자자보다 평균적으로 수익이 적을 것으로 예상해야 한다. 더 "현실 세계" 베타를 알기 위해서 근처의 *Finance Matters*(재무사안) 박스를 읽어보자.

표 11.8
선택된 기업의 베타계수

회사	베타계수(β_i)
메시(Macy's)	0.54
페이스북(Facebook)	0.81
포드(Ford)	0.85
파이저(Pfizer)	0.93
코스트코(Costco)	1.05
홈 디포(Home Depot)	1.06
애플(Apple)	1.15
푸르덴셜(Prudential)	1.46
아마존(Amazon)	1.70

출처: finance.yahoo.com, 2018.

WORK THE WEB

시어스(Sears) 같은 회사의 베타를 찾으려고 한다. 한 가지 방법은 웹사이트를 이용하는 것이다. finance.yahoo.com에 가서 시어스의 티커 심볼(SHLD)을 입력한다. 화면 일부는 다음과 같다.

Stock Price History	
Beta	1.44
52-Week Change [3]	-52.89%
S&P500 52-Week Change [3]	20.11%
52 Week High [3]	19.12
52 Week Low [3]	8.00

Management Effectiveness	
Return on Assets (ttm)	-8.07%
Return on Equity (ttm)	N/A

출처: finance.yahoo.com, 2018.

시어스의 보고된 베타는 1.44로 시어스의 체계적 위험이 전형적인 주식의 약 1.5배라는 의미이다. 이 회사가 매우 위험하다고 예상할 것이고 다른 숫자들을 보면 동의한다. 시어스의 ROA는 −8.07%로 회사는 지난해 손실을 보았다. 그러나 ROE는 보고하지 않았다. 왜일까? 주당 장부가치를 보면 회사의 누적손실로 음수이다. 이 경우 손실이 클수록 ROE가 커진다! 좋은 일이 아니다. 이로써 시어스는 높은 베타의 좋은 후보자로 보인다.

질문 QUESTIONS

1. *이 글을 쓴 이후 시어스의 ROE는 "개선"되었는가? 웹에서 최근의 숫자들을 확인해 알아보자.*
2. *애널리스트들은 시어스의 성장률을 어떻게 추정하는가? 이 성장률은 산업과 비교하면 어떠한가?*

FINANCE MATTERS

베타, 베타, 누구의 베타?

지금까지 배운 바에 의하면 베타가 매우 중요한 주제임을 알 수 있다. 그러면 발표된 모든 베타가 똑같이 만들어지는지 궁금할 것이다. 이 질문에 부분적이나마 답하기 위해 계속 읽어 보라.

베타를 확인하다 재미있는 결과를 발견했다. 밸류라인(Value Line) 《인베스트먼트 서베이》(*Investment Survey*)는 미국 상장회사에 대한 정보를 제공하는 가장 잘 알려진 출처 중 하나다. 그러나 온라인 투자의 폭발적인 성장에 맞추어 온라인상에서 이용 가능한 투자정보의 양도 상당히 증가하였다. 밸류라인에서 제시한 베타들을 Yahoo! Finance(finance.yahoo.com)와 CNN Money(money.cnn.com)가 보고한 베타들과 비교하기로 했다. 발견한 것은 중요한 경고문이다.

마이크로소프트(Microsoft)를 고려하면 인터넷이 보고한 베타는 1.28로 밸류라인의 베타 1.0보다 크다. 다른 출처의 베타가 큰 차이를 보이는 것은 마이크로소프트만이 아니다. 사실 살펴본 기술회사 대부분에서 밸류라인은 온라인 사이트들보다 상당히 낮은 베타를 보고했다. 예를 들어 시스코시스템즈(Cisco Systems)의 온라인 베타는 1.22였으나 밸류라인은 1.05로 보고했다. 이베이(eBay)의 온라인 베타는 1.49였고 밸류라인 베타는 1.00이었다. 밸류라인의 베타가 항상 더 낮지는 않다. 예를 들어 범용 아크로뱃 소프트웨어의 제작사인 어도비(Adobe)의 밸류라인 베타 1.10과 비교해 온라인 베타는 0.80이었다.

이상하고 믿기조차 힘든 베타의 추정치도 발견했다. 시저스 엔터테인먼트(Caesars Entertainment)의 온라인 베타는 매우 낮아 0.01인 반면 밸류라인은 이 회사의 베타가 1.60이라고 보고했다. 서던컴퍼니(Southern Company)의 온라인 추정치는 0.03으로 밸류라인의 0.54와 비교된다. 아마도 가장 터무니없이 보고된 베타는 에스피오 글로벌(SPO GLobal)과 서니라이프 글로벌(Sunnylife Global)의 온라인 베타로 각각 155.23과 −263.53이었다. (마이너스 사인에 주목하라!) 밸류라인은 이 회사들의 베타를 보고하지 않았다. −263.53의 베타를 어떻게 해석해야 하는가?

이 모두에서 몇 가지 배울 교훈이 있다. 첫째, 모든 베타가 같게 측정되지 않는다. 어떤 기관은 주별 수익률을 이용해 측정하고 어떤 기관은 일별 수익률을 이용해 측정한다. 어떤 기관은 60개월의 주식수익률을 이용해 계산하고 어떤 기관은 60개월보다 긴 기간 또는 짧은 기간을 고려한다. 어떤 베타들은 주식을 S&P 500지수와 비교해 측정되고, 다른 베타들은 다른 지수들을 이용해 측정된다. 마지막으로 밸류라인을 포함해 기업정보를 보고하는 기업들은 주가변동 이외의 정보를 반영하기 위해 가공하지 않은 베타를 조정한다.

둘째 교훈은 아마 더 난해하다. 주식 베타가 미래에 어떨지를 아는 데 관심이 있으나 베타는 역사적 자료로 추정되어야 한다. 미래를 예측하는 데 과거의 자료를 이용할 때마다 추정이 잘못될 위험이 있다. 이번 장의 뒷부분과 다음 장에서 살펴보겠지만 SPO 글로벌이 155.23과 같은 베타인 것이나 써니라이프 글로벌이 −263.53의 베타인 것은 비현실적이다. 대신 추정이 거의 확실히 잘못되었다. 이 이야기의 도덕률은 다른 재무적 방법들처럼 베타는 아무런 의심 없이 받아들여져야만 하는 블랙박스는 아니다.

예제 11.5 총위험과 베타

두 증권에 관한 다음 정보를 고려해 보자. 어느 증권의 총위험이 더 큰가? 어느 증권의 체계적 위험이 더 큰가? 비체계적 위험이 더 큰 증권은? 어떤 자산의 리스크프리미엄이 더 큰가?

	표준편차	베타
증권 A	40%	0.50
증권 B	20	1.50

앞의 설명에 의하면 주식 A는 총위험은 크나 체계적 위험은 상당히 작다. 총위험은 체계적 위험과 비체계적 위험의 합이므로 증권 A는 비체계적 위험이 더 클 것이다. 마지막으로 체계적 위험의 원리에 의해 증권 B는 비록 총위험은 작지만 리스크프리미엄과 기대수익률이 더 클 것이다.

포트폴리오 베타

베타는 웹에서 쉽게 찾을 수 있다. finance.yahoo.com과 money.cnn.com을 접속해 보자.

앞에서 포트폴리오의 전체 위험성은 포트폴리오를 구성하는 자산들의 위험과 단순한 관계가 아님을 보았다. 그러나 포트폴리오 베타는 포트폴리오 기대수익률과 같은 방법으로 계산할 수 있다. 예를 들어 〈표 11.8〉을 다시 보면 자금의 절반을 포드에 투자하고 절반을 푸르덴셜에 투자한다고 하자. 이 조합의 베타는 얼마이겠는가? 포드의 베타가 0.85이고 푸르덴셜의 베타가 1.46이므로 포트폴리오 베타(β_P)는

$$\begin{aligned}\beta_P &= 0.50 \times \beta_{\text{Ford}} + 0.50 \times \beta_{\text{Prudential}} \\ &= 0.50 \times 0.85 + 0.50 \times 1.46 \\ &= 1.16\end{aligned}$$

일반적으로 포트폴리오에 많은 수의 자산이 있으면 각 자산의 베타에 포트폴리오 가중치를 곱한 후 모두 합해 포트폴리오의 베타를 구할 수 있다.

예제 11.6 포트폴리오 베타

다음과 같은 투자가 있다고 하자.

증권	투자금액	기대수익률	베타
주식 A	1,000	8%	0.80
주식 B	2,000	12	0.95
주식 C	3,000	15	1.10
주식 D	4,000	18	1.40

이 포트폴리오의 기대수익률은 얼마인가? 포트폴리오 베타는 얼마인가? 이 포트폴리오는 평균자산보다 체계적 위험이 더 큰가 또는 작은가?

답을 위해 먼저 포트폴리오 가중치를 계산해야 한다. 총투자금액은 10,000원임에 주목하자. 이 중 1,000/10,000 = 0.10 또는 10%가 주식 A에 투자되었다. 마찬가지로 20%가 주식 B에 투자되었고, 30%가 주식 C, 40%가 주식 D에 투자되었다. 그러므로 기대수익률[$E(R_P)$]은

$$\begin{aligned}E(R_P) &= 0.10 \times E(R_A) + 0.20 \times E(R_B) + 0.30 \times E(R_C) + 0.40 \times E(R_D) \\ &= 0.10 \times 8\% + 0.20 \times 12\% + 0.30 \times 15\% + 0.40 \times 18\% \\ &= 14.9\%\end{aligned}$$

마찬가지로 포트폴리오 베타(β_P)는

$$\begin{aligned}\beta_P &= 0.10 \times \beta_A + 0.20 \times \beta_B + 0.30 \times \beta_C + 0.40 \times \beta_D \\ &= 0.10 \times 0.80 + 0.20 \times 0.95 + 0.30 \times 1.10 + 0.40 \times 1.40 \\ &= 1.16\end{aligned}$$

따라서 이 포트폴리오의 기대수익률은 14.9%이고, 베타는 1.16이다. 베타가 1.0보다 크므로 이 포트폴리오는 평균적인 자산보다 체계적 위험이 더 크다.

개념문제 CONCEPT QUESTIONS

11.6a 체계적 위험의 원리는 무엇인가?

11.6b 베타계수 측정치는 무엇을 하는가?

11.6c 포트폴리오 베타를 어떻게 계산하는가?

11.6d 위험자산의 기대수익률은 그 자산의 총위험에 의해 결정된다. 맞는지 또는 틀리는지 설명하라.

11.7 증권시장선

이제 시장에서 위험에 보상하는 방법을 알아볼 준비가 되었다. 우선 자산 A의 기대수익률은 $E(R_A) = 20\%$이고 베타는 $\beta_A = 1.6$이라고 하자. 무위험수익률은 $R_f = 8\%$이다. 무위험자산은 정의상 체계적 위험이 없어서(비체계적 위험도 물론 없음) 무위험자산의 베타는 0이다.

베타와 리스크프리미엄

자산 A와 무위험자산으로 구성된 포트폴리오를 고려하자. 이 두 자산에 투자하는 비율을 달리함으로써 여러 가능한 포트폴리오의 기대수익률과 베타를 계산할 수 있다. 예를 들어 포트폴리오의 25%를 자산 A에 투자하면 기대수익률은

$$\begin{aligned} E(R_P) &= 0.25 \times E(R_A) + (1 - 0.25) \times R_f \\ &= 0.25 \times 20\% + 0.75 \times 8\% \\ &= 11.0\% \end{aligned}$$

유사하게 포트폴리오 베타, β_P는

$$\begin{aligned} \beta_P &= 0.25 \times \beta_A + (1 - 0.25) \times 0 \\ &= 0.25 \times 1.6 \\ &= 0.40 \end{aligned}$$

가중치의 합은 1이기에 무위험자산에 투자하는 비율은 1에서 자산 A에 투자한 비율을 뺀 값이 된다.

자산 A에 투자한 비율이 100%를 넘을 수 있는지 궁금할 것이다. 대답은 '그렇다'이다. 이것이 가능한 방법은 투자자가 무위험 이자율에 차입하는 것이다. 예를 들어 한 투자자가 100달러가 있는데 추가로 50달러를 8%의 무위험 이자율에 빌렸다고 하자. 자산 A에 투자한 금액은 총 150달러 또는 투자자 재산의 150%일 것이다. 이 경우 기대수익률은

$$\begin{aligned} E(R_P) &= 1.50 \times E(R_A) + (1 - 1.50) \times R_f \\ &= 1.50 \times 20\% - 0.50 \times 8\% \\ &= 26.0\% \end{aligned}$$

포트폴리오의 베타는

$$\beta_P = 1.50 \times \beta_A + (1 - 1.50) \times 0$$
$$= 1.50 \times 1.6$$
$$= 2.4$$

다른 가능성을 다음과 같이 계산할 수 있다.

포트폴리오에서 자산 A의 비율	포트폴리오 기대수익률	포트폴리오 베타
0%	8%	0.0
25	11	0.4
50	14	0.8
75	17	1.2
100	20	1.6
125	23	2.0
150	26	2.4

〈그림 11.2A〉에 포트폴리오 베타에 대한 포트폴리오 기대수익률을 그렸다. 모든 조합은 직선 위에 놓여 있음에 주목하자.

리스크보상률 〈그림 11.2A〉에서 직선의 기울기는 얼마인가? 여느 경우와 같이 직선의 기울기는 "변화에 대한 증가"이다. 이 경우 무위험자산에서 자산 A로 옮겨감에 따라 베타는 0에서 1.6으로 증가(1.6의 "변화")한다. 동시에 기대수익률은 8%에서 20%로 12% 만큼 "증가"한다. 그러므로 선의 기울기는 12%/1.6 = 7.50%이다.

직선의 기울기는 자산 A의 리스크프리미엄[$E(R_A) - R_f$]을 자산 A의 베타(β_A)로 나눈 값이다.

$$\text{기울기} = \frac{E(R_A) - R_f}{\beta_A}$$
$$= \frac{20\% - 8\%}{1.6}$$
$$= 7.50\%$$

이는 자산 A의 위험보상률 또는 **리스크보상률**(*reward-to-risk ratio*)이 7.50%임을 말해준다.[2)] 즉, 자산 A의 체계적 위험 "단위"당 리스크프리미엄은 7.50%이다.

기본 논리 이번에는 두 번째 자산인 자산 B를 생각해 보자. 베타는 1.2이고 기대수익률은 16%이다. 자산 A와 자산 B 중 어느 것이 더 나은가? 또다시 선택하기 정말 어렵다고 생각할 것이다. 어떤 투자자는 자산 A를 선호하고, 어떤 투자자들은 자산 B를 선호할 것이다. 그러나 실제로 A가 낫다. B는 A에 비해서 적어도 체계적 위험 수준에 대해 부적절한 보상을 한다.

2) 이 비율은 고안자 중 한 명의 이름을 따서 **트레이노 지수**(*Treynor index*)라고도 불린다.

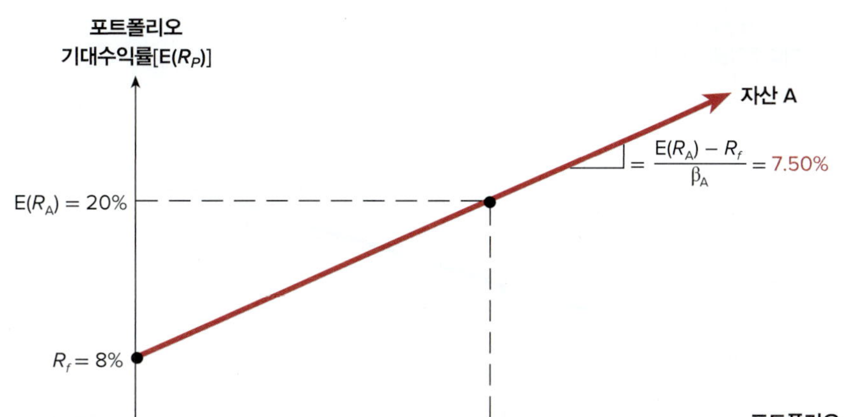

그림 11.2A

자산 A의 포트폴리오 기대수익률과 베타

우선 자산 A에 했던 것처럼 자산 B와 무위험자산의 포트폴리오 기대수익률과 베타의 여러 조합을 계산한다. 예를 들어 25%를 자산 B에 투자하고 나머지 75%를 무위험자산에 투자하면 포트폴리오의 기대수익률은

$$\begin{aligned} E(R_P) &= 0.25 \times E(R_B) + (1 - 0.25) \times R_f \\ &= 0.25 \times 16\% + 0.75 \times 8\% \\ &= 10.0\% \end{aligned}$$

유사하게 포트폴리오 베타(β_P)는 다음과 같을 것이다.

$$\begin{aligned} \beta_P &= 0.25 \times \beta_B + (1 - 0.25) \times 0 \\ &= 0.25 \times 1.2 \\ &= 0.30 \end{aligned}$$

다른 가능성은 다음과 같다.

포트폴리오에서 자산 B의 비율	포트폴리오 기대수익률	포트폴리오 베타
0%	8%	0.0
25	10	0.3
50	12	0.6
75	14	0.9
100	16	1.2
125	18	1.5
150	20	1.8

〈그림 11.2B〉에 포트폴리오 기대수익률과 포트폴리오 베타의 조합을 그림으로 표시하면 자산 A의 경우처럼 직선이 된다.

그림 11.2B
자산 B의 포트폴리오 기대수익률과 베타

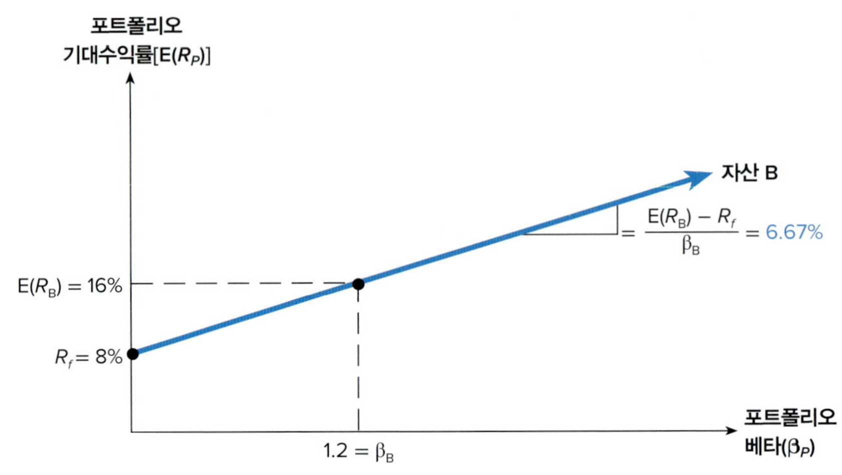

자산 A와 B의 결과를 비교할 때 〈그림 11.2C〉처럼 자산 A의 기대수익률과 베타의 조합을 그린 선이 자산 B의 선보다 위에 있다는 점이 중요하다. 주어진 체계적 위험(β로 측정)의 어떤 수준에서도 자산 A와 무위험자산의 조합이 항상 더 큰 수익률을 제공함을 말한다. 이것이 자산 A가 자산 B보다 더 나은 투자라고 주장할 수 있는 이유이다.

자산 A가 각 위험 수준에서 우월한 수익을 제공함을 보는 다른 방법은 자산 B의 기울기가 다음과 같음에 주목하는 것이다.

$$
\begin{aligned}
\textbf{기울기} &= \frac{\mathbf{E}(\boldsymbol{R}_{\mathbf{B}}) - \boldsymbol{R}_{\boldsymbol{f}}}{\boldsymbol{\beta}_{\boldsymbol{B}}} \\
&= \frac{\mathbf{16\% - 8\%}}{\mathbf{1.2}} = \mathbf{6.67\%}
\end{aligned}
$$

그림 11.2C
두 자산의 포트폴리오 기대수익률과 베타

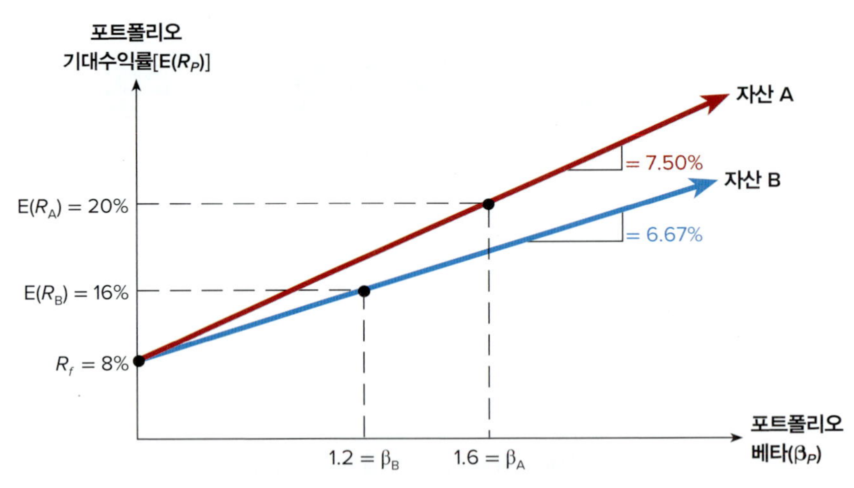

그러므로 자산 B의 리스크보상률은 6.67%이다. 이는 자산 A가 제공하는 7.5%보다 낮다.

기본 결과 자산 A와 자산 B를 설명한 상황은 투자자들이 자산 A를 선호하고 자산 B를 멀리하기에 잘 조직된 활발한 시장에서는 지속할 수 없다. 그 결과 자산 A의 가격은 상승할 것이고, 자산 B의 가격은 하락할 것이다. 가격과 수익률은 반대 방향으로 움직이기에 A의 기대수익률은 내려갈 것이고 B는 올라갈 것이다.

이런 매매는 두 자산이 정확히 같은 선상에 그려질 때까지 계속될 것이다. 이는 두 자산이 위험 감수에 같은 보상을 제공함을 의미한다. 다시 말해서 활발하고 경쟁적인 시장에서는 다음 식이 성립해야 한다.

$$\frac{E(R_A) - R_f}{\beta_A} = \frac{E(R_B) - R_f}{\beta_B}$$

이것이 위험과 수익률 간의 기본 관계이다.

기초적인 논증은 2개 이상의 자산으로 확장될 수 있다. 사실상 아무리 많은 자산이 있더라도 항상 같은 결론에 도달할 것이다.

리스크보상률(reward-to-risk ratio)은 시장의 모든 자산에서 같아야 한다.

이 결과는 정말 그렇게 놀랄 일은 아니다. 예를 들어 한 자산이 다른 자산에 비해 체계적 위험이 2배이면 리스크프리미엄은 2배가 될 것이다.

시장에 있는 모든 자산의 리스크보상률은 같으므로 모든 자산은 같은 선상에 있어야 한다. 이 주장은 〈그림 11.3〉에 그려졌다. 보다시피 자산 A와 B는 바로 선상에 있고 따라서 리스크보상률도 같다. 〈그림 11.3〉의 C처럼 어떤 자산이 선 위에 있으면 가격은 오를 것이고, 기대수익률은 정확히 선상에 올 때까지 떨어질 것이다. 유사하게 〈그림 11.3〉의 D처럼 어떤 자산이 선의 아래에 있으면 역시 바로 선상에 올 때까지 기대수익률은 오를 것이다.

지금 펼친 주장은 활발하고 경쟁적이며 제 기능을 하는 시장에 적용한다. 뉴욕증권거래소(NYSE)와 같은 금융시장에 이런 기준이 가장 잘 맞는다. 부동산시장과 같은 다른 시장은 그럴 수도 아닐 수도 있다. 이런 이유로 이 개념들은 금융시장의 검토에 가장 유용하다. 따라서 여기서는 그런 시장에 중점을 둔다. 그러나 다음 절에서 논의하듯이 금융시장에서 수집한 위험과 수익에 대한 정보는 주식회사가 실물자산 투자의 평가에 매우 중요하다.

그림 11.3

기대수익률과 체계적 위험

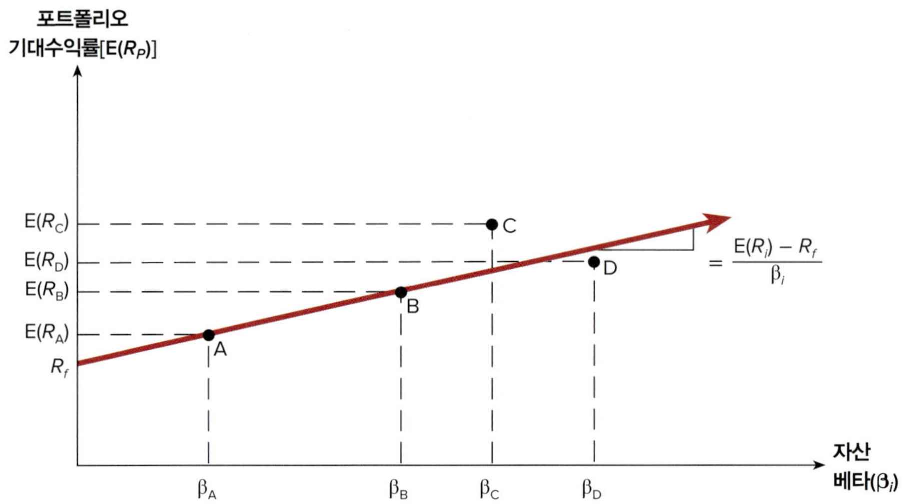

베타와 기대수익률 간의 기본 관계는 모든 자산의 리스크보상률($[E(R_i) - R_f]/\beta_i$)이 같아야 한다는 것이다. 이는 모든 자산이 같은 직선상에 위치할 것임을 뜻한다. 자산 A와 B가 이런 행태의 예이다. 자산 C의 기대수익률은 너무 높고, 자산 D는 너무 낮다.

예제 11.7 저가 매수, 고가 매도

주어진 기대수익률과 위험에서 가격이 너무 높으면 그 자산은 *과대평가(overvalued)*되어 있다고 한다. 다음 상황을 관측했다.

증권	기대수익률	베타
파마(Fama Co.)	14%	1.3
프렌치(French Co.)	10	0.8

무위험수익률은 현행 6%이다. 두 증권 중 하나는 다른 증권에 비해 과대평가되었는가?

답을 위해 두 증권의 리스크보상률을 계산한다. 파마의 이 비율은 (14% − 6%)/1.3 = 6.15%이다. 프렌치의 이 비율은 5%이다. 결론은 프렌치는 최소한 파마에 비해 위험 수준에 불충분한 기대수익률을 제공한다는 것이다. 프렌치는 기대수익률이 너무 낮으므로 가격이 너무 높다. 즉, 프렌치는 파마와 비교해 과대평가(overvalued)되었고, 가격은 파마와 비교해 하락할 것으로 예상할 수 있다. 파마가 프렌치와 비교해 *과소평가(undervalued)*되었다고 말할 수도 있음에 주목하자.

증권시장선

증권시장선 security market line (SML)
기대수익률과 베타의 관계를 보이는 우상향 기울기의 직선.

기대수익률과 베타계수를 그린 결과인 선은 당연히 중요하므로 이름을 붙일 차례다. 금융시장에서 체계적 위험과 기대수익률의 관계를 묘사하기 위해서 사용하는 이 선은 보통 **증권시장선(security market line)** 또는 **SML**이라고 불린다. NPV 이후에 SML은 거의 틀림없이 현대 재무관리에서 가장 중요한 개념일 것이다.

시장포트폴리오 SML 방정식을 알면 매우 쓸모가 있을 것이다. SML 방정식을 적는 방법은 매우 많으나 특히 통상의 방법이 있다. 시장의 모든 자산으로 구성된 포트폴리오를 고려하자. 그런 포트폴리오를 시장포트폴리오(market portfolio)라고 부르며 시장포트폴리오의 기대수익률을 $E(R_M)$으로 표시하겠다.

시장의 모든 자산은 SML 선상에 있어야 하므로 그러한 자산으로 구성된 시장포트폴리오도 SML 선상에 있어야 한다. 시장포트폴리오가 SML의 어디에 있는지를 확인하기 위해서는 시장포트폴리오의 베타(β_M)를 알아야 한다. 이 포트폴리오는 시장의 모든 자산을 대표하기에 평균적인 체계적 위험이어야 한다. 즉, 베타는 1.0이다. 그러므로 SML의 기울기를 다음과 같이 적을 수 있다.

$$\text{SML 기울기} = \frac{E(R_M) - R_f}{\beta_M} = \frac{E(R_M) - R_f}{1} = E(R_M) - R_f$$

$E(R_M) - R_f$는 시장포트폴리오의 리스크프리미엄이므로 종종 **시장리스크프리미엄(market risk premium)**이라고 부른다.

시장리스크프리미엄
market risk premium
증권시장선의 기울기, 시장포트폴리오의 기대수익률과 무위험수익률 간의 차이.

자본자산가격결정모형(CAPM) 결론을 내리기 위해 $E(R_i)$와 β_i가 각각 시장에 있는 어떤 자산의 기대수익률과 베타를 표시하면 이 자산은 SML 선상에 있어야 한다. 그 결과 자산의 리스크보상률은 전체 시장의 리스크보상률과 같음을 안다.

$$\frac{E(R_i) - R_f}{\beta_i} = E(R_M) - R_f$$

다시 정리하면 SML 방정식을 적을 수 있다.

$$E(R_i) = R_f + [E(R_M) - R_f] \times \beta_i \qquad [11.7]$$

이 결과는 그 유명한 **자본자산가격결정모형(capital asset pricing model: CAPM)**과 똑같다.

자본자산가격결정모형
capital asset pricing model (CAPM)
기대수익률과 베타의 관계를 보여 주는 증권시장선 방정식.

CAPM은 특정 자산의 기대수익률이 세 가지에 의해서 결정됨을 보여 준다.

1. **순수한 화폐의 시간가치.** 무위험수익률(R_f)로 측정되는데 어떤 위험도 감수하지 않고 단지 기다림에 대한 보상이다.
2. **체계적 위험에 대한 보상.** 시장리스크프리미엄$[E(R_M) - R_f]$으로 측정되는데 기다림에 더해 평균적인 체계적 위험의 감수에 시장이 제공하는 보상이다.
3. **체계적 위험의 정도.** 베타(β_i)로 측정되는데 평균적인 자산과 비교해서 특정 자산에 있는 체계적 위험의 정도이다.

어쨌든 CAPM은 개별자산과 같이 자산의 포트폴리오에도 작동한다. 앞에서 포트폴리오의 베타를 계산하는 방법을 알았다. 포트폴리오의 기대수익률을 계산하기 위해서는 CAPM 방정식에서 이 베타를 이용한다.

〈그림 11.4〉는 SML과 CAPM에 대한 논의를 요약한다. 이전처럼 베타에 대한 기대수익률을 그렸다. CAPM에 의하면 SML의 기울기는 시장리스크프리미엄($[E(R_M) - R_f]$)과 같다.

그림 11.4

증권시장선 또는 SML

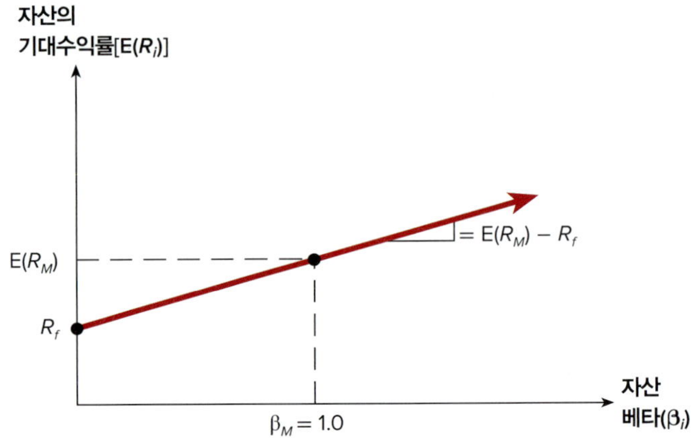

증권시장선의 기울기는 시장리스크프리미엄, 즉 평균적 체계적 위험의 감수에 대한 보상과 같다. SML을 표기하는 방정식은 다음과 같다.

$$E(R_i) = R_f + [E(R_M) - R_f] \times \beta_i$$

이것이 자본자산가격결정모형 또는 CAPM이다.

알파
alpha
자산의 위험 수준에 기초해 버는 초과수익.

〈그림 11.3〉으로 돌아가면 C는 SML 위에 있고 D는 SML 아래에 있다. 포트폴리오 관리자의 용어로 포트폴리오의 실제수익률과 SML 간의 간격을 종종 **알파(alpha)**라고 부른다. 한 자산이 SML 선상에 있을 때 리스크 수준인 베타를 근거로 벌어야 하는 수익을 정확히 번다. 양수의 알파는 자산 또는 포트폴리오가 베타를 근거로 벌어야 하는 것을 초과한 수익률을 냄을 의미한다. 물론 자산이 음수의 알파를 가질 수 있는데 바람직하지 않다.

이것으로 위험과 수익률의 교환관계와 관련된 개념들의 결론을 짓는다. 〈표 11.9〉에 다양한 개념들을 논의했던 순서대로 요약한다.

예제 11.8 위험과 수익

무위험수익률이 4%이고, 시장리스크프리미엄이 7%이며, 특정 주식의 베타가 1.3이라고 하자. CAPM에 의하면 이 주식의 기대수익률은 얼마인가? 베타가 2배가 되면 기대수익률은 얼마인가?

베타가 1.3이면 주식의 리스크프리미엄은 1.3 × 7% 또는 9.1%일 것이다. 무위험수익률이 4%이므로 기대수익률은 13.1%이다. 베타가 2배인 2.6이라면 리스크프리미엄은 18.2%로 2배일 것이고 기대수익률은 22.2%일 것이다.

개념문제 CONCEPT QUESTIONS

11.7a 올바른 기능을 하는 시장에서 위험과 수익의 기본적인 관계는 무엇인가?

11.7b 증권시장선은 무엇인가? 올바른 기능을 하는 시장에서 왜 모든 자산은 이 선 위에 똑바로 있어야 하는가?

(계속)

표 11.9

위험과 수익의 개념정리

I. 총수익률

투자의 *총수익률(total return)*은 기대수익률과 기대하지 못한 수익률 두 요소로 되어 있다. 기대하지 못한 수익률은 예상치 않은 사건으로 발생한다. 투자위험은 예상치 못한 사건의 가능성에서 온다.

II. 총위험

투자의 *총위험(total risk)*은 수익률의 분산 또는 더 일반적으로 표준편차로 측정된다.

III. 체계적 위험과 비체계적 위험

*체계적 위험(systematic risk)*은 *시장위험(market risk)*이라고도 불리는데 그 영향이 경제 전반적이기에 어느 정도는 거의 모든 자산에 영향을 주는 예상치 못한 사건이다. *비체계적 위험(unsystematic risk)*은 개별자산이나 소규모 집단의 자산에 영향을 주는 예상치 못한 사건이다. 비체계적 위험은 *고유위험(unique risk* or *asset-specific risk)*이라고도 한다.

IV. 분산투자 효과

위험한 투자와 관련된 위험은 전부는 아니라도 일부는 분산을 통해서 제거할 수 있다. 개별자산에만 고유한 비체계적 위험은 많은 자산으로 포트폴리오를 구성하면 제거되나 포트폴리오의 모든 자산에 어느 정도 영향을 주는 체계적 위험은 제거할 수 없다.

V. 체계적 위험 원리와 베타

비체계적 위험은 분산투자로 쉽게 제거할 수 있기에 *체계적 위험 원리(systematic risk principle)*에 의하면 위험 감수에 대한 보상은 단지 체계적 위험의 정도로 결정된다고 한다. 평균적인 자산과 비교해서 특정 자산의 체계적 위험 정도는 그 자산의 베타로 측정된다.

VI. 리스크보상률과 증권시장선

자산 i에 대한 *리스크보상률(reward-to-risk ratio)*은 베타(β_i)에 대한 리스크프리미엄[$E(R_i) - R_f$]이다.

$$\frac{E(R_i) - R_f}{\beta_i}$$

올바른 기능을 하는 시장에서 이 비율은 모든 자산에서 같다. 그 결과 자산 베타에 대한 기대수익률을 그리면 모든 자산은 *증권시장선(security market line: SML)*이라고 불리는 같은 직선 위에 위치한다.

VII. 자본자산가격결정모형

SML에서 자산 i의 기대수익률은 다음과 같이 적을 수 있다.

$$E(R_i) = R_f + [E(R_M) - R_f] \times \beta_i$$

이것이 *자본자산가격결정모형(capital asset pricing model: CAPM)*이다. 그러므로 위험자산의 기대수익률은 세 요소로 결정된다. 첫째는 순수한 화폐의 시간가치(R_f)이고, 둘째는 시장리스크프리미엄[$E(R_M) - R_f$]이며, 셋째는 자산의 베타(β_i)이다.

11.7c 자본자산가격결정모형(CAPM)은 무엇인가? 이것은 위험자산의 요구수익률에 대해서 무엇을 말해 주는가?

11.8 SML과 자본비용: 미리 보기

리스크와 수익을 연구하는 목적은 두 가지이다. 첫째 목적은, 리스크는 거의 모든 경영 의사결정에서 가장 중요하므로 리스크가 무엇이며 시장에서 어떻게 보상을 받는지를 논의하려고 한다. 둘째 목적은, 미래 현금흐름에 적절한 할인율이 어떻게 결정되는지 알려고 한다. 둘째 목적을 여기서 간단하게 논의하고 제12장에서 더 자세히 논의한다.

기본 개념

증권시장선은 금융시장에서 리스크 감수에 대한 보상을 말한다. 기업이 수행하는 어떤 신규투자도 최소한 같은 리스크에 금융시장이 제공하는 것보다 나쁘지 않은 기대수익률을 제공해야만 한다. 그 이유는 주주들은 항상 스스로 금융시장에서 투자할 수 있기 때문이다.

주주에게 이득을 줄 수 있는 유일한 방법은 같은 리스크에 금융시장에서 제공하는 보상보다 우월한 기대수익률의 투자를 찾는 것이다. 그런 투자는 NPV가 양수일 것이다. 따라서 "적정 할인율이 무엇인가?"라고 질문한다면 그 대답은 같은 체계적 위험을 갖는 투자에 금융시장이 제공하는 기대수익률을 사용해야 한다는 것이다.

다시 말해서 투자의 NPV가 양수인가를 결정하기 위해서는 근본적으로 신규투자의 기대수익률을 베타가 같은 투자에 금융시장이 제공하는 수익률과 비교한다. 이것이 왜 SML이 그렇게 중요한가 하는 이유이다. SML은 경제에서 리스크 감수에 대한 "현행 할인율"(going rate)을 알려 준다.

자본비용

자본비용
cost of capital
신규 프로젝트의 최소 요구수익률.

신규 프로젝트에 대한 적정 할인율은 투자가 매력적이려면 제공해야 하는 최소한의 기대수익률이다. 최소 요구수익률을 종종 투자에 대한 **자본비용(cost of capital)**이라고 부른다. 요구수익률은 기업이 프로젝트가 손익분기를 위해 자본투자에서 벌어야만 하는 것이기 때문에 이렇게 불린다. 그러므로 기업의 자본투자에 대한 기회비용(opportunity cost)이라고 해석할 수 있다.

어떤 투자의 기대수익률이 같은 리스크의 투자에 금융시장이 제공하는 수익률을 초과하면 투자가 매력적이라고 할 때는 사실상 제8장에서 논의한 내부수익률, 즉 IRR 기준을 이용한 것임에 주목하자. 단지 차이점은 이제는 무엇이 투자의 요구수익률을 결정하는가를 훨씬 잘 알게 되었다는 것이다. 이 책의 제7부에서 자본비용(cost of capital)과 자본구조(capital structure)를 논의할 때 이러한 이해는 결정적인 역할을 할 것이다.

개념문제 CONCEPT QUESTIONS

11.8a 만약 투자의 NPV가 양수이면 SML 위에 위치하겠는가, 아니면 아래에 위치하겠는가? 그 이유는 무엇인가?

11.8b 자본비용(*cost of capital*)이라는 용어의 의미는 무엇인가?

요약과 결론

이번 장에서는 리스크의 기본 특성을 다루었다. 진도를 나가면서 많은 정의와 개념을 소개했다. 이 중에서 가장 중요한 것은 증권시장선, 즉 SML이다. SML은 금융시장에서 리스크 감수에 대한 보상을 알려 주기에 중요하다. 일단 이를 알면 실물자산 투자에서 기대되는 수익률이 바람직한가를 결정할 때 비교할 수 있는 벤치마크를 갖게 된다.

그동안 상당히 다루었기에 다음과 같이 SML에 내포된 기본 경제적 논리를 정리하면 유용하다.

1. 자본시장 역사에 근거해 리스크 감수에 대한 보상이 있다. 이 보상은 자산의 리스크프리미엄(risk premium)이다.
2. 자산에 관련된 총위험(total risk)에는 체계적 위험(systematic risk)과 비체계적 위험(unsystematic risk) 두 부분이 있다. 비체계적 위험은 분산투자로 완전히 제거할 수 있다(이것이 분산투자의 원리다). 따라서 오직 체계적 위험만이 보상을 받는다. 그 결과 자산의 리스크프리미엄은 체계적 위험으로 결정된다. 이것이 체계적 위험의 원리(systematic risk principle)이다.
3. 평균과 비교해서 자산의 체계적 위험은 베타계수(β_i)로 측정할 수 있다. 그러면 자산의 리스크프리미엄은 베타계수에 시장리스크프리미엄을 곱하면 된다.

   $[\text{E}(R_M) - R_f] \times \beta_i$
4. 자산의 기대수익률[$\text{E}(R_i)$]은 무위험수익률(R_f)에 리스크프리미엄을 더한 것과 같다.

   $\text{E}(R_i) = R_f + [\text{E}(R_M) - R_f] \times \beta_i$

   이를 SML 방정식이라고 하며 종종 **자본자산가격결정모형**(*capital asset pricing model*) 또는 CAPM이라고 부른다.

이번 장에서는 위험과 수익에 대한 논의를 마쳤고 제6부의 결론을 내린다. 이제 투자에 대한 기업의 자본비용을 무엇이 결정하는가를 잘 이해하니 다음 장들에서는 기업이 투자에 필요한 장기자금을 어떻게 조달하는가를 더 자세히 살펴본다.

복습과 자체시험 문제

11.1 기대수익률과 표준편차. 이 문제는 장래 포트폴리오의 성과 척도를 계산하는 연습이다. 2개의 자산과 3개의 경제 상황이 있다.

(1) 경제 상황	(2) 경제 상황 발생확률	(3) 상황 발생 시 주식 A의 수익률	(4) 상황 발생 시 주식 B의 수익률
불황	0.10	−0.20	0.30
정상	0.60	0.10	0.20
호황	0.30	0.70	0.50

두 주식의 기대수익률과 표준편차는 얼마인가? ([문제 7] 참조)

11.2 포트폴리오 위험과 수익. 앞의 문제에서 총 20,000달러가 있다고 하자. 주식 A에 6,000달러를 투자하고 나머지를 주식 B에 투자하면 포트폴리오의 기대수익률과 표준편차는 얼마가 되겠는가? ([문제 10] 참조)

11.3 위험과 수익. 다음과 같은 상황을 가정하자.

증권	베타	기대수익률
쿨리(Cooley. Inc.)	1.6	19%
모이어(Moyer Co.)	1.2	16

무위험수익률이 8%라면 이 증권들의 가격은 적정한가? 가격이 정확하게 결정되려면 무위험수익률은 얼마가 되어야 하는가? ([문제 19, 20] 참조)

11.4 CAPM. 무위험수익률이 8%라고 하자. 시장의 기대수익률은 14%이다. 특정 주식의 베타가 0.60이라면 CAPM에 기초한 기대수익률은 얼마인가? 다른 주식의 기대수익률이 20%라면 이 주식의 베타는 얼마이어야 하는가? ([문제 13] 참조)

복습과 자체시험 문제 풀이

11.1 기대수익률은 가능한 수익률에 해당 확률을 곱한다.

$$E(R_A) = 0.10 \times -0.20 + 0.60 \times 0.10 + 0.30 \times 0.70 = 0.25 \text{ 또는 } 25\%$$
$$E(R_B) = 0.10 \times 0.30 + 0.60 \times 0.20 + 0.30 \times 0.50 = 0.30 \text{ 또는 } 30\%$$

분산은 기대수익률에서 편차의 제곱에 해당 확률을 곱한 값의 합이 된다.

$$\begin{aligned}\sigma_A^2 &= 0.10 \times (-0.20 - 0.25)^2 + 0.60 \times (0.10 - 0.25)^2 + 0.30 \times (0.70 - 0.25)^2 \\ &= 0.10 \times (-0.45)^2 + 0.60 \times (-0.15)^2 + 0.30 \times (0.45)^2 \\ &= 0.10 \times 0.2025 + 0.60 \times 0.0225 + 0.30 \times 0.2025 \\ &= 0.0945\end{aligned}$$

$$\begin{aligned}\sigma_B^2 &= 0.10 \times (0.30 - 0.30)^2 + 0.60 \times (0.20 - 0.30)^2 + 0.30 \times (0.50 - 0.30)^2 \\ &= 0.10 \times (0.00)^2 + 0.60 \times (-0.10)^2 + 0.30 \times (0.20)^2 \\ &= 0.10 \times 0.00 + 0.60 \times 0.01 + 0.30 \times 0.04 \\ &= 0.0180\end{aligned}$$

그러므로 표준편차는

$$\sigma_A = \sqrt{0.0945} = 0.3074 \text{ 또는 } 30.74\%$$
$$\sigma_B = \sqrt{0.0180} = 0.1342 \text{ 또는 } 13.42\%$$

11.2 포트폴리오 가중치는 \$6,000/20,000 = 0.30이고 \$14,000/20,000 = 0.70이다. 그러므로 기대수익률은

$$\begin{aligned}E(R_P) &= 0.30 \times E(R_A) + 0.70 \times E(R_B) \\ &= 0.30 \times 25\% + 0.70 \times 30\% \\ &= 28.50\%\end{aligned}$$

각 상황에 따른 포트폴리오의 수익률을 계산할 수도 있다.

(1) 경제 상황	(2) 경제 상황 발생확률	(3) 상황 발생 시 포트폴리오 수익률
불황	0.10	$0.30 \times (-0.20) + 0.70 \times 0.30 = 0.15$
보통	0.60	$0.30 \times 0.10 + 0.70 \times 0.20 = 0.17$
호황	0.30	$0.30 \times 0.70 + 0.70 \times 0.50 = 0.56$

포트폴리오의 기대수익률은

$$E(R_P) = 0.10 \times 0.15 + 0.60 \times 0.17 + 0.30 \times 0.56 = 0.2850 \text{ 또는 } 28.50\%$$

이는 앞에서와 같다.

포트폴리오의 분산은

$$\sigma_P^2 = (0.10) \times (0.15 - 0.285)^2 + 0.60 \times (0.17 - 0.285)^2 + 0.30 \times (0.56 - 0.285)^2 = 0.03245$$

따라서 표준편차는 $\sqrt{0.03245} = 0.1801$ 또는 18.01%.

11.3 리스크보상률(reward-to-risk ratio)을 계산하면 쿨리는 (19% − 8%)/1.6 = 6.88%이고 모이어는 6.67%이다. 쿨리에 비해서 모이어의 기대수익률은 너무 낮아서 가격이 너무 높다.

가격이 맞게 평가되었다면 리스크보상률은 같아야만 한다. 무위험수익률은 다음과 같을 것이다.

$$(19\% - R_f)/1.6 = (16\% - R_f)/1.2$$

약간의 계산으로 무위험수익률이 7%가 되어야 함을 알 수 있다.

$$\begin{aligned} (19\% - R_f) &= (16\% - R_f)(1.6/1.2) \\ 19\% - 16\% \times 4/3 &= R_f - R_f \times 4/3 \\ R_f &= 7\% \end{aligned}$$

11.4 시장의 기대수익률이 14%이기에 시장의 리스크프리미엄은 14% − 8% = 6%이다(무위험수익률은 8%이다). 첫째 주식의 베타가 0.60이기에 기대수익률은 8% + 0.60 × 6% = 11.6%이다.

둘째 주식에서 리스크프리미엄은 20% − 8% = 12%임에 주목하자. 시장의 리스크프리미엄보다 2배 크기에 베타는 정확하게 2여야 한다. CAPM을 이용해서 이를 확인할 수 있다.

$$\begin{aligned} E(R_i) &= R_f + [E(R_M) - R_f] \times \beta_i \\ 20\% &= 8\% + (14\% - 8\%) \times \beta_i \\ \beta_i &= 12\%/6\% = 2.0 \end{aligned}$$

비판적 사고와 개념 복습

LO 2 **11.1 분산가능 위험과 분산불가능 위험.** 넓은 의미에서 어떤 위험이 분산 가능한 이유는? 어떤 위험이 분산 불가능한 이유는? 투자자가 포트폴리오의 비체계적 위험의 정도를 통제할 수 있으나 체계적 위험의 수준은 통제할 수 없다는 데 동의하는가?

LO 3 **11.2 정보와 시장수익률.** 방금 마친 조사를 근거로 정부가 내년의 경제성장률이 올해 5%와 비교해 2%일 것으로 발표했다. 이 발표로 증권 가격이 상승하는가, 하락하는가, 또는 그대로인가? 2% 숫자를 시장에서 예상했는가에 따라 달라지는가?

LO 3 **11.3 체계적 위험과 비체계적 위험.** 다음 사건을 주로 체계적 위험인가 비체계적 위험인가로 분류하라. 모든 경우에 있어서 확실하게 구분이 되는가?

a. 예상치 못한 단기이자율 상승

b. 회사가 단기차입금에 지급하는 이자율을 은행이 올림

c. 예상치 못한 석유 가격 하락

d. 석유탱크의 파손으로 인한 석유의 대량유출

e. 수백만 달러 상당의 제조물책임 소송에서 제조업체가 패소

f. 제품사용자가 입은 상처에 대한 제조물책임 규정을 확대 적용하는 대법원의 판결

LO 3 **11.4 체계적 위험과 비체계적 위험.** 다음 사건들이 일반적인 주식의 가격을 변동시키는지 그리고 회사 W의 주가를 변화시킬 수 있는지를 밝혀라.

a. 정부가 지난달 인플레이션이 예상치 못하게 2% 폭등했다고 발표함.

b. 회사 W가 방금 발행한 분기이익 보고서의 내용이 일반적으로 애널리스트들의 예상과 일치함.

c. 정부가 지난해의 경제성장률이 일반적으로 경제학자들의 기대치와 일치한 3%였다고 보고함.

d. 회사 W의 이사가 비행기 사고로 사망함.

e. 국회는 최고 한계법인세율을 인상할 것이라는 세법개정을 승인함. 지난 6개월 동안 법률개정에 대한 논쟁이 있었음.

LO 1 **11.5 포트폴리오의 기대수익률.** 포트폴리오가 모든 자산에 투자한다면 포트폴리오의 기대수익률은 포트폴리오를 구성하는 모든 자산의 기대수익률보다 높을 수 있는가? 포트폴리오의 모든 자산의 기대수익률보다 낮을 수 있는가? 이 질문에 대해서 하나 또는 둘 다 그렇다고 답을 했다면 답을 입증하기 위한 예를 들라.

LO 2 **11.6 분산투자.** 분산이 잘된 포트폴리오의 기대수익률을 결정하는 가장 중요한 요소는 포트폴리오를 구성하는 개별자산의 분산이다. 맞는가, 틀리는가? 그 이유를 설명하라.

LO 3 **11.7 포트폴리오 리스크.** 포트폴리오가 모든 자산에 투자한다면 포트폴리오의 표

준편차는 포트폴리오를 구성하는 모든 자산의 모든 표준편차보다 작을 수 있는가? 포트폴리오 베타는 어떠한가?

LO 4 **11.8 베타와 CAPM.** 위험자산의 베타가 0일 수 있는가? 설명하라. CAPM에 의하면 그런 자산의 기대수익률은 얼마인가? 위험자산의 베타가 음수일 수 있는가? CAPM은 그런 자산의 기대수익률은 얼마로 예측하는가? 답을 설명할 수 있는가?

LO 2 **11.9 기업 다운사이징.** 최근의 대량해고 발표에 주가가 크게 반응한 경험을 가진 회사들이 많다. 그런 사건들은 회사들이 장기고용자를 해고하도록 부추기고 월스트리트는 이를 반기고 있다는 비판이 있다. 이에 동의하는가? 동의하지 않는가?

LO 1 **11.10 이익과 주식수익률.** 이번 장의 많은 예제에서 지적했듯이 회사의 이익 발표는 바로 그리고 자주 주가 수정에 이른다. 두 가지 이슈가 있다. 첫째, 이익 발표는 과거의 사건이다. 시장이 주식을 미래에 대한 예상에 근거해 가치를 매긴다면 과거의 성과를 요약한 수치들이 영향을 주는 이유는 무엇인가? 둘째, 이 발표들은 회계이익과 관련이 있다. 제2장으로 돌아가면 이런 이익은 현금흐름과 관련이 적을 것 같은데 그렇다면 왜 영향을 주는가?

연습문제

초급(문제 1-24)

LO 1 **1. 포트폴리오 가중치 결정.** 주당 64달러에 거래되는 주식 A 185주와 주당 49달러에 거래되는 주식 B 115주로 구성된 포트폴리오의 가중치는 얼마인가?

LO 1 **2. 포트폴리오 기대수익률.** 주식 A에 3,140달러, 주식 B에 4,300달러 투자한 포트폴리오를 보유하고 있다. 주식의 기대수익률은 각각 9%, 14%이다. 포트폴리오의 기대수익률은 얼마인가?

LO 1 **3. 포트폴리오 기대수익률.** 주식 X에 25%, 주식 Y에 35%, 주식 Z에 40% 투자한 포트폴리오를 보유하고 있다. 이 주식들의 기대수익률은 각각 10%, 13%, 15%이다. 이 포트폴리오의 기대수익률은 얼마인가?

LO 1 **4. 포트폴리오 기대수익률.** 주식 포트폴리오에 투자할 10,000달러가 있다. 기대수익률이 12.5%인 주식 X와 기대수익률이 9.5%인 주식 Y에 투자하려고 한다. 기대수익률이 11.2%인 포트폴리오가 목적이라면 주식 X와 주식 Y에 투자해야 할 금액은 각각 얼마인가?

LO 1 **5. 기대수익률 계산.** 다음의 정보를 이용하여 기대수익률을 계산하라.

경제 상황	경제 상황 발생확률	상황 발생 시 수익률
불황	0.30	−0.13
호황	0.70	0.21

LO 1 **6. 기대수익률 계산.** 다음의 정보를 이용하여 기대수익률을 계산하라.

경제 상황	경제 상황 발생확률	상황 발생 시 수익률
불황	0.15	−0.12
보통	0.60	0.10
호황	0.25	0.27

LO 1 **7. 수익률과 표준편차 계산.** 다음의 정보를 이용하여 두 주식의 기대수익률과 표준편차를 계산하라.

경제 상황	경제 상황 발생확률	상황 발생 시 수익률	
		주식 A	주식 B
불황	0.10	0.02	−0.30
보통	0.50	0.10	0.18
호황	0.40	0.15	0.31

LO 1 **8. 기대수익률 계산.** 주식 G에 20%, 주식 J에 35%, 주식 K에 45% 투자된 포트폴리오가 있다. 각 주식의 기대수익률은 각각 9.6%, 10.9%, 14.3%이다. 포트폴리오의 기대수익률은 얼마인가? 이 결과를 어떻게 해석하겠는가?

LO 1 LO 2 **9. 수익률과 표준편차.** 다음 정보를 이용하라.

경제 상황	경제 상황 발생확률	상황 발생 시 수익률		
		주식 A	주식 B	주식 C
호황	0.60	0.18	0.04	0.31
불황	0.40	0.03	0.16	−0.11

a. 각 주식에 균등하게 투자된 포트폴리오의 기대수익률은 얼마인가?

b. A와 B에 각각 20% 그리고 C에 60% 투자한 포트폴리오의 분산은 얼마인가?

LO 1 LO 2 **10. 수익률과 표준편차.** 다음 정보를 고려하자.

경제 상황	경제 상황 발생확률	상황 발생 시 수익률		
		주식 A	주식 B	주식 C
호황	0.15	0.33	0.45	0.33
활황	0.55	0.11	0.10	0.17
침체	0.20	0.02	0.02	−0.05
불황	0.10	−0.12	−0.25	−0.09

a. A와 C에 각각 25% 그리고 B에 50% 투자하였다. 이 포트폴리오의 기대수익률은 얼마인가?

b. 이 포트폴리오의 분산은? 표준편차는?

LO 3 **11. 포트폴리오 베타 계산.** 주식 Q에 15%, 주식 R에 25%, 주식 S에 40%, 주식 T에 20%를 투자한 주식 포트폴리오를 보유하고 있다. 이 네 주식의 베타는 각각 0.78, 0.87, 1.13, 1.45이다. 이 포트폴리오의 베타는 얼마인가?

LO 3 **12. 포트폴리오 베타 계산.** 무위험자산과 두 주식에 균등하게 투자한 포트폴리오를 보유하고 있다. 주식 중 하나는 베타가 1.29이고 전체 포트폴리오의 리스크가 시장과 같다면 포트폴리오에서 또 다른 주식의 베타는 얼마여야 하는가?

LO 4 **13. CAPM 이용.** 주식의 베타는 1.14, 시장의 기대수익률은 10.9% 그리고 무위험수익률은 3.6%이다. 이 주식의 기대수익률은 얼마여야 하는가?

LO 4 **14. CAPM 이용.** 주식의 기대수익률은 11.4%, 무위험수익률은 3.7% 그리고 시장리스크프리미엄은 6.8%이다. 이 주식의 베타는 얼마여야 하는가?

LO 4 **15. CAPM 이용.** 주식의 기대수익률은 10.9%이며, 베타는 0.90 그리고 무위험수익률은 2.8%이다. 시장의 기대수익률은 얼마여야 하는가?

LO 4 **16. CAPM 이용.** 주식의 기대수익률은 10.2%이며, 베타는 0.91 그리고 시장의 기대수익률은 10.8%이다. 무위험수익률은 얼마여야 하는가?

LO 4 **17. CAPM 이용.** 주식의 베타는 1.15이며 기대수익률은 11.4%이다. 현행 무위험수익률은 3.5%이다.

a. 두 자산에 균등하게 투자된 포트폴리오의 기대수익률은 얼마인가?

b. 두 자산으로 구성된 포트폴리오의 베타가 0.7이면 포트폴리오 가중치는 얼마인가?

c. 두 자산으로 구성된 포트폴리오 기대수익률이 9%이면 포트폴리오의 베타는 얼마인가?

d. 두 자산으로 구성된 포트폴리오의 베타가 2.30이면 포트폴리오의 가중치는 얼마인가? 이 경우 두 자산의 가중치를 어떻게 해석하는가? 설명하라.

LO 4 **18. SML 이용.** 자산 W의 기대수익률은 11.6%이고 베타는 1.23이다. 무위험수익률이 3.15%이면 자산 W와 무위험자산으로 구성된 포트폴리오에 대한 다음의 표를 완성하라. 포트폴리오 기대수익률과 포트폴리오 베타의 관계를 베타에 대한 기대수익률로 하여 그래프를 그려라. 결과인 직선의 기울기는 얼마인가?

포트폴리오에서 자산 W 비율	포트폴리오 기대수익률	포트폴리오 베타
0%		
25		
50		
75		
100		
125		
150		

LO 4 **19. 리스크보상률.** 주식 Y의 베타는 1.20, 기대수익률은 11.4%이다. 주식 Z의 베타는 0.80, 기대수익률은 8%이다. 무위험수익률이 2.5%, 시장리스크프리미엄이 7%라면 이들 주식의 가격은 적정한가?

LO 4 **20. 리스크보상률.** 앞의 문제에서 두 주식의 가격이 다른 주식과 비교해 적정하기 위해서는 무위험수익률이 얼마여야 하겠는가?

LO 1 **21. 포트폴리오 수익.** 자본시장 역사에 대한 〈표 10.2〉의 정보를 이용해서 대형주와 장기사채에 균등하게 투자된 포트폴리오의 수익률을 결정하라. 소형주와 재정증권에 균등하게 투자된 포트폴리오의 수익률은 얼마인가?

LO 1 **22. 포트폴리오 기대수익률.** 주식 포트폴리오에 투자할 250,000달러가 있다. 기대수익률이 13.4%인 주식 H와 기대수익률이 10.2%인 주식 L에 투자하려고 한다. 기대수익률이 11.3%인 포트폴리오가 목표라면 주식 H와 주식 L에 얼마를 투자하겠는가?

LO 1 **23. 포트폴리오 가중치 계산.** 주식 J의 베타는 1.23, 기대수익률은 13.25%이며 주식 K의 베타는 0.84, 기대수익률은 10.60%이다. 시장과 같은 위험의 포트폴리오를 원한다. 각 주식에 얼마를 투자하겠는가? 포트폴리오의 기대수익률은 얼마인가?

LO 1 **24. 포트폴리오 가중치와 기대수익률 계산.** 다음의 포트폴리오를 보유하고 있다.

주식	주식수	가격	기대수익률
W	525	43	10%
X	780	29	15
Y	435	94	11
Z	680	51	14

이 포트폴리오의 기대수익률은 얼마인가?

중급(문제 25-27)

LO 1 LO 2 **25. 포트폴리오 수익률과 표준편차.** 3개 주식의 포트폴리오에 대한 다음의 정보를 고려하자.

경제 상황	경제 상황 발생확률	주식 A의 수익률	주식 B의 수익률	주식 C의 수익률
호황	0.15	0.04	0.33	0.55
보통	0.60	0.09	0.13	0.19
불황	0.25	0.15	−0.14	−0.28

a. 포트폴리오가 A와 B에 40%, C에 20%를 투자하였다면 포트폴리오의 기대수익률은 얼마인가? 분산은? 표준편차는?

b. 재정증권(T-bill)의 기대수익률이 3.75%라면 이 포트폴리오의 기대 리스크프리미엄은 얼마인가?

LO 4 26. **CAPM.** CAPM을 이용해 두 자산의 리스크프리미엄의 비율이 두 자산의 베타의 비율과 같음을 보여라.

LO 2 27. **포트폴리오 분석.** 리스크의 정도가 시장과 같은 포트폴리오를 구성하려고 하고 투자를 위해 500,000달러가 있다. 이 정보로 다음의 표를 완성하라.

자산	투자액	베타
주식 A	85,000	0.80
주식 B	165,000	1.15
주식 C		1.40
무위험자산		

고급(문제 28-30)

LO 1 28. **포트폴리오 분석.** 주식 D, 주식 F 또는 무위험자산에 투자할 100,000달러가 있다. 모든 자금을 투자해야만 한다. 기대수익률이 11.4%인 포트폴리오가 목표다. D의 기대수익률은 13.6%, F의 기대수익률은 9.7%, 무위험수익률은 3.8%이며 주식 D에 50,000달러를 투자한다면 주식 F에 얼마를 투자하겠는가?

LO 4 29. **SML.** 다음의 상황을 관측했다.

		상황 발생 시 수익률	
경제 상황	경제 상황 발생확률	주식 A	주식 B
불황	0.15	−0.08	−0.10
보통	0.60	0.11	0.09
호황	0.25	0.30	0.27

a. 각 주식의 기대수익률을 계산하라.

b. 자본자산가격결정모형(capital asset pricing model)이 성립하며 주식 A의 베타가 주식 B의 베타보다 0.30만큼 크다면 기대 시장리스크프리미엄은 얼마인가?

LO 3 30. **체계적 위험과 비체계적 위험.** 주식 I과 주식 II에 대한 다음의 정보를 고려하자.

		상황 발생 시 수익률	
경제 상황	경제 상황 발생확률	주식 I	주식 II
침체	0.25	0.04	−0.22
보통	0.60	0.22	0.15
풍요	0.15	0.16	0.45

시장리스크프리미엄은 7%이며, 무위험수익률은 4%이다. 어떤 주식의 체계적 위험이 가장 큰가? 어떤 주식의 비체계적 위험이 가장 큰가? 어떤 주식의 리스크가 더 큰가? 설명하라.

웹에서 문제 풀기

11.1 기대수익률. CAPM을 이용해 허니웰(Honeywell)의 기대수익률을 구하고자 한다. 먼저 시장리스크프리미엄이 필요하다. 시장리스크프리미엄을 추정하기 위해 <표 10.3>에 있는 대형주의 평균수익률을 이용한다. 다음으로 money.cnn.com로 가서 3개월 만기 재정증권(T-bill)의 현행이자율을 찾는다. 마지막으로, finance.yahoo.com에 가서 허니웰의 티커 심볼(ticker symbol) HON을 입력해 허니웰의 베타를 찾는다. CAPM을 이용한 허니웰의 기대수익률은 얼마인가? 이 숫자에 도달하기 위해 어떠한 가정을 했는가?

11.2 포트폴리오 베타. 아메리칸 익스프레스(American Express), 프록터앤드갬블(Proctor & Gamble), 홈데포(Home Depot), 듀퐁(DuPont)으로 구성된 균등가중 포트폴리오에 투자를 결정했고 포트폴리오의 베타를 알려고 한다. finance.yahoo.com에 가서 이 회사들의 티커 심볼을 찾는다. 다음으로 각 회사의 베타를 찾는다. 포트폴리오의 베타는 얼마인가?

11.3 베타. 베타가 가장 높은 주식과 가장 낮은 주식은 각각 무엇인가? finance.yahoo.com에 가서 Stock Screener를 찾는다. 최대치(maximum value)에 0을 입력하라. 베타가 0보다 작은 주식은 몇 종목인가? 베타가 가장 낮은 주식은 무엇인가? 다시 screener로 돌아가서 최소치(minimum value)에 3을 입력한다. 베타가 3 이상인 주식은 몇 개인가? 4 이상의 주식은? 베타가 가장 높은 주식은?

엑셀 *MASTER IT!* 문제

CAPM은 재무경제학에서 가장 완성도가 높은 모형 중의 하나이다. 실무에서 베타를 추정할 때 시장모형(market model)이라고 하는 CAPM의 변형이 종종 사용된다. 시장모형을 도출하기 위해 CAPM으로 시작한다.

$$E(R_i) = R_f + \beta[E(R_M) - R_f]$$

CAPM은 방정식이기에 양변에서 무위험수익률을 차감할 수 있다. 그러면 다음 식을 얻는다.

$$E(R_i) - R_f = \beta[E(R_M) - R_f]$$

이 방정식은 이미 결정되어 정확하다. 회귀(regression)에서는 결정되지 않은 오차가 있다. 방정식에 오차를 나타내는 엡실론(epsilon)을 추가해 이를 정식으로 인식할 필요가 있다.

$$E(R_i) - R_f = \beta[E(R_M) - R_f] + \varepsilon$$

마지막으로 이 방정식을 회기식에서 생각해 본다. 방정식에서는 절편(intercept)이 없기에 절편이 0이다. 그러나 회기식을 추정할 때 알파(alpha)라고 부를 절편을 추가할 수 있다.

$$E(R_i) - R_f = \alpha_i + \beta[E(R_M) - R_f] + \varepsilon$$

이 방정식을 종종 "시장"(market)모형이라고 한다. 이런 이름을 가진 유일한 방정식은 아니어서 혼란스럽기도 하다. 절편은 젠센의 알파(Jensen's alpha)라고 알려졌는데 "초과"(excess) 수익에 해당한다. CAPM이 정확히 성립한다면 절편은 영(0)이어야 한다. SML에서 알파를 생각하면, 알파가 양수이면 주식은 SML의 위쪽에 있고 알파가 음수이면 주식은 SML의 아래쪽에 있다.

a. 개별주식과 뮤추얼펀드의 시장모형을 추정하려고 한다. 먼저 finance.yahoo.com에 가서 개별주식, 뮤추얼펀드, S&P 500의 지난 61개월 조정 주가를 내려 받는다. 다음으로 세인트루이스 연방준비은행(Federal Reserve Bank of St. Louis)의 웹사이트 www.stlouisfed.org에 간다. 거기서 FRED® 데이터베이스를 찾는다. 1개월 국채 고정 만기 수익률("1-Month Treasury Constant Maturity Rate")을 찾으면 이 자료를 내려 받는다. 이 시리즈가 무위험수익률의 프록시(proxy)가 된다. 이 수익률을 이용할 때 이 이자율은 연간이자율임을 알아야 한다. 월간 주식수익률을 사용하기에 1개월 단기국채(T-bill) 수익률을 조정할 필요가 있다. 선택한 주식과 뮤추얼펀드에 대해 시장모형을 이용해 베타와 알파를 추정한다. 회귀모형을 추정할 때 매번 "잔차(Residuals)"라고 하는 박스를 찾아 확인한다. 이 잔차를 저장하기에 회귀 결과를 새로운 워크시트에 저장하기 원할 수도 있다.

1. 각 회귀에서 알파와 베타가 통계적으로 0과 다른가?

2. 주식과 뮤추얼펀드의 알파와 베타를 어떻게 해석하는가?

3. 2개의 회귀 추정치에서 어느 것의 결정계수(*R*-square)가 높은가? 예상했던 것인가? 그 이유는?

b. (a)에서 엑셀을 이용해 회귀 방정식에서 엡실론인 회귀의 잔차를 계산했다. 기초통계를 기억한다면 이 잔차가 각 관측치와 회귀선의 거리다. 이런 맥락에서 잔차는 시장모형 추정으로 설명되지 않는 월간수익률 부분이다. 잔차는 알파를 잔차의 표준편차로 나눈 값인 정보비율(appraisal ratio)을 계산할 때 사용될 수 있다.

1. 정보비율은 무엇을 측정하려는 것으로 생각하는가?

2. 주식과 뮤추얼펀드의 정보비율을 계산해 보자. 정보비율이 더 나은 것은?

3. 정보비율은 종종 뮤추얼펀드 매니저의 성과평가에 이용된다. 정보비율이 개별주식보다 포트폴리오인 뮤추얼펀드에 더 자주 이용되는 이유가 무엇이라고 생각하는가?

CHAPTER CASE
플리어시스템의 베타

조이 모스(Joey Moss)는 재무전공으로 졸업하고 코빌리앤와트(Covili and Wyatt)라는 투자회사에서 방금 업무를 시작했다. 폴 코빌리(Paul Covili)는 창업자 중 한 명으로 조이에게 기업의 투자 포트폴리오를 설명하였다.

어떤 투자이건 폴은 잠재적인 수익뿐만 아니라 투자의 위험에도 관심을 둔다. 더 자세히는 회사가 분산된 포트폴리오를 보유하고 있기에 폴은 현행 그리고 잠재적 투자의 체계적 위험에도 관심을 둔다. 회사가 지금 보유한 종목에는 플리어시스템(FLIR Systems, Inc.: FLIR) 주식이 있다. 플리어시스템은 열 감지 및 적외선 카메라 시스템을 디자인하고 제조하여 판매한다. 군사용으로 알려져 있으나 자동차의 나이트 비전, 미세한 온도 차이를 측정하는 상업용 제품, 오락용 해상용품, 소방용과 같이 기타 응용 제품을 디자인하는 부서가 있다.

코빌리앤와트는 현재 포지션에 대한 정보를 위해 상업용 데이터 판매사를 이용한다. 이 때문에 폴은 제공된 숫자들이 정확히 어떻게 계산되었는지 확신하지 못한다. 데이터 제공사는 계산방식을 회사 자산으로 여겨 주식 베타나 다른 정보가 어떻게 계산되는지 공개하지 않을 것이다. 폴은 이러한 숫자들이 정확히 어떻게 계산되는지 알지 못하는 것에 불편해하며 또한 필요한 통계가 사내에서 계산된다면 비용이 덜 들 것으로 믿는다. 의문을 검토하기 위해 폴은 조이에게 다음과 같은 과제를 요청했다.

질문 QUESTIONS

1. finance.yahoo.com에 가서 지난 60개월의 FLIR Systems(FLIR) 월말 종가(ending monthly stock prices)를 내려받는다. 모든 액면분할(stock splits)과 배당지급(dividend payments)을 처리하기 위해 반드시 조정된 종가(adjusted closing price)를 사용한다. 그다음 같은 기간의 S&P 500지수의 종가를 내려 받는다. 역사적 무위험수익률로 세인트루이스 연방준비은행(Federal Reserve Bank of St. Louis) 웹사이트(www.stlouisfed.org)에 가서 3개월 재정증권(Treasury bill)의 고정만기 수익률(constant maturity rate)을 찾는다. 이 파일을 내려 받는다. 이 기간의 플리어시스템 주식, 3개월 재정증권(T-bill), S&P 500의 월간수익률, 평균 월간수익률과 표준편차는 얼마인가?
2. 베타(beta)는 종종 선형회귀로 추정된다. 자주 이용되는 모형은 *시장모형(market model)*이라고 불리는데 다음과 같다.

$$R_t - R_{ft} = \alpha_i + \beta_i[R_{Mt} - R_{ft}] + \varepsilon_t$$

이 회귀에서 R_t는 주식의 수익률이고 R_{ft}는 동 기간의 무위험수익률이다. R_{Mt}는 S&P 500지수와 같은 주식시장 지수의 수익률이다. α_i는 회귀 절편(intercept) 그리고 β_i는 기울기(그리고 주식의 추정 베타)이다. ε_t은 회귀의 잔차(residuals)에 해당한다. 이 특별한 회귀를 사용하는 이유는 무엇이라고 생각하는가? 절편(α_i)은 보통 *젠센 알파(Jensen's alpha)*라고 불린다. 이것은 무엇을 측정하는가? 자산의 젠센 알파가 양수이면 SML상의 어디에 있는가? 회귀의 잔차를 재무적으로 어떻게 해석하는가?
3. 지난 60개월간 수익률을 이용해 시장모형으로 플리어시스템의 베타를 측정하라(엑셀에서 회귀 절차는 수행하기 쉽다). 지수 대비 플리어시스템의 월간수익률을 표시하고 회귀선도 그려 보자.
4. 계산한 플리어시스템의 베타와 finance.yahoo.com에서 찾은 베타를 비교하라. 얼마나 비슷한가? 왜 다를지도 모르는가?

12 자본비용

Cost of Capital

다섯 대륙에서 115,000명 이상의 종업원이 근무하는 독일에 본부를 둔 바스프(BASF)는 주요 국제적 기업이다. BASF는 농업, 석유와 가스, 화학, 플라스틱을 포함한 다양한 산업에서 사업을 한다. BASF는 가치 증대의 시도로 사내 모든 기능을 포함하여 전 사원이 소유경영자의 자세로 행동하도록 도전하고 격려하는 포괄적인 플랜 비전 2020(Vision 2020)을 착수했다. 전략의 주요 재무적 요소는 회사가 가중평균자본비용(weighted average cost of capital) 또는 WACC 더하기 프리미엄의 이익이 나기를 예상하는 것이었다. 그러면 WACC는 정확히 무엇인가?

WACC는 회사가 주주, 채권자, 우선주 주주를 포함한 투자자 모두를 만족시키기 위해 벌어야 할 필요가 있는 최소 수익률이다. 예를 들어, 2017년에 BASF는 자본비용을 10%로 고정했는데 이는 2016년 중 사용했던 WACC와 같으나 2011년에서 2015년에 사용했던 11%보다 약간 낮다. 이번 장에서는 기업의 자본비용을 계산하는 방법을 배우고 자본비용이 기업과 투자자에게 의미하는 바를 알아낸다. 언제 기업의 자본비용을 사용하고, 아마도 더 중요하게는 언제 사용하지 않는가도 배울 것이다.

학습 목표_*Learning Objectives*

제12장을 마친 후에는 다음의 능력을 갖추어야 한다.

- **LO 1** 기업의 자기자본비용 (cost of equity capital) 결정
- **LO 2** 기업의 부채비용(cost of debt) 결정
- **LO 3** 기업 전체의 자본비용 (cost of capital) 결정
- **LO 4** 기업 전체 자본비용과 관련된 단점의 인식과 조치

자본예산에 대한 장에서 투자에 대한 할인율 또는 요구수익률이 매우 중요한 투입요소임을 알았다. 그러나 지금까지 특정한 숫자를 어떻게 구했는가는 논의하지 않았으므로 이제 알아볼 차례다. 이번 장은 주식과 채권, 자본예산 그리고 위험과 수익을 다루면서 앞에서 논의했던 많은 내용을 통합한다. 목적은 기업이 투자안에 대한 요구수익률을 어떻게 결정해야 하는가를 설명하는 것이다. 모든 투자안은 마케팅, 경영관리, 회계 또는 다른 어떤 영역에 속하든 간에 그에 요구되는 수익률 이상을 제공해야 채택되기 때문에 요구수익률에 대한 이해는 모두에게 중요하다.

기업재무 세계에서 최근에 전개된 사건을 보려면 essentialsofcorporatefinance.blogspot.com 방문.

방금 대기업의 사장이 되었는데 당면한 첫 번째 결정은 회사의 물류시스템을 개조하는 계획을 계속 추진할 것인가이다. 이 계획을 위해 회사는 5,000만 달러의 비용을 지출해야 하는데 향후 6년 동안 연간 세후 1,200만 달러를 절약할 것으로 예상한다.

이는 자본예산의 익숙한 문제이다. 이를 위해서 관련 현금흐름을 결정하고 할인해서 순현가(NPV)가 양수이면 프로젝트를 채택하고, NPV가 음수이면 폐기할 것이다. 여기까지는 좋다. 그러나 할인율로 무엇을 사용해야 하는가?

위험과 수익의 논의에서 옳은 할인율은 물류시스템의 위험 정도에 달려 있음을 안다. 특히 신규 프로젝트의 수익률이 금융시장이 유사한 위험을 지닌 투자에 제공하는 것을 초과하는 경우에만 NPV가 양수일 것이다. 이러한 최소 요구수익률(minimum required return)을 프로젝트 관련 **자본비용**(*cost of capital*)이라고 불렀다.[1)]

그러므로 사장으로서 올바른 결정을 위해서는 자본시장이 제공해야 하는 것을 조사해야 하고 프로젝트의 자본비용 추정에 이 정보를 이용해야 한다. 이번 장의 주요 목적은 자본비용을 추정하는 방법을 서술하는 것이다. 이 작업에는 여러 가지 접근방법이 있으며 많은 수의 개념적이고 현실적인 쟁점이 발생한다.

전개할 가장 중요한 개념 중 하나는 **가중평균자본비용**(*weighted average cost of capital*: WACC)이다. 이는 기업 전체의 자본비용이고, 전체 기업의 요구수익률로 해석될 수 있다. WACC의 논의에서 기업은 통상 여러 가지 형태로 자본을 조달하며 이런 다른 형태의 자본은 관련된 비용도 다를 것임을 인식할 것이다.

항상 프로젝트의 세후현금흐름의 가치평가에 관심이 있기에 투자에 대한 요구수익률 결정에서 세금이 중요한 고려사항임도 역시 이번 장에서 인식한다. 그러므로 자본비용의 추정에 세금을 어떻게 명백히 포함하는가를 논의할 것이다.

12.1 자본비용: 예비 단계

제11장에서는 증권시장선(SML)을 개발해 증권의 기대수익률과 체계적 위험의 관계를 탐구하는 데 이용했다. 예를 들어 증권매수의 위험 수익을 기업 주주의 관점에서 바라보는 방법에 집중했다. 이는 자본시장에서 투자자가 활용 가능한 대안을 더 잘 이해하도록 돕는다.

이번 장에서는 시각을 약간 바꾸어서 이러한 수익과 증권을 증권발행 회사의 관점에서 바라보는 방법인 다른 편의 문제를 더 자세히 살핀다. 투자자가 증권에서 받는 수익은 증권을 발행한 기업으로서는 비용이라는 중요한 사실을 주목한다.

요구수익률 대 자본비용

투자의 요구수익률이 10%라고 할 때 이는 보통 이 투자의 수익률이 10%를 넘어야만 투자가 양수의 NPV를 가질 것이라는 의미이다. 요구수익률을 해석하는 다른 방법은 회

---

1) 자금비용(*cost of money*)과 장애율(*hurdle rate*)이라는 용어도 사용된다.

사가 프로젝트에 필요한 자금의 사용을 위해 투자자에게 보상하기 위해서는 투자에서 10%를 벌어야 함을 주시하는 것이다. 이것이 10%가 투자와 관련된 자본비용이라고 말할 수 있는 이유이기도 하다.

이 점을 더 설명하기 위해 무위험 프로젝트를 평가 중이라고 상상하자. 이런 경우에 요구수익률을 결정하는 방법은 명료하다. 자본시장을 보고 무위험 투자가 제공하는 현행수익률을 찾아 이를 프로젝트의 현금흐름 할인에 사용하면 된다. 그러므로 무위험 투자의 자본비용은 무위험수익률(risk-free rate)이다.

이 프로젝트가 위험하다면 다른 모든 정보가 변하지 않을 때 요구수익률은 분명히 더 높다. 다시 말해서 위험하면 프로젝트의 자본비용은 무위험수익률보다 높고, 적정할인율은 무위험수익률을 초과할 것이다.

앞으로 **요구수익률**(*required return*), **적정할인율**(*appropriate discount rate*), **자본비용**(*cost of capital*)이라는 용어는 이번 장에서 논의하듯이 모두 기본적으로 같은 것이므로 같은 의미로 사용할 것이다. 이해할 핵심 사실은 투자와 관련된 자본비용은 투자의 위험으로 결정된다는 것이다. 즉, 중요한 것은 자금의 원천(source)이 아니라 자금의 사용(use)이다. 이는 기업재무에서 가장 중요한 교훈 중 하나이므로 반복할 만하다.

자본비용은 기본적으로 자금의 원천이 아니라 자금의 사용으로 결정된다.

이렇게 중요한 점을 잊고 투자의 자본비용은 기본적으로 자본이 어디서 어떻게 조달되었는가에 결정된다는 논리적 함정에 빠지는 오류가 잦다.

재무정책과 자본비용

기업이 선택하는 특정한 부채(debt)와 자기자본(equity)의 조합인 자본구조는 경영자의 결정임을 안다. 이번 장에서는 기업의 재무정책은 주어진 것으로 하겠다. 특히 기업은 유지하는 특정 부채비율이 있다고 가정할 것이다. 이 비율은 기업의 **목표**(*target*) 자본구조를 반영한다. 기업이 이 비율을 어떻게 선택하는가는 다음 장의 주제이다.

앞의 논의에서 기업 전체의 자본비용은 기업의 자산 전체의 요구수익률을 반영할 것임을 안다. 기업이 부채와 자기자본을 모두 사용하면 전체 자본구조는 기업의 채권자와 주주에게 보상을 위해 필요한 수익률의 조합일 것이다. 다시 말해서 기업의 자본비용은 부채비용과 자기자본비용을 모두 반영할 것이다. 다음 절에서 이러한 비용을 분리해서 논의한다.

개념문제 CONCEPT QUESTIONS

12.1a 투자에서 자본비용(cost of capital)의 기본적인 결정요인은 무엇인가?

12.1b 투자의 요구수익률과 투자와 관련된 자본비용 간의 관계는 무엇인가?

12.2 자기자본비용

자기자본비용
cost of equity
자기자본 투자자들이 기업의 투자에 요구하는 수익률.

자본비용 주제에서 가장 어려운 질문으로 시작한다. 기업 전체의 **자기자본비용(cost of equity)**은 얼마인가? 이 문제가 어려운 이유는 자기자본 투자자들이 투자에 요구하는 수익률을 직접 관측하는 방법이 없기 때문이다. 대신 어떻게 하든 이를 추정해야 한다. 여기서는 자기자본비용을 결정하는 두 방법인 배당성장모형(dividend growth model) 방법과 증권시장선(security market line) 또는 SML 방법을 논의한다.

배당성장모형 방법

자기자본비용을 추정하는 가장 쉬운 방법은 제7장에서 개발한 배당성장모형(dividend growth model)을 이용하는 것이다. 상기하면 기업의 배당이 일정 비율 g로 성장한다는 가정 아래 주식의 주당 가격 P_0는 다음과 같다.

$$P_0 = \frac{D_0 \times (1+g)}{R_E - g} = \frac{D_1}{R_E - g}$$

여기서 D_0는 방금 지급된 배당이고, D_1은 다음 기간의 예상 배당금이다. 주식의 요구수익률을 기호 R_E(E는 *equity*를 표시)로 사용한 점에 주목하자.

제7장의 논의대로 이 식을 R_E에 대해서 정리할 수 있다.

$$R_E = D_1/P_0 + g \qquad [12.1]$$

R_E는 주식에 주주들이 요구하는 수익률이기에 기업의 자기자본비용으로 해석할 수 있다.

배당성장모형 방법에 의한 추정 배당성장모형 방법을 이용해 R_E를 추정하기 위해서는 명백히 P_0, D_0, g에 대한 세 가지 정보가 필요하다. 이 중 배당금을 지급하는 공개기업의 경우 처음 둘은 직접 관측될 수 있어 쉽게 얻는다.[2] 세 번째 요소인 배당의 예상성장률만 추정하면 된다.

어떻게 R_E를 추정하는가를 설명하기 위해서 대형 공익기업이 지난해 주당 4달러의 배당금을 지급했다고 하자. 주식은 현재 주당 60달러에 거래된다. 배당은 무한히 연간 6%로 안정된 성장이 추정된다. 회사의 자기자본비용은 얼마인가?

배당성장모형을 이용해서 다음 해의 예상 배당금 D_1을 계산한다.

$$\begin{aligned} D_1 &= D_0 \times (1+g) \\ &= \$4 \times 1.06 \\ &= \$4.24 \end{aligned}$$

이 값으로 자기자본비용 R_E는

$$\begin{aligned} R_E &= D_1/P_0 + g \\ &= \$4.24/\$60 + 0.06 \\ &= 0.1307 \text{ 또는 } 13.07\% \end{aligned}$$

[2] D_0와 g가 있으면, D_0에 $(1+g)$를 곱해 D_1을 계산할 수 있다.

그러므로 자기자본비용은 13.07%이다.

g의 추정 배당성장모형을 이용하기 위해서는 성장률 g를 추정해야만 한다. 추정하는 방법에는 기본적으로 두 가지가 있다. (1) 역사적 성장률을 사용하는 방법 또는 (2) 미래 성장률의 애널리스트 예측을 이용하는 방법이다. 애널리스트 예측은 다양한 출처에서 구할 수 있다. 자연히 출처가 다르면 추정치도 달라지므로 한 방법은 여러 추정치를 구해서 평균을 내는 것이다.

다른 방법으로는 가령 지난 5년 동안의 배당을 보고 연도별 성장률을 계산해 평균한다. 어느 회사의 경우를 보자.

연도	배당
2015	1.10
2016	1.20
2017	1.35
2018	1.40
2019	1.55

매년 배당의 변화율을 다음과 같이 계산할 수 있다.

전체의 성장률 추정치는 www.zacks.com/research/earnings 참조

연도	배당	금액 변화	변화율
2015	1.10	–	–
2016	1.20	0.10	9.09%
2017	1.35	0.15	12.50
2018	1.40	0.05	3.70
2019	1.55	0.15	10.71

배당의 변동은 연도별 단위로 계산한 다음 변동은 퍼센트로 표시한 점에 주목하자. 그러므로 예를 들어 2016년에 배당은 1.10달러에서 1.20달러로 0.10달러 증가했다. 이는 $0.10/$1.10 = 0.0909 또는 9.09% 증가를 나타낸다.

4개의 성장률을 평균하면 그 결과는 (9.09 + 12.50 + 3.70 + 10.71)/4 = 0.09 또는 9%이므로 이를 예상 성장률 g의 추정치로 사용할 수 있다. 계산한 9%의 성장률은 산술평균임에 주목하자. 제10장으로 돌아가면 기하평균 성장률도 계산할 수 있다. 여기서 배당은 4년 동안 1.10달러에서 1.55달러로 성장한다. 복리 또는 기하평균 성장률은 얼마인가? 8.95%인지 확인하라. 이것은 1.10달러가 현재가치이고 1.55달러가 미래가치인 화폐의 시간가치 문제로 볼 수 있다.

늘 그렇듯이 기하평균(8.95%)은 산술평균(9.00%)보다 낮으나 여기서 그 차이는 실무적으로 심각한 것 같지는 않다. 일반적으로 이 방법을 사용할 때의 가정처럼 배당이 대체로 안정된 비율로 성장하면 어느 방법으로 평균 배당성장률을 계산하든 큰 차이는 없다.

배당성장모형 방법의 장단점 배당성장모형 방법의 기본 장점은 간단함이다. 이 방법은 이해하고 사용하기 쉽다. 하지만 많은 관련된 현실적 문제와 단점이 있다.

첫째로 가장 큰 문제는 배당성장모형은 명백히 배당금을 지급하는 회사에만 적용할 수 있다는 것이다. 이는 많은 경우에 이 방법이 쓸모없음을 의미한다. 더욱이 배당금을 지급하는 회사조차도 중요한 기본 가정은 배당이 일정한 비율로 성장하는 것이다. 앞의 예에서 설명했듯이 결코(*exactly*) 이런 일은 없을 것이다. 더 일반적으로 이 모형은 어느 정도 안정된 성장을 할 것 같은 경우에만 실제로 적용된다.

둘째 문제점은 추정된 자기자본비용이 추정된 성장률에 매우 민감하다는 것이다. 예를 들어 주가가 정해졌을 때 g를 1% 포인트만 상향조정되면 추정된 자기자본비용은 적어도 1% 포인트 상승한다. D_1도 아마 상향조정될 수 있으므로 실제로 상승은 그보다 다소 클 것이다.

마지막으로 이 방법은 실제로 위험을 명시적으로 고려하지 않는다. 다음에 고려하는 SML 방법과는 달리 이 방법은 투자의 위험 정도를 직접 조정하지는 않는다. 예를 들어 추정된 배당성장률을 둘러싸고 확실성이나 불확실성의 정도를 고려하지 않는다. 그 결과 추정된 수익률이 위험의 수준을 잘 반영하고 있는가를 말하기 어렵다.[3)]

SML 방법

제11장에서 증권시장선 또는 SML을 논의했다. 주된 결론은 위험한 투자의 요구수익률 또는 기대수익률은 다음 세 가지로 결정된다는 것이다.

1. 무위험수익률, R_f
2. 시장리스크프리미엄, $E(R_M) - R_f$
3. 베타계수라고 불리는 평균 위험자산 대비 자산의 체계적 위험, β

SML을 이용하면 회사의 자기자본 기대수익률[$E(R_E)$]은

$$E(R_E) = R_f + \beta_E \times [E(R_M) - R_f]$$

여기서 β_E는 자기자본의 추정된 베타이다. SML 방법이 배당성장모형과 일관되기 위해서 기대치를 표시하는 E를 생략하면 이후로 SML의 요구수익률(R_E)을 다음과 같이 적는다.

$$R_E = R_f + \beta_E \times (R_M - R_f) \quad [12.2]$$

SML 방법의 실행 SML 방법을 사용하기 위해서 무위험수익률 R_f, 시장리스크프리미엄의 추정치 $R_M - R_f$, 베타 추정치 β_E가 필요하다. 제10장에서 시장리스크프리미엄의 한 추정치가 약 7%임을 안다. 미국 재정증권(T-bills)은 본 교재 개정 당시 약 1.90%를 지급하고 있었으므로 이를 무위험수익률(risk-free rate)로 이용할 것이다. 공개기업의 베

[3)] 현행주가가 사용되기에 리스크에 대한 암묵적 조정은 있다. 모든 조건이 같다면 리스크가 클수록 주가는 낮아진다. 다시 모든 정보가 같다고 가정하면 주가가 낮을수록 자기자본비용은 커진다.

타계수는 쉽게 구할 수 있다.[4)]

제11장에서 애플(Apple)의 추정 베타가 1.15(〈표 11.8〉)임을 알았다. 그러므로 애플의 자기자본비용을 추정할 수 있다.

베타값과 미국 재정증권(T-bills) 수익률은 모두 www.bloomberg.com 참조.

$$\begin{aligned} R_{Apple} &= R_f + \beta_{Apple} \times (R_M - R_f) \\ &= 1.90\% + 1.15 \times 7\% \\ &= 9.95\% \end{aligned}$$

그러므로 SML 방법을 이용하면 애플의 자기자본비용은 약 10%이다.

SML 방법의 장단점 SML 방법은 두 가지 기본적인 장점이 있다. 첫째, 위험을 명시적으로 조정한다. 둘째, 배당이 안정되게 성장하는 회사가 아니어도 적용할 수 있다. 그러므로 이 방법은 아주 다양한 상황에서 쓸모가 있을 것이다.

물론 단점도 있다. SML 방법은 시장리스크프리미엄과 베타계수 두 개의 추정이 요구된다. 추정치가 형편없으면 그에 따른 자기자본비용은 부정확할 것이다. 예를 들어 시장리스크프리미엄의 추정치인 7%는 특정 주식 포트폴리오의 약 100년의 수익률을 근거로 했다. 다른 기간과 다른 주식을 이용하면 매우 다른 추정치가 나올 수 있다.

마지막으로 배당성장모형처럼 SML 방법의 사용에서도 미래를 예측하기 위해서 근본적으로 과거에 의존한다. 경제 상황은 항상 매우 빨리 변하므로 과거는 미래에 대한 적절한 길잡이가 되지 못한다. 제일 좋은 것은 배당성장모형 방법과 SML 방법을 모두 적용할 수 있는데 유사한 결과가 나오는 경우이다. 이런 일이 일어난다면 추정치에 어느 정도 확신할 수 있다. 결과의 현실성을 확인하기 위해 다른 유사한 회사의 자기자본비용과 비교할 수도 있다.

예제 12.1 자기자본비용

주식의 베타가 1.2라고 하자. 시장리스크프리미엄은 8%이고 무위험수익률은 6%이다. 직전 주당 배당금은 2달러였고, 배당금은 무한하게 8% 성장이 예상된다. 현재 주식은 30달러에 매매된다. 자기자본비용은 얼마인가?

SML을 이용해 시작해 보자. 이렇게 해서 보통주의 기대수익률을 발견한다.

$$\begin{aligned} R_E &= R_f + \beta_E \times (R_M - R_f) \\ &= 6\% + 1.2 \times 8\% \\ &= 15.6\% \end{aligned}$$

이는 15.6%가 자기자본비용임을 의미한다. 다음으로 배당성장모형을 사용한다. 예상 배당금은 $D_0 \times (1 + g)$ = \$2 × 1.08 = \$2.16이므로 이 방법을 이용한 기대수익률은

(계속)

4) 베타계수는 역사적 자료를 이용해 직접 추정할 수 있다. 베타계수의 계산 방법에 대해서는 S. A. Ross, R. W. Westerfield, J. F. Jaffe, and B. D. Jordan *Corporate Finance*, 12th ed. (Chicago, IL: The McGraw-Hill Education, 2019)의 제10, 11, 12장을 참고하자.

$$
\begin{aligned}
R_E &= D_1/P_0 + g \\
&= \$2.16/30 + 0.08 \\
&= 15.2\%
\end{aligned}
$$

앞의 두 추정치는 대체로 비슷하므로 두 값을 평균해서 자기자본비용은 대략 15.4%이다.

개념문제 CONCEPT QUESTIONS

12.2a 주식회사의 자기자본비용이 16%라고 말할 때 무엇을 의미하는가?

12.2b 자기자본비용을 추정하는 두 가지 방법은 무엇인가?

12.3 부채비용과 우선주비용

보통주에 더해 기업은 투자자금을 조달하기 위해 부채 그리고 그보다 적게 우선주를 이용한다. 다음에서 논의하듯이 이런 자금조달 원천과 관련된 자본비용의 결정은 자기자본비용의 결정보다 훨씬 쉽다.

부채비용

부채비용
cost of debt
대출자가 기업의 부채에 요구하는 수익률.

부채비용(cost of debt)은 신규 차입금에 기업의 채권자들이 요구하는 수익률이다. 원칙상 자기자본의 요구수익률을 추정하는 것과 같이 부채의 베타를 결정한 다음에 부채의 요구수익률을 추정하기 위해 SML을 이용할 수 있다. 그러나 이는 실제로 불필요하다.

기업의 자기자본비용과는 달리 부채비용은 기업이 신규 차입금에 지급해야만 하는 이자율이고 금융시장에서 쉽게 이자율을 관찰할 수 있기에 부채비용은 보통 직접적 또는 간접적으로 관찰할 수 있다. 예를 들어 기업이 이미 채권을 발행했다면 이 채권의 만기수익률이 기업 부채에 대한 시장의 요구수익률이다.

다른 방법으로 기업의 채권이 이를테면 AA 등급임을 알았다면 새로 발행하는 AA 등급 채권의 이자율을 알 수 있다. 어떤 방법이든 알고자 하는 이자율을 직접 관찰할 수 있기에 부채의 베타를 실제로 추정할 필요는 없다.

그래도 주의해야 할 하나가 있다. 여기서 기업이 발행한 부채의 쿠폰율은 무관하다. 쿠폰율은 대략 채권이 처음 발행되었을 당시의 부채비용이 아니라 오늘의 부채비용이 아님을 말한다.[5] 오늘의 시장에서 채권의 수익률을 보아야 하는 이유이다. 다른 표기법의 일관성을 위해 부채비용으로 기호 R_D를 이용한다.

[5] 역사적 차입에 근거한 기업의 부채비용을 때로는 인각부채비용(*embedded debt cost*)이라고 한다.

예제 12.2 부채비용

쿠폰율 7%인 30년 만기 채권을 8년 전에 발행했다고 하자. 이 채권은 현재 액면가의 96%, 또는 960달러에 거래되고 있다. 이 회사의 부채비용은 얼마인가?

제6장으로 되돌아가서 이 채권의 만기수익률을 계산할 필요가 있다. 이 채권은 할인채로 거래되고 있기에 수익률은 분명히 7%보다 높으나 할인 정도가 매우 작기에 그렇게 높지는 않다. 반기 쿠폰 지급을 가정하면 만기수익률이 약 7.37%임을 확인할 수 있으므로 부채비용(R_D)은 7.37%이다.

우선주비용

우선주비용(*cost of preferred stock*)의 결정은 꽤 직설적이다. 제6장과 제7장에서 논의한 대로 우선주는 영원히 기간마다 지급하는 고정된 배당이 있으므로 우선주는 기본적으로 영구채(perpetuity)이다. 그러므로 우선주비용(R_P)은

$$R_P = D/P_0 \quad [12.3]$$

여기서 D는 고정된 배당이고, P_0는 우선주의 현재 주가이다. 우선주비용은 우선주의 배당수익률과 같음을 주목하자. 다른 방법으로 우선주는 채권과 매우 같은 방법으로 등급이 매겨지므로 우선주비용은 유사하게 등급이 매겨진 다른 우선주의 요구수익률을 관측해 추정할 수 있다.

예제 12.3 우선주비용

2018년에 NYSE에서 거래되는 한 우선주가 있었다. 우선주는 연간 1.25달러의 주당 배당금을 지급했고, 25.85달러에 거래되었다. 우선주비용은 얼마인가?

등식 [12.3]을 이용하면 우선주비용은

$$\begin{aligned} R_P &= D/P_0 \\ &= \$1.25/\$25.85 \\ &= 0.0484 \text{ 또는 } 4.84\% \end{aligned}$$

그러므로 이 회사의 우선주비용은 딱 5% 약간 아래 같아 보인다.

개념문제 CONCEPT QUESTIONS

12.3a 부채비용(cost of debt)은 어떻게 계산하는가?

12.3b 우선주비용(cost of preferred stock)은 어떻게 계산하는가?

12.3c 왜 액면이자율(coupon rate)은 기업의 부채비용의 나쁜 추정치인가?

12.4 가중평균자본비용

이제 기업이 쓰는 주요 자본의 원천과 관련된 비용이 있으니 특정 조합을 걱정할 필요가 있다. 앞에서 언급했듯이 지금부터 기업의 자본구조인 자본의 조합은 주어진 것으로 한다. 또한, 이 논의에서 대부분 부채와 보통주에 중점을 둘 것이다.

자본구조 가중치

기업의 자기자본 **시장**(*market*)가치를 표시하기 위해서 기호 (*equity*의) *E*를 사용하겠다. 이는 발행주식 수에 주당 가격을 곱해서 계산한다. 유사하게 기업의 부채 **시장**(*market*) 가치를 표시하기 위해서 기호 (*debt*의) *D*를 사용하겠다. 비유동부채는 채권 하나의 시장 가격에 발행채권 수를 곱해서 계산한다.

일반적이지만 여러 채권을 발행했으면 각 채권에 대해 계산을 반복한 다음 그 결과를 합산한다. 예를 들어 생명보험회사가 보유해서 공개적으로 거래되지 않는 부채가 있으면 공개적으로 거래되는 유사한 부채의 수익률을 관찰한 다음에 이를 할인율로 사용해 사적으로 소유한 부채의 시장가치를 추정한다. 단기부채는 장부(회계)가치와 시장가치가 거의 비슷하므로 장부가치를 시장가치의 추정치로 사용할 수 있을 것이다.

마지막으로 부채와 자기자본을 통합한 시장가치를 표시하기 위해서 기호 (*value*의) *V*를 사용하겠다.

$$V = E + D \tag{12.4}$$

양변을 *V*로 나누면 총자본에서 부채와 자기자본의 비율을 계산할 수 있다.

$$100\% = E/V + D/V \tag{12.5}$$

이 비율은 포트폴리오 가중치와 같이 해석될 수 있고 종종 **자본구조 가중치**(*capital structure weights*)라고 불린다.

예를 들어 회사 주식의 총 시장가치가 200백만 달러로 계산되었고 회사부채의 총 시장가치가 50백만 달러로 계산되었다면 통합 가치는 250백만 달러이다. 총 가치에서 E/V = 200/250 = 0.80이므로 회사 자금의 80%는 자기자본일 것이고 나머지 20%는 부채일 것이다.

여기서 계산에 맞는 방법은 부채와 자기자본의 **시장**(*market*)가치를 사용하는 것임을 강조한다. 비공개회사를 고려하는 경우같이 어떤 상황에서는 이런 계량화된 신뢰할 만한 추정치를 구할 수가 없을 수 있다. 이 경우 그대로 진행해 부채와 자기자본의 장부가치를 사용할 수 있다. 이것이 아무것도 하지 않는 것보다 낫다고 하더라도 그 결과는 에누리해서 받아들여야 할 것이다.

법인세와 가중평균자본비용

논의할 필요가 있는 마지막 논점이 있다. 항상 세후현금흐름에 관심이 있음을 상기하자.

세후현금흐름에 적절한 할인율을 결정하려면 할인율도 역시 세후 기준으로 표시되어야 한다.

이전에 여러 번 논의했듯이 그리고 앞으로 논의할 것인데 주식회사가 지급한 이자는 과세 목적상 공제된다. 배당과 같은 주주에게 지급은 아니다. 이는 정부가 실질적으로 이자의 일부를 지급함을 의미한다. 그러므로 세후할인율 결정을 위해 세전(pretax)과 세후(aftertax)부채비용을 구분할 필요가 있다.

기업이 9%의 이자로 100만 달러를 빌린다고 하자. 법인세율은 21%이다. 이 대출금의 세후이자율은 얼마인가? 총이자액은 연간 90,000달러일 것이다. 그러나 이 금액은 세금공제 되므로 90,000달러의 이자는 세금을 0.21 × $90,000 = 18,900달러 줄인다. 그러므로 세후 이자금액은 $90,000 − 18,900 = 71,100달러이다. 그러므로 세후이자율은 $71,100/$1,000,000 = 0.0711 또는 7.11%이다.

일반적으로 세후이자율은 세전이자율에 (1 − 법인세율)을 곱한 것과 같음에 주목하자. 그러므로 법인세율을 표시하기 위해 기호 T_C를 이용하면 부채비용에 사용하는 세후비율은 $R_D \times (1 - T_C)$로 적을 수 있다. 예를 들어 위의 숫자를 이용하면 세후이자율은 9% × (1 − 0.21) = 7.11%임을 발견한다.

이번 장에서 논의했던 여러 가지 주제를 종합하면 이제 자기자본비용과 세후부채비용과 함께 자본구조 가중치가 있다. 기업의 전체 자본비용을 계산하기 위해서 자본구조 가중치에 관련된 비용을 곱한 후 합산한다. 결과는 **가중평균자본비용(weighted average cost of capital)** 또는 **WACC**이다.

가중평균자본비용 weighted average cost of capital (WACC) 주식 가치를 유지하기 위해서 보유 자산에서 벌어야 하는 전체의 수익률.

$$\text{WACC} = (E/V) \times R_E + (D/V) \times R_D \times (1 - T_C) \quad [12.6]$$

WACC는 매우 직설적인 해석이 있다. 이는 주식의 가치를 유지하기 위해서 보유 자산에서 벌어야 하는 전체의 수익률이다. 이는 중요하기에 반복할 만하다.

WACC는 주식 가치를 유지하기 위해서 보유 자산에서 벌어야 하는 전체의 수익률이다.

WACC는 기존의 사업과 기본적으로 위험이 같은 투자에 대한 요구수익률이기도 하다. 따라서 기존 사업 확장안의 현금흐름을 평가하고 있다면 사용해야 할 할인율이다.

기업의 자본구조에 우선주가 있으면 WACC의 표현방식을 간단한 확장이 필요하다. 기업의 자금조달에서 우선주의 비율을 P/V로 정의하면 WACC는

$$\text{WACC} = (E/V) \times R_E + (P/V) \times R_P + (D/V) \times R_D \times (1 - T_C) \quad [12.7]$$

여기서 R_P는 우선주비용이다.

주식회사가 재무성과 평가를 위해 WACC의 사용이 증가하고 있다. 수반하는 *Finance Matters*(재무사안) 박스는 이 과정을 자세히 보여 준다.

FINANCE MATTERS

EVA: 옛날 아이디어가 현대로 이동

브리그스앤드스트래튼(Briggs and Stratton), 코카콜라(Coca-Cola), 마이크로소프트(Microsoft)에 공통점이 많다고 생각하지 않을 수 있다. 하지만 이 세 회사는 모두 결정적으로 자본비용에 의존해 기업 성과를 관리하고 측정하는 방식에 운명을 결부시켰다. 많은 이름이 있으나 유명한 주창자인 컨설팅사 스턴 스튜어트(Stern Stewart & Co.)는 특색 있게 "경제적 부가가치"(economic value added) 또는 EVA라고 부른다. 주주부가가치(stockholder value added: SVA)는 평범한 변형이다. 명칭이 무엇이든 EVA와 유사 용어들은 1990년대 중반 이후 기업 관리에 중요한 도구가 되었다.

간단히 말해 EVA는 재무성과를 측정하는 방법이다. EVA 계산을 위해서는 전체 자본비용을 계산해야 한다. 그다음 얼마나 많은 자본이 사업에 묶였는지 확인한다. 다음으로 자본 금액을 자본비용으로 곱한다. 그 결과는 투자자들에게 제공해야 하는 금액이다. 실제 영업현금흐름을 차감하면 그 차이가 EVA의 측정치다. 양수이면 자본비용보다 더 벌어서 가치를 창출했다는 의미이고, 음수이면 그 반대이다(이는 간략한 개요이고 더 자세한 내용은 www.eva.com을 방문).

스턴 스튜어트는 매년 EVA를 기준으로 미국 1,000대 대기업의 순위를 매기는 '스턴 스튜어트 1000'(Stern Stewart 1000)을 준비한다. '스턴 스튜어트 1000' 역사상 일부 회사들은 지속해서 높은 성과를 보였다. 예를 들어 마이크로소프트(Microsoft), 인텔(Intel), 엑손모빌(ExxonMobil)은 리스트의 최상위권에서 자주 보인다. 이 리스트에는 또한 반복해서 저조한 성과를 보이는 기업도 있는데 몇몇 이름들에 놀랄지 모르나 예를 들어 제너럴 모터스(General Motors), 타임워너(Time Warner), 굿이어 타이어 앤드 러버(Goodyear Tire & Rubber)이다. 잘 알려진 브랜드명이 항상 주주의 부를 초래하지 않음이 명백하다.

'스턴 스튜어트 1000'이 한 일 중 하나는 경제 국면의 변화를 보여 주는 것이다. 예를 들어 인텔(Intel), 시스코 시스템스(Cisco Systems), 이베이(eBay)는 모두 리스트 상단에 순위가 있다. 인텔은 1971년부터 상장되어 이들 중 가장 오래되었고, 반면에 이베이는 불과 1998년부터 상장되었음을 고려하자. 이는 기술기반 회사들이 경제에 미치는 획기적인 영향을 강조한다. 물론 모든 기술 관련 회사들이 그처럼 성과를 내는 것은 아니다.

스턴 스튜어트의 공동 창업자 중 한 명인 베넷 스튜어트(Bennett Stewart)에 의하면 EVA는 회계적 이익과 경제적 이익 사이에 중요한 차이를 보여 준다. 회계규정은 회사의 이자비용을 보고된 이익에서 차감해야 한다고 규정하고 있으나 같은 규정에서 기업이 사용한 주주들의 자금에 대한 비용의 차감을 금지하고 있다. 주주들은 모든 다른 이해관계자와 투자자들의 투자금액을 갚고 나서 마지막으로 지급되는 위험을 부담하기에 경제 용어로 자기자본은 사실상 매우 비용이 많이 드는 자금의 원천이다. 그러나 회계사에 의하면 주주의 자본은 기본적으로 공짜이다. 이런 간과는 엄청난 현실적 결과를 초래한다. 예컨대 회계사가 옳다고 인증한 이익 수치가 순현가법과 충돌할 수 있다. 이러한 충돌은 회계규정이 프로젝트의 추정수익률이 요구수익률을 능가하는가의 더 중요한 질문보다 회계사의 순이익에 중점을 둘 때 발생한다.

EVA와 이의 변형들은 원칙적으로 적절하나 여전히 결점이 있다. 한 가지는 일반적으로 자산의 시장가치 대신 장부가치를 이용한다. 또 다른 결점으로는 현금흐름이 더 나은 선택일 때 때로는 회계이익으로 결정된다. 그렇더라도 잠재적 문제를 차치하면 EVA 개념은 투자자의 부 창출에 대한 경영진의 관심에 중점을 둔다. 이것이 자체적으로 EVA를 가치 있는 도구로 만든다.

예제 12.4 WACC의 계산

회사의 유통주식 수는 140만 주이다. 현재 주식은 주당 20달러에 거래된다. 회사의 부채는 공개적으로 거래되고 있는데 최근에 액면가의 93%에 호가 되었다. 총 액면가는 5백만 달러이고 현재 11%의 수익률이 되도록 가격이 형성된다. 무위험수익률은 8%이고 시장리스크프리미엄은 7%이다. 주식의 베타는 0.74로 추정되었다. 법인세율이 21%라면 이 회사의 WACC는 얼마인가?

먼저 자기자본비용과 부채비용을 결정할 수 있다. SML에서 자기자본비용은 8% + 0.74 × 7% = 13.18%이다. 자기자본의 총가치는 140만 주 × $20 = 28백만 달러이다. 세전부채비용은 유통 부채의 현행 만기수익률인 11%이다. 부채는 액면가의 93%에 거래되므로 현행 시장가치는 0.93 × $5백만 = 4.65백만 달러이다. 자기자본과 부채의 총 시장가치는 $28 + 4.65 = 32.65백만 달러이다.

(계속)

이제 WACC를 쉽게 계산할 수 있다. 자기자본비율은 \$28/\$32.65 = 0.8576 또는 85.76%이다. 가중치의 합은 1.0이어야 하기에 부채의 비율은 1.0 − 0.8576 = 0.1424 또는 14.24%이다. 그러므로 WACC는

$$\begin{aligned} WACC &= (E/V) \times R_E + (D/V) \times R_D \times (1 - T_C) \\ &= 0.8576 \times 13.18\% + 0.1424 \times 11\% \times (1 - 0.21) \\ &= 12.54\% \end{aligned}$$

그러므로 회사의 전체 가중평균자본비용은 12.54%이다.

물류 문제 및 유사한 자본예산문제 해결

이제 이번 장 시작하며 제기한 물류 문제의 해결을 위해 WACC를 이용할 수 있다. 그러나 WACC로 현금흐름을 할인해 성급히 NPV를 추정하기 전에 먼저 맞게 하고 있는지 확인할 필요가 있다.

원론으로 돌아가면 창고 개조와 비교할 수 있는 대체 수단을 금융시장에서 찾을 필요가 있다. 비교하기 위해서는 대체 수단의 리스크가 창고 프로젝트의 리스크와 같아야 한다. 리스크가 같은 프로젝트는 같은 리스크집단(risk class)에 속한다고 말한다.

기업의 WACC는 리스크와 기업이 보유한 자산 전체의 목표 자본구조를 반영한다. 그 결과 엄밀히 말하면 기업의 WACC는 투자안이 기업의 현재 영업활동의 복제인 경우에만 적정할인율이다.

개괄적으로 표현하면 창고 프로젝트의 가치평가를 위해서 기업의 WACC를 사용할 수 있는가는 창고 프로젝트가 기업과 같은 리스크집단인가에 달려 있다. 이 프로젝트는 기업 전체 사업의 필수적 부분이라고 가정하겠다. 그런 경우 비용 절감은 일반적인 기업의 현금흐름처럼 위험할 것이므로 이 프로젝트는 전체 기업과 같은 리스크집단일 것이라고 여기는 것은 당연하다. 더 일반적으로 기업의 기존 영업과 밀접한 관련이 있는 창고 개조와 같은 프로젝트는 종종 전체 기업과 같은 리스크집단으로 볼 수 있다.

이제 사장이 무엇을 해야 하는지 알 수 있다. 기업의 목표 부채비율이 1/3이라고 하자. 제3장에 의하면 부채비율 $D/E = 1/3$은 E/V가 0.75이고 D/V가 0.25라는 것을 의미한다. 더욱이 부채비용은 10%이고 자기자본비용은 20%라고 하자. 법인세율이 21%라고 가정하면 WACC는 다음과 같다.

$$\begin{aligned} \mathbf{WACC} &= (E/V) \times R_E + (D/V) \times R_D \times (1 - T_C) \\ &= 0.75 \times 20\% + 0.25 \times 10\% \times (1 - 0.21) \\ &= 16.98\% \end{aligned}$$

창고 프로젝트는 50백만 달러의 비용이 들고 6년 동안 연간 예상 세후현금흐름(비용 절감)이 12백만 달러임을 상기하자. 그러면 NPV는 다음과 같다.

$$\text{NPV} = -50 + \frac{12}{(1+\text{WACC})^1} + \cdots + \frac{12}{(1+\text{WACC})^6}$$

현금흐름이 일반적인 연금의 형태이기에 WACC인 16.98%를 할인율로 사용해 NPV를 계산할 수 있다.

$$\begin{aligned}\text{NPV} &= -50 + 12 \times \frac{1-[1/(1+0.1698)^6]}{0.1698} \\ &= -50 + 12 \times 3.5915 \\ &= -6.90\text{백만}\end{aligned}$$

많은 회사의 WACC는 www.thatswacc.com에서 찾을 수 있다.

창고 개조 프로젝트를 채택해야 하는가? 이 프로젝트는 기업의 WACC를 이용하면 NPV가 음수이다. 이는 금융시장이 같은 리스크집단(기업 자체)에서 우월한 프로젝트를 제공한다는 의미이다. 답은 명확하다. 프로젝트를 포기해야만 한다. 나중에 참고하기 위해 WACC에 대한 논의를 〈표 12.1〉에 정리하였다. 근처의 *Finance Matters*(재무사안) 박스는 WACC의 다양한 사용에 대해 논의한다.

이스트만 케미컬의 WACC 계산

여기에서는 잘 알려진 화학, 플라스틱, 섬유제품 제조업체인 이스트만 케미컬(Eastman Chemical)의 WACC를 계산하는 방법을 설명한다. 온라인상의 자료를 이용해 필요한 정보를 수집해서 활용하는 과정을 단계별로 살펴보는 것이 목표이다. 앞으로 보겠지만 상당히 자세한 계산이 필요하나 필요한 정보는 대부분 바로 구할 수 있다.

표 12.1

자본비용계산 요약

I. 자기자본비용, R_E

A. 배당성장모형 방법 (제7장)

$$R_E = D_1/P_0 + g$$

여기서 D_1은 1기간 후의 예상 배당금이고, g는 배당성장률이며, P_0는 현행 주가이다.

B. SML 방법 (제11장)

$$R_E = R_f + \beta_E \times (R_M - R_f)$$

여기서 R_f는 무위험수익률, R_M은 전체 시장의 기대수익률, β_E는 자기자본의 체계적 위험이다.

II. 부채비용, R_D

A. 부채가 공개적으로 거래되는 기업의 경우 부채비용은 유통 부채의 만기수익률로 측정할 수 있다. 쿠폰율은 무관하다. 만기수익률은 제6장에서 다루었다.

B. 기업의 부채가 공개적으로 거래되지 않는 경우 부채비용은 유사한 등급의 채권의 만기수익률로 측정할 수 있다(채권등급은 제6장에서 설명했다).

III. 가중평균자본비용, WACC

A. 기업의 WACC는 기업 전체의 요구수익률이다. 이는 기업 전체의 리스크와 유사한 현금흐름에 이용하기 위한 적정할인율이다.

B. WACC는 다음과 같이 계산된다.

$$\text{WACC} = (E/V) \times R_E + (D/V) \times R_D \times (1 - T_C)$$

여기서 T_C는 법인세율, E는 기업 자기자본의 *시장*가치이고, D는 기업 부채의 시장가치이며, $V = E + D$이다. E/V는 시장가치로 계산한 기업의 자금 중 자기자본의 비율이고, D/V는 부채의 비율이다.

FINANCE MATTERS

자본비용, 텍사스 스타일

기업 세계에서 WACC가 어떻게 이용되는지 알았다. WACC는 지방정부가 과세 목적의 부동산 가치평가에도 이용된다. 부동산 가치평가는 애매할 수 있다. 주택의 가치는 얼마에 팔릴 수 있는가에 의해 결정되어 추정하기 어렵지 않으나 석유나 가스 유전은 어떻게 가치 결정을 하는가? 텍사스 공공회계감사관(Texas Comptroller of Public Accounts)에게 그 답은 부동산의 미래 현금흐름의 현재가치를 추정하는 것이다. 이

보다시피 회사들의 2017년 WACC 수치는 비슷하다. 레인지(Range)는 가장 낮은 WACC인 12.05%이고, 에너젠(Energen)은 가장 높은 17.91%이지만 대부분의 다른 회사들은 14~16% 사이에 있다. 이 산업에 있는 회사들의 평균 WACC는 14.64%이며 표준편차는 1.66%이다. 텍사스 주는 이 계산을 이용할 때 2%의 조정계수(adjustment factor)를 더했고, 여기에 부동산 특성의 위험 조정을 추가했다.

TABLE 1

Petroleum Companies' Financial Information Used for WACC Method

Company Name	Total Capital	Total Equity	Total Convertible Preferred Stock	Total Long-Term Debt	Equity % Of Capital	Convertible Preferred Stock % Of Capital	Long-Term Debt % Of Capital	Beta Factor	After Income Tax Cost of Equity, %	Before Income Tax Cost of Equity, %	Cost Of Convertible Preferred Stock %	Cost Of Debt %	Before Income Tax WACC %
Anadarko	$53,716,176,000	$38,435,176,000	$0	$15,281,000,000	71.55	0.000	28.45	1.55	12.12	18.65	0.00	4.70	14.68
Apache	$32,627,036,236	$24,083,036,236	$0	$8,544,000,000	73.81	0.000	26.19	1.45	11.52	17.73	0.00	4.22	14.19
Cabot	$12,386,434,280	$10,865,904,280	$0	$1,520,530,000	87.72	0.000	12.28	1.05	9.12	14.04	0.00	5.62	13.00
Chevron	$257,916,305,869	$222,630,305,869	$0	$35,286,000,000	86.32	0.000	13.68	1.15	9.72	14.96	0.00	3.01	13.32
Cimarex	$14,224,978,998	$12,737,039,998	$0	$1,487,939,000	89.54	0.000	10.46	1.50	11.82	18.19	0.00	4.37	16.74
Conoco Phillips	$88,222,684,507	$62,036,684,507	$0	$26,186,000,000	70.32	0.000	29.68	1.35	10.92	16.81	0.00	4.50	13.15
Devon	$34,039,410,000	$23,885,410,000	$0	$10,154,000,000	70.17	0.000	29.83	1.65	12.72	19.57	0.00	4.65	15.12
Encana	$15,621,020,000	$11,423,020,000	$0	$4,198,000,000	73.13	0.000	26.87	1.65	12.72	19.57	0.00	5.20	15.71
Energen	$6,122,187,439	$5,594,744,439	$0	$527,443,000	91.38	0.000	8.62	1.60	12.42	19.11	0.00	5.15	17.91
EOG	$65,284,160,829	$58,304,381,829	$0	$6,979,779,000	89.31	0.000	10.69	1.45	11.52	17.73	0.00	3.37	16.19
Exxon Mobil	$403,330,480,000	$374,398,480,000	$0	$28,932,000,000	92.83	0.000	7.17	0.95	8.52	13.11	0.00	3.27	12.41
Hess	$26,451,230,128	$19,716,230,128	$41,000,000	$6,694,000,000	74.54	0.002	25.31	1.60	12.42	19.11	7.13	5.62	15.68
Marathon	$21,250,570,000	$14,661,570,000	$0	$6,589,000,000	68.99	0.000	31.01	1.75	13.32	20.50	0.00	4.95	15.68
Murphy	$7,783,403,770	$5,360,653,770	$0	$2,422,750,000	68.87	0.000	31.13	1.55	12.12	18.65	0.00	5.34	14.51
Noble	$23,506,170,165	$16,495,170,165	$0	$7,011,000,000	70.17	0.000	29.83	1.40	11.22	17.27	0.00	4.48	13.45
Occidental	$64,255,622,737	$54,436,622,737	$0	$9,819,000,000	84.72	0.000	15.28	1.15	9.72	14.96	0.00	3.21	13.16
Pioneer	$33,290,219,227	$30,562,219,227	$0	$2,728,000,000	91.81	0.000	8.19	1.45	11.52	17.73	0.00	3.70	16.58
Range	$12,300,692,072	$8,491,880,072	$0	$3,808,812,000	69.04	0.000	30.96	1.15	9.72	14.96	0.00	5.56	12.05
TOTAL	$1,172,328,782,256	$994,118,529,256	$41,000,000	$178,169,253,000	1,424.22	0.002	375.62	25.40	203.22	312.65	7.13	80.92	263.55
ENTRIES					18	1	18	18	18	18	1	18	18
AVERAGE					79.12	0.002	20.87	1.41	11.29	17.37	7.13	4.50	14.64
STANDARD DEVIATION					9.57	0.000	9.57	0.23	1.38	2.13	1.68	0.87	1.66

제까지 알다시피 자본비용은 자금의 원천이 아니라 자금의 사용에 달려 있다. 그래서 텍사스 주는 석유산업에 있는 회사들의 WACC를 계산해 기업의 특성 요인에 따라 산업 평균 WACC를 조정한다. 표는 통합된 석유회사에 대한 주 정부의 계산을 보여준다.

텍사스 공공회계 감사관이 세후(aftertax)보다는 세전(pretax) 기준으로 이 숫자들을 계산했음에 주목하자. 즉, 주정부는 이 계산에서 이자비용에 대한 세금공제를 고려하지 않았다. 그 이유는 주정부가 회사별로 자본비용에 세금을 조정하기 때문이다.

이스트만의 자기자본비용 맨 먼저 finance.yahoo.com에 있는 이스트만의 주가를 본다(티커: “EMN”). 2018년 중반에는 다음과 같은 화면이 보인다.

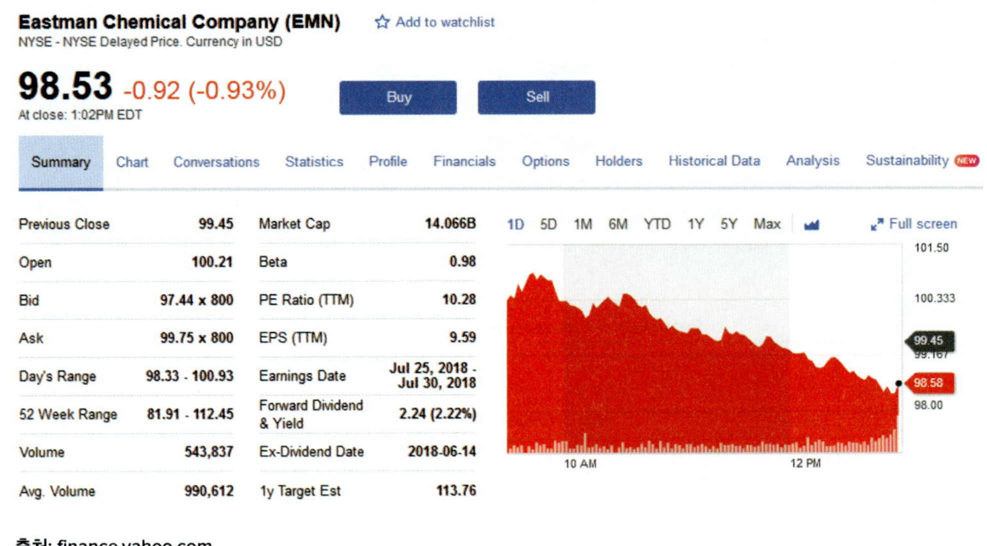

Eastman Chemical Company (EMN) Add to watchlist
NYSE - NYSE Delayed Price. Currency in USD

98.53 -0.92 (-0.93%) Buy Sell
At close: 1:02PM EDT

Summary | Chart | Conversations | Statistics | Profile | Financials | Options | Holders | Historical Data | Analysis | Sustainability

Previous Close	99.45	Market Cap	14.066B
Open	100.21	Beta	0.98
Bid	97.44 x 800	PE Ratio (TTM)	10.28
Ask	99.75 x 800	EPS (TTM)	9.59
Day's Range	98.33 - 100.93	Earnings Date	Jul 25, 2018 - Jul 30, 2018
52 Week Range	81.91 - 112.45	Forward Dividend & Yield	2.24 (2.22%)
Volume	543,837	Ex-Dividend Date	2018-06-14
Avg. Volume	990,612	1y Target Est	113.76

출처: finance.yahoo.com

다음에는 “Statistics” 링크를 보면 다음을 발견한다.

Trading Information

Stock Price History	
Beta	0.98
52-Week Change [3]	19.02%
S&P500 52-Week Change [3]	12.09%
52 Week High [3]	112.45
52 Week Low [3]	81.91
50-Day Moving Average [3]	105.67
200-Day Moving Average [3]	102.56

Share Statistics	
Avg Vol (3 month) [3]	990.61k
Avg Vol (10 day) [3]	1.11M
Shares Outstanding [5]	142.76M
Float	141.86M
% Held by Insiders [1]	0.42%
% Held by Institutions [1]	88.02%
Shares Short [3]	4.31M
Short Ratio [3]	4.47
Short % of Float [3]	3.02%
Shares Short (prior month) [3]	3.36M

Balance Sheet	
Total Cash (mrq)	194M
Total Cash Per Share (mrq)	1.36
Total Debt (mrq)	6.9B
Total Debt/Equity (mrq)	122.78
Current Ratio (mrq)	1.72
Book Value Per Share (mrq)	38.88

Dividends & Splits	
Forward Annual Dividend Rate [4]	2.24
Forward Annual Dividend Yield [4]	2.22%
Trailing Annual Dividend Rate [3]	2.14
Trailing Annual Dividend Yield [3]	2.15%
5 Year Average Dividend Yield [4]	2.08
Payout Ratio [4]	22.34%
Dividend Date [3]	Jul 6, 2018
Ex-Dividend Date [4]	Jun 14, 2018
Last Split Factor (new per old) [2]	2/1
Last Split Date [3]	Oct 4, 2011

화면을 보면 이스트만은 1억 4,276만 주의 발행주식이 있다. 주당 장부가치는 38.88달러이지만 주식은 98.53달러에 거래된다. 그러므로 총자본금은 장부가치 기준으로는 약 55.51억 달러지만 시장가치 기준으로는 140.66억 달러에 가깝다.

이스트만의 자기자본비용을 추정하기 위해서 제10장에서 보았던 것과 유사하게 시장리스크프리미엄을 7%로 가정할 것이다. 야후!(Yahoo!)에 있는 이스트만의 베타는 0.98로 평균 주식의 베타와 거의 같다. 이를 확인하기 위해 벨류라인(Value Line)에 보고된 베타를 보았다. 그곳의 베타는 1.20이었고 www.reuters.com에 보고된 베타는 1.37이었다. 세 개의 다른 주식 베타가 있기에 거의 평균인 벨류라인 베타 1.20으로 결정했다. finance.yahoo.com의 채권 섹션에 의하면 재정증권(T-bill)은 약 1.98%를 지급하고 있었다. 자기자본비용을 추정하기 위해 CAPM을 이용하면 다음과 같다.

$$R_E = 0.0198 + 1.20(0.07) = 0.1038 \text{ 또는 } 10.38\%$$

이스트만은 단 몇 년만 배당금을 지급했으므로 배당할인모형의 미래성장률 계산에는 문제가 있다. 그러나 finance.yahoo.com의 "Analysis" 링크에서 다음을 발견했다.

Growth Estimates	EMN	Industry	Sector	S&P 500
Current Qtr.	11.60%	N/A	N/A	0.42
Next Qtr.	5.50%	N/A	N/A	0.47
Current Year	12.50%	N/A	N/A	0.22
Next Year	9.00%	N/A	N/A	0.10
Next 5 Years (per annum)	10.47%	N/A	N/A	0.11
Past 5 Years (per annum)	3.30%	N/A	N/A	N/A

애널리스트들은 회사의 주당순이익 성장이 다음 5년 동안 10.47%일 것으로 추정한다. 이익 성장과 배당 간의 관계는 뒷장에서 논의되나 이것은 매우 높은 배당의 장기성장률일 것이다. 밸류라인에 보고된 배당성장률 추정치는 6.5%로 더 그럴듯하여 대신 이것을 이용하겠다. 배당금할인모형을 이용해 추정한 자기자본비용은 따라서

$$R_E = \left(\frac{\$2.24}{\$98.53}\right) + 0.065 = 0.0877 \text{ 또는 } 8.77\%$$

자기자본비용의 추정치가 이 경우에는 유사함에 주목하자. 대체로 말해서 자기자본비용을 추정하는 각 방법은 다른 가정에 근거함을 기억하면 다른 추정치가 놀랄 일은 아니다. 추정치가 다르면 두 가지 해결책이 있다. 첫째, 추정치 중 하나를 무시할 수 있다. 어느 하나가 합리적이기에는 너무 높거나 너무 낮은지 보기 위해 각 추정치를 살펴본다. 둘째, 두 추정치의 평균으로 할 수 있다. 이스트만의 자기자본비용의 두 추정치를 평균하면 자기자본비용은 9.58%이다. 합리적 숫자 같아 보이기에 이를 자본비용 계산에 이용하겠다.

이스트만의 부채비용 이스트만은 기본적으로 비유동부채 전부에 해당하는 11개의 장기채가 있다. 부채비용을 계산하기 위해 이 11개의 채권을 결합해야 할 것이다. 할 일은

가중평균의 계산이다. 채권의 시세를 알기 위해 finra-markets.morningstar.com/BondCenter/로 갔다. 여기서 특정일에 한 회사가 발행한 채권들 모두의 만기수익률을 찾기는 흔치 않음에 주목해야 한다. 채권에 대한 이전의 논의를 기억한다면 채권시장은 주식시장만큼 유동적이지 않고 많은 날에 개별채권이 거래되지 않을 수도 있다. 채권의 장부가를 확인하기 위해 www.sec.gov에 가서 2018년 5월 7일에 미국 증권거래위원회(SEC)에 등록된 2018년 3월 31일의 10-Q 보고서를 찾았다. 기본 정보는 다음과 같다.

쿠폰율 Coupon Rate	만기 Maturity	장부가치 (액면가, $백만)	가격 (액면가 대비 %)	만기수익률 Yield to Maturity
5.50%	2019	250	103.354%	2.974%
2.70	2020	798	99.373	3.124
4.50	2021	192	102.220	3.487
3.60	2022	753	99.691	3.681
1.25	2023	920	88.846	3.715
7.25	2024	197	117.005	3.850
7.625	2024	43	116.540	4.447
3.80	2025	689	98.998	3.971
7.60	2027	195	124.517	4.200
4.80	2042	493	99.498	4.835
4.65	2044	871	98.030	4.782
		5,401		

가중평균부채비용을 계산하기 위해 각 채권이 총부채에서 차지하는 비율에 채권별 수익률을 곱한다. 그런 다음 전체 가중평균부채비용을 얻기 위해 합산한다. 여기서 비교를 위해 장부가치와 시장가치 모두 이용한다. 계산 결과는 다음과 같다.

쿠폰율	장부가 (액면가, $백만)	전체 대비 비율	시장가 ($백만)	전체 대비 비율	만기수익률	장부가치	시장가치
5.50%	250	0.05	258.39	0.05	2.97%	0.14%	0.14%
2.70	798	0.15	793.00	0.15	3.12	0.46	0.46
4.50	192	0.04	192.26	0.04	3.49	0.12	0.13
3.60	753	0.14	750.67	0.14	3.68	0.51	0.51
1.25	920	0.17	817.38	0.15	3.72	0.63	0.57
7.25	197	0.04	230.50	0.04	3.85	0.14	0.17
7.625	43	0.01	50.11	0.01	4.45	0.04	0.04
3.80	689	0.13	682.10	0.13	3.97	0.51	0.50
7.60	195	0.04	242.81	0.05	4.20	0.15	0.19
4.80	493	0.09	490.53	0.09	4.84	0.44	0.44
4.65	871	0.16	853.84	0.16	4.78	0.77	0.76
	5,401	1.00	5,365.58	1.00		3.92%	3.92%

이 계산에 보이듯 이스트만의 부채비용은 장부가 기준으로 3.92%이고 시장가치 기준으로 3.92%이다. 그러므로 이스트만의 경우 시장가치이든 장부가치이든 별 차이가 없다. 그 이유는 시장가치와 장부가치가 비슷하기 때문이다. 이런 경우는 흔하고 회사가 WACC 계산에서 자주 부채의 장부가치를 사용하는 이유를 설명한다. 또한, 이스트만은 우선주가 없어 우선주비용을 고려할 필요가 없다.

이스트만의 WACC 이제 이스트만의 WACC 계산을 위해 필요한 다양한 조각이 있다. 첫째, 자본구조 가중치를 계산할 필요가 있다. 장부가를 기준으로 하면 자기자본과 부채는 각각 55.51억 달러와 54.01억 달러의 가치가 있다. 총가치는 109.52억 달러이므로 자기자본과 부채의 비율은 각각 $55.51억/$109.52억 = 0.51과 $54.01억/$109.52억 = 0.49이다. 세율을 21%로 가정하면 이스트만의 WACC는

$$\begin{aligned}\text{WACC} &= 0.51 \times 9.58\% + 0.49 \times 3.92\% \times (1 - 0.21)\\ &= 6.38\%\end{aligned}$$

그러므로 장부가 기준 자본구조 가중치를 이용하면 이스트만의 WACC는 약 6.38%이다.

그러나 시가를 기준으로 한다면 WACC는 더 높을 것이다. 왜 그런지 알기 위해서 시가를 기준으로 이스트만의 자기자본과 부채가 각각 140.66억 달러와 53.66억 달러임에 주목하자. 그러므로 자본구조 가중치는 자기자본 $140.66억/$194.32억 = 0.72와 부채 $53.66억/$194.32억 = 0.28로 자기자본의 가중치가 훨씬 더 크다. 이 가중치로 이스트만의 WACC는

$$\begin{aligned}\text{WACC} &= 0.72 \times 9.58\% + 0.28 \times 3.92\% \times (1 - 0.21)\\ &= 7.79\%\end{aligned}$$

따라서 시장가치 가중치를 이용하면 이스트만의 WACC는 7.79%가 되는데 이는 장부가치 가중치를 이용하여 얻은 6.38%의 WACC보다 현저히 높다.

이 예제가 설명하듯이 장부가, 특히 자기자본의 장부가가 사용된다면 문제가 발생할 수 있다. 제3장으로 돌아가서 장부가치 대비 시장가치 비율(market-to-book ratio: 주당 장부가에 대한 주당 시가의 비율)에 대한 논의를 상기해 보자. 이 비율은 종종 1보다 상당히 크다. 예를 들어 이스트만의 경우 약 2.53이므로 장부가는 이스트만이 부채로 조달한 자금의 비율을 상당히 과대계상함을 확인하자. 게다가 비상장회사의 WACC를 계산한다면 상장회사에서 적당한 장부가치 대비 시장가치 비율(market-to-book ratio)을 찾으려고 한 다음에 고려 중인 회사의 장부가를 조정하기 위해 이 비율을 활용할 것이다. 살펴본 바와 같이 그렇게 하지 않으면 WACC는 상당히 과소평가될 것이다. WACC를 더 알아보기 위해 근처의 *Work the Web*(워크더웹) 박스를 살펴보자.

WORK THE WEB

그러면 계산한 이스트만의 WACC 추정치를 다른 추정치와 어떻게 비교하는가? WACC 추정치를 발견할 수 있는 한 곳은 www.valuepro.net이다. 그곳에 가서 이스트만에 대한 다음의 정보를 발견했다.

Online Valuation for EMN - 7 / 3 / 2018

Intrinsic Stock Value 125.8 | Recalculate | Value Another Stock

Excess Return Period (yrs)	10	Depreciation Rate (% of Rev)	4.44
Revenues ($mil)	8588	Investment Rate (% of Rev)	5.8
Growth Rate (%)	11.5	Working Capital (% of Rev)	9.21
Net Oper. Profit Margin (%)	14.68	Short-Term Assets ($mil)	2737
Tax Rate (%)	32.583	Short-Term Liab. ($mil)	1335
Stock Price ($)	88.82	Equity Risk Premium (%)	3
Shares Outstanding (mil)	154.8	Company Beta	1.365
10-Yr Treasury Yield (%)	5	Value Debt Out. ($mil)	4779
Bond Spread Treasury (%)	1.5	Value Pref. Stock Out. ($mil)	0
Preferred Stock Yield (%)	7.5	Company WACC (%)	7.88

출처: valuepro.net

보다시피 밸류프로(ValuePro)는 이스트만의 WACC를 7.88%로 추정하는데 이는 앞에서 추정한 7.79%와 거의 일치한다. 이 사이트에서 사용한 방법은 앞에서 계산한 방법과 같지는 않으나 가장 중요한 부분에서는 유사하다. 그러나 몇 가지 중요한 추정치는 다름에 주목하자. 예를 들어 앞에서 시장리스크프리미엄을 7%로 추정했던 반면에 밸류프로는 3%를 이용한다. 밸류프로 웹사이트에서 앞에서 추정한 시장리스크프리미엄을 사용하면 WACC 추정치는 앞의 추정치보다 더 높은 11.93%가 된다. 더 배우고 싶으면 이 사이트를 방문해 보자.

개념문제 CONCEPT QUESTIONS

12.4a WACC를 어떻게 계산하는가?

12.4b WACC를 계산할 때 왜 부채비용에 $(1 - T_C)$를 곱하는가?

12.4c NPV 결정에 WACC 사용이 옳은 조건은 무엇인가?

12.5 사업부 및 프로젝트 자본비용

앞에서 보았듯이 미래 현금흐름에 대한 할인율로 WACC를 사용하는 것은 투자안이 기업의 기존 활동과 유사한 때에만 적절하다. 이것은 보기보다는 그리 제약적이지 않다. 예를 들어 피자 사업을 하고 있고 가게를 새로 열려고 한다면 할인율로 WACC를 사용해야 할 것이다. 신규 점포를 구상하는 소매상이나 생산 확장을 구상하는 제조업체 또는 시장 확대를 구상하는 소비재 회사도 마찬가지일 것이다.

벤치마크로서 WACC의 유용성에도 불구하고 고려 중인 현금흐름이 전체 기업의 위험과 확연히 다른 상황이 분명히 있을 것이다. 다음에 이 문제를 어떻게 해결하는지 알아본다.

SML과 WACC

전체 기업의 리스크와는 상당히 다른 리스크의 투자를 평가할 때 WACC의 사용은 잠재적으로 나쁜 결정에 이르게 한다. 〈그림 12.1〉은 그 이유를 설명한다.

그림 12.1

증권시장선(SML)과 가중평균자본비용(WACC)

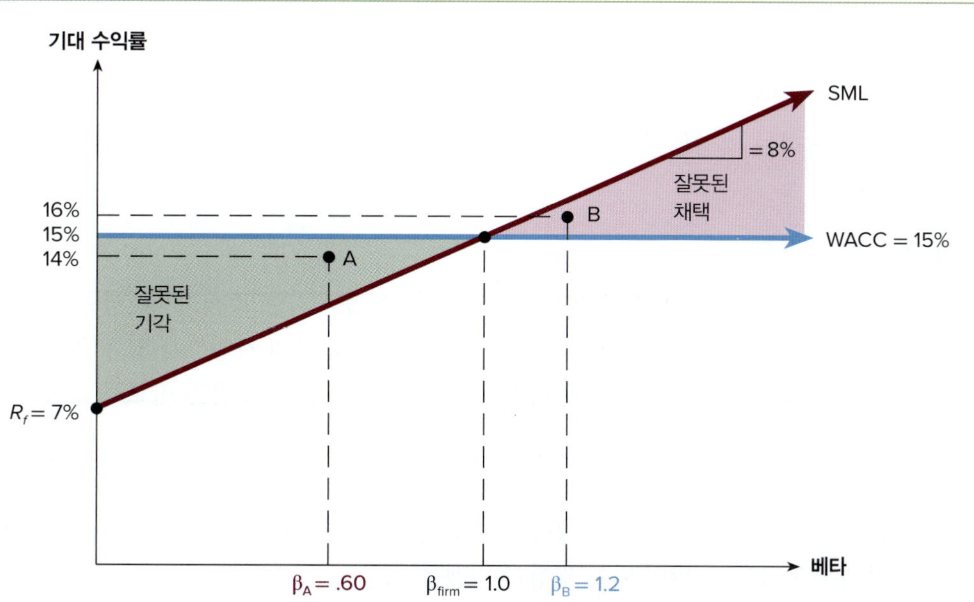

기업이 모든 유형의 프로젝트 채택기각 의사결정에서 WACC를 사용하면 리스크가 큰 프로젝트를 채택하고 리스크가 적은 프로젝트를 기각하는 잘못을 하는 경향이 있을 것이다.

〈그림 12.1〉에서 무위험수익률이 7%이고, 시장리스크프리미엄이 8%에 해당하는 SML을 그렸다. 단순하게 베타가 1인 모두 자기자본인 회사를 고려한다. 언급한 대로 부채가 없기에 이 회사의 WACC와 자기자본비용은 정확하게 15%와 같다.

이 기업이 모든 투자의 평가에서 WACC를 사용한다고 하자. 이는 15% 이상 수익률의 투자는 채택될 것이고, 15% 이하 수익률의 투자는 기각될 것임을 의미한다. 그러나 위험과 수익의 학습에서 바람직한 투자는 SML 위에 있는 투자임을 안다. 〈그림 12.1〉에 보이듯 모든 유형의 프로젝트에 WACC를 사용하면 비교적 위험한 프로젝트를 채택하고 비교적 안전한 프로젝트를 기각하는 잘못을 할 수 있다.

예를 들어 점 A를 보자. 기업 베타가 1.0인데 비해 프로젝트 베타는 $\beta_A = 0.60$이다. 기대수익률은 14%이다. 이는 바람직한 투자인가? 이 투자의 요구수익률은 단지 11.8%이기에 바람직한 투자이다.

$$\begin{aligned}\textbf{요구수익률} &= R_f + \beta_A \times (R_M - R_f)\\ &= 7\% + 0.60 \times 8\%\\ &= 11.8\%\end{aligned}$$

그러나 기준으로 WACC를 사용하면 이 프로젝트는 수익률이 15%보다 낮으므로 기각될 것이다. 이 예는 WACC를 기준으로 사용하는 기업은 전체 기업보다 낮은 리스크의 수익성 있는 프로젝트를 기각하는 경향이 있을 것임을 보여 준다.

정반대의 극단적인 경우로 점 B를 보자. 이 프로젝트는 베타가 $\beta_B = 1.2$이다. 이 프로젝트의 기대수익률은 기업의 자본비용을 초과하는 16%이다. 그러나 이 프로젝트는 체계적 위험의 수준을 고려할 때 수익률이 적절하지 못하므로 좋은 투자가 아니다. 그렇더라도 프로젝트 평가에 WACC를 사용하면 이 프로젝트는 매력적으로 보일 것이다. 따라서 WACC를 기준으로 하면 저지를 것인 두 번째 실수는 전체 기업보다 리스크가 크면서 수익성이 떨어지는 투자를 감행하려는 것이다. 결과적으로 모든 프로젝트 평가에 WACC를 사용하는 기업은 수익성이 낮은 투자를 채택하고 리스크는 더 커지는 경향이 있을 것이다.

사업부 자본비용

WACC와 관련된 같은 유형의 문제가 하나 이상의 사업을 하는 주식회사에서도 발생할 수 있다. 예를 들어 규제된 전기사업과 전자제품제조업 두 개의 사업부가 있는 주식회사라고 하자. 이 중 전기사업은 비교적 리스크가 작고 전자제품제조업은 비교적 리스크가 크다.

이런 경우 기업의 전체 자본비용은 실제로 두 가지 다른 자본비용의 혼합이다. 만약 두 사업부가 자원을 사용하려고 경쟁하고 기업이 단일 WACC를 기준으로 한다면 어떤 사업부가 투자자금을 더 많이 받는 경향이 있겠는가?

리스크가 높은 사업부는 수익률도 높은 경향이 있으므로 "승자(winner)"가 되는 경향이 있을 것이다가 답이다. 덜 화려한 사업이 상당한 이익 잠재력을 가질 수 있으나 무시되고 말 것이다. 미국의 대형 주식회사들은 이 문제를 인식하고 많은 기업이 분리된 사업부 자본비용(divisional costs of capital)을 개발하는 작업을 한다.

단일사업체 방법

기업의 WACC를 부적절하게 사용하면 문제를 일으킬 수 있음을 알았다. 그런 경우 어떻게 적절한 할인율을 제시할 수 있는가? 이러한 투자의 수익률을 관찰할 수 없기에 일반적으로 예를 들어 베타를 제시하는 직접적인 방법이 없다. 대신에 고려 중인 투자와 같은 리스크 등급에 있는 기업 밖의 다른 투자를 점검해서 그 투자의 시장요구수익률을 할인율로 이용해야 한다. 다시 말해서 시장의 유사한 투자를 찾으려는 노력으로 그런 투자의 자본비용을 결정하려 할 것이다.

예를 들어 다시 전기사업부로 돌아가서 이 사업부에서 사용할 할인율 제시를 원한다고 하자. 증권이 공개적으로 거래되는 다른 여러 전기회사를 확인할 수 있다. 전형적인 전기회사의 베타는 0.80, 채권등급은 AA, 자본구조는 약 80%의 부채와 약 20%의 자기자본임을 알아낼 수 있다. 이 정보를 이용해서 전형적인 전기회사의 WACC를 알아내서 이를 할인율로 사용할 수 있다.

다른 방법으로는 새로운 사업의 진입을 고려 중이라면 이미 이 사업을 하는 회사들의 시장요구수익률을 살펴봄으로써 적정 자본비용을 알려고 할 것이다. 월스트리트의 용어로 단일 사업에만 집중하는 회사를 단일사업체(*pure play*)라고 부른다. 예를 들어 보통주를 매수해 원유가격에 대한 내기를 하려면 원유가격의 변동에 가장 영향을 받기 때문에 원유만을 전적으로 취급하는 회사를 찾으려고 할 것이다. 그런 회사들은 원유가격의 단일사업체(*pure plays*)라고 불릴 것이다.

여기서는 관심이 있는 프로젝트 유형에 가능한 전적으로 집중하는 회사들을 찾으려고 한다. 그러므로 이러한 방법은 투자의 요구수익률을 추정하기 위한 **단일사업체 방법(pure play approach)**이라고 부른다. 이를 설명하기 위해서 맥도날드가 맥룸(McRooms)으로 불리는 호텔 라인으로 호텔사업 진출을 결정하려 한다고 하자. 수반되는 리스크는 패스트푸드 사업의 리스크와는 상당히 다르다. 그 결과 맥도날드는 신규사업부의 자본비용 계산을 위해 이미 호텔사업을 하는 회사들을 살펴볼 필요가 있을 것이다. 확실한 "단일사업체" 후보에는 이 사업을 주도하는 라퀸타(La Quinta)가 될 것이다. 메리어트(Marriott)는 고급 모텔과 리조트, 주거용 부동산, 공동사용 거주지를 운영하기에 좋은 선택이 아닐 것이다.

단일사업체 방법
pure play approach
유사한 사업을 하는 회사들을 이용해 특정 프로젝트에만 적용하는 가중평균자본비용의 이용.

제3장에서 비교 목적으로 비슷한 회사를 확인하는 주제를 다루었다. 거기서 언급한 문제가 여기서도 있다. 가장 명백한 것은 적합한 회사들을 찾지 못할 수도 있다는 것이다. 이런 경우 어떻게 할인율을 객관적으로 결정하는가는 매우 어려운 질문이 된다. 그렇더라도 WACC를 모든 투자의 기준으로 사용할 때 발생할 수 있는 일종의 실수 가능성을 최소한으로 줄일 수 있도록 이런 사안을 인식하는 것이 중요하다.

주관적 방법

개별 프로젝트에 객관적 할인율 설정이 어렵기에 기업들은 종종 전체 WACC에 주관적으로 조정하는 방법을 적용한다. 설명을 위해 기업의 전체 WACC가 14%라고 하자. 회사는 모든 투자안을 다음 네 가지 유형으로 구분한다.

유형	보기	조정계수	할인율
높은 리스크	신제품	+6%	20%
보통 리스크	비용 절감, 기존 라인 확장	+0	14
낮은 리스크	기존 장비 대체	−4	10
의무 수행	환경오염방지 설비	n/a	n/a

n/a = 적용 불가.

이렇게 대충 분류함으로써 모든 프로젝트는 세 가지 리스크 집단 중 하나에 속하거나 아니면 의무적 수행으로 가정한다. 마지막 경우는 프로젝트를 채택해야만 하므로 자본비용은 상관없다. 물론 기업의 WACC는 경제 상황이 바뀌면서 시간에 따라 변경될 수 있다. 그러면 다른 유형의 프로젝트 할인율도 역시 변경될 것이다.

각각의 리스크 집단 내에서 어떤 프로젝트는 다른 것보다 더 위험해 잘못된 결정을 할 위험은 여전히 있다. 〈그림 12.2〉는 이 점을 보여 준다. 〈그림 12.1〉과 〈그림 12.2〉를 비교하면 유사한 문제가 있음을 아나 주관적 방법은 잠재적 오류의 정도가 덜하다. 예를 들어 "A"라고 표시된 프로젝트는 WACC를 사용하면 채택되나 높은 리스크의 투자로 분

그림 12.2

증권시장선(SML)과 주관적 방법

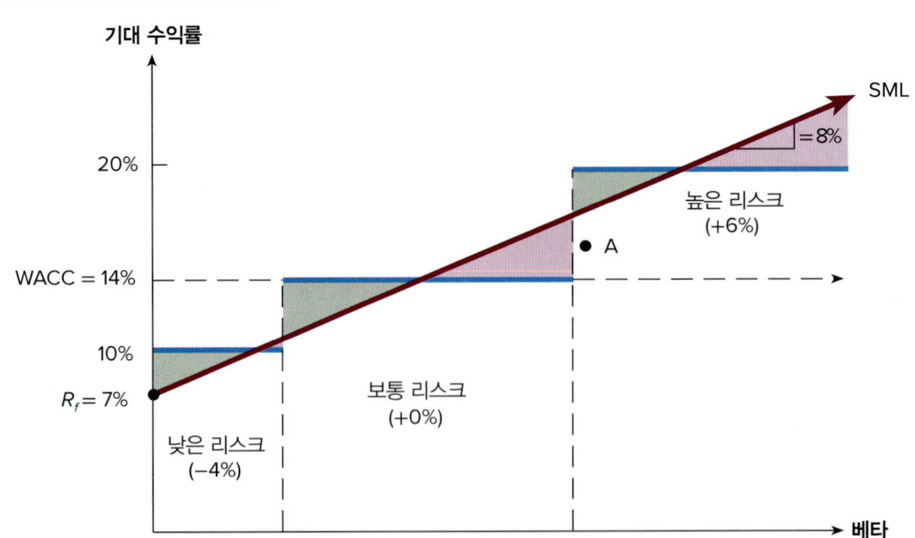

주관적 방법에서 기업은 프로젝트들을 여러 리스크 집단 중 하나로 분류한다. 그런 다음 프로젝트 가치평가에 이용하는 할인율은 기업의 WACC에 높은(낮은) 리스크에는 조정계수를 더해(빼) 주어 결정한다. 이 방법은 기업이 결정을 위해 WACC를 이용하는 것보다 잘못된 의사결정을 덜 내리게 한다.

류되면 기각된다. 이는 비록 주관적이라도 리스크 조정이 리스크 조정을 안 하는 것보다는 아마도 나음을 보여 준다.

원칙적으로는 각 프로젝트를 분리해서 요구수익률을 객관적으로 결정하는 것이 나을 것이다. 하지만 실무적으로는 필요한 정보를 이용할 수 없거나 필요한 비용과 노력의 가치가 없기에 주관적 조정을 많이 넘어서기는 불가능할지 모른다.

개념문제 CONCEPT QUESTIONS

12.5a 회사가 모든 투자안을 평가하기 위해서 WACC를 사용하면 그 결과는 어떻게 되겠는가?

12.5b 적정할인율 결정을 위한 단일사업체방법(pure play approach)은 무엇인가? 언제 사용할 수 있는가?

12.6 WACC에 의한 기업가치평가

한 회사의 가치를 평가할 때의 방법은 창고 개조와 같은 개별적인 자본프로젝트에서 사용했던 것과 같지만 한 가지 다루어야 할 쟁점이 있다. 전체 회사를 검토할 때 회사가 자금을 차입했기에 이자를 차감함을 종종 볼 것이다. 그러나 일관되게 주장했듯이 이자 지급은 재무비용이지 영업비용은 아니다. 그러나 이자 지급은 세금공제 비용이기에 회사가 부채자금을 사용하지 않았던 경우보다 세금을 덜 낸다. 이에 대해서는 다음 장에서 할 말이 더 많을 것이다.

이제 자산의 현금흐름 계산을 위해서는 먼저 기업이 부채자금을 사용하지 않았다면 세금이 얼마가 되겠는가의 계산이 필요하다. 그것을 하기 위해 이자및법인세차감전순이익(EBIT)에 기업의 법인세율(T_C)을 곱해 기업의 "받게 되었을" 세금고지서를 계산한다. 이를 "조정"(adjusted) 법인세라고 하고 Taxes*로 표시하겠다.

$$\text{Taxes}^* = \text{EBIT} \times T_C \qquad [12.8]$$

다음으로 조정법인세를 사용할 것임을 제외하고는 통상의 방식대로 자산의 현금흐름을 계산할 것이다. 이를 "조정된" 자산의 현금흐름(CFA*)이라고 부르고 다음과 같이 계산한다.

$$\begin{aligned}\text{CFA}^* &= \text{EBIT} + \text{감가상각비} - \text{Taxes}^* - \text{NWC의 변동} - \text{자본지출} \qquad [12.9]\\ &= \text{EBIT} + \text{감가상각비} - \text{EBIT} \times T_C - \text{NWC의 변동} - \text{자본지출}\end{aligned}$$

조정현금흐름(CFA*)은 종종 "잉여현금흐름" 또는 "자유현금흐름"(free cash flow)이라고 불리나 초반에 언급했듯이 이 문구는 사람마다 다른 의미이므로 혼동하지 않기 위해 CFA*를 계속 사용하겠다.

CFA* 계산은 다음과 같이 적음으로써 단순화할 수 있다.

$$\text{CFA}^* = \text{EBIT} \times (1 - T_C) + \text{감가상각비} - \text{NWC의 변동} - \text{자본지출} \qquad [12.10]$$

EBIT × $(1 - T_C)$ 항은 기업이 부채를 사용하지 않았을 때의 순이익이고, 첫 두 개 항의 합은 제9장에 있는 영업현금흐름의 상향식(bottom-up) 정의이다.

이 시점에서 기업이 지속해서 성장하면 (이번 장 초반에 배당이 지속해서 성장할 때 주식의 가치를 계산했던 것처럼) 성장영구연금 공식을 이용해 가치를 계산할 수 있다. 예를 들어 다음 해의 CFA*를 $\text{CFA}_1^* = 120$백만 달러로 추정했다고 하자. 이 금액은 연간 $g = 5\%$로 무한히 성장할 것으로 생각한다. 기업의 WACC는 9%로 추정했으므로 오늘 기업의 가치(V_0)는

$$\text{기업가치} = V_0 = \frac{\text{CFA}_1^*}{\text{WACC} - g} = \frac{120\text{백만}}{0.09 - 0.05} = 30\text{억 달러}$$

요약하면 기업의 가치평가는 부채자금의 영향을 제거해서 세금을 조정해야 하는 사실을 제외하면 프로젝트의 가치평가와 다르지 않다.

비정상 성장의 영향도 (제7장에서 배당성장모형을 이용한 주식 가치평가에서 했던 것처럼) 고려할 수 있다. 이 경우 일정 성장은 미래 시점 t에 시작한다고 가정한다. 이 경우 오늘 기업의 가치는 다음과 같이 적을 수 있다.

$$V_0 = \frac{\text{CFA}_1^*}{1 + \text{WACC}} + \frac{\text{CFA}_2^*}{(1 + \text{WACC})^2} + \frac{\text{CFA}_3^*}{(1 + \text{WACC})^3} + \cdots + \frac{\text{CFA}_t^* + V_t}{1 + \text{WACC}} \qquad [12.11]$$

여기서 V_t는 시점 t의 기업가치인데 다시 성장영구연금 공식을 이용해 계산한다.

$$V_t = \frac{\text{CFA}_{t+1}^*}{\text{WACC} - g} \qquad [12.12]$$

항상 그러했듯이 까다로운 부분은 시점 t의 가치를 구하는 것인데 시점 $t + 1$인 기간 말에 발생하는 현금흐름을 사용해야 한다는 점을 주목하자. 또한, 미래의 기업가치 V_t를 종종 "최종가치" 또는 "계속가치" 또는 "잔여가치"(terminal value)로 언급된다.

예제 12.5 신설회사의 가치평가

고양이 장난감을 만드는 신설회사의 자금 조달을 시도하고 있다. 잠재적 투자자는 비상장인 이 회사의 평가를 원한다. 비상장사이기에 단일사업체 방식을 이용해 이 회사의 적정 WACC를 8%로 결정했다. 적절한 법인세율은 21%이다.

신설회사는 현재 40백만 달러의 부채와 350백만 주의 발행주식이 있다. 오는 해의 매출은 30백만 달러로 예상되고 그 이후 4년간 매년 15%의 성장이 예상된다. 그 이후 매출은 영원히 2%의 성장이 예상된다. 오는 해의 EBIT는 10백만 달러일 것이다. EBIT, 감가상각비, 자본지출, 순운전자본의 변동은 매출과 같은 비율로 성장할 것이다. 신설회사 전체에 얼마의 가치를 주겠는가? 주당 가격은 얼마로 하겠는가?

이 회사의 가치평가를 위해 향후 5년 동안의 조정된 자산의 현금흐름(CFA*) 추정으로 시작한다. 1년 차의 가치는 다음 해의 백만 단위 추정치이다.

(계속)

	1년 차	2년 차	3년 차	4년 차	5년 차
EBIT	10.00	11.50	13.23	15.21	17.49
감가상각비	1.50	1.73	1.98	2.28	2.62
법인세*	2.10	2.42	2.78	3.19	3.67
NWC의 변동	0.80	0.92	1.06	1.22	1.40
자본지출	2.40	2.76	3.17	3.65	4.20
CFA*	6.20	7.13	8.20	9.43	10.84

CFA*가 5년 차 이후에 2%로 성장할 것이기에 5년 차에 이 회사의 최종가치는 다음이 될 것이다.

$$V_5 = \frac{10.84(1 + 0.02)}{0.08 - 0.02} = \$184.35\text{백만}$$

이제는 처음 다섯 번의 CFA* 값과 최종가치를 WACC를 이용해 현재로 할인해 오늘의 회사 가치를 알 수 있다. 그렇게 하면

$$V_0 = \frac{6.20}{1 + 0.08} + \frac{7.13}{(1 + 0.08)^2} + \frac{8.20}{(1 + 0.08)^3} + \frac{9.43}{(1 + 0.08)^4} + \frac{10.84 + 184.35}{(1 + 0.08)^5}$$
$$= \$158.14\text{백만}$$

자기자본의 가치를 알기 위해 40백만 달러의 부채를 차감하면 자기자본의 총가치는 118.14백만 달러가 된다. 주가를 알기 위해서는 자기자본의 총가치를 총주식수(3.5백만)로 나눈다.

주당 가격 = 118.14/3.5 = $33.75

최종가치를 계산하는 다른 일반적인 방법은 목표 비율을 이용하는 것으로 제7장에서 이용했던 PE 비율이나 주가매출비율(price-sales ratio)과 유사하다. 예를 들어 잠재적 투자자가 회사의 성장률이 줄어들 때 적정 주가매출비율이 3배수라고 믿는다고 하자. 5년 차의 매출은 $30백만 $\times$ 1.15^4 = 52.47백만 달러로 추정된다(30백만 달러가 지난해의 매출이 아니라 1년 차 말의 매출이기에 30백만 달러는 4년간 복리 계산한 점을 주목). 따라서 새로 추정된 최종가치는

$$V_5 = 3 \times 52.47\text{백만} = 157.41\text{백만}$$

따라서 새로운 최종가치로 오늘 회사의 가치는

$$V_0 = \frac{6.20}{1.08} + \frac{7.13}{1.08^2} + \frac{8.20}{1.08^3} + \frac{9.43}{1.08^4} + \frac{10.84 + 157.41}{1.08^5}$$
$$= \$139.80\text{백만}$$

이 최종가치를 이용해 추정한 주당 가치가 28.52달러임을 스스로 확인해 보자.

개념문제 CONCEPT QUESTIONS

12.6a 기업가치평가에서 기업의 세금을 조정하는 이유는 무엇인가?

12.6b 기업가치평가에서 최종가치를 계산할 때 왜 비율(ratio) 사용을 선호한다고 생각하는가?

요약과 결론

이번 장에서는 자본비용을 논의했다. 가장 중요한 개념은 전체 기업의 요구수익률로 해석되는 가중평균자본비용 또는 WACC이다. 이는 전체 기업의 리스크와 유사한 리스크의 현금흐름에 적절한 할인율이기도 하다. WACC를 계산하는 방법과 특정 형태의 분석에 사용하는 방법을 설명했다.

WACC를 할인율로 사용하기에는 부적절한 상황도 지적했다. 그런 경우의 해결을 위해서 단일사업체 방법과 같이 할인율을 개발하는 다른 방법을 설명했다.

복습과 자체시험 문제

12.1 자기자본비용 계산. 주식 베타가 0.90이라고 하자. 시장리스크프리미엄은 7%이고 무위험수익률은 8%이다. 마지막 배당은 주당 1.80달러였고, 배당은 영원히 7% 성장이 예상된다. 현재 주식은 25달러에 매매된다. 자기자본비용은 얼마인가? ([문제 1] 참조)

12.2 WACC 계산. 이전 문제의 정보에 추가해 목표 부채비율이 50%라고 하자. 세전부채비용은 8%이다. 법인세율이 21%라면 WACC는 얼마인가? ([문제 9] 참조)

복습과 자체시험 문제 풀이

12.1 SML 방법으로 시작한다. 주어진 정보에 의하면 보통주 기대수익률은

$$
\begin{aligned}
R_E &= R_f + \beta_E \times (R_M - R_f) \\
&= 8\% + 0.9 \times 7\% \\
&= 14.3\%
\end{aligned}
$$

이제 배당성장모형을 사용한다. 추정배당금은 $D_0 \times (1 + g) = \$1.80 \times 1.07 = \$1.926$이다. 따라서 이 방법을 사용한 기대수익률은

$$
\begin{aligned}
R_E &= D_1/P_0 + g \\
&= \$1.926/\$25 + 0.07 \\
&= 0.14704 \text{ 또는 } 14.704\%
\end{aligned}
$$

두 추정치 14.3%와 14.7%는 매우 비슷하기에 평균을 내겠다. 자기자본비용은 대략 14.5%이다.

12.2 목표 부채비율이 0.50이므로 1.00달러당 0.50달러의 부채를 사용한다. 즉, 목표 자본 구조는 ⅓의 부채와 ⅔의 자기자본이다. 그러므로 WACC는

$$\begin{aligned}\text{WACC} &= (E/V) \times R_E + (D/V) \times R_D \times (1 - T_C) \\ &= \tfrac{2}{3} \times 14.5\% + \tfrac{1}{3} \times 8\% \times (1 - 0.21) \\ &= 11.775\%\end{aligned}$$

비판적 사고와 개념 복습

LO 3 **12.1 WACC.** 가장 기본적인 수준에서 기업의 WACC가 12%라면 무엇을 의미하는가?

LO 3 **12.2 장부가치 대 시장가치.** WACC 계산에서 부채나 자기자본 중 장부가를 사용해야 한다면 어느 것을 선택하겠는가? 그 이유는?

LO 4 **12.3 프로젝트 위험.** 프로젝트에 필요한 모든 자금을 6%에 빌릴 수 있다면 프로젝트의 자본비용은 6%인가?

LO 4 **12.4 WACC와 세금.** 부채비용은 세후로 계산하고 자기자본비용은 그렇지 않은 이유는 무엇인가?

LO 1 **12.5 DGM 자기자본비용 추정.** 자기자본비용 결정을 위해서 배당성장모형(DGM)을 사용하는 장점은 무엇인가? 단점은 무엇인가? DGM 모형을 이용해서 자기자본비용을 구하는 데 필요한 정보는 무엇인가? 이 숫자의 추정치를 얻는 방법은 무엇인가?

LO 1 **12.6 SML 자기자본비용 추정.** 자기자본비용을 구하기 위해서 SML 방법을 사용하는 장점은 무엇인가? 단점은 무엇인가? SML 방법을 사용하는 데 필요한 특정 정보는 무엇인가? 이 모든 변수는 관찰 가능한가, 아니면 추정할 필요가 있는가? 이들 추정치를 얻는 방법은 무엇인가?

LO 2 **12.7 부채비용 추정.** 회사의 적정 부채비용을 어떻게 결정하는가? 회사의 부채가 공개적으로 거래되는 경우에 비해 사적으로 모집하는 경우 차이가 있는가? 회사가 발행한 유일한 부채를 기관투자가가 사적으로 보유하고 있는 경우 부채비용을 어떻게 추정하는가?

LO 4 **12.8 자본비용.** 기업의 부채비용과 자기자본비용을 결정하기 위해 당신을 고용했다.

a. 현재 주식은 주당 50달러에 거래되고 주당 배당금은 아마 약 5달러일 것이다. 사장은 “올해 주주의 자금을 사용하기 위해서 주당 5달러의 비용이 들 것이므로 자기자본비용은 10%(=\$5/\$50)이다”라고 말했다. 이 결론은 무엇이 잘못되었는가?

b. 가장 최근의 재무제표에 의하면 이 회사의 총부채는 8백만 달러이다. 내년 총 이자비용은 약 1백만 달러일 것이다. 그래서 사장은 “8백만 달러를 빌리면 1백만 달러를 이자로 지급할 것이다. 그러므로 부채비용은 명백히 \$1백만/\$8백만 = 0.125 또는 12.5%이다”라고 말했다. 이 결론은 무엇이 잘못되었는가?

c. 사장은 자신의 분석에 근거해 "부채비용은 12.5%이지만 자기자본비용은 단지 10%이므로 자기자본이 더 싸다"라는 이유로 자기자본 자금의 사용을 늘릴 것을 권장하고 있다. 다른 모든 증권발행을 무시한다면 자기자본비용이 부채비용보다 싸다는 결론에 대해서 어떻게 생각하는가?

LO 4 **12.9 회사위험과 프로젝트위험.** 대형 천연가스 소비업체인 다우케미컬(Dow Chemical Company)과 주요 천연가스의 생산업체인 수피리어오일(Superior Oil)은 모두 휴스톤 근처의 천연가스 유전 투자를 생각하고 있다. 둘 다 모두 자기자본으로만 자금을 조달한 회사이다. 두 회사는 같은 프로젝트에 주목하고 있다. 현재는 현금흐름이 음수이지만 미래에는 현금흐름이 양수로 예상되는 각자의 투자를 분석해 왔다. 이러한 현금흐름은 두 회사로서 같을 것이다. 프로젝트 자금을 부채로 조달하지는 않을 것이다. 각 회사는 18%의 할인율에는 NPV가 1백만 달러이고 22%의 할인율에는 NPV가 −1.1백만 달러일 것으로 추정한다. 다우는 베타가 1.25인 반면에 수피리어는 베타가 0.75이다. 시장의 기대리스크프리미엄은 8%이고 무위험채권의 수익률은 12%이다. 어느 회사가 진행해야 하는가? 두 회사 모두 진행해야 하는가? 설명하라.

LO 4 **12.10 사업부 자본비용.** 어떤 상황에서 운영사업부마다 다른 자본비용을 사용하는 것이 적절하겠는가? 전체 기업의 WACC를 모든 사업부의 장애율(hurdle rate)로 사용하면 더 위험한 사업부 또는 더 보수적인 사업부 중 어디가 대부분의 투자 프로젝트를 수행하는 경향이 있겠는가? 그 이유는? 다른 사업부에 적정 자본비용을 추정하려고 한다면 어떤 문제에 봉착하겠는가? 각 사업부의 자본비용에 대한 대략의 추정치를 개발하기 위해 사용할 수 있는 두 가지 기법은 무엇인가?

연습문제

초급(문제 1-19)

LO 1 **1. 자기자본비용 계산.** 보통주에 주당 2.35달러의 배당금을 지급했다. 회사의 배당금은 5%의 일정한 성장률로 무한히 유지될 것이 예상된다. 주식이 주당 44달러에 거래된다면 회사의 자기자본비용은 얼마인가?

LO 1 **2. 자기자본비용 계산.** 보통주 베타는 0.87이다. 무위험수익률이 3.6%이고 시장의 기대수익률이 11%라면 회사의 자기자본비용은 얼마인가?

LO 1 **3. DCF 성장률 추정.** 보통주에 방금 주당 1.82달러의 배당금을 지급했다. 이 회사는 지난 4년 동안 주당 1.36달러, 1.46달러, 1.53달러, 1.68달러의 배당금을 지급했다. 주식이 현재 주당 55달러에 거래된다면 산술평균성장률과 기하평균성장률을 이용한 회사의 자기자본비용의 최적 추정치는 각각 얼마인가?

LO 1 **4. 우선주비용 계산.** 주당 3.80달러 배당의 우선주가 있는데 방금 주당 89달러에 거래되었다. 우선주비용은 얼마인가?

LO 2 **5. 부채비용 계산.** 부채비용을 결정하려고 한다. 이 기업은 액면가의 103% 호가의 만기 7년의 미상환 부채가 있다. 부채는 반기 이자가 지급되고 연간 5.1%의 내재된 비용이 든다. 회사의 세전부채비용은 얼마인가? 법인세율이 21%라면 세후부채비용은 얼마인가?

LO 2 **6. 부채비용 계산.** 30년 만기에 6.3%로 반기이자 지급 채권을 8년 전에 발행했다. 채권은 현재 액면가의 110%에 거래된다. 법인세율은 22%이다.

a. 세전부채비용은 얼마인가?

b. 세후부채비용은 얼마인가?

c. 세전부채비용과 세후부채비용 중 어느 것이 더 적절한가? 그 이유는?

LO 2 **7. 부채비용 계산.** [문제 6]의 기업에서 부채의 장부가치가 135백만 달러라고 하자. 게다가 회사는 두 번째 채권으로 만기까지 12년이 남은 제로쿠폰채도 발행했다. 이 채권의 장부가치는 65백만 달러이고 액면가의 64.3%에 거래된다. 부채의 총 장부가치는 얼마인가? 총 시장가치는 얼마인가? 이제 세후부채비용은 얼마인가?

LO 3 **8. WACC 계산.** 목표 자본구조는 75%의 보통주, 5%의 우선주, 20%의 부채이다. 자기자본비용은 11.3%이고, 우선주비용은 4.9%이며, 세전부채비용은 5.8%이다. 적절한 세율은 23%이다.

a. 회사의 WACC는 얼마인가?

b. 사장이 회사의 자본구조를 문의했다. 부채보다 비용이 저렴한데도 회사가 우선주로 더 자금을 사용하지 않는 이유를 알고자 한다. 사장에게 어떻게 설명해 주겠는가?

LO 3 **9. 세금과 WACC.** 목표 부채비율이 0.45이다. 자기자본비용은 10.3%이고 세전부채비용은 6.4%이다. 법인세율이 21%라면 WACC는 얼마인가?

LO 3 **10. 목표자본구조.** WACC는 8.95%이다. 회사의 자기자본비용은 10.4%이고 세전부채비용은 5.3%이다. 법인세율은 21%이다. 회사의 목표 부채비율은 얼마인가?

LO 4 **11. 장부가치 대 시장가치.** 4.1백만 주의 유통주식이 있다. 현재 주가는 84달러이고 주당 장부가치는 11달러이다. 회사는 두 종류의 채권도 발행했다. 첫 번째 채권은 액면가가 70백만 달러이고, 쿠폰율은 5.1%이며, 액면가의 98%에 거래된다. 두 번째 채권은 액면가가 50백만 달러이고, 쿠폰율은 5.60%이며, 액면가의 108%에 거래된다. 첫 번째 채권은 20년 후가 만기이고 두 번째 채권은 12년 후가 만기이다.

a. 장부가 기준의 자본구조 가중치는 얼마인가?

b. 시장가 기준의 자본구조 가중치는 얼마인가?

c. 장부가 가중치와 시장가 가중치 중 어느 것이 더 적절한가? 그 이유는?

LO 3 **12. WACC 계산.** [문제 11]에서 가장 최근의 배당금이 3.95달러이고 배당성장률은 5%이다. 전체 부채비용은 발행된 두 가지 채권 부채비용의 가중평균이다. 두 채권 모두 반기 이자를 지급한다. 법인세율은 21%이다. 이 회사의 WACC는 얼마인가?

LO 3 **13. WACC.** 목표 부채비율은 0.65이다. WACC는 8.1%이고 법인세율은 23%이다.

a. 회사의 자기자본비용이 11%라면 세전부채비용은 얼마인가?

b. 세후부채비용이 3.8%라면 자기자본비용은 얼마인가?

LO 3 **14. WACC 계산.** 다음의 정보를 이용해 WACC를 구하라. 이 회사의 법인세율은 21%라고 가정한다.

부채: 액면가가 1,000달러, 만기까지 25년, 액면가의 108%에 거래되는 6.2% 쿠폰채 16,000개 발행; 이 채권은 이자를 반기마다 지급한다.

보통주: 주당 81달러에 거래되는 535,000주. 베타는 1.20

우선주: 현재 주당 92달러에 거래되는 4.2% 우선주 20,000주. 액면가는 100달러

시장: 시장리스크프리미엄은 7%이고 무위험수익률은 3.1%이다.

LO 3 **15. WACC 계산.** 540만 주의 보통주가 유통되고, 액면가 100달러에 연간 5.2%의 배당금을 지급하는 290,000주의 우선주가 있으며, 액면가 1,000달러에 5.7%의 반기 이자를 지급하는 125,000개의 채권이 있다. 보통주는 현재 주당 72달러에 거래되고 있으며 베타는 1.13이다. 우선주는 현재 주당 103달러에 거래되고 있다. 채권은 만기까지 20년이 남았고 액면가의 103%에 거래된다. 시장리스크프리미엄은 6.8%이고, 재정증권 수익률은 4.3%이며, 기업의 세율은 23%이다.

a. 이 회사의 시가(market value) 자본구조는?

b. 기업의 전형적인 프로젝트와 리스크가 같은 신규 투자 프로젝트를 평가한다면 기업이 프로젝트의 현금흐름을 할인할 때 사용해야 하는 할인율은 얼마인가?

LO 4 **16. SML과 WACC.** 자기자본만의 기업이 다음의 프로젝트를 고려하고 있다.

프로젝트	베타	IRR
W	0.80	9.3%
X	0.90	11.4
Y	1.10	12.1
Z	1.35	15.1

재정증권 수익률은 4%이고, 시장의 기대수익률은 12%이다.

a. 기업의 자본비용 12%보다 기대수익률이 더 높은 프로젝트는 무엇인가?

b. 어떤 프로젝트를 채택해야 하는가?

c. 기업 전체의 자본비용을 장애율(hurdle rate)로 사용하면 잘못 채택하거나 잘못 기각하는 프로젝트는 무엇인가?

LO 3 **17. WACC 계산.** 다음의 정보가 있다.

부채: 만기 15년, 액면가의 107% 호가의 13,000개 6.4% 쿠폰채. 반기 이자 지급.

보통주: 주당 76.50달러에 거래되는 345,000주의 보통주. 주식의 베타는 0.90이고 내년에 3.80달러의 배당금을 지급할 것이다. 배당은 무한히 매년 5%씩 성장이 예상된다.

우선주: 주당 86달러에 거래되는 10,000주의 4.4% 우선주.

시장: 기대수익률은 11%이고, 무위험수익률은 3.6%이며, 법인세율은 22%.

이 회사의 WACC를 계산하라.

LO 3 **18. 자본구조 가중치 계산.** 4년 전에 195,000개의 제로쿠폰채를 발행했다. 채권은 본래 만기수익률이 5.2%로 만기가 30년이었다. 최근 이자율이 하락해 만기수익률은 지금 4.9%이다. 자기자본의 시장가치가 73백만 달러라면 자본비용을 계산할 때 부채에 사용할 가중치는 얼마인가?

LO 3 **19. WACC 계산.** 신규 프로젝트를 고려하고 있다. 회사의 부채비율은 0.62이다. 회사의 자기자본비용은 11.8%이고, 세후부채비용은 4.9%이다. 이 회사는 이 프로젝트가 회사 전체보다 리스크가 커서 +3%의 조정계수를 사용해야 한다고 느낀다. 이 프로젝트에 사용해야 할 WACC는 얼마인가?

중급(문제 20-26)

LO 2 **20. 자기자본비용 계산.** 주식베타는 1.10이다. 시장리스크프리미엄은 7.2%이고, 재정증권(T-bills)의 현행수익률은 4.1%이다. 가장 최근 배당금은 주당 2.56달러였고 배당은 연간 5%로 무한한 성장이 예상된다. 주식이 주당 45달러에 거래되면 이 회사 자기자본비용의 최적 추정치는 얼마인가?

LO 4 **21. WACC와 NPV.** 첫해 말에 430만 달러의 초기 세후현금이 절감되고 그 이후 절감액이 매년 1.9%로 무한한 증가가 예상되는 프로젝트를 고려 중이다. 회사의 목표 부채비율은 0.40, 자기자본비용은 10.8%, 세후부채비용은 3.2%이다. 비용 절감형인 투자안은 기업이 수행하는 여타 프로젝트보다 다소 리스크가 크다. 경영자는 주관적인 방법을 사용해서 이렇게 위험한 프로젝트에는 자본비용에 +2%의 조정계수를 적용한다. 어떤 상황에서 회사는 프로젝트를 채택해야만 하는가?

LO 2 **22. 부채비용 계산.** 반기 이자를 지급하는 채권을 여러 차례 발행했다. 채권은 아래 표에 기재되어 있다. 법인세율이 24%라면 이 회사의 세후부채비용은 얼마인가?

채권	쿠폰율	호가	만기	액면가
1	6.5%	109.0	5년	$30,000,000
2	5.3	97.4	8년	50,000,000
3	6.9	110.5	15½년	65,000,000
4	7.3	109.8	25년	85,000,000

LO 1 **23. 자기자본비용 계산.** 주식 베타가 1.12이다. 회사는 방금 1.15달러의 배당금을 지급했는데 배당은 4%의 성장이 예상된다. 시장의 기대수익률은 11.4%이고, 재정증권 수익률은 3.8%이다. 최근 주가는 85달러이다.

a. 배당성장모형 방법을 이용해서 자기자본비용을 계산하라.

b. SML 방법을 이용해서 자기자본비용을 계산하라.

c. 왜 (a)와 (b)의 결과가 다르다고 생각하는가?

LO 3 **24. 자산의 조정현금흐름.** 내년에 2.45백만 달러의 EBIT를 예상한다. 감가상각비, 순운전자본의 증가, 자본지출은 각각 180,000달러, 85,000달러, 185,000달러로 예상한다. 모든 것은 4년 동안 매년 18% 성장을 예상한다. 회사는 현재 13백만 달러의 부채와 80만 주의 주식이 있다. 5년 차 이후에 조정된 자산의 현금흐름은 영원히 2.5% 성장이 예상된다. 회사의 WACC는 9.1%이고, 세율은 21%이다. 회사 주식의 주당 가격은 얼마인가?

LO 3 **25. 조정된 자산의 현금흐름.** [문제 24]에서 조정된 자산의 현금흐름에서 영구성장률 대신에 회사의 최종가치를 주가매출비율(price-sales ratio)로 계산하기로 했다. 5년 차의 매출은 27.4백만 달러가 될 것이고, 적정 주가매출비율은 1.9라고 믿는다. 현행주가의 새로운 추정치는 얼마인가?

LO 3 **26. 조정된 자산의 현금흐름.** 최근 재무제표를 검토하고 있다. 이 회사의 올해 EBIT는 3.25백만 달러이다. 감가상각비, 순운전자본의 증가, 자본지출은 각각 245,000달러, 115,000달러, 495,000달러이다. 향후 5년간 EBIT는 매년 15% 성장할 것이고, 감가상각비와 자본지출은 매년 20%로 증가할 것이며, NWC는 매년 10%로 성장할 것으로 예상한다. 회사는 19.5백만 달러의 부채와 40만 주의 주식이 있다. 5년 차 이후 조정된 자산의 현금흐름은 영원히 3.2% 성장을 예상한다. 이 회사의 WACC는 9.25%이고, 법인세율은 21%이다. 회사 주식의 주당 가격은 얼마인가?

고급(문제 27-28)

LO 3 **27. WACC와 NPV.** 현재 회사의 목표 부채비율은 0.35이다. 37백만 달러 들여 신규 제조공장을 건설하려고 한다. 신설 공장은 영원히 세후현금흐름 5.1백만 달러 창출이 기대된다. 세 가지 자금 조달 옵션이 있다.

a. 보통주 신규 발행: 회사의 신규 발행 자기자본의 요구수익률은 15%이다.

b. 20년 만기채 신규 발행: 회사가 신규 채권을 연 7% 쿠폰율로 발행한다면 액면가에 거래될 것이다.

c. 매입채무 자금의 증가: 이런 방식의 자금 조달은 매일의 영업 일부이기에 전체 회사의 WACC와 같은 비용을 배정한다. 경영진은 비유동부채 대비 매입채무의 목표 비율을 0.15로 한다. (세전 매입채무비용과 세후 매입채무비용에는 차이가 없다고 가정.)

신설 공장의 NPV는 얼마인가? 회사의 법인세율은 21%로 가정한다.

LO 3 **28. 프로젝트 평가.** 이 문제는 이번 장과 전에 배운 내용을 통합하는 프로젝트 평가에 문제이다. 레이더감시시스템(RDSs) 시장을 주도하는 대형 상장법인인 디펜스 일렉트로닉스(Defense Electronics, Inc.: DEI)의 재무 컨설턴트로 고용되었다고 하자. 회사는 RDSs의 신규 생산을 위해 해외에 제조공장 건설을 고려하고 있다. 이는 5년 수명의 프로젝트이다. 회사는 화학 폐기물 독성 처리장으로 사용하기 위해 3년 전에 토지를 4.5백만 달러에 구매했으나 화학물질을 안전하게 폐기 처리하는 배관시스템을 대신 설치했다. 토지를 오늘 매각한다면 세후 5.5백만 달러를 받을 것이다. 5년 후에 이 토지는 세후 5.8백만 달러의 가치가 있을 것이다. 회사는 이 토지에 새로운 제조공장을 세우려고 한다. 공장건설에 21.2백만 달러가 든다. 다음은 DEI의 증권에 대한 현재 시장정보이다.

부채: 25년 만기, 액면가의 98%에 거래되는 60,000개의 6.2% 쿠폰채; 각 채권의 액면가는 1,000달러이고 반기 이자를 지급한다.

보통주: 주당 97달러에 거래되는 1,350,000주의 유통주식. 베타는 1.15이다.

우선주: 액면가 100달러로 주당 95달러에 거래되는 90,000주의 5.7% 우선주.

시장: 7%의 기대시장리스크프리미엄과 3.8%의 무위험수익률.

DEI의 세율은 25%이다. 프로젝트는 조업을 위해 초기에 825,000달러의 초기 순운전자본 투자를 요구한다.

a. 모든 부수효과를 고려해서 프로젝트의 시점 0 현금흐름을 계산하라.

b. 신규 RDS 프로젝트는 주로 공장이 해외에 있다는 이유로 DEI의 전형적인 프로젝트보다 다소 리스크가 크다. 경영진은 증가한 위험성을 고려해 +2%의 조정계수를 사용하라고 말한다. DEI의 프로젝트를 평가할 때 사용하는 적정할인율을 계산하라.

c. 제조공장은 과세 목적상 8년 수명인데 DEI는 정액법으로 감가상각한다. 투자 기간 말(즉, 5년 차 말)에 이 공장은 2.4백만 달러에 처분될 수 있다. 이 제조공장의 세후처분가치는 얼마인가?

d. 회사에는 연간 3.6백만 달러의 고정비용이 발생할 것이다. 이 계획에 의하면 연간 13,500개의 RDSs를 생산해서 기계당 10,800달러에 판매할 것이다. 변동생산비는 RDSs당 9,900달러이다. 이 프로젝트의 연간 영업현금흐름(OCF)은 얼마인가?

e. 마지막으로 DEI의 사장은 당신이 모든 계산과 가정, 그 밖의 내용을 CFO에게 낼 보고서에 담기를 바란다. 그가 알고 싶은 것은 RDS 프로젝트의 내부수익률(IRR)과 순현가(NPV)이다. 당신은 무엇을 보고하겠는가?

웹에서 문제 풀기

12.1 자본비용. finance.yahoo.com을 방문하여 S&P 500에 속한 비디오 게임회사 액티비전 블리자드(Activision Blizzard: ATVI)에 대한 정보를 살펴보자. 이 회사의 자기자본비용을 계산하고 싶다. 우선 현행 재정증권(Treasury bill) 이자율을 찾는다. 다음은 회사의 베타를 찾는다. 역사적 시장리스크프리미엄을 이용하면 CAPM을 이용한 회사의 추정된 자기자본비용은 얼마인가? 이제 애널리스트가 추정한 이 회사의 향후 5년간 성장률을 찾자. 배당할인모형에서 성장률을 이용하면 추정 자기자본비용은 얼마인가? 이제 과거 5년간 회사가 지급한 배당금을 찾아 배당의 산술평균과 기하평균 성장률을 계산한다. 이 두 성장률을 이용하면 추정된 자기자본비용은 얼마인가? 이 네 가지 추정치를 보면 이 회사에 사용될 자기자본비용은 얼마인가?

12.2 부채비용. finra-markets.morningstar.com/BondCenter/를 방문하여 나이키(Nike)의 기발행 채권을 살펴보자. 발행된 각 채권의 가장 최근의 가격과 만기수익률(YTM)을 기록하자. 이제 www.sec.gov를 방문해 회사가 제출한 가장 최근의 10-Q나 10-K 리포트를 찾고 각 채권발행의 장부가치를 찾아보자. 나이키의 세율이 21%라고 가정할 때 장부가치 가중치를 이용한 부채비용은 얼마인가? 시장가치 가중치를 이용한 부채비용은 얼마인가? 어느 숫자가 더 타당한가?

엑셀 *MASTER IT!* 문제

자동차부품 소매업체 오토존(AutoZone: AZO)의 WACC를 계산하려고 한다. 업데이트할 수 있는 스프레드시트를 구성하기 위해 다음의 단계를 완성한다.

a. 티커심볼을 입력해 자기자본비용 계산에 필요한 모든 정보를 발견에 필요할 웹페이지로 가는 하이퍼링크를 만든다. CAPM을 이용할 때 시장리스크프리미엄로 7%를 이용한다.

b. 채권호가 웹사이트 FINRA와 SEC EDGAR 데이터베이스에 가는 하이퍼링크를 만들고 사채에 대한 정보를 찾는다. 회사의 부채비용을 계산하는 표를 만든다. 법인세율은 21%를 가정한다.

c. 마지막으로 부채와 자기자본의 시장가치 가중치를 계산한다. 오토존의 WACC는 얼마인가?

CHAPTER CASE

레이턴 모터스의 자본비용

최근에 레이턴 모터스(Layton Motors, Inc.: LMI)의 비교적 신설인 자금부서(treasury management department)에 고용되었다. LMI는 라헬 레이턴(Rachel Layton)이 8년 전에 설립했다. 충전용량이 커서 한번 충전하면 자동차에 700마일 범위의 동력을 주는 배터리를 저렴하게 제조하는 방법을 발견했다. LMI가 제조하는 차는 중형차이고 다른 주류 자동차 제조업자들과 경쟁할 수 있는 가격을 지녔다. 이 회사는 라헬과 그 가족이 사적으로 소유하고 있는데 매출은 작년에 1억 9,700만 달러였다.

LMI는 제한된 수의 회사 직영 딜러를 운영하지만 주로 온라인으로 자동차를 구매하는 고객에게 판매한다. 고객은 맞춤식으로 선택하고 구매가격의 20%를 예치한다. 주문하면 통상 45일 이내에 주문에 맞게 제조한다. 현재까지 LMI의 성장은 이익에서 온다. 회사가 충분한 자본이 있을 때 생산을 확장했다. 자본예산과정에서 정형화된 분석은 거의 이루어지지 않았다. 라헬은 지금 막 자본예산 기법에 대해 읽고 당신에게 도움을 요청했다. 우선 이 회사는 한 번도 자본비용 결정을 시도한 적이 없고 라헬은 당신이 이 분석을 시행하길 원한다. 이 회사는 개인 소유 기업이기에 회사의 자기자본비용 결정은 어렵다. 라헬은 당신에게 LMI의 자본비용 추정에 단일사업체(pure play) 방식을 사용하기 원하고 테슬라 모터스(Tesla Motors)를 대표 기업으로 선택했다. 다음의 질문들은 자본비용 추정치를 계산하기 위한 단계로 이끌 것이다.

질문 QUESTIONS

1. 대부분 상장회사는 분기 또는 연간 회사의 재무 운영을 자세히 기록한 분기(10-Q)와 연차보고서(10-K)를 SEC에 각각 제출해야 한다. 이러한 기업 파일들은 SEC의 웹사이트인 www.sec.gov에서 이용할 수 있다. SEC 웹사이트에 가서 테슬라 모터스(Tesla Motors: TSLA)의 SEC 보고서를 검색한다. 가장 최근의 10-Q 또는 10-K를 찾아 양식을 내려받는다. 재무상태표(balance sheet)를 보고 부채와 자기자본의 장부가치를 구하라.
2. TSLA의 자기자본비용을 추정하려면, finance.yahoo.com을 방문하여 티커 심볼인 TSLA을 입력한다. 다음과 같은 질문들을 답하기 위해 링크들을 따라간다. TSLA의 가장 최근 주가는 얼마인가? 자기자본의 시장가치 또는 시가총액은 얼마인가? 현재 TSLA의 유통 주식 수는 얼마인가? 가장 최근의 연간 배당은 얼마인가? 이 경우 배당할인모형을 사용할 수 있는가? TSLA의 베타는 얼마인가? 이제 다시 finance.yahoo.com으로 돌아가서 3개월 만기 재정증권수익률은 얼마인가? 역사적 시장리스크 프리미엄으로 CAPM을 이용하면 TSLA의 자기자본비용은 얼마인가?
3. 이제 TSLA의 부채비용을 계산해야 한다. finra-markets.morningstar.com/BondCenter/에 가서 회사로 TSLA를 입력하고 TSLA의 각 채권에 대한 만기수익률을 찾아라. 장부가치 가중치와 시장가치 가중치를 이용하면 TSLA의 가중평균부채비용은 얼마인가? 이 경우 장부가치 가중치 사용과 시장가치 가중치에 따라 달라지는가?
4. 이제 TSLA의 가중평균자본비용(WACC) 계산을 위해 필요한 정보를 모두 구했다. 장부가치 가중치와 시장가치 가중치를 이용해서 TSLA의 21% 한계세율을 가정해 WACC를 계산하라. 어느 숫자가 더 적절한가?
5. LMI의 자본비용을 추정하기 위해 TSLA를 단일사업체 회사(pure play company)로 사용하였다. 이 상황에서 이러한 접근방식에 어떠한 잠재적 문제점이 있는가?

13 레버리지와 자본구조
Leverage and Capital Structure

미국의 '2017년 감세 및 잡스법'(Tax Cuts and Jobs Act of 2017)이 2017년 12월에 통과되어 법인세율이 35%에서 21%로 낮아진 데 더해 이자비용의 세금공제도 제한되었다. 이자비용의 공제는 지금 이자및법인세차감전순이익과 대략 같은 "조정가능 과세소득"(adjustable tax income)의 30%로 제한되었다. 2017년 초 논의되는 새 법률에 주식회사들이 대응했다. 예를 들어 BHP는 25억 달러의 채권을 상환하는 계획을 발표했고, 월마트(Walmart)는 85억 달러의 부채를 상환했으며, 스프린트(Sprint)는 10억 달러의 부채를 상환했다. 사실상 2017년 10월 중순까지 미국의 주식회사들은 1,785억 달러의 부채 상환 계획을 발표해 2016년 동 기간의 800억 달러의 상환보다 두 배 이상이고 2014년의 180억 달러보다는 훨씬 더 많다.

학습 목표_Learning Objectives

제13장을 마친 후에는 다음의 능력을 갖추어야 한다.

- **LO 1** 재무레버리지의 효과 논의
- **LO 2** 자본구조 선택에서 세금과 파산의 효과 분석
- **LO 3** 파산 절차의 본질 확인

자기자본 대비 얼마의 부채가 있어야 하는가의 기업 선택은 자본구조결정(capital structure decision)으로 알려져 있다. 자본구조의 선택은 기업에는 많은 함의가 있으나 논점은 이론적으로나 실무적으로 해결할 길이 멀다. 이번 장에서는 자본구조에 대한 기본 개념과 기업이 자본구조를 어떻게 선택하는가를 논의한다.

기업의 자본구조는 실제로 기업 차입정책의 반영이다. 돈을 많이 빌려야 하는가 또는 적게 빌려야 하는가? 언뜻 생각하면 부채는 아마도 피해야 할 것으로 보인다. 기업이 더 많은 부채를 사용할수록 결국 파산위험은 커진다. 여기서 부채는 실제로 양날의 칼과 같아 적절히 사용하면 부채는 기업에 상당한 이득이 될 수 있음을 배운다.

부채의 역할에 대한 오해로 인해 부채자금의 효과를 잘 이해하는 것은 중요하고, 많은 기업(그리고 개인)은 부채사용에 매우 보수적이다. 그렇기는 해도 때로는 반대로 기업들이 부채를 너무 많이 사용해 불행한 결과로 파산하는 실수를 저지른다고 말할 수도 있다. 적절한 균형을 이루는 것이 자본구조 주제의 전부이다.

기업재무 세계에서 최근에 전개된 사건을 보려면 essentialsofcorporatefinance.blogspot.com 방문.

지금까지 기업의 자본구조는 정해진 것으로 보았다. 물론 부채비율은 하늘에서 떨어지는 것이 아니므로 그 비율이 어디서 왔는지 알아볼 차례다. 제1장으로 돌아가면 기업의 부채비율 결정을 **자본구조결정**(*capital structure decisions*)이라고 부른다.[1)]

대부분 기업은 원하는 어떠한 자본구조도 선택할 수 있다. 경영진이 바란다면 기업은 채권을 발행한 자금으로 일부 주식을 재매입(buyback)함으로써 부채비율을 증가시킬 수 있다. 반대로 기업은 주식을 발행해서 그 돈으로 일부 부채를 상환해 부채비율을 줄일 수 있다. 기업의 기존 자본구조를 변경하는 이와 같은 활동을 자본의 **구조조정**(*restructuring*)이라고 한다. 일반적으로 이런 구조조정은 기업의 자산을 변경하지 않으면서 한 자본구조를 다른 자본구조로 대체할 때마다 발생한다.

기업의 자산은 자본의 구조조정으로 직접 영향을 받지 않기에 기업의 자본구조결정을 다른 활동과 분리해서 살펴볼 수 있다. 이는 기업이 자본의 구조조정결정을 투자결정과 분리해서 고려할 수 있다는 의미다. 따라서 이번 장에서는 투자결정을 무시하고 장기자금조달 또는 자본구조질문에 초점을 맞출 것이다.

이번 장에서 살펴볼 것은 자본구조결정이 기업가치와 자본비용에 중요한 함의를 가질 수 있다는 사실이다. 자본구조결정의 중요한 요소는 확인이 쉬우나 이 요소들의 정확한 측정은 일반적으로 얻을 수 없음도 알게 될 것이다. 그 결과 특정 시점에 특정 기업의 최적 자본구조가 무엇인가의 질문에 불완전한 답만을 줄 수 있다.

13.1 자본구조 질문

기업이 부채비율을 선택할 때 어떻게 해야 하는가? 항상 그렇듯이 여기서 기본적인 원칙은 주당 가치를 최대화하는 일련의 행동을 선택하는 것이다. 그러나 자본구조결정에 관해서는 전체 기업의 가치를 최대화하는 것과 기본적으로 같아서 편의상 기업가치의 관점에서 논의의 틀을 짜도록 하겠다.

제12장에서 기업의 가중평균자본비용 또는 WACC의 개념을 논의했다. WACC에 의하면 기업 전체의 자본비용은 기업 자본구조의 다양한 요소들의 비용을 가중평균한 값임을 상기할 것이다. WACC를 설명할 때 기업의 자본구조는 주어진 것으로 보았다. 그러므로 이번 장에서 알아보려는 중요한 쟁점은 부채조달액 또는 부채비율이 다를 때 자본비용이 어떻게 되는가이다.

WACC를 탐구하는 주요 이유는 WACC가 최소가 되었을 때 기업가치가 최대화되기 때문이다. 이를 알려면 WACC는 기업 전체의 현금흐름에 적절한 할인율임을 상기하자. 가치와 할인율은 반대 방향으로 움직이기에 WACC의 최소화는 기업 현금흐름의 가치를 최대화할 것이다.

그러므로 WACC가 최소화되는 기업의 자본구조를 선택하려고 한다. 이런 이유로

[1)] 부채와 자기자본에 관한 의사결정을 통상 **자본구조결정**(*capital structure decisions*)이라고 한다. 그러나 **재무구조**(*financial structure*)라는 용어가 더 정확할 것이므로 두 용어를 교체해서 사용한다.

어떤 자본구조에서 가중평균자본비용(WACC)이 더 낮다면 이 자본구조는 다른 것보다 낫다고 말하겠다. 더욱이 특정 부채비율에서 WACC가 가장 낮다면 이 부채비율을 **최적 자본구조**(*optimal capital structure*)를 대표한다고 말한다. 최적 자본구조는 때때로 **목표**(*target*) 자본구조로도 불린다.

개념문제 CONCEPT QUESTIONS

13.1a WACC와 기업가치 사이의 관계는 무엇인가?
13.1b 최적 자본구조는 무엇인가?

13.2 재무레버리지의 효과

여기서는 주주들의 지급액에 대한 재무레버리지(financial leverage)의 영향을 살펴본다. 기억하겠지만 재무레버리지는 기업이 부채에 의존하는 정도를 나타낸다. 자본구조에서 기업이 더 많은 부채자금을 사용할수록 더 많은 재무레버리지를 이용한다.

설명했듯이 재무레버리지는 기업이 주주에게 지급하는 금액을 극적으로 변경할 수 있다. 그러나 놀랍게도 재무레버리지는 전체 기업의 자본비용에는 영향을 주지 않을 수 있다. 이것이 사실이라면 자본구조의 변경이 기업가치에 영향을 주지 않기에 기업의 자본구조는 무관하다. 이 주제는 조금 후에 다룬다.

재무레버리지의 영향

재무레버리지가 어떻게 작용하는가의 설명으로 시작한다. 지금은 세금의 영향을 무시한다. 또한, 쉬운 설명을 위해 레버리지가 주당순이익(EPS)과 자기자본이익률(ROE)에 미치는 영향에 관해서 기술한다. 물론 회계적 수치이지만 주요 관심사는 아니다. 회계적 수치 대신 현금흐름을 사용해도 정확하게 같은 결론에 도달하나 약간 더 많은 작업을 해야 한다. 시장가치에 대한 레버리지의 영향은 다음에 논의한다.

재무레버리지, EPS, ROE: 예제 트랜스암 코퍼레이션(Trans Am Corporation)은 현재 자본구조에 부채가 없다. CFO인 모리스(Morris)는 부채를 발행해 그 자금으로 일부 자본을 되사는 자본구조조정을 고려하고 있다. 〈표 13.1〉은 현행 자본구조와 제안 자본구조를 나타낸다. 보다시피 기업자산의 시장가치는 800만 달러이며 400,000주의 주식이 유통되고 있다. 이 회사는 모두 자기자본만 있는 기업이기에 주당 가격은 20달러이다.

제안된 부채발행액은 400만 달러이다. 이자율은 10%일 것이다. 주식이 주당 20달러에 거래되므로 신규부채로 조달한 400만 달러는 $400만/$20 = 200,000주 매입에 사용되고 남은 200,000주가 유통될 것이다. 구조조정 후 자본구조는 50% 부채이므로 부채비율은 1일 것이다. 지금은 주가가 20달러에 머물 것으로 가정함에 주목하자.

표 13.1

트랜스암의 현행 자본구조와 제안 자본구조

	현행	제안
자산	$8,000,000	$8,000,000
부채	$ 0	$4,000,000
자본	$8,000,000	$4,000,000
부채비율	0	1
주가	$20	$20
발행주식 수	400,000	200,000
이자율	10%	10%

제안된 구조조정의 영향을 검토하기 위해 세 시나리오에서 현행 자본구조와 제안 자본구조를 비교하는 〈표 13.2〉를 준비했다. 시나리오들은 기업의 EBIT에 다른 가정을 반영한다. 예상 시나리오에서 EBIT는 100만 달러이다. 침체 시나리오에서 EBIT는 500,000달러로 낮아진다. 확장 시나리오에서는 150만 달러로 높아진다.

〈표 13.2〉에서 계산된 값의 설명을 위해 확장 시나리오를 보자. EBIT는 150만 달러이다. 현행 자본구조에서 부채가 없고 세금도 없어 순이익도 150만 달러다. 이 경우에 총 800만 달러 가치의 400,000주가 있다. 그러므로 EPS는 주당 $150만/400,000 = 3.75 달러이다. 또한, 회계적 자기자본이익률 ROE는 순이익 나누기 총 자기자본이므로 ROE는 $150만/$800만 = 0.1875 또는 18.75%이다.[2]

표 13.2

트랜스암의 자본구조 시나리오

현행 자본구조: 부채 없음			
	침체	예상	확장
EBIT	500,000	1,000,000	1,500,000
이자	0	0	0
순이익	500,000	1,000,000	1,500,000
ROE	6.25%	12.50%	18.75%
EPS	1.25	2.50	3.75
제안 자본구조: 부채 = 400만 달러			
	침체	예상	확장
EBIT	500,000	1,000,000	1,500,000
이자	400,000	400,000	400,000
순이익	100,000	600,000	1,100,000
ROE	2.50%	15.00%	27.50%
EPS	0.50	3.00	5.50

[2] 제3장에서 ROE를 자세히 논의했다.

제안 자본구조의 400만 달러 부채의 상황이 다소 다르다. 이자율이 10%이기에 이자청구액은 400,000달러이다. EBIT가 150만 달러, 이자가 400,000달러, 세금은 없으니 순이익은 110만 달러이다. 이제 총 400만 달러 가치의 200,000주만 있으므로 EPS는 앞에서 계산했던 주당 3.75달러 대비 주당 $110만/200,000 = 5.50달러이다. 더욱이 ROE는 $110만/$400만 = 0.275 또는 27.5%이다. 이는 현행 자본구조에서 계산한 18.75%보다 훨씬 높다.

EPS 대 EBIT 자본구조조정이 EPS와 ROE에 미치는 영향을 검토할 때 〈표 13.2〉에서 레버리지의 영향은 분명하다. 특히 EPS와 ROE의 변동성은 제안 자본구조에서 훨씬 더 크다. 이는 재무레버리지가 주주의 손익을 어떻게 확대하는가를 잘 보여 준다.

〈그림 13.1〉에서 제안된 자본구조조정의 효과를 자세히 살펴본다. 이 그림은 현행 자본구조와 제안 자본구조에서 주당순이익(EPS)을 이자및법인세차감전순이익(EBIT)에 대해 그린 것이다. "부채 없음"(No debt)이라고 표시된 첫째 선은 레버리지가 없는 경우를 나타낸다. 이 선은 원점에서 시작하는데 EBIT가 영이면 EPS도 0임을 가리킨다. 원점에서부터 EBIT가 400,000달러 증가할 때마다 유통주식이 400,000주이기에 EPS는 1달러 증가한다.

두 번째 선은 제안된 자본구조를 나타낸다. 여기서 EBIT가 0이면 EPS는 음수이다. 기업의 이익과 상관없이 400,000달러의 이자를 지급해야만 하기 때문이다. 이 경우 200,000주가 있기에 EPS는 보이는 것처럼 주당 −2달러이다. 유사하게 EBIT가

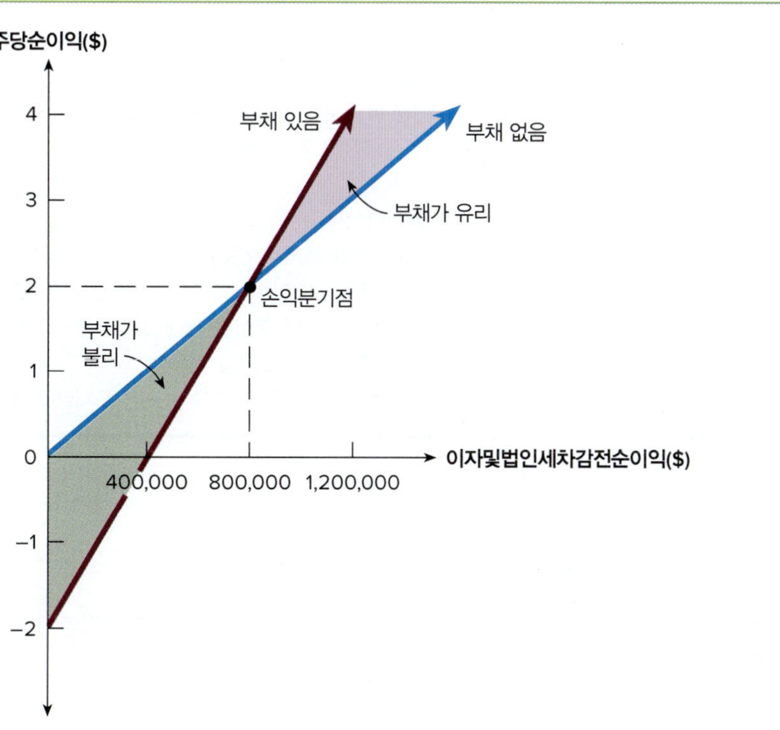

그림 13.1
재무레버리지: 트랜스암의 EPS와 EBIT

400,000달러이면 EPS는 정확하게 0일 것이다.

〈그림 13.1〉에서 주목할 일은 둘째의 경우 선의 기울기가 더 가파르다는 것이다. 사실 EBIT가 400,000달러 증가하면 EPS는 2달러 증가해 이 선이 2배로 가파르다. 이는 재무레버리지로 인해 EBIT의 변화에 EPS가 두 배로 민감함을 말한다.

〈그림 13.1〉에서 다른 관찰은 선의 교차이다. 그 점에서 두 자본구조의 EPS는 정확하게 같다. 이 점을 찾기 위해서 부채가 없는 경우 EPS는 EBIT/400,000과 같음을 주목하자. 부채가 있는 경우 EPS는 (EBIT − $400,000)/200,000이 된다. 이것을 서로 같다고 하면 EBIT는

$$
\begin{aligned}
\text{EBIT}/400{,}000 &= (\text{EBIT} - \$400{,}000)/200{,}000 \\
\text{EBIT} &= 2 \times (\text{EBIT} - \$400{,}000) \\
\text{EBIT} &= \$800{,}000
\end{aligned}
$$

EBIT가 800,000달러일 때 EPS는 두 자본구조에서 주당 2달러이다. 〈그림 13.1〉에서 이를 손익분기점으로 표시했다. 무차별점(indifference point)으로도 부를 수 있다. 만약 EBIT가 이 수준 이상이면 레버리지는 이득이 될 것이고 이하이면 아니다.

왜 손익분기점이 800,000달러인가를 보다 직관적인 다른 방법으로 알아보자. 기업이 부채가 없어 EBIT가 800,000달러이면 순이익도 800,000달러이다. 이 경우 ROE는 $800,000/$8,000,000 = 0.10 또는 10%이다. 이는 정확하게 부채의 이자율과 같으므로 이자를 지급할 정도만 수익이 난다.

예제 13.1 손익분기 EBIT

부채가 없는 주식회사가 자본구조조정을 결정했다. 그러나 구조조정을 하면 부채는 100만 달러일 것이다. 부채의 이자율은 9%일 것이다. 현행 유통주식은 200,000주이고 주당 가격은 20달러이다. 구조조정이 EPS를 높일 것이 예상된다면 경영진이 기대해야 하는 EBIT의 최저 수준은 얼마인가? 답에서 세금은 무시한다.

답하기 위해서 손익분기 EBIT를 계산한다. 손익분기 이상의 EBIT에서는 재무레버리지의 증가는 EPS를 상승시킬 것이므로 손익분기가 EBIT의 최저 수준이 된다. 예전의 자본구조에서 EPS는 EBIT/200,000이다. 새 자본구조에서 이자비용은 $100만 × 0.09 = 90,000달러일 것이다. 더욱이 100만 달러의 자금으로 $100만/20 = 50,000주의 주식을 재매입해 유통주식은 150,000주가 남을 것이다. 따라서 EPS는 (EBIT − $90,000)/150,000이다.

두 시나리오에서 EPS가 어떻게 계산되었는가를 알므로 EPS의 두 표현을 서로 같게 놓고 손익분기 EBIT를 풀면

$$
\begin{aligned}
\text{EBIT}/200{,}000 &= (\text{EBIT} - \$90{,}000)/150{,}000 \\
\text{EBIT} &= (4/3) \times (\text{EBIT} - \$90{,}000) \\
\text{EBIT} &= \$360{,}000
\end{aligned}
$$

두 경우에서 EBIT가 360,000달러일 때 EPS가 1.80달러임을 증명하자. 경영진은 명백히 EPS가 1.80달러를 넘을 것이라는 견해이다.

기업차입 및 자가레버리지

〈표 13.1〉과 〈표 13.2〉 그리고 〈그림 13.1〉을 근거로 CFO는 다음의 결론을 내린다.

1. 재무레버리지의 효과는 회사의 EBIT에 달렸다. EBIT가 비교적 높을 때 레버리지는 유익하다.
2. 예상 시나리오에서 레버리지는 ROE와 EPS 모두의 측정처럼 주주의 수익을 높인다.
3. 주주들은 제안 자본구조에서 EPS와 ROE가 EBIT의 변동에 더 민감하기에 위험에 더 노출된다.
4. 재무레버리지가 주주의 기대수익과 주식의 위험성 모두에 주는 영향으로 자본구조는 매우 중요한 고려사항이다.

이들 결론의 처음 셋은 확실히 맞다. 마지막 결론은 당연한가? 놀랍게도 답은 '아니다'. 다음에 논의하듯이 그 이유는 주주가 스스로 빌리거나 빌려주어 재무레버리지의 정도를 조정할 수 있기 때문이다. 재무레버리지의 정도를 바꾸기 위한 개인 차입의 이용을 **자가레버리지(homemade leverage)**라고 한다.

자가레버리지
homemade leverage
개인이 노출된 재무레버리지의 전체 양을 변경하기 위해 개인이 차입을 이용.

회사가 제안된 자본구조를 수용하건 말건 제안된 자본구조를 선호하는 주주는 자가레버리지를 이용해 만들 수 있기에 실제로 차이가 없음을 지금 설명하겠다. 우선 〈표 13.3〉의 첫째 부분은 제안된 자본구조를 수용하면 2,000달러 가치의 트랜스암 주식을 매수한 투자자에게 무엇이 일어날 것인가를 보여 준다. 이 투자자는 100주를 매수한다. 〈표 13.2〉에서 EPS는 0.50달러, 3달러 또는 5.50달러 중 하나일 것이므로 100주의 총이익은 제안된 자본구조에서 50달러, 300달러 또는 550달러 중 하나일 것이다.

이제 제안된 자본구조를 수용하지 않는다고 하자. 이 경우 EPS는 1.25달러, 2.50달러 또는 3.75달러일 것이다. 〈표 13.3〉의 둘째 부분은 제안된 구조에서의 지급을 선호하

표 13.3
제안 자본구조 대 자가레버리지의 본래 자본구조

제안 자본구조			
	침체	예상	확장
EPS	0.50	3.00	5.50
100주의 이익	50.00	300.00	550.00
순비용 = 20달러에 100주 = 2,000			

본래의 자본구조와 자가레버리지			
	침체	예상	확장
EPS	1.25	2.50	3.75
200주에 대한 이익	250.00	500.00	750.00
차감: 2,000달러의 이자 10%	200.00	200.00	200.00
순이익	50.00	300.00	550.00
순비용 = 20달러에 200주 − 차입금 = 4,000 − 2,000 = 2,000			

는 주주가 어떻게 개인적 차입을 이용해 창출할 수 있는가를 보여 준다. 그러기 위해서 주주는 자신이 10% 이자율에 2,000달러를 빌린다. 투자자는 원래 있던 2,000달러와 함께 이 돈으로 200주의 주식을 매수한다. 보다시피 순지급액은 제안된 자본구조의 지급액과 정확히 같다.

정확한 지급을 만들기 위해서 2,000달러를 빌리는 것을 어떻게 알았을까? 회사의 제안된 자본구조를 개인 수준에서 복제하려고 한다. 제안 자본구조에서 부채비율은 1이다. 개인 수준에서 자본구조를 복제하기 위해서 주주는 같은 부채비율을 만들 수 있을 정도로 빌려야 한다. 주주가 자기자본에 투자한 2,000달러가 있기에 2,000달러를 빌리면 개인 부채비율 1을 만들 것이다.

이 예는 투자자가 다른 보상 패턴을 만들기 위해 항상 재무레버리지를 증가할 수 있음을 보여 준다. 그러므로 회사가 제안 자본구조를 선택하든 말든 상관이 없다.

예제 13.2 주식 레버리지 없애기

이전의 트랜스암의 예에서 경영진이 제안 자본구조를 수용했다고 하자. 더욱이 100주를 소유한 투자자는 기존 자본구조를 더 선호한다고 하자. 이 투자자가 기존 지급을 다시 만들기 위해서 어떻게 주식을 "부채 없애기"(unlever)를 할 수 있는지 보여라.

레버리지를 만들기 위해서 투자자는 스스로 차입한다. 레버리지를 없애기 위해서 투자자는 대출해야 한다. 주식회사는 기업가치의 절반과 동등한 금액을 빌렸다. 투자자는 같은 비율의 돈을 빌려주어 주식의 레버리지를 없앨 수 있다. 이 경우 투자자는 총 1,000달러에 50주를 매도하고 나서 10%에 1,000달러를 빌려준다. 지급액은 다음 표에 계산되어 있다.

	침체	예상	확장
EPS (제안 구조)	0.50	3.00	5.50
50주의 이익	25.00	150.00	275.00
더하기: 1,000달러의 이자 @ 10%	100.00	100.00	100.00
총지급액	125.00	250.00	375.00

정확히 본래의 자본구조에서 투자자들이 경험할 수 있는 지급액이다.

개념문제 CONCEPT QUESTIONS

13.2a 주주에게 재무레버리지의 영향은 무엇인가?

13.2b 자가레버리지(homemade leverage)는 무엇인가?

13.2c 트랜스암(Trans Am)의 자본구조가 무관한 이유는 무엇인가?

13.3 자본구조와 자기자본비용

투자자들은 자신이 차입과 대출을 할 수 있기에 기업의 차입에 대해 특별한 것이 없음을 알았다. 그 결과 기업이 어떤 자본구조를 선택하든 주가는 같을 것이다. 따라서 기업의 자본구조는 적어도 살펴본 단순한 세계에서는 무관하다.

트랜스암의 예는 앞으로 M&M이라고 명명할 두 명의 노벨상 수상자 모딜리아니(Franco Modigliani)와 밀러(Merton Miller)의 유명한 논증에 근거한다. 앞의 예에서 설명한 것은 **M&M 명제 1(M&M Proposition I)**의 특수한 경우이다. M&M 명제 1은 기업이 자금을 어떻게 마련하기로 선택하든 전혀 무관하다고 기술한다.

M&M 명제 1
M&M Proposition I
기업가치는 자본구조와 독립적이다.

M&M 명제 1: 파이 모델

M&M 명제 1을 설명하는 한 방법은 재무상태표의 왼편이 같은 두 기업을 상상하는 것이다. 자산과 사업은 정확히 같다. 두 기업은 사업을 달리 조달했기에 재무상태표 오른편은 다르다. 이런 경우 자본구조 질문을 "파이" 모형("pie" model) 면에서 볼 수 있다. 이 이름을 선택한 이유는 〈그림 13.2〉에서 명백하다. 〈그림 13.2〉는 자기자본인 *E* 조각과 부채인 *D* 조각을 40%-60%와 60%-40%로 파이를 나누는 가능한 두 방법을 보여 준다. 그러나 〈그림 13.2〉에서 파이의 크기는 자산의 가치가 같기에 두 기업이 같다. 이것이 정확하게 M&M 명제 1이 서술하는 것이다. 파이의 크기는 어떻게 자르는가에 달려 있지 않다.

자기자본비용과 재무레버리지: M&M 명제 2

비록 기업의 자본구조 변경이 기업의 총(*total*) 가치를 변경할 수 없더라도 기업의 부채와 자기자본에 중요한 변화를 초래한다. 이제 부채비율이 변할 때 부채와 자기자본으로 자금을 조달한 기업에 어떤 일이 일어나는지 살펴본다. 분석의 단순화를 위해 계속해서 법인세는 무시하겠다.

제12장의 논의에 의하면 법인세를 무시하면 가중평균자본비용(WACC)은

$$\text{WACC} = (E/V) \times R_E + (D/V) \times R_D$$

여기서 $V = E + D$이다. 또한, WACC를 해석하는 한 방법이 기업의 전체 자산에 대한 요구수익률임을 알았다. 이를 상기시키기 위해서 WACC를 부호 R_A로 표시해 적는다.

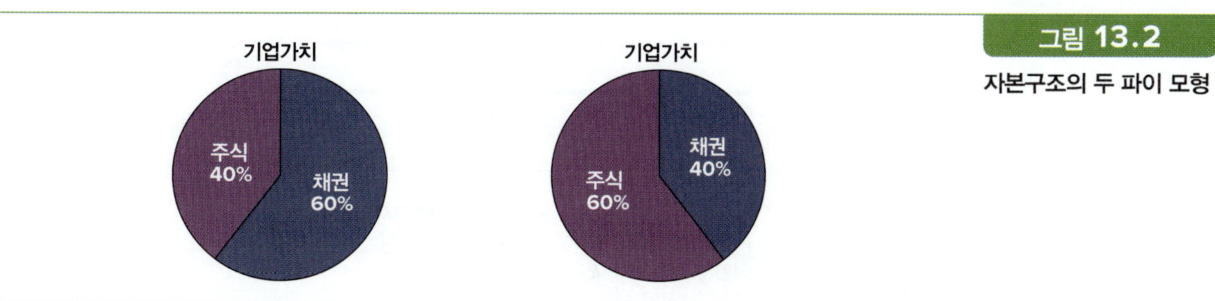

그림 13.2
자본구조의 두 파이 모형

$$R_A = (E/V) \times R_E + (D/V) \times R_D$$

자기자본비용 계산을 위해서 이 식을 다시 정리하면,

$$R_E = R_A + (R_A - R_D) \times (D/E) \quad [13.1]$$

M&M 명제 2
M&M Proposition II
기업의 자기자본비용은 자본구조의 양수의 선형 함수이다.

이것이 그 유명한 **M&M 명제 2(M&M Proposition II)**로 자기자본비용은 기업의 자산에 대한 요구수익률(R_A), 부채비용(R_D), 기업의 부채비율(D/E) 세 가지로 결정됨을 말한다.

따라서 〈그림 13.3〉에 부채비율에 대한 자기자본비용(R_E)을 그려 지금까지의 논의를 요약한다. 보다시피 M&M 명제 2는 자기자본비용(R_E)이 기울기가 ($R_A - R_D$)인 직선임을 나타낸다. y 절편은 부채비율이 0인 기업에 해당하므로 이 경우 $R_A = R_E$이다. 〈그림 13.3〉은 기업이 부채비율을 높이면 레버리지 증가로 자기자본의 위험이 증가하므로 자기자본의 요구수익률 또는 비용(R_E)이 증가함을 보여 준다.

〈그림 13.3〉에서 WACC는 부채비율에 의존하지 않고 부채비율이 얼마이든 같음에 주목하자. 이는 M&M 명제 1을 기술하는 다른 방법으로 기업의 전체 자본비용은 자본구조의 영향을 받지 않는다. 설명했듯이 부채비용이 자기자본비용보다 낮다는 사실은 차입으로 자기자본비용이 증가해 정확히 상쇄된다. 즉, 자본구조의 가중치(E/V와 D/V)의 변경은 자기자본비용(R_E)의 변경으로 정확하게 상쇄되므로 WACC는 그대로 같다.

예제 13.3 자기자본비용

법인세를 무시하면 가중평균자본비용이 12%이다. 회사는 8%로 차입할 수 있다. 목표 자본구조를 자기자본 80%와 부채 20%로 가정하면 자기자본비용은 얼마인가? 목표 자본구조에서 자기자본이 50%라면 자기자본비용은 얼마인가? 답을 이용해 두 경우의 WACC가 같음을 증명하기 위해 WACC를 계산하자.

M&M 명제 2에 의하면 자기자본비용(R_E)은

(계속)

그림 13.3

자기자본비용과 WACC: 법인세 없는 M&M 명제 1과 명제 2

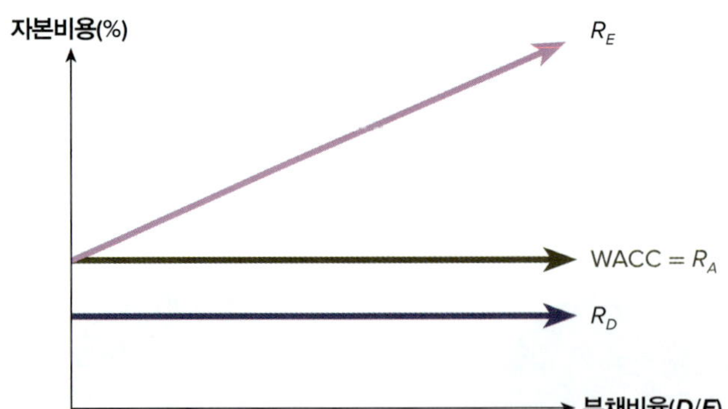

$R_E = R_A + (R_A - R_D) \times (D/E)$: M&M 명제 2
$R_A = \text{WACC} = (E/V) \times R_E + (D/V) \times R_D$
여기서 $V = D + E$

$$R_E = R_A + (R_A - R_D) \times (D/E)$$

첫째의 경우, 부채비율은 0.2/0.8 = 0.25이므로 자기자본비용은

$$R_E = 12\% + (12\% - 8\%) \times 0.25$$
$$= 13\%$$

둘째의 경우, 부채비율은 1이므로 자기자본비용은 16%임을 증명하자.

이제 자기자본 자금 80%, 자기자본비용 13%, 법인세율 0으로 가정하고 WACC를 계산할 수 있다.

$$\begin{aligned} \text{WACC} &= (E/V) \times R_E + (D/V) \times R_D \\ &= 0.80 \times 13\% + 0.20 \times 8\% \\ &= 12\% \end{aligned}$$

둘째의 경우, 자기자본 자금이 50%이고 자기자본비용이 16%이다. WACC는

$$\begin{aligned} \text{WACC} &= (E/V) \times R_E + (D/V) \times R_D \\ &= 0.50 \times 16\% + 0.50 \times 8\% \\ &= 12\% \end{aligned}$$

계산대로 WACC는 두 경우에 12%이다.

영업위험과 재무위험

M&M 명제 2는 기업의 자기자본비용이 두 요소로 분리될 수 있음을 보여 준다. 첫째 요소인 R_A는 기업의 전체 자산의 요구수익률이고 기업의 영업활동의 특성이 결정한다. 기업의 영업활동에 내재하는 위험을 기업 자기자본의 **영업위험(business risk)**이라고 한다. 제11장을 참고하면 이 영업위험은 기업자산의 체계적 위험이 결정한다는 것을 안다. 기업의 영업위험이 클수록 R_A는 클 것이고, 모든 조건이 같다면 자기자본비용도 클 것이다.

영업위험
business risk
회사 영업활동의 특징에서 오는 자기자본 위험.

자기자본비용의 둘째 요소인 $(R_A - R_D) \times (D/E)$는 기업의 재무구조가 결정한다. 자기자본만 있는 기업의 경우 이 요소는 0이다. 기업이 부채자금에 의존하기 시작함에 따라 자기자본의 요구수익률은 증가한다. 부채자금이 주주가 감내할 위험을 높이기 때문이다. 부채자금의 이용으로 생기는 추가 위험을 자기자본의 **재무위험(financial risk)**이라고 한다.

재무위험
financial risk
자본구조와 같이 기업의 재무정책에서 오는 자기자본 위험.

따라서 자기자본의 총 체계적 위험에는 영업위험과 재무위험 두 부분이 있다. 첫째 부분인 영업위험은 기업의 자산과 영업활동이 결정하고 자본구조에는 영향을 받지 않는다. 주어진 영업위험에서 둘째인 재무위험은 완전히 재무정책에 의해서 결정된다. 앞에서 설명했듯이 재무레버리지의 사용을 늘릴 때 영업위험은 그대로 같으나 자기자본의 재무위험이 증가하기에 기업의 자기자본비용은 증가한다.

개념문제 CONCEPT QUESTIONS

13.3a M&M 명제 1은 무엇을 기술하는가?

13.3b 기업의 자기자본비용의 세 가지 요소는 무엇인가?

13.3c 자기자본의 총 체계적 위험은 두 가지가 있다. 그것은 무엇인가?

13.4 법인세와 자본구조

부채에는 그동안 적절히 고려하지 않았던 두 가지 뚜렷한 특징이 있다. 첫째, 여러 곳에서 언급했듯이 부채에 지급되는 이자는 세금공제 대상이다. 이는 기업에는 좋으며 부채 사용에 따른 추가 혜택일 것이다. 둘째, 부채 의무의 이행에 실패하면 파산할 수 있다. 이는 기업에는 좋지 않으며 부채 사용에 따른 추가 비용일 것이다. 부채의 두 가지 특징 중 어느 것도 명시적으로 고려하지 않았기에 자본구조에 했던 답과 다른 답을 얻을 수도 있다. 따라서 여기서는 법인세를 고려하고 다음에는 파산을 고려한다.

여기서 논의는 모든 지급이자가 세금공제된다고 가정하겠다. 그러나 현실에서 미국의 '2017년 감세 및 잡스법'(Tax Cuts and Jobs Act of 2017)은 공제할 수 있는 이자 금액에 제한을 두었다. 특별히 2018~2021년의 순이자공제는 EBITDA의 최대 30%로 제한한다. 2021년 이후에는 EBIT의 30%로 떨어진다. "순이자"(net interest)라는 용어는 지급이자에서 (있다면 무엇이든) 이자수익의 차감이다. 또한, 약간 조정하기에 제한은 정확히 EBITDA와 EBIT를 기준으로 하지 않으나 그 차이는 대부분 경우에 작을 것이다. 중요하게는 특정 연도에 공제할 수 없는 이자는 이월해 나중에 공제될 수 있다. 그러므로 세금공제는 잃지 않고 연기된다.

법인세의 효과를 고려할 때 무슨 일이 일어나는가에 대한 고려로 시작할 수 있다. 이를 위해 기업 U(부채가 없다는 뜻의 unlevered의 두문자)와 기업 L(부채가 있다는 뜻의 levered의 두문자)의 두 기업을 살펴본다. 이 두 기업의 재무상태표의 왼편인 차변이 일치하므로 자산과 영업이익도 같다.

두 기업의 EBIT는 영원히 매년 1,000달러로 예상한다고 가정한다. 두 기업의 차이는 기업 L이 매년 8%의 이자를 지급하는 1,000달러의 영구채(perpetual bonds)를 발행했다는 것이다. 따라서 이자는 매년 0.08 × 1,000달러 = 80달러가 된다. 또한, 법인세율은 21%라고 가정한다.

이제 두 기업 U와 L에 대해 다음을 계산할 수 있다.

	기업 U	기업 L
EBIT	1,000	1,000.00
이자	0	80.00
과세대상 이익	1,000	920.00
세금(21%)	210	193.20
순이익	790	726.80

이자세금감면

단순화해서 감가상각비가 0이라고 가정하겠다. 자본지출도 0이고 순운전자본의 추가도 없다고도 가정하겠다. 이런 경우 자산의 현금흐름은 (EBIT − 법인세)와 같다. 따라서 기업 U와 L에 대해 다음을 얻는다.

자산의 현금흐름	기업 U	기업 L
EBIT	$1,000	$1,000.00
− 세금	210	193.20
총계	$ 790	$ 806.80

두 기업은 똑같은 자산을 갖고 있음에도 U와 L의 현금흐름이 같지 않기에 이제 자본구조에 어떤 효과가 있음을 즉시 알 수 있다.

무슨 일인지 알기 위해서 주주와 채권자의 현금흐름을 계산할 수 있다.

현금흐름	기업 U	기업 L
주주의 현금흐름	$790	$726.80
채권자의 현금흐름	0	80.00
총계	$790	$ 806.80

기업 L의 총현금흐름이 16.80달러 더 많음을 알게 되었다. 이는 L의 (현금유출인) 법인세가 16.80달러 적기 때문이다. 세금계산에서 이자는 공제 가능한 사실이 지급이자($80) 곱하기 법인세율(21%)과 같은 세금절약을 만들었다. 즉 $80 × 0.21 = 16.80달러이다. 이런 법인세 절감을 **이자세금감면(interest tax shield)**이라고 한다.

이자세금감면
interest tax shield
기업이 이자비용의 세금공제로 얻는 세금 절약.

법인세와 M&M 명제 1

부채는 영구채(perpetual bond)이기에 같은 16.80달러의 절감이 매년 영원히 발생할 것이다. 따라서 기업 L의 세후 현금흐름은 기업 U의 현금흐름에 16.80달러의 세금감면을 더한 790달러와 같을 것이다. 기업 L의 현금흐름이 언제나 16.80달러 많기에 기업 L은 기업 U보다 16.80달러의 영구연금 가치만큼 높을 것이다.

세금감면은 지급이자로 발생하기에 부채와 위험이 같으므로 부채비용인 8%가 적정 할인율이다. 따라서 세금감면의 가치는

$$\text{PV} = \frac{\$16.80}{0.08} = \frac{0.21 \times \$1{,}000 \times 0.08}{0.08} = 0.21 \times \$1{,}000 = \$210$$

예에서 설명했듯이 이자세금감면(interest tax shield)의 현재가치는 다음과 같이 적을 수 있다.

$$\begin{aligned}\text{이자세금감면의 현재가치} &= (T_C \times D \times R_D)/R_D \\ &= T_C \times D \qquad [13.2]\end{aligned}$$

이제 또 다른 유명한 결과인 법인세가 있는 M&M 명제 1을 제시한다. 기업 L의 가치(V_L)는 기업 U의 가치(V_U)보다 이자세금감면의 현재가치인 ($T_C \times D$)만큼 초과한다. 그러므로 세금이 있는 M&M 명제 1을 적으면

$$V_L = V_U + T_C \times D \quad [13.3]$$

이 경우 차입 효과는 〈그림 13.4〉에 나타난다. 부채 규모(D)에 대해 부채사용 기업(levered firm)의 가치(V_L)를 그렸다. 법인세가 있는 M&M 명제 1은 그 관계를 기울기가 T_C인 직선임을 의미한다.

〈그림 13.4〉에서 기업 U의 가치(V_U)를 표시하는 수평선도 그렸다. 보다시피 두 선의 차이는 세금감면의 현재가치인 ($T_C \times D$)이다.

〈그림 13.4〉가 나타내듯이 부채 1달러마다 기업가치는 0.21달러 증가한다. 즉, 부채 1달러당 NPV는 0.21달러다. 이런 상황에서 주식회사가 왜 최대한으로 빌리지 않는지 상상하기 어렵다.

결론

지금까지 분석한 결과는 일단 세금을 포함하면 자본구조는 확실히 영향이 있다. 그러나 즉시 100% 부채가 최적 자본구조라는 비논리적 결론에 도달한다. 물론 파산의 영향을 아직 고려하지 않았으므로 이야기가 달라질 수 있다. 앞으로 참고를 위해서 〈표 13.4〉에 다양한 M&M의 계산과 결론의 요약을 담았다.

그림 13.4

법인세가 있는 M&M 명제 1

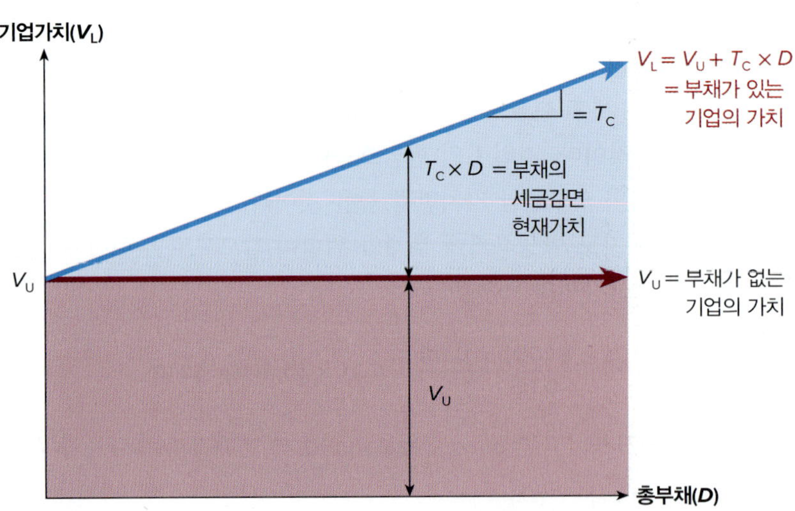

이자세금감면으로 총부채가 증가함에 따라 기업가치도 증가한다. 이것이 법인세가 있는 M&M 명제 1의 기본이다.

표 13.4

모딜리아니와 밀러 요약

I. 법인세가 없는 경우

A. 명제 1: 레버드 기업의 가치(V_L)는 언레버드 기업의 가치(V_U)와 같다.

$$V_L = V_U$$

B. 명제 1의 시사점

1. 기업의 자본구조는 무관하다.
2. 기업의 가중평균자본비용(WACC)은 기업이 자금조달에 사용한 부채와 자기자본의 조합과 상관없이 같다.

C. 명제 2: 자기자본비용(R_E)은

$$R_E = R_A + (R_A - R_D) \times D/E$$

여기서 R_A는 WACC, R_D는 부채비용, D/E는 부채비율이다.

D. 명제 2의 시사점

1. 기업이 부채 자금의 사용을 늘릴수록 자기자본비용은 증가한다.
2. 자기자본의 위험은 사업의 위험성(영업위험)과 재무레버리지의 정도(재무위험) 두 가지가 결정한다. 영업위험은 R_A를 결정하고, 재무위험은 D/E가 결정한다.

II. 법인세가 있는 경우

A. 법인세가 있는 명제 1: 레버드 기업의 가치(V_L)는 언레버드 기업의 가치(V_U)에 이자세금감면의 현재가치를 더한 것과 같다.

$$V_L = V_U + T_C \times D$$

여기서 T_C는 법인세율이고 D는 부채 금액이다.

B. 법인세를 고려한 명제 1의 시사점

1. 부채자금은 상당한 이점이 있으며 극단적으로 기업의 최적 자본구조는 100% 부채이다.
2. 기업의 가중평균자본(WACC)은 기업이 부채자금에 더 심하게 의존할수록 감소한다.

개념문제 CONCEPT QUESTIONS

13.4a 일단 법인세의 영향을 고려하면 언레버드 기업가치와 레버드 기업가치 간의 관계는 무엇인가?

13.4b 세금효과만 고려하면 최적 자본구조는 무엇인가?

13.5 파산비용

기업이 사용할 수 있는 부채에 한계를 두는 하나는 파산비용(*bankruptcy costs*)의 형태에서 온다. 부채비율이 증가함에 따라 기업이 채권자들에게 약정한 금액을 지급할 수 없을 가능성도 증가한다. 이런 일이 일어날 때 기업자산의 소유권은 궁극적으로 주주에서 채권자로 이전된다.

원칙적으로 기업은 자산가치가 부채 가치와 같을 때 파산하게 된다. 이렇게 될 때 자본의 가치는 0이 되고 주주는 기업의 통제권을 채권자에게 넘긴다. 이 시점에 채권자는 부채에서 받을 빚과 정확히 같은 가치의 자산을 보유한다. 완전한 세계에서는 소유권의 이전과 관련된 비용이 없고 채권자들은 어떠한 손실도 없다.

파산의 이런 이상적 견해는 물론 현실에서는 일어나지 않는다. 반어적으로 파산은 매우 비싸다. 논의대로 파산과 관련된 비용은 결국 레버리지의 세금 관련 이득을 상쇄할 수 있다.

직접파산비용

기업의 자산가치가 부채 가치와 같을 때 자본은 가치가 없다는 점에서 기업은 경제적으로 파산한다. 그러나 자산을 채권자에게 공식으로 넘기는 것은 법적(legal) 절차이지 경제적 절차는 아니다. 파산에는 법률비용과 행정비용이 발생하고 피가 상어를 부르는 것처럼 파산은 변호사를 부른다고 말해져 왔다.

파산과 관련된 비용 때문에 채권자는 빌려준 모든 빚을 받지 못한다. 기업 자산의 일부분은 법적으로 파산하는 법적 과정에서 "사라질" 것이다. 이것이 파산의 진행과 관련된 법률비용과 행정비용이다. 이 비용을 **직접파산비용(direct bankruptcy costs)**이라고 한다.

직접파산비용
direct bankruptcy costs
법률비용과 행정비용 같은 파산과 직접 관련된 비용.

간접파산비용

파산은 비용이 많이 들기에 기업은 파산을 회피하려고 자원을 소모할 것이다. 기업이 부채 의무를 이행하는 데 중대한 문제가 있을 때 재무적 곤경(financial distree)에 처한다고 말한다. 재무적 곤경에 처한 일부 기업은 결국 파산을 신청하나 대부분 기업은 회생할 수 있거나 달리 살아남기에 파산하지 않는다.

재무적 곤경에 처한 기업이 파산 신청을 회피하는 비용을 **간접파산비용(indirect bankruptcy costs)**이라고 한다. 파산이나 파산 신청 회피와 관련된 직접비용과 간접비용을 총칭해서 **재무곤경비용(financial distress costs)**이라는 용어를 사용한다.

간접파산비용
indirect bankruptcy costs
재무적 곤경에 처한 기업의 파산 신청 회피 비용.

재무곤경비용
financial distress costs
파산이나 재무적 곤경과 관련된 직접비용 또는 간접비용.

주주와 채권자가 다른 그룹일 때 재무적 곤경에서 오는 문제가 특히 심각하므로 재무곤경비용은 커진다. 기업이 법적으로 파산할 때까지는 주주가 기업을 통제한다. 물론 그들은 자신에게 경제적 이익이 되는 행동을 할 것이다. 주주는 법적 파산에서 배제될 수 있기에 파산 신청을 회피하려는 매우 강력한 유인이 있다.

반면에 채권자는 기업의 자산가치 보호가 주요 관심사여서 주주의 통제권을 넘겨받으려고 할 것이다. 채권자는 자신들의 이해를 보호하기 위해서 파산을 추구하고 주주가 기업의 자산을 더 소멸시키지 못하게 하려는 강력한 유인이 있다. 이런 모든 싸움의 최종결과는 길고 지루하며 잠재적으로 비용이 많이 드는 법률 투쟁의 시작이다.

한편 정의의 바퀴가 지루하게 돌아가는 동안 경영진은 사업 운영 대신 파산을 회피하기 위해서 노력하느라 바쁘기에 기업의 자산은 가치를 잃는다. 일상적인 영업은 무너지고 매출은 줄어든다. 핵심 직원들은 떠나가고, 현금 보전을 위해서 잠재적으로 이익을 내는 프로그램을 포기하며, 수익성 있는 투자를 채택하지 않는다.

이들 모두가 간접파산비용 또는 재무곤경비용이다. 기업이 궁극적으로 파산하든 않든 간에 최종결과는 자본구조에서 부채사용의 선택으로 인한 가치의 감소이다. 기업이 선택할 부채액을 제한하는 것은 이러한 손실의 가능성이다.

개념문제 CONCEPT QUESTIONS

13.5a 직접파산비용이란 무엇인가?

13.5b 간접파산비용이란 무엇인가?

13.6 최적 자본구조

앞에서 최적 자본구조의 기초를 설정했다. 기업은 이자의 세금감면이 가치가 있어 차입할 것이다. 상대적으로 낮은 부채 수준에서 파산이나 재무적 곤경의 가능성은 적으며 부채의 이득은 비용을 상회한다. 매우 높은 부채 수준에서 재무적 곤경의 가능성은 기업에는 항상 존재하는 문제이므로 부채자금의 이득은 재무곤경비용으로 상쇄되는 것 이상이다. 이런 논의를 바탕으로 최적 자본구조는 두 극단 사이의 어딘가에 있을 것으로 보인다.

자본구조의 정태이론

그동안 서술한 자본구조이론을 **자본구조의 정태이론(static theory of capital structure)**이라고 한다. 이 이론은 기업은 부채 추가의 세금혜택이 재무적 곤경의 확률 증가에서 오는 비용과 정확히 같은 수준까지 차입한다고 말한다. 기업의 자산과 영업은 고정되어 있고 단지 부채비율의 변동 가능성만 고려하기에 이를 정태이론이라고 부른다.

자본구조의 정태이론 static theory of capital structure
기업은 부채 추가의 세금혜택이 재무적 곤경의 확률 증가에서 오는 비용과 정확히 같은 수준까지 차입하는 이론.

정태이론은 〈그림 13.5〉에 그려져 있는데 부채액(D)에 따라 기업가치(V_L)를 그렸다. 〈그림 13.5〉에는 세 가지 다른 설정에 상응하는 선을 그렸다. 첫째는 법인세가 없는 M&M 명제 1이다. 이는 V_U를 연장한 수평선이고 기업가치는 자본구조의 영향을 받지 않음을 표시한다. 둘째 경우인 법인세가 있는 M&M 명제 1은 우상향 기울기의 직선이다. 이 두 경우는 전에 〈그림 13.4〉에 그려진 것과 정확히 같다.

〈그림 13.5〉에서 셋째 경우는 방금 논의한 바를 그렸다. 기업가치는 최고점까지 증가하고 나서 하락한다. 이것이 정태이론에서 얻은 그림이다. 기업의 최고가치(V_L*)는 D* 점의 부채 수준에서 달성되므로 이 점이 최적 부채액이다. 다른 방법으로 기업의 최적 자본구조는 D^*/V_L^*의 부채와 $(1 - D^*/V_L^*)$의 자기자본으로 구성된다.

〈그림 13.5〉에서 마지막으로 주목할 점은 정태이론에서의 기업가치와 법인세가 있는 M&M의 기업가치의 차이는 재무적 곤경의 가능성의 가치손실분이라는 것이다. 또한, 정태이론의 기업가치와 법인세가 없는 M&M의 기업가치의 차이는 레버리지의 혜택에서 재무곤경비용을 뺀 것이다.

최적 자본구조와 자본비용

앞에서 논의했듯이 기업가치를 최대화하는 자본구조는 자본비용을 최소화하는 것이기도 하다. 〈그림 13.6〉의 도움으로 이 점을 기술하고 자본구조와 자본비용의 논의를 묶을 수 있다. 앞에서 본 바와 같이 기본적으로 세 경우가 있다. 세 경우의 가장 간단한 형태

그림 13.5

자본구조의 정태이론: 최적 자본구조와 기업가치

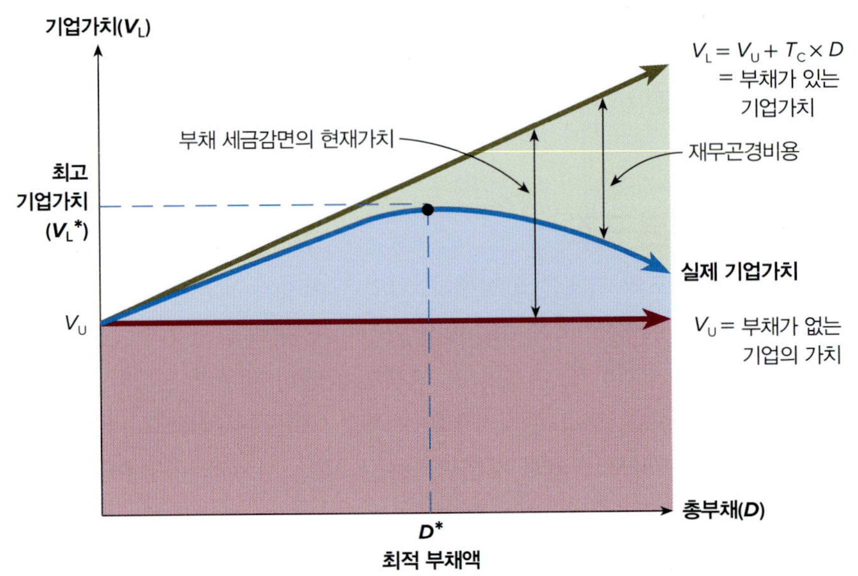

정태이론에 의하면 부채의 세금감면 이익은 재무곤경비용과 상쇄된다. 레버리지의 추가이익이 추가된 재무곤경비용과 균형을 이루는 최적 자본구조가 존재한다.

를 시작점으로 자본구조의 정태이론을 설정하겠다. 순차적으로 자본구조, 기업가치, 자본비용의 연결에 특히 관심을 두겠다.

〈그림 13.6〉은 사례 I에서 법인세와 파산이 없는 본래의 M&M을 보여 준다. 이는 가장 기본적인 경우이다. 윗부분은 총부채(D)에 대한 기업가치(V_L)를 그렸다. 법인세와 파산비용 또는 다른 현실 세계의 불완전성이 없을 때 기업의 총가치는 부채정책의 영향을 받지 않으므로 기업가치(V_L)는 일정하다. 〈그림 13.6〉의 아랫부분은 자본비용의 관점에서 같은 이야기를 한다. 여기에 부채비율(D/E)에 대한 가중평균자본비용(WACC)을 그렸다. 총 기업가치처럼 전체 자본비용은 기본 경우에 부채정책에 영향을 받지 않으므로 WACC는 일정하다.

다음으로 법인세를 고려하면 본래의 M&M 주장은 어떻게 되는지 알아본다. 사례 II에 보이듯 기업가치는 이제 부채정책에 달려있다. 기업이 차입을 늘릴수록 가치도 늘어난다. 앞의 논의에서 이자 지급은 세금공제되기에 그런 것이고 기업가치의 증가는 이자 세금감면의 현재가치와 같다.

〈그림 13.6〉의 아랫부분에서 기업이 부채자금을 더 많이 사용할수록 WACC가 어떻게 감소하는지 주목하자. 기업이 재무레버리지를 증가시키면 자기자본비용은 증가하나 이 증가는 부채자금과 관련된 법인세 절감으로 상쇄되고도 남는다. 그 결과 기업의 전체 자본비용은 감소한다.

이야기를 맺기 위해 사례 III은 파산이나 재무적 곤경의 영향을 포함한다. 〈그림 13.6〉의 윗부분에서 보다시피 기업가치는 앞에서 표시한 것처럼 크지는 않을 것이다. 그

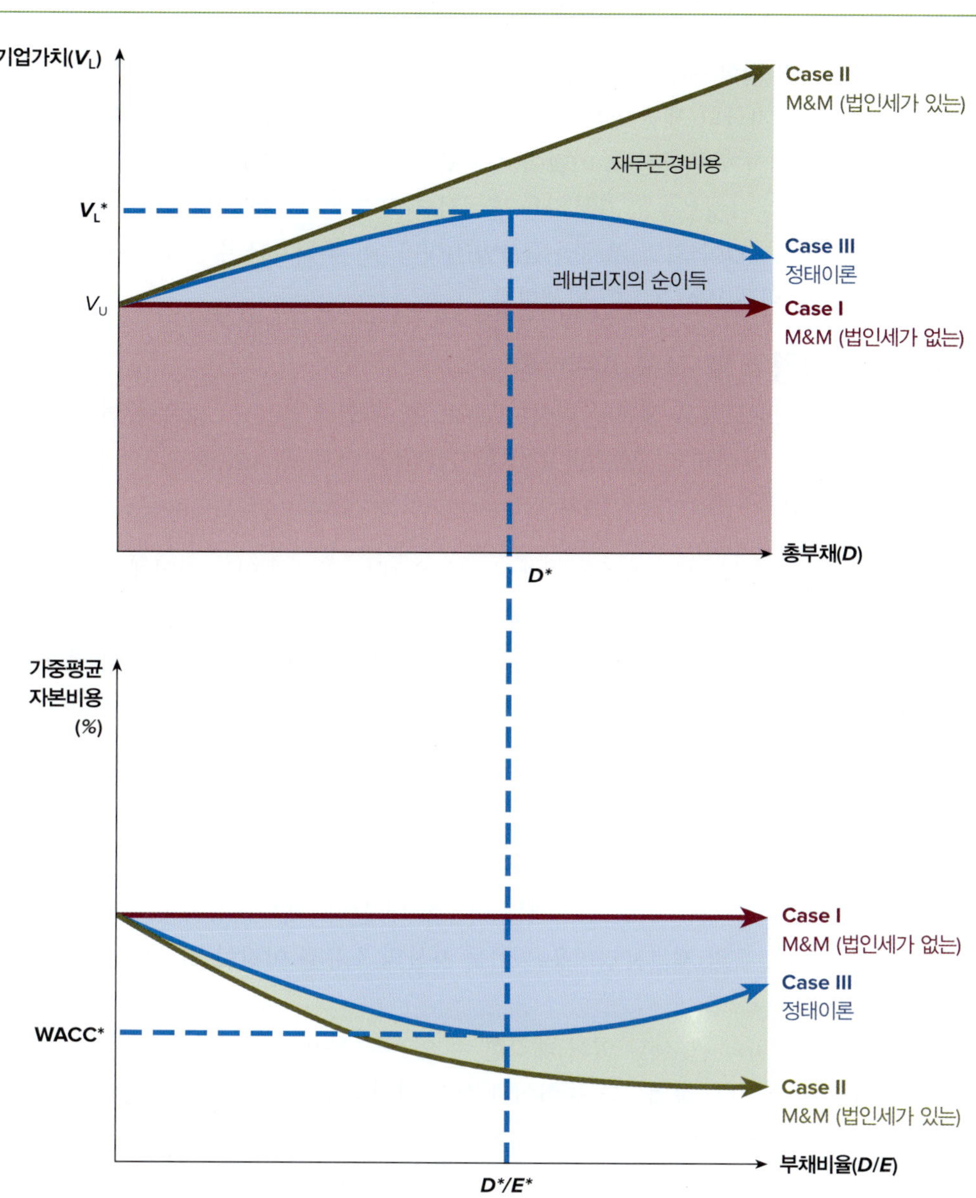

그림 13.6

자본구조 질문

Case I
법인세와 파산비용이 없으면 기업가치와 WACC는 자본구조의 영향을 받지 않는다.

Case II
법인세는 있고 파산비용이 없으면 부채액이 늘어날수록 기업가치는 증가하고 WACC는 감소한다.

Case III
법인세와 파산비용이 있으면 기업가치(V_L)는 최적 부채액(D^*)에서 최대화된다. 동시에 가중평균자본비용(WACC)은 D^*/E^*에서 최소화된다.

이유는 기업가치가 잠재적 미래 파산비용의 현재가치만큼 감소하기 때문이다. 이 비용은 기업이 빌리면 빌릴수록 증가하고 결국 부채자금의 세금 이점을 압도한다. 최적 자본구조는 추가 부채자금의 세금 절약이 추가 차입으로 증가한 파산비용과 정확히 균형을 이루는 점인 D^*에서 이루어진다. 이것이 자본구조 정태이론의 본질이다.

〈그림 13.6〉의 아랫부분은 자본비용 면에서 최적 자본구조를 나타낸다. 최적 부채수준(D^*)에 상응하는 것이 최적 부채비율(D^*/E^*)이다. 이 부채자금 수준에서 최소로 가능한 가중평균자본비용(**WACC***)이 발생한다.

자본구조: 경영의 몇 가지 고려사항

앞에서 기술한 정태모형은 정확한 최적 자본구조를 확인해 줄 수는 없으나 법인세와 재무적 곤경이라는 두 가지 더 적절한 요소를 지적한다. 이와 관련해 몇 가지 제한적인 결론을 내릴 수 있다.

세금 우선 레버리지의 세금혜택은 명백히 세금을 내는 위치에 있는 기업에만 중요하다. 상당한 누적손실이 있는 기업에는 이자세금감면이 가치가 거의 없을 것이다. 더욱이 감가상각과 같이 다른 데에서 상당한 세금감면을 받는 기업은 레버리지의 이득이 적다.

또한, 모든 기업의 세율이 같지 않다. 세율이 높을수록 차입할 유인이 더 크다.

재무적 곤경 재무적 곤경을 경험할 위험이 큰 기업은 재무적 곤경의 위험이 낮은 기업보다 덜 빌릴 것이다. 예를 들어, 모든 조건이 같다면 EBIT의 변동성이 클수록 기업은 덜 빌려야 한다.

덧붙여 재무적 곤경은 어떤 기업에는 비용이 더 든다. 재무곤경비용은 주로 기업의 자산에 달려 있다. 특히 재무곤경비용은 이들 자산의 소유권 이전이 얼마나 쉬운지에 따라 결정된다.

예를 들어 가치의 큰 상실 없이 매각할 수 있는 유형자산이 대부분인 기업은 더 빌릴 유인이 있을 것이다. 종업원의 능력이나 성장 기회와 같이 무형자산에 심하게 의존하는 기업은 이런 자산을 효과적으로 매각할 수 없기에 부채가 덜 매력적일 것이다.

개념문제 CONCEPT QUESTIONS

13.6a 자본구조의 정태이론을 정의하는 교환관계를 기술할 수 있는가?
13.6b 자본구조결정에서 중요한 요소들은 무엇인가?

13.7 자본구조의 실제

자본구조가 똑같은 두 기업은 없다. 그래도 실제 자본구조를 살펴보기 시작할 때 볼 수 있는 몇 가지 규칙적인 요소가 있다. 다음에 그중의 몇 개를 논의한다.

특히 미국에서 자본구조에 대해 관찰한 가장 놀라운 사실은 주식회사 대부분 부채비율이 비교적 낮아 보인다는 것이다. 사실 대부분 주식회사는 자기자본 자금보다 부채자금을 훨씬 덜 사용한다. 〈표 13.5〉는 제3장에서 논의했던 SIC 코드로 분류된 다양한 미국 산업들의 총자산 대비 부채비율과 자기자본 대비 부채비율의 중앙값을 표시한다.

〈표 13.5〉에서 가장 놀라운 점은 의약과 컴퓨터 회사처럼 기본적으로 부채를 사용하지 않는 산업에서 항공사와 케이블 TV 산업처럼 비교적 많은 부채를 사용하는 산업에 이르기까지 여러 산업에 걸친 폭넓은 다양함이다. 항공사와 케이블 TV 산업은 자기자본보다 부채를 더 사용하는 유일한 산업이고 대부분의 다른 산업들은 부채보다는 자기자본에 훨씬 더 심하게 의존하는 점에 주목하자. 이러한 산업에 있는 많은 회사가 상당한 세금을 내고 있음에도 불구하고 사실이다. 〈표 13.5〉에 의하면 주식회사는 일반적으로 세금감면이 완전히 소진되는 점까지 부채를 발행하지 않음이 확실해서 주식회사가 사용할 수 있는 부채액에 한도가 있을 것이라는 결론을 내렸다. 실제 자본구조를 더 알려면 근처의 *Work the Web*(워크더웹) 박스를 살펴보자.

산업마다 예를 들어 EBIT의 변동성이나 자산 형태 면에서 사업 성격이 다르고 이러한 특징들과 자본구조 간에 어떤 관련이 있어 보인다. 세금 절감 및 재무곤경비용을 포함한 이야기는 의심 없이 논리의 일부를 제공하나 지금까지 자본구조의 규칙성을 설명하는 완전히 만족스러운 이론은 없다.

표 13.5

미국 산업별 자본구조

산업	총자본 대비 부채비율(%)*	자기자본 대비 부채비율(%)	기업 수	SIC 코드	대표 기업
전력	48.54	94.31	33	491	아메리칸 일렉트릭 파워, 서던 코(Southern Co.)
컴퓨터 장비	9.09	10.02	48	357	애플, 시스코
제지	27.75	38.40	24	26	에이버리 데니슨, 와이어하우저
정유	32.27	47.65	18	29	쉐브론, 수노코
항공사	63.92	177.19	10	4512	델타, 사우스웨스트
유료 텔레비전	63.56	193.88	5	484	디시 네트워크, 티보(TiVo)
자동차	17.77	21.60	25	371	포드, 위네바고(Winnebago)
직물의상	15.86	18.84	14	23	게스, 존스 어패럴
백화점	27.40	37.73	8	531	JC페니, 메이시스
외식업	23.40	30.54	42	5812	맥도날드, 파파존스
제약	7.80	8.46	194	283	머크, 화이자
철강	19.96	24.95	9	331	누코(Nucor), 유에스 스틸

*부채는 1년 이내에 상환해야 하는 금액을 포함하며 우선주와 비유동부채의 장부가치이다. 자기자본은 유통주식의 시장가치이다. 총자본은 부채와 자기자본의 합이다. 중앙값을 나타냈다.

출처 : *Cost of Capital*, 2010 Yearbook (Chicago: Morningstar, 2010)

WORK THE WEB

자본구조에 관한 한 모든 회사와 산업이 같지 않다. 설명을 위해 www.reuters.com의 "Financials" 영역을 이용해 아메리칸 일렉트릭 파워(American Electric Power: AEP)와 존슨앤드존슨(Johnson & Johnson: JNJ)의 자본구조 정보를 살펴본다. 아메리칸 일렉트릭 파워의 자본구조는 다음과 같다. [이 사이트에서는 레버리지 비율이 퍼센트(%)로 표시됨에 주목하자.]

FINANCIAL STRENGTH

	Company	industry	sector
Quick Ratio (MRQ)	0.34	1.18	1.73
Current Ratio (MRQ)	0.45	1.25	1.85
LT Debt to Equity (MRQ)	94.21	132.02	103.81
Total Debt to Equity (MRQ)	120.05	156.69	119.66
Interest Coverage (TTM)	4.30	4.10	6.44

자기자본 1달러당 아메리칸 일렉트릭 파워는 0.9421달러의 비유동부채와 1.2005달러의 총부채가 있다. 이 결과를 존슨앤드존슨과 비교하자.

FINANCIAL STRENGTH

	Company	industry	sector
Quick Ratio (MRQ)	1.01	2.15	2.22
Current Ratio (MRQ)	1.34	2.94	3.03
LT Debt to Equity (MRQ)	38.05	10.03	12.39
Total Debt to Equity (MRQ)	48.07	14.07	16.72
Interest Coverage (TTM)	69.04	35.78	32.64

자기자본 1달러당 존슨앤드존슨은 오직 0.3805달러의 비유동부채와 0.4807달러의 총부채가 있다. 산업 평균과 섹터 평균을 검토하면 그 차이는 다시 명백하다. 자기자본 1달러당 전력산업은 평균적으로 1.3202달러의 비유동부채와 1.5669달러의 총부채가 있다. 비교를 위해 자기자본 1달러당 건강관리산업은 평균적으로 오직 0.1003달러의 비유동부채와 0.1407달러의 총부채가 있다. 그러므로 자본구조 선택은 경영진 결정이나 분명히 산업 특성의 영향을 받는다.

질문 QUESTIONS

1. *이러한 비교에서 사용된 비율들(ratios)은 2018년 7월 기준이다. www.reuters.com에 가서 아메리칸 일렉트릭 파워(AEP)와 존슨앤드존슨(JNJ)의 현행 비유동부채비율(long-term debt-to-equity ratio)과 총부채비율(total debt-to-equity ratio)을 확인하라. 이러*

(계속)

한 비율들은 시간에 따라 얼마나 변하는가?

2. *www.reuters.com에 가서 뱅크오브아메리카(Bank of America: BAC), 테슬라(Tesla: TSLA), 셰브런(Chevron: CVX)의 비유동부채비율(long-term debt-to-equity ratio)과 총부채비율(total debt-to-equity ratio)을 확인하라. 이 세 회사의 부채액이 왜 그렇게 다르다고 생각하는가?*

개념문제 CONCEPT QUESTIONS

13.7a 미국 주식회사들은 부채자금에 상당히 의존하는가?

13.7b 자본구조에서 관측되는 규칙성은 무엇인가?

13.8 파산 절차 개요

앞에서 논의했듯이 부채사용의 결과 중 하나는 여러 방법으로 정의될 수 있는 재무적 곤경(financial distress)의 가능성이다.

1. **사업 실패**(*business failure*). 이 용어는 보통 채권자에게 손해를 입히고 사업이 종료된 상황의 지칭에 사용되나 부채가 없는 기업도 실패할 수 있다.
2. **법적 파산**(*legal bankruptcy*). 회사나 채권단이 법정에 파산을 신청한다. **파산(bankruptcy)**은 사업을 청산(liquidating) 또는 회생(reorganizing)하는 법적 절차이다.
3. **사실상 부도**(*technical insolvency*). 사실상 부도는 기업이 금융 의무를 이행하지 못할 때 발생한다.
4. **회계상 부도**(*accounting insolvency*). 순자산(자본)이 음수인 기업은 장부상 부도이다. 장부상 총부채가 총자산의 장부가치를 초과했을 때 발생한다.

이제 파산이나 재무적 곤경과 관련된 몇 개의 용어와 관련된 주제들을 매우 간단히 논의한다.

파산
bankruptcy
사업 청산이나 회생을 위한 법률 절차. 또한, 채권자에게 기업의 자산의 일부 또는 전부를 이전.

미국증권거래위원회(SEC)의 홈페이지 www.sec.gov의 "Investor Reports/Publications"에는 미국의 파산 절차에 관한 훌륭한 개관이 있다.

청산과 회생

채권자에게 계약상 지급해야 하는 금액을 지급할 수 없거나 하지 않는 기업은 기본적으로 청산과 회생 두 가지 중 하나를 선택해야 한다. **청산(liquidation)**은 계속해서 사업을 하는 기업으로의 지위를 종료한다는 것을 의미하며 기업의 자산을 매각하게 된다. 비용 공제 후 매각대금은 정해진 우선순위에 의해서 채권자들에게 지급된다. **회생(reorganization)**은 계속해서 사업을 하는 기업으로 남는 옵션이다. 회생에서는 종종 구주를 대신하기 위해서 신주를 발행하기도 한다. 청산 또는 회생은 파산절차의 결과이다. 둘 중 어느

청산
liquidation
계속해서 사업하는 기업의 지위 종료.

회생
reorganization
계속해서 사업하기 위해 실패한 기업의 자본구조조정. 재편, 개편, 재건이라고도 함.

것을 선택해야 하는가는 기업이 “죽거나 사는” 것 중 어느 것이 더 가치가 있는가에 달려 있다.[3)]

파산 청산 미국의 ‘1978년 연방파산법’(Federal Bankruptcy Reform Act of 1978) 제7조(Chapter 7)는 “스트레이트”(straight) 청산을 다루고 있다. 다음과 같은 절차가 전형적이다.

1. 연방법원에 신청서를 제출한다. 주식회사가 자발적으로 신청할 수도 있고 일부 채권자가 주식회사를 상대로 비자발적 신청서를 신청할 수도 있다.
2. 채무 주식회사의 자산을 인수하기 위해서 채권자들에 의해 파산관재인(trustee-in-bankruptcy)이 선출된다. 대리인은 자산의 청산을 시도할 것이다.
3. 자산이 청산될 때 파산행정비용을 지급하고 남은 대금은 채권자들에게 분배된다.
4. 경비와 채권자에게 지급하고도 대금이 남으면 주주들에게 분배된다.

청산대금의 분배는 다음의 우선순위에 따른다.

1. 파산 관련 행정비용
2. 비자발적인 파산 신청이 접수된 후 관재인이 임명되기 전 발생한 기타 비용
3. 인건비, 급여, 중개 수수료
4. 퇴직연금 보험료
5. 소비자 배상
6. 세금
7. 무보증부채 지급
8. 우선주 주주에게 지급
9. 보통주 주주에게 지급

절대우선순위법
absolute priority rule (APR)
청산에서 청구권의 우선순위를 정한 규칙.

청산에서 청구권의 우선순위는 **절대우선순위법(absolute priority rule: APR)**을 그대로 반영하고 있다. 우선순위가 높을수록 지급될 가능성이 크다. 이 분류의 많은 곳에 간략한 설명을 위해 생략한 각종 제약과 조건이 있다.

우선순위에 대해 두 가지를 참작할 차례다. 하나는 보증채권자에 관한 것이다. 보증채권자들은 저당 자산의 매각대금에 권리가 있어 우선순위 밖이다. 그러나 담보자산이 청산되었으나 채무상환에 충분하지 않다면 보증채권자들은 무보증채권자들과 함께 잔여 청산가치를 나눈다. 그와 대조적으로 담보자산의 청산대금이 보증부채의 금액보다 많은 경우 그 차액은 무보증채권자와 다른 청구권자의 지급에 사용된다. 둘째로 참작할

[3)] 역주: 기존의 파산법 · 화의법 · 회사정리법 등 도산3법을 한데 묶어 2005년 제정된 한국의 ‘채무자 회생 및 파산에 관한 법률’(이른바 통합도산법)은 파탄에 직면해 있는 채무자에 대하여 채권자 · 주주 · 지분권자 등 이해관계인의 법률관계를 조정하여 채무자 또는 그 사업의 효율적인 회생을 도모하거나, 회생이 어려운 채무자의 재산을 공정하게 환가 · 배당하는 것을 목적으로 하고 있다. 기업경영이 어려워지면 기존에는 회사정리법이나 파산법 가운데 어느 한쪽을 택해야 했으나 통합도산법에서는 회생절차만 밟으면 되고, 기존 경영진에 대해서는 원칙적으로 경영권을 유지할 수 있도록 하였다.

것은 현실에서 파산하는 경우 무슨 일이 벌어지며 누가 무엇을 갖는가는 대개 협상에 좌우되므로 종종 APR을 따르지 않는다.

파산 회생 미국의 기업회생은 '1978년의 연방파산법'(Federal Bankruptcy Reform Act of 1978) 제11조(Chapter 11)에 따른다. 이 절차의 일반적인 목적은 채권자들에게 상환하는 조건으로 주식회사를 구조조정하는 계획의 수립이다. 전형적인 순서는 다음과 같다.

미국파산협회(American Bankruptcy Institute)는 www.abi.org에서 방대한 정보를 제공한다.

1. 주식회사가 자발적 청원서를 제출할 수도 있고 일부 채권자가 비자발적 청원서를 제출할 수도 있다.
2. 연방판사는 청원서를 승인 또는 거부를 결정한다. 청원서가 승인되면 청구의 증거를 제출하는 시간이 설정된다.
3. 많은 경우 주식회사는 ("채권단 점유" 아래) 사업을 계속한다.
4. 주식회사(그리고 어떤 경우는 채권단)는 회생계획(reorganization plan)을 제출한다.
5. 채권자와 주주가 클래스로 구분된다. 특정 클래스의 채권단 다수가 계획에 동의하면 해당 채권단은 이 계획을 승인한다.
6. 채권자들의 계획 승인 후에 계획은 법원에서 확정된다.
7. 현금, 자산 및 증권으로 채권자와 주주에게 지급한다. 계획에서 신규 증권을 발행할 수도 있다.
8. 일정한 시간 동안 기업은 회생계획의 규정에 따라서 영업한다.

주식회사는 구주주들에게 기업의 일부 참여에 대한 허용을 원할 수도 있다. 말할 것도 없이 무보증부채 보유자들의 저항을 받게 될 것이다.

파산 관련 비용에 대한 감을 잡기 위해 2008년 9월 파산을 신청한 리먼 브라더스(Lehman Brothers)를 고려하자. 이 회사는 파산절차를 통한 회생을 원했지만 거의 파산 신청일부터 복잡한 문제가 발생했다. 많은 리만 자산의 복잡성으로 인해 자산의 얽힌 것을 풀어 매각하기가 어려웠고 많은 시간이 걸렸다. 마침내 리먼은 약 3년 반 만인 2012년 3월에 파산에서 벗어났다. 리먼 파산에 관여했던 기업 중에는 수수료로 약 5억 1,200만 달러를 청구한 알바레즈 앤드 마살(Alvarez & Marsal), 3억 8,300만 달러를 청구한 웨일, 고샬 앤드 맨지스(Weil, Gotshal & Manges), 1억 3,300만 달러를 청구한 밀뱅크 트위드 해들리 앤드 맥클로이(Milbank Tweed Hadley & McCloy)가 있었다. 리만의 파산비용은 모두 합쳐 수수료가 22억 달러였다. 다음으로 많은 파산 수수료는 초대형 에너지 기업 엔론(Enron)의 파산에 관여한 기업들에 지급했던 것 같다. 이 경우 수수료는 겨우 10억 달러에 달했다.

소위 프리팩(prepackaged)이라고 하는 사전조정 파산은 비교적 새로운 현상이다. 여기서는 주식회사가 우선 채권자의 다수로부터 파산계획에 필요한 승인을 확보한 다음 파산을 신청한다. 그 결과 회사는 파산에 들어가고 거의 즉시 파산에서 벗어난다.

어떤 경우에는 파산법원의 "강제권"(cram down)을 적용하기 위해 파산절차가 필요하다. 어떤 상황에서는 일단의 채권단이 파산 승인을 거부하는 의결을 해도 파산계획을 수용하도록 강제할 수 있어 "강제권"(cram down)은 매우 적절한 표현이다.

2005년에 미국 의회는 지난 25년 중 미국의 파산법을 매우 획기적으로 재정비하는 법률인 '2005년의 파산 남용방지 및 소비자보호법'(Bankruptcy Abuse Prevention and Consumer Protection Act of 2005: BAPCPA)을 통과시켰다. 대부분의 변경은 개인채무자를 대상으로 했으나 주식회사도 영향을 받는다. BAPCPA 이전에 파산법인은 파산법원에 회생계획을 제출하는 독점권을 가졌다. 이러한 독점권이 일부 기업들이 오랫동안 파산상태로 남아 있는 하나의 이유라고 주장되었다. 새 법률에서는 18개월 후에 채권자는 법원의 판단을 위해 자신들의 파산계획을 제출할 수 있다. 이런 변경은 파산처리 속도를 높이고 또한 더 많은 "프리팩"(prepacks)을 유도할 것 같다. [프리팩에 대해 알려면 근처의 *Finance Matters*(재무사안) 박스를 보자.]

BAPCPA에서 논란이 많은 변경은 소위 핵심임직원보유플랜(key employee retention plans 또는 KERPs)과 관련이 있다. 이상하게 들리겠지만 파산법인은 기업을 파산에 이르게 한 일차적 책임이 있는 임원임에도 불구하고 그 임원에게 보너스를 지급하는 관행이 있다. 이러한 보너스는 능력 있는 임직원이 더 성공적인 회사로 전직하는 것을 막기 위해서 지급되나 종종 남용된다는 비판이 주장되었다. 새 법률에서는 해당 임직원이 실제로 다른 회사에서 이직 제안이 있을 때만 KERPs가 허용된다.

최근에 파산법 363조항이 뉴스가 되고 있다. 전통적인 챕터 11 신청에서는 투자설명서와 같은 공개 문서로 채권자와 주주에게 파산계획을 알린다. 그리고 이 계획은 이해당사자를 포함한 투표로 승인을 받아야 한다. 파산 363조항은 경매에 더 가깝다. **위장 말**(*stalking horse*)로 알려진 최초 응찰자는 파산회사 자산의 전부 또는 일부에 응찰한다. 그러고는 다른 응찰자들이 회사 자산에 가장 높은 응찰가격을 결정하는 절차에 초대된다. 파산법 363조항의 주요 장점은 속도이다. 전통적인 파산은 이해당사자의 승인을 요구하기에 절차가 수년이 걸리는 일이 드물지 않으나 파산 363조항은 훨씬 빠르다. 예를 들어 2009년 중반 제너럴 모터스(General Motors)와 크라이슬러(Chrysler) 모두 363조항 매각의 도움으로 45일 이내에 파산절차를 서둘러 마쳤다.

재무관리자와 파산절차

파산에 대한 최신정보는 www.bankruptcydata.com

좀 엉뚱할지 모르지만 파산할 수 있는 권리는 매우 가치가 있다. 그런 이유는 여러 가지가 있다. 무엇보다 먼저 영업의 관점에서 볼 때 기업이 파산을 신청하면 채권이 즉시 "동결"(stay)되는데 일반적으로 채권자에게 지급해야 하는 금액이 정지되고 채권자는 받는다면 얼마를 받을 수 있는지 알기 위해서 파산절차의 결과를 기다려야 함을 의미한다. 이런 동결로 기업은 옵션을 평가하는 시간을 벌고 채권자들과 다른 이해관계자들에 의해서 보통 "법원에 들락날락하는"(race to the courthouse steps)이라고 일컫는 것을 방지한다.

이외에도 기업의 경쟁적 지위를 강화하기 위한 전략적인 방법으로 파산신청을 실제

FINANCE MATTERS

파산, "프리팩" 스타일

2018년 3월 21일에 윈딕시(Winn-Dixie)와 바이로우(Bi-Lo) 식품점의 소유주 사우스이스턴 그로서리(Southeastern Grocers)는 미국 파산법의 챕터 11 회생(Chapter 11 reorganization)을 신청했다. 이러한 상황에서 회사는 파산에서 1년 또는 그 이상의 시간이 소요될 것으로 합리적으로 예상할 수 있었다. 그러나 사우스이스턴 그로서리는 그렇지 않았다. 이 회사는 약 2달 후인 2018년 5월에 파산에서 벗어났다. 이 경우 회사의 부채는 6억 달러로 삭감되었고 채권자들에게는 회사의 주주 자격이 주어졌다. 비록 사우스이스턴 그로서리가 파산에 잠깐 머물렀으나 최단기록은 아이콘인 옐로스쿨버스 제조업체 블루버드(Blue Bird)가 세운 *하루(one day)*다!

기업은 통상 현재의 구조에서는 부채를 갚을 수 없음을 기본적으로 인정하고 채권자로부터 보호를 받기 위해서 파산을 신청한다. 일단 파산이 되면 기업은 사업 회생을 시도하고 생존하기 위해 자금을 조달한다. 이 절차에서 핵심은 채권자 대부분이 전적으로 회생계획을 승인하는 것이다. 미국 파산법 제11조에서 걸리는 시간은 많은 것에 달렸지만 보통 기업들은 회생계획에 채권자의 동의를 얻는 데 시간 대부분을 소모한다.

블루버드는 종종 *프리팩(prepack)*이라고 불리는 사전에 합의된 "합의파산" 또는 "사전조정제도"를 신청해 파산을 신속히 처리할 수 있었다. 아이디어는 간단하다. 파산을 신청하기 전에 기업은 회생계획을 세워 채권자들을 접촉한다. 쌍방은 해결을 위해 협상하고 기업 자금의 구조조정 방법에 대한 세부사항들을 합의한다. 그런 다음 기업은 파산을 신청하기 전에 파산법원이 요구하는 서류를 모은다. 기업이 기본적으로 법원에 파산을 신청함과 동시에 채권자의 승인을 받은 서류를 첨부해 회생계획을 제출하면 그 신청은 프리팩으로 정확히 블루버드가 한 일이다.

사전조정(prepackaged) 회생절차의 핵심은 쌍방이 서로 얻는 것과 잃는 것이 있어야 한다는 것이다. 파산이 즉각적이라면 채권자들은 비록 구조조정으로 재무적 손실이 날 것 같더라도 파산절차의 신속한 처리를 이해할 것이다. 블루버드의 파산은 채권자 대부분에게 대체로 고통이 없었다. 몇몇 다른 채권단이 연루되었다. 은행 대출은 선순위보증중기채(senior secured note)로 전환되었고 선순위채권자들은 보유 채권을 액면가와 조건이 같은 신규 채권으로 교환했다. 물론 구주주들은 아무것도 받을 수 없었고 사실상 주주권은 취소되었다.

기업의 파산 중 영업은 힘든 과정일 수 있다. 파산법원은 통상 기업의 일상 영업을 상당히 감독한다. 파산에서 벗어나기 위한 회생계획을 한데 모아 기업을 다시 수익성 있게 만드는 데 쓰는 것이 더 나을 경영자의 시간이 상당히 빠져나갈 수 있다. 또한, 기업이 파산했다는 뉴스는 얄팍한 소비자들을 경쟁사에 넘겨 기업의 미래 건전성을 위협한다. 프리팩이 이런 문제들을 완전히 제거할 수는 없으나 파산절차를 신속하게 해서 골칫거리를 줄일 수는 있다.

로 이용하기도 해 기업들이 당시 지급불능 상태가 아님에도 파산을 신청한다. 아마도 가장 유명한 예는 콘티넨탈 항공사(Continental Airlines)일 것이다. 1983년 항공산업의 규제 완화로 콘티넨탈은 인건비가 아주 낮은 신설 항공사들과 경쟁함을 발견했다. 그 대책으로 콘티넨탈은 지급불능 상태가 아님에도 불구하고 챕터 11의 회생을 신청했다.

콘티넨탈은 추정자료에 의하면 미래에 파산할 수 있으므로 회생이 필요했다고 주장했다. 파산신청에 따라서 콘티넨탈은 기존의 노사협약을 종료하고, 대규모의 감원을 하며, 남은 종업원들의 임금을 삭감할 수 있었다. 다시 말해서 적어도 비판적인 시각에서 보면 콘티넨탈은 실질적으로 파산절차를 인건비 절감의 수단으로 이용했다. 그 뒤에 의회는 회사가 파산절차를 통한 근로계약 파기가 불가능한 것은 아니지만 더 어렵게 파산법을 수정해 했다. 예를 들어, 델타 항공사(Delta Air Lines)는 부분적으로는 노동조합과의 계약을 재협상하기 위해 2005년에 파산을 신청했다.

전략적 파산의 다른 유명한 사례가 있다. 예를 들어 당시 존스맨빌(Johns-Manville)

로 알려진 맨빌(Manville)과 다우코닝(Dow Corning)은 각각 석면과 실리콘 가슴 이식과 관련된 소송으로 예상되는 미래 손실로 파산을 신청했다. 유사하게 텍사코(Texaco)는 펜즈오일(Pennzoil)을 상대로 한 103억 달러의 패소 판결 후인 1987년에 역대 최대규모의 파산을 신청했다. 텍사코는 후에 35억 달러로 해결하고 파산에서 벗어났다.

2008년 침체는 경제 하강이 레버드 기업의 파산을 초래할 수 있음을 보여 준다. 〈표 13.6〉은 2008년부터 2018년 중반까지 미국에서 신청된 10대 대형 파산을 담고 있다. 알다시피 10개 중 7개는 침체 이후 즉시 발생했다. 맨 앞에 리먼 브라더스 붕괴가 미국 역사에서 가장 큰 것이었으나 2003년 이탈리아 유제품 회사 파르말라트(Parmalat)의 파산신청은 상대적 중요성 면에서 맨 위일지도 모른다. 이 회사는 단독으로 이탈리아 국민총생산(GNP)의 1.5%를 차지했다.

파산 회피 협상

기업이 채무를 이행하지 못할 때 파산신청을 피할 수 있다. 파산의 법률 절차는 오래 걸리고 비용이 많이 들기에 종종 모두의 최대 관심사는 파산신청을 피하는 "워크아웃"(workout)을 고안하는 것이다. 채권자들은 많은 시간 대출 계약을 이행하지 않은 회사의 경영진과 작업할 수 있다. 회사의 부채를 구조조정 또는 "일정변경"(reschedule)하기 위한 자발적 조정을 할 수 있고 종종 그렇게 한다. 채권의 상환일을 연기하는 **지불유예**(*extension*)나 지급액을 감면하는 **부채탕감**(*composition*)을 포함할 수도 있다.

표 13.6

미국의 10대 파산신청

회사	파산신청 일자	부채(백만 달러)
리먼 브라더스 홀딩스 (Lehman Brothers Holdings, Inc.)	2008년 9월 15일	613,000
제너럴 모터스 (General Motors Corp)	2009년 6월 1일	172,810
씨아이티 그룹 (CIT Group, Inc.)	2009년 11월 1일	64,901
크라이슬러 (Chrysler, LLC)	2009년 4월 30일	55,200
에너지 퓨처 홀딩스 (Energy Future Holdings Ltd.)	2014년 4월 29일	49,701
엠에프 글로벌 홀딩스 (MF Global Holdings Ltd.)	2011년 10월 31일	39,684
에이엠알 코프 (AMR Corp.)	2011년 11월 29일	29,552
제너럴 그로스 프로퍼티스 (General Growth Properties, Inc.)	2009년 4월 22일	27,294
손버그 모기지 (Thornburg Mortgage, Inc.)	2009년 5월 1일	24,700
챠터 커뮤니케이션즈 (Charter Communications, Inc.)	2009년 3월 27일	24,186

출처: Edward I. Altman, NYU Salomone Center, Stern School of Business.

개념문제 CONCEPT QUESTIONS

13.8a 파산절차와 관련해서 절대우선순위법(APR)은 무엇인가?

13.8b 청산(liquidation)과 회생(reorganization)의 차이점은 무엇인가?

요약과 결론

기업의 부채와 자기자본의 이상적 혼합인 최적 자본구조는 기업가치를 최대화하고 전체 자본비용을 최소화하는 것이다. 법인세, 재무곤경비용 그리고 다른 불완전성을 무시한다면 최적의 비율이 없음을 발견했다. 이런 상황에서 기업의 자본구조는 무관하다.

법인세 효과를 고려한다면 자본구조는 상당히 중요하다. 이 결론은 이자는 세금 공제할 수 있으므로 세금감면의 가치를 창출한다는 사실에 기초한다. 최적 자본구조는 100% 부채사용도 발견하는데 불행히 이는 건실한 기업에서 관측되는 현상이 아니다.

다음으로 파산 또는 더 일반적으로 재무적 곤경과 관련된 비용을 소개했다. 이 비용들은 부채자금의 매력도를 감소시킨다. 추가 이자의 순 세금감면액이 예상 재무곤경비용의 증가와 정확히 같을 때 최적 자본구조가 존재한다고 결론을 내렸다. 이것이 자본구조 정태이론(static theory of capital structure)의 핵심이다.

실제로 자본구조를 살펴보면 두 가지 규칙성을 발견한다. 첫째, 미국의 기업들은 통상 부채를 많이 사용하지 않으며 세금을 많이 낸다. 이는 세금감면을 만드는 부채사용에 한계가 있음을 시사한다. 둘째, 산업마다 부채사용에 폭넓은 차이가 있어 기업의 자산과 영업의 특성이 자본구조의 중요한 결정요인임을 시사한다.

복습과 자체시험 문제

13.1 EBIT와 EPS. 기존 500만 달러의 부채를 2500만 달러로 증가시키는 자본구조조정을 결정했다. 부채 이자율은 12%이며 변화가 없을 것으로 예상된다. 현재 100만 주의 유통주식이 있고 주당 가격은 40달러이다. 구조조정이 ROE를 증가시킬 것으로 예상된다면 경영진이 기대할 수 있는 최소한의 EBIT 수준은 얼마인가? 법인세는 무시한다. ([문제 4] 참조)

13.2 M&M 명제 2(세금 없음). WACC가 20%이다. 부채비용은 12%이다. 부채비율(debt-equity ratio)이 2라면 자기자본비용은 얼마인가? 법인세는 무시한다. ([문제 10] 참조)

13.3 M&M 명제 1(법인세 있음). 현재 부채가 없고 자기자본 가치는 20,000달러이다. 법인세율이 21%라면 6,000달러를 차입해서 그 대금으로 주식을 매입하면 회사의 가치는 얼마가 되겠는가? ([문제 14] 참조)

복습과 자체시험 문제 풀이

13.1 답하기 위해 손익분기 EBIT를 계산할 수 있다. 이 수준 이상의 EBIT에서 재무레버

리지의 증가는 EPS를 증가시킬 것이다. 과거의 자본구조에서 이자는 $500만 × 0.12 = 600,000달러이다. 100만 주의 주식이 있으므로 세금을 무시하면 EPS는 (EBIT − $600,000)/$100만.

새 자본구조에서 이자 비용은 $2500만 × 0.12 = 300만 달러가 될 것이다. 더욱이 부채는 2000만 달러 증가한다. 이 금액으로 $2000만/40 = 500,000주를 매입하기 충분해 남은 500,000주가 유통된다. 따라서 EPS는 (EBIT − $300만)/500,000이다.

이제 두 시나리오에서 EPS를 어떻게 계산하는지 알므로 EPS에 대한 두 표현을 같다고 놓고 풀면 손익분기 EBIT를 계산할 수 있다.

(EBIT − $600,000)/100만 = (EBIT − $300만)/500,000
EBIT − $600,000 = 2 × (EBIT − $300만)
EBIT = $5,400,000

어느 경우이든 EBIT가 540만 달러일 때 EPS는 4.8달러인지 확인하자.

13.2 M&M 명제 2(세금이 없는)에 의해 자기자본비용은

$$
\begin{aligned}
R_E &= R_A + (R_A - R_D) \times D/E \\
&= 20\% + (20\% - 12\%) \times 2 \\
&= 36\%
\end{aligned}
$$

13.3 부채발행 이후 원래의 20,000달러에 법인세 감면의 현재가치를 더한 가치일 것이다. 세금이 있는 M&M 명제 1에 의해 법인세 감면의 현재가치는 $T_C \times D$ 또는 0.21 × $6,000 = $1,260이므로 이 회사는 20,000달러 + 1,260달러 = 21,260달러의 가치가 있다.

비판적 사고와 개념 복습

LO 1 **13.1 영업위험과 재무위험.** 영업위험과 재무위험의 의미를 설명하라. 기업 A는 기업 B보다 영업위험이 크다고 하자. 기업 A의 자기자본비용도 더 높다고 할 수 있는가? 설명하라.

LO 1 **13.2 M&M 명제.** 다음 논쟁에서 어떻게 답을 하겠는가?

Q: 기업이 부채자금의 사용을 늘리면 기업 자기자본의 위험도가 증가하는 것이 사실인가?

A: 그렇다. 그것이 M&M 명제 2의 핵심이다.

Q: 기업이 차입을 많이 할수록 채무불이행의 가능성이 커져 기업의 부채 위험이 커지지는 것이 사실 아닌가?

A: 그렇다.

Q: 다시 말해서 차입을 많이 할수록 자기자본과 부채의 위험이 모두 증가하는가?

A: 그렇다.

Q: 기업이 부채와 자기자본 자금만을 사용하고 차입을 늘림에 따라 자기자본과 부채의 위험이 모두 증가한다면 부채가 증가하면 기업의 전체 위험

이 증가하므로 기업의 가치는 감소하는가?

A: ??

LO 1 **13.3 최적 자본구조.** 기업가치를 최대화할 것인 부채비율을 쉽게 확인할 수 있는가? 왜 그런가 또는 왜 그렇지 않은가?

LO 1 **13.4 실제 자본구조.** 교재의 〈표 13.5〉에 있는 실제 자본구조를 참고하라. 이들 기업의 평균 부채비율에 대해서 산업별로 주목할 점은 무엇인가? 특정 산업이 다른 산업보다 레버리지가 더 높을 것 같은가? 이렇게 차이가 나는 이유는 무엇인가? 영업 성과와 기업의 세금 역사가 역할을 하는가? 미래의 이익 기대치는 어떠한가? 설명하라.

LO 1 **13.5 재무레버리지.** 왜 부채자금의 이용을 재무 "레버리지"(leverage)의 이용이라고 하는가?

LO 1 **13.6 자가레버리지.** 자가레버리지(homemade leverage)는 무엇인가?

LO 3 **13.7 파산과 기업윤리.** 교재에서 언급했듯이 어떤 기업들은 실제 또는 가능성이 있는 소송 관련 손실로 인해 파산을 신청한다. 이는 파산절차의 적절한 이용인가?

LO 3 **13.8 파산과 기업윤리.** 기업은 때때로 파산신청의 위협으로 채권자들이 계약조건을 재협상하도록 강요한다. 그런 경우 기업이 파산법을 "방패가 아닌 칼로 사용"한다고 비판한다. 이는 윤리적인 전술인가?

LO 3 **13.9 파산과 기업윤리.** 교재에서 언급했듯이 콘티넨탈 항공사는 적어도 인건비를 줄이기 위한 수단으로 파산을 신청했다. 이런 행위가 윤리적 또는 적절했는가에 열띤 논쟁이 있다. 양측의 주장을 제시하라.

LO 1 **13.10 자본구조 목표.** 자본구조에 대한 재무관리자의 기본목표는 무엇인가?

연습문제

초급(문제 1-13)

LO 1 **1. EBIT와 레버리지.** 부채가 전혀 없는데 총 시장가치는 211,875달러이다. 이자및법인세차감전순이익(EBIT)은 경기가 정상이면 14,300달러로 추정된다. 경기가 확장국면이면 EBIT는 20% 더 높을 것이다. 침체이면 EBIT는 35% 더 낮을 것이다. 이 회사는 6%의 이자율로 33,900달러의 부채발행을 고려하고 있다. 발행 대금은 자사주매입에 사용될 것이다. 현재 7,500주가 유통된다. 이 문제에서 세금은 무시한다.

a. 부채발행 전에 세 가지 경기 시나리오에 따른 주당순이익(EPS)을 계산하라. 또한, 경기가 확장이거나 침체 국면일 때 EPS의 변화율을 계산하라.

b. 회사가 자본구조조정을 한다고 가정하고 (a)를 다시 계산하라. 무엇을 관측하는가? 주가는 일정하다고 가정한다.

LO 2 **2. EBIT, 법인세, 레버리지.** 법인세율이 21%라고 가정하고 [문제 1]의 (a)와 (b)를 다시 계산하라.

LO 1 LO 2 **3. ROE와 레버리지.** [문제 1]에서 이 회사의 장부가치 대비 시장가치(market-to-book ratio)가 1.0이고 주가는 일정하다고 하자.

a. 부채가 발행되기 전에 세 가지 경기 시나리오 각각에서 자기자본이익률(ROE)을 계산하라. 또한, 세금이 없다고 가정하면 경기가 확장이거나 침체에서 ROE의 변화율을 계산하라.

b. 기업이 제안된 구조조정을 실행한다고 가정하고 (a)를 다시 계산하라.

c. 법인세율을 21%라고 가정하고 이 문제의 (a)와 (b)를 다시 계산하라.

LO 1 **4. 손익분기 EBIT.** 두 개의 다른 자본구조, 즉 순수자기자본 계획(플랜 I)과 레버드 계획(플랜 II)을 비교하고 있다. 플랜 I에서 유통주식은 320,000주일 것이다. 플랜 II에서 240,000주의 유통주식과 2,272,000달러의 부채가 있을 것이다. 부채의 이자율은 10%이고 세금은 없다.

a. EBIT가 700,000달러이면 어느 플랜에서 EPS가 더 높겠는가?

b. EBIT가 950,000달러이면 어느 플랜에서 EPS가 더 높겠는가?

c. 손익분기 EBIT는 얼마인가?

LO 1 **5. M&M과 주식가치.** [문제 4]에서 M&M 명제 1을 이용해 두 계획안 각각에서의 주가를 구하라. 기업가치는 얼마인가?

LO 1 LO 2 **6. 손익분기 EBIT와 레버리지.** 두 개의 다른 자본구조를 비교하고 있다. 플랜 I에서는 12,700주의 주식과 109,250달러의 부채가 될 것이다. 플랜 II에서는 9,800주의 주식과 247,000달러의 부채가 될 것이다. 부채의 이자율은 10%이다.

a. 세금을 무시하고 EBIT가 79,000달러일 것이라는 가정에서 두 플랜을 순수자기자본 플랜(all-equity plan)과 비교하라. 순수자기자본 플랜에서는 15,000주의 유통주식이 될 것이다. 세 플랜 중에서 어느 것이 EPS가 가장 높은가? 어느 것이 가장 낮은가?

b. (a)에서 순수자기자본 플랜의 손익분기 EBIT와 비교해 각 플랜의 손익분기 EBIT는 얼마인가? 한 플랜이 다른 플랜보다 더 높은가? 그 이유는?

c. 세금을 무시하면 언제 플랜 I과 플랜 II의 EPS가 일치하는가?

d. 법인세율이 21%라고 가정하고 (a), (b), (c)를 다시 계산하라. 손익분기 EBIT가 이전과 다른가? 왜인가 또는 왜 아닌가?

LO 1 **7. 레버리지와 주가.** [문제 6]에서 세금을 무시하면 플랜 I에서 주당 가격은 얼마인가? 플랜 II의 경우는? 어떤 원칙이 적용되었는가?

LO 1 **8. 자가레버리지.** 순수자기자본(all-equity)의 자본구조를 30% 부채의 자본구조로 전환할 것인가를 논의 중이다. 현재 7,400주의 유통주식이 있는데 주당 가격은 55달러이다. EBIT는 영원히 연간 20,900달러로 예상된다. 신규부채의 이자율은 8%이고 세금은 없다.

a. 주주 M은 100주를 소유하고 있다. 현재 회사의 배당성향(dividend payout ratio)을 100%라고 가정하면 현행 자본구조의 현금흐름은 얼마인가?

b. 제안된 자본구조에서 주주 M의 현금흐름은 얼마인가? 100주를 계속 보유한다고 가정한다.

c. 자본구조를 바꾼다고 하자. 그러나 주주 M은 현행 순수자기자본(all-equity)의 자본구조를 선호한다. 본래의 자본구조를 재창출하기 위해서 어떻게 보유주식의 레버리지를 제거할 수 있는가를 보여라.

d. (c)의 답을 이용해서 자본구조 선택이 무관한 이유를 설명하라.

LO 1 **9. 자가레버리지.** 현행 자본구조의 변경을 검토하고 있다. 회사는 현재 자기자본만 있는 자본구조인데 25% 부채의 자본구조를 고려하고 있다. 현재 주가가 50달러인 8,100주의 유통주식이 있다. EBIT는 44,000달러로 일정할 것으로 예상한다. 신규부채의 이자율은 7%이고 세금은 없다.

a. 주주 R은 17,000달러 가치의 주식을 소유하고 있다. 기업이 100% 배당 지급한다면 현금흐름은 얼마인가?

b. 주식을 그대로 다 보유한다면 새 자본구조에서 현금흐름은 얼마이겠는가?

c. 회사가 새로운 자본구조로 전환한다고 가정하자. 주주 R은 현재의 현금흐름을 어떻게 유지할 수 있는가를 보여라.

d. (c)의 답에서 회사의 자본구조 선택이 무관한 이유를 설명하라.

LO 1 **10. WACC 계산.** 부채비율이 1.5이다. WACC는 9.6%이고 부채비용은 5.7%이다. 법인세는 없다.

a. 이 회사의 자기자본비용은 얼마인가?

b. 부채비율이 2.0이면 자기자본비용은 얼마인가? 0.5라면 어떠한가? 0이라면 어떠한가?

LO 1 **11. WACC 계산.** 부채가 없으나 6.4%에 차입할 수 있다. 회사의 WACC는 현재 10.9%이고 법인세는 없다.

a. 이 회사의 자기자본비용은 얼마인가?

b. 회사가 30%의 부채로 전환하면 자기자본비용은 얼마이겠는가?

c. 회사가 60%의 부채로 전환하면 자기자본비용은 얼마이겠는가?

d. (b)에서 이 회사의 WACC는 얼마인가? (c)에서는?

LO 2 **12. M&M과 법인세.** 6.7%에 차입할 수 있다. 현재 부채는 없으며 자기자본비용은 12.9%이다. 현재 기업가치는 595,000달러이다. 만약 310,000달러를 빌려서 그 대금으로 자사주 취득에 사용하면 기업가치는 얼마이겠는가? 법인세율은 21%이다.

LO 2 **13. 이자세금감면.** 법인세율이 22%이다. 직전 연도 총 이자지급액은 1430만 달러였다. 이자세금감면은 얼마인가? 이 금액을 어떻게 해석하는가?

중급(문제 14-16)

LO 1 **14. M&M.** 부채가 없는 회사의 현재 총가치는 4700만 달러이다. 세금을 무시하고 1840만 달러의 부채를 매각한다면 회사의 가치는 얼마이겠는가? 이제 이 회사의 세율이 23%라고 하자. 1840만 달러의 부채를 매각한다면 회사 전체의 가치는 얼마이겠는가? 부채 매각대금은 자기주식취득에 사용한다.

LO 1 **15. M&M.** [문제 14]에서 두 경우의 부채비율은 얼마인가?

LO 1 **16. M&M.** 부채가 없고 자본비용은 8.9%이다. 이 회사가 부채비율을 1.0으로 전환한다고 하자. 부채의 이자율은 5.7%이다. 세금을 무시하면 새 자기자본비용은 얼마인가? 새 WACC는 얼마인가?

고급(문제 17-20)

LO 2 **17. 기업가치.** 영원히 매년 22,300달러의 EBIT를 예상한다. 현재 부채가 없고 자기자본비용은 15%이다.

a. 회사의 현행 가치는 얼마인가?

b. 회사가 10%에 차입할 수 있다고 하자. 법인세율이 21%이고, 언레버드 가치의 50%와 같은 부채를 쓰면 기업가치는 얼마이겠는가? 언레버드 가치의 100%와 같은 부채를 쓰면 얼마이겠는가?

c. 이 회사가 레버드 기업가치의 50%와 동등한 부채를 쓰면 회사의 가치는 얼마가 되겠는가? 레버드 기업가치의 100%와 동등한 부채를 쓰면 얼마가 되겠는가?

LO 2 **18. 기업가치.** 100% 부채로 자금을 조달한 기업의 자본비용은 얼마인가? 기업가치는 얼마인가?

LO 2 **19. 자기자본비용과 레버리지.** 법인세율만을 가정하고 자기자본비용(R_E)이 다음과 같음을 보여라. $R_E = R_U + (R_U - R_D) \times (D/E) \times (1 - T_C)$

LO 1 **20. 영업위험과 재무위험.** 기업의 부채가 무위험이어서 부채비용이 무위험이자율(R_f)과 같다고 가정한다. β_A를 기업의 자산(*asset*)베타, 즉 기업자산의 체계적 위험이라고 정의한다. β_E를 기업의 주식베타로 정의한다. M&M 명제 2와 함께 자본자산가격결정모형(CAPM)을 이용해 D/E가 부채비율일 때 다음의 관계를 보여라. $\beta_E = \beta_A \times (1 + D/E)$ 법인세율은 0으로 가정한다.

웹에서 문제 풀기

13.1 자본구조. www.reuters.com에 가서 생명공학회사 암젠(Amgen)의 티커심볼 AMGM을 입력하라. 비유동부채비율(long-term debt-to-equity ratio)과 총부채비율(total debt-to-equity ratio)을 찾아라. 암젠의 부채비율을 같은 산업, 섹터, S&P 500의 부채비율과 비교해 어떠한가? 이제 전력회사 서던 캘리포니아 에디슨(Southern California Edison)의 모회사 에디슨 인터내셔널(Edison International: EIX)에 대해 같은 질문에 답하라. 암젠과 에디슨 인터내셔널의 자본구조를 비교하면 어떠한가? 이 두 회사의 차이에 가능한 설명을 생각할 수 있는가?

13.2 자본구조. finance.yahoo.com을 방문해 주식 스크리너(stock screener)를 찾자. 주식 스크리너를 이용해 다음 질문에 답하라. 얼마나 많은 회사의 부채비율(debt-to-equity ratio)이 2보다 큰가? 5보다 큰 회사 수는? 10보다 큰 회사 수는? 어느 회사의 부채비율이 가장 높은가? 부채비율은 얼마인가? 이제 얼마나 많은 회사의 부채비율이 음수인가를 찾아라. 가장 낮은 부채비율은 얼마인가? 부채비율이 음수라면 무엇을 의미하는가?

엑셀 *MASTER IT!* 문제

티엘 코퍼레이션(TL Corporation)은 현재 부채가 없다. CFO 조쉬 컬버슨(Josh Culberson)은 부채를 발행한 자금으로 유통주식을 매입하는 구조조정을 고려 중이다. 회사의 자산은 4000만 달러의 가치가 있고, 주가는 25달러이며, 1,600,000주가 유통되고 있다. 정상적인 경제 상황에서 EBIT는 300만 달러가 예상된다. 침체이면 EBIT는 180만 달러로 떨어질 것이고, 확장이면 EBIT는 430만 달러로 증가할 것이다. 회사가 부채를 발행하면 유동부채와 비유동부채의 조합일 것이다. 비유동부채 대비 유동부채는 0.20일 것이다. 유동부채의 이자율은 3%이고 비유동부채의 이자율은 8%일 것이다.

a. 워크시트에서 각 표에 값을 채운다. 부채비율을 위해 부채비율을 변경하는 스피너(spinner)를 만든다. 부채비율은 1에서 10까지 0.1단위로 증가해야 한다.

b. 산포도를 이용해 같은 그래프에 TL 코퍼레이션의 EBIT와 EPS를 그린다.

c. 현행 자본구조와 새 자본구조 간의 손익분기 EBIT는 얼마인가?

d. 새 자본구조를 설명하기 위해 원형 도표를 만들려고 할 것이다. 원형 도표의 한 유형으로 원형대원형(pie-in-pie) 도표를 이용할 수 있다. 원형대원형 도표를 이용해 주 원형 도표에는 자본과 총부채를 그리고 두 번째 파이 도표에는 유동부채와 비유동부채를 그린다. 도표의 데이터 시리즈를 우클릭하고 정렬(Format Data Series)을 선택하면 정렬 옵션(Series Options)은 개개인의 선택에 따라 시리즈를 볼 수 있게 한다. 맞춤형 선택에서 주 원형 도표와 두 번째 원형 도표에서 보고 싶은 데이터 시리즈를 선택할 수 있다.

CHAPTER CASE
스티븐슨 부동산회사 자본구조조정

스티븐슨 부동산회사(Stephenson Real Estate)는 현재 CEO인 로버트 스티븐슨(Robert Stephenson)이 25년 전에 설립했다. 회사는 토지와 건물을 포함한 부동산을 매입해 임차인에게 임대한다. 회사는 과거 18년 동안 매년 이익을 내서 주주들은 경영진에 만족한다. 스티븐슨 부동산회사 설립 전에 로버트는 도산한 알파카[4] 농장사업의 설립자이자 CEO이었다. 사업실패로 그는 부채자금의 조달에 매우 부정적이다. 그 결과 회사는 유통주식 850만 주의 자기자본으로만 조달했다. 주식은 현재 주당 44.50달러에 거래된다.

스티븐슨은 5000만 달러의 미국 남동부 일대 거대한 토지의 매입계획을 평가 중이다. 이어서 토지는 현지 농부들에게 임대될 것이다. 이 매입으로 영구히 연간 1100만 달러의 세전 이익 증가를 기대한다. 이 프로젝트에 회사의 새 CFO 킴 웨이앤드(Kim Weyand)가 책임자로 투입되었다. 킴은 회사의 현행 자본비용을 12.5%로 결정했다. 회사의 자본구조에 부채를 포함하면 더 가치가 있을 것으로 생각하므로 프로젝트의 전체 자금의 조달을 위해 부채를 발행해야 하는가를 평가하고 있다. 투자은행의 상담에 따라 회사는 8% 쿠폰율에 액면가로 채권을 발행할 수 있다고 생각한다. 자신의 분석으로 70% 자기자본과 30% 부채 범위의 자본구조가 최적이라고도 믿는다. 회사가 부채를 30% 이상 사용하면 재무곤경비용의 가능성과 관련 비용이 급격히 상승하기에 채권의 등급은 낮아지고 쿠폰은 더욱 높아질 것이다. 스티븐슨의 법인세율은 21%이다.

[4] 역주: 알파카(alpaca)는 남아메리카 페루산 라마의 일종이다.

질문 QUESTIONS

1. 총 시장가치를 최대화하기 원하면 토지의 매입자금으로 부채발행을 추천하겠는가 또는 자기자본 조달을 추천하겠는가? 이를 설명하라.
2. 토지 매입 발표 이전의 회사의 시장가치 기준 재무상태표를 작성하라.
3. 매입자금으로 주식발행을 결정했다고 하자.
   a. 프로젝트의 순현재가치(NPV)는 얼마인가?
   b. 자기자본을 이용해 매입자금을 조달한다고 발표한 이후의 시장가치 기준 재무상태표를 작성하라. 회사 주식의 새 주가는 얼마이겠는가? 매입자금을 위해 몇 주를 발행할 필요가 있는가?
   c. 신주를 발행한 이후 토지를 매입하기 전의 시장가치 기준 재무상태표를 작성하라. 얼마나 많은 보통주가 유통되는가? 주가는 얼마인가?
   d. 매입 후의 시장가치 기준 재무상태표를 작성하라.
4. 매입자금으로 부채발행을 결정했다고 하자.
   a. 부채자금으로 매입했다면 회사의 시장가치는 얼마이겠는가?
   b. 부채발행과 토지 매입 이후의 시장가치 기준 재무상태표를 작성하라. 주가는 얼마인가?
5. 어떤 자금 조달 방법이 자기자본의 주가를 최대화하는가?

14 배당과 배당정책

Dividends and Dividend Policy

2018년 5월 1일에 애플(Apple)은 최근의 사업 성공으로 주주에게 보상할 광범위한 계획을 발표했다. 이 계획에 의하면 애플은 (1) 연간 배당금을 주당 63센트에서 73센트로 16% 올리고 (2) 약 1천억 달러의 보통주를 재매입할 것이다. 투자자들이 기분이 좋아져 주가는 발표에 약 2.3% 올랐다. 투자자들은 왜 기뻐했을까? 그 이유를 알아내기 위해 이번 장에서는 이러한 조치와 이 조치가 주주에게 시사하는 바를 살펴본다.

이번 장은 배당정책(dividend policy)에 관한 것이다. 제7장에서 주식의 가치는 주주에게 지급될 것인 모든 미래의 배당에 달려 있음을 보았다. 분석에서 미래의 배당 흐름은 정해진 것으로 했다. 이제 검토하는 것은 주식회사가 배당지급의 크기와 시기의 결정 방법이다. 주가를 최대화하는 배당정책인 최적 배당정책을 설정하는 방법을 알려고 한다. 발견한 사실은 다른 무엇보다도 최적 배당정책의 결정 또는 최적 배당정책과 같은 것이 있는지조차 전혀 명백하지 않다는 것이다!

학습 목표_Learning Objectives

제14장을 마친 후에는 다음의 능력을 갖추어야 한다.

- **LO 1** 배당의 유형과 배당의 지급 방법 논의
- **LO 2** 배당정책결정 관련 이슈 설명
- **LO 3** 현금배당과 주식배당의 차이
- **LO 4** 자사주매입이 배당의 대체 수단인 이유 설명

기업재무 세계에서 최근에 전개된 사건을 보려면 essentialsofcorporatefinance.blogspot.com 방문.

기업재무에서 배당정책은 중요한 주제이고 배당금은 많은 주식회사의 주요 현금유출이다. 언뜻 보면 기업은 배당금을 지급해 항상 가능하면 많이 주주에게 되돌려주기를 원한다는 것이 당연해 보일 것이다. 그러나 기업은 항상 배당금을 지급하는 대신 주주를 위해 투자할 수 있음도 동등하게 당연해 보일 것이다. 배당정책에서 핵심 질문은 기업이 현금을 주주들에게 지급해야 하는가 또는 유보해서 주주들을 위해 투자해야 하는가이다.

놀랄지 모르나 많은 연구와 경제적인 논리들은 배당정책은 상관없다고 주장한다. 사실 배당정책 주제는 자본구조 질문과 매우 흡사한 것이 된다. 배당정책에 중요한 요인들을 확인이 어렵지 않으나 요인들 간 상호작용은 복잡하고 간단히 대답하지 못한다.

배당정책은 논쟁거리다. 배당정책이 왜 중요할지 그럴듯한 이유가 많이 있으나 배당정책에 대한 많은 주장은 경제적으로 비논리적이다. 그래도 기업재무의 현실 세계에서

가장 적절한 배당정책의 결정은 중요한 주제로 고려된다. 배당정책을 걱정하는 재무관리자는 시간을 낭비하는 것일 수도 있으나 논의에서 중요한 어떤 것을 놓치고 있음도 역시 사실일 수 있다.

부분적으로 배당의 모든 논의는 "두 가지 주장을 펴는 변호사"(two-handed lawyer)의 문제가 있다. 미국의 투르먼(Truman) 대통령은 가능한 결정의 법적 의미를 논의하면서 보좌관들에게 변호사와 면담을 잡도록 지시했다. 투르먼 대통령은 "그러나 two-handed lawyer는 안 돼"라고 말했다고 한다. two-handed lawyer가 무엇이냐고 묻자 그는 "한편으로는 다음과 같은 이유로 이렇게 저렇게 하라고 권유하고, 다른 한편으로는 다른 이유로 그렇게 하지 말기를 권유하는 변호사이다"라고 대답했다.

안타깝게도 배당정책의 그럴듯한 조치는 두 주장을 펴는 변호사의 처방으로 보일 것이다(공정하게 말하면 두 주장을 펴는 여러 명의 경제학자이다). 한편으로 주식회사가 배당을 많이 지급하는 많은 좋은 이유가 있으나 다른 한편으로 배당을 적게 지급하는 많은 좋은 이유도 있다.

이번 장에서 배당 및 배당정책과 관련된 세 가지 폭넓은 주제를 다룬다. 첫째, 여러 종류의 배당과 어떻게 배당금이 지급되는지 기술한다. 둘째, 배당정책이 상관없는 이상적인 경우를 살펴본다. 그런 다음 이 경우의 한계를 논의하고 고배당 정책과 저배당 정책에 대한 현실적 주장을 제시한다. 마지막으로 주식회사가 배당정책의 실행에 사용할 수 있는 전략들을 살펴보고 배당의 대체 수단인 자사주매입(share repurchase)을 논의하며 이 장의 결론을 내린다.

14.1 현금배당과 배당금 지급

배당
dividend
주주에게 회사의 이익에서 현금이나 주식 형태로 하는 지급.

배분
distribution
현재 또는 축적된 이익 이외의 재원으로 기업이 주주에게 하는 지급.

배당(dividend)이라는 용어는 보통 이익에서 지급되는 현금을 말한다. 현재 또는 축적된 유보이익 이외의 재원으로 배당금을 지급하면 배당(*dividend*)이라는 용어 대신 **배분(distribution)**이라는 용어를 쓴다. 그러나 이익의 배분을 배당, 자본의 배분은 청산배당(liquidating dividend)이라고 하는 것은 괜찮다. 더 일반적으로 주식회사가 주주에게 직접 지급하는 금액은 무엇이든 배당 또는 배당정책 일부로 고려될 수 있다.

배당에는 여러 다른 형태가 있다. 현금배당의 기본 형태는 다음과 같다.

1. 정규현금배당(regular cash dividends)
2. 임시배당(extra dividends)
3. 특별배당(special dividends)
4. 청산배당(liquidating dividends)

이번 장의 후반부에 현금 대신 주식으로 지급되는 배당을 논의하고 또한 현금배당의 대체 수단인 자사주매입(stock repurchase)도 고려한다.

현금배당

가장 일반적인 유형의 배당은 현금배당이다. 일반적으로 공개기업은 1년에 4회의 **정규현금배당(regular cash dividends)**을 지급한다.[1] 명칭에서 알 수 있듯이 주주에게 직접 현금으로 지급하는데 정규사업에서 지급된다. 다시 말해서 경영진은 배당은 흔하며 계속하지 않을 이유가 없다고 여긴다.

정규현금배당
regular cash dividends
기업이 통상 분기마다 정규사업에서 소유주에게 지급하는 현금.

때때로 기업은 정규현금배당과 **임시배당**(*extra cash dividend*)을 지급할 것이다. 지급액 일부를 "임시"(extra)라고 표현함으로써 경영진은 이 부분이 미래에 반복될 수도 반복되지 않을 수도 있음을 나타낸다. **특별배당**(*special dividend*)도 유사하지만 진짜 흔치 않거나 일회성 사건으로 보이는 배당을 나타내며 반복되지 않을 것이다.[2] 마지막으로 **청산배당**(*liquidating dividend*)의 지급은 보통 사업의 일부나 전부가 청산되는 것을 의미한다.

어떻게 분류되든 현금배당지급은 납입자본금(paid-in capital)이 감소할 수도 있는 청산배당의 경우를 제외하고는 기업의 현금과 유보이익을 감소시킨다.

물론 다른 유형의 배당도 있다. 일본 니케이(Nikkei) 주식시장에 상장된 회사들은 주주들에게 음식류, 전화 선불카드 등의 형태로 유사배당(alternative dividends)을 지급했다. 예를 들어 일본 맥도날드홀딩스컴퍼니는 주주들에게 무료 햄버거 쿠폰북을 제공했다.

현금배당 지급 방법

미국에서는 배당금의 지급 결정을 주식회사의 이사회에서 한다. 배당이 발표될 때 배당은 기업의 부채가 되어 쉽게 취소할 수 없다. 배당이 발표되고 얼마 후에 배당은 지정일에 모든 주주에게 배분된다.

일반적으로 현금배당액은 주당 금액인 **주당배당금**(*dividends per share*)으로 표시된다. 다른 장에서 보았듯이 시장가격의 비율인 **배당수익률**(*dividend yield*)이나 주당순이익의 비율인 **배당성향**(*dividend payout*)으로 표시되기도 한다.

배당지급 일정

현금배당지급의 과정은 〈그림 14.1〉의 예와 다음의 설명으로 나타낼 수 있다.[3]

배당발표일
declaration date
이사회에서 배당지급을 발표한 날짜.

1. **배당발표일(declaration date)**. 1월 15일에 이사회는 주당 1달러의 배당을 1월 30일을 기준으로 등록된 모든 주주에게 2월 16일에 주당 1달러의 배당금 지급을 결정했다.

---

[1] 역주: 한국에서는 일반적으로 1년에 1회 정규배당을 한다. 배당은 상법에 1년에 한 번 열리는 주주총회의 결정사항으로 되어 있기 때문이다. 그러나 2011년 개정상법에서는 정관에서 배당에 관한 결정 권한을 이사회에 부여할 수 있도록 하고(개정상법 제462조 제2항), 금전 외에 현물배당도 허용하고 있다(개정상법 제462조의 4).

[2] 역주: 특별배당(줄인 말로 특배)은 회사가 예기했던 수준 이상의 이익을 본 경우에 보통 배당을 한 나머지 이익금을 일정한 비율로 분배하는 것이다.

[3] 역주: 한국에서는 정규배당의 경우 배당락일이 결산일을 기준으로 정해지며 배당발표일은 배당락일 이후 주주총회에서 결정되기에 배당락일 후에 온다. 2011년 개정상법에서는 정관에서 배당에 관한 결정 권한을 이사회에 부여할 수 있도록 하고 있어 기업의 선택에 따라 구미에서의 배당지급 일정과 비슷한 형태를 취할 수 있게 되었다.

배당락일
ex-dividend date
배당을 받을 자격이 있는 개인을 확정하는 배당기준일 이전 2영업일의 날짜.

2. **배당락일(ex-dividend date)**. 배당금을 지급할 사람을 확실히 하기 위해 증권회사와 증권거래소는 **배당락일**(*ex-dividend date*)을 정한다. 이 날짜는 배당기준일(곧 설명) 이전 2영업일이다. 이 날짜 이전에 주식을 매수하면 배당을 받을 자격이 있다. 이 날짜 또는 그 이후에 주식을 매수하면 이전 소유주가 배당을 받을 것이다.

〈그림 14.1〉에서는 1월 28일 수요일이 배당락일이다. 이 날짜 전에는 주식이 "배당부"(with dividend 또는 cum dividend)로 거래된다고 말한다. 그 이후에 주식은 "배당락"(ex dividend)으로 거래된다.

배당락일의 관례는 누가 배당의 자격이 있는가에 대한 어떠한 불분명함도 없앤다. 배당은 가치가 있는 것이기에 주식이 "배당락"(ex)일 때 주가는 영향을 받을 것이다. 이 효과는 나중에 검토한다.

배당기준일
date of record
주식 보유자가 배당을 받기 위해 등록되어야 하는 날짜.

3. **배당기준일(date of record)**. 주식회사는 1월 30일 등록을 근거로 주주로 판명되는 모든 개인의 명부를 준비한다. 이것이 **주주명부**(*holders of record*)이고, 1월 30일은 **배당기준일**(*date of record*)이다. 여기서 **판명되는**이라는 단어가 중요하다. 이 날짜 직전에 주식을 매수하면 우편이나 다른 지연으로 그 사실이 주식회사의 주주명부에 반영되지 못할 수도 있다. 어떤 수정이 없으면 배당금이 주주가 아닌 사람에게 갈 수도 있다. 이것이 배당락일 관례가 있는 이유이다.

배당지급일
date of payment
배당금이 우송되는 날짜.

4. **배당지급일(date of payment)**. 2월 16일에 배당금이 지급된다.

배당락일의 주가 조정

배당락일(ex-dividend date)은 중요하고 혼동하기 쉽다. 배당락일이 되면 주식은 어떻게 되는지 살펴본다. 설명을 위해 주당 10달러에 거래되는 주식이 있다고 하자. 이사회는 주당 1달러의 배당금 지급을 발표했고 기준일은 6월 12일 화요일이다. 앞의 논의에서 배당락일은 2영업일 이전인 6월 8일 금요일이다.

6월 7일 목요일 시장이 마감하기 직전에 주식을 매수하면 주식은 배당부로 거래되

그림 14.1
배당지급 일정의 예

1. *배당발표일(declaration date)*: 이사회가 배당지급을 발표한다.
2. *배당락일(ex-dividend date)*: 주식 매도자가 배당을 받을 권리가 있는 날짜에 주식은 배당락이 된다. NYSE 규정에서 배당기준일 이전 제2영업일과 그 이후에는 배당락에 거래된다.
3. *배당기준일(record date)*: 발표된 배당은 지정된 날짜에 주주로 등록된 사람들에게 배분된다.
4. *배당지급일(payment date)*: 배당이 등록된 주주들에게 송부된다.

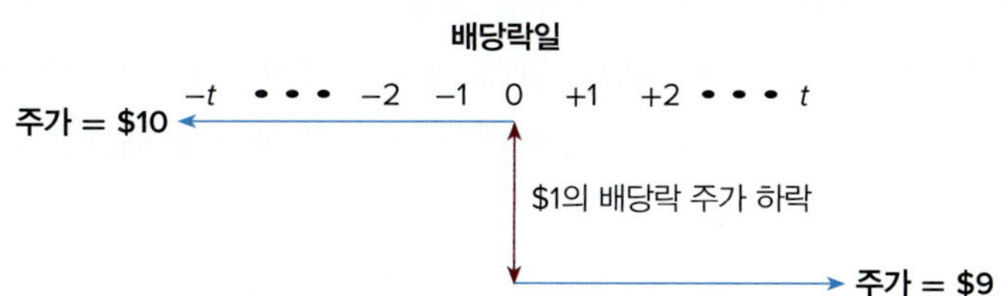

그림 14.2

1달러 현금배당의 배당락일 전후 주가 행태

주가는 배당락일(시점 0)에 배당금만큼 하락할 것이다. 배당금이 주당 1달러이면 배당락일에 주가는 10달러 − 1달러 = 9달러와 같을 것이다.

배당락일 전 (시점 −1)	배당 = $0	주가 = $10
배당락일 (시점 0)	배당 = $1	주가 = $9

기에 1달러의 배당을 받을 것이다. 기다렸다가 금요일 개장 즉시 주식을 매수하면 1달러의 배당을 받지 못할 것이다. 밤새 주가는 어떻게 되겠는가?

생각해 보면 주식은 명백히 금요일 아침에 약 1달러의 가치가 낮아지기에 주가는 목요일 폐장과 금요일 개장 사이에 그만큼 하락할 것이다. 일반적으로 주식의 가치는 배당락이 될 때 거의 배당금만큼 하락할 것으로 예상된다. 여기서 "거의"라는 단어가 중요하다. 배당은 세금을 내야 하기에 실제 가격하락은 배당금의 세후 가치 척도에 더 가까울 것이다. 이 가치의 결정은 매수자마다 적용되는 세율과 세법이 다르기에 복잡하다. 여기서 기술한 일련의 사건은 〈그림 14.2〉에서 볼 수 있다.

배당락일 주가 하락의 예로 미국 앨라배마 주의 석탄 광산 운영자 워리어 메콜(Warrior Met Coal)이 2017년 11월에 지급한 대규모 배당을 살펴본다. 주가가 30달러 정도일 때 배당은 주당 11.21달러였으므로 배당은 총 주가의 약 40%로 진짜 특별배당이었다.

주식은 2017년 11월 24일에 배당락이 되었다. 여기서 주가 도표는 배당락일 직전 4일과 배당락일의 워리어 주가의 변동을 보여 준다.

주식은 11월 22일(11월 23일은 휴일)에 29.90달러로 마감했고 11월 24일 11.25달러 하락한 18.65달러에 개장했다. 배당에 20% 세율로 약 9달러의 하락을 예측했을 것이므로 실제 가격은 예상했던 것보다 더 하락했다. 이어서 배당과 세금을 더 자세히 논의한다.

예제 14.1 "락(Ex)"을 표시하는 날

이사회가 5월 9일 화요일에, 주주명부의 주주에게 5월 30일 화요일 주당 2.50달러의 배당금을 지급할 것이라 발표했다. 5월 2일 화요일 주당 150달러에 디바이디드 주식을 100주 매수했다. 배당락일은 언제인가? 현금배당 및 주가와 관련해 일어날 것인 사건들을 기술하라.

배당락일은 5월 9일 화요일 기준일 이전 2영업일이므로 주식은 5월 5일 금요일에 배당락이 될 것이다. 5월 2일 화요일에 주식을 매수했으므로 배당부(cum dividend)로 매수했다. 즉, $2.50 × 100 = 250달러의 배당을 받을 것이다. 배당은 5월 30일 화요일에 지급될 것이다. 주식이 금요일에 배당락이 되면 주식 가치는 밤새 주당 약 2.50달러 하락할 것이다.

개념문제 CONCEPT QUESTIONS

14.1a 현금배당의 다른 유형은 무엇인가?

14.1b 현금배당을 지급하는 구조는 무엇인가?

14.1c 주식이 배당락일이 되면 주가변동은 어떻게 되어야 하는가?

14.2 배당정책은 상관이 있는가?

배당정책이 중요한가를 알아보기 위해서 먼저 배당정책(*policy*)이 무엇을 의미하는지 정의해야 한다. 모든 조건이 같다면 물론 배당은 상관있다. 배당은 현금으로 지급되고 현금은 누구나 좋아하는 것이다. 여기서 논의할 것인 질문은 기업이 지금 현금을 지급해야 하는가 아니면 현금을 투자해 나중에 지급해야 하는가의 문제이다. 그러므로 배당정책은 배당지급의 시간적 패턴이다. 특히 기업은 이익의 큰 비율을 지급해야 하는가 또는 작은 비율을 지급하거나 심지어 전혀 지급하지 말아야 하는가? 이것이 배당정책의 질문이다.

배당정책 무관련의 설명

배당정책은 상관없다고 강력히 주장할 수 있다. 와튼 코퍼레이션(Wharton Corporation)의 단순한 사례를 통해 보여 준다. 와튼은 10년이 된 순수자기자본 기업이다. 현재 재무관리자는 2년 후에 기업의 해체를 계획한다. 청산 매각대금을 포함해서 기업의 총현금흐름은 향후 2년 동안 매년 10,000달러이다.

현재 정책: 배당을 현금흐름과 같게 설정 현재로서는 매기 배당을 10,000달러의 현금

흐름과 같게 설정한다. 100주의 유통주식이 있으므로 주당 배당은 100달러일 것이다. 제7장에서 주식의 가치는 미래 배당의 현재가치와 같음을 보였다. 10%의 요구수익률을 가정하면 오늘 주당 가치(P_0)는

$$\begin{aligned} P_0 &= \frac{D_1}{(1+R)^1} + \frac{D_2}{(1+R)^2} \\ &= \frac{\$100}{1.10} + \frac{\$100}{1.10^2} \\ &= \$173.55 \end{aligned}$$

따라서 전체 기업의 가치는 100 × \$173.55 = 17,355달러이다.

와튼의 일부 이사들은 현행 배당정책에 불만을 표시하고 대체 정책의 분석을 요청했다.

대체 정책: 현금흐름보다 많은 초기 배당 기업의 다른 정책은 첫째 지급일(Date 1)에 주당 110달러의 배당으로 이는 물론 11,000달러의 총배당을 지급하는 것이다. 현금흐름이 단 10,000달러이기에 나머지 1,000달러는 어떻게든 조달해야 한다. 한 방법은 첫 지급일에 1,000달러의 사채나 주식을 발행하는 것이다. 주식을 발행한다고 하자. 신주주는 첫째 지급일(Date 1)의 투자에 10%의 요구수익률을 벌 수 있도록 둘째 지급일(Date 2)에 충분한 현금흐름을 바랄 것이다.

새 배당정책에서 기업가치는 얼마인가? 신주주들은 1,000달러를 투자한다. 그들은 10%의 수익률을 요구하기에 둘째 지급일(Date 2)에 \$1,000 × 1.10 = 1,100달러를 요구해 구주주들에게는 8,900달러만을 남길 것이다. 구주주에 대한 배당은 다음과 같을 것이다.

	첫 번째 지급일	두 번째 지급일
구주주에 대한 누적배당금	\$11,000	\$8,900
주당 배당금	110	89

따라서 주당 배당금의 현재가치는 다음과 같다.

$$P_0 = \frac{\$110}{1.10} + \frac{\$89}{1.10^2} = \$173.55$$

이것은 앞에서 계산했던 것과 같은 결과이다.

배당금을 조달하기 위해서 신주를 발행했다고 하더라도 배당정책의 변경은 주가에 영향을 주지 않는다. 사실 기업이 어떤 배당정책을 선택하더라도 이 예에서 주가는 항상 같을 것이다. 다시 말해 와튼의 배당정책은 상관이 없다. 그 이유는 간단하다. 특정 시점에서의 배당금 증가는 다른 시점에서의 하락으로 완전히 상쇄된다. 따라서 화폐의 시간가치를 고려할 때 효과는 없다.

테스트

지금까지의 논의는 다음의 OX 질문을 통해 요약할 수 있다.

1. 배당은 무관하다.
2. 배당정책은 무관하다.

첫째 서술은 확실하게 틀렸고 이유는 상식적이다. 다른 모든 날의 배당 수준이 일정하다면 확실하게 투자자들은 특정 시점에 적은 배당보다 많은 배당을 선호한다. 첫째 질문에 더 정확하기 위해 다른 모든 날의 주당 배당은 일정한데 특정 일의 주당 배당이 증가하면 주가는 오를 것이다. 그 이유는 그런 일이 일어나면 미래 배당의 현재가치가 올라야 하기 때문이다. 이런 활동은 생산성 향상, 절세 증가, 제품마케팅 강화 또는 다른 현금흐름 개선의 경영진 의사결정으로 성취될 수 있다.

둘째 서술은 적어도 살펴보았던 단순한 사례에서는 사실이다. 배당정책 자체는 다른 모든 시점의 배당을 그대로 두고 한 시점에 배당을 증가시킬 수 없다. 오히려 배당정책은 그저 한 시점의 배당과 다른 시점의 배당 사이의 교환관계를 설정한다. 화폐의 시간가치를 허용하면 배당흐름의 현재가치는 변하지 않는다. 그러므로 단순한 세계에서 경영진이 현재 배당을 올리거나 낮추는 선택은 현재의 기업가치에 영향을 주지 않기에 배당정책은 상관이 없다. 하지만 우리의 생각을 바꿀지도 모르는 몇몇 현실적 요인들을 무시했다. 이어서 이런 점들을 추구한다.

낮은 지급을 선호하는 현실적 요인

배당정책의 무관련을 설명했던 앞의 예에서는 세금과 발행비용을 무시했다. 이제 이러한 요인들이 낮은 배당금 지급을 선호하게 할 수 있음을 알게 될 것이다.

세금 미국 세법은 복잡해 여러 가지 방법으로 배당정책에 영향을 미친다. 세금의 주요 특징은 배당소득과 자본이득의 과세와 관련이 있다.[4] 개인 주주들에게 배당소득의 유효(*effective*) 세율은 자본이득의 세율보다 높다. 역사적으로 배당금은 경상소득으로 과세한다. 자본이득은 다소 낮은 세율로 과세하고 자본이득의 세금은 주식이 매각될 때까지 연기된다. 세금의 현재가치가 적기에 자본이득 과세의 두 번째 특징이 유효세율을 훨씬 낮게 한다.[5]

낮은 배당정책을 채택한 기업은 현금을 지급하는 대신에 재투자할 것이다. 재투자는 기업가치와 자기자본의 가치를 증가시킨다. 모든 조건이 같다면 순 효과는 수익률에서 예상 자본이득 부분이 높아진다. 자본이득에 유리하게 과세하기에 이런 방식을 선호하

---

[4] 역주: 한국에서는 상장주식의 자본소득에는 세금을 부과하지 않는다. 그러나 비상장회사의 주식거래에 따른 자본소득에는 과세한다.

[5] 사실상 때때로 자본이득 세금을 전혀 안 낼 수 있다. 추천할 만한 세금회피전략은 아닌데 사망하면 자본이득에 대한 세금을 피할 수도 있다. 상속인은 자본이득이 없는 것으로 여겨져 죽으면 납세의 의무도 함께 사라진다. 이 경우 세금을 저승으로 가져갈 수 있다.

게 할 수도 있다.

최근 미국의 세법개정은 기업의 배당정책의 세금효과에 새로워진 관심을 받는다. 앞에서 주목했듯이 역사적으로 배당은 경상소득으로 분류되어 (경상소득세율로) 과세해 왔다. 2003년에는 이것이 극적으로 바뀌었다. 배당의 최고세율이 35~39% 범위에서 15%로 낮아져 주식회사의 배당지급에 훨씬 큰 세금 유인을 주었다. 2018년에 배당에 대한 세율은 개인소득에 따라 0%, 15% 또는 20%를 적용하게 됐다.

발행비용 배당정책은 상관이 없다고 설명한 예에서 기업은 배당금 지급을 위해서 필요하면 신주를 발행할 수 있음을 알았다. 다음 장에서 논의하겠지만 신주발행은 비용이 많이 들 수 있다. 논의에 신주의 발행비용("flotation" costs)을 포함할 때 신주를 매각하면 주식 가치의 하락을 발견할 것이다.

더 일반적으로 배당 형태로 지급하는 현금흐름의 비율이 한 기업이 크다는 것을 제외하고는 모든 면에서 같은 두 기업을 상상하자. 다른 기업은 더 많이 유보하기에 자기자본이 더 빨리 성장한다. 이 두 기업이 똑같다면 많이 지급하는 기업은 따라잡으려고 정기적으로 주식을 발행해야 할 것이다. 주식발행은 비용이 많이 들기에 기업은 적게 지급하려고 할 것이다.

배당제약 일부 경우에서 주식회사는 배당금을 지급하는 능력에 대한 제약에 직면할 것이다. 예를 들어 제6장에서 설명했듯이 채권약정서의 일반적인 특징은 일정 수준 이상의 배당지급을 금지하는 조항이다. 또한, 주식회사가 유보이익을 초과하는 배당금 지급을 법률이 금지할 수도 있다.

높은 지급을 선호하는 현실적 요인

여기서는 기업이 배당지급액을 조달하기 위해서 더 많은 주식을 발행해야 함을 의미하더라도 주주에게 높은 배당금을 지급할 수 있는 이유를 고려한다.

현재 소득에 대한 욕구 많은 개인은 현재 소득을 바란다고 주장돼왔다. 대표적인 예는 퇴직한 사람들과 "과부와 고아들"(widows and orphans)이라는 속담으로 알려진 고정소득으로 살아가는 사람들이다. 이 그룹은 높은 배당수익률을 위해 프리미엄을 지급하려 한다고 주장된다.

그러나 이 주장들은 앞의 단순한 사례에서는 적절하지 않음을 쉽게 알 수 있다. 높은 현재의 현금흐름을 선호하나 저배당 증권을 보유한 개인은 주식매각으로 필요 자금을 확보할 수 있다. 유사하게 낮은 현재 현금흐름을 원하나 고배당 증권을 보유한 개인은 배당을 재투자할 수 있다. 그러므로 거래비용이 없는 세계에서는 현재의 고배당 정책은 주주에게 가치가 없을 것이다.

현실에서는 현재 소득 주장이 적절할 수도 있다. 여기서 저배당 주식의 매각은 거래수수료와 다른 거래비용을 포함할 것이다. 주식매각으로 자본소득 세금을 낼 수도 있다. 이런 직접적인 현금 비용은 고배당 증권에 투자해 피할 수 있다. 게다가 증권 매각에 쓰는 주주 자신의 시간과 (항상 이성적인 것은 아니나) 원금을 소비하는 자연스러운 두려움이 많은 투자자를 고배당 증권의 매수로 이끌 것이다.

고배당의 세금과 법적 혜택 앞에서 배당은 개인투자자들에게 불리하게 과세함을 보았다. 이런 사실은 저배당의 강력한 주장이다. 그러나 배당수익률이 낮은 증권보다는 배당수익률이 높은 증권을 보유해도 세금 면에서 불리하지 않은 여러 다른 투자자들이 있다.

기업 투자자 주식회사가 다른 주식회사의 주식을 소유할 때 배당에 대한 상당한 세제상 혜택이 있다. 보통주나 우선주의 배당을 받은 기업 주주들은 50% 또는 그 이상의 배당공제를 받는다. 50%의 공제는 자본이득에는 적용되지 않기에 이 그룹은 자본이득에 불리하게 세금을 낸다.

배당공제의 결과로 주식회사들이 보유하기에는 고배당에 낮은 자본이득의 주식이 더 적절할 것이다. 사실 이러한 이유로 유통하는 우선주의 상당한 비중을 주식회사들이 보유한다. 이러한 배당의 세금 이점은 기업채권자의 이자 지급에 유사한 세금공제가 없기에 주식회사들이 장기채보다 배당수익률이 높은 주식을 보유하게 한다.

비과세 투자자 낮은 배당지급에 대한 세금혜택과 불이익을 모두 지적했다. 물론 세율이 0인 집단에게는 이 논의가 무관하다. 이런 집단에는 연기금, 출연기금, 신탁기금 등과 같은 대형 투자가들을 포함한다.

대형 기관들이 높은 배당수익률을 선호하는 법률적인 이유가 있다. 첫째, 연기금이나 신탁기금 같은 기관은 보통 다른 사람들의 이익을 위해 돈을 관리하도록 설정되었다. 그런 기관의 관리자들은 돈을 신중하게 투자해야 하는 **수탁의무**(*fiduciary responsibility*)가 있다. 배당지급의 기록이 없는 회사의 주식 매수는 법원에서 신중하지 못한 것으로 여겨진다.

둘째, 대학출연기금이나 신탁기금과 같은 기관들은 종종 원금의 사용이 금지되어 있다. 따라서 이런 기관들은 지출할 수 있도록 고배당 주식을 선호할 것이다. 그러므로 이 집단은 '과부나 고아'와 같이 현재 소득을 선호한다. 이 집단은 '과부와 고아'와는 달리 소유한 주식의 금액 면에서 매우 크다.

전체적으로 개인투자자는 무슨 이유에서든지 현재 소득을 열망하고 그래서 배당세를 지급하려고 할 것이다. 게다가 주식회사나 비과세 기관들 같은 일부 초대형 투자자들은 고배당을 매우 강하게 선호한다.

고객효과: 현실적 요인의 해결 방안?

앞의 논의에서 예를 들어 부유한 개인과 같은 집단들은 저배당이거나 아예 제로 배당 주식을 추구하는 유인이 있음을 알았다. 예를 들어 주식회사와 같은 다른 집단들은 고배당 주식을 추구하는 유인이 있다. 그러므로 고배당 회사가 한 집단을 끌어들이고 저배당 회사가 다른 집단을 끌어들일 것이다.

고객효과
clientele effect
주식이 배당수익률과 그로 인한 세금효과에 의해 특정 집단을 끌어들인다는 주장.

이 다른 집단들을 고객(*clienteles*)이라고 부르며, 기술한 것은 **고객효과(clientele ef-**

fect)이다. 고객효과에서는 다른 투자자 집단은 다른 배당 수준을 바란다고 주장한다. 기업이 특정 배당정책을 선택할 때 유일한 효과는 특정 고객을 끌어들인다는 것이다. 기업이 배당정책을 변경하면 다른 고객을 끌어들인다.

남은 것은 단순한 수요와 공급의 논리이다. 모든 투자자의 40%가 고배당을 선호하나 기업의 20%만이 높은 배당금을 지급한다고 하자. 여기서 고배당 기업은 공급 부족일 것이다. 따라서 이런 기업들의 주가는 오를 것이다. 결과적으로 저배당 기업은 모든 기업의 40%가 고배당이 될 때까지 정책을 바꾸는 것이 유리함을 발견할 것이다. 이 점에서 배당시장(*dividend market*)이 균형에 있다. 모든 고객이 만족했기에 더 이상의 배당정책 변경은 이제 상관이 없다.

고객효과를 이해하는지 알기 위해서 다음 문장을 생각해 보자. 배당정책은 무관하다거나 기업은 배당금을 지급하지 말아야 한다는 이론적인 주장에도 불구하고 많은 투자자는 고배당을 좋아한다. 이런 사실 때문에 기업은 높은 배당성향으로 주가를 끌어올릴 수 있다. 맞는가 또는 틀리는가?

고객효과가 존재하면 대답은 "틀렸다"이다. 배당을 사랑하는 투자자들을 만족시키는 고배당 기업이 충분하면 기업은 고배당 지급으로 주가를 끌어 올릴 수 없다. 이런 일이 일어나려면 불만족스러운 고객이 존재해야 하는데 그렇다는 증거는 없다.

개념문제 CONCEPT QUESTIONS

14.2a 배당은 무관한가?

14.2b 저배당의 이유는 무엇인가?

14.2c 배당정책에서 배당고객(dividend clienteles)이 시사하는 바는 무엇인가?

14.3 자사주매입: 현금배당의 대체

그동안 현금배당(cash dividends)을 고려했다. 그러나 현금배당이 주식회사가 현금을 배분하는 유일한 방법은 아니다. 대신에 **자사주매입(repurchase** or *buyback***)**을 할 수 있다. 자사주매입은 갈수록 인기 있는 방법이 되었고 자사주매입에 지출된 금액은 어마어마하다. 예를 들어 2017년에 S&P 500 회사들은 5,190억 달러의 자사주를 매입했는데 최근 저조했던 2009년의 1,380억 달러에서 엄청나게 증가했다.

자사주매입
repurchase
기업이 자사주를 취득하는 것으로 현금배당의 대체. *자기주식취득(stock repurchase)*이라고도 함.

자사주매입이 얼마나 중요해졌는가를 아는 다른 방법은 현금배당과 비교하는 것이다. 〈그림 14.3〉은 1971~2017년의 기간 동안 미국의 상장 제조업체의 실질(인플레이션 조정된) 배당과 자사주매입 총액을 전부 합한 금액과 함께 보여 준다. 실질 총배당은 이 기간에 비교적 꾸준히 성장해 왔으나 자사주매입은 지난 20년에 폭발했다. 2007년에는 5,630억 달러로 최고점에 달해 총배당 규모의 약 2.75배이다. 자사주매입은 2008~2009년 침체기에 기업들이 현금을 보존하면서 급락했으나 2010년에 반등했다.

그림 14.3 미국 상장제조업체의 실질(2012) 배당과 자사주매입 총액: 1971~2017

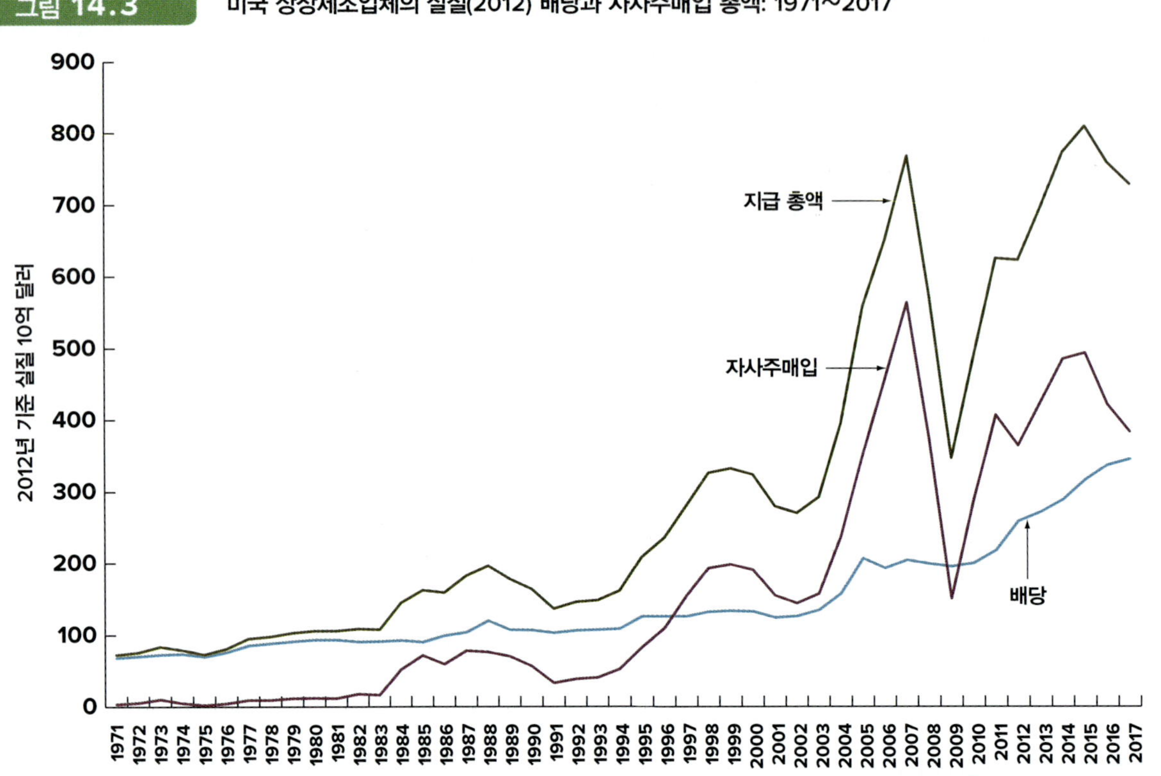

출처: Farre-Mensa, Michaely, and Schmalz, "Payout Policy," *Annual Review of Financial Economics*, vol. 6, 2014, 75-134에 따라 저자가 Compustat 데이터를 이용해 재구성.

자사주매입은 통상 셋 중 한 방법으로 수행된다.[6] 첫째, 일반 사람들이 특정 주식을 매수하는 것처럼 회사가 자기주식을 매입할 수 있다. 이러한 **공개시장매수**(*open market purchase*)에서 기업은 자신을 매수자로 드러내지 않는다. 그러므로 매도자는 주식이 기업에 되파는 것인지 또는 다른 투자자에게 파는 것인지를 알지 못한다.

둘째, 회사가 **공개매수**(*tender offer*)를 시작할 수 있다. 여기서 회사는 정해진 숫자의 주식을 특정 가격에 매수할 의도가 있음을 주주들 모두에게 알린다. 예를 들어 아츠앤크라프츠(Arts and Crafts Inc.: A&C)는 50달러의 주가에 100만 주의 유통주식이 있다고 하자. 이 회사는 30만 주를 주당 60달러에 취득하는 공개매수를 한다. A&C는 주주들의 매도를 유도하기 위해 50달러 이상의 가격을 선택했다. 사실 공개매수가격을 높게 책정하면 주주들은 명백히 30만 주보다 많은 매도를 원할 것이다. 모든 유통주식이 공개매수에 응하는 극단적 경우에 A&C는 주주들이 가진 10주마다 3주를 매수할 것이다.

[6] 역주: 한국의 2011년 개정상법에서는 회사가 배당가능이익 한도 내에서 주주총회 결의(배당결정권이 이사회에 있는 경우에는 이사회 결의)로 자기주식을 거래소시장에서 또는 주주에게 균등한 조건으로 매입하는 방법으로 취득하는 것을 허용했다(개정상법 제341조). 아울러 이사회 결의로 회사가 보유하는 자기주식을 소각하는 경우에는 감자 절차의 적용을 받지 않도록 예외를 규정하고 있다(개정상법 제343조).

마지막으로 기업들은 특정 개인 주주들에게서 주식을 매입할 수 있다. 이 절차는 **특정지분재매입**(*targeted repurchase*)이라고 불린다. 예를 들어 인터내셔널 바이오테크놀로지 코퍼레이션(International Biotechnology Corporation)이 4월에 프라임 로보틱스 컴퍼니(Prime Robotics Company: P-R Co.) 유통주식의 대략 10%를 주당 38달러에 매수했다고 하자. 당시에 인터내셔널 바이오테크놀로지는 증권거래위원회(Securities and Exchange Commission)에 궁극적으로 P-R Co.의 경영권을 인수할지도 모른다고 공시했다. 5월에 P-R Co.는 인터내셔널 바이오테크놀로지의 보유 지분을 당시의 시장가격보다 훨씬 높은 주당 48달러에 매수했다. 이 제안은 다른 주주들에게는 적용되지 않았다.

현금배당과 자사주매입

초과현금이 300,000달러이며 자기자본만 있는 회사를 상상하자. 기업은 배당금을 지급하지 않으며 올해 당기순이익이 49,000달러이다. 연말 시장가치 기준 재무상태표는 다음과 같다.

시장가치 기준 재무상태표 (초과현금 지급 전)			
초과현금	300,000	부채	0
기타 자산	700,000	자본	1,000,000
총계	1,000,000	총계	1,000,000

100,000주의 유통주식이 있다. 자기자본의 총 시장가치는 100만 달러이다. 따라서 주식은 주당 10달러에 거래되고 있다. 주당순이익(EPS)은 $49,000/100,000 = 0.49달러이고, 주가이익비율(PER)은 $10/0.49 = 20.4이다.

회사가 고려하는 옵션은 주당 $300,000/100,000 = 3달러의 특별현금배당이다. 대안으로 회사는 $300,000/$10 = 30,000주의 자기주식 취득에 현금 사용을 고려 중이다.

이 예에서 수수료, 세금, 다른 불완전성을 무시한다면 주주들은 어떤 옵션을 선택하든 걱정하지 않아도 된다. 놀랍다고 생각하는가? 정말로 놀랠 일이 아니다. 여기서 일어난 일은 기업이 현금으로 300,000달러를 지급한 것이다. 새 재무상태표를 여기 표시한다.

시장가치 기준 재무상태표 (초과현금 지급 후)			
초과현금	0	부채	0
기타 자산	700,000	자본	700,000
총계	700,000	총계	700,000

현금이 배당으로 지급된다면 여전히 100,000주의 유통주식이 있고 각 주의 가치는 7달러이다.

주당 가치가 10달러에서 7달러로 하락한 것은 걱정할 일이 아니다. 100주를 소유한 주주를 고려하자. 배당지급 전 주당 10달러에 총 가치는 1,000달러이다.

3달러의 배당지급 후에 같은 주주는 주당 7달러 가치의 100주를 소유해 총 가치는 700달러이고 100 × $3 = 300달러의 현금을 더하면 총합이 1,000달러이다. 이 설명은 앞에서 본 바와 같다. 불완전성이 없다면 현금배당은 주주의 부에 영향을 주지 않는다. 이 경우 주식이 배당락일 때 주가는 3달러만큼 하락한다.

또한, 총수익과 유통주식 수가 변하지 않았기에 EPS는 여전히 49센트이다. 그러나 주가이익비율(PER)은 $7/0.49 = 14.3으로 떨어진다. 회계이익과 PER를 살펴보는 이유는 잠시 후 분명해질 것이다.

대안으로 회사가 30,000주를 매수하면 70,000주가 유통된다. 재무상태표는 같아 보인다.

시장가치 기준 재무상태표 (자사주매입 이후)			
초과현금	0	부채	0
기타 자산	700,000	자본	700,000
총계	700,000	총계	700,000

기업의 가치는 다시 700,000달러이므로 남은 주식은 $700,000/70,000 = 10달러의 가치가 있다. 100주를 가진 주주는 명백히 영향이 없다. 예를 들어 원한다면 30주를 팔아 300달러의 현금과 700달러의 주식을 보유할 수 있어 마치 기업이 현금배당을 한 것과 같다.

둘째 경우에서는 주식 수는 줄어드나 총이익은 같기에 주당순이익(EPS)은 올라간다. 새 EPS는 $49,000/70,000 = 0.70달러이다. 그러나 주목할 중요한 사실은 PER가 $10/0.70 = 14.3으로 배당 이후의 PER와 같다는 것이다.

이 예는 불완전성이 없다면 현금배당과 자사주매입은 기본적으로 같은 것이라는 중요한 점을 분명히 보여 준다. 이는 세금이나 다른 불완전성이 없을 때 배당정책 무관련성의 다른 예이다.

자사주매입의 현실적 고려사항

세금과 거래비용이 없는 세계에서는 자사주매입과 현금배당은 같다고 기술한 예를 보였다. 현실에서는 자사주매입과 현금배당은 회계적 차이가 있지만 가장 중요한 차이는 세금과 관련된다.

현행 미국 세법에서 자사주매입은 현금배당보다 세금 측면에서 상당한 이점이 있다. 배당은 과세하고 주주는 배당 수령에 선택의 여지가 없다. 자사주매입에서 (1) 주주가 실제로 매도를 선택하고 (2) 주주가 매각에서 자본이득이 있는 경우에만 주주는 세금을 낸다.

예를 들어 주당 1달러의 배당을 경상세율로 과세한다고 하자. 28%의 세율 구간에

FINANCE MATTERS

끝이 보이지 않는 자기주식 취득

비록 최근의 경기침체가 자기주식취득을 늦추었으나 최근에 다시 증가하기 시작했다. 사실상 지난 수년간 자사주매입은 아주 커서 미국 주식회사는 발행한 것보다 더 많은 주식을 되샀다. 즉, 미국 주식회사가 조달한 전체 순자본은 음수이다. 예를 들어 2017년 중에 S&P 500 회사들은 신주발행은 단지 1,400억 달러였는데 약 5,190억 달러의 자기주식을 매입했다.

어떤 회사들은 일련의 자사주매입을 한 것으로 보인다. 예를 들어 엑손모빌(ExxonMobil)은 2017년 말에 자사주매입 프로그램을 유예했다. 그러나 2008년에서 2017년까지 약 1,800억 달러의 자사주를 매입했다. 마이크로소프트(Microsoft)도 일련의 자사주매입을 했다. 2014년 회계연도 중에 회사는 약 64억 달러의 자사주를 매입했고, 2008~2017년 기간에는 약 1,170억 달러를 매입했다. 그리고 여전히 400억 달러의 매입 발표를 완수할 계획이 있다.

자기주식 취득은 다른 목적으로 이용되기에 이르렀다. 예를 들어 2005년 1월 굴지의 소비재회사인 프록터앤드갬블(Procter & Gamble: P&G)은 면도날 제조업체인 질레트(Gillette)를 540억 달러에 취득하겠다고 발표했다. 이 취득은 전부 P&G 주식으로 지급되었다. 한 회사가 다른 회사를 현금으로 인수하면 피인수회사의 주주들이 세금을 내야만 할 수도 있어 이는 매우 중요한 사안이다. 주주들이 주식을 받으면 세금이 부과되지 않는다. 이 거래가 독특한 것은 P&G가 동시에 180억~220억 달러의 자사주매입을 발표했다는 것이었다. 그러므로 P&G는 결국 약 60%의 주식과 40%의 현금을 질레트에게 지급했으나 질레트의 주주들에게는 100% 주식취득과 같이 보이도록 거래방식이 설계되었다.

자기주식 취득은 회사 자본의 상당한 비중을 차지할 수 있다. 예를 들어 2018년 5월에 마이크론 테크놀러지(Micron Technology)는 100억 달러의 자기주식을 취득하는 계획을 발표했다. 이 금액은 다른 자기주식취득만큼 큰 규모는 아니나 회사 주식의 약 17%에 해당한다. 같은 달에 다른 예는 퀄컴(Qualcomm)으로 자기주식취득에 약 120억 달러 또는 회사 가치의 약 15%를 지출했다. 그리고 엠지엠 리조트(MGM Resorts)는 회사가치의 약 13%에 해당하는 20억 달러의 자사주매입 계획을 발표했다.

회사가 자사주식취득을 했을 때 주식에 무슨 일이 일어나는가에 대해 논의하지 않았다. 실제로 회사가 할 수 있는 몇 가지 일이 있다. 많은 회사가 취득한 주식을 보유하고 그 주식을 종업원 스톡옵션계획(employee stock option plans)에 사용한다. 종업원이 종업원 스톡옵션을 행사하면 신주가 발행되어 발행주식 수가 늘어난다. 매입한 자사주를 이용하면 회사는 신주를 발행할 필요가 없다. 회사는 또한 취득한 주식을 금고주(Treasury stock)로 보관할 수 있다. 마지막으로 회사는 주식을 완전히 소각할 수 있다. 이는 본질에 있어서 매입한 주식을 파괴해 발행주식 수를 줄인다.

있는 투자자가 100주를 소유하면 $\$100 \times 0.28 = 28$달러의 세금을 낸다. 만일 100달러 가치의 자사주를 매입한다면 매도한 주주는 훨씬 적은 세금을 낼 것이다. 매도의 이익에만 세금을 내기 때문이다. 그러므로 100달러에 판 주식이 원래 60달러에 매수하였다면 매도 이득은 40달러뿐일 것이다. 자본소득세(capital gains tax)는 $0.28 \times \$40 = 11.20$달러일 것이다. 최근의 배당소득세율과 자본소득세율 감축으로 자사주매입이 잠재적으로 상당한 세금 우위에 있다는 사실이 바뀌지는 않는다.

최근의 활동에서 몇 개의 예를 들면 애플(Apple)은 2018년에 1,000억 달러의 자기주식취득(buybacks)을 발표했다. 이 매입은 회사가 2017년 5월에 당시 2,500억 달러의 자기주식취득 프로그램 중 2,110억 달러를 완료했다고 말한 뒤에 나온 것이다. 그리고 아이비엠(IBM)은 공격적인 자기주식취득정책으로 잘 알려져 있다. 2017년 말에 회사는 2018년 중에 약 30억 달러의 자사주를 매입한다고 발표했다. 이 금액은 2010년에서 2015년까지 지출한 500억 달러 이상의 금액보다 훨씬 적었다. 그래서 IBM은 얼마의 자사주를 매입했는가? 1995년에 회사는 약 22억 주의 유통주식이 있었다. 2017년 말에는 약 9억 1,800만 주만 유통되어 22년 동안 회사는 절반 이상의 자기주식을 취득했다.

자사주매입 또는 자기주식취득에 대해 주의 줄 차례이다. 자사주의 일부를 매입하겠다고 발표한 회사가 실제로 매수할 법적 의무는 없으며 많은 발표가 매수를 전혀 완수하지 않는다. 근처의 *Finance Matters*(재무사안)은 자사주매입에서 최근 몇 가지 사건을 논의한다.

자사주매입과 주당순이익

경제신문에서 자사주매입은 주당순이익(EPS)을 높이기에 유익하다는 기사를 읽었을 것이다. 살펴본 바와 같이 그렇게 될 것이다. 그 이유는 자사주매입은 유통주식 수를 줄이나 총이익에는 영향이 없기 때문이다. 그 결과 EPS는 증가한다.

그러나 경제신문이 자사주매입 협약에서 EPS 숫자를 과도하게 강조할 수 있다. 앞의 예에서 주식의 가치는 EPS의 변화에 영향을 받지 않음을 알았다. 사실 현금배당과 자사주매입을 비교할 때 주가이익비율(PER)은 정확하게 같다.

개념문제 CONCEPT QUESTIONS

14.3a 왜 자사주매입이 특별현금배당보다 더 타당한가?
14.3b 자사주매입이 기업의 EPS에 미치는 영향은 무엇인가? PER에는?

14.4 배당과 지급정책의 아는 것과 모르는 것

배당과 배당지급회사

논의한 바와 같이 저배당 또는 무배당정책을 선호하는 이유는 많다. 그렇더라도 〈그림 14.3〉에 보이듯 미국에서 배당지급의 총액은 꽤 많다. 예를 들어 1978년 미국 주요 거래소에 상장된 산업체는 총 배당금으로 320억 달러를 지급했다. 2010년까지 그 숫자는 (인플레이션을 조정하지 않고) 1,990억 달러까지 상승해 500% 이상 증가했다(인플레이션을 조정한 후의 증가는 더 작아 84%이나 여전히 상당하다).

배당금 총액이 늘었음을 아나 배당금을 지급하는 회사 수는 줄었음도 안다. 같은 1978~2010년 기간에 배당금을 지급하는 제조업체의 수는 2,000개 이상에서 855개로 감소했고 배당금을 지급하는 회사의 비중은 50%에서 30% 밑으로 떨어졌다.[7)]

배당금을 지급하는 회사의 수가 급격히 감소하는데 배당금 총액이 증가한다는 사실이 다소 모순적이나 설명은 직설적이다. 배당금 지급이 비교적 소수의 대형 기업에 심하게 편중되어 있다. 예를 들어 2010년에 총 배당금의 80%는 단 100개 기업이 지급했다.

[7)] 이 숫자와 다음의 두 문장은 H. DeAngelo, L. DeAngelo, and D. Skinner, "Corporate Payout Policy," *Foundations and Trends in Finance* 3(2009), 저자가 업데이트함.

엑손모빌(ExxonMobil)이나 제너럴 일렉트릭(General Electric)과 같이 잘 알려진 초대형 기업을 포함하는 상위 25개 기업이 합해서 모든 배당금의 약 54%를 지급했다. 따라서 배당금 지급 기업은 주는데 배당이 성장하는 이유는 거의 전부 처음에는 배당을 적게 지급하는 경향이 있는 소형 기업들에 기인한다.

배당금을 지급하는 기업의 비율이 감소한 중요한 이유는 기업 모집단의 변화이다. 지난 25년여 동안 신규 상장기업의 수가 상당히 증가했다. 신규 상장기업들은 젊고 이익이 적은 편이다. 그런 기업들은 성장 자금으로 내부에서 창출한 현금이 필요해서 통상 배당을 하지 않는다.

또 다른 요인으로는 기업들이 현금 배분에 구속되지 않고 유연한 자사주매입을 이용해 지급을 시작하려는 것이다. 그러한 정책은 꽤 합리적이다. 그러나 기업 구성의 변화와 자사주매입 활동을 통제한 후에도 이 주제의 연구가 더 필요하기는 하지만 여전히 오래되고 안착한 유형 중에도 배당금을 지급하는 성향이 감소하는 것 같다.

배당금을 지급하는 회사의 수가 그렇게 급격히 감소한다는 사실은 재미있는 현상이다. 더 흥미롭게 만드는 것은 이 추세가 역전되기 시작할 수도 있음을 보여 주는 증거이다. 〈그림 14.4〉는 1971~2017년 기간에 배당금을 지급하는 제조업체의 비율을 (1) 자

그림 14.4 미국의 상장된 제조업체 중 배당지급, 자사주매입, 총지급액이 양수인 기업의 비중, 1971~2017

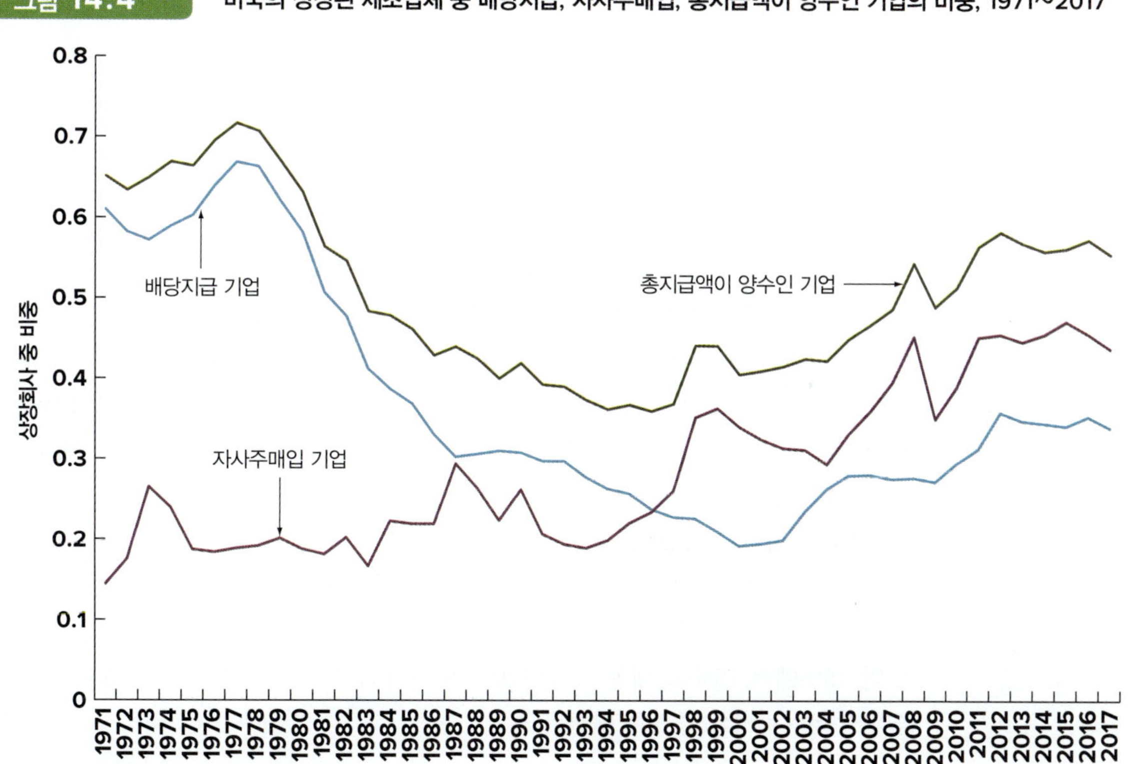

출처: Farre-Mensa, J., Michaely, R. and Schmalz, M., "Payout Policy," *Annual Review of Financial Economics*, vol. 6, 2014, 75-134를 이용해 변경. 저자가 갱신.

그림 14.5 정규배당 개시, 2001~2006

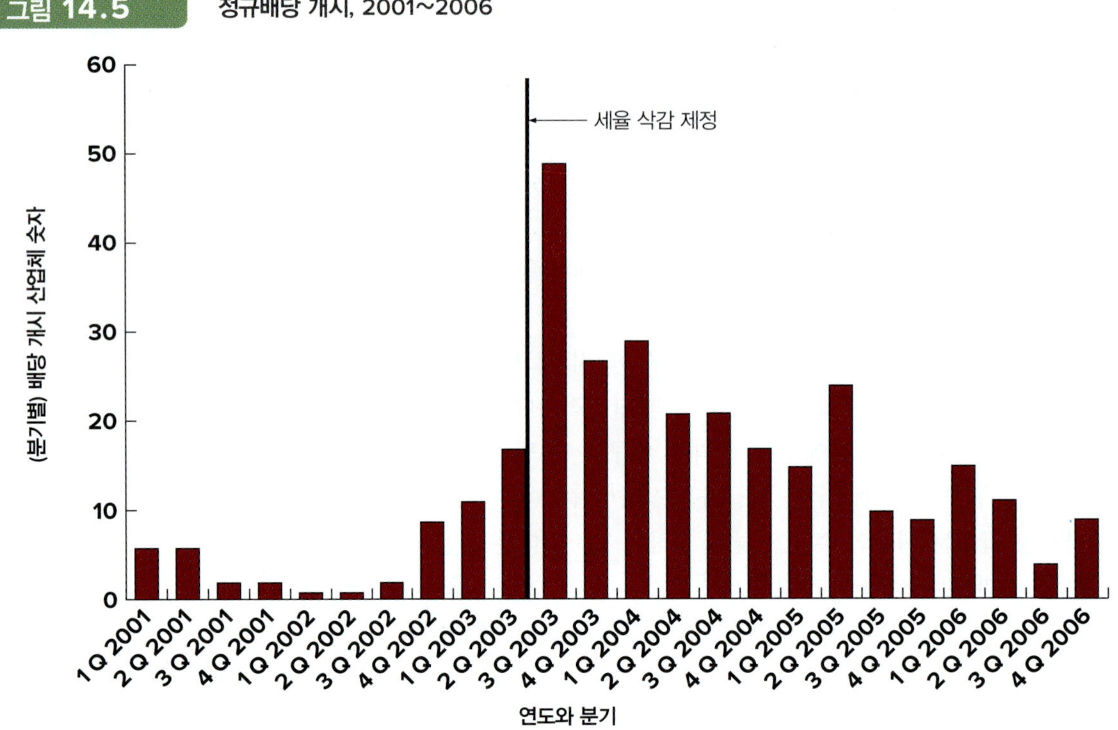

출처: Brav, A., Graham, J.R., Harvey, C. R. and Michaely, R., "Managerial Response to the May2003 Dividend Tax Cut," *Financial Management*, vol. 37, 2008.

사주매입 기업의 비율과 (2) 배당 또는 자기주식 취득 또는 둘 다에서 양수의 지급을 하는 회사의 비율과 함께 보여 준다. 배당지급회사는 뚜렷하게 하향 추세이지만 이 추세는 2000년에 바닥을 치고 2002년에는 급격히 역전하는 것 같다. 무슨 일인가?

〈그림 14.4〉에서 일부 명백한 반등은 아마도 착시일 것이다. 주요 증권거래소에 상장된 기업의 수는 2000~2005년 기간 중 5,000개 이상에서 4,000개 이하로 급격히 감소했다. 이 기간에 약 2,000개 기업이 상장철회했고 그중 98%는 배당지급을 하지 않는 기업이었다. 그러므로 배당지급을 하지 않는 기업의 상당수가 탈락했기에 배당지급 기업의 비중은 상승했다.[8] 2017년까지 상장회사의 수는 3,000개 이하로 줄었고 배당지급회사의 비율은 34%가 되었다.

그러나 탈락 문제를 통제해도 배당지급 기업의 비율은 증가하는데 이는 2003년의 일이다. 〈그림 14.5〉에 보이는 것처럼 상승 경향은 2003년 5월에 이은 달들에 집중되어 있다. 5월이 왜 그렇게 특별한가? 그 답은 2003년 5월에 배당금에 대한 최고 개인 세율이 약 38%에서 15%로 대폭 삭감되었다. 따라서 초반의 세금 논거와 일관되게 개인 세율의 감소는 배당의 증가로 연결된다.

[8] 이러한 숫자들과 설명의 출처는 R. Chetty and E. Saez, "The Effects of the 2003 Dividend Tax Cut on Corporate Behavior: Interpreting the Evidence," *American Economic Review Papers and Proceedings* 96 (2006).

그러나 〈그림 14.5〉에 너무 많은 의미를 두지 않는 것이 중요하다. 세율의 감소는 효과가 있는 것이 명백하나 모든 것을 참작할 때 배당을 개시하는 몇백 개의 기업들을 본다. 비록 세율 삭감이 매우 크나 여전히 배당지급을 개시하지 않는 몇천 개의 기업들이 있다. 그러므로 세율이 중요하나 세율이 배당정책의 주요 결정요인은 아니라는 증거이다. 이런 해석이 재무담당 임원을 대상으로 한 2005년 설문조사 결과와 일치한다. 그들의 2/3 이상은 세율 삭감이 배당정책에 아마도 또는 확실히 영향을 주지 않을 것이라고 답변했다.[9)]

세월이 흐르면 작동할 수 있는 둘째 요인은 앞에서 언급했던 (생존한) 신규 상장기업들의 성숙이다. 이 기업들이 자리를 잡아가면서 수익성이 증가해 (그리고 잠재적으로는 투자 기회가 감소해) 배당금을 지급하기 시작했다.

배당지급기업 수의 증가에 공헌할 수 있는 셋째 요인은 다소 미묘하다. 기술주 중심의 나스닥(NASDAQ) 지수는 2000년 봄에 ["닷컴 붕괴"(dot-com crash)로 인해] 수직으로 떨어졌고 많은 신규 상장회사들이 실패할 것 같음이 확실해졌다. 그 후 바로 엔론(Enron)이나 월드컴(WorldCom)과 같은 회사들의 주요 회계 부정이 투자자들에게 보고된 이익의 진실성을 불신하게 했다. 그런 환경에서 회사들은 투자자에게 지금 그리고 미래에 배당금을 지급할 현금을 보유했다고 신호를 보내기 위해 배당 지급개시를 선택했을 수도 있다.

배당지급 기업 수의 감소가 명백히 역전한 것은 최근의 현상이므로 유의한지는 더 보아야 한다. 장기적으로 감소하는 중간의 일시적 사건일 뿐으로 증명될 수도 있다. 기다리고 지켜보겠다.

주식회사 배당 평활화

배당 삭감은 종종 시장참여자들에게 상당한 악재로 보인다. 그 결과 회사들은 다른 수용할 만한 대안이 없을 때만 배당을 줄인다. 같은 이유로 회사들은 새 배당 수준이 지속할 수 있음을 확신하지 않으면 배당을 올리기도 주저한다.

실무에서 배당지급 회사들이 이익이 증가한 후에만 배당을 올리고 일시적 이익변동에 대해서는 배당을 올리거나 줄이지 않음을 관측한다. 즉, (1) 배당성장은 이익 성장 뒤에 오고 (2) 배당성장은 이익 성장보다 더 평활한 경향이 있다.

이례적으로 오랫동안 배당지급하는 회사들이 있다. S&P 500 배당귀족(Dividend Aristocrat) 리스트에는 최소한 25년 연속해서 배당을 증가한 54개 회사들이 포함된다. 오랜 배당증가의 역사를 지닌 두 회사는 공구 제조업체 스탠리웍스(Stanley Works)와 프록터앤드갬블(Procter & Gamble)이다. 2017년 말에 스탠리웍스는 과거 141년간 연속해서 매년 배당금을 지급했으며 지난 47년간 매년 배당이 증가했다. 프록터앤드갬블은 61년간 배당이 증가했다.

[9)] A. Brav, J. R. Graham, C. R. Harvey, and R. Michaely, "Managerial Response to the May 2003 Dividend Tax Cut," *Financial Management* 37(2008) 참조.

종합 정리

이번 장에서 논의한 대부분(그리고 몇십 년간의 연구에서 배당에 대해 아는 대부분)을 모두 모아서 다음의 다섯 관찰로 정리할 수 있다.[10)]

1. 배당금 총액과 자사주매입은 상당하며 오랫동안 명목가치 또는 실질가치 모두 꾸준히 증가해 왔다.
2. 배당은 비교적 적은 수의 크고 성숙한 기업에 심하게 편중되어 있다.
3. 경영자들은 배당 삭감을 매우 꺼리며 통상 기업에 특정된 문제에 의해서만 배당을 줄인다.
4. 경영자는 배당을 평활하게 하고 이익이 증가하면서 서서히 그리고 점증적으로 배당을 늘린다.
5. 주가는 예상하지 못한 배당의 변동에 반응한다.

이제 도전은 이러한 다섯 개 조각을 합리적으로 이치에 맞는 틀에 맞추는 것이다. 자사주매입과 현금배당의 조합을 의미하는 일반적인 지급에 관해서는 단순한 라이프사이클(life cycle)이론이 1번과 2번에 맞는다. 주요 개념은 직설적이다. 첫째, 비교적 어리고 수익성이 낮은 기업들은 일반적으로 현금 분배를 하면 안 된다. 현금은 투자를 위해 필요하다. (그리고 발행비용으로 외부자금 조달은 바람직하지 않다.)

그러나 기업이 성숙하면 잉여현금흐름 또는 자유현금흐름(수익이 나는 투자활동에 필요한 자금 이상의 내부적으로 창출된 현금흐름)이 발생하기 시작한다. 상당한 잉여현금흐름을 배분하지 않으면 대리인문제를 초래할 수 있다. 경영자들은 제국 건설을 추구하거나 아니면 주주의 최고 이익이 아닌 곳에 초과현금을 지출하려는 유혹을 받게 될 수도 있다. 그러므로 기업들은 현금을 모으기보다 배분하도록 압력을 받게 된다. 그리고 관찰한 바와 일관되게 수익성의 역사를 가진 대형 기업들이 많은 배분을 할 것으로 예상된다.

그러므로 라이프사이클이론은 기업들이 초과 현금보유의 대리인비용과 외부 자기자본 자금의 잠재적 미래 비용을 교환한다고 말한다. 기업은 현재와 내다볼 수 있는 미래의 투자에 필요한 충분한 내부 현금흐름이 발생할 때 배분을 시작해야 한다.

배분(distribution)의 형태에 관한 더 복잡한 주제는 현금배당 대 자사주매입이다. 자사주매입을 선호하는 세금 주장은 명확하고 강력하다. 더욱이 자사주매입은 훨씬 더 신축적인 옵션이어서 (그리고 경영자들은 재무적 신축성에 상당한 가치를 둔다) 질문은 "왜 기업들이 현금배당을 선택하는가?"이다.

이 질문에 답하려면 다른 질문을 해야 한다. 현금배당이 자사주매입이 할 수 없는 무엇을 완수할 수 있는가? 하나의 답변은 기업이 현재 그리고 미래에 현금배당을 지급하

[10)] 이 목록은 DeAngelo, H and DeAngelo, L, "Payout Policy Pedagogy: What Matters and Why," *European Financial Management*, vol. 13, 2007에 있는 긴 목록에서 부분적으로 발췌한 것이다.

기로 공약하면 두 신호를 시장에 보낸다. 이미 논의한 대로 하나의 신호는 기업이 계속 해서 지급할 수 있는 능력으로 수익성 있음을 예상하는 것이다. 기업은 배당금을 지급할 수 없을(또는 외부자금에 의존하지 않으면 지급할 수 없을) 때 궁극적으로 처벌받을 것이기에 이 점에서 시장을 속이려고 해서는 혜택을 볼 수 없음에 주목하자. 그러므로 현금배당은 기업이 수익성이 떨어지는 경쟁자로부터 자신을 식별하게 할 수 있다.

더 난해하게 둘째 신호는 잉여현금흐름의 대리인문제로 돌아간다. 지금 그리고 미래에 현금배당을 지급하기로 공약함으로써 기업은 현금을 (또는 적어도 너무 많은 현금을) 축적하지 않을 것이고 그에 따라 대리인비용을 줄이고 주주의 부를 증대시킬 것임을 신호한다.

이 두 신호(signaling) 이야기는 위에 있는 3~5번과 일치하나 명백한 반대 이유도 남는다. 왜 기업들은 배당지급에 사용될 돈을 따로 두었다가 대신 그냥 자사주를 취득하는 정책을 공약하지 않는가? 결국, 어떤 방법이든 기업은 주주들에게 현금 지급을 공약한다.

고정된 자사주매입전략은 두 개의 단점이 있다. 첫째는 검증 가능성이다. 기업은 공개시장 매입을 발표하고 나서 매수하지 않을 수 있다. 적당히 장부에 속임수를 쓰면 사기가 드러나기까지 시간이 걸릴 것이다. 그러므로 주주들은 자사주매입이 실제로 이루어졌는지를 확실히 알기 위한 일종의 방법을 의미하는 감시 장치를 개발할 필요가 있을 것이다. 그런 장치를 만들기는 어렵지 않을 것이나[채권시장에서 관측한 것과 같은 단순한 수탁(trustee) 관계일 수 있다] 현재는 존재하지 않는다. 물론 공개매수 매입은 확인이 거의 또는 전혀 필요 없으나 그러한 공개매수는 관련 비용이 든다. 현금배당의 훌륭함은 감시가 필요 없다는 것이다. 기업은 연초부터 연말까지 연중 4번의 현금을 지급해야 한다.

고정된 자사주매입전략의 둘째 반대 이유는 더 논쟁거리다. 내부자로서 경영자는 주가가 너무 높은지 또는 너무 낮은지 주주들보다 더 잘 판단할 수 있다고 하자. (내부정보가 이유라면 이 견해는 준강형 시장효율성과 충돌하지 않음에 주목.) 이 경우 고정된 자사주매입 공약은 주식이 과대평가된 상황에서도 경영진이 자사주를 취득하게 한다. 다시 말해서 경영진이 음수의 NPV 투자를 하게 만든다.

현금배당 대 자사주매입 질문의 연구가 더 필요하나 역사적 추세는 배당보다는 자사주매입의 지속적인 성장을 선호하는 것 같다. 기업의 총지급액은 이익 총액의 대략 20%로 오랜 기간 비교적 안정된 것으로 보이나 자사주매입은 총액의 상당 부분이 되고 있다. 1990년대 후반부에는 약 50 대 50에 달했으나 최근에는 자사주매입 총액이 배당금 총액을 능가하는 것 같다.

그동안 큰 관심을 받지 못했던 총 현금배당의 한 측면은 강력한 유산효과(legacy effect)일지도 모른다는 것이다. 1982년 이전에 자사주매입에 대한 규제 상태는 다소 애매해 상당히 억제했다. 1982년에 수년간의 논쟁 끝에 SEC는 기업이 지켜야 할 명확한 가이드라인을 만들어 자사주매입을 훨씬 더 매력적인 것으로 만들었다. 이러한 변화의 영향은 〈그림 14.3〉에서 명백히 드러난다. 자사주매입은 1983~1984년 중에 즉시 성장하기 시작했다.

유산효과는 총배당의 많은 부분을 지급하는 많은 초대형 기업이 1982년 이전에 (그리고 아마도 더 오래전에) 배당금을 지급했기에 발생한다. 이러한 기업들이 배당을 삭감하기를 주저하는 한 총 현금배당은 클 것이나 단지 오래된 기업들의 "고착(lock-in)효과" 때문이다. 고착된 유산 지급회사들이 총배당의 상당 부분을 차지한다면 관측해야 하는 것은 (1) 배당을 개시하는 성숙 기업들의 급격한 감소 경향과 (2) 시간이 지나면서 현금배당에 대비한 자사주매입의 성장세다. 실제로 이 두 경향의 증거를 보지만 유산효과만으로는 모든 현금배당 지급회사를 설명할 수는 없다.

배당지급의 찬성과 반대	
찬성	반대
1. 현금배당은 좋은 결과를 강조할 수 있고 주가를 지지한다.	1. 배당은 수령자에게 과세한다.
2. 배당은 배당 형태의 수익을 선호하는 기관투자가에게 매력적일 수도 있다. 기업이 더 넓은 시장에 접근할 수 있는 능력으로 기관투자가와 개인투자가의 혼합이 낮은 비용에 자본을 조달하게 할 수도 있다.	2. 배당은 자금의 내부조달을 줄일 수 있다. 배당은 기업이 양수의 NPV 프로젝트를 버리거나 비싼 외부 자기자본 자금에 의존하게 할 수도 있다.
3. 새로운 또는 증가한 배당의 발표에 통상 주가는 상승한다.	3. 배당은 일단 지급하면 기업 주가에 악영향을 주지 않고는 줄이기가 어렵다.
4. 배당은 초과 현금흐름을 흡수하고 경영진과 주주 사이의 충돌에서 발생하는 대리인비용을 줄일 수도 있다.	

배당에 대한 서베이 증거

최근의 연구에서 많은 재무담당 임원들을 대상으로 배당정책에 관해 설문조사를 했다. 질문 중 하나는 "다음의 기술이 당신 회사의 배당결정에 영향을 주는 요인인가?"이다. 〈표 14.1〉은 그 결과를 보여 준다.

〈표 14.1〉에 보이는 것처럼 재무관리자들은 배당금 삭감을 매우 주저한다. 더욱이 이전 배당을 매우 의식하고 비교적 안정된 배당을 유지하기 원한다. 대조적으로 외부자본의 비용과 (수탁 의무가 있는) "선관주의"(prudent man) 투자자들의 마음을 끌려는 욕구는 덜 중요하다.

〈표 14.2〉는 같은 서베이에서 나왔는데 "당신 회사의 배당결정에 다음의 요인이 얼마나 중요한가?"라는 질문에 대한 응답이다. 〈표 14.1〉의 응답과 초기 논의로 보면 놀랍지 않게 일관된 배당정책의 유지가 우선순위에서 가장 높다. 다음의 몇 가지 항목들도 이전의 분석과 일치한다. 재무관리자들은 배당결정에서 이익 안정성과 미래 이익 수준을 매우 중요하게 여기고 우수한 투자기회의 유효성을 고려한다. 서베이 응답자들은 또한 기관투자가와 개인투자가의 유치가 비교적 중요하다고 믿었다.

이번 장 첫 부분에서 세금과 발행비용에 관한 논의와 대조적으로 이 서베이에서는

표 14.1

배당결정에 대한 서베이 응답*

정책 설문	그렇다 또는 매우 그렇다 (%)
1. 주당 배당의 삭감을 피하려고 한다.	93.8
2. 해마다 안정된 배당을 유지하려고 한다.	89.6
3. 최근 분기에 지급한 주당 배당금 수준을 고려한다.	88.2
4. 미래에 역전될 수도 있는 배당의 변경을 주저한다.	77.9
5. 주당 배당금의 변경 또는 성장을 고려한다.	66.7
6. 외부자본의 조달 비용이 배당 삭감 비용보다 작다고 생각한다.	42.8
7. "선관주의"(prudent man) 투자 제약의 영향을 받는 투자자를 유치하기 위해 배당금을 지급한다.	41.7

*서베이 응답자들은 "다음의 기술이 당신 회사의 배당결정에 영향을 주는 요인인가?"라는 질문을 받았다.
출처: Brav, A., Graham, J. R., Harvey, C. R., and Michaely, R., "Payout Policy in the 21st Century," *Journal of Financial Economics*, Elsevier, 2005의 〈표 4〉에서 채택.

표 14.2

배당결정에 대한 서베이 응답*

정책 설문	중요하다 또는 매우 중요하다고 생각 (%)
1. 역사적 배당정책의 일관성 유지	84.1
2. 미래 이익의 안정성	71.9
3. 지속 가능한 이익의 변경	67.1
4. 주식을 매수하도록 기관투자자 유치	52.5
5. 기업이 추구하는 우수한 투자기회 가능성	47.6
6. 주식을 매수하도록 개인투자자 유치	44.5
7. 배당을 수취할 때 주주가 내는 개인소득세	21.1
8. 신규 주식 발행에 드는 발행비용	9.3

*서베이 응답자들은 "당신 회사의 배당결정에 다음의 요인이 얼마나 중요한가?"라는 질문을 받았다.
출처: Brav, A., Graham, J. R., Harvey, C. R., and Michaely, R., "Payout Policy in the 21st Century," *Journal of Financial Economics*, Elsevier, 2005의 〈표 5〉에서 채택. 허가 후 사용.

재무관리자들은 배당에 대한 주주들의 개인소득세가 매우 중요하다고 생각하지는 않았다. 그리고 주식의 발행비용이 관련 있다고 생각하는 사람은 거의 없었다.

14.5 주식배당과 주식분할

배당의 다른 유형은 주식으로 지급하는 것이다. 이런 유형의 배당을 **주식배당(stock dividend)**이라고 한다.[11] 주식배당은 현금으로 배당되는 것이 아니기에 진정한 배당은 아니

주식배당
stock dividend
기업이 주식의 형태로 소유주에게 지급해 각 유통주식의 가치를 희석.

[11] 역주: 한국은 그동안 액면가제도를 채택해 주식의 액면가는 보통 5,000원이고 이 밖에 2,500원, 2,000원, 1,000원, 500원, 100원 등이 있다. 기업이 주식을 발행하게 되면 액면가에 발행주식 수를 곱한 금액은 자본금으로 분류되고, 주식의 발행가격이 액면가를 초과하는 부분에 발행주식 수를 곱한 금액은 자본잉여금으로 분류된다. 한편 이익잉여금은 당기순이익에서 배당금을 지급하고 남은 사내유보금이 누적된 것이다. 2011년 개정상법에서는 무액면주식제도를 도입하여 회사가 액면주식과 무액면주식 중 한 종류를 선택하여 발행할 수 있도록 했다(제291조 및 제329조).

다. 주식배당의 효과는 개별 주주가 보유하는 주식의 수가 증가하는 것이다. 더 많은 주식이 발행되기에 개별주식의 가치는 떨어진다.

주식배당은 통상 퍼센트로 표현된다. 예를 들어 20%의 주식배당은 주주가 현재 소유한 다섯 주마다 (20% 증가한) 신주 하나를 배당받는다는 의미이다. 모든 주주가 20%의 주식을 더 소유하기에 유통주식 총수도 20% 증가한다. 잠시 후에 보게 되듯이 각 주식은 약 20% 가치가 덜하게 된다.[12)]

주식분할
stock split
자기자본의 변동 없이 기업의 발행주식 수를 증가.

주식분할(stock split)은 퍼센트로 표시하지 않고 비율로 표시한다는 점을 제외하고는 원칙적으로 주식배당과 같다.[13)] 분할이 선언되면 주식을 추가로 만들기 위해 주식이 분할된다. 예를 들어 1:3의 주식분할에서는 기존의 주식이 3개의 신주로 분할된다.

관행에 따라 20%나 25% 이하의 주식배당을 소규모주식배당(*small stock dividend*)이라고 한다. 20%나 25%보다 많은 주식배당을 대규모주식배당(*large stock dividend*)이라고 한다. 예를 들어 2018년 3월에 "말하는 오리"(spokesduck)로 알려진 아플락(Aflac)은 주식배당의 형태로 1:2 주식분할을 마쳤다. 2018년 6월에 갑판재료 제조업체 티렉스 컴퍼니(Trex Company)는 1:2 주식분할의 형태로 100% 주식배당을 발표했다. 비교적 사소한 회계적 차이를 제외하고는 주식배당은 주식분할과 같은 효과가 있다. 사실 두 회사는 주식분할이 발표되는 것과 같은 방법으로 주식배당을 발표했기에 둘 사이의 관계를 알 수 있다.

주식분할과 주식배당의 가치

논리적으로 주식분할과 주식배당은 (1) 기업가치에 영향을 주지 않거나 (2) 기업가치를 증가시키거나 (3) 기업가치를 감소시킬 수 있다. 안타깝게도 주식발행은 복잡해서 셋 중 무엇이 맞는지 쉽게 결정할 수 없다.

주식분할에 대한 정보는 investmenthouse.com/splits.htm과 finance.yahoo.com에 있는 분할 일정에서 얻을 수 있다.

벤치마크 사례 주식배당과 주식분할이 주주의 부 또는 기업 전체의 부를 변화시키지 않는 단적인 사례가 만들어질 수 있다. 그 이유는 주식배당과 주식분할이 단지 서류상의 거래이고 유통주식 수를 변경하는 것이기 때문이다. 예를 들어 기업이 주식 1주를 2주로 분할을 선언하면 주식 수는 두 배가 되고 그 결과 개별주식의 가치는 절반이 된다. 기업의 총 가치는 영향을 받지 않는다.

이 간단한 결론이 비교적 명백하나 주식분할이나 주식배당에 어떤 이득이 있을 수도 있다고 종종 주장되는 데는 이유가 있다. 전형적인 재무관리자는 많은 현실의 복잡성을

---

12) 역주: 한국에서 기업이 주식을 발행해 주주들에게 지분에 따라 무상으로 지급할 때 이익잉여금을 재원으로 하면 주식배당이고, 자본잉여금이나 재평가적립금을 재원으로 하면 무상증자이다. 주식배당은 배당이기 때문에 현금배당지급과 같은 절차를 따르게 되며 소득세를 내야 한다. 무상증자는 연중 어느 때나 가능하며 세금이 부과되지 않는다.

13) 역주: 한국에서 주식분할은 액면의 변경을 통해 이루어지기에 액면분할이라고 한다. 액면가는 변경할 수 있는데 액면가를 줄이면 주식 수가 증가해 액면분할이 된다. 예를 들어 5,000원의 액면가를 500원으로 액면분할하면 5,000원 액면가 주식 1주를 500원 액면가 주식 10주로 교환하게 된다. 반대로 액면가를 높이면 주식 수가 줄어들며 액면병합이 된다.

잘 알고 있고 그러한 이유로 주식분할과 주식배당 결정은 실무에서 가볍게 취급되지 않는다.

일반적인 거래 범위 주식배당과 주식분할을 옹호하는 사람은 종종 증권은 적정한 **거래범위(trading range)**가 있다고 주장한다. 증권의 가격이 이 수준보다 높으면 많은 투자자는 최소거래단위(*round lot*)라고 불리는 100주의 일반적인 거래 단위를 살 자금을 갖고 있지 않다. 그러므로 기업은 이 거래범위 내에서 가격을 유지하기 위해 주식을 나눌 것이다.

거래범위
trading range
주식이 통상적으로 거래되는 최고가와 최저가의 범위.

이 주장이 일반적이기는 하지만 여러 가지 이유로 인해서 타당성은 미심쩍다. 뮤추얼펀드, 연기금 그리고 다른 기관들은 2차 세계대전 이후로 거래 활동이 점차 증가해 현재는 총거래량에서 상당 부분을 다룬다(예를 들어 뉴욕증권거래소 거래량의 80% 정도). 이런 기관들은 대량으로 매매하기에 개별 주가는 별로 상관이 없다.

더욱이 때로는 꽤 높은데 문제가 되지 않는 주가를 관측한다. 예를 들어 스위스의 초콜릿 회사 린트(Lindt)를 보자. 2018년 7월, 린트의 주식은 주당 77,000스위스프랑 내외 또는 약 77,600달러에 거래되었다. 최소거래단위로는 776만 달러의 비용이 들 것이다. 이는 꽤 비싸나 전설적인 투자자 워런 버핏(Warren Buffett)이 운영하는 미국 회사 버크셔해더웨이(Berkshire-Hathaway)와 비교하면 비싸지 않다. 2018년 7월에 이 회사의 클래스 A 주식은 2018년 1월의 고점인 326,000달러에서 내려간 약 285,000달러에 거래되었다(클래스 B 주식은 훨씬 싸서 주당 186달러였다).

마지막으로 주식분할은 실제로 기업 주식의 유동성을 감소시킬 수도 있다는 증거가 있다. 1주를 2주로 분할 후에 분할로 유동성이 증가한다면 거래되는 주식의 수는 두 배 이상이 되어야 한다. 이런 일은 일어나는 것 같지 않고 때로는 그 반대 현상이 관찰된다.

주식병합

드물게 마주치는 재무적 묘책은 **주식병합(reverse split)**이다. 예를 들어 2018년 5월에 쇼핑센타 소유주 디디알 코퍼레이션(DDR Corporation)은 2:1의 주식병합을 겪었고 2018년 2월에 전문제약회사 테낙스 테라퓨틱스(Tenax Therapeutics)는 20:1의 주식병합을 겪었다. 20:1의 주식병합에서 각 투자자는 20주의 구주를 1주의 신주로 교환한다. 액면가는 그 과정에서 20배수로 증가한다. 소형 기업에서 주식병합은 꽤 커질 수 있다. 2018년 2월 1일에 드라이 벌크 운송회사 프리시즈(FreeSeas, Inc.)는 무려 5,000:1의 주식병합을 완료했다.

주식병합
reverse split
기업의 유통주식 수를 줄이는 주식분할.

현실의 불완전성으로 주식병합에 3개의 이유를 든다. 첫째, 주식병합 이후 주주의 거래비용이 적을 수도 있다. 둘째, 가격을 일반적인 거래범위로 올렸을 때 회사 주식의 유동성과 시장성이 개선될 수 있다. 셋째, 일정 수준 이하의 가격에 거래되는 주식은 투자자들이 좋게 생각하지 않아 기업의 이익, 현금흐름, 성장성과 안정성을 과소평가한다. 어떤 재무분석가는 주식병합이 일시적인 관심을 끌 수 있다고 주장한다. 주식분할의 경우처럼 어느 것도, 특히 세 번째는, 특별히 신빙성이 있는 이유는 없다.

주식병합의 다른 두 이유가 있다. 첫째, 증권거래소에서 정한 최소한의 주가가 있다.

주식병합은 주가를 최소수준 이상으로 끌어올릴 수 있다. 예를 들어 나스닥(NASDAQ)은 30일 동안 주가가 1달러 아래로 떨어진 회사를 대상으로 상장폐지 절차를 개시한다. 2001~2002년에 인터넷 붐의 붕괴 이후 많은 수의 인터넷 관련 회사들이 상장폐지의 위기에 몰려 주가를 올리기 위해 주식병합을 이용했다. 둘째, 회사는 때때로 주식병합을 하고 동시에 일정 수 미만의 주식을 소유하게 된 주주의 주식을 매수한다.

예를 들어 2017년 2월에 라임 에너지(Lime Energy)는 주식병합/주식분할을 완수했다. 이 경우 회사는 먼저 300:1 주식병합을 했다. 회사는 1주 미만의 주주가 보유한 모든 주식을 매입해 소액주주를 제거했다(그리고 주주의 총수를 줄였다). 이 주식병합의 목적은 회사가 주주관계와 관련된 관리비용을 절약하기 위해서이다. 이 제안이 특히 상상력을 발휘하게 만든 것은 주식병합 후 즉시 회사는 1:300의 주식분할로 주식을 원래의 가격대로 복귀했다는 것이다!

개념문제 CONCEPT QUESTIONS

14.5a 주식분할(stock split)이 주주의 부에 주는 영향은 무엇인가?

14.5b 주식병합(reverse split)은 무엇인가?

요약과 결론

이번 장에서는 배당의 유형과 지급하는 방법을 논의했다. 그리고 배당정책을 정의했고 배당정책이 중요한지 살펴보았다. 다음으로 기업이 어떻게 배당정책을 수립하는지 설명한 후 현금배당의 중요한 대체 수단인 자사주매입을 기술했다.

이런 주제를 다루면서 다음을 알았다.

1. 배당정책(dividend policy)은 세금 또는 다른 불완전성이 없는 경우에 무관하다.
2. 개별 주주의 소득세와 신주의 발행비용은 낮은 배당성향을 선호하게 하는 현실적 고려사항이다. 세금과 신주 발행비용으로 기업은 모든 양수의 NPV 프로젝트의 자금이 완전히 조달된 후에만 배당금을 지급해야 한다.
3. 경제에 고배당을 선호할 수도 있는 그룹들이 있다. 이들은 연기금 같은 많은 대형 기관을 포함한다. 어떤 그룹은 고배당을 선호하고 어떤 그룹은 저배당을 선호함을 인식하고 고객효과는 배당정책이 주주들의 요구를 반영한다는 아이디어를 지지한다. 예를 들어 주주들의 40%가 저배당을 선호하고 주주들의 60%가 고배당을 선호한다면 대략 40%의 회사들이 낮은 배당성향을 할 것이고 60%의 회사들은 높은 배당성향을 할 것이다. 이는 개별 기업의 배당정책이 시장가격에 영향을 줄 소지를 현저히 줄인다.
4. 배당 안정성은 보통 매우 바람직한 것으로 여겨진다. 그러므로 안정된 배당을 제공하는 약정 전략을 논의했고 현실에서 많은 기업이 따르는 배당정책과 매우 유사한 것으로 보인다.

5. 자사주매입(stock repurchase)은 현금배당과 매우 비슷하나 상당한 세금 이점이 있다. 그러므로 자사주매입은 전체 배당정책에서 매우 유용한 부분이다.

배당의 논의를 마치기 위해서 배당과 배당정책 간의 차이를 마지막으로 강조한다. 주식의 가치는 궁극적으로 지급될 배당금에 의해서 결정되기에 배당은 중요하다. 덜 분명한 것은 배당의 시점 패턴(지금 더 대비 나중에 더)이 중요한가이다. 이는 배당정책의 문제이고 명확한 답을 주기는 쉽지 않다.

복습과 자체시험 문제

14.1 자사주매입과 현금배당. 초과현금인 300달러를 특별배당과 자사주매입 중 어느 형태로 지급할지를 결정하는 중이다. 현재 주당 이익은 1.50달러이고 주식은 15달러에 거래된다. 300달러를 지급하기 전의 시가 기준 재무상태표는 다음과 같다.

시장가치 기준 재무상태표
(초과현금 지급 전)

초과현금	300	부채	400
기타 자산	1,600	자본	1,500
총계	1,900	총계	1,900

두 대안의 영향을 주가, EPS와 PER의 면에서 평가하라. ([문제12] 참조)

복습과 자체시험 문제 풀이

14.1 자기자본의 시장가치는 1,500달러이다. 주당 가격은 15달러이기에 100주가 유통된다. 현금배당은 주당 $300/100 = 3달러일 것이다. 주식이 배당락(ex dividend)이 되면 주가는 3달러 하락해서 12달러가 될 것이다. 다른 방법으로 총자산은 300달러 감소하므로 자기자본의 가치는 이만큼 하락해 1,200달러로 내려간다. 100주로 새 주가는 주당 12달러이다. 배당 후 EPS는 1.50달러로 같겠지만 PER는 $12/$1.50 = 8배가 될 것이다.

자사주매입으로 $300/15 = 20주가 매입될 것이고 80주가 남는다. 자기자본은 다시 총 1,200달러의 가치일 것이다. 80주로 주당 $1,200/80 = 15달러이므로 가격은 변하지 않는다. 회사의 총이익은 $1.50 × 100 = 150달러이어야 한다. 자사주를 매입한 후 EPS는 $150/80 = 1.875달러로 높아질 것이다. 그러나 PER는 여전히 $15/$1.875 = 8배가 될 것이다.

비판적 사고와 개념 복습

LO 2 **14.1 배당정책 무관련.** 배당은 매우 중요하나 동시에 배당정책은 무관한 것이 어떻게 가능한가?

LO 4 **14.2 자사주매입.** 자사주매입이 회사의 부채비율에 주는 영향은 무엇인가? 이것이 초과현금의 다른 사용을 제안하는가?

LO 1 **14.3 배당의 라이프사이클이론.** 배당지급의 라이프사이클이론(life-cycle theory)

을 설명하라. 이것이 어떻게 주식시장에서 보이는 기업의 배당지급을 설명하는가?

LO 1 **14.4 배당 일정.** 12월 8일 금요일에 이사회는 1월 3일 수요일 주주명부상의 주주들에게 1월 17일 수요일에 주당 75센트의 배당금을 선언했다. 배당락일은 언제인가? 배당락일 이전에 주식을 매수한다면 이 주식의 배당은 매수자와 매도자 중 누가 받는가?

LO 1 **14.5 배당 대체수단.** 대주주들에게 무료로 화장장을 이용하게 하는 한 영국 회사와 같이 유사배당을 지급하는 주식회사들이 있다(즉, 주주들에게 기업서비스를 시장보다 낮은 가격에 제공). 뮤추얼펀드는 이런 유사배당을 지급하는 주식에 투자해야 하는가?

LO 2 **14.6 배당과 주가.** 만약 배당의 증가가 즉시 주가 상승으로 이어지는 경향이 있다면 어떻게 배당정책이 무관하다고 말할 수 있는가?

LO 2 **14.7 배당과 주가.** 지난달 비용이 많이 들어 어려움을 겪고 있어 회사가 다음 같이 발표했다. "투자 프로그램과 관련이 있는 현금흐름이 부족해 배당지급을 일시적으로 유보한다." 발표되자 주가는 28.50달러에서 25달러로 하락했다. 주가의 이런 변화를 어떻게 해석하겠는가(즉, 원인이 무엇이라고 말하겠는가)?

LO 1 **14.8 배당재투자플랜.** DRK 코퍼레이션은 최근 배당재투자플랜(dividend reinvestment plan: DRIP)을 개발했다. 이 계획은 투자자들이 신주와 교환해서 현금배당을 자동으로 DRK에 재투자하게 해준다. 시간이 지남에 따라 DRK의 투자자들은 배당을 재투자해 회사의 주식을 추가로 매입함으로써 지분을 늘릴 수 있을 것이다.

1,000개 이상의 회사가 배당재투자플랜을 제공한다. DRIP이 있는 대부분 회사는 수수료나 서비스료를 받지 않는다. 사실 DRK의 주식은 시장가격에서 10% 할인해서 매수할 것이다.

DRK 컨설턴트는 DRK 주주들의 약 75%가 이 플랜에 참여할 것으로 추정한다. 이는 평균보다 다소 높다.

DRK의 배당재투자플랜을 평가하라. 주주의 부를 증가시키겠는가? 여기서 관련된 장단점을 논하라.

LO 2 **14.9 배당정책.** 2017년 중에 108개 회사가 보통주를 공모 발행해 합해서 총 245억 달러를 조달했다. 이 108개 회사 중에 현금배당을 지급한 회사는 비교적 적다. 대부분 회사가 배당금을 지급하지 않기로 선택하는 이유가 무엇이라고 생각하는가?

LO 1 **14.10 투자와 배당.** 자본이득과 배당소득이나 이자소득에 과세하지 않는다. 포트폴리오에 저배당, 고성장 주식을 보유하는 것이 비합리적인가? 포트폴리오에 지방채를 보유하는 것은 비합리적인가? 설명하라.

연습문제

초급(문제 1-11)

LO 2 **1. 배당과 주가.** 포트폴리오에 주식 200주를 보유하고 있다. 주식은 현재 주당 93달러에 거래된다. 회사는 4월 19일을 배당락일(ex-dividend date)로 해서 주당 1.43달러의 배당을 발표했다. 세금이 없다고 가정하고 4월 19일에 주식의 가치는 얼마가 되겠는가?

LO 2 **2. 배당과 주가.** 4월 19일이다. [문제 1]의 정보를 이용해서 포트폴리오의 총 가치는 얼마인가?

LO 2 **3. 배당과 세금.** 주당 8.40달러의 배당을 발표했다. 자본이득은 세금이 부과되지 않고 배당은 15%의 세금이 부과된다. 새 세법에서 배당금은 지급되는 시점에 원천징수되어야 한다. 이 회사의 주식은 주당 87달러에 거래되고 주식은 바로 배당락(ex-dividend)이 된다. 배당락일의 주가는 얼마일 것으로 생각하는가?

LO 3 **4. 주식배당.** 자기자본 계정이 다음과 같다.

보통주(액면가 $1)	45,000
자본잉여금	157,000
이익잉여금	603,000
자기자본총계	805,000

a. 이 회사의 주식이 현재 주당 42달러에 거래되고 10%의 주식배당이 선언되었다면 얼마나 많은 수의 신주가 배분되겠는가? 자본계정(equity account)이 어떻게 변하는지 보여라.

b. 이 회사가 25%의 주식배당을 선언한다면 계정은 어떻게 변하겠는가?

LO 3 **5. 주식분할.** [문제 4]의 회사에 대해 자본계정이 어떻게 변하는지 보여라.

a. 회사가 1:2의 주식분할을 선언한다. 유통주식 수는 얼마인가? 새 주당 액면가는 얼마인가?

b. 회사가 5:1의 주식병합을 선언한다. 유통주식 수는 이제 얼마인가? 새 주당 액면가는 얼마인가?

LO 3 **6. 주식분할과 주식배당.** 현재 주당 83달러에 거래되고 있는 395,000주의 유통주식이 있다. 시장 불완전성이나 세금효과가 없다고 가정하면 다음 이후의 주가는 어떻게 되겠는가?

a. 3:5의 주식분할을 한다.

b. 15%의 주식배당을 한다.

c. 42.5%의 주식배당을 한다.

d. 7:4의 주식병합을 한다.

e. (a)에서 (d)까지 새 유통주식 수를 결정하라.

LO 1 **7. 정규배당.** 시장가치 기준 재무상태표이다. 현재 유통주식 수는 19,000주이다.

시장가치 기준 재무상태표

현금	120,000		
비유동자산	476,600	자본	596,600
총계	596,600	총계	596,600

회사는 주당 1.15달러의 배당을 선언했다. 주식은 내일 배당락이 된다. 세금효과를 무시하면 오늘 주식은 얼마에 거래되는가? 내일은 얼마에 거래되겠는가? 배당금이 지급된 후에 재무상태표는 어떻게 되겠는가?

LO 4 **8. 자사주매입.** [문제 7]에서 회사가 배당금을 지급하는 대신에 21,850달러 가치의 자사주를 매입할 예정이라고 발표했다고 하자. 이 거래가 기업의 자기자본에 주는 영향은 무엇인가? 유통주식 수는 얼마가 되겠는가? 자사주매입 후 주당 가격은 얼마가 되겠는가? 세금효과를 무시하면 자사주매입은 어떻게 사실상 현금배당과 같은지 보여라.

LO 3 **9. 주식배당.** 시장가치 기준 재무상태표는 다음과 같다. 회사는 20%의 주식배당을 선언했다. 주식은 내일 배당락일이다(주식배당의 일정은 현금배당과 비슷하다). 21,000주의 유통주식이 있다. 배당락 주가는 얼마이겠는가?

시장가치 기준 재무상태표

현금	135,000	부채	215,000
비유자산	730,000	자본	650,000
총계	865,000	총계	865,000

LO 3 **10. 주식배당.** 보통주 계정이 다음과 같은 회사가 주식의 시장가치가 주당 48달러일 때 10%의 주식배당을 선언했다. 주식배당이 이루어진 후에 자본계정은 어떻게 되겠는가?

보통주(액면가 $1)	225,000
자본잉여금	1,070,000
이익잉여금	2,543,000
자본총계	3,838,000

LO 3 **11. 주식분할.** [문제 10]에서 회사는 주식배당 대신 1:2의 주식분할을 결정했다고 하자. 분할 후 신주의 주당 67센트 현금배당은 분할 이전 주식의 지난해 배당이 10% 증가에 해당한다. 이것이 자본계정에 주는 영향은 무엇인가? 지난해의 주당 배당은 얼마인가?

중급(문제 12-13)

LO 4 **12. 자사주매입.** 특별배당과 자사주매입을 검토하고 있다. 어느 경우이든 7,095달러를 지출할 것이다. 현재 이익은 주당 2.70달러이고 주식은 현재 주당 59달러에 거래된다. 유통주식은 4,300주이다. 처음 두 질문의 답에서는 세금과 기타 불완전성을 무시한다.

a. 주가와 주주의 부에 대한 영향이라는 점에서 두 대안을 평가하라.

b. 두 개의 다른 시나리오에서 회사의 EPS와 PER에 대한 영향은 무엇이겠는가?

c. 현실적으로 어떤 것을 추천하겠는가? 그 이유는?

LO 2 **13. 배당정책.** 지난 3년 동안 존재해온 순수자기자본 기업이다. 회사 경영진은 회사가 2년간 더 지속할 것이고 그다음 해산할 것으로 예상한다. 기업은 청산대금을 포함해 다음 해에 450,000달러, 2년 후 790,000달러의 현금흐름을 창출할 것이다. 유통주식 수는 20,000이고 주주는 12%의 수익률을 요구한다.

a. 현재 주식의 주가는 얼마인가?

b. 이사회는 현행 배당정책에 불만족해서 다음 해 580,000달러의 배당을 제안한다. 증가한 배당에 필요한 현금을 조달하기 위해 회사는 신주를 발행할 것이다. 얼마나 많은 주식을 발행해야 하는가? 기존 주식의 새로운 주가는 얼마인가?

고급(문제 14-15)

LO 2 **14. 기대수익률, 배당, 세금.** 영업위험은 같으나 배당정책이 다른 두 회사가 있다. ㈜게코는 배당금을 지급하지 않으나 ㈜고든은 예상 배당수익률이 3.5%이다. 자본소득세는 0인 반면에 배당소득세는 28%라고 하자. ㈜게코의 기대이익성장률은 연간 12%이고 주가는 같은 비율의 성장이 예상된다. (두 주식이 같은 위험집단에 속해서) 두 주식의 세후 기대수익률이 같다면 ㈜고든 주식의 세전 요구수익률은 얼마인가?

LO 2 **15. 배당과 세금.** 교재의 논의처럼 시장의 불완전성과 세금효과가 없다면 주가는 주식이 배당락일 때 배당지급액만큼 하락할 것으로 예상한다. 그러나 세금의 역할을 고려하면 이는 반드시 사실은 아니다. 배당락 주가의 결정에 세금효과를 고려한 모형이 제시되었다.[14)]

$$(P_0 - P_x)/D = (1 - T_P)/(1 - T_G)$$

여기서 P_0는 배당락 직전 주가(배당부 주가)이고, P_x는 배당락 주가이며, D는 주당 배당금이다. T_P는 배당의 적정 한계 개인세율이고, T_G는 자본소득의 실효한계세율이다.

a. 만약 $T_P = T_G = 0$이라면 배당락일에 주가는 얼마나 하락하겠는가?

b. 만약 $T_P = 15\%$, $T_G = 0$이라면 주가는 얼마나 하락하겠는가?

c. 만약 $T_P = 15\%$, $T_G = 30\%$라면 주가는 얼마나 하락하겠는가?

d. 주식을 주식회사만 보유한다고 하자. 주식회사는 수취한 배당소득의 세

[14)] N. Elton and M. Gruber, "Marginal Stockholder Tax Rates and the Clientele Effect," *Review of Economics and Statistics* 52 (February 1970).

금계산에서 최소한 80%가 공제되나 자본이득에는 그런 공제가 없다. 주식회사의 소득세율과 자본이득세율이 모두 21%일 때 모형에 의하면 배당락 주가는 얼마가 되겠는가?

e. 현실에서의 세금 고려와 기업의 배당정책에 대해 이 문제가 무엇을 말하는가?

웹에서 문제 풀기

14.1 배당재투자계획. 배당재투자플랜(DRIPs)은 주주들이 현금배당을 자동으로 회사에 재투자하게 한다. DRIPs에 대해 더 많은 정보를 원하면 www.fool.com에 가서 다음 질문에 답해보자. 모틀리 풀(Motley Fool)이 DRIPs 목록에 올리는 이점은 무엇인가? DRIPs에는 어떤 다른 유형이 있는가? 직접매입플랜(direct purchase plan)은 무엇인가? 직접매입플랜은 DRIPs와 어떻게 다른가?

14.2 배당금. www.thestreet.com/dividends에 가서 배당(dividends) 목록을 찾아보자. 오늘 몇 개의 기업이 배당락이 되었는가? 가장 규모가 크게 선언된 배당은 무엇인가? 오늘 배당락된 주식 중 지급일까지 가장 긴 시간은 무엇인가?

14.3 주식분할. www.stocksplits.net에 가서 주식분할(stock split)을 찾아보자. 얼마나 많은 주식분할이 목록에 있는가? 얼마나 많은 주식병합(reverse split)이 있는가? 주식 수로 가장 큰 주식분할과 가장 큰 주식병합은 무엇인가? 한 회사를 선택해 링크를 따라가 보자. 어떤 유형의 정보를 얻는가?

14.4 주식분할. 프록터앤드갬블(Procter & Gamble)은 몇 번의 주식분할을 했는가? P&G의 웹페이지인 www.pg.com에 가서 회사의 주식분할 역사를 찾아보자. P&G 주식은 언제 처음 주식분할을 했는가? 분할 비율은 얼마인가? 가장 최근의 주식분할은 언제인가? 1950년 1월 1일에 P&G 주식 100주를 소유하고 한 주도 팔지 않았다면 오늘 몇 주를 소유하고 있겠는가?

CHAPTER CASE
일렉트로닉 타이밍

일렉트로닉 타이밍(Electronic Timing, Inc.: ETI)은 전자 엔지니어인 톰 밀러(Tom Miller)와 제시카 커(Jessica Kerr)가 15년 전 설립한 작은 회사이다. ETI는 복잡한 혼합신호(mixed-signal) 디자인 기술을 자본화해서 집적회로를 제조하는데 최근에 전자시스템 동조화를 위해 필요한 타이밍 신호 또는 "시계"를 제공하는 주파수 타이밍 생성기(frequency timing generators) 또는 실리콘 타이밍 기기(silicon timing devices) 시장에 진출했다. 시계 제품은 원래 PC 비디오 그래픽 애플리케이션에 사용되었으나 그 후 시장이 머더보드(motherboard), PC 주변장치, 디지털 텔레비전 박스 및 게임 제어장치와 같은 다른 디지털 가전을 포함하면서 확장했다. ETI는 산업체 고객을 위해 고객 주문형 집적회로(application-specific integrated circuits: ASICs)도 디자인하고 판매한다. ASIC의 디자인은 아날로그와 디지털 기술 또는 혼합신호를 통합한다. 톰과 제시카 이외에 회사에 자본을 제공한 놀란 피트만(Nolan Pittman)이 3대 주요 주주이다. 회사의 유통주식 100만 주를 각각 25%씩 소유하고 있다. 나머지 주식은 현재 종업원을 포함해 몇 명의 다른 개인들이 소유한다.

최근에 회사는 신형 컴퓨터 머더보드를 디자인했다. 회사의 디자인은 더 효율적이고 생산비용이 덜 들며 ETI 디자인은 많은 개인 컴퓨터의 표준이 될 것으로 예상된다. 신형 머더보드의 생산 가능성을 검토한 결과 ETI는 새 공장의 건설비용은 금지해야 한다고 결정했다. 소유주들은 또 다른 외부의 소유주를 끌어들이지 않을 것임도 결정했다. 대신 ETI는 디자인을 외부 기업에 팔았다. 머더보드 디자인의 매각은 세후 3천만 달러 지급으로 완료되었다.

질문 QUESTIONS

1. 톰은 회사가 여유 현금을 한 번의 특별배당으로 지급해야 한다고 믿는다. 이 제안이 주가에 어떤 영향을 주겠는가? 회사의 가치에는 어떤 영향을 주겠는가?
2. 제시카는 여유 현금으로 부채를 상환하고, 기존의 생산능력을 향상하며 확장해야 한다고 믿는다. 제시카의 제안이 회사에 어떤 영향을 주겠는가?
3. 놀란은 자사주매입을 선호한다. 매입은 회사의 PE 비율, 자산수익률(ROA), 자기자본이익률(ROE)을 증가시킬 것이라고 주장한다. 이러한 주장이 맞는가? 자사주매입이 회사의 가치에 어떤 영향을 주겠는가?
4. 톰, 제시카, 놀란이 논의한 다른 옵션은 주주에게 정규배당의 지급 개시일 것이다. 이 제안을 어떻게 평가하겠는가?
5. 주식의 가치를 평가하는 한 방법으로 배당성장 또는 영구성장모형이 있다. 다음을 고려하자. "유보율"("retention" 혹은 "plowback" ratio)이 b이면 배당성향은 $(1-b)$이다. 따라서 다음 해의 배당은 내년의 이익(E_1) 곱하기 $(1-b)$이다. 지속가능성장률 계산에 가장 일반적인 방정식은 자기자본이익률 곱하기 보유율이다. 이 관계를 배당성장모형에 대입하면 오늘 주가를 계산하는 다음의 식을 얻는다.

$$P_0 = \frac{E_1(1-b)}{R_S - \text{ROE} \times b}$$

회사가 배당지급을 해야 하는지 아니면 생산능력을 향상하고 확장해야 하는지의 관점에서 이 결과의 시사점은 무엇인가? 설명하라.

6. 회사가 배당지급을 해야 하는가의 질문이 회사가 주식회사 형태인가 또는 유한회사(LLC) 형태인가에 따라 달라지는가?

15 자본조달
Raising Capital

2018년 3월 23일에 온라인 백업 및 공동 작업회사 드롭박스(Dropbox)는 기업을 공개했다. 10개 은행 신디케이트와 함께 투자은행 골드만삭스(Goldman Sachs)와 제이피모건(JPMorgan)의 지원으로 드롭박스는 약 2,680만 주의 주식을 주당 21달러의 가격에 일반인에게 매각했다. 주가는 29달러에 거래를 개시해 당일 최고가는 31.60달러에 도달했다. 거래 초일 주가는 28.48달러에 마감했다. 드롭박스는 IPO로 5억 6,300만 달러를 조달했는데 IPO에서 아주 많은 금액은 아니다. 그러나 회사의 내부자들은 여전히 회사 주식의 약 26%를 보유했다. 이번 장에서는 드롭박스와 같은 회사들이 일반인을 상대로 주식을 공모하는 절차와 공모 비용 그리고 그 과정에서 투자은행(investment banks)의 역할을 검토할 것이다.

사업은 크든 작든 공통점이 하나 있다. 장기자본이 필요하다는 것이다. 이번 장에서는 자금을 조달하는 방법을 설명한다. 특히 회사의 자금수명주기에서 아마 가장 중요한 단계인 최초공모주(initial public offering)에 특별히 관심을 둘 것이다. 이런 공모는 회사들이 비공개 기업에서 공개기업으로 전환하는 절차이다. 많은 사람에게 회사를 설립하고 성장시키며 공개하는 것이 궁극적인 기업가의 꿈이다.

학습 목표_*Learning Objectives*

제15장을 마친 후에는 다음의 능력을 갖추어야 한다.

- **LO 1** 신생, 고위험 벤처기업 자금에서 벤처캐피털 시장과 그 역할 설명
- **LO 2** 증권을 공모하는 방법과 발행과정에서 투자은행의 역할 기술
- **LO 3** 최초공모주(IPO)에 대한 설명과 기업공개 비용 인식

기업재무 세계에서 최근에 전개된 사건을 보려면 essentialsofcorporatefinance.blogspot.com 방문.

모든 기업은 다양한 시기에 자본을 조달해야 한다. 자본을 조달하기 위해서 기업은 돈을 빌리거나(부채조달) 회사 일부를 팔거나(자기자본조달) 또는 모두 해야 한다. 기업이 어떻게 자본을 조달하는가는 상당 부분 기업 규모, 수명주기 단계, 성장 전망으로 결정된다.

이번 장에서는 기업이 실제로 자본을 조달하는 방법을 검토한다. 창업 초기 단계 회사를 보고 이런 회사를 위한 벤처캐피털의 중요성으로 시작한다. 그다음 기업공개의 절차와 투자은행의 역할을 살핀다. 이 과정에서 일반인 대상의 증권 매각과 관련된 많은

주제와 모든 유형의 회사에 대한 시사점을 논의한다. 부채자본의 원천을 논의하고 이 장을 마친다.[1)]

15.1 기업의 자금수명주기: 초기단계 자금과 벤처캐피털

어느 날 당신과 당신의 친구는 차세대 메가넷(Meganet)을 이용해 사용자가 의사소통하도록 해주는 신형 컴퓨터 소프트웨어 제품을 개발하는 굉장한 아이디어가 떠올랐다. 기업가의 열정으로 가득 차서 제품명을 메가콤(MegaComm)으로 하고 출시를 위한 준비에 착수했다.

밤낮으로 열심히 일해서 제품의 모형을 제작할 수 있게 되었다. 모형은 실제 작동하지는 않으나 적어도 아이디어를 보여 줄 수는 있다. 제품을 실제로 개발하기 위해서는 프로그래머를 고용하고 컴퓨터를 구매하며 사무실을 임대해야 한다. 안타깝게도 둘 다 대학생이라 가진 재산을 모두 합해도 피자 파티를 할 수 있을 정도도 안 되어서 회사를 설립하기에는 터무니없이 부족하다. "다른 사람의 돈"이라는 의미의 OPM(other people's money)이 필요하다.

우선 은행에서 대출받을 생각을 해본다. 그러나 은행은 일반적으로 과거 실적이 없고 아이디어 외에는 자산이 없는 햇병아리 기업가가 운영하는 신생기업 대출에는 관심이 없다. 대신 **벤처캐피털(venture capital: VC)** 시장에서 자금을 구해 보아야 할 것이다.

벤처캐피털
venture capital (VC)
보통 고위험 벤처인 신생기업을 위한 자금.

벤처캐피털

벤처캐피털(*venture capital*)이라는 용어는 정확한 의미는 없으나 일반적으로 고위험의 신생 벤처의 자금을 말한다. 예를 들어 기업을 공개하기 전에 인터넷 경매회사인 이베이(eBay)는 벤처캐피털로 자금을 조달했다. 개인 벤처캐피털리스트들은 자신의 자금을 투자하는 반면 벤처캐피털 회사는 여러 곳에서 자금을 모아 투자한다. 벤처캐피털 회사의 기본적인 자금공급처는 개인과 연금기금, 보험회사, 대기업 그리고 대학 기부금까지도 포함된다. **사모 자본**(*private equity*)으로 널리 쓰이는 용어는 급속히 성장하고 있는 비공개회사의 자기자본 자금에 붙여진 말이다.[2)]

벤처자본가와 벤처캐피털 회사는 신생 벤처들이 많이 또는 심지어 대부분 성공하지 못하나 가끔 성공하는 벤처도 있다는 사실을 인식한다. 성공하면 잠재적인 이익은 엄청나다. 리스크를 줄이기 위해서 벤처캐피털리스트들은 일반적으로 자금을 단계적으로 제공한다. 각 단계에서 다음의 계획된 단계로 진행하는 데 필요한 자금만을 투자한다. 예를 들어 **1단계 자금**(*first stage financing* 또는 first "round" financing)은 모형을 제작하고 생산계획을 완성하는 데 필요한 자금일 것이다. 그 결과에 따라 지원되는 **2단계 자금**

1) 플로리다 대학교(University of Florida)의 제이 리터(Jay R. Ritter) 교수와 *The Currency Report*(www.globalcurrencyreport.com)의 M. Shane Hadden이 이번 장에 대해 유익한 논평과 제안을 해주었다.

2) 소위 말하는 '벌처' 자본가(vulture capitalists)는 기반은 잡았으나 재무적 곤경에 빠진 기업에 대한 고위험 투자를 전문으로 한다.

(*second-stage financing*)은 실제로 생산, 마케팅, 유통의 시작에 필요한 주요 투자자금이 될 것이다. 이러한 단계가 많이 있을 것인데 각 단계는 기업이 성장하는 과정에서 주요 진전에 해당한다.

벤처캐피털 회사는 종종 특정 단계에 전문화한다. 초기의 "종자돈"(seed money) 또는 "1층"(ground floor)에 전문화된 벤처캐피털 회사가 있다. 이와 대조적으로 1층 바로 위의 중2층을 말하는 소위 **메자닌 단계**(*mezzanine level*)의 자금에 전문화된 벤처캐피털 회사는 다음 단계의 자금을 제공한다.

자금이 단계별로 이용이 가능하고 특정 목표의 달성을 조건으로 한다는 사실이 창업자에게는 강력한 원동력이 된다. 종종 창업자는 상대적으로 적은 보수를 받고 개인 재산의 상당한 부분을 사업에 투입한다. 자금의 각 단계에서 창업자 지분의 가치는 커지고 성공확률은 높아진다. 만약 목표가 달성되지 않으면 벤처캐피털리스트는 더 이상의 자금제공을 보류해 미래의 손실을 제한할 것이다.

벤처캐피털리스트는 자금의 제공에 더해 일반적으로 기업 운영에 적극적으로 참여해 일반적인 경영의 전문성뿐만 아니라 이전 창업기업(start-up)과의 경험의 혜택을 제공하기도 한다. 회사 창업자가 회사를 직접 운영해 본 경험이 전혀 없는 경우에는 특히 그러하다.

벤처캐피털의 현실

대규모 벤처캐피털 시장이 있다고 하지만 벤처캐피털의 이용은 매우 제한적인 것이 사실이다. 벤처캐피털 회사는 쓸모없는 제안을 수없이 받는데 이들 대다수는 폐기되고 만다. 벤처캐피털리스트는 잠재적인 투자를 찾기 위해서 공학자, 과학자, 변호사와 회계사, 은행원 그리고 다른 벤처캐피털리스트의 비공식적인 네트워크에 아주 많이 의존한다. 그 결과 벤처캐피털 시장을 이용하기 위해서는 개인적인 접촉이 중요하다. 벤처캐피털 시장은 "소개"(introduction)시장이다.

벤처캐피털에 대한 다른 사실은 너무도 비용이 많이 든다는 것이다. 일반적인 거래에서 벤처캐피털리스트는 회사 주식의 40% 또는 그 이상을 요구해 가질 것이다. 벤처캐피털리스트는 흔히 기업이 매각되거나 청산되는 경우에 다양한 우선권을 주는 의결권이 있는 전환우선주를 보유할 것이다. 벤처캐피털리스트는 통상 회사의 이사회에서 몇 명의 이사를 요구해 가질 것이고 한 명 또는 그 이상의 고위직 경영진을 선임할 수도 있다.

벤처캐피털리스트의 선정

예전에 성공한 경험이 있는 창업자가 이끄는 창업기업들은 수요가 많아 벤처캐피털리스트를 선정할 때 돈 이외의 것들을 살펴볼 수 있는 사치를 누릴 수 있다. 이 경우 주요 고려사항을 다음과 같이 요약할 수 있다.

1. **재무적 건전성이 중요하다.** 벤처캐피털리스트는 추가적 자금 단계에서 필요해질 자원과 자금을 보유해야 한다. 하지만 다음 고려사항 때문에 규모가 클수록 반드시 좋다는 의미는 아니다.

2. **스타일이 중요하다.** 어떤 벤처캐피털리스트들은 일상의 운영과 의사결정에 간섭하기를 매우 원할 것이고 어떤 벤처캐피털리스트는 월별보고서로 만족할 것이다. 어떤 스타일이 최상인가는 기업과 또한 벤처캐피털리스트의 경영기술에 달려 있다. 게다가 대형 벤처캐피털 기업은 더 작은 "부티크"(boutique) 기업보다 덜 유연하고 더 관료적일 것이다.
3. **과거 경험이 중요하다.** 벤처캐피털리스트가 유사한 기업에 투자해 성공한 적이 있는가? 똑같이 중요한 질문으로 벤처캐피털리스트가 잘 풀리지 않는 상황을 어떻게 처리했는가?
4. **계약이 중요하다.** 벤처캐피털리스트는 자금과 경영 지원 이외에도 잠재적으로 중요한 고객, 공급자, 다른 산업의 관련자들을 소개하는 방법으로 사업을 도울 수 있을 것이다. 벤처캐피털리스트 기업은 자주 몇 개의 특정 산업에 전문화하기도 하는데 그런 전문화는 매우 가치가 있는 것으로 증명되었다.
5. **출구전략(*exit strategy*)이 중요하다.** 벤처캐피털리스트들은 일반적으로 장기투자자가 아니다. 어떻게 그리고 어떤 상황에서 벤처캐피털리스트들이 투자자금을 "회수"(cash out)할 것인지를 주의해서 평가해야 한다.

결론

창업기업(start-up)이 성공하면 회사가 다른 회사에 매각되거나 기업공개가 되어 자주 엄청난 수익이 난다. 어떤 경우이든 투자은행(investment bank)이 종종 그 과정에 관여한다.

개념문제 CONCEPT QUESTIONS

15.1a 벤처캐피털은 무엇인가?

15.1b 벤처캐피털은 왜 종종 단계별로 지원되는가?

15.2 증권공모: 기본 절차

앞으로 증권이 일반인에게 매각되는 과정을 논의하는데 특히 기업공개 절차에 관심을 둘 것이다.

이번 주에 미국에서 공개한 기업을 알려면 marketwatch.com 참조.

증권의 매각 절차와 관련해서 많은 법규와 규정이 있다. '1933년 미 증권법'(Securities Act of 1933)은 모든 신규 증권발행에 대한 연방 규정의 근원이다. '1934년 미 증권거래소법'(Securities Exchange Act of 1934)은 이미 발행된 증권을 규제하는 근거이다. 미국 증권거래위원회(Securities and Exchange Commission) 또는 SEC는 이 두 개의 법을 모두 관장한다.[3)]

[3)] 역주: 한국에서는 증권의 발행과 매매 기타의 거래에 관한 자본시장과 금융투자업에 관한 법률(일명, 자본시장법)의 위임을 받아 금융위원회가 "증권의 발행 및 공시 등에 관한 규정"을 제정해 발행업무를 관장하고 있다. 금융위원회의 홈페이지 http://www.fsc.go.kr 참조.

일반인을 상대로 한 증권발행과 관련해서 일련의 단계가 있다. 일반적인 용어로 다음과 같은 기본적인 절차가 있다.

1. 일반인에 대한 증권발행에서 경영진의 첫 번째 단계는 이사회의 승인을 받는 것이다. 어떤 경우에는 수권주식의 수를 늘려야 한다. 이는 주주들의 투표를 요구한다.
2. 발행기업은 **증권신고서(registration statement)**를 준비해 SEC에 제출해야 한다. 약간의 예외를 제외하고는 증권신고서는 여러 주에 걸친 증권의 모든 공모발행에 요구된다.

   보통 증권신고서에는 재무적 과거 기록, 현행 사업의 세부사항 및 제안된 자금, 미래 계획 등을 포함하여 많은 분량의 재무적 정보를 수록한다.
3. SEC는 대기기간(waiting period) 동안 증권신고서를 검토한다. 이 기간에 기업은 예비 **발행취지서(prospectus)** 사본을 배포할 것이다. 이 취지서에는 증권신고서에 기록되어 있는 많은 정보가 포함되어 있어 기업이 잠재적인 투자자에게 준다. 예비 발행취지서는 표지에 굵은 붉은 글자로 프린트되어 있어 때로는 **레드헤링(red herring)**이라고 불린다.

   증권신고서는 SEC가 수정을 제안하는 의견서(*letter of comment*)를 보내지 않으면 접수된 지 20일 후에 효력이 발생한다. 의견서가 보내지면 수정을 한 후에 20일의 대기기간이 다시 시작된다. SEC는 계획하고 있는 증권매각의 경제적 가치를 고려하지 않는다는 점에 주목할 필요가 있다. SEC는 단지 다양한 법규와 규정에 맞는지 검토할 뿐이다. 또한, SEC는 일반적으로 발행취지서에 있는 정보의 정확성과 진실성을 확인하지 않는다.

   증권신고서는 처음에는 신주의 가격을 포함하지 않는다. 보통 가격조정은 대기기간 말이나 그 무렵에 접수되고 증권신고서는 효력을 발생한다.
4. 발행회사는 대기기간 중에 주식을 매각할 수 없다. 그러나 구두로 모집할 수는 있다.
5. 증권신고서가 유효한 날에 가격이 결정되고 전력을 다해 매각하기 시작한다. 증권 인도 또는 매각 승인 어느 것이 먼저이든 최종 발행취지서(prospectus)를 첨부해야 한다.

증권신고서 registration statement
감독당국에 제출하는 증권을 공모하는 주식회사에 관한 모든 중요한 정보를 밝히는 서류.

발행취지서 prospectus
잠재적 투자자를 대상으로 발행 주식회사와 제안된 발행을 상세히 작성한 법적 문서.

레드 헤링 red herring
증권의 신규발행에서 예상 투자자에게 배부하는 예비 발행취지서.

묘석광고(tombstone advertisements) 또는 묘석(*tombstones*)은 대기기간 이후에 인수기관들이 사용한다. 〈그림 15.1〉에 예를 재생했다. 묘석광고에 발행 주체의 이름을 포함한다. 이 예에서 세계레슬링연맹(World Wrestling Federation: WWF) 묘석광고는 발행에 대한 중요한 정보를 제공하고 증권 매각과 연관된 투자은행(인수기관)들을 나열한다. 증권을 매각하는 투자은행의 역할은 바로 이어서 더 많이 논의한다.

투자은행은 증권발행에 참여하는 정도에 따라 묘석광고에서 브래킷(*brackets*)이라고 불리는 그룹으로 나뉘는데 각 브래킷 내에서 투자은행의 이름은 알파벳순으로 나열된다. 브래킷은 일종의 서열(pecking order)로 볼 수 있다. 일반적으로 브래킷의 순위가 높으면 인수기관(underwriter)의 명성이 높다.

묘석광고 tombstone
공모를 알리는 광고.

크라우드펀딩

2012년 4월 5일에 '잡스법'(JOBS Act)이 제정되었다. '잡스법'의 한 조항으로 회사들은 크라우드펀딩(crowdfunding)을 통해 자금을 조달할 수 있게 되었다. 크라우드펀딩은 보통 인터넷을 통해 수많은 사람에게서 소규모의 자본을 조달하는 관례이다. 크라우드펀딩은 영국 록밴드 마릴리온(Marillion)이 미국 투어의 자금 마련에 처음으로 이용되었으나 '잡스법'은 어느 회사나 정규 주식을 크라우드펀딩에 의해 매각할 수 있게 했다. 본래 '잡스법'은 회사가 12개월 기간 내에 1백만 달러 한도로 증권을 발행하게 했으나 이 한도는 2015년에 5백만 달러로 증가했다.

두 유형의 크라우드펀딩인 **프로젝트 크라우드펀딩**(*project crowdfunding*)과 **주식 크라우드펀딩**(*equity crowdfunding*)의 중요한 구분을 해야 한다. 프로젝트 크라우드펀딩의 예로 크라우드펀딩 웹사이트 킥스타터(Kickstarter)에서 대박이 나서 약 220,000명의 후원자로부터 880만 달러를 조달한 카드 게임인 익스프로딩 키튼(Exploding Kittens)을 고려하자. 크라우드펀딩 캠페인 중에 회사는 카드 덱을 사전판매했다. 모든 후원자는 캠페인이 종료된 이후 약 6개월 후부터 시작해 게임을 위한 카드의 덱을 배송받았다. 이 경우 후원자들은 투자자가 아니라 구매자였다. 이 유형의 크라우드펀딩은 또한 자선의 이유로 자금을 조달하는 일반적인 방법이 되었다. 대조적으로 주식 크라우드펀딩은 후원자들이 회사의 주식을 받는다.

더 잘 알려진 프로젝트의 2개와 자선 클라우드펀딩 웹사이트를 www.kickstarter.com과 www.gofundme.com을 확인하자.

2016년 5월에 규정 CF(JOBS법의 Title III로도 알려짐)의 발효로 소액투자자가 새 크라우드펀딩 "포탈"(portals)에의 접속이 허용되었다. 이전에는 크라우드펀딩의 투자자들은 "승인"(accredited)을 받아야 했다. 개인에게 이 자격요건은 순자산이 1백만 달러 이상이거나 과거 3년 중 2년 동안 소득이 200,000달러 이상이 자격요건이다. 규정 CF는 소득이 100,000달러 이하이거나 연간 최소한 2,000달러 투자할 자산이 있는 투자자들이 최대 5,000달러까지 허용한다.[4)]

규정 CF를 통해 증권을 매각하기 위해 회사는 SEC에 양식을 제출해야 한다. 이 제출로 회사는 이전에 채권가격 보고에서 언급했던 기관인 FINRA(Financial Industry Regulatory Authority)가 승인한 크라우드펀딩 포탈에서 증권을 올릴 자격이 주어진다. 크라우드펀딩 포털은 이미 특화되었다. 예를 들어 몇 개만 들어도 승인된 투자자, 모든 투자자 또는 부동산에만 특화된 포탈이 있다.[5)]

가상화폐공개

곧 있을 ICO를 알려면 tokenmarket.net/ico-calendar 참조.

전통적인 부채와 주식의 매각에 더해 회사는 **토큰**(*tokens*)을 팔아 자금을 조달할 수 있다. 이 토큰은 종종 보유자에게 미래에 회사의 서비스를 이용할 권리를 부여한다. 예를 들어 철도를 건설하는 회사는 철도가 건설된 후 열차 승차권으로 이용할 수 있는 토큰을

4) 역주: 한국에서는 자본시장법의 개정으로 2016년 1월부터 크라우드펀딩 제도가 시행되었다. 투자자는 한 기업에 1년에 200만 원까지 투자할 수 있으며 개인 한도액은 연간 500만 원이다. 크라우드펀딩 회사의 난립을 막기 위해 자본금 규모는 5억 원으로 정해졌다. 크라우드펀딩사는 일종의 금융회사로 한국예탁결제원의 관리를 받아야 한다.

5) 역주: 한국에서 크라우드펀딩과 관련된 모든 정보를 제공 및 위탁받아 관리하는 한국예탁결제원은 크라우드펀딩 시장의 발전을 지원하기 위해 2017년 크라우드펀딩 전용 홈페이지인 CrowdNet(https://www.crowdnet.or.kr/)을 구축하여 운영하고 있다.

그림 15.1

묘석광고의 예

This announcement is neither an offer to sell nor a solicitation of an offer to buy any of these securities.
The offering is made only by the Prospectus.

New Issue

11,500,000 Shares

World Wrestling Federation Entertainment, Inc.

Class A Common Stock

Price $17.00 Per Share

Copies of the Prospectus may be obtained in any State in which this announcement is circulated from only such of the Underwriters, including the undersigned, as may lawfully offer these securities in such State.

U.S. Offering

9,200,000 Shares

This portion of the underwriting is being offered in the United States and Canada.

Bear, Stearns & Co. Inc.

Credit Suisse First Boston

Merrill Lynch & Co.

Wit Capital Corporation

Allen & Company Incorporated | Banc of America Securities LLC | Deutsche Banc Alex. Brown

Donaldson, Lufkin & Jenrette | A.G. Edwards & Sons, Inc. | Hambrecht & Quist | ING Barings

Prudential Securities | SG Cowen | Wassertein Perella Securities, Inc. | Advest, Inc.

Axiom Capital Management, Inc. | Blackford Securities Corp. | J.C. Bradford & Co.

Joseph Charles & Assoc., Inc. | Chatsworth Securities LLC | Gabelli & Company, Inc.

Gaines, Berland Inc. | Jefferies & Company, Inc. | Josephthal & Co. Inc. | Neuberger Berman, LLC

Raymond James & Associates, Inc. | Sanders Morris Mundy

Tucker Anthony Cleary Gull | Wachovia Securities, Inc.

International Offering

2,300,000 Shares

This portion of the underwriting is being offered outside of the United States and Canada.

Bear, Stearns International Limited

Credit Suisse First Boston

Merrill Lynch International

발행할 수 있다.

토큰 매각은 디지털 통화 플랫폼에서 이루어지고 플랫폼에서 쉽게 이동하거나 전문 토큰 거래소에서 미국 달러화로 전환될 수 있다. 토큰은 이런 유동성으로 2015년에 도입된 이래 자금의 대중적 수단이 되었다. 토큰은 이제 서비스를 제공하는 토큰을 전혀 이용하지 않을지 모르는 고객이나 투자자 모두가 구매한다.

SEC의 ICO에 대한 경고는 www.sec.gov/news/public-statement/statement-clayton-2017-12-11 참조.

디지털 통화 플랫폼에서 토큰의 최초 매각은 종종 암호화폐공개 또는 **가상화폐공개**(*initial coin offering*) 또는 *ICO*(IPO와 비슷한 발음)라고 한다. 많은 스타트업 회사는 이제 전통적인 벤처캐피털 채널보다 ICO를 통해 자금을 조달하기로 선택하고 있다. 새 토큰을 발행하는 가장 인기 있는 플랫폼은 이더리움(Ethereum)이나 경쟁자가 많다. 2017년에는 약 37억 달러의 총가치로 234개의 ICO가 있었다.

토큰 매각은 블록체인(blockchain) 기술을 기반으로 한 서비스를 구축하고 있는 회사에게 가장 인기가 있다. 이 기술은 비트코인(bitcoin)과 다른 암호화폐(cryptocurrencies)의 핵심이다. 블록체인은 중앙집권화한 통제 없이 사용자의 네트워크에 보관된 거래의 시간이 기록된 원장이다. 암호 작성 장치가 이용되어 일단 체인에 추가되면 데이터 변경이 실행 불가능한 점을 제외하면 전통적 데이터베이스와 유사하다. 금융을 포함해 많은 산업은 이제 문서 보전 기반시설을 블록체인 기술로 갱신하고 있다.

토큰의 시장가치는 https://coinmarketcap.com 참조.

토큰 매각은 또한 효과적인 마케팅 도구로 공헌할 수 있다. 토큰에서 가격 상승의 잠재력이 새 고객을 끌어들여 네트워크 효과로 사업이 혜택을 보면 특히 그렇다. 고객의 증가는 서비스의 가치를 증가시키고 다시 토큰의 가치를 높인다. 예를 들어 시빅(Civic)은 블록체인 기반의 신분 플랫폼을 구축하고 있는데 통화는 신뢰 기관으로부터의 신분 검증 서비스 구매에 이용된다. 회사는 2017년 6월에 CVC 토큰의 ICO를 통해 3,300만 달러를 조달했다. 2017년 말에 토큰의 총가치는 2억 2,400만 달러였다. 비록 토큰 변동성의 조짐이나 가치는 2018년 중반까지 7천만 달러 미만으로 떨어졌다.

개념문제 CONCEPT QUESTIONS

15.2a 신규 증권의 매각에서 기본적인 절차는 무엇인가?

15.2b 증권신고서(registration statement)는 무엇인가?

15.3 주식발행 방법 대안

회사가 신규 증권의 발행을 결정할 때 공모(public issue) 또는 사모(private issue)로 증권을 매각할 수 있다. 공모의 경우 기업은 발행증권을 감독기관(SEC)에 등록하도록 요구된다. 그러나 발행증권이 35명 미만의 투자자에게 매각될 것이면 매각은 사적으로 진행될 수 있다. 이 경우 증권신고서를 요구하지 않는다.[6]

[6] 사모발행(private equity issue)에는 다양한 다른 방법으로 할 수 있다. 미등록 증권의 매각은 '1934년의 증권거

표 15.1

신규 증권발행 방법

방법	유형	정의
공모		
전통적인 일반공모	총액인수 일반공모	회사는 투자은행과 신주의 인수 및 분배에 관한 계약을 협의한다. 인수기관은 일정 수의 주식을 매수해 더 높은 가격에 매각한다.
	모집주선 일반공모	회사는 투자은행이 약정된 가격에 가능한 많은 신주를 매각하도록 한다. 조달할 수 있는 현금을 보장할 수 없다. 인수기관을 이용하지 않는 모집주선도 있다.
	더치옥션 일반공모	회사는 정해진 매각할 주식 수에 대해 가장 높은 공모가를 결정하기 위해 투자은행이 경매하도록 한다.
청약특권	직접 주주배정	회사는 신주를 기존 주주들에게 직접 공모한다.
	잔액인수 주주배정	직접 주주배정과 같이 이 공모 방법은 기존 주주에게 청약할 수 있는 특권을 준다. 순 조달금액은 인수기관에 의해 보장받는다.
비전통적인 일반공모	일괄신고 일반공모	자격을 갖춘 회사는 2년 동안 발행하려고 예상하는 주식을 한꺼번에 승인받아 원하는 시기에 매각한다.
	경쟁입찰 일반공모	회사는 인수계약을 협의보다는 공개 입찰로 결정할 수 있다.
사모	직접발행	증권은 최소한 최근까지는 일반적으로 적어도 2년간 증권을 되팔 수 없는 구매자에게 직접 매각된다.

주식매각에는 두 종류의 공모가 있다. **일반공모(general cash offer)**와 **주주배정(rights offer)** 또는 주주할당(*rights offering*)이다. 일반공모에서 증권은 일반투자자에게 "선착순" 방식으로 제공된다. 주주배정에서 증권은 처음에는 기존 주주에게만 제공된다. 주주배정은 미국 이외의 다른 국가에서는 상당히 일반적이지만 미국에서는 비교적 드물고 특히 최근에는 더 그렇다. 그러므로 이번 장에서는 일반공모에 중점을 두겠다.

회사가 처음 하는 공모발행을 **최초공모주(initial public offering: IPO** 또는 *unseasoned new issue*)라고 한다. 이는 회사가 기업공개를 할 때 실시된다. 당연히 모든 IPO는 일반공모이다. 기업의 기존 주주가 신주를 매수하고 싶으면 기업은 처음부터 증권을 공개적으로 매각하지 않을 것이다.

유상증자(seasoned equity offering: SEO)는 이전에 발행한 증권이 있는 회사의 신주발행이다. 세컨더리(*secondary*)나 후속모집(*follow-on offering*)이라는 용어도 통상 사용된다. 보통주의 유상증자는 일반공모나 주주배정으로 할 수 있다.[7]

신규 증권을 발행하는 방법들을 〈표 15.1〉에 정리했는데 다음 절부터 자세히 논의한다.

일반공모
general cash offer
일반투자자에게 현금을 받고 매각하는 증권의 발행.

주주배정
rights offer
기존 주주에게 먼저 매각하는 증권공모. *주주할당*(*rights offering*)이라고도 한다.

최초공모주
initial public offering (IPO)
회사가 처음 일반투자자를 대상으로 하는 주식발행. *언시즌드 신주발행*(*unseasoned new issue*) 혹은 IPO라고도 한다.

유상증자
seasoned equity offering (SEO)
이전에 일반투자자에게 증권을 발행했던 기업에 의한 신주발행.

래소법'(Security Exchange act of 1934) 요구의 준수 비용을 절약한다. 규정은 미등록된 주식의 재매각은 엄격히 제한된다. 예를 들어 주식구매자는 적어도 2년 동안 증권 보유를 요구할 수 있다. 그러나 1990년에 대형 기관투자가들을 위해서 많은 제약이 상당히 완화되었다. 채권의 사모(private placement)에 대해서는 다음에 논의한다.

[7] 역주: 한국에서 유상증자는 주로 주주배정방식, 주주배정 후 제3자 배정방식, 주주배정 후 일반공모방식 중 하나를 채택하고 있다.

개념문제 CONCEPT QUESTIONS

15.3a 최초공모주는 왜 반드시 일반공모를 해야 하는가?

15.3b 주주배정(rights offer)과 일반공모(cash offer)의 차이점은 무엇인가?

15.4 인수기관

인수기관 underwriters
증권을 매각하는 회사와 일반투자자 사이의 중개자로서 활동하는 투자회사.

증권공모가 일반공모이면 보통 **인수기관(underwriters)**이 관여한다.[8] 메릴린치(Merrill Lynch)와 같은 대형 투자기업에 인수업무는 중요한 사업이다. 인수기관들은 발행기업에 다음과 같은 서비스를 수행한다.

1. 증권을 발행하는 방법을 만들어낸다.
2. 신규증권의 가격을 책정한다.
3. 신규증권을 매각한다.

스프레드 spread
인수기관의 매수가격과 공모가격의 차이로 결정되는 인수기관에 대한 보상.

신디케이트 syndicate
리스크를 분담하고 증권 매각을 돕기 위해 결성된 인수단.

일반적으로 인수기관은 증권을 공모가보다 낮은 가격에 매수하고 주식을 매각하지 못하는 리스크를 수용한다. 인수기관의 매수가격과 공모가격의 차이를 **스프레드(spread)** 또는 할인(discount)이라고 한다. 스프레드는 인수기관이 받는 기본적인 보상이다. 때때로 스프레드에 더해 워런트(warrants)나 주식과 같은 형태의 비현금(noncash) 보상을 받을 것이다.[9]

인수기관들은 리스크를 분담하고 증권 매각을 돕기 위해 연합해서 **신디케이트(syndicate)**라고 불리는 인수단(underwriting group)을 결성한다. 신디케이트에서 하나 또는 그 이상의 기관들이 공모를 주선한다. 이 기관을 주간사(lead manager 또는 principal manager)라고 한다. 주간사는 일반적으로 증권가격을 책정하는 책임이 있다. 신디케이트에서 다른 인수기관들은 주로 증권을 매각하는 역할을 한다.

인수기관의 선정

기업은 경쟁입찰 발행(*competitive offer*)을 통해서 가장 높은 가격을 제시한 인수기관에 증권을 넘기거나 직접 인수기관과 협의할 수 있다. 대부분 경우에 회사들은 보통 신규 부채와 주식을 협의 발행(*negotiated offer*)한다.

인수기관을 선정할 때 경쟁입찰 방식이 협의 방식보다 비용이 적게 든다는 증거가 있다. 미국에서는 협의 인수가 지배적인 근본적인 이유가 진행 중인 쟁점 사항이다.

인수방식의 유형

일반공모에서 두 가지 기본 유형의 인수는 총액인수와 모집주선이다.

---

[8] 역주: 한국에서는 주관회사라고 한다.

[9] 워런트(warrants)는 기본적으로 정해진 기간에 정해진 가격으로 주식을 사기 위한 옵션이다.

총액인수 **총액인수(firm commitment underwriting)**에서 발행회사는 전체 발행을 인수기관에 매각하고 나서 인수기관은 그 증권의 재매각을 시도한다. 미국에서 가장 성행하는 인수 유형이다. 이는 사실 매수-재매각협약(purchase-resale arrangement)으로 인수기관의 수수료는 스프레드이다. 공개기업의 신주발행인 유상증자에서 인수기관은 발행가를 결정하기 위해 시장가격을 참조한다. 공개기업 신주발행의 95%는 총액인수이다.

총액인수
firm commitment underwriting
인수기관이 발행증권 전부를 매수하고 미매각 주식의 모든 금융상 책임을 맡음.

인수기관이 약정된 발행가에 증권을 매각하지 못하면 미매각 주식의 가격을 낮춰야 할지도 모른다. 그래도 총액인수에서 발행회사는 약정금액을 받고 증권 매각과 관련된 모든 리스크를 인수기관에 전가한다.

인수기관들은 통상 발행에 대한 시장의 수용 정도를 조사하기 전까지 공모가를 정하지 않기에 그 리스크는 일반적으로 미미하다.[10] 또한, 매각이 시작하기 직전까지는 통상 공모가를 정하지 않기에 발행회사는 그때까지 순 발행액이 정확히 얼마인지 모른다.

공모가를 결정하기 위해서 인수기관은 잠재적 투자자, 특히 뮤추얼펀드와 같은 대형 기관투자자와 만난다. 종종 인수기관과 회사 경영진은 로드쇼(*road show*)로 알려진 데서 주식을 홍보하며 여러 도시에서 설명회를 한다. 잠재적 투자자는 지급하려는 가격과 특정 가격에 매입하려는 주식 수에 대한 정보를 제공한다. 투자자와 요구하는 가격 및 수량에 대한 정보를 요청하는 과정은 수요예측(*book building*)으로 알려졌다. 보게 되겠지만, 수요예측 과정에도 불구하고 인수기관은 흔히 틀리거나 틀린 것 같은 가격을 받는다.

모집주선 **모집주선(best efforts underwriting)**에서 인수기관은 합의된 공모가에 증권을 매각하기 위해 "최대한 노력"(best efforts)을 하도록 법적으로 구속된다. 이 밖에 인수기관은 발행회사에 어떤 확실한 금액도 보증하지 않는다. 이런 인수의 형태는 매우 드물어졌고 총액인수가 우세한 형태이다.

모집주선
best efforts underwriting
인수기관이 최대한 많은 증권을 매각하나 미매각 증권은 금융상 책임지지 않고 발행회사에 반환할 수 있음.

더치옥션인수 **더치옥션인수(Dutch auction underwriting)**에서 인수기관은 매각할 주식에 대해 고정 가격을 설정하지 않는다. 대신 인수기관은 투자자들이 주식에 입찰하는 경매를 주관한다. 공모가는 응찰가에 기초해 결정된다. 더치옥션은 더 서술적인 명칭인 균일가경매(*uniform price auction*)로도 알려져 있다. 증권을 공모하는 이러한 방식은 IPO 시장에서는 비교적 새로운 방식으로 널리 이용되지는 않았으나 채권시장에서는 매우 흔하다. 예를 들면 막대한 양의 중기채, 장기채, 재정증권을 공모할 때 미국 재무부(U.S. Treasury)가 이용하는 유일한 방식이다.

더치옥션인수
Dutch auction underwriting
공모가가 투자자의 경쟁 입찰가에 기초해서 설정되는 인수방식의 유형. *균일가경매(uniform price auction)*로도 알려졌다.

지금은 알파벳(Alphabet)으로 알려진 검색사이트 회사 구글(Google)이 더치옥션인수의 이용을 선택했기에 이 방식은 2004년에 뉴스에 많이 나왔다. 더치 또는 균일가경매를 이해할 수 있는 가장 좋은 방법으로 간단한 예를 고려한다. 리알컴퍼니(Rial Company)가 400주를 공모하려 한다고 하자. 이 회사는 다음의 다섯 개 입찰을 받았다.

[10] 역주: 주관회사는 최종공모가를 결정하기 전에 시장의 수용가격을 알기 위해 기관투자가들을 대상으로 수요예측(book-building) 활동을 한다.

응찰자	수량	가격
A	100주	$16
B	100주	14
C	200주	12
D	100주	12
E	200주	10

더치옥션 IPO에 대해 모두 배우려면 www.wrhambrecht.com 참조.

그러므로 응찰자 A는 주당 16달러에 100주의 매수를 원하고, 응찰자 B는 주당 14달러에 100주의 매수를 원하며, 다른 응찰자들도 그와 같은 방식으로 매수를 원한다. 회사는 400주 모두 팔 수 있는 가장 높은 가격을 결정하기 위해 입찰을 조사한다. 그래서 예를 들어 14달러에는 A와 B가 200주만 매수할 것이므로 이 가격은 너무 높다. 가격을 낮추어 나가면 가격이 12달러가 될 때까지는 모든 400주가 매각되지 않으므로 12달러가 IPO에서 공모가가 된다. 응찰자 A부터 D까지가 주식을 받을 것이고 응찰자 E는 받지 못할 것이다.

이 예시에는 주시해야 하는 중요한 두 가지가 더 있다. 첫째, 모든 낙찰자는 실제로 더 높은 가격을 입찰했던 응찰자 A와 B조차도 12달러를 지급할 것이다. 모든 낙찰자가 같은 가격을 지급한다는 사실이 "균일가경매"(uniform price auction)라고 이름 붙여진 이유이다. 이러한 경매의 아이디어는 너무 높은 입찰가를 보호해 줌으로써 공격적으로 응찰하도록 응찰자를 부추기는 것이다.

둘째, 12달러의 공모가에 실제로 500주가 입찰해 회사가 팔기를 원했던 400주를 넘어선 점에 주목하자. 그러므로 어떤 형태이든 할당해야 한다. 어떻게 하는가는 약간 다양하나 IPO 시장에서는 공모가 또는 그 이상에 입찰한 주식 대비 공모주식의 비율을 계산(예에서는 400/500 = 0.8)하고 입찰주식의 비율로 할당한다. 즉, 입찰자 A~D는 각각 주당 12달러에 입찰한 주식 수의 80%를 받을 것이다.

그린 슈 조항

그린 슈 조항
Green Shoe provision
발행회사로부터 추가로 주식을 발행가격에 매수하는 옵션을 인수기관에게 주는 계약조항. *초과배정옵션(overallotment option)*이라고도 함.

많은 인수계약에 있는 **그린 슈 조항(Green Shoe provision)**[때로는 초과배정옵션(*overallotment option*)으로 불림]은 발행회사로부터 추가 주식을 공모가에 매수하는 옵션을 인수단의 구성원에게 준다.[11] 기본적으로 모든 IPO와 SEO는 이 조항을 포함하고 있으나 정규채권공모는 일반적으로 아니다. 그린 슈 옵션의 명시적인 이유는 초과수요와 초과청약을 해결하기 위해서이다. 그린 슈 옵션은 통상 약 30일 동안 존속하고 신규로 발행한 주식의 15% 이상을 넘지 않는다.

[11] 그린 슈 조항(*Green Shoe provision*)이라는 용어는 매우 특이하나 기원은 비교적 평범하다. 이 용어는 1963년에 이러한 옵션을 처음으로 부여하였던 회사인 그린 슈 매뉴팩처링 컴퍼니(Green Shoe, Manufacturing Company)의 이름에서 왔다.

시장조성

신주가 최초로 일반인에게 매각한 이후의 기간을 **시장조성**(*aftermarket*)이라고 한다. 주간사는 빈번히 공모에 이어 비교적 단기간에 시장가격을 "안정화"(stabilize)하거나 유지한다. 이것은 사실상 발행주식의 115%를 매각해서 이루어진다. 시장조성 기간에 주가가 오르면 인수기관은 필요한 추가의 15%를 추가로 매수하는 그린 슈 옵션을 행사할 것이다. 그러나 주가가 내리면 인수기관은 공개시장에 개입해 주식을 매수해서 주가를 지지할 것이다. 두 번째 경우에 인수기관은 그린 슈 옵션이 만료되게 한다.[12] 이는 2012년 5월 페이스북의 IPO에서 주관회사 모건스탠리(Morgan Stanley)가 시장에 개입해 주가를 안정시켜야만 했을 때 발생했다. 주식은 42.05달러에 개장했으나 주식거래가 시작된 후 한 시간 이내에 곧 38달러로 떨어졌다. 이 시점에 모건스탠리가 개입해 주당 38달러에서 바닥을 다지기 위해 주식을 매수하기 시작했다.

매도금지협정

비록 법으로 요구하지는 않으나 거의 모든 인수계약은 일명 **매도금지협정(lockup agreements)**을 포함한다.[13] 매도금지협정에서는 IPO 이후에 내부자들이 보유주식의 일부 또는 전부를 매각하기 전에 얼마나 기다려야 하는가를 지정한다. 매도금지기간은 최근에 180일로 상당히 표준화되었다. 그러므로 IPO 이후에 내부자가 6개월이 지날 때까지 주식을 현금화할 수 없어 공개기업에 대해 내부자가 상당한 경제적 이해의 유지를 보장한다.

매도금지협정
lockup agreements
IPO 이후에 내부자들이 주식을 매각할 수 있기 전에 얼마나 기다려야 하는가를 지정한 인수계약의 한 부분.

투자은행에 관해 더 알고 싶으면 메릴린치 웹사이트 www.ml.com 참조.

일반인이 보유한 주식 수를 초과하는 매도가 금지된 주식 수가 드물지 않고 때로는 상당한 배수이기에 매도금지 기간도 역시 중요하다. 매도금지 기간이 만료되는 날에는 매우 많은 수의 주식들이 같은 날에 시장에 나올 것이고 그로 인해 가격을 압박할 가능성이 있다. 증거에 따르면 평균적으로 벤처캐피털이 지원한 회사가 특히 매도금지 종료일에 가치 상실을 경험하는 것 같다.

함구기간

회사가 IPO를 심각하게 고려하기 시작하는 시점부터 IPO 다음 40일까지 미국 증권거래위원회(SEC)는 기업과 인수기관이 "함구기간"(quiet period)의 준수를 요구한다. 이는 일반인과의 모든 의사소통은 정식 발표나 다른 순전히 사실에 입각한 내용으로만 제한해야 함을 의미한다. SEC의 논리는 모든 관련 정보는 발행취지서에 포함되어야 한다는 것이다. 이러한 요구사항의 중요한 결과로 인수기관의 애널리스트는 투자자들에게 종목 추천이 금지된다. 그러나 인수기관들은 함구기간을 마치자마자 통상 우호적인 "매수"(buy) 추천과 함께 일반적으로 조사보고서를 발표한다.

---

[12] 가끔 인수기관에 의한 가격의 안정화가 종료되면 주가가 급격히 하락한다. 그런 경우 월스트리트의 익살꾼들(어떤 주식도 사지 않는 사람들)은 시장조성(aftermarket) 다음에 오는 기간을 여파(*aftermath*)라고 부른다.

[13] 역주: 한국에서는 1999년 8월에 코스닥시장에 매도금지규정을 도입하면서 최대주주 등의 보유주식 매각을 신고 후 6개월로 제한하였다. 그 후 개정을 거쳐 거래소시장(현 유가증권시장)으로 확장했다. 처음에는 최대주주에 대한 보유주식만 매각을 제한했으나 그 후 벤처금융과 등록주선인, 유상증자 등에 관한 규정 등으로 세분화했다. 매도금지규정을 '보호예수규정'이라고도 한다.

함구하지 않는 기업은 IPO가 지연될 수 있다. 예를 들어 구글의 IPO 직전에 동업자인 세르지 브린(Sergey Brin)과 래리 페이지(Larry Page)의 인터뷰가 《플레이보이》(*Playboy*)지에 실렸다. 이 인터뷰는 거의 IPO가 연기될 수 있는 사항이었지만 구글은 (정관을 포함해서!) 발행취지서를 제때 수정할 수 있었다. 그러나 2004년 5월 세일즈포스닷컴(Salesforce.com)의 IPO는 CEO 마크 베니오프(Marc Benioff)의 인터뷰가 《뉴욕타임스》에 실렸기 때문에 연기되었다. 세일즈포스닷컴은 두 달 후에 마침내 공개되었다.

직상장

직상장
direct listing
인수기관을 우회해 회사가 직접 투자자에게 증권을 제안하는 증권모집

기업은 주식이 공개되어 거래되도록 돕기 위해 보통 인수기관을 이용하나 필요한 것은 아니다. 회사가 원하고 증권거래소의 요건을 맞추면 **직상장(direct listing)**할 수 있다. 이 경우에 기업은 인수기관의 마케팅과 다른 도움 없이 주식이 거래소에 상장되도록 처리할 수 있다. 대기업의 직상장은 드물지만 몇십억 달러로 가치가 평가되는 굴지의 음악 스트리밍 회사 스포티파이(Spotify)는 2018년 NYSE에 직상장을 완료했다. 다른 것보다 직상장은 인수수수료와 다른 관련 비용이 없기에 훨씬 덜 비싸다. 이러한 수수료는 다음 절에서 자세히 논의하는데 상당하다.

개념문제 CONCEPT QUESTIONS

15.4a 인수기관(underwriters)은 무엇을 하는가?

15.4b 그린 슈 조항(Green Shoe provision)이란 무엇인가?

15.5 IPO와 저평가

올바른 공모가의 결정은 인수기관이 기업공개에서 해야 하는 가장 어려운 일이다. 공모가가 너무 높거나 낮게 책정되면 발행기업은 잠재적인 비용에 직면한다. 가격이 너무 높게 책정되면 공모는 실패하고 철회되어야 할 수도 있다. 실제 시장가치 이하로 공모가가 책정되면 발행기업의 기존 주주는 본래의 가치보다 낮게 주식을 매각할 때 기회손실을 겪게 될 것이다.

저평가(underpricing)는 아주 흔하다. 저평가는 명백히 새 주주들이 매수한 주식에 더 높은 수익을 나게 한다. 그러나 발행기업의 기존 주주들에게 저평가는 도움이 안 된다. 그들에게 저평가는 신주발행의 간접비용이다. 예를 들어 2014년 9월의 중국 온라인 소매상 알리바바(Alibaba)의 IPO를 보자. 주식은 IPO에서 68달러에 공모했는데 상장 초일 99.70달러까지 올랐다가 93.89달러에 마감해 약 38.1%의 수익이다. 이 숫자에 의하면 알리바바는 주당 약 25.89달러 저평가되었다. 알리바바는 3억 2,010만 주를 매각했기에 회사는 추가의 83억 달러를 놓쳐 기록적인 금액을 "그대로 버렸다"(left on the table). 이 전의 기록은 비자(Visa)가 2008년 IPO에서 세운 51억 달러였다.

더치옥션은 이런 종류의 첫날 뻥튀기("pop") 현상을 없애야 한다. 이전에 논의했듯이

구글은 더치옥션 IPO에서 85달러의 가격에 1,960만 주를 매각했다. 그러나 첫날 주가는 100.34달러에 장을 마감해 18%가 상승했으므로 구글은 추가의 3억 달러를 놓쳤다.

많은 금액을 "그대로 버린" 것 중 하나는 이토이즈(eToys)가 820만 주 공모로 기업공개를 했을 때인 1999년에 발생했다. 주가는 거래 첫날 공모가보다 57달러나 치솟아 이토이즈는 탁자 위에 약 5억 달러를 남겨 놓았음을 의미한다. 회사가 그 돈을 사용할 수도 있었다. 회사는 2년도 안 되어 파산을 신청했다. 2002년 5월에 회사는 공모가를 의도적으로 너무 낮게 책정했다고 주장하며 주간사를 고소하였다.

IPO 정보는 World Wide Web 도처에 있다. 흥미로운 두 사이트는 www.renaissancecapital.com과 www.ipomonitor.com에 있는 IPO Monitor이다.

물론 모든 IPO가 거래 첫날 주가가 오르지는 않는다. 예를 들어 보안회사 ADT는 14달러의 가격으로 2018년 1월 19일에 기업을 공개했다. 회사 주식은 12.65달러에 시작해 12달러로 떨어졌다가 12.29달러로 마감해 IPO 가격에서 약 12% 하락이다.

더 나쁜 운명이 배츠 글로벌마켓(BATS Global Markets)을 기다렸다. 더 나은 대안거래시스템(Better Alternative Trading System)을 뜻하는 배츠(BATS)는 미국 시장의 거래에서 약 11%를 취급하는 전자 주식시장이었다. 2012년 3월 23일 이 회사는 주당 16달러에 630만 주를 매각해 기업공개를 했다. 이 IPO는 BATS 시장에서 이루어진 첫 번째 IPO로 다른 새 IPO를 유인하는 중요한 발걸음이었다. 그러나 BATS 스톡에서 거래된 후 곧 일이 잘못되었다. 거래는 최초공모가보다 낮은 15.25달러에 실행되었다. 9초 이내에 주가는 0.0002센트로 떨어졌다! 30초 후에 BATS 주식에서의 거래는 정지되었고 주식에서 모든 거래는 취소되었으며 IPO는 철회되었다.

저평가의 증거

〈그림 15.2〉는 저평가 현상의 더 일반적인 도해를 제공한다. 이는 SEC에 등록된 IPO 저

그림 15.2 SEC에 등록된 IPO의 월별 평균 상장초일 수익률: 1960~2017

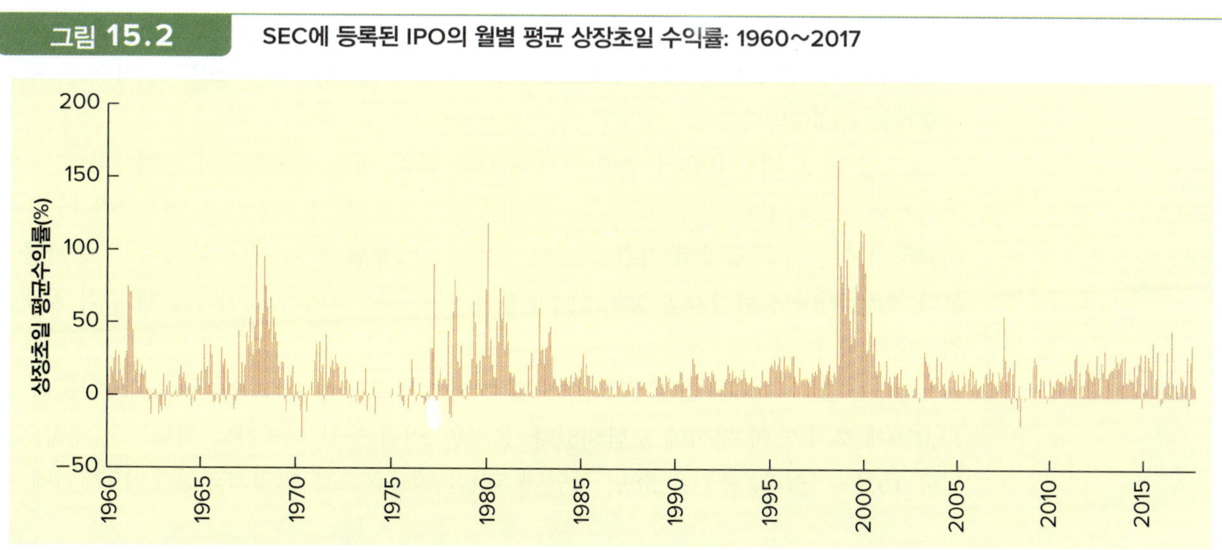

출처: Ibbotson, R. Sindelar, J. L. and Ritter, J. R., "The Market's Problems with the Pricing of Initial Public Offerings," *Journal of Applied Corporate Finance*, vol. 7, Spring 1994, 저자가 최신자료를 추가함.

그림 15.3 SEC에 등록된 IPO의 월별 공모 수: 1960~2017

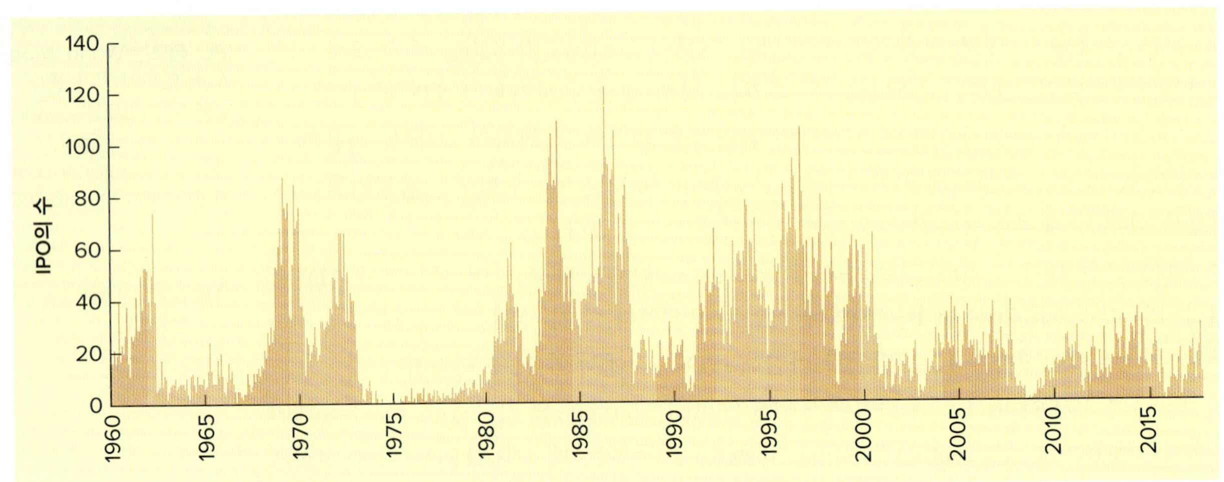

출처: Ibbotson, R. Sindelar, J. L. and Ritter, J. R., "The Market's Problems with the Pricing of Initial Public Offerings," *Journal of Applied Corporate Finance*, vol. 7, Spring 1994, 저자가 최신자료를 추가함.

평가의 월별 역사를 보여 준다.[14] 기간은 1960~2017년이다. 〈그림 15.3〉은 같은 기간 동안 월별 공모주식의 수를 나타낸다.

〈그림 15.2〉는 저평가는 어떤 달에는 100%를 넘어 매우 극적일 수 있음을 보여 준다. 그런 달에는 평균 IPO는 가치가 두 배 이상 되었고 때로는 몇 시간 안에 그랬다. 또한, 저평가의 정도는 시간에 따라 다르고 심하게 저평가된 기간인 "핫 이슈"(hot issue) 시장 다음에는 저평가가 적은 "콜드 이슈"(cold issue) 시장의 기간이 따른다. 예를 들어 1960년대에 평균 IPO는 21.2% 저평가되었다. 1970년대에 평균 저평가는 7.2%로 훨씬 적었고 저평가 금액은 실제로 매우 적었거나 심지어 기간 중 음수인 적도 많았다. 1990~1999년 중 IPO는 평균적으로 21.4% 저평가되었고, 2000~2017년 기간 중 평균 저평가는 15.5%였다.

〈그림 15.3〉에서 IPO의 수도 역시 시간에 따라 매우 변동적임이 명백하다. 더욱이 저평가의 정도와 IPO의 수 모두에는 뚜렷한 주기가 있다. 〈그림 15.2〉와 〈그림 15.3〉을 비교하면 상당히 저평가된 기간에 이어 대략 6~12개월 후에 새 공모의 수가 증가함을 본다. 이는 아마도 회사가 시장이 신주발행에 매우 수용적이라고 인식할 때 주식 공개를 결정하기 때문이다.

〈표 15.2〉는 1960~2017년의 연도별 저평가의 요약을 담고 있다. 표시되었듯이 총 13,079개 회사가 이 분석에 포함되었다. 분석한 58년 동안 저평가의 정도는 전체적으로 평균 16.8%이었다. 증권은 58년 동안에 5번만 평균적으로 고평가되었다. 1973년에 평

[14] 여기서 설명하는 내용은 다음 논문에서 발췌했다. Jay R. Ritter, "Initial Public Offerings," *Contemporary Finance Digest* 2 (Spring 1998).

표 15.2 IPO 공모수, 평균 상장초일 수익률, IPO 총금액: 1960~2017

연도	공모수*	평균초일 수익률%†	총공모액 $100만‡	연도	공모수*	평균초일 수익률%†	총공모액 $100만‡
1960	269	17.8	553	1993	527	12.7	31,756
1961	435	34.1	1,243	1994	410	9.8	17,418
1962	298	−1.6	431	1995	464	21.1	28,017
1963	83	3.9	246	1996	689	17.3	42,428
1964	97	5.3	380	1997	485	13.9	32,547
1965	146	12.7	409	1998	308	20.3	34,400
1966	85	7.1	275	1999	484	69.7	64,809
1967	100	37.7	641	2000	382	56.2	64,931
1968	368	55.9	1,205	2001	79	14.2	34,241
1969	780	12.5	2,605	2002	70	8.6	22,136
1970	358	−.7	780	2003	68	11.9	10,075
1971	391	21.2	1,655	2004	181	12.3	31,663
1972	562	7.5	2,724	2005	167	10.1	28,577
1973	105	−17.8	330	2006	162	11.9	30,648
1974	9	−7.0	51	2007	160	14.0	35,704
1975	12	−.2	261	2008	21	5.7	22,762
1976	26	1.9	214	2009	42	10.6	13,296
1977	15	3.6	128	2010	100	9.2	30,708
1978	19	12.6	207	2011	82	13.2	27,750
1979	39	8.5	313	2012	105	17.1	32,074
1980	71	13.9	905	2013	162	20.9	39,093
1981	193	6.2	2,313	2014	225	14.9	46,967
1982	79	10.5	1,012	2015	122	18.1	22,020
1983	521	8.9	11,418	2016	78	14.4	12,843
1984	213	2.8	2,608	2017	119	12.4	25,596
1985	217	6.5	4,848	1960~1969	2,661	21.2	7,988
1986	478	6.1	15,549	1970~1979	1,536	7.2	6,663
1987	337	5.7	12,623	1980~1989	2,365	6.9	61,271
1988	132	5.4	4,089	1990~1999	4,192	21.4	294,890
1989	124	7.8	5,906	2000~2009	1,332	24.5	294,033
1990	116	10.4	4,334	2010~2017	993	15.5	237,051
1991	293	11.8	16,431	1960~2017	13,079	16.8	901,896
1992	416	10.2	22,750				

*공모주 수는 공모가가 5달러 이하인 IPO, 미국 예탁증서(ADRs), 모집주선공모, 단위공모, 레귤레이션 A 공모(1980년대에 150만 달러 이하를 조달한 소규모 발행), 부동산투자신탁(real estate investment trusts: REITs), 합자회사, 폐쇄형 펀드를 제외하였다. 은행과 S&Ls 그리고 non-CRSP-listed IPOs는 포함되었다.

†초일 수익률은 공모가로부터 첫날 종가의 퍼센트 수익률로 계산했다.

‡총조달금액에서 초과배정옵션은 제외했으나 분할발행인 인터내셔널 트란셰(tranche)는 있다면 포함했다. 인플레이션 조정은 하지 않았다.

출처: 1960~1974년 자료는 다음의 논문에 있는 Table 1에서 발췌했다. Ibbotson, R. Sindelar, J. L. and Ritter, J. R., *Journal of Applied Corporate Finance* 논문, "The Market's Problems with the Pricing of Initial Public Offerings," vol. 7, Spring 1994, 66-74. 1975~2017년 자료는 Thomson Financial Dealogic 그리고 다른 원천을 이용한 Ritter, Jay R.이 편집했다. 1975~1992년의 숫자는 출판된 논문은 Nasdaq, the Amex 또는 NYSE(주로 페니스톡)에 상장 자격을 갖추지 못한 IPO를 포함했기에 *JACF* 논문에 보고된 것과 다르다.

균 가치 감소는 −17.8%이었다. 다른 극단으로 1999년에는 484개의 발행이 평균적으로 놀랍게도 69.7%나 저평가되었다. 근처의 *Finance Matters*(재무사안) 박스는 IPO 저평가가 미국에만 국한되지 않고 글로벌 현상인 것 같음을 보여 준다.

IPO 저평가: 1999~2000년의 경험

〈그림 15.2〉, 〈그림 15.3〉과 함께 〈표 15.2〉는 1999년과 2000년이 IPO 시장에서 특별한 해였음을 보여 준다. 두 해에 866사가 기업공개를 했고 2년에 걸쳐 평균 상장초일 수

FINANCE MATTERS

전 세계의 IPO 저평가

미국만이 주식의 최초공모주(IPO)가 저평가되는 것은 아니다. 비록 저평가의 정도는 국가마다 다르더라도 이런 현상은 주식시장이 있는 모든 국가에 존재한다.

일반적으로 선진자본시장의 저평가는 신흥시장보다 더 완화되었다. 그러나 1999~2000의 인터넷 버블 기간 중 선진자본시장의 저평가는 극적으로 상승했다. 예를 들어 미국에서 1999~2000 기간 중 평균 상장초일(first-day) 수익률은 65%였다. 선진자본시장에서의 저평가가 증가하던 같은 시기에 중국 거주자에게 매각된 IPO의 저평가는 완화되었다. 중국의 평균은 단지 118%로 줄었는데 이는 1990년대 초반과 중반보다 낮다. 2000년대 중반 인터넷 버블이 꺼진 후 미국, 독일 그리고 다른 선진자본시장에서의 저평가 수준은 전통적인 수준으로 돌아왔다.

다음의 표는 다양한 학자들의 수많은 연구를 수집한 숫자로 세계 각국 IPO의 평균 상장초일 수익률을 요약한다.

국가	표본수	기간	평균 최초수익률	국가	표본수	기간	평균 최초수익률
아르헨티나	26	1991~2013	4.2%	말레이시아	474	1980~2013	56.2%
오스트레일리아	1,562	1976~2011	21.8	모리티우스	40	1989~2005	15.2
오스트리아	103	1971~2013	6.4	멕시코	123	1987~2012	11.6
벨기에	114	1984~2006	13.5	모로코	33	2004~2011	33.3
브라질	275	1979~2011	33.1	네덜란드	181	1982~2006	10.2
불가리아	9	2004~2007	36.5	뉴질랜드	242	1979~2013	18.6
캐나다	743	1971~2016	6.5	나이지리아	122	1989~2013	13.1
칠레	81	1982~2013	7.4	노르웨이	209	1984~2013	8.1
중국	3,116	1990~2016	145.4	파키스탄	80	2000~2013	22.1
사이프러스	73	1997~2002	20.3	필리핀	155	1987~2013	18.1
덴마크	164	1984~2011	7.4	폴란드	309	1991~2012	13.3
이집트	62	1990~2000	10.4	포르투갈	32	1992~2013	11.9
핀란드	168	1971~2003	16.9	러시아	64	1999~2013	3.3
프랑스	697	1983~2010	10.5	사우디 아라비아	80	2003~2011	239.8
독일	779	1978~2014	23.0	싱가포르	609	1973~2013	25.81
그리스	373	1976~2013	50.8	남아프리카	316	1980~2013	17.4
홍콩	1,486	1980~2013	15.8	스페인	143	1986~2013	10.3
인도	2,983	1990~2014	88.0	스리랑카	105	1987~2008	33.5
인도네시아	464	1990~2014	24.9	스웨덴	405	1980~2015	25.9
이란	279	1991~2004	22.4	스위스	164	1983~2013	27.3
아일랜드	38	1991~2013	21.6	대만	1,620	1980~2013	38.1
이스라엘	348	1990~2006	13.8	태국	500	1987~2012	35.1
이탈리아	312	1985~2013	15.2	터키	355	1990~2011	10.3
일본	3,488	1970~2016	44.7	영국	4,932	1959~2012	16.0
요르단	53	1999~2008	149.0	미국	13,079	1960~2017	16.8
한국	1,758	1980~2014	58.8				

출처: 플로리다 대학교의 Joseph B. Cordell 석좌교수 Jay R. Ritter. 그는 신주발행과 기업공개에 통찰력 있는 분석으로 유명한 석학이다.

익률이 약 65%였다. 이 기간에 194개의 IPO는 첫날 가치가 두 배 또는 그 이상이 되었다. 반면에 그 이전 24년을 합해서 39개만이 그랬다. 한 회사 브이에이 리눅스(VA Linux)가 698% 솟았다!

2000년에 조달된 자금 649억 달러는 기록이었고 1999년이 근접해서 뒤따랐다. 저평가는 1999년에 매우 심해서 회사들은 다른 360억 달러를 그대로 버렸는데 이는 1990년부터 1998년까지를 합한 것보다도 훨씬 많은 금액이고, 2000년에는 그 금액이 적어도 270억 달러나 되었다. 다시 말해서 지난 2년 동안 회사들은 저평가 때문에 630억 달러를 놓쳤다.

1999년 10월 19일은 이 기간에서 더 기억에 남을 날 중의 하나였다. 세계레슬링연맹(World Wrestling Federation: WWF)(지금은 World Wrestling Entertainment 또는 WWE로 알려짐)과 마르샤 스튜어트 옴니미디아(Martha Stewart Omnimedia)는 모두 기업을 공개해 마르샤 스튜어트 대 "스톤 콜드" 스티브 오스틴("Stone Cold" Steve Austin)이 월스트리트에서 MTV의 유명인사 죽음의 경기(*Celebrity Deathmatch*)를 벌이게 되었다. 마르샤 스튜어트는 첫날에 98%의 이득으로 48%의 이득을 본 WWF를 꺾었다. 만약 IPO가 최근에 어떠했는가를 알고 싶으면 근처의 *Work the Web*(워크더웹) 박스를 살펴보자.

2001년 IPO 시장은 심각하게 얼어붙었다. 많은 목격자는 이제 1999~2000 기간을 인터넷 "거품"(bubble) 기간이라고 일컫는다. 여기서 거품(*bubble*)이라는 용어는 불합리하고 지탱할 수 없을 수준으로 가격이 갑자기 급등한 상황을 일컫는다. 예를 들어 1999

WORK THE WEB

그러면 때때로 IPO가 버는 고수익에 열광하는가? 최근 NASDAQ IPO의 성과가 어떤지 궁금한가? www.nasdaq.com/markets/ipos/performance.aspx에서 찾을 수 있다. 웹사이트에서 IPO 이후의 1일, 30일, 60일, 6개월 성과를 분류할 수 있다. 웹사이트에 가면 다음이 발견한 일부이다.

출처: nasdaq.com

(계속)

보다시피 티디에이치 홀딩스(TDH Holdings)는 IPO 후 30일에 460% 올랐고 젠프렉스(Genprex)는 거래 첫 30일에 약 204% 올랐다.

질문 QUESTIONS

1. *www.nasdaq.com/markets/ipos/performance.aspx에 가서 1일, 30일, 60일, 6개월 성과가 가장 높은 회사를 찾아보자. 가장 최근의 수익을 상기 수익과 비교하면 어떠한가? 어느 회사가 가장 큰 첫날 하락을 보였는가?*
2. *www.ipomonitor.com에 가서 IPO를 등록했으나 아직 거래가 시작되지 않은 기업들을 찾아보자.*

년 동안 공개기업 중 323개사가 인터넷 사업에 주력하거나 제품이 컴퓨터나 네트워크에 사용되는 회사를 의미하는 인터넷 IPO로 고려되었다. 2001년 4월에는 1999개 인터넷 IPO 중 12개 또는 4%만이 공모가보다 높게 거래되고 오직 4개 또는 1%만이 첫날 종가보다 높게 거래되었다. 이것이 진짜 거품인가? 최소한 경제적 현실성과 융화하기 매우 어려운 가치평가의 경우들이 있다고 말하겠다. 근처의 *Finance Matters*(재무사안) 박스에서 가장 악명 높은 사례 중 하나인 포켓용 컴퓨터 제조업체 팜(Palm, Inc.)의 사례를 논의한다.

부분조정 현상

회사가 증권신고서를 SEC에 제출할 때 절차의 어느 시점에 주식을 공모할 예정인 주가의 범위를 표명할 것이다. 이 범위는 "희망 공모가 범위"(file price range) 또는 그런 효과의 단어로 불린다. 10~12달러의 가격 범위가 일반적이나 많은 다른 범위도 존재한다. 예를 들어 드롭박스가 처음 IPO를 제출했을 때 예상 가격을 16~18달러 범위를 표명했다.

회사의 주식을 투자자에게 매각하기 직전에 최종 IPO 공모가격이 결정된다. 〈표 15.3〉의 패널 A에서 보듯이 가격은 회사가 원래 표명한 가격 범위보다 높거나 범위 이내이거나 낮을 수 있다. 1980~2017년 기간에 IPO의 48%는 범위 이내, 28%는 아래 23%는 위에 있었다.

〈표 15.3〉의 패널 B는 매우 흥미롭고 명확한 패턴을 보여 준다. IPO 저평가는 공모가가 희망 공모가 범위보다 높을 때 훨씬 더 심하다. 다시 1980~2017년 기간에 희망 공모가 범위보다 낮게 가격을 정한 기업은 단 3%만 저평가된 데 비해 희망 공모가 범위보다 높게 가격을 정한 IPO는 평균적으로 50% 저평가되었다. 1999~2000년 기간이 다시 두드러졌다. 희망 공모가 범위 위로 "발사된" 발행은 평균적으로 122%나 저평가되었다!

이런 패턴은 "부분조정"(partial adjustment) 현상으로 알려졌다. 이 명칭은 기업이

FINANCE MATTERS

팜(Palm, Inc.)의 (잘못된) 가격책정

수익성 좋은 컴퓨터 네트워크 관련 제품 및 서비스 공급업체인 쓰리콤(3Com, Inc.)은 한때 팜(Palm)의 지분 전체를 소유했다. 2000년 3월 2일 쓰리콤은 IPO를 통해 팜의 지분 5%를 공개 매각했다. 한 회사가 자회사의 주식 일부(보통 소수지분)를 매각하는 형태의 IPO를 "분리공개" 또는 "카브아웃"(carve-out)이라고 하는데 드문 사건은 아니다.[15]

분리공개 이후 어느 시점에서 모회사는 종종 남아 있는 자회사의 주식을 주주들에게 나눠 줄 것이다. 이러한 거래를 '분리설립' 또는 *스핀오프(spin-off)*라고 부른다. 팜의 경우 쓰리콤은 연말 전에 남아 있는 팜 주식을 주주들에게 스핀오프하기로 계획했다. 이 계획에 따르면 쓰리콤 주주들은 각자 소유한 쓰리콤 주식 한 주당 팜 주식 약 1.5주를 받을 것이다. 그러므로 IPO 후에 투자자들은 팜 주식을 직접 매수할 수도 있었고 쓰리콤 주식을 매수하고 잠시 기다림으로써 간접적으로 팜 주를 매수할 수도 있었다.

여기 흥미로운 점이 있다. 쓰리콤 주식의 소유자는 궁극적으로 팜의 주식 1.5주를 획득하기에 쓰리콤 주식 한 주는 적어도 팜의 주식 1.5주의 가치가 있어야 하는데 과연 맞는가? 사실상 쓰리콤의 다른 사업이 수익성이 좋으면 쓰리콤 주가는 팜 주가의 1.5배보다 훨씬 위여야 한다.

그렇게 되지는 않았다. 팜의 IPO 전날 쓰리콤은 주당 104.13달러에 장을 마감했다. 거래 첫날 후 팜은 주당 95.06달러에 장을 마감해 쓰리콤 주가가 적어도 145달러로 비약해야 함을 의미한다. 대신 쓰리콤은 81.81달러로 떨어졌다. 다음 날 *《월스트리트저널》(The Wall Street Journal)*이나 다른 보도에서는 터무니없는 가격 결정을 두드러지게 다루었으므로 비밀도 아니었다. 금방 알 수 있음에도 이러한 현상은 수개월 지속했다.

이러한 가격에 따르면 주식시장은 쓰리콤의 팜 이외 사업에 마이너스의 가치를 부여한 셈이다. 적어도 145달러에 매매되어야 할 때 쓰리콤 주식은 주당 약 82달러에 매매되었기에 시장은 쓰리콤의 모든 팜 이외 사업에 주당 −63달러($82 − $145 = −$63) 또는 모두 합쳐 약 −220억 달러의 가치를 두었다. 물론 주가는 음수일 수 없으므로 팜 주가가 쓰리콤 주가와 비교해 너무 높았음이 합리적인 해석일 것이다.

팜과 같은 에피소드는 드물지만 팜의 IPO와 같은 기간에 명백한 마이너스 가치를 보인 적어도 5개의 경우가 있었다. 모든 경우에 있어서 마이너스 가치는 점차 사라졌으므로 잘못된 가치는 정정되었으나 각각의 경우 시간이 걸렸다.

[15] 역주: 기업이 주식을 처분해 자산규모를 축소하는 다른 방법에는 분리공개(carve-out)와 분리설립(spin-off) 이외에 분할설립(split-off), 소멸분할(split-up), 지분매각(stock sale), 영업양도(asset sale)가 있다. 분리설립은 자회사의 주식을 모회사 주주들에게 지분비율대로 나누어주는 인적분할이다. 분할설립은 자회사 주식을 받는 대가로 모회사 주식을 지급하는 주식교환 거래로 감자를 수반한 인적분할이다. 인적분할이 되면 법적으로 독립된 회사가 되는 수평적 분할법이다. 상법에서 예외로 규정하는 물적분할은 기업을 분리할 때 신설법인인 자회사의 주식을 모두 모회사가 보유하는 수직적 분할법이다.

IPO 공모가를 올릴 때 부분적으로만 해서 가격을 충분히 높여서 정하지는 않음을 의미한다. 드롭박스 사례에서 최종공모가는 21달러로 원래의 희망가격 범위보다 훨씬 높았으나 충분하게 높지는 않았다. 이 주식은 2018년 3월 23일 상장초일에 31.60달러로 껑충 뛰었다가 28.48달러로 마감했다.

왜 부분조정 현상이 존재하는가? 그 답은 모른다. 질문은 다음에 고려할 IPO 저평가가 왜 존재하는가의 더 광범위한 질문과 관련이 있다.

저평가가 왜 존재하는가?

앞에서 살펴본 증거에 의하면 당연한 질문은 왜 저평가가 계속해서 존재하는가이다. 논의했듯이 다양한 설명이 있으나 지금까지 어느 것이 옳은지 학자들 사이에 완전한 합의는 없다.

표 15.3

IPO 저평가와 희망 공모가 범위

	이하	범위 내	이상
A. 희망 공모가 범위 대비 IPO의 퍼센트			
1980~1989	30%	57%	13%
1990~1998	27	49	24
1999~2000	18	38	44
2001~2017	35	44	21
1980~2017	29	48	23
B. 희망 공모가 범위 대비 평균 상장초일 수익률			
1980~1989	0%	6%	20%
1990~1998	4	11	31
1999~2000	8	26	122
2001~2017	3	11	37
1980~2017	3	11	50

출처: 플로리다 대학교 Jay R. Ritter 교수

앞의 논의에 두 가지 중요한 주의사항을 강조함으로써 저평가 수수께끼에 대한 몇 가지 단서를 제시한다. 첫째, 지금까지 검토한 평균값들은 확연한 저평가 대부분이 규모가 더 작고 더 심하게 투기적인 공모 때문이라는 사실을 숨기는 경향이 있다. 이 점은 1980~2014년 기간 중의 8,360개 기업의 저평가 정도를 보여 주는 〈표 15.4〉에 나타나 있다. 여기서는 IPO 이전 12개월의 총매출을 기준으로 그룹화했다.

표 15.4 **IPO를 매출액으로 분류한 평균 초일 수익률: 1980~2017***

	1980~1989		1990~1998		1999~2000		2001~2017	
발행기업의 연매출액	기업 수	평균 초일 수익률	기업 수	평균 초일 수익률	기업 수	평균 초일 수익률	기업 수	평균 초일 수익률
$0 ≤ 매출액 ≤ $10m	425	10.3%	741	17.2%	331	68.9%	372	9.6%
$10m ≤ 매출액 ≤ $20m	242	8.6	393	18.5	138	81.4	82	13.6
$20m ≤ 매출액 ≤ $50m	501	7.8	789	18.8	154	75.5	217	14.8
$50m ≤ 매출액 ≤ $100m	356	6.3	590	12.8	86	62.2	284	20.5
$100m ≤ 매출액 ≤ $200m	234	5.1	454	11.8	56	35.8	241	17.9
$200m ≤ 매출액	290	3.4	646	8.7	91	25.0	647	11.8
합계	2,048	7.2	3,613	14.8	856	64.6	1,843	13.9

*매출액은 공개 직전 12개월간을 백만 단위로 측정되었다. 모든 매출액은 소비자물가지수를 이용하여 2003년의 구매력으로 전환하였다. 공모가가 주당 5달러 이하인 IPO를 제외하면 8,360개의 IPO가 있다. 평균 상장초일 수익률은 17.8%이다.

출처: 플로리다 대학교 Jay R. Ritter 교수

〈표 15.4〉에서 알 수 있듯이 IPO 이전의 매출이 비교적 적은 기업이 저평가가 더 심한 경향이 있다. 이런 기업들은 젊은 기업인 경향이 있고, 이런 젊은 기업은 매우 리스크가 높은 투자가 될 수 있다. 이런 기업들은 투자자를 유치하기 위해서 평균적으로 상당히 저평가해야 한다는 주장이 저평가 현상에 대한 하나의 설명이다.

둘째 주의사항은 비교적 적은 수의 IPO 구매자들이 실제로 IPO에서 관찰된 최초의 높은 수익률을 얻을 것이고 많은 사람은 실제로 손실이 날 것이라는 점이다. IPO의 최초수익률이 평균적으로 플러스임이 사실이지만 상당한 비율은 가격이 하락한다. 더욱이 가격이 너무 낮을 때에는 종종 "초과청약"(oversubscribed)될 것이다. 투자자들은 원하는 주식을 모두 구매할 수 없으며 인수기관들은 투자자들에게 주식을 할당할 것이라는 의미다.

보통의 투자자는 가격이 상승하는 "성공적인" 공모주는 주위에 주식이 충분하지 않을 것이기에 주식취득이 어려움을 발견할 것이다. 반면에 맹목적으로 IPO에 청약한 투자자는 가격이 내려가는 공모에서 더 많은 주식을 갖게 되는 경향이 있다.

설명을 위해 두 투자자의 이야기를 고려하자. 스미스는 보난자 코퍼레이션(Bonanza Corporation) 주식이 공모되었을 때 그 가치를 매우 정확하게 안다. 그녀는 주식이 저평가되었다고 확신한다. 존스는 IPO가 보통 저평가된다는 것만 알고 있다. 이런 정보를 갖고 존스는 모든 IPO 주식 1,000주 매수를 결정했다. 그는 기업공개에서 실제로 비정상적인 고수익을 얻겠는가?

답은 '아니다'로 적어도 하나의 이유는 스미스이다. 스미스는 보난자 코퍼레이션에 대해 잘 알고 있기에 모든 자금을 보난자 IPO에 투자한다. 발행증권이 초과해서 청약되면 인수기관은 스미스와 존스에게 주식을 어떻게 하든 할당해야 한다. 그 결과는 발행증권이 저평가될 때 존스는 원하는 만큼을 매수하지 못한다.

스미스는 또한 블루 스카이 코퍼레이션(Blue Sky Corporation) IPO가 고평가되어 있음을 안다. 이 경우 그녀는 IPO 모두를 피하고 존스는 1,000주 모두를 매수하게 된다. 이 이야기를 요약하면 존스는 정보가 더 많은 투자자가 저평가된 발행증권을 사기 위해 모여들면 적은 수의 주식을 갖고 영리한 투자자들이 발행증권을 피할 때 원하는 주식을 모두 갖는다.

이것은 "승자의 저주"(winner's curse)의 예로 IPO가 왜 그렇게 많은 평균 수익이 나는가의 또 다른 이유로 생각된다. 평균적인 투자자들이 "승리"하고 전체 배정을 받을 때 이는 보다 잘 아는 투자자들이 그 발행증권을 피하기 때문일 것이다. 인수기관이 승자의 저주를 중화하고 평균적인 투자자를 유치할 수 있는 유일한 방법은 평균적인 투자자가 여전히 이익을 낼 수 있도록 신주를 평균적으로 저평가하는 것이다.

저평가에 대한 마지막 이유는 저평가가 투자은행에게 일종의 보험이라는 것이다. 상상해 보면 증권을 일관되게 고평가하면 투자은행은 화가 난 고객들로부터 성대히 기소될 것이다. 저평가는 고객들이 적어도 평균적으로는 이익을 보고 끝날 것임을 보장한다.

개념문제 CONCEPT QUESTIONS

15.5a 저평가(underpricing)는 발행기업에는 왜 비용인가?

15.5b 증권회사가 느닷없이 전화해서 신규 발행에서 "원하는 만큼의 주식"을 팔겠다고 제안했다. 당신은 이 발행증권이 평균보다 더 또는 덜 저평가될 것으로 생각하는가?

15.6 신주발행과 기업가치

전에 논의했듯이 유통증권이 이미 있는 기업이 공모하는 유상증자(seasoned equity offerings: SEOs)를 이제 고려할 차례이다. 기업은 NPV가 양수인 프로젝트를 모두 취합한 후에 신규 장기자금을 마련한다고 믿는 것이 타당할 듯하다. 그 결과 외부자금이 발표되면 기업의 시장가치는 상승해야 한다. 흥미롭게도 이런 일이 미국에서는 일어나지 않는다. 부채자금의 발표로 주가가 크게 변동하지 않으나 신주발행을 발표하면 주가가 하락하는 경향이 있다. 많은 학자가 이 주제를 연구했다. 이러한 이상한 결과에 대한 그럴듯한 이유는 다음을 포함한다.

1. **경영자 정보.** 경영진이 기업의 시장가치에 대해 우월한 정보가 있다면 기업이 과대평가되었을 때를 알 수도 있다. 그렇다면 시장가치가 정확한 가치를 초과할 때 신주발행을 시도할 것이다. 이는 기존 주주들에게 이득일 것이다. 그러나 잠재적인 신주주들은 어리석지 않아서 이러한 우월한 정보를 예측해 신주발행일에 낮은 시장가격으로 할인할 것이다.
2. **부채사용.** 회사의 신주발행은 회사의 부채가 너무 많거나 유동성이 아주 부족함을 알릴 수 있다. 이러한 주장의 한 설명은 주식발행은 시장에서 나쁜 신호라고 말한다. 결국, 신규 프로젝트가 괜찮으면 기업이 왜 신주주들을 끌어들이겠는가? 그냥 부채를 발행해 기존 주주가 이익 모두를 갖게 할 수 있다.
3. **발행비용.** 다음에 논의하듯이 증권 매각과 관련해 상당한 비용이 든다.

신주발행 발표 후에 기존 주식의 가치 하락은 증권 매각의 간접적 비용의 예이다. 주가 하락은 보통 산업계 주식회사에는 대략 3% 정도(공익기업의 경우 다소 더 작다)일 것이므로 대기업에는 상당한 금액이다. 이어지는 신주발행 비용의 논의에서 주가 하락을 **비정상수익률**(*abnormal return*)이라고 하겠다.

개념문제 CONCEPT QUESTIONS

15.6a 신주발행 발표 후 주가 하락의 가능한 몇 가지 이유는 무엇인가?

15.6b NPV의 값이 양수인 투자가 있는 기업이 주식 대신 부채로 자금을 조달할 것으로 예상하는 이유를 설명하라.

15.7 증권 발행비용

일반인에게 증권발행은 무상이 아니며 다른 방법의 비용은 어떤 방법을 이용할 것인가에 중요한 결정요인이다. 신주 발행(*floating*)과 관련된 비용을 일반적으로 발행비용(*flotation costs*)이라고 한다. 여기서는 주식공모와 관련된 발행비용을 자세히 살펴본다.

주식을 매각하는 비용은 다음 표로 분류되고 다음의 6개 범주에 속한다. (1) 스프레드, (2) 기타 직접비용, (3) 간접비용, (4) 비정상수익률(전에 논의), (5) 저평가, (6) 그린 슈 옵션.

증권 발행비용	
1. 스프레드	스프레드는 발행기업이 인수단 신디케이트에게 지급하는 직접수수료로 이루어져 있는데 발행기업이 받는 가격과 공모가격의 차이이다.
2. 기타 직접비용	인수기관에 대한 보상의 일부가 아닌 것으로 발행기업이 발생하는 직접비용이다. 이 비용은 등록비, 법률비용, 세금으로 모두 발행취지서(prospectus)에 보고된다.
3. 간접비용	이 비용들은 발행취지서에 보고되지 않는데 신주발행 업무에 투입된 경영진의 시간에 대한 비용을 포함한다.
4. 비정상수익률	유상증자에서 기존 주식의 가격은 발행 발표일에 평균적으로 3% 정도 하락한다. 이 하락을 비정상수익률이라고 한다.
5. 저평가	IPO에서 주식을 실제 가치 이하로 매각해서 발생한 손실이다.
6. 그린 슈 옵션	그린 슈 옵션은 인수기관이 초과배정을 처리하기 위해 공모가에 추가 주식을 매수할 권리를 부여한다.

〈표 15.5〉는 1990년에서 2008년까지 19년 동안 미국 회사들이 판매한 IPO, SEO, 일반사채, 전환사채로 조달한 총금액에 대한 비율로 직접비용만을 보고한다. 간접비용, 그린 슈 조항의 비용, (IPO의) 저평가 그리고 (SEO의) 비정상수익률은 포함되지 않는다.

〈표 15.5〉에 보이다시피 특히 1,000만 달러 이하의 소규모 발행은 직접비용만도 매우 클 수 있다. 예를 들어 소규모의 IPO에서 총 직접비용은 조달금액의 25.22%에 해당한다. 이는 회사가 1,000만 달러의 주식을 매각하면 약 750만 달러만을 받고 나머지 250만 달러는 인수스프레드와 다른 직접비용으로 간다는 의미다. IPO에서 전형적인 인수스프레드는 대규모 공모의 약 5%부터 소규모 공모의 10%까지의 범위지만 〈표 15.5〉에 있는 IPO의 약 절반은 스프레드가 정확히 7%이므로 단연코 가장 일반적인 스프레드이다. 근처의 *Finance Matters*(재무사안) 박스는 특정 회사의 자세한 예를 제공한다.

전체적으로 〈표 15.5〉에는 네 가지의 확실한 패턴이 있다. 우선, 나중에 자세히 언급할 일반사채발행을 예외로 하면 상당한 규모의 경제가 있다. 인수기관 스프레드는 대규모의 발행에서는 더 작고 기타 직접비용은 대부분 고정비용의 특성을 반영해 조달금액에 대한 비율은 급격히 떨어진다. 둘째, 채권매각과 관련된 비용은 주식매각 비용보다 상당히 적다. 셋째, IPO는 SEO보다 비용이 더 드나 그 차이는 원래 추측한 만큼 크지는 않다. 마지막으로 일반사채는 전환사채보다 발행이 저렴하다.

앞에서 설명했듯이 IPO의 저평가는 발행기업의 추가적 비용이다. 기업공개 총비용

표 15.5 미국에서 영업하는 기업이 공모한 주식(IPOs, SEOs), 일반사채, 전환사채의 총 조달금액 대비 직접비용 비율: 1990~2008

	IPOs				SEOs			
총 조달금액 ($백만)	발행 수	총 스프레드	기타 직접비용	총 직접비용	발행 수	총 스프레드	기타 직접비용	총 직접비용
2.00~9.99	1,007	9.40%	15.82%	25.22%	515	8.11%	26.99%	35.11%
10.00~19.99	810	7.39	7.30	14.69	726	6.11	7.76	13.86
20.00~39.99	1,422	6.96	7.06	14.03	1,393	5.44	4.10	9.54
40.00~59.99	880	6.89	2.87	9.77	1,129	5.03	8.93	13.96
60.00~79.99	522	6.79	2.16	8.94	841	4.88	1.98	6.85
80.00~99.99	327	6.71	1.84	8.55	536	4.67	2.05	6.72
100.00~199.99	702	6.39	1.57	7.96	1,372	4.34	0.89	5.23
200.00~499.99	440	5.81	1.03	6.84	811	3.72	1.22	4.94
500.00 이상	155	5.01	0.49	5.50	264	3.10	0.27	3.37
총계/평균	**6,265**	**7.19**	**3.18**	**10.37**	**7,587**	**5.02**	**2.68**	**7.69**
	일반사채				전환사채			
2.00~9.99	3,962	1.64	2.40%	4.03	14	6.39	3.43	9.82
10.00~19.99	3,400	1.50	1.71	3.20	23	5.52	3.09	8.61
20.00~39.99	2,690	1.25	0.92	2.17	30	4.63	1.67	6.30
40.00~59.99	3,345	0.81	0.79	1.59	35	3.49	1.04	4.54
60.00~79.99	891	1.65	0.80	2.44	60	2.79	0.62	3.42
80.00~99.99	465	1.41	0.57	1.98	16	2.30	0.62	2.92
100.00~199.99	4,949	1.61	0.52	2.14	82	2.66	0.42	3.08
200.00~499.99	3,305	1.38	0.33	1.71	46	2.65	0.33	2.99
50.00 이상	1,262	0.61	0.15	0.76	7	2.16	0.13	2.29
총계/평균	**24,268**	**1.38**	**0.61**	**2.00**	**313**	**3.07**	**0.85**	**3.92**

출처: Lee, I., Lochhead, S., Ritter, J. and Zhao, Quanshui, "The Costs of Raising Capital," *Journal of Financial Research*, vol. 1, Spring 1996. 저자가 계산해 업데이트했다.

FINANCE MATTERS

IPO의 해부학

2018년 6월 29일 미국 유타 주 아메리칸 포크(American Fork)에 소재 기업 커뮤니케이션 회사 도모(Domo, Inc.)는 IPO로 공개했다. 도모는 주당 21달러의 가격에 920만 주를 발행했다. IPO의 주관회사는 제이엠피 시큐리티즈(JMP Securities)과 윌리엄블레어&컴퍼니(William Blair & Company)였고 다른 투자은행의 신디케이트가 보조했다. 비록 IPO로 총 1억 9,320만 달러를 조달했으나 도모는 비용을 제한 후 약 1억 7,570만 달러만을 가졌다. 가장 큰 비용은 7%의 인수 스프레드로 이 규모의 공모에서는 보통이다. 도모는 920만 주를 주관회사에 주당 19.53달러에 매각했고 주관회사는 다시 이 주식들을 일반인에게 주당 21.00달러에 매각했다.

그러나 더 있다. 도모는 SEC 등록비로 28,979달러, 기타 등록비로 35,414달러, 나스닥 글로벌마켓(NASDAQ Global Market) 상장에 152,500달러를 지출했다. 회사는 또한 법률 수수료로 180만 달러, 필요한 회계감사 수수료 1,570,000달러, 주식의 물리적 인도와 주주명부 유지를 위해 명의이전 대리인에게 4,000달러, 인쇄 및 판각비 185,000달러, 마지막으로 기타 잡비 200,000달러를 지출했다.

도모의 사례에서 알 수 있듯 IPO는 비싼 사업일 수 있다! 마침내 도모의 비용 총계는 약 1,750만 달러였고, 그중 1,352만 달러는 주관회사에게 갔으며, 398만 달러는 다른 당사자에게 갔다. 통틀어 도모의 총 직접비용은 회사가 조달한 발행금액의 9.7%였다. 이 금액은 첫날 가격 급등의 간접비용을 포함하지 않는다. 도모의 주가는 거래 첫날에 27.30달러로 마감했으므로 회사는 약 6천만 달러를 그대로 버렸다.

의 더 나은 이해를 위해서 〈표 15.6〉은 IPO에 대한 〈표 15.5〉의 정보와 이들 기업이 경험한 저평가 자료를 종합했다. 총 직접비용(다섯 번째 열)과 저평가(여섯 번째 열)를 비교하면 규모가 같은 경향이 있어 소규모 발행에서 직접비용이 총비용의 단지 약 절반임을 본다. 전체적으로 모든 규모 그룹에서 총 직접비용은 조달금액의 10%에 이르고 저평가는 19%에 이른다.

마지막으로 부채발행과 관련해서 〈표 15.5〉는 다소 애매한 발행비용의 일반적 패턴을 보여 준다. 채권은 신용등급이 다르다는 제6장을 상기해 보자. 높은 등급의 채권은 투

표 15.6

주식 IPO의 직접비용과 간접비용의 비율: 1990~2008

총 조달금액 ($백만)	발행 수	총 스프레드	기타 직접비용	총 직접비용	저평가
2.00~9.99	1,007	9.40%	15.82%	25.22%	20.42%
10.00~19.99	810	7.39	7.30	14.69%	10.33
20.00~39.99	1,422	6.96	7.06	14.03	17.03
40.00~59.99	880	6.89	2.87	9.77	28.26
60.00~79.99	522	6.79	2.16	8.94	28.36
80.00~99.99	327	6.71	1.84	8.55	32.92
100.00~199.99	702	6.39	1.57	7.96	21.55
200.00~499.99	440	5.81	1.03	6.84	6.19
500.00 이상	155	5.01	0.49	5.50	6.64
총계/평균	6,265	7.19	3.18	10.37	19.34

출처: Lee, I., Lochhead, S., Ritter, J. and Zhao, Quanshui, "The Costs of Raising Capital," *Journal of Financial Research*, vol. 1, Spring 1996. 저자가 계산해 업데이트했다.

자적격등급(investment grade)이라고 하지만 낮은 등급의 채권은 투자부적격등급(non-investment grade)이라고 한다. 〈표 15.7〉은 채권발행의 직접비용을 투자적격과 투자부적격등급으로 나누어서 분류했다.

〈표 15.7〉은 채권발행과 관련해서 세 가지를 분명히 한다. 첫째, 여기에서도 역시 상당한 규모의 경제가 있다. 둘째, 투자적격채권은 직접비용이 훨씬 낮으며 특히 일반사채는 더 그러하다. 마지막으로 소규모의 카테고리에서는 다음 절에서 논의할 투자부적격등급의 채권이 더 일반적으로 사모로 처리된다는 점을 반영해서 투자부적격등급의 채권이 비교적 적다.

예제 15.1 IPO는 얼마의 비용이 드는가?

포크(Faulk Co.)는 총액인수방식에 의해 방금 기업공개를 했다. 포크는 매각한 410만 주에 주당 32달러를 받았다. 최초공모가는 주당 34.40달러였고 주식은 거래 첫 몇 분 후에 주당 41달러로 올랐다. 포크는 법률 및 기타 직접비용으로 905,000달러 그리고 간접비용으로 250,000달러를 지급했다. 조달한 자금의 비율로 발행비용은 얼마인가?

순 자금조달액은 발행주식 수 곱하기 회사가 받은 가격에서 발행 관련 비용을 뺀 것이다. 그래서

순 조달금액 = (4,100,000주)($32) − 905,000 − 250,000
순 조달금액 = $130,045,000

다음으로 직접비용을 계산할 수 있다. 직접비용 일부는 문제에서 주어졌으나 회사는 역시 주관회사에도 지급해야 한다. 주식은 주당 34.40달러에 제공되었고, 회사는 주당 32달러를 받았다. 주관회사의 스프레드인 그 차이도 역시 직접비용이다. 총 직접비용은

총 직접비용 = $905,000 + ($34.40 − 32)(4,100,000주)
총 직접비용 = $10,745,000

간접비용 일부는 주어졌으나 저평가는 또 다른 간접비용이다. 총 간접비용은

총 간접비용 = $250,000 + ($41 − 34.40)(4,100,000주)
총 간접비용 = $27,310,000

총비용은

총비용 = $10,745,000 + 27,310,000
총비용 = $38,055,000

조달한 자금의 퍼센트로 표시한 발행비용은 총비용 나누기 조달한 자금이다.

발행비용 퍼센트 = $38,055,000/$130,045,000
발행비용 퍼센트 = 0.2926 또는 29.26%

표 15.7 미국 채권발행의 평균 총 스프레드와 총 직접비용: 1990~2008

	전환사채							
	투자적격등급				정크 또는 미등급			
총 조달금액($백만)	발행 수	총 스프레드	기타 직접비용	총 직접비용	발행 수	총스프레드	기타 직접비용	총 직접비용
2.00~9.99	—	—	—	—	14	6.39%	3.43%	9.82%
10.00~19.99	1	14.12%	1.87%	15.98%	23	5.52	3.09	8.61
20.00~39.99	—	—	—	—	30	4.63	1.67	6.30
40.00~59.99	3	1.92	0.51	2.43	35	3.49	1.04	4.54
60.00~79.99	6	1.65	0.44	2.09	60	2.79	0.62	3.41
80.00~99.99	4	0.89	0.27	1.16	16	2.30	0.62	2.92
100.00~199.99	27	2.22	0.33	2.55	82	2.66	0.42	3.08
200.00~499.99	27	2.03	0.19	2.22	46	2.65	0.33	2.99
500.00 이상	11	1.94	0.13	2.06	7	2.13	0.13	2.29
총계/평균	**79**	**2.15**	**0.29**	**2.44**	**313**	**3.31**	**0.98**	**4.29**
	일반사채							
	투자적격등급				정크 또는 미등급			
2.00~9.99	2,709	0.62%	1.28%	1.90%	1,253	2.77%	2.50%	5.27%
10.00~19.99	2,564	0.59	1.17	1.76	836	3.15	1.97	5.12
20.00~39.99	2,400	0.63	0.74	1.37	290	3.07	1.13	4.20
40.00~59.99	3,146	0.40	0.52	0.92	199	2.93	1.20	4.14
60.00~79.99	792	0.58	0.38	0.96	99	3.12	1.16	4.28
80.00~99.99	385	0.66	0.29	0.96	80	2.73	0.93	3.66
100.00~199.99	4,427	0.54	0.25	0.79	522	2.73	0.68	3.41
200.00~499.99	3,031	0.52	0.25	0.76	274	2.59	0.39	2.98
500.00 이상	1,207	0.31	0.08	0.39	54	2.38	0.25	2.63
총계/평균	**20,661**	**0.52**	**0.35**	**0.87**	**3,607**	**2.76**	**0.81**	**3.57**

출처: Lee, I., Lochhead, S., Ritter, J. and Zhao, Quanshui, "The Costs of Raising Capital," *Journal of Financial Research*, vol. 1, Spring 1996. 저자가 계산해 업데이트했다.

개념문제 CONCEPT QUESTIONS

15.7a 증권발행과 관련된 여러 가지 비용은 무엇인가?

15.7b 발행비용을 학습하며 어떤 내용을 배웠는가?

15.8 장기부채의 발행

채권을 공모하는 일반적인 절차는 주식과 같다. 채권발행은 SEC에 등록해야 하고 채권 발행취지서(prospectus) 등도 있어야 한다. 그러나 채권공모의 증권신고서는 보통주와 다르다. 채권은 증권신고서에 신탁증서(indenture)를 표시해야 한다.

또 다른 중요한 차이는 모든 부채의 50% 이상은 사모라는 것이다. 직접 사적인 장기자금의 두 기본 형태는 기간대출과 사모이다.

기간대출
term loans
보통 1년에서 5년 만기의 직접 사업대출.

사모
private placements
소수의 투자자를 대상으로 한 보통은 장기인 대출.

기간대출(term loans)은 직접적 사업대출이다. 이 대출의 만기는 1~5년 사이이다. 대부분 기간대출은 대출기간 중에 상환된다. 대출자에는 상업은행, 보험회사, 기업재무에 전문화된 대출자가 포함된다. **사모(private placements)**는 만기가 더 길다는 점을 제외하면 기간대출과 매우 유사하다.

직접 사적인 장기자금과 공모를 통한 부채 공모의 중요한 차이점은 다음과 같다.

1. 직접 장기대출은 감독기관(SEC)의 비용을 피한다.
2. 직접발행에는 더 엄격한 준수조항이 있다.
3. 채무불이행 상태에서 기간대출이나 사모는 재협상이 더 쉽다. 공모발행은 보통 수많은 채권보유자가 있기에 재협상이 더 어렵다.
4. 생명보험회사와 연금기금이 채권시장의 사모 부문을 주도한다. 상업은행은 기간대출 시장의 중요한 참가자이다.
5. 채권 매각비용은 사모시장이 더 낮다.

기간대출과 사모의 이자율은 동등한 공모발행에 비해서 종종 더 높다. 사모의 높은 이자율은 사모의 낮은 비용뿐만 아니라 재무적 곤경 상태에서 더 유연한 조정의 반영일 수 있다.

또 하나 매우 중요한 고려사항은 부채의 매각 관련 발행비용은 상응하는 주식의 매각 관련 비용보다 훨씬 적다는 것이다.

개념문제 CONCEPT QUESTIONS

15.8a 채권의 사모발행과 공모발행의 차이점은 무엇인가?

15.8b 사모는 이자율이 공모보다 높을 것 같다. 그 이유는?

15.9 일괄신고

증권의 발행 절차를 간소화하기 위해서 1982년 3월에 미국의 SEC는 '룰 415'(Rule 415)를 일시적으로 채택했고 1983년 11월에는 영구화했다.[15] '룰 415'는 일괄신고(shelf registration)를 허용한다. 채권과 주식은 모두 일괄신고가 가능하다.

일괄신고(shelf registration)로 주식회사는 향후 2년 이내 매각을 합리적으로 예상하는 공모를 등록하고 나서 2년 동안 원할 때 언제든지 매각하는 것이 허용된다. 예를 들어 2018년 7월에 정보기술회사 헬리오스앤드마테슨(Helios & Matheson)은 12억 달러까지 채권과 주식을 매각하는 일괄신고를 발표했다. 회사가 신청한 증권신고서에 따르면 조달액은 미래 사업, 자산 또는 증권의 인수에 사용될 예정이다.

일괄신고
shelf registration
회사가 2년 이내에 매각할 것으로 예상하는 모든 증권을 일시에 등록하고 그 후 2년 이내 언제든지 매각할 수 있도록 SEC Rule 415가 허용하는 등록.

모든 회사가 룰 415를 활용할 수 있는 것은 아니다. 주요 자격요건은 다음과 같다.

1. 회사의 신용은 투자적격 등급(investment grade)이어야 한다.
2. 기업은 지난 3년 이내에 채무를 불이행할 수 없다.
3. 기업 유통주식의 시가총액은 1억 5,000만 달러 이상이어야 한다.
4. 기업은 지난 3년간 '1934년의 증권법'(Securities Act of 1934) 위반이 없어야 한다.

이 규정에 논쟁이 있다. 일괄신고에 반대하는 주장은 다음과 같다.

1. 인수기관이 잠재적인 투자자에게 제공할 것인 아주 최근의 정보를 제공할 수 없을 수 있기에 신규 발행비용이 오를 수 있으므로 투자자들은 덜 지급할 것이다. 그러므로 발행증권을 나누어서 매각하는 비용이 한꺼번에 매각하는 비용보다 더 높을 수 있다.
2. 일부 투자은행들은 일괄신고가 "시장 과잉"(market overhang)을 초래해 시장가격을 압박할 것이라고 주장한다. 즉, 회사가 언제든지 주식공급을 늘릴 가능성이 현행주가에 악영향을 줄 것이다. 그러나 이 입장을 지지하는 증거는 거의 없다.

일괄신고에 더해 회사들은 또한 지속적인 주식발행 또는 "드리블"(dribble) 프로그램을 통해 주식을 매각한다. 드리블 프로그램에서 회사는 다양한 다른 방법들을 통해 증권거래위원회(SEC)에 주식을 등록하고 상황이 맞을 때 드리블로 주식을 매각한다. 다시 말해서 회사는 다른 투자자와 마찬가지로 유통시장에서 주식을 매각한다.

개념문제 CONCEPT QUESTIONS

15.9a 일괄신고(shelf registration)란 무엇인가?
15.9b 일괄신고에 반대하는 주장은 무엇인가?

[16] 역주: 한국도 신고에 따른 발행비용을 절감하고 기업이 자금을 신속히 조달하는 데 유연성을 주기 위해 일정 자격을 갖추면 일괄신고서를 제출할 수 있도록 했다.

요약과 결론

이번 장은 기업의 증권이 어떻게 발행되는가를 살펴보았다. 요점은 다음과 같다.

1. 벤처캐피털 시장은 위험이 큰 신생기업의 주요 자금 원천이다.
2. 증권의 발행비용은 매우 클 수 있다. 대규모 발행은 그 비율이 훨씬 낮다.
3. 대규모 발행에서 총액인수방식이 모집주선방식보다 훨씬 널리 이용된다. 이는 아마 규모가 작은 발행의 불확실성과 연관되었다. 정해진 공모 규모에서 모집주선방식과 총액인수방식의 직접비용은 거의 같은 크기다.
4. 기업공개의 직접비용과 간접비용은 상당할 수 있다. 그러나 일단 기업이 공개되면 훨씬 쉽게 자금을 추가로 조달할 수 있다.

복습과 자체시험 문제

15.1 발행비용. 새 우주정거장 자금으로 주식을 고려 중이다. 총 1,000만 달러의 신주가 필요하다. 직접비용이 조달액의 6%로 추정된다면 얼마나 많은 주식이 필요한가? 발행비용은 금액으로 얼마인가? ([문제 2] 참조)

■ 복습과 자체시험 문제 풀이

15.1 회사는 6%의 발행비용을 지급한 후 1,000만 달러가 필요하다. 따라서 조달액은 다음과 같다.

$$\text{조달액} \times (1 - 0.06) = \$10,000,000$$
$$\text{조달액} = \$10,000,000/0.94 = \$10,638,000$$

따라서 총 발행비용은 638,000달러이다.

비판적 사고와 개념 복습

LO 2 **15.1 부채 대 주식의 공모규모.** 전체적으로 부채공모가 주식공모보다 더 일반적이고 보통 규모도 크다. 그 이유는?

LO 2 **15.2 부채 대 주식의 발행비용.** 주식의 매각 비용이 부채의 매각 비용보다 더 큰 이유는?

LO 2 **15.3 채권등급과 발행비용.** 투자부적격 채권이 투자적격채권보다 직접비용이 더 큰 이유는 무엇인가?

LO 2 **15.4 부채공모의 저평가.** 채권공모에서 왜 저평가는 큰 걱정이 아닌가?

다음 정보를 이용해서 다음의 세 문제에 답하라. 카셰어링 회사 지프카(Zipcar)는 2011년 4월에 공개했다. 투자은행 골드만삭스(Goldman, Sachs & Co.)의 도움으로 968만 주를 주당 18달러에 매각함으로써 총 1억 7,424만 달러를 조달했다. 상장초일 마감 시점에 주가는 31.50달러의 고가에서 내린 주당 28달러로 마감했다.

종가를 기준으로 지프카 주식은 명백히 주당 약 10달러 저평가되어 회사는 9,680만 달러의 추가자금을 놓쳤다.

LO 3 **15.5 IPO 가격결정.** 지프카 IPO는 약 56% 저평가되었다. 회사는 저평가에 대해 골드만에게 항의해야 하는가?

LO 3 **15.6 IPO 가격결정.** [질문 15.5]에서 회사는 출범한 지 약 10년이 되었고, 2010년에 매출이 고작 1억 8,600만 달러뿐이었으며, 이익을 낸 적이 없었다는 사실을 알게 되면 당신의 생각에 어떤 영향을 주겠는가? 추가로 회사의 비즈니스 모델의 변동성은 아직 검증이 안 되었다.

LO 3 **15.7 IPO 가격결정.** [질문 15.5]와 [질문 15.6]에서 IPO로 발행한 968만 주에 더해 지프카가 추가로 3,000만 유통주식이 있음을 아는 것이 당신의 생각에 어떻게 영향을 주겠는가? 3,000만 주 중 1,410만 주는 네 개의 벤처캐피털 회사가 보유했고 1,550만 주는 12명의 이사와 임원들이 보유했다.

LO 3 **15.8 IPO 저평가.** 1980년에 어떤 재무전공 조교수가 12번 보통주 IPO를 매수했다. 그는 각각의 공모마다 대략 한 달 보유하고 나서 팔았다. 그가 따른 투자 규칙은 석유와 가스개발회사의 모든 총액인수 IPO를 청약하는 것이었다. 이런 22번의 발행이 있었고 각 회사에 대략 1,000달러어치의 주식을 청약했다. 이 중 10번은 한 주도 할당되지 않았다. 매수한 12 공모 중 5번은 요청한 주식 수보다 적게 할당되었다. 1980년은 석유와 가스개발회사의 소유주들에게는 아주 좋았다. 평균적으로 공개된 22개 회사들의 주식은 최초공모일 한 달 후에 공모가를 80% 상회하여 거래되었다. 조교수는 성과기록을 보고 12개 회사에 투자한 8,400달러가 10,000달러로 늘어나 약 20%의 수익률에 해당한다(수수료는 무시할 정도다). 그는 운이 나쁜가? 또는 평균 IPO 투자자보다 수익이 나쁠 것으로 기대해야 했는가? 설명하라.

LO 1 **15.9 벤처캐피털.** 이번 장에서 벤처캐피털은 매우 비싸다고 기술했다. 왜 이것이 사실이라고 생각하는가?

LO 3 **15.10 IPO 가격결정.** 다음 내용은 투자은행 에랑거앤드리터(Erlanger and Ritter)가 관리하는 총액인수 IPO로 내일 공개하는 PICC(Pest Investigation Control Corporation)의 최초공모주 발행취지서(prospectus)의 표지와 요약서에 해당한다. 다음 질문에 답하라.

a. 발행취지서에 담겨 있는 정보 외에는 PICC에 대해서 아무것도 모른다고 가정하자. 재무 지식에 의하면 PICC의 내일 주가는 얼마라고 예상하는가? 왜 그렇게 생각하는지 간단히 설명하라.

b. 투자를 위해 몇천 달러가 있다고 가정하자. 오늘 밤 학교에서 돌아왔을 때 몇 주 동안 연락이 없었던 주식 브로커에게서 전화 왔음을 알았다. 그녀는 내일 PICC가 기업공개를 하고 아침 일찍 전화를 주면 공모가에 몇백 주를 살 수 있다는 메시지를 남겼다. 이 기회의 가치를 논하라.

PROSPECTUS	PICC

200,000주
PEST INVESTIGATION CONTROL CORPORATION

여기에서 공모되는 주식 200,000주 모두 Pest Investigation Control Corporation, Inc.("회사")에 의해 판매된다. 공모 전에 PICC 주식을 위한 공개시장은 없었으며 그런 시장이 전개될 것이라는 보장은 할 수 없다.

이 증권들은 SEC에 의해 승인되거나 미승인된 것은 아니며 위원회가 이 취지서가 정확하거나 적정하다고 통과시킨 것도 아니다. 어떠한 반대 의견도 범죄행위이다.

	공모가	인수할인	회사의 조달액*
주당	$11.00	$1.10	$9.90
총계	$2,200,000	$220,000	$1,980,000

*회사가 지불해야 하는 27,000달러에 추정한 비용 공제 전 숫자.

이는 최초공모주이다. 사전 판매된 보통주는 인수기관에게 교부되어 인수되고 인수기관과 회사의 법률고문단에 의해 법적인 문제가 승인된다는 것을 조건으로 발행될 예정이다. 인수기관은 공모를 철회, 취소, 수정하거나 공모 전체 또는 일부를 거절할 수 있는 권리를 보유한다.

Erlanger and Ritter, Investment Bankers
2019년 7월 12일
Prospectus Summary

기업	Pest Investigation Control Corporation (PICC)은 생태학적으로 안전한 곤충퇴치 장치로 두꺼비와 나무 개구리를 번식해 판매한다.
공모	보통주 200,000주. 액면가는 없다.
상장	나스닥에 상장시킬 것이며 장외시장에서 거래될 것이다.
발행 주식 수	2019년 6월 30일자에 400,000주의 보통주가 유통된다. 공모 후 600,000주가 유통될 것이다.
조달액의 사용	재고자산과 매출채권 그리고 일반 운전자본의 증가분 자금과 어느 재무교수들의 골프클럽 회원권 지급.

발췌된 재무정보
(주당 자료를 제외하고는 천 단위임)

	6월 30일자 회계연도		
	2017	2018	2019
수입	$60.00	$120.00	$240.00
순이익	3.80	15.90	36.10
주당순이익	0.01	0.04	0.09

	2019년 6월 30일	
	실제값	공모로 조정된 값
운전자본	$ 8	$ 1,961
총자산	511	2,464
자기자본	423	2,376

연습문제

초급(문제 1-7)

LO 3 **1. IPO 저평가.** 켑카(Koepka Co.)와 존슨(Johnson Co.)은 모두 주당 40달러의 IPO를 발표했다. 이 중 하나는 12.25달러 저평가되었고 다른 하나는 5.50달러 고평가되었으나 어떤 것이 어떤 것인지 알 방법이 없다. 각각의 발행에서 1,000주를 매수할 계획이다. 발행이 저평가이면 배정되어 주문의 절반만 받을 것이다. 켑카 1,000주와 존슨 1,000주를 취득하면 이익은 얼마이겠는가? 실제로 얼마의 수익을 기대하는가? 어떤 원리를 이용했는가?

LO 3 **2. 발행비용 계산.** 신규 시장을 개척하기 위해 7,800만 달러 자금을 조달할 필요가 있다. 회사는 필요 자금 조달을 위해 일반공모로 신주를 발행할 것이다. 만약 공모가가 주당 31달러이고 회사의 인수기관이 7%의 스프레드를 부과한다면 얼마나 많은 주식을 매각해야 하는가?

LO 3 **3. 발행비용 계산.** [문제 3]에서 만약 공모에서 SEC 등록비용과 관련 행정비용이 1,425,000달러라면 이제는 얼마나 많은 주식이 매각되어야 하는가?

LO 3 **4. 발행비용 계산.** 방금 기업을 공개했다. 총액인수계약에서 매각할 270만 주에 주당 17.67달러를 받았다. 공모가는 주당 19달러였고 주가는 거래개시 첫 몇 분이 지나 24.80달러로 올랐다. 회사는 1,475,000달러의 법률비용과 다른 직접비용 그리고 350,000달러의 간접비용을 지급했다. 조달액의 몇 퍼센트가 발행비용인가?

LO 3 **5. 발행비용 계산.** 신규 시장 개척을 위해서 6,380만 달러를 조달할 필요가 있다. 필요 자금을 조달하기 위해 일반공모로 신주를 매각할 것이다. 공모가가 주당 22달러이고 회사의 인수기관이 7.5%의 스프레드를 부과한다면 매각해야 할 주식 수는 얼마인가?

LO 3 **6. 발행비용 계산.** [문제 5]에서 SEC 신청비용과 공모 관련 행정비용이 1,450,000달러라면 매각해야 할 주식 수는 이제 얼마인가?

LO 3 **7. 발행비용 계산.** 지금 막 기업공개를 했다. 총액인수계약에서 매각할 775만 주에 주당 21.39달러를 받았다. 공모가는 주당 23달러이고 거래개시 몇 분이 지나 주가가 26.30달러로 올랐다. 1,350,000달러의 법률 및 기타 직접비용과 210,000달러의 간접비용을 지급했다. 조달액의 몇 퍼센트가 발행비용인가?

웹에서 문제 풀기

15.1 IPO 서류. www.ipomonitor.com에 가서 가장 최근의 IPO를 찾아라. SEC 웹사이트인 www.sec.gov에 가서 회사의 SEC에 제출물을 살펴보자. 일반인에게 주식을 매각하기 위해 제출한 서류의 이름은 무엇인가? 이 회사는 무엇을 했는가? 이 회사는 IPO로 조달한 자금의 사용 목적은 무엇인가?

15.2 유상증자. www.ipomonitor.com에 가서 가장 최근의 유상증자(SEO)를 찾아라. 이 주식의 공모가는 얼마인가? 이 공모가는 같은 날 주식의 시장가격과 비교해서 어떠한가?

15.3 최초공모주. 가장 규모가 큰 IPO는 무엇이었는가? www.ipomonitor.com에 가서 찾아보자. 회사가 소재한 국가는 어디인가? 미국에서 가장 규모가 큰 IPO는 무엇인가?

CHAPTER CASE

S&S 항공의 기업공개

마크 섹스톤(Mark Sexton)과 토드 스토리(Todd Story)는 S&S 항공의 미래를 논의해 왔다. 회사는 빠르게 성장하였으며 둘은 회사의 미래가 화창하다고만 보았다. 그러나 빠른 성장을 내부자금으로는 이미 할 수 없어 둘은 회사를 공개할 때가 되었다고 결정했다. 이 목적을 위해 투자은행 크로웨앤드말라드(Crowe & Mallard)와 논의에 들어갔다. 회사는 이전에 채권발행을 지원했던 인수기관 레나타 하퍼(Renata Harper)와 업무관계가 있다. 크로웨앤드말라드는 IPO 절차에서 많은 소형기업을 지원했기에 마크와 토드는 이 선택을 신뢰하고 있다.

레나타는 절차를 설명하기 시작한다. 비록 크로웨앤드말라드는 채권발행의 4%를 인수 수수료로 부과하나 S&S 항공의 발행 규모와 같은 모든 IPO에는 인수수수료가 7%이다. 레나타는 마크와 토드에게 회사는 법률수수료와 비용으로 약 180만 달러, SEC 등록비용 13,500달러, 기타 신청 수수료 15,000달러의 지출을 예상할 수 있다고 말한다. 추가로 나스닥(NASDAQ)에 상장하기 위해서 회사는 125,000달러를 지급해야 한다. 이전 대리인수수료 6,500달러와 인각비 450,000달러도 있다. 회사는 IPO와 관련해 다른 비용으로 75,000달러의 지출도 예상해야 한다.

마지막으로 레나타는 마크와 토드에게 SEC에 등록하기 위해서는 직전 3개년 감사의견을 단 재무제표를 제공해야 한다고 말한다. 감사 비용에 대해서는 확신하지 못했다. 마크는 레나타에게 회사는 채권 준수조항의 일부로 감사의견을 단 재무제표를 제공하며 외부감사에 연간 300,000달러를 지급한다고 말한다.

질문 QUESTIONS

1. 논의가 끝나갈 무렵 마크는 레나타에게 더치옥션(Dutch auction) IPO 절차를 물었다. 더치옥션 IPO과 전통적인 IPO 이용에 따른 S&S 항공의 비용상 차이점은 무엇인가? 회사는 더치옥션으로 기업을 공개해야 하는가 또는 전통적인 인수방식 발행을 이용해 공개해야 하는가?
2. 잠재적 IPO와 S&S 항공의 미래를 논의하는 동안 마크는 회사가 약 9천만 달러를 조달해야 한다는 생각을 밝혔다. 그러나 레나타는 회사가 가까운 미래에 더 많은 현금이 필요하면 IPO에 근접한 유상증자는 문제가 있을 것임을 지적했다. 대신 IPO로 1억 2,500만 달러를 조달해야 한다고 제안했다. IPO의 적정규모를 어떻게 계산할 수 있는가? IPO 규모를 1억 2,500만 달러로 늘리는 장단점은 무엇인가?
3. 숙고한 후에 마크와 토드는 회사가 크로웨앤드말라드를 주관회사로 하는 총액인수를 이용해야 한다고 결정했다. IPO는 9천만 달러일 것이다. 저평가를 무시하면 회사의 IPO의 비용은 수령하는 자금의 몇 퍼센트가 되겠는가?
4. S&S 항공의 많은 직원은 기존 종업원지주제도(employee stock purchase plan)로 회사의 주식을 보유하고 있다. 주식을 매각하기 위해서 직원들은 보유주식을 IPO에서 공모가에 제공하든지 또는 주식을 보유하고 S&S 항공이 공개된 이후 유통시장에서 매각할 수 있다. 토드는 당신에게 어느 옵션이 더 나은지 직원들에게 조언해 주기를 요청했다. 당신은 직원들에게 무엇을 제안하겠는가?

16 단기재무계획
Short-Term Financial Planning

자동차 재고는 숫자를 바싹 따라간다. 높은 평균재고일수(days' sales in inventory)는 곧 있을 감산을 시사할 수 있고 낮은 평균재고일수는 증산의 필요를 시사할 수 있다. 60일의 재고 공급은 산업에서 최적으로 고려되나 많은 변형이 있다. 예를 들어 2018년 4월 BMW는 3 시리즈 세단에 35일의 공급물량만 있었다. 물론 다른 자동차 모델은 재고 수준이 더 높았다. 미쓰비시(Mitsubishi)는 이클립스 크로스오버(Eclipse crossover)의 243일 또는 연간 매출의 거의 3분의 2의 공급물량이 있었다.

단기재무계획은 사업에서 모든 사람이 관여하는 활동이다. 이번 장에서 알 수 있듯 단기재무계획은 여러 일 가운데 마케팅의 매출계획, 회계의 원가, 운영의 필요재고량을 요구한다. 아마도 많은 사람에게 이번 장을 배우는 특별히 좋은 이유는 단기계획과 관리가 흔히 주식회사에서 신입사원이 특히 재무와 회계부서에서 시작하는 업무이기 때문이다. 또한, 재무계획은 소규모 사업에서 특히 중요하고 충분한 단기자금 부족이 소규모 사업실패의 흔한 이유로 언급된다.

학습 목표_Learning Objectives

제16장을 마친 후에는 다음의 능력을 갖추어야 한다.

- **LO 1** 영업주기와 현금주기 그리고 중요성 논의
- **LO 2** 단기재무정책의 유형 간 구분
- **LO 3** 단기재무정책의 본질 확인

기업재무 세계에서 최근에 전개된 사건을 보려면 essentialsofcorporatefinance.blogspot.com 방문.

지금까지 자본예산, 배당정책, 자본구조를 포함해 장기자금의 결정에 대해 많이 기술했다. 이번 장에서는 단기재무(short-term finance)를 논의하기 시작한다. 단기재무는 주로 유동자산과 유동부채에 영향을 주는 결정에 관심을 둔다.

순운전자본(*net working capital*)이란 용어는 흔히 단기재무 의사결정과 관련이 있다. 제2장과 다른 데서 설명한 것처럼 순운전자본은 유동자산과 유동부채의 차이다. 종종, 단기재무관리는 운전자본관리(*working capital management*)라고 불린다. 이들은 같은 의미이다. 운전자본관리는 회사에는 중대할 수 있다. 최근의 설문조사에 의하면 매출이 100억 달러인 평균적인 회사가 최상의 운전자본관리 회사와 필적할 수 있다면 14억 달러 또는 매출의 14%만큼 운전자본을 줄일 수 있다.

단기재무 경력에 관심 있으면 금융전문가협회(Association for Financial Professionals) 웹사이트 www.afponline.org 참조.

단기재무의 보편적인 정의는 없다. 단기재무와 장기재무의 가장 중요한 차이는 현금흐름의 시점이다. 일반적으로 단기재무결정은 1년 또는 그 이내에 발생하는 현금유입과 현금유출에 관련된다. 예를 들어 기업이 원자재를 주문하고, 현금을 지급하며, 1년 안에 현금으로 완제품 판매를 예상할 때 단기재무결정이 관련된다. 대조적으로 장기재무결정은 가령 기업이 향후 5년 동안 운용비용을 감소시키는 특수기계를 구매할 때 관련된다.

단기재무의 일반적 주제에는 어떤 유형의 질문이 있는가? 몇 개를 들어 본다.

1. 비용들을 지급하기 위해 수중에(은행에) 보유하는 현금의 적정수준은 무엇인가?
2. 기업은 단기적으로 얼마를 차입해야 하는가?
3. 고객에게 얼마나 신용거래를 허용해야 하는가?

이번 장에서는 단기재무결정의 기본요소들을 소개한다. 첫째, 기업의 단기영업활동을 논의한다. 그다음 단기재무정책의 대안들을 확인한다. 마지막으로 단기재무계획의 기본요소들을 약술하고 단기재무상품들을 기술한다.

16.1 현금과 순운전자본 추적

여기에서는 다음 해로 이월될 때 현금(cash)과 순운전자본(net working capital)의 구성을 살펴본다. 제2장과 제3장에서 이 주제에 대한 다양한 측면을 이미 논의했다. 단기재무결정과 관련이 있으므로 간단히 복습한다. 회사의 단기영업활동과 현금과 운전자본에 주는 영향의 기술이 목적이다.

우선 **유동자산**(*current assets*)은 현금과 1년 이내에 현금화가 예상되는 기타 자산이다. 유동자산은 재무상태표에 유동성(현금 전환의 용이성과 현금 전환에 걸리는 시간) 순으로 표시된다. 재무상태표의 유동자산 부문에서 가장 중요한 4가지 항목은 현금(cash)과 현금등가물(cash equivalents), 단기매매증권(marketable securities), 매출채권(accounts receivable), 재고자산(inventories)이다.

유동자산 투자와 유사하게 기업은 **유동부채**(*current liabilities*)로 불리는 여러 종류의 단기부채를 사용한다. 유동부채는 1년 이내에 현금 지급의 요구가 예상되는 채무이다. 유동부채의 3가지 주요 항목은 매입채무(accounts payable), 발생 임금과 세금을 포함한 미지급금(expenses payable), 지급어음(notes payable)이다.

현금의 변동에 집중하기 원하므로 현금을 재무상태표의 다른 요소들 측면에서 정의하고 출발한다. 이렇게 하면 현금계정을 분리하고 기업의 영업결정과 재무결정이 현금에 주는 영향을 살펴볼 수 있다. 기본적인 재무상태표 등식은 다음과 같다.

순운전자본 + 비유동자산 = 비유동부채 + 자기자본 **[16.1]**

순운전자본은 현금에 다른 유동자산을 더한 후 유동부채를 뺀 것이다. 즉,

순운전자본 = (현금 + 기타 유동자산) − 유동부채 **[16.2]**

기본 재무상태표 등식의 순운전자본을 이것으로 대체하고 식을 약간 재정리하면 현금은 다음과 같다.

현금 = 비유동부채 + 자기자본 + 유동부채
− 현금을 제외한 유동자산 − 비유동자산 [16.3]

이는 어떤 활동은 자연히 현금을 증가시키고 어떤 활동은 현금을 감소시킴을 말해준다. 이 활동들을 각각의 예와 함께 다음과 같이 나열할 수 있다.

현금을 증가시키는 활동
비유동부채의 증가 (장기대출을 받음)
자기자본의 증가 (주식을 발행)
유동부채의 증가 (90일간 차입)
현금 이외 유동자산의 감소 (재고자산을 현금 판매)
비유동자산의 감소 (일부 자산의 매각)

현금을 감소시키는 활동
비유동부채의 감소 (비유동부채를 상환)
자기자본의 감소 (자기주식 취득)
유동부채의 감소 (90일 만기 대출 상환)
현금 이외 유동자산의 증가 (재고자산을 현금매입)
비유동자산의 증가 (일부 자산의 매입)

두 가지 목록이 정반대임에 주목하자. 예를 들어 장기채권의 발행은 최소한 돈을 쓸 때까지는 현금을 증가시킨다. 장기채권의 상환은 현금을 감소시킨다.

현금을 증가시키는 활동을 **현금의 원천**(*sources of cash*)이라고 한다. 현금을 감소시키는 활동을 **현금의 사용**(*uses of cash*)이라고 한다. 목록을 다시 살펴보면 현금의 원천은 항상 부채(또는 자기자본)계정을 증가시키거나 자산계정을 감소시키는 것을 본다. 부채(또는 자기자본)의 증가는 차입(또는 기업의 소유권을 매각)해 자금을 조달했음을 의미하기에 이해가 된다. 자산의 감소는 자산을 매각하거나 청산했음을 의미한다. 둘 다 현금유입이 발생한다.

현금의 사용은 정반대이다. 현금의 사용은 아마도 상환에 의한 부채 감소 또는 구매에 의한 자산 증가와 관련이 있다. 이런 활동 모두는 기업이 현금의 지출을 요구한다.

예제 16.1 현금의 원천과 사용

현금의 원천과 사용의 이해를 간단히 확인하자. 매입채무가 100원 증가하면 현금의 원천인가 또는 사용인가? 매출채권이 100원 증가하면 현금의 원천인가 또는 사용인가?

매입채무는 공급자에게 빚진 것이다. 이는 단기부채이다. 100원 증가하면 결과적으로 돈을 빌린 것이므로 현금의 *원천*이다. 매출채권은 고객이 진 빚이 되므로 100원의 매출채권 증가는 그 돈을 대출해 주었음을 의미한다. 이는 현금의 *사용*이다.

개념문제 CONCEPT QUESTIONS

16.1a 순운전자본과 현금의 차이는 무엇인가?
16.1b 현금이 증가할 때 순운전자본은 항상 증가하겠는가?
16.1c 잠재적 현금의 사용 5가지를 나열하라.
16.1d 잠재적 현금의 원천 5가지를 나열하라.

16.2 영업주기와 현금주기

단기재무의 주요 관심사는 기업의 단기영업과 단기자금 활동이다. 일반적인 제조사에 이러한 단기 활동은 다음의 연속적인 사건과 결정으로 구성될 것이다.

사건	결정
1. 원자재 구매	1. 주문할 재고는 얼마인가
2. 현금 지급	2. 차입할 것인가 또는 현금계정에서 인출할 것인가
3. 제품 제조	3. 어떤 생산기술을 선택해 사용할 것인가
4. 제품 판매	4. 특정 고객에게 신용이 확장되어야 하는가
5. 현금 회수	5. 어떻게 회수하는가

이런 활동이 현금유입과 현금유출의 패턴을 만든다. 이런 현금흐름은 모두 비동시적이고 불확실하다. 예를 들어 원자재의 현금 지급은 제품 판매의 현금수취와 같은 시간에 일어나지 않기에 비동시적이다. 미래의 매출과 비용은 정확히 예측할 수 없기에 불확실하다.

영업주기와 현금주기 정의

단순한 사례로 시작할 수 있다. 어느 날(0일) 1,000원의 재고를 외상으로 구매했다. 30일 후에 대금을 지급했고 30일 후에 누군가가 1,000원의 재고를 1,400원에 매입했다. 매입자는 그 후 45일 동안 돈을 지급하지 않았다. 이 사건을 시간 순서대로 다음과 같이 요약할 수 있다.

날짜	활동	현금 효과
0	외상으로 재고 구매	없음
30	재고 대금 지급	–1,000
60	외상으로 재고 판매	없음
105	매출 회수	+1,400

영업주기
operating cycle
재고의 취득과 외상매출금 회수 사이의 기간.

영업주기 예에서 몇 가지 주의할 점이 있다. 첫째, 재고 구매 시점부터 현금 회수까지의 전체 주기는 105일이 걸린다. 이를 **영업주기(operating cycle)**라고 한다.

살펴본 바와 같이 영업주기는 재고를 구매해 판매하고 매출채권 회수에 걸리는 시간의 길이다. 이 주기는 두 가지 분명한 구성 요소가 있다. 첫째 부분은 재고의 구매와 판매에 걸리는 시간이다. 예에서 60일인 이 기간을 **재고자산기간(inventory period)**이라고 부른다. 둘째 부분은 매출 회수에 걸리는 시간이고 예에서는 45일이다. 이 기간을 **매출채권기간(accounts receivable period)**이라고 부른다.

재고자산기간
inventory period
재고를 취득해 판매에 걸리는 시간.

매출채권기간
accounts receivable period
재고의 매출과 외상매입금 회수까지 걸리는 시간.

이 정의에 의하면 영업주기는 정확히 재고자산기간과 매출채권기간의 합이다.

영업주기 = 재고자산기간 + 매출채권기간 **[16.4]**
105일 = 60일 + 45일

영업주기는 제품이 유동자산 계정에서 어떻게 이동하는가를 기술한다. 재고로 시작해서 재고가 팔리면 매출채권으로 전환되고 매출이 회수되었을 때 마침내 현금으로 전환된다. 각 단계에서 자산이 현금에 더 가까이 이동함에 주목하자.

현금주기 주목할 두 번째는 현금흐름과 발생하는 사건들이 동시적이 아니라는 것이다. 예를 들어 재고를 획득하고 30일이 지날 때까지 실제로 재고에 대금을 지급하지 않는다. 그 사이의 30일을 **매입채무기간(accounts payable period)**이라고 한다. 다음 30일 시점에서 현금을 지출했으나 105일 시점까지 회수하지 않는다. 어쨌든 105 − 30 = 75일 동안에 1,000원의 자금을 마련해야 한다. 이 기간을 **현금주기(cash cycle)**라고 한다.

매입채무기간
accounts payable period
재고 수령과 대금 지급 사이의 시간.

그러므로 현금주기는 재고에서 대금을 실제 지급할 때부터 매출에서 현금을 회수할 때까지 걸린 날짜가 된다. 정의에 의하면 현금주기는 영업주기와 매입채무기간의 차이임에 주목해야 한다.

현금주기
cash cycle
현금 지급과 현금 회수 사이의 시간.

현금주기 = 영업주기 − 매입채무기간 **[16.5]**
75일 = 105일 − 30일

〈그림 16.1〉은 현금흐름 시간선을 살펴봄으로써 일반적인 제조사의 단기영업활동과 현금흐름을 묘사한다. 그림에 보이듯 **현금흐름 시간선(cash flow time line)**은 영업주기와 현금주기로 구성된다. 〈그림 16.1〉에서 단기자금은 현금유입과 현금유출의 차이만큼 필요하다. 이는 영업주기와 매입채무기간에 따라 다르다.

현금흐름 시간선
cash flow time line
영업주기와 현금주기를 나타낸 그래프.

단기 현금유입과 현금유출의 차이는 차입을 하든지 현금 또는 단기매매증권의 형태로 유동성을 보유함으로써 채울 수 있다. 대안으로 그 차이는 재고자산, 매출채권, 매입채무 기간을 변경해시 줄일 수 있나. 이것들은 모두 다음에 그리고 다음 장에서 논의하는 경영옵션(managerial options)이다.

영업주기와 회사의 조직도

영업주기와 현금주기를 더 자세히 검토하기 전에 회사의 유동자산과 유동부채를 관리와 관련된 사람들을 살펴볼 필요가 있다. 〈표 16.1〉에 기술했듯이 대형 주식회사의 단기재무관리는 수많은 재무관리자와 비재무관리자가 관여하고 있다. 〈표 16.1〉을 보면 외상매출은 최소한 신용관리자, 마케팅관리자, 경리책임자 세 사람이 관련되어 있다. 이 세

그림 16.1

현금흐름 시간선과 일반적인 제조사의 단기 영업활동

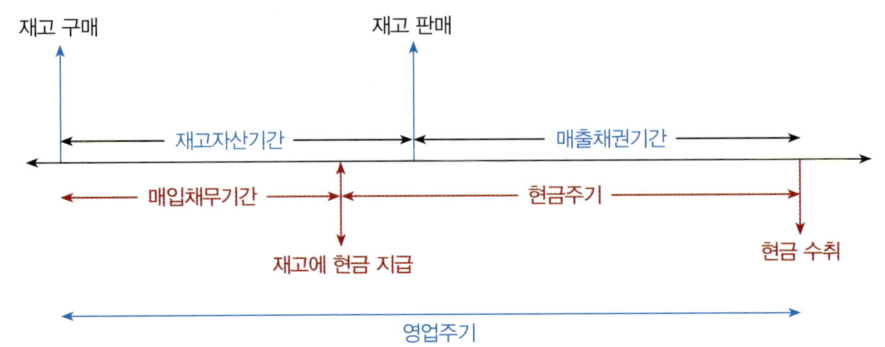

영업주기는 재고 구매에서 현금수취까지 걸리는 기간이다. 현금주기는 현금이 지급된 시기부터 회수된 시기까지의 기간이다.

명 중 오직 두 사람만 재무담당 부사장에게 책임을 진다(마케팅 기능은 보통 마케팅 담당 부사장에게 보고한다). 따라서 갈등의 여지가 있으며 다른 관리자들이 그림 일부에만 집중하면 특히 그러하다. 예를 들어 마케팅부서가 새로운 거래선을 유치하려고 보다 느슨한 외상조건을 추구할지도 모른다. 하지만 이는 매출채권에 대한 회사의 투자를 늘리거나 악성 부채 위험에 노출될 수 있어 갈등이 조장된다.

영업주기와 현금주기 계산

앞의 예에서 다른 기간이 되는 시간 길이는 명백하다. 재무제표 정보밖에 없다면 더 많은 작업을 해야 한다. 이 계산을 다음에 보여 준다.

우선 재고 판매에 평균적으로 얼마나 걸리는가 회수에 평균적으로 얼마나 걸리는가와 같은 다양한 것의 결정이 필요하다. 우선 다음과 같은 재무상태표 정보 수집으로 시작한다(단위는 백만 원).

표 16.1

단기재무 문제를 다루는 관리자들

관리자의 직책	단기자금관리와 관련된 임무	영향을 받는 자산/부채
현금 담당자	회수, 집중, 지급; 단기 투자; 단기차입; 은행 관련 업무	현금, 유가증권, 단기대출
신용거래 담당자	매출채권의 감시와 통제; 신용정책 결정	매출채권
마케팅 담당자	신용정책 결정	매출채권
구매 담당자	구매 결정, 공급자; 지급조건 조정	재고자산, 매입채무
생산 담당자	생산 일정과 필요한 원료의 결정	재고자산, 매입채무
지급어음 담당자	지급정책과 할인을 받을지 결정	매입채무
경리책임자	현금흐름의 회계정보; 매입채무의 조정; 매출채권에 지급신청	매출채권, 매입채무

항목	기초	기말	평균
재고자산	2,000	3,000	2,500
매출채권	1,600	2,000	1,800
매입채무	750	1,000	875

또한, 가장 최근의 손익계산서에서 다음의 숫자를 얻었다(단위는 백만 원).

순매출액	11,500
매출원가	8,200

이제 재무비율 계산이 필요하다. 재무비율은 제3장에서 자세히 논의했다. 여기에서는 필요한 것만 정의하고 사용하겠다.

영업주기 우선 재고자산기간이 필요하다. 재고(매출원가)에 82억 원을 지출했다. 평균 재고는 25억 원이었다. 따라서 연중 (82/25)회 재고자산을 회전시켰다.[1)]

$$\text{재고자산회전율} = \frac{\text{매출원가}}{\text{평균재고자산}} = \frac{82\text{억}}{25\text{억}} = 3.28\text{회}$$

느슨하게 말하면 이는 한 해 동안 재고자산을 3.28회 매매했다는 것이다. 이는 평균적으로 다음과 같은 기간 동안 재고자산을 보유하고 있었음을 의미한다.

$$\text{재고자산기간} = \frac{365\text{일}}{\text{재고자산회전율}} = \frac{365}{3.28} = 111.3\text{일}$$

따라서 재고자산기간은 약 111일이다. 다시 말해서 재고자산은 팔리기 전에 평균적으로 약 111일 동안 남아 있었다.[2)]

유사하게, 매출채권은 평균 18억 원이고 매출액은 115억 원이다. 모든 매출이 외상 매출이라고 가정하면 매출채권회전율은[3)]

$$\text{매출채권회전율} = \frac{\text{외상매출액}}{\text{평균매출채권}} = \frac{115\text{억}}{18\text{억}} = 6.4\text{회}$$

---

1) 여기서 재고자산회전율을 계산할 때 제3장처럼 기말 대신 평균(average) 재고자산을 이용하였음에 주목해야 한다. 현실에서는 두 가지 방법 모두 사용된다. 이번 장에서 여러 비율 계산에서 평균의 이용을 연습하기 위해 계속 이 방법을 사용하겠다.

2) 이 결과는 개념적으로 제3장에서 설명했던 평균 재고일수와 일치한다.

3) 매출의 100% 미만이 외상 매출이라면 연간 외상 매출이라는 약간의 정보가 더 필요하다. 이 척도에 대한 설명은 제3장을 참고하라.

매출채권을 6.4회 회전시킨다면 매출채권기간은

$$\textbf{매출채권기간} = \frac{\textbf{365일}}{\textbf{매출채권회전율}}$$
$$= \frac{365}{6.4} = 57.1\text{일}$$

매출채권기간은 **평균회수일수**(*day's sales in receivables*) 또는 **평균회수기간**(*average collection period*)이라고도 한다. 뭐라고 불리든지 간에 고객이 지급에 평균 57일이 걸렸음을 의미한다.

영업주기는 재고자산기간과 매출채권기간의 합이다.

영업주기 = 재고자산기간 + 매출채권기간
= 111일 + 57일 = 168일

이는 재고자산을 구매해서 팔고 매출 회수에 평균 168일이 걸림을 의미한다.

현금주기 이제 매입채무기간이 필요하다. 위에서 주어진 정보로부터 평균매입채무는 8.75억 원이고 매출원가는 82억 원이다. 매입채무회전율은

$$\textbf{매입채무회전율} = \frac{\textbf{매출원가}}{\textbf{평균매입채무}}$$
$$= \frac{82\text{억}}{8.75\text{억}} = 9.4\text{회}$$

매입채무기간은

$$\textbf{매입채무기간} = \frac{\textbf{365일}}{\textbf{매입채무회전율}}$$
$$= \frac{365}{9.4} = 38.9\text{일}$$

그러므로 비용 지급에 평균 39일이 걸렸다.

마지막으로 현금주기는 영업주기와 매입채무기간의 차이다.

현금주기 = 영업주기 − 매입채무기간
= 168일 − 39일 = 129일

따라서 상품 대금을 지급한 후 매출을 회수하기까지 평균 129일이 지체되었다.

예제 16.2 영업주기와 현금주기

회사의 다음 정보를 수집하였다.

항목	기초	기말
재고자산	5,000	7,000
매출채권	1,600	2,400
매입채무	2,700	4,800

(계속)

회계연도 말의 외상매출금은 50,000원이었고, 매출원가는 30,000원이었다. 매출채권 회수에 얼마나 걸리는가? 상품은 판매되기 전에 얼마 동안 보유하는가? 대금 지급에 얼마나 걸리는가?

먼저 세 개의 회전율을 계산할 수 있다.

재고자산회전율 = 30,000/6,000 = 5회
매출채권회전율 = 50,000/2,000 = 25회
매입채무회전율 = 30,000/3,750 = 8회

이를 이용해 다양한 기간을 구한다.

재고자산기간 = 365/5 = 73일
매출채권기간 = 365/25 = 14.6일
매입채무기간 = 365/8 = 45.6일

모두 해서 회사는 14.6일 후에 매출을 회수하고, 재고는 73일 동안 머무르며, 대금은 약 46일 후에 지급된다. 여기서 영업주기는 재고자산기간과 매출채권기간의 합이다. 73 + 14.6 = 87.6일. 현금주기는 영업주기와 매입채무기간의 차이다. 87.6 − 45.6 = 42일

현금주기의 해석

현금주기는 재고자산, 매출채권, 매입채무 기간에 의해 결정됨을 보였다. 재고자산기간과 매출채권기간이 길어질수록 현금주기는 증가한다. 회사가 매입채무의 지급을 연기해 매입채무기간을 늘릴 수 있다면 현금주기는 감소한다.

대부분 회사는 현금주기가 양수이므로 재고와 매출채권을 위한 자금이 필요하다. 현금주기가 길수록 더 많은 자금이 필요하다. 또한, 회사의 현금주기 변화는 종종 조기경보 척도로서 추적 관찰된다. 주기가 길어지면 기업이 재고의 이동이나 매출채권 회수에 어려움이 있다는 표시이다. 그런 문제들은 매입채무주기가 증가하면 적어도 부분적으로는 감춰질 수 있으므로 둘 다 추적 관찰해야 한다.

기업의 수익성과 성장성의 기본적인 결정요인 중의 하나가 '매출액/총자산'으로 정의되는 총자산회전율임을 상기함으로써 회사의 현금주기와 수익성 간의 관계를 쉽게 알 수 있다. 제3장에서 이 비율이 높을수록 기업의 회계적 자산이익률(ROA)과 자본이익률(ROE)이 높아짐을 알았다. 그러므로 모든 조건이 같다면 현금주기가 짧을수록 기업의 재고자산과 매출채권 투자가 낮아진다. 그 결과 기업의 총자산은 낮아지고 총회전율은 높아진다.

현금주기가 얼마나 중요한지 알기 위해 표준 배송 시간을 이틀에서 삼일로 증가시키는 우정사업본부 결정의 결과를 고려해 보자. 운전자본 전문가는 이 결정의 결과로 100억 원의 매출을 가진 회사는 순운전자본이 1억 원 증가했다고 추정했다. 근처의 *Finance Matters*(재무사안) 박스는 특정 회사뿐만 아니라 몇 개 산업의 현금주기와 영업주기를 논의한다.

FINANCE MATTERS

현금주기 비교

2017년에 《*CFO*》 잡지는 다양한 산업군의 매년의 운전자금 설문조사를 게재했다. 이 조사의 결과는 산업에 따른 현금주기와 영업주기의 차이를 강조한다. 다음의 표는 네 개의 다른 산업과 각각의 영업주기와 현금주기를 보여준다. 이들 중 식품업의 영업주기와 현금주기가 가장 짧다. 자동차부품업의 재고자산기간이 가장 짧아 식품업보다 하루 짧다. 자동차부품업의 짧은 재고자산기간은 몇 년간의 효율성 노력 덕분이다.

	매출채권 기간(일)	재고자산 기간(일)	영업주기 (일)	매입채무 기간(일)	현금주기 (일)
자동차부품	47	36	83	61	22
화학 서비스	54	71	125	48	77
에너지 서비스	81	56	137	35	102
식품	6	37	43	27	16

식품업과 비교해 다품목 자동차부품, 화학 서비스, 에너지 서비스 산업은 모두 영업주기가 훨씬 길다. 화학 서비스와 에너지 서비스 산업은 영업주기가 비슷하나 구성은 다르다. 화학서비스업은 재고자산기간이 더 길고 에너지 서비스업은 매입채무기간이 더 길다. 고객들이 현금 지급하거나 신용카드 사용하는 경향이 있으면서 식품업의 매입채무기간은 매우 짧다. 그 결과 이 산업의 기업들은 매입채무가 적거나 없다.

산업마다 영업주기와 현금주기가 상당히 다양할 수 있으나 이런 주기는 같은 산업 내에서 회사마다 다를 수 있음도 보았다. 아래에서 선정된 인터넷과 카탈로그 소매회사의 영업주기와 현금주기를 발견할 것이다. 보다시피 차이가 있다. 웨이페어(Wayfair)와 아마존(Amazon)은 모두 현금주기가 음수다. 그러나 두 회사는 다른 이유로 현금주기가 음수다. 웨이페어는 매출채권기간과 재고자산기간 모두 낮으나 아마존은 모든 경우에 상당히 더 크다. 그러나 아마존의 매입채무기간은 114일 또는 거의 3달이다.

영업주기와 현금주기를 살필 때 각 지표는 실제로 재무비율임을 고려하자. 어떤 재무비율도 기업과 산업의 특성이 영향을 줄 것이기에 해석에 주의해야 한다. 예를 들어 랜드 엔즈를 보면 재고자산기간이 길다. 이게 나쁜가? 랜드 엔즈는 다른 세 회사와 비교해 사업모델이 다르며 그 결과 재고관리 전략이 다르다.

	매출채권 기간(일)	재고자산 기간(일)	영업주기 (일)	매입채무 기간(일)	현금주기 (일)
웨이페어(Wayfair)	2	3	5	55	−50
아마존(Amazon)	16	52	68	114	−46
에이치에스엔(HSN)	34	61	95	46	49
랜즈 엔드(Lands' End)	11	156	167	78	89

개념문제 CONCEPT QUESTIONS

16.2a 회사의 재고자산회전율이 4라는 것은 무엇을 의미하는가?

16.2b 영업주기와 현금주기를 기술하라. 차이점은 무엇인가?

16.2c 기업회계에 기초한 수익성과 현금주기 사이의 관계를 설명하라.

16.3 단기재무정책의 몇 가지 측면

기업이 채택하는 단기재무정책은 최소한 두 가지 방법으로 반영될 것이다.

1. **기업의 유동자산 투자 규모.** 이는 보통 기업의 총매출액 수준과 대비해 측정된다. **유연한(*flexible*)** 또는 수용적 단기재무정책은 상대적으로 높은 매출액 대비 유동자산 비율을 유지할 것이다. **제한적(*restrictive*)** 단기재무정책은 낮은 매출액 대비 유동자산 비율을 수반할 것이다.[4]
2. **유동자산의 자금.** 이는 유동자산 자금에 이용된 단기부채(즉, 유동부채)와 비유동부채의 비율로 측정된다. 공격적(유연한) 단기재무정책은 장기자금에 비해 높은 단기부채의 비율을 의미하고 보수적(제한적) 정책은 단기부채는 적고 비유동부채가 많음을 의미한다.

이 두 가지 측면을 함께 고려하면 보수적 정책을 펴는 기업은 유동자산에 상대적으로 많이 투자하고, 이 투자에 대한 자금을 단기부채에 상대적으로 덜 의존할 것임을 알 수 있다. 따라서 보수적 정책의 순효과는 순운전자본의 수준이 비교적 높다는 것이다. 다시 말해서 회사는 보수적 정책으로 전체적 유동성 수준을 더 높게 유지한다.

기업의 유동자산 투자 규모

유동자산과 관련된 보수적(유연한) 단기재무정책은 다음의 활동을 포함한다.

1. 현금과 단기매매증권 잔액을 높게 유지한다.
2. 재고자산에 많이 투자한다.
3. 신용거래조건을 완화해 매출채권의 수준을 높인다.

공격적(제한적)인 단기재무정책은 이와 정반대이다.

1. 현금 잔액을 낮게 유지하고 단기매매증권에 적게 투자한다.
2. 재고자산에 적게 투자한다.
3. 신용판매를 억제해 매출채권을 최소화한다.

단기자산의 최적 투자 수준을 결정하기 위해서는 단기재무정책 대안의 비용 차이를 확인할 필요가 있다. 보수적 정책의 비용에 대한 공격적 정책의 비용의 교환관계로 최고의 절충안에 도달하기 위해서이다.

유동자산 보유는 보수적 단기재무정책에서 가장 높고 공격적인 재무정책에서 가장 낮다. 그래서 보수적 단기재무정책은 현금, 단기매매증권, 재고자산, 매출채권에 더 많은 투자를 요구한다는 점에서 비용이 많이 든다. 하지만 미래 현금유입은 보수적 재무정책에서 더 높을 것으로 예상한다. 예를 들어 고객에게 자유롭게 외상을 제공하는 신용정책

---

[4] 유연한(*flexible*) 대신 보수적(*conservative*), 제한적(*restrictive*) 대신 공격적(*aggressive*)이라는 용어를 사용하기도 한다.

의 이용으로 매출은 촉진된다. 많은 완제품 재고가 수중에 있으면 고객에게 신속한 배달 서비스를 제공해 매출을 늘릴 수도 있다. 마찬가지로 많은 원자재 재고는 재고 부족으로 인한 생산 중단은 적어지게 할 것이다.

더 공격적인 단기재무정책은 아마도 미래의 매출 수준을 보수적 정책에서 달성할 수 있는 수준 이하로 감소시킨다. 보수적 운전자본정책에서는 고객에게 더 높은 가격을 부과할 수도 있다. 고객들은 보수적 정책이 암시하는 빠른 배달 서비스와 더 완화된 신용거래조건에 기꺼이 높은 가격을 지급할 수 있다.

유동자산을 관리하는 것은 투자 수준에 따라 증가하는 비용과 감소하는 비용 사이의 교환관계가 관여하는 것으로 생각할 수 있다. 유동자산에 투자하는 수준이 증가함에 따라 상승하는 비용을 **보유비용(carrying costs)**이라고 한다. 기업이 유동자산에 투자를 많이 할수록 보유비용도 높아진다. 유동자산의 투자 수준이 증가함에 따라 감소하는 비용을 **부족비용(shortage costs)**이라고 한다.

보유비용
carrying costs
유동자산의 투자 수준이 증가함에 따라 상승하는 비용.

부족비용
shortage costs
유동자산의 투자 수준이 증가함에 따라 감소하는 비용.

일반적인 의미에서 보유비용은 유동자산과 관련된 기회비용이다. 유동자산의 수익률은 다른 자산에 비해 매우 낮다. 예를 들어 미국 재정증권의 수익률은 보통 5% 이하일 것이다. 이는 회사가 전체적으로 달성하려는 수익률에 비하면 매우 낮다(미국 재정증권이 현금과 단기매매증권에서 차지하는 비중은 아주 높다).

부족비용은 유동자산의 투자가 낮을 때 발생한다. 기업이 현금이 부족하면 단기매매증권을 팔아야만 할 것이다. 물론 기업이 현금이 부족하고 즉시 단기매매증권을 팔 수 없다면 차입을 하거나 채무를 불이행할 수도 있다. 이런 상황을 현금소멸(*cash-out*)이라고 한다. 만약 재고자산이 소진(*stock-out*)되거나 고객에게 신용을 확대할 수 없다면 고객을 잃을 수 있다.

보다 일반적으로 두 종류의 부족비용이 있다.

1. 거래비용 또는 주문비용. 주문비용은 현금(예를 들어 중개수수료) 또는 재고(예를 들어 생산 착수비용) 주문에 드는 비용이다.
2. 안전 여분의 부족 관련 비용. 매출의 상실, 고객 신뢰의 상실, 생산계획의 차질의 비용이다.

〈그림 16.2〉의 상단은 보유비용과 부족비용 사이의 기본적인 교환관계를 보여 준다. 수직축은 금액으로 측정된 비용이며 수평축은 유동자산의 금액이다. 보유비용은 유동자산이 0일 때 0에서부터 시작해 유동자산이 증가함에 따라서 점차 상승한다. 부족비용은 매우 높게 시작해 유동자산이 늘어남에 따라 감소한다. 유동자산 보유의 총비용은 이 두 비용의 합이다. 결합된 비용이 CA*에서 최저점에 도달함을 주목하자. 이것이 유동자산의 최적 수준이다.

최적 유동자산은 보수적 정책에서 가장 많이 보유한다. 보수적 정책은 보유비용이 부족비용에 비해 낮다고 인식되는 정책이다. 이는 〈그림 16.2〉에서 A의 경우이다. 비교해서 공격적 유동자산 정책에서는 보유비용이 부족비용에 비해 높다고 인식되어 유동자

보유비용과 부족비용

단기재무정책: 유동자산의 최적 투자

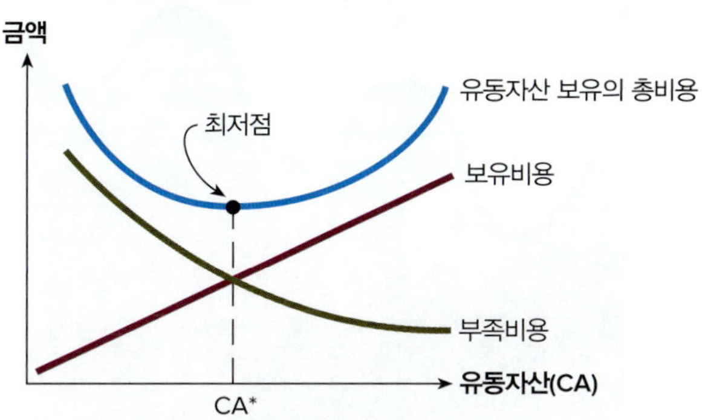

CA*는 최적 유동자산을 나타낸다.
이 금액의 보유가 총비용을 최소화한다.

보유비용은 유동자산의 투자 수준에 따라 증가한다. 보유비용은 경제적 가치의 보존비용과 기회비용을 포함한다. 부족비용은 유동자산의 투자 수준이 증가에 따라 감소한다. 부족비용은 거래비용과 유동자산의 부족(예를 들어 현금의 부족)과 관련된 비용을 포함한다. 기업의 정책은 보수적 또는 공격적으로 특징지을 수 있다.

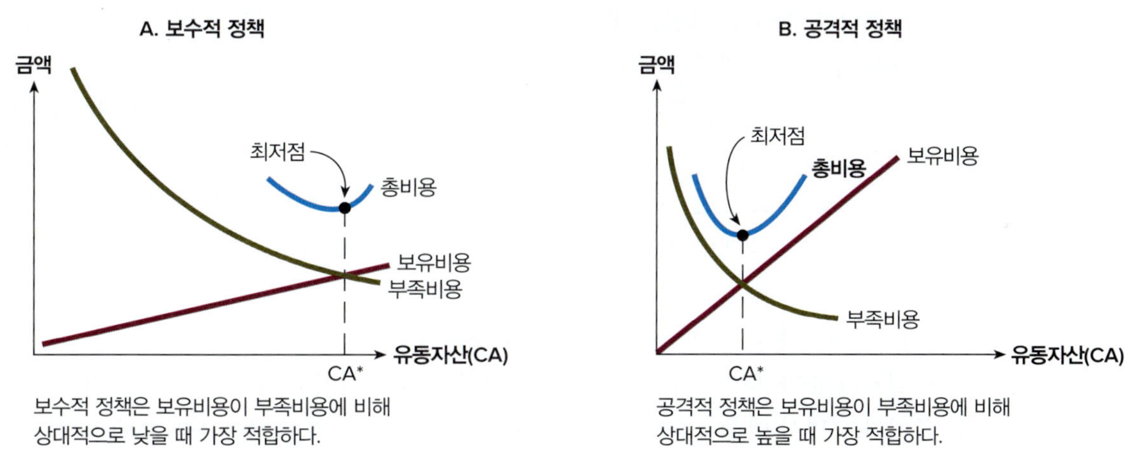

산을 적게 보유한다. 이는 〈그림 16.2〉에서 B의 경우이다.

유동자산의 대안 재무정책

앞에서 유동자산 투자 수준의 기본 결정요인을 살펴보았으므로 재무상태표의 자산 쪽에 집중했다. 이제 자금 쪽의 질문을 하겠다. 여기서는 유동자산에 대한 투자는 일정하다고 가정하고 단기부채와 장기부채의 상대적 금액에 관심을 둔다.

성장기업은 사업을 효율적 운영에 필요한 유동자산과 비유동자산으로 구성된 필요 총자산을 가진 것으로 생각할 수 있다. 필요 총자산은 (1) 일반적인 성장 추세, (2) 추세를 둘러싼 계절 주기성, (3) 예측할 수 없는 일별과 월별 변동성을 포함한 여러 이유로 시간에 따라 변할 것이다. 이 상황은 〈그림 16.3〉에 묘사되었다(필요한 총자산에 예측할

그림 16.3
시간별 필요자산 총액

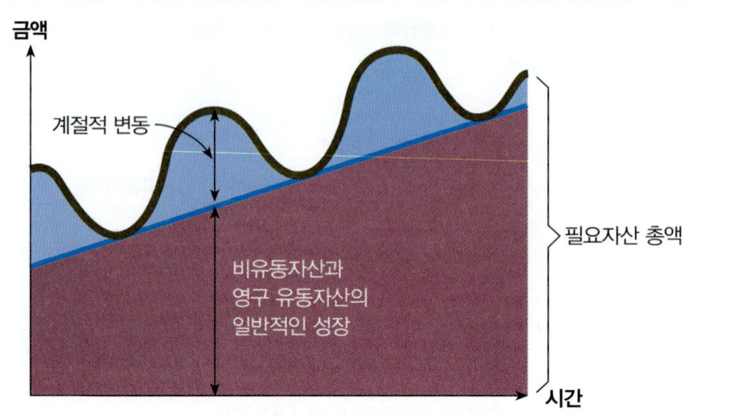

수 없는 일별과 월별 변동성까지 보여 주려고 하지는 않았다).

〈그림 16.3〉에서 고점과 저점은 시간이 흐름에 따라 필요한 기업의 총자산을 나타낸다. 예를 들어 잔디와 정원용품 기업에 고점은 성수기인 봄을 앞둔 시점에서 재고의 축적에 해당할 것이다. 저점은 비수기에 재고가 낮아지기에 생긴다. 이런 기업이 주기적인 수요에 부응하기 위해 고려할 수 있는 두 가지 전략이 있다. 첫째, 기업은 비교적 많은 단기매매증권을 보유할 수 있다. 재고와 다른 유동자산이 필요하면 단기매매증권을 팔아 필요한 무엇이든 구매에 현금을 사용한다. 일단 재고가 팔리고 재고 보유가 줄어들기 시작하면 기업은 단기매매증권에 재투자한다. 이 방식은 〈그림 16.4〉에서 정책 F로 표시된 보수적 정책이다. 기업은 근본적으로 필요 유동자산의 변화에 대한 완충장치(buffer)로 단기매매증권의 풀을 이용한 점에 주목하자.

다른 극단에는 기업이 단기매매증권을 비교적 적게 보유할 수 있다. 재고와 다른 자산의 필요가 증가하기 시작하면 기업은 필요한 현금을 단기로 빌린다. 필요한 자산이 주는 주기가 되면서 대출금을 상환한다. 이런 방식은 〈그림 16.4〉에서 정책 R로 표시된 공격적 정책이다.

〈그림 16.4〉에 있는 두 전략의 비교에서 주요 차이는 필요한 자산의 계절적 변동이 자금을 마련하는 방법이다. 보수적 정책의 경우 기업은 현금과 단기매매증권을 이용해 내부적으로 자금을 융통한다. 공격적 정책의 경우 기업은 단기적으로 필요 자금을 빌려 외부에서 자금을 융통한다. 앞의 논의처럼 모든 조건이 같다면 보수적 정책을 가진 기업은 순운전자본에 더 많이 투자할 것이다.

어떤 재무정책이 최상인가?

단기부채의 가장 적정한 금액은 얼마인가? 명확한 답은 없다. 적절한 분석을 위해서는 몇 가지를 고려해야 한다.

1. 현금보유액. 보수적 재무정책은 여분의 현금과 적은 단기차입을 시사한다. 이 정책은 기업이 재무적 곤경에 처할 확률을 줄인다. 기업은 단기 채무를 순환하는 면담을 그렇

그림 16.4 대안 자산 재무정책

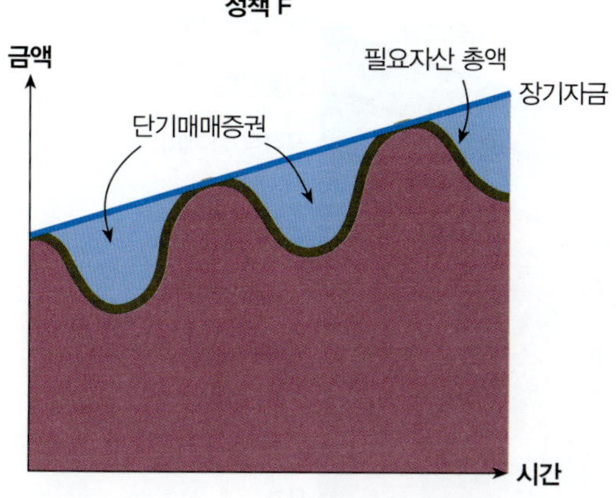

정책 F는 항상 단기 현금 잉여와 현금 및 단기 매매증권에 많은 투자를 의미한다.

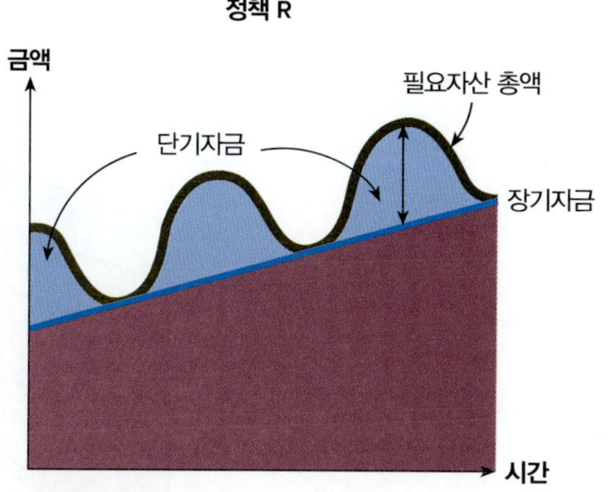

정책 R은 필요 영구자산은 장기자금만을 이용하고 계절적 변동에는 단기차입을 이용한다.

게 걱정하지 않아도 될 것이다. 그러나 현금과 단기매매증권의 투자는 잘해야 NPV가 0인 투자이다.

2. 만기헤징. 대부분 회사는 자산과 부채의 만기를 맞추려고 한다. 단기 은행대출로 재고의 자금을 조달하고 장기자금으로 비유동자산의 자금을 조달한다. 기업은 수명이 긴 자산을 단기차입으로 조달하는 것을 피하는 경향이 있다. 이런 형태의 만기 부적합은 빈번한 금융 차환이 필요하고 단기이자율은 장기이자율보다 더 변동이 더 심하기에 근본적으로 위험하다.
3. 상대적 이자율. 단기이자율은 보통 장기이자율보다 낮다. 이는 평균적으로 장기부채에 의존하는 것은 단기부채와 비교해 비용이 더 많이 들음을 시사한다.

물론 앞에서 논의한 두 정책 F와 R은 극단적 경우이다. 정책 F에서 기업은 단기차입을 전혀 하지 않으며 정책 R에서 기업은 현금보유(단기매매증권의 투자)를 전혀 하지 않는다. 〈그림 16.5〉는 두 정책을 이 둘을 절충한 정책 C와 함께 보여 준다.

절충 방식으로 기업은 자금이 가장 필요한 고점에서는 단기로 빌리지만 자금 필요가 줄어든 기간에는 단기매매증권 형태로 현금보유액을 유지한다. 유동자산이 비축되면 기업은 단기차입 전에 현금보유액을 쓴다. 기업이 단기차입에 의존해야 하기 전에 유동자산을 늘리게 한다.

유동자산과 유동부채의 실제

단기자산은 일반 기업의 전체 자산 중 상당 부분에 해당한다. 미국의 제조회사, 광업회사, 무역회사의 경우 1960년대에 유동자산은 총자산의 약 50%였다. 오늘 이 수치는 40%에 가깝다. 대부분의 감소는 더 효율적인 현금관리와 재고자산관리에 기인한다. 같

그림 16.5

절충재무정책

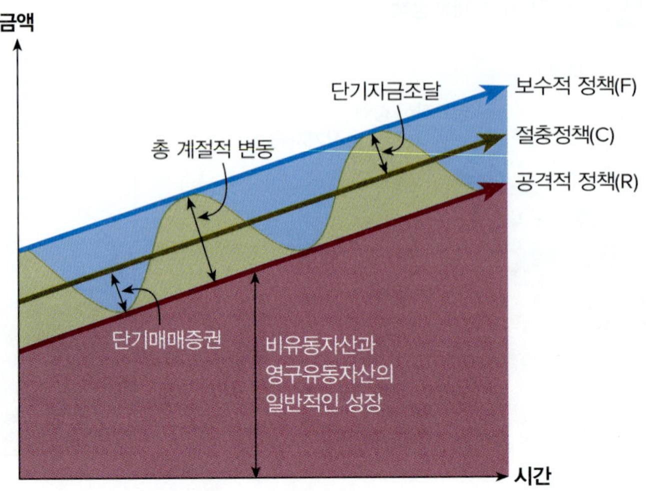

절충재무정책으로 기업은 유동자산 필요에서 계절적 변동 조달에 처음에 사용할 유동성의 보유액을 유지한다. 보유액이 소진될 때 단기차입을 이용한다.

은 기간에 유동부채는 총부채와 자본의 약 20%에서 거의 30%로 증가했다. 그 결과 총자산 대비 순운전자본의 비율로 측정된 유동성이 줄어들어 더 공격적인 단기정책으로의 이동을 알린다.

제품과 산업 관행이 달라서 어떤 산업의 현금주기는 다른 산업보다 길다. 〈표 16.2〉는 네 개의 다른 회사의 유동자산과 유동부채의 퍼센트를 비교해 이 점을 보여준다. 넷 중에서 보잉(Boeing)은 가장 높은 수준의 재고가 있다. 이는 보잉의 효율성이 낮음을 의미하는가? 아마도 아니고 대신 비교적 높은 재고 수준은 산업과 일관된다. 보잉은 항공기를 제조하고 제트여객기 제조에 1, 2년이 걸릴 수 있다. 이 기간에 부분 완성된 항공기

표 16.2

선정된 산업의 총자산 대비 유동자산과 유동부채 비율: 2018년

	아마존	보잉	시스코	월마트
현금과 유사현금	13.20%	8.13%	5.89%	3.85%
단기매매증권	6.56	0.58	41.85	0.00
매출채권	9.52	11.33	8.02	2.23
재고자산	10.95	53.99	1.67	21.13
기타 유동자산	0.00	2.18	1.46	1.70
유동자산 총계	40.22%	76.22%	58.89%	28.91%
매입채무	33.13%	64.77%	4.81%	34.51%
단기차입금	0.00	1.74	6.79	4.90
기타 유동부채	4.89	0.00	13.53	0.00
유동부채 총계	38.02%	66.52%	25.12%	39.41%

는 보잉의 재무상태표에 재고자산으로 남는다. 월마트(Walmart)도 매장에 오는 소비자를 만족시키기 위해서 높은 수준의 재고를 보유할 필요가 있다. 대조적으로 시스코(Cisco)는 거의 소프트웨어와 정보 기술이므로 재고 수준이 낮다. 월마트의 총자산 대 유동자산이 가장 낮은 수준으로 이런 자본집약적 회사에서 예상할 수 있는 것처럼 비유동자산이 많음을 시사함도 주목하자. 월마트는 운전자본에서 다소 독특한 특성이 있다. 알아챘다면 유동부채가 유동자산보다 많아 월마트는 순운전자본이 음수이다.

개념문제 CONCEPT QUESTIONS

16.3a 기업의 유동자산 투자의 최적 규모 결정에서 고려사항은 무엇인가?

16.3b 보수적과 공격적 순운전자본정책 사이의 최적 절충정책의 결정에서 고려사항은 무엇인가?

16.4 현금예산

현금예산(cash budget)은 단기재무계획의 중요한 수단이다. 재무관리자는 현금예산으로 단기자금의 필요와 기회를 확인한다. 중요하게도 현금예산은 필요한 단기차입금을 알게 해준다. 현금예산의 개념은 간단하다. 현금예산은 현금수취(cash receipts)와 현금지급(cash disbursements)을 추정해 기록한다. 그 결과는 현금 잉여나 현금 부족을 추정한다.

현금예산
cash budget
다음 계획 기간의 현금수취와 현금지급 예측.

매출과 현금 회수

펀토이즈 코퍼레이션(Fun Toys Corporation)의 예로 시작하자. 분기별 현금예산을 준비하겠다. 물론 월별, 주별 또는 심지어 일별로도 할 수 있다. 편의상 분기를 선택했는데 분기는 통상의 단기사업계획 기간이기도 하기 때문이다.

모든 현금유입은 장난감 판매에서 온다. 그러므로 현금예산은 내년의 분기별 매출액 추정에서 시작해야 한다.

	1분기	2분기	3분기	4분기
매출액(단위: 백만)	200	300	250	400

이는 예상 매출액이기에 예측위험이 있음에 주목하자. 실제 매출액은 더 많거나 더 적을 수 있다. 연초 매출채권은 120달러다.

매출채권기간 또는 평균회수기간은 45일이다. 이는 분기 매출의 절반은 다음 분기에 회수될 것임을 의미한다. 이는 분기 처음 45일간 발생한 매출은 분기 내에 회수되기에 일어난다. 둘째 45일간의 매출은 다음 분기에 회수될 것이다. 각 분기를 90일로 가정했음에 주목하자. 따라서 45일의 회수기간은 분기 절반의 회수기간과 같다.

매출 예측에 근거하여 이제 예상 현금 회수를 추정해야 한다. 첫째, 각 분기 초의 매

표 16.3

펀토이즈의 현금 회수 (단위: 백만)

	1분기	2분기	3분기	4분기
기초 매출채권	120	100	150	125
매출액	200	300	250	400
현금 회수	−220	−250	−275	−325
기말 매출채권	100	150	125	200

현금 회수 = 기초 매출채권 + ½ × 매출
기말 매출채권 = 기초 매출채권 + 매출 − 현금 회수
= ½ × 매출

출채권은 45일 안에 회수될 것이므로 매출채권 전부는 해당 분기 중에 회수될 것이다. 둘째, 논의대로 분기의 첫 절반의 매출은 분기 내에 회수될 것이므로 총 현금 회수는

현금 회수 = 기초 매출채권 + ½ × 매출 [16.6]

예를 들어 1분기의 현금 회수는 기초 매출채권 120달러에 매출의 절반인 ½ × \$200 = 100달러를 더해 총 220달러가 된다.

매출의 절반과 함께 기초 매출채권은 모두 회수되기에 특정 분기의 기말 매출채권은 매출의 나머지 절반일 것이다. 1분기의 매출은 200달러로 예상되므로 기말 매출채권은 100달러일 것이다. 이것이 2분기의 기초 매출채권일 것이다. 따라서 2분기의 현금 회수는 100달러 더하기 예상 매출 300달러의 절반 또는 총 250달러일 것이다.

이 과정을 계속하면 〈표 16.3〉에서 유일한 현금의 원천으로 예상 현금 회수를 요약할 수 있다. 물론 현금회사가 유일한 현금의 원천은 아닐 것이다. 다른 현금의 원천은 자산매각, 투자소득, 계획된 장기자금 조달을 포함한다.

현금 유출

다음으로 현금 지불 또는 현금 지급을 고려한다. 이는 4개의 기본적인 범주에서 온다.

1. **매입채무의 지급.** 원자재와 같이 공급업체가 제공한 재화와 용역의 지급이다. 일반적으로 이런 지급은 구매 이후 어느 시점에 이루어질 것이다.
2. **임금, 세금, 기타 경비.** 실제 지출을 요구하는 사업에의 모든 다른 정규비용을 포함한다. 예를 들어 감가상각비는 종종 사업의 정규비용으로 생각하나 현금 유출이 없으므로 포함되지 않는다.
3. **자본지출.** 수명이 긴 자산에의 현금 지급이다.
4. **장기 재무비용.** 이 범주는 예를 들어 미상환 비유동부채에 대한 이자 지급과 주주들에게 지급하는 배당금을 포함한다.

분기에 공급업체에서 구매하는 금액은 다음 분기 예상 매출의 60%와 같다. 공급업체에게 지급하는 금액은 이전 분기 구매한 금액과 같으므로 매입채무기간은 90일이다. 예를 들어 직전 분기에 공급업체에게 0.60 × \$200 = 120달러를 주문하였다. 이는 실제로 다

표 16.4
펀토이즈의 현금지급
(단위: 백만)

	1분기	2분기	3분기	4분기
매입채무(매출의 60%)	120	180	150	240
임금, 세금, 기타 비용	40	60	50	80
자본지출	0	100	0	0
장기재무비용(이자와 배당)	20	20	20	20
총현금지급	180	360	220	340

음 해 1분기에 지급될 것이다.

임금, 세금, 기타 경비는 일상적으로 매출의 20%이다. 이자와 배당은 현재 분기당 20달러이다. 추가로 2분기에 100달러의 주요 공장확장(자본지출)을 계획한다. 모든 정보를 종합하면 현금유출은 〈표 16.4〉에 보이는 바와 같다.

현금 잔액

예상 순현금유입(*net cash inflow*)은 현금 회수와 현금 지불 간의 차이다. 펀토이즈의 순현금유입은 〈표 16.5〉에 보이는 바이다. 1분기와 3분기에는 순현금유입이 있고, 2분기와 4분기에는 순현금유출이 있음을 즉시 볼 수 있다.

연초에 20달러의 현금 잔액을 가정한다. 더욱이 예측할 수 없는 우발사건과 예측오차에 대비해 최소 10달러의 현금 잔액을 유지한다. 따라서 20달러의 현금 잔액으로 1분기를 시작한다. 현금 잔액은 1분기에 40달러 증가해 분기 말 잔액은 60달러이다. 이 중 10달러는 최소보유액이므로 이를 차감하면 1분기의 잉여금은 60 − 10 = 50달러이다.

60달러 현금(이전 분기 기말 잔액)으로 2분기를 시작한다. −110달러의 순현금유입이 있으므로 기말 잔액은 60 − 110 = −50달러이다. 준비금으로 또 10달러가 필요하므로 총 부족액은 −60달러다. 이 계산과 마지막 두 분기의 계산은 〈표 16.6〉에 요약되었다.

표 16.5
펀토이즈의 순현금유입
(단위: 백만)

	1분기	2분기	3분기	4분기
총 현금 회수	220	250	275	325
총 현금 지급	180	360	220	340
순현금유입	40	−110	55	−15

표 16.6
펀토이즈의 현금 잔액
(단위: 백만)

	1분기	2분기	3분기	4분기
기초 현금 잔액	20	60	− 50	5
순현금유입	40	− 110	55	− 15
기말 현금 잔액	60	− 50	5	− 10
최소 현금 잔액	− 10	− 10	− 10	− 10
누적 잉여금(부족액)	50	− 60	− 5	− 20

2분기 시작할 때 60달러의 현금 부족이 있었다. 이는 매출의 계절적 패턴(2분기 말로 갈수록 높아짐), 회수의 지연, 계획된 자본지출 때문이다.

현금 상황은 3분기에 5달러 부족으로 개선이 예상되나 연말까지 20달러의 부족을 보여준다. 어떤 형태이든 자금 조달이 없으면 이 부족액은 다음 해로 넘어갈 것이다. 다음에 이 주제를 탐구한다.

이제 현금 필요에 대해 다음의 일반적 견해를 밝힐 수 있다.

1. 2분기의 많은 현금유출이 반드시 문제의 신호는 아니다. 이는 매출액 회수의 지연과 계획된 자본지출(아마도 가치 있는 것임)의 결과이다.
2. 예제에서 숫자들은 추정에 근거한다. 매출은 추정 수치보다 훨씬 나쁠 수도 있고 훨씬 좋을 수도 있다.

개념문제 CONCEPT QUESTIONS

16.4a 펀토이즈의 순현금잔액에 대해 어떻게 민감도분석(제9장에서 논의됨)을 하겠는가?

16.4b 민감도분석에서 무엇을 배울 수 있는가?

16.5 단기차입

펀토이즈는 단기자금에 문제가 있다. 내부자금으로는 2분기 추정 현금유출을 충족시킬 수 없다. 어떻게 재무정책에 의해 부족액을 조달할 것인가? 매우 보수적 정책으로 60달러까지 비유동부채를 추구할 수 있다.

추가로 현금 부족의 상당액은 많은 자본지출에서 온 점을 주목하자. 주장하건대 장기자금이 후보이다. 그렇더라도 장기자금은 다른 데서 논의했기에 여기서는 두 단기대출 옵션인 (1) 무담보대출과 (2) 담보대출에 집중하겠다.

무담보대출

신용한도
line of credit
공식적(약정) 또는 비공식적(미약정)으로 사전에 정해진 단기 은행대출.

일시적인 현금부족액을 조달하는 가장 일반적인 방법은 단기 무담보 은행대출을 받는 것이다. 단기 은행대출을 이용하는 기업은 종종 신용한도를 설정한다. **신용한도(line of credit)**는 기업이 특정 금액까지 빌릴 수 있도록 승인받는 계약이다. 신용한도가 단기 목적의 사용임을 확인해주기 위해서 차입자는 때때로 차입금을 갚아 잔액을 0으로 낮추어 연중 얼마 동안 유지한다. 이를 정화기간(*cleanup period*)이라고 하는데 보통 60일이다.

단기신용한도는 약정(*committed*)과 미약정(*noncommitted*)으로 분류된다. 후자는 신용카드와 같이 회사가 통상의 서류작성 없이 사전에 정해진 한도까지 빌리도록 허용된 비공식 합의다. 회전신용약정[*revolving credit arrangement* 또는 리볼버(*revolver*)]은 신용한도와 유사하나 신용한도가 보통 1년 단위로 평가되는데 회전신용약정은 보통 2년 또는 그 이상 개설된다.

약정신용한도(committed line of credit)는 더 공식적 법적 계약이고 기업은 은행에 약정수수료(commitment fee)를 지급한다. 신용한도의 이자율은 보통 변동금리이다. 회사가 약정신용한도에 대한 약정수수료 지급은 은행이 계약을 파기하는 일이 없도록(차입자의 지위에 물리적 변화가 일어나지 않도록) 보증하기 위한 보험료 지급으로 볼 수 있다.

담보대출

은행과 기타 금융회사는 장기대출처럼 단기대출도 종종 담보를 요구한다. 단기대출의 담보는 보통 매출채권, 재고자산 또는 이 두 가지 모두로 구성된다.

매출채권금융 **매출채권금융(accounts receivable financing)**은 양도(*assigning*) 매출채권이나 팩토링(*factoring*) 매출채권을 수반한다. 양도 매출채권에서 대출자는 담보로 매출채권을 가지나 매출채권이 회수되지 못하면 차입자는 그래도 책임을 진다. 일반팩토링(*conventional factoring*)에서 매출채권은 할인되어 팩토(facor)에게 팔린다. 일단 판매되면 회수는 팩토의 문제이고 팩토는 불량계좌의 파산에 대한 모든 리스크를 감수한다. 만기팩토링(*maturity factoring*)에서 팩토는 합의된 미래 날짜에 돈을 송금한다.

매출채권금융
accounts receivable financing
매출채권의 양도 또는 팩토링에 의한 단기 담보대출.

예제 16.3 팩토링 비용

지난해 평균 50,000달러의 매출채권이 있었다. 외상 매출은 500,000달러였다. 매출채권을 3% 할인해(즉, 1달러를 97센트에 판매) 팩토했다. 단기 자금조달에서 실효이자율은 얼마인가?

이자율을 결정하기 위해 우선 매출채권기간 또는 평균회수기간을 알아야 한다. 한 해 동안 매출채권을 $\$500,000/50,000 = 10$회 회전시켰다. 그러므로 평균회수기간은 $365/10 = 36.5$일이다.

여기서 지급된 이자는 "할인 이자율"(discount interest)의 형태이다. 이 경우 매 97센트의 자금에 대해 3센트의 이자를 지급하고 있다. 따라서 36.5일간의 이자율은 $0.03/0.97 = 0.0309$ 또는 3.09%이다. 표시이자율(APR)은 $10 \times 3.09\% = 30.9\%$이나 연간 실효이자율은

$$\text{EAR} = 1.0309^{10} - 1 = 0.356 \text{ 또는 } 35.6\%$$

이 경우 팩토링은 비교적 비싼 자금의 원천이다.

만약 팩토(factor)가 구매자의 채무불이행위험을 떠맡는다면 팩토는 즉시의 현금뿐만 아니라 보험도 제공함을 주목해야 한다. 더 일반적으로, 팩토는 근본적으로 기업의 신용거래업무를 인수한다. 상당히 절약할 수 있다. 그러므로 계산한 이자율은 특히 채무불이행의 가능성이 상당하면 과장되었다.

재고 대출 재고 구매를 위한 단기대출인 **재고 대출(inventory loans)**은 세 가지 기본 형태로 분류된다. 블랭킷 재고 선취특권(blanket inventory liens), 신탁증서(trust receipts), 창고금융(field warehouse financing)이다.

재고 대출
inventory loans
재고 구매에 이용되는 단기 담보대출.

1. 블랭킷 재고 선취특권. 블랭킷 선취특권은 채권자에게 채무자의 모든 재고에 대하여 선

취특권을 부여한다(블랭킷은 모든 것을 “커버”한다).

2. **신탁증서**. 신탁증서는 채무자가 채권자의 “위탁”을 받아 특정 재고를 보유하는 방법이다. 예를 들어 자동차 딜러금융은 신탁증서를 이용한다. 이런 형태의 담보금융은 전시장의 재고와 관계가 있어 **플로어계획**(*floor planning*)이라고도 한다.
3. **창고금융**. 창고금융에서 퍼블릭 창고회사(재고자산관리를 전문으로 하는 독립회사)는 대출자의 재고를 감독하는 대리인의 역할을 한다.

기타 자금원

주식회사가 이용하는 단기자금 원천은 매우 다양하다. 가장 중요한 것 두 가지는 **상업어음**(*commercial paper*)과 **거래신용**(*trade credit*)이다.

상업어음은 신용등급이 높은 대기업이 발행한 단기어음이다. 이 어음은 최대 만기가 270일(이 한도를 넘으면 기업은 SEC에 증권신고서를 접수해야 한다)로 단기이다. 기업이 직접 발행하기에 차입하는 기업이 부담하는 이자율은 은행이 직접 대출(direct loan)에 부과하는 이자율보다 상당히 낮을 수 있다.

기업이 이용할 수 있는 다른 옵션은 매입채무기간의 증가로 비용 지불이 오래 걸릴지도 모른다. 이는 거래신용의 형태로 공급자에게 빌리는 것과 마찬가지다. 이는 특히 소형 회사에 매우 중요한 금융 형태이다. 제17장의 논의처럼 거래신용을 이용하는 기업은 구매에 훨씬 더 높은 가격을 지급할 수도 있으므로 매우 비싼 자금의 원천이 될 수 있다.

개념문제 CONCEPT QUESTIONS

16.5a 단기자금의 두 기본 형태는 무엇인가?

16.5b 담보대출의 두 가지 형태를 기술하라.

16.6 단기 재무계획

완성된 단기 재무계획 설명을 위해 필요한 자금을 단기로 차입한다고 가정하자. 이자율은 표시금리(APR)로 20%이고 분기 단위로 계산된다. 제5장에서 분기별 이자율은 20%/4 = 5%이다. 연초에 단기부채는 없다고 가정한다(단위: 백만 달러).

〈표 16.6〉을 보면 2분기에 60달러가 부족하다. 이 금액을 빌려야 할 것이다. 다음 분기의 순현금유입은 55달러이다. 거기에서 60 × 0.05 = 3달러를 이자로 지불하고 나머지 52달러는 차입금을 상환한다.

3분기 말에 아직 60 − 52 = 8달러를 빚지고 있다. 따라서 마지막 분기의 이자는 8 × 0.05 = 0.4달러이다. 게다가 마지막 분기의 순현금유입은 −15달러이므로 총 15.4달러를 빌리면 총차입금은 15.4 + 8 = 23.4달러가 된다. 〈표 16.7〉은 이런 계산을 포함하기 위해 〈표 16.6〉을 확장한 것이다.

표 16.7
펀토이즈의 단기 재무계획 (단위: 백만)

	1분기	2분기	3분기	4분기
기초 현금 잔액	20	60	10	10.0
순현금유입	40	−110	55	−15.0
신규 단기차입금	–	60	–	15.4
단기차입금에 대한 이자	–	–	− 3	− 0.4
단기차입금 상환	–	–	− 52	–
기말 현금 잔액	60	10	10	10.0
최소 현금 잔액	− 10	− 10	− 10	−10.0
누적 잉여금(부족액)	50	0	0	0.0
기초 단기차입금	0	0	60	8.0
단기부채의 변동	0	60	− 52	15.4
기말 단기부채	0	60	8	23.4

기말 단기부채는 한 해의 누적 부족액 20달러에 연간 지급된 이자 3 + 0.4 = 3.4달러를 합한 총 23.4달러와 같음에 주목하자.

계획은 매우 단순하다. 예를 들어 단기부채에 지급한 이자는 세금 공제라는 사실을 무시했다. 1분기의 현금 잉여분으로 세금은 내지만 약간의 이자를 벌 수 있다는 사실을 무시했다. 여러 가지 세심한 사항을 추가할 수 있다. 그렇더라도 계획은 약 90일 이내에 60달러 정도를 단기부채로 빌릴 필요가 있을 것임을 강조한다. 자금의 원천을 정리할 차례이다.

계획에 의하면 기업이 필요한 단기자금의 조달은 연간 세전 약 3.4달러의 비용이 들 것임을 보여 준다. 이런 지출을 줄이기 위해 대안들 평가를 시작할 출발점이다. 예를 들어 100달러의 계획된 지출을 연기하거나 나누어 지출할 수 있는가? 분기당 5%의 단기대출은 비싸다.

또한, 매출 성장의 유지가 예상된다면 20달러에 부족액을 더한 금액도 아마 계속 증가해 추가자금의 필요는 영구적이다. 이 필요액의 처리를 위해 장기로 자금을 조달할 생각을 바랄지도 모른다.

개념문제 CONCEPT QUESTIONS

16.6a 〈표 16.7〉에서 현금 부족 또는 현금 잉여가 예상되는가?

16.6b 〈표 16.7〉에서 최소 현금 잔액을 5달러로 준다면 현금 부족 또는 현금 잉여에는 어떤 일이 벌어지는가?

요약과 결론

1. 이번 장에서는 단기재무의 관리를 소개하였다. 단기재무는 수명이 짧은 자산과 부채에 관련된다. 기업의 재무제표에 나타나는 단기적인 현금의 원천과 사용을 추적해서 살펴보았다. 단기 영업활동에서 어떻게 유동자산과 유동부채가 생기는가와 기업의 현금주기를 알았다.
2. 단기 현금흐름의 관리는 비용의 최소화와 관련이 있다. 두 주요 비용은 현금과 같은 단기자산에 너무 많은 투자를 유지해 없어지는 수익인 보유비용(carrying costs)과 단기자산이 고갈되는 비용인 부족비용(shortage costs)이다. 단기자금을 관리하고 단기재무계획을 세우는 목적은 이 두 비용 간의 최적 교환관계를 발견하기 것이다.
3. "이상적인" 경제에서 기업은 현금의 단기적인 원천과 사용을 완벽하게 예측할 수 있고 순운전자본을 0으로 유지할 수 있을 것이다. 우리가 사는 현실 세계에서 현금과 순운전자본은 기업이 진행 중인 채무를 이행할 수 있도록 완충작용을 한다. 재무관리자는 각 유동자산의 최적 수준을 추구한다.
4. 재무관리자는 단기자금의 필요를 확인하기 위해 현금예산을 사용할 수 있다. 현금예산은 관리자에게 단기적으로 어떤 차입이 요구되는지 또는 어떤 대출이 가능한지를 알려준다. 단기부족액의 충당을 위한 자금 획득에는 무담보대출과 담보대출의 이용을 포함해 여러 가능한 방법들이 있다.

복습과 자체시험 문제

16.1 영업주기와 현금주기. 다음의 재무제표를 고려하라.

항목	기초		기말
재고자산	1,543		1,669
매출채권	4,418		3,952
매입채무	2,551		2,673
순매출		11,500	
매출원가		8,200	

영업주기와 현금주기를 계산하라. ([문제 6] 참조)

16.2 현금 잔액. 평균회수기간은 60일인데 5백만 달러의 최소 현금 잔액을 유지하기 원한다. 이것과 아래 정보를 이용해 현금예산을 완성하라. 어떤 결론을 끌어냈는가? ([문제 16] 참조)

현금예산(단위: 백만)				
	1분기	2분기	3분기	4분기
기초 매출채권	120			
매출액	90	120	150	120
현금 회수				

(계속)

현금예산(단위: 백만)				
	1분기	2분기	3분기	4분기
기말 매출채권				
총 현금 회수				
총 현금 지급	80	160	180	160
순현금유입				
기초 현금 잔액	5			
순현금유입				
기말 현금 잔액				
최소 현금 잔액				
누적 잉여금(부족액)				

■ 복습과 자체시험 문제 풀이

16.1 먼저 회전율이 필요하다. 모든 재무상태표 항목은 평균가치를 사용하고 매출원가에 근거하여 재고자산회전율과 매입채무회전율을 측정한다.

재고자산회전율 = \$8,200/[(1,543 + 1,669)/2]
= 5.11회
매출채권회전율 = \$11,500/[(4,418 + 3,952)/2]
= 2.75회
매입채무회전율 = \$8,200/[(2,551 + 2,673)/2]
= 3.14회

이제 다양한 기간을 계산할 수 있다.

재고자산기간 = 365일/5.11회 = 71.49일
매출채권기간 = 365일/2.75회 = 132.83일
매입채무기간 = 365일/3.14회 = 116.27일

따라서 재고를 취득해 판매까지 약 71일이 걸린다. 회수에는 다시 133일이 걸리므로 영업주기는 71 + 133 = 204일이다. 현금주기는 204일에서 매입채무기간을 차감한 204 − 116 = 88일이다.

16.2 회수기간이 60일이므로 분기의 첫 30일의 매출액만 같은 분기에 회수될 것이다. 따라서 1분기의 총 현금회수는 매출의 30/90 = ⅓과 기초의 매출채권을 더한 \$120 + ⅓ × \$90 = 150달러일 것이다. 1분기의 기말 매출채권(2분기의 기초 매출채권)은 매출액의 나머지 ⅔ 또는 ⅔ × \$90 = 60달러이다. 남은 계산은 직설적으로 다음은 완성된 예산이다.

현금예산(단위: 백만)				
	1분기	2분기	3분기	4분기
기초 매출채권	120	60	80	100
매출액	90	120	150	120
현금 회수	150	100	130	140
기말 매출채권	60	80	100	80
총 현금 회수	150	100	130	140
총 현금 지급	80	160	180	160
순현금유입	70	− 60	− 50	− 20
기초 현금 잔액	5	75	15	− 35
순현금유입	70	− 60	− 50	− 20
기말 현금 잔액	75	15	− 35	− 55
최소 현금 잔액	− 5	− 5	− 5	− 5
누적 잉여금(부족액)	70	10	− 40	− 60

이 계획표의 주요 결론은 3분기 초에 현금 잉여가 현금 부족이 된다는 것이다. 연말까지 이용 가능한 금액을 넘는 6천만 달러를 마련할 필요가 있을 것이다.

비판적 사고와 개념 복습

LO 1 **16.1 영업주기.** 영업주기가 긴 기업의 특징은 무엇인가?

LO 1 **16.2 현금주기.** 현금주기가 긴 기업의 특징은 무엇인가?

LO 3 **16.3 원천과 사용.** 회계연도 말 정보가 다음과 같다.

a. 200달러의 배당금이 지급되었다.

b. 매입채무가 500달러 증가했다.

c. 비유동자산 매입이 900달러였다.

d. 재고자산이 625달러 증가했다.

e. 비유동부채가 1,200달러 줄었다.

각 항목이 현금의 원천 또는 사용인가를 밝히고 기업의 현금 잔액에 주는 영향을 기술하라.

LO 2 **16.4 유동자산비용.** 최근 저스트인타임(JIT) 재고시스템을 설치했다. 이것이 회사의 보유비용, 부족비용, 영업주기에 줄 것 같은 영향을 기술하라.

LO 1 **16.5 주기.** 기업의 현금주기가 영업주기보다 더 긴 것이 가능한가? 왜 그런지 또는 왜 안 그런지를 설명하라.

[질문 16.6~16.10]의 답을 위해 다음 정보를 이용하라. 지난달 블루스카이 항공사(BlueSky Airline)는 대금 지급일을 30일에서 45일로 연장하겠다고 발표하였다. 이유로 회사가 "비용 통제와 현금흐름 최적화"를 원한다고 밝혔다. 증가한 매입채무 기간은 회사의 4,000개 공급업체 모두에게 영향을 줄

것이다.

LO 1 **16.6 영업주기와 현금주기.** 매입채무정책의 변화가 블루스카이의 영업주기에 주는 영향은 무엇인가? 현금주기에 주는 영향은 무엇인가?

LO 1 **16.7 영업주기와 현금주기.** 이 발표는 블루스카이의 공급업체들에 어떤 영향을 주었는가?

LO 1 **16.8 기업윤리.** 대기업이 특히 소규모 공급업체와 거래할 때 일방적으로 매입채무기간을 연장하는 것이 윤리적인가?

LO 1 **16.9 매입채무기간.** 왜 모든 기업이 현금주기를 줄이기 위해 매입채무기간을 늘리지 않는가?

LO 1 **16.10 매입채무기간.** 블루스카이는 "비용 통제와 현금흐름 최적화"를 위해 매입채무기간을 연장했다. 이런 변경으로 블루스카이의 현금 이익은 정확히 무엇인가?

연습문제

초급(문제 1-12)

LO 3 **1. 현금계정의 변경.** 다음의 기업활동이 현금에 미치는 영향을 증가는 *I*, 감소는 *D*, 변화가 없으면 *N*을 이용해 표시하라.

a. 부채 매각으로 수취한 자금으로 배당금을 지급한다.
b. 부동산을 구매하고 단기부채로 지급한다.
c. 재고자산을 외상으로 구매한다.
d. 단기 은행 차입금을 상환한다.
e. 내년도 세금을 미리 지급한다.
f. 자산의 우선주를 매입한다.
g. 외상으로 매출한다.
h. 비유동부채의 이자를 지급한다.
i. 이전 매출 대금이 회수된다.
j. 매입채무 잔액이 준다.
k. 배당금이 지급된다.
l. 생산설비를 구매하고 단기어음으로 지급한다.
m. 수도, 가스 및 전기사용료를 지급한다.
n. 재고로 구매한 원자재를 현금으로 지급한다.
o. 단기매매증권을 매입한다.

LO 3 **2. 현금등식.** 주식의 장부가치는 14,325달러이다. 비유동부채는 8,200달러이다. 현금 이외의 순운전자본은 2,340달러이다. 비유동자산은 19,260달러이다. 이 회사는 얼마의 현금을 보유하는가? 유동부채가 1,840달러라면 유동자산은 얼마인가?

LO 1 **3. 영업주기의 변동.** 다음의 내용이 영업주기에 미치는 영향을 증가는 *I*, 감소는 *D*, 변화가 없으면 *N*을 이용해 표시하라.

a. 평균 매출채권이 증가한다.

b. 고객들의 신용거래 지급 시간이 증가한다.

c. 재고자산회전율이 3회에서 7회가 된다.

d. 매입채무회전율이 6회에서 11회가 된다.

e. 매출채권회전율이 7회에서 9회가 된다.

f. 공급자에의 지급이 가속화된다.

LO 1 **4. 주기의 변동.** 다음의 내용이 현금주기와 영업주기에 미치는 영향을 증가는 *I*, 감소는 *D*, 변화가 없으면 *N*을 이용해 표시하라.

a. 고객에게 제공하는 현금할인조건이 덜 우호적이다.

b. 공급자가 제공하는 현금할인이 증가해서 지급이 빨라졌다.

c. 외상 대신 현금으로 지급하는 고객의 수가 증가하기 시작한다.

d. 보통 때보다 더 적은 원자재를 구매한다.

e. 구매한 원자재의 상당 부분을 외상으로 한다.

f. 더 많은 완제품이 주문 대신 재고로 생산된다.

LO 3 **5. 현금 회수.** 계산 다음 해에 다음의 분기별 매출을 예상한다.

	1분기	2분기	3분기	4분기
매출액	615	705	660	925

a. 연초의 매출채권은 360달러이다. 회수기간은 45일이다. 다음 표를 완성해 각 분기의 현금 회수를 계산하라.

	1분기	2분기	3분기	4분기
기초 매출채권				
매출액				
현금 회수				
기말 매출채권				

b. 회수기간을 60일로 가정하고 (a)를 다시 계산하라.

c. 회수기간을 30일로 가정하고 (a)를 다시 계산하라.

LO 1 **6. 주기 계산.** 다음의 재무제표 정보를 고려한다.

항목	기초		기말
재고자산	7,203		9,041
매출채권	3,069		3,995
매입채무	3,617		4,599
순매출액		95,982	
매출원가		59,814	

모두 외상 매출이라고 가정한다. 영업주기와 현금주기를 계산하라. 답을 어떻게 해석할 수 있는가?

LO 3 **7. 팩토링 매출채권.** 기업의 평균회수기간은 43일이다. 현재 관행은 모든 매출채권을 2% 할인하여 즉시 팩토한다. 이 경우에 실효 차입비용(effective cost of borrowing)은 얼마인가? 채무불이행은 절대 없을 것으로 가정한다.

LO 3 **8. 지급액 계산.** 다음 해에 다음 매출을 예상했다.

	1분기	2분기	3분기	4분기
매출액	650	740	875	805

그다음 해의 연간 매출은 각 분기에 15%가 더 많을 것으로 예상된다.

a. 회사는 각 분기에 다음 분기 예상 매출의 30%를 주문한다고 가정하고 공급자에게 지급하는 금액을 계산하라. 회사는 즉시 지급한다고 가정하자. 이 경우에 매입채무 기간은 얼마인가?

	1분기	2분기	3분기	4분기
매입채무의 지급				

b. 매입채무기간을 90일로 가정하고 (a)를 다시 계산하라.

c. 매입채무기간을 60일로 가정하고 (a)를 다시 계산하라.

LO 3 **9. 지급액 계산.** 분기에 공급자로부터의 구매는 다음 분기 추정 매출의 75%와 같다. 매입채무기간은 60일이다. 임금, 세금, 기타 비용은 매출의 30%이고 이자와 배당은 분기당 110달러이다. 자본지출은 계획이 없다. 예상 분기 매출은

	1분기	2분기	3분기	4분기
매출액	1,640	1,920	2,215	2,355

다음 해 1분기의 매출은 2,050달러로 예상된다. 다음 표를 완성해 회사의 현금지출을 계산하라.

	1분기	2분기	3분기	4분기
매입채무				
임금, 세금, 기타 비용				
장기자금 비용 (이자와 배당)				
합계				

LO 3 **10. 현금회수 계산.** 다음은 2020년도 1분기의 매출예산이다.

	1월	2월	3월
매출예산	168,000	186,000	199,000

외상 매출은 다음과 같이 회수된다.

매출한 달에 65%

매출 다음 달에 20%

매출 2개월 후에 15%

이전 분기 말의 매출채권 잔액은 107,000달러였다(이 중 78,100달러는 미회수된 12월 매출이다).

a. 11월의 매출액을 계산하라.

b. 12월의 매출액을 계산하라.

c. 1월부터 3월까지 매월 매출의 현금 회수를 계산하라.

LO 3 **11. 현금예산 계산.** 다음은 2020년도 2분기 예산의 중요한 숫자이다.

	4월	5월	6월
외상 매출	689,000	598,000	751,000
외상 매입	302,000	282,000	338,000
현금 지급			
임금, 세금, 기타 비용	137,000	129,000	179,000
이자	15,600	15,600	15,600
설비 구매	53,500	6,600	248,000

회사는 외상 매출의 5%는 결코 회수하지 못할 것으로 예상한다. 매출의 35%는 매출 당월에 회수될 것이고 남은 60%는 다음 달에 회수될 것이다. 외상매입은 매입 후 다음 달에 지급될 것이다.

2020년 3월에 외상 매출은 561,000달러였다. 이 정보를 이용해 다음 현금예산을 완성하라.

	4월	5월	6월
기초 현금 잔액	182,000		
현금수취			
외상 매출 현금 회수			
총 가용현금			
현금 지급			
구매	289,000		
임금, 세금, 기타 비용			
이자			
설비 구매			
총 현금 지급			
기말 현금 잔액			

LO 3 **12. 현금회수 계산.** 다음 해 다음의 분기별 매출을 예상한다.

	1분기	2분기	3분기	4분기
매출액	3,900	4,700	4,300	3,600

a. 연초 매출채권은 1,700달러이다. 회사의 회수기간은 45일이다. 다음 표를 완성해 분기별 현금 회수를 계산하라.

	1분기	2분기	3분기	4분기
기초 매출채권				
매출액				
현금 회수				
기말 매출채권				

b. 회수기간을 60일로 가정하고 (a)를 다시 계산하라.

c. 회수기간을 30일로 가정하고 (a)를 다시 계산하라.

중급(문제 13-16)

LO 3 **13. 차입비용.** 언제든지 4,000만 달러를 빌릴 수 있는 신용한도(a line of credit)를 개설했다. 이자율은 월 0.527%다. 게다가 차입금의 4%는 무이자계좌에 예금해야 한다.[5] 은행은 신용한도 대출에 복리 이율을 사용한다고 가정하자.

a. 이 대출 약정의 실효연이율(EAR)은 얼마인가?

b. 오늘 1,500만 달러가 필요하고 6개월 후에 상환한다고 하자. 지급할 이자는 얼마인가?

LO 3 **14. 차입비용.** 한 은행이 분기당 1.54%의 이자율로 7,500만 달러 한도까지 회전신용약정(revolving credit arrangement)을 제공한다. 은행은 또한 신용한도의 사용하지 않는 부분에 대해 4%의 보상예금(compensating balance)을 유지해 무이자계좌에 예금할 것을 요구한다. 은행에 분기당 0.53%를 지급하는 단기투자계정을 개설하고 있다고 가정하고 은행은 회전신용대출에 복리 이율을 적용한다고 가정한다.

a. 한 해 동안 회전신용약정을 이용하지 않는다면 실효연이율(기회비용)은 얼마인가?

b. 4,000만 달러를 즉시 빌려 1년 후에 상환한다면 대출에 대한 실효연이율(EAR)은 얼마인가?

c. 7,500만 달러를 즉시 빌려 1년 후에 갚는다고 하면 대출에 대한 실효연이율(EAR)은 얼마인가?

---

[5] 역주: 무이자계좌에의 예금은 보상예금(compensating balance) 또는 양건예금으로 미국에서 상업은행의 대출 또는 신용공여 시 대출 및 신용공여의 수익을 증대시키기 위해 설정하는 예금이다. 보상예금의 설정 방법은 신용공여 최고한도 또는 실제 신용공여액에 대한 일정 비율로 정하는 방법이 있으나 일반적으로는 전자의 방법이 많이 이용되고 있다.

LO 3 **15. 현금주기와 영업주기.** 현금주기는 38.5일, 영업주기는 62.4일, 재고자산기간은 24.4일이다. 매출원가는 445,000달러, 외상 매출은 724,000달러로 보고되었다. 회사의 매입채무와 매출채권의 평균 잔액은 얼마인가?

LO 3 **16. 현금예산.** 현금회수기간은 32일, 최소 현금 잔액으로 2,000만 달러를 유지하기 원하는데 이는 회사가 현재 보유한 액수이다. 회사는 현재 2억 3,600만 달러의 매출채권이 있는데 다음의 매출과 현금지출 예산을 만들었다. (단위: 백만)

	1분기	2분기	3분기	4분기
매출액	390	493	595	545
총 현금 지급	321	432	767	463

다음 현금예산을 완성하라. 어떤 결론을 도출했는가?

현금예산(단위: 백만)				
	1분기	2분기	3분기	4분기
기초 매출채권				
매출액				
현금 회수				
기말 매출채권				
총 현금 회수				
총 현금 지급				
순현금유입				
기초 현금 잔액				
순현금유입				
기말 현금 잔액				
최소 현금 잔액				
누적잉여금(부족액)				

고급(문제 17-18)

LO 3 **17. 차입비용.** 4억 달러의 고정 약정신용한도(fixed commitment line of credit)의 대가로 회사는 다음에 동의했다.

1. 실제 차입한 모든 자금에 분기당 1.58% 지급
2. 실제 차입한 모든 펀드에 대해서 5%의 보상예금(compensating balance)을 유지

3. 총액의 0.25%의 선불 약정수수료 지급

이 정보에 기초해 다음에 답하라.

a. 약정수수료를 무시하면 신용한도의 실효연이율(EAR)은 얼마인가?

b. 기업이 신용한도에서 즉시 2억 1천만 달러를 이용하고 1년 후에 갚는다고 하자. 이 대출의 실효연이율은 얼마인가?

LO 3 **18. 차입비용.** 은행이 기업에 7.3%의 이자율로 할인 이자 부채를 2,000만 달러까지 대출해 줄 뿐 아니라 액면 차입금에 4%의 보상예금 유지를 요구한다. 이 대출약정의 실효연이율은 얼마인가?

웹에서 문제 풀기

16.1 현금주기. www.reuters.com에 가자. 맥키슨(McKesson: MCK)과 뉴몽 마이닝(Newmont Mining: NEM)의 가장 최근의 연간 손익계산서(income statement)와 2개의 가장 최근 재무상태표(balance sheets)를 찾을 필요가 있을 것이다. 맥킨슨은 제약과 소비자 건강용품 회사이고 뉴몽 마이닝은 굴지의 금광회사이다. 각 회사의 현금주기를 계산하고 공통점과 차이점을 논하라.

16.2 영업주기. 앞의 문제에서 얻은 정보를 이용해 각 회사의 운영주기를 계산하라. 공통점과 차이점은 무엇인가? 이는 각 산업에 있는 회사에 기대했던 것인가?

16.3 현금의 원천과 사용. 웹사이트 www.3m.com에 있는 “Investor Relations“ 링크에 3M의 2개의 가장 최근 재무상태표(balance sheet)를 찾자. balance sheet 각 항목에 가장 최근 연도의 변동을 보이고 이것이 현금의 원천인지 또는 사용인지 적는다. 이 숫자들을 더하면 타당한가? 부채와 자본총계에 대한 답변과 비교해 자산총계에 대한 답변을 설명하라.

엑셀 *MASTER IT!* 문제

우드 프로덕트(Wood Products, Inc.)의 사장 저스틴 우드(Justin Wood)는 재무담당 임원(treasurer) 하이디 페데르센(Heidi Pedersen)을 불러 향후 회사의 3개월간 기말 현금 잔액을 자세히 적은 메모를 준비하라고 주문했다. 다음에 이 기간의 관련 추정값을 볼 것이다.

	7월	8월	9월
외상 매출	$1,275,800	$1,483,500	$1,096,300
외상 매입	765,480	890,160	657,780
현금 지출			
임금, 세금, 기타 비용	348,600	395,620	337,150
이자	29,900	29,900	29,900
설비	0	158,900	96,300
외상매출 회수:			
매출 한 달에 회수	35%		
매출 한 달 후 회수	60%		
회수 못 함	5%		
6월의 외상 매출	$1,135,020		
6월의 외상 매입	$ 681,012		
기초 현금잔고	$ 425,000		

모든 외상매입은 매입 이후 한 달 안에 지급한다.

a. 우드 프로덕트의 향후 3개월 동안 현금예산(cash budget)을 완성하라.

b. 하이디는 현금예산이 각 분기 전에 완성된 표준 보고서가 될 것임을 안다. 매 분기 보고서를 준비하는 시간을 줄이기 위해 메모에 링크된 엑셀에 적절한 정보가를 주는 메모를 하고 싶다. 엑셀에서 값이 변경될 때 자동으로 업데이트되는 메모를 준비하라.

CHAPTER CASE

피엡콘 매뉴팩처링 운전자본관리, PART 1

당신은 최근 피엡콘 매뉴팩처링(Piepkorn Manufacturing)의 신설 자금부(treasury department)에 고용되었다. 피엡콘은 다양한 크기의 카드보드 상자들을 생산하는 작은 회사이다. 회사의 사주인 게리 피엡콘(Gary Piepkorn)은 주로 판매와 생산 분야에서 일했다. 현재 회사는 모든 매출채권은 하나의 구두 상자에 넣고 모든 매입채무는 다른 구두 상자에 넣는다. 비체계적인 시스템 때문에 재무 분야는 작업이 필요하고 당신이 그 일을 하도록 불러들였다.

회사는 현재 현금 잔액이 138,000달러이고 4분기에는 275,000달러에 신형 상자 접는 기계를 구매할 계획이다. 이 기계의 구매는 할인이 되기에 현금으로 할 것이다. 회사의 정책은 100,000달러의 목표 현금 잔액을 유지하는 것이다. 모든 매출은 현금으로 하고 모든 구매는 외상으로 한다.

게리 피엡콘은 향후 4분기에 다음의 총매출을 추정했다.

	1분기	2분기	3분기	4분기
총매출	777,500	826,500	896,000	832,000

내년 첫 분기의 총매출은 815,000달러로 추정되었다.

피엡콘은 통상 현행 분기에 다음 분기의 추정 총매출의 50%를 주문하고 공급자는 통상 53일 후에 지급된다. 임금, 세금, 기타 비용은 총매출의 약 30%이다. 회사는 비유동부채에 분기당 105,000달러의 이자 지급을 한다.

회사는 단기자금 필요를 위해 지방은행을 이용한다. 모든 단기차입금에는 분기당 1.5%를 지불하고 단기예금에 분기당 1%를 지급하는 단기금융시장계좌인 MMF(money market account)를 유지한다.

게리는 당신에게 현행 정책에서 회사의 현금예산과 단기재무계획을 준비하도록 요구했다. 몇 개의 투입변수 변동에 기초하여 추가 계획을 준비할 것도 요구했다.

질문 QUESTIONS

1. 현금예산과 단기재무계획을 완성하기 위해 주어진 숫자를 이용하라.
2. 목표 잔액을 80,000달러로 변경한다고 가정하고 현금예산과 단기재무계획을 재작업하라.

피엡콘 매뉴팩처링 현금예산

	1분기	2분기	3분기	4분기
기초 현금 잔액				
순현금유입				
기말 현금 잔액				
최소 현금 잔액				
누적 잉여금(부족액)				

피엡콘 매뉴팩처링 단기재무계획

	1분기	2분기	3분기	4분기
목표 현금 잔액				
순현금유입				
신규 단기 투자				
단기투자 이익				
단기투자 매각				
신규 단기차입금				
단기차입금의 이자				
단기차입금 상환				
기말 현금 잔액				
최소 현금 잔액				
누적 잉여금(부족액)				
기초 단기 투자				
기말 단기 투자				
기초 단기부채				
기말 단기부채				

17 운전자본관리
Working Capital Management

기업의 은행 계좌에 관한 뉴스가 나오는 것은 대개 회사에 현금이 부족하기 때문이다. 하지만 2018년 중반에 많은 회사는 이런 경우가 아니었다. 예를 들어 애플(Apple)은 현금잔고가 약 2,850억 달러 또는 주당 57달러였다! 다른 회사들도 역시 많은 현금잔고가 있었다. 예를 들어 마이크로소프트(Microsoft)의 현금은 약 1,470억 달러였고, 알파벳(Alphabet)은 약 1,020억 달러였다. 왜 이런 기업들이 그렇게 많은 양의 현금을 보유하는가? 이를 알아보기 위해 이번 장에서 현금관리를 검토한다.

이번 장에서는 운전자본관리의 다양한 측면을 고려한다. 일반적으로 운전자본의 책임은 여러 다른 분야에 퍼져 있다. 회계 분야는 매입채무와 매출채권에 책임이 있고, 운영은 재고에 책임이 있으며, 재무는 현금관리를 다룬다. 매출 예측은 필요한 운전자본의 주요 결정요인이기에 마케팅도 중요한 역할을 한다. 따라서 운전자본관리의 이해는 기업의 거의 모두에게 중요하다.

학습 목표_Learning Objectives

제17장을 마친 후에는 다음의 능력을 갖추어야 한다.

- **LO 1** 기업의 현금관리 방법을 설명하고 현금회수, 현금집중, 현금지급 기법 확인
- **LO 2** 기업의 매출채권 관리 방법과 신용 정책의 기본요소 분석
- **LO 3** 재고의 유형과 기업의 재고관리시스템을 구분하고 최적 재고 수준을 결정하는 요인 설명

기업재무 세계에서 최근에 전개된 사건을 보려면 essentialsofcorporatefinance.blogspot.com 방문.

이번 장에서는 운전자본관리를 살펴본다. 운전자본관리는 기업의 단기 또는 유동자산과 부채를 다룬다고 한 제1장을 상기하자. 기업의 유동부채는 단기차입금이 대부분이다. 바로 전 장에서 단기차입금을 논의했으므로 이번 장은 주로 유동자산 특히 현금, 매출채권, 재고에 중점을 둔다.

17.1 플로트와 현금관리

기업이 어떻게 현금을 관리하는가를 살펴봄으로써 운전자본관리의 분석을 시작한다. 현금관리의 기본 목적은 기업활동을 효율적이고 효과적으로 운영하면서도 가능한 현금에 투자를 적게 유지하는 것이다. 이 목표는 보통 "회수는 일찍 하고 지급은 늦게 하라"라는 격언으로 축약된다. 따라서 회수를 가속화하고 지급을 관리하는 방법을 설명한다.

계다가 기업은 일시적인 여유자금을 단기매매증권(marketable securities)에 투자해야 한다. 여러 곳의 논의대로 이런 증권들은 금융시장에서 매매될 수 있다. 집단으로 단기매매증권은 채무불이행위험이 매우 적으며 대부분은 유동성이 매우 높다. 소위 단기금융시장의 증권에는 다른 유형이 있고 가장 중요한 몇 가지를 나중에 논의한다.

현금보유의 이유

케인즈(John Maynard Keynes)는 역저인 《고용, 이자 그리고 화폐에 관한 일반 이론》(*The General Theory of Employment, Interest, and Money*)에서 유동성이 중요한 이유로 투기적 동기, 예비적 동기, 거래적 동기 세 가지를 들었다. 이를 다음에 논의한다.

투기적 동기
speculative motive
할인구매와 같은 추가적 투자 기회를 활용하기 위한 현금보유 욕구.

투기적 동기와 예비적 동기 **투기적 동기(speculative motive)**는 예를 들어 할인구매 기회, 유리한 이자율, (다국적 기업의 경우) 유리한 환율변동을 이용할 수 있도록 현금을 보유하려는 욕구이다.

대부분 기업에서 투기적 동기를 충족시키기 위해 차입능력과 단기매매증권 보유를 이용할 수 있다. 그러므로 현대 기업에 유동성을 위한 투기적 동기는 있을 수 있으나 현금 자체는 필요하지 않다. 이런 식으로 생각해 보자. 한도액이 매우 높은 신용카드가 있으면 현금의 소지 없이 특별할인구매의 기회를 이용할 수 있을 것이다.

예비적 동기
precautionary motive
준비금 역할을 하는 안전 한도로서 현금보유 욕구.

이는 정도는 약하나 예비적 동기에도 사실이다. **예비적 동기(precautionary motive)**는 준비금 역할을 하는 안전 물량의 욕구이다. 또다시 유동성을 위한 예비적 동기는 아마도 있을 것이다. 그러나 단기금융상품의 가치가 비교적 확실하고 단기국채와 같은 상품의 유동성이 매우 높기에 예비적 목적으로 상당한 금액의 현금을 보유할 필요는 실제로 없다.

거래적 동기
transaction motive
기업의 계속사업과 관련된 일상의 지급과 회수 활동을 만족시키기 위한 현금보유 욕구.

거래적 동기 여러 비용을 지급하기 위해 수중에 현금을 보유할 욕구인 **거래적 동기(transaction motive)**의 충족을 위해 현금이 필요하다. 거래 관련 욕구는 기업의 일반지급과 회수 활동에서 온다. 현금의 지급은 임금과 급료, 거래 부채, 세금, 배당을 포함한다.

현금은 매출, 자산의 매각, 신규 자금에서 회수된다. 현금유입(회수)과 현금유출(지급)은 완벽하게 일치하지는 않으므로 일정 수준의 현금 보유가 버퍼 제공을 위해 필요하다. 완벽한 유동성이 거래적 동기를 만족시켜 주는 현금의 특징이다.

전자자금이체와 다른 고속의 "종이 없는"(paperless) 지급 장치가 계속 개발되면서 현금의 거래적 수요조차도 거의 사라질지 모른다. 그러나 그렇다고 해도 여전히 유동성 수요와 현금을 효율적으로 관리할 필요는 있을 것이다.

현금보유의 이점 기업이 필요한 최소금액을 초과하는 현금을 보유할 때 기회비용이 발생한다. 여유 현금(현금이나 은행예금 보유)의 기회비용은 단기매매증권 투자와 같이 차선책으로 벌 수 있는 이자 수입이다.

현금보유의 기회비용이 있다면 왜 기업들은 여유 현금을 보유하겠는가? 그 답은 여러 비용을 지급하는 거래적 욕구에 필요한 유동성을 제공하기 위해 현금잔고는 유지되어야 한다는 것이다. 기업이 현금잔고를 너무 적게 유지하면 현금이 부족할지 모른다. 이렇게 되면 기업이 단기로 현금을 조달해야 할지도 모른다. 예를 들어 단기매매증권 매각이나 차입을 수반할 수 있다.

단기매매증권의 매각 또는 차입과 같은 활동은 다양한 비용이 수반된다. 논의했던 것처럼 현금보유는 기회비용을 갖는다. 적정 현금 잔액을 결정하기 위해 기업은 현금보유의 이점을 비용과 견주어야 한다. 이 주제를 다음에 더 자세히 논의한다.

플로트의 이해

(미국 기업은 주로 수표로 지급한다.) 수표책(checkbook)에 적혀 있는 현금의 액수는 거래은행의 당좌계정에 있는 현금의 액수와 상당히 다를 수 있다. 그 이유는 이미 발행한 수표 중 일부가 아직 지급을 위해 은행에 제시되지 않았기 때문이다. 사업도 마찬가지다. 기업 장부의 현금 잔액을 기업의 **장부 잔액**(*book balance*) 또는 **원장잔액**(*ledger balance*)이라고 한다. 거래은행의 당좌계정에서 사용할 수 있는 금액을 **이용가능 잔액**(*available balance*) 또는 **수취 잔액**(*collected balance*)이라고 한다. 이용가능 잔액과 원장잔액과의 차이를 **플로트(float)**라고 부르는데 이는 은행시스템을 통해 이동하는 **결제**(*clearing*) 과정에 있는 수표의 순효과를 나타낸다.

플로트
float
결제과정에 있는 수표의 순효과를 나타내는 장부상 현금과 은행 계정 현금의 차이.

지급플로트 기업이 발행한 수표는 **지급플로트**(*disbursement float*)를 발생시켜 기업의 장부 잔액은 줄어드나 이용할 수 있는 잔액은 변동이 없다. 예를 들어 제너럴 메카닉(General Mechanics, Inc.: GMI)의 현재 거래은행 계좌에 10만 달러의 예금이 있다고 하자. 6월 8일에 회사는 원자재를 구입하고 10만 달러를 수표로 지급했다. 그 결과 회사의 장부 잔액은 즉시 10만 달러가 감소했다.

그러나 GMI의 거래은행은 가령 6월 14일 지급을 위해 수표가 제시될 때까지 그 수표를 알지 못할 것이다. 수표가 은행에 제시될 때까지 회사의 이용가능 잔액은 장부 잔액보다 10만 달러 정도 더 많다. 즉, 6월 8일 전에 GMI의 플로트는 0이다.

플로트 = 기업의 이용가능 잔액 − 기업의 장부 잔액
= $100,000 − 100,000
= $0

6월 8일부터 6월 14일까지 GMI의 상태는 다음과 같다.

지급플로트 = 기업의 이용가능 잔액 − 기업의 장부 잔액
= $100,000 − 0
= $100,000

수표가 결제되는 동안 GMI는 거래은행에 10만 달러의 잔액이 있다. 수표가 결제되는 동안에 현금으로 이득을 볼 수 있다. 예를 들어 이용가능 잔액은 일시적으로 단기매매증권에 투자될 수 있으므로 약간의 이자를 벌 수 있다. 이 주제는 잠깐 후에 돌아오겠다.

회수플로트와 순플로트 기업이 받은 수표는 **회수플로트**(*collection float*)를 발생시킨다.

회수플로트는 장부 잔액은 늘어나나 이용가능 잔액은 즉각 변하지 않는다. 예를 들어 GMI가 10월 8일에 고객에게서 10만 달러를 수표로 받았다고 하자. 앞에서처럼 회사는 은행에 10만 달러 예금이 있고 플로트는 0이라고 하자. 회사는 수표를 예금해 장부 잔액은 10만 달러가 증가한 20만 달러가 되었다. 그러나 GMI의 거래은행이 고객의 은행에 수표를 제시하고 10만 달러를 받을 때까지 GMI는 추가적인 현금을 사용할 수 없다. 10월 14일에 현금을 받았다고 하자. 그러는 동안 GMI의 현금 상태는 10만 달러의 회수플로트를 반영할 것이다. 일련의 사건을 요약할 수 있다. 10월 8일 전에 GMI의 상태는 다음과 같다.

플로트 = 기업의 이용가능 잔액 − 기업의 장부 잔액
= $100,000 − 100,000
= $0

10월 8일부터 10월 14일까지 GMI의 상태는 다음과 같다.

회수플로트 = 기업의 이용가능 잔액 − 기업의 장부 잔액
= $100,000 − 200,000
= −$100,000

일반적으로 기업의 지급(지출)활동은 지급플로트를 발생시키고 회수활동은 회수플로트를 발생시킨다. 순효과인 총 회수플로트와 총 지출플로트의 합은 **순플로트**(*net float*)이다. 어떤 시점의 순플로트는 기업의 이용가능 잔액과 장부 잔액의 전체적인 차이이다. 만약 순플로트가 양수이면 기업의 지급플로트는 회수플로트를 초과하고 기업의 이용가능 잔액은 장부 잔액을 초과한다. 만약 이용가능 잔액이 장부 잔액보다 적으면 순회수플로트가 된다.

기업은 장부 잔액보다 순플로트와 이용가능 잔액에 신경을 써야 한다. 회사가 사용한 수표가 여러 날 동안 결제되지 않음을 안다면 그렇지 않은 경우보다 은행에 더 적은 현금 잔액을 유지할 수 있을 것이다. 이는 상당한 돈을 만들 수 있다.

예를 들어 초대형 유통회사인 월마트(Walmart)의 사례를 보자. 2017년에 월마트의 일일 평균 매출액은 약 13억 7천만 달러였다. 월마트가 하루라도 빨리 회수할 수 있다면 13억 7천만 달러를 자유롭게 투자할 수 있다. 비교적 적당한 0.01%의 일별 이자율에 이자 수입은 일당 137,000달러 정도가 될 것이다.

예제 17.1 **플로트에 머물기**

5,000달러 예금이 있다고 하자. 어느 날 책값을 지급하기 위해 1,000달러 수표를 발행했고 2,000달러를 예금했다. 지급플로트, 회수플로트, 순플로트는 얼마인가?

1,000달러 수표를 발행한 후 장부에는 4,000달러의 잔액이 있으나 은행에는 수표가 결제될 때까지 5,000달러가 잔액으로 남아 있다. 이는 1,000달러의 지급플로트가 있다는 것을 의미한다.

2,000달러의 수표를 예금하면 잔액은 6,000달러가 된다. 이용가능 잔액은 수표가 결제될 때

(계속)

까지 늘어나지 않는다. 이는 −2,000달러의 회수플로트가 있음을 의미한다. 순플로트는 회수플로트와 지급플로트의 합인 −1,000달러가 된다.

종합하면 장부에 6,000달러의 잔액이 남는다. 은행에는 7,000달러의 잔액이 있으나 예금이 아직 결제되지 않았기에 오직 5,000달러만 이용할 수 있다. 이용가능 잔액과 장부 잔액 사이의 차이인 순플로트는 −1,000달러로 불리하게 작용한다. 만약 5,500달러의 수표를 다시 발행하면 지급할 수 있는 충분한 잔액이 없어 부도가 나서 되돌아올 것이다. 이것이 왜 장부 잔액보다 이용가능 잔액에 더 많은 관심을 가져야 하는가 하는 이유이다.

플로트관리 플로트관리는 현금의 회수와 지급을 통제하는 것이다. 현금회수는 회수의 가속화가 목표이고 고객이 대금을 지급해 현금이 사용 가능할 때까지 걸리는 시간의 간격을 줄이는 것이다. 현금 지급의 목표는 지급을 통제하고 지급 관련 기업의 비용을 최소화하는 것이다.

회수하거나 지급하는 총시간은 발송시간, 처리시간, 이용가능시간의 세 부분으로 나누어질 수 있다.

1. 발송시간(*mailing time*)은 수표가 회수되거나 지급되는 과정에서 우체국에 머물러 있는 시간이다.
2. 처리시간(*processing delay*)은 수표수령자가 지급을 처리하고 회수를 위해 은행 예금에 걸리는 시간이다.
3. 이용가능시간(*availability delay*)은 은행시스템을 통한 수표 결제에 필요한 시간을 말한다.

회수의 가속화를 위해서는 이런 요소 중 하나 또는 그 이상을 줄여야 한다. 지급을 늦추기 위해서는 이런 요소 중 하나 또는 그 이상을 늘려야 한다. 아래에서 회수 기간과 지급 기간을 관리하는 절차를 기술한다.

윤리적, 법적 문제 현금관리자는 예금되었으나 회수되지 않은 수표를 반영하는 기업의 장부 잔액이 아니라 회수된 은행의 현금 잔액을 기준으로 해야 한다. 이렇게 하지 않으면 현금관리자는 단기투자를 위한 자금의 원천으로 회수되지 않은 현금을 인출할 수 있다. 회수되지 않은 자금을 사용하면 대부분의 은행은 수수료를 부과한다. 그러나 은행이 회수되지 않은 자금의 사용을 충분히 알 정도의 회계 및 통제 절차를 가지고 있지 않을 수도 있다. 이는 기업에 윤리적이고 법적인 문제를 일으킨다.

예를 들어 1985년 5월 대형 투자은행인 이에프 허튼(E. F. Hutton)의 회장인 로버트 포먼(Robert Fomon)은 1980년부터 1982년까지 회사가 운영해 온 방법에 대해 2,000건의 우편 및 통신사기로 유죄판결을 받았다. 허튼의 종업원들은 회수가 안 된 현금에 수억 달러의 수표를 발행하였다. 그 대금은 단기금융시장의 상품에 투자되었다. 이런 종류의 계획적인 당좌대월 또는 때때로 공수표(check kitting)라고 불리는 것은 합법적이지도 않고, 윤리적이지도 않으며, 기업들 사이에 널리 퍼진 관행도 아니다. 또한, 허튼이 이용한 은행시스템의 특정 비효율성은 상당히 제거되었다.

허튼은 200만 달러의 벌금을 물었고, 정부(미국 법무부)에도 75만 달러를 상환하였으며, 사기당한 은행에 손해배상으로 800만 달러를 추가로 예치했다. 이 사건의 핵심 주제는 플로트관리 자체가 아니라 플로트를 이용하는 것 이외에는 경제적 이유가 없으면서 수표를 발행하는 관행이다. 불행하게도 공수표 자체가 아예 없어진 것은 아니다. 2018년 3월에 네브라스카 주의 사업가가 4개의 은행이 관련된 공수표 책략으로 유죄 선고를 받았다. 감형으로 가능성 있는 30년의 연방 감옥은 피했으나 5년의 보호관찰, 100만 달러의 벌금과 약 835,000달러의 배상금을 지급해야 했다.

전자 자료교환과 체크 21: 플로트의 종말? 전자자료교환(*electronic data interchange*: EDI)은 모든 종류의 사업에서 증가하고 있는 직접적인 전자정보교환 수단을 가리키는 일반적인 용어이다. 종종 금융 EDI 또는 FEDI라고 불리는 EDI를 이용하면 두 당사자 간의 금융정보와 자금을 전자적으로 이체함으로써 서류 송장, 종이 수표, 우송과 처리 등을 없앨 수 있다. 예를 들어 당좌예금계좌에서 매달 여러 종류의 청구서를 직접 지급하는 것이 가능하고 기업은 이제 급여를 자동으로 종업원계좌에 직접 입금한다. 더 일반적으로 EDI는 판매자가 구매자에게 전산으로 청구서를 보내는 것을 가능하게 함으로써 우편 발송이 필요 없게 되었다. 그러면 구매자는 역시 전산으로 승인할 수 있다. 은행은 다른 은행에 있는 판매자의 계좌로 자금을 이체한다. 순 효과는 거래 시작 후 종료까지 필요한 시간이 상당히 짧아졌다는 것이고 보통 플로트라고 생각하는 것의 상당 부분이 감소하거나 제거되었다. FEDI의 이용 증가에 따라 플로트관리는 컴퓨터화된 정보교환과 자금 이체를 둘러싼 주제에 더 많이 중점을 두고 발전할 것이다.

2004년 10월 29일에 '체크 21'(Check 21)로 더 잘 알려진 "Check Clearing Act for the 21st Century"라는 법안이 발효되었다. '체크 21' 이전에는 수표를 받은 은행은 지급이 이루어지기 전에 거래처의 은행에 실물 수표를 보내야만 했다. 그러나 지금은 은행들이 거래처의 은행에 수표의 전자 이미지를 발송하고 즉시 지불받는다. 전에는 다른 주로부터 발송된 수표는 결제에 3일이 걸렸으나 '체크 21' 체계에서는 결제 기간이 보통 하루이고 종종 수표는 당일 결제할 수 있다. '체크 21'로 플로트가 상당히 줄어들었다.

개념문제 CONCEPT QUESTIONS

17.1a 현금보유의 거래적 동기는 무엇인가?

17.1b 기업이 초과현금 보유에 따른 비용은 무엇인가?

17.1c 회수플로트(collection float)와 지급플로트(disbursement float) 중 기업이 줄이려고 하는 것은 무엇인가? 그 이유는?

17.1d 플로트를 줄이거나 제거하면 어떤 이점이 있는가?

17.2 현금관리: 회수, 지급, 투자

현금관리의 차원에서 기업은 고객들로부터 현금을 회수하고, 공급업체에 지급하며, 수중의 초과현금을 투자하는 계획을 세워야만 한다. 기업이 어떻게 현금을 회수하고 집중하는가를 살펴보며 시작한다.

현금 회수와 집중

앞의 논의에서 회수 지체가 기업에 불리함을 알았다. 모든 조건이 같다면 기업은 회수를 촉진하는 절차를 채택해 회수 기간을 줄일 것이다. 게다가 현금이 회수된 후에도 회수된 현금이 가장 잘 활용될 곳에 집중시키는 과정이 필요하다. 다음에 몇몇 일반적인 회수와 집중과정을 논의한다.

회수기간의 요소 앞의 논의에 의하면 현금 회수과정의 기본요소를 다음과 같이 표현할 수 있다. 이 과정의 총시간은 우편발송 기간, 수표 처리 지체, 은행의 이용 가능 지체로 구성된다.

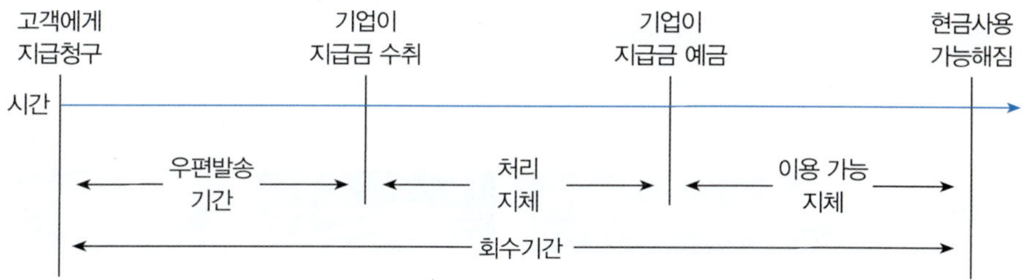

현금 회수과정의 각 단계에서 걸리는 시간은 기업의 고객과 은행이 어디에 위치하는가와 기업이 얼마나 효율적으로 현금을 회수하는가에 달려 있다.

현금회수 기업이 고객으로부터 어떻게 현금을 회수하는가는 대개 사업의 성격에 의해 결정된다. 가장 단순한 예는 음식점 체인과 같은 사업일 것이다. 음식점 고객의 대부분은 현금, 수표 또는 신용카드로 지급해 **점두회수**(*over-the-counter collection*)될 것이므로 우편발송 시간에 따른 문제는 없다. 보통 자금은 지역은행에 예금되어 있고 회사가 자금에 접근하는 몇 가지 방법이 있을 것이다.

회사가 지급의 일부 또는 전부를 우편을 통해 도착한 수표로 받았을 때 회수기간의 3개 요소 모두가 관련된다. 기업은 우편발송 시간을 줄이기 위해서 모든 수표가 한 장소에 배달되도록 선택하거나 더 일반적으로 다수의 다른 우편물 회수지점을 둘 수도 있다. 또한, 기업은 자체적으로 회수를 위한 사업을 하거나 현금 회수를 전문으로 하는 외부기업을 이용할 수도 있다. 이 주제를 나중에 더 자세히 논의한다.

현금을 회수하는 다른 방법도 있다. 보편화되는 방법은 사전승인 지급시스템이다. 이 제도에서는 지급액과 지급일자가 사전에 정해진다. 정해진 날이 되면 금액은 자동으로 고객의 은행 계좌에서 기업의 은행 계좌로 이체되어 회수 기간을 상당히 줄이거나 없앤다. 온라인 단말장치가 있는 기업에도 같은 방법이 이용되어 판매되면 현금이 즉각적으로 기업의 계좌로 이전된다.

사서함 lockboxes
외상매출금을 중간에서 받아 회수를 가속하기 위해 마련된 특별한 우체국 박스.

사서함 기업이 결제를 우편으로 받을 때 그 수표를 어디로 보내고 어떻게 수취해 예금할 것인가를 결정해야 한다. 신중하게 선택된 회수지점의 위치와 수는 회수 기간을 상당히 줄일 수 있다. 많은 기업은 외상매출금을 중간에서 받아 회수를 가속하기 위해 **사서함(lockboxes)**이라고 하는 특별한 우체국 박스를 이용한다.

〈그림 17.1〉은 사서함 시스템을 보여 준다. 회수과정은 고객이 수표를 기업으로 보내는 대신 사서함으로 보내면서 시작된다. 사서함은 지역은행에 의해 유지된다. 사실 대기업은 전국에 20개가 넘는 사서함이 있을 수 있다.

일반적으로 사서함 시스템에서 지역은행은 하루에도 여러 번 우체국에서 사서함 수표를 회수한다. 은행은 수표를 기업의 계좌에 바로 입금한다. 이런 운영의 세부내용은 컴퓨터에 의해 이용 가능한 형태로 기록되어 기업에 통보된다.

사서함 시스템은 수표를 회사의 본사 대신 가까운 우체국에서 받기에 우편발송 시간을 줄여 준다. 기업이 회수를 위해 봉투를 개봉하고 수표를 예금할 필요가 없기에 사

그림 17.1
사서함 운용과정

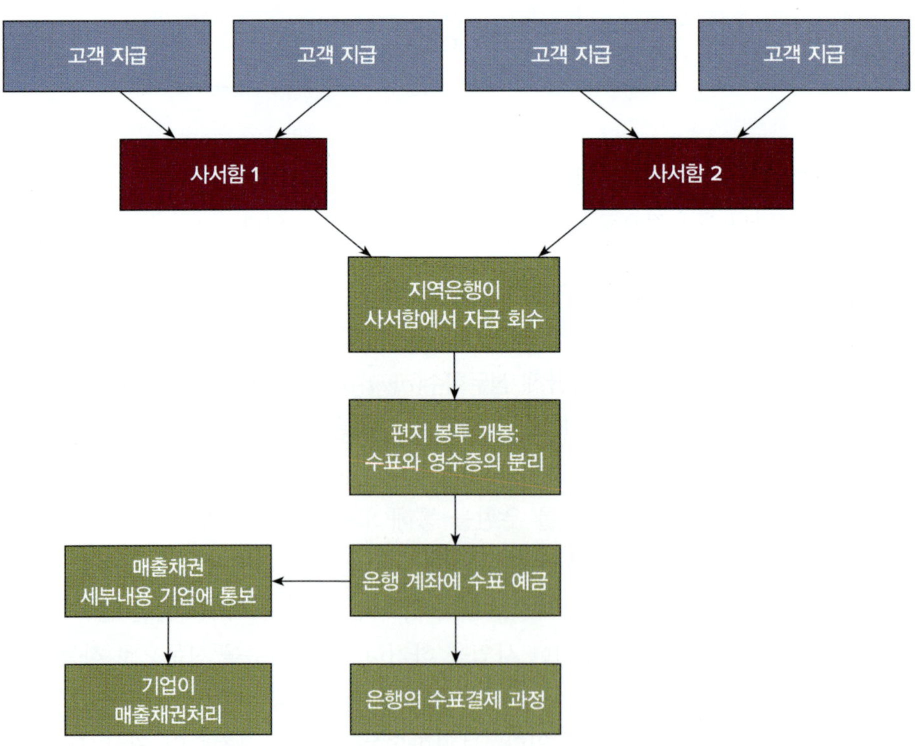

고객이 송금액을 회사로 보내는 대신 사서함에 보냄으로써 과정이 개시된다. 은행은 하루에도 여러 번 우체국의 사서함에서 회수한다. 그리고 수표는 회사의 은행 계좌에 입금된다.

서함은 또한 처리 지체를 줄여 준다. 종합하면 은행의 사서함은 기업이 수표를 본사에서 받아 예금과 결제를 위해 은행에 전달함보다 더 빨리 수취해 예금하고 결제함이 가능하게 해준다.

현금집중 앞의 논의대로 기업은 보통 현금 회수장소를 많이 두어 결과적으로 현금 회수는 여러 은행과 은행 계좌에서 이루어진다. 여기서부터 기업은 현금을 주계좌로 옮기는 과정이 필요하다. 이를 **현금집중(cash concentration)**이라고 한다. 기업은 일상적으로 현금을 한데 모아 취급하는 계좌의 수를 줄여 현금관리를 매우 단순하게 만든다. 또한, 기업은 규모가 큰 자금을 갖고 단기투자를 할 때 더 유리하게 이자를 협상할 수 있을지도 모른다.

현금집중
cash concentration
현금을 다수의 은행에서 주거래계좌로 옮기는 관행과 절차.

집중시스템을 운용할 때 기업은 보통 하나 또는 그 이상의 집중은행(*concentration banks*)을 이용할 것이다. 집중은행은 어떤 지역에 있는 은행에서 회수한 자금을 한데 모은다. 종종 집중시스템은 사서함 시스템과 연계하여 이용된다. 〈그림 17.2〉는 통합된 현금회수시스템과 현금집중시스템이 어떤 형태인가를 보여 준다.

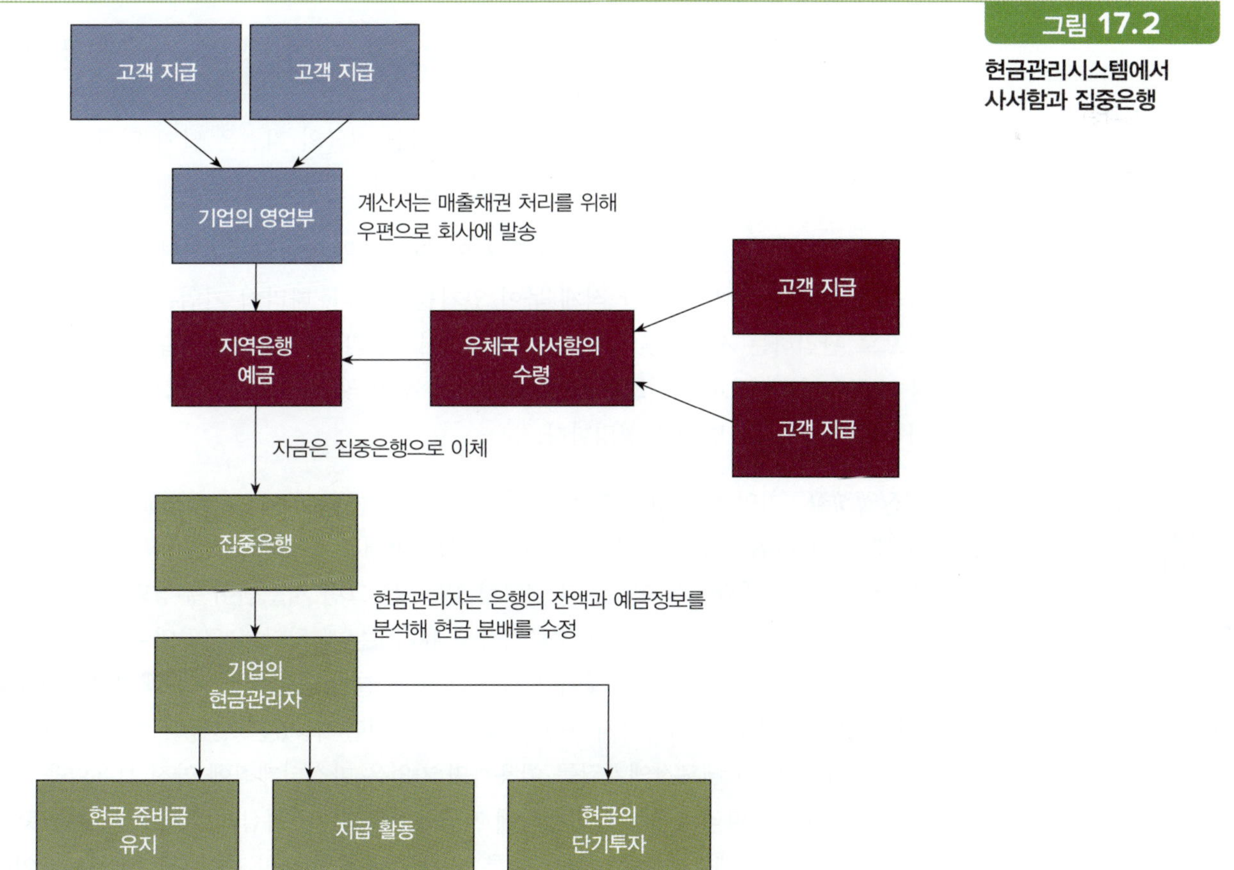

그림 17.2
현금관리시스템에서 사서함과 집중은행

현금지급관리

기업의 관점에서 지급플로트는 바람직하므로 지급플로트관리의 목표는 지급을 최대한 늦추는 것이다. 이를 위해 기업은 발행하는 수표의 우편발송플로트, 처리과정플로트, 이용가능플로트를 증가시키는 전략을 개발할 수 있다. 이외에 기업은 지급을 목적으로 보유현금을 최소로 하는 방법을 개발한다. 이제 이 절차의 가장 일반적인 것을 논의한다.

지급플로트 증가 살펴본 것처럼 지급을 지연시키는 관점에서 플로트는 우편발송 배달, 수표 결제, 자금 회수와 관련된 시간에서 온다. 지급플로트는 지리적으로 먼 은행의 수표를 발행함으로써 늘릴 수 있다. 예를 들어 뉴욕의 납품업체는 로스앤젤레스 은행에서 발행된 수표를 받을 수 있다. 이는 수표의 은행시스템을 통한 결제에 걸리는 시간을 늘릴 것이다. 멀리 떨어진 우체국에서 수표를 발송하는 것도 기업이 지급을 지연시키는 또 다른 방법이다.

지급플로트를 최대화하는 전략은 윤리적인 면과 경제적인 면 모두에서 논쟁이 될 만하다. 첫째, 나중에 논의하겠으나 지급조건은 조기 지급에 대해 매우 자주 상당한 할인을 해준다. 이 할인은 보통 "플로트 게임을 해서" 절약할 수 있는 것보다 훨씬 크다. 이 경우 수취자가 지급일을 소인이 찍힌 날짜가 아니라 수취한 날짜로 정하면 우편발송 기간을 늘리는 것이 별 이득이 되지 않는다.

그 밖에 지급을 지연하는 시도가 공급업체를 속일 수 있을 것 같지는 않다. 공급업체와의 나쁜 관계로 인한 부정적인 결과는 비용이 많이 들 수 있다. 폭넓은 의미에서 우편발송 시간이나 순진한 공급업체를 이용해 의도적인 지급의 지연은 납기 일자에 비용의 지급을 거부하는 것과 같이 비윤리적인 사업방식이다.

지급통제 지급플로트의 최대화는 나쁜 사업 관행임을 알았다. 그러나 기업은 여전히 지급을 위한 현금이 가능한 한 적게 묶여 있기를 바란다. 따라서 기업은 지급과정을 효율적으로 관리하는 시스템을 개발했다. 이런 시스템의 일반적인 개념은 은행예금에는 비용 지급을 위해 필요한 최소한의 금액 이상을 두지 않는 것이다. 다음에 이 목표를 달성하기 위한 몇 가지 방법을 설명한다.

제로잔액계좌
zero-balance account
기업이 제로 잔액을 유지하고 지급을 위해 제출된 수표에 필요한 만큼의 금액만을 마스터계좌에서 자금을 이체하는 지급계좌.

제로잔액계좌 기업은 은행의 협조 아래 **제로잔액계좌(zero-balance account)**로 마스터계좌와 몇 개의 하위계좌를 유지한다. 하위계좌로 발행된 수표가 지급되어야 할 때 필요한 자금은 마스터계좌에서 이체된다. 〈그림 17.3〉은 그런 시스템이 운영되는 방법을 보여 준다. 이 경우에 기업은 2개의 지급계좌를 유지하는데 하나는 공급업체를 위한 것이고 또 하나는 급여 지급을 위한 것이다. 보이는 바와 같이 기업이 제로잔액계좌를 이용하지 않는다면 각 계좌는 예측하지 못한 수요를 충족시킬 수 있는 현금의 안전 금액을 보유해야 한다. 기업이 제로잔액계좌를 이용하면 기업은 마스터계좌에 안전 보유량을 유지할 수 있고 필요에 따라 2개의 하위계좌에 자금을 이체한다. 핵심은 버퍼로 보유한 총 현금의 양이 제로잔액제도에서 더 적어 다른 곳에 현금을 이용할 수 있게 한다는 것이다.

그림 17.3 제로잔액계좌

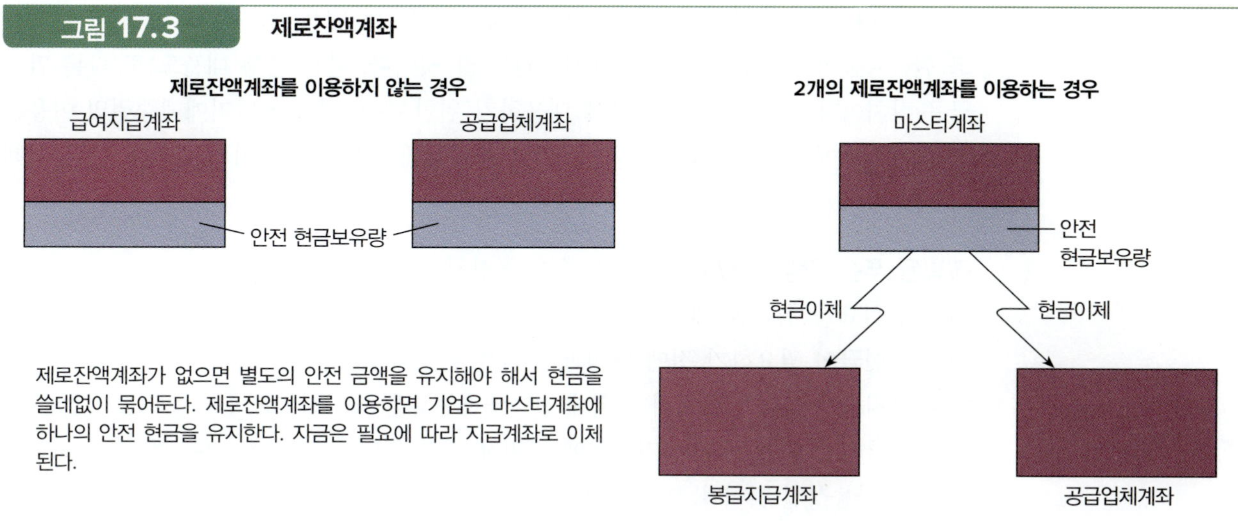

제로잔액계좌가 없으면 별도의 안전 금액을 유지해야 해서 현금을 쓸데없이 묶어둔다. 제로잔액계좌를 이용하면 기업은 마스터계좌에 하나의 안전 현금을 유지한다. 자금은 필요에 따라 지급계좌로 이체된다.

통제지급계좌 특정한 날 지급해야 하는 지급액은 거의 아침에 알려진다. **통제지급계좌(controlled disbursement account)**가 있으면 은행은 기업에 당일의 총계를 통보하고 기업은 필요한 금액을 보통 전산으로 이체한다.

통제지급계좌 controlled disbursement account
기업이 지급수요를 충당하는 지급계좌에 금액을 이체하는 지급 방법.

여유 현금 투자하기

기업은 일시적으로 여유 현금이 생기면 증권에 투자할 수 있다. 여러 번 언급한 것처럼 단기금융자산을 위한 시장을 단기금융시장(*money market*)이라고 한다. 단기금융시장에서 거래되는 단기금융자산의 만기는 1년 또는 그 미만이다.

대기업 대부분은 자체적으로 단기금융자산을 관리하고 은행과 딜러들을 통해 거래한다. 몇몇 대기업과 많은 중소기업은 단기금융시장 뮤추얼펀드를 이용한다. 이는 관리수수료를 대가로 단기금융자산에 투자하는 펀드이다. 관리수수료는 펀드매니저가 제공하는 전문지식과 분산투자에 대한 보상이다.

많은 단기금융시장 뮤추얼펀드 중에서 몇몇은 기업 고객을 전문으로 한다. 게다가 은행은 매 영업일 마감 시점에 모든 이용 가능 초과 자금을 기업을 대신해 투자해 주는 계약을 제공한다.

일시적 여유 현금 기업은 다양한 이유로 일시적 여유 현금이 발생한다. 가장 중요한 두 가지 이유는 기업의 계절적 또는 주기적 활동의 자금과 계획되거나 우발적 지출의 자금이다.

계절적 또는 주기적 활동 몇몇 기업의 현금흐름 패턴은 예측할 수 있다. 한 해의 일부 기간은 잉여현금흐름이 발생하고 나머지 기간은 현금흐름이 부족하다. 예를 들어 스포츠 보트로 알려진 마스터크라프트(MasterCraft)는 여름에 영향을 받는 계절적 현금흐름의 패턴이 있다.

마스터크라프트와 같은 기업은 잉여현금흐름이 발생했을 때 단기매매증권을 구입하고 현금흐름이 부족할 때는 단기매매증권을 팔 것이다. 물론 은행 대출도 또 다른 단기금융 장치이다. 일시적 자금 수요에 대응하기 위한 은행 대출과 단기매매증권의 이용은 〈그림 17.4〉에서 볼 수 있다. 이 경우 기업은 앞장에서 논의한 의미의 절충운전자본정책을 따르는 것이다.

계획된 또는 가능한 지출 기업은 종종 공장건설 프로그램, 배당지급, 기타 큰 규모의 지출에 필요한 현금을 제공하기 위해 단기매매증권에 일시적으로 투자한다. 그러므로 기업은 현금이 필요하기 전에 채권과 주식을 발행해 그 금액을 단기매매증권에 투자하고 투자지출의 자금을 확보하기 위해 단기매매증권을 매각하기도 한다. 또한, 기업은 대규모 현금지출을 해야 하는 가능성에 직면할 수도 있다. 이해하기 쉬운 예는 큰 소송에서 패할 가능성일 것이다. 이런 우발적 사건에 대비하여 기업들은 여유 현금을 보유하기도 한다.

단기증권의 특성 기업이 일시적으로 보유한 여유 현금을 투자할 수 있는 다양한 종류의 단기증권이 있다. 이런 단기매매증권의 가장 중요한 특징은 만기, 채무불이행위험, 시장성과 세금이다.

만기 만기(maturity)란 이자와 원금 지급이 이루어지는 기간을 의미한다. 제6장에서 이자율의 수준이 변하면 만기가 긴 증권의 가격이 만기가 짧은 증권의 가격보다 더 많이 변함을 배웠다. 그 결과 기업들은 종종 이자율의 변화로 가치가 떨어지는 위험을 피하려고 90일 이내에 만기가 도래하는 단기매매증권으로 투자를 제한한다.

그림 17.4

계절적 현금 수요

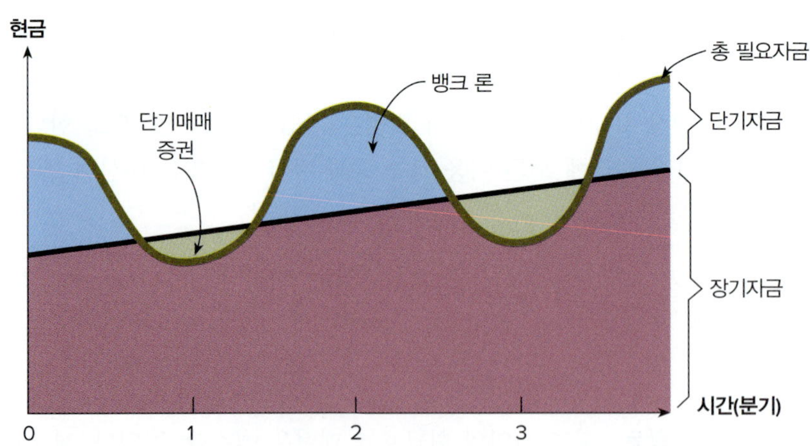

시간 1: 여유 현금 상태가 존재한다. 유동자산에 대한 계절적 수요는 낮다. 여유 현금은 단기매매증권에 투자된다.
시간 2: 현금 부족 상태가 존재한다. 유동자산에 대한 계절적 수요는 높다. 부족 자금은 단기매매증권을 매각하거나 은행 차입금(뱅크 론)으로 조달된다.

채무불이행위험 채무불이행위험(default risk)이란 이자와 원금이 만기일에 약속된 금액만큼 지급되지 못하거나 전혀 지급되지 않을 가능성을 의미한다. 물론 미국 재정증권과 같은 증권들의 채무불이행위험은 무시할 수 있을 정도다. 기업이 여유 현금을 투자하는 목적으로 볼 때 보통 채무불이행위험이 상당히 큰 단기매매증권에는 투자를 피한다.

시장성 시장성(marketability)이란 자산이 현금으로 얼마나 쉽게 전환되는가를 의미한다. 따라서 시장성과 유동성은 거의 같은 의미다. 일부 단기금융상품은 다른 것보다 더 시장성이 있다. 미국의 재정증권이 가장 유동성이 커서 적은 비용에 신속히 거래된다.

세금 정부의 채무가 아닌 단기매매증권에서 받은 이자는 지방세나 국세를 내야 한다. 재정증권과 같은 미국 정부의 부채는 주세가 면제되나 다른 정부보증채는 면제되지 않는다. 지방채는 연방세가 면제되나 주 수준에서 세금을 부과할 수도 있다.

단기금융증권의 다른 형태 단기금융증권(money market securities)은 일반적으로 시장성이 매우 높으며 단기이다. 보통 채무불이행위험이 낮다. 단기금융증권은 보통 정부(예를 들어 미국 재정증권)와 국내외 은행(예를 들어 예금증서), 기업(예를 들어 기업어음)에 의해 발행된다. 전체적으로는 많은 유형이 있으나 여기서는 가장 일반적인 몇 가지만 보여 준다.

미국 재정증권(U.S. Treasury bills)은 만기가 4, 13, 26 또는 52주다. 4, 13, 26주 재정증권은 매주 경매로 매각되고 52주 재정증권은 4주마다 매각된다.

단기 면세증권(short-term tax-exempts)은 주, 시와 다른 대리기관이 발행한 단기증권이다. 이는 모두 지방정부 증권으로 고려되기에 연방세가 면제된다. 단기 면세증권은 미국 재정증권보다 채무불이행위험이 크고 시장성이 떨어진다. 이자는 연방소득세가 면제되기에 면세증권의 세전 수익률은 미국 재정증권과 같은 비교 대상 증권과 비교해 더 낮다. 또한, 주식회사는 투자로서 면세증권 보유에 제약을 받는다.

기업어음(commercial paper)은 금융기관, 은행, 기업이 발행한 단기증권을 말한다. 보통 기업어음은 무담보이다. 만기 범위는 몇 주에서 270일까지다.

기업어음은 특별히 활발한 유통시장이 없다. 그 결과 시장성이 낮을 수 있다. 그러나 기업어음을 발행하는 기업은 종종 만기 전에 직접 재매입한다. 기업어음의 채무불이행위험은 발행자의 재무 건전성에 달려 있다.

양도성예금증서(CD)는 상업은행에 대한 단기대출이다. 미국에서는 보통 10만 달러를 초과하는 점보 CD이다. 만기가 3개월, 6개월, 9개월, 12개월인 CD는 활발히 거래되는 시장이 있다.

www.bloomberg.com에서 단기이자율 온라인을 확인.

주식회사가 다른 주식회사에서 받은 배당금은 70~80%가 면세이기에 우선주의 상대적으로 높은 배당수익률은 투자에서 강한 유인을 제공한다. 유일한 문제는 일반 우선주의 배당이 고정되어 있으므로 단기투자에서는 가격이 바람직한 것보다 더 많이 변동할 수 있다. 소위 단기시장 우선주가 변동배당을 특징으로 한 최근의 혁신이다. 배당은 아주 자주(보통 49일마다) 공정하게 재설정되므로 이런 유형의 우선주는 일반 우선주보다 가격변동이 훨씬 적어 인기 있는 단기투자가 되었다.

개념문제 CONCEPT QUESTIONS

17.2a 사서함(lockbox)은 무엇인가? 어떤 목적을 수행하는가?

17.2b 집중은행(concentration bank)은 무엇인가? 어떤 목적을 수행하는가?

17.2c 지급플로트(disbursement float)의 최대화가 건전한 경영 관행인가?

17.2d 단기금융증권(money market securities)의 유형은 무엇인가?

17.3 신용거래와 매출채권

기업이 재화와 용역을 판매할 때 배달 날짜 혹은 그 이전에 현금을 요구할 수도 있고 고객에게 신용을 연장해 지급을 지연하게 할 수도 있다.

왜 기업은 신용거래를 공여하는가? 분명한 이유는 신용거래 제공이 매출을 촉진하는 한 방법이기 때문이다. 신용거래 공여에 따른 비용은 사소하지 않다. 첫째, 고객이 지급하지 않을 가능성이 있다. 둘째, 기업은 매출채권 보유에 비용이 든다. 그러므로 신용정책은 매출액 증가의 이득과 신용 제공 비용의 교환관계와 관련이 있다.

회계적 관점에서 신용을 제공하면 매출채권이 발생한다. 이 매출채권은 거래신용(*trade credit*)이라고 불리는 다른 기업에 대한 신용과 소비자신용(*consumer credit*)이라고 하는 소비자에 공여하는 신용을 포함하며 사업에서 금융자원의 주요 투자를 대표한다. 더욱이 거래신용은 주식회사의 매우 중요한 자금의 원천이다. 어떻게 보든 간에 매출채권과 매출채권관리는 기업의 단기재무정책에서 매우 중요한 측면이다.

신용정책의 요소

기업이 고객에게 신용 제공을 결정하면 신용 연장과 회수 절차를 수립해야 한다. 특히 기업은 다음 신용정책의 요소를 다루어야 할 것이다.

매매조건
terms of sale
기업이 현금이나 신용으로 상품이나 용역을 매매하는 조건.

신용분석
credit analysis
고객이 지급 또는 지급하지 않을 확률을 결정하는 과정.

회수정책
collection policy
기업이 매출채권을 회수하는 절차.

1. **매매조건(terms of sale)**. 매매조건은 기업이 상품과 용역의 판매를 제안하는 방법을 정한다. 기업이 고객에게 신용을 제공하면 매매조건은 신용 기간, 현금할인과 할인기간, 신용증서의 유형을 구체화할 것이다.
2. **신용분석(credit analysis)**. 신용을 제공할 때 기업은 지급할 고객과 지급하지 않을 고객을 구별하기 위하여 얼마나 노력을 할지를 결정한다. 기업은 고객이 지급하지 않을 확률 결정에 여러 장치와 절차를 이용하며 합해서 이를 신용분석이라고 한다.
3. **회수정책(collection policy)**. 신용을 제공한 후에 기업은 지급기한이 되었을 때의 현금회수에 따른 잠재적인 문제에 대한 회수정책을 수립해야 한다.

다음에서 전체적으로 신용 제공을 총괄해 결정하는 신용정책의 요소를 논의하겠다.

매매조건

앞에서 기술한 것처럼 매매조건은 3개의 분명한 요소로 이루어진다.

1. 신용이 공여되는 기간(신용 기간)
2. 현금할인과 할인 기간
3. 신용증서의 유형

산업 내에서 매매조건은 보통 매우 표준화되었으나 이런 조건은 산업별로 상당히 다르다. 많은 경우에 매매조건은 상당히 오래되었으며 그야말로 지난 세기로 거슬러 올라간다. 현행 관행과 유사한 거래신용의 조직적 시스템은 중세유럽의 대형시장으로 쉽게 거슬러 올라갈 수 있고 거의 확실하게 그 이전에도 오랫동안 존재했다.

기본 형태 매매조건을 이해하는 가장 쉬운 방법으로 예를 들어 본다. 벌크 캔디(bulk candy)는 2/10, 네트 60의 조건(terms of 2/10, net 60)을 제시했다.[1] 고객은 송장일(invoice date)로부터 60일 이내에 전액을 지급해야 함을 의미한다. 그러나 10일 이내에 지급하면 2%의 현금할인을 받을 수 있다.

1,000달러를 주문하는 구매자를 고려하고 매매조건이 2/10, 네트 60으로 가정하자. 구매자는 10일 이내에 $\$1,000 \times (1 - 0.02) = 980$달러를 지급하든가 60일 이내에 1,000달러 전액을 지급할 수 있다. 조건이 네트 30이라고 하면 고객은 송장일로부터 30일 이내에 1,000달러 전액을 지급해야 할 것이며 조기 지급에 할인은 제공되지 않는다.

일반적으로 신용 조건은 다음의 방법으로 해석된다.

> **(송장 가격에서 할인받는 정도)**/(이 기간 안에 지급하면), (아니면 이 기간 안에 송장 총액을 지급)

따라서 **5**/10, 네트 45는 10일 이내에 지급해 총 가격에서 5% 할인받거나, 45일 이내에 총금액을 지급하라는 의미다.

신용기간 **신용기간(credit period)**은 신용이 공여되는 기본적인 시간의 길이다. 신용기간은 산업별로 매우 다양하지만 거의 항상 30~120일 사이이다. 현금할인이 제공되면 신용기간은 순신용기간과 현금할인기간 2개의 요소가 있다.

신용기간
credit period
신용이 공여된 기간.

순신용기간은 고객이 지급해야 하는 시간의 길이다. 현금할인기간은 이름에서 알 수 있듯이 할인이 가능한 시간이다. 예를 들어 2/10, 네트 30이면 순신용기간은 30일이고, 현금할인기간은 10일이다.

송장일 송장일은 신용기간의 시작이다. **송장(invoice)**은 구매자에게 발송된 상품의 계산서다. 관행에 의하면 개별 품목에 대한 송장일은 구매자가 상품이나 청구서를 받은 날이

송장
invoice
매도자가 매수자에게 제공하는 상품이나 용역의 청구서.

[1] 여기와 다른 곳에서 특정 산업에서 인용된 매매조건은 Theodore N. Beckman, *Credits and Collections: Management and Theory* (New York: McGraw-Hill, 1962)에서 발췌했다.

아니라 보통 발송일 또는 청구일이다.

신용기간 많은 요소가 신용기간의 길이에 영향을 준다. 가장 중요한 두 가지는 **구매자**(*buyer*)의 재고자산기간과 영업주기이다. 모든 조건이 같다면 이것이 짧을수록 신용기간도 통상 짧을 것이다.

제16장의 논의에 따르면 영업주기는 재고자산기간과 매출채권기간의 2개 요소로 되어 있다. 재고자산기간은 구매자가 재고를 취득해 가공 처리하고 파는 데 걸리는 시간이다. 매출채권기간은 구매자가 매출 회수에 걸리는 시간이다. 기업이 제공하는 신용기간은 사실상 구매자의 매입채무기간이다.

소규모 사업의 신용절차에 대한 정보는 www.newyorkfed.org/smallbusiness/index.html 참조.

신용을 연장하면 구매자의 영업주기의 일부를 자금 조달하므로 구매자의 현금주기는 짧아진다. 신용기간이 구매자의 재고자산기간을 초과하면 구매자의 재고자산 취득뿐만 아니라 구매자의 매출채권 일부도 자금을 조달한다.

더욱이 신용기간이 구매자의 영업주기를 초과하면 고객이 상품을 즉시 구매해 판매하는 것 이외에도 고객의 사업에 사실상 자금을 제공하는 것이다. 그 이유는 구매자는 상품을 되판 후에도 사실상 대출을 받은 것이며 구매자는 그 신용을 다른 목적에 사용할 수 있다. 이런 이유로 구매자의 영업주기는 종종 신용기간의 적정상한선이라고 한다.

신용기간에 영향을 주는 많은 다른 요소가 있다. 이들 중 많은 요소는 고객의 영업주기에도 영향을 준다. 그래서 다시 한번 이 요소들은 관련된 주제이다. 가장 중요한 것 중에는

1. 소멸성과 담보가치. 소모품은 비교적 회전율이 빠르고 비교적 담보가치가 낮다. 그러므로 그런 상품의 신용기간은 더 짧다.
2. 소비자 수요. 자리를 확실히 잡은 제품은 일반적으로 회전율이 더 빠르다. 신제품이거나 성장이 더딘 제품은 종종 구매자를 유인하기 위해 신용기간이 더 길다.
3. 비용, 수익성, 표준화. 비교적 싼 상품은 신용기간이 짧은 경향이 있다. 비교적 표준화된 제품과 원자재도 마찬가지다. 이 모두는 이윤이 낮고 회전율이 높은 경향이 있어 신용기간을 더 짧게 한다.
4. 신용위험. (신용이 공여되었다고 가정할 때) 구매자의 신용위험이 크면 클수록 신용기간은 더 짧을 것이다.
5. 거래 규모. 작은 거래 규모는 관리에 비용이 더 들고 그런 고객은 덜 중요하기에 거래 규모가 작으면 신용기간은 더 짧을 것이다.
6. 경쟁. 판매자가 경쟁적인 시장에 있을 때는 고객을 유인하기 위해 더 긴 신용기간이 제공될 것이다.
7. 고객 유형. 단일 판매자는 구매자마다 다른 신용조건을 제시할 수 있다. 예를 들어 식품도매상은 식품점, 제과점, 식당에 물품을 제공할 것이다. 각 그룹은 아마도 다른 신용조건을 가질 것이다. 더 일반적으로 판매자는 종종 도매와 소매 고객이 다 있어 두 유형에게 흔히 다른 조건을 제시한다.

현금할인 이미 보았듯이 **현금할인(cash discount)**은 종종 매매조건 일부다. 미국에서 현금구매에 대해 할인을 공여하는 관행은 남북전쟁까지 거슬러 올라가는데 오늘날 널리 퍼져 있다. 할인이 제공되는 한 이유는 매출채권의 회수를 가속하기 위한 것이다. 이는 제공되는 신용 금액을 줄이는 효과가 있을 것이고, 기업은 이를 할인의 비용과 비교해 결정해야 한다.

현금 할인
cash discount
지급을 촉진하기 위해 제공하는 할인. *매매할인(sales discount)*이라고도 함.

현금할인이 제공될 때 할인기간 동안 신용은 기본적으로 무료임에 주목하자. 구매자는 할인이 만료된 후에 신용만 지급한다. 2/10, 네트 30의 경우 합리적인 구매자는 무료의 신용을 최대한 이용하기 위해 10일째에 지급하든가 또는 할인의 포기 대가로 가능한 가장 길게 돈을 이용하기 위해 30일째에 지급한다. 따라서 할인을 포기해 구매자는 사실상 30 − 10 = 20일의 신용을 갖는다.

현금할인의 또 다른 이유는 신용이 늘어난 고객에게 더 높은 가격을 부과하는 수단이라는 것이다. 이런 의미에서 현금할인은 고객에게 부과된 신용을 부담하게 하는 편리한 방법이다.

앞의 예에서 할인이 다소 작은 것처럼 보일 수 있다. 예를 들어 2/10, 네트 30에서 조기 지급으로 구매자들은 2%만의 할인을 받는다. 이것이 조기 지급에 대한 충분한 유인이 되는가? 내포된 이자율이 매우 높기에 답은 "그렇다"이다.

미국의 전국신용관리협회(National Association of Credit Management)는 www.nacm.org 방문.

왜 할인이 중요한지 알기 위해 구매자가 조기 지급하지 않는 비용을 계산해 보겠다. 이를 위해 구매자가 거래신용에 사실상 지급하는 이자율을 구하겠다. 1,000달러를 주문한다고 하자. 구매자는 10일째에 980달러를 지급하거나 20일을 더 기다려 1,000달러를 지급할 수 있다. 구매자는 사실상 20일 동안 980달러를 빌려 "대출"(loan)에 20달러의 이자를 지급하는 것이 당연하다. 이자율은 얼마인가?

빌린 980달러에 이자가 20달러로 이자율은 \$20/\$980 = 0.020408 또는 2.0408%이다. 비교적 낮으나 이는 20일 동안의 이자율임을 기억하자. 1년에 그런 기간은 365/20 = 18.25회가 있으므로 할인을 받지 않음으로써 구매자는 다음의 실효연이율을 지급한다.

$$\text{EAR} = 1.020408^{18.25} - 1 = 0.446 \text{ 또는 } 44.6\%$$

구매자의 관점에서 이는 비싼 자금의 원천이다.

여기서 이자율이 이렇게 높으면 판매자가 조기 지급으로 혜택을 볼 것 같지 않다. 구매자의 채무불이행 가능성을 무시하면 할인하지 않는 고객의 결정은 판매자에게는 거의 확실히 이득이 된다.

예제 17.2 이자율은 얼마인가?

일반 타일은 종종 3/30, 네트 60의 조건으로 팔린다. 구매자가 할인하지 않고 지급하는 실효연이율은 얼마인가? 표시금리(APR)는 얼마인가?

여기서 60 − 30 = 30일의 신용에 할인 이자는 3%다. 30일간의 이자율은 0.03/0.97 = 0.03093 또는 3.093%이다. 1년에 그런 기간은 365/30 = 12.17회가 있으므로 실효연이율은

(계속)

EAR = $1.03093^{12.17} - 1 = 0.449$ 또는 44.9%

APR은 항상 기간당 이자율에 기간 수를 곱해 계산한다.

APR = $0.03093 \times 12.17 = 0.376$ 또는 37.6%

APR과 같이 계산된 이자율이 종종 거래신용의 비용으로 인용되는데 예에 보이듯 실제 비용을 너무 적게 잡을 수 있다.

신용증서
credit instrument
부채의 증거.

신용증서 **신용증서(credit instrument)**는 부채의 기본 증거이다. 대부분 거래신용은 **청산계정**(*open account*)으로 제공된다. 이는 신용거래의 유일한 공식적 증서가 송장(invoice)인데 송장은 상품의 선적과 함께 보내지고 고객은 물건을 받았다는 증거로 서명을 한다. 그 이후 기업과 고객은 장부의 계정에 거래내용을 기록한다.

가끔 기업이 고객에게 **약속어음**(*promissory note*)에 서명하기를 요구할지 모른다. 이는 기본적인 차용증서(IOU)이며 주문이 대량이거나 기업이 회수에 문제가 있을 것으로 예상할 때 사용될 것이다. 약속어음은 일반적이지는 않으나 차후에 부채의 존재에 대한 논쟁 가능성을 줄일 수 있다.

약속어음과 관련된 한 가지 문제는 상품이 배달된 후에 서명된다는 것이다. 상품이 배달되기 전에 고객으로부터 신용의 이행을 확인받는 한 방법은 **상업어음**(*commercial draft*)을 이용하는 것이다. 보통 기업은 고객이 정해진 날짜까지 정해진 금액을 지급하도록 요구하기 위해 상업어음를 발행한다. 그런 후 어음을 발송 송장(shipping invoice)과 함께 거래처 은행으로 보낸다.

어음에 대한 즉시 지급이 요구되면 **일람출급어음**(*sight draft*)이라고 한다. 즉시 지급이 요구되지 않는다면 **기한부어음**(*time draft*)이라고 한다. 어음이 제시되고 구매자가 이를 "인수"(accept)하는 것은 구매자가 미래에 지급할 것을 약속한다는 의미로 **인수필어음**(*trade acceptance*)이라고 하며 판매기업에 반송된다. 판매자는 어음을 보유하거나 다른 사람에게 팔 수 있다. 만약 은행이 어음을 인수하면 은행이 지급을 보장한다는 의미로 어음은 **은행인수어음**(*banker's acceptance*)이 된다. 이 방식은 국제거래에서 흔하다.

최적 신용정책

원칙적으로 신용의 최적 금액은 매출 증가에 의한 증분 현금흐름이 증가하는 매출채권 투자의 증분 유지비용과 정확하게 일치하는 점에서 결정된다.

총 신용비용곡선 신용을 제공함과 제공하지 않음의 교환관계 규명은 어렵지 않으나 정확한 계량화는 어렵다. 그 결과 최적 신용정책만을 기술할 수 있다.

우선 신용 제공과 관련된 유지비용(carrying cost)은 세 형태로 온다.

1. 매출채권의 요구수익률
2. 대손(악성부채)으로 인한 손실
3. 신용관리와 신용회수비용

이들 중 첫째와 둘째는 이미 논의했다. 셋째 비용인 신용관리비용은 신용관리부서 운영에 따른 비용이다. 신용을 제공하지 않는 기업은 그런 부서가 없고 그런 비용이 들지 않는다. 이 3개의 비용은 신용정책이 관대해지면 모두 증가한다.

기업의 신용정책이 매우 보수적이면 모든 비용은 낮을 것이다. 이 경우에 신용이 "부족"하게 되어 기회비용이 발생한다. 이 기회비용은 신용거래를 거절당해 잃게 되는 신용판매의 추가 잠재적 이득이다. 이전의 이득은 판매량 증가와 잠재적으로 높은 가격의 두 원천에서 온다. 신용정책이 관대해지면 이런 비용은 줄어든다.

특정 신용정책의 유지비용과 기회비용의 합을 총 **신용비용곡선(credit cost curve)**이라고 한다. 이 곡선을 〈그림 17.5〉에 그렸다. 〈그림 17.5〉에 보이듯 총신용비용이 최소화되는 점인 C^*가 있다. 이 점은 최적 신용제공액 또는 매출채권 최적 투자에 해당한다.

신용비용곡선
credit cost curve
신용정책의 유지비용과 기회비용의 합을 그래프로 나타낸 것.

기업이 최적 신용제공액보다 더 많은 신용을 주면 신규 고객에서 발생하는 추가 순현금흐름은 매출채권투자의 유지비용을 감당하지 못할 것이다. 매출채권 수준이 이 금액보다 낮으면 기업은 가치 있는 이익 기회를 잃게 된다.

일반적으로 신용을 연장하는 비용과 이익은 특정 기업과 산업의 특성에 따라 다르다. 예를 들어, 모든 조건이 같다면 (1) 초과 생산능력, (2) 낮은 변동 운영비, (3) 단골이 있는 기업은 다른 기업보다 더 자유롭게 신용을 확대할 것이다. 이것들이 더 자유로운 신용정책에 공헌하는 이유를 설명할 수 있는지 알아보자.

그림 17.5
신용공여비용

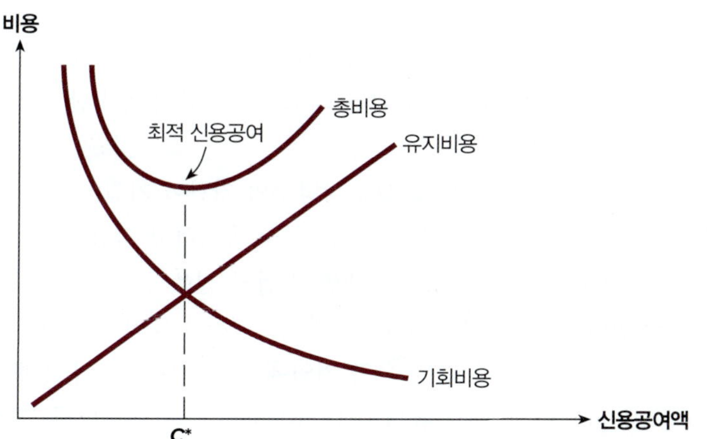

유지비용(*carrying costs*)은 신용이 제공되었을 때 발생해야 하는 현금흐름이다. 유지비용은 신용공여액과 정의 관계에 있다.

기회비용(*opportunity costs*)은 신용을 거부함으로써 발생하는 매출의 감소이다. 기회비용은 신용이 공여될 때 감소한다.

신용관리부서 조직 신용을 제공하는 기업은 신용관리부서 운영에 비용이 든다. 현실에서 기업은 종종 신용거래업무 전체 또는 일부를 외부의 팩터, 보험회사 또는 전속 금융회사와 계약을 맺어 처리한다. 제16장에서 설명한 팩토링은 기업이 자신의 매출채권을 매각하는 계약이다. 특정 합의에 따라 팩터가 신용조사, 신용공여, 신용회수에 대한 모든 책임을 진다. 작은 기업은 신용관리부서를 운영하는 것보다 그런 합의가 더 저렴하다.

내부에서 신용거래업무를 관리하는 기업은 채무불이행에 대해서 자가 보증을 서는데 이는 모든 미지급의 위험을 감수함을 의미한다. 다른 대안은 보험회사를 통해 신용보험을 매입하는 것이다. 보험회사는 미리 약정한 한도만큼 외상계정을 보상한다. 예상하듯이 이런 형태의 보험은 수출업자들에게 특히 중요하고 어떤 형태의 수출에는 정부보험이 제공된다.

대기업은 종종 모회사의 신용업무를 취급하는 일부 또는 완전소유의 자회사인 **전속금융회사(captive finance company)**를 통해 신용을 확대한다. 도요타 파이낸셜 서비스(Toyota Financial Services) 또는 TFS는 잘 알려진 예이다. 도요타는 자동차를 딜러에게 판매하고 딜러는 다시 자동차를 소비자에게 판매한다. TFS는 딜러의 자동차 재고에 자금을 제공하고 자동차를 구매하는 소비자에게도 자금을 제공한다.

전속금융회사
captive finance company
모회사의 신용업무를 취급하는 일부 또는 완전소유의 자회사.

신용분석

지금까지 신용조건의 설정에 초점을 맞추었다. 일단 기업이 고객에게 신용 제공을 결정하면 신용거래를 허용할 고객과 허용하지 않을 고객을 구분하는 기준을 마련해야 한다. 신용분석(*credit analysis*)은 특정 고객에게 신용을 확대할지를 결정하는 과정을 말한다. 보통은 관련 정보를 수집하고 신용도를 결정하는 두 단계가 관련된다.

신용정보 기업이 고객에 관한 신용정보를 원한다면 많은 출처가 있다. 신용도 측정에 보통 이용되는 정보 출처에는 다음을 포함한다.

1. 재무제표. 고객에게 재무상태표와 포괄손익계산서 같은 재무제표를 제공할 것을 요청할 수 있다. 제3장에서 논의한 재무비율 같은 최소한의 기준과 간략한 규칙으로 신용의 제공 여부를 결정할 수 있다.
2. 고객의 타 기업에 지급 기록에 대한 신용보고서. 상당수의 기관이 기업의 신용 정도와 신용 기록에 대한 정보를 판매한다. 이런 유형 중 가장 유명하고 가장 큰 기업은 던 앤드 브래드스트리트(Dun & Bradstreet)로 개별 기업의 신용 참고서와 신용보고서를 구독자들에게 제공한다. 엑스페리안(Experian)은 또 다른 유명한 신용평가 기업이다. 매우 작은 기업을 포함해 상당히 많은 수의 기업에 대한 신용등급과 정보를 이용할 수 있다. 에퀴팩스(Equifax), 트랜스 유니온(TransUnion), 엑스페리안은 고객 신용정보의 주요 공급업체이다.
3. 은행. 은행은 일반적으로 사업상의 고객이 다른 기업의 신용도에 대한 정보 취득에 도움을 줄 것이다.

웹을 서핑하는 학생은 Dun & Bradstreet 홈페이지를 방문해야 한다. 신용정보의 주요 업체는 www.dnb.com에서 찾을 수 있다.

4. 고객의 기업에 지급 역사. 고객이 지급하지 않을 가능성에 대한 정보를 얻는 가장 확실한 방법 과거에 채무를 상환했는지 그리고 얼마나 빨리 그 채무를 이행했는지를 검토하는 것이다.

신용평가와 점수 고객이 지급하지 않을 확률을 측정하는 마법의 공식은 없다. 매우 일반적인 용어로 대표적인 **신용의 5C(five Cs of credit)**가 평가돼야 할 기본요인이다.

신용의 5C
five Cs of credit
평가해야 할 5개 기본적인 신용 요소로 character(성격), capacity(능력), capital(자본), collateral(담보), conditions(상황).

1. Character(성격). 신용채무를 이행하려는 고객의 의지
2. Capacity(능력). 영업현금흐름으로 신용채무를 이행하는 고객의 능력
3. Capital(자본). 고객의 금융 보유고
4. Collateral(담보). 채무불이행의 경우 보장을 위해 담보로 잡힌 고객의 자산
5. Conditions(상황). 고객이 하는 사업의 일반적인 경제 상황

개인신용평가(credit scoring)는 수집한 정보에 근거한 고객의 수리적 등급을 계산하는 과정을 말한다. 그리고 그 결과에 따라 신용을 주거나 거절한다. 예를 들어 고객에 대한 모든 이용 가능한 정보를 이용해 신용의 5Cs 각각에 대해 각각 1(매우 나쁨)에서 10(매우 좋음)까지의 척도로 등급을 매길 수 있다. 다음에는 총계로 신용점수를 계산한다. 경험에 의하면 기업은 가령 30점 이상의 점수를 받은 고객에게만 신용을 줄 수 있다.

개인신용평가
credit scoring
고객에게 신용을 제공할 때 채무불이행의 확률을 계량화하는 과정.

신용카드회사들은 개인신용평가에 대한 정교한 통계모형을 개발했다. 보통은 많은 수의 고객들에 대해 합법적으로 연관성이 있고 관찰 가능한 모든 특징과 채무불이행비율의 역사적 관계를 알아내려고 연구한다. 그 결과에 근거해 고객의 지급 여부를 가장 잘 예측하는 변수를 결정하고 나서 이 변수들에 근거해 신용점수 계산이 가능하다.

개인신용평가모형과 과정에 의해 신용을 받을 자격의 여부를 결정하기에 정부의 규제를 받아 왔다는 사실은 놀라운 일이 아니다. 특히 신용 결정에 이용될 수 있는 배경과 인구통계학적 정보 같은 것은 제약을 받는다.

회수정책

회수정책은 신용정책의 마지막 요소이다. 회수정책은 문제의 소지가 있는 매출채권 조사와 미수금계정의 변제 받음을 포함한다.

매출채권 조사 고객의 지급정보를 알기 위해서 대부분 기업은 미수금계정을 추적 관찰한다. 첫째, 기업은 통상 평균회수기간(ACP) 정보를 내내 추적할 것이다. 기업이 계절성 사업을 하면 ACP는 연중 변동하겠으나 ACP의 예상치 못한 증가를 염려해야 한다. 고객은 보통 지급에 오래 걸리거나 일부 매출채권은 심하게 연체된다.

연령분석표(aging schedule)는 매출채권을 추적 관찰하는 두 번째 기본 방법이다. 신용관리부서는 연령분석표를 준비하기 위해 외상계정을 미수기간에 따라 분류한다.[2] 어

연령분석표
aging schedule
각 매출채권계정의 미수기간에 따른 매출채권의 편집.

[2] 연령분석표(aging schedule)는 경영의 여러 곳에서 이용된다. 예를 들어 재고 품목에도 작성된다.

떤 기업에 100,000달러의 매출채권이 있다고 하자. 어떤 외상계정은 불과 며칠 되었으나 어떤 외상계정은 상당히 오래되었다. 다음은 연령분석표의 한 예이다.

연령분석표		
계정의 연령	금액	매출채권 총가치대비 비율
0~10일	50,000	50%
11~60일	25,000	25
61~80일	20,000	20
80일 이상	5,000	5
	100,000	100%

기업의 신용기간이 60일이라면 매출채권 계정의 25%는 기간이 지났다. 이것이 심각한 문제인가는 기업의 회수정책과 고객에 달려 있다. 일정 기간이 지난 계정은 보통 거의 회수되지 않는다. 이런 경우 계정의 미수기간을 추적 관찰이 매우 중요하다.

매출이 계절성을 보이면 기업의 연령분석표의 비율은 연중 바뀜을 알 것이다. 예를 들어 이번 달의 매출이 매우 높으면 총매출채권도 급속히 늘어날 것이다. 이는 총매출채권의 비율로 오래된 계정이 적어지고 덜 중요하게 보일 수 있음을 의미한다. 어떤 기업들은 매출의 고점과 저점에서 연령분석표가 어떻게 변해야 하는가를 알기 위해 연령분석표를 세심하게 수정한다.

회수노력 기업은 통상 지급이 연체된 고객에게 다음과 같은 일련의 절차를 밟는다.

1. 신용기간을 넘긴 계정의 고객에게 알리는 독촉장을 보낸다.
2. 고객에게 전화를 건다.
3. 추심기관을 고용한다.
4. 고객에게 법적 조치를 한다.

가끔 기업은 연체금이 결제될 때까지 고객에게 추가의 신용 제공을 거부할 수 있다. 이는 통상 우수한 고객의 반감을 살 수 있고, 회수부서와 판매부서 간의 잠재적 이해 충돌을 시사한다.

개념문제 CONCEPT QUESTIONS

17.3a 신용정책의 기본요소는 무엇인가?

17.3b 신용조건으로 "3/45, 네트 90"이 의미하는 바를 설명하라. 실효이자율은 얼마인가?

17.3c 신용의 5Cs는 무엇인가?

17.4 재고관리

매출채권과 같이 재고도 많은 기업에는 중요한 투자에 해당한다. 보통 제조업의 재고는 종종 자산의 15%를 넘을 것이다. 소매업의 재고는 자산의 25% 이상에 상당할 수 있다. 제16장에서 기업의 영업주기는 재고자산기간과 매출채권기간으로 구성됨을 알았다. 이것이 신용정책과 재고정책을 같은 장에서 다루는 한 이유다. 이 외에도 신용정책과 재고정책 모두 매출을 촉진하기 위해 이용되고, 둘은 재고를 취득하고 판매하며 매출을 회수하는 과정의 무리 없는 진행을 보장하기 위해 조정되어야 한다. 예를 들어 매출 촉진을 위해 계획된 신용정책의 변경은 동시에 적절한 재고 계획을 수반해야 한다.

www.simba.org에 있는 재고관리 벤치마킹 분석협회(Society for Inventory Management Benchmarking Analysis)를 방문.

재무관리자와 재고정책

일반적인 기업의 재고 투자 규모에도 불구하고 재무관리자는 보통 재고관리 통제의 주요 책임자가 아니다. 대신에 구매, 생산, 마케팅과 같은 기능부서가 통상 결정 권한을 공유할 것이다. 재고관리는 그 자체로 점차 중요한 전문분야로 대두되었으며 재무관리자는 종종 의사결정의 투입자료만을 가질 것이다. 그러나 재고정책은 극적인 재무효과가 있을 수 있다. 그러므로 이번에는 미리 재고의 기본과 재고정책을 점검한다.

재고 유형

제조업자에게 재고는 보통 세 범주 중 하나로 분류된다. 첫째 범주는 **원자재**(*raw material*)이다. 원자재는 기업이 생산과정에서 출발점으로 사용하는 무엇이든지다. 원자재는 철강제조업자에게는 철광석같이 기초적인 무엇일 수도 있고 컴퓨터 제조업체에는 디스크 드라이브같이 정교한 무엇일 수도 있다.

재고의 둘째 유형은 **재공품**(*work-in-progress*)인데 이름에서 알 수 있듯이 미완성 제품이다. 재고 중 이 부분이 얼마나 큰지는 대체로 생산과정의 기간에 달려 있다. 예를 들어 항공기의 기체제조업자에게 재공품은 상당할 수 있다. 재고자산의 셋째 그리고 마지막 유형은 **완제품**(*finished goods*)으로 즉 배송이나 판매 준비가 된 제품이다.

재고 유형과 관련하여 세 가지 명심해야 할 일이 있다. 첫째, 한 기업의 원자재는 다른 기업의 완성품이 될 수 있기에 다른 유형의 명칭은 약간 오해의 소지가 있을 수 있다. 예를 들어 철강제조업체로 돌아가서 철광석은 원자재가 되고 철강은 최종제품일 것이다. 차체 틀을 찍는 사업에서 철강은 원자재, 차체 틀은 완제품이며 자동차 조립에서 차체 틀은 원자재, 자동차는 완제품이 될 것이다.

명심할 둘째는 다양한 유형의 재고가 유동성 면에서 매우 다를 수 있다는 것이다. 상품 같거나 비교적 표준화된 원자재는 현금화가 쉬울 수 있다. 반면 재공품은 매우 비유동적이며 폐품 가치보다 약간 나을 수 있다. 항상 그렇듯이 완제품의 유동성은 상품의 특성에 달려 있다.

마지막으로 완제품과 다른 유형의 재고 간의 매우 중요한 차이는 다른 품목의 부품이 되는 재고 품목에 대한 기업의 수요는 완성품의 수요에 달려 있기에 보통 **파생수요**(*derived demand*) 또는 **종속수요**(*dependent demand*)라고 한다는 것이다. 반대로 완제품에 대한 기업의 수요는 다른 재고 품목의 수요에서 파생되지 않으므로 때로는 **독립수요**(*independent demand*)라고 한다.

재고비용

제16장의 논의처럼 일반적으로 유동자산, 특히 재고와 관련된 2개의 기본유형이 있다. 그중 첫째는 **유지비용**(*carrying costs*)이다. 여기서 유지비용은 보유 중인 재고 유지에 드는 모든 직접비용과 기회비용에 해당한다. 이는 다음을 포함한다.

1. 저장과 운반비용
2. 보험과 세금
3. 진부화, 품질 저하, 절도에 의한 손실
4. 투자금액을 위한 자본의 기회비용

이런 비용을 합하면 상당할 수 있어 대략 연간 재고 가치의 20~40%의 범위이다.

재고와 관련된 비용의 다른 유형은 **부족비용**(*shortage costs*)이다. 부족비용은 불충분한 재고의 보유와 관련된 비용이다. 부족비용의 두 요소는 재고 보충비용과 안전재고량 관련 비용이다. 사업에 따라 주문 또는 재고 보충비용은 공급업체에 주문하는 비용이나 생산을 착수하는 비용이다. 안전재고량과 관련된 비용은 매출 손실과 같은 기회손실과 불충분한 재고로 인해 고객 신용의 상실이다.

재고 수준과 함께 유지비용은 증가하는 반면 부족비용 또는 재고보충비용은 감소하기에 재무관리에서 기본적인 교환관계가 존재한다. 그러므로 재고관리의 기본목표는 이 두 비용의 합을 최소화하는 것이다. 다음에 이 목표에 도달하는 방법을 고려한다.

개념문제 CONCEPT QUESTIONS

17.4a 재고에는 어떤 유형이 있는가?

17.4b 재고 유형을 살펴볼 때 기억할 세 가지는 무엇인가?

17.4c 재고관리의 기본목표는 무엇인가?

17.5 재고관리 기법

앞의 논의처럼 재고관리의 목표는 보통 비용의 최소화로 틀을 짠다. 비교적 단순한 기법에서 매우 복잡한 기법까지 3개의 기법을 소개한다.

ABC법

ABC법은 재고관리의 간단한 기법으로 기본개념은 재고를 셋 또는 그 이상의 그룹으로

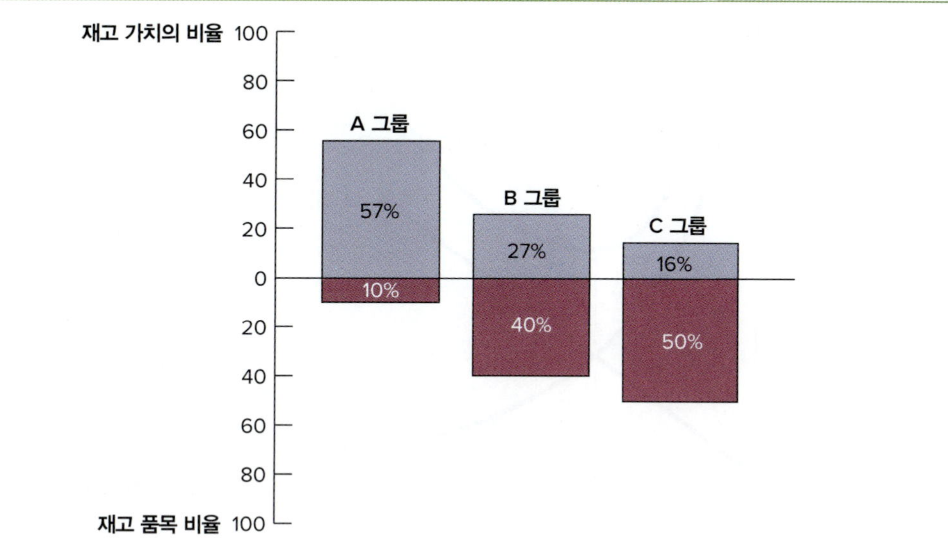

그림 17.6
ABC 재고자산 분석

나누는 것이다. 기본 원리는 양적인 면에서 재고의 작은 부분이 재고의 가치 면에서 큰 부분에 해당할지 모른다는 것이다. 예를 들어 이런 상황은 제품생산에 비교적 비싼 하이텍 부품과 비교적 저렴한 기초 원자재를 사용하는 제조업체에 존재할 것이다.[3]

〈그림 17.6〉은 각 그룹에 해당하는 재고 가치의 비율 대 제시된 품목의 비율 측면에서 품목의 ABC 비교를 보여 준다. 〈그림 17.6〉에 보이는 것처럼 A그룹은 품목 수로는 재고의 10%만을 차지하지만 재고 가치의 반 이상에 해당한다. 따라서 A그룹 품목은 자세히 추적 관찰되고 재고 수준은 비교적 낮게 유지된다. 다른 한편 볼트와 너트 같은 기본적인 재고 품목도 존재할 것이나 이것들은 매우 중요하면서 저렴하기에 대량으로 주문되고 수중에 둔다. 이것은 C그룹 품목일 것이다. B그룹은 중간의 품목으로 구성된다.

경제적 주문량 모델

경제적 주문량(economic order quantity) 또는 **EOQ** 모델은 최적 재고 수준을 명시적으로 결정하는 유명한 방법이다. 기본개념은 〈그림 17.7〉에 보이는 것과 같이 재고 수준(수평축)에 대해 재고 보유와 관련된 다양한 비용(수직축)을 그린다. 보이는 것처럼 재고 수준이 증가하면서 재고유지비용은 증가하고 재고보충비용은 감소한다. 이번 장의 총 신용비용곡선 논의로부터 총 재고비용곡선의 일반적인 모양은 익숙하다. EOQ 모델로 특별히 최소 총비용점 Q^*의 표시를 시도하겠다.

경제적 주문량 economic order quantity (EOQ)
총재고비용을 최소화하는 보충량.

다음의 논의에서 명심할 중요한 점은 재고의 실제 비용은 포함되지 않는다는 것이다. 그 이유는 어떤 해에 기업이 필요한 재고의 총량(*total*)은 매출이 좌우하기 때문이다. 여기서 분석하려는 것은 기업이 어떤 특정 시점에 얼마나 많은 재고를 보유해야 하는가

[3] 재고의 ABC법은 관리회계의 일반적 주제인 활동기반비용(activity-based costing)과 혼동해서는 안 된다.

그림 17.7

재고 보유비용

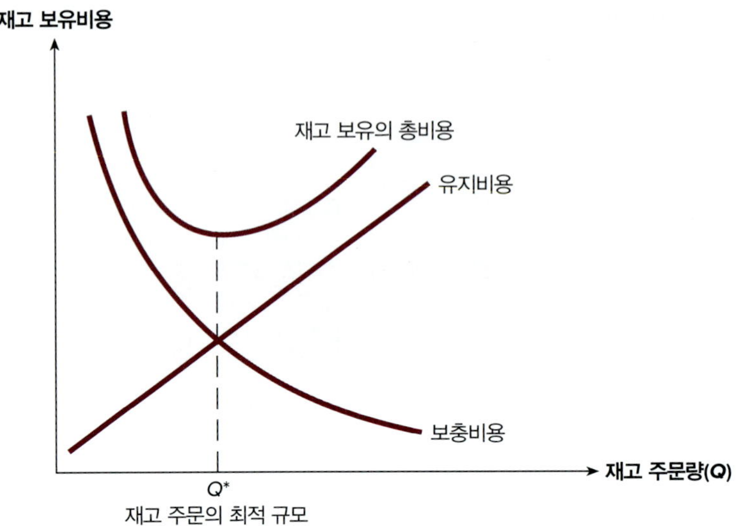

보충비용은 기업이 적은 양의 재고를 보유할 때 가장 크다. 유지비용은 많은 양의 재고를 보유할 때 가장 크다. 총비용은 보유비용과 보충비용의 합이다.

이다. 더 정확하게 기업이 재고를 보충할 때 주문량을 얼마로 해야 하는가를 결정하려는 것이다.

재고 고갈 EOQ 모델을 전개하기 위해 기업의 재고가 0이 될 때까지 일정한 비율로 팔린다고 가정하겠다. 0인 시점에서 기업은 재고를 보충해 최적 수준으로 돌아간다. 예를 들어 에이셀 코퍼레이션(Eyssell Corporation)은 오늘 특정 품목 3,600개의 재고로 시작한다고 하자. 이 품목의 연간매출은 46,800개로 주당 약 900개이다. 재고를 매주 900개 판다면 4주 후에 모든 가용 재고는 다 팔릴 것이고 다시 3,600개를 주문하거나 제조해 보충해서 다시 시작할 것이다. 이런 매출과 보충 과정은 재고 보유의 톱니바퀴 패턴을 만든다. 이 패턴은 〈그림 17.8〉이 보여 준다. 그림에 보이듯 에이셀은 항상 3,600개의 재고로 시작하고 0에서 끝난다. 그러면 평균적으로 재고는 3,600개의 절반인 1,800개이다.

유지비용 〈그림 17.7〉에 보이는 것처럼 유지비용은 통상 재고 수준에 정비례한다고 가정한다. Q를 매번 주문하는 재고량(3,600개)이라고 하자. 이를 보충량(restocking quantity)이라고 부르겠다. 평균 재고는 $Q/2$ 또는 1,800개가 될 것이다. 연간 단위당 유지비용을 CC라고 하면 총유지비용은 다음과 같다.

$$\text{총유지비용} = \text{평균재고} \times \text{단위당 유지비용}$$
$$= (Q/2) \times \text{CC} \qquad [17.1]$$

에이셀 사례에서 유지비용은 연간 단위당 0.75달러라면 총보유비용은 평균재고자산 1,800개에 0.75달러를 곱한 수인 연간 1,350달러가 될 것이다.

그림 17.8

에이셀 코퍼레이션의 재고 보유

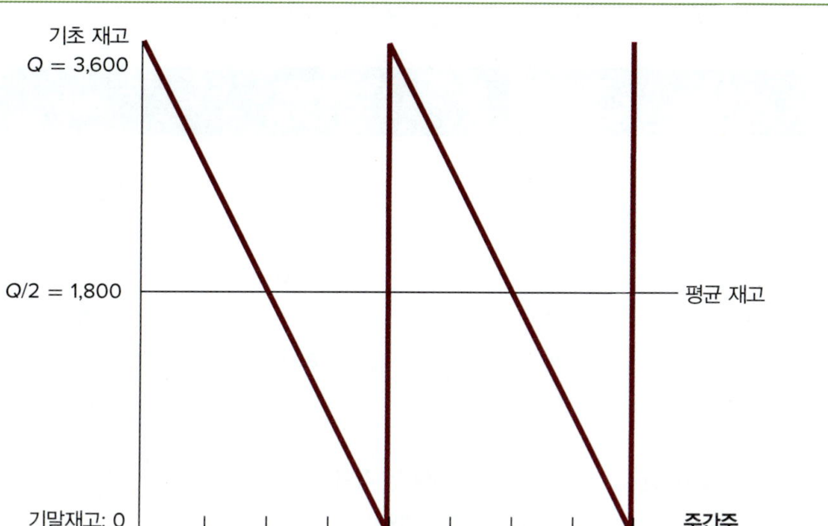

에이셀 코퍼레이션은 3,600개의 재고로 시작한다. 4주 말까지 재고는 0으로 줄어든다. 이 기간에 평균재고는 $Q/2 = 3{,}600/2 = 1{,}800$개이다.

부족비용 지금부터 보충비용에만 중점을 둔다. 본질에서 안전재고량과 관련된 비용은 중요하지 않도록 기업은 실제로 재고가 절대 부족하지 않을 것이라고 가정하겠다. 나중에 이 주제로 돌아온다.

보충비용은 통상 고정되었다고 가정한다. 즉, 주문할 때마다 그 주문과 관련된 고정비용(여기서 재고 자체의 비용은 고려되지 않음을 기억하자)이 있다. 기업의 연간 총매출량을 T라고 하자. 기업이 매번 Q개를 주문한다면 총 T/Q회의 주문을 할 필요가 있을 것이다. 연 매출은 46,800개이고 주문량은 3,600개이다. 그러므로 연간 총 46.800/3,600 = 13회 주문한다. 주문당 고정비용이 F라면 연간 총 보충비용은 다음과 같다.

$$\begin{aligned}\text{총 보충비용} &= \text{주문당 고정비용} \times \text{주문 횟수} \\ &= F \times (T/Q) \qquad [17.2]\end{aligned}$$

주문비용은 주문당 50달러이고 13회 주문의 총 보충비용은 연간 \$50 × 13 = 650달러이다.

총비용 재고자산 보유와 관련된 총비용은 유지비용과 보충비용의 합이다.

$$\begin{aligned}\text{총비용} &= \text{유지비용} + \text{보충비용} \\ &= (Q/2) \times CC + F \times (T/Q) \qquad [17.3]\end{aligned}$$

목표는 총비용을 최소화하는 보충량 Q의 값을 구하는 것이다. 이를 어떻게 구하는지 보기 위해 다른 Q값으로 총비용을 계산할 수 있다. 에이셀에게 연간 단위당 유지비용(CC)은 0.75달러, 주문당 고정비용(F)은 50달러, 총매출량(T)은 46,800개이다. 이런 숫자들

로 몇 개의 가능한 총비용은(연습 삼아 몇 개를 확인해 보자)

보충량 (Q)	총유지비용 (Q/2 × CC)	+	보충비용 (F × T/Q)	=	총비용
500	187.5		4,680.0		4,867.5
1,000	375.0		2,340.0		2,715.0
1,500	562.5		1,560.0		2,122.5
2,000	750.0		1,170.0		1,920.0
2,500	937.5		936.0		1,873.5
3,000	1,125.0		780.0		1,905.0
3,500	1,312.5		668.6		1,981.1

이 숫자들을 점검하면 총비용이 거의 5,000달러에서 시작해 1,900달러 이하로 하락함을 본다. 비용을 최소화하는 양은 대략 2,500개인 듯하다.

정확하게 비용을 최소화하는 양을 찾기 위해 〈그림 17.7〉로 돌아가 살펴볼 수 있다. 최소점은 두 선이 교차하는 바로 그곳에 있음에 주목하자. 이 점에서 유지비용과 보충비용은 같다. 여기서 가정했던 특정 유형의 비용에는 이것이 항상 사실일 것이니 이런 비용을 서로 같게 놓고 Q^*를 풀면 최소점을 찾을 수 있다.

재고유지비용 = 재고보충비용

$$(Q^*/2) \times CC = F \times (T/Q^*) \tag{17.4}$$

선형대수를 약간 이용하면 다음을 얻을 수 있다.

$$(Q^*)^2 = \frac{2T \times F}{CC} \tag{17.5}$$

Q^*를 풀기 위해 양쪽에 제곱근을 취하면 다음과 같다.

$$Q^* = \sqrt{\frac{2T \times F}{CC}} \tag{17.6}$$

총재고비용을 최소화하는 재주문량을 경제적 주문량(economic order quantity) 또는 EOQ라고 부른다. 에이셀에게 EOQ는

$$\begin{aligned} Q^* &= \sqrt{\frac{2T \times F}{CC}} \\ &= \sqrt{\frac{(2 \times 46{,}800) \times \$50}{0.75}} \\ &= \sqrt{6{,}240{,}000} \\ &= 2{,}498\text{개} \end{aligned}$$

그러므로 경제적 주문량은 실제로 2,498개이다. 이 수준에서 보충비용과 유지비용이 같음(모두 936.75달러)을 확인해 보자.

예제 17.3 **유지비용**

매기 초에 100켤레의 등산용 신발이 재고로 있다. 이 재고는 매기 소진되어 다시 주문된다. 연간 신발 한 켤레당 유지비용이 3달러라면 등산용 신발의 총보유비용은 얼마인가?

재고자산은 항상 100켤레에서 시작해서 0으로 끝난다. 따라서 평균재고는 50켤레이다. 품목당 연간비용이 3달러라면 총보유비용은 150달러이다.

예제 17.4 **보충비용**

〈예제 17.3〉에서 1년 동안 총 600켤레의 신발을 판매한다고 하자. 1년에 몇 번 보충해야 하는가? 주문당 보충비용은 20달러라고 하자. 총보충비용은 얼마인가?

매번 100켤레를 주문한다. 연간 총매출은 600켤레이므로 연간 6회 또는 약 2개월마다 보충한다. 보충비용은 6회 주문 × 주문당 \$20 = 120달러이다.

예제 17.5 **EOQ**

앞의 두 예제에 의하면 비용을 최소화하기 위한 주문량은 얼마인가? 얼마나 자주 보충하겠는가? 총유지비용과 총보충비용은 얼마인가? 총비용은?

한 해(T) 동안 주문된 총 신발 수는 600켤레이다. 주문당 보충비용(F)은 20달러이고, 유지비용(CC)은 3달러이다. EOQ를 다음같이 계산할 수 있다.

$$\begin{aligned}\text{EOQ} &= \sqrt{\frac{2T \times F}{\text{CC}}} \\ &= \sqrt{\frac{(2 \times 600) \times \$20}{\$3}} \\ &= \sqrt{8{,}000} \\ &= 89.44\text{개}\end{aligned}$$

해마다 600켤레를 판매하기에 600/89.44 = 6.71회 보충할 것이다. 총보충비용은 \$20 × 6.71 = 134.16달러일 것이다. 평균 재고는 89.44/2 = 44.72일 것이다. 유지비용은 \$3 × 44.72 = 134.16달러로 보충비용과 같을 것이다. 따라서 총비용은 268.33달러이다.

EOQ 모델의 확장

지금까지 회사는 재고가 0까지 내려가게 한 후 재주문한다고 가정하였다. 현실에서 회사는 두 가지 이유로 재고가 0이 되기 전에 재주문하길 원할 것이다. 첫째, 항상 최소한 약간의 재고를 유지함으로써 기업은 재고 고갈의 위험과 그로 인한 매출과 고객의 손실을 최소화한다. 둘째, 기업이 재주문할 때 재고가 도착하기 전에 약간의 시간 지체가 있을 것이다. 따라서 EOQ의 논의를 마치기 위해 안전재고와 재주문 시점 두 가지를 고려한다.

안전재고 안전재고(*safety stock*)란 기업이 수중에 유지하는 재고의 최소 수준이다. 재고 수준이 안전재고 수준 이하로 떨어질 때마다 재고를 재주문한다. 〈그림 17.9〉의 A 부분은 어떻게 안전재고가 EOQ 모델과 결합할 수 있는가를 보여 준다. 안전재고의 추가는 기업이 재고를 0까지 내려가게 운영하지 않음을 의미한다. 이것 이외에 여기의 상황은 앞의 EOQ 논의에서 고려된 것과 일치한다.

재주문시점 배달 시간을 허용하면 기업은 재고가 심각한 수준에 도달하기 전에 주문할 것이다. 재주문 시점(*reorder point*)은 기업이 실제로 재고를 주문하는 시점이다. 이 시점은 〈그림 17.9〉의 B 부분에서 볼 수 있다. 보이는 대로 재주문 시점은 재고자산이 0에 도달할 것으로 예상되기 일정한 날(또는 주 또는 달) 전에 일어난다.

그림 17.9

안전재고와 재주문시점

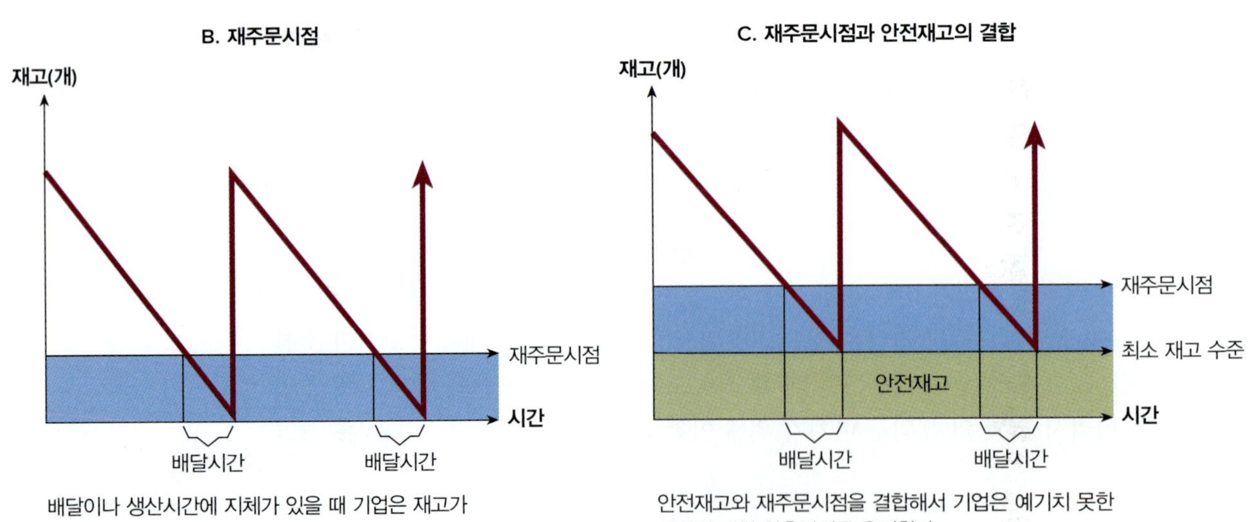

FINANCE MATTERS

공급망관리

JIT 재고는 재고를 잠재적으로 줄이기에 널리 채택되었다. 그리고 JIT 재고시스템은 공급망관리(supply chain management: SCM)의 중요성이 증가하도록 이끌었다. SCM은 원자재 단계에서 판매 시점까지 원자재, 재공품, 완제품의 모든 이동과 보관을 다룬다. JIT는 재고가 적거나 없기에 SCM은 생산에 필요한 원자재의 흐름이 무너질 때 특히 중요하다.

2011년 3월 일본에서 강렬한 지진과 그로 인한 쓰나미는 지역적으로 엄청난 손실을 입혔으나 공급망 효과는 전 세계가 느꼈다. 예를 들어 지진 후 일주일이 안 되어 루이지애나 주 시리브포트(Shreveport)의 GM 공장은 일본 제조업체로부터 공급되던 한 부품이 부족해 전면 폐쇄해야만 했다. GM은 또한 일주일 이내에 뉴욕 주 토나완다(Tonawanda)에 있는 엔진공장의 생산을 늦춰야 했다.

다른 회사들과 산업들도 마찬가지로 영향을 받았다. 예를 들어 도요타는 일시적으로 13개 미국 공장을 폐쇄했고, 존 디어(John Deere)는 굴착기와 광산 장비의 배송이 지연되고 있다고 발표했다. 일본 국내회사들조차도 공급망 문제의 영향을 피해갈 수 없었다. 유명한 카메라 제조업체 캐논(Canon)은 지진 관련 피해가 아니라 부품 부족으로 일본 공장에서의 생산을 중단해야만 했다.

자연재앙이 SCM 문제를 일으킬 수 있으나 더 작은 사건도 극적인 충격이 있다. 예를 들어 2018년 5월에 미시간 주 이튼 래피즈(Eaton Rapids)에 있는 메리디안 마그네슘 프로덕트(Meridian Magnesium Products) 공장에서 화재가 발생했다. 이 공장은 자동차 산업의 정밀주조(die-cast) 부품을 생산한다. 이 공장이 포드(Ford)의 가장 수익성이 좋은 F-150 픽업트럭의 부품을 만들기에 포드가 가장 타격이 컸다. 화재로 인한 부품 부족의 결과로 포드는 회사의 미주리 주 공장을 가동하지 못해 3,600명의 근로자를 집에 보내야만 했다. 다른 자동차 제조업체도 영향을 받아 제너럴 모터스(General Motors)는 미주리 주 공장의 풀사이즈 밴 생산라인의 생산을 중단했고 피아트 크라이슬러(Fiat Chrysler)는 온타리오 주 윈저(Windsor) 공장의 생산계획을 조정해야만 했다.

기업이 안전재고를 유지하는 한 이유는 불확실한 배달 시간을 허용하기 위함이다. 그러므로 <그림 17.9>의 C 부분에서 재주문 시점과 안전재고 논의를 결합할 수 있다. 그 결과가 일반화된 EOQ 모델인데 기업은 예상되는 수요에 앞서 주문하고 수요나 배송 시간의 예기치 못한 변동에 대비하기 위해 안전재고도 유지한다.

파생수요 재고관리

재고관리 기법의 셋째 유형은 파생수요 재고를 관리하기 위해 사용된다. 이전에 기술한 대로 어떤 재고 유형의 수요는 다른 재고의 필요에서 파생되거나 결정된다. 자동차 제조업이 좋은 예인데 완제품에 대한 수요는 소비자 수요, 마케팅프로그램 및 추정 매출량과 관련된 다른 요인들에서 파생된다. 타이어, 배터리, 헤드라이트 및 기타 부품 같은 재고에 대한 수요는 계획된 자동차의 수에 의해서 완전히 결정된다. 필요원자재계획과 저스트인타임(just-in-time) 재고관리는 수요 종속적 재고를 관리하는 두 방법이다.

필요원자재계획 생산과 재고전문가는 수요 종속적 유형 재고의 주문 그리고/또는 생산 일정을 짜는 데 컴퓨터 기반의 시스템을 개발해 왔다. 이런 시스템들은 일반적으로 **필요원자재계획(materials requirements planning: MRP)**으로 분류된다. MRP의 이면에 있는 기본개념은 일단 완제품 재고 수준이 결정되면 완제품의 수요에 부합하는 재공품 재고 수준 결정이 가능하다. 재공품 재고 수준에서 보유해야 하는 원자재 수량 계산이 가능하다.

필요원자재계획
materials requirements planning (MRP)
재공품과 원자재 같은 수요 종속적 유형의 재고 수준 결정에 사용되는 일련의 방법.

완제품 재고로부터 역으로 계획을 세우는 이런 능력은 재공품과 원자재 재고의 종속적인 특성에 기인한다. MRP는 완제품을 만들기 위해 다양한 요소가 필요한 정교한 제품에서 특히 중요하다.

저스트인타임 just-in-time (JIT) inventory
재고 재고 보유를 최소화하는 수요 종속 재고관리 시스템.

저스트인타임 재고 **저스트인타임 재고(just-in-time inventory)** 또는 **JIT 재고(JIT inventory)**는 종속 재고를 관리하는 현대적 방식이다. JIT의 목적은 근본적으로 그러한 재고를 최소화함으로써 회전율을 최대화하는 것이다. 이 방식은 일본에서 시작했는데 일본 제조 철학의 근간이 된다. 이름이 말하는 것처럼 JIT의 기본목표는 즉각적 생산수요를 충족시킬 만큼의 재고만을 보유하는 것이다.

JIT 시스템의 결과는 재고가 자주 재주문되고 보충된다는 것이다. 이런 시스템이 작동하고 재고 부족을 회피하려면 공급업체 간에 높은 수준의 협력이 요구된다. 일본 제조업체들은 종종 비교적 소규모의 강하게 통합된 공급업체 집단이 있어 이들과 필요한 협력을 이루기 위해 친밀하게 일한다. 이 공급업체들은 도요타와 같은 대형 제조업체의 산업 그룹 또는 **계열**(*keiretsu*)의 일부이다. 각 대형 제조업체는 자신들의 **계열**을 가지려는 경향이 있다. 또한, 공급업체들이 근처에 소재하도록 돕는 상황이 일본에서는 흔하다.

간반(*kanban*)은 JIT 재고시스댐의 핵심 부뷴으로 JIT 시스템은 때로는 **간반시스템**(*kanban system*)으로도 부른다. **간반**의 문자 그대로의 의미는 "카드" 또는 "사인"이지만 일반적으로 말해 간반은 공급자에게 재고를 더 보내라는 신호이다. 예를 들어 간반은 문자 그대로 부품 상자에 부착된 카드일 수 있다. 인부가 그 상자를 풀었을 때 부착된 카드는 분리되어 공급자에게 되돌아가고, 공급자는 교체용 상자를 공급한다.

JIT 재고시스템은 규모가 큰 생산계획과정에서 중요한 부분이다. 이의 완전히 논의는 필연적으로 중심을 재무에서 생산과 공정관리로 옮기는 것이기에 여기서 멈추겠다. 근처의 *Finance Matters*(재무사안) 박스는 JIT 재고시스템이 갖는 잠재적 문제점을 논의한다.

개념문제 CONCEPT QUESTIONS

17.5a EOQ 모델로 기업이 결정하는 것은 무엇인가?
17.5b EOQ 모델의 어떤 비용 요소를 JIT 재고가 최소화하는가?

요약과 결론

이번 장에서는 현금, 매출채권, 재고관리를 다루었다. 그 과정에서 많은 주제를 건드렸다. 그중 더 중요한 주제는 다음과 같다.

1. 기업은 수중에 필요 이상의 현금을 보유하지 않음으로써 현금을 관리하려고 한다. 그 이유는 현금보유는 현금을 투자함으로써 벌 수 있는 수익 즉, 기회비용이 있기 때문이다.

2. 플로트(float)는 현금관리에서 중요한 고려사항인데 기업은 순플로트를 최적화하도록 만든 방법으로 회수와 지출을 관리하려고 한다.
3. 기업의 신용정책은 매매조건, 신용분석, 회수정책을 포함한다. 매매조건은 신용기간, 현금할인, 신용증서 3개의 관련 주제를 다룬다.
4. 기업의 최적 신용정책은 여러 특정 요인들에 달려 있으나 일반적으로 매출 증가의 이득에 대비해 매출채권의 유지비용과 미납 가능성 같은 신용 제공 비용의 교환관계와 관련된다.
5. 유동성과 관리 차원에서 큰 차이가 있는 다른 유형의 재고자산이 있다. 재고자산관리의 기본적인 교환관계는 재고의 유지비용 대 보충비용이다. 이런 비용이 명시적으로 균형을 이루는 유명한 EOQ 모델을 개발했다.
6. 기업은 다른 재고관리 기법을 이용한다. ABC법과 저스트인타임 혹은 JIT 재고관리를 포함해 잘 알려진 몇 개를 기술했다.

복습과 자체시험 문제

17.1 플로트 계산. 유통 중인 수표나 미결제 예금이 없는 10,000달러의 예금이 있다. 어느 날 4,000달러의 수표를 발행했고, 3,000달러의 수표를 예금했다. 지급플로트, 회수플로트, 순플로트는 얼마인가? ([문제 3] 참조)

17.2 EOQ. 기간마다 4,000개의 중앙처리장치(CPUs) 재고로 시작한다. 이 재고는 매월 소진되고 재주문된다. CPU당 유지비용이 1달러이고, 고정 주문비용이 10달러이면 경제적으로 현명한 전략을 따르고 있는가? ([문제 13] 참조)

■ 복습과 자체시험 문제 풀이

17.1 첫째, 4,000달러 수표를 발행한 후 잔액은 6,000달러이다. 그러나 수표가 결제되는 동안 은행의 잔액은 10,000달러이다. 이것이 4,000달러의 지급플로트이고 유리하다. 다음으로 3,000달러 예금을 했을 때 잔액은 9,000달러이나 계좌는 결제까지 3,000달러가 입금되지 않을 것이다. 이것이 −3,000달러의 회수플로트이고 불리하다.

지급플로트와 회수플로트의 합은 1,000달러의 순플로트이다. 즉, 당신의 잔액은 9,000달러이나 은행은 10,000달러의 잔액을 보여 주므로 최종적으로 플로트에서 이득이다.

17.2 먼저 유지비용과 보충비용을 답할 수 있다. 평균재고는 2,000개의 CPU이고, CPU당 유지비용이 1달러이기에 총유지비용은 2,000달러이다. 매월 10달러의 고정 주문비용으로 보충하므로 총보충비용은 120달러이다. 유지비용이 재주문비용에 비해 큰 것을 알므로 너무 많은 재고를 보유하고 있다.

최적 재고정책을 결정하기 위해 EOQ 모델을 이용할 수 있다. 연간 4,000개의 CPU를 12회 주문하므로 총수요(T)는 48,000개의 CPU이다. 고정 주문비용은 10달러이고 단위당 유지비용(CC)은 1달러이다. 그러므로 EOQ는

$$\begin{aligned} \text{EOQ} &= \sqrt{\frac{2T \times F}{\text{CC}}} \\ &= \sqrt{\frac{(2 \times 48{,}000) \times \$10}{\$1}} \\ &= \sqrt{960{,}000} \\ &= 979.80\text{개} \end{aligned}$$

평균 재고가 약 490개의 CPU이므로 유지비용은 490달러임에 주목해 이를 검토할 수 있다. 48,000/979.8 = 49회 재주문해야 할 것이다. 고정 주문비용은 10달러이므로 총보충비용도 490달러이다.

비판적 사고와 개념 복습

LO 1 **17.1 현금관리.** 기업이 너무 많은 현금을 보유하는 것이 가능한가? 왜 주주들은 기업이 현금을 많이 축적하는 것을 우려하는가?

LO 1 **17.2 현금관리.** 기업이 너무 많은 현금을 보유하고 있다고 생각하면 어떤 선택이 가능한가? 너무 적은 현금은 어떠한가?

LO 1 **17.3 대리인 이슈.** 주주와 채권자는 기업이 얼마의 현금을 보유하는 것에 동의할 것 같은가?

LO 1 **17.4 현금보유 동기.** 이번 장을 시작하면서 몇 회사의 현금 상태를 논의했다. 자동차 제조업체도 막대한 현금보유액이 있다. 2018년 중반에 포드(Ford Motor Co.)는 약 275억 달러, 제너럴 모터스(General Motors)는 약 172억 달러, 도요타(Toyota)는 약 538억 달러의 현금을 가졌다. 이런 기업들이 왜 그렇게 많은 현금을 보유하는가?

LO 1 **17.5 단기투자.** 단기이자율과 연계된 배당금을 지급하는 우선주가 여유 현금이 있는 주식회사에 인기 있는 단기투자인 이유는 무엇인가?

LO 2 **17.6 회수플로트와 지급플로트.** 기업은 순회수플로트와 순지급플로트 중 무엇을 더 선호하는가? 그 이유는?

LO 1 **17.7 플로트.** 어느 기업이 200만 달러의 장부 잔액이 있다고 하자. 현금관리자는 자동현금인출기(ATM)에서 은행 잔액이 250만 달러임을 알았다. 이는 무슨 상황인가? 이런 상황이 계속된다면 어떤 윤리적 갈등이 생기는가?

LO 1 **17.8 단기투자.** 다음 각 단기매매증권에 대해 주식회사의 현금관리 목표를 충족시키기에 잠재적 단점의 예를 들라.

a. 미국 재정증권(U.S. Treasury bills)

b. 보통 우선주(ordinary preferred stock)

c. 협상가능 양도성예금증서(negotiable certificate of deposit: NCDs)

d. 기업어음(commercial paper)

LO 1 **17.9 대리인 주제.** 기업이 여유 현금을 보유하는 것이 제1장에서 논의한 대리인 문제를 악화시키고 더 일반적으로 주주 부의 극대화를 위한 유인을 감소시킨다는 주장이 때로는 있다. 여기서 이 주제를 어떻게 틀을 짜겠는가?

LO 1 **17.10 여유 현금의 이용.** 기업이 여유 현금과 관련한 하나의 옵션은 공급자들에게 더 빨리 지급하는 것이다. 여유 현금의 이런 사용의 장단점은 무엇인가?

LO 1 **17.11 여유 현금의 이용.** 여유 현금을 처리하는 다른 옵션은 보통 기업의 미상환 부채를 줄이는 것이다. 여유 현금의 이런 사용의 장단점은 무엇인가?

LO 1 **17.12 플로트.** 안타깝게도 일반적인 관행은 이렇다(경고: 집에서는 시도하지 말기를). 당좌수표계정이 바닥났다고 하자. 그러나 동네 식료품점은 고객들의 편의를 위해 수표를 현금으로 교환해 줄 것이다. 그래서 수표 200달러를 현금으로 바꾼다. 물론 이 수표는 어떻게 하지 않으면 부도가 날 것이다. 이를 방지하기 위해 다음 날 식료품점에 가서 다시 수표 200달러를 현금으로 바꾼다. 이 200달러를 예금한다. 이 과정을 매일 반복하면 어떤 수표도 부도나지 않음을 확신한다. 결국에는 하늘에서 양식이 내려오면 (아마도 집에서 현금을 보내오면) 유통 수표를 처리할 수 있다.

재미를 위해 여기서 어떤 수표도 부도나지 않음을 절대적으로 확신한다고 하자. 이것이 사실이라고 가정하고 어떤 법적인 질문도 무시하면 (여기서 기술한 것은 아마 불법 공수표이다) 비윤리적인 무엇이 있는가? 만약 예라고 대답하면 왜 그런가? 특히 누가 피해를 보는가?

LO 2 **17.13 신용증서.** 다음을 기술하라.

a. 일람출급어음(sight draft)

b. 기한부어음(time draft)

c. 은행인수어음(banker's acceptance)

d. 약속어음(promissory note)

e. 인수필어음(trade acceptance)

LO 2 **17.14 거래신용양식.** 거래신용에서 제시하는 가장 일반적인 양식은 무엇인가? 이 경우에 신용증서는 무엇인가?

LO 2 **17.15 매출채권비용.** 매출채권 보유에 따른 비용은 무엇인가? 신용 미제공에 따른 비용은 무엇인가? 다른 수준의 매출채권에 대한 비용의 합을 무엇이라고 부르는가?

LO 2 **17.16 신용의 5Cs.** 신용의 5Cs는 무엇인가? 각 C가 왜 중요한지를 설명하라.

LO 2 **17.17 신용기간 길이.** 신용기간 길이를 결정하는 요인들에는 무엇이 있는가? 왜 구매자의 영업주기 길이가 종종 신용기간의 상한선으로 고려되는가?

LO 2 **17.18 신용기간 길이.** 다음의 쌍에서 어떤 기업의 신용기간이 아마도 가장 길 것인가를 지적하고 그 이유를 설명하라.

a. A 기업은 탈모에 기적의 치료제를 판매한다. B 기업은 가발을 판매한다.

b. A 기업은 건물주를 위한 제품을 전문으로 한다. B 기업은 임차인을 위한 제품을 전문으로 한다.

c. A 기업은 10회의 재고자산회전율로 고객에게 판매한다. B 기업은 20회의 재고자산회전율로 고객에게 판매한다.

d. A 기업은 신선한 과일을 판매한다. B 기업은 통조림 과일을 판매한다.

e. A 기업은 맞춤 카펫을 판매하고 깔아 준다. B 기업은 양탄자를 판매한다.

LO 3 **17.19 재고자산 유형.** 재고의 다른 유형은 무엇인가? 유형들은 어떻게 다른가? 왜 어떤 유형은 독립수요가 있다고 말하고 다른 유형은 종속수요가 있다고 말하는가?

LO 3 **17.20 저스트인타임 재고.** 회사가 JIT 재고관리 시스템으로 옮긴다면 재고회전율은 어떻게 되겠는가? 총자산회전율은 어떻게 되겠는가? 자기자본수익률(ROE)은 어떻게 되겠는가? (힌트: 제3장의 듀퐁항등식을 기억하자.)

연습문제

초급(문제 1-14)

LO 1 **1. 플로트 계산.** 유통되는 수표나 미결제 입금이 없는 예치에 85,000달러가 있다. 어느 날 21,600달러의 수표를 발행했다. 이는 지급플로트(disbursement float)를 만드는가 또는 회수플로트(collection float)를 만드는가? 사용가능잔액(available balance)은 얼마인가? 장부 산액(book balance)은 얼마인가?

LO 1 **2. 플로트 계산.** 유통되는 수표나 미결제 입금이 없는 예금에서 11,900달러가 있다. 2,200달러의 수표를 입금한다. 이는 지급플로트를 만드는가 또는 회수플로트를 만드는가? 이용가능 잔액은 얼마인가? 장부 잔액은 얼마인가?

LO 1 **3. 플로트 계산.** 유통 수표 또는 미결제 입금이 없는 예금에서 21,400달러가 있다. 어느 날 4,300달러의 수표를 발행하고, 4,900달러의 수표를 예금했다. 지급플로트, 회수플로트 그리고 순플로트는 얼마인가?

LO 2 **4. 현금할인.** 단위당 67달러의 가격으로 560단위의 굿엑스(Good X)를 주문한다. 공급자는 1/10, 네트 30의 조건을 제시한다.

a. 외상계좌의 지급기한이 지나기 전에 언제까지 지급해야 하는가? 기간을 다 채운다면 얼마를 송금해야 하는가?

b. 제시된 할인은 무엇인가? 할인을 받으려면 얼마나 빨리 지급해야 하는가? 할인을 받으면 얼마를 송금해야 하는가?

c. 만약 할인을 받지 않으면 얼마의 이자를 내재적으로 지급하는가? 얼마 동안의 신용을 받고 있는가?

LO 1 **5. 플로트 계산.** 일반적인 달에 총 57,400달러의 수표를 100개 받는다. 수표 처리에 평균적으로 3일이 지체된다. 평균 일별 플로트는 얼마인가? 한 달은 30일로 가정한다.

LO 1 **6. 순플로트 계산.** 어느 회사는 매 영업일에 평균적으로 공급자에게 지급할 대금으로 총 26,700달러의 수표를 발행한다. 수표의 통상 결제 시간은 4일이다. 한편 회사는 총 39,600달러를 수표의 형태로 매일 고객으로부터 지급을 수령하고 있다. 지급으로 생긴 현금은 2일 후에 이용할 수 있다.

a. 회사의 지급플로트, 회수플로트, 순플로트를 계산하라.

b. 회수된 자금을 이용할 수 있는 것이 2일에서 1일로 바뀌면 (a)에 대한 답은 어떻게 되겠는가?

LO 2 7. **현금할인 규모.** 향수 컬렉션을 개당 215달러의 가격에 연간 6,700개 판다. 모든 매출은 1/10, 네트 30의 조건으로 신용으로 한다. 고객의 60%는 할인을 택한다. 회사의 매출채권은 얼마인가? 주 경쟁사의 매출에 대응해서 한 제품의 시장점유율을 고수하기 위해 신용정책을 3/10, 네트 30의 조건으로 변경을 고려 중이다. 이 정책의 변화로 매출채권이 어떻게 변하겠는가?

LO 2 8. **매출채권의 규모.** 연간 신용매출이 2,950만 달러이다. 평균회수기간은 34일이다. 재무상태표에 보이는 매출채권의 평균 투자는 얼마인가?

LO 2 9. **ACP와 매출채권.** 일본 증권에 대한 이익 예측치를 판매한다. 신용거래의 조건은 1/10, 네트 30이다. 경험에 의하면 모든 고객의 65%는 할인을 택할 것이다.

a. 평균회수기간은 얼마인가?

b. 회사가 개당 1,950달러의 가격에 매월 1,100개의 예측치를 판매하면 재무상태표에서 매출채권의 평균 잔액은 얼마인가?

LO 2 10. **매출채권의 규모.** 주별 36,500달러를 신용판매하고 평균회수기간은 31일이다. 회사의 평균 매출채권은 얼마인가?

LO 2 11. **매매조건.** 기업이 1/10, 네트 30의 조건을 제시한다. 고객이 할인을 택하지 않을 때 기업이 얻는 실효연이율은 얼마인가? 계산은 하지 말고 다음의 경우에 실효이자율이 어떻게 되는가를 설명하라.

a. 할인율이 2%로 바뀌었다.

b. 신용기간이 40일로 증가했다.

c. 할인기간이 20일로 감소했다.

d. 각 시나리오에서 실효연이율(EAR)은 얼마인가?

LO 2 12. **ACP와 매출채권회전율.** 평균회수기간이 29일이다. 매출채권에 평균 일별 투자는 91,300달러이다. 연간 외상 매출은 얼마인가? 매출채권회전율은 얼마인가?

LO 3 13. **EOQ.** 매주 975개의 스위치 조립품을 사용하고 나서 다시 975개를 재주문한다. 스위치 조립품의 개당 관련 유지비용은 6.25달러이고, 고정 주문비용은 430달러라면 회사의 재고정책은 최적인가? 왜 그런가 또는 왜 아닌가?

LO 3 14. **EOQ.** 매월 735개의 재고로 시작한다. 이 재고는 매월 소진되고 다시 주문된다. 개당 유지비용이 연간 26달러이고, 고정 주문비용이 365달러라면 총 유지비용은 얼마인가? 보충비용은 얼마인가? 회사는 주문 규모를 늘려야 하는가 아니면 줄여야 하는가? 주문 규모와 주문 빈도의 관점에서 회사의 최적 재고정책을 기술하라.

중급(문제 15)

LO 3 15. **EOQ 도출.** 유지비용과 보충비용이 교재에서 기술한 대로일 때 유지비용과 보충비용이 같아지는 점에서 EOQ가 발생해야 함을 증명하라.

고급(문제 16)

LO 3 **16. 안전재고와 주문 시점.** 매주 700벌의 디자이너 정장을 팔 것이라고 예상한다. 점포는 1주일에 7일 영업하며 매일 같은 수의 정장을 판매할 것으로 예상한다. EOQ는 500벌이고, 안전재고는 100벌이다. 주문을 내면 정장을 받기까지 3일이 걸린다. 연간 몇 번의 주문을 내는가? 지금이 점포개장 직전의 월요일 아침이며 정장의 배송이 이제 막 도착했다고 하자. 언제 다음 주문을 넣겠는가?

웹에서 문제 풀기

17.1 기업어음(Commercial Paper). 세브론(Chevron)은 관심 있는 기관투자가들에게 기업어음을 발행한다. 세브론 웹사이트인 www.chevron.com을 가서 세브론의 기업어음에 대한 정보를 찾아라. 세브론 기업어음의 신용등급은 얼마인가? 세브론이 발행할 최소 규모는 얼마인가? 1일에서 4일의 기업어음에 요구하는 규모는 무엇인가?

17.2 기업어음 이자율(Commercial Paper Rates). 기업어음의 역사상 가장 높은 이자율과 가장 낮은 이자율은 얼마인가? www.stlouisfed.org에 가서 “FRED®” 데이터 링크를 찾아 “Interest Rates” 링크를 찾아라. 1개월, 2개월, 3개월 AA등급의 비금융회사 기업어음의 가장 높은 이자율과 가장 낮은 이자율은 얼마인가? 금융회사 기업어음은 어떠한가? 이런 현상이 동시에 발생했는가? 비금융회사 기업어음과 금융회사 기업어음의 이자율이 다른 이유는 무엇이겠는가?

CHAPTER CASE

피엡콘 매뉴팩처링의 운전자본관리, PART 2

다음 해의 단기 재무계획을 모두 마친 후(제16장의 끝에서) 게리 피엡콘(Gary Piepkorn)은 당신에게 다가와 회사의 신용정책에 대해 질문했다. 경쟁사를 보면 산업 내 대부분 회사는 고객에게 신용을 제공하므로 피엡콘 매뉴팩처링(Piepkorn Manufacturing)은 신용을 제공하지 않는 소수의 회사 중 하나로 보인다. 일부 고객들은 신용의 결여로 다른 거래처로 변경할 수 있다고 의중을 털어놓았다. 게리는 신용정책의 실행이 다음 해의 단기 재무계획에 주는 영향에 관심이 있다. 추가로 그는 회사의 구매에서 신용조건을 개선할 가능성을 묻고 싶어 한다.

전환이 가능한 새 신용조건을 분석하기 위해 게리는 당신에게 업계 표준 신용조건을 검토하고 피엡콘이 고객에게 신용을 제공했다고 가정하고 단기 재무계획을 재작성할 것을 요청했다. 회사 공급업체의 더 나은 신용조건이 어떻게 단기 재무계획에 영향을 주는지도 검토하고 싶어 한다.

질문 QUESTIONS

1. 경쟁회사들이 제공하는 신용정책을 살펴보고 업계 평균 신용정책이 1/10, 네트 45라고 결정했다. 할인은 연도 첫날 제공되기 시작할 것이다. 이 신용정책이 현금예산과 단기 재무계획에 주는 영향을 검토하고 싶다. 만약 이 신용정책이 실행되면 고객의 60%는 신용 제공을 이용하고, 매출채권기간은 24일이 될 것으로 믿는다. 새 신용정책과 80,000달러의 목표 현금 잔액에서 현금예산과 단기 재무계획을 재작성하라. 실제로 고객에게 제공하는 이자율은 얼마인가?
2. 당신은 회사의 공급업체에서 피엡콘이 받는 신용조건을 말했다. 현재 회사는 네트 45의 조건을 받는다. 공급업체는 2/25, 네트 40의 새 신용 조건을 제시할 것이라고 말했다. 할인은 연도 첫날 제공되기 시작할 것이다. 공급업체가 회사에 제공하는 이자율은 얼마인가? 제공된 할인을 활용한다고 가정하고 앞의 질문에서 현금예산과 단기 재무계획을 재작성하라.

18 재무관리의 국제적 측면

International Aspects of Financial Management

제17장에서 몇 개의 대기업이 보유한 현금 잔액을 언급했으나 해외 보유한 현금은 많이 언급하지 않았다. 예를 들어 애플은 해외 현금이 2,500억 달러가 넘어 선두이고, 마이크로소프트(1,300억 달러)와 알파벳(940억 달러)이 뒤따른다. 2018년 이전 애플과 같은 회사는 미국 밖에서 막대한 현금 비축을 유지할 강한 세금 유인이 있다. 이 모든 것이 미국 주식회사의 해외사업에 과세하는 방식에 큰 변경이 도입된 2017년의 감세 및 잡스법의 제정으로 바뀌었다. 이번 장에서는 통화, 환율, 국제재무 풍경의 다른 특성과 함께 이 주제도 논의한다.

모든 유형의 사업이 국제경영에 대한 의존도를 높이고 있으며 모든 경영 분야가 상당히 영향을 받는다. 예를 들면 인적 자원, 생산, 마케팅, 회계, 전략 모두 국외를 고려하게 되면서 훨씬 더 복잡해진다. 이번 장은 국제 사업의 가장 중요한 측면의 하나인 환율변동의 영향과 불리한 환율 이동에 기업과 개인이 스스로 보호하기 위해서 무엇을 할 수 있는가를 논의한다.

학습 목표_*Learning Objectives*

제18장을 마친 후에는 다음의 능력을 갖추어야 한다.

LO 1 환율이 표시되는 방법 설명, 환율의 의미 평가, 현물환율과 선물환율 구분

LO 2 구매력평가설과 이자율평가설 논의와 환율변동에 대한 의미 분석

LO 3 여러 유형의 환리스크 확인과 기업의 환리스크 관리 방법

LO 4 국제 사업투자에서 정치적 리스크의 영향 논의

기업재무 세계에서 최근에 전개된 사건을 보려면 essentialsofcorporatefinance.blogspot.com 방문.

의미 있는 외국경영이 있는 회사를 **국제기업**(*international corporations*) 또는 **다국적기업**(*multinationals*)이라고 한다. 그런 회사는 순수 국내기업에 직접 영향을 주지 않는 많은 재무 요소들을 고려해야 한다. 그런 요소들은 환율, 국가마다 다른 이자율, 국제경영에 복잡한 회계 방식, 외국세율, 외국 정부의 개입을 포함한다.

기업재무의 기본 원리는 국제기업에도 여전히 적용된다. 국내회사들같이 국제기업도 주주 또는 소유자에게 비용보다 많은 가치를 창출하는 프로젝트에 투자하려 하고 가장 낮은 비용으로 현금을 조달하는 방식을 모색한다. 다시 말해서 순현가(NPV) 법칙은 해외와 국내경영 모두에게 유지되지만 보통 해외투자에 NPV법을 적용하기가 더 복잡하다.

국제 사업에서 문화적, 사회적 차이의 역할에 대해 여기서는 많이 말하지 않겠다. 정

치적, 경제적 체제의 다름의 시사점도 논의하지 않겠다. 이런 요인들은 국제 사업에서 매우 중요하나 제대로 언급하려면 다른 책이 있어야 한다. 그 결과 국제재무에서 순수하게 재무적인 고려사항과 외환시장의 주요 측면에만 중점을 두겠다.

18.1 용어해설

기업재무를 배우는 학생에게 일반적인 전문용어는 세계화(*globalization*)이다. 금융시장의 세계화에 대해 배우는 첫 단계는 새 용어를 정복하는 것이다. 다른 전문분야처럼 국제재무는 전문용어가 풍부하다. 따라서 아주 다방면의 용어 연습으로 주제를 시작한다.

다음의 용어는 알파벳순이고 중요도가 다 같지는 않다. 경제신문에 자주 등장하고 국제재무의 다채로운 언어를 설명하기에 이 특정 용어들을 선택했다.

ADR의 추가 정보는 www.adr.com 참조.

미국예탁증권
American Depositary Receipt (ADR)
미국에서 발행된 증권으로 외국주식을 대표하는데 미국에서의 거래가 허용된다.

교차환율
cross-rate
두 통화가 모두 제3국의 통화로(보통 미 달러화로) 표시되었을 때 두 통화(보통 미 달러화가 아님) 간에 내포된 환율.

유로채
Eurobond
여러 국가에서 발행되나 단일통화로 발행되는데 보통 발행자의 자국 통화로 발행되는 국제채(international bonds).

유로커렌시
Eurocurrency
통화를 발행한 국가 밖에 있는 금융센터에 예치된 화폐.

외국채
foreign bonds
한 국가에서 발행되고 보통 발행된 국가의 통화로 표시되는 국제채(international bonds).

길트
gilts
영국과 아일랜드 정부가 발행한 증권.

1. **미국예탁증권(American Depositary Receipt)** 또는 **ADR**은 미국에서 발행된 증권으로 외국주식을 대표하는데 미국에서의 거래가 허용된다. 외국기업들은 잠재적인 미국 투자자들의 풀을 확대하기 위해 미국 달러화로 발행된 ADR을 사용한다. ADR은 두 가지 형태가 있다. 하나는 거래소에 상장된 기업이 보증한 것이고, 다른 하나는 보통 ADR을 거래하는 투자은행이 보유한 보증되지 않은 것이다. 개인투자자에게는 두 가지 모두 이용할 수 있으나 오직 기업이 보증한 주식만 매일 신문에 가격이 게재된다.
2. **교차환율(cross-rate)**은 두 통화가 모두 제3국의 통화(보통 미국)로 호가할 때 두 통화(보통 미국 이외) 간에 내포된 환율이다.
3. **유로채(Eurobond)**는 여러 국가에서 발행된 채권이지만 단일통화로 발행되며 보통 발행자의 자국 통화로 발행된다. 유로채는 많은 국제기업과 정부가 자본을 조달하는 중요한 수단이 되었다. 유로채는 국내 발행에서 적용되는 제한을 받지 않는 외국에서 발행되고 인수되며 대부분 런던에서 거래된다. 거래는 매수자와 매도자가 있는 곳이면 어디든지 이루어진다.
4. **유로커렌시(Eurocurrency)**는 통화를 발행한 국가 밖에 있는 금융센터에 예치된 화폐를 말한다. 예를 들어 유로커렌시로 가장 많이 쓰이는 유로달러(Eurodollars)는 미국 은행시스템 밖에 있는 은행에 예치된 미국 달러이다.
5. **외국채(foreign bonds)**는 유로채와 달리 한 국가에서 발행되고 보통 발행된 국가의 통화로 표시된다. 이런 채권이 발행되는 나라는 종종 다른 세법, 발행금액의 제한, 더 엄격한 공시 규정을 포함함으로써 외국채와 국내기업에 의해 발행된 채권을 구분한다.

   외국채는 종종 발행되는 나라의 별명으로 불린다. 양키본드(미국), 사무라이본드(일본), 렘브란트본드(네덜란드), 불독본드(영국), 딤섬본드(홍콩에서 발행된 중국 위안화 표시 채권) 등이다. 부분적으로는 까다로운 규제와 공시조건 때문에 외국채시장은 과거의 유로채시장만큼 활기차게 성장하지는 않았다. 상당한 규모의 외국채가 스위스에서 발행된다.
6. **길트(gilts)**란 기술적으로는 영국과 아일랜드 정부가 발행한 증권이지만 영국 지방정부

가 발행한 증권과 외국의 공공부문 발행의 일부도 길트라고 한다.

7. **런던은행간금리(London Interbank Offer Rate)** 또는 줄여서 **리보(LIBOR)**는 대부분의 국제은행이 런던시장에서 하룻밤의 유로달러 대출에 서로 부과하는 이자율이다. LIBOR는 화폐시장 발행과 정부와 기업 차입자가 발행한 부채의 가격을 매기는 기준이 된다. 이자율은 종종 LIBOR에 대한 스프레드로 호가하고 LIBOR율과 함께 변동한다.

8. **스왑(swaps)**에는 기본적으로 이자율스왑과 통화스왑 두 종류가 있다. 이자율스왑(interest rate swap)은 두 당사자가 변동이자율 지급을 고정이자율 지급과 바꿀 때 또는 그 반대일 때 발생한다. 통화스왑(currency swap)은 한 통화를 다른 통화와 바꾸기 위한 협약이다. 서로 다른 통화로 표시된 부채가 스왑될 때 이 두 종류의 스왑은 종종 같은 거래에서 함께 사용된다.

런던은행간금리
LIBOR
대부분 국제은행이 하룻밤의 유로달러 대출에 서로 부과하는 이자율.

스왑
swaps
두 개의 증권이나 통화를 교환하는 협약.

현행 리보 이율은 www.global-rates.com 참조.

개념문제 CONCEPT QUESTIONS

18.1a 유로채(Eurobond)와 외국채(foreign bond)의 차이점은 무엇인가?

18.1b 유로달러(Eurodollar)는 무엇인가?

18.2 외환시장과 환율

외환시장(foreign exchange market)은 확실히 세계에서 가장 큰 금융시장이다. 그것은 한 나라의 통화가 다른 나라의 통화와 거래되는 시장이다. 대부분의 거래는 미국 달러($), 영국 파운드(£), 일본 엔(¥) 그리고 유로(€)와 같은 몇 개의 통화로 이루어진다. 〈표 18.1〉에 더 보통의 통화와 기호를 나열한다.

외환시장
foreign exchange market
한 나라의 통화가 다른 나라의 통화와 거래되는 시장.

외환시장은 장외시장이므로 거래자들이 함께 모이는 단일 장소는 없다. 대신 시장 참가자들이 전 세계의 주요 상업은행과 투자은행에 자리 잡고 있다. 그들은 컴퓨터 단말기, 전화기 그리고 기타 통신장비를 사용하여 의사소통한다. 예를 들어 외환거래를 위한 커뮤니케이션 네트워크 중 하나는 SWIFT(Society for Worldwide Interbank Financial Telecommunications)로 벨기에의 비영리 조합이다. 데이터 전송선을 사용함으로써 뉴욕에 있는 은행은 SWIFT 지역프로세싱센터를 경유해서 런던에 있는 은행에 메시지를 보낼 수 있다.

www.swift.com에서 SWIFT를 방문하자.

글로벌한 사업에 대한 정보는 www.internationalist.com 참조.

온라인 환율은 www.bloomberg.com/markets/currencies 참조.

많은 다양한 유형의 외환시장 참가자는 다음을 포함한다.

1. 상품 대금을 외국통화로 지급하는 수입업자
2. 외국통화를 받아 자국통화로 전환하려는 수출업자
3. 해외주식과 채권을 매매하는 포트폴리오 매니저
4. 매매주문을 연결하는 외환 브로커
5. 외국통화로 "시장을 조성하는" 거래인
6. 환율의 변동으로 이익을 보려는 투기거래자

환율

환율
exchange rate
다른 나라의 통화로 표시된 한 나라 통화의 가격.

환율(exchange rate)은 단순히 다른 나라의 통화로 표시된 한 나라 통화의 가격을 의미한다. 실제로 거의 모든 통화거래는 미 달러화로 이루어진다. 예를 들어 스위스 프랑과 일본 엔화 모두 미 달러화 호가로 거래된다. 환율은 계속해서 변한다. 가까운 *Work the Web*(워크더웹) 박스는 최신 환율을 아는 방법을 보여 준다.

표 18.1
국제 통화 기호

국가명		통화	심볼
국문	영문		
오스트레일리아	Australia	Dollar	A$
브라질	Brazil	Real	R$
캐나다	Canada	Dollar	Can$
중국	China	Yuan (Renminbi)	元
덴마크	Denmark	Kroner	DKr
EMU(유로존)*	EMU (Eurozone)	Euro	€
인도	India	Rupee	Rs
이란	Iran	Rial	RI
일본	Japan	Yen	¥
쿠웨이트	Kuwait	Dinar	KD
멕시코	Mexico	Peso	Ps
뉴질랜드	New Zealand	Dollar	NZ$
노르웨이	Norway	Kroner	NKr
사우디아라비아	Saudi Arabia	Riyal	SR
싱가포르	Singapore	Dollar	S$
남아프리카	South Africa	Rand	R
한국	South Korea	Won	₩
스웨덴	Sweden	Krona	Skr
스위스	Switzerland	Franc	SF
태국	Thailand	Baht	฿
터키	Turkey	Lira	₺
영국	United Kingdom	Pound	£
미국	United States	Dollar	$

*역주: 2002년 1월 유로화 출범 당시 유로화 사용 유럽연합(EU)회원국인 유로존(Euro Zone)은 그리스, 네덜란드, 독일, 룩셈부르크, 벨기에, 스페인, 아일랜드, 오스트리아, 이탈리아, 포르투갈, 프랑스, 핀란드 12개국임. 그 후 2007년 슬로베니아, 2008년 키프로스와 몰타, 2009년 슬로바키아, 2011년 에스토니아, 2014년 라트비아, 2015년 리투아니아가 합류해 19개국임. 유로존이 아닌 유로화 사용국가 안도라, 모나코, 산 마리노, 바티칸을 더해 총 23개국이 유로화를 사용 중임.

WORK THE WEB

방금 꿈에 그리던 자메이카에서 휴가를 보내고 돌아왔는데 10,000 자메이카 달러가 남아서 부자가 된 느낌이다. 이 돈을 미 달러화로 바꿀 필요가 있다. 얼마를 받게 되는가? 현행환율을 보고 스스로 전환해 보자. 아니면 간단히 웹에서 해결하자. www.xe.com을 방문해 사이트의 "currency converter"를 이용하면 다음을 발견한다.

10,000 JMD = 77.2170 USD

Jamaican Dollar ↔ US Dollar

1 JMD = 0.00772170 USD　1 USD = 129.505 JMD

2018-07-10 19:35 UTC

출처: xe.com

당신은 돈이 바닥나기 직전에 자메이카를 떠난 것 같다.

환율 호가 〈표 18.2〉는 《월스트리트저널》(The Wall Street Journal)에 실린 환율 호가를 옮겨 놓은 것이다. "USD equiv"라고 표시된 첫 번째 열은 외화 한 단위를 사기 위해 지급해야 하는 미 달러화의 양을 표시한다. 예를 들어 0.7467 호가의 호주 달러는 0.7467 미국 달러를 지급해야 1 호주 달러를 살 수 있음을 의미한다.

둘째 열은 미 달러화에 대한 외국통화의 양을 보여 준다. 여기서 호주 달러는 1.3392 호가로 1 미국 달러로 1.3392 호주 달러를 살 수 있다. 당연히 둘째 환율은 가능한 소수점 오차를 허용하면 바로 첫째 환율의 역수이다. 1/1.3392 = 0.7467

www.xe.com과 www.exchangerate.com에서 최신 환율 정보를 얻자.

현행과 역사적 환율 자료는 많은 웹사이트에서 이용할 수 있다. 특히 괜찮은 사이트는 세인트루이스 소재 연방준비은행(Federal Reserve Bank of St. Louis)이 유지한다. www.stlouisfed.org에 가서 "FRED®"링크를 찾으면 최근 환율 데이터가 있다.

교차환율과 삼각차익거래 환율 호가에 공통분모로 미국 달러를 이용해서 필요한 교차통화 호가의 수를 굉장히 줄인다. 예를 들어 5개 주요 통화에 4개 대신 잠재적으로 10개의 환율이 있을 것이다. 또한, 달러가 전 세계에 통용된다는 사실은 환율 호가에 일관성 없음을 줄인다.

예제 18.1 엔화와 유로화 환율

1,000달러가 있다고 하자. 〈표 18.2〉의 환율에 의하면 얼마의 일본 엔화를 가질 수 있는가? 그렇지 않으면 포르쉐(Porsche) 가격이 €200,000(€은 유로의 심볼이다)라면 포르쉐를 사려면 얼마의 달러가 필요하겠는가?

달러당 엔화의 환율은 110.84이다. 따라서 1,000달러로 갖게 될 것은

$1,000 × $1당 110.84엔 = 110,840엔

(계속)

표 18.2 환율: 2018년 7월 9일

국가/통화 (Country/Currency)	통화당 미 달러 (USD equiv)	미 달러당 통화 (Currency per USD)	국가/통화 (Country/Currency)	통화당 미 달러 (USD equiv)	미 달러당 통화 (Currency per USD)
Americas			Vietnam dong	0.0000434	23040
Argentina peso	0.0358	27.9173	**Europe**		
Brazil real	0.2582	3.8730	Czech Rep. koruna	0.04545	22
Canada dollar	0.7628	1.3110	Denmark krone	0.1577	6.3431
Chile peso	0.001537	605.6000	Euro area euro	1.1733	0.8523
Ecuador US dollar	1	1	Hungary forint	0.00363135	275.38
Mexico peso	0.0521	19.2036	Norway krone	0.1246	8.0244
Uruguay peso	0.031870	31.380	Poland zloty	0.2725	3.6701
Venezuela bolivar	0.00000871	114,855.0001	Romania leu	0.2522	3.9653
Asia-Pacific			Russia ruble	0.01602	62.414
Australia dollar	0.7467	1.3392	Sweden krona	0.1146	8.7241
1-mo forward	0.7464	1.3397	Switzerland franc	1.0086	0.9915
3-mos forward	0.7464	1.3397	1-mo forward	1.0104	0.9897
6-mos forward	0.7469	1.3389	3-mos forward	1.0156	0.9846
China yuan	0.1511	6.6161	6-mos forward	1.0249	0.9757
Hong Kong dollar	0.1274	7.8485	Turkey lira	0.2112	4.7342
India rupee	0.01457	68.6567	UK pound	1.3258	0.7543
Indonesia rupiah	0.0000699	14308	1-mo forward	1.3284	0.7528
Japan yen	0.00902	110.84	3-mos forward	1.3319	0.7508
1-mo forward	0.00900	111.06	6-mos forward	1.3380	0.7474
3-mos forward	0.00904	110.58	**Middle East/Africa**		
6-mos forward	0.00911	109.73	Bahrain dinar	2.6345	0.3796
Malaysia ringgit	0.2482	4.0295	Egypt pound	0.0558	17.918
New Zealand dollar	0.6838	1.4624	Israel shekel	0.2754	3.6306
Pakistan rupee	0.00821	121.740	Kuwait dinar	3.3049	0.3026
Philippines peso	0.0187	53.393	Oman sul rial	2.59703	0.3900
Singapore dollar	0.7371	1.3566	Qatar rial	0.2743	3.6453
South Korea won	0.0008982	1,113.32	Saudi Arabia riyal	0.2666	3.7506
Taiwan dollar	0.03298	30.320	South Africa rand	0.0746	13.4128
Thailand baht	0.03025	33.060			

유로당 달러화의 환율은 1.1733이므로 필요한 것은

€200,000 × €당 1.1733달러 = 234,660달러

앞에서 교차환율(cross-rate)을 미국 이외의 통화를 또 다른 미국 이외의 통화로 표시하는 환율이라고 정의하였다. 멕시코 페소(Ps)와 스위스 프랑(SF)에 다음을 관측했다고 하자.

$1당 Ps = 10.00
$1당 SF = 2.00

교차환율이 다음과 같이 호가한다고 하자.

SF당 Ps = 4.00

어떻게 생각하는가?

여기서 교차환율은 환율과 일관성이 없다. 이것을 확인해 보기 위해 100달러가 있다고 하자. 이것을 스위스 프랑으로 바꾸면 다음의 금액을 받게 될 것이다.

$100 × $1당 SF 2 = SF 200

이것을 교차환율로 페소로 전환하면 갖게 될 것은

SF 200 × SF 1당 Ps 4 = Ps 800

그러나 프랑을 거치지 않고 달러를 페소로 전환하면 갖게 될 것은

$100 × $1당 Ps 10 = Ps 1,000

어떤 방법으로 페소를 갖는가에 따라 1달러당 10페소와 8페소로 페소는 두 개의 가격이 있음을 안다.

돈을 벌려면 낮은 가격에 사서 높은 가격에 팔기를 바란다. 주목할 중요한 점은 달러로 페소를 사면 8 대신 10페소를 가질 수 있기에 페소가 더 싸다는 것이다. 다음과 같은 과정을 밟아야 한다.

국제 뉴스와 사건은 www.ft.com 방문

1. 100달러로 1,000페소를 산다.
2. 교차환율로 스위스 프랑을 사기 위해 1,000페소를 사용한다. 1프랑을 사기 위해 4페소가 필요하므로 Ps 1,000/4 = SF 250을 받을 것이다.
3. 달러를 사기 위해 250프랑을 사용한다. 환율은 달러당 2프랑이기에 SF 250/2 = 125달러를 받아 이익은 25달러이다.
4. 단계 1~3을 반복한다.

차익거래가 3개의 다른 환율을 거친 이동과 관련되기 때문에 삼각차익거래(*triangle arbitrage*)라고 부른다.

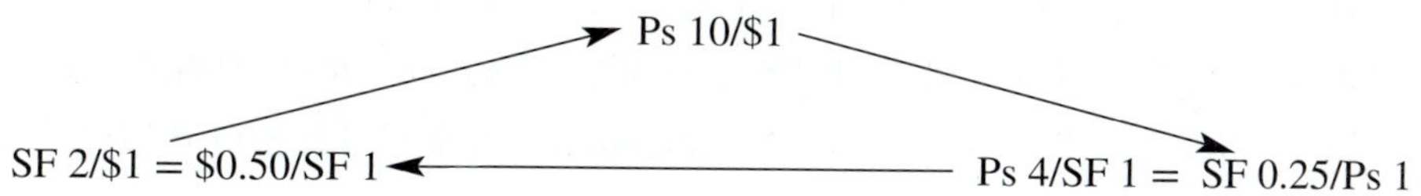

차익거래 기회를 막기 위해 1달러는 10페소 또는 2프랑을 살 것이기 때문에 교차환율이 다음과 같아야 함을 알기는 어렵지 않다.

(Ps 10/$1)/(SF 2/$1) = Ps 5/SF 1

즉, 1프랑당 5페소이다. 다른 무엇이라면 삼각차익거래 기회일 것이다.

예제 18.2 파운드화 샀다 팔기

영국 파운드와 스위스 프랑의 환율이 다음과 같다고 하자.

1달러당 파운드 = 0.60
1달러당 스위스 프랑 = 2.00

교차환율은 1파운드당 3프랑이다. 일관성이 있는가? 어떻게 돈을 벌 수 있는지 설명해 보자.

교차환율은 SF 2.00/£0.60 = 파운드당 3.33프랑이어야 한다. 한 시장에서는 3프랑으로 1파운드를 살 수 있고, 다른 시장에서는 3.33프랑에 1파운드를 팔 수 있다. 따라서 먼저 프랑을 얻고 프랑으로 파운드 매수에 사용한 다음에 다시 파운드를 판다. 100달러를 갖고 있다고 하면 다음을 할 수 있다.

1. 달러를 프랑으로 교환: $100 × 2 = SF 200.
2. 프랑을 파운드로 교환: SF 200/3 = £66.67.
3. 파운드를 달러로 교환: £66.67/0.60 = $111.11.

이는 11.11달러의 이익이 될 것이다.

거래의 유형

현물환거래
spot trade
2 영업일 이내의 결제를 위해 오늘의 환율에 통화를 거래하는 약정.

현물환율
spot exchange rate
현물거래의 환율.

선물환거래
forward trade
미래의 어느 시점에 통화를 교환하는 약정.

선물환율
forward exchange rate
선물환거래에서 사용되는 약정환율.

외환시장에는 현물환거래와 선물환거래의 두 기본적인 거래유형이 있다. **현물환거래(spot trade)**란 통화를 "현장에서"(on the spot) 교환하는 약정으로 실제로 거래가 2영업일 내에 완결 또는 결제될 것임을 의미한다. 현물거래의 환율을 **현물환율(spot exchange rate)**이라고 한다. 암묵적으로 지금까지 논의한 모든 환율과 거래는 현물시장에 적용된다.

선물환거래(forward trade)는 미래의 어떤 시점에서 통화를 교환하는 약정이다. 사용될 환율은 오늘 약정되는데 **선물환율(forward exchange rate)**이라고 한다. 선물환거래는 보통 다음 12개월 내의 어느 시점에 결제될 것이다.

〈표 18.2〉를 다시 보면 몇 가지 주요 통화에 대한 선물환율이 호가함을 볼 것이다. 예를 들어 스위스 프랑의 현물환율은 SF 1 = $1.0086이다. 6개월 선물환율은 SF 1 = $1.0249이다. 이는 오늘 스위스 프랑을 1.0086달러에 사든지, 또는 스위스 프랑을 6개월 후에 인도받고 동시에 1.0249달러를 지급할 것을 동의할 수도 있음을 의미한다.

스위스 프랑은 선물환시장에서 더 비싸다($1.0249 대 $1.0086)는 점을 주목하자. 스위스 프랑은 오늘보다 미래에 더 비싸기에 달러 대비 **할증**(*premium*)에 팔리고 있다고 말한다. 같은 이유로 달러는 스위스 프랑 대비 **할인**(*discount*)에 팔리고 있다고 말한다.

왜 선물환시장이 존재하는가? 한 가지 이유는 선물환시장이 기업과 개인이 미래의 환율을 오늘 고정하게 해줌으로써 환율의 불리한 변동에 의한 리스크를 제거한다.

예제 18.3 선물환 살펴보기

6개월 후에 100백만 일본 엔화의 수령을 예상하는데 엔화를 달러로 교환하는 선물환거래에 합의하였다. 〈표 18.2〉에 의하면 6개월 후 얼마의 달러를 갖겠는가? 엔화는 달러화와 비교해 할인 또는 할증에 거래되는가?

〈표 18.2〉에서 현물환율과 1개월 선물환율은 엔당 달러로 각각 $0.00902 = ¥1와 $0.00900 = ¥1이다. 만약 6개월 후에 100백만 엔을 기대한다면 ¥100백만 × 엔당 $0.00900 = 900,000달러를 가질 것이다. 선물환시장에서 엔화를 사는 것이 현물환시장에서 엔화를 사는 것보다 덜 비싸므로($0.00902 대 $0.00900) 엔화는 달러와 비교해 할인(discount)에 거래된다.

앞에서 언급한 것처럼 (유로화를 포함해 약간의 예외는 있지만) 미국 달러로 환율을 호가하는 것이 전 세계의 표준 관행이다. 이는 환율이 미국 달러당 각 통화의 양으로 호가함을 의미한다. 이번 장의 나머지는 이 방식을 고수할 것이다. 이를 잊으면 매우 혼란스러울 수 있다. 따라서 "환율이 오를 것으로 예상된다"와 같이 말하면 환율은 미국 달러당 외국통화의 단위로 호가한 환율을 말하고 있음을 기억하는 것이 중요하다.

개념문제 CONCEPT QUESTIONS

18.2a 삼각차익거래는 무엇인가?
18.2b 3개월 선물환율이 의미하는 바는 무엇인가?
18.2c 환율이 SF 1.12라고 말하면 무엇을 의미하는가?

18.3 구매력평가설

지금까지 환율 호가의 의미를 논의하였으므로 당연한 질문을 할 수 있다. 무엇이 현물환율의 수준을 결정하는가? 게다가 환율은 시간에 따라 변동함을 안다. 그러므로 관련된 질문은 무엇이 환율의 변동률을 결정하는가? 두 경우의 답변에서 최소한 부분적으로는 **구매력평가설(purchasing power parity: PPP)**의 이름에 따르는데 환율이 통화 간의 구매력을 일정하게 유지하도록 조정한다는 견해이다. 다음의 논의처럼 PPP에는 절대적(*absolute*)과 상대적(*relative*) 두 유형의 PPP가 있다.

구매력평가설 purchasing power parity (PPP) 환율이 통화 간의 구매력을 일정하게 유지하도록 조정한다는 견해.

절대적 구매력평가설

절대적 구매력평가설(*absolute purchasing power parity*)의 기본 생각은 상품을 사기 위해 사용된 통화나 상품을 파는 장소와 상관없이 상품의 비용은 같다는 것이다. 이는 매우 직설적 개념이다. 맥주가 런던에서 2파운드이고 환율이 1달러당 0.60파운드이면 뉴욕에서 맥주는 2파운드/0.60 = 3.33달러가 된다. 다시 말해서 절대적 PPP는 1달러로 세계의 어느 곳에서든 같은 숫자의 이를테면 치즈버거를 살 수 있음을 말한다.

더 공식적으로 S_0를 오늘(시점 0)의 영국 파운드와 미국 달러 간의 현물환율이라고 하고 환율은 달러당 외화의 수량으로 호가함을 기억하자. P_{US}와 P_{UK}를 각각 특정상품, 즉 사과의 현재 미국과 영국 가격이라고 하자. 절대적 PPP는

$$P_{UK} = S_0 \times P_{US}$$

이는 어떤 것의 영국 가격이 같은 것의 미국 가격에 환율을 곱한 것임을 말한다.

PPP의 근거는 삼각차익거래와 유사하다. PPP가 성립하지 않으면 사과를 한 나라에서 다른 나라로 이동해 원칙적으로 차익거래가 가능할 것이다. 예를 들어 뉴욕에서 사과가 부셸당 4달러에 팔리는데 런던에서는 부셸당 2.40파운드라고 하자. 절대적 PPP가 시사하는 바는

$$P_{UK} = S_0 \times P_{US}$$
$$£2.40 = S_0 \times \$4$$
$$S_0 = £2.40/\$4 = £0.60$$

즉, 암묵적 현물환율은 달러당 0.60파운드이다. 똑같이 1파운드는 $1/£0.60 = 1.67달러의 가치가 있다.

대신 실제 환율이 0.50파운드라고 하자. 4달러로 시작해 거래자는 뉴욕에서 사과 1부셸을 사서 런던으로 운송해 거기서 2.40파운드에 팔 수 있다. 거래자는 외환시장에서 우세한 환율 S_0 = 0.50파운드로 2.40파운드를 달러로 전환해 총 2.40파운드/0.50=4.80달러를 얻는다. 이 과정에서 80센트의 이익을 본다.

이런 이윤잠재력 때문에 환율 그리고/또는 사과의 가격을 변화시키기 위해 힘이 작용한다. 예에서 사과는 뉴욕에서 런던으로 이동하기 시작한다. 뉴욕에서 사과공급이 감소하면 뉴욕의 사과가격을 올릴 것이고, 영국에서 공급의 증가는 런던의 사과가격은 내릴 것이다.

사과의 이동과 함께 사과 거래자들은 더 많은 사과를 사기 위하여 바쁘게 파운드를 달러로 바꿀 것이다. 이런 활동은 파운드의 공급을 증가시키고 동시에 달러의 수요를 증가시킨다. 파운드의 가치가 떨어질 것으로 예상된다. 이는 달러가 점점 더 가치가 상승함을 의미하므로 1달러를 사기 위해서 더 많은 파운드가 들 것이다. 환율이 달러당 파운드로 호가하기에 환율이 0.50파운드에서 상승할 것이라고 예상할 것이다.

절대적 PPP가 절대적으로 성립하려면 다음의 몇 가지가 사실이어야 한다.

1. 운송, 보험, 부패 등 사과 거래의 거래비용이 0이어야 한다.
2. 사과를 거래에 관세, 세금 또는 VRAs(자발적 제한협약)와 같은 다른 정치적 장벽이 없어야 한다.
3. 마지막으로 뉴욕의 사과는 런던의 사과와 같아야 한다. 영국인들이 녹색 사과만 먹는다면 런던에 빨간 사과를 보내봐야 소용이 없을 것이다.

FINANCE MATTERS

맥 가격 책정(McPricing)

이번 장의 논의처럼 절대적 구매력평가설(PPP)이 현실에서는 성립하지 않는 것 같다. 더 유명한 절대적 PPP 위반의 하나는 바로 《이코노미스트》(*The Economist*)가 계산한 빅맥지수(Bic Mac index)이다. 이 지수를 계산하기 위해 맥도날드(McDonald)에서 다른 나라의 빅맥(Big Mac) 가격을 모은다. 2018년 1월의 빅맥지수를 보기 위해 www.economist.com에 갔다(가장 최근 지수는 직접 찾아보라).

그날의 지수에 의하면 절대적 PPP는 최소한 빅맥에는 적용되지 않는 것 같다. 사실 《이코노미스트》지가 조사한 42개 통화 중 단지 6개의 환율만이 절대적 PPP가 예측한 수치의 10% 내에 존재하였다. 가장 불일치를 보인 국가는 우크라이나였는데 통화는 명백히 69% 저평가되었다. 42개의 통화 중 14개는 40% 이상 "잘못"(incorrectly) 가격이 책정되었다. 왜 그럴까?

몇 가지 이유가 있다. 첫째, 빅맥은 실제로 수송할 수 없다. 빅맥을 선적할 수 있고 통화가치가 고평가되어 있다고 여겨지는 국가로 보낼 수는 있다. 하지만 정말 사람들이 당신이 보낸 빅맥을 구매하리라고 생각하는가? 아마도 아닐 것이다. 비록 빅맥 수송이 비교적 쉬워도 비교적 비쌀 것이고 그 과정에 품질도 떨어질 것이다.

또한, 지수를 보면 미국의 빅맥 가격은 5개 도시의 평균 가격이다. 그 이유는 바로 빅맥이 모두 미 달러로 구매되는 미국의 다른 지역에서 같은 가격으로 판매되지 않기 때문이다. 생활 비용과 경쟁은 미국에서 빅맥 가격에 영향을 줄 요소 중에 단지 몇 개이다. 빅맥 가격이 같은 통화로도 같게 책정되지 않으면 다른 통화에 대해서 절대적 PPP의 성립을 기대할 수 있을까?

마지막으로 다른 취향이 명백한 불일치를 설명할 수 있다. 미국에서 햄버거와 패스트푸드는 미국 식단의 주요 식품이 되었다. 다른 나라에서 햄버거는 아직 단단히 자리 잡지 못했다. 미국에서는 패스트푸드 경쟁이 더 심하기에 빅맥 가격이 더 낮으리라고 예상할 것이다. 사실 인도 루피/미 달러화에 대한 PPP를 계산할 때 인도의 맥도널드에서는 쇠고기를 팔지 않기에 닭으로 만든 마하라자 맥(Maharaja Mac)의 가격이 사용되었다.

빅맥 가격을 살펴보면 절대적 PPP는 쉽게 수송할 수 있는 품목에 더 엄밀히 성립해야 할 것이라고 말해야 한다. 예를 들어 많은 기업이 뉴욕증권거래소와 다른 나라의 증권거래소 모두에 상장한다. 두 거래소의 주가를 검토하면 주가가 절대적 PPP가 예측한 것과 거의 일치함을 발견할 것이다. 그 이유는 특정 회사의 주가는 어디서 주식을 매입하든지 그리고 어떤 통화를 사용하든지 간에 대개 똑같기 때문이다.

거래비용이 0이 아니라는 사실과 다른 조건들이 정확히 충족되기 어렵다는 사실에서 절대적 PPP가 실제로 거래되는 매우 균일한 상품에만 적용할 수 있음은 놀랍지 않다.

이런 이유로 절대적 PPP는 메르세데스(Mercedes)가 포드(Ford)와 비용이 같다든지 프랑스의 원자력 발전소가 뉴욕의 원자력 발전소와 비용이 같음을 시사하지 않는다. 자동차의 경우 똑같지 않다. 발전소의 경우 똑같다고 할지라도 비싸고 운송이 매우 힘들다. 다른 한편으로 금은 절대적 PPP가 심각히 위배임을 알면 매우 놀랄 것이다. 근처의 *Finance Matters*(재무사안) 박스에서 PPP 위반의 흥미로운 사례를 보자.

상대적 구매력평가설

현실에서는 구매력평가설의 상대적 버전(version)이 발전해 왔다. **상대적 구매력평가설**(*relative purchasing power parity*)은 무엇이 환율의 절대적인 수준을 결정하는지는 말하지 않는다. 대신에 시간이 지남에 따라 무엇이 환율의 **변화**(*change*)를 결정하는지 말해 준다.

기본개념 영국 파운드-미국 달러의 환율이 현재 S_0 = £0.50라고 하자. 다음 해 영국의 인플레이션은 10%로 예상되고, 미국의 인플레이션은 당분간 0으로 예상된다고 하자.

일 년 후에 환율은 어떻게 되리라고 생각하는가?

생각해 보면 1달러는 현재 영국에서 0.50파운드의 비용이 든다. 영국의 인플레이션은 10%로 물가가 일반적으로 10% 오를 것으로 예상된다. 그래서 1달러의 가격이 10% 오를 것이고, 환율은 £0.50 × 1.1 = 0.55파운드로 올라야 할 것이다.

미국에서의 인플레이션이 0이 아니라면 두 국가의 상대적(*relative*) 인플레이션을 고려할 필요가 있다. 미국 인플레이션이 4%로 예상한다고 하자. 미국의 가격에 비해 영국의 가격은 연간 10% − 4% = 6%의 비율로 상승하고 있다. 그래서 달러의 가격이 6% 올라가서 예상 환율은 £0.50 × 1.06 = 0.53파운드다.

결과 일반적으로 상대적 PPP는 환율에서의 변화가 두 국가의 인플레이션 차이로 결정한다고 한다. 더 구체화하기 위해 다음의 표기법을 이용할 것이다.

S_0 = 현행(시점 0) 현물환율(달러당 외국통화)
$E(S_t)$ = t 기간 후의 예상 환율
h_{US} = 미국의 인플레이션
h_{FC} = 외국의 인플레이션

앞의 논의에 의하면 상대적 PPP는 다음 해 환율의 예상 변화율 $[E(S_1) - S_0]/S_0$은

$$[E(S_1) - S_0]/S_0 = h_{FC} - h_{US} \qquad [18.1]$$

말로는 상대적 PPP는 환율의 예상 변화율이 인플레이션의 차이와 같다. 이를 약간 재정리하면 다음과 같다.

$$E(S_1) = S_0[1 + (h_{FC} - h_{US})] \qquad [18.2]$$

이 결과는 어느 정도 의미가 있으나 환율을 표시할 때 주의해야 한다.

영국과 미국이 관련된 예에서 상대적 PPP는 환율이 연간 $h_{FC} - h_{US}$ = 10% − 4% = 6% 상승할 것이라고 말한다. 그러므로 인플레이션의 차이는 변하지 않는다고 가정하면 2년 후의 기대환율 $E(S_2)$는 다음과 같을 것이다.

$$\begin{aligned} E(S_2) &= E(S_1) \times (1 + 0.06) \\ &= 0.53 \times 1.06 \\ &= 0.562 \end{aligned}$$

이것을 다음과 같이 적을 수 있음에 주목하자.

$$\begin{aligned} E(S_2) &= 0.53 \times 1.06 \\ &= (0.50 \times 1.06) \times 1.06 \\ &= 0.50 \times 1.06^2 \end{aligned}$$

일반적으로 상대적 PPP는 미래의 어느 시점에서의 기대환율 $E(S_t)$이 다음과 같음을 말해 준다.

$$E(S_t) = S_0 \times [1 + (h_{FC} - h_{US})]^t \qquad [18.3]$$

대부분 상품에서 절대적 PPP가 실제로 성립할 것을 기대하지 않기에 앞으로의 논의에서 상대적 PPP에 집중할 것이다. 따라서 추가 조건 없이 PPP를 언급할 때 상대적 PPP를 의미한다.

예제 18.4 모두 상대적이다

일본 환율이 현재 달러당 105엔이라고 하자. 향후 3년간의 일본 인플레이션은 가령 연간 2%일 것이고 미국의 인플레이션은 6%일 것이다. 상대적 PPP에 의하면 3년 후의 환율은 무엇일까?

미국의 인플레이션이 더 높기에 달러가 덜 가치가 있을 것으로 예상한다. 환율변동은 연간 2% − 6% = −4%일 것이다. 3년이 지나면서 환율은 다음과 같이 떨어질 것이다.

$$
\begin{aligned}
E(S_3) &= S_0 \times [1 + (h_{FC} - h_{US})]^3 \\
&= 105 \times [1 + (-0.04)]^3 \\
&= \text{달러당 92.90엔}
\end{aligned}
$$

통화 가치상승과 가치하락 종종 "오늘 금융시장에서 달러가 강세(혹은 약세)를 보인다." 또는 "달러가 파운드와 비교해 가치상승(또는 가치하락)할 것으로 예상한다"와 같은 얘기를 듣는다.[1] 달러가 강세이거나 가치상승이라고 말할 때 달러 가치가 오름을 의미하므로 1달러를 사는 데 더 많은 외국통화가 든다.

통화가치가 변동할 때 환율은 어떻게 호가하는가에 달려 있다. 환율은 달러당 외국통화의 단위로 호가하기에 달러의 가치와 같은 방향으로 움직인다. 달러가 강해지면 환율은 상승하고 달러가 약해지면 환율은 하락한다.

상대적 PPP는 미국의 인플레이션이 외국보다 낮아지면 환율은 상승할 것임을 말해준다. 이런 현상은 외화의 가치가 하락하기에 발생하므로 달러에 비해 약해진다.

개념문제 CONCEPT QUESTIONS

18.3a 절대적 PPP는 무엇이라고 말하는가? 왜 많은 유형의 상품에서 성립하지 않는가?

18.3b 상대적 PPP에 의하면 무엇이 환율변동을 결정하는가?

18.4 환율과 이자율

다음의 주제는 현물환율, 선물환율, 명목 이자율 간의 관계이다. 시작하려면 표기법이 추가로 필요하다.

[1] 역주: 가치상승(appreciation)을 평가절상(evaluation)이라고도 하고, 가치하락(depreciation)을 평가절하(devaluation)라고도 한다. 그러나 평가절상이나 평가절하라는 용어는 조정 가능한 고정환율제도(adjustable peg system)에서 한 나라의 적정 화폐가치를 평가해 가치를 변경할 때 사용되는 용어이기에 변동환율제도에서는 가치상승과 가치하락이라는 용어가 더 적절하다.

F_t = **시점 t에서 결제할 선물환율**
R_{US} = **미국의 명목 무위험이자율**
R_{FC} = **외국의 명목 무위험이자율**

앞에서처럼 현물환율은 S_0로 표기하겠다. 미국의 명목 무위험이자율 R_{US}로 미국 재정증권(T-bills) 수익률을 사용할 수 있다.

커버된 이자율차익거래

시장에서 미국과 스위스의 통화에 관한 다음 정보를 관측했다고 하자.

S_0 = **SF 2.00** R_{US} = **10%**
F_1 = **SF 1.90** R_S = **5%**

여기서 R_S는 스위스의 명목 무위험이자율이다. 기간은 1년이므로 F_1은 360일 선물환율이다.

여기에서 차익거래 기회를 보는가? 있다. 1달러를 투자하는데 무위험투자를 원한다고 하자. 한 가지 선택은 1달러를 미국의 무위험증권에 투자하는 것이다. 이를 전략 1로 부르겠다. 이렇게 하면 1 기간 후에 1달러의 가치는

$$\text{1 기간 후 달러 가치} = \$1(1 + R_{US})$$
$$= \$1.10$$

대안으로 스위스의 무위험증권에 투자할 수도 있다. 이를 위해 1달러를 스위스 프랑으로 바꾸고 동시에 1년 후에 스위스 프랑을 달러로 전환하는 선물환거래를 실행할 필요가 있다. 이를 전략 2라고 부르겠다. 필요한 절차는 다음과 같다.

환율과 미국 외 통화의 실물사진은 www.travlang.com/money 참조.

1. 1달러를 $\$1 \times S_0$ = SF 2.00로 전환한다.

2. 동시에 1년 후에 스위스 프랑을 달러로 다시 전환하는 선물환계약을 체결한다. 선물환율은 SF 1.90이기에 1년 후 소유하는 SF 1.90당 $1을 갖는다.

3. R_S에 스위스에서 SF 2.00을 투자한다. 1년 후에 가질 것은

$$\text{1년 후 SF 가치} = \text{SF } 2.00 \times (1 + R_s)$$
$$= \text{SF } 2{,}00 \times 1.05$$
$$= \text{SF } 2.10$$

4. 약정된 선물환율 SF 1.90 = $1로 SF 2.10을 미국 달러로 다시 전환한다. 결과는 다음과 같다.

$$\text{1년 후 \$ 가치} = \text{SF } 2.10/1.90$$
$$= \$1.1053$$

이 전략으로부터 1년 후의 가치는 다음과 같이 적을 수 있음에 주목하자.

$$\text{1년 후 \$ 가치} = \$1 \times S_0 \times (1 + R_s)/F_1$$
$$= \$1 \times 2.00 \times 1.05/1.90$$
$$= \$1.1053$$

이 투자의 수익률은 명백히 10.53%이다. 이는 미국 내 투자에서 얻은 10%보다 더 높다. 두 투자 모두 무위험이기에 차익거래 기회가 있다.

이자율의 차이를 활용하기 위해 차입할 필요가 있는데 가령 더 낮은 미국의 이자율로 500만 달러를 빌려서 더 높은 스위스의 이자율에 투자가 필요하다. 이렇게 해서 이익은 얼마인가? 알기 위해 앞의 단계들을 통해서 계산할 수 있다.

국제시장에서는 어떻게 하는지 marketwatch.com 참조.

1. 500만 달러를 SF 2.00 = $1로 전환해 1,000만 스위스 프랑을 가진다.
2. 1년 후에 달러당 1.90프랑으로 프랑을 달러로 교환하는 약정을 한다.
3. 1,000만 스위스 프랑을 일 년 동안 $R_S = 5\%$에 투자한다. 1,050만 스위스 프랑이 된다.
4. 선물환계약의 이행을 위해 1,050만 스위스 프랑을 달러로 전환한다. SF 1,050만/1.90 = 5,526,316달러를 받는다.
5. 대출금을 이자와 함께 상환한다. 500만 달러와 10%의 이자로 총 550만 달러를 빚지고 있다. 5,526,316달러가 있으므로 이익은 무위험으로 26,316달러이다.

여기서 설명한 활동을 **커버된 이자율차익거래**(*covered interest arbitrage*)라고 한다. 커버된(*covered*)이란 용어는 오늘의 선물환율로 고정하기에 환율이 변동하는 사태에 보호되어 있다는 사실을 의미한다.

이자율평가설

상당한 커버된 이자율차익거래 기회가 존재하지 않는다고 가정하면 현물환율, 선물환율, 상대적 이자율 간에는 어떤 관계가 있어야 한다. 이 관계가 무엇인지를 알기 위해 일반적으로 무위험 미국 투자인 전략 1은 투자한 달러당 $(1 + R_{US})$을 제공한다. 해외 무위험 투자인 전략 2는 투자한 달러당 $S_0 \times (1 + R_{FC})/F_1$을 준다. 차익거래를 막기 위하여 이들은 같아야만 하기에

$$1 + R_{US} = S_0 \times (1 + R_{FC})/F_1$$

이것을 약간 재정리하면 유명한 **이자율평가설(interest rate parity: IRP)** 조건을 얻는다.

이자율평가설 interest rate parity (IRP)
두 국가 사이의 이자율 차이는 선물환율과 현물환율의 퍼센트 차이와 같음을 표기한 조건.

$$F_1/S_0 = (1 + R_{FC})/(1 + R_{US}) \quad [18.4]$$

IRP의 근사치는 매우 유용해 무엇이 진행되는지를 매우 명백히 보여 주고 기억하기도 어렵지 않다. 선물할증률 또는 할인율을 $(F_1 - S_0)/S_0$로 정의한다면 IRP는 이 할증률 또는 할인율이 대략 이자율의 차이와 같음을 말해 준다.

$$(F_1 - S_0)/S_0 = R_{FC} - R_{US} \quad [18.5]$$

대략 IRP는 일정 기간 두 국가 간 이자율의 차이는 통화의 상대적 가치의 변동으로 상쇄되어 차익거래 가능성은 사라진다고 말한다. 이를 다음과 같이 적을 수도 있다.

$$F_1 = S_0 \times [1 + (R_{FC} - R_{US})] \quad [18.6]$$

일반적으로 1 기간이 아니라 t 기간이면 IRP 근사치는 다음과 같을 것이다.

$$F_t = S_0 \times [1 + (R_{FC} - R_{US})]^t \quad [18.7]$$

예제 18.5 평가설 확인

일본 엔화의 환율 S_0는 현행 ¥120 = $1라고 하자. 미국의 이자율이 R_{US} = 10%이고 일본의 이자율이 R_J = 5%라면 커버된 이자율 차익거래를 막기 위한 1년 선물환율은 얼마이어야 하는가?

$$\begin{aligned} F_1 &= S_0 \times [1 + (R_J - R_{US})] \\ &= ¥120 \times [1 + (0.05 - 0.10)] \\ &= ¥120 \times 0.95 \\ &= ¥114 \end{aligned}$$

달러와 비교해 엔은 할증되어 거래될 것임에 주목하자(그 이유는?).

개념문제 CONCEPT QUESTIONS

18.4a 이자율평가설은 무엇인가?

18.4b 이자율평가설이 구매력평가설보다 더 엄밀히 성립한다고 예상하는가? 그 이유는?

18.5 환위험

환위험
exchange rate risk
상대적 통화가치가 변하는 세계에서 국제경영에 따른 위험.

환위험(exchange rate risk)은 상대적 통화가치가 등락하는 세계에서 국제경영의 당연한 결과이다. 다음의 논의처럼 환위험 또는 환노출(exchange rate exposure)에는 단기 노출, 장기 노출, 환산 노출의 세 유형이 있다.

단기 노출

환율의 그날그날 변동은 국제기업의 단기위험을 발생시킨다. 그런 기업 대부분은 정해진 가격으로 가까운 미래에 물건을 매매하는 계약을 한다. 다른 통화가 관련될 때 그런 거래는 추가 위험요소가 있다.

이탈리아에서 모조 파스타를 수입하여 임파스타(Impasta) 브랜드 이름으로 미국에서 재판매한다고 상상하자. 가장 큰 고객이 임파스타 10,000상자를 주문하였다. 이탈리아의 공급자에게 오늘 주문하였으나 60일 후 물건이 도착할 때까지 지급하지 않을 것이다. 판매 가격은 상자당 6달러이다. 비용은 상자당 4.48유로이고 현재 환율은 0.80유로이므로 1달러를 사기 위해서는 0.80유로가 필요하다.

현행환율에 주문을 처리하기 위한 달러 비용은 상자당 €4.48/€0.80 = 5.60달러이므로 주문의 세전 이익은 10,000 × ($6 − 5.60) = 4,000달러이다. 그러나 60일 후의 환율은 아마도 다를 것이므로 이익은 미래의 환율이 어떻게 될 것인가에 따라 결정될 것이다.

예를 들어 환율이 0.85유로가 된다면 비용은 상자당 €4.48/€0.85 = 5.27달러가 된다. 이익은 7,294달러가 된다. 환율이 가령 0.747유로가 되면 비용은 상자당 €4.48/€0.747 = 6달러이고, 이익은 0이다.

이 예에서 단기 노출(short-run exposure)은 여러 가지 방법으로 줄이거나 제거할 수 있다. 가장 확실한 방법은 환율을 고정하기 위해 선물환계약을 맺는 것이다. 60일 선물환율이 0.82유로라고 하자. 만약 헤지를 하면 이익은 얼마일 것인가?

헤지를 한다면 환율을 0.82유로로 고정된다. 달러 비용은 상자당 €4.48/€0.82 = 5.46달러이므로 이익은 10,000 × ($6 − 5.46) = 5,366달러일 것이다.

장기 노출

장기적으로 해외사업의 가치는 상대적 경제 상황의 예측치 못한 변화로 변동할 수 있다. 저임금의 이점으로 다른 국가에 소재한 노동집약적인 조립품 공장을 상상하자. 시간이 지남에 따라 예상하지 못한 경제 상황의 변화로 해외 임금수준이 비용의 이점이 사라지거나 손해가 될 수도 있는 곳까지 오를 수 있다.

장기 노출(long-run exposure) 헤징은 단기위험 헤징보다 더 어렵다. 한 가지는 그런 장기적 요구를 위한 조직적인 선물환시장은 존재하지 않는다. 대신 기업이 갖는 주요 옵션은 외화의 유입과 유출을 일치시키려고 노력하는 것이다. 외화로 표시된 자산과 부채의 일치도 같은 일이다. 예를 들어 해외에서 판매하는 기업은 현지에서 원자재 구매와 노무비를 집중화시키려고 노력할 수 있다. 이런 방법으로 수입과 비용의 달러 가치는 함께 오르고 함께 내린다.

유사하게 외국에서 차입해서 장기 환위험을 줄일 수 있다. 외국 자회사 자산가치의 변동은 부채 가치의 변화로 최소한 부분적으로 상쇄될 것이다.

장기 환노출을 줄이는 가장 일반적인 방법은 제품을 수입하는 국가에 공장을 건설하는 것이다. 이 방법은 자동차산업에서 종종 사용된다. 몇 개를 거론하면 혼다, 도요타, BMW는 미국 내에 공장을 지었다. BMW의 상황은 특히 흥미롭다. BMW는 사우스캐롤라이나 주에서 연간 약 400,000대의 자동차를 생산하며 그중 약 280,000대를 수출한다. 자동차 제조 비용은 대부분 달러화로 지급되며 유럽에 차량을 수출할 때 유로화로 받는다. 그래서 달러화가 약세일 때에는 차량은 BMW에 더 이익이 된다. 동시에 BMW는 미국에서 매년 약 200,000대 이상의 차량을 수입한다. 수입 차량의 제조 비용은 대부분 유로화이므로 달러화가 약세일 때는 덜 이익이 된다. 합치면 이익과 손실은 서로 상쇄되는 경향이 있고 BMW에 자연 헤지를 제공한다.

환산 노출

기업은 일정 기간의 회계적 순이익과 주당순이익(EPS)을 계산할 때 모든 것을 자국 화폐로 "환산"(translate)해야 한다. 상당한 해외사업이 있을 때 이는 회계사에게 문제를 일으킬 수 있다. 특히 두 문제가 발생한다.

1. 각 재무상태표 계정을 환산할 때 사용할 적절한 환율은 무엇인가?

2. 재무상태표에서 외화환산으로 발생한 이익과 손실은 어떻게 처리해야 하는가?

회계적 문제를 보여 주기 위해 1년 전 릴리푸티아(Lilliputia)라는 가상 국가에 작은 해외 자회사를 시작한다고 하자. 현지 통화는 걸리버(gulliver)로 축약해서 GL이다. 연초에 환율은 GL 2 = 1원이었고 GL로 표시된 재무상태표는 다음과 같다.

자산	GL 1,000	부채	GL 500
		자본	500

1원당 2걸리버이므로 원화로 표시된 기초 재무상태표는 다음과 같다.

자산	₩500	부채	₩250
		자본	250

릴리푸티아는 조용한 곳으로 사실 1년 동안 아무런 일도 발생하지 않았다. 그 결과 순이익은 0(환율변동 고려 선)이다. 그러나 한율은 4걸리버 = 1원으로 변동했는데 아마 릴리푸티아의 인플레이션이 한국의 인플레이션보다 훨씬 높기 때문이다.

아무런 일도 발생하지 않았으므로 회계연도 말 GL로 표시된 재무상태표는 연초와 같다. 그러나 새 환율에 원화로 환산하면

자산	₩250	부채	₩125
		자본	125

순이익은 정확히 0이지만 자본의 가치는 125원으로 줄었음에 주목하자. 절대 아무런 일도 실제로 발생하지 않았다는 사실에도 불구하고 125원의 환산손실이 있다. 이 125원의 환산손실 처리 방법이 논쟁이 되는 회계의 질문이다.

이 손실을 처리하는 하나의 명백하고 일관된 방법은 환산손실을 모회사의 포괄손익계산서에 보고하는 것이다. 환율이 불안한 기간에 이런 종류의 처리는 국제회사의 보고된 EPS에 심각한 영향을 줄 수 있다. 이는 순전히 회계적 현상이지만 그렇다고 하더라도 어떤 재무관리자는 그런 변동을 싫어한다.

환산이익과 환산손실에 대한 현재 미국의 방식은 1981년 12월에 제정된 재무회계기준위원회(Financial Accounting Standards Board: FASB) 52조(Statement Number 52)의 규칙에 근거한다. 대부분 FASB 52는 모든 자산과 부채를 현재 널리 사용되는 환율로 자회사의 통화에서 모기업의 통화로 환산할 것을 요구한다.

발생하는 어떤 환산이익이나 환산손실은 재무상태표의 자기자본 부분의 특별계정으로 누적된다. 이 계정은 "미실현 외화 환산이익(손실)"과 같은 항목으로 이름 붙일 수 있다. 이런 이익과 손실은 포괄손익계산서에는 보고되지 않는다. 그 결과 환산이익과 환산

손실의 영향은 해당 자산과 부채가 매각되거나 달리 청산될 때까지 순이익에서 명시적으로 인식되지 않을 것이다.[2)]

환위험관리

대형 다국적기업의 환위험관리는 많은 다른 자회사와 관련해 많은 다양한 통화가 있을 수 있다는 사실로 인해 복잡하다. 환율변동은 어떤 자회사에는 이익이나 다른 자회사에는 불리할 것인 공산이 크다. 전체 기업에 순 영향은 순 노출에 달려 있다.

기업에 두 사업부가 있다고 하자. 사업부 A는 미국에서 달러로 상품을 사서 영국에서 파운드로 판매한다. 사업부 B는 영국에서 파운드로 상품을 사서 미국에서 달러로 판매한다. 이 두 사업부의 유입과 유출 규모가 대략 같다면 전체 기업은 명백히 환위험이 거의 없다.

예에서 기업의 파운드에서 순포지션(들어오는 금액 빼기 나가는 금액)이 작으므로 환위험도 작다. 그러나 한 사업부가 독자적으로 행동하여 사업부의 환위험 헤지를 시작하면 전체 기업의 환위험은 커질 것이다. 여기서 교훈은 다국적기업은 기업이 가진 외화의 전체 포지션에 관심을 두어야 한다는 것이다. 이런 이유로 환위험관리는 아마도 집중화로 가장 잘 처리된다.

개념문제 CONCEPT QUESTIONS

18.5a 환위험에는 어떤 유형이 있는가?

18.5b 기업은 단기 환위험을 어떻게 헤지할 수 있는가? 장기 환위험은?

18.6 정치적 위험

국제적으로 투자할 때 마지막 위험 요소는 **정치적 위험(political risk)**이다. 정치적 위험은 정치적 행동의 결과로 발생하는 가치의 변동을 말한다. 예를 들어 2016년 6월에 영국 유권자는 영국이 유럽연합에서 탈퇴하는 "브렉시트"(Brexit)에 찬성하는 투표를 해 나머지 유럽을 놀라게 했다. 비록 영국을 나머지 유럽과 묶는 협약으로 탈퇴를 완료하려면 2년의 과정이 필요하나 금융시장은 반응에 오래 걸리지 않았다. 영국 파운드는 당일 미국 달러 대비 11% 하락했고 런던의 FTSE와 Stoxx Europe 600 주식시장 지수는 약 8% 하락했다. 굴지한 영국은행 바클레이(Barclays)와 로이드 뱅킹그룹(Lloyds Banking

정치적 위험
political risk
정치적 행동으로 발생하는 가치의 변동에 관한 위험.

---

2) 역주: 한국의 기업회계기준 제68조에 의하면 화폐성 외화자산 및 부채와 비화폐성 외화자산 및 부채로 구분하여 처리하고 있는데 화폐성 외화자산 및 부채는 현금 및 현금등가물, 매출채권, 매입채무 등과 같이 화폐가치의 변동과 상관없이 자산 · 부채의 금액이 계약 및 기타에 의하여 일정액의 화폐로 고정된 경우의 당해 자산 및 부채로 하고 있다. 화폐성 외화자산 및 부채는 재무상태표일 현재의 적절한 환율로 환산한 가액을 재무상태표 가액으로 하고 이 경우에 발생하는 손익은 외화환산손실 또는 외화환산이익의 과목으로 하여 당기손익으로 처리하고 자산 · 부채의 내용, 환산기준 및 환산손익의 내용을 주석으로 기재하게 하고 있다. 비화폐성 외화자산 및 부채는 원칙적으로 당해 자산을 취득하거나 당해 부채를 부담할 당시의 적절한 환율로 환산한 가액을 재무상태표 가액으로 하고 있다.

Group) 모두 타격이 더 심해 주가가 당일 30% 이상 하락했다. 불행히도(관점에 따라서는 다행히도) 영국 파운드화의 하락은 끝나지 않았다. 미 달러에 대해 계속 떨어져 1985년 이래 최저 수준에 달했다. 정치적 위험은 국제기업만 배타적으로 직면한 문제는 아니다. 다음의 논의처럼 예를 들어 미국 세법과 규제의 변경은 어떤 미국기업에는 이득이고 다른 미국기업에는 손해이므로 정치적 위험은 국제적으로만 아니라 국내적으로도 존재한다.

감세 및 잡스법

이번 장을 시작하며 미국 주식회사가 "해외"에 보유한 많은 현금 잔고를 기술했다. 지적했듯이 애플과 다른 대형 미국 주식회사가 그렇게 많은 잔액을 해외에 보유하는 이유는 미국 세법과 관련 있다. 세법은 다국적기업이 직면한 정치적 위험의 한 형태이다.

특히 '2017년의 감세 및 잡스법'이 통과되기 전 미국의 법인세율은 선진국 중 가장 높았다. 동시에 미국은 기업의 이익이 어디서 벌든 과세해 다소 독특했으나 이익이 미국으로 가져오거나 "송금"된 후에만 그랬다. 그러나 이것이 정확히 무슨 의미인가?

대답을 위해 법인세율이 20%인 릴리푸티아로 돌아가 미국의 35% 세율에 어떻게 될지를 비교하자. 릴리푸티아 자회사에서 이익을 얻으면 자회사는 릴리푸티아에 20% 세율로 세금을 낼 것이다. 릴리푸티아에 이익을 남겨두면 내야 할 추가의 세금은 없다. 그러나 이익을 미국으로 가져오면 미국과 릴리푸티아 세율의 차이인 15%의 세금을 추가로 내야 할 것이다. 미국 회사들은 추가 세금을 피하려고 이익을 송금하지 않을 강력한 유인이 있다.

여기서 혼란스럽다. 미디어에서 애플과 같은 회사가 미국의 국경 밖에 엄청난 현금을 쌓아두고 있다고 묘사하고 있으나 실제로 그렇지는 않다. 애플의 현금은 실제로 거의 달러화이고 대부분 다양한 미국의 금융자산에 투자된다. 따라서 돈이 실제로 미국 "밖에" 있는 것은 아니다.

대신 애플이 해외 이익에 추가 세금을 내지 않기로 선택했기에 배당지급이나 새 시설 건립과 같은 일을 위해 미국 내의 현금 사용이 금지된다. 애플은 예를 들어 그렇게 하기로 선택하면 현금과 증권 포트폴리오를 담보로 차입해 이런 제한을 쉽게 우회할 수 있음에 주목하자.

'2017년의 감세 및 잡스법'은 여러 가지로 사정이 바뀌었다. 첫째, (최고 35%에서 내린) 새로운 일률적 21% 세율이 현금을 해외에 둘 유인을 줄였다. 둘째, 법이 시행되어 현금, 증권 매출채권에 15.5%의 일회성 세금과 다른 세금을 내지 않은 해외 달러로 매입한 다른 유동성이 덜한 자산(예를 들어 건물과 설비)에 8%의 일회성 세금을 부과한다. 마지막으로 송금된 이익은 이미 추가의 미국 세금의 대상이 아니게 됨으로써 송금 이슈를 제거했다.

정치적 위험의 관리

어떤 국가들은 다른 국가들보다 정치적 위험이 더 크다. 기업이 이런 위험한 국가에서 사업을 할 때 투자자금이 묶일 위험, 핵심사업이 방해받는 위험, 계약이 파기되는 위험 등의 추가적인 정치적 위험을 보상받기 위해 해외투자에 더 높은 수익을 요구하게 할지도 모른다. 가장 극단적 경우로 비교적 불안정한 정치 환경을 가진 국가에서는 완전몰수의 가능성을 우려할 수 있다.

정치적 위험은 또한 사업의 성격에 달려 있다. 어떤 사업들은 다른 소유자의 수중에서는 특별히 가치가 없기에 몰수될 것 같지 않다. 예를 들어 모기업만 사용하는 하위부품을 공급하는 조립공정은 매력적인 "인수" 목표가 아닐 것이다. 유사하게 모기업이 제공하는 특별한 부품을 사용해야 하는 제조공정은 모기업의 협조 없이는 가치가 거의 없다.

구리광산이나 석유 시추와 같은 천연자원개발은 정반대이다. 일단 생산이 개시되면 가치 대부분은 산물에 있다. 이런 투자의 정치적 위험은 이런 이유로 매우 크다. 또한, 착취의 문제는 이런 투자에서 더 두드러져 다시 정치적 위험을 높인다.

정치적 위험은 특히 몰수와 국유화가 염려될 때 여러 방법으로 헤지될 수 있다. 아마도 문제의 외국 정부로부터 현지금융을 이용하면 비우호적 정치 행동의 경우에 회사가 부채 상환을 거절할 수 있기에 가능한 손실을 줄인다. 이상의 논의에 의하면 모회사가 기능에 상당히 관여하는 방법으로 사업구조를 짜는 것이 정치적 위험을 줄이는 다른 방법이다.

개념문제 CONCEPT QUESTIONS

18.6a 정치적 위험은 무엇인가?

18.6b 정치적 위험을 헤지하는 몇 가지 방법은 무엇인가?

요약과 결론

국제기업은 순수 국내기업보다 더 복잡한 업무를 한다. 경영진은 이자율, 환율, 인플레이션의 관계를 이해해야 하며 수많은 다른 금융시장 규제와 조세 시스템을 알아야 한다. 이번 장에서는 국제투자에서 야기되는 몇 가지 재무적 논점을 간단히 소개하고자 하였다.

여기서는 필요한 것만 간략히 다루었다. 논의한 주요 주제는 다음을 포함한다.

1. 기본용어. 리보(*LIBOR*)와 유로커렌시(*Eurocurrency*) 같은 몇몇 생소한 용어를 간략히 정의했다.
2. 환율 호가의 기본 메커니즘. 현물환시장과 선물환시장 그리고 환율이 어떻게 해석되는가를 논의하였다.

3. 국제 금융변수 간의 기본적 관계.
   a. 절대적 그리고 상대적 구매력평가설 또는 PPP
   b. 이자율평가설 또는 IRP

   절대적 구매력평가설은 1달러가 각 나라에서 동등한 구매력을 가져야 한다고 말한다. 이는 오렌지를 뉴욕에서 사든 도쿄에서 사든 간에 비용이 같음을 의미한다.

   상대적 구매력평가설은 두 나라 통화 간의 예상 환율변동은 인플레이션 차이와 같음을 의미한다.

   이자율평가설은 선물환율과 현물환율 간의 퍼센트 차이가 이자율 차이와 같음을 의미한다. 커버된 이자율차익거래가 어떻게 이런 관계가 되도록 하는지를 보였다.

4. 환율과 정치적 위험. 다양한 유형의 환위험을 기술했고, 환율변동이 현금흐름과 국제기업의 가치에 주는 영향을 관리하기 위해 일반적으로 사용되는 몇 가지 방법을 논의하였다. 정치적 위험과 정치적 위험의 노출을 관리하는 몇 가지 방법을 논의하였다.

복습과 자체시험 문제

18.1 상대적 구매력평가설. 미국의 인플레이션은 다음 몇 년 동안 연간 6%로 예상된다. 호주의 인플레이션은 같은 기간 동안 2%로 예상된다. 현행환율은 A$ 2.2이다. 상대적 PPP에 의하면 2년 후의 예상 환율은 얼마인가? ([문제 12] 참조.)

18.2 커버된 이자율차익거래. 스위스 프랑에 대한 달러화 현물과 360일 선물환율은 각각 SF 1.8과 SF 1.7이다. 미국의 무위험이자율은 8%이고, 스위스의 무위험이자율은 5%이다. 여기에 차익거래 기회가 있는가? 그것을 어떻게 이용할 수 있는가? ([문제 7] 참조.)

■ 복습과 자체시험 문제 풀이

18.1 상대적 PPP로부터 2년 후의 기대환율[$E(S_2)$]은

$$E(S_2) = S_0 \times [1 + (h_A - h_{US})]^2$$

여기서 h_A는 호주의 인플레이션이다. 현행환율이 A$ 2.2이므로 기대환율은

$$\begin{aligned} E(S_2) &= \text{A\$ } 2.2 \times [1 + (0.02 - 0.06)]^2 \\ &= \text{A\$ } 2.2 \times 0.96^2 \\ &= \text{A\$ } 2.03 \end{aligned}$$

18.2 이자율평가설로부터 선물환율은 대략 다음과 같아야 한다.

$$\begin{aligned} F_1 &= S_0 \times [1 + (R_S - R_{US})] \\ &= 1.8 \times [1 + (0.05 - 0.08)] \\ &= 1.75 \end{aligned}$$

선물환율은 사실 1.7프랑이기에 차익거래 기회가 있다.

이 차익거래 기회를 이용하기 위하여 먼저 선물환시장에서 달러당 1.7프랑에 팔

리는 점을 주목하자. IRP로부터 달러는 1.75프랑에 팔려야 하기에 너무 싸다. 그래서 선물환시장에서 스위스 프랑으로 달러를 매입해야 한다. 이를 위해 다음과 같이 할 수 있다.

1. 오늘: 가령 1,000만 달러를 360일 동안 빌린다. 1,000만 달러를 현물시장에서 1,800만 프랑으로 바꾸고 360일 후에 달러로 다시 바꾸기 위해 1.7프랑으로 선물환계약을 맺는다. 1,800만 프랑을 5%에 투자한다.
2. 1년 후: 투자는 SF 18 × 1.05 = 1,890만 프랑으로 커졌다. 이것을 SF 1.7 = $1의 비율에 달러로 바꾼다. SF 1,890만/1.7 = 11,117,647달러가 될 것이다. 이자율 8%의 대출금에 1,000만 달러 × 1.08 = 10,800,000달러를 갚고 차액인 317,647달러를 챙길 수 있다.

비판적 사고와 개념 복습

LO 1 **18.1 현물환율과 선물환율.** 스위스 프랑에 대한 환율이 현물시장에서 SF 1.10에 호가하고, 90일 선물환시장에서는 SF 1.13에 호가한다고 하자.

- **a.** 달러는 프랑과 비교해 할증되어 거래되는가 또는 할인되어 거래되는가?
- **b.** 금융시장에서 프랑은 달러와 비교하여 강세일 것으로 예상하는가? 설명하라.
- **c.** 미국과 스위스의 상대적 경제 상황에 대한 당신의 유추가 사실인가?

LO 2 **18.2 구매력평가설.** 다음 몇 년 동안 러시아의 인플레이션은 미국의 인플레이션보다 약 3% 높을 것이라고 하자. 모든 조건이 같다면 루블 대 달러 환율은 어떻게 되겠는가? 어떤 관계를 적용해 답을 했는가?

LO 2 **18.3 환율.** 호주 달러의 환율은 현재 A$1.40이다. 환율은 내년에 10% 오를 것으로 예상된다.

- **a.** 호주 달러는 강해질 것으로 예상하는가 또는 약해질 것으로 예상하는가?
- **b.** 미국과 호주에서의 상대적 인플레이션에 대해 어떻게 생각하는가?
- **c.** 미국과 호주에서의 상대적인 명목이자율에 대해 어떻게 생각하는가? 상대적 실질이자율은?

LO 3 **18.4 양키본드.** 다음 중 무엇이 양키본드를 가장 정확하게 설명하는가?

- **a.** 제너럴 모터스가 일본에서 발행한 미국 달러로 이자를 지급하는 채권
- **b.** 제너럴 모터스가 일본에서 발행한 일본 엔으로 이자를 지급하는 채권
- **c.** 도요타가 미국에서 발행한 일본 엔으로 이자를 지급하는 채권
- **d.** 도요타가 미국에서 발행한 미국 달러로 이자를 지급하는 채권
- **e.** 도요타가 전 세계에서 발행한 미국 달러로 이자를 지급하는 채권

LO 1 **18.5 환율.** 환율변동은 특정 회사에 필요한 선(good)인가 또는 악(bad)인가?

LO 4 **18.6 국제적 위험.** 한때 듀라셀 인터내셔널(Duracell International)은 중국과 인도에 배터리 제조공장 설립을 계획하고 있다고 확인했다. 이런 나라에서 제조하면 소비자에게 알칼리성 배터리가 엄청나게 비싸게 하는 30~35%의 수

입 관세를 피할 수 있을 것이다. 투자안에서 듀라셀은 어떤 다른 이점은 보았겠는가? 듀라셀에게는 어떤 위험이 있는가?

LO 3 **18.7 다국적기업.** 여러 국가에 기반을 둔 많은 다국적기업이 국내시장에서보다 해외시장에서 더 많은 매출을 올린다면 국내통화의 특별한 관련성은 무엇인가?

LO 2 **18.8 환율변동.** 다음의 기술은 사실 또는 거짓인가? 이유를 설명하라.

a. 영국의 일반물가지수가 미국의 일반물가지수보다 더 빠르게 상승하면 달러와 비교해 파운드의 가치상승을 예상된다.

b. 독일 기계 공구 수출업자가 모든 매출에 외화로 송장을 보낸다고 하자. 게다가 유럽 통화당국이 통화팽창정책을 착수한다고 하자. 관대한 통화정책으로 다른 나라와 비교해 "유로화 국가"(Euroland)에서 더 높은 인플레이션의 초래될 것이 확실하다면 유로화의 가치하락으로 인한 미래 손실에 자신을 보호하기 위해 선물환시장을 이용해야 한다.

c. 오랜 시간 동안 두 나라의 상대적인 인플레이션의 차이를 정확하게 추정할 수 있으나 다른 시장참여자는 그렇게 할 수 없다면 당신은 현물환시장에서 성공적으로 투기할 수 있다.

LO 2 **18.9 환율변동.** 일부 국가는 해외거래의 불균형을 처리하기 위한 단기적 수단으로 다른 나라의 환율과 비례한 환율변동을 장려한다. 다음 각각의 시나리오에서 발표가 외국과 사업을 하는 미국 수입업자와 미국 수출업자에게 주는 영향을 평가하라.

a. 미국 정부의 행정부서 관리가 달러와 비교해 멕시코 페소의 가치상승으로 안심이 된다고 발표한다.

b. 영국의 통화 당국이 외환 투기자로 인해 의해 파운드의 가치가 달러와 비교해 너무 낮아진 것 같다고 발표한다.

c. 브라질 정부는 40%의 실업률을 줄이려는 노력으로 수십억의 브라질 화폐 리아이스(reais)를 새로 발행해 경제에 투입할 것이라고 발표한다.

LO 3 **18.10 국제투자.** 금융시장이 완전경쟁이고 유로달러 금리가 미국 대출시장의 금리보다 높으면 즉시 미국에서 돈을 빌려 유로달러에 투자하기를 원할 것이다. 사실인가 또는 거짓인가? 설명하라.

연습문제

초급(문제 1-10)

LO 1 **1. 환율 이용.** 다음 질문에 답하기 위해 〈표 18.2〉를 다시 보자.

a. 100달러가 있으면 폴란드 즐로티(zlotys)를 얼마나 가질 수 있는가?

b. 1유로의 가치는 얼마인가?

c. 500만 유로가 있으면 얼마나 많은 달러를 가질 수 있는가?

d. 뉴질랜드 달러와 싱가포르 달러 중 어느 것이 더 가치가 있는가?

e. 멕시코 페소와 칠레 페소 중 어느 것이 더 가치가 있는가?

f. 1유로로 얼마나 많은 스위스 프랑을 가질 수 있는가? 이 비율을 무엇이라고 부르는가?

g. 이 목록에서 단위당 가장 가치 있는 통화는 무엇인가? 가장 가치가 적은 통화는?

LO 1 **2. 교차환율 이용.** 다음 질문에 답하기 위해 〈표 18.2〉의 정보를 이용하라.

a. 100달러와 100파운드 중 어느 것을 갖겠는가? 그 이유는?

b. 100 캐나다 달러와 100파운드 중 어느 것을 갖겠는가? 그 이유는?

c. 영국 파운드로 캐나다 달러의 교차환율은 얼마인가? 캐나다 달러로 영국 파운드의 교차환율은 얼마인가?

LO 1 **3. 선물환율.** 다음 질문에 답하기 위해 〈표 18.2〉의 정보를 이용하라.

a. 미국 달러당 일본 엔의 6개월 선물환율은 얼마인가? 엔은 할증 또는 할인되어 거래되는가? 설명하라.

b. 호주 달러당 미국 달러로 호주 달러의 3개월 선물환율은 얼마인가? 달러는 할증 또는 할인되어 거래되는가? 설명하라.

c. 〈표 18.2〉의 정보에 의하면 엔과 호주 달러에 대한 미국 달러의 가치는 어떻게 될 것으로 생각하는가? 설명하라.

LO 1 **4. 현물환율과 선물환율 이용.** 캐나다 달러에 대한 현물환율은 Can$1.12이고, 6개월 선물환율은 Can$1.17이라고 하자.

a. 미국 1달러와 캐나다 1달러 중 어느 것이 더 가치가 있는가?

b. 절대적 PPP가 성립한다면 엘크헤드(Elkhead) 맥주가 캐나다에서 2.49달러일 때 미국에서는 얼마인가? 왜 미국에서는 다른 가격에 실제로 판매될 수 있는가?

c. 미국 달러는 캐나다 달러와 비교하여 할증 또는 할인되어 거래되는가?

d. 어떤 통화의 가치상승이 예상하는가?

e. 미국과 캐나다 중 이자율이 더 높은 나라는 어디라고 생각하는가? 설명하라.

LO 1 **5. 교차환율과 차익거래.** 일본 엔화 환율이 ¥119 = $1이고, 영국 파운드 환율은 £1 = $1.39라고 하자.

a. 파운드당 엔화로 교차환율은 얼마인가?

b. 교차환율이 ¥168 = £1라고 하자. 여기에 차익거래 기회가 있는가? 있다면 가격의 오류를 어떻게 이용할 수 있는가를 설명하라.

LO 2 **6. 이자율평가설.** 다음 질문에 답하기 위해 〈표 18.2〉를 이용하라. 이자율평가설이 성립하고 미국의 현행 무위험이자율이 6개월에 2.1%라고 하자. 호주에서 6개월 무위험이자율은 얼마이어야 하는가? 일본은? 영국은?

LO 2 **7. 이자율과 차익거래.** 한 주요 미국기업의 재무 책임자는 3개월간 투자할

3,000만 달러가 있다. 미국의 이자율은 월 0.24%이다. 영국의 이자율은 월 0.31%이다. 현물환율은 0.73파운드이고 3개월 선물환율은 0.75파운드이다. 거래비용을 무시하면 재무 책임자는 회사 자금을 어느 나라에 투자하겠는가? 그 이유는?

LO 2 **8. 인플레이션과 환율.** 러시아 루블의 현행환율이 RUB 64.18이라고 하자. 3년 후의 예상 환율은 RUB 69.32이다. 이 기간에 미국과 러시아의 연간 인플레이션의 차이는 얼마인가? 두 나라 모두 예상 인플레이션은 일정하다고 가정한다. 답에서 적용한 관계는 무엇인가?

LO 3 **9. 환위험.** 회사가 싱가포르에서 컴퓨터 주기판을 수입한다고 하자. 환율은 〈표 18.2〉에 주어졌다. 지금 개당 185.50 싱가포르 달러로 30,000개의 주기판을 막 주문하였다. 90일 후 물건이 도착했을 때 비용을 지급할 것이다. 주기판을 개당 150달러에 팔 수 있다. 이후 90일간 환율이 10% 증가하거나 감소하였을 때의 이익을 계산하라. 손익분기 환율은 얼마인가? 이는 싱가포르 달러 대 미국 달러로 몇 퍼센트 증가 또는 감소를 나타내는가?

LO 2 **10. 환율과 차익거래.** 한국 원화의 현물환율과 6개월 선물환율은 각각 1,118.33원과 1,120.87원이라고 하자. 미국의 연간 무위험이자율은 2.5%이고 한국의 연간 무위험이자율은 3.1%이다.

a. 여기에 차익거래 기회가 있는가? 그렇다면 어떻게 그것을 활용할 수 있는가?

b. 차익거래를 방지하기 위한 6개월 선물환율은 얼마이어야 하는가?

중급(문제 11-15)

LO 2 **11. 현물환율 대 선물환율.** 엔화의 현물환율과 3개월 선물환율이 각각 108.46엔과 107.13엔이라고 하자.

a. 엔화는 강세 또는 약세가 될 것으로 예상하는가?

b. 미국과 일본의 인플레이션의 차이는 얼마라고 추정하는가?

LO 2 **12. 기대현물환율.** 헝가리 포린트(forint)의 현물환율이 HUF 287이라고 하자. 미국의 이자율은 연간 2.7%이고, 헝가리의 이자율은 4.8%이다.

a. 1년 후의 환율은 얼마로 예상하는가?

b. 2년 후는?

c. 5년 후는? 어떤 관계를 이용하는가?

LO 2 **13. 교차환율과 차익거래.** 영국 파운드는 런던에서 1.3679달러, 뉴욕에서 1.3668달러에 거래되고 있다. 10,000달러로 각각의 거래에서 얼마의 이익을 낼 수 있는가?

LO 2 **14. 구매력평가설과 환율.** 빅맥(Big Mac)이 미국에서는 4.89달러에 팔고 아이슬란드에서는 522.50크로나에 팔면 구매력평가설에 의하면 달러당 크로나(króna/$)의 환율은 얼마인가?

LO 3 **15. 환산 노출.** 아라키스(Arrakis)에서 사업을 하는데 아라키스의 솔라리스(solaris) 화폐로 표시된 사업부의 재무상태표에서 자산은 40,000솔라리스이고, 부채는 12,500솔라리스이며, 자기자본은 27,500솔라리스이다.

a. 현행환율이 달러당 1.35솔라리스라면 달러 표시 재무상태표는 어떻게 되겠는가?

b. 지금부터 1년 뒤 솔라리스 표시 재무상태표가 연초와 정확히 같다고 하자. 환율이 달러당 1.45솔라리스라면 현재 달러로 표시된 재무상태표는 어떻게 되겠는가?

c. 환율을 달러당 1.26솔라리스로 가정하고 질문 (b)를 다시 작성하라.

고급(문제 16)

LO 3 **16. 환산 노출.** [문제 15]에서 유보이익으로 인해 자기자본이 2,200솔라리스 증가한다고 가정하자. 연말의 환율이 달러당 1.29솔라리스라면 재무상태표는 어떻게 되겠는가?

웹에서 문제 풀기

18.1 구매력 평가설. 이번 장에서 논의했듯이 절대적 구매력평가설(absolute purchasing power parity)의 위반에 관한 가장 유명한 예의 하나가 《이코노미스트》(*The Economist*)가 계산한 빅맥지수(Big Mac index)이다. 이 지수는 다른 나라의 맥도날드 빅맥의 달러 가격을 계산한다. www.economist.com에 가면 "Big Mac index"를 볼 수 있다. 가장 최근 지수를 이용하면 어느 나라의 빅맥이 가장 비싸고 어느 나라의 빅맥이 가장 싼가? 왜 빅맥 가격이 모든 나라에서 같지 않은가?

18.2 이자율평가설. 《파이낸셜타임즈》(*Financial Times*) 사이트 www.ft.com에 가서 미 달러와 유로화 간의 현행환율을 찾자. 다음으로 미 달러 LIBOR와 유로 LIBOR 금리를 찾자. 차익거래를 막기 위한 1년 선물환율은 얼마여야 하는가? 이 질문에 답하기 위해 어떤 원리를 적용했는가?

엑셀 *MASTER IT!* 문제

세인트루이스 연방준비은행의 웹사이트 www.stlouisfed.org에는 역사적 환율이 있다. 웹사이트에 가서 FRED® 데이터를 찾자. 그리고 지난 5년 동안의 미 달러 환율과 함께 브라질 리알, 캐나다 달러, 홍콩 달러, 일본 엔, 멕시코 뉴 페소, 한국 원, 인도 루피, 스위스 프랑, 호주 달러 그리고 유로 환율을 내려받는다. 한 페이지에 인쇄할 수 있는 엑셀 대시보드(Excel Dashboard)에 이들 각 통화의 환율을 그려 보자.

CHAPTER CASE

S&S 항공의 국제화

S&S 항공의 소유주인 마크 섹스톤(Mark Sexton)과 토드 스토리(Todd Story)는 회사의 이글 항공기(Eagle airplane) 판매에 대해 유럽의 항공기 판매상과 협상하고 있다. 이글기의 판매 가격은 98,000달러이고, 변동비용은 대당 81,000달러이다. 딜러인 아멜리에 다이펜베이커(Amalie Deifenbaker)는 그녀의 최근 소매 라인에 이글기를 포함하기 원한다. 아멜리에는 마크와 토드에게 매달 15대의 항공기를 유럽에 팔 수 있을 것 같다고 이야기했다. 모든 판매는 유로화로 이루어지고 아멜리에는 회사에 대당 78,400유로를 지급할 것이다. 첫째 달의 판매로 오늘 15대의 항공기 주문을 제안한다. 그녀는 90일 후에 15대 항공기 대금을 지급할 것이다. 주문과 대금 지급은 매달 계속될 것이다.

마크와 토드는 현재 보유 중인 설비로 추가 주문량을 해결할 수 있다고 자신했으나 유럽 판매의 잠재적 재무위험에 대해서는 확신하지 못한다. 아멜리에와의 협상에서 현행환율이 $1.25/€임을 알았다. 이는 아멜리에가 지급한 78,400유로를 98,000달러로 바꿀 수 있음을 의미한다. 그러므로 해외 매출의 이익은 달러 매출의 이익과 같다.

마크와 토드는 자신들의 재무관리자인 크리스 거스리(Chris Guthrie)에게 제안받은 해외 매출의 분석을 준비하도록 요청하기로 했다. 특히 크리스에게 다음의 질문에 대한 답을 요청한다.

질문 QUESTIONS

1. 해외 매출에 대한 찬성과 반대 의견은 무엇인가? 회사가 직면한 또 다른 위험은 무엇인가?
2. 만약 달러화가 강세라면 회사의 이익은 어떻게 되겠는가? 달러화가 약세라면?
3. 법인세를 무시하고 현행환율인 $1.25/€에서 S&S 항공사의 예상 이익과 손실은 얼마인가? 환율이 $1.39/€로 변하면 이익은 어떻게 되겠는가? 얼마의 환율에서 회사가 손익분기(break even) 하겠는가?
4. 회사가 어떻게 환위험을 헤지할 수 있는가? 이 방식이 시사하는 바는 무엇인가?
5. 모든 요인을 고려하면 회사는 해외 매출을 추구해야 하는가? 왜 그런가 또는 안 그런가?

부록 A 계산표

Mathematical Tables

표 A.1 1원의 t 기간 후의 미래가치 $= (1 + r)^t$

					기간 수				
이자율	1%	2%	3%	4%	5%	6%	7%	8%	9%
1	1.0100	1.0200	1.0300	1.0400	1.0500	1.0600	1.0700	1.0800	1.0900
2	1.0201	1.0404	1.0609	1.0816	1.1025	1.1236	1.1449	1.1664	1.1881
3	1.0303	1.0612	1.0927	1.1249	1.1576	1.1910	1.2250	1.2597	1.2950
4	1.0406	1.0824	1.1255	1.1699	1.2155	1.2625	1.3108	1.3605	1.4116
5	1.0510	1.1041	1.1593	1.2167	1.2763	1.3382	1.4026	1.4693	1.5386
6	1.0615	1.1262	1.1941	1.2653	1.3401	1.4185	1.5007	1.5869	1.6771
7	1.0721	1.1487	1.2299	1.3159	1.4071	1.5036	1.6058	1.7138	1.8280
8	1.0829	1.1717	1.2668	1.3686	1.4775	1.5938	1.7182	1.8509	1.9926
9	1.0937	1.1951	1.3048	1.4233	1.5513	1.6895	1.8385	1.9990	2.1719
10	1.1046	1.2190	1.3439	1.4802	1.6289	1.7908	1.9672	2.1589	2.3674
11	1.1157	1.2434	1.3842	1.5395	1.7103	1.8983	2.1049	2.3316	2.5804
12	1.1268	1.2682	1.4258	1.6010	1.7959	2.0122	2.2522	2.5182	2.8127
13	1.1381	1.2936	1.4685	1.6651	1.8856	2.1329	2.4098	2.7196	3.0658
14	1.1495	1.3195	1.5126	1.7317	1.9799	2.2609	2.5785	2.9372	3.3417
15	1.1610	1.3459	1.5580	1.8009	2.0789	2.3966	2.7590	3.1722	3.6425
16	1.1726	1.3728	1.6047	1.8730	2.1829	2.5404	2.9522	3.4259	3.9703
17	1.1843	1.4002	1.6528	1.9479	2.2920	2.6928	3.1588	3.7000	4.3276
18	1.1961	1.4282	1.7024	2.0258	2.4066	2.8543	3.3799	3.9960	4.7171
19	1.2081	1.4568	1.7535	2.1068	2.5270	3.0256	3.6165	4.3157	5.1417
20	1.2202	1.4859	1.8061	2.1911	2.6533	3.2071	3.8697	4.6610	5.6044
21	1.2324	1.5157	1.8603	2.2788	2.7860	3.3996	4.1406	5.0338	6.1088
22	1.2447	1.5460	1.9161	2.3699	2.9253	3.6035	4.4304	5.4365	6.6586
23	1.2572	1.5769	1.9736	2.4647	3.0715	3.8197	4.7405	5.8715	7.2579
24	1.2697	1.6084	2.0328	2.5633	3.2251	4.0489	5.0724	6.3412	7.9111
25	1.2824	1.6406	2.0938	2.6658	3.3864	4.2919	5.4274	6.8485	8.6231
30	1.3478	1.8114	2.4273	3.2434	4.3219	5.7435	7.6123	10.063	13.268
40	1.4889	2.2080	3.2620	4.8010	7.0400	10.286	14.974	21.725	31.409
50	1.6446	2.6916	4.3839	7.1067	11.467	18.420	29.457	46.902	74.358
60	1.8167	3.2810	5.8916	10.520	18.679	32.988	57.946	101.26	176.03

10%	12%	14%	15%	16%	18%	20%	24%	28%	32%	36%
1.1000	1.1200	1.1400	1.1500	1.1600	1.1800	1.2000	1.2400	1.2800	1.3200	1.3600
1.2100	1.2544	1.2996	1.3225	1.3456	1.3924	1.4400	1.5376	1.6384	1.7424	1.8496
1.3310	1.4049	1.4815	1.5209	1.5609	1.6430	1.7280	1.9066	2.0972	2.3000	2.5155
1.4641	1.5735	1.6890	1.7490	1.8106	1.9388	2.0736	2.3642	2.6844	3.0360	3.4210
1.6105	1.7623	1.9254	2.0114	2.1003	2.2878	2.4883	2.9316	3.4360	4.0075	4.6526
1.7716	1.9738	2.1950	2.3131	2.4364	2.6996	2.9860	3.6352	4.3980	5.2899	6.3275
1.9487	2.2107	2.5023	2.6600	2.8262	3.1855	3.5832	4.5077	5.6295	6.9826	8.6054
2.1436	2.4760	2.8526	3.0590	3.2784	3.7589	4.2998	5.5895	7.2058	9.2170	11.703
2.3579	2.7731	3.2519	3.5179	3.8030	4.4355	5.1598	6.9310	9.2234	12.166	15.917
2.5937	3.1058	3.7072	4.0456	4.4114	5.2338	6.1917	8.5944	11.806	16.060	21.647
2.8531	3.4785	4.2262	4.6524	5.1173	6.1759	7.4301	10.657	15.112	21.199	29.439
3.1384	3.8960	4.8179	5.3503	5.9360	7.2876	8.9161	13.215	19.343	27.983	40.037
3.4523	4.3635	5.4924	6.1528	6.8858	8.5994	10.699	16.386	24.759	36.937	54.451
3.7975	4.8871	6.2613	7.0757	7.9875	10.147	12.839	20.319	31.691	48.757	74.053
4.1772	5.4736	7.1379	8.1371	9.2655	11.974	15.407	25.196	40.565	64.359	100.71
4.5950	6.1304	8.1372	9.3576	10.748	14.129	18.488	31.243	51.923	84.954	136.97
5.0545	6.8660	9.2765	10.761	12.468	16.672	22.186	38.741	66.461	112.14	186.28
5.5599	7.6900	10.575	12.375	14.463	19.673	26.623	48.039	85.071	148.02	253.34
6.1159	8.6128	12.056	14.232	16.777	23.214	31.948	59.568	108.89	195.39	344.54
6.7275	9.6463	13.743	16.367	19.461	27.393	38.338	73.864	139.38	257.92	468.57
7.4002	10.804	15.668	18.822	22.574	32.324	46.005	91.592	178.41	340.45	637.26
8.1403	12.100	17.861	21.645	26.186	38.142	55.206	113.57	228.36	449.39	866.67
8.9543	13.552	20.362	24.891	30.376	45.008	66.247	140.83	292.30	593.20	1178.7
9.8497	15.179	23.212	28.625	35.236	53.109	79.497	174.63	374.14	783.02	1603.0
10.835	17.000	26.462	32.919	40.874	62.669	95.396	216.54	478.90	1033.6	2180.1
17.449	29.960	50.950	66.212	85.850	143.37	237.38	634.82	1645.5	4142.1	10143.
45.259	93.051	188.88	267.86	378.72	750.38	1469.8	5455.9	19427.	66521.	*
117.39	289.00	700.23	1083.7	1670.7	3927.4	9100.4	46890.	*	*	*
304.48	897.60	2595.9	4384.0	7370.2	20555.	56348.	*	*	*	*

*요소(factor)이 99,999보다 큰 숫자임.

표 A.2 *t* 기간 후에 받을 1원의 현재가치 = $(1 + r)^t$

이자율 \ 기간 수	1%	2%	3%	4%	5%	6%	7%	8%	9%
1	0.9901	0.9804	0.9709	0.9615	0.9524	0.9434	0.9346	0.9259	0.9174
2	0.9803	0.9612	0.9426	0.9246	0.9070	0.8900	0.8734	0.8573	0.8417
3	0.9706	0.9423	0.9151	0.8890	0.8638	0.8396	0.8163	0.7938	0.7722
4	0.9610	0.9238	0.8885	0.8548	0.8227	0.7921	0.7629	0.7350	0.7084
5	0.9515	0.9057	0.8626	0.8219	0.7835	0.7473	0.7130	0.6806	0.6499
6	0.9420	0.8880	0.8375	0.7903	0.7462	0.7050	0.6663	0.6302	0.5963
7	0.9327	0.8706	0.8131	0.7599	0.7107	0.6651	0.6227	0.5835	0.5470
8	0.9235	0.8535	0.7894	0.7307	0.6768	0.6274	0.5820	0.5403	0.5019
9	0.9143	0.8368	0.7664	0.7026	0.6446	0.5919	0.5439	0.5002	0.4604
10	0.9053	0.8203	0.7441	0.6756	0.6139	0.5584	0.5083	0.4632	0.4224
11	0.8963	0.8043	0.7224	0.6496	0.5847	0.5268	0.4751	0.4289	0.3875
12	0.8874	0.7885	0.7014	0.6246	0.5568	0.4970	0.4440	0.3971	0.3555
13	0.8787	0.7730	0.6810	0.6006	0.5303	0.4688	0.4150	0.3677	0.3262
14	0.8700	0.7579	0.6611	0.5775	0.5051	0.4423	0.3878	0.3405	0.2992
15	0.8613	0.7430	0.6419	0.5553	0.4810	0.4173	0.3624	0.3152	0.2745
16	0.8528	0.7284	0.6232	0.5339	0.4581	0.3936	0.3387	0.2919	0.2519
17	0.8444	0.7142	0.6050	0.5134	0.4363	0.3714	0.3166	0.2703	0.2311
18	0.8360	0.7002	0.5874	0.4936	0.4155	0.3503	0.2959	0.2502	0.2120
19	0.8277	0.6864	0.5703	0.4746	0.3957	0.3305	0.2765	0.2317	0.1945
20	0.8195	0.6730	0.5537	0.4564	0.3769	0.3118	0.2584	0.2145	0.1784
21	0.8114	0.6598	0.5375	0.4388	0.3589	0.2942	0.2415	0.1987	0.1637
22	0.8034	0.6468	0.5219	0.4220	0.3418	0.2775	0.2257	0.1839	0.1502
23	0.7954	0.6342	0.5067	0.4057	0.3256	0.2618	0.2109	0.1703	0.1378
24	0.7876	0.6217	0.4919	0.3901	0.3101	0.2470	0.1971	0.1577	0.1264
25	0.7798	0.6095	0.4776	0.3751	0.2953	0.2330	0.1842	0.1460	0.1160
30	0.7419	0.5521	0.4120	0.3083	0.2314	0.1741	0.1314	0.0994	0.0754
40	0.6717	0.4529	0.3066	0.2083	0.1420	0.0972	0.0668	0.0460	0.0318
50	0.6080	0.3715	0.2281	0.1407	0.0872	0.0543	0.0339	0.0213	0.0134

10%	12%	14%	15%	16%	18%	20%	24%	28%	32%	36%
0.9091	0.8929	0.8772	0.8696	0.8621	0.8475	0.8333	0.8065	0.7813	0.7576	0.7353
0.8264	0.7972	0.7695	0.7561	0.7432	0.7182	0.6944	0.6504	0.6104	0.5739	0.5407
0.7513	0.7118	0.6750	0.6575	0.6407	0.6086	0.5787	0.5245	0.4768	0.4348	0.3975
0.6830	0.6355	0.5921	0.5718	0.5523	0.5158	0.4823	0.4230	0.3725	0.3294	0.2923
0.6209	0.5674	0.5194	0.4972	0.4761	0.4371	0.4019	0.3411	0.2910	0.2495	0.2149
0.5645	0.5066	0.4556	0.4323	0.4104	0.3704	0.3349	0.2751	0.2274	0.1890	0.1580
0.5132	0.4523	0.3996	0.3759	0.3538	0.3139	0.2791	0.2218	0.1776	0.1432	0.1162
0.4665	0.4039	0.3506	0.3269	0.3050	0.2660	0.2326	0.1789	0.1388	0.1085	0.0854
0.4241	0.3606	0.3075	0.2843	0.2630	0.2255	0.1938	0.1443	0.1084	0.0822	0.0628
0.3855	0.3220	0.2697	0.2472	0.2267	0.1911	0.1615	0.1164	0.0847	0.0623	0.0462
0.3505	0.2875	0.2366	0.2149	0.1954	0.1619	0.1346	0.0938	0.0662	0.0472	0.0340
0.3186	0.2567	0.2076	0.1869	0.1685	0.1372	0.1122	0.0757	0.0517	0.0357	0.0250
0.2897	0.2292	0.1821	0.1625	0.1452	0.1163	0.0935	0.0610	0.0404	0.0271	0.0184
0.2633	0.2046	0.1597	0.1413	0.1252	0.0985	0.0779	0.0492	0.0316	0.0205	0.0135
0.2394	0.1827	0.1401	0.1229	0.1079	0.0835	0.0649	0.0397	0.0247	0.0155	0.0099
0.2176	0.1631	0.1229	0.1069	0.0930	0.0708	0.0541	0.0320	0.0193	0.0118	0.0073
0.1978	0.1456	0.1078	0.0929	0.0802	0.0600	0.0451	0.0258	0.0150	0.0089	0.0054
0.1799	0.1300	0.0946	0.0808	0.0691	0.0508	0.0376	0.0208	0.0118	0.0068	0.0039
0.1635	0.1161	0.0829	0.0703	0.0596	0.0431	0.0313	0.0168	0.0092	0.0051	0.0029
0.1486	0.1037	0.0728	0.0611	0.0514	0.0365	0.0261	0.0135	0.0072	0.0039	0.0021
0.1351	0.0926	0.0638	0.0531	0.0443	0.0309	0.0217	0.0109	0.0056	0.0029	0.0016
0.1228	0.0826	0.0560	0.0462	0.0382	0.0262	0.0181	0.0088	0.0044	0.0022	0.0012
0.1117	0.0738	0.0491	0.0402	0.0329	0.0222	0.0151	0.0071	0.0034	0.0017	0.0008
0.1015	0.0659	0.0431	0.0349	0.0284	0.0188	0.0126	0.0057	0.0027	0.0013	0.0006
0.0923	0.0588	0.0378	0.0304	0.0245	0.0160	0.0105	0.0046	0.0021	0.0010	0.0005
0.0573	0.0334	0.0196	0.0151	0.0116	0.0070	0.0042	0.0016	0.0006	0.0002	0.0001
0.0221	0.0107	0.0053	0.0037	0.0026	0.0013	0.0007	0.0002	0.0001	*	*
0.0085	0.0035	0.0014	0.0009	0.0006	0.0003	0.0001	*	*	*	*

*요소(factor)가 소수점 이하 4자리인 숫자임.

표 A.3 t 기간의 기간당 1원 연금의 미래가치 $= [1 - 1/(1 + r)^t]/r$

				기간 수					
이자율	1%	2%	3%	4%	5%	6%	7%	8%	9%
1	0.9901	0.9804	0.9709	0.9615	0.9524	0.9434	0.9346	0.9259	0.9174
2	1.9704	1.9416	1.9135	1.8861	1.8594	1.8334	1.8080	1.7833	1.7591
3	2.9410	2.8839	2.8286	2.7751	2.7232	2.6730	2.6243	2.5771	2.5313
4	3.9020	3.8077	3.7171	3.6299	3.5460	3.4651	3.3872	3.3121	3.2397
5	4.8534	4.7135	4.5797	4.4518	4.3295	4.2124	4.1002	3.9927	3.8897
6	5.7955	5.6014	5.4172	5.2421	5.0757	4.9173	4.7665	4.6229	4.4859
7	6.7282	6.4720	6.2303	6.0021	5.7864	5.5824	5.3893	5.2064	5.0330
8	7.6517	7.3255	7.0197	6.7327	6.4632	6.2098	5.9713	5.7466	5.5348
9	8.5660	8.1622	7.7861	7.4353	7.1078	6.8017	6.5152	6.2469	5.9952
10	9.4713	8.9826	8.5302	8.1109	7.7217	7.3601	7.0236	6.7101	6.4177
11	10.3676	9.7868	9.2526	8.7605	8.3064	7.8869	7.4987	7.1390	6.8052
12	11.2551	10.5753	9.9540	9.3851	8.8633	8.3838	7.9427	7.5361	7.1607
13	12.1337	11.3484	10.6350	9.9856	9.3936	8.8527	8.3577	7.9038	7.4869
14	13.0037	12.1062	11.2961	10.5631	9.8986	9.2950	8.7455	8.2442	7.7862
15	13.8651	12.8493	11.9379	11.1184	10.3797	9.7122	9.1079	8.5595	8.0607
16	14.7179	13.5777	12.5611	11.6523	10.8378	10.1059	9.4466	8.8514	8.3126
17	15.5623	14.2919	13.1661	12.1657	11.2741	10.4773	9.7632	9.1216	8.5436
18	16.3983	14.9920	13.7535	12.6593	11.6896	10.8276	10.0591	9.3719	8.7556
19	17.2260	15.6785	14.3238	13.1339	12.0853	11.1581	10.3356	9.6036	8.9501
20	18.0456	16.3514	14.8775	13.5903	12.4622	11.4699	10.5940	9.8181	9.1285
21	18.8570	17.0112	15.4150	14.0292	12.8212	11.7641	10.8355	10.0168	9.2922
22	19.6604	17.6580	15.9369	14.4511	13.1630	12.0416	11.0612	10.2007	9.4424
23	20.4558	18.2922	16.4436	14.8568	13.4886	12.3034	11.2722	10.3741	9.5802
24	21.2434	18.9139	16.9355	15.2470	13.7986	12.5504	11.4693	10.5288	9.7066
25	22.0232	19.5235	17.4131	15.6221	14.0939	12.7834	11.6536	10.6748	9.8226
30	25.8077	22.3965	19.6004	17.2920	15.3725	13.7648	12.4090	11.2578	10.2737
40	32.8347	27.3555	23.1148	19.7928	17.1591	15.0463	13.3317	11.9246	10.7574
50	39.1961	31.4236	25.7298	21.4822	18.2559	15.7619	13.8007	12.2335	10.9617

10%	12%	14%	15%	16%	18%	20%	24%	28%	32%
0.9091	0.8929	0.8772	0.8696	0.8621	0.8475	0.8333	0.8065	0.7813	0.7576
1.7355	1.6901	1.6467	1.6257	1.6052	1.5656	1.5278	1.4568	1.3916	1.3315
2.4869	2.4018	2.3216	2.2832	2.2459	2.1743	2.1065	1.9813	1.8684	1.7663
3.1699	3.0373	2.9137	2.8550	2.7982	2.6901	2.5887	2.4043	2.2410	2.0957
3.7908	3.6048	3.4331	3.3522	3.2743	3.1272	2.9906	2.7454	2.5320	2.3452
4.3553	4.1114	3.8887	3.7845	3.6847	3.4976	3.3255	3.0205	2.7594	2.5342
4.8684	4.5638	4.2883	4.1604	4.0386	3.8115	3.6046	3.2423	2.9370	2.6775
5.3349	4.9676	4.6389	4.4873	4.3436	4.0776	3.8372	3.4212	3.0758	2.7860
5.7590	5.3282	4.9464	4.7716	4.6065	4.3030	4.0310	3.5655	3.1842	2.8681
6.1446	5.6502	5.2161	5.0188	4.8332	4.4941	4.1925	3.6819	3.2689	2.9304
6.4951	5.9377	5.4527	5.2337	5.0286	4.6560	4.3271	3.7757	3.3351	2.9776
6.8137	6.1944	5.6603	5.4206	5.1971	4.7932	4.4392	3.8514	3.3868	3.0133
7.1034	6.4235	5.8424	5.5831	5.3423	4.9095	4.5327	3.9124	3.4272	3.0404
7.3667	6.6282	6.0021	5.7245	5.4675	5.0081	4.6106	3.9616	3.4587	3.0609
7.6061	6.8109	6.1422	5.8474	5.5755	5.0916	4.6755	4.0013	3.4834	3.0764
7.8237	6.9740	6.2651	5.9542	5.6685	5.1624	4.7296	4.0333	3.5026	3.0882
8.0216	7.1196	6.3729	6.0472	5.7487	5.2223	4.7746	4.0591	3.5177	3.0971
8.2014	7.2497	6.4674	6.1280	5.8178	5.2732	4.8122	4.0799	3.5294	3.1039
8.3649	7.3658	6.5504	6.1982	5.8775	5.3162	4.8435	4.0967	3.5386	3.1090
8.5136	7.4694	6.6231	6.2593	5.9288	5.3527	4.8696	4.1103	3.5458	3.1129
8.6487	7.5620	6.6870	6.3125	5.9731	5.3837	4.8913	4.1212	3.5514	3.1158
8.7715	7.6446	6.7429	6.3587	6.0113	5.4099	4.9094	4.1300	3.5558	3.1180
8.8832	7.7184	6.7921	6.3988	6.0442	5.4321	4.9245	4.1371	3.5592	3.1197
8.9847	7.7843	6.8351	6.4338	6.0726	5.4509	4.9371	4.1428	3.5619	3.1210
9.0770	7.8431	6.8729	6.4641	6.0971	5.4669	4.9476	4.1474	3.5640	3.1220
9.4269	8.0552	7.0027	6.5660	6.1772	5.5168	4.9789	4.1601	3.5693	3.1242
9.7791	8.2438	7.1050	6.6418	6.2335	5.5482	4.9966	4.1659	3.5712	3.1250
9.9148	8.3045	7.1327	6.6605	6.2463	5.5541	4.9995	4.1666	3.5714	3.1250

표 A.4 t 기간의 기간당 1원 연금의 미래가치 = $[(1 + r)^t - 1]/r$

	기간 수								
이자율	1%	2%	3%	4%	5%	6%	7%	8%	9%
1	1.0000	1.0000	1.0000	1.0000	1.0000	1.0000	1.0000	1.0000	1.0000
2	2.0100	2.0200	2.0300	2.0400	2.0500	2.0600	2.0700	2.0800	2.0900
3	3.0301	3.0604	3.0909	3.1216	3.1525	3.1836	3.2149	3.2464	3.2781
4	4.0604	4.1216	4.1836	4.2465	4.3101	4.3746	4.4399	4.5061	4.5731
5	5.1010	5.2040	5.3091	5.4163	5.5256	5.6371	5.7507	5.8666	5.9847
6	6.1520	6.3081	6.4684	6.6330	6.8019	6.9753	7.1533	7.3359	7.5233
7	7.2135	7.4343	7.6625	7.8983	8.1420	8.3938	8.6540	8.9228	9.2004
8	8.2857	8.5830	8.8932	9.2142	9.5491	9.8975	10.260	10.637	11.028
9	9.3685	9.7546	10.159	10.583	11.027	11.491	11.978	12.488	13.021
10	10.462	10.950	11.464	12.006	12.578	13.181	13.816	14.487	15.193
11	11.567	12.169	12.808	13.486	14.207	14.972	15.784	16.645	17.560
12	12.683	13.412	14.192	15.026	15.917	16.870	17.888	18.977	20.141
13	13.809	14.680	15.618	16.627	17.713	18.882	20.141	21.495	22.953
14	14.947	15.974	17.086	18.292	19.599	21.015	22.550	24.215	26.019
15	16.097	17.293	18.599	20.024	21.579	23.276	25.129	27.152	29.361
16	17.258	18.639	20.157	21.825	23.657	25.673	27.888	30.324	33.003
17	18.430	20.012	21.762	23.698	25.840	28.213	30.840	33.750	36.974
18	19.615	21.412	23.414	25.645	28.132	30.906	33.999	37.450	41.301
19	20.811	22.841	25.117	27.671	30.539	33.760	37.379	41.446	46.018
20	22.019	24.297	26.870	29.778	33.066	36.786	40.995	45.762	51.160
21	23.239	25.783	28.676	31.969	35.719	39.993	44.865	50.423	56.765
22	24.472	27.299	30.537	34.248	38.505	43.392	49.006	55.457	62.873
23	25.716	28.845	32.453	36.618	41.430	46.996	53.436	60.893	69.532
24	26.973	30.422	34.426	39.083	44.502	50.816	58.177	66.765	76.790
25	28.243	32.030	36.459	41.646	47.727	54.865	63.249	73.106	84.701
30	34.785	40.568	47.575	56.085	66.439	79.058	94.461	113.28	136.31
40	48.886	60.402	75.401	95.026	120.80	154.76	199.64	259.06	337.88
50	64.463	84.579	112.80	152.67	209.35	290.34	406.53	573.77	815.08
60	81.670	114.05	163.05	237.99	353.58	533.13	813.52	1253.2	1944.8

10%	12%	14%	15%	16%	18%	20%	24%	28%	32%	36%
1.0000	1.0000	1.0000	1.0000	1.0000	1.0000	1.0000	1.0000	1.0000	1.0000	1.0000
2.1000	2.1200	2.1400	2.1500	2.1600	2.1800	2.2000	2.2400	2.2800	2.3200	2.3600
3.3100	3.3744	3.4396	3.4725	3.5056	3.5724	3.6400	3.7776	3.9184	4.0624	4.2096
4.6410	4.7793	4.9211	4.9934	5.0665	5.2154	5.3680	5.6842	6.0156	6.3624	6.7251
6.1051	6.3528	6.6101	6.7424	6.8771	7.1542	7.4416	8.0484	8.6999	9.3983	10.146
7.7156	8.1152	8.5355	8.7537	8.9775	9.4420	9.9299	10.980	12.136	13.406	14.799
9.4872	10.089	10.730	11.067	11.414	12.142	12.916	14.615	16.534	18.696	21.126
11.436	12.300	13.233	13.727	14.240	15.327	16.499	19.123	22.163	25.678	29.732
13.579	14.776	16.085	16.786	17.519	19.086	20.799	24.712	29.369	34.895	41.435
15.937	17.549	19.337	20.304	21.321	23.521	25.959	31.643	38.593	47.062	57.352
18.531	20.655	23.045	24.349	25.733	28.755	32.150	40.238	50.398	63.122	78.998
21.384	24.133	27.271	29.002	30.850	34.931	39.581	50.895	65.510	84.320	108.44
24.523	28.029	32.089	34.352	36.786	42.219	48.497	64.110	84.853	112.30	148.47
27.975	32.393	37.581	40.505	43.672	50.818	59.196	80.496	109.61	149.24	202.93
31.772	37.280	43.842	47.580	51.660	60.965	72.035	100.82	141.30	198.00	276.98
35.950	42.753	50.980	55.717	60.925	72.939	87.442	126.01	181.87	262.36	377.69
40.545	48.884	59.118	65.075	71.673	87.068	105.93	157.25	233.79	347.31	514.66
45.599	55.750	68.394	75.836	84.141	103.74	128.12	195.99	300.25	459.45	700.94
51.159	63.440	78.969	88.212	98.603	123.41	154.74	244.03	385.32	607.47	954.28
57.275	72.052	91.025	102.44	115.38	146.63	186.69	303.60	494.21	802.86	1298.8
64.002	81.699	104.77	118.81	134.84	174.02	225.03	377.46	633.59	1060.8	1767.4
71.403	92.503	120.44	137.63	157.41	206.34	271.03	469.06	812.00	1401.2	2404.7
79.543	104.60	138.30	159.28	183.60	244.49	326.24	582.63	1040.4	1850.6	3271.3
88.497	118.16	158.66	184.17	213.98	289.49	392.48	723.46	1332.7	2443.8	4450.0
98.347	133.33	181.87	212.79	249.21	342.60	471.98	898.09	1706.8	3226.8	6053.0
164.49	241.33	356.79	434.75	530.31	790.95	1181.9	2640.9	5873.2	12941.	28172.3
442.59	767.09	1342.0	1779.1	2360.8	4163.2	7343.9	22729.	69377.	*	*
1163.9	2400.0	4994.5	7217.7	10436.	21813.	45497.	*	*	*	*
3034.8	7471.6	18535.	29220.	46058.	*	*	*	*	*	*

*요소(factor)가 99,999보다 큰 숫자임.

부록 B

주요 등식
Key Equations

제2장

1. 재무상태표 항등식 또는 재무상태표 등식:

   자산 = 부채 + 자본 [2.1]

2. 손익계산서 등식:

   수입 − 비용 = 이익 [2.2]

3. 현금흐름 항등식:

   자산의 현금흐름 = 채권자의 현금흐름 + 주주의 현금흐름 [2.3]

   여기서,

   a. 자산의 현금흐름 = 영업현금흐름(OCF) − 순자본지출(NCS) − 순운전자본(NWC)의 변동

   (1) 영업현금흐름 = 영업이익(EBIT) + 감가상각비 − 법인세

   (2) 순자본지출 = 기말 순비유동자산 − 기초 순비유동자산 + 감가상각비

   (3) 순운전자본의 변동 = 기말 순운전자본 − 기초 순운전자본

   b. 채권자의 현금흐름 = 이자지급 − 순신규차입금

   c. 주주의 현금흐름 = 지급 배당금 − 신규주식 발행금액

제3장

1. 유동비율:

   $$\text{유동비율} = \frac{\text{유동자산}}{\text{유동부채}} \qquad [3.1]$$

2. 당좌비율 또는 산성비율:

   $$\text{당좌비율} = \frac{\text{유동자산} - \text{재고}}{\text{유동부채}} \qquad [3.2]$$

3. 현금비율:

   $$\text{현금비율} = \frac{\text{현금}}{\text{유동부채}} \qquad [3.3]$$

4. 총부채비율 또는 차입금의존도:

   $$\text{총부채비율} = \frac{\text{자산총액} - \text{자본총계}}{\text{자산총액}} \qquad [3.4]$$

5. 부채비율:

   부채비율 = 부채총계/자본총계 [3.5]

6. 자기자본승수:

   자기자본승수 = 자산총액/자본총계 [3.6]

7. 이자보상(TIE)비율:

   $$\text{이자보상(TIE)비율} = \frac{\text{EBIT}}{\text{이자비용}} \qquad [3.7]$$

8. 현금보상비율:

   $$\text{현금보상비율} = \frac{\text{EBIT} + \text{감가상각비}}{\text{이자비용}} \qquad [3.8]$$

9. 재고자산회전율:

   $$\text{재고자산회전율} = \frac{\text{매출원기}}{\text{재고자산}} \qquad [3.9]$$

10. 평균회수일수:

   $$\text{평균재고일수} = \frac{365\text{일}}{\text{재고자산회전율}} \qquad [3.10]$$

11. 매출채권회전율

   $$\text{매출채권회전율} = \frac{\text{매출액}}{\text{매출채권}} \qquad [3.11]$$

12. 평균회수일수:

   $$\text{평균회수일수} = \frac{365\text{일}}{\text{매출채권회전율}} \qquad [3.12]$$

13. 총자산회전율:

   $$\text{총자산회전율} = \frac{\text{매출액}}{\text{자산총계}} \qquad [3.13]$$

14. 매출이익률:

   $$\text{매출이익률} = \frac{\text{당기순이익}}{\text{매출액}} \qquad [3.14]$$

15. 자산이익률(ROA):

   $$\text{자산이익률} = \frac{\text{당기순이익}}{\text{자산총계}} \qquad [3.15]$$

16. 자기자본이익률(ROE):

   $$\text{자본이익률} = \frac{\text{당기순이익}}{\text{자본총계}} \qquad [3.16]$$

17. 주당순이익(EPS):

   $$\text{주당순이익} = \frac{\text{당기순이익}}{\text{발행주식수}} \qquad [3.17]$$

18. 주가이익(PE)비율:

$$\text{주가이익비율} = \frac{\text{주가}}{\text{주당순이익}} \quad [3.18]$$

19. 주가매출액비율:

$$\text{주가매출액비율} = \frac{\text{주가}}{\text{주당 매출액}} \quad [3.19]$$

20. 장부가치 대비 시장가치비율:

$$\text{장부가치 대비 시장가치비율} = \frac{\text{주당 시장가치}}{\text{주당 장부가치}} \quad [3.20]$$

21. 기업가치:

$$\text{기업가치} = \text{주식의 총 시장가치} + \text{총부채의 장부가치} - \text{현금} \quad [3.21]$$

22. EBITDA 비율:

$$\text{EBITDA 비율} = \frac{\text{기업가치(enterprise value)}}{\text{EBITDA}} \quad [3.22]$$

23. 듀퐁 항등식:

$$\text{ROE} = \underbrace{\frac{\text{당기순이익}}{\text{매출액}} \times \frac{\text{매출액}}{\text{자산총계}}}_{\text{자산이익률(ROA)}} \times \frac{\text{자산총계}}{\text{자본총계}} \quad [3.23]$$

$$\text{ROE} = \text{매출이익률} \times \text{총자산회전율} \times \text{자기자본승수}$$

24. 배당성향:

$$\text{배당성향} = \frac{\text{현금배당}}{\text{당기순이익}} \quad [3.24]$$

25. 유보율:

$$\text{유보율} = \frac{\text{이익잉여금 부가액}}{\text{당기순이익}} \quad [3.25]$$

26. 내부성장률:

$$\text{내부성장률} = \frac{\text{ROA} \times b}{1 - \text{ROA} \times b} \quad [3.26]$$

27. 지속가능성장률:

$$\text{지속가능성장률} = \frac{\text{ROE} \times b}{1 - \text{ROE} \times b} \quad [3.27]$$

제4장

1. 기간당 r의 비율로 t기간 투자한 1원의 미래가치:

$$\text{미래가치} = 1\text{원} \times (1 + r)^t \quad [4.1]$$

2. 할인율 r에 t 기간 후에 받게 되는 1원의 현재가치:

$$\text{PV} = \$1 \times [1/(1 + \text{r})^t] = \$1/(1 + r)^t \quad [4.2]$$

3. 미래가치와 현재가치의 관계(기본현재가치등식)

$$\text{PV} \times (1 + r)^t = \text{FV}_t$$

$$\text{PV} = \text{FV}_t/(1 + r)^t = \text{FV}_t \times [1/(1 + r)^t] \quad [4.3]$$

제5장

1. 수익률이나 이자율이 r일 때, t 기간에 기간당 C 달러가 발생하는 연금의 현재가치:

$$\text{연금 현재가치} = C \times \left(\frac{1 - \text{현재가치 요소}}{r}\right)$$

$$= C \times \left\{\frac{1 - [1/(1 + r)^t]}{r}\right\} \quad [5.1]$$

2. 연금미래가치요소:

$$\text{연금 FV 요소} = (\text{미래가치요소} - 1)/r$$

$$= [(1 + r)^t - 1]/r \quad [5.2]$$

3. 기초불연금의 가치:

$$\text{기초불연금 가치} = \text{정상연금 가치} \times (1 + r) \quad [5.3]$$

4. 영구연금의 현가:

$$\text{영구연금의 현가} = C/r = C \times (1/r) \quad [5.4]$$

5. 연간 복리계산되는 횟수가 m일 때 실효이자율(EAR)

$$\text{EAR} = (1 + \text{표시이율}/m)^m - 1 \quad [5.5]$$

제6장

1. (1) 채권 만기에 지급하는 액면가 $= F$ (2) 매기간 지급하는 쿠폰 $= C$ (3) 만기까지의 기간 $= t$ (4) 기간당 수익률 $= r$

$$\text{채권가치} = C \times [1 - 1/(1 + r)^t]/r + F/(1 + r)^t$$

$$\text{채권가치} = \text{쿠폰의 현재가치} + \text{액면금액의 현재가치} \quad [6.1]$$

2. 피셔효과:

$$1 + R = (1 + r) \times (1 + h) \quad [6.2]$$

여기서 h는 인플레이션율

3. $R = r + h + r \times h$ [6.3]

4. $R \approx r + h$ [6.4]

제7장

1. $P_0 = (D_1 + P_1)/(1 + R)$ [7.1]

2. $P_0 = D/R$ [7.2]

3. $P_0 = \dfrac{D_0 \times (1 + g)}{R - g} = \dfrac{D_1}{R - g}$ [7.3]

4. $P_t = \dfrac{D_t \times (1 + g)}{R - g} = \dfrac{D_{t+1}}{R - g}$ [7.4]

5. $R = D_1/P_0 + g$ [7.5]

6. 시점 t의 가격 $= P_t =$ 벤치마크 PE 비율 $\times \text{EPS}_t$ [7.6]

제8장

1. 순현가(NPV):

$$\text{NPV} = \text{미래 현금흐름의 현재가치} - \text{투자비용}$$

2. 회수기간:

회수기간 = 투자의 현금흐름 총액과 투자비용이 같아지기 전까지 걸리는 햇수

3. 평균회계이익률(AAR)

$$\text{AAR} = \frac{\text{평균순이익}}{\text{평균장부가치}}$$

4. 내부수익률(IRR):

IRR = 투자의 순현가가 0이 되게 하는 요구수익률의 할인율

5. 수익성지수:

$$\text{수익성지수} = \frac{\text{현금흐름의 PV}}{\text{투자비용}}$$

제9장

1. 프로젝트 현금흐름 = 영업현금흐름
   − 프로젝트 순운전자본의 변동
   − 프로젝트 자본지출
2. 영업현금흐름 = EBIT + 감가상각비 − 법인세
3. 영업현금흐름의 세금감면 방식:

   OCF = (매출 − 비용) × (1 − T_C) + 감가상각비 × T_C
4. 총현금흐름 = 영업현금흐름
   − NWC의 변동 − 자본지출
5. 현금흐름 = 현금유입 − 현금유출

제10장

1. 총수익 = 배당수익 + 자본이득 혹은 손실 [10.1]
2. 주식 매각시 총현금 = 최초 투자 + 총수익 [10.2]
3. 수익률의 분산, Var(R) 혹은 σ^2

$$\text{Var}(R) = \frac{1}{T-1}[(R_1 - \bar{R})^2 + \cdots + (R_T - \bar{R})^2] \quad [10.3]$$

4. 기하평균수익률 = [(1 + R_1)] × (1 + R_2) × ⋯ × (1 + R_T)]$^{1/T}$ − 1 [10.4]

제11장

1. 리스크 프리미엄 = 기대수익률 − 무위험 수익률 [11.1]
   = E(R) − R_f
2. 포트폴리오의 기대수익률

$$E(R_P) = x_1 \times E(R_1) + x_2 \times E(R_2) + \cdots + x_n \times E(R_n) \quad [11.2]$$

3. 총수익률 = 기대수익률 + 기대하지 못한 수익률

$$R = E(R) + U \quad [11.3]$$

4. 공시 = 기대한 부분(Expected part) + 놀람(Surprise) [11.4]
5. R = E(R) + 체계적 부분 + 비체계적 부분 [11.5]
6. 총위험 = 체계적 위험 + 비체계적 위험 [11.6]
7. 자본자산가격결정모형(CAPM)

$$E(R_i) = R_f + [E(R_M) - R_f]\,\beta_i \quad [11.7]$$

제12장

1. $R_E = D_1/P_0 + g$ [12.1]
2. $R_E = R_f + \beta_E \times (R_M - R_f)$ [12.2]
3. $R_P = D/P_0$ [12.3]
4. $V = E + D$ [12.4]
5. $100\% = E/V + D/V$ [12.5]
6. 가중평균자본비용(WACC)
   $= (E/V) \times R_E + (D/V) \times R_D \times (1 - T_C)$ [12.6]
7. $\text{WACC} = (E/V) \times R_E + (P/V) \times R_P + (D/V) \times R_D \times (1 - T_C)$ [12.7]
8. Taxes* = EBIT × T_C [12.8]
9. CFA* = EBIT + 감가상각비 − 법인세*
   − NWC의 변동 − 자본지출
   = EBIT + 감가상각비 − EBIT × T_C
   − NWC의 변동 − 자본지출 [12.9]
10. CFA* = EBIT × (1 − T_C) + 감가상각비 − NWC의 변동
    − 자본지출 [12.10]
11. $$V_0 = \frac{\text{CFA}_1^*}{1 + \text{WACC}} + \frac{\text{CFA}_2^*}{(1 + \text{WACC})^2} + \frac{\text{CFA}_3^*}{(1 + \text{WACC})^3} + \cdots + \frac{\text{CFA}_t^* + V_t}{(1 + \text{WACC})^t} \quad [12.11]$$
12. $$V_t = \frac{\text{CFA}_{t+1}^*}{\text{WACC} - g} \quad [12.12]$$

제13장

1. 모딜리아니-밀러 명제 II (법인세 없는):
   $R_E = R_A + (R_A - R_D) \times (D/E)$ [13.1]
2. 모딜리아니-밀러 명제(법인세 있는):
   a. 이자세금감면의 현가:
   $= (T_C \times D \times R_D)/R_D$
   $= T_C \times D$ [13.2]
   b. 가설 I:
   $V_L = V_U + T_C \times D$ [13.3]

제16장

1. 순운전자본 + 비유동자산 = 비유동부채 + 자기자본 [16.1]
2. 순운전자본 = (현금 + 기타 유동자산) − 유동부채 [16.2]
3. 현금 = 비유동부채 + 자기자본 + 유동부채
   − 현금을 제외한 유동자산 − 비유동자산
4. 영업주기: [16.3]
   영업주기 = 재고자산기간 + 매출채권기간 [16.4]
5. 현금주기:
   현금주기 = 영업주기 − 매입채무기간 [16.5]

6. 총 현금회수:

현금회수 = 기초 매출채권 + ½ × 매출 **[16.6]**

제17장

1. 경제주문량(EOQ) 모형:

총 유지비용 = 평균재고 × 단위당 재고유지비용

$= (Q/2) \times \text{CC}$ **[17.1]**

2. 총 보충비용 = 주문당 고정 비용 × 주문횟수

$= F \times (T/Q)$ **[17.2]**

3. 총비용 = 유지비용 + 보충비용

$= (Q/2) \times \text{CC} + F \times (T/Q)$ **[17.3]**

4. 재고유지비용 = 재고보충비용

$(Q^*/2) \times \text{CC} = F \times (T/Q^*)$ **[17.4]**

5. $(Q^*)^2 = \dfrac{2T \times F}{\text{CC}}$ **[17.5]**

6. 최적주문량 Q^*:

$Q^* = \sqrt{\dfrac{2T \times F}{\text{CC}}}$ **[17.6]**

제18장

1. $[\text{E}(S_1) - S_0]/S_0 = h_{\text{FC}} - h_{\text{US}}$ **[18.1]**
2. $\text{E}(S_1) = S_0 \times [1 + (h_{\text{FC}} - h_{\text{US}})]$ **[18.2]**
3. 상대적 구매력평가설(PPP):

$\text{E}(S_t) = S_0 \times [1 + (h_{\text{FC}} - h_{\text{US}})]^t$ **[18.3]**

4. 이자율평가설(IRP), 단일기간:

$F_1/S_0 = (1 + R_{\text{FC}})/(1 + R_{\text{US}})$ **[18.4]**

5. $(F_1 - S_0)/S_0 = R_{\text{FC}} - R_{\text{US}}$ **[18.5]**
6. $F_1 = S_0 \times [1 + (R_{\text{FC}} - R_{\text{US}})]$ **[18.6]**
7. 이자율평가설(IRP), 근사값, 다기간:

$F_t = S_0 \times [1 + (R_{\text{FC}} - R_{\text{US}})]^t$ **[18.7]**

부록 C 연습문제의 일부 해답

Answers to Selected End-of-Chapter Problems

제2장

1. 자기자본 = \$5,690
   NWC = \$380
3. \$86,050
5. \$42,170
7. \$21,290.20
9. \$105
11. −\$146,500
13. 장부가치 = \$4,190,000
    총 NWC와 시장가치 = \$5,550,000
15. \$5,911
17. **a.** \$1,200
    b. \$0
19. \$160,000
21. **a.** \$8,399; \$7,543
    b. −\$427
    c. \$3,468; \$14,469
    d. −\$28; \$1,311

제3장

1. 유동비율 = 1.40배
   당좌비율 = 0.94배
3. 매출채권 회전율 = 12.88회
   평균회수 일수 = 28.35일
5. 부채비율 = 0.75
   자기자본승수 = 1.75
7. 14.29%
9. 87.37일
11. 6.21%
13. 11.63%
17. 18.73%
19. 7.77%
21. 15.53%
23. 10.92%
25. 5.53%
27. \$529.76
29. 아이 매출이익률 = 4.00%
    식품점 매출이익률 = 2.00%
    식품점 ROE = 10.13%
31. 4.40회
33. 6.61%
37. PE 비율 = 26.40배
    P/S 비율 = 3.18배
    DPS = \$1.60
    장부가 대 시가 = 7.92배
39. 6.61%
41. 1.23배
43. 10.98%; \$7,466.35; 6.09%

제4장

1. \$2,110.50
3. \$7,036.89; \$20,560.31; \$90,426.27; \$29,645.07
5. 19.48; 4.87; 20.16; 12.22
7. 13.42년; 26.84년
9. 56.30년
11. \$1,519.27
13. 8.10%; \$22,319,707.83
15. −13.17%
17. \$60,532.72
19. \$15,433.02
21. \$63,176.81; \$55,948.50
23. 175.63개월
25. \$7,765.45; \$82,532.61

제5장

1. \$2,344.76; \$1,937.54; \$1,700.16
3. \$5,080.91; \$5,281.28; \$6,232.93
5. \$3,545.65; \$3,583.81; \$16,975.33; \$28,334.98
7. \$2,282.94; \$7,513.71; \$7,112.97; \$5,936.19
9. \$289,647.54; \$2,273,988.16
11. 3.88%
13. 14.76%; 8.37%; 8.99%; 13.89%
15. 13.02%
17. \$6,008.23; \$7,599.74; \$12,159.18
19. APR = 145.20%

EAR = 293.79%
21. 67.03개월
23. 0.69%; 8.25%; 8.57%
25. $1,598,270.55
27. $3,121.03
29. 5.01%
31. $1,010.81
33. $1.18; $1.39
35. PV: $136,244.11; $138,909.01
37. G: 13.75%
H: 14.06%
39. 127.52개월
41. $38,443,284.41
43. APR = 5.04%
EAR = 5.16%
45. 4.15%
47. $36,317.13
49. $17,234.85
51. $111,497.16
53. APR = 29.52%
EAR = 33.86%

제6장

3. $891.74
5. 6.50%
7. 4.78%
9. 2.80%; 2.75%
11. 2.75%
13. 직전 매도호가 = $1,206.015
17. $4,700.15
19. +2%; −8.15%; −21.86%
−2%; 9.03%; 32.09%
21. 5.88%; 5.95%; 6.03%
23. $1,039.08
25. 8.74%; 8.29%
31. 6.31%
33. 6.12%

제7장

1. P_0 = $40.76
P_3 = $45.72
P_{15} = $72.36
3. 배당수익률 = 6.14%
자본수익률 = 4.50%
5. 9.90%
7. $90.69
9. 단순투표 = $9,975,038
집중투표 = $3,990,038
11. $71.83
13. $66.24; $77.28
15. $118.49
17. $75.11
19. $136.78
21. 4.95%; 3.88%
23. 2.30%
25. $98.82; 5.61%
27. $90.27

제8장

1. 2.68년
3. 2.32년; 3.12년
5. 16.26%
7. $5,626.19; −$466.40; 22.19%
9. $7,220; $2,941.10; −$268.06;
−$2,744.56.
11. **a.** 14.58%; 13.94%
b. 9.25%
13. 1.113; 1.032; 0.934
15. **a.** 3.34년; 1.97년
b. $58,136.83; $14,228.22
c. 20.54%; 27.38%
d. 1.237; 1.268
17. **a.** 1.264; 1.180
b. $12,579.51; $14,564.04
19. 0%; <0%
21. **a.** 2.13년; 3.05년
b. $116,496.82; $168,215.71
23. 할인방식 = 14.52%
재투자방식 = 10.98%
혼합방식 = 10.98%
25. 7.27%; $3,983.47; −$12,000;
$20,896.98

제9장

1. $38,410,000
3. $100,100
5. 7년차 충당금 = $66,528.50
7. $1,394,459.20
9. $919,433
11. $31,981.29
13. $83,070.88
15. $82,288.43
17. NPV@$135,000 비용절감 = $100,160.15
NPV@$95,000 비용절감= −$19,628.71
21. 기본 NPV = $3,020,917.19
최악 NPV = −$2,089,860.22

23. $37,447.31

제10장

1. 총수익률 = 15.11%
   배당수익률 = 2.47%
   자본수익률 = 12.64%
3. $2,917.50
5. 12.10%; 8.83%
7. X: 평균수익률 = 7.6%
   X: 분산 = 0.01463
   X: 표준편차 = 12.10%
   Y: 평균수익률 = 16.80%
   Y: 분산 = 0.07032
   Y: 표준편차 = 26.52%
9. **a.** 10.80%
   b. 0.01797; 13.41%
11. 0.97%; 6.50%
13. 6.58%
15. 31.91%; 35.93%
17. −1.90%에서 14.70%;
    −10.20%에서 23.00%
19. 18%; 15.72%
21. 10.09%; 9.71%
23. 2.92%
25. 0.422%; 0.00000035%

제11장

1. A: 0.6775
   B: 0.3225
3. 13.05%
5. 10.80%
7. A: 10.55%; 4.25%
   B: 15.35%; 19.94%
9. **a.** 11.67%
   b. 0.01598
11. 1.08
13. 11.92%
15. 11.80%
17. **a.** 7.45%
    b. 주식비중 = 0.6087
    c. 0.801
    d. 주식비중 = 200%
19. 위험보상률:
    시장 = 7.00%
    Y: 7.42%
    Z: 6.88%
21. 9.25%; 9.95%
23. J: 0.4103
    $E(R)$ = 11.69%
27. C = $173,035.71
    R_f = $76,964.29

제12장

1. 10.61%
3. 11.13%, 11.11%
5. 4.59%; 3.63%
7. $200,000,000; $190,295,000; 3.99%
9. 8.67%
11. **a.** 0.2732; 0.7268
    b. 0.7375; 0.2625
13. **a.** 4.73%
    b. 10.90%
17. 8.09%
19. 12.16%
21. 비용 < $49,263,502.45
23. **a.** 5.41%
    b. 12.31%

제13장

1. **a.** $1.24; $1.91; $2.29
   b. $1.15; $1.95; $2.40
3. **a.** 4.39%; 6.75%; 8.10%
   b. 4.08%; 6.89%; 8.50%
   c. 3.47%; 5.33%; 6.40%
   3.22%; 5.44%; 6.71%
5. $28.40; $9,088,000; $9,088,000
7. $47.50; $47.50
9. **a.** $1,846.91
   b. $2,065.88
   c. 85주를 매각
11. **a.** 10.90%
    b. 12.83%
    c. 17.65%
    d. 10.90%; 10.90%
13. $3,146,000
15. 0.64; 0.56

제14장

1. $18,314
3. $79.86
5. **a.** 신주 = 90,000주; 액면가 = $0.50
   b. 신주 = 9,000주; 액면가 = $5.00
7. $31.40; $30.25
11. 액면가 = $0.50; 지난해 주당 배당 = $1.22
13. **a.** $51.58
    b. $51.58

제15장

1. $6,750; $625
3. 2,754,943주
5. 3,135,135주

제16장

1. **a.** 변화 없음
   b. 변화 없음
   c. 변화 없음
   d. 감소
   e. 감소
   f. 감소
   g. 변화 없음
   h. 감소
   i. 증가
   j. 감소
   k. 감소
   l. 변화 없음
   m. 감소
   n. 감소
   o. 감소
3. **a.** 증가
   b. 증가
   c. 감소
   d. 변화 없음
   e. 감소
   f. 변화 없음
5. **a.** $668; $660; $683; $793
   b. $565; $645; $690; $748
   c. $770; $675; $675; $837
7. 18.71%
9. $1,902.00; $2,199.75; $2,470.75; $2,506.50
11. $264,650; $434,150; $331,200
13. **a.** 6.78%
    b. $500,617.69
15. 평균 매입채무 = $29,138.36
    평균 매출채권 = $75,375.34

제17장

1. $85,000; $63,400
3. $4,300; −$4,900; −$600
5. $5,740
7. $71,038.36
9. **a.** 17일
   b. $1,198,849.32
11. d. 20.13%; 44.59%; 13.01%; 44.32%
13. 2,641.27

제18장

1. **a.** Z 367.01
   b. $1.1733
   c. $5,866,500
   d. 싱가포르 달러
   e. 멕시칸 페소
   f. Fr/€ = 0.8596
   g. 쿠웨이트 디나르; 베네수엘라 볼리바
3. **a.** ¥109.73; 할증
   b. A$1.3397; 할인
5. **a.** ¥/£ = 165.41
   b. $당 차익거래 이익 = $0.0157
7. 미국에서 투자: $30,216,518.81
   영국에서 투자: $29,472,402.71
9. 현행 = $397,832.82
   +10% = $770,757.11
   −10% = −$57,963.54
   손익분기 = −$1.2367; −8.84%
11. −4.82%
13. $8.05
15. **a.** 주식 = $20,370.37
    b. 주식 = $18,965.52
    c. 주식 = $21,825.40

부록 D HP-10B와 TI BA II Plus 재무계산기 사용

Using the HP-10B and TI BA II Plus Financial Calculators

이 부록은 휴렛팩커드(Hewlett-Packard) HP-10B나 텍사스 인스트루먼츠(Texas Instruments) BA II Plus 재무용 계산기를 이용해 기초 재무과정의 문제 풀이를 돕기 위한 것이다. 다양한 계산기 설정을 설명하고 교재에서 선정된 9개 문제를 푸는 방법을 보여준다. 더 복잡한 설명은 사용자 설명서에서 알아본다. 더 많은 예제와 문제 풀이 기법은 *Financial Analysis with an Electronic Calculator*, 6th edition, by Mark A. White (New York: The McGraw-Hill, 2007) 참조.

계산기 설정

기초 재무과정에서 대부분의 계산기 오류는 부적절한 설정 때문이다. 계산기를 시작하기 전에 다음과 같은 질문을 스스로 던져야 한다.

1. 재무 레지스터(registers)를 지우고 새로 설정했는가?
2. 복리 기간을 기간당 1회로 설정했는가?
3. 계산기가 END 모드로 되어 있는가?
4. **+/−** 키를 이용해 음수를 입력했는가?

기재사항 삭제하기

모든 계산기에는 레지스터라고 하는 메모리가 있어 변수나 중간 결과가 저장된다. 두 가지의 재무 레지스터가 있는데 하나는 화폐의 시간가치(TVM) 레지스터이고 다른 하나는 현금흐름(CF) 레지스터이다. 새로운 계산을 시작하기 전에 이것들을 삭제한다. 휴렛팩커드 HP-10B는 ■ {CLEAR ALL}을 누르면 TVM과 CF 레지스터 모두 삭제된다.[1] BA II Plus에 있는 TVM 레지스터를 삭제하기 위해서는 **2nd** {CLR TVM}를 누른다. CF 레지스터를 삭제하기 위해서는 현금흐름 워크시트 내에서 **2nd** {CLR Work}를 누른다.

복리계산 기간

HP-10B와 BA II-Plus 모두 월별복리로 배선되어 있어 기간당 12번 복리계산한다. 기초 재무과정에서 극소수의 문제들만이 이러한 가정을 하므로 자동설정된 것을 기간당 한 번으로 변경해야 한다. HP-10B에서는 ■ {P/YR}를 누른다. 자동설정이 변경되었는지 확인하기 위해 ■ 키를 누르고 **INPUT** 키를 잠시 누른다.[2] 화면에 "1P_Yr"가 떠야 한다.

BA II Plus에서는 지급 빈도와 복리계산 빈도가 보통은 같은 숫자로 설정되어야 하지만 따로 지정할 수도 있다. 기간당 한 번으로 모두를 설정하려면 키의 순서는 **2nd** {P/Y} 1 **ENTER**를 누르고, **↓** 1 **ENTER**를 누른다. **2nd** {QUIT}를 누르면 표준계산기 모드로 돌아온다.

END 모드와 기초불연금

대부분 문제에서 지급은 기간 말에 이루어지고, 이것이 HP-10B와 BA II Plus에서(end 모드)로 미리 설정되어 있다. **기초불연금**은 지급이 매 기초(begin 모드)에 이루어진다고 가정한다. HP-10B에서는 ■ {BEG/END}를 눌러 begin 모드와 end 모드 중 고정한다. BA II Plus에서는 같은 작업을 위해 **2nd** {BGN} **2nd** {SET} **2nd** {QUIT}의 순서대로 키를 누른다. 두 계산기 모두 계산기가 begin 모드로 설정된 것으로 화면에 표시할 것이다.

부호변경

부호변경은 현금유입과 현금유출의 방향을 정하기 위해 사용한다. 일반적으로 현금유입은 양의 부호로 입력하고 현금유출은 음의 부호로 입력한다. HP-10B나 BA II Plus에 음의 숫자를 입력하기 위해서는 먼저 적절한 숫자 키를 누르고 부호변경 키 **+/−**를 누른다. 그 결과를 예측하기 매우 어려우므로 마이너스 부호 키 **−**는 사용하지 않는다.

예제

여기서는 교재에서 선정된 문제에 대해 키를 표시해 해답을 제시함으로써 9가지의 기본적인 재무계산기 사용기법을 소개한다.

1. 단일금액의 미래가치나 현재가치

연이율 17%에 2,250원의 30년 후 미래가치를 계산한다.

HP-10B	BA II PLUS
-2,250.00 **PV**	-2,250.00 **PV**
30.00 **N**	30.00 **N**
17.00 **I/YR**	17.00 **I/Y**
FV 249,895.46	**CPT** **FV** 249,895.46

미래가치는 249,895.46원이다.

2. 정규연금의 미래가치나 현재가치

20,000원을 연이율 11%에 7년 동안 대출했다. 연간지급액은 얼마인가?

1) ■ 키는 오렌지 색깔로 { } 안에 있는 기능을 위해 시프트(Shift) 키의 역할을 한다.

2) 이는 모든 레지스터를 제거하기 위해 사용하는 키이다.

HP-10B	BA II PLUS
-20,000.00 PV	-20,000.00 PV
7.00 N	7.00 N
11.00 I/YR	11.00 I/Y
PMT 4,244.31	CPT PMT 4,244.31

연간 대출상환액은 4,244.31원이다.

3. 미지의 이자율 계산

자녀가 18세에 대학에 들어갈 때 대학교육비의 총액이 75,000달러일 것이라고 가정하자. 현재 7,000달러를 투자할 수 있다. 자녀의 대학교육에 드는 비용을 충당하기 위해서는 투자에 얼마의 이자율이 적용되어야 하는가?

HP-10B	BA II PLUS
-7,000.00 PV	-7,000.00 PV
18.00 N	18.00 N
75,000.00 FV	75,000.00 FV
I/YR 14.08	CPT I/Y 14.08

자녀에게 예상되는 비용을 충당하기 위해서는 최소한 14.08%의 이자를 벌어야 한다.

4. 미지의 기간 수 계산

고객 중 한 명이 지급어음 잔액을 체납했다. 매월 374만 원을 지급하는 계획에 합의했다. 연체된 금액에 대해서는 월 1.4%의 이자를 부과한다. 현재 잔액이 1억 2,000만 원이라면 외상을 모두 갚으려면 얼마나 걸리겠는가?

HP-10B	BA II PLUS
-12,000.00 PV	-12,000.00 PV
1.40 I/YR	1.40 I/Y
374.00 PMT	374.00 PMT
N 42.90	CPT N 42.90

대출금은 42.90개월 만에 완불될 것이다.

5. 단순 채권가격산정

1년 전 8.25%의 쿠폰율에 11년 만기 채권을 발행했다. 채권은 반년마다 이자를 지급한다. 채권의 만기수익률이 7.10%라면 현재 채권의 가격은 얼마인가? (액면가 천 달러)

HP-10B	BA II PLUS
41.25 PMT	41.25 PMT
1,000.00 FV	1,000.00 FV
20.00 N	20.00 N
3.55 I/YR	3.55 I/Y
PV -1,081.35	CPT PV -1,081.35

채권이 반년마다 이자를 지급하기에 쿠폰지급액을 반으로 해야 하고 (8.25 ÷ 2 = 4.125 ==> 41.25달러), YTM도 반으로 해야 하며(7.10 ÷ 2 ==> 3.55), 기간 수는 두 배로 해야 한다(10년 × 2 = 20 기간). 그러므로 현재 채권가격은 1,081.35달러이다.

6. 단순 채권만기수익률

만기가 8년 남은 12.5% 쿠폰채가 시장에서 거래되고 있다. 이 채권은 이자를 1년에 한 번 지급한다. 이들 채권 중 하나가 현재 1,145.68원(액면가 천 달러)에 거래되고 있으면 YTM은 얼마인가?

HP-10B	BA II PLUS
-1,145.68 PV	-1,145.68 PV
125.00 PMT	125.00 PMT
1,000.00 FV	1,000.00 FV
8.00 N	8.00 N
I/YR 9.79	CPT I/Y 9.79

채권의 만기수익률은 9.79%이다.

7. 현금흐름 분석

다음 일련의 현금흐름의 IRR과 NPV는 얼마인가? 할인율은 10%로 가정한다.

연도	현금흐름
0	−1,300
1	400
2	300
3	1,200

HP-10B	BA II PLUS
-1,300.00 CFj	CF
400.00 CFj	2ND {CLR Work}
1.00 {Nj}	-1,300.00 ENTER ↓
300.00 CFj	400.00 ENTER ↓
1.00 {Nj}	1.00 ENTER ↓
1,200.00 CFj	300.00 ENTER ↓
1.00 {Nj}	1.00 ENTER ↓
{IRR/YR} 17.40	1,200.00 ENTER ↓
10.00 I/YR	1.00 ENTER ↓
{NPV} 213.15	IRR CPT 17.40
	NPV
	10.00 ENTER
	↓ CPT 213.15

이 프로젝트의 IRR은 17.40%이고 NPV는 213.15달러이다.

8. 대출금 분할상환

24,000원을 차입해 3년간 원리금 분할상환하는 경우의 상환표를 작성하라. 이자율은 16%이고 매년 같은 금액을 지급한다. 3년째에 얼마가 이자로 지급되는가? 대출 기간에 총 얼마의 이자가 지급되는가?

분할상환계획표를 완성하기 위해서는 매 지급액을 한 번에 상환해야 한다.

HP-10B	BA II PLUS
-24,000.00 PV	-24,000.00 PV
16.00 I/YR	16.00 I/Y
3.00 N	3.00 N
PMT 10,686.19	CPT PMT 10,686.19
1.00 INPUT {AMORT} = 3,840.00 <== Interest	2ND {AMORT} 2ND {CLR Work}
= 6,846.19 <== Principal	
= -17,153.81 <== Balance	1.00 ENTER ↓
2.00 INPUT {AMORT} = 2,744.61 <== Interest	1.00 ENTER ↓ -17,153.81 <== Balance
= 7,941.58 <== Principal	↓ 6,846.19 <== Principal
= -9,212.23 <== Balance	↓ 3,840.00 <== Interest
3.00 INPUT {AMORT} = 1,473.96 <== Interest	↓
= 9,212.23 <== Principal	2.00 ENTER ↓
= 0.00 <== Balance	2.00 ENTER ↓ -9,212.23 <== Balance
	↓ 7,941.58 <== Principal
	↓ 2,744.61 <== Interest
	↓
	3.00 ENTER ↓
	3.00 ENTER ↓ 0.00 <== Balance
	↓ 9,212.23 <== Principal
	↓ 1,473.96 <== Interest
	↓

3년째의 이자는 1,473.96원이다.

특정 기간에 지급한 이자나 원금 총액을 계산하기 위해서는 시작하는 기간과 끝나는 기간 모두를 입력한다.

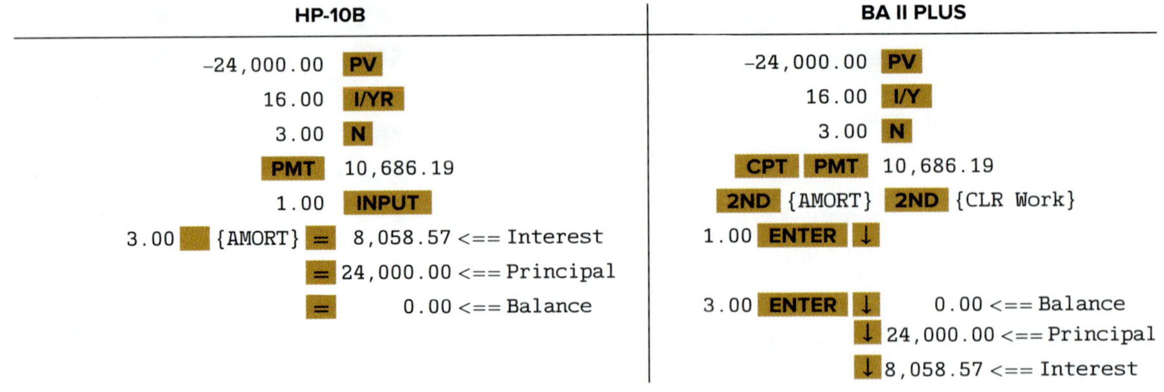

HP-10B	BA II PLUS
-24,000.00 PV	-24,000.00 PV
16.00 I/YR	16.00 I/Y
3.00 N	3.00 N
PMT 10,686.19	CPT PMT 10,686.19
1.00 INPUT	2ND {AMORT} 2ND {CLR Work}
3.00 {AMORT} = 8,058.57 <== Interest	1.00 ENTER ↓
= 24,000.00 <== Principal	
= 0.00 <== Balance	3.00 ENTER ↓ 0.00 <== Balance
	↓ 24,000.00 <== Principal
	↓ 8,058.57 <== Interest

대출 기간에 지급한 이자 총액은 8,058.57원이다.

9. 이자율 전환

분기마다 복리계산 하는 7% 연간표시이자율(APR)의 실효연이율(EAR)은 얼마인가?

HP-10B	BA II PLUS
4.00 ▭ {P/YR}	2ND {IConv}
7.00 ▭ {NOM%}	7.00 ENTER
▭ {EFF%} 7.19	↓ ↓
	4.00 ENTER
	↑ CPT 7.19

실효연이율은 7.19%이다.

용어해설

Glossary

APR(annual percentage rate) 기간당 지급하는 이자율에 연간 기간 수를 곱한 것.

DMM의 포스트(DMM's post) DMM이 활동하는 거래소 입회장의 고정된 장소.

M&M 명제 1(M&M Proposition I) 기업가치는 자본구조와 독립적이다.

M&M 명제 2(M&M Proposition II) 기업의 자기자본비용은 자본구조의 양수의 선형 함수이다.

가속상각법(Accelerated Cost Recovery System: ACRS) 다양하게 분류된 자산을 가속상각하는 미국 세법의 감가상각법.

가중평균자본비용(weighted average cost of capital: WACC) 주식 가치를 유지하기 위해서 보유 자산에서 벌어야 하는 전체의 수익률.

간접파산비용(indirect bankruptcy costs) 재무적 곤경에 처한 기업의 파산 신청 회피 비용.

감가상각비 감세효과(depreciation tax shield) 감가상각비 곱하기 법인세율로 계산된 감가상각비 공제로 인한 절세액.

감채기금(sinking fund) 채권을 조기에 상환하기 위해 채권수탁인이 관리하는 계정.

개인신용평가(credit scoring) 고객에게 신용을 제공할 때 채무불이행의 확률을 계량화하는 과정.

개인회사(sole proprietorship) 한 사람이 소유하는 기업.

거래범위(trading range) 주식이 통상적으로 거래되는 최고가와 최저가의 범위.

거래소회원(member) 2006년부터 거래소회원은 뉴욕증권거래소(NYSE)의 거래허가증(trading license) 소유자이다.

거래적 동기(transaction motive) 기업의 계속사업과 관련된 일상의 지급과 회수 활동을 만족시키기 위한 현금보유 욕구.

경상수익률(current yield) 채권의 쿠폰지급액 나누기 채권의 종가. 직접수익률 또는 단순수익률이라고도 함.

경영옵션(managerial options) 미래에 어떤 일이 발생하면 경영자가 활용하는 기회. "실물"(real) 옵션으로도 알려졌다.

경제적 주문량(economic order quantity: EOQ) 총재고비용을 최소화하는 보충량.

고객효과(clientele effect) 주식이 배당수익률과 그로 인한 세금효과에 의해 특정 집단을 끌어들인다는 주장.

공통형 재무제표(common-size statement) 모든 항목을 백분율로 나타낸 표준 재무제표. 재무상태표 항목은 자산에 대한 백분율로 표시되고, 포괄손익계산서 항목은 매출액에 대한 백분율로 표시된다.

과세대상프리미엄(taxability premium) 명목이자율이나 채권수익률에서 불리한 세금부과를 보상하는 부분.

교차환율(cross-rate) 두 통화가 모두 제3국의 통화로(보통 미 달러화로) 표시되었을 때 두 통화(보통 미 달러화가 아님) 간에 내포된 환율.

구매력평가설(purchasing power parity: PPP) 환율이 통화 간의 구매력을 일정하게 유지하도록 조정한다는 견해.

국채수익률곡선(Treasury yield curve) 만기에 따른 국채수익률의 도표.

그린 슈 조항(Green Shoe provision) 발행회사로부터 추가로 주식을 발행가격에 매수하는 옵션을 인수기관에게 주는 계약조항. *초과배정옵션(overallotment option)*이라고도 함.

기간대출(term loans) 보통 1년에서 5년 만기의 직접 사업대출.

기대수익률(expected return) 미래에 기대되는 위험자산의 수익률.

기하평균수익률(geometric average return) 여러 해의 기간에 연간 얻는 평균 복리수익률

기회비용(opportunity cost) 어느 특정 투자를 수행했을 때 포기하는 가장 가치 있는 대안.

길트(gilts) 영국과 아일랜드 정부가 발행한 증권.

내부성장률(internal growth rate) 회사가 어떠한 형태이든 외부자금을 조달하지 않고 성취할 수 있는 최대로 가능한 성장률.

내부수익률(internal rate of return: IRR) 투자의 순현재가치를 0으로 만드는 할인율.

내부제약(soft rationing) 자본예산에서 일정한 자금을 사업 단위에 할당할 때 일어나는 상황.

내부호가(inside quotes) 증권의 가장 높은 매수가와 가장 낮은 매도가.

노트(note) 10년 미만 만기의 중기 무담보채.

단리(simple interest) 원래 투자한 원금에서만 받은 이자.

단일사업체 방법(pure play approach) 유사한 사업을 하는 회사들을 이용해 특정 프로젝트에만 적용하는 가중평균자본비용의 이용.

대리인문제(agency problem) 회사의 소유주와 경영자 사이에 이해가 충돌할 가능성.

더치옥션인수(Dutch auction underwriting) 공모가가 투자자의 경쟁입찰가에 기초해서 설정되는 인수방식의 유형. *균일가경매(uniform price auction)*로도 알려졌다.

더티가격(dirty price) 경과이자가 포함된 채권가격으로 *청구가격(full 혹은 invoice price)*으로도 알려짐. 매수자가 실제 지급하는 가격.

독립평가의 원칙(stand-alone principle) 프로젝트의 평가는 프로젝트의 증분현금흐름에 근거할 수 있다는 가정.

듀퐁항등식(DuPont identity) ROE를 영업의 효율성, 자산활용의 효율성, 재무 레버리지의 세 가지 부분으로 나누는 것에 대한 대중적인 표현.

등록사채(registered form) 회사의 증권기록 담당자가 각 채권의 소유자를 기록하고 기록된 소유주에게 직접 지급한다.

디벤처(debenture) 10년 이상 만기의 장기 무담보채.

딜러(dealer) 재고로 증권을 사서 재고로 파는 중개인.

런던은행간금리(LIBOR) 대부분 국제은행이 하룻밤의 유로달러 대출에 서로 부과하는 이자율.

레드 헤링(red herring) 증권의 신규발행에서 예상 투자자에게 배부하는 예비 발행취지서.

리스크프리미엄(risk premium) 무위험 투자에 요구하는 수익률을 넘는 위험자산의 투자에 요구하는 초과수익률.

만기(maturity) 채권의 원금이 지급되는 명시된 일자까지 남은 기간.

만기수익률(yield to maturity: YTM) 시장에서 채권에 요구하는 수익률.

매도가(asked price) 딜러가 증권을 팔기 위해 받으려는 가격.

매도금지협정(lockup agreements) IPO 이후에 내부자들이 주식을 매각할 수 있기 전에 얼마나 기다려야 하는가를 지정한 인수계약의 한 부분.

매매조건(terms of sale) 기업이 현금이나 신용으로 상품이나 용역을 매매하는 조건.

매몰비용(sunk cost) 이미 발생해 되돌릴 수 없으므로 투자의사결정에서 고려하지 말아야 할 비용.

매수가(bid price) 딜러가 증권을 사기 위해 지급하려는 가격.

매수매도 스프레드(bid-ask spread) 매수가와 매도가의 차이.

매입채무기간(accounts payable period) 재고 수령과 대금 지급 사이의 시간.

매출채권금융(accounts receivable financing) 매출채권의 양도 또는 팩토링에 의한 단기 담보대출.

매출채권기간(accounts receivable period) 재고의 매출과 외상매입금 회수까지 걸리는 시간.

명목비율(nominal rates) 인플레이션을 조정하지 않은 이자율이나 수익률.

모집주선(best efforts underwriting) 인수기관이 최대한 많은 증권을 매각하나 미매각 증권은 금융상 책임지지 않고 발행회사에 반환할 수 있음.

묘석광고(tombstone) 공모를 알리는 광고.

무이표채(zero coupon bond) 쿠폰을 지급하지 않아 초기에 가격이 순할인되는 채권.

미국예탁증권(American Depositary Receipt: ADR) 미국에서 발행된 증권으로 외국주식을 대표하는데 미국에서의 거래가 허용된다.

미래가치[future value (FV)] 하나 이상 기간 후의 투자가치. 영어로 *compound value*라고 한다.

민감도 분석(sensitivity analysis) 단 하나의 가변요소가 변할 때 NPV가 어떻게 되는지에 대한 검토.

발행시장(primary market) 신규증권이 최초로 투자자에게 매각되는 시장.

발행취지서(prospectus) 잠재적 투자자를 대상으로 발행 주식회사와 제안된 발행을 상세히 작성한 법적 문서.

배당(dividend) 주주에게 회사의 이익에서 현금이나 주식 형태로 하는 지급.

배당(dividends) 주주가 직접 또는 간접적으로 기업에 제공한 자본에 대한 수익.

배당기준일(date of record) 주식 보유자가 배당을 받기 위해 등록되어야 하는 날짜.

배당락일(ex-dividend date) 배당을 받을 자격이 있는 개인을 확정하는 배당기준일 이전 2영업일의 날짜.

배당발표일(declaration date) 이사회에서 배당지급을 발표한 날짜.

배당성장모형(dividend growth model) 다음 기의 배당을 할인율에서 배당성장률을 뺀 값으로 나누어 현재 주가를 결정하는 모형.

배당수익률(dividend yield) 주식의 예상 현금배당을 현행 주가로 나눈 값.

배당지급일(date of payment) 배당금이 우송되는 날짜.

배분(distribution) 현재 또는 축적된 이익 이외의 재원으로 기업이 주주에게 하는 지급.

베타계수(beta coefficient) 평균적인 위험자산에 대비 특정 위험자산에 있는 체계적 위험의 정도.

벤처캐피털(venture capital: VC) 보통 고위험 벤처인 신생기업을 위한 자금.

보완유동성제공자[(supplemental liquidity providers (SLPs)] 배정된 주식의 적극적 참여자인 투자은행. 직무는 한쪽 시장(즉, 매수나 매도)을 조성하는 것이다. 순전히 자신의 계산으로 거래한다.

보유비용(carrying costs) 유동자산의 투자 수준이 증가함에 따라 상승하는 비용.

보통주(common stock) 배당이나 파산에서 우선권이 없는 주식.

보호조항(protective covenant) 대출 중에 대개 채권자의 이익을 보호하기 위해 취할 수 있는 어떤 행동을 제한하는 신탁증서의 일부.

복리(compounding interest) 최초의 원금과 지난 기간에 재투자한 이자에서 받은 이자.

복리계산(compounding) 더 많은 이자를 받기 위해 시간이 지나면서 투자에서 이자를 누적하는 과정.

복수 내부수익률(multiple rates of return) 하나 이상의 할인율이 투자의 순현가를 영으로 만들 가능성.

부족비용(shortage costs) 유동자산의 투자 수준이 증가함에 따라 감소하는 비용.

부채비용(cost of debt) 대출자가 기업의 부채에 요구하는 수익률.

분산(variance) 실제수익률과 평균수익률 간 차이의 제곱의 평균.

분산투자의 원리(principle of diversification) 수많은 자산에 투자를 펼침은 위험 모두는 아니나 일부를 제거할 것이다.

브로커(broker) 투자자 사이에 증권거래를 주선하는 중개인.

비체계적 위험(unsystematic risk) 기껏해야 적은 수의 자산에 영향을 주는 리스크. *고유위험(unique or asset-specific risk)*이라고도 함.

비현금항목(noncash item) 감가상각비와 같이 현금흐름에 직접 영향을 주지 않는 수익에 부과하는 비용.

사모(private placements) 소수의 투자자를 대상으로 한 보통은 장기인 대출.

사서함(lockboxes) 외상매출금을 중간에서 받아 회수를 가속하기 위해 마련된 특별한 우체국 박스.

산술평균수익률(arithmetic average return) 특정 기간에 평균적인 해에 얻는 수익률

상호배타적 투자 결정(mutually exclusive investment decisions) 하나의 투자를 채택하면 다른 투자를 채택할 수 없는 상황.

선물환거래(forward trade) 미래의 어느 시점에 통화를 교환하는 약정.

선물환율(forward exchange rate) 선물환거래에서 사용되는 약정환율.

선불연금(annuity due) 현금흐름이 기초에 발생하는 연금.

소지인식 사채(bearer form) 채권소유주의 이름을 기록하지 않고 발행된 채권으로 채권소지인이면 누구든 간에 지급한다.

송장(invoice) 매도자가 매수자에게 제공하는 상품이나 용역의 청구서.

수익성지수(profitability index: PI) 투자의 미래 현금흐름의 현가를 초기비용으로 나눈 값으로 이익-비용비율(benefit-cost ratio)이라고도 함.

순운전자본(net working capital) 유동자산에서 유동부채를 차감한 것.

순현가 곡선(net present value profile) 투자의 순현재가치와 다양한 할인율 간의 관계를 그림으로 나타낸 것.

순현재가치 또는 순현가(net present value: NPV) 투자의 시장가치와 비용의 차이.

스왑(swaps) 두 개의 증권이나 통화를 교환하는 협약.

스프레드(spread) 인수기관의 매수가격과 공모가격의 차이로 결정되는 인수기관에 대한 보상.

시나리오 분석(scenario analysis) 상황설정에 따른 NPV 추정치의 결정.

시장리스크프리미엄(market risk premium) 증권시장선의 기울기, 시장포트폴리오의 기대수익률과 무위험수익률 간의 차이.

신디케이트(syndicate) 리스크를 분담하고 증권 매각을 돕기 위해 결성된 인수단.

신용기간(credit period) 신용이 공여된 기간.

신용분석(credit analysis) 고객이 지급 또는 지급하지 않을 확률을 결정하는 과정.

신용비용곡선(credit cost curve) 신용정책의 유지비용과 기회비용의 합을 그래프로 나타낸 것.

신용의 5C(five Cs of credit) 평가해야 할 5개 기본적인 신용 요소로 character(성격), capacity(능력), capital(자본), collateral(담보), conditions(상황).

신용증서(credit instrument) 부채의 증거.

신용한도(line of credit) 공식적(약정) 또는 비공식적(미약정)으로 사전에 정해진 단기 은행대출.

신탁증서(indenture) 부채의 발행조건을 상세하게 기술한 주식회사와 대출자 간의 서면계약서.

실질비율(real rates) 인플레이션을 조정한 이자율이나 수익률.

실효연이율(effective annual rate: EAR) 일 년에 한 번 복리계산하는 것처럼 표현된 이자율.

알파(alpha) 자산의 위험 수준에 기초해 버는 초과수익.

액면가(face value) 기간 말에 상환되는 채권의 원금. *파밸류(par value)*라고도 함.

연금(annuity) 확정된 기간에 균등하게 발생하는 현금흐름.

연령분석표(aging schedule) 각 매출채권계정의 미수기간에 따른 매출채권의 편집.

영구연금(perpetuity) 현금흐름이 영원히 계속되는 연금.

영업위험(business risk) 회사 영업활동의 특징에서 오는 자기자본 위험.

영업주기(operating cycle) 재고의 취득과 외상매출금 회수 사이의 기간.

영업현금흐름(operating cash flow) 기업의 통상적인 사업활동에서 발생하는 현금.

예비적 동기(precautionary motive) 준비금 역할을 하는 안전 한도로서 현금보유 욕구.

예측위험(forecasting risk) 추정 현금흐름의 오류로 잘못된 결정을 내릴 가능성. *추정위험(estimation risk)*이라고도 한다.

오더 플로(order flow) 증권을 사거나 팔려는 고객 주문의 흐름.

외국채(foreign bonds) 한 국가에서 발행되고 보통 발행된 국가의 통화로 표시되는 국제채(international bonds).

외부제약(hard rationing) 사업이 어떤 경우로 프로젝트에 필요한 자금을 조달할 수 없을 때 일어나는 상황.

외환시장(foreign exchange market) 한 나라의 통화가 다른 나라의 통화와 거래되는 시장.

우선주(preferred stock) 때로는 의결권이 없이 일반적으로 고정된 배당금을 보통주에 우선하여 받는 주식.

운전자본(working capital) 기업의 단기자산과 단기부채.

유동성프리미엄(liquidity premium) 명목이자율이나 채권수익률에서 유동성의 부족을 보상하는 부분.

유로채(Eurobond) 여러 국가에서 발행되나 단일통화로 발행되는데 보통 발행자의 자국 통화로 발행되는 국제채(international bonds).

유로커렌시(Eurocurrency) 통화를 발행한 국가 밖에 있는 금융센터에 예치된 화폐.

유상증자(seasoned equity offering: SEO) 이전에 일반투자자에게 증권을 발행했던 기업에 의한 신주발행.

유통시장(secondary market) 이미 발행된 증권이 투자자들 사이에서 거래되는 시장.

이자세금감면(interest tax shield) 기업이 이자비용의 세금공제로 얻는 세금 절약.

이자율 기간구조(term structure of interest rates) 채무불이행위험이 없는 순할인 증권의 명목이자율과 만기 간의 관계. 즉, 순수한 화폐의 시간가치.

이자율위험프리미엄(interest rate risk premium) 이자율위험의 감수에 대해 투자자가 요구하는 보상.

이자율평가설(interest rate parity: IRP) 두 국가 사이의 이자율 차이는 선물환율과 현물환율의 퍼센트 차이와 같음을 표기한 조건.

이자의 이자(interest on interest) 이전에 받은 이자를 재투자해 받은 이자.

이해관계자(stakeholder) 주주나 채권자 외에 회사의 현금흐름에 잠재적으로 청구권이 있는 자.

인수기관(underwriters) 증권을 매각하는 회사와 일반투자자 사이의 중개자로서 활동하는 투자회사.

인플레이션프리미엄(inflation premium) 명목이자율에서 예상되는 미래의 인플레이션에 대한 보상 부문.

일괄신고(shelf registration) 회사가 2년 이내에 매각할 것으로 예상하는 모든 증권을 일시에 등록하고 그 후 2년 이내 언제든지 매각할 수 있도록 SEC Rule 415가 허용하는 등록.

일반공모(general cash offer) 일반투자자에게 현금을 받고 매각하는 증권의 발행.

일반적으로 인정된 회계원칙[Generally Accepted Accounting Principles (GAAP)] 회계감사용 재무제표를 작성하는 표준과 절차에 대한 일반원칙.

잉여현금흐름 또는 자유현금흐름(free cash flow) '자산의 현금흐름'의 별칭.

자가레버리지(homemade leverage) 개인이 노출된 재무레버리지의 전체 양을 변경하기 위해 개인이 차입을 이용.

자기자본비용(cost of equity) 자기자본 투자자들이 기업의 투자에 요구하는 수익률.

자본구조(capital structure) 기업이 유지하는 부채와 자본의 조합.

자본구조의 정태이론(static theory of capital structure) 기업은 부채 추가의 세금혜택이 재무적 곤경의 확률 증가에서 오는 비용과 정확히 같은 수준까지 차입하는 이론.

자본비용(cost of capital) 신규 프로젝트의 최소 요구수익률.

자본수익률(capital gains yield) 배당성장률 또는 투자가치의 성장률.

자본예산(capital budgeting) 기업의 장기투자를 계획하고 관리하는 과정.

자본자산가격결정모형(capital asset pricing model: CAPM) 기대수익률과 베타의 관계를 보여 주는 증권시장선 방정식.

자본제약(capital rationing) NPV가 양수인 프로젝트가 있으나 필요한 자금을 확보할 수 없는 상황.

자사주매입(repurchase) 기업이 자사주를 취득하는 것으로 현금배당의 대체. *자기주식취득*(*stock repurchase*)이라고도 함.

자산의 현금흐름(cash flow from assets) 채권자와 주주의 총 현금흐름으로 영업현금흐름, 자본지출, 순운전자본의 변동으로 구성됨.

잠식(erosion) 기업의 기존 프로젝트의 비용으로 발생하는 신규 프로젝트의 현금흐름.

장외전자거래시장(electronic communications networks: ECNs) 투자자들이 서로 직접 거래할 수 있게 하는 웹사이트.

재고 대출(inventory loans) 재고 구매에 이용되는 단기 담보대출.

재고자산기간(inventory period) 재고를 취득해 판매에 걸리는 시간.

재무곤경비용(financial distress costs) 파산이나 재무적 곤경과 관련된 직접비용 또는 간접비용.

재무비율(financial ratios) 기업의 재무정보에서 결정된 관계이고, 비교 목적으로 이용된다.

재무상태표(statement of financial position) 특정 시점에 회사의 회계가치를 나타내는 재무제표.

재무위험(financial risk) 자본구조와 같이 기업의 재무정책에서 오는 자기자본 위험.

저스트인타임[just-in-time (JIT) inventory] 재고 재고 보유를 최소화하는 수요 종속 재고관리시스템.

전략옵션(strategic options) 사업의 제품이나 전략과 관련된 미래에 대한 옵션.

전속금융회사(captive finance company) 모회사의 신용 업무를 취급하는 일부 또는 완전소유의 자회사.

절대우선순위법(absolute priority rule: APR) 청산에서 청구권의 우선순위를 정한 규칙.

정규분포(normal distribution) 평균과 표준편차로 완벽하게 정의되는 대칭적이고 종 모양인 도수분포.

정규투표제 혹은 단순투표제(straight voting) 주주가 모든 표를 이사회의 각 이사에게 투표할 수도 있는 절차.

정규현금배당(regular cash dividends) 기업이 통상 분기마다 정규사업에서 소유주에게 지급하는 현금.

정치적 위험(political risk) 정치적 행동으로 발생하는 가치의 변동에 관한 위험.

제로잔액계좌(zero-balance account) 기업이 제로 잔액을 유지하고 지급을 위해 제출된 수표에 필요한 만큼의 금액만을 마스터계좌에서 자금을 이체하는 지급계좌.

조건부 계획(contingency planning) 프로젝트에 내재한 경영옵션을 고려하는 일.

주식배당(stock dividend) 기업이 주식의 형태로 소유주에게 지급해 각 유통주식의 가치를 희석.

주식병합(reverse split) 기업의 유통주식 수를 줄이는 주식분할.

주식분할(stock split) 자기자본의 변동 없이 기업의 발행 주식 수를 증가.

주식회사(corporation) 한 명 또는 그 이상의 개인이나 법인이 소유한 별개의 법인격으로 설립된 기업.

주주배정(rights offer) 기존 주주에게 먼저 매각하는 증권 공모. *주주할당(rights offering)*이라고도 한다.

주주의 현금흐름(cash flow to stockholders) 회사의 배당지급액에서 순신규주식발행액을 차감한 것.

증권시장선(security market line: SML) 기대수익률과 베타의 관계를 보이는 우상향 기울기의 직선.

증권신고서(registration statement) 감독당국에 제출하는 증권을 공모하는 주식회사에 관한 모든 중요한 정보를 밝히는 서류.

증분현금흐름(incremental cash flows) 프로젝트를 채택한 경우와 채택하지 않은 경우의 미래현금흐름의 차이.

지속가능성장률(sustainable growth rate) 기업이 일정한 부채비율을 유지하면서 신주를 발행하지 않고 성취할 수 있는 최대로 가능한 성장률.

지연콜조항(deferred call provision) 회사가 특정일 이전에는 채권 상환을 금지하는 채권의 콜조항.

지정시장조성자[designated market maker (DMM)] 특정주식에 대해 딜러로 활동하는 뉴욕증권거래소의 회원. 전에는 “스페셜리스트”(specialists)로 알려졌다.

직상장(direct listing) 인수기관을 우회해 회사가 직접 투자자에게 증권을 제안하는 증권모집

직접파산비용(direct bankruptcy costs) 법률비용과 행정비용 같은 파산과 직접 관련된 비용.

집중투표제 혹은 누적투표제(cumulative voting) 주주가 모든 표를 이사회의 한 이사에게 투표할 수도 있는 절차.

채권자의 현금흐름(cash flow to creditors) 회사의 이자비용에서 순신규차입금을 차감한 것.

채무불이행위험프리미엄(default risk premium) 명목이자율이나 채권수익률에서 채무불이행의 가능성을 보상하는 부분.

청산(liquidation) 계속해서 사업하는 기업의 지위 종료.

체계적 위험(systematic risk) 많은 수의 자산에 영향을 주는 리스크로 *시장위험*(*market risk*)이라고도 함.

체계적 위험의 원리(systematic risk principle) 위험자산의 기대수익률은 자산의 체계적 위험에 의해서만 결정됨.

총액인수(firm commitment underwriting) 인수기관이 발행증권 전부를 매수하고 미매각 주식의 모든 금융상 책임을 맡음.

최초공모주(initial public offering: IPO) 회사가 처음 일반투자자를 대상으로 하는 주식발행. *언시즌드 신주발행*(*unseasoned new issue*) 혹은 IPO라고도 한다.

추정재무제표(pro forma financial statements) 미래 시점의 사업을 추정하는 재무제표.

콘솔(consol) 영구연금의 한 형태.

콜보호채(call protected bond) 발행자가 상환할 수 없는 기간의 채권.

콜조항(call provision) 만기 전에 특정 가격으로 채권을 재매입하는 옵션을 발행자에게 주는 계약.

콜프리미엄(call premium) 콜가격이 채권의 액면가를 초과하는 금액.

쿠폰(coupons) 채권에 표시된 지급이자. 액면이자(표면이자)라고도 함.

쿠폰율(coupon rate) 채권의 연간 액면이자 나누기 액면가. 액면이자율(표면이자율)이라고도 함.

클린가격(clean price) 경과이자를 제외한 채권가격. 일반적으로 제시되는 가격이다.

통제지급계좌(controlled disbursement account) 기업이 지급수요를 충당하는 지급계좌에 금액을 이체하는 지급방법.

투기적 동기(speculative motive) 할인구매와 같은 추가적 투자 기회를 활용하기 위한 현금보유 욕구.

파 밸류(par value) 기간 말에 상환되는 채권의 원금. *액면가*(*face value*)라고도 함.

파산(bankruptcy) 사업 청산이나 회생을 위한 법률 절차. 또한, 채권자에게 기업의 자산의 일부 또는 전부를 이전.

평균세율(average tax rate) 세금총액을 과세소득총액으로 나눈 것.

평균회계이익률(average accounting return: AAR) 투자의 평균 순이익을 평균 장부가치로 나눈 값.

포괄손익계산서(statement of comprehensive income) 일정 기간의 기업성과를 요약한 재무제표.

포트폴리오(portfolio) 투자자가 보유한 주식과 채권 같은 자산의 그룹.

포트폴리오 가중치(portfolio weight) 포트폴리오 총가치에서 특정 자산의 비율.

표시이자율(stated or quoted interest rate) 매 기간에 지급하는 이자로 표현된 이자율. *명시이자율*이라고도 한다.

표준산업분류코드[Standard Industrial Classification code (SIC code)] 기업을 사업 형태에 따라 분류하기 위해 사용되는 미국 정부의 코드.

표준편차(standard deviation) 분산의 양수 제곱근.

프록시(proxy) 주주가 다른 사람에게 자신의 의결권을 위임하는 서류 또는 의결권이 부여된 사람.

플로어 브로커(floor brokers) 고객의 매수주문과 매도주문을 실행하는 NYSE 회원.

플로트(float) 결제과정에 있는 수표의 순효과를 나타내는 장부상 현금과 은행 계정 현금의 차이.

피셔효과(Fisher effect) 명목비율, 실질비율과 인플레이션 사이의 관계.

필요원자재계획(materials requirements planning: MRP) 재공품과 원자재 같은 수요 종속적 유형의 재고 수준 결정에 사용되는 일련의 방법.

한계세율(marginal tax rate) 추가 소득에 대해 내야 하는 세금.

할인(discount) 미래의 금액을 현재가치로 계산.

할인율(discount rate) 미래 현금흐름의 현재가치 계산에 사용하는 비율.

합명 · 합자회사(partnership) 두 명 또는 그 이상의 개인이나 법인이 설립한 회사.

현금예산(cash budget) 다음 계획 기간의 현금수취와 현금지급 예측.

현금주기(cash cycle) 현금 지급과 현금 회수 사이의 시간.

현금집중(cash concentration) 현금을 다수의 은행에서 주거래계좌로 옮기는 관행과 절차.

현금 할인(cash discount) 지급을 촉진하기 위해 제공하는 할인. *매매할인*(*sales discount*)이라고도 함.

현금흐름 시간선(cash flow time line) 영업주기와 현금주기를 나타낸 그래프.

현금흐름할인법[discounted cash flow (DCF) valuation] (a) 현 시점의 가치를 결정하기 위해 미래 현금흐름의 현재가치를 계산. (b) 미래의 현금흐름을 할인해 투자가치를 평가하는 절차.

현물환거래(spot trade) 2 영업일 이내의 결제를 위해 오늘의 환율에 통화를 거래하는 약정.

현물환율(spot exchange rate) 현물거래의 환율.

현재가치 또는 현가(present value: PV) 적절한 할인율로 할인한 미래 현금흐름의 현재의 가치.

환위험(exchange rate risk) 상대적 통화가치가 변하는 세계에서 국제경영에 따른 위험.

환율(exchange rate) 다른 나라의 통화로 표시된 한 나라 통화의 가격.

회생(reorganization) 계속해서 사업하기 위해 실패한 기업의 자본구조조정. 재편, 개편, 재건이라고도 함.

회수기간(payback period) 투자가 초기비용을 회복하기에 충분한 현금흐름을 만들어내는 데 요구되는 시간.

회수정책(collection policy) 기업이 매출채권을 회수하는 절차.

효율적 시장가설[efficient markets hypothesis (EMH)] 뉴욕증권거래소와 같이 실제 자본시장이 효율적이라는 가설.

효율적 자본시장(efficient capital market) 증권 가격이 이용 가능한 정보를 반영하는 시장.

찾아보기

Subject Index

한글 찾아보기

ㄱ

ㄴ

ㄷ

ㅈ

영문 찾아보기

A

B

C

D

O

P

Q

R

S

T

U

V

W

Y

Z

기타